**Die Bonus-Seite**

Ihr Vorteil als Käufer dieses Buches

Auf der Bonus-Webseite zu diesem Buch finden Sie zusätzliche Informationen und Services. Dazu gehört auch ein kostenloser **Testzugang** zur Online-Fassung Ihres Buches. Und der besondere Vorteil: Wenn Sie Ihr **Online-Buch** auch weiterhin nutzen wollen, erhalten Sie den vollen Zugang zum **Vorzugspreis**.

So nutzen Sie Ihren Vorteil

Halten Sie den unten abgedruckten Zugangscode bereit und gehen Sie auf **www.galileodesign.de**. Dort finden Sie den Kasten **Die Bonus-Seite für Buchkäufer**. Klicken Sie auf **Zur Bonus-Seite/Buch registrieren**, und geben Sie Ihren **Zugangscode** ein. Schon stehen Ihnen die Bonus-Angebote zur Verfügung.

Ihr persönlicher Zugangscode: jt7f-mg9e-a8xn-5sc4

Kai Surendorf

Mac OS X Snow Leopard

Das umfassende Handbuch

Galileo Press

Liebe Leserin, lieber Leser,

immer mehr Menschen haben sich in den letzten Jahren und Monaten für einen Mac entschieden – und Sie gehören sicherlich auch dazu. Die Zuwachsraten für iMac, Mac mini sowie MacBook, MacBook Pro, aber auch für MacBook Air oder Mac Pro sind wirklich beeindruckend. Und der Erfolg hat viele Gründe. Unbestritten ist aber, dass Apples Betriebssystem Mac OS X eines der besten der Welt ist.

Die aktuelle Version Snow Leopard kann dabei gegenüber den Vorgängerversionen nicht mit so vielen Neuerungen wie die Vorversionen Tiger und Leopard aufweisen. Die Verbesserungen finden sich vor allem im Detail. Hier hat Apple ganze Arbeit geleistet. Einzelne Anwendungen haben neue Funktionen, andere haben durch eine vollständige Neuprogrammierung deutlich an Geschwindigkeit zugelegt. Dazu kommen einzelne Neuerungen wie die Anbindung an Microsoft Exchange Server, die deutlich machen, dass Apple auch professionelle Anwender und die Unternehmensanbindung ernst nimmt.

Kai Surendorf hat die neue Auflage seines Standardwerks zu Mac OS X nicht nur vollständig aktualisiert, sondern auch deutlich im Umfang erweitert. Die Themenvielfalt ist noch breiter geworden, so dass jetzt auch einzelne Anwendungen wie Mail berücksichtigt wurden. Egal, ob Sie Einsteiger sind oder bereits über viel Erfahrung mit Ihrem Mac verfügen und jetzt Details zur Nutzung des Terminals oder der Druckeinstellungen wünschen, dieses umfassende Handbuch wird Ihnen professionell auf Ihre Fragen Auskunft geben. Es wird Ihnen helfen, Ihren Mac noch versierter zu bedienen und ihn noch besser auf Ihre Bedürfnisse und Arbeitsabläufe einzustellen.

Wenn Sie Fragen oder Kritik haben, freuen wir uns, wenn Sie Autor oder Verlag auf Ihren Websites besuchen oder auf einem anderen Weg mit uns Kontakt aufnehmen.
Viel Freude beim Lesen!

Ihr Stephan Mattescheck
Senior Editor Galileo Design

stephan.mattescheck@galileo-press.de
www.galileodesign.de
Galileo Press • Rheinwerkallee 4 • 53227 Bonn

Inhalt

Vorwort 17

Einleitung 19
Der Aufbau des Buches 20
Die Webseite zum Buch 21

1   Einige Neuerungen in Mac OS X 10.6 23

TEIL I   Mit Mac OS X 10.6 arbeiten

2   Effizient mit Mac OS X arbeiten 31
2.1   Ein paar Anmerkungen zum Dock 31
2.2   Die Fenster im Griff 34
    2.2.1   Die Titelleiste 34
    2.2.2   Symbolleisten anpassen 36
    2.2.3   Exposé im Detail 37
    2.2.4   Arbeitsflächen mit Spaces 40
2.3   Die Menüleiste und ihre Extras 43
2.4   Die Dienste 44
2.5   Mit Texten arbeiten 47
    2.5.1   Text markieren und bearbeiten 47
    2.5.2   Rechtschreibung und (englische) Grammatik 47
    2.5.3   Symbol- und Textersetzung 49
    2.5.4   Schrift zuweisen 50
    2.5.5   Die Zeichenpalette 51
    2.5.6   Clips auf dem Schreibtisch 52
2.6   Alternative Eingabemethoden 53
    2.6.1   Tastenkürzel und komplette Tastatursteuerung 53
    2.6.2   Bedienungshilfen 56
    2.6.3   Die Handschrifterkennung Ink 61
2.7   Dashboard 64
    2.7.1   Die Idee hinter Dashboard 64
    2.7.2   Dashboard nutzen 66
    2.7.3   Widgets installieren und verwalten 68
    2.7.4   Die mitgelieferten Widgets 70
    2.7.5   Technische Hintergründe 75

3	**Die Schaltzentrale: der Finder**	79
3.1	Tipps und Tricks im Alltag	79
	3.1.1 Mit Dateien und Ordnern arbeiten	79
	3.1.2 Fenster und Darstellungen	83
	3.1.3 Die Symbolleiste	90
	3.1.4 Die Seitenleiste	90
	3.1.5 Das Kontextmenü	91
	3.1.6 Der Papierkorb	92
	3.1.7 Informationen erhalten und ändern	93
	3.1.8 Dateien Programmen zuweisen	95
	3.1.9 Etiketten Dateien und Ordnern zuweisen	96
	3.1.10 Schneller mit Tastenkombinationen	96
3.2	Dateien archivieren	97
	3.2.1 CDs und DVDs brennen	97
	3.2.2 ZIP-Archive und das Archivierungsprogramm	100
3.3	Technische Hintergründe	102
	3.3.1 Ordner und Pfadangaben	102
	3.3.2 Programme und Dokumente im Bundle	103
	3.3.3 Unsichtbare Dateien	104
	3.3.4 Aliase und symbolische Links	105
	3.3.5 Erweiterte Dateiattribute	106
3.4	Dateien öffnen und speichern	107
4	**Den Alltag organisieren**	109
4.1	Mail	110
	4.1.1 Postfächer einrichten	110
	4.1.2 Anbindung an Exchange 2007	114
	4.1.3 E-Mails verfassen	115
	4.1.4 Nachrichten sortieren und filtern	118
	4.1.5 E-Mails verschlüsseln mit S/MIME	122
	4.1.6 Aufgaben und Notizen in Mail	124
	4.1.7 Ein paar technische Anmerkungen	126
4.2	iCal	127
	4.2.1 Termine und Aufgaben	128
	4.2.2 Kalender abonnieren und freigeben	130
	4.2.3 Anbindung an Exchange und Gruppenfunktionen	131
4.3	Adressbuch	133
	4.3.1 Kontakte verwalten	133
	4.3.2 Anbindung an Exchange 2007	135
	4.3.3 Weitere Funktionen	136
4.4	Safari	139

		4.4.1	Elegant surfen	139
		4.4.2	Lesezeichen und Verlauf	142
		4.4.3	Einstellungen und Erweiterungen	144
		4.4.4	Das Entwickler-Menü	146
	4.5	iChat		147
		4.5.1	Konten und nützliche Einstellungen	148
		4.5.2	Nachrichten austauschen	151
	4.6	Daten synchronisieren		151
		4.6.1	iSync	152
		4.6.2	MobileMe	153
5	**Audio und Video**			155
5.1	QuickTime X			155
		5.1.1	Der QuickTime Player	155
		5.1.2	QuickTime erweitern	159
		5.1.3	QuickTime 7.6 installieren	160
	5.2	Digitale Bilder		161
		5.2.1	Fotos importieren	161
		5.2.2	Scanner und SANE	164
		5.2.3	Freigaben und Abläufe	165
	5.3	iTunes 9		166
		5.3.1	Medien organisieren	166
		5.3.2	Medien importieren und exportieren	170
		5.3.3	Die Mediathek verwalten	171
		5.3.4	Nützliche Erweiterungen	173
	5.4	DVD-Player		173
	5.5	Front Row		174
	5.6	Audio-MIDI-Setup		175
	5.7	Photo Booth		176
6	**Arbeiten am Terminal**			177
	6.1	Die Grundlagen		177
		6.1.1	Die Shell	178
		6.1.2	Befehle, Parameter, Optionen	179
	6.2	Navigation im Dateisystem		181
	6.3	Mit Dateien arbeiten		184
	6.4	Texte anzeigen und bearbeiten		187
		6.4.1	Texte anzeigen mit less	187
		6.4.2	Texte bearbeiten mit nano	188
	6.5	Die enthaltene Dokumentation		191
	6.6	Effizienter am Terminal arbeiten		193
		6.6.1	Umgebungsvariablen	193
		6.6.2	Abkürzungen definieren	194

	6.6.3	Weitere nützliche Funktionen 195
	6.6.4	Kleine Shell-Skripten erstellen................... 196

7 Quick Look und Spotlight 199

7.1	Übersicht mit Quick Look.. 199
	7.1.1 Übersicht erhalten 199
	7.1.2 Funktionsweise von Quick Look................ 202
7.2	Suchen mit Spotlight 204
	7.2.1 Funktionsweise von Spotlight 204
	7.2.2 Spotlight aufrufen..................................... 205
	7.2.3 Nach Informationen suchen..................... 206
	7.2.4 Dateien im Finder suchen 210
	7.2.5 Suchen am Terminal.................................. 215
	7.2.6 Spotlight verwalten................................... 217

8 Zugriffsrechte 223

8.1	Zugriffsrechte im Finder 223
8.2	Zugriffsrechte am Terminal 227

9 Festplatten und Dateisysteme 233

9.1	Hintergründe... 233
9.2	Dateisysteme 237
	9.2.1 Hierarchical File System (HFS+).................. 237
	9.2.2 MS-DOS Dateisystem (FAT) 239
	9.2.3 Weitere Dateisysteme............................... 239
9.3	Exkurs: Journaling, Defragmentierung, Komprimierung 240
9.4	Festplatten-Dienstprogramm................................ 242
	9.4.1 Medien (de-)aktivieren und auswerfen...... 243
	9.4.2 Datenträger partitionieren 244
	9.4.3 Partitionen löschen 247
	9.4.4 Erste Hilfe bei Problemen 249
	9.4.5 Redundant Array of Independent Disks (RAID)... 250
	9.4.6 Partition duplizieren 253
9.5	Arbeit mit Disk Images 254
	9.5.1 Grundlagen 254
	9.5.2 Leeres Disk Image erstellen...................... 255
	9.5.3 Abbildung von einem Ordner, einem Volume oder einer Festplatte erstellen 258
	9.5.4 Abbildung wiederherstellen 259
	9.5.5 Abbildungen überprüfen........................... 260
	9.5.6 Disk Images brennen 261
9.6	MacFUSE und NTFS-3G 262

10	**Weitere Dienstprogramme**	267
10.1	Schlüsselbundverwaltung	267
	10.1.1 Passwörter speichern und verwalten	268
	10.1.2 Verschlüsselte Notizen	271
10.2	TextEdit	271
10.3	Rechner	273
10.4	Grapher	274
10.5	Notizzettel	274
10.6	X11	275

TEIL II Das System verwalten

11	**Time Machine**	279
11.1	Erwägungen im Vorfeld	279
11.2	Time Machine konfigurieren	284
11.3	Time Machine verwenden	288
	11.3.1 Dateien und Ordner wieder herstellen	288
	11.3.2 Mail, Adressbuch und iPhoto	290
	11.3.3 System wiederherstellen	291

12	**Prozesse und Hintergrundaktivitäten**	293
12.1	Grundlagen	293
	12.1.1 Programme und Dämonen	293
	12.1.2 32-Bit- und 64-Bit-Modus	295
	12.1.3 Rosetta und PowerPC	297
12.2	Die Aktivitätsanzeige	298
	12.2.1 Informationen über Prozesse	298
	12.2.2 Signale senden und Prozesse beenden	301
	12.2.3 Systemauslastung überblicken	302
12.3	Prozesse am Terminal verwalten	304
	12.3.1 Prozesse anzeigen	304
	12.3.2 Systemauslastung überblicken	305
	12.3.3 Prozesse killen	306

13	**Mac OS X administrieren**	307
13.1	Programme installieren	307
	13.1.1 Pakete installieren	308
	13.1.2 Eigene Pakete erstellen	313
	13.1.3 Softwareaktualisierung	315
13.2	Voreinstellungen	318
	13.2.1 Unsichtbare Verzeichnisse und Textdateien	318

	13.2.2	Preferences und Property Listen	319
	13.2.3	Umgebungsvariablen setzen	323
	13.2.4	Global Preferences	324
13.3	Der Dämon launchd	324
	13.3.1	Programme in Intervallen starten	326
	13.3.2	Programme zu bestimmten Zeitpunkten starten	329
	13.3.3	Weitere Möglichkeiten	331
13.4	Java	332
13.5	Firmware-Kennwort	333
13.6	Weitere Systemeinstellungen	334
	13.6.1	Sicherheit	335
	13.6.2	Energie sparen und Startzeit des Rechners festlegen	336
	13.6.3	Datum & Uhrzeit	338
	13.6.4	Sprache & Text	339
13.7	Systemwartung und -optimierung	343

14 Benutzer und Gruppen verwalten ... 345

14.1	Grundlagen	345
14.2	Benutzer verwalten	346
	14.2.1	Neues Benutzerkonto erstellen	347
	14.2.2	Der Gast-Account	349
	14.2.3	Benutzerkonto konfigurieren	350
	14.2.4	Benutzerkonten löschen	352
	14.2.5	Erweiterte Optionen und der Accountname	352
	14.2.6	Benutzerordner verlagern	354
	14.2.7	Benutzer in Gruppen einteilen	355
	14.2.8	Daten im FileVault verschlüsseln	357
	14.2.9	Die Kindersicherung	362
	14.2.10	Schneller Benutzerwechsel	364
14.3	Administratoren und der Super-User root	365
	14.3.1	Benutzerwechsel am Terminal	366
	14.3.2	Der Super-User root	369
14.4	Das Anmeldefenster konfigurieren	370
	14.4.1	Anmeldeoptionen einstellen	370
	14.4.2	Nachricht und Informationen im Anmeldefenster	372
	14.4.3	Benutzer nicht auflisten	374
	14.4.4	Anmeldeobjekte für alle Benutzer	374
14.5	Die Datenbank DSLocal	375
	14.5.1	Grundlagen und Aufgaben	375
	14.5.2	Einträge lesen und ändern	376

	14.5.3	Relevante Kategorien.................................. 379
	14.5.4	Aufbau eines Benutzerkontos.................... 380
	14.5.5	Aufbau einer Gruppe 381
	14.5.6	Passwort ändern 382
	14.5.7	Eine Politik für Passwörter........................ 382

15	**Andere Welten: Boot Camp, rEFIt, VMware** 385	
15.1	Windows mit Boot Camp installieren..................... 386	
	15.1.1	Partition für Windows erstellen.................. 386
	15.1.2	Windows installieren 388
	15.1.3	Treiber installieren 391
	15.1.4	Nach der Installation 392
	15.1.5	Boot-Camp-Partition entfernen................. 394
15.2	Windows, Linux und Mac OS X mit rEFIt................ 395	
	15.2.1	Partitionen einrichten 395
	15.2.2	rEFIt installieren.. 397
	15.2.3	Windows installieren 398
	15.2.4	Ubuntu Linux installieren.......................... 399
	15.2.5	Single User Modus mit rEFIt 405
	15.2.6	rEFIt deaktivieren und deinstallieren 406
15.3	Virtualisierung mit VMware Fusion 3 406	
	15.3.1	Installation.. 407
	15.3.2	Gastsysteme installieren und einrichten 408
	15.3.3	Integration und die VMware Tools 413
	15.3.4	Am Terminal: vmrun 416
	15.3.5	Virtual Appliances..................................... 416

TEIL III Mac OS X im Netzwerk

16	**Netzwerke verstehen, planen und einrichten** 421	
16.1	Theoretische und praktische Grundlagen 422	
	16.1.1	Daten in Paketen: das OSI-Modell 422
	16.1.2	Netzwerkschnittstellen 423
	16.1.3	Internet Protocol (IP)................................. 425
	16.1.4	IP-Adressen konfigurieren 433
	16.1.5	Die nächste Generation: IPv6.................... 435
	16.1.6	Daten transportieren: TCP 436
	16.1.7	Domain Name System 437
16.2	Bonjour... 440	
	16.2.1	Funktionsweise von Bonjour..................... 440
	16.2.2	Bonjour unter Windows 442
	16.2.3	Avahi unter Linux 443
16.3	Netzwerkumgebungen 444	

16.4	Lokales Netzwerk einrichten	445
	16.4.1 Ethernet und FireWire	445
	16.4.2 AirPort-Netzwerk anlegen	447
	16.4.3 Anmeldung über 802.1x an einem RADIUS-Server	449
	16.4.4 VLAN konfigurieren	451
16.5	Verbindung ins Internet	451
	16.5.1 Einwahl über Modem	452
	16.5.2 Bluetooth mobil nutzen	454
	16.5.3 DSL-Verbindung über PPPoE	456
16.6	Router konfigurieren und nutzen	457
	16.6.1 Technische Hintergründe	457
	16.6.2 AirPort	458
	16.6.3 Der Mac als Router: Internetfreigabe	466
16.7	Virtual Private Network	468
16.8	Probleme im Netzwerk aufspüren	471
	16.8.1 Ping	471
	16.8.2 Traceroute	472
	16.8.3 Netzwerkdiagnose	473
	16.8.4 Weitere Möglichkeiten	474
16.9	AppleTalk	474

17	**Anwendungen im Netzwerk**	**475**
17.1	Die Ansicht »Netzwerk«	475
	17.1.1 Rechner finden	475
	17.1.2 Ticket-Vergabe über Kerberos	478
17.2	Rechner fernsteuern	481
	17.2.1 Entfernte Anmeldung mit SSH	482
	17.2.2 Bildschirm freigeben mit iChat	487
	17.2.3 Bildschirmfreigabe	489
	17.2.4 Wake on LAN	496
17.3	Proxy-Server konfigurieren	497
17.4	Zurück zu meinem Mac mit MobileMe	498
17.5	Die Firewall	501
	17.5.1 Funktionsweise	502
	17.5.2 Firewall konfigurieren	503
	17.5.3 Code-Signing und Sandboxen	506
	17.5.4 Ein Fazit	508
	17.5.5 Ausblick: eigene Regeln mit ipfw	509
17.6	Verzeichnisdienste	509
	17.6.1 Netzwerk-Account-Server einrichten	511
	17.6.2 Verzeichnisdienste im Detail konfigurieren	512

18	**Dateien austauschen und Freigaben einbinden** ... 517
18.1	Grundlagen 517
18.2	Verbindung mit dem Apple Filing Protocol (AFP) 521
18.3	Verbindung mit Windows über SMB 524
18.4	Network File System 527
18.5	File Transfer Protocol 530
18.6	WebDAV und die iDisk 531
18.7	Bluetooth-Freigabe 532
18.8	Verschlüsselt kopieren mit scp 535
18.9	Freigaben automatisch einbinden 536
	18.9.1 NFS-Freigaben beim Start aktivieren 536
	18.9.2 AFP-Freigaben beim Start aktivieren 539
	18.9.3 SMB-Freigaben beim Start aktivieren 541

19	**Mac OS X als Server einsetzen** 543
19.1	Freigaben konfigurieren 543
	19.1.1 Ordner freigeben 543
	19.1.2 Vererbung der Zugriffsrechte konfigurieren 545
	19.1.3 Protokoll vorgeben 546
19.2	AFP-Server konfigurieren 548
19.3	Freigaben für Windows mit Samba 551
	19.3.1 Zugriff von Windows XP, Windows Vista und Windows 7 553
	19.3.2 Konfigurationsdateien und weitere Optionen 555
19.4	NFS-Freigaben erstellen 558
19.5	Der Webserver Apache 562
	19.5.1 PHP 5 aktivieren 566
	19.5.2 CGI-Skripten 568
	19.5.3 Unterstützung für Bonjour 570
19.6	Den FTP-Server eingrenzen 571
19.7	Exkurs: Netatalk unter Ubuntu Linux 575
	19.7.1 Netatalk unter Ubuntu installieren 576
	19.7.2 Freigaben erstellen 576
	19.7.3 Netatalk über Bonjour konfigurieren 577
19.8	AFP-Dienste unter Windows Server 579

TEIL IV Drucken, Schriften, Farbmanagement

20	**Drucken** 583
20.1	Der Druckvorgang im Detail 583

20.2	Drucker installieren und einrichten	584
	20.2.1 Drucker und Treiber einrichten	584
	20.2.2 Installierte Drucker verwalten	588
20.3	Dokumente ausgeben	591
	20.3.1 Details im Druckdialog	591
	20.3.2 Wartelisten überblicken und kontrollieren	594
	20.3.3 PDF-Dateien erstellen	597
20.4	Drucker im Netzwerk	598
	20.4.1 Druckerfreigabe für Mac OS X	598
	20.4.2 Verbindung mit Windows	600
	20.4.3 Erweiterte Druckerkonfiguration	606
20.5	CUPS im Detail konfigurieren	607
	20.5.1 Grundlegende Einstellungen und Protokolle	608
	20.5.2 Drucker und Klassen verwalten	613
	20.5.3 Eigene Deckblätter	617
	20.5.4 Drucker mit RSS-Feeds überwachen	618
20.6	Faxe verschicken und empfangen	620

21 Schriften in Mac OS X 10.6 623

21.1	Grundlagen	623
21.2	Dateitypen	624
21.3	Die Schriftsammlung	625
	21.3.1 Vorschau von Schriftarten	626
	21.3.2 Schriften installieren, prüfen und entfernen	628
	21.3.3 Schriften verwalten und gruppieren	630
	21.3.4 Automatische Aktivierung	631
21.4	Weitere Informationen	633
	21.4.1 Die Systemschriften und die Schrift Helvetica	633
	21.4.2 Font Caches löschen	634

22 PDF und Farbmanagement 635

22.1	Mehr als eine Vorschau	635
	22.1.1 Einstellungen und Lesezeichen	635
	22.1.2 PDF-Dateien bearbeiten	637
	22.1.3 Bilder konvertieren und bearbeiten	643
22.2	Farbmanagement mit ColorSync	647
	22.2.1 Monitor kalibrieren	647
	22.2.2 ColorSync-Dienstprogramm	649
	22.2.3 DigitalColor-Farbmesser	652
	22.2.4 Quartz-Filter	653

TEIL V Aufgaben automatisieren

23	**Der Automator und die Dienste**	659
23.1	Aufbau und Funktionsweise	660
23.2	Interaktion mit dem Anwender	667
23.3	Mit Variablen arbeiten	670
23.4	Praxisbeispiel: Projektordner erstellen und als Programm sichern	673
23.5	Dienste erstellen und nutzen	677
23.6	Weitere Integration ins System	683
	23.6.1 Abläufe im Skriptmenü	683
	23.6.2 Automatisierung über Ordneraktionen	684
	23.6.3 Plug-In für Drucken	686
	23.6.4 Plug-In für Digitale Bilder	688
	23.6.5 Arbeitsabläufe mit iCal-Erinnerung	690
23.7	Praxisbeispiel: Dateien auf einen Server kopieren	691
23.8	Über den Automator hinaus: Aktionen aufzeichnen	696
24	**AppleScript**	699
24.1	Erste Schritte: Hallo Welt!	700
24.2	Der AppleScript-Editor	700
24.3	Variablen und Datentypen	703
	24.3.1 Zeichen, Zahlen und Zeiten	705
	24.3.2 Listen und Datensätze	707
	24.3.3 Dateien und Aliase	708
24.4	Objekte und Eigenschaften manipulieren	709
	24.4.1 Die Bibliothek nutzen	709
	24.4.2 Objekte erstellen	712
	24.4.3 Eigenschaften auslesen und manipulieren	712
24.5	Grundlegende Befehle	714
	24.5.1 Programme mit tell ansprechen	715
	24.5.2 Interaktion mit dem Anwender	717
	24.5.3 Bedingungen vorgeben	721
	24.5.4 Schleifen formulieren	723
	24.5.5 Fehler abfangen und produzieren	725
24.6	Praxis: Mit Dateien arbeiten	726
	24.6.1 Ordner mit Servern abgleichen	726
	24.6.2 Bilder aus iPhoto exportieren	730
24.7	Bilder bearbeiten mit den Image Events	732
	24.7.1 Bilder konvertieren	733
	24.7.2 Bilder manipulieren	733

24.8	Skripten in Funktionen unterteilen 734
24.9	Integration ins System 736
	24.9.1 Das Skriptmenü 736
	24.9.2 Ordneraktionen 737
	24.9.3 Skripten im Druckmenü 740
	24.9.4 AppleScript im Automator 741
	24.9.5 Zugriff auf die Shell 743
	24.9.6 AppleScript und iCal 743
	24.9.7 Mail regeln mit AppleScript 744
	24.9.8 iChat mit AppleScript 745
24.10	Skripten als Programme 747
	24.10.1 Bundles nutzen 747
	24.10.2 Skripten als Droplets 748
24.11	AppleScript im Netzwerk – entfernte Apple-Events 749
24.12	Weitere Möglichkeiten mit AppleScript 750

TEIL VI Troubleshooting

25 Probleme selbstständig beheben 753

25.1	Fehler strategisch einkreisen 753
25.2	Der System-Profiler 755
25.3	Problemen auf der Spur: Protokolle 758
	25.3.1 Das Dienstprogramm Konsole 758
	25.3.2 Absturzprotokolle 761
25.4	Programme zwangsweise beenden 763
25.5	Kernel Panic 765
25.6	Neustart erzwingen 766
25.7	Startprobleme 766
	25.7.1 Der Startvorgang im Detail 766
	25.7.2 Startvolume auswählen 767
	25.7.3 Wechselmedien auswerfen 768
	25.7.4 Geschwätziger Start (Verbose Modus) 768
	25.7.5 Sicherer Systemstart 769
	25.7.6 Der Single User Modus 770
	25.7.7 Console statt Aqua 771
	25.7.8 Anmeldeobjekte unterdrücken 772
	25.7.9 Target Disk Modus 773
	25.7.10 Start von der Installations-DVD 774
25.8	Dateisysteme prüfen und reparieren 775
	25.8.1 Selbstdiagnose der Festplatte 775
	25.8.2 Reparatur mit dem Festplatten-Dienstprogramm 776

	25.8.3	Dateisysteme prüfen und reparieren am Terminal 778
	25.8.4	Single User Modus und fsck_hfs 779
25.9	Hardware-Probleme diagnostizieren 780	
25.10	Weitere Maßnahmen 782	
	25.10.1	Korrupte .DS_Store-Dateien 782
	25.10.2	Korrupte Voreinstellungen und Caches 782
	25.10.3	Schriften als Fehlerquelle 783
	25.10.4	Das Parameter-RAM (PRAM) 783
	25.10.5	Passwörter zurücksetzen 784
	25.10.6	LaunchServices erneuern 784
	25.10.7	Zugriffsrechte prüfen und zurücksetzen 785

26	**Nützliche Tools** 787	
26.1	Daten retten 787	
	26.1.1	Disk Warrior 4.2 787
	26.1.2	Data Rescue 3 788
	26.1.3	TechTool Pro 5 788
26.2	Alternativen zu Time Machine 788	
	26.2.1	ChronoSync 788
	26.2.2	Data Backup 3.1 788
	26.2.3	Retrospect 789
26.3	Weitere Tools 789	
	26.3.1	Butler 789
	26.3.2	Spark 789
	26.3.3	RCDefaultApp 789
	26.3.4	iStat 789
	26.3.5	Growl 790
	26.3.6	TextExpander 790

Anhang

A	**Installation** 793
A.1	Daten vor der Installation sichern 793
A.2	Mac OS X 10.6 installieren 796
A.3	Erste Einstellung bei einer Neuinstallation 798
A.4	Daten übernehmen mit dem Migrations-Assistent .. 799
A.5	Nach der Installation 804

B	**Der Aufbau des Betriebssystems** 805	
B.1	Mac OS X: der Aufbau 805	
	B.1.1	Die Basis: Darwin 806
	B.1.2	Technologien zur Darstellung 807

	B.1.3	Umgebungen für Programme	809
	B.1.4	Die Schnittstelle zum Anwender: Aqua	811
B.2		Einige grundlegende Konzepte	811
	B.2.1	Prozesse und Programme	811
	B.2.2	Voreinstellungen	812
	B.2.3	Launch Services und Dateiendungen	814
	B.2.4	Benutzerkonten	815
C		**Die Verzeichnisstruktur von Mac OS X**	817
C.1		Der Ordner System	817
C.2		Der Ordner Library	822
C.3		Der UNIX-Unterbau	826
C.4		Der persönliche Ordner	827
D		**Systemprozesse im Überblick**	829
Glossar			833
Index			841

Vorwort

Nachdem sich das iPhone erfolgreich auf dem Markt etabliert hat, steckte Apple die frei gewordenen Kapazitäten in die Weiterentwicklung von Mac OS X 10.5 Leopard. Dem Nachfolger, Mac OS X 10.6 Snow Leopard, widmet sich dieses Buch auf rund 850 Seiten. Er bringt zwar nicht so viele Innovationen mit sich, ermöglicht aber ein noch effizienteres und vor allem schnelleres Arbeiten.

Im Vergleich zu vorhergehenden Auflagen hat sich der Charakter dieses Buchs etwas geändert. Die Themenvielfalt ist dabei noch breiter geworden und es werden nun auch Programme wie Mail behandelt. Immerhin bringt Mac OS X 10.6 ja von Haus aus eine ganze Sammlung an Programmen mit, die man unter Windows erst noch mühsam suchen und installieren muss. Die Erläuterungen setzen Grundkenntnisse der Arbeit mit einem Betriebssystem voraus. Dabei ist es egal, ob Sie diese Kenntnisse unter Mac OS X, Linux oder Windows erworben haben. Geschrieben wurde dieses Buch in dem Bestreben, allgemein verständlich und leicht lesbar zu sein.

Stephan Mattescheck hat das Erscheinen dieses Buchs mit viel Geduld möglich gemacht. Markus Hardt und Alexander Sparkowsky haben einige Kapitel gelesen und kommentiert.

In das Schreiben dieses Buches habe ich viel Zeit und Arbeit investiert. Ich hoffe, dass Sie durch die Lektüre viel Zeit und Arbeit sparen werden und ein wenig der Faszination vermittelt wird, die von Mac OS X 10.6 Snow Leopard ausgeht.

(Fach-)Literatur entsteht eigentlich nur in Kommunikation mit dem Leser. Ich freue mich auf Ihre Anmerkungen und Rückmeldungen. Auf meiner Webseite *http://mac.delta-c.de* finden Sie neben weiterführenden Artikeln und vielen thematischen Links auch ein Forum.

Kai Surendorf
delta-c@gmx.de

Einleitung

Mac OS X 10.6 bringt im Vergleich zu seinem direkten Vorgänger keine großen Innovationen mit sich. Und dennoch hat dieses Buch mit dieser Auflage wieder an Umfang gewonnen. Der Grund ist eigentlich ganz einfach: Mac OS X 10.6 ist durchaus ein großer Fortschritt, wobei sich die nützlichen Neuerungen oft in den Details verstecken. Das System ist nicht nur spürbar schneller geworden, es wurden auch Prozesse und Funktionen gestrafft und neu arrangiert.

An wen richtet sich dieses Buch? | Ein Buch über ein Betriebssystem spricht eine Vielzahl von Menschen an, die ihren Rechner für ganz unterschiedliche Zwecke einsetzen. Diesen vielfältigen Interessen möchte das Buch dahin gehend gerecht werden, dass das Betriebssystem in einer Form erklärt wird, die Ihnen die Konzentration auf Ihre Arbeit ermöglicht.

Jede Erklärung muss an irgendeinem Punkt ansetzen und dies ist auch eine der Herausforderung beim Schreiben eines Buchs. Die Erläuterungen in diesem Buch setzen voraus, dass Sie schon ein wenig mit Mac OS X 10.6 vertraut sind. Daher nimmt sich das Buch die Freiheit, allzu offensichtliche Funktionen wie das Schreiben einer E-Mail oder die Erstellung eines neuen Dokuments über den Menüpunkt ABLAGE • NEU nicht zu erklären. Stattdessen wird das Augenmerk zum Beispiel auf die Verschlüsselung von E-Mails und andere oftmals unbeachtete Funktionen von Mac OS X 10.6 gelegt.

Auch fortgeschrittenen Themen werden nicht ausgespart und in einer allgemein verständlichen Form erklärt. Sie finden also nur in Ausnahmefällen, wenn es wirklich kompliziert wird, den Hinweis, dass dieses oder jenes nur von sehr fortgeschrittenen Anwendern genutzt werden kann. Vielmehr sollen Sie sich nach der Lektüre selbst zu den eher Fortgeschrittenen zählen dürfen. Dabei wird hin und wieder auch das Dienstprogramm Terminal herangezogen. Lassen Sie sich von den Unkenrufen in der Presse nicht irritieren! Die direkte Eingabe von Befehlen ist eigentlich

Am Rand
Sie finden in diesem Buch viele Erläuterungen und Hinweise am Rand. Sie ergänzen die Informationen im Haupttext, stellen Tastenkürzel heraus und geben Ihnen weiterführende Informationen. Einen Kasten mit der Überschrift **Warnung** finden Sie recht selten, Sie sollten seinen Inhalt dann aber unbedingt zur Kenntnis nehmen.

Xcode installieren
Bei den Erklärungen wird vorausgesetzt, dass Sie Xcode und die begleitenden Hilfsprogramme wie den Property List Editor installiert haben. Sollten Sie Xcode noch nicht installiert haben, dann finden Sie auf der Installations-DVD von Mac OS X 10.6 einen Ordner OPTIONALE INSTALLATIONSPAKETE, der das Paket Xcode enthält.

ganz einfach und für ein etwas weitergehendes Verständnis unabdingbar.

Der Aufbau des Buches

Das Buch gliedert sich in sechs große Teile mit mehr als 25 Kapiteln. Die Erläuterungen sind so aufgebaut, dass das Wissen der vorhergehenden Kapitel in den nachfolgenden vorausgesetzt wird.

Teil 1: Mit Mac OS X arbeiten | Im ersten Teil finden Sie zunächst einige Tipps und Tricks, die Ihnen die Arbeit mit dem System erleichtern werden. Der Finder, Quick Look und Spotlight werden dabei ebenso erläutert wie die Nutzung von QuickTime X und die Verwaltung von Festplatten und Dateisystemen. Im Arbeitsalltag erweisen sich die Programme Mail, iCal und das Adressbuch als nützliche Helfer. Die in Mac OS X 10.6 neu eingeführte Unterstützung für Microsoft Exchange 2007 wird dabei im Zusammenhang mit allen drei Programmen besprochen. Neben einem Einstieg in die Arbeit mit dem Terminal ist auch den Zugriffsrechten ein Kapitel gewidmet.

Teil 2: Das System verwalten | Die Time Machine ist eine sehr elegante und einfach zu bedienende Möglichkeit, ein Backup Ihres Systems zu erstellen. Neben der Verwaltung von Benutzerkonten werden Sie auch über die allgemeine Administration des Systems und der aktiven Prozesse informiert. Der Teil schließt mit einem Kapitel über die Installation von Windows und Linux sowohl mithilfe von Boot Camp als auch mit rEFIt und VMware Fusion 3.

Teil 3: Mac OS X im Netzwerk | Dieser Teil gliedert sich in vier Kapitel. Zuerst geht es um die Grundlagen der Vernetzung und wie Sie überhaupt ein Netzwerk herstellen können. Darauf folgt ein Kapitel über Anwendungen im Netzwerk, das sich neben der Fernsteuerung von Rechnern auch der Firewall von Mac OS X 10.6 widmet. Auf ein Kapitel über die Datenübertragung inklusive des Datenaustausches mit Windows XP, Windows Vista und Windows 7 widmet sich das letzte Kapitel dieses Teils der Konfiguration der in Mac OS X enthaltenen Serverdienste.

Teil 4: Drucken, Schriften, Farbmanagement | Das Common UNIX Printing System (CUPS) arbeitet meist unsichtbar im Hintergrund und die Konfiguration von Druckern ist meist schnell erledigt. Dabei birgt das System eine Reihe von Möglichkeiten und auch die Freigabe von Druckern im Netzwerk ist manchmal erklärungsbedürftig. Zusammen mit der Verwaltung der Schriftarten wird auch die Verwendung des ColorSync-Dienstprogramms und die Bearbeitung von PDF-Dateien im Programm Vorschau beschrieben.

Teil 5: Mac OS X automatisieren | Mit AppleScript und dem Automator stehen vorzügliche Möglichkeiten zur Verfügung, wiederkehrende Arbeitsabläufe zu automatisieren. In diesem Teil wird Ihnen sowohl der Automator in all seinen Facetten als auch die zielgerichtete Arbeit mit AppleScript nahe gebracht.

Teil 6: Troubleshooting | Auch unter Mac OS X läuft nicht alles rund, und bei Problemen bietet sich ein zielgerichtetes und trotz allen Ärgers gelassenes Herangehen an die Problemlösung an. Dieser Teil steht Ihnen dabei zur Seite.

Der Anhang | Im Anhang finden Sie Erläuterungen zur Installation von Mac OS X 10.6 sowie zum Aufbau des Betriebssystems und seiner wichtigsten Konzepte.

Die Webseite zum Buch

Bevor Sie sich jetzt an die Lektüre von mehreren hundert Seiten Erklärungen machen, noch ein Hinweis. Zu diesem Buch und seinen Schwesterpublikationen gibt es eine Webseite. Sie finden dort neben Diskussionsforen und weiterführenden Links auch Artikel und Texte, die die Inhalte dieses Buchs in der einen oder anderen Form weiter führen. Nicht zuletzt finden Sie auch ein etwas unregelmäßiges Webzine, die StickyBits, mit Interviews, Buchvorstellungen und weiteren Installationsanleitungen.

Webseite zum Buch
http://mac.delta-c.de

Die Webseite zum Buch

1 Einige Neuerungen in Mac OS X 10.6

Als Apple Mac OS X 10.6 Snow Leopard ankündigte, lautete das Credo, dass es keine neuen Funktionen geben werden. Technische Änderungen würden im Zentrum stehen, die für Entwickler hochinteressant, für den Endanwender aber kaum sichtbar sind.

Hier hat Apple das Versprechen eingehalten. Ganz im Gegensatz zur Ankündigung von Mac OS X 10.5 Leopard, bei dem von hochgeheimen Funktionen gemunkelt wurde, die sich dann schlichtweg als Luftnummern entpuppten.

Wenn Sie von Mac OS X 10.5 auf Mac OS X 10.6 gewechselt sind, dann werden Sie zunächst keine großen Unterschiede feststellen. Bei Mac OS X 10.6 hat sich Apple in vielen Bereichen wirklich an die filigrane Arbeit im Detail gemacht. Für den Anwender heißt dies zunächst, dass es keine neuen Funktionen gibt, die wie das Dashboard eine neue Arbeitsebene einführten oder die Time Machine, die dem System die lange vermisste Funktion zur Datensicherung brachte.

Kleine Verbesserungen | Die Arbeit im Detail hat Apple dagegen gründlich vorgenommen. So bieten Exposé und Spaces nun zwei, drei neue Funktionen, die es im Arbeitsalltag erleichtern, die Übersicht über die geöffneten Fenster zu behalten. Wenn Sie sich Ordner im Dock als Stapel darstellen lassen, dann erfolgt die Anzeige des Inhalts nicht nur sehr viel schneller, es ist auch möglich, durch den Inhalt des Ordners direkt zu navigieren, ohne dass Sie den Finder in den Vordergrund holen müssen.

Der Finder | So gut wie jeder Anwender arbeitet intensiv mit dem Finder. Erstaunlich an diesem Programm ist zunächst, dass es sich über die Jahre in seiner Grundstruktur und Funktionsweise kaum geändert hat. Dafür haben die Funktionen, die neu hinzukommen, eine interessante Eigendynamik entwickelt. War es unter Mac OS X 10.5 auf einmal nicht mehr möglich, die Seitenleiste im Fenster auszublenden, so ist diese Funktion unter

Administrative Änderungen
Wenn Sie bereits mit Mac OS X 10.5 intensiv gearbeitet haben, dann werden Sie vielleicht einige kleinere Änderungen verwirren. Die Anbindung an Verzeichnisdienste erfolgt nun in den Systemeinstellungen in der Ansicht BENUTZER, NFS-Freigaben werden im Festplatten-Dienstprogramm aktiviert, die Darstellung der Protokolle im Dienstprogramm KONSOLE gruppiert sich etwas anders, und das Terminal kann ein Fenster wie auch schon unter Mac OS X 10.4 in der Mitte teilen.

Mac OS X 10.6 wieder vorhanden. Wirklich neu am Finder unter Mac OS X 10.6 ist seine Geschwindigkeit, die nicht nur daraus resultiert, dass das Programm neu entwickelt wurde, sondern auch, dass die zugrunde liegenden Funktionen und Bibliotheken des Systems optimiert wurden.

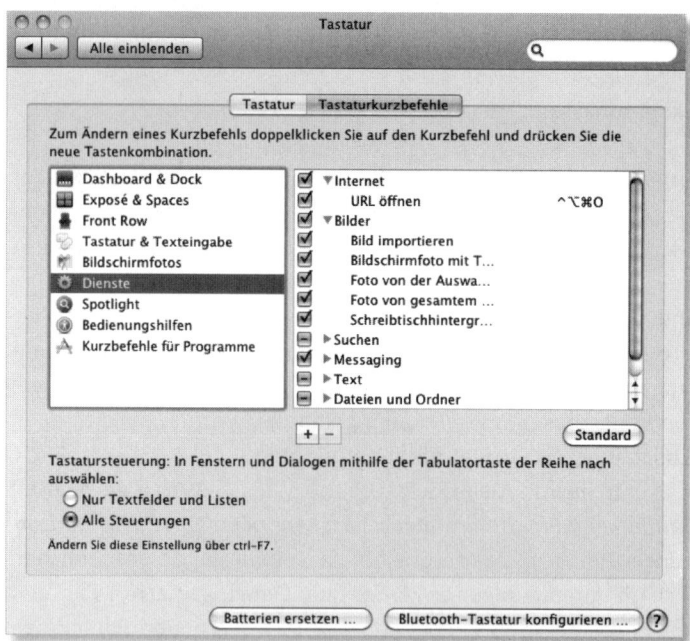

Abbildung 1.1 ▶
Der Inhalt des Menüs Dienste kann in den Systemeinstellungen konfiguriert werden.

Dienste und Automator
Mit ein wenig Handarbeit können Sie problemlos eigene Dienste erstellen und in Ihr System integrieren. Der Automator bringt eine solche Vorlage bereits mit.

[Data Detector]
Wenn Sie Text markieren, dann versucht das System, dessen Informationen zu erkennen und zu unterscheiden, ob es sich um eine Adresse, eine Telefonnummer, einen URL oder E-Mail-Adresse handelt. Dies funktioniert nicht nur bei markiertem Text, die Funktion ist zum Beispiel in Mail auch für nicht markierten Text verfügbar.

Dienste | Die Erweiterungen für das Kontextmenü im Finder wurden unter Mac OS X 10.6 gestrichen. Was auf der einen Seite einen Verlust bedeutet, weil viele Erweiterungen von Fremdherstellern nicht mehr funktionieren, ist auf der anderen Seite ein Gewinn. Ersetzt wurden die Erweiterungen durch eine vollständig überarbeitete Funktionsweise des Menüs Dienste. Dieses fristete trotz seines Potenzials lange Jahre ein Dasein im Schatten und erlebt nun unter Mac OS X 10.6 eine Renaissance.

Den neuen Diensten können Sie eine Auswahl übergeben und damit eine bestimmte Funktion auslösen. Was sich banal liest, entpuppt sich in der Praxis aber als große Hilfe. Der Clou bei den Diensten besteht darin, dass das System Ihnen abhängig vom Typ Ihrer Auswahl unterschiedliche Dienste offeriert.

Wenn Sie im Finder eine Bilddatei auswählen, dann stehen Ihnen im Kontextmenü nur die Dienste zur Verfügung, die entweder generell mit Dateien arbeiten oder die für die Verarbeitung von Bilddateien vorgesehen sind. Dienste, die zum Beispiel die Bearbeitung von Text übernehmen, werden Ihnen nicht angezeigt.

Das Einsatzgebiet der Dienste beschränkt sich dabei aber nicht auf den Finder. Sofern die Programme wie Safari oder Mail entsprechend programmiert wurden, können Sie auch hier die Dienste nutzen. Eine markierte Textstelle lässt sich über einen Dienst bearbeiten oder an ein anderes Programm übergeben, das den Text dann automatisch in irgendeiner Form verarbeitet. Noch einfacher wird die Arbeit mit den Diensten, wenn Sie diese nicht mehr nur über das Kontextmenü aufrufen, sondern Ihnen Tastenkürzel zuweisen.

Textersetzung | Die Arbeit mit Texten wird unter Mac OS X 10.6 mit den neuen Textersetzungen vereinfacht. Sie können in den Systemeinstellungen ein Kürzel und eine Vervollständigung eingeben und auf diese Weise zum Beispiel in Mail das Kürzel *mfg* zu *Mit freundlichen Grüßen* vervollständigen. Ebenfalls verbessert wurde die Handhabung der Rechtschreibprüfung, wobei die Grammatikprüfung immer noch nicht für Deutsch verfügbar ist.

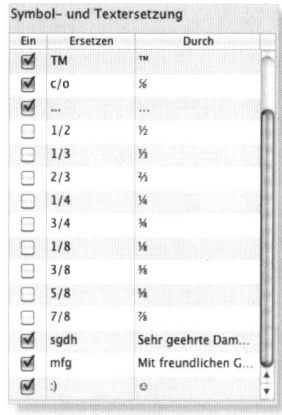

▲ **Abbildung 1.2**
In den Systemeinstellungen können Textbausteine konfiguriert werden.

Vorschau | Das Programm Vorschau markiert Text in einer PDF-Datei nun etwas intelligenter. Wird der Text in Spalten dargestellt, dann erkennt Vorschau nun relativ zuverlässig den Textfluss und markiert nicht mehr von oben nach unten. Überarbeitet wurden auch die Anmerkungen in PDF-Dateien sowie die Möglichkeiten, Seiten in einer PDF-Datei zu vertauschen und zwischen Dateien auszutauschen.

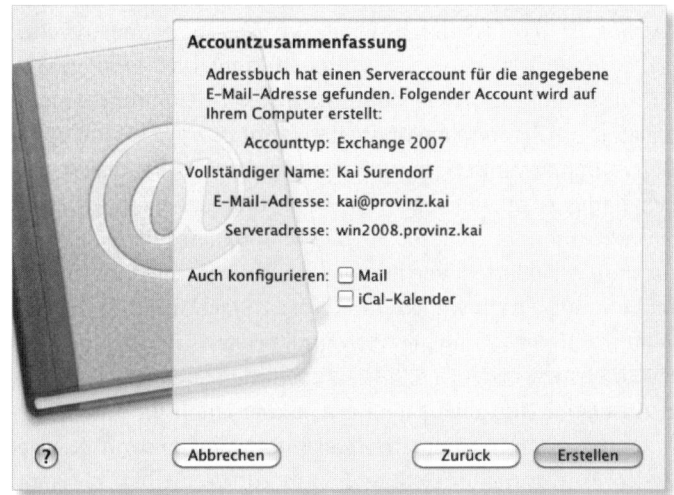

◀ **Abbildung 1.3**
Assistenten übernehmen die Anbindung an einen Exchange-Server.

Exchange 2007 | Die Unterstützung für Microsoft Exchange wurde von Apple nahtlos in die Programme Mail, iCal und Adressbuch integriert. Die Konfiguration der Anbindung an einen

Boot Camp und Windows 7
Optimierte Boot-Camp-Treiber für Windows 7 wurden von Apple zur Drucklegung angekündigt, waren aber leider noch nicht verfügbar.

Exchange-Server wird durch zuverlässige Assistenten vereinfacht und hat im Test reibungslos funktioniert. Hierbei beschränkt sich die Unterstützung allerdings auf Exchange 2007.

Digitale Bilder | Überarbeitet wurde auch das Programm DIGITALE BILDER. War es unter Mac OS X 10.5 möglich, die Bilder einer Kamera über einen integrierten Webserver im Netzwerk verfügbar zu machen, so erfolgt die Freigabe nun innerhalb des Programms selbst und wird über Bonjour im lokalen Netzwerk kommuniziert.

CUPS 1.4 | Das Drucksystem CUPS, das mittlerweile zu Apple gehört, liegt unter Mac OS X 10.6 in der Version 1.4 vor. Diese bietet Verbesserungen in vielen kleinen Details. Neu ist die Möglichkeit, über die Systemeinstellungen Drucker für ausgewählte Benutzerkonten im Netzwerk verfügbar zu machen. Bisher musste für die Einschränkung der Druckfreigabe im Netzwerk die Konfiguration direkt in CUPS vorgenommen werden.

64-Bit | Dass Mac OS X 10.6 oft sehr viel schneller reagiert, beruht zunächst darauf, dass Apple an einigen Stellen sich bei der Arbeit nicht auf neue Funktionen sondern auf die Steigerung der Geschwindigkeit konzentriert hat. Time Machine bietet im Vergleich zur vorhergehenden Version keine wirklich neue Funktion, dafür erfolgt die Erstellung von Sicherheitskopien im Hintergrund deutlich schneller. Ein weiterer Grund für die Geschwindigkeitssteigerung ist die fast durchgängige Verwendung einer 64-Bit-Version der Programme. Der Vorteil besteht hier grob gesagt darin, dass die Programme dem Prozessor die doppelte Anzahl von Daten zur Bearbeitung übergeben können.

Bei Alltagsanwendungen wie einer Textverarbeitung ist der Geschwindigkeitsgewinn eher klein, während hingegen rechenintensive Programme, etwa zur Bildbearbeitung, profitieren. Adobe Photoshop profitiert davon übrigens zurzeit nicht, denn dieses Programm nutzt nach wie vor die Carbon-Bibliothek, mit der die Erstellung von 64-Bit-fähigen Programmen nicht möglich ist.

▲ **Abbildung 1.4**
Die meisten Programme des Systems liegen in einer 64-Bit-fähigen Version vor.

libdispatch
Die grundlegende Funktionsbibliothek wurde von Apple übrigens als Open Source (http://libdispatch.macosforge.org) freigegeben.

Grand Central Dispatch | Eine große Innovation für Entwickler ist ein Grand Central Dispatch genanntes Verfahren. Moderne Prozessoren wie der Intel Core 2 Duo verfügen über mehr als einen Prozessorkern. Jeder dieser Kerne kann unabhängig voneinander Berechnungen durchführen. Für Entwickler stellt sich hierbei die Herausforderung, rechenintensive Routinen und Funktionen möglichst gleichmäßig auf die vorhandenen Kerne aufzuteilen. Bisher gab es für diese Aufgabe kein standardisiertes Verfahren, das Apple den Entwicklern jetzt bietet.

OpenCL | Während sich bei einem Hauptprozessor in den letzten Jahren eine Steigerung der Geschwindigkeit in erster Linie durch die Integration weiterer Kerne erreichen ließ, ist die Rechenkapazität der Chips auf Grafikkarten regelrecht explodiert. Mit Core Image hat Apple schon unter Mac OS X 10.4 angefangen, Berechnungen vom Hauptprozessor in die Grafikkarte zu verlagern. Dieses Potenzial können Entwickler nun mit OpenCL selbst nutzen. Bei OpenCL (Open Computing Language) handelt es sich um eine Programmiersprache. Entwickler können einen Teil Ihrer Anwendung mit dieser Sprache realisieren. Diese Programmteile nutzen die Rechenleistung der Grafikkarten für beliebige Berechnungen. Dabei übernimmt Apple die Unterstützung der Grafikkarten. Für den Entwickler ist es dabei nicht wichtig zu wissen, welche Grafikkarte eingesetzt wird.

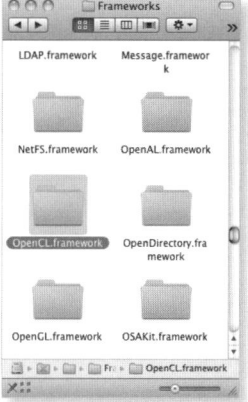

▲ **Abbildung 1.5**
Das OPENCL.FRAMEWORK kann von Entwicklern genutzt werden.

Sowohl Grand Central Dispatch als auch OpenCL werden einem Endanwender so gut wie nie direkt begegnen. Die Auswirkungen, die diese beiden neuen Funktionen haben werden, besteht in einer weiteren Steigerung der Geschwindigkeit der Programme, die diese Funktionen nutzen.

QuickTime X | Und zu guter Letzt wurde mit Mac OS X 10.6 QuickTime vollständig neu programmiert. Quick Time ist die technische Grundlage für die meisten multimedialen Funktionen des Betriebssystems und hat unter Mac OS und Mac OS X eine lange Geschichte. Im Laufe der Zeit wurden immer mehr Funktionen hinzugefügt, geändert, angepasst, verworfen und doch nicht entfernt. Für Entwickler wurde es zusehends immer schwieriger bis unmöglich, QuickTime in ihre Programme zu integrieren. Mit Mac OS X 10.6 hat Apple hier einen Neuanfang gewagt, und die neue Version nennt sich QuickTime X. Dabei bietet diese Version zunächst weniger Funktionen als die alte QuickTime-Version. Diese kann bei Bedarf bei der Installation ebenfalls ausgewählt werden. Auch die Pro-Version von QuickTime 7.6 kann unter Mac OS X 10.6 eingesetzt werden.

▲ **Abbildung 1.6**
Der neue QuickTime-Player bietet weniger Funktionen, aber eine höhere Geschwindigkeit.

TEIL I
Mit Mac OS X 10.6 arbeiten

2 Effizient mit Mac OS X arbeiten

Die Benutzeroberfläche von Mac OS X ist nur nicht ästhetisch ansprechend und auf das Wesentliche reduziert, das System bietet Ihnen von Haus aus auch eine Reihe von Funktionen, die Ihnen eine angenehme und komfortable Arbeit am Rechner ermöglichen. Während viele Dinge und Funktionen selbsterklärend und für Anwender, die schon länger mit einem Computer arbeiten, fast schon banal sind, bietet die Benutzeroberfläche von Mac OS X 10.6 auch noch einige Funktionalitäten, deren Sinn und Zweck sich nicht auf den ersten Blick erschließen mag.

Dieses Kapitel möchte Sie in konzentrierter Form auf solche Funktionen aufmerksam machen. Einiges wird Ihnen möglicherweise schon bekannt sein, aber wenn Sie den einen oder anderen Handgriff für sich entdecken, mit dem Sie Ihre Arbeitsweise noch effizienter gestalten können, haben die Ausführungen in diesem Kapitel ihr Ziel erreicht.

Human Interface Guidelines
Die weitgehend einheitliche Bedienung von Programmen unter Mac OS X wird von Apple in den »Human Interface Guidelines« vorgegeben. In diesem knapp 200 Seiten starken Dokument finden sich Vorgaben für die Position der Fenster, welche Schaltflächen für welche Zwecke einzusetzen sind und einiges mehr. Bei Interesse finden Sie die vollständigen Vorgaben auf der Website von Apple mit dem Suchbegriff »Human Interface Guidelines«.

2.1 Ein paar Anmerkungen zum Dock

Das Dock ist wohl eines der zentralen Bedienelemente des Systems. Blieben die Funktionen des Docks in den ersten Versionen des Systems weitgehend unverändert, hat es in Mac OS X 10.5 mit den sogenannten Stapeln eine in stetiger Weiterentwicklung begriffene Erweiterung erfahren.

Finder im Dock
Der Finder ist im Dock fest verankert und kann nicht entfernt werden.

Zwei Bereiche | Das Dock teilt sich in zwei Bereiche. Wenn das Dock am unteren Bildschirmrand platziert wurde, dann befinden sich links die Programme und rechts Dokumente, Ordner und weitere Elemente, die Sie ins Dock gezogen haben.

Dock konfigurieren | Um Einstellungen für das Dock vorzunehmen, müssen Sie nicht zwingend die Systemeinstellungen öffnen. Seine Größe können Sie verändern, indem Sie die Maus über den Trennstrich platzieren und, sobald sich der Zeiger in zwei Pfeile

> **TIPP**
>
> Mit gedrückt gehaltener Taste ⌥ ändert sich die Größe nicht mehr stufenlos, sondern in Intervallen.

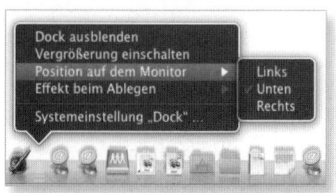

▲ Abbildung 2.1
Das Dock kann über das Kontextmenü konfiguriert werden.

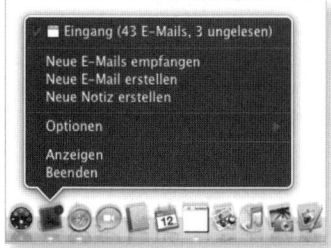

▲ Abbildung 2.2
Über das Dock bieten einige Programme Zugriff auf ausgewählte Funktionen.

Objekt im Finder zeigen
⌘ gedrückt

Programm aus-/einblenden
⌥ gedrückt

Programm aktivieren
Leertaste

verwandelt, bei gedrückter Maustaste nach oben oder unten bewegen.

Rufen Sie über dem Trennstrich das Kontextmenü auf, so erhalten Sie die Einstellungsmöglichkeiten des Docks. Damit das Dock automatisch vom Bildschirm verschwindet, sobald Sie es mit der Maus verlassen, können Sie den Punkt AUTOMATISCH AUSBLENDEN wählen. Mit der Tastenkombination ⌘ + ⌥ + D können Sie diese Einstellung ein- und ausschalten. Wenn Sie die VERGRÖSSERUNG EINSCHALTEN, sollten Sie in den Systemeinstellungen des Docks eine möglichst geringe vorgeben. Sie erhöhen so Ihre Treffsicherheit beim Anklicken eines Elements im Dock.

Kontextmenü bei Programmen | Bei einem Programm, dessen Icon sich im Dock befindet, können Sie ebenfalls das Kontextmenü aufrufen. Abhängig vom Programm finden Sie hier eine Liste der offenen Fenster und weitere Funktionen wie etwa NEUE E-MAIL ERSTELLEN bei Mail. Sie können es auch direkt aus dem Dock heraus BEENDEN. Halten Sie, bevor Sie das Kontextmenü aufrufen, die Taste ⌥ gedrückt, dann ändert sich dieser Punkt in SOFORT BEENDEN. Hiermit können Sie ein nicht mehr reagierendes Programm beenden. Unter OPTIONEN können Sie festlegen, ob Sie das Programm BEI DER ANMELDUNG ÖFFNEN möchten. Es wird dann zu den Anmeldeobjekten (siehe Abschnitt 14.2.3) hinzugefügt. Ebenfalls in diesem Untermenü können Sie festlegen, ob Sie das Icon des aktiven Programms IM DOCK BEHALTEN möchten oder nicht, und es ist auch möglich, sich das Programm IM FINDER ANZEIGEN zu lassen.

Tastenkürzel | Im Zusammenspiel mit dem Dock gibt es einige Tastenkürzel, die zusätzliche Funktionen auslösen. Halten Sie die Taste ⌘ gedrückt und klicken Sie ein Icon an, dann wird der Finder geöffnet und Ihnen das Programm angezeigt. Mit der Taste ⌥ können Sie, wenn Sie das Icon eines aktiven Programms anklicken aus- oder einblenden. Befand sich das Programm bereits im Vordergrund, dann wird es ausgeblendet. Befand es sich nicht im Vordergrund, dann werden die anderen Programme aus- und das angeklickte Programm eingeblendet.

Wenn Sie eine Datei mit der Maus auf das Icon eines Programms ziehen und die Maustaste loslassen, wird normalerweise die Datei in dem Programm geöffnet. Sie können aber auch, wenn sich das Icon der Datei über dem des Programms befindet, die Leertaste drücken. Damit wird das Programm in den Vordergrund geholt, wobei allerdings die Datei am Mauspfeil verbleibt, solange Sie die Maustaste gedrückt halten. Auf diese Weise können Sie zum Beispiel Pages in den Vordergrund holen und per Drag and Drop eine Datei vom Schreibtisch in ein bereits geöffnetes Textdokument platzieren.

Stapel und Ordner | Wenn Sie einen Ordner in das Dock ziehen, dann können Sie anschließend sowohl seine Darstellung als auch die des Inhalts bestimmen. Führen Sie einen Rechtsklick auf den Ordner im Dock aus, dann erscheint ein Menü, in dem Sie zunächst festlegen können, wie der Inhalt des Ordners sortiert wird. Die Option ANZEIGEN ALS bezieht sich auf die Darstellung des Ordners im Dock. Wenn Sie hier STAPEL auswählen, dann besteht das Icon des Ordners im Dock auf einer Zusammenstellung seines Inhalts. Die Anzeige als ORDNER greift auf das Icon zurück, das Sie dem Ordner im Finder zugewiesen haben (siehe Abschnitt 3.1.7).

▲ **Abbildung 2.3**
Mit einem Rechtsklick können die Optionen aufgerufen werden.

Unter INHALT ANZEIGEN ALS können Sie mit der Option AUTOMATISCH veranlassen, dass das Dock basierend auf der Anzahl der enthaltenen Objekte versucht, die optimale Darstellung zu ermitteln. Die Anzeige als FÄCHER stellt die ersten zehn bis elf Objekte zur Auswahl und verweist über einen weiteren Eintrag wie 26 MEHR IM FINDER auf den Ordner selbst. Bei der Anzeige als LISTE werden auch etwaige Unterordner aufgeführt, die Sie auswählen können. Bei dem Ordner PROGRAMME ist dies recht praktisch, weil Sie auf diese Weise unter Umgehung des Finders direkten Zugriff auf alle Programme und Dienstprogramme haben.

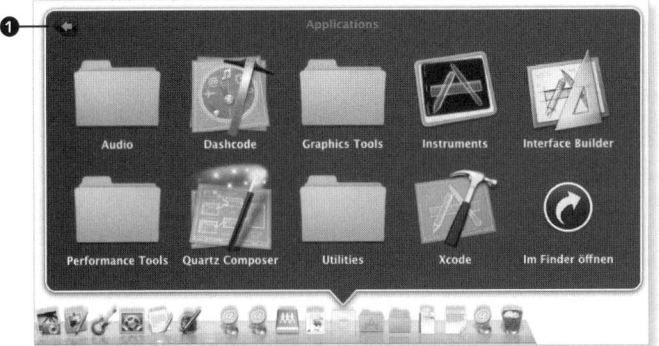

◄ **Abbildung 2.4**
Die Anzeige als Gitter ermöglicht auch die Navigation im Dateisystem.

Wenn Sie sich den Inhalt als GITTER anzeigen lassen, dann können Sie enthaltene Unterordner anklicken, und anschließend wird deren Inhalt dargestellt. Über den Pfeil nach links ❶ können Sie wieder zum übergeordneten Ordner wechseln. Die Darstellung als GITTER macht von Quick Look Gebrauch, sodass Sie bei Bildern und PDF-Dateien eine kleine Vorschau des Inhalts angezeigt bekommen.

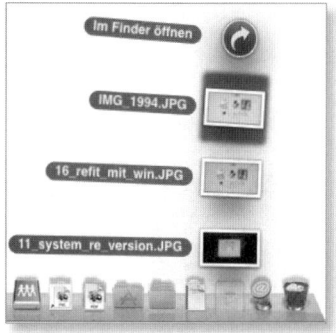

▲ Abbildung 2.5
Die Taste ⏎ öffnet das ausgewählte Element.

Tastatur | Sie können auch mittels der Tastatur durch einen Ordner navigieren. Haben Sie einen Ordner angeklickt oder über die in Abschnitt 2.6.1 beschriebene Tastatursteuerung ausgeklappt, dann können Sie mit den Pfeiltasten ein Element auswählen. Mit der Taste ⏎ wird es geöffnet, die Taste esc schließt den Ordner wieder.

2.2 Die Fenster im Griff

Die Darstellung der Programme in Fenstern war damals das Alleinstellungsmerkmal des klassischen Mac OS, und die Handhabung der Fenster wurde in Mac OS X immer weiter verfeinert. Die in diesem Abschnitt beschriebenen Funktionen sind auch bitter nötig, denn schnell geht der Überblick bei fünf Fenstern im Finder, drei in Mail, mehreren Tabs in Safari, zwei Dialogen in iChat und dem eigentlich noch zu bearbeitenden Text in Pages verloren.

2.2.1 Die Titelleiste
Die Titelleiste eines Fensters ist zwar unscheinbar, bietet aber den direkten Zugriff auf einige Informationen und Funktionen.

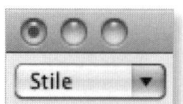

▲ Abbildung 2.6
Das Schließgadget zeigt an, ob die Änderungen gespeichert wurden.

Status eines Dokuments | Die Titelleiste eines Fensters gibt bei einem Dokument Aufschluss darüber, ob der Inhalt in seiner aktuellen Fassung bereits auf der Festplatte gespeichert wurde oder nicht. Wenn die Änderungen noch nicht gesichert wurden, erscheint im Schließgadget ein Punkt. Ferner wird das Icon in der Titelleiste aufgehellt. Speichern Sie das Dokument, dann verschwindet der Punkt, und das Icon erscheint voll.

Pfad anzeigen | Wenn Sie ein Dokument an einer beliebigen Stelle auf Ihrer Festplatte gespeichert haben, können Sie den Pfad in der Titelzeile des Fensters aufrufen, indem Sie ⌘ gedrückt halten und auf den Namen des Dokumentes klicken oder einfach einen Rechtsklick ausführen. Anschließend erscheint der Pfad, und Sie können einen der übergeordneten Ordner auswählen. Dieser wird dann automatisch im Finder geöffnet.

▲ Abbildung 2.7
Über das Proxy-Icon kann der Pfad der Datei ermittelt werden.

Dateien verschieben und verknüpfen | Das Symbol neben dem Namen des Dokumentes wird auch Proxy-Icon genannt. Sie können es in vielen Programmen mit gedrückter Maustaste aus der Titelleiste herausziehen, wenn Sie die Änderungen des Dokuments gespeichert haben.

Legen Sie es auf dem Desktop oder in einem Ordner-Fenster des Finders ab, so wird automatisch an der entsprechenden Stelle ein Alias auf das betreffende Dokument angelegt. Halten Sie dabei ⌥ gedrückt, erscheint ein kleines Pluszeichen an der Stelle, und eine Kopie des Dokumentes wird statt eines Alias angelegt.

Wenn Sie nicht durch die Ordnerhierarchien navigieren möchten, um ein bereits geöffnetes Dokument im Dock abzulegen, können Sie auch das Proxy-Icon ins Dock ziehen.

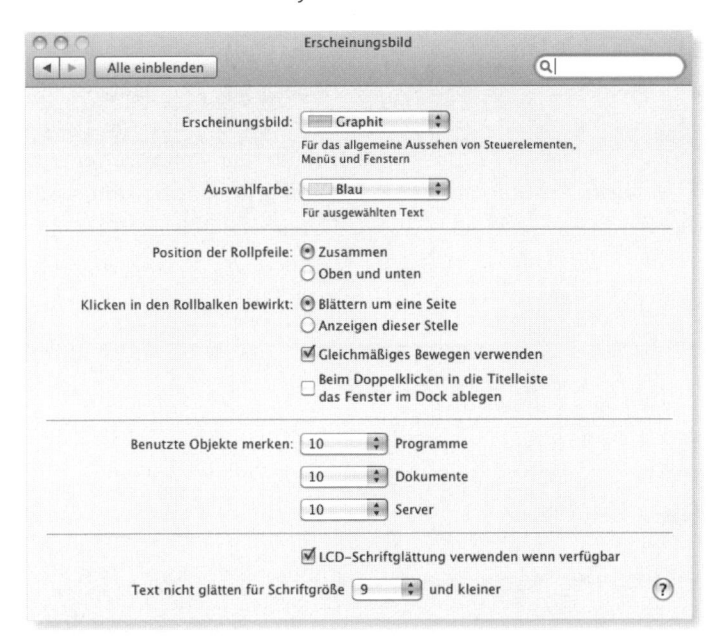

▲ **Abbildung 2.8**
Das Proxy-Icon kann zum Verschieben odder Kopieren genutzt werden.

TIPP

Die Proxy-Icons stehen auch bei den Ordnern im Finder zur Verfügung, verhalten sich aber etwas anders (siehe Abschnitt 3.1.2).

▲ **Abbildung 2.9**
Das Verhalten der Fenster beim Scrollen wird in den Systemeinstellungen festgelegt.

Systemeinstellungen | Das Verhalten der Fenster können Sie in den Systemeinstellungen im Bereich ERSCHEINUNGSBILD anpassen. Sie können dort die Position der Rollpfeile bestimmen und auswählen, was das KLICKEN IN DEN ROLLBALKEN BEWIRKT. Wenn Sie die Option ANZEIGEN DIESER STELLE aktivieren, springen Sie direkt zu dem Bereich eines Dokumentes, an dessen Stelle Sie im Rollbalken geklickt haben. Dies ermöglicht Ihnen insbesondere bei langen Dokumenten eine präzise Anwahl der anzuzeigenden Stelle. Halten Sie die Taste ⌥ bei einem Klick in den Bereich gedrückt, dann kehren Sie die Einstellung für diesen Mausklick um.

Die Option GLEICHMÄSSIGES BEWEGEN VERWENDEN sorgt für einen Scroll-Effekt, wenn Sie eine Bildschirmseite nach unten oder oben scrollen. Dies gilt sowohl für einen Klick in den Rollbalken als auch für die Tasten `Seite hoch` und `Seite runter`.

TIPP

Sie können mit dem Scrollrad der Maus auch in Fenstern scrollen, die im Hintergrund sind, wenn sich der Mauspfeil über ihnen befindet.

2.2.2 Symbolleisten anpassen

Die meisten mit Cocoa realisierten Programme bieten Ihnen die gebräuchlichsten Funktionen und Befehle in Form verschiedener Icons in einer Symbolleiste direkt unter der Titelzeile. Oft ist die Auswahl auf wenige Befehle beschränkt, um weniger versierte Anwender nicht zu verwirren. Um der Symbolleiste weitere Elemente hinzuzufügen, rufen Sie das Kontextmenü auf, während Sie in die Symbolleiste klicken.

> **TIPP**
>
> Anstelle des Kontextmenüs können Sie auch die Tasten ⌘ + ⌥ gedrückt halten und auf das Oval klicken.

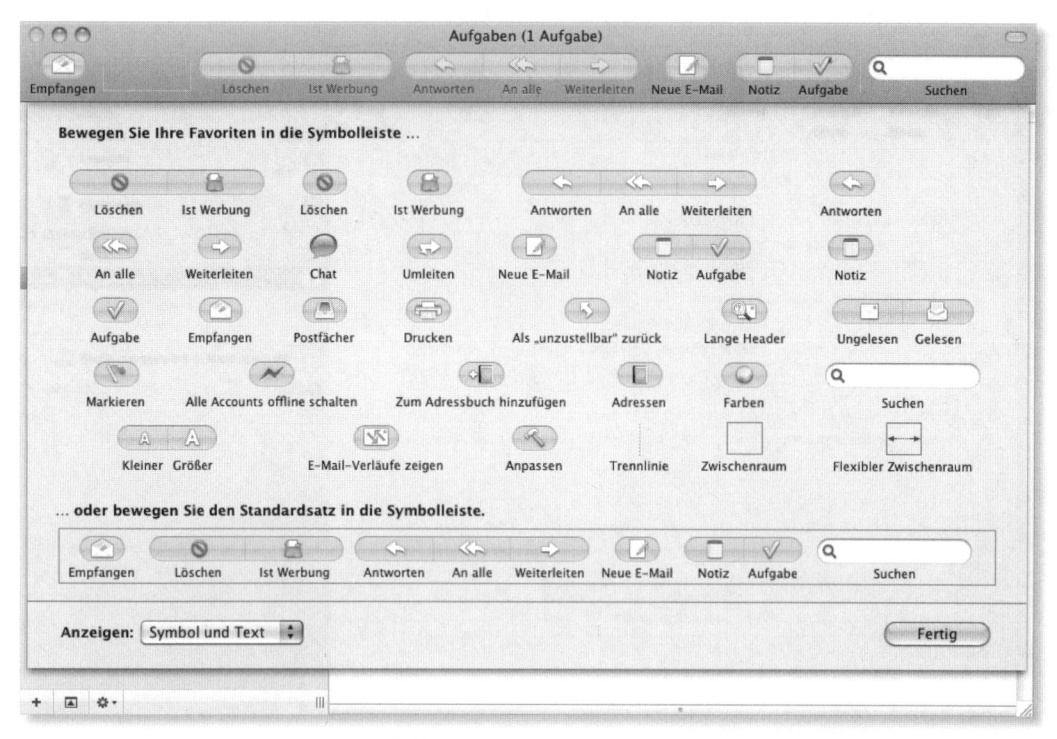

▲ Abbildung 2.10
Die Symbolleiste der meisten Programme lässt sich vom Anwender individuell anpassen.

Der Punkt SYMBOLLEISTE ANPASSEN stellt Ihnen dann alle unterstützten Symbole zur Auswahl. Diese können Sie einfach in die Leiste hinein- oder herausziehen, wobei Letzteres das Symbol aus der Leiste entfernt. Auch die Umgruppierung ist möglich. Wenn Sie ein Symbol rechtsbündig an den Rand stellen möchten – etwa das Icon zum Löschen –, stellen Sie zwischen diesem Symbol und seinem Nachbarn ein FLEXIBLER ZWISCHENRAUM genanntes Element. Dieses passt sich in seiner Breite dem Fenster an. Wenn lediglich vorhandene Elemente umgruppiert werden sollen, halten Sie die Taste ⌘ gedrückt, und ziehen Sie das Symbol an die gewünschte Stelle.

> **TIPP**
>
> Bei gedrückter Taste ⌘ führt ein Klick auf das Oval rechts oben, das normalerweise die Symbolleiste ausblendet, zu einem Wechsel der Ansicht. Es blendet innerhalb einer vorgegebenen Reihenfolge die Symbole oder den Text ein und wählt die normale oder kleinere Darstellung aus.

2.2.3 Exposé im Detail

Das Funktionsprinzip von Exposé besteht darin, mithilfe von drei vorgegebenen Tasten oder Bildschirmecken entweder alle Fenster auszublenden, die Fenster des aktiven Programms über den Bildschirm zu verteilen oder alle Fenster aller geöffneten Programme dem Anwender in einer verkleinerten Fassung zur Auswahl anzubieten. Nach der Auswahl eines bestimmten Fensters durch einen Mausklick tritt es in den Vordergrund, und alle anderen Fenster nehmen im Hintergrund wieder ihre normale Gestalt an.

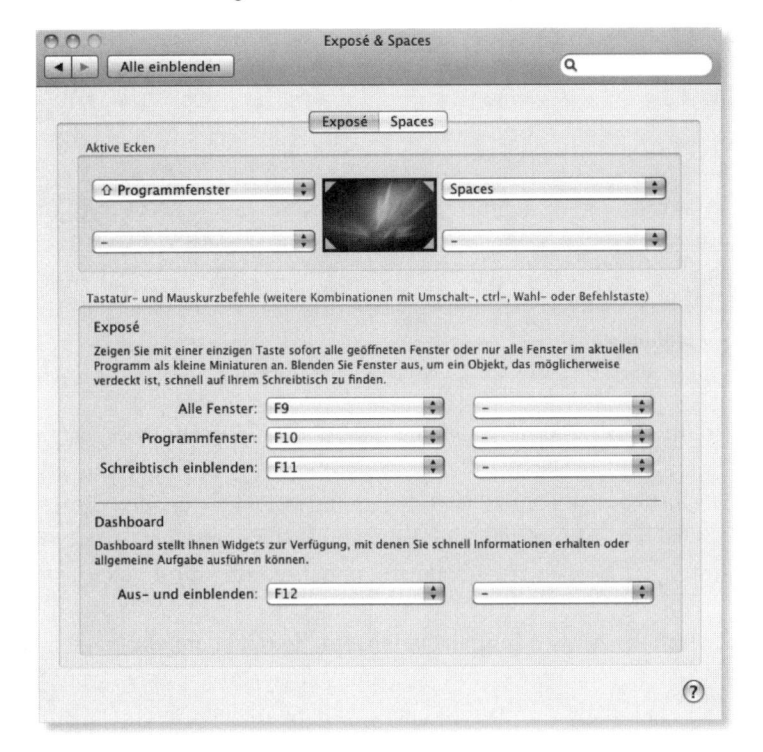

> **TIPP**
>
> Wenn Sie die Taste ⇧ gedrückt halten, erfolgen fast alle Animationen und Bewegungen in Bezug auf Exposé und den Spaces in Zeitlupe. Der Effekt ist zwar völlig nutzlos, aber schön anzusehen.

◄ **Abbildung 2.11**
Über die Systemeinstellungen können die Vorgaben für Exposé modifiziert werden.

Tastenkürzel in Exposé | Die Vorgaben von Apple sehen vor, dass [F9], [F10] und [F11] die jeweiligen Funktionen aufrufen. Es ist möglich, dass diese Vorgaben mit denen anderer Programme kollidieren und diese ebenfalls [F9] für eine bestimmte Funktion nutzen. In diesem Fall können Sie in den Systemeinstellungen im Unterpunkt EXPOSÉ neue Tastenkürzel oder aktive Bildschirmecken vorgeben. Halten Sie bei der Auswahl die [⌘]-, [⌥]- oder [ctrl]-Taste gedrückt, so wird die Tastenkombination aufgezeichnet und abgespeichert. Ob es sinnvoll ist, eine Funktion von Exposé der linken [⇧]-Taste zuzuweisen, sei dahingestellt. Wenn Ihre Auswahl mit einer bereits bestehenden Tastenkombination kollidiert, dann werden Sie mit einem gelben Warndreieck darauf hingewiesen.

> **TIPP**
>
> Sie können Exposé auch in Verbindung mit Drag and Drop verwenden. Wenn Sie zum Beispiel im Finder eine Datei mit gedrückt gehaltener linker Maustaste ziehen und dabei Exposé aufrufen, können Sie die Datei in einem der dann sichtbaren Fenster ablegen. Dies ist insbesondere in Verbindung mit Aktivierung über die Bildschirmecken recht praktisch.

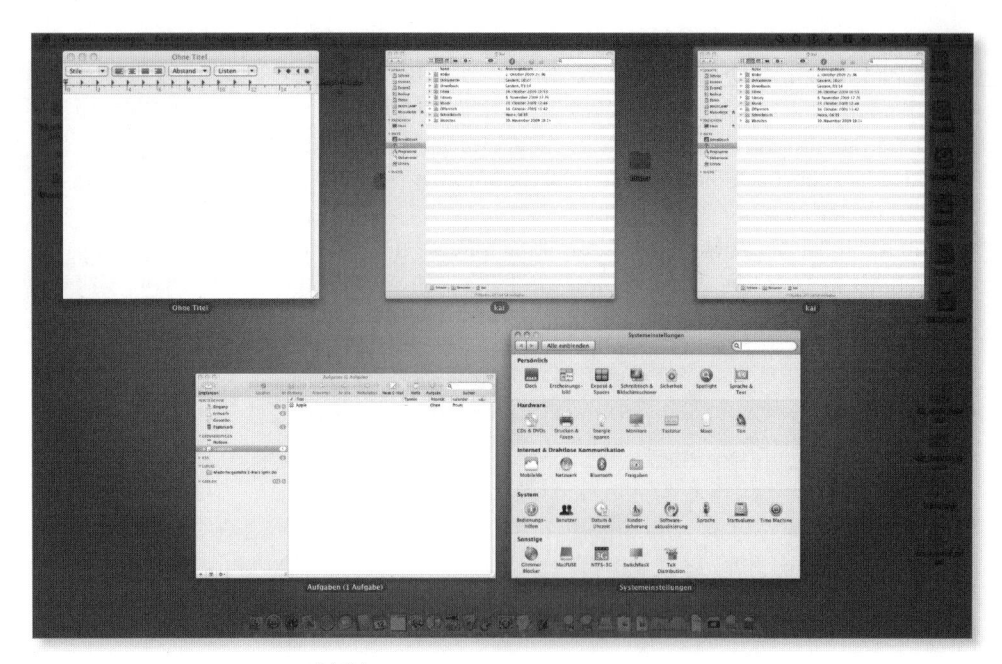

▲ Abbildung 2.12
Exposé bietet eine Übersicht aller geöffneten Fenster.

Vorschau mit Leertaste
Wenn Sie ein Fenster ausgewählt haben, indem Sie entweder den Mauspfeil darüber platzieren oder die Pfeiltasten nutzen, dann können Sie mit [Leertaste] eine vergrößerte Vorschau des Fensters öffnen. Ein erneuter Druck auf [Leertaste] stellt das Fenster wieder zurück.

Pfeiltasten | Wenn Sie sich mit Exposé die Übersicht der Fenster eines Programms oder alle Fenster anzeigen lassen, dann können Sie anstelle eines Mausklicks auch mit den Pfeiltasten ein Fenster auswählen. Das ausgewählte Fenster wird blau umrahmt. Mit der Taste [↵] können Sie das Fenster in den Vordergrund holen.

Zwischen Anwendungen wechseln | Mit dem Kurzbefehl [⌘] + [tab] können Sie zwischen den aktiven Programmen wechseln. Halten Sie die Taste [⌘] gedrückt, dann bleibt die Leiste aus Abbildung 2.13 im Vordergrund, und Sie können mit [⌘] + [tab] sowie [⌘] + [⇧] + [tab] zwischen den aktiven Programmen auswählen.

Abbildung 2.13 ▶
Mit dem Kurzbefehl [⌘] + [tab] kann zwischen den aktiven Programmen gewechselt werden.

Haben Sie ein Programm ausgewählt, während Sie weiterhin die Taste [⌘] gedrückt halten, können Sie es mit [⌘] + [H] ausblenden. Mit [⌘] + [Q] können Sie das Programm direkt aus der Übersicht beenden, sofern in ihm keine ungesicherten Dokumente offen sind.

Der Programmwechsel über ⌘ + tab lässt sich auch in Kombination mit Drag and Drop gut nutzen. Ziehen Sie eine Datei aus dem Finder, und halten Sie die Maustaste gedrückt. Rufen Sie dann mit ⌘ + tab die aktiven Programme auf, und halten Sie die Taste ⌘ gedrückt. Sie können die Datei dann auf ein aktives Programm ziehen.

Haben Sie mit F9 die Übersicht der offenen Fenster eines Programms aufgerufen, können Sie mit ⌘ + tab oder nur tab das Programm wechseln, und Exposé zeigt Ihnen dann dessen aktive Fenster.

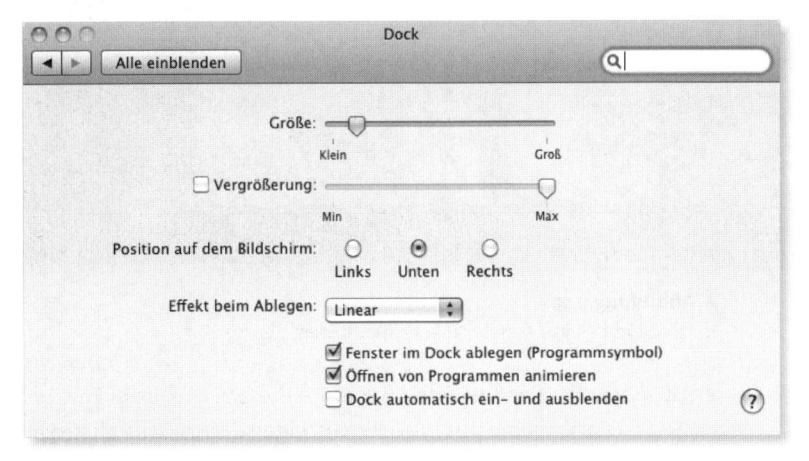

▲ **Abbildung 2.14**
Fenster können auch hinter das Programmsymbol im Dock abgelegt werden.

Fenster im Dock | Diese Funktion hätte auch im Zusammenhang mit dem Dock angesprochen werden können, weil sie sowohl auf dem Dock als auch auf Exposé basiert. Sie finden in der Ansicht DOCK der Systemeinstellungen die Option FENSTER IM DOCK ABLEGEN (PROGRAMMSYMBOL). Die Bezeichnung ist etwas missverständlich, da Fenster, die Sie über die Tastenkombination ⌘ + M oder das Schließgadget mit dem Minuszeichen minimieren, immer im Dock abgelegt werden. In den Standardeinstellungen werden Fenster im Dock in dem Bereich abgelegt, in dem sich auch die Dateien und Ordner befinden. Aktivieren Sie die Option FENSTER IM DOCK ABLEGEN (PROGRAMMSYMBOL), dann werden die Fenster hinter das Icon des Programms abgelegt. Sie können dann mit F9 die Übersicht der Fenster des aktiven Programms oder durch einen Mausklick auf das Programmsymbol im Dock, bei dem Sie die linke Maustaste etwas länger gedrückt halten, die Übersicht aller Fenster des Programms aufrufen. Die im Dock abgelegten Fenster erscheinen dann etwas kleiner unten.

▲ Abbildung 2.15
Im Dock abgelegte Fenster erscheinen unten.

2.2.4 Arbeitsflächen mit Spaces

Ist Exposé schon eine gute Möglichkeit, das Chaos der Fenster in den Griff zu bekommen, so lässt sich mithilfe der Spaces genannten Arbeitsflächen noch etwas mehr Ordnung in die Darstellung bringen. Es handelt sich dabei um virtuelle Schreibtische, auf denen Sie Fenster zusammenfassen können. Dabei kann man sich die Spaces so vorstellen, dass mehrere nicht existente Bildschirme neben- und untereinander platziert werden und der physikalische Bildschirm einen davon, also quasi einen Ausschnitt, darstellt.

Aktivieren können Sie die Arbeitsflächen in den Systemeinstellungen in der Ansicht EXPOSÉ & SPACES. Sie finden dort zunächst die Optionen SPACES AKTIVIEREN und SPACES IN DER MENÜLEISTE ANZEIGEN. Während Sie mit der ersten die Funktion überhaupt erst aktivieren, kann Ihnen die Anzeige der Spaces in der Menüleiste die Orientierung erleichtern. Die Nummer der aktuell angezeigten Arbeitsfläche wird Ihnen dann in der Menüleiste eingeblendet, und Sie können zwischen den Arbeitsflächen wechseln.

▲ Abbildung 2.16
Die eingerichteten Arbeitsflächen können in der Menüleiste angezeigt werden.

In den Systemeinstellungen können Sie ferner bis zu 16 Arbeitsflächen erstellen, wobei Sie über die Schaltflächen jeweils ZEILEN und SPALTEN hinzufügen und entfernen können. Im Alltag ist die Zahl 16 wohl selten praktikabel, meist bietet es sich an, mit zwei oder vier Flächen zu arbeiten, um die Übersicht zu behalten.

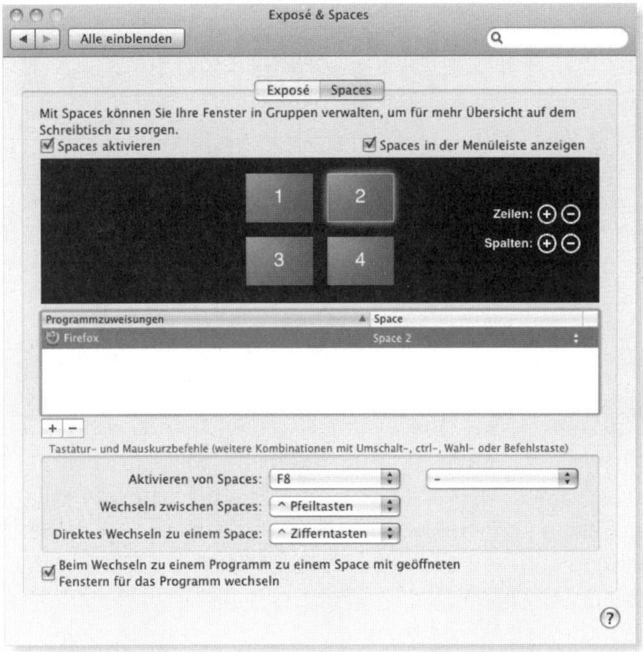

◀ **Abbildung 2.17**
In den Systemeinstellungen können bis zu 16 Arbeitsflächen erstellt werden.

Programmzuweisungen | Unterhalb der eingerichteten Spaces können Sie Programmzuweisungen vornehmen. Fügen Sie über das Pluszeichen ein Programm in die Liste ein, so können Sie in der Spalte Space vorgeben, in welcher Arbeitsfläche dieses Programm zukünftig geöffnet werden soll. Sie können auch das Icon eines Programms auf den Finder auf eines der oben eingerichteten Spaces ziehen und so die Zuordnung vornehmen. Auf diese Weise können Sie die Programme zum Beispiel thematisch gruppieren und beispielsweise alle Programme zur Kommunikation (Safari, Mail, iChat) in eine Arbeitsfläche legen, um auf einer anderen freie Hand mit dem Finder oder Pages zu haben. Über den Punkt Alle Spaces werden die Fenster des Programms auf jeder Arbeitsfläche angezeigt.

Unterhalb der Programmzuweisungen können Sie für die einzelnen Aktionen die jeweiligen Kurzbefehle abweichend von den Vorgaben Apples einstellen.

Space wechseln | Sie können, sofern Sie in den Systemeinstellungen nichts anderes vorgeben, die Spaces wechseln mit den Tastenkombinationen `ctrl` + `1` bis `9` ein Space auswählen. Wenn Sie ein Fenster oder ein anderes Objekt wie eine Datei im Finder bei gedrückt gehaltener Maustaste an einen Bildschirmrand ziehen, dann wird nach ungefähr einer Sekunde zum daneben liegenden Space gewechselt.

HINWEIS

Beim Finder bietet es sich an, ihn entweder auf die Fläche 1 oder auf alle Spaces zu legen. Andernfalls kann es in Einzelfällen zu Problemen mit Time Machine kommen.

Kein automatischer Wechsel
Die Option Beim Wechseln zu einem Programm ... sorgt dafür, dass die Arbeitsfläche gewechselt wird, wenn Sie ein Programm auswählen, das über kein Fenster auf der aktuell angezeigten Arbeitsfläche verfügt. Dies führt oft zu einem Wegrutschen des Spaces, und Sie können diesen automatischen Wechsel durch die Abwahl der genannten Option unterbinden.

2.2 Die Fenster im Griff | **41**

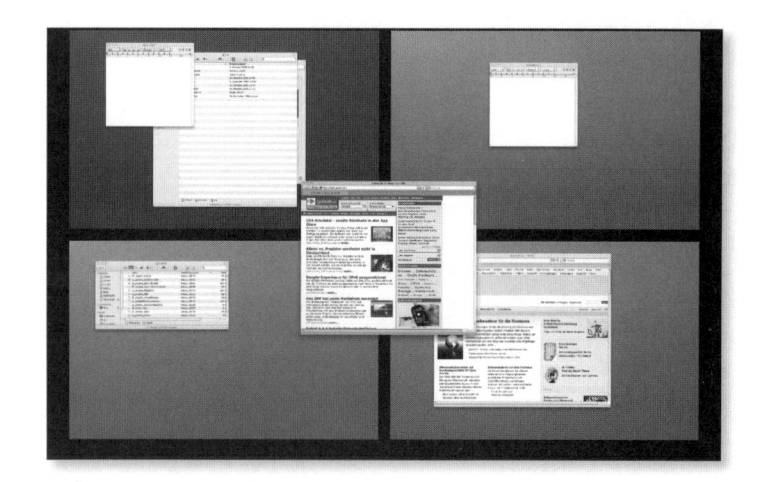

Abbildung 2.18 ▶
Fenster können durch Drag and Drop in eine andere Arbeitsfläche verschoben werden.

Befinden sich auf einer Arbeitsfläche mehrere Fenster eines Programms, dann können Sie bei gedrückter Taste ctrl all diese Fenster von einer Arbeitsfläche in eine andere verschieben. Mit den Pfeiltasten können Sie eine Arbeitsfläche auswählen. Halten Sie die Taste ⌘ in Kombination mit einer Pfeiltaste gedrückt, dann werden alle Fenster des ausgewählten Space auf denjenigen, den Sie über die Pfeiltaste angeben, verschoben. Bei gedrückt gehaltener Taste ⌥ in Kombination mit einer Pfeiltaste tauschen die Arbeitsflächen ihre Position.

Spaces und Exposé | Sie können bei der Anzeige der Arbeitsflächen auch auf Exposé zurückgreifen. Wenn Sie die Arbeitsflächen einblenden, können Sie dann mit der Taste F9 die Fenster nebeneinander darstellen. Auch hier funktioniert die Vergrößerung des ausgewählten Fensters mittels Leertaste.

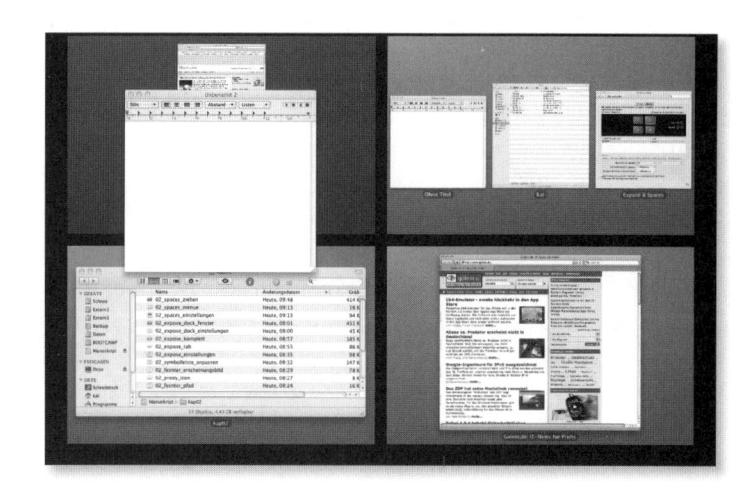

Abbildung 2.19 ▶
Exposé kann bei der Anzeige der Arbeitsflächen die Fenster nebeneinanderstellen.

2.3 Die Menüleiste und ihre Extras

In der Menüzeile oben rechts finden sich die von Apple unter dem Begriff EXTRAS zusammengefassten Erweiterungen. Dazu können unter anderem die Uhr, der Status der AirPort- und Internetverbindung als auch der schnelle Benutzerwechsel gehören. Sie finden in den jeweiligen Systemeinstellungen die entsprechenden Option IN DER MENÜLEISTE ANZEIGEN.

Bei den angezeigten Objekten handelt es sich um Dateien, deren Name auf die Erweiterung .MENU endet. Sie finden die Extras, die das System in der Standardinstallation mitbringt, im Verzeichnis /SYSTEM/LIBRARY/CORESERVICES/MENU EXTRAS.

Extras arrangieren | Halten Sie die ⌘-Taste gedrückt, so können Sie die Extras mit Ausnahme der Lupe von Spotlight in die gewünschte Reihenfolge bringen. Ziehen Sie auf diese Weise ein Element aus der Menüleiste, dann verpufft es wie auch ein Objekt, das Sie aus dem Dock ziehen. Hierbei gibt es zwei Einschränkungen: Die Lupe von Spotlight bleibt immer in der rechten Ecke, und einige Extras von Drittherstellern stehen immer am linken Rand.

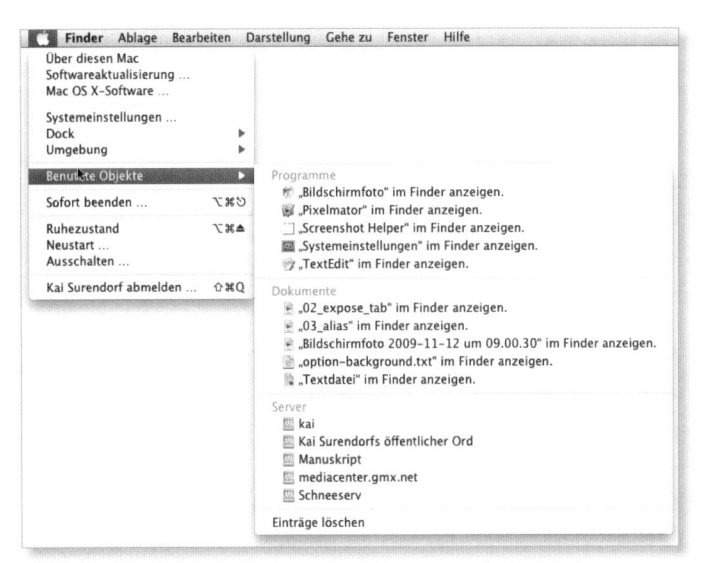

▲ **Abbildung 2.20**
Mit gedrückter Taste ⌘ können die Extras der Menüleiste arrangiert werden.

Tasten und Menus | Die Menüs, über die Sie Funktionen des Programms aktivieren können, lassen sich kaum anpassen. Es ist aber möglich, eigene Tastenkombinationen in der Ansicht TASTATUR der Systemeinstellungen (siehe Abschnitt 2.6.1) zu vergeben. Darüber hinaus können Sie die Tasten ⌥ oder ⌘ gedrückt halten, wenn Sie ein Menü aufrufen.

◀ **Abbildung 2.21**
Werden die Tasten ⌥ oder ⌘ gedrückt, dann stehen andere Menüpunkte zur Verfügung.

Beim Eintrag BENUTZTE OBJEKTE im Apfelmenü steht Ihnen bei gedrückt gehaltener Taste ⌘ die Möglichkeit zur Verfügung, sich die benutze Datei oder das benutzte Programm im Finder anzeigen zu lassen. Würden Sie die Taste ⌥ gedrückt halten, wenn Sie das Apfelmenü einblenden, dann änderte sich der Punkt ÜBER DIESEN MAC in SYSTEM PROFILER und führt zum Start des gleichnamigen Programms. Ob und welche Menüpunkte sich ändern, müssen Sie einfach ausprobieren. Es ist von Programm zu Programm unterschiedlich.

2.4 Die Dienste

Selten beachtet, aber dafür umso nützlicher ist das Menü DIENSTE. Es hat nicht die Steuerung von Systemdiensten wie dem Drucksystem zur Aufgabe, sondern dient in erster Linie der Weiterleitung von ausgewählten Objekten an ein anderes Programm. Mit Mac OS X 10.6 wurde die Funktionsweise dieses Menüs vollständig überarbeitet, und es ist mit dem Automator leicht möglich, eigene Dienste zu erstellen (siehe Abschnitt 23.5). Dabei sind die Änderungen auch rückwärts kompatibel und dementsprechend werden auch noch die Dienste, die von Programmen bereitgestellt werden, von Mac OS X 10.6 weiterhin unterstützt.

Markieren Sie zum Beispiel einen Text in der Form *http://mac.delta-c.de*, und wählen Sie im Menü den Eintrag URL ÖFFNEN aus. Anschließend wird der von Ihnen als Standard eingestellte Browser geöffnet und die angegebene Website automatisch geladen.

> **HINWEIS**
>
> Da auch Programme Dienste offerieren können, können sich die Zusammensetzung des Menüs und die in den Systemeinstellungen verfügbaren Dienste auf Ihrem System von den dargestellten unterscheiden.

Abbildung 2.22 ▶
Das Menü DIENSTE ermöglicht die direkte Übergabe einer Auswahl an ein anderes Programm.

Datenerkennung | Mac OS X verfügt über die Möglichkeit, bei einem ausgewählten Text dessen Typ zu erkennen. Wenn Sie einen Text markieren, der mit HTTP:// beginnt, dann nimmt das System an, dass es sich hierbei um einen URL handelt und offeriert Ihnen in der Rubrik INTERNET den Dienst URL ÖFFNEN. Markieren Sie im Finder eine Datei, dann steht Ihnen der Dienst URL ÖFFNEN nicht zur Auswahl, dafür können Sie zum Beispiel eine NEUE E-MAIL MIT ANHANG erstellen.

Dienste-Einstellungen | Über den Eintrag DIENSTE-EINSTELLUNGEN öffnen Sie die Ansicht TASTATUR der Systemeinstellungen und werden direkt zum Eintrag DIENSTE im Reiter TASTATURKURZBEFEHLE geleitet.

HINWEIS

Die Plus- und Minuszeichen unterhalb der rechten Spalte beziehen sich nicht auf die Dienste, sondern auf die in Abschnitt 2.6.1 beschriebenen Tastenkombinationen. Um Dienste selbst zu erstellen, können Sie die in Abschnitt 23.5 beschriebene Vorlage des Automator nutzen.

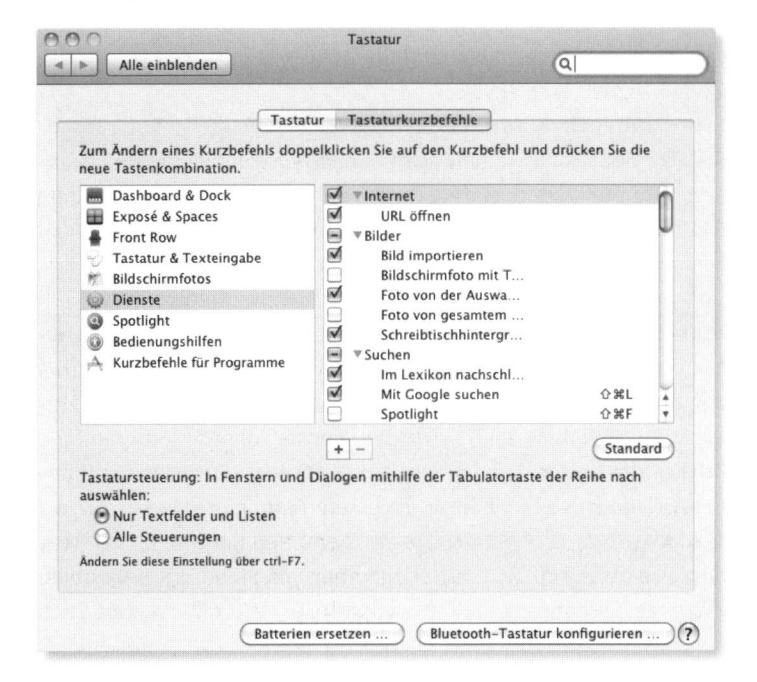

◀ **Abbildung 2.23**
Die Dienste werden in der Ansicht TASTATUR konfiguriert.

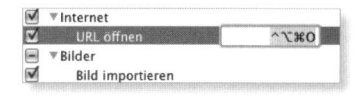

▲ **Abbildung 2.24**
Einem Dienst kann auch ein Tastenkürzel zugewiesen werden.

TIPP

Wenn Sie ein neues Programm installieren, dann sollten Sie nach dessen erstem Start einen Blick in die Systemeinstellungen werfen. Möglicherweise bringt das Programm den einen oder anderen nützlichen Dienst mit, der nicht standardmäßig aktiviert ist.

Um die Übersichtlichkeit etwas zu erhöhen, können Sie von Ihnen nicht genutzte Dienste über die Checkbox vor dem Namen auch deaktivieren. Diensten können Sie auch eine Tastenkombination zuweisen, indem Sie zunächst einen Doppelklick auf den Bereich rechts neben dem Namen ausführen. Drücken Sie dann die Tastenkombination, die Sie dem Dienst zuweisen möchten, und diese wird dem Dienst zugewiesen. Mit einer Tastenkombination sparen Sie sich den Umweg über das Menü, sollten aber bei der Vergabe darauf achten, dass Sie keine schon genutzte Kombination wie ⌘ + O vergeben.

Einige ausgesuchte Dienste | Neben den Diensten, die aktiv sind und deren Funktion sich durch die Beschreibung selbst erklärt, gibt es einige Dienste, die standardmäßig nicht im Menü erscheinen, aber im Alltag recht praktisch sind.

Bildschirmfoto | Positionieren Sie den Cursor zum Beispiel in einem Dokument in TextEdit, so können Sie über den Dienst Foto von der Auswahl auf Bildschirm direkt an der Stelle des Cursors eine Grafik einfügen, die aus dem anschließend zu bestimmenden Bereich stammt. Ferner stehen auch noch die Dienste Foto von gesamtem Bildschirm sowie Bildschirmfoto mit Timer zur Verfügung.

Datei an Bluetooth-Gerät senden | Diese Funktion nimmt die ausgewählte Datei entgegen und übergibt sie direkt dem Programm Bluetooth-Datenaustausch.

Schriftbibliothek aus Auswahl | Wenn in dem aktuell ausgewählten Text verschiedene Schriftarten verwendet werden, können Sie über diesen Eintrag in der Schriftsammlung eine eigene Sammlung oder eine Bibliothek basierend auf den in der Auswahl verwendeten Schriftarten erstellen.

Text-Edit | Mit dem Dienst Auswahl in neuem TextEdit-Fenster wird ein neues Dokument in TextEdit erstellt, dem als Inhalt der zuvor markierte Text zugewiesen wird.

Zusammenfassen | Bei einem ausgewählten längeren Text können Sie über diesen Eintrag das Programm Zusammenfassung aus dem Ordner /System/Library/Services starten. Es verkürzt den ausgewählten Text auf einige vom Programm als wesentlich erkannte Stellen. Handelt es sich um einen recht langen Text, fällt das kursorische Lesen für einen ersten Eindruck um einiges leichter.

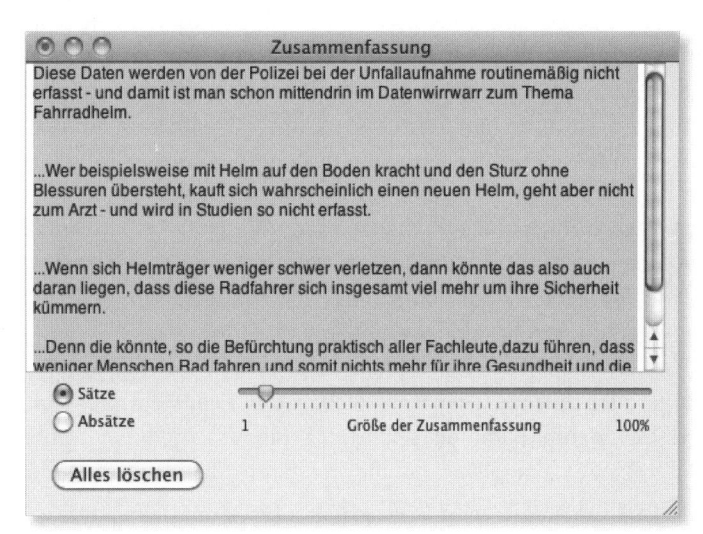

Abbildung 2.25 ▶
Die Zusammenfassung eines Textes kann das kursorische Lesen erleichtern.

2.5 Mit Texten arbeiten

Auch in der multimedialen Wissensgesellschaft ist Text immer noch das zentrale Medium, und dementsprechend verbringt der Anwender einen nicht unwesentlichen Teil der Arbeit damit, Texte zu erstellen, zu korrigieren und auszudrucken. Für die Bearbeitung von Texten – sei es in Mail, iChat oder TextEdit – bringt Mac OS X eine Reihe von Funktionen mit, die von Entwicklern in ihre Programme integriert werden können.

2.5.1 Text markieren und bearbeiten

Dass Sie Text oder andere Objekte mit ⌘ + C in die Zwischenablage kopieren, mit ⌘ + X ausschneiden und mit ⌘ + V wieder einsetzen können, ist Ihnen sicherlich bekannt. Ebenso, dass Sie mit gedrückt gehaltener Taste ⇧ und den Pfeiltasten den auszuwählenden Text markieren können. Ein Doppelklick auf ein Wort markiert dieses, während ein dreifacher Mausklick den ganzen Absatz auswählt.

Mit ⌘ und einer Pfeiltaste springen Sie an den Beginn oder das Ende der Zeile beziehungsweise des Dokumentes, während Sie mit ⌥ und ← oder → an den Beginn oder das Ende des Wortes springen. ⌥ + ↑ und ↓ springt an den Beginn oder das Ende des Absatzes.

Textblock auswählen | Mac OS X ist auch in der Lage, Text in einer rechteckigen Auswahl zu markieren. Halten Sie die Tastenkombination ⌘ + ⌥ gedrückt, so verändert sich der Mauspfeil in ein Fadenkreuz. Sie können dann Text horizontal und vertikal markieren. Arbeiten Sie mit normalen Texten, werden Sie diese Funktion wohl kaum benötigen. Programmierern und insbesondere Datenbankentwicklern, die häufig mit Texten in Spaltenform arbeiten, nützt diese Funktion bei der Entwicklung ungemein.

2.5.2 Rechtschreibung und (englische) Grammatik

Die mit Mac OS X installierte Rechtschreibprüfung ist zwar nicht perfekt und kann sich in Bezug auf den Wortschatz nicht mit kommerziellen Lösungen messen, aber im alltäglichen Gebrauch verhindert sie doch die meisten Tippfehler.

Um falsche oder zweifelhafte Wörter schon bei der Eingabe des Textes anzeigen zu lassen, können Sie aus dem Menü BEARBEITEN • RECHTSCHREIBUNG UND GRAMMATIK die Funktion WÄHREND DER TEXTEINGABE PRÜFEN aktivieren. Fehlerhafte Eingaben werden rot unterstrichen.

> **TIPP**
>
> Wenn Sie einen ausgewählten Text bei gedrückter Maustaste an eine andere Stelle ziehen und die Taste wieder loslassen, wird er an seiner ursprünglichen Position gelöscht und an der neuen eingefügt. Anstatt den Textausschnitt zu verschieben, können Sie ihn auch in Kombination mit ⌥ an die neue Position kopieren. Der Mauspfeil wird dabei von einem Pluszeichen begleitet.

▲ **Abbildung 2.26**
Mit der Taste ⌥ kann ein Block ausgewählt werden.

Grammatik
Die Prüfung der Grammatik stand auch unter Mac OS X 10.6 lediglich für die englische Sprache zur Verfügung. Grammatikfehler werden von Mac OS X 10.6 grün unterstrichen.

Abbildung 2.27 ▶
Ein fälschlicherweise dem Wörterbuch hinzugefügtes Wort kann verlernt werden.

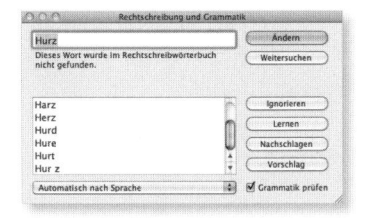

▲ **Abbildung 2.28**
Die Rechtschreibprüfung kann auch nachträglich über eine eigene Palette erfolgen.

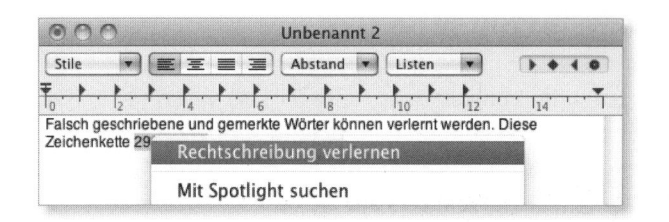

Wörterbuch ergänzen | Der Menüeintrag RECHTSCHREIBUNG UND GRAMMATIK ruft eine Palette auf, die Ihnen neben Korrekturvorschlägen über die Schaltfläche LERNEN auch die Möglichkeit bietet, korrekt geschriebene, aber dem jeweiligen Wörterbuch noch unbekannte Begriffe aufzunehmen. Diese Ergänzungen werden im Verzeichnis ~/LIBRARY/SPELLING in Dateien gespeichert, die das Kürzel der jeweiligen Sprache, in diesem Beispiel »de«, als Namen tragen.

Rechtschreibung verlernen | Sollten Sie versehentlich einen fehlerhaften Eintrag vorgenommen, also etwa FALSHC Ihrem Wörterbuch hinzugefügt haben, können Sie das Wort markieren und das Kontextmenü aufrufen. Sie finden bei manuell dem Wörterbuch hinzugefügten Wörtern dann im Kontextmenü den Punkt RECHTSCHREIBUNG VERLERNEN.

Automatische Korrektur | Wenn Sie die Rechtschreibung während der Eingabe prüfen lassen, dann werden einige klar als Tippfehler zu erkennende Eingaben wie `falshc` automatisch korrigiert. Diese automatische Korrektur können Sie durch ⌘ + Z oder den Menüpunkt BEARBEITEN • WIDERRUFEN zurücknehmen, wenn Sie bewusst die als falsch erkannte Schreibweise verwenden möchten.

Sprache | In der Palette (siehe Abbildung 2.28) oder in den Systemeinstellungen im Reiter TEXT der Ansicht SPRACHE & TEXT können Sie die Sprache vorgeben, die für die Rechtschreibprüfung genutzt wird. Die Option AUTOMATISCH NACH SPRACHE versucht anhand der ersten eingegebenen Wörter die Sprache zu erkennen. Wenn Sie einen Text mit `Sorry` beginnen, dann wird zunächst das englische Wörterbuch herangezogen. Fahren Sie dann mit deutschen Wörtern fort, dann wird dies vom System erkannt, das deutsche Wörterbuch herangezogen und dementsprechend `Sorry` rot unterstrichen.

Vervollständigen | Mac OS X bietet Ihnen auch die Möglichkeit, Eingaben zu vervollständigen. Geben Sie hierzu den Beginn des

Wortes ein, beispielsweise Prophy, und drücken Sie dann [F5].
Am Cursor erscheint eine Liste, in der Sie alle Wörter aus dem
Wörterbuch finden, deren Beginn Ihrer Eingabe entspricht. Mit
den Pfeiltasten können Sie den passenden Eintrag auswählen und
mit [↵] vervollständigen.

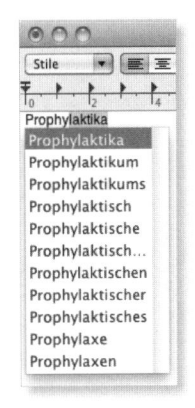

2.5.3 Symbol- und Textersetzung

Eine alternative zur Vervollständigung ist die mit Mac OS X 10.6
eingeführte SYMBOL- UND TEXTERSETZUNG. In der Ansicht SPRACHE
& TEXT der Systemeinstellungen finden Sie im Reiter TEXT eine
Liste mit Kürzeln und deren Ersetzungen. Sie können diese Kürzel
bei Bedarf ein- und ausschalten. Über das Pluszeichen unterhalb
der Spalte können Sie ein neues Kürzel erstellen und dann in
der Spalte DURCH den Text eingeben, der stattdessen eingefügt
werden soll. Wenn Sie nun in einem Fenster das Kürzel eingeben
und darauf ein Leerzeichen, dann wird das Kürzel ersetzt. Es ist
auch möglich, als zu ersetzenden Text Sonderzeichen mithilfe der
nachfolgend beschriebenen Zeichenpalette einzugeben.

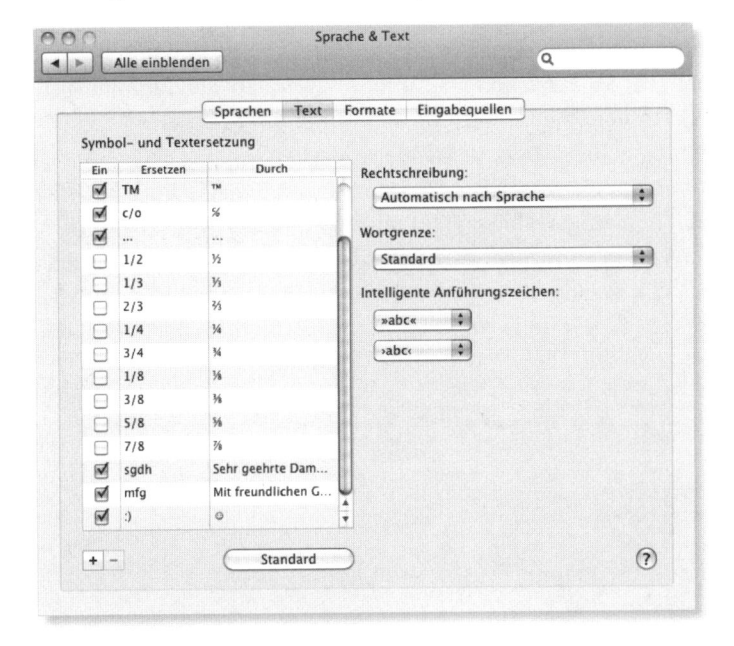

◄ **Abbildung 2.29**
Mit der Taste [F5] kann ein Wortanfang vervollständigt werden.

◄ **Abbildung 2.30**
Die Textbausteine werden in den Systemeinstellungen erstellt.

Intelligente Anführungszeichen | In der Ansicht finden Sie
ebenfalls zwei Menüs für die Intelligenten Anführungszeichen.
Diese können Sie in einigen Programmen wie TextEdit aktivieren. Mit der in Abbildung 2.30 dargestellten Auswahl werden
über die Tastenkombination [⇧] + [2] jeweils die Zeichen » und
« eingefügt. Mit [⇧] + [#] werden die Zeichen › und ‹ eingefügt.
In einem Programm wie TextEdit müssen Sie diese intelligente

Ersetzungen ausblenden

✓ Intelligentes Kopieren/Einsetzen
✓ Intelligente Anführungszeichen
  Intelligente Bindestriche
  Intelligente Links
  Datenerkennung
✓ Text ersetzen

▲ **Abbildung 2.31**
Die intelligente Ersetzung muss in TextEdit erst aktiviert werden.

Schriftpalette
⌘ + T

Ersetzung erst noch über das Menü BEARBEITEN • ERSETZUNGEN aktivieren. Hier finden Sie auch die Optionen für die intelligente Ersetzung von Bindestrichen, mit der ein Minuszeichen durch einem typografisch korrekten Bindestrich ersetzt wird, für die automatische Erkennung von Hyperlinks bei einer E-Mail-Adresse oder einem URL. Die automatische Ersetzung durch die Textbausteine können Sie in diesem Menü auch deaktivieren.

Bei diesen Funktionen müssen Sie beachten, dass Sie mit Mac OS X 10.6 neu eingeführt wurden und noch nicht von allen Programmen unterstützt werden.

2.5.4 Schrift zuweisen

Mac OS X bringt eine eigene Schriftpalette mit. Diese finden Sie in vielen Programmen wie Mail, iChat und TextEdit, aber nicht in allen. Das Schriftmenü können Sie mit dem Kurzbefehl ⌘ + T einblenden.

Schriftarten und -stile auswählen | Die Gruppierung der Schriften entspricht dabei den Vorgaben, die Sie mithilfe der Schriftsammlung (siehe Abschnitt 21.3.3) vorgenommen haben. Über die Schaltflächen »+« und »–« können Sie Sammlungen direkt in der Palette hinzufügen und per Drag and Drop Schriftarten hinzufügen oder vorhandene löschen.

Im oberen Drittel dieses Fensters sehen Sie eine Vorschau der von Ihnen ausgewählten Schriftart und des Schriftstils. Das »T« in der Mitte ❶ ermöglicht es, den Text mit einem Schatten zu versehen. Wie sich der Schatten konkret gestaltet, können Sie mithilfe des Kreises, der den Winkel vorgibt, und der drei Laufbalken, die die Stärke und Distanz definieren, bestimmen.

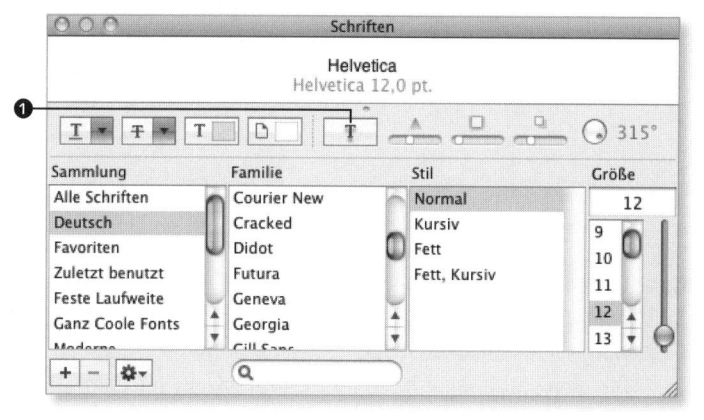

▲ **Abbildung 2.32**
In vielen Cocoa-basierten Programmen steht die Schriftpalette zur Verfügung.

Über das Rädchen unten können Sie die ausgewählte Schriftart ALS FAVORIT SICHERN, die VORSCHAU und die EFFEKTE AUSBLENDEN sowie direkt die Schriftsammlung starten. Während die Zeichenpalette nachfolgend beschrieben wird, können Sie über FARBE eine solche für den ausgewählten Text vorgeben. Verfügt die Schriftdatei über Glyphen und Ligaturen, können Sie diese über den Menüpunkt TYPOGRAFIE aktivieren. Sie finden hier auch einen Eintrag GRÖSSEN BEARBEITEN. Dieser öffnet einen Dialog, in dem Sie die Größen, die Ihnen in der Schriftpalette rechts zur Auswahl gestellt werden, auswählen können. Damit können Sie die Auswahl auf die von Ihnen bevorzugten Größen eingrenzen.

▲ **Abbildung 2.33**
Über das Werkzeugmenü kann die Schrift als Favorit gesichert werden.

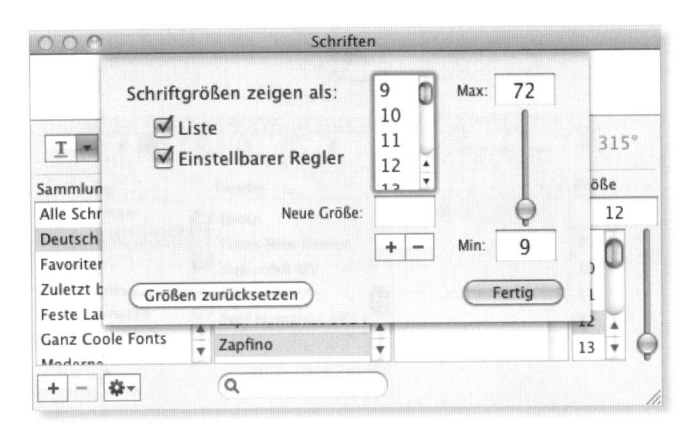

▲ **Abbildung 2.34**
Die anzuzeigenden Schriftgrößen können konfiguriert werden.

2.5.5 Die Zeichenpalette

Die Zeichenpalette, meist mit ⌘ + ⌥ + T aufzurufen, wirkt auf den ersten Blick sehr unscheinbar, aber bietet Ihnen einen direkten Zugriff auf fast alle nur erdenklichen Zeichen.

In der Standardansicht wird für die DARSTELLUNG LATEINISCH gewählt, und somit werden nach Kategorien sortiert alle Zeichen angezeigt, die in lateinischen Zeichensätzen vorhanden sind. Mit einem Doppelklick auf eines der Zeichen können Sie es in Ihren Text an der aktuellen Stelle des Cursors einfügen.

Klappen Sie die Ansicht INFORMATIONEN aus, so erhalten Sie eine vergrößerte Vorschau des Zeichens und, sofern diese Information verfügbar ist, gegebenenfalls Hinweise auf ähnliche Zeichen. In der Ansicht SCHRIFTVARIANTE können Sie sich die installierten Zeichensätze anzeigen lassen, die dieses Zeichen enthalten. Wählen Sie hier ein Zeichen mit einem Doppelklick aus, können Sie es mit der entsprechenden Schriftart einfügen.

Zeichenpalette
⌘ + ⌥ + T

HINWEIS

Wenn Sie einen Text geöffnet haben, in dem sich ein Zeichen befindet, auf das Sie in Zukunft leichten Zugriff haben möchten, markieren Sie es im Text. Über die Werkzeugpalette unten steht Ihnen die Funktion IM PROGRAMM AUSGEWÄHLTES ZEICHEN EINBLENDEN zur Verfügung. Das so eingeblendete Zeichen können Sie dann ALS FAVORIT SICHERN.

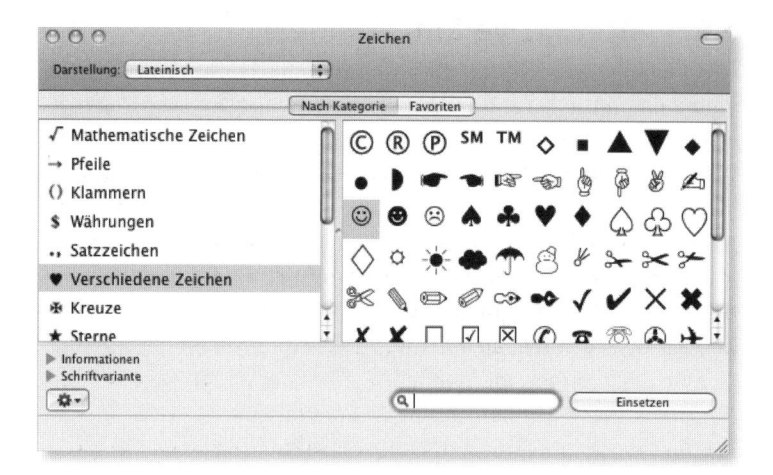

Abbildung 2.35 ▶
Die Zeichenpalette ermöglicht den gezielten Zugriff auf die Zeichen der installierten Schriftarten.

Das Menü DARSTELLUNG enthält noch weitere Möglichkeiten. Über die CODE-TABELLEN erhalten Sie Zugriff auf alle über Unicode verfügbaren Zeichen, sofern die notwendige Schriftart vorhanden ist. Die GLYPHEN der installierten Schriftarten können Sie über die gleichnamige Darstellung einblenden, während Sie über PI-SCHRIFTEN auf die Piktogramme der Schriftarten WEBDINGS und WINGDINGS zugreifen können.

2.5.6 Clips auf dem Schreibtisch

Um markierten Text als Clip abzuspeichern, gibt es eine weitere komfortable Funktion. Clips sind genau genommen eigenständige Dateien, die wahlweise Text oder Grafiken enthalten können. Ziehen Sie einen Textausschnitt mit gedrückter Maustaste auf Ihren Desktop, so wird der Text in einen Clip ausgelagert und mit einem geknickten Blatt Papier als Icon versehen. Der Name, den Sie wie bei einer normalen Datei ändern können, ergibt sich aus den ersten Zeichen des markierten Textes. Clips können sehr nützlich sein, um verschiedene Textblöcke, die Sie in mehreren Programmen zur Hand haben möchten, zentral zu speichern. Da es sich bei Clips um Dateien handelt, können sie auch in Ordnern gesammelt abgelegt werden.

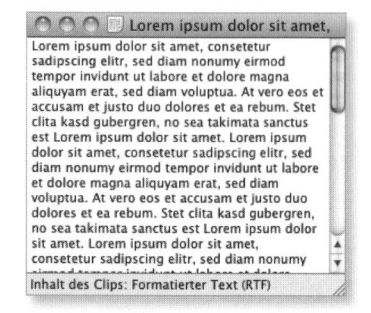

▲ **Abbildung 2.36**
Der Inhalt eines Clips kann im Finder in die Zwischenablage kopiert werden.

Clip einfügen | Einen solchen Clip können Sie im Finder mit einem Doppelklick öffnen. Sein Inhalt erscheint dann in einem separaten Fenster. Durch die Auswahl von BEARBEITEN • KOPIEREN können Sie ihn, falls das Fenster im Vordergrund ist, in die Zwischenablage kopieren. Bei einigen Programmen wie Mail können Sie einen Clip vom Finder in ein Fenster ziehen, und anstelle des Clips wird dann der enthaltene Text eingefügt. Diese Methode wird nicht von allen Programmen unterstützt.

2.6 Alternative Eingabemethoden

Eine wohl verbreitete Haltung bei der Arbeit am Rechner ist die linke Hand an der Tastatur und die rechte an der Maus. Auch aus diesem Grund wurde das Kürzel ⌘ + Q – neben der sprachlichen Übereinstimmung mit »quit« – zum Beenden von Programmen definiert. Der Anwender kann, ohne die Hand von der Maus nehmen zu müssen, ein Programm über die Tastatur beenden. Die meisten Programme bieten für die gängigen Funktionen bereits Tastaturkürzel an.

Mac OS X bietet aber weitere Funktionen, über die Sie Ihren Rechner steuern können. Zunächst können Sie eigene Tastenkürzel für die Menübefehle aktivieren und ferner Ihren Rechner fast ausschließlich über die Tastatur steuern. Die Bedienungshilfen erleichtern Menschen mit Handicap die Bedienung des Systems an der einen oder anderen Stelle. Und schließlich können Sie in Verbindung mit einem Grafiktablett über die Ink genannte Handschriftenerkennung Text eingeben.

2.6.1 Tastenkürzel und komplette Tastatursteuerung

Wenn Sie ein Kürzel für einen Menüpunkt benötigen, dem kein Kurzbefehl zugewiesen wurde, können Sie in den Systemeinstellungen in der Ansicht TASTATUR im Reiter TASTATURKURZBEFEHLE ein eigenes Tastenkürzel erstellen.

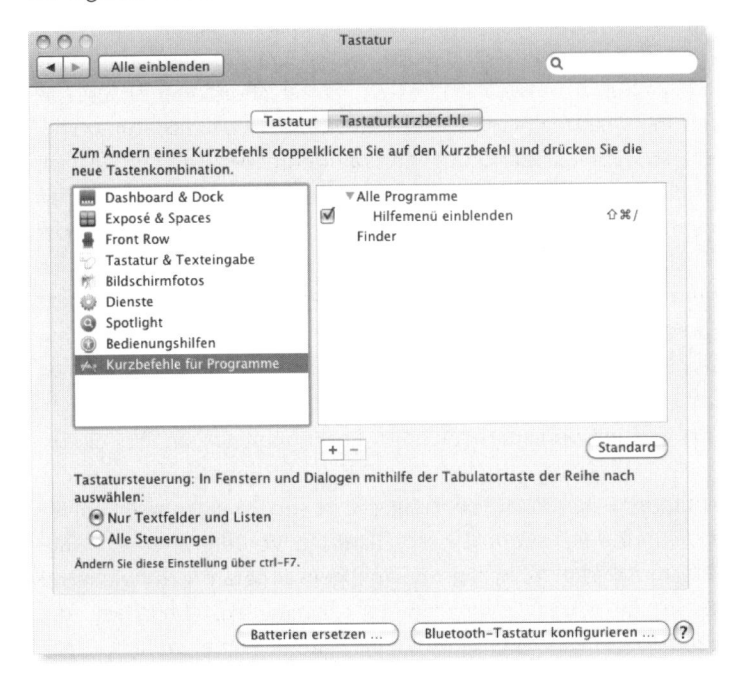

◂ **Abbildung 2.37**
Kurzbefehle und die Tastatursteuerung können in den Systemeinstellungen konfiguriert werden.

Konflikte mit Kurzbefehlen
Wenn ein Kurzbefehl zweimal vergeben wurde und diese Doppelung zu Konflikten führen kann, werden Sie mit einem gelben Warndreieck darauf aufmerksam gemacht.

Tastatur-Kurzbefehle festlegen | Neben den voreingestellten Kurzbefehlen können Sie auch für nahezu jedes Programm eigene definieren. Hierzu legen Sie mit einem Klick auf das Pluszeichen ein neues, noch leeres Kürzel an. Sie werden anschließend gefragt, für welches Programm das Kürzel gelten soll. Neben der Auflistung, die aus dem Inhalt des Ordners PROGRAMME resultiert, können Sie auch ein nicht in der Liste aufgeführtes Programm auswählen oder das Kürzel für alle Programme definieren.

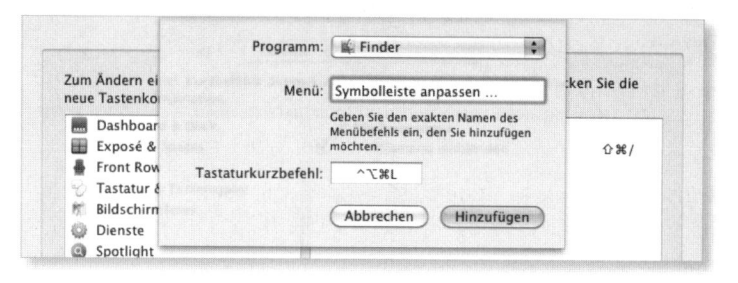

Abbildung 2.38 ▶
Ein Menüpunkt kann mit einem TASTATURKURZBEFEHL verknüpft werden.

HINWEIS
Kurzbefehle, die Sie über die Systemeinstellungen vorgeben, gelten nur für den Benutzer, der sie angelegt hat. Arbeiten auch andere Personen an dem gleichen Rechner, so müssen sie ihre eigenen Kurzbefehle definieren.

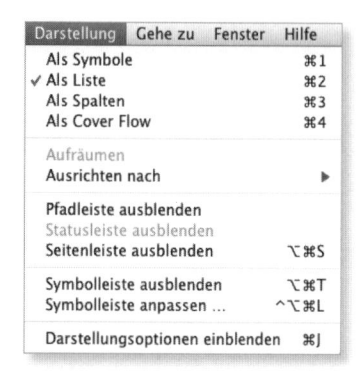

▲ **Abbildung 2.39**
Der erstellte Kurzbefehl erscheint nach einem Neustart des Programms auch im Menü.

Der zweite Schritt besteht darin, in dem mit MENÜ bezeichneten Textfeld den mit dem Kürzel verknüpften Menübefehl einzugeben. Dessen Schreibweise muss exakt der im Menü des Programms angezeigten entsprechen. Normalerweise ist das völlig unproblematisch. Jedoch müssen Sie bei einem Eintrag wie SYMBOLLEISTE ANPASSEN … im Menü DARSTELLUNG des Finders beachten, dass hier auf die Bezeichnung noch ein Leerzeichen sowie drei Punkte folgen.

Bei den drei Punkten handelt es sich um das Zeichen, das Sie mit der Tastenkombination ⌥ + . erzeugen können. Haben Sie den Menüeintrag richtig benannt, wird Ihnen der Tastaturkurzbefehl nach einem Neustart des Programms im Menü auch angezeigt.

In der Ansicht TASTATURKURZBEFEHLE finden Sie neben den bereits besprochenen Diensten auch eine Zusammenfassung der Kurzbefehle, die in einem anderen Zusammenhang vergeben wurden. So zeigt Ihnen der Eintrag EXPOSÉ & SPACES die für diese Funktionen definierten Tastenkürzel an, die Sie hier ändern können, indem Sie einen Doppelklick auf die schon zugewiesenen Tasten rechts ausführen und dann die neue Taste oder Tastenkombination drücken.

Komplette Tastatursteuerung | Eher unscheinbar, aber für die Arbeit mit der Tastatur unverzichtbar ist der Punkt TASTATURSTEUERUNG. Aktivieren Sie hier die Option ALLE STEUERUNGEN, so stehen Ihnen weitere Möglichkeiten offen, den Rechner fast vollständig über die Tastatur zu steuern. Sie können, wenn Sie den Punkt ALLE STEUERUNGEN aktiviert haben, mit der Taste tab die

Bedienelemente wie Textfelder, Listen und Schaltflächen nacheinander auswählen. Sie werden dann umrahmt, und mit den Pfeiltasten können Sie Elemente in einer Liste auswählen und mit der [Leertaste] eine Schaltfläche betätigen. Diese Steuerung ist etwas gewöhnungsbedürftig, aber wenn Sie zum Beispiel mit zehn Fingern tippen, dann kann Sie Ihnen den Griff zur Maus an einigen Stellen, zum Beispiel in Dialogen, ersparen.

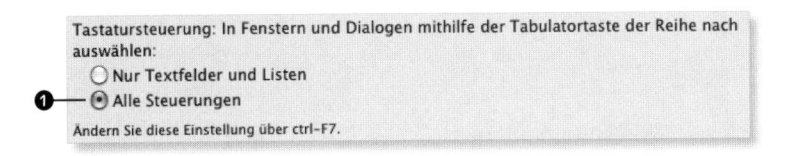

◄ **Abbildung 2.40**
Die komplette Tastatursteuerung ❶ ermöglicht die Arbeit mit dem Fokus-Ring.

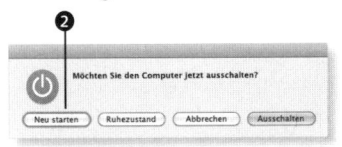

▲ **Abbildung 2.41**
Der Fokus-Ring zieht sich um einen Button ❷ (hier »Neu starten«) und ermöglicht die Auswahl mithilfe der Leertaste.

Der Fokus-Ring | Mit der Tastatursteuerung geht auch die Möglichkeit einher, in Dialogen, wie in Abbildung 2.41 gezeigt, nicht nur die voreingestellte Auswahl mit [↵] zu bestätigen, sondern einen Punkt gezielt mit [tab] auszuwählen. Hierbei können Sie sich an der kleinen Umrandung, dem Fokus-Ring, orientieren. Die umrandete Schaltfläche wählen Sie hierbei mit [Leertaste] aus. In Abbildung 2.41 würde ein Druck auf [Leertaste] einem Klick auf NEU STARTEN entsprechen, wohingegen [↵] den Rechner AUSSCHALTEN würde.

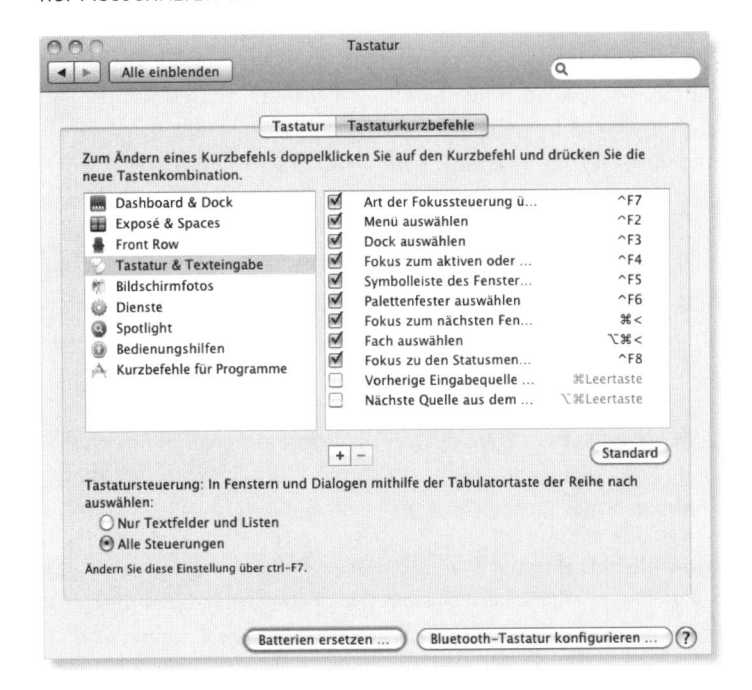

◄ **Abbildung 2.42**
Unter Tastatur & Texteingabe können die Tastenkürzel etwa für die Anwahl des Menüs konfiguriert werden.

Unter TASTATUR & TEXTEINGABE finden Sie einige Tastenkürzel, mit denen Sie Elemente, die sonst nur über die Maus zu erreichen

2.6 Alternative Eingabemethoden | **55**

sind, mit der Tastatur auswählen können. Es ist möglich, mittels `ctrl` + `F2` die Menüzeile zu aktivieren, mit den Pfeiltasten einen Punkt auszuwählen und durch `↵` oder `Leertaste` diese Auswahl zu bestätigen. Das Drücken von `esc` bricht den Prozess vorzeitig ab. Die Kombination von `ctrl` + `F3` ermöglicht Ihnen die Auswahl eines im Dock abgelegten Icons, ebenfalls wieder im Zusammenspiel der Pfeiltasten und `↵` oder `Leertaste`. Neben den anderen Kurzbefehlen ist die Kombination `⌘` + `<` zum Blättern durch die geöffneten Fenster eines Programms sehr nützlich.

2.6.2 Bedienungshilfen

Mac OS X verfügt über mehrere Mittel, Menschen mit Handicap die Bedienung des Systems etwas zu erleichtern. Zunächst können Sie in der Ansicht BEDIENUNGSHILFEN der Systemeinstellungen eine Reihe von Einstellungen vornehmen, die die Optik des Systems betreffen und ferner die Sprachausgabe VoiceOver einschalten. Für VoiceOver steht auch ein eigenes Dienstprogramm zur Verfügung, mit der Sie die Sprachausgabe in vielen Details konfigurieren und auch die Ausgabe auf einem möglicherweise angeschlossenen Braille-Gerät einstellen können. Darüber hinaus bietet Mac OS X eingeschränkte Möglichkeiten der Sprachsteuerung. Diese kann für sehbehinderte Menschen eine Hilfe darstellen, ist aber leider noch nicht vollständig ausgereift und setzt englische Sprachkenntnisse voraus.

Englische Sprachausgabe
Mac OS X 10.6 verfügt leider nur über eine englische Stimme, die Alex genannt wird. Der eklatante Nachteil besteht darin, dass dabei die Sprachausgabe nicht nur mit einem starken englischen Akzent erfolgt, sondern auch viele Wörter nicht korrekt ausgesprochen werden. Wenn Sie eine deutsche Stimme benötigen, dann müssen Sie diese von Drittherstellern wie AssistiveWare (*http://www.assistiveware.com*) oder Cepstral (*http://www.cepstral.com*) einkaufen.

VoiceOver konfigurieren | In der Ansicht BEDIENUNGSHILFEN der Systemeinstellungen können Sie zunächst in der Ansicht SEHEN die Funktion VOICEOVER aktivieren. Es ist auch möglich, VoiceOver über die Tastenkombination `⌘` + `F5` zu starten. Beim Start müssen Sie beachten, dass VoiceOver etwas länger dafür benötigt als normale Programme. Wenn Sie sich den STATUS DER BEDIENUNGSHILFEN IN DER MENÜLEISTE EINBLENDEN lassen, dann erscheint dort, wenn VoiceOver aktiviert wurde, eine Laufschrift. Beim ersten Start von VoiceOver erscheint ein Dialog. Es ist vielleicht keine schlechte Idee, die Option DIESE MELDUNG NICHT MEHR ANZEIGEN nicht zu nutzen.

Abbildung 2.43 ▶
Das Begrüßungsfenster von VoiceOver bietet auch die Möglichkeit, ein kleines Tutorial zu absolvieren.

Die Beschreibung der Funktionsweise von VoiceOver ist ein äußerst undankbares Thema für ein Buch, weil dessen Einsatz in einem vielfältigen Wechselspiel zwischen Sprachausgabe und Eingaben besteht. Apple ist sich dieses Problems bewusst und stellt Ihnen im Begrüßungsdialog die Option VOICEOVER KENNENLERNEN zur Verfügung. Hiermit starten Sie ein Tutorial, dessen Text den gesamten Bildschirm einnimmt und Sie Schritt für Schritt in die Nutzung der Sprachausgabe einführt.

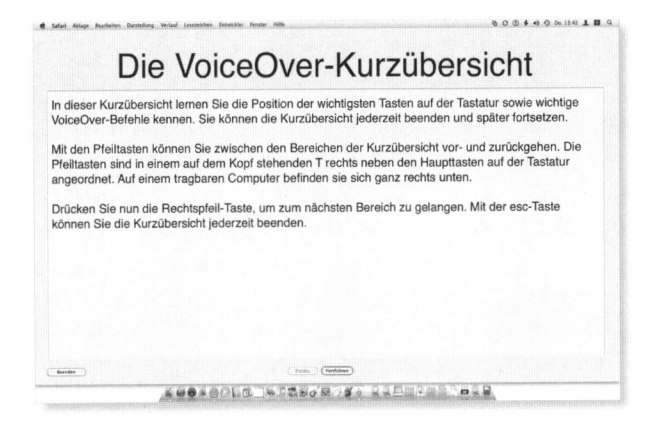

◀ **Abbildung 2.44**
VoiceOver bietet ein umfangreiches Tutorial.

VoiceOver-Dienstprogramm | Nachdem Sie sich mit der Bedienung von VoiceOver vertraut gemacht haben, können Sie das VoiceOver-Dienstprogramm nutzen, um die Sprachausgabe im Detail zu konfigurieren. Sei finden hier unterteilt in unterschiedliche Ansichten fast alle Optionen, die VoiceOver bietet. In der Ansicht ALLGEMEIN können Sie unter anderem die Geschwindigkeit und Tonlage der Stimme festlegen. Wenn Sie die einzelnen Punkte durchgehen, dann kann es sinnvoll sein, die DETAILS auszuklappen. In den Standardeinstellungen ist VoiceOver etwas zu geschwätzig, insbesondere was das Vorlesen der ausgewählten Elemente unter anderem im Finder angeht.

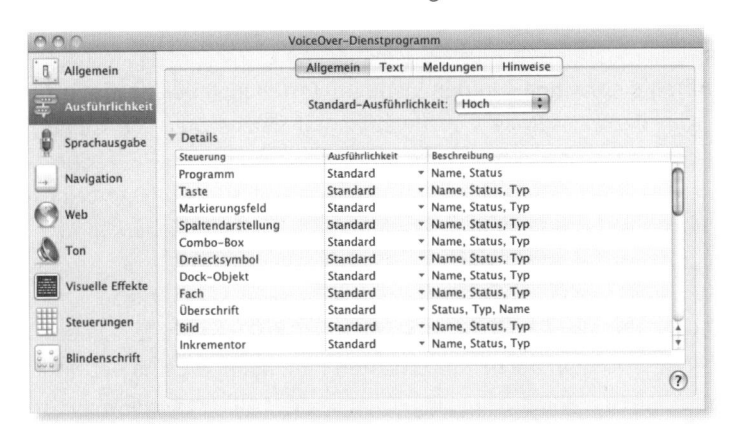

◀ **Abbildung 2.45**
Das VoiceOver-Dienstprogramm ermöglicht eine sehr detaillierte Konfiguration der Sprachausgabe.

Leider etwas veraltet
Ein Problem bei den Speakable Items besteht darin, dass ihr Funktionsumfang leider nicht mit den Entwicklungen von Mac OS X Schritt gehalten hat. Sie finden in den Befehlen zum Beispiel die Möglichkeit, das seit Mac OS X 10.5 nicht mehr vorhandene Programm Sherlock zu starten.

Spracherkennung | Während VoiceOver Ihnen die auf dem Bildschirm angezeigten Elemente akustisch zugänglich macht, können Sie über die Speakable Items Ihren Rechner mit der Spracherkennung steuern. In der Ansicht SPRACHE der Systemeinstellungen können Sie im Reiter Spracherkennung die Option SPEAKABLE ITEMS aktivieren.

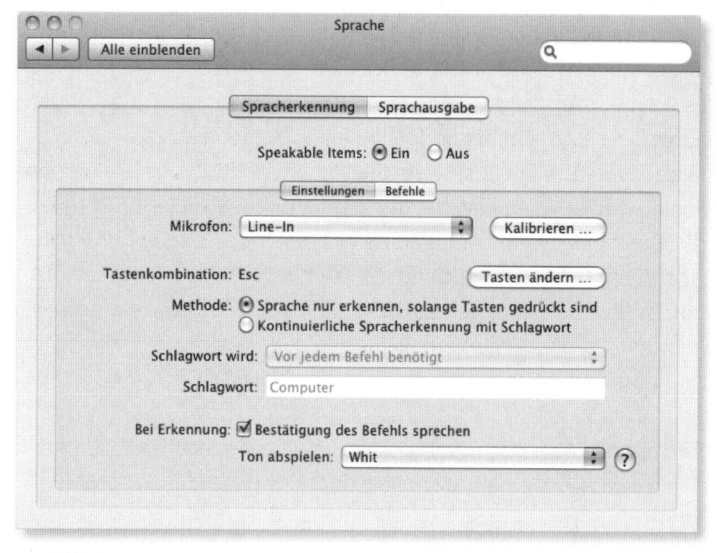

▲ **Abbildung 2.46**
Die Spracherkennung wird durch die Option Speakable Items aktiviert.

▲ **Abbildung 2.47**
Das schwebende Fenster zeigt den Zustand der Spracherkennung an.

Wenn Sie die Spracherkennung aktiviert haben, dann erscheint ein kleines schwebendes Fenster, das ein Mikrofon beinhaltet. Hier finden Sie in der Mitte die Taste, die Sie beim Sprechen gedrückt halten müssen, damit das System Ihre Anweisung zu erkennen versucht. In den Standardeinstellungen wird der Whit genannte Ton abgespielt, wenn das System eine gesprochene Anweisung erkannt hat. Sie können sich auch eine BESTÄTIGUNG DES BEFEHLS SPRECHEN lassen.

Befehle sprechen | In den Standardeinstellungen dient die Taste esc dazu, das System anzuweisen, auf Sie zu hören. Sie können auch stattdessen über die Option KONTINUIERLICHE SPRACHERKENNUNG MIT SCHLAGWORT verlassen, dass das Aussprechen eines Stichworts wie *Computer* dazu führt, dass die Spracherkennung auf einen Befehl reagiert.

Englische Sprache | Bis Mac OS X 10.6.2 besteht ein gravierendes Problem bei der Spracherkennung darin, dass sie bei einer deutschen Standardsprache für das System oft nicht funktioniert.

Sie müssen zunächst die Spracherkennung abschalten, dann in der Ansicht SPRACHE & TEXT der Systemeinstellungen ENGLISCH an die erste Stelle bewegen und sich ab- und wieder anmelden. Dann können Sie die Spracherkennung, die sich in der nun SPEECH genannten Ansicht der SYSTEM PREFERENCES befindet, wieder aktivieren.

Nachdem Sie diesen Umweg, der bis Mac OS X 10.6.2 oft notwendig war, gegangen sind, können Sie die Spracherkennung nun in der Ansicht Speech mit der Schaltfläche CALIBRATE einstellen. Es erscheint ein neues Fenster, in dem links einige Anweisungen aufgeführt sind. Rechts finden Sie einen Schieberegler sowie eine Skala. Diese schlägt aus, wenn Sie sprechen. Positionieren Sie den Schieberegler in der Mitte der Skala, und versuchen Sie dann, die Befehle mit einer möglichst exakten englischen Aussprache zu sprechen. Wenn der Befehl erkannt wurde, blitzt er kurz auf. Sofern Ihre Bemühungen zunächst nicht von Erfolg gekrönt sind, können Sie den Schieberegler an eine andere Position bringen und es erneut versuchen.

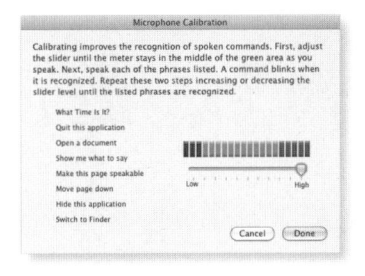

▲ **Abbildung 2.48**
Die Spracherkennung kann kalibriert werden.

Verfügbare Anweisungen | Wenn Sie in dem schwebenden runden Fenster unterhalb des Mikrofons das Menü aufrufen, steht Ihnen dort die Option zur Verfügung, die verfügbaren Befehle einzublenden. Es erscheint dann eine weitere Palette (siehe Abbildung 2.49), in der Sie sortiert nach Rubriken die Anweisungen finden, die Sie dem Computer oder dem Programm erteilen können. Der Befehlsumfang ist leider sehr beschränkt. Weitere Befehle können Sie im Reiter BEFEHLE (siehe Abbildung 2.46) aktivieren. Nun können Sie, sofern Sie nichts anderes eingestellt haben, die Taste [esc] gedrückt halten und die Anweisung *Switch to Finder* sprechen. Wurde Ihre Anweisung erkannt, dann wird der Finder in den Vordergrund geholt.

▲ **Abbildung 2.49**
Die verfügbaren Anweisungen können eingeblendet werden.

Weitere Einstellungen | Neben der Sprachausgabe und Spracherkennung bietet Mac OS X Funktionen, die Menschen mit eingeschränkter Motorik die Bedienung vereinfachen können. In der Ansicht BEDIENUNGSHILFEN der Systemeinstellungen können Sie zunächst den Zoom aktivieren. Mit den angegebenen Tastenkombinationen oder unter Nutzung des Scrollrads bei gedrückt gehaltener Taste [ctrl] wird die Darstellung auf dem Bildschirm vergrößert und auf einen Ausschnitt begrenzt. In den OPTIONEN können Sie festlegen, wie sich der Zoom verhalten soll und zum Beispiel vorgeben, dass der Bildschirmausschnitt ständig dem Mauspfeil folgen soll oder nur dann, wenn er den Rand des dargestellten Ausschnitts erreicht.

Kontrast
Über den Regler »Kontrast anpassen« können Sie die Bildschirmdarstellung modifizieren.

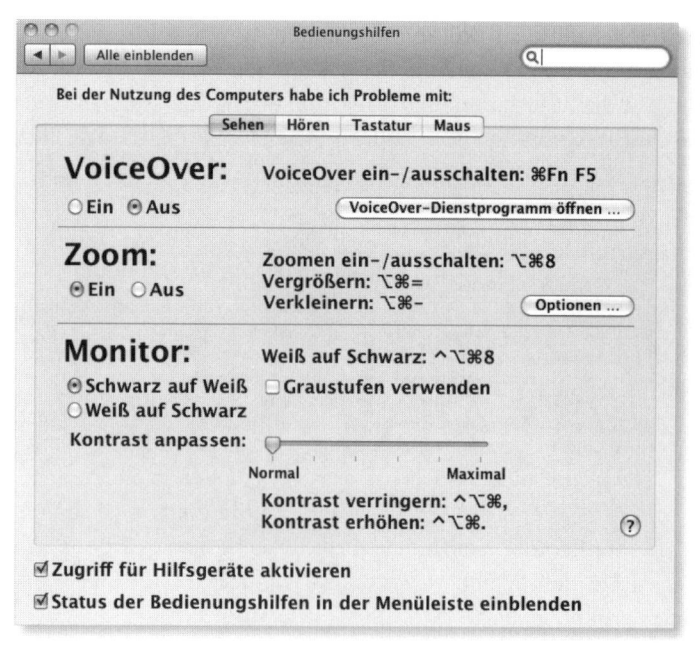

▲ **Abbildung 2.50**
Der Zoom sowie die Darstellung des Monitors kann unter Sehen konfiguriert werden.

Blinkender Bildschirm | Die beiden Optionen, die sich im Reiter Hören befinden, sind für Menschen mit eingeschränktem Hörvermögen hilfreich. Sie können sich durch ein Aufblitzen des Bildschirms darüber informieren lassen, dass gerade ein Warnton erklungen ist. Ferner kann, bei einer Hörbeeinträchtigung auf einem Ohr, die Tonausgabe ausschließlich mono erfolgen.

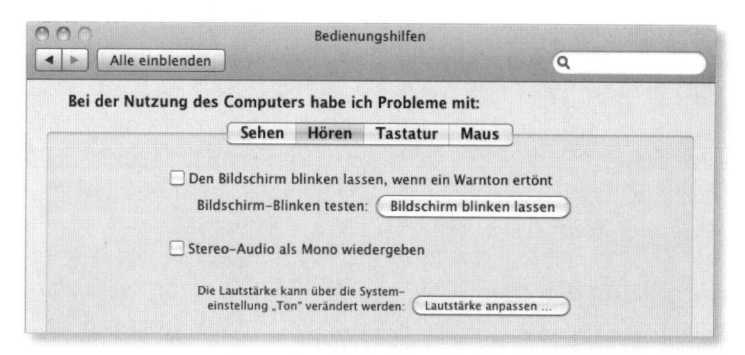

▲ **Abbildung 2.51**
Der Bildschirm kann beim Erklingen des Warntons auch blinken.

Tastatur | In der Ansicht Tastatur können Sie die Einfingerbedienung aktivieren. Diese ermöglicht es Ihnen bei einer Tastenkombination die zu kombinierenden Tasten nacheinander und nicht gleichzeitig zu drücken. Sie finden auf dem Bildschirm in weißer Schrift die Tasten, die das System gerade für Sie gedrückt hält. Mit der Maus können diese Symbole an einen anderen Platz verschoben werden.

▲ **Abbildung 2.52**
Befehlstasten können nacheinander eingeben werden.

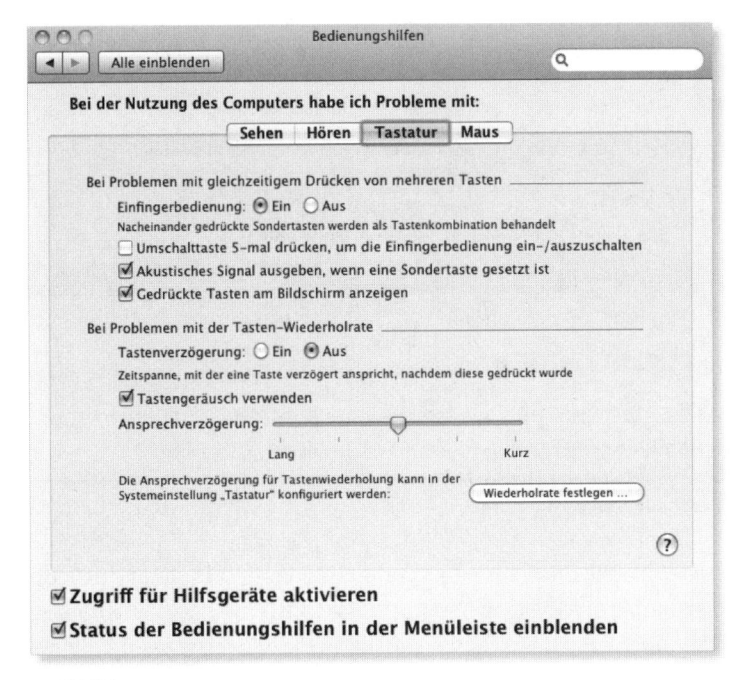

▲ **Abbildung 2.53**
Die Einfingerbedienung kann auch durch fünfmaliges Drücken der Umschalttaste aktiviert werden.

Mausbedienung | In der Ansicht MAUS können Sie die Mausbedienung aktivieren. Wenn sie aktiviert wurde, können Sie durch die Tasten auf dem Ziffernblock der Tastatur den Mauspfeil steuern. Die Taste 4 bewegt ihn nach links, die Taste 6 nach rechts, 2 nach unten, 8 nach oben und einen linken Mausklick können Sie über die Taste 5, einen rechten Mausklick über die Tastenkombination ⇧ + 5 erreichen. Die Darstellung des Mauspfeils lässt sich ebenfalls in dieser Ansicht vergrößern.

2.6.3 Die Handschrifterkennung Ink

Wenn Sie über ein Grafiktablett verfügen, dann können Sie dies nicht nur zum Zeichnen und als Ersatz für die Maus nutzen, sondern über die Handschrifterkennung von Mac OS X auch zur Eingabe von Text nutzen. Diese Erkennung wird Ink genannt, und die gleichnamige Ansicht steht Ihnen in den Systemeinstellungen nur zur Verfügung, wenn Sie ein Grafiktablett angeschlossen und eventuell notwendige Treiber installiert haben.

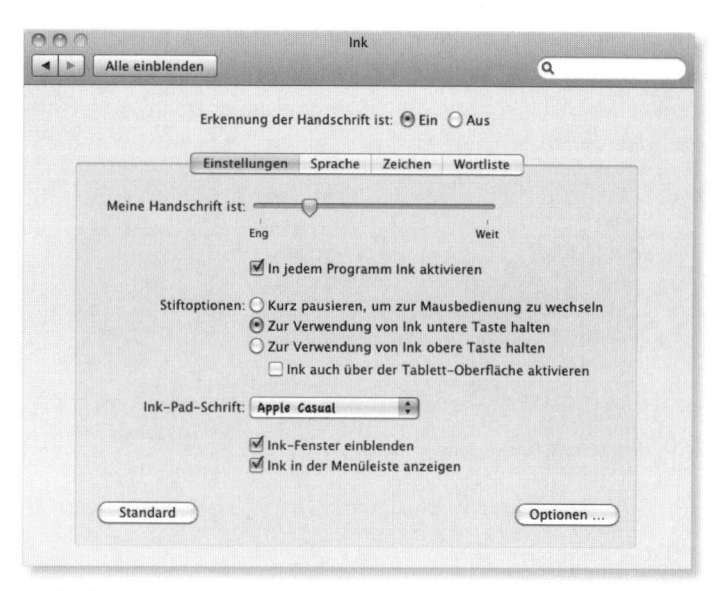

▲ Abbildung 2.54
Die Erkennung der Handschrift steht zur Verfügung, wenn ein passendes Gerät angeschlossen wurde.

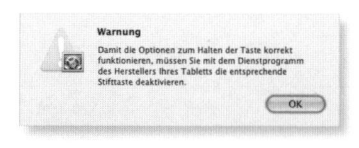

▲ Abbildung 2.55
Wird eine Taste verwendet, dann sollte die Taste in der Konfiguration des Tabletts deaktiviert werden.

▲ Abbildung 2.56
Die Erkennung kann auch über die Palette aktiviert werden.

In der Ansicht INK können Sie die Erkennung aktivieren. Es gibt hier mehrere Möglichkeiten, und Sie müssen einfach ausprobieren, welche sich am besten in Ihre Arbeitsweise einfügt. Eine recht praktikable Möglichkeit, die Erkennung der Handschrift zu aktivieren, besteht in der Verwendung einer Taste des Stifts. Sie erhalten dann einen Hinweis, dass Sie die Taste in den Einstellungen des Grafiktabletts deaktivieren sollten. Die Taste wird anschließend komplett von Ink übernommen.

Ink-Fenster | Eine andere Möglichkeit kann darin bestehen, dass Sie das INK-FENSTER EINBLENDEN oder INK IN DER MENÜLEISTE ANZEIGEN lassen. In der Menüleiste oben rechts können Sie die Erkennung dann über das Icon mit dem Stift und den Eintrag ÜBERALL SCHREIBEN aktivieren. Im Ink-Fenster finden Sie links ein Icon mit dem Mauspfeil. Wenn Sie dies anklicken, ändert sich das Icon in einen Stift, und die Erkennung wird aktiviert.

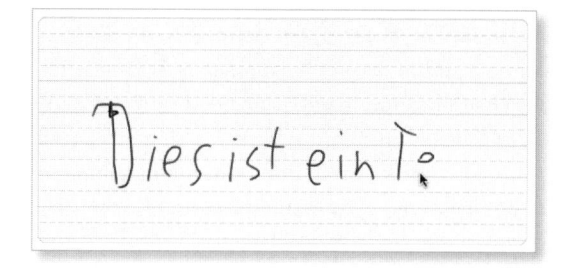

Abbildung 2.57 ▶
Der geschriebene Text wird gelb unterlegt.

Schreiben | Wenn Sie nun in einem Programm in einem Eingabefeld für Text den Cursor platzieren, können Sie die Schrifterkennung durch die zuvor konfigurierte Methode (Klick auf das Icon oder Gedrückthalten der Taste) aktivieren. Sobald Sie mit dem Schreiben beginnen, erscheint ein gelber Zettel, auf dem Ihr geschriebener Text erscheint. Wenn Sie mit dem Schreiben fertig sind, warten Sie einen kurzen Moment und heben den Stift an. Das System fügt anschließend den erkannten Text an der Position des Cursors ein. Da jede Handschrift individuell ist, müssen Sie mit der Einstellung MEINE HANDSCHRIFT IST etwas experimentieren, um zu optimalen Ergebnissen zu kommen. Anstelle des freien Schreibens können Sie in der Palette von Ink mit einem Klick auf das Icon mit einem Block die Schreibfläche dort aktivieren, Ihren Text in der nun eingeblendeten Fläche schreiben und über die Schaltfläche SEND an das aktive Fenster schicken.

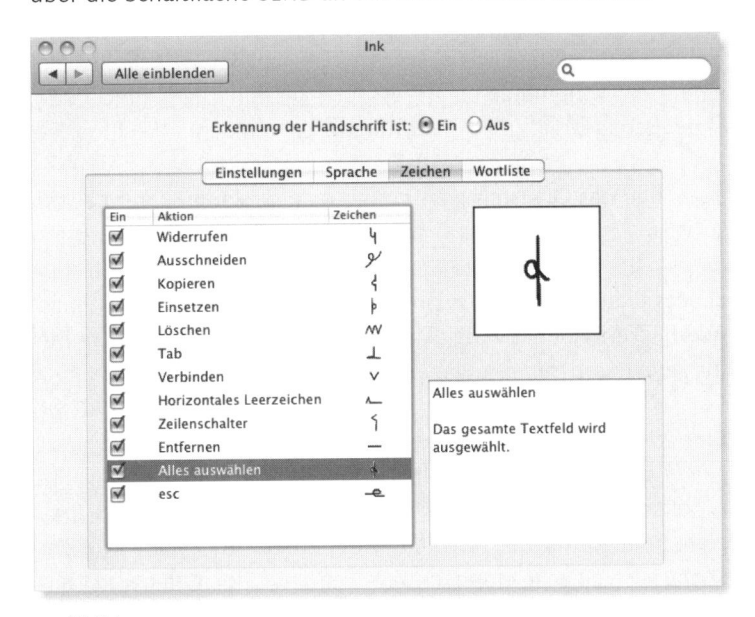

▲ **Abbildung 2.58**
Die Eingabe kann auch über das Fenster von Ink erfolgen.

▲ **Abbildung 2.59**
Ink wird durch die Eingabe von ZEICHEN gesteuert.

Anweisungen über Zeichen | Im Reiter ZEICHEN in den Systemeinstellungen finden Sie einige Steuerzeichen, die Sie bei der Arbeit mit Ink verwenden können. Wählen Sie ein solches Steuerzeichen aus, dann wird es in der Fläche rechts aufgemalt. Sie können so ersehen, welche Bewegung mit dem Stift Sie machen müssen, damit das Zeichen als Steuerzeichen erkannt wird.

Wortliste
Wenn Sie regelmäßig mit komplizierten Begriffen arbeiten, dann können Sie Ink ein wenig auf die Sprünge helfen und diese in die WORTLISTE aufnehmen.

Wartezeit | Im Reiter EINSTELLUNGEN können Sie über die Schaltfläche OPTIONEN die Wartezeiten festlegen, die vergehen, bis Ink den Text erkennt. Auch hier müssen Sie ein wenig experimentieren, bis Sie zu den für Sie passenden Einstellungen gelangen.

2.7 Dashboard

Bezugsquellen
Mittlerweile gibt es eine vierstellige Anzahl an Widgets, die den Nutzen des Dashboards enorm erhöhen können. Weitere Widgets können Sie im Internet unter folgenden Adressen suchen:
www.apple.com/de/downloads/dashboard
www.dashboardwidgets.com
www.macprime.ch/downloads

Das mit Mac OS X 10.4 eingeführte Dashboard ist für die meisten Anwender aus dem Alltag nicht mehr wegzudenken. Gedacht für kleine, Widgets genannte Programme, die eine klar definierte Aufgabe erfüllen, erleichtert es den Zugriff auf Informationen und assistiert bei der Erledigung kleiner Arbeiten. Realisiert werden diese kleinen Programme in erster Linie mithilfe von HTML, Cascading Stylesheets und JavaScript.

2.7.1 Die Idee hinter Dashboard

Bei der täglichen Arbeit am Computer gibt es eine Vielzahl von kleinen Handgriffen. Die Spannbreite reicht vom Nachschlagen einer Telefonnummer im Adressbuch bis hin zur Umrechnung eines Betrages von einer Währung in eine andere. Möchten Sie auf jedes der entsprechenden Programme wie etwa das ADRESSBUCH und das Dienstprogramm RECHNER direkten Zugriff haben, so wird der Platz im Dock schnell eng. Weiterer Platz wird für die Fenster der einzelnen Programme benötigt. Mit Exposé und Spaces bietet Mac OS X zwar einen Ansatz, auch viele Fenster zu überblicken. Aber es wäre eigentlich einfacher, einige Programme für genau umrissene Aufgaben gar nicht erst zu starten.

Ein Blick aus dem Fenster
Wenn ich von meinem Schreibtisch aus dem Fenster blicke, so gleitet mein Blick über die Fensterbank. Auf der Fensterbank liegt der Taschenrechner zusammen mit einem kleinen Notizzettel, dem Adressbüchlein, ein paar Stiften und dem Kalender. Die Fensterbank von OS X heißt Dashboard.

Eine zweite Arbeitsfläche | Die Idee hinter Dashboard setzt genau an dieser Stelle an. Mit Dashboard führt Apple eine zweite Arbeitsfläche ein, die sich über die Fenster der normalen Programme legt und nach der Ausführung einer Aufgabe – wie der Suche nach einer Telefonnummer – verschwindet. Rufen Sie Dashboard mit der Taste F12 auf, so wird der normale Bildschirminhalt etwas abgedunkelt und tritt in den Hintergrund. Über ihn werden die kleinen Programme platziert, und Sie können zum Beispiel nach einer Nummer suchen. Anschließend blenden Sie durch einen erneuten Druck der Taste F12 Dashboard wieder aus.

Widgets | Dashboard soll kein Ersatz für Programme wie Pages sein, sondern für kleine und möglichst exakt definierte Aufgaben dienen. Die Programme, die Sie innerhalb des Dashboards nutzen können, werden als Widgets bezeichnet. Für diese Widgets gibt es im Gegensatz zu den Programmen keine klaren Richtlinien, wie ihre Oberfläche gestaltet werden sollte.

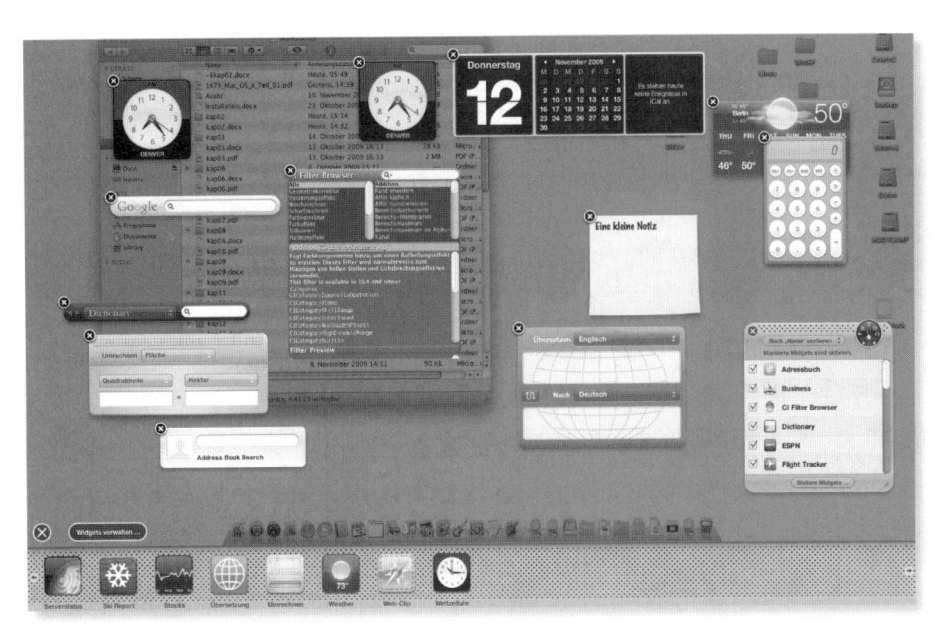

▲ **Abbildung 2.60**
Auf Tastendruck legt sich Dashboard über die normale Benutzeroberfläche von Mac OS X.

Drei Typen | Die Einsatzgebiete der Widgets können grob in drei Bereiche unterteilt werden: Kleine Dienstprogramme (*Accessory Widgets*) bieten nützliche Zusatzfunktionen. Beispiel wären der Taschenrechner oder das Programm zur Übersetzung.

Andere Widgets können mit den Programmen von Mac OS X interagieren. Diese *Application Widgets* ergänzen die Programme oder machen ausgewählte Funktionen über das Dashboard zugänglich. Hierzu zählt beispielsweise die Steuerung von iTunes, die Ihnen die Auswahl des nächsten oder vorherigen Titels ermöglicht, den aktuellen Titel anzeigt und sonst keine weiteren Funktionen bietet.

Ferner gibt es noch *Information Widgets*, deren Zweck ausschließlich in der Anzeige von Informationen besteht. Darunter fallen die Uhren oder ein Widget, das Ihnen einen Überblick über die Systemauslastung und Netzwerkverbindungen verschafft.

HTML und JavaScript | Da die Aufgaben der Widgets klar begrenzt sein sollten, ist auch ihre bevorzugte Programmiersprache nicht zu komplex: Es handelt sich in erster Linie um einfache HTML-Dateien. Diese sorgen zusammen mit einigen Grafiken für das Aussehen eines Widgets. Bei den eigentlichen Programmen, die zum Beispiel die Telefonnummer nachschlagen oder eine Uhr darstellen, wird in erster Linie JavaScript verwendet.

Safari als Laufzeitumgebung
Im Hintergrund arbeitet der Kern des Webbrowsers Safari – genannt WebKit – und sorgt für die Darstellung. Zeitgleich ist das WebKit auch die Laufzeitumgebung für die Programme. WebKit selbst ist ein quelloffenes Projekt von Apple, das wiederum auf dem Browser Konqueror basiert. Informationen über WebKit finden Sie unter *http://www.webkit.org*.

Abbildung 2.61
Über das gleichnamige Programm kann das Dashboard auch aufgerufen werden.

2.7.2 Dashboard nutzen

Nach einer Neuinstallation von Mac OS X 10.6 finden Sie im Dock rechts neben dem Finder ein Icon in Form eines Tachometers. Klicken Sie auf dieses Icon, so erscheint Dashboard. Aus dem Kontextmenü heraus können Sie die DASHBOARD EINSTELLUNGEN im Bereich EXPOSÉ & SPACES vornehmen. Die Option WEITERE WIDGETS öffnet das Verzeichnis verfügbarer Widgets auf den Webseiten von Apple. Sollten Sie den Platz benötigen, können Sie das Icon von Dashboard auch aus dem Dock entfernen. Haben Sie es gelöscht und möchten es nachträglich wieder im Dock ablegen, so finden Sie es im Ordner PROGRAMME.

Systemeinstellungen | In den Standardeinstellungen dient die Taste F12 zum Aufruf von Dashboard. Im Bereich EXPOSÉ & SPACES der SYSTEMEINSTELLUNGEN können Sie unter AKTIVE ECKEN eine Ecke des Bildschirms für seine Aktivierung vorgeben. Wird der Mauspfeil in diese Ecke bewegt, dann erscheint Dashboard. Zusätzlich ist es auch möglich, eine andere (Maus-)Taste vorzugeben.

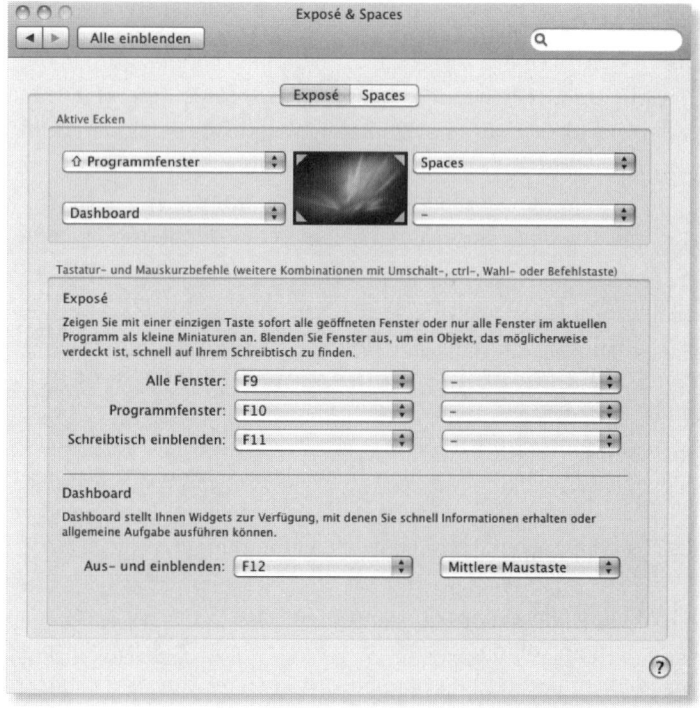

Abbildung 2.62 ▶
Tastenkombinationen und Bildschirmecken werden in den Systemeinstellungen im Bereich EXPOSÉ & SPACES vorgegeben.

Ein- und ausblenden | Wenn Sie das Dashboard über das Icon oder eine Taste aufrufen, wird der normale Arbeitsbereich abgedunkelt, und die installierten Widgets fliegen aus dem Off in die

Mitte des Bildschirms. Sie können nun mit den Widgets arbeiten und durch einen erneuten Druck auf die eingestellte Taste, durch einen Klick auf das Icon im Dock wieder ausblenden oder einen Klick auf eine freie Fläche im Dashboard wieder zur normalen Ansicht zurückkehren.

TIPP
Auch diese Animation können Sie durch eine gedrückt gehaltene Taste ⇧ in Zeitlupe ausführen.

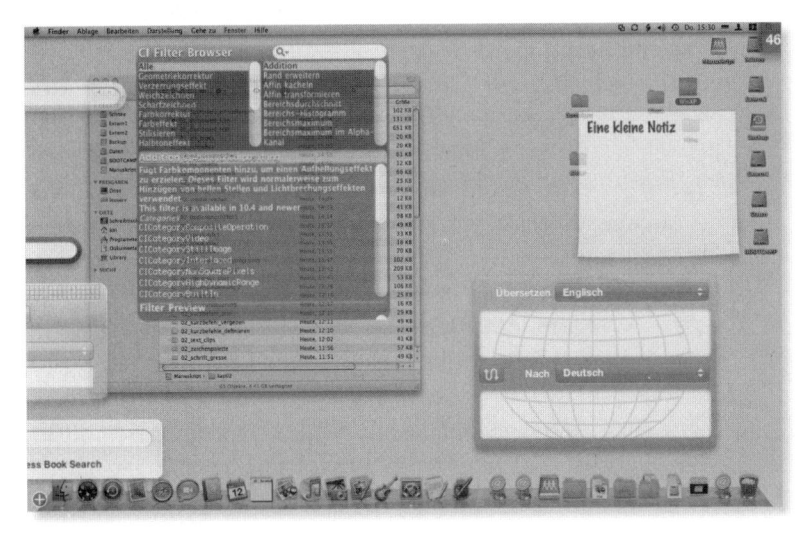

▲ **Abbildung 2.63**
Dashboard erscheint wie aus dem Nichts und legt sich über die normale Arbeitsfläche.

Widgets arrangieren | Bereits auf dem Dashboard platzierte Widgets können Sie an eine andere Stelle des Bildschirms bewegen, indem Sie die linke Maustaste gedrückt halten und das Widget wie ein Fenster an die gewünschte Stelle ziehen. Ebenso wie Fenster können sich Widgets überlagern, und ein Klick auf die Fläche eines im Hintergrund befindlichen Widgets holt es in den Vordergrund.

▲ **Abbildung 2.64**
Das kleine »i« erscheint bei den meisten Widgets, wenn sich der Mauspfeil über dem Widget befindet.

Voreinstellungen | Viele Widgets bieten Ihnen die Möglichkeit, dauerhafte Einstellungen vorzunehmen. Solche Voreinstellungen können Sie aufrufen, indem Sie zuerst den Mauspfeil über dem betreffenden Widget platzieren.

Verfügt es über Voreinstellungen, so erscheint in der Regel rechts unten ein kleines »i« (siehe Abbildung 2.64). Ein Klick auf dieses Symbol dreht das Widget um, und Sie können beispielsweise bei der Uhr den Kontinent und die Stadt auswählen. Ein Klick auf die Schaltfläche DONE oder FERTIG dreht das Widget erneut.

Nicht alle Widgets verfügen über solche Voreinstellungen. Im Falle des von Apple mitgelieferten Taschenrechners sind zum Beispiel keine Einstellungen möglich.

Preferences
Die Voreinstellungen einzelner Widgets werden im Ordner ~/LIBRARY/PREFERENCES gespeichert. Die Namensgebung dieser Dateien entspricht der Methode der umgekehrten Domainnamen, wobei zusätzlich noch WIDGET- (WIDGET-COM.APPLE.WIDGET.WEATHER.PLIST) vorangestellt wird.

2.7 Dashboard | **67**

▲ **Abbildung 2.65**
Mit der Tastenkombination ⌘ + R wird ein Widget neu gestartet.

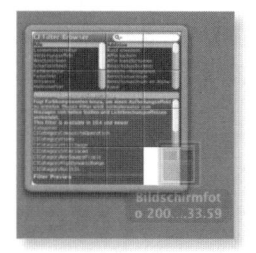

▲ **Abbildung 2.66**
Einige Widgets unterstützen das Drag and Drop aus dem Finder.

Neustart | Manchmal kann es vorkommen, dass ein Widget nicht mehr auf Eingaben reagiert oder in seinen Ausgangszustand versetzt werden soll. Mit der Tastenkombination ⌘ + R können Sie es neu starten. Es wird dabei kurz in einen Strudel gezogen und erscheint dann neu mit seinen Voreinstellungen.

Drag and Drop | Einige Widgets sind auch in der Lage, eine Datei per Drag and Drop entgegenzunehmen und zu verarbeiten. Das ist zum Beispiel bei dem Puzzle-Widget (siehe unten) möglich. Bei solchen Widgets wählen Sie die Datei im Finder aus und beginnen, sie mit gedrückter linker Maustaste zu ziehen. Ohne die Maustaste loszulassen, blenden Sie Dashboard ein und ziehen die Datei auf das passende Widget.

2.7.3 Widgets installieren und verwalten

Wenn Sie das eingekreiste Kreuz links unten auf dem Dashboard anklicken, so wird der gesamte Bildschirminhalt etwas nach oben verschoben, und eine metallische Leiste erscheint. Diese enthält alle für das aktive Benutzerkonto verfügbaren und aktivierten Widgets. Die Anzeige erfolgt alphabetisch, und mit den Pfeilen am linken und rechten Rand können Sie durch Ihre Sammlung navigieren.

▲ **Abbildung 2.68**
Ein Klick auf das umrahmte Kreuz blendet eine Leiste mit den verfügbaren Widgets ein.

Widget platzieren | Um ein neues Widget auf dem Dashboard zu platzieren, ziehen Sie einfach das Icon des gewünschten Widgets bei gedrückter Maustaste aus der Leiste auf das Dashboard an den gewünschten Platz. Lassen Sie die Maustaste los, so wird es an dieser Stelle platziert. Alternativ können Sie das Icon in der Leiste einfach anklicken. Das Widget erscheint dann in der Mitte des Bildschirms.

Widget entfernen | Ein Widget lässt sich vom Dashboard mit einem Klick auf das umrandete »x« entfernen. Dieses erscheint, wenn Sie die Taste ⌥ gedrückt halten und den Mauspfeil über das zu schließende Widget bewegen. Haben Sie die Leiste mit den verfügbaren Widgets eingeblendet, dann ist das »x« bei allen aktiven Widgets verfügbar.

▲ **Abbildung 2.67**
Mit dem umrandeten »x« wird das Widget geschlossen.

Daten sichern | Einige Widgets wie die Notizzettel können Daten beinhalten. Ob und inwieweit Ihre Eingaben gesichert werden, hängt von dem einzelnen Widget ab. Im Falle der Notizzettel wird Ihr Text, falls Sie den entsprechenden Zettel vom Dashboard entfernen, einfach gelöscht und kann nicht wiederhergestellt werden. Einige Widgets merken sich zwar Ihre Eingaben und Einstellungen, aber Sie sollten es im Einzelfall besser vorher ausprobieren. Der Text eines Notizzettels wäre zum Beispiel unwiderruflich verloren.

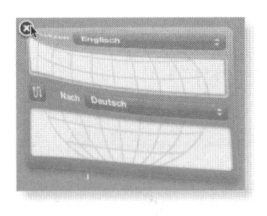

▲ **Abbildung 2.69**
Ein geschlossenes Widget wird quasi vom Nichts aufgesogen.

Widgets installieren | Die Widgets werden von Mac OS X mit der Endung .wdgt versehen. Hierbei handelt es sich um Ordner, deren Inhalt im Finder nicht angezeigt wird. Gespeichert werden diese Dateien entweder unter /Library/Widgets für alle eingerichteten Benutzer oder unter ~/Library/Widgets für das eigene Benutzerkonto. Ein neues Widget können Sie installieren, indem Sie die .wdgt-Datei in einen dieser Ordner verschieben. Bei einem erneuten Aufruf der Leiste mit den verfügbaren Widgets wird es dann automatisch berücksichtigt.

Doppelklick
Eine ».wdgt«-Datei können Sie im Finder auch mit einem Doppelklick öffnen. Dashboard erscheint dann automatisch, und Sie erhalten eine Rückfrage, ob Sie das Widget wirklich installieren möchten. In diesem Fall wird die ».wdgt«-Datei in den Ordner ~/Library/Widgets verschoben und in einer Voransicht auf dem Dashboard geöffnet. In dieser Voransicht können Sie sich dann endgültig entscheiden, ob Sie das Widget behalten möchten.

Widgets verwalten | Zur Verwaltung der installierten .wdgt-Dateien dient das gleichnamige Widget (siehe Abbildung 2.70). In der Leiste der installierten Widgets ist es immer am linken Rand platziert. Sie können es auch über die Schaltfläche Widgets verwalten aufrufen.

Die Sortierung der installierten Widgets können Sie Nach Name oder Nach Datum vornehmen. Mit der Markierung links ❶ können Sie vorgeben, ob Ihnen das Widget in der Leiste angezeigt werden soll. Deaktivieren Sie es, so bleibt es zwar installiert, wird Ihnen aber nicht mehr zur Auswahl angeboten.

▲ Abbildung 2.70
Mit dem Widget »Widgets« können die installierten Widgets verwaltet werden.

▲ Abbildung 2.71
Das Widget ADRESSBUCH ermöglicht die Suche nach und Anzeige von Kontakten.

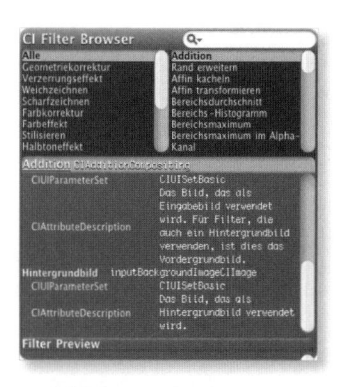

▲ Abbildung 2.72
Das Widget CI FILTER BROWSER ermöglicht eine Vorschau der CoreImage-Filter von Mac OS X direkt auf dem Dashboard.

Das rote Icon ❷ wird bei allen Widgets angezeigt, die sich im Ordner ~/LIBRARY/WIDGETS befinden. Mit ihm können Sie die entsprechende ».wdgt«-Datei vom Dashboard aus in den Papierkorb verschieben. Für Widgets, die unter /LIBRARY/WIDGETS für alle Benutzer verfügbar sind, steht diese Möglichkeit nicht zur Verfügung.

2.7.4 Die mitgelieferten Widgets

Mac OS X bringt von Haus aus bis zu 21 Widgets mit. Sie befinden sich im Verzeichnis /LIBRARY/WIDGETS und stehen allen auf Ihrem System eingerichteten Benutzern zur Verfügung. Dieser Abschnitt stellt Ihnen diese Standard-Widgets kurz vor und zeigt Ihnen die einen oder anderen nicht ganz so offensichtlichen Funktionen.

Adressbuch | Dieses Widget stellt eine Möglichkeit zur schnellen Suche im Adressbuch Ihres Benutzerkontos dar. Im Eingabefeld oben können Sie einen Namen eingeben, und das Widget zeigt Ihnen bereits während der Eingabe passende Einträge. Mit den Pfeiltasten können Sie einen Eintrag auswählen und diesen mit ⏎ anzeigen. Dort können Sie mit einem Klick auf eine Telefonnummer diese in einer Vergrößerung über den gesamten Bildschirm anzeigen, ein Klick auf die E-Mail-Adresse erstellt eine neue E-Mail. Haben Sie einen Instant Messenger eingetragen, dann können Sie mit einem Klick auf diesen Eintrag sofort einen Chat mit dieser Person beginnen.

Ein Klick auf die postalische Adresse führt Sie direkt zu einer Fundstelle unter *maps.google.com* in Ihrem Standard-Browser. Ein Klick auf den orangenfarbenen Pfeil nach links zeigt die vormaligen Suchergebnisse wieder an, während Sie mit den Pfeilen unten durch Ihr gesamtes Adressbuch blättern können.

CI Filter Browser | Mit diesem Widget können Sie sich eine Vorschau der in Mac OS X enthaltenen CoreImage-Filter anzeigen lassen. Oben links können Sie eine Filtergruppe auswählen und rechts dann einen bestimmten Filter. Mit einem Klick auf FILTER PREVIEW blenden Sie eine Vorschau des Filters ein. Hierbei wird das Bild, das Ihnen unter INPUTIMAGE angezeigt wird, als Ausgangspunkt genommen, und die Ergebnisse des Filters finden Sie dann unter OUTPUTIMAGE.

Sie können eine Grafikdatei aus dem Finder in das Feld INPUT-IMAGE ziehen, um das Motiv mit der Blume zu ersetzen. Das Widget ist in erster Linie für Entwickler, die mit CoreImage entwickeln, interessant. Es gibt aber auch einige Programme, die auf diese Filter zurückgreifen, Ihnen dabei aber keine Vorschau zur Verfügung stellen. Bei solchen Programmen kann Ihnen dieses Widget nutzen und die fehlende Vorschau im Programm für die Funktionsweise eines Filters ersetzen.

Dictionary | Eine direkte Suche im Lexikon von Mac OS X wird mit diesem Widget möglich. In dem Ausklappmenü oben links können Sie das zu durchsuchende Lexikon (Oxford, Thesaurus oder Apple) auswählen und einen Suchbegriff eingeben. Im unteren Bereich des Widgets wird Ihnen dann die erste Fundstelle angezeigt, und Sie können mit einem Klick auf den Buchstaben am linken Rand zu einer Übersicht von ähnlichen Fundstellen gelangen.

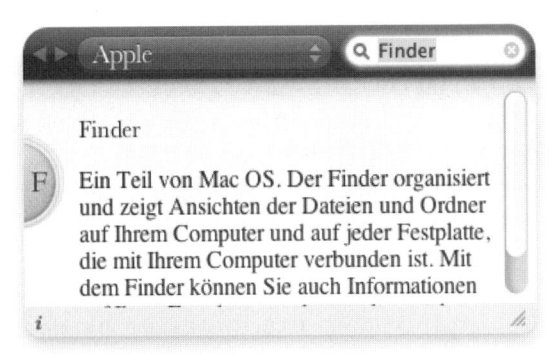

Amerikanische Widgets
Einige Widgets greifen auf US-amerikanische Datenbanken zurück und sind im deutschsprachigen Raum de facto nicht zu benutzen. Nachfolgend werden daher die Widgets BUSINESS zur Suche in den amerikanischen Gelben Seiten, ESPN zur Anzeige von Sportergebnissen, MOVIES für das Kinoprogramm, PEOPLE zur Suche im Telefonbuch sowie SKI REPORT zur Anzeige der Schneehöhe nicht besprochen.

▲ **Abbildung 2.73**
Das Widget DICTIONARY ermöglicht die direkte Suche in drei Lexika.

Flight Tracker | Die Benutzung dieses Widgets ist denkbar einfach: Nach der Eingabe des Start- und Zielflughafens zeigt es Ihnen alle passenden Flüge an, die Sie dann gegebenenfalls auf eine Fluglinie eingrenzen können. Da das Widget die Daten direkt aus dem Internet von den Servern von FlyteComm bezieht, werden Sie auch über eventuelle Verspätungen informiert.

▲ **Abbildung 2.74**
Start- und Landezeiten von Flügen können mit dem Widget FLIGHT TRACKER abgefragt werden.

Google | »Spartanisch« dürfte eine zutreffende Umschreibung dieses Widgets sein. Im Textfeld können Sie einen Suchbegriff eingeben, und wenn Sie die Eingabe mit ⏎ abschließen, wird die entsprechende Seite im Browser geöffnet.

◀ **Abbildung 2.75**
Das »iCal«-Widget zeigt auch die aktuellen Termine an.

2.7 Dashboard | **71**

iCal | Mit diesem Widget können Sie zunächst das aktuelle Datum und eine Monatsübersicht anzeigen lassen. Mit einem Klick auf das Datum erscheint rechts eine Übersicht der aktuellen Termine, die Sie in iCal eingetragen haben. Ein weiterer Klick auf das Datum blendet die Monatsübersicht sowie die Termine aus, während ein dritter Klick die Monatsübersicht wieder einblendet. Sie können direkt zu den Terminen in iCal wechseln, wenn Sie im rechten Bereich einen Termin anklicken.

iTunes | Die Steuerung der Musikwiedergabe ermöglicht dieses Widget. Die Steuerelemente entsprechen den bekannten aus iTunes, wobei sie die Lautstärke mit dem Drehregler einstellen können. In den Voreinstellungen können Sie eine Wiedergabeliste auswählen.

▲ **Abbildung 2.76**
Die Steuerung von iTunes kann über das gleichnamige Widget erfolgen.

Notizzettel | Auf der Rückseite des Notizzettels können Sie die Schriftgröße, die Schriftart und die Farbe des Zettels vorgeben. Beachten Sie, dass der Text des Notizzettels verloren geht, wenn Sie das Widget vom Dashboard entfernen. Von dem Widget Notizzettel können Sie nach Bedarf weitere Instanzen auf dem Dashboard platzieren.

▲ **Abbildung 2.77**
Die Inhalte eines Notizzettels gehen verloren, wenn das betreffende Widget vom Dashboard entfernt wird.

Puzzle | Zum Zeitvertreib können Sie versuchen, das Puzzle wieder in seinen Ursprungszustand zurückzuversetzen. Mit einem Mausklick auf das Motiv starten Sie das Verschieben der Teile, mit einem zweiten wird es beendet. Klicken Sie auf ein Teil neben dem weißen Quadrat, um es in dieses zu verschieben. Anstelle des Leoparden können Sie auch mit einem anderen Motiv puzzeln, indem Sie aus dem Finder eine Grafikdatei auf das Widget ziehen.

Rechner | Im Gegensatz zum gleichnamigen Dienstprogramm beherrscht dieses Widget lediglich die Grundrechenarten.

Stocks | Die Entwicklung der Börsenkurse ausgewählter Unternehmen können Sie mit diesem Widget verfolgen. In den Voreinstellungen auf der Rückseite können Sie weitere Aktien eintragen, indem Sie die Abkürzung der Aktie (z. B. AAPL) eingeben und über das Pluszeichen in die Liste aufnehmen.

Übersetzung | Das Widget übersetzt einzelne Wörter und auch ganze Sätze, wobei hier die Qualität stark schwankt. Im oberen Feld können Sie ein Wort eingeben, und nach einer kurzen Verzögerung, in der das Widget Kontakt mit dem Server von Systran

▲ **Abbildung 2.78**
Ein rudimentärer Taschenrechner für die Grundrechenarten.

aufnimmt, erscheint im unteren Feld eine mögliche Übersetzung. Mit dem geschwungenen Pfeil kehren Sie die Richtung der Übersetzung um. Die möglichen Sprachkombinationen sind etwas eingegrenzt, so ist eine Übersetzung Deutsch/Chinesisch nicht möglich.

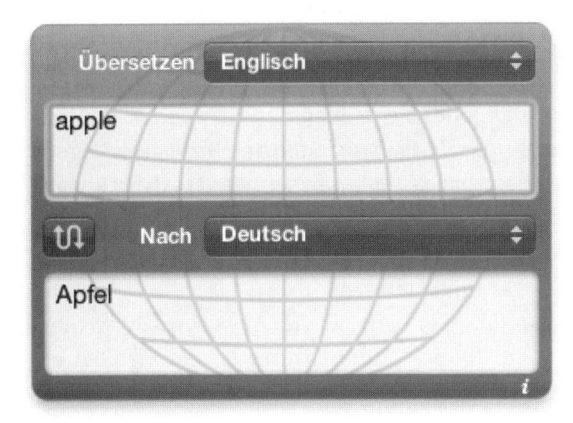

▲ **Abbildung 2.79**
Die Übersetzung eines Wortes erscheint mit einer kurzen Verzögerung.

Umrechnen | Dieses Widget hilft Ihnen bei der Umrechnung einer ganzen Reihe von Einheiten in Bezug auf Fläche, Energie, Temperatur oder Zeit. Bei den Währungen übernimmt das Widget die aktuellen Wechselkurse von Yahoo und konvertiert einen Betrag basierend auf diesen Kursen.

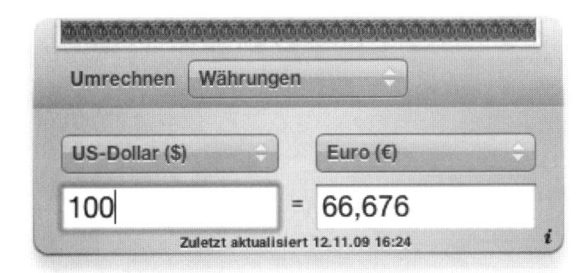

▲ **Abbildung 2.80**
Die Währungen werden basierend auf den aktuellen Wechselkursen konvertiert.

Wetter | In den Voreinstellungen dieses Widgets können Sie einen Ort vorgeben und erhalten dann eine Prognose für das Wetter in den nächsten sieben Tagen. Beachten Sie, dass das Widget die Temperatur in den Standardeinstellungen in Fahrenheit und nicht in Celsius angibt. Dies können Sie in den Voreinstellungen auf der Rückseite ändern. Ein Klick auf die Sonne beziehungsweise die Wolken blendet die Prognose aus und wieder ein.

▲ **Abbildung 2.81**
Die Temperatur wird entweder in Fahrenheit oder Celsius angegeben.

▲ **Abbildung 2.82**
Das Widget WELTZEITUHR zeigt die Uhrzeit für einen vorgegebenen Ort an.

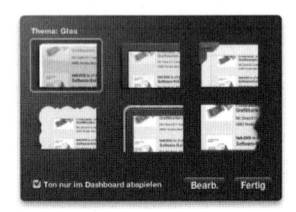

▲ **Abbildung 2.83**
In den Voreinstellungen eines Web Clips können sechs Vorlagen ausgewählt und die Bearbeitung des Web Clips aktiviert werden.

Property-Listen
Die Web Clips werden nicht mithilfe eigener Widgets unter ~/LIBRARY/WIDGETS realisiert, sondern in der Property-Liste WIDGET-COM.APPLE.WIDGET.WEB-CLIP.PLIST gespeichert. Dort wird für einen Web Clip zunächst ein Präfix in der Form 6ea6bac59d... generiert und dann in einzelnen Einträgen sowohl der anzuzeigende URL der Webseite als auch die Größe und der Ausschnitt festgelegt.

Weltzeituhr | Auf der Rückseite dieses Widgets können Sie, nach Kontinenten gruppiert, einige Großstädte auswählen, für die es Ihnen dann die jeweilige Uhrzeit anzeigt.

Web Clips mit Safari | Mithilfe eines Web Clips können Sie einen Ausschnitt einer in Safari angezeigten Webseite als Widget auf Ihrem Dashboard platzieren. Hierzu rufen Sie die Webseite zunächst in Safari auf und klicken dann das Icon mit der Schere in der Symbolleiste an, oder Sie wählen den Menüpunkt ABLAGE • IM DASHBOARD ÖFFNEN. Nun können Sie den Bereich festlegen, der auf dem Dashboard angezeigt werden soll. Bei der Auswahl des Bereichs versucht Safari intelligent vorzugehen und passt die Auswahl an die Elemente der Webseite an. So wird zum Beispiel eine Tabelle gleich ganz markiert.

Mit einem Mausklick können Sie die Auswahl fixieren und erhalten acht Punkte an den Rändern und Ecken, die Sie mit gedrückter Maustaste verschieben und so den ausgewählten Bereich anpassen können. Ein Klick auf HINZUFÜGEN erstellt ein neues Widget im Dashboard, das exakt den ausgeschnittenen Bereich anzeigt.

▲ **Abbildung 2.84**
Der Ausschnitt der Webseite wird in Safari festgelegt.

Auf der Rückseite des Web Clips können Sie zunächst aus sechs Vorlagen auswählen, die den Rahmen des Ausschnitts festlegen. Über die Schaltfläche BEARB. können Sie den Web Clip bearbeiten. Das Widget dreht sich wieder zur Vorderseite, und Sie können einerseits den Ausschnitt verschieben und andererseits die Größe des Widgets wie bei einem normalen Fenster über das Icon rechts unten anpassen. Haben Sie die Änderungen vorgenommen, bringt Sie Fertig wieder zur normalen Ansicht des Web Clips.

Die Option Ton nur im Dashboard abspielen in den Voreinstellungen verhindert die Wiedergabe einer möglicherweise in der Webseite integrierten Tondatei, wenn das Dashboard ausgeblendet ist. Sie vermeiden so, dass eine eingebettete Musikdatei im Hintergrund weiter abgespielt wird.

Links | Die Hyperlinks in einem Web Clip können Sie direkt anklicken. Es öffnet sich dann das Ziel dieses Links im Standard-Browser. Auf diese Weise können Sie eine Liste von Links, die Sie zu einem späteren Zeitpunkt abarbeiten möchten, kurzzeitig auf dem Dashboard platzieren, ohne gleich ein Lesezeichen in Safari setzen zu müssen.

▲ Abbildung 2.85
Bei der Bearbeitung des Web Clips kann der angezeigte Ausschnitt verschoben und die Größe des Widgets verändert werden.

2.7.5 Technische Hintergründe

Anatomie eines Widgets | Sie können die Bestandteile eines Widgets im Finder über die Option Paketinhalt anzeigen öffnen. Zu den Bestandteilen, die ein Widget auf jeden Fall beinhalten muss, gehören folgende Dateien:

- Default.tif: Diese Grafik wird sowohl in der Vorschau eines zu installierenden Widgets angezeigt als auch bei der Platzierung auf dem Dashboard.
- Icon.tif: Diese Grafik erscheint in der Leiste der verfügbaren Widgets.
- Info.plist: In dieser Property-Liste werden neben der Versionsnummer und der Bezeichnung des Widgets auch die Beschränkungen (z. B. Netzwerk- und Dateizugriff) festgelegt.
- Name.css: Enthält die Anweisungen und Formatvorlagen für die Gestaltung der Oberfläche des Widgets in Form eines Cascading Stylesheets.
- Name.html: Diese HTML-Datei stellt das Grundgerüst des Widgets dar. Über sie werden die Formatvorlagen und JavaScript-Dateien eingebunden.
- Name.js: Der eigentliche Programmcode des Widgets befindet sich in dieser JavaScript-Datei.

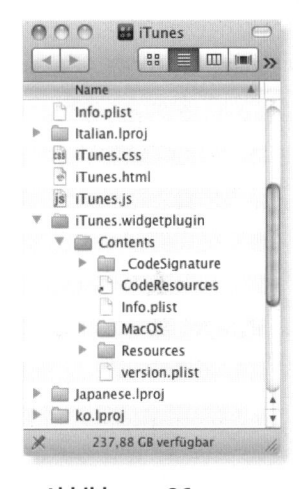

▲ Abbildung 2.86
Das »iTunes«-Widget enthält neben den obligatorischen Bestandteilen auch ein Plug-in.

Neben diesen Standardelementen ist es auch möglich, in einem Widget die zusätzlichen Dateien in eigenen Ordnern (z. B. Images) zu organisieren. Sofern der Programmcode umfangreicher und damit unübersichtlicher wird, ist die Verwendung und Einbettung weiterer JavaScript-Dateien möglich.

WidgetResources
Im Ordner /System/Library/WidgetResources finden sich einige Standardelemente. Hierzu gehört zum Beispiel die Grafik für das kleine »i«, das die Voreinstellungen anzeigt. In den Unterordnern AppleClasses und AppleParser sind einige fertige Skripten und Klassen enthalten, auf die Entwickler wie auch Dashcode zurückgreifen können.

Prüfung vorab
Sind Sie im Begriff, ein neues und Ihnen bisher nicht bekanntes Widget zu installieren, so sollten Sie einen Blick auf die in dem Bundle enthaltene Datei Info.plist mit dem Programm Property List Editor werfen. Die in dieser Datei enthaltenen Freigaben sind mit den Absichten des Programmierers vergleichbar. Wenn Sie bei einem Widget, das lediglich die Zahl Pi auf mehrere Nachkommastellen berechnen soll, den Eintrag AllowFullAccess mit dem Wert YES versehen vorfinden, könnte ein detaillierter Blick in den Quellcode angeraten sein.

Eine Lokalisierung des Widgets in verschiedenen Sprachen kann mit den in den Ordnern English.lproj und German.lproj enthaltenen Sprachdateien vorgenommen werden. In Form einer Erweiterung (.widgetplugin) kann auch ein eigenständiges Programm in das Widget integriert und von diesem ausgeführt werden. Komplexere Aufgaben, die die Fähigkeiten von JavaScript übersteigen, lassen sich so auch mit einer Programmiersprache wie Objective-C bewältigen.

Vorgaben und Sicherheit | Die Widgets werden innerhalb von DashboardClient mit der Benutzerkennung des aktuellen Benutzers ausgeführt und unterliegen bei den Zugriffsrechten den gleichen Beschränkungen. Würden Sie sich als root an der grafischen Oberfläche anmelden, hätte ein Widget auch einen entsprechend weitreichenden Zugriff auf das Dateisystem. Über welche Berechtigungen das Widget darüber hinaus verfügt, können Sie der Datei »Info.plist« innerhalb des Widgets entnehmen. Sie finden dort Einträge in der Form AllowSystem oder AllowInternetPlugins, die die Verwendung erlauben, wenn der Wert auf YES gesetzt wird. Der Standardwert lautet No. Folgende Eigenschaften und Befugnisse können einem Widget erteilt werden:

- AllowFileAccessOutsideOfWidget: Das Widget darf auf Dateien zugreifen, die außerhalb seines eigenen Bundles liegen.
- AllowInternetPlugins: Die Verwendung von Plug-ins wie QuickTime oder Flash ist erlaubt.
- AllowJava: Das Widget kann auch Java-Applets ausführen und mit
- AllowNetworkAccess: Die Verbindungen ins lokale Netzwerk und Internet werden nicht unterbunden.
- AllowSystem: Ermöglicht den Zugriff auf alle Befehle, die auch am Terminal zur Verfügung stehen würden.
- AllowFullAccess: Dem Widget stehen alle zuvor beschriebenen Möglichkeiten offen.

Prozesse | In der Aktivitäts-Anzeige erscheint das Dashboard als ein Prozess mit der Bezeichnung DashboardClient. In diesem Prozess werden alle aktivierten Widgets zusammengefasst, sofern sie nicht ein Plug-in oder Java nutzen. Solche Widgets laufen in einem eigenen Prozess ab.

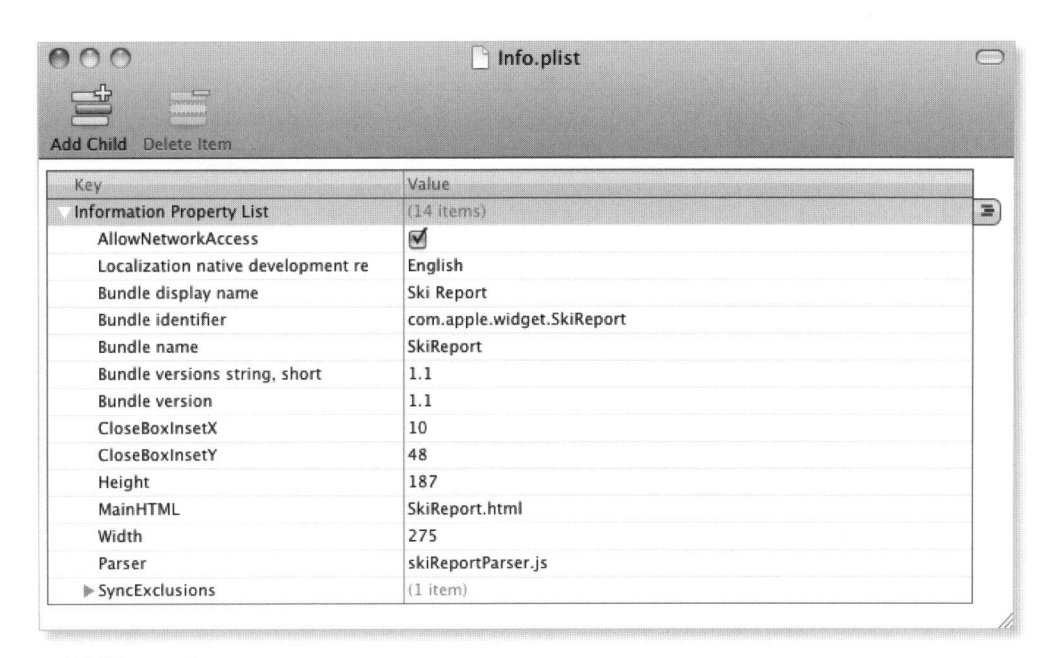

Key	Value
▼ Information Property List	(14 items)
AllowNetworkAccess	☑
Localization native development re	English
Bundle display name	Ski Report
Bundle identifier	com.apple.widget.SkiReport
Bundle name	SkiReport
Bundle versions string, short	1.1
Bundle version	1.1
CloseBoxInsetX	10
CloseBoxInsetY	48
Height	187
MainHTML	SkiReport.html
Width	275
Parser	skiReportParser.js
▶ SyncExclusions	(1 item)

▲ **Abbildung 2.87**
In der Datei INFO.PLIST werden unter anderem die Befugnisse des Widgets definiert.

3   Die Schaltzentrale: der Finder

Der Finder ist das zentrale Werkzeug zur Verwaltung Ihrer Dateien und Ordner. Er ist schon seit der allerersten Version von Mac OS fester Bestandteil des Betriebssystems. Mit Mac OS X 10.6 bringt der Finder im Vergleich zur Vorgängerversion kaum neue Funktionen mit.

In diesem Kapitel werden zunächst die einzelnen Funktionen des Finders besprochen. Anschließend finden Sie einige Hintergrundinformationen und erfahren, wie Dateien und Ordner unsichtbar werden, wie Pfadangaben aufgebaut sind und was es mit Bundles und symbolischen Links auf sich hat.

Finder neu starten | Mac OS X wurde so entwickelt, dass der Finder im Hintergrund immer aktiv ist. Sie können ihn nicht wie ein anderes Programm beenden. Wenn er nicht mehr reagieren sollte, halten Sie die Taste ⌥ gedrückt, und rufen Sie das Kontextmenü im Dock auf. Sie finden dort die Option NEU STARTEN.

▲ **Abbildung 3.1**
Mit gedrückt gehaltener Taste ⌥ kann der Finder neu gestartet werden.

3.1   Tipps und Tricks im Alltag

Der Finder bietet Ihnen einige Möglichkeiten, Dateien und Ordner komfortabel zu verwalten. Vieles in diesem Abschnitt werden Sie wahrscheinlich schon kennen und eingesetzt haben. Die folgenden Erläuterungen haben ihr Ziel dann erfüllt, wenn Sie den einen oder anderen Handgriff für sich neu entdecken und in Ihre Arbeitsweise integrieren.

3.1.1   Mit Dateien und Ordnern arbeiten

Neuer Ordner | Wenn Sie im Finder an einer beliebigen Stelle, also in einem Ordner, für den Sie Schreibrechte besitzen, einen leeren Ordner erstellen möchten, können Sie den Menüpunkt ABLAGE • NEUER ORDNER verwenden.

Neuer Ordner
⌘ + N

▲ **Abbildung 3.2**
Mit gedrückt gehaltener Taste ⌘ können mehrere, nicht aufeinander folgende Objekte ausgewählt werden.

▲ **Abbildung 3.3**
Mit gedrückt gehaltener Taste ⌥ können Objekte kopiert werden.

Dateien und Ordner auswählen | Wenn Sie nur eine Datei oder einen Ordner verschieben oder kopieren möchten, können Sie das Objekt mit einem einfachen Mausklick auswählen und mit gedrückter Maustaste auf den Zielordner ziehen.

Sollen aus einem Ordner aber mehrere Objekte kopiert oder verschoben werden, stehen Ihnen mehrere Methoden zur Verfügung. Sie können mit der Tastenkombination ⌘ + A alle Objekte im aktiven Ordner auswählen. Selektieren Sie zuerst ein Objekt und wählen dann bei gedrückter Taste ⇧ ein zweites, markiert der Finder alle dazwischenliegenden Objekte ebenfalls. Halten Sie stattdessen die Taste ⌘ gedrückt, können Sie mit einem Mausklick mehrere Objekte in beliebiger Reihenfolge auswählen.

Schließlich können Sie in der Listendarstellung den Mauspfeil in die Freifläche neben dem Namen eines Objektes platzieren und bei gedrückter Maustaste den Pfeil nach unten bewegen. Der Finder wählt nun alle Objekte, über die der Mauspfeil hinweggleitet, aus.

Per Maus kopieren und verschieben | Die ausgewählten Objekte können Sie verschieben oder kopieren, indem Sie sie bei gedrückter Maustaste auf den Zielordner ziehen. Befindet sich der Zielordner auf dem gleichen Volume wie die ausgewählten Objekte, so werden diese in den Zielordner verschoben. Bei einem Zielordner, der sich auf einem anderen Volume befindet, werden die Dateien kopiert. Sollen die ausgewählten Objekte in einen Ordner auf dem gleichen Volume kopiert anstatt verschoben werden, halten Sie die Taste ⌥ gedrückt. Der Mauspfeil wird dann von einem grünen Pluszeichen begleitet.

Auf ein anderes Volume verschieben | Wenn Sie Dateien oder Ordner auf ein anderes Volume bewegen möchten, können Sie die Taste ⌘ gedrückt halten. Die Objekte werden dann auf die andere Festplatte oder Partition kopiert und die Originale vom Finder direkt gelöscht. Genau genommen führen Sie also zwei Aktionen (Kopieren und Löschen) aus.

Aufspringende Ordner | Wenn Sie die ausgewählten Objekte auf einen Ordner ziehen und einen Moment warten, öffnet sich der Ordner in einem neuen Fenster, und Sie können durch seinen Inhalt navigieren und auf diese Weise gegebenenfalls weitere Ordner aufspringen lassen. Halten Sie die Leertaste gedrückt, dann springt der Ordner sofort auf. Die Wartezeit, bis der anvisierte Ordner aufspringt, können Sie in den Einstellungen des

Finders vorgeben. Es ist auch möglich, dieses Verhalten komplett abzuschalten.

Ausklappende Ordner | In der Listendarstellung können Sie die zu kopierenden Objekte auf den Pfeil neben dem Namen des Ordners ziehen, und dieser wird ausgeklappt.

Exposé und Spaces | Haben Sie Objekte im Finder mit der Maus ausgewählt und halten Sie die Maustaste gedrückt, dann können Sie auch Spaces nutzen, um das Fenster mit dem Zielordner zu finden. Wechseln Sie mit ctrl und einer Taste auf dem Ziffernblock in den Space, in dem sich das gewünschte Fenster befindet. Hierbei bleiben die ausgewählten Objekte am Mauspfeil erhalten. Ebenso können Sie über Exposé die Übersicht aller offenen Fenster aufrufen und die zu kopierenden oder zu bewegenden Objekte direkt in das nun sichtbare Fenster bewegen.

◄ **Abbildung 3.4**
Ein Objekt kann von einem Space in einen anderen gezogen werden.

Sie können auch die Spaces aufrufen und sich anschließend alle Fenster anzeigen lassen. Haben Sie zuvor ein Objekt ausgewählt und die Maustaste gedrückt gehalten, dann können Sie das Objekt in ein Fenster auf einer anderen Arbeitsfläche bewegen (siehe Abbildung 3.4). Es ist auch möglich, ein Objekt bei gedrückt gehaltener Maustaste an einen Bildschirmrand zu ziehen. Nach einem kurzen Moment wechselt die Anzeige zu der nebenliegenden Arbeitsfläche.

Objekt duplizieren:
⌘ + D

Duplizieren | Eine Kopie der Datei oder des Ordners an ihrem aktuellen Platz erzeugen Sie mit ⌘ + D oder über den Punkt DUPLIZIEREN im Kontextmenü. Der Finder fügt im Namen des Duplikates automatisch das Wort KOPIE vor der Dateiendung ein.

Abbildung 3.5 ▶
Der Kopiervorgang kann über das Kreuz abgebrochen werden.

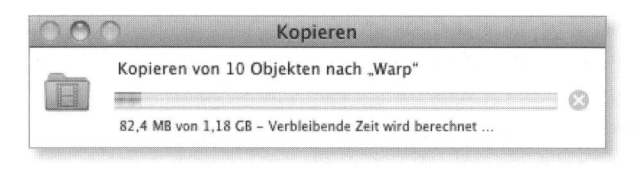

Abbildung 3.6 ▶
Ist bereits ein gleichnamiges Objekt im Zielordner vorhanden, dann kann es ersetzt werden.

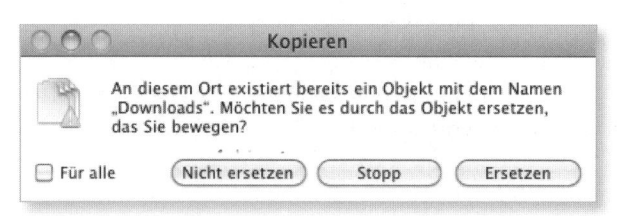

Verweis in Zwischenablage
⌘ + C

Aus Zwischenablage kopieren:
⌘ + V

Kopiervorgang abbrechen | Wenn Sie einen Kopiervorgang begonnen haben, wird Ihnen dessen Fortschritt in einem separaten Fenster angezeigt. Die Zeitschätzung sollten Sie dabei nicht allzu genau nehmen. Abbrechen können Sie das Kopieren durch einen Klick auf das Kreuz rechts neben dem Fortschrittsbalken. Brechen Sie einen Vorgang ab, verbleiben die schon kopierten Objekte im Zielordner und müssen gegebenenfalls von Hand gelöscht werden.

Per Tastatur kopieren | Arbeiten Sie bevorzugt mit Kurzbefehlen über die Tastatur, so können Sie auch mit ⌘ + C einen Verweis auf das Objekt in die Zwischenablage und mit ⌘ + V in den Ordner kopieren, den sie anschließend öffnen.

Wenn Sie Dateien und Ordner in die Zwischenablage kopiert haben, dann können Sie diese auch in anderen Programmen einfügen. Fügen Sie die Objekte über ⌘ + V in einer neuen E-Mail ein, dann werden diese als Anhänge an die Nachricht angefügt. In TextEdit werden über den Menüpunkt BEARBEITEN • EINFÜGEN die Icons, über BEARBEITEN • EINSETZEN UND STIL ANPASSEN die Datei- und Ordnernamen eingefügt.

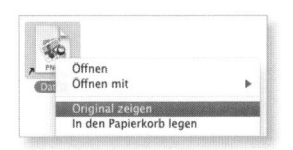

Aliase für Objekte | Bei einem Alias, dessen Icon mit einem kleinen Pfeil versehen wird, handelt es sich um einen Verweis auf eine Datei oder einen Ordner. Wenn Sie das Alias zweimal anklicken, dann wird die verlinkte Datei oder der Ordner geöffnet. Ein Alias können Sie, wie eine Datei, an eine beliebige Stelle, also zum Beispiel in den Ordner SCHREIBTISCH, bewegen.

▲ **Abbildung 3.7**
Bei einem Alias können Sie sich das Original zeigen lassen.

Alias erzeugen | Mit ⌘ + L oder über den entsprechenden Punkt im Kontextmenü wird ein Alias erzeugt. Halten Sie, wenn Sie ein Objekt ausgewählt haben, die Tasten ⌥ + ⌘ gedrückt, dann wird anstatt einer Kopie ein Alias erzeugt.

Sie können einem Alias auch einen anderen Namen geben. Wenn Sie wissen möchten, auf welche Datei oder auf welchen Ordner das Alias deutet, dann können Sie den Eintrag ORIGINAL ZEIGEN im Kontextmenü, den Menüpunkt ABLAGE • ORIGINAL ZEIGEN oder die Tastenkombination ⌘ + R verwenden.

Löschen Sie das ursprüngliche Objekt, so deutet das Alias ins Leere, und Sie erhalten die Fehlermeldung aus Abbildung 3.9. Um das Alias wieder zu aktivieren, können Sie eine andere Datei als Ziel der Verlinkung vorgeben.

▲ **Abbildung 3.8**
Das Icon eines Alias wird mit einem Pfeil versehen.

◄ **Abbildung 3.9**
Das Löschen der Originaldatei führt bei einem Alias zu einer Fehlermeldung.

Links | Um auf eine Datei oder ein Verzeichnis zu verweisen, kann auch ein Link genutzt werden. Diese werden Ihnen, wenn Sie sich etwas intensiver mit dem System auseinandersetzen, recht schnell begegnen. In Abschnitt 3.4.1 finden Sie Erläuterungen zu den Unterschieden und technischen Hintergründen.

3.1.2 Fenster und Darstellungen

Für die Darstellung von Ordnern und Dateien bietet der Finder eine Reihe von Möglichkeiten und Funktionen. Eine für alle Anwender optimale Darstellungsweise gibt es nicht, und Sie müssen für sich selbst herausfinden, welche der vielen Optionen Ihnen nützt und welche von der Arbeit eher ablenken.

Position speichern | Der Finder speichert die Position eines Fensters für einen Ordner, wenn Sie es schließen. Möchten Sie, dass Ihr Benutzerordner oben links erscheint, platzieren Sie das Fenster, in dem er angezeigt wird, an die gewünschte Stelle, und schließen Sie es. Wenn Sie jetzt mit ⌘ + N oder ⌘ + ⇧ + H ein neues Fenster öffnen, sollte es an der vorherigen Stelle erscheinen. Welcher Ordner mit der Tastenkombination ⌘ + N geöffnet wird, können Sie in den Einstellungen des Finders in der Ansicht ALLGEMEIN festlegen.

Die Art und Weise, wie der Finder die Position von Fenstern speichert, ist alles andere als ideal. Im Alltag ist Konfusion häufig anzutreffen, da die gängige Arbeitsweise vieler Anwender die Ordner im gleichen Fenster öffnet und somit die gespeicherten Positionen immer schnell durcheinanderkommen, wenn Fenster geschlossen werden.

▲ **Abbildung 3.10**
In der minimierten Ansicht eines Fensters werden die Symbolleiste und die Seitenleiste ausgeblendet.

> **Tipp**
>
> Es ist auch möglich, Objekte in die Ordner im dargestellten Pfad zu ziehen, um sie zu kopieren oder zu bewegen.

Abbildung 3.11 ▶
Der Name eines Ordners bei der Darstellung eines langen Pfades wird eingeblendet, wenn sich der Mauspfeil über ihm befindet.

Neues Fenster
⌘ gedrückt

Neues Fenster und altes schließen
⌥ gedrückt

Darstellung wechseln
⌘ + 1, 2, 3 oder 4

Minimierte Darstellung | Mit der Schaltfläche oben rechts können Sie die Seitenleiste und die Symbolleiste ausblenden. Bei einem so minimierten Fenster werden die Ordner immer in einem neuen Fenster geöffnet. Haben Sie die Darstellung als Symbole gewählt, dann können Sie die Größe der Icons über den Schieberegler oben rechts anpassen. Über DARSTELLUNG • STATUSLEISTE EINBLENDEN können Sie am oberen Rand die Leiste einblenden, die sich in der normalen Ansicht am unteren Rand befindet.

Pfadleiste | Mit der in Mac OS X 10.5 neu eingeführten Pfadleiste können Sie sich am unteren Rand des Fensters den Pfad des ausgewählten Objekts oder, wenn kein Objekt ausgewählt wurde, des angezeigten Ordners anzeigen lassen. Bei langen Pfaden werden die Namen der Ordner abgeschnitten und erscheinen, sobald Sie den Mauspfeil über den Ordner platzieren. Mit einem Doppelklick können Sie einen Ordner innerhalb des Pfades öffnen. Wenn Sie das Kontextmenü (siehe Abschnitt 3.1.5) über einen Ordner aufrufen, dann stehen Ihnen die entsprechenden Optionen auch direkt für den Ordner in der Pfadleiste zur Verfügung.

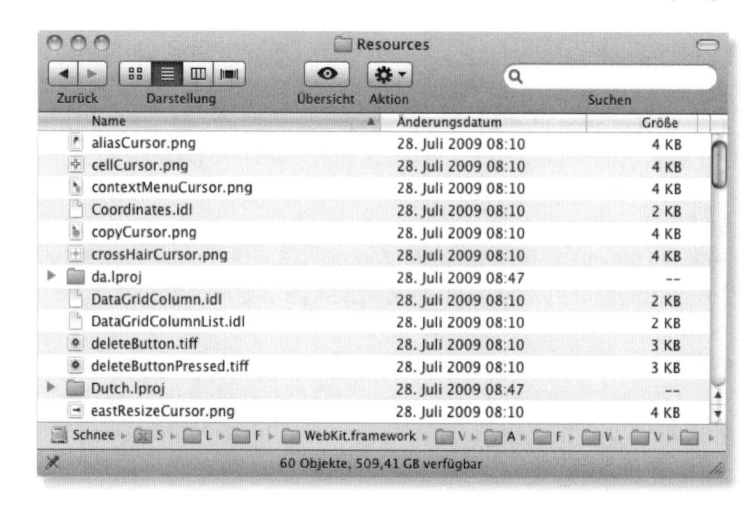

Ordner in neuem Fenster öffnen | Der Finder zeigt einen Ordner, den Sie mit einem Doppelklick öffnen, im gleichen Fenster an. In den Einstellungen des Finders können Sie in der Ansicht ALLGEMEIN auch die Option ORDNER IMMER IM NEUEN FENSTER ÖFFNEN aktivieren. Alternativ ist es auch möglich, die Taste ⌘ gedrückt zu halten. In diesem Fall wird der Ordner bei einem Doppelklick in einem neuen Fenster geöffnet. Halten Sie stattdessen die Taste ⌥ gedrückt, dann wird der Ordner ebenfalls in einem neuen Fenster geöffnet und das Ausgangsfenster gleichzeitig geschlossen.

Der Finder bietet Ihnen vier mögliche Ansichten der Dateien und Ordner. Sie können sie durch die Tastenkombination ⌘ + 1, 2, 3 oder 4 für das Fenster im Vordergrund aktivieren.

Alternativ können Sie auch über das Menü DARSTELLUNG mit den Optionen ALS SYMBOLE, ALS LISTE, ALS SPALTEN und ALS COVER FLOW eine Auswahl treffen, und schließlich stehen Ihnen die vier Ansichten in der Symbolleiste des Finders zur Auswahl.

▲ **Abbildung 3.12**
Die Auswahl der Ansicht kann auch über die Symbolleiste des Finders erfolgen.

Darstellungsoptionen | Über den Menüpunkt DARSTELLUNG • DARSTELLUNGSOPTIONEN EINBLENDEN können Sie ein Fenster aufrufen. Abhängig von der gewählten Darstellung im aktiven Fenster des Finders können Sie hier die Anzeige von Spalten oder weiteren Informationen konfigurieren.

Darstellungsoptionen einblenden
⌘ + J

Standard festlegen | Mit der Schaltfläche ALS STANDARD VERWENDEN definieren Sie die aktuelle Auswahl an anzuzeigenden Objekten als Voreinstellung für diese Darstellungsmethode. Mit der Option IMMER IN DARSTELLUNG ÖFFNEN geben Sie vor, dass dieser Ordner immer mit der aktuellen Darstellungsmethode angezeigt werden soll. In allen vier Ansichten können Sie ferner die SYMBOLVORSCHAU EINBLENDEN. Damit aktivieren Sie die Vorschau über Quick Look (siehe Abschnitt 7.1).

Als Symbole | Die Ansicht der Dateien als Symbole ist vielleicht die bekannteste Darstellung im Finder. Wenn die Icons der Dateien und Ordner übereinanderliegen sollten, können Sie mit der Funktion DARSTELLUNG • AUFRÄUMEN veranlassen, dass der Finder die Icons so umgruppiert, dass alle wieder sichtbar und nebeneinander angeordnet sind. Mit dem Schieberegler unten rechts können Sie die Größe der Icons bestimmen.

Rufen Sie mit ⌘ + J die Darstellungsoptionen für die Ansicht ALS SYMBOLE auf, können Sie neben der SYMBOLGRÖSSE auch die TEXTGRÖSSE vorgeben.

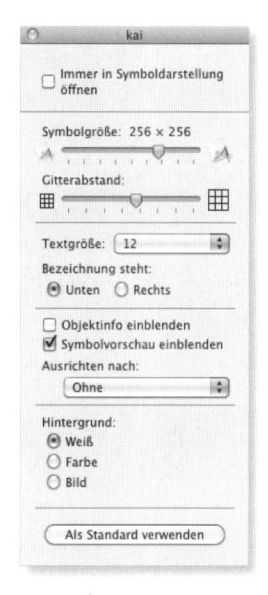

▲ **Abbildung 3.13**
In den Darstellungsoptionen der Symboldarstellung kann auch der Gitterabstand vorgegeben werden.

Der GITTERABSTAND bestimmt, wie viel Raum zwischen den Icons gelassen wird, wenn Sie deren Anordnung über DARSTELLUNG • AUFRÄUMEN neu vornehmen oder über die Icons automatisch ausrichten lassen.

Mit dem Ausklappmenü AUSRICHTEN NACH können Sie die Icons AM RASTER AUSRICHTEN und dann die Platzierung frei bestimmen. Der Finder rückt die Positionierung dann so zurecht, dass der GITTERABSTAND eingehalten wird. Nehmen Sie die Ausrichtung nach NAME, ÄNDERUNGSDATUM usw. vor, werden die Icons im Ordner von links oben nach rechts unten sortiert.

Wenn Sie die OBJEKTINFOS EINBLENDEN, wird unterhalb der Bezeichnung bei einem Ordner die Anzahl der enthaltenen Objekte und bei einer Datei deren Größe angezeigt. Sie können ferner für den Ordner eine Hintergrundfarbe oder ein Hintergrundbild festlegen.

Wenn Sie sich für ein Hintergrundbild entscheiden, dann erscheint ein Quadrat mit der Beschriftung BILD HIERHER BEWEGEN. Sie können eine Bilddatei auf dieses Quadrat ziehen oder einen Doppelklick darauf ausführen. Im zweiten Fall erscheint der Dialog zum Öffnen einer Datei und stellt Ihnen zunächst die Schreibtischbilder von Mac OS X zur Auswahl.

▲ **Abbildung 3.14**
Wenn die Objektinfos eingeblendet werden, wird die Anzahl der enthaltenen Objekte unterhalb der Bezeichnung angezeigt.

> **TIPP**
> Halten Sie beim Ausklappen die Taste ⌥ gedrückt, dann werden auch die enthaltenen Unterordner ausgeklappt. Die gedrückt gehaltene Taste ⌥ beim Einklappen sorgt dafür, dass auch die Unterordner eingeklappt werden.

Bei der über Quick Look (siehe Abschnitt 7.1) verfügbaren Vorschau ist es in der Darstellung als Symbole möglich, PDF-, Film- und Tondateien abzuspielen. Bewegen Sie den Mauspfeil über eine Datei, dann erscheinen bei einer PDF-Datei zwei Pfeile zum Vor- und Zurückblättern, bei einer Film- oder Tondatei erscheint die bekannte Schaltfläche zum Abspielen. Sie können auf diese Weise schnell einen Einblick in den Inhalt der jeweiligen Dateien nehmen, wobei sich bei einer Video- oder PDF-Datei eine Symbolgröße von mehr als 128 x 128 anbietet. Die Bedienelemente erscheinen nicht, wenn die Symbolgröße kleiner als 64 x 64 ist.

▲ **Abbildung 3.15**
In der Darstellung als Symbole können PDF-, Ton- und Videodateien eingesehen werden.

Als Liste | Die Darstellung ALS LISTE erlaubt Ihnen einen schnellen Überblick über die in einem Ordner enthaltenen Objekte und auch die Anzeige weiterer Informationen. Der kleine Pfeil, der links von einem Ordner angezeigt wird, dient dazu, diesen Ordner aufzuklappen und seinen Inhalt anzuzeigen.

Ob die Objekte auf- oder absteigend sortiert werden, können Sie ändern, indem Sie in der Titelleiste des Fensters auf die Spalten NAME, ÄNDERUNGSDATUM etc. klicken. Sie können hierzu auch den Menüpunkt DARSTELLUNG • AUSRICHTEN NACH verwenden.

Wenn Sie die Breite der Spalten ändern möchten, platzieren Sie den Mauspfeil auf die kleine Trennlinie in der Titelleiste, halten die Maustaste gedrückt und verschieben die Trennlinie. Um die Reihenfolge der Spalten zu ändern, platzieren Sie den Mauspfeil auf einem Titel und ziehen ihn mit gedrückter Maustaste an die gewünschte Position.

Ausrichten nach:
ctrl + ⌘ + 1 ... 6

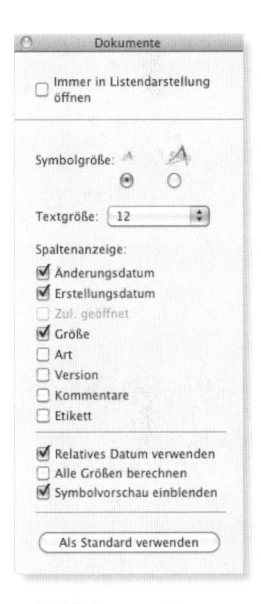

▲ **Abbildung 3.16**
In den Einstellungen können die anzuzeigenden Spalten festgelegt werden.

▲ **Abbildung 3.17**
Die Breite der Spalten lässt sich über die Titelleiste anpassen.

Abbildung 3.18 ▶
Die Reihenfolge der Spalten kann über die Titelleiste geändert werden.

Abbildung 3.19 ▲
In den Einstellungen der Darstellung kann die Vorschau bei Bedarf deaktiviert werden.

In den Darstellungsoptionen der Ansicht ALS LISTE können Sie neben den anzuzeigenden Spalten auch auswählen, ob der Finder bei Ordnern und Partitionen ALLE GRÖSSEN BERECHNEN soll, wenn Sie die Spalte GRÖSSE anzeigen lassen. In diesem Fall wird Ihnen der Speicherplatz, den ein Ordner mitsamt der in ihm enthaltenen Dateien und Unterordner beansprucht, in der Spalte GRÖSSE angezeigt. Die Berechnung nimmt dabei ein wenig Zeit in Anspruch. Über die Option RELATIVES DATUM VERWENDEN zeigt der Finder den aktuellen und vorigen Tag als HEUTE beziehungsweise GESTERN an.

Als Spalten | Die Ansicht der Ordner ALS SPALTEN spart Ihnen bei der Navigation durch eine Ordnerhierarchie einige Mausklicks. Wählen Sie mit einem Klick einen Ordner aus, so erscheint dessen Inhalt sofort rechts in einer neuen Spalte. Ein doppelter Klick ist nicht notwendig. Das Kriterium für die Sortierung der Elemente können Sie auch hier über den Menüpunkt DARSTELLUNG • AUSRICHTEN nach oder die Tastenkombinationen ctrl + ⌘ + 1 … 6 vorgeben.

Abbildung 3.20 ▶
In der Ansicht ALS SPALTEN kann eine Vorschau einer Datei eingeblendet werden.

Nach links und rechts bewegen
←/→

In den Darstellungsoptionen dieser Ansicht können Sie eine Vorschau des ausgewählten Objekts aktivieren. Bei Dateitypen, die von Quick Look unterstützt werden, erhalten Sie eine entsprechende Vorschau. Zusätzlich steht Ihnen in der Vorschau mit dem

Button INFORMATIONEN... die Möglichkeit offen, das Informationsfenster des Finders aufzurufen.

Die Vorschau in einer eigenen Spalte kann, da durch diese zusätzliche Spalte der Inhalt des Fensters nach links regelrecht wegrutscht, manchmal etwas störend wirken und in den Einstellungen dieser Darstellung abgeschaltet werden. Die Möglichkeit der Vorschau von PDF-, Film- und Tondateien finden Sie auch hier.

Als Cover Flow | Seit Mac OS X 10.5 verfügt der Finder über eine Cover Flow genannte Darstellung, die sich an der Anzeige der Cover in iTunes orientiert. Sie teilt das Fenster in zwei horizontale Bereiche. Im oberen finden Sie den Inhalt des Ordners, wobei Ihnen der Finder hier eine über Quick Look erstellte Vorschau des Dateiinhalts präsentiert.

> **TIPP**
>
> Sie können Dateien und Ordner auch aus dem Vorschaubereich heraus ziehen und so kopieren oder verschieben.

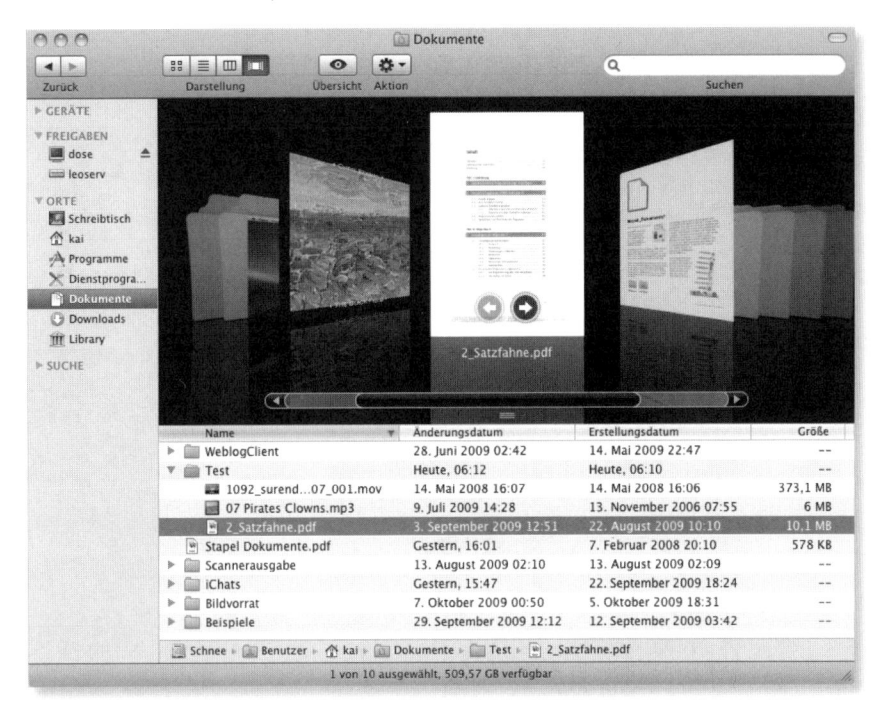

▲ **Abbildung 3.21**
Auch die Darstellung Cover Flow ermöglicht eine Vorschau des Inhalts der Datei.

Mit dem Schieberegler unterhalb der Darstellung können Sie diese nach links und rechts verschieben und so eine beliebige Datei oder einen bestimmten Ordner in den Mittelpunkt rücken. Die untere Hälfte wird durch die Listendarstellung eingenommen. Wenn Sie einen Ordner ausklappen, wird sein Inhalt angezeigt und in die Cover-Flow-Ansicht integriert.

TIPP
Wenn der Platz in der Seitenleiste und im Dock eng wird, können Sie Programme, Dateien und Ordner auch in der Symbolleiste des Finders ablegen. Ziehen Sie das jeweilige Icon einfach auf die Symbolleiste, und warten Sie einen kurzen Augenblick. Sie können es so wie die regulären Elemente platzieren. Halten Sie die Taste ⌘ gedrückt, dann lassen sich diese Elemente umgruppieren und wieder aus der Symbolleiste entfernen.

3.1.3 Die Symbolleiste

Solange Sie nicht die minimierte Ansicht der Fenster im Finder nutzen, sehen Sie oben eine Symbolleiste. Auch diese kann an Ihre individuellen Anforderungen angepasst werden.

Sie finden in den verfügbaren Symbolen auch die Funktionen AUSWERFEN, VERBINDEN mit einer Freigabe im Netzwerk, über INFORMATIONEN das gleichnamige Fenster sowie mit LÖSCHEN die Möglichkeit, die ausgewählten Objekte in den Papierkorb zu verschieben.

Wenn Sie auf die Anzeige der Pfadleiste verzichten wollen, steht Ihnen alternativ auch ein Symbol PFAD zur Verfügung, das in einem Ausklappmenü den Pfad des gerade angezeigten Ordners ausgibt.

Das Symbol AKTION bietet Ihnen in einem Ausklappmenü alle Funktionen, die Sie sonst über das Kontextmenü aufrufen können.

▲ Abbildung 3.22
Die Symbolleiste des Finders kann an die eigenen Anforderungen angepasst werden.

3.1.4 Die Seitenleiste

Seitenleiste ein-/ausblenden
⌘ + ⌥ + S

Objekt in Seitenleiste
⌘ + T

Die Seitenleiste im Finder wurde mit Mac OS X 10.5 ein wenig überarbeitet und in vier Kategorien unterteilt. Sie können die einzelnen Kategorien mit dem Pfeil links ein- und ausklappen, jedoch lassen sie sich nicht aus der Seitenleiste entfernen. Ebenso können Sie die Breite der Seitenleiste durch das Ziehen des Trennstrichs anpassen. Über den Menüpunkt DARSTELLUNG

- SEITENLEISTE EIN-/AUSBLENDEN oder die Tastenkombination ⌘ + ⌥ + S können Sie die Seitenleiste ein- und ausblenden.

◄ **Abbildung 3.23**
Die Seitenleiste beinhaltet vier einklappbare Kategorien.

Der Seitenleiste Objekte hinzufügen können Sie, indem Sie diese entweder an die gewünschte Stelle der passenden Rubrik ziehen oder Sie greifen auf den Menüpunkt ABLAGE • ZUR SEITENLEISTE HINZUFÜGEN zurück. Dieser steht Ihnen auch über die Tastenkombination ⌘ + T zur Verfügung. Ein Element aus der Seitenleiste entfernen Sie wie ein Objekt im Dock, indem Sie es bei gedrückt gehaltener Maustaste aus der Seitenleiste ziehen.

Die Elemente in der Seitenleiste reagieren auf einen Mausklick ähnlich wie die Dateien und Ordner. Sie können Dateien und Ordner auf einen Ordner in der Seitenleiste ziehen, und die Objekte werden in diesen kopiert oder verschoben. Sie können auch das Kontextmenü für ein Element in der Seitenleiste aufrufen. Wenn Sie ein Element in der Seitenleiste umbenennen, wird auch der Name des Originals geändert. In die Rubrik ORTE können Sie auch Programme ziehen, die über einen Mausklick gestartet werden können.

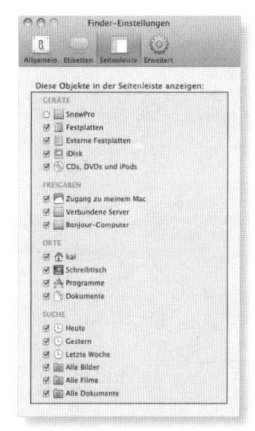

▲ **Abbildung 3.24**
Die Vorgaben für die Seitenleiste werden in den EINSTELLUNGEN des Finders vorgenommen.

3.1.5 Das Kontextmenü

Das Kontextmenü stellt viele der am häufigsten gebrauchten Funktionen direkt zur Verfügung. Aufrufen können Sie es durch einen Klick mit der rechten Maustaste oder bei einer Maus mit nur einer Taste mit ctrl + Mausklick.

Abbildung 3.25 ▶
Im Kontextmenü stehen neben den bekannten Funktionen auch die Dienste und Ordneraktionen zur Auswahl.

▲ **Abbildung 3.26**
Wird die Taste ⌥ gedrückt gehalten, dann ändern sich einige der zur Verfügung stehenden Funktionen.

Objekt in Papierkorb legen
⌘ + ⌫

Papierkorb entleeren
⌘ + ⇧ + ⌫

Die zur Verfügung stehenden Funktionen sind abhängig vom Typ des Objekts, über den Sie das Kontextmenü aufgerufen haben. Neben den selbsterklärenden Funktionen finden Sie unten die Dienste (siehe Abschnitt 2.4) und bei einem Verzeichnis können Sie die ORDNERAKTIONEN KONFIGURIEREN (siehe Abschnitt 24.9.2).

»Immer öffnen mit« | Rufen Sie das Kontextmenü auf und halten Sie die Taste ⌥ gedrückt, werden die verfügbaren Funktionen etwas modifiziert. Zunächst können Sie über INFORMATIONEN EINBLENDEN das schwebende Informationsfenster einblenden und anstelle der Übersicht gleich eine Diashow mit Quick Look starten.

Sie finden ferner die Option IMMER ÖFFNEN MIT. Wählen Sie hier ein Programm aus, dann wird diese Datei bei einem Doppelklick immer mit diesem Programm geöffnet.

3.1.6 Der Papierkorb

In den Papierkorb, dessen Icon sich im Dock am Rand befindet, können Sie Dateien und Ordner bewegen, die Sie später löschen möchten. Bis Sie den Papierkorb entleeren, bleiben die Dateien zunächst erhalten und können auch wieder aus dem Papierkorb genommen werden. Den Inhalt des Papierkorbs können Sie einsehen, indem Sie dessen Icon im Dock anklicken. Haben Sie ein Element im Papierkorb ausgewählt, dann können Sie es über den Menüpunkt ABLAGE • ZURÜCKLEGEN an den Platz verschieben, von dem aus es in den Papierkorb gelegt wurde.

Über den Menüpunkt FINDER • PAPIERKORB ENTLEEREN oder die Tastenkombination ⌘ + ⇧ + ⌫ können Sie den Inhalt des Papierkorbs löschen. Dabei werden die Dateien nicht sofort vollständig von der Festplatte gelöscht. Sie verbleiben vielmehr physikalisch auf dem Datenträger, lediglich der Eintrag im Dateisystem, der mithilfe des Dateinamens auf die Daten verweist, wird entfernt, und die Stellen, an denen sich die Daten auf dem Datenträger befinden, werden als beschreibbar oder leer gekennzeichnet. Es ist also, wenn auch in erster Linie theoretisch noch möglich, eine gelöschte Datei mithilfe von speziellen Programmen wiederherzustellen, da sie ja auf der Festplatte noch vorhanden ist.

> **TIPP**
>
> Um den Papierkorb ohne Rückfrage (unabhängig von den Einstellungen des Finders) zu leeren, können Sie die Tastenkombination ⌘ + ⌥ + ⇧ + ⌫ verwenden.

Dateien endgültig löschen | Wenn Sie möchten, dass die im Papierkorb enthaltenen Dateien nicht mehr so leicht zu rekonstruieren sind, wählen Sie im Finder den Menüpunkt ABLAGE • PAPIERKORB SICHER ENTLEEREN. Hierbei werden die Einträge der Dateien nicht nur aus dem Dateisystem gelöscht, sondern es werden auch die Daten auf dem Datenträger mit zufälligen Daten überschrieben und verbleiben somit nicht mehr auf den Magnetplatten der Festplatte.

Papierkorb konfigurieren | In den Einstellungen des Finders können Sie in der Ansicht ERWEITERT zunächst die Option VOR DEM ENTLEEREN DES PAPIERKORB NACHFRAGEN deaktivieren. Der Papierkorb wird dann ohne Rückfrage gelöscht. Wenn Sie die Option PAPIERKORB SICHER ENTLEEREN aktivieren, dann wird der Eintrag PAPIERKORB ENTLEEREN aus dem Menü FINDER entfernt und die Tastenkombination ⌘ + ⇧ + ⌫ dem Eintrag PAPIERKORB SICHER ENTLEEREN zugewiesen.

▲ **Abbildung 3.27**
Objekte im Papierkorb können zurückgelegt werden.

3.1.7 Informationen erhalten und ändern

Details zu den Eigenschaften und Zugriffsrechten eines Ordners oder einer Datei können Sie im Finder über das Fenster INFORMATION einsehen.

Wählen Sie eine Datei oder einen Ordner aus, und rufen Sie über das Kontextmenü, den Menüpunkt ABLAGE • INFORMATIONEN oder die Schaltfläche AKTION in der Symbolleiste das Fenster INFOS ZU: auf.

Informationen
⌘ + I

> **TIPP**
>
> Mit dem Kurzbefehl ⌘ + ⌥ + I können Sie eine schwebende Informationspalette einblenden, die Ihnen die Informationen des aktuell ausgewählten Objekts anzeigt.

Allgemeine Informationen | Der Bereich ALLGEMEIN bietet Ihnen einen Überblick über die geläufigen Attribute der Datei oder des Ordners wie den ORT, die GRÖSSE und das Erstellungs- und Änderungsdatum.

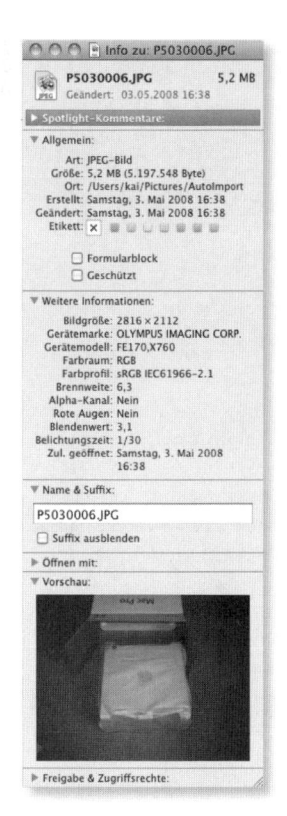

▲ **Abbildung 3.28**
Das Fenster INFOS zu bietet eine Reihe von Details zu der ausgewählten Datei.

Abbildung 3.29 ▶
Das Fenster ZUSAMMENGEFASSTE INFOS errechnet die Gesamtgröße der ausgewählten Objekte.

Dokumente als Vorlagen | Wenn Sie die Datei als FORMULARBLOCK kennzeichnen, erstellt ein Doppelklick darauf in Zukunft automatisch eine Kopie, die in dem voreingestellten Programm geöffnet wird. Wie von einem Quittungsblock, der an sich erhalten bleibt, wird ein Blatt abgerissen. Haben Sie zum Beispiel eine Vorlage für ein Briefpapier erstellt, so können Sie mit FORMULARBLOCK vermeiden, dass Sie versehentlich Änderungen an der Originaldatei vornehmen, wenn Sie einen Brief schreiben möchten, der auf dieser Dateivorlage basiert.

Dateien schützen | Ferner können Sie vorgeben, ob die Datei vor Schreibzugriffen GESCHÜTZT werden soll. Eine geschützte Datei wird mit einem Schloss versehen und kann nicht ohne Bestätigung in den Papierkorb gelegt oder verändert werden.

Weitere Informationen | Die weiteren Informationen hängen vom Typ der Datei ab. Bei Dateien, die der Finder nicht interpretieren kann, wird Ihnen nur der Zeitpunkt des letzten Zugriffs angezeigt. Bei Dateien, denen der Finder Informationen entnehmen kann, werden Sie zum Beispiel über Dimensionen, Farbraum, Titel, Interpret und ähnliche Metadaten informiert.

Vorschau | Im Bereich VORSCHAU des Fensters erhalten Sie eine Großansicht des Icons. Sollte es sich um eine Datei handeln, die Quick Look interpretieren kann, dann finden Sie an dieser Stelle kein Icon, sondern eine über Quick Look realisierte Vorschau des Inhalts.

Zusammengefasste Informationen | Haben Sie im Finder mehrere Objekte ausgewählt, können Sie mit dem Kurzbefehl ⌘ + ctrl + I ein Informationsfenster aufrufen, das gebündelte Informationen über die ausgewählten Objekte beinhaltet. Alternativ können Sie auch die Taste [ctrl] gedrückt halten, wenn Sie den Punkt INFORMATION aus dem Kontextmenü aufrufen. Dieser wird dann in ZUSAMMENGEFASSTE INFORMATIONEN geändert. Diese Zusammenfassung kann nützlich sein, wenn Sie die Gesamtgröße von mehreren Dateien schnell ermitteln möchten.

Der Bereich GRÖSSE gibt die Summe der Größe aller ausgewählten Dateien an. Sie können so auch mehrere Dateien und Ordner in einem Durchgang schützen oder mehrere Ordner im Netzwerk freigeben (siehe Abschnitt 19.1.1).

Icons verändern | Die Standard-Icons von Mac OS X sind zwar recht ansehnlich, und bei der Darstellung der Datei im Finder wird bevorzugt die Vorschau mit Quick Look verwendet, sofern Sie die Symbolvorschau nicht deaktiviert haben. Vielleicht aber möchten Sie eigene Icons verwenden, um auch optisch verschiedene Dateien und Ordner identifizieren zu können oder weil Ihnen eine aus dem Internet geladene Kollektion von Icons im Stil von Windows 95 besonders gut gefällt.

Um ein Icon zu ändern, rufen Sie das Informationsfenster auf und klicken oben auf das Icon. Es wird dann hellblau umrandet dargestellt.

Wählen Sie nun den Menüpunkt BEARBEITEN • KOPIEREN (oder den Kurzbefehl [⌘] + [C]), und das Icon wird als Bild in die Zwischenablage kopiert. Um es nun bei einer anderen Datei einzusetzen, öffnen Sie auch hier das Informationsfenster, klicken einmal auf das Icon und wählen BEARBEITEN • EINSETZEN ([⌘] + [V]). Um ein geändertes Icon zu löschen und das von Mac OS X für diesen Dateityp standardmäßig verwendete wieder zu verwenden, aktivieren Sie das Icon und wählen BEARBEITEN • AUSSCHNEIDEN ([⌘] + [X]). Das geänderte Icon wird nun gelöscht, steht aber weiterhin in der Zwischenablage als Bild zur Verfügung.

3.1.8 Dateien Programmen zuweisen

Welches Programm gestartet wird, wenn Sie eine Datei im Finder mit einem Doppelklick öffnen, wird unter Mac OS X 10.6 in erster Linie über die Dateiendung bestimmt. Wenn das Programm VORSCHAU FÜR ALLE DATEIEN, deren Endung .PNG lautet, als Standard vorgesehen ist, dann wird VORSCHAU gestartet, wenn Sie eine solche Datei im Finder mit einem Doppelklick ändern.

Programm zuweisen | Im Informationsfenster finden Sie einen Bereich ÖFFNEN MIT. Hier finden Sie eine Liste der Programme, die gegenüber dem System erklärt haben, dass Sie mit Dateien dieses

Quellen im Internet
Möchten Sie Ihre Arbeitsumgebung mit eigenen Icons verschönern, bieten Ihnen die Webseiten *http://www.interfacelift.com* und *http://www.iconfactory.com* umfangreiche Sammlungen zum freien Download.

▲ **Abbildung 3.30**
Über die Zwischenablage und das Fenster INFOS zu können Icons ❶ ausgetauscht werden.

▲ **Abbildung 3.31**
Unter »Öffnen mit« kann ein Programm ausgewählt werden.

[Creator Code]
Bei dem Creator Code handelt es sich um eine vierstellige Zeichenfolge mit der seit Anbeginn des Mac OS Dateien Programmen zugewiesen wurden. Mit Mac OS X 10.6 wird der Creator Code nicht mehr berücksichtigt.

Typs arbeiten können. Sie können aus der Liste ein bereits aufgeführtes Programm auswählen oder über den Eintrag ANDERES PROGRAMM ein nicht aufgeführtes im Dateisystem suchen. Die Änderung gilt zunächst nur für die ausgewählte Datei und wird über ein erweitertes Attribut (siehe Abschnitt 3.3.5) gespeichert. Über die nun verfügbare Schaltfläche ALLE ÄNDERN können Sie alle Dateien mit dieser Endung dem Programm zuweisen.

Launch Services | Für dieses Verhalten zuständig sind die Launch Services von Mac OS X. Dahinter verbirgt sich eine Funktion, bei dem Programme gegenüber dem System erklären, welche Dateitypen sie unterstützen. Diese Informationen werden unter anderem bei der Anmeldung eines Benutzers zusammengetragen und daraus die oben erwähnte Liste zusammengestellt. Die Launch Services treten auch in Aktion, wenn Sie ein neues Programm installieren und starten. Unter Mac OS X 10.6 funktioniert dieser Systemdienst nicht immer einwandfrei und es kann sein, dass die zugrunde liegende Datenbank beschädigt oder inkonsistent wird. In diesem Fall können Sie sie mit dem in Abschnitt 25.10.6 beschriebenen Befehl `lsregister` neu aufbauen.

3.1.9 Etiketten Dateien und Ordnern zuweisen

Der Finder bietet Ihnen die Möglichkeiten, Dateien und Ordnern eines von sieben Etiketten zuzuweisen. Wenn Sie die betreffenden Objekte ausgewählt haben, dann können Sie über den Menüpunkt ABLAGE • ETIKETT, das Kontextmenü oder das Ausklappmenü AKTION in der Symbolleiste das Etikett zuweisen. Um ein Etikett wieder zu entfernen, wählen Sie den mit X markierten Eintrag.

In den Standardeinstellungen tragen die Etiketten Bezeichnungen, die ihren Farben entsprechen. In der Ansicht ETIKETTEN der Voreinstellungen des Finders können Sie für jedes Etikett eine eigene Bezeichnung eingeben.

▲ **Abbildung 3.32**
Die Bezeichnungen für die Etiketten werden in den Einstellungen vergeben.

3.1.10 Schneller mit Tastenkombinationen

Die Arbeit mit der Maus und den Symbolen mag zu Beginn einleuchtend und intuitiv sein, ist aber manchmal recht zeitraubend. Je nachdem, wie gut Sie mit der Tastatur umgehen können und ob Sie eventuell sogar das Zehn-Finger-System beherrschen, können die Kurzbefehle und Tastenkombinationen eine echte Erleichterung sein und ein sehr viel schnelleres Arbeiten ermöglichen. Es lohnt sich, ein wenig Zeit darauf zu verwenden, mit diesen Tastenkombinationen zu arbeiten und sie zu verinnerlichen. Ein Vorgang als Beispiel:

Aus einem anderen Programm wechseln Sie mit ⌘ + Tab in den Finder. Mit ⌘ + N öffnen Sie ein neues Fenster, und mit ⌘ + ⇧ + H wechseln Sie in Ihren persönlichen Ordner. Die Listendarstellung aktivieren Sie mit ⌘ + 2, mithilfe von ↑ und ↓ können Sie sich dort durch die Ordner bewegen. Mit ⌘ + O wird ein Ordner geöffnet und auch hier mit ⌘ + 2 in die Listendarstellung gewechselt. Auch hier können Sie wieder mit ↑ und ↓ einen Unterordner oder eine Datei auswählen. Es wäre in der Listendarstellung auch möglich, mit → einen Ordner aus- und mit ← einen Ordner wieder einzuklappen.

Haben Sie es mit einer langen Liste zu tun, so können Sie auch einfach einen oder mehrere Buchstaben eintippen und eine Auswahl der passenden Einträge anzeigen lassen. Befindet sich in einem Ordner zum Beispiel eine Bilddatei mit der Bezeichnung ZYLINDER.TIFF, so springt die Eingabe von Z in die Nähe dieser Datei, wenn nicht sogar direkt auf diese. Mit W würde zum Beispiel die Datei WASSER.TIFF ausgewählt, wohingegen Wu direkt zu WUNDER.TIFF springen würde. Die so ausgewählte Datei könnten Sie mit ⌘ + O im voreingestellten Programm öffnen.

> **HINWEIS**
> Zugegeben, die Vorgehensweise über Tastaturkürzel ist relativ schwierig zu beschreiben, und die Arbeit mit der Maus (»Führen Sie einen Doppelklick auf das Safari-Symbol aus.«) mag leichter erscheinen. Wenn Sie aber hauptsächlich mit der Tastatur arbeiten, sparen Sie sich mit diesen Kürzeln mehr als einen Griff zur Maus.

3.2 Dateien archivieren

Nicht alle Dateien und Ordner werden Sie dauerhaft nur auf Ihrer Festplatte speichern möchten. Der Finder bietet Ihnen die Möglichkeit, Dateien und Ordner auf eine CD oder DVD zu brennen. Mit dem Archivierungsprogramm können Sie Dateien und Ordner komprimieren und so Speicherplatz sparen oder die Übertragung über das Internet beschleunigen.

3.2.1 CDs und DVDs brennen

Das Brennen von Dateien auf CD- oder DVD-Rohlinge ist in Mac OS X gleich im System angelegt. Spezielle Software wie Roxio Toast bringt zwar viele weitere Funktionen, für das einfache Archivieren reicht aber die Funktionalität von Mac OS X vollkommen aus.

Leere Medien | In den Systemeinstellungen können Sie im Bereich CDs & DVDs festlegen, wie sich das System verhalten soll, wenn Sie ein leeres Wechselmedium einlegen. Wählen Sie die Option AKTION ERFRAGEN aus, so erfolgt, wenn eine leere CD oder DVD eingelegt wurde, eine Rückfrage, was mit dem Medium geschehen soll. Um Ordner und Dateien darauf zu brennen, müssen Sie den Rohling im Finder öffnen.

Medien löschen
Wenn Sie ein wiederbeschreibbares Medium löschen wollen, können Sie dies über das Festplatten-Dienstprogramm (siehe Abschnitt 9.4) vornehmen. Auch kann die Arbeit mit Disk Images, die Sie ebenfalls über das Dienstprogramm brennen können, eine Alternative zu den Brenn-Ordnern sein.

Abbildung 3.33 ▶
Das Verhalten beim Einlegen von Wechselmedien wird über die Systemeinstellungen vorgegeben.

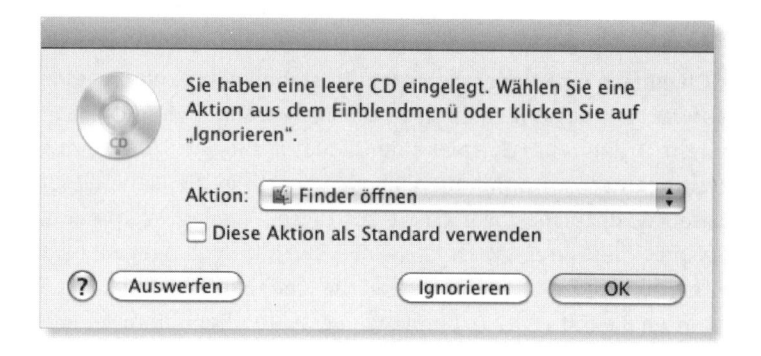

Abbildung 3.34 ▶
Wird ein leerer Datenträger eingelegt, so können Sie ihn zum Beispiel im Finder, in iTunes oder in iDVD öffnen.

> **HINWEIS**
>
> Die zu brennenden Dateien sollten sich auf den Dateisystemen befinden, die direkt mit Ihrem Rechner verbunden sind. Das Hinzufügen von Dateien aus einer Freigabe im Netzwerk wird zwar nicht unterbunden, aber der Brennvorgang schlägt in der Regel fehl.

Der Datenträger steht Ihnen nun wie ein leerer Ordner zur Verfügung und kann auch umbenannt werden. Allerdings werden Dateien und Ordner, die Sie auf das Medium im Finder ziehen, nicht kopiert oder verschoben. Der Finder erstellt Aliase auf die zu brennenden Objekte. Wenn Sie den Brennvorgang starten, werden anstatt der Aliase die Originaldateien auf den Rohling geschrieben. Dies hat den Vorteil, dass die Dateien nicht zeitweilig doppelt im Dateisystem vorhanden sind. Wenn Sie den Rohling auswerfen, ohne den Brennvorgang durchzuführen, dann finden Sie anschließend auf dem Schreibtisch einen der nachfolgend beschriebenen Brennordner.

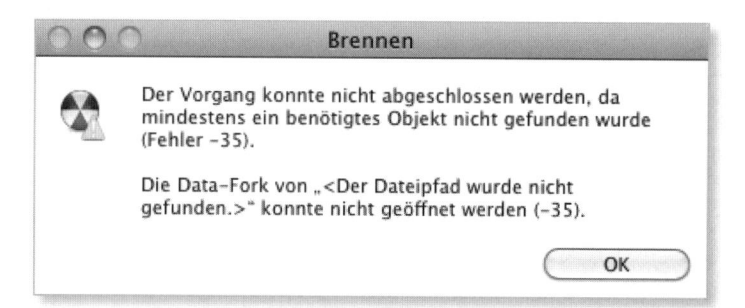

Abbildung 3.35 ▶
Der Brennvorgang schlägt fehl, wenn sich die Dateien nicht auf lokalen Dateisystemen befinden.

Brenn-Ordner | Die Arbeit mit Rohlingen hat den Nachteil, dass Sie immer einen Datenträger einlegen müssen, wenn Sie Dateien und Ordner für einen Brennvorgang zusammenstellen möchten.

◀ **Abbildung 3.36**
Über den Pfeil im Kreis ❶ kann die benötigte Größe des Datenträgers ermittelt werden.

Mit Mac OS X 10.4 wurden die sogenannten Brenn-Ordner eingeführt. Einen solchen können Sie über den Menüpunkt ABLAGE • NEUER BRENNORDNER oder über das Kontextmenü an einer beliebigen Stelle im Dateisystem erstellen. Bewegen Sie Dateien und Ordner dorthin, dann behandelt der Finder diesen Vorgang so, als ob Sie die Dateien auf einen Rohling ziehen würden: Er erstellt entsprechende Aliase. In der Statusleiste finden Sie unten eine Angabe, wie groß die Speicherkapazität des Datenträgers sein muss. Mit dem Pfeil im Kreis ❶ können Sie die Berechnung aktualisieren.

Ein normaler Ordner
An und für sich ist ein Brenn-Ordner ein normales Verzeichnis mit der Endung .FPBF. Der Finder wurde von Apple lediglich so programmiert, dass er Verzeichnisse mit dieser Endung als Brenn-Ordner behandelt.

Daten schreiben | Haben Sie alle Dateien und Ordner, die Sie auf den Datenträger schreiben möchten, in einem Brenn-Ordner oder im Ordner des Leermediums zusammengefasst, dann gibt es drei Möglichkeiten, um den Brennvorgang zu starten. Sie können den Brenn-Ordner oder das Medium in einem Fenster öffnen und mit der Schaltfläche BRENNEN den Schreibvorgang auslösen. Bei einem leeren Datenträger können Sie das Brennsymbol in der Seitenleiste anklicken oder diesen zum Brennen auch auf den Papierkorb ziehen, dessen Symbol sich dann in die Schaltfläche zum Brennen ändert. Schließlich steht Ihnen auch der Menüpunkt ABLAGE • CD/DVD BRENNEN zur Verfügung.

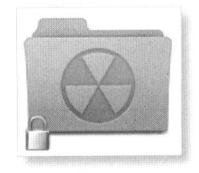

▲ **Abbildung 3.37**
Während des Brennvorgangs wird der Brenn-Ordner mit einem Schloss gesperrt.

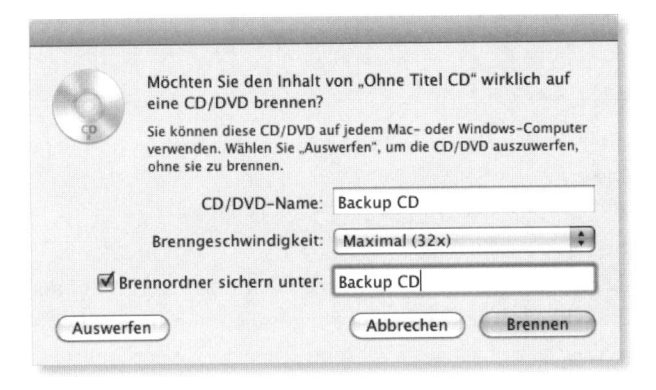

◀ **Abbildung 3.38**
Die für einen Rohling zusammengestellten Dateien können auch als Brenn-Ordner für eine spätere Verwendung gesichert werden.

3.2 Dateien archivieren | **99**

Vor dem Brennvorgang werden Sie gefragt, mit welcher BRENN-GESCHWINDIGKEIT das Medium beschrieben werden und unter welchem Namen es erscheinen soll. Sie können die Zusammenstellung der Dateien bei einem Rohling in diesem Dialog auch noch in einem separaten Brenn-Ordner sichern, der Ihnen auch nach dem Brennvorgang zur Verfügung steht. Mit AUSWERFEN können Sie den Rohling ohne Schreibvorgang entfernen.

3.2.2 ZIP-Archive und das Archivierungsprogramm

Um mehrere Dateien zum Beispiel per E-Mail zu verschicken oder platzsparend zu archivieren, bietet sich die Verwendung eines Archivs an. Mac OS X unterstützt eine ganze Reihe von verschiedenen Formaten, die ihre Vor- und Nachteile sowie speziellen Einsatzgebiete haben. Für die Weitergabe von Dateien und zum platzsparenden Archivieren haben sich ZIP-Archive mittlerweile als De-facto-Standard etabliert. Sie können auf allen gängigen Betriebssystemen erstellt und entpackt werden.

ZIP-Archive im Finder | Im Finder können Sie ein Archiv von ausgewählten Dateien und Ordnern erstellen, indem Sie den Punkt KOMPRIMIEREN aus dem Kontextmenü, aus der Schaltfläche AKTION in der Symbolleiste oder aus dem Menüpunkt ABLAGE auswählen. Sie finden anschließend im selben Ordner das Archiv, entweder mit der Bezeichnung ARCHIV.ZIP oder, sofern Sie einen Ordner oder eine einzelne Datei komprimiert haben, NAME.ZIP.

Archive im Finder entpacken | Um ein Archiv im Finder zu entpacken, können Sie es mit einem Doppelklick öffnen. Der Finder startet dann wiederum das Archivierungsprogramm, und die in dem Archiv enthaltenen Dateien werden extrahiert; als Ziel wird zunächst der Ordner genutzt, in dem sich auch das Archiv befindet.

StuffIt
Ein unter Mac OS X noch geläufiges Mittel zur Komprimierung von Dateien ist das von der Firma Smith Micro vertriebene StuffIt. Es verwendet die Dateierweiterungen .SIT und .SITX. Diese Komprimierungsmethode ist noch durchaus verbreitet, wird von Mac OS X aber nicht mehr von Haus aus unterstützt. Mit dem kostenfreien Programm StuffIt Expander (http://www.stuffit.com) können Sie .SIT-, .SITX- und auch .RAR-Dateien öffnen.

[tar]
Das Programm tar (Tape ARchiver) ist im UNIX-Bereich ein bewährtes Mittel, um mehrere Dateien in einer zusammenzufassen. Sein Name rührt daher, dass zum Zeitpunkt seiner Entwicklung Sicherungskopien bevorzugt auf Bandlaufwerken (»tape« = engl. für »Band«) vorgenommen wurden.

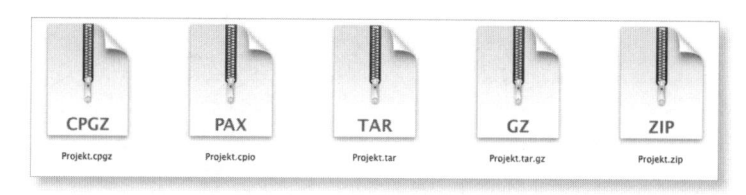

▲ **Abbildung 3.39**
Das Archivierungsprogramm unterstützt mehrere Formate.

Das Archivierungsprogramm von Mac OS X unterstützt bis auf die noch gebräuchlichen StuffIt-Archive eigentlich alle unter UNIX-Systemen üblichen Archive. Während ZIP-Archive sich gut für die Weitergabe von Dateien und Ordnern eignen, werden .TAR-Archive im Open-Source-Bereich gerne für die Weitergabe von Programmen und ihrem Quellcode genutzt. Das Gleiche gilt für .CPIO-Archive, die ähnlich wie .TAR-Archive aufgebaut sind.

Archivierungsprogramm konfigurieren | Öffnen Sie das Archivierungsprogramm mit einem Doppelklick auf die Datei im Verzeichnis /SYSTEM/LIBRARY/CORESERVICES, so können Sie zunächst über die Menüpunkte ABLAGE • ARCHIV ERSTELLEN und ARCHIV ENTPACKEN Ordner und Dateien auswählen. In den Voreinstellungen des Programms konfigurieren Sie sein Verhalten, wenn Dateien archiviert oder entpackt werden.

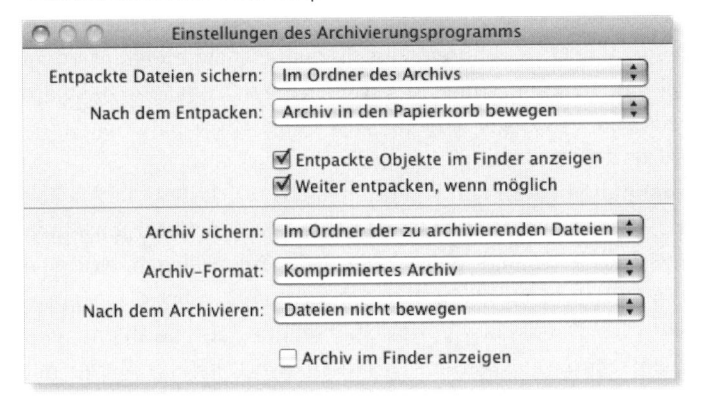

◀ **Abbildung 3.40**
In den EINSTELLUNGEN DES ARCHIVIERUNGSPROGRAMMS können die Verfahren NACH DEM ENTPACKEN und NACH DEM ARCHIVIEREN vorgegeben werden.

Sie können über ENTPACKTE DATEIEN SICHERN und ARCHIVE SICHERN jeweils einen Ordner auswählen, in den die entpackten Dateien oder erstellten Archive verschoben werden. Ebenso können Sie vorgeben, wie mit den Ursprungsdateien NACH DEM ENTPACKEN und NACH DEM ARCHIVIEREN verfahren werden soll. In den Standardeinstellungen verbleiben diese an ihrem Platz, können aber auch in den Papierkorb bewegt oder sofort gelöscht werden. Die Objekte können Sie sich nach Abschluss des jeweiligen Vorgangs auch im Finder anzeigen lassen.

Die Aktionen, die Sie unter NACH DEM ENTPACKEN und NACH DEM ARCHIVIEREN auswählen, werden auch vom Finder berücksichtigt. Dies kann ganz praktisch sein, wenn die wahrscheinlich nicht mehr benötigten Archive nach dem Entpacken automatisch in den Papierkorb bewegt werden. Die Option, Archive und vor allem Dateien nach dem Vorgang automatisch zu löschen, kann jedoch schnell zu ungewolltem Datenverlust führen. Eine fast optimale Einstellung für den Umgang mit Archiven im Finder besteht darin, unter NACH DEM ARCHIVIEREN die Option DATEIEN NICHT BEWEGEN und unter NACH DEM ENTPACKEN die Option ARCHIV IN DEN PAPIERKORB BEWEGEN auszuwählen.

Archiv-Format
Im Finder werden immer ZIP-Archive erstellt. Im Archivierungsprogramm können Sie unter ARCHIV-FORMAT mit NORMALES ARCHIV eine .CPIO-Datei und mit KOMPRIMIERTES ARCHIV eine komprimierte .CPIO-Datei (.CPGZ) erstellen. Die .CPIO-Dateien sind eigentlich im Arbeitsalltag kaum verbreitet.

3.3 Technische Hintergründe

Die Arbeit mit Dateien und Ordnern gestaltet sich etwas flüssiger und problemloser, wenn Sie einige technische Hintergründe kennen. Dieser Abschnitt stellt Ihnen einige Grundlagen und Verfahren vor, die Sie bei der Arbeit mit dem Finder kennen sollten. Die Erläuterungen müssen an einigen Stellen Grundkenntnisse bei der Arbeit mit dem Terminal (siehe Kapitel 6) voraussetzen.

3.3.1 Ordner und Pfadangaben

Der Finder stellt Ihnen standardmäßig nur einen Ausschnitt der wirklich vorhandenen Dateien und Ordner in den Fenstern dar. So werden die Ordner, die im weiteren Sinne zum UNIX-Unterbau von Mac OS X gehören, vom Finder nicht angezeigt. Mit dem Befehl ls (siehe Abschnitt 6.2) können Sie sich am Terminal diese Verzeichnisse anzeigen lassen.

Doppelpunkt
Beim klassischen Mac OS diente der Doppelpunkt anstelle des Schrägstrichs als Trennzeichen. Mit Mac OS X 10.6 wurde diese Konvention weitgehend aufgegeben, sie kann Ihnen aber unter anderem bei der Arbeit mit AppleScript (siehe Abschnitt 24.6) noch begegnen.

Pfadangaben | Als Pfad wird bei einem UNIX-System die Angabe eines Verzeichnisses bezeichnet, bei dem die übergeordneten Verzeichnisse vorangestellt werden. Als Trennzeichen zwischen den Verzeichnissen dient der Schrägstrich /. Um die oberste Ebene des Dateisystems, das Startvolume, auszuwählen, wird ein einfacher / angegeben. Das Verzeichnis, das im Finder mit BENUTZER bezeichnet wird, heißt in Wirklichkeit USERS. Dessen Pfadangabe würde /USERS lauten. Das persönliche Verzeichnis des Benutzers mit dem Kurznamen KAI würde dementsprechend über die Pfadangabe /USERS/KAI angesprochen.

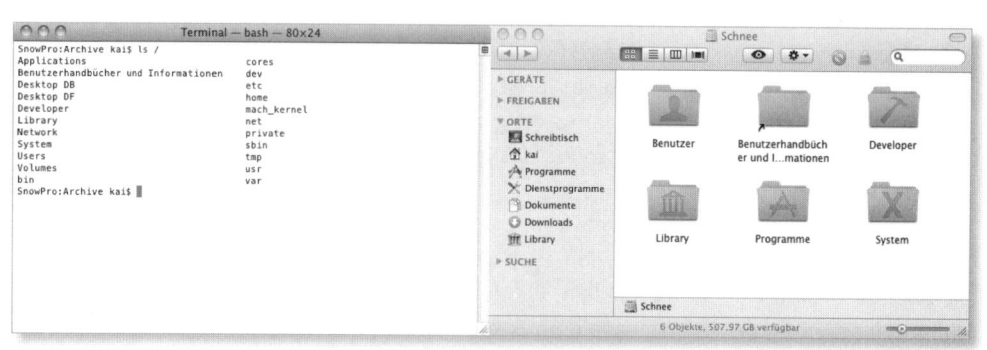

▲ **Abbildung 3.41**
Der Finder stellt einige Verzeichnisse nicht dar, die am Terminal mit ls angezeigt werden können.

Gehe zum Ordner
⌘ + ⇧ + G

Gehe zum Ordner | Über den Menüpunkt GEHE ZU • GEHE ZUM ORDNER können Sie den Pfad eines Ordners direkt in einem Textfeld angeben. Dabei spielt es keine Rolle, ob dieser normalerweise im Finder sichtbar ist oder nicht. Mit der Eingabe /USR/SHARE rufen Sie das sonst unsichtbare Verzeichnis im Finder auf. Bei der Eingabe des Verzeichnisses steht Ihnen eine Funktion zum automatischen Vervollständigen zur Verfügung. Wenn Sie die Eingabe mit /Sys beginnen, dann wird sie nach zwei Sekunden zu /SYSTEM vervollständigt. Bei der Eingabe können Sie hier sowohl die deutschen (/BENUTZER) als auch englischen (/USERS) Bezeichnungen verwenden.

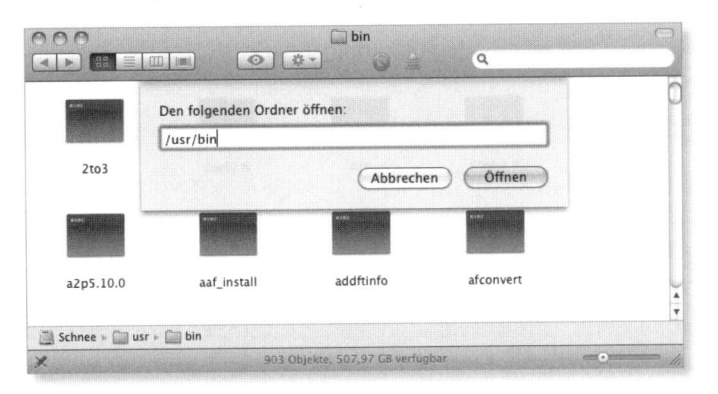

◀ **Abbildung 3.42**
Mit der Funktion GEHE ZUM ORDNER können auch die sonst nicht angezeigten Verzeichnisse geöffnet werden.

3.3.2 Programme und Dokumente im Bundle

Wenn Sie das Kontextmenü in Verbindung mit einem Programm wie Safari aufrufen, erscheint darin der Punkt PAKETINHALT ZEIGEN. Genau genommen sind die Programme, wie sie sich bei der Anzeige des Ordners PROGRAMME darstellen, Ordner. Rufen Sie den Punkt PAKETINHALT ZEIGEN auf, so wird Ihnen in einem neuen Fenster der Inhalt dieser Verzeichnisse angezeigt.

Diese Pakete – auch Bundles genannt – beinhalten neben dem eigentlichen Programm auch einige Informationen in Form von Property-Listen, im Ordner RESOURCES finden Sie die Menüs und gegebenenfalls die Sprachdateien. Die Programmdatei, die tatsächlich ausgeführt wird, wird standardmäßig im Ordner MACOS abgelegt.

Dokumente im Bundle
Mittlerweile werden auch einige Dokumente von Programmen wie iWork in einem Bundle gespeichert. Sie können sich also auch bei einem Pages-Dokument den Paketinhalt anzeigen lassen. Innerhalb des Dokument-Bundles wird die Vorschau als .jpg-Datei gespeichert, was die Anzeige über Quick Look enorm beschleunigt. Auch die Bibliothek von iPhoto 09 wird in einem Bundle gespeichert.

◀ **Abbildung 3.43**
Das eigentliche Programm Safari ist innerhalb des Bundles im Ordner MACOS zu finden.

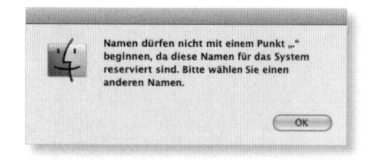

▲ **Abbildung 3.44**
Der Finder lässt einen Namen, der mit einem Punkt beginnt, nicht zu.

File Flag
Neben dem Punkt zu Beginn gibt es auch die Möglichkeit, einer Datei oder einem Verzeichnis das File Flag `hidden` mit dem Befehl `chflags` zuzuweisen. Dieses File Flag wird zum Beispiel eingesetzt, um die Verzeichnis `/usr`, `/etc`,... im Finder unsichtbar zu machen.

Der Finder wurde von Apple so programmiert, dass er Ordner, deren Name mit .APP endet, als Bundle darstellt. Sie können dies leicht überprüfen, indem Sie einen neuen Ordner erstellen und ihm eine Bezeichnung wie BUNDLE.APP zuweisen. Er wird mit dem Icon eines nicht startfähigen Programms versehen.

3.3.3 Unsichtbare Dateien

Werden als Bundle gekennzeichnete Ordner vom Finder schon nicht als solche dargestellt, so verhält es sich mit Dateien, deren Name mit einem Punkt beginnt, noch einmal anders. Erstellen Sie einen neuen Ordner und versuchen Sie, seinen Namen in .NEU zu ändern, so verweigert der Finder die Umbenennung.

Punkt macht unsichtbar | Der Grund dafür ist recht simpel: Die Unsichtbarkeit von Dateien und Ordnern wird dadurch definiert, dass ihr Name mit einem Punkt beginnt. Wenn Sie am Terminal den Befehl `ls -a` eingeben, so sorgt die Option `-a` dafür, dass auch eigentlich unsichtbare Dateien und Verzeichnisse angezeigt werden. Dabei ist der Hinweis, dass diese Namen für das System reserviert seien, etwas irreführend, da Sie am Terminal mit den Befehlen `mv` oder `mkdir` (siehe Abschnitt 6.3) problemlos Ordner erstellen können, deren Name mit einem Punkt beginnt.

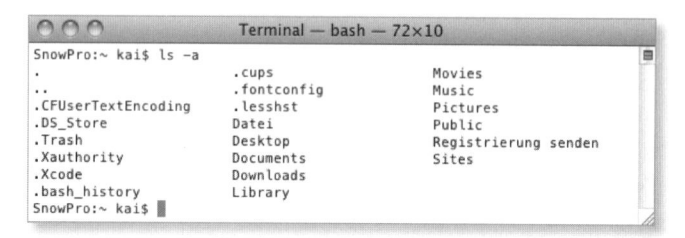

▲ **Abbildung 3.45**
Im persönlichen Ordner befinden sich eine Reihe von unsichtbaren Verzeichnissen.

.DS_Store, .localized und .Trash | Die Datei .DS_STORE hat die Aufgabe, die Darstellung des Ordners im Finder zu speichern. Sie beinhaltet die Informationen, in welcher Darstellungsweise die enthaltenen Objekte angezeigt werden, wie die Icons innerhalb des Ordners dargestellt werden und ob die Standard-Icons durch andere ausgetauscht werden sollen. Mit der Datei .LOCALIZED, die Sie in den Verzeichnissen DOKUMENTE, MUSIK etc. finden, wird dem Finder signalisiert, dass er für diese Ordner eine entsprechende Übersetzung in der vom Anwender ausgewählten Sprache anzeigen soll. Bei dem Ordner .TRASH handelt es sich um den Papierkorb.

3.3.4 Aliase und symbolische Links

Bei einem Alias handelt es sich, sofern Sie mit dem Dateisystem HFS+ (siehe Abschnitt 9.2.1) arbeiten, um einen Verweis auf einen Eintrag im Katalog, der die Dateien auf der Festplatte verzeichnet. Ein Alias funktioniert auch dann noch, wenn Sie die mit ihm verknüpfte Datei verschieben. Der Eintrag innerhalb des Katalogs bleibt ja bestehen.

Symbolische Links | Anders verhält es sich bei symbolischen Links, die bei anderen UNIX-Derivaten die Aufgaben eines Alias übernehmen und auch unter Mac OS X verwendet werden. Bei einem symbolischen Link handelt es sich um einen Verweis auf den Eintrag in dem Verzeichnis, das das Zielobjekt enthält. Wird das Zielobjekt verschoben, weist der Link anders als bei einem Alias ins Leere. Ein symbolischer Link wird vom Finder ebenfalls mit einem Pfeil im Icon versehen. Symbolische Links können sowohl auf eine Datei als auch auf ein Verzeichnis deuten. In Abbildung 3.46 wurde ein ALIAS erstellt, der auf den Ordner ORIGINAL deutet, und ein symbolischer LINK mit dem gleichen Ziel.

▲ **Abbildung 3.46**
Ein symbolischer Link wird im Finder wie ein Alias mit einem Pfeil dargestellt.

Unterschiede | Optisch sind Aliase und symbolische Links im Finder nicht zu unterscheiden. Der Unterschied tritt jedoch am Terminal zutage: Wenn Sie ein Alias erstellen, das auf ein Verzeichnis deutet, können Sie am Terminal nicht in dieses Verzeichnis wechseln. Ein Alias erscheint am Terminal wie eine Datei. Anders verhält es sich mit einem symbolischen Link: Hier wird Ihnen das Ziel des Links bei der Ansicht des Verzeichnisinhalts mit `ls -l` nach dem Pfeil angezeigt. Der symbolische Link in Abbildung 3.47 deutet auf das Verzeichnis ORIGINAL. Sie könnten mit der Eingabe `cd Link` in das Verzeichnis wechseln.

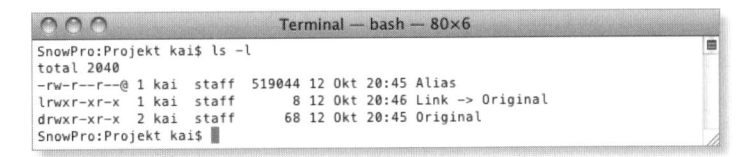

```
SnowPro:Projekt kai$ ls -l
total 2040
-rw-r--r--@ 1 kai  staff  519044 12 Okt 20:45 Alias
lrwxr-xr-x  1 kai  staff       8 12 Okt 20:46 Link -> Original
drwxr-xr-x  2 kai  staff      68 12 Okt 20:45 Original
SnowPro:Projekt kai$
```

◀ **Abbildung 3.47**
Ein Alias wird am Terminal wie eine Datei behandelt, während bei einem Link dessen Ziel angegeben wird.

Harte Links | Ein harter Link deutet weder auf einen Eintrag im Katalog des Dateisystems noch in einem Verzeichnis, sondern direkt auf die auf dem Datenträger gespeicherten Daten. Die Datei ist somit im Dateisystem zweimal vorhanden. In Abbildung 3.48 deuten BUCH.PDF und BUCH2.PDF auf exakt die gleichen Daten. Wenn Sie die Datei BUCH.PDF löschen, haben Sie über die Datei BUCH2.PDF immer noch Zugriff auf die Daten. Nähmen Sie Änderungen an der Datei BUCH.PDF vor, so ändert sich auch die

Time Machine
Dass harte Links nur auf Dateien deuten können, ist mit der Einführung der Time Machine nicht mehr ganz korrekt. Eine der wesentlichen Grundlagen der Time Machine besteht in der Verwendung von harten Links auf Verzeichnisse, eine neue Fähigkeit des HFS+- Dateisystems. Indes gibt es keine Möglichkeit, solche Links selbst am Terminal zu erzeugen.

Datei BUCH2.PDF, da diese Datei ja dieselben Daten enthält wie BUCH.PDF.

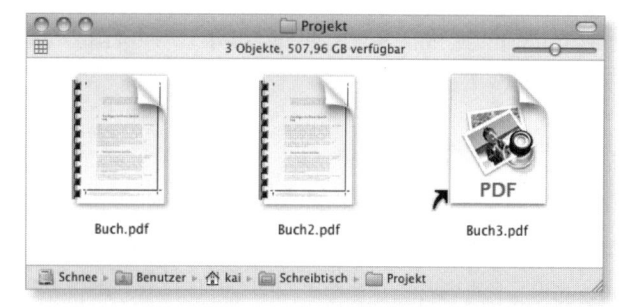

▲ **Abbildung 3.48**
Der harte Link stellt eine zweite Inkarnation der Ausgangsdatei dar.

Links erstellen | Zur Erstellung eines Links dient am Terminal der Befehl ln. Rufen Sie ihn ohne Option auf, so wird ein harter Link erstellt. Dabei müssen als Parameter zuerst die Quelle und dann das Ziel übergeben werden. Mit

```
ln ~/Documents/Buch.pdf ~/Desktop/Buch2.pdf
```

würden Sie einen harten Link auf die Datei BUCH.PDF im Verzeichnis DOKUMENTE setzen, der auf dem Schreibtisch mit dem Namen BUCH2.PDF erscheint.

Einen symbolischen Link erstellen Sie, indem Sie ln die Option -s übergeben. So würden Sie mit

```
ln -s ~/Documents/Buch.pdf ~/Desktop/Buch2.pdf
```

einen symbolischen Link auf die Datei BUCH.PDF erstellen, im Finder erschiene auf dem Schreibtisch ein Icon mit einem Pfeil und der Bezeichnung BUCH2.PDF. Geben Sie anstelle einer Datei ein Verzeichnis an, dann wird ein symbolischer Link auf ein Verzeichnis erstellt.

File Flags
Die Option GESCHÜTZT, die Sie im Fenster INFOS zu für eine Datei vergeben können, wird indes nicht über ein Attribut, sondern über ein File Flag realisiert. Letztere sind bei UNIX-Systemen schon lange üblich, und Sie können sie sich über ls -lO anzeigen lassen. Wurde die Datei geschützt, dann finden Sie dort den Eintrag uchg (*unchangeable*).

3.3.5 Erweiterte Dateiattribute

Einer Datei können unter Mac OS X weitere Informationen beigegeben werden. Diese erweiterten Dateiattribute speichern Informationen, die nicht zu den eigentlichen Daten der Datei gehören. Dazu gehört zum Beispiel der Spotlight-Kommentar, den Sie im Fenster Information (siehe Abschnitt 3.1.7) eingeben können. Dieser wird nicht direkt in der Datei selbst gespeichert, sondern in einem erweiterten Attribut. Sichtbar sind diese Attribute im Finder und am Terminal in der Regel nicht.

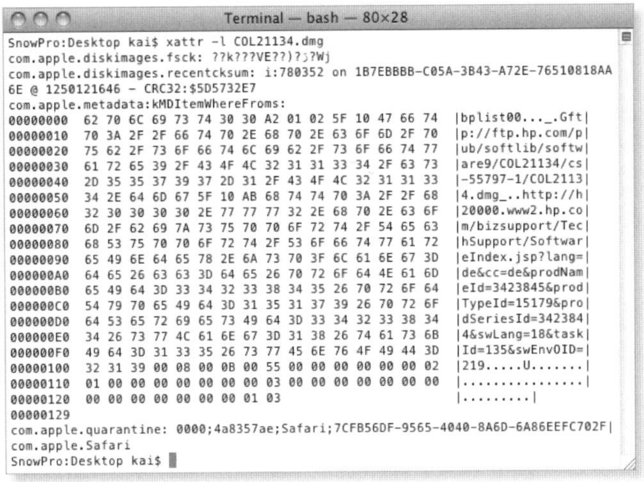

```
SnowPro:Desktop kai$ xattr -l COL21134.dmg
com.apple.diskimages.fsck: ??k???VE??)?;?Wj
com.apple.diskimages.recentcksum: i:780352 on 1B7EBBBB-C05A-3B43-A72E-76510818AA
6E @ 1250121646 - CRC32:$5D5732E7
com.apple.metadata:kMDItemWhereFroms:
00000000  62 70 6C 69 73 74 30 30 A2 01 02 5F 10 47 66 74  |bplist00..._.Gft|
00000010  70 3A 2F 2F 66 74 70 2E 68 70 2E 63 6F 6D 2F 70  |p://ftp.hp.com/p|
00000020  75 62 2F 73 6F 66 74 6C 69 62 2F 73 6F 66 74 77  |ub/softlib/softw|
00000030  61 72 65 39 2F 43 4F 4C 32 31 31 33 34 2F 63 73  |are9/COL21134/cs|
00000040  2D 35 35 37 39 37 2D 31 2F 43 4F 4C 32 31 31 33  |-55797-1/COL2113|
00000050  34 2E 64 6D 67 5F 10 AB 68 74 74 70 3A 2F 2F 68  |4.dmg_..http://h|
00000060  32 30 30 30 30 2E 77 77 77 32 2E 68 70 2E 63 6F  |20000.www2.hp.co|
00000070  6D 2F 62 69 7A 73 75 70 70 6F 72 74 2F 54 65 63  |m/bizsupport/Tec|
00000080  68 53 75 70 70 6F 72 74 2F 53 6F 66 74 77 61 72  |hSupport/Softwar|
00000090  65 49 6E 64 65 78 2E 6A 73 70 3F 6C 61 6E 67 3D  |eIndex.jsp?lang=|
000000A0  64 65 26 63 63 3D 64 65 26 70 72 6F 64 4E 61 6D  |de&cc=de&prodNam|
000000B0  65 49 64 3D 33 34 32 33 38 34 35 26 70 72 6F 64  |eId=3423845&prod|
000000C0  54 79 70 65 49 64 3D 31 35 31 37 39 26 70 72 6F  |TypeId=15179&pro|
000000D0  64 53 65 72 69 65 73 49 64 3D 33 34 32 33 38 34  |dSeriesId=342384|
000000E0  34 26 73 77 4C 61 6E 67 3D 31 38 26 74 61 61 6B  |4&swLang=18&task|
000000F0  49 64 3D 31 33 35 26 73 77 45 6E 76 4F 49 44 3D  |Id=135&swEnvOID=|
00000100  32 31 39 00 08 00 0B 00 55 00 00 00 00 00 00 02  |219.....U.......|
00000110  01 00 00 00 00 00 00 03 00 00 00 00 00 00 00 00  |................|
00000120  00 00 00 00 00 00 00 01 03                       |.........|
00000129
com.apple.quarantine: 0000;4a8357ae;Safari;7CFB56DF-9565-4040-8A6D-6A86EEFC702F|
com.apple.Safari
SnowPro:Desktop kai$
```

◀ **Abbildung 3.49**
Eine Datei kann über eine Reihe von erweiterten Attributen verfügen.

Die .DMG-Datei in Abbildung 3.49 wurde mit Safari heruntergeladen. Safari hat für diese Datei zwei erweiterte Attribute festgelegt: Zum einen wird mit

`com.apple.quarantine`

die Datei unter Quarantäne gestellt, und es erfolgt eine Nachfrage, wenn Sie sie im Finder öffnen. Zum anderen wurde der URL des Downloads in

`com.apple.metadata:KMDItemWhereFroms`

gespeichert und wird Ihnen dann im Dialog als Quelle der Datei angezeigt.

Attribute einsehen | Sie können sich einen kleinen Einblick in die Werte der erweiterten Eigenschaften mit dem Befehl `xattr` verschaffen. Rufen Sie ihn ohne Option unter Angabe einer Datei oder eines Ordners auf, dann erhalten Sie eine Übersicht der vorhandenen Attribute. Mit `xattr -l Datei` werden Ihnen auch die Werte ausgegeben. Dies erfolgt in der Rohfassung, also den binären Daten, und die Zahlenreihen links enthalten die hexadezimalen Werte.

3.4 Dateien öffnen und speichern

Streng genommen ist es keine Funktion des Finders, aber der Dialog zum Speichern eines Dokuments passt am besten in diesen Kontext, und er bietet Ihnen einige Funktionen, die auf dem Finder basieren.

In den Dialogen zum Öffnen und Sichern können Sie mit dem Dreieck zwischen der reduzierten und detaillierten Ansicht wechseln. In der detaillierten Ansicht steht Ihnen neben der Seitenleiste auch Spotlight im Textfeld zur Verfügung. Am Rande: Sie können (siehe Abschnitt 7.2) für jedes Programm eigene gespeicherte Suchen verwenden.

▲ **Abbildung 3.50**
Im Dialog zum Öffnen einer Datei können die unsichtbaren Dateien und Ordner mit einer Tastenkombination eingeblendet werden.

Informationen
⌘ + I

Im Finder anzeigen
⌘ + R

Unsichtbare Objekte ein-/ausblenden
⌘ + ⇧ + .

Ferner können Sie eine Datei oder einen Ordner auswählen und mit ⌘ + I das Fenster INFOS ZU im Finder direkt aus dem Dialog heraus öffnen oder sich mit ⌘ + R die Datei im Finder anzeigen lassen. Mit der Tastenkombination ⌘ + ⇧ + . können Sie die unsichtbaren Dateien ein- und auch wieder ausblenden. Mit Leertaste können Sie die Vorschau von Quick Look auch aus diesem Dialog heraus aufrufen.

Die Spaltendarstellung können Sie optimieren, wenn Sie das Kontextmenü am unteren Rand des Trennbalkens (siehe Abbildung 3.50) aufrufen.

Schließlich bieten Ihnen einige Programme, abhängig von den unterstützen Dateiformaten, auch eine Rubrik MEDIEN. Diese greift auf die über iLife und zum Teil auch anderen Programmen wie Aperture verfügbaren Bibliotheken und Sammlungen zurück.

4 Den Alltag organisieren

Dieses Kapitel widmet sich einem sehr großen Thema. Einen Großteil der Zeit, die Sie vor dem Bildschirm verbringen, werden Sie der Verarbeitung von Informationen widmen. Dazu gehört die Verwaltung von Adressbeständen, die Kommunikation und damit Mitteilung von Informationen über Mail und iChat sowie die Recherche im Internet mit Safari.

Die einzelnen Programme erklären sich in ihrer grundlegenden Funktionsweise weitgehend selbst. Daher wird in diesem Kapitel der Schwerpunkt auf die Funktionen gelegt, die nicht ganz so offensichtlich sind und der Erklärung bedürfen.

Der Vorteil von Mac OS X besteht darin, dass alle besprochenen Programme von einem Hersteller stammen und sehr gut miteinander interagieren. So können Sie in Mail und iCal direkt auf die Kontakte im Adressbuch zurückgreifen, während Aufgaben, die Sie in iCal erstellen, auch in Mail angezeigt werden.

Exchange | Eine der bemerkenswerten Neuerungen in Mac OS X 10.6 ist die Unterstützung von Microsoft Exchange. Bei Exchange handelt es sich um einen sehr verbreiteten Kommunikationsserver von Microsoft, der unter anderem E-Mail-Postfächer, eine Adressverwaltung sowie Kalender bietet. Mac OS X 10.6 unterstützt Microsoft Exchange in der Version 2007. Auf dem Exchange-Server muss die Funktion OUTLOOK WEB ACCESS aktiviert werden. Damit unterscheidet sich die Exchange-Unterstützung in Mac OS X 10.6 von der des iPhones, da dieses über das Verfahren Active Sync mit dem Server kommuniziert.

> **HINWEIS**
>
> Bei den drei Programmen Mail, iCal und dem Adressbuch ist es empfehlenswert, die Konfiguration in jedem Programm einzeln vorzunehmen. Die einfache Konfiguration, bei der Sie die Voreinstellungen in einem Programm vornehmen und den anderen zuweisen, führt bisweilen zu Problemen.

Zertifikate bei Exchange | Eine wichtige Voraussetzung für die Nutzung von Exchange ist eine funktionierende DNS-Konfiguration (siehe Abschnitt 16.1.7). Ihr Rechner muss den Exchange-Server im Netzwerk über seinen Namen ansprechen können. Ferner werden Sie bei der Kommunikation mit einem Exchange-Server vielleicht die Mitteilung erhalten, dass das Zertifikat nicht gültig ist.

Der Hintergrund dieser Meldung besteht darin, dass der Datenverkehr zwischen Ihrem System und dem Server verschlüsselt wird und dabei der Secure Socket Layer zum Einsatz kommt. Diese Verschlüsselung basiert auf Zertifikaten, von denen eines von einer Zertifizierungsinstanz vergeben wird. Mac OS X verfügt von Haus aus im Schlüsselbund über einen Satz solcher Zertifizierungsinstanzen, aber in einem Firmennetzwerk kann es gut möglich sein, dass diese Instanz Ihrem System nicht vertraut ist und Sie dementsprechend vor einer unsicheren Kommunikation gewarnt werden. Wenn Sie sicher sind, dass Sie mit dem richtigen Server kommunizieren, dann können Sie diesem Zertifikat vertrauen. Damit erscheint diese bisweilen lästige Meldung nicht mehr.

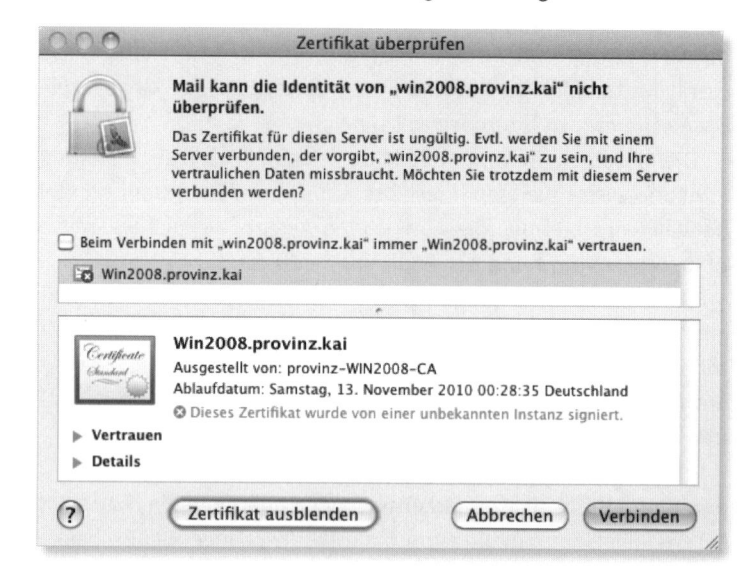

Abbildung 4.1 ▶
Möglicherweise wurde das Zertifikat des Exchange-Servers von einer Ihrem System unbekannten Instanz signiert.

4.1 Mail

War Mail in den ersten Versionen von Mac OS X noch eher eine technische Studie, wie sich die Kommunikation mit einem Mail-Server mit einer grafischen Oberfläche versehen lässt, so hat sich dies mittlerweile grundlegend geändert. So ist die Unterstützung für IMAP mittlerweile recht stabil und schnell, und auch die weiteren Funktionen wie die Notizen und die Integration der Aufgaben machen Mail zu einem unentbehrlichen Helfer und Organisator im Arbeitsalltag.

4.1.1 Postfächer einrichten

Der erste Schritt bei der Arbeit mit Mail besteht darin, die E-Mail-Konten zu konfigurieren. Mail unterstützt unter Mac OS X 10.6

vier verschiedene Standards, mit denen E-Mails von einem Mailserver abgerufen werden können. POP3 (Post Office Protocol) ist das geläufigste Verfahren, und hier können Sie nur die E-Mails vom Server abrufen, wobei Sie in den Einstellungen auch vorgeben können, dass die Nachrichten nicht umgehend vom Server gelöscht werden.

Der Vorzug von IMAP (Internet Message Access Protocol) besteht darin, dass Sie auf dem Mailserver Ordner anlegen und Nachrichten in diese verschieben können. Diese Ordnerstruktur kann mit Ihrem System synchronisiert werden, sodass Sie von einem anderen Rechner auf die gleiche Datenbasis zugreifen können. Eine Spielart dieses Standards ist Exchange IMAP, das auf die besonderen Anforderungen des Exchange-Servers Rücksicht nimmt. Neu in Mac OS X 10.6 ist der Zugriff auf die Postfächer eines Exchange 2007-Servers. Diese Konfiguration wird im folgenden Abschnitt beschrieben.

Wenn Sie Mail das erste Mal starten oder in den Einstellungen des Programms die Ansicht ACCOUNTS auswählen und über das Pluszeichen ein neues Konto hinzufügen, dann wird ein Assistent gestartet. Hier können Sie zunächst Ihren Namen, Ihre E-Mail-Adresse sowie das Kennwort für Ihr Postfach eingeben. Mail versucht dann basierend auf der E-Mail-Adresse den passenden Server zu ermitteln. Sollte die automatische Konfiguration erfolgreich sein, dann wird die Konfiguration abgeschlossen. Andernfalls können Sie die Parameter dann im nächsten Schritt des Assistenten eingeben. Wie die genauen Daten lauten, müssen Sie der Dokumentation Ihres Anbieters entnehmen. Unter SERVERTYP können Sie eines der zuvor beschriebenen Verfahren auswählen.

[SMTP]
Das Simple Mail Transfer Protocol (SMTP) dient zum Versand von E-Mails. Im Zuge der Einrichtung eines Postfachs werden Sie auch einen SMTP-Server konfigurieren, damit Sie Nachrichten verschicken können.

TIPP
Wenn Sie in den Einstellungen das Pluszeichen anklicken und dabei die Taste ⌥ gedrückt halten, dann können Sie in jedem Fall im zweiten Schritt den SERVERTYP auswählen. Die automatische Konfiguration unterbleibt in diesem Fall.

◄ **Abbildung 4.2**
Schlägt die automatische Konfiguration fehl, dann können die Daten auch direkt eingegeben werden.

Server für ausgehende E-Mails | Im nächsten Schritt legen Sie dann den Server fest, über den Ihre Nachrichten verschickt werden. Auch diese Daten müssen Sie von Ihrem Anbieter erfragen. Es ist gut möglich, dass Sie hier die IDENTIFIZIERUNG VERWENDEN müssen. Offene Mail-Server, über die jeder Nachrichten verschicken kann, waren lange Zeit eine der Quellen für unerwünschte Werbenachrichten, die auch als Spam bezeichnet werden.

Abbildung 4.3 ▶
Beim Server für ausgehende E-Mails ist möglicherweise eine Identifizierung erforderlich.

Als letzten Schritt erhalten Sie auch hier eine Account-Zusammenfassung und können dann über die Schaltfläche ERSTELLEN die Konfiguration abschließen.

Erweitert
Im Reiter ERWEITERT sind für das ausgewählte Konto weitere, eher technische Einstellungen vornehmbar. Bei einem POP-Konto können Sie hier auch vorgeben, wann die Nachrichten vom Server gelöscht werden. In den Standardeinstellungen werden Sie sofort gelöscht, Sie können aber auch eine Frist vorgeben. Ferner ist hier der Account auch aktivierbar oder vom automatischen Empfang ausschließbar. Bei einem IMAP-Konto können Sie, sofern der Server dies vorgibt, auch einen IMAP-PFAD-PRÄFIX für die Ordner vorgeben.

Einstellungen | Wenn Sie über mehr als ein Postfach verfügen, dann können Sie in der Ansicht ACCOUNTS in den Einstellungen von Mail weitere Konten hinzufügen, wobei das Programm Sie wieder mit dem Assistenten begleitet. Indes ist die Konfiguration eines SMTP-Servers zunächst nicht nötig, da der erste eingerichtete SMTP-Server für alle Postfächer genutzt wird.

Postfachverhalten | Der Reiter POSTFACHVERHALTEN bietet für POP- und IMAP-Konten etwas abweichende Optionen, die sich aber nur in Bezug auf die mit IMAP mögliche Speicherung auf dem Server unterscheiden. Sie können hier festlegen, wo Entwürfe gesichert werden, ob die nachfolgend beschriebenen Notizen im Posteingang angezeigt werden sollen und nach welcher Frist Nachrichten, die Sie in Mail in den Papierkorb verschoben haben, endgültig gelöscht werden.

IMAP | Bei einem IMAP-Konto können Sie hier die Option Gesendete E-Mails auf dem Server sichern aktivieren. Der Vorteil bei dieser Sicherung besteht darin, dass Sie von unterwegs, wenn Sie auf den Server zugreifen, auch die von Ihnen verschickten E-Mails nachlesen können. Damit verschaffen Sie sich ein vollständiges Bild der Kommunikation. Der Nachteil besteht darin, dass Sie auf diese Weise deutlich mehr Speicherplatz auf dem Mailserver belegen, da die von Ihnen verschickten Nachrichten auf den Server kopiert werden.

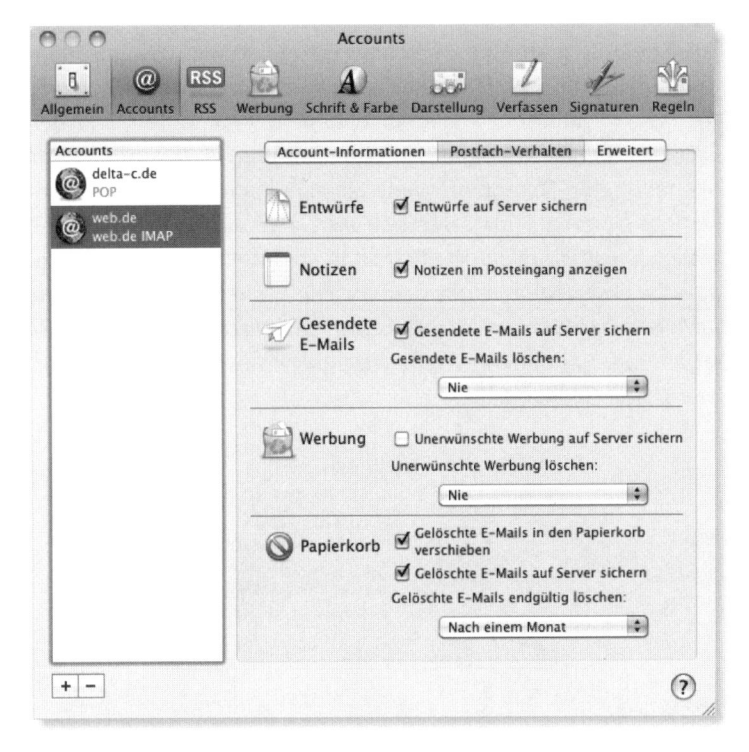

◀ **Abbildung 4.4**
Über das Postfach-Verhalten kann die Vorhaltezeit von Nachrichten im Papierkorb vorgegeben werden.

IMAP und Kopien | Bei der Arbeit mit einem IMAP-Postfach können Sie im Reiter Erweitert ferner festlegen, ob der Inhalt des IMAP-Postfachs vollständig synchronisiert werden soll oder nicht. Wenn Sie zum Beispiel die Option Alle E-Mails ohne Ihre Anhänge auswählen, dann sparen Sie Speicherplatz auf Ihrer Festplatte, haben aber nur dann Zugriff auf die Anhänge, wenn Sie mit dem Internet verbunden sind. Wenn Sie die Option Keine Kopien von E-Mails behalten auswählen, dann arbeitet Mail nur online mit Ihrem Postfach zusammen. Die Suche in Ihren Nachrichten über Spotlight ist dann nicht mehr möglich.

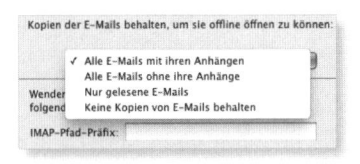

▲ **Abbildung 4.5**
Die Synchronisation mit dem Mailserver kann im Reiter Erweitert konfiguriert werden.

Mehrere SMTP-Server | Normalerweise begnügt sich Mail mit einem SMTP-Server. Es kann aber notwendig sein, dass Sie meh-

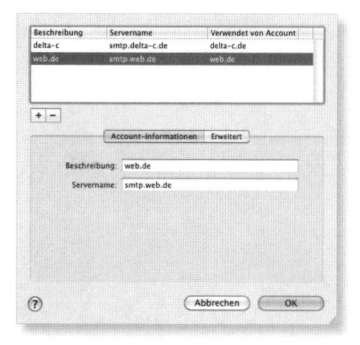

▲ **Abbildung 4.6**
Die SMTP-Server können in den ACCOUNT-INFORMATIONEN bearbeitet werden.

rere Server zum Versand von Nachrichten nutzen möchten oder müssen. Sie können im Reiter ACCOUNT-INFORMATIONEN unten für das Postfach den zu verwendenden SMTP-Server auswählen. In der Liste finden Sie auch einen Eintrag SMTP-SERVERLISTE BEARBEITEN. Wenn Sie diesen ausgewählt haben, dann erscheint ein Dialog, in dem sich die Server löschen und neue hinzufügen lassen. Ferner können Sie hier die Adresse und Bezeichnung bearbeiten und unter ERWEITERT auch die Art der Identifizierung ändern.

4.1.2 Anbindung an Exchange 2007

Zur Anbindung an einen Exchange-Server können Sie im Assistenten zunächst einfach Ihre Zugangsdaten eingeben. Wenn die Namensauflösung in Ihrem Netzwerk funktioniert und der Exchange-Server verfügbar ist, dann ermittelt Mail automatisch die benötigten Parameter. Wenn Sie gerade nicht mit dem Netzwerk verbunden sind, lassen sich die Daten auch von Hand eingeben. Wichtig bei der Konfiguration von Mail und Exchange ist, dass Sie im zweiten Schritt den Vorschlag, die Daten auch gleich für iCal zu verwenden, nicht nutzen. Die eigenhändige Konfiguration von iCal bedeutet keinen wirklichen Arbeitsaufwand und ist weniger fehleranfällig.

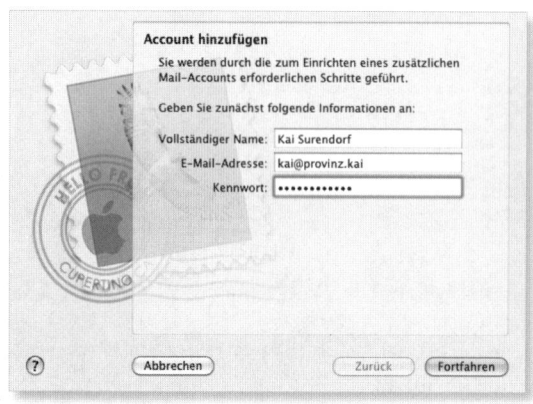

▲ **Abbildung 4.7**
Mail versucht anhand der Daten, den Exchange-Server automatisch zu ermitteln.

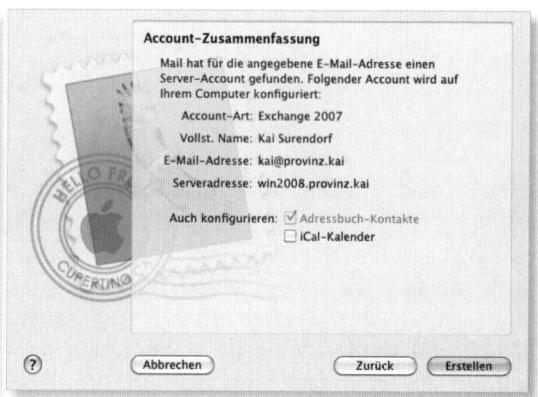

▲ **Abbildung 4.8**
Die Konfiguration von iCal sollte in diesem Fall besser unterbleiben.

Synchronisation | Wenn Sie sich an dem Exchange-Server angemeldet haben, dann lädt Mail die vorhandenen Nachrichten und Ordner herunter. Gespeichert werden Sie im Ordner MAIL in Ihrer persönlichen LIBRARY (siehe Abbildung 4.9).

Exchange und SMTP | Bei der Arbeit mit Exchange sind Sie nicht auf den SMTP-Dienst des Exchange-Servers angewiesen. Es ist auch möglich, dass Sie einen anderen SMTP-Server nutzen, wenn Sie keinen Zugriff auf den Exchange-Server haben.

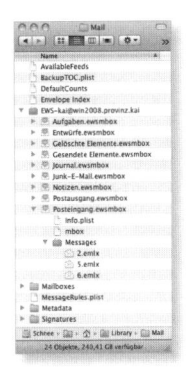

4.1.3 E-Mails verfassen

Wenn Sie eine Nachricht erstellen, dann können die Empfänger in den Feldern AN: und KOPIE: eingeben. Über das Menü links davon lassen sich weitere Felder für diese Nachricht auswählen und so beispielsweise das ADRESSFELD »BLINDKOPIE« einblenden. Über die Option ANPASSEN können Sie sich zunächst alle Felder anzeigen lassen und dann über die Checkboxen vorgeben, welche Ihnen standardmäßig angezeigt werden sollen.

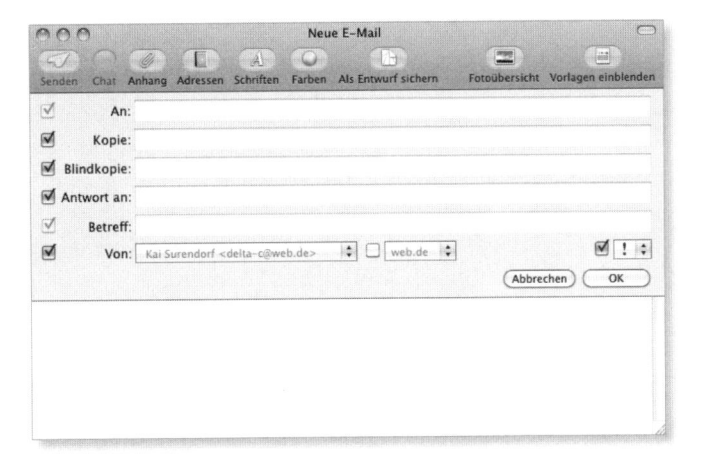

▲ **Abbildung 4.9**
Mail speichert die auf einem Exchange-Server gespeicherten Nachrichten auf der Festplatte.

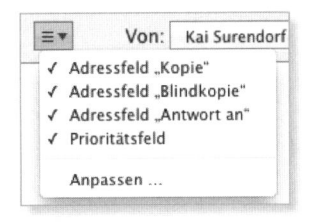

▲ **Abbildung 4.10**
Über das Menü können weitere Felder eingeblendet werden.

▲ **Abbildung 4.11**
Die Felder können auch dauerhaft angezeigt werden.

Mehrere Adressen für ein Postfach | Wenn Sie über ein Postfach verfügen, dem mehr als eine E-Mail-Adresse zugewiesen wurde, dann können Sie bei der Erstellung einer Nachricht zwischen diesen Adressen auswählen. Zunächst müssen Sie in den Einstellungen in der Ansicht ACCOUNT die zweite Adresse nach einem Komma eingeben. Bei der Erstellung einer Nachricht steht Ihnen diese Adresse dann in dem linken Ausklappmenü in der Zeile VON: zur Verfügung. Mit dem rechten Ausklappmenü können Sie den SMTP-Server auswählen, über den der Versand erfolgen soll.

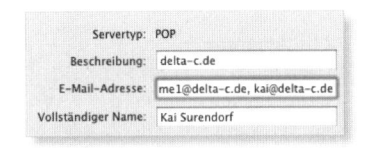

▲ **Abbildung 4.12**
Weitere Adressen können durch Kommata getrennt eingeben werden.

◀ **Abbildung 4.13**
Die zweite Adresse steht über das Ausklappmenü zur Verfügung.

Format festlegen | In den Standardeinstellungen nutzt Mail Formatierungen für eine Nachricht. Dies führt dazu, dass anstelle eines reinen Textes ein ganzes HTML-Dokument verschickt wird.

Format festlegen
⌘ + ⇧ + T

Während die Formatierung einer E-Mail, die einem Brief nahekommt, vielleicht aus ästhetischen Gründen angebracht sein mag, erhöhen Sie auf diese Weise das Datenaufkommen. Auch gibt es einige E-Mail-Programme, die mit solchen formatierten E-Mails nur schlecht umgehen können. Über den Menüpunkt FORMAT • IN REINEN TEXT UMWANDELN lassen sich die Formatierungen löschen und als reiner Text verschicken. Umgekehrt können Sie bei einem reinen Text über den nun verfügbaren Menüpunkt FORMAT • IN FORMATIERTEN TEXT UMWANDELN die Formatierung wieder ermöglichen.

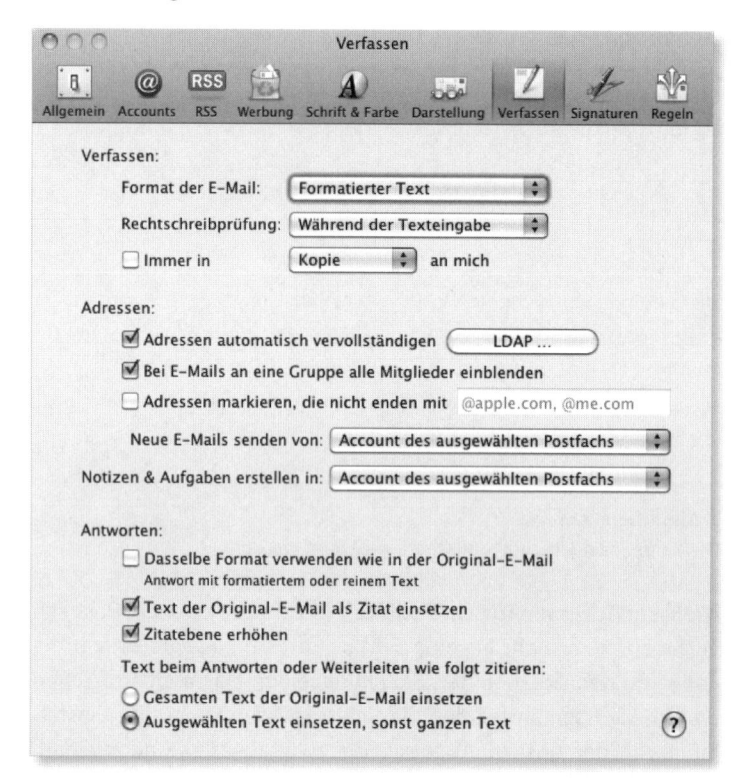

Abbildung 4.14 ▶
In den Einstellungen von Mail kann unter VERFASSEN unter anderem das Standardformat festgelegt werden.

TIPP

Es ist auch möglich, einen in der Zwischenablage befindlichen Text mit dem Menüpunkt BEARBEITEN • ALS ZITAT EINSETZEN in die Nachricht einzufügen und so quasi eine andere Quelle zu zitieren.

Zitieren | Wenn Sie auf eine erhaltene Nachricht antworten, dann können Sie diese auch als Zitat in Ihre E-Mail einfügen. Unter VERFASSEN stehen Ihnen dafür einige Optionen zur Verfügung. Das Zitat als solches können Sie über die Option TEXT DER ORIGINAL-E-MAIL ALS ZITAT EINSETZEN deaktivieren. Ferner können Sie auch die ZITATEBENE ERHÖHEN lassen, wenn Sie einen bereits zitierten Text erneut zitieren. Wenn Sie bei einer erhaltenen Nachricht einen Textabschnitt mit der Maus markieren, dann wird dieser als Zitat eingefügt. Über die Einstellungen lässt sich auch festlegen, dass Mail den GESAMTEN TEXT DER ORIGINAL-E-MAIL EINSETZEN soll.

Die Konvention dieser Zitate beruht darauf, dass jeder Zeile des zitierten Textes eine spitze Klammer > vorangestellt wird. In Mail ist dies nicht sichtbar, weil hier ein Strich dargestellt wird.

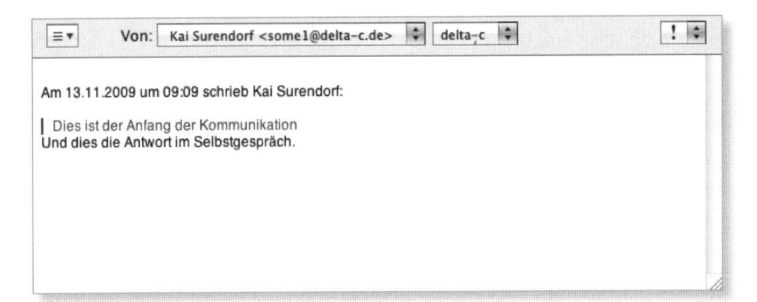

◀ **Abbildung 4.15**
Mithilfe von Zitaten kann die Kommunikation strukturiert werden.

Signaturen | Um eine Signatur an eine Nachricht anzuhängen, können Sie diese in den Einstellungen des Programms in der gleichnamigen Ansicht erstellen. Damit Ihnen eine Signatur zur Auswahl steht, müssen Sie zuvor ein Konto auswählen. Wenn Sie den Eintrag Alle Signaturen auswählen, dann können Sie anschließend eine Signatur aus der mittleren Spalte auf ein Konto ziehen und somit verfügbar machen. Im Ausklappmenü Signatur auswählen können Sie vorgeben, welche Signatur standardmäßig ausgewählt werden soll. Es ist auch möglich, die Signaturen Zufällig oder Der Reihe nach auszuwählen.

▲ **Abbildung 4.16**
Für jede Nachricht kann eine zuvor erstellte Signatur ausgewählt werden.

◀ **Abbildung 4.17**
Signaturen müssen einem Konto zugewiesen werden.

Nachrichten adressieren | Wenn Sie die von Ihnen benötigten Adressfelder eingeblendet haben, dann können Sie die Empfänger eingeben. In den Standardeinstellungen versucht Mail, wenn Sie einen Namen oder eine E-Mail-Adresse eingeben, diese zu vervollständigen. In den Einstellungen in der Ansicht Verfassen können Sie dies abschalten. Wurden einem Eintrag im Adressbuch mehrere E-Mail-Adressen zugewiesen, dann erscheinen

Intelligente Adressen
Sie können vorgeben, ob Sie sich bei einem im Adressbuch vorhandenen Kontakt nur seinen Namen oder auch die E-Mail-Adresse anzeigen lassen möchten. In der Ansicht Darstellung der Einstellungen finden Sie die Option Intelligente Adressen verwenden. Ist diese Option nicht aktiv, dann wird neben dem Namen auch die ausgewählte E-Mail-Adresse angezeigt.

diese bei der Vervollständigung untereinander, und Sie können mit den Pfeiltasten eine Adresse auswählen und die Auswahl mit ⏎ abschließen. Sofern Sie im Adressbuch die Anbindung an Exchange vorgenommen haben, wird auch dieser Datenbestand bei der Suche nach Empfängern berücksichtigt.

Abbildung 4.18 ▶
Die automatische Vervollständigung kann in den Einstellungen abgeschaltet werden.

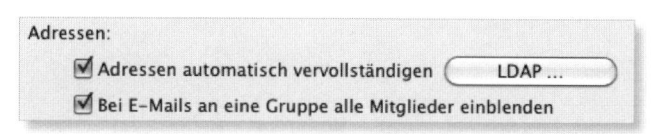

▲ Abbildung 4.19
Stehen mehrere Adressen für einen Kontakt zur Verfügung, dann können diese aus einer Liste ausgewählt werden.

Im Adressbuch angelegte Gruppen können ebenfalls als Empfänger einer Nachricht dienen. Die Option BEI E-MAILS AN EINE GRUPPE ALLE MITGLIEDER EINBLENDEN sorgt dafür, dass Sie nach Eingabe einer Gruppe ins Adressfeld die einzelnen Empfänger angezeigt bekommen. Dies kann, sofern ein Mitglied der Gruppe diese Nachricht nicht erhalten soll, ganz nützlich sein. Um eine Nachricht an mehrere Adressen zu verschicken, die nicht in Ihrem Adressbuch eingetragen sind, können Sie diese mit einem Komma trennen.

4.1.4 Nachrichten sortieren und filtern

Alle erweitern und reduzieren
Im Menü Darstellung werden die beiden Einträge ALLE E-MAIL-VERLÄUFE ERWEITERN und ALLE E-MAIL-VERLÄUFE REDUZIEREN dann verfügbar, wenn Sie Ihre Nachrichten nach Verlauf ordnen.

Mail stellt Ihnen einige Möglichkeiten zur Verfügung, um der Flut von E-Mails Herr zu werden. Wenn Sie mit einem Empfänger mehrere Nachrichten austauschen, dann kann eine Gruppierung der Nachrichten zu einem bestimmten Thema ganz hilfreich sein. Über den Menüpunkt DARSTELLUNG • NACH E-MAIL-VERLAUF ORDNEN können Sie diese Gruppierung veranlassen. Nachrichten, bei denen der Betreff mit Ausnahme des Präfix übereinstimmt, werden dann zusammengefasst. Die so zusammengefassten Verläufe können Sie mit dem Pfeil in der Überschrift ❶ einklappen und so zum Beispiel im EINGANG 10 Nachrichten in einer Zeile zusammenfassen.

▲ Abbildung 4.20
Nachrichten können gruppiert werden.

In der Ansicht DARSTELLUNG der Einstellungen können Sie unten zunächst einstellen, dass die zusammengehörenden E-Mails, die sich auf das gleiche Thema beziehen, farblich hervorgehoben werden.

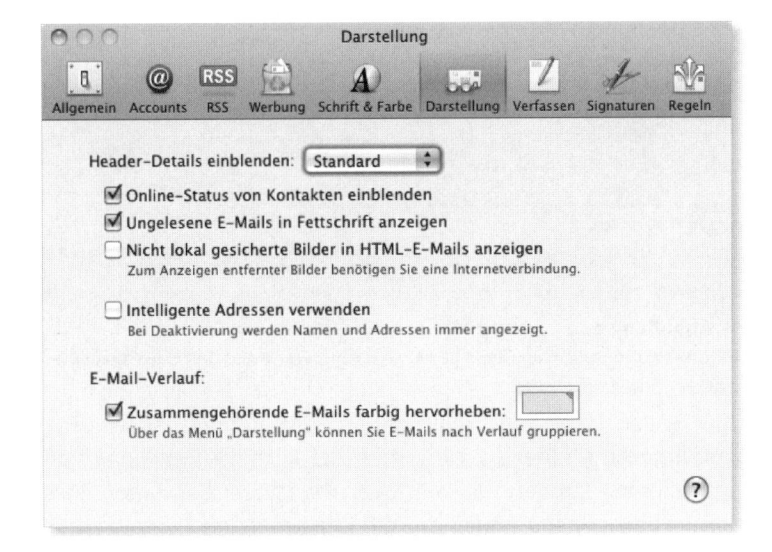

Header-Details
E-Mails werden zu Beginn und in den Standardeinstellungen nicht sichtbar eine Reihe von Informationen zugefügt, die nicht nur den Empfänger definieren, sondern auch ihren Weg durch das Internet beschreiben und zum Beispiel auch eine Notiz über das verwendete Mailprogramm beinhalten. Diese Informationen werden Header genannt. Mit der Einstellung STANDARD werden lediglich Absender, Betreff, Empfänger und das Datum angezeigt. Die Anzeige aller Header wird im Zusammenhang mit der Erstellung von Regeln besprochen.

◄ **Abbildung 4.21**
Die Anzeige nicht lokal gesicherter Bilder sollte unterbleiben.

Die Darstellung ungelesener Nachrichten in Fettschrift kann Ihnen die Suche nach noch zu beantwortender Post erleichtern. Der Online-Status bezieht sich auf Kontakte, bei denen Sie im Adressbuch einen Instant Messenger eingetragen haben. Wenn Sie selbst mit iChat online sind, dann wird vor dem Namen des Kontakts ein grüner Punkt eingeblendet, wenn er verfügbar ist. Die Option NICHT LOKAL GESICHERTE BILDER IN HTML-E-MAILS ANZEIGEN sollten Sie in jedem Fall deaktivieren. Wenn Sie eine Nachricht erhalten, an die die Bilder nicht angehängt, sondern separat aus dem Internet geladen werden sollen, dann können Sie diese über die Schalfläche BILDER ANZEIGEN, die rechts oberhalb der Nachricht erscheint, gezielt herunterladen.

[Web-Bug]
Das automatische Laden einer nicht angehängten Bilddatei wird gerne genutzt, um dem Anwender einen sogenannten Web-Bug unterzuschieben. Hierbei handelt es sich um eine kleine Grafik, bei der der Absender dann über die Protokolle seines Servers ermitteln kann, ob die Grafik abgerufen wurde. Sie bestätigen damit ungewollt, dass Sie die E-Mail geöffnet haben.

Ordner | Nach einer gewissen Zeit werden Sie nicht umhinkommen, Ihre Nachrichten in Ordnern zu sortieren, um den Überblick zu behalten. Einen neuen Ordner, der von Mail als Postfach bezeichnet wird, können Sie zum Beispiel über das Pluszeichen unterhalb der linken Spalte erstellen. Sie werden dann nicht nur nach dem Namen gefragt, sondern können auch festlegen, wo der Ordner angelegt wird.

Arbeiten Sie mit einem IMAP-Konto, dann lässt sich der Ordner auch auf dem Server erstellen. Die Ordnerstruktur wird dann zwischen Ihrem Rechner und dem Server synchronisiert.

HINWEIS

Nicht alle IMAP-Server unterstützten die Erstellung von Unterordnern. Es ist also möglich, dass Sie nur Ordner auf der obersten Ebene erstellen können.

▲ **Abbildung 4.22**
Ordner können LOKAL oder bei Verwendung von IMAP auf dem Server (DELTA-C) erstellt werden.

▲ **Abbildung 4.23**
Ein intelligenter Ordner kann über das Pluszeichen unten links erstellt werden.

Intelligente Ordner | Mail unterstützt auch die Erstellung von intelligenten Ordnern. In dem über das Pluszeichen unten links erreichbaren Menü finden Sie die Option NEUES INTELLIGENTES POSTFACH, die einen Dialog öffnet, in dem Sie die Kriterien für die darzustellenden Nachrichten festlegen.

Die intelligenten Ordner in Mail entsprechen in ihrer Funktionsweise denen des Finders, wobei Ihnen hier die für eine E-Mail relevanten Werte zur Verfügung stehen. Intelligente Ordner werden in der Liste mit einem Zahnrad im Icon dargestellt. Wenn Sie mit einem IMAP-Konto arbeiten, dann müssen Sie die Nachrichten auch lokal speichern, da diese Suchfunktion auf Spotlight basiert. Der Inhalt eines intelligenten Ordners aktualisiert sich selbstständig.

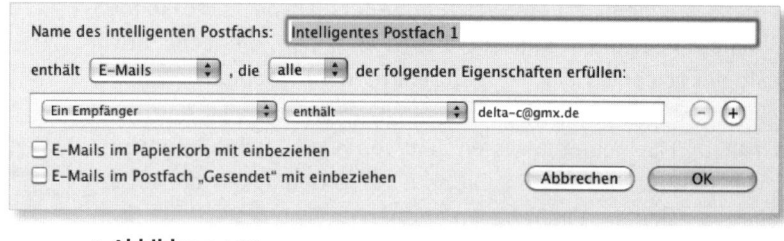

▲ **Abbildung 4.24**
Intelligente Ordner beziehungsweise Postfächer können die Suche nach E-Mails vereinfachen.

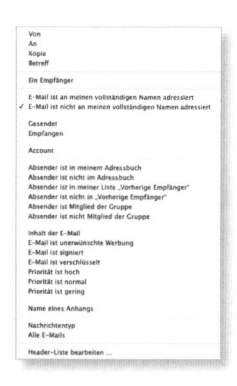

▲ **Abbildung 4.25**
Nachrichten können nach einer Vielzahl von Kriterien sortiert werden.

Regeln | Mithilfe der Regeln können Sie veranlassen, dass eingehende Nachrichten aus dem Ordner EINGANG automatisch in einem passenden Ordner verschoben werden. Darüber hinaus bieten Ihnen die Regeln auch die Möglichkeit, Nachrichten zu markieren oder umzuleiten. In den Einstellungen finden Sie bereits die Regel NEUIGKEITEN VON APPLE, die die Verbraucherinformationen aus Cupertino automatisch blau einfärbt. Sie können diese Regel ohne Probleme ENTFERNEN.

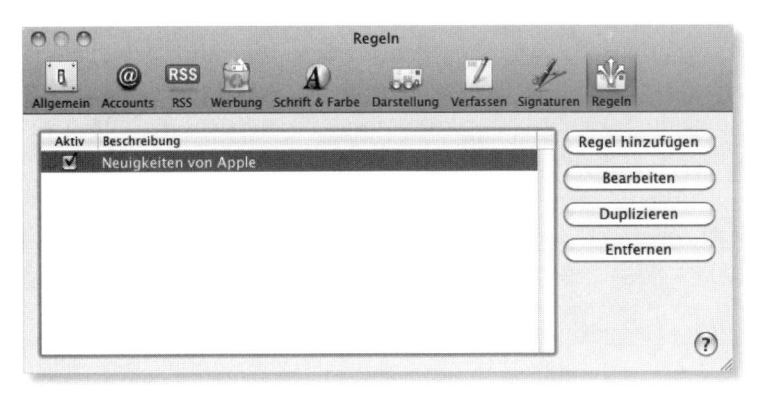

▲ Abbildung 4.26
Apple gibt bereits eine Regel vor.

Wenn Sie eine REGEL HINZUFÜGEN, dann legen Sie in einem Dialog die zu erfüllenden Kriterien sowie die Aktionen fest. Hier können Sie über das Pluszeichen weitere Aktionen und Kriterien hinzufügen, wobei Sie sich bei mehr als einer Bedingung entscheiden können, ob alle oder eine erfüllt sein müssen. Als Aktion steht Ihnen neben dem Bewegen oder Kopieren in einen Ordner auch die automatische Beantwortung, Weiterleitung, Umleitung und Löschung zur Verfügung. Ferner können Sie die FARBE FESTLEGEN sowie ein APPLESCRIPT AUSFÜHREN (siehe Abschnitt 24.9.6).

> **TIPP**
>
> Wenn Sie vor der Erstellung einer Regel eine Nachricht auswählen, dann erscheinen deren Eigenschaften (Absender, Betreff…) automatisch in den Werten der Kriterien.

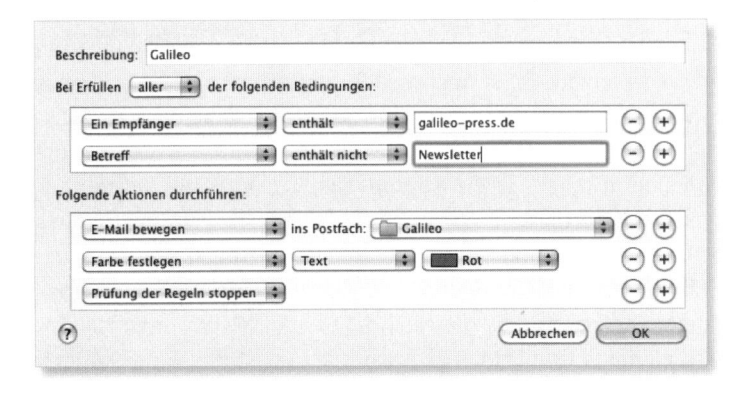

◄ Abbildung 4.27
Mit einer Regel kann auch die Farbe des Textes in der Liste festgelegt werden.

> **TIPP**
>
> Wenn Sie eine E-Mail empfangen, die von Mail aus irgendeinem Grund überhaupt nicht lesbar dargestellt wird, dann können Sie sich mit der Option DARSTELLUNG • E-MAIL • REINE DATEI auch den puren Text der E-Mail anzeigen lassen.

Erweiterte Header | Wenn Sie an einer Mailingliste teilnehmen und Sie über diese Liste tägliche viele Nachrichten erhalten, dann bietet es sich an, diese Nachrichten aus dem Eingang in einen Ordner zu verschieben. Insbesondere bei Mailinglisten kann es

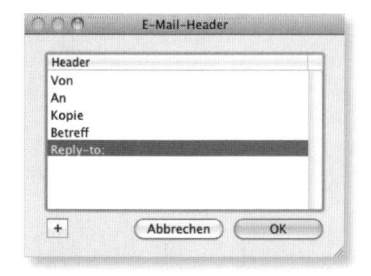

Abbildung 4.28
Die Liste der E-Mail-Header kann von Hand erweitert werden.

vorkommen, dass die möglichen Bedingungen nicht ausreichen. Über den Eintrag HEADER-LISTE BEARBEITEN (siehe Abbildung 4.28) können Sie weitere Bedingungen erstellen. Sie geben hier den Namen des Headers gefolgt von einem Doppelpunkt an. Mit dem E-Mail-Header REPLY-TO: ist es Ihnen anschließend möglich, bei einer eingehenden E-Mail das Feld ANTWORT AN: auszuwerten. Die Arbeit mit den Headern kann auch beim Einsatz eines Spam-Filters auf dem Mailserver nützlich sein, denn Programme wie Spamassasin bewerten Nachrichten und fügen die Bewertung den Headern hinzu. Mit dem Menüpunkt DARSTELLUNG • E-MAIL • LANGE HEADER werden alle Header vollständig aufgeführt.

Abbildung 4.29
Die Option LANGE HEADER stellt alle vorhandenen Header der Nachricht dar.

4.1.5 E-Mails verschlüsseln mit S/MIME

[GnuPG]
Während S/MIME über die Zertifizierungsstelle die richtige Identität des Kommunikationspartner garantiert, setzt GnuPG auf eine dezentrale Struktur. Zur Drucklegung war eine vollständige Installation von GnuPG unter Mac OS X 10.6 noch nicht möglich. Das Projekt finden Sie im Internet unter http://macgpg.sourceforge.net/de.

E-Mails sind eigentlich keine elektronischen Briefe sondern Postkarten, die auf ihrem Weg zum Empfänger von jedem mitgelesen werden können. Es ist auch relativ einfach, den Absender einer E-Mail zu fälschen. Von Haus aus unterstützt Mail die Verschlüsselung mit S/MIME. Hierbei werden Zertifikate verwendet, die von einer Instanz signiert werden. Die Signatur sorgt für die Gültigkeit des Zertifikats.

In diesem Zusammenhang müssen Sie zwischen Signieren und Verschlüsseln unterscheiden. Mit einer Signatur wird dem Empfänger versichert, dass die Nachricht wirklich von Ihnen stammt und niemand Ihre E-Mail gefälscht hat. Sie ist dabei immer noch ohne Weiteres lesbar. Eine verschlüsselte E-Mail besagt zunächst nichts über Ihre wahre Identität, aber der Inhalt ist nicht mehr ohne den dazugehörigen Schlüssel oder das passende Zertifikat lesbar. In der Praxis werden die Signierung und Verschlüsselung oft miteinander kombiniert.

S/MIME | Um die Verschlüsselung und Signierung über S/MIME vorzunehmen, benötigen Sie ein Zertifikat. Einige E-Mail-Provider wie web.de stellen ihren Kunden ein Zertifikat kostenlos zur Verfügung. Sie können aber auch von einer Firma wie VeriSign (*http://www.versign.de*) oder einem Verein wie CAcert (*http://www.cacert.org*) Zertifikate beziehen. Zusammen mit Ihrem individuellen Zertifikat sollten Sie und der Empfänger Ihrer signierten und verschlüsselten Nachrichten das sogenannte Root-Zertifikat der ausgebenden Stelle installieren. Mac OS X bringt bereits einige dieser Root-Zertifikate mit, aber die Root-Zertifikate von web.de und CAcert gehören nicht dazu. Beide können Sie von den Webseiten der Firmen herunterladen.

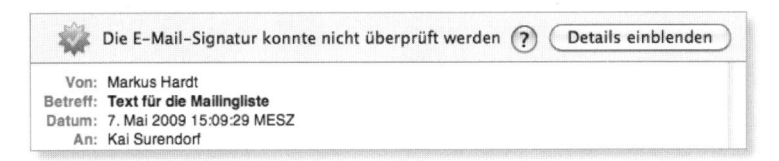

▲ **Abbildung 4.30**
Eine Signatur kann nicht überprüft werden, wenn das Root-Zertifikat nicht installiert wurde.

Root-Zertifikat installieren | Diese Dateien mit der Endung .CER können Sie im Finder mit einem Doppelklick öffnen. Es wird anschließend die SCHLÜSSELBUNDVERWALTUNG geöffnet. Sie erhalten hier den Hinweis, dass das System dieses Zertifikat noch nicht kennt und daher als nicht vertrauenswürdig einstuft. Über die Schaltfläche IMMER VERTRAUEN können Sie das Zertifikat Ihrem Schlüsselbund hinzufügen. Es wird dann zukünftig für die Überprüfung der von dieser Instanz ausgestellten Zertifikate herangezogen.

▲ **Abbildung 4.31**
Das Root-Zertifikat gilt zunächst als nicht vertrauenswürdig.

Mail-Zertifikat installieren | Der zweite Schritt besteht darin, dass Sie das Zertifikat, das Sie von dieser Stelle erhalten haben, ebenfalls herunterladen und erneut mit einem Doppelklick im Finder in der Schlüsselbundverwaltung öffnen. Sofern Sie ein Passwort für dieses Zertifikat verwendet haben, müssen Sie es vor dem Import in die Schlüsselbundverwaltung eingeben.

E-Mail signieren und verschlüsseln | Erstellen Sie nun unter Verwendung des Kontos, für das Sie ein Zertifikat besitzen, eine neue Nachricht, dann erscheinen rechts zwei neue Symbole. Mit dem rechten Symbol können Sie Ihre Mitteilung signieren. Verfügt der Empfänger über das Root-Zertifikat der Stelle, von der Sie Ihr Zertifikat erhalten haben, dann kann er damit Ihre

Identität als Absender überprüfen. Ihr Zertifikat wird dabei an die eigentliche Nachricht angehängt. Wenn Sie das Zertifikat des Empfängers bereits erhalten haben, dann können Sie Ihre Mitteilung über das Symbol mit dem Schloss zusätzlich noch verschlüsseln. Nur der Empfänger ist dann in der Lage, Ihre Mitteilung unter Verwendung seines Zertifikats zu lesen.

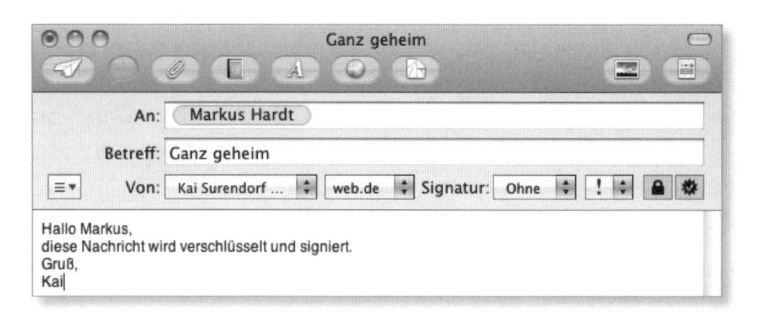

Abbildung 4.32 ▶
Wurden alle Zertifikate installiert, dann kann die Nachricht signiert und verschlüsselt werden.

▲ **Abbildung 4.33**
Bei einigen IMAP-Server kann die Nutzung der Aufgaben und Termine Probleme bereiten.

4.1.6 Aufgaben und Notizen in Mail

Mail dient mittlerweile nicht mehr ausschließlich zur Kommunikation. Das Programm hilft Ihnen auch bei der Aufgabenverwaltung und den Notizen. Wenn Sie mit einem IMAP-Konto arbeiten, dann kann es sein, dass Sie hier auf ein Problem bei der Synchronisierung stoßen. Bei einigen Servern ist Mail nicht in der Lage, die lokal gespeicherte Version mit der des Servers korrekt abzugleichen. Sie erhalten dann regelmäßig die in Abbildung 4.33 dargestellte Nachricht. In diesem Fall sollten Sie auf die Speicherung der Aufgaben und Notizen von Mail auf dem Server verzichten.

Aufgaben | In Mail finden Sie in der linken Spalte einen Eintrag ERINNERUNGEN, und darunter werden die AUFGABEN aufgeführt. Arbeiten Sie mit IMAP oder haben Sie mehrere Konten eingerichtet, dann werden Ihnen diese unterhalb des Eintrags AUFGABEN aufgeführt, und Sie können gezielt ein Postfach auswählen. Wenn Sie über den Menüpunkt ABLAGE • NEUE AUFGABE oder die Tastenkombination ⌘ + ⌥ + Y eine neue Aufgabe erstellen, dann können Sie dieser zunächst eine Beschreibung sowie einen Termin und eine Priorität zuweisen. Platzieren Sie den Mauspfeil in der Spalte, deren Icon eine Alarmglocke ziert, dann erscheint ein grünes Pluszeichen, und Sie können eine Erinnerung hinzufügen.

▲ **Abbildung 4.34**
Die in Mail erstellten Aufgaben erscheinen auch in iCal.

Wenn bereits eine Erinnerung erstellt wurde, erscheint in dieser Spalte eine graue Glocke. Wenn Sie nun auf die Spalte klicken, können Sie weitere Erinnerungen hinzufügen.

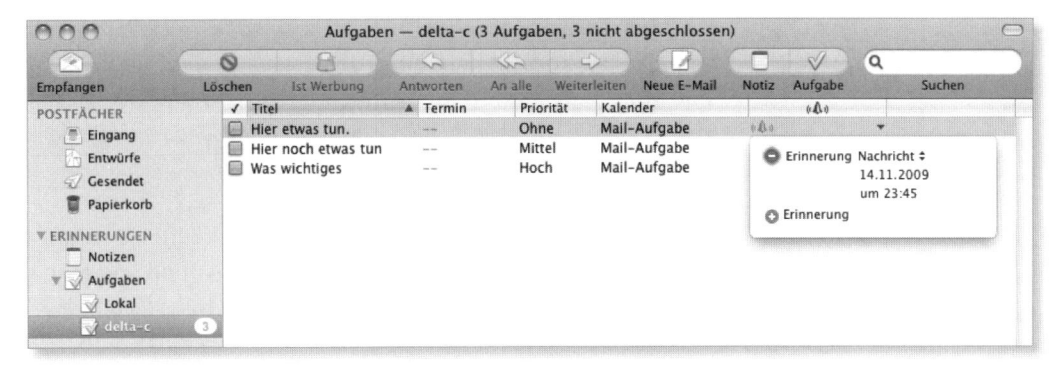

▲ **Abbildung 4.35**
Einer Aufgabe können mehrere Erinnerungen hinzugefügt werden.

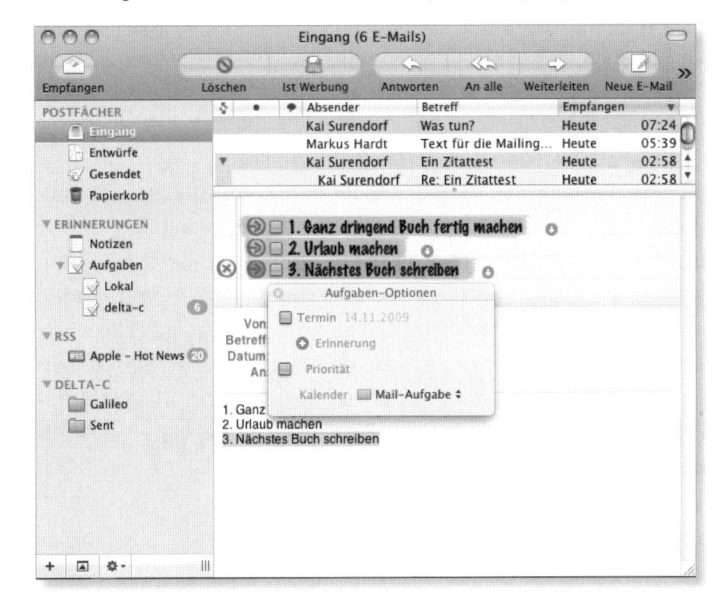

◄ **Abbildung 4.36**
Aufgaben können auch direkt in einer Nachricht erstellt werden.

Aufgaben aus Nachrichten | Wenn Sie Text in einer erhaltenen Nachricht markieren und dann eine Aufgabe erstellen, dann wird diese Aufgabe an die Nachricht angehängt. Sie können auch mehrere Aufgaben aus einer Nachricht heraus erstellen. Die erstellte Aufgabe finden Sie anschließend auch in der Gesamtübersicht. Wenn Sie den Mauspfeil über eine dieser Aufgaben platzieren, dann erscheint in der linken Spalte ein eingekreistes X, mit dem Sie die Aufgabe löschen können. Die Eigenschaften der Aufgabe können Sie festlegen, indem Sie den eingekreisten Pfeil vor der Aufgabe anklicken. Es erscheint dann ein schwebendes Fenster. Über den Pfeil nach unten, der sich rechts neben der Aufgabe befindet, können Sie die Textstelle anspringen, auf der die Aufgabe basiert. Die so erstellten Aufgaben können Sie auch in iCal bearbeiten.

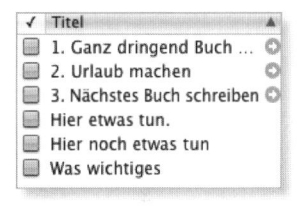

▲ **Abbildung 4.37**
Über den Pfeil in der Liste kann die zugehörige Nachricht einer Aufgabe geöffnet werden.

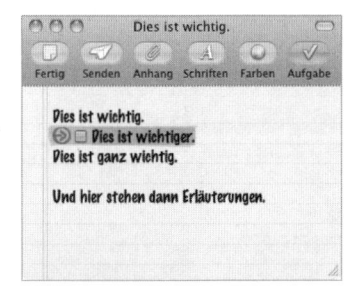

▲ **Abbildung 4.38**
Aufgaben können in Notizen erstellt werden.

Möchten Sie in Mail einen weiteren Kalender erstellen, dann rufen Sie das Kontextmenü über dem Postfach auf. In Abbildung 4.36 wäre dies DELTA-C. Sie können dann die Aufgaben den in Mail erstellten Kalendern zuweisen, und sie erscheinen ebenfalls in iCal.

Notizen | Die Notizen in Mail bieten zwar nur rudimentäre Funktionen, aber wenn Sie intensiv mit Mail arbeiten und kommunizieren, dann kann diese Funktion durchaus eine Hilfestellung sein.

Wenn Sie eine neue Notiz über ABLAGE • NEUE NOTIZ ([ctrl] + [⌘] + [N]) erstellen, dann wird diese in einem neuen Fenster geöffnet. Bei einem IMAP-Konto wird sie auch auf dem Server gespeichert und steht Ihnen, wenn Sie von einem anderen Rechner über Mail auf das Postfach zugreifen, zur Verfügung. In der Notiz können Sie dann beliebigen Text eingeben. Es ist auch möglich, dass Sie Grafik- oder Tondateien aus dem Finder an die Notiz anhängen. Grafiken werden in der Notiz dargestellt, und Tondateien können Sie direkt aus der Notiz heraus abspielen. Für Sprachnotizen ist das manchmal ganz praktisch. Ferner können Sie auch in einer Notiz Text markieren und eine AUFGABE erstellen. Hier stehen Ihnen die zuvor beschriebenen Möglichkeiten zur Bearbeitung zur Verfügung. Wenn Sie eine Aufgabe in einer Notiz löschen, dann wird der Text ebenfalls entfernt. Sie können aber den Cursor in den Text platzieren und dann die Schaltfläche AUFGABE betätigen. Anschließend wird die Aufgabe entfernt, wobei der Text erhalten bleibt.

4.1.7 Ein paar technische Anmerkungen

Wenn Sie intensiv mit Mail arbeiten, werden Sie mit der Zeit hin und wieder auf Schwierigkeiten bei der Kommunikation mit Ihrem Mailserver stoßen. Dies ist insbesondere, aber nicht nur bei der Arbeit mit einem IMAP-Server der Fall.

Aktivität | Wenn Sie den Eindruck haben, dass Mail bei einem Abruf von E-Mails oder dem Versand hängengeblieben ist, dann können Sie über den Menüpunkt FENSTER • AKTIVITÄT eine Übersicht der aktiven Vorgänge aufrufen. Sie finden hier eine Liste der Vorgänge, die Mail im Hintergrund gerade abarbeitet. Dazu gehört auch der Fortschritt des Versands einer E-Mail als auch die Synchronisation von Ordnern auf einem IMAP-Server. Über die rote Schaltfläche können Sie einen Vorgang, bei dem es sich auch um den Versand einer E-Mail handeln kann, abbrechen.

Unterhalb der linken Spalte finden Sie eine Schaltfläche mit einem Zahnrad. Über diese erreichen Sie ein Menü, in dem Sie

▲ **Abbildung 4.39**
Das Fenster AKTIVITÄT listet die aktuellen Vorgänge auf.

abhängig von der aktuellen Auswahl, einen Ordner umbenennen oder löschen können. Mit der Anweisung KONTONAME SYNCHRONISIEREN können Sie Ihren lokalen Datenbestand mit dem auf dem IMAP-Server von Hand synchronisieren und so beispielsweise alle nicht lokal gespeicherten Nachrichten herunterladen. Über den Eintrag ACCOUNT-INFORMATIONEN öffnen Sie ein Fenster, in dem Sie die in Abschnitt 4.1.1 beschriebenen Voreinstellungen für ein Konto vornehmen können. Zusätzlich erhalten Sie hier auch Informationen über die Speicherbelegung, die Ihre Postfächer auf einem Server einnehmen. Wenn Ihnen für Ihre Mailbox nur ein begrenztes Kontingent an Speicherplatz zur Verfügung steht, dann können Sie sich hier einen Überblick verschaffen, wie viel Speicher Sie derzeit nutzen.

▲ **Abbildung 4.40**
Über das Menü können auch die ACCOUNT-INFORMATIONEN aufgerufen werden.

Archivieren | In diesem Menü finden Sie auch den Eintrag ARCHIVIEREN. Dieser ist verfügbar, wenn Sie in der linken Spalte einen Ordner ausgewählt haben. Erstellen Sie ein Archiv, dann erzeugt Mail einen Ordner mit der Endung .MBOX. Darin finden Sie die zwei Dateien MBOX und TABLE_OF_CONTENTS. Das Dateiformat MBOX ist sehr alt und sehr verbreitet. Sie können diese .mbox-Dateien nutzen, um Ihre Nachrichten in einem anderen E-Mail-Programm zu importieren. Die meisten Programme wie Thunderbird unterstützen den Import dieser Dateien, wobei sich dies nicht immer als problemlos erweist.

mbox
In einer mbox-Datei werden die enthaltenen Nachrichten nacheinander im reinen Text zuzüglich Ihrer Header gespeichert.

IMAP und Ordner | Wenn Sie ein IMAP-Konto nutzen, das Sie auch über ein Web-Interface verwalten, dann ist es möglich, dass Mail und das Web-Interface andere Ordner für die Speicherung von Entwürfen und gesendeten Nachrichten nutzen. In diesem Fall können Sie in der Spalte links ein Postfach wie SENT oder Trash auswählen und ihm dann über den Menüpunkt POSTFACH • DIESES POSTFACH VERWENDEN FÜR eine Aufgabe zuweisen. Auf diese Weise können Sie Ordner für gesendete Nachrichten, den Papierkorb, Entwürfe und unerwünschte Nachrichten individuell zuweisen.

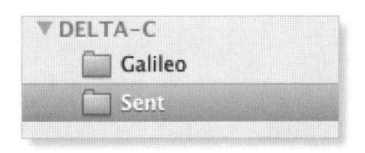

▲ **Abbildung 4.41**
Das Web-Interface verwendet den Ordner SENT für verschickte Nachrichten.

4.2 iCal

Die Verwaltung von Terminen und Aufgaben mit iCal kann die Anschaffung anderer Software und Projektplaner manchmal schon ersetzen. Der Vorteil von iCal besteht unter anderem darin, dass das Programm auf die Aufgaben in Mail und die Kontakte im Adressbuch direkt zurückgreifen kann.

TIPP

Wenn Sie die Monatsübersicht nach oben hin verlängern, wird der folgende Monat ebenfalls angezeigt.

4.2.1 Termine und Aufgaben

Im Fenster von iCal finden Sie links eine Liste der vorhandenen Kalender. Einen neuen Kalender können Sie über den Menüpunkt ABLAGE • NEUER KALENDER erstellen. In dem Untermenü können Sie auch auswählen, wo der Kalender erstellt werden soll. Unten links finden Sie ein Icon mit einem Raste, über das Sie unten links die Monatsübersicht ausklappen können. Rechts finden Sie die Liste der Aufgabe, die Sie über das Icon unten rechts oder die Tastenkombination ⌘ + ⌥ + T ein- und ausblenden können. In der Mitte wird Ihnen dann je nach Auswahl der TAG, die WOCHE oder der MONAT angezeigt.

▲ **Abbildung 4.42**
Die schwebende Palette kann in den Einstellungen deaktiviert werden.

Separates Fenster
In den Standardeinstellungen erfolgt die Bearbeitung eines Ereignisses über die schwebende Palette. In den Einstellungen können Sie in der Ansicht ERWEITERT die Option EREIGNISSE IN SEPARATEM FENSTER aktivieren.

Ein neues Ereignis können Sie erstellen, indem Sie entweder den Menüpunkt ABLAGE • NEUES EREIGNIS auswählen oder einen Doppelklick auf den Zeitpunkt ausführen, an dem das Ereignis stattfinden soll. Anschließend können Sie einen Titel, den Zeitraum und eine eventuelle Wiederholung einstellen. Der URL sowie die Notiz bieten Raum für weitere Erklärungen. Die Anhänge bieten Ihnen die Möglichkeit, mehrere Dateien an das Ereignis anzuhängen. Sie können nach der Auswahl einer oder mehrerer Dateien diese in der Palette doppelklicken und im Standardprogramm öffnen. Um einen Anhang zu entfernen, klicken Sie die Datei einmal an und drücken dann die Taste ⌫.

Erinnerung | Wenn Sie ein neues Ereignis erstellt haben, dann wird zunächst keine Erinnerung konfiguriert. Sie finden hinter ERINNERUNG den Hinweis OHNE. Wenn Sie diesen anklicken, können Sie in einem Ausklappmenü eine Erinnerung hinzufügen. Zu den möglichen Erinnerungen gehört eine Nachricht in einem schwebenden Fenster, die auch von einem Ton begleitet werden kann. Diese Nachricht erscheint auch dann, wenn iCal nicht aktiv ist. Es ist auch möglich, dass Sie sich selbst eine E-Mail schicken. Hierzu müssen Sie im Adressbuch bei Ihrer Visitenkarte eine E-Mail-Adresse eingetragen haben. Wenn Sie als Erinnerung DATEI ÖFFNEN auswählen, dann wird zunächst iCal selbst gestartet. Klicken Sie auf den Eintrag iCal unterhalb von Datei öffnen, dann können Sie in diesem Menü über die Option EIGENE eine Datei auswählen. Schließlich ist es auch möglich, ein AppleScript (siehe Abschnitt 24.9.6) zu diesem Zeitpunkt ausführen.

Teilnehmer | Wenn Sie den blauen und unterstrichenen Text TEILNEHMER HINZUFÜGEN anklicken, dann können Sie hier mehrere Namen von Kontakten Ihres Adressbuchs eingeben. Es erscheint dann in der Palette unten rechts eine Schaltfläche SENDEN, über die Sie dem Teilnehmer eine E-Mail mit der Einladung zu diesem Ereignis zuschicken können. Um einen Teilnehmer wieder zu löschen, klicken Sie ihn einmal an und drücken die Taste ←. An die E-Mail wird eine .ics-Datei angehängt. Wenn der Empfänger diese in Mail anklickt, dann wird sie automatisch in iCal geöffnet. Sie haben dann über das Feld BENACHRICHTIGUNGEN, das Sie über das Icon mit dem Briefumschlag unten links aufrufen können, die Möglichkeit, auf die Einladung zu reagieren. Über Ihre Entscheidung wird der Absender durch Zusendung einer weiteren E-Mail informiert.

▲ **Abbildung 4.43**
An ein Ereignis kann auch mehrfach erinnert werden.

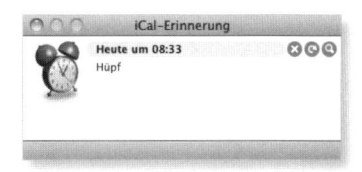

▲ **Abbildung 4.44**
Die Nachricht erscheint auch, wenn iCal nicht aktiv ist.

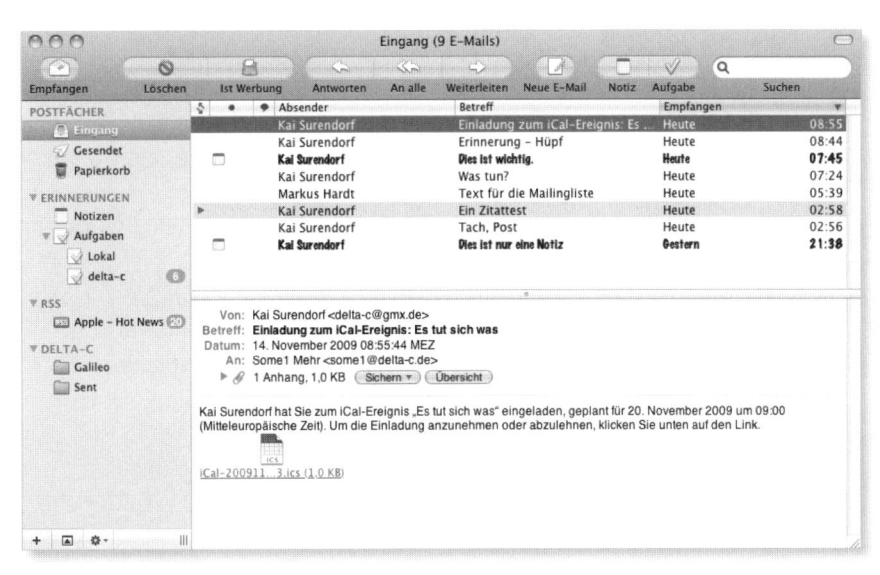

▲ **Abbildung 4.46**
Der Teilnehmer wird über eine E-Mail zu dem Ereignis eingeladen.

Abbildung 4.45
Unbearbeitete Einladungen werden unten links angezeigt.

Abbildung 4.47 ▶
Über eine im Web verfügbare .ics-Datei kann ein Kalender abonniert werden.

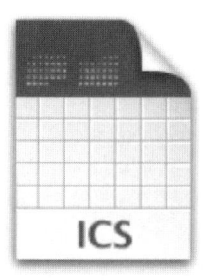

Abbildung 4.48
Kalender werden über ICS-Dateien im Internet verfügbar gemacht.

Abbildung 4.49 ▶
Abonnierte Kalender können auch Erinnerungen und Aufgaben enthalten.

In den Einstellungen von iCal können Sie in der Ansicht ERWEITERT auch die Option EINLADUNGEN VON MAIL AUTOMATISCH ABFRAGEN. In diesem Fall prüft iCal Ihren Posteingang und zeigt eingehende Einladungen automatisch in den BENACHRICHTIGUNGEN an.

Wenn Sie ein Ereignis verlegen möchten, dann können Sie es auch mit der Maus zum neuen Zeitpunkt verschieben. Hierbei müssen Sie lediglich darauf achten, dass Sie bei Ereignissen, zu denen Sie Einladungen verschickt haben, anschließend über die Schaltfläche AKTUAL. erneut eine Benachrichtigung verschicken.

4.2.2 Kalender abonnieren und freigeben

iCal ist in begrenztem Umfang in der Lage, Ihre Kalender im Internet zu veröffentlichen. Sie können auch im Internet verfügbare Kalender in Ihre Datenbank einbinden.

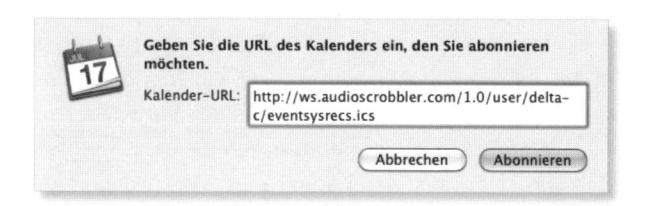

Kalender abonnieren | Um einen Kalender zu abonnieren, müssen Sie dessen URL im Internet herausfinden. Sie können dann über den Menüpunkt KALENDER • ABONNIEREN dessen URL eingeben. Wenn Sie die Schaltfläche ABONNIEREN anklicken, dann versucht iCal die Datei herunterzuladen. Im zweiten Schritt können Sie dann festlegen, ob Sie die enthaltenen Erinnerungen, Anhänge und Aufgaben ebenfalls erhalten möchten.

Über die Option AUTOMATISCH AKTUALISIEREN können Sie ein Intervall vorgeben, innerhalb dessen iCal die Datei erneut herunterlädt und den Kalender entsprechend aktualisiert. Die so eingebundenen Kalender erscheinen in der linken Spalte unter der nun angezeigten Rubrik ABONNEMENTS. Mit einem Rechtsklick auf einen abonnierten Kalender und dem Menüpunkt INFORMATIONEN können Sie nachträglich die Optionen bearbeiten und zum Beispiel einen anderen URL vorgeben.

Kalender veröffentlichen | iCal selbst bietet Ihnen über den Menüpunkt KALENDER • VERÖFFENTLICHEN nur zwei Möglichkeiten für die Freigabe von Kalendern. Verfügen Sie über ein MobileMe-Konto, dann können Sie dieses nutzen, um Ihre Kalender im Internet verfügbar zu machen. Um die Option PRIVATER SERVER nutzen zu können, muss der Webserver das WebDAV-Protokoll (siehe Abschnitt 18.6) unterstützen und die Verzeichnisse im Internet verfügbar machen.

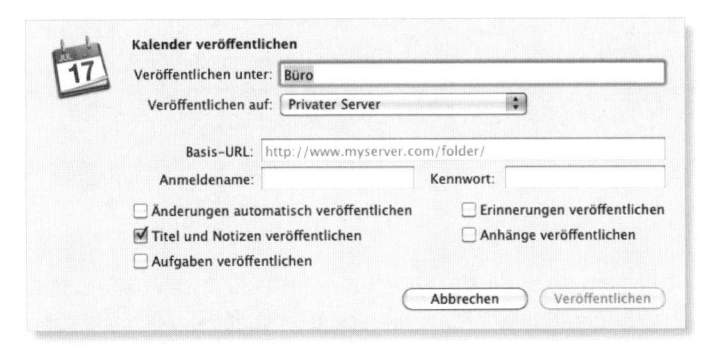

Google und Yahoo!
Nutzen Sie den Kalender-Dienst von Google oder Yahoo!, dann können Sie diese über die Einstellungen in der Ansicht ACCOUNTS hinzufügen. Die Konfiguration läuft dabei fast selbstständig ab, und wenn Sie das Konto auswählen, können Sie in dem dann verfügbaren Reiter STELLVERTRETUNG weitere Kalender, sofern verfügbar, einbinden. Google bietet zum Beispiel einen Kalender der deutschen Feiertage. Beide Online-Dienste unterstützen anders als das Abonnement die Bearbeitung von Ereignissen online.

◄ **Abbildung 4.50**
Für die Veröffentlichung eines Kalenders muss der Webserver WebDAV unterstützen.

4.2.3 Anbindung an Exchange und Gruppenfunktionen

Wenn Sie die Einstellungen von iCal aufrufen, dann finden Sie dort die Ansicht ACCOUNTS. Hier können Sie neben den schon erwähnten Online-Diensten von Google und Yahoo! iCal auch einen Exchange-Server anbinden. Wenn Sie das Pluszeichen unterhalb der linken Spalte anklicken, dann wird ein Assistent aufgerufen, der Sie nach der E-Mail-Adresse und dem Kennwort Ihres Exchange-Postfaches fragt. Es bietet sich an, die Anbindung an einen Exchange-Server in iCal separat erfolgen zu lassen und im Assistenten von Mail die automatische Konfiguration von iCal abzuwählen. Andernfalls kann es vorkommen, dass Sie die in Abbildung 4.51 dargestellte Fehlermeldung erhalten, obwohl Sie die korrekten Zugangsdaten eingegeben haben.

Nach der Anbindung finden Sie in der Liste der verfügbaren Kalender einen Eintrag, dessen Name der E-Mail-Adresse entspricht. Darunter finden Sie die Kalender, die auf dem Exchange-Server für dieses Postfach erstellt wurden und können bei Bedarf auch weitere Kalender erstellen, die Ihnen dann innerhalb der

▲ **Abbildung 4.51**
Um Fehler zu vermeiden, sollte die Anbindung für iCal separat erfolgen.

▲ **Abbildung 4.52**
Ist der Exchange-Server nicht verfügbar, dann wird dies durch einen Blitz symbolisiert.

4.2 iCal | **131**

gesamten Exchange-Infrastruktur zur Verfügung stehen. In dem Reiter SERVEREINSTELLUNGEN können Sie, sofern es der Exchange-Server erfordert, einen externen Server vorgeben. Im Reiter STELLVERTRETUNG können Sie weitere Kalender, zu denen Ihnen auf dem Server Lese- oder Schreibrechte zugeteilt wurden, aktivieren.

Abbildung 4.53 ▶
Abhängig vom Standort kann eine Anpassung der SERVEREINSTELLUNGEN notwendig sein.

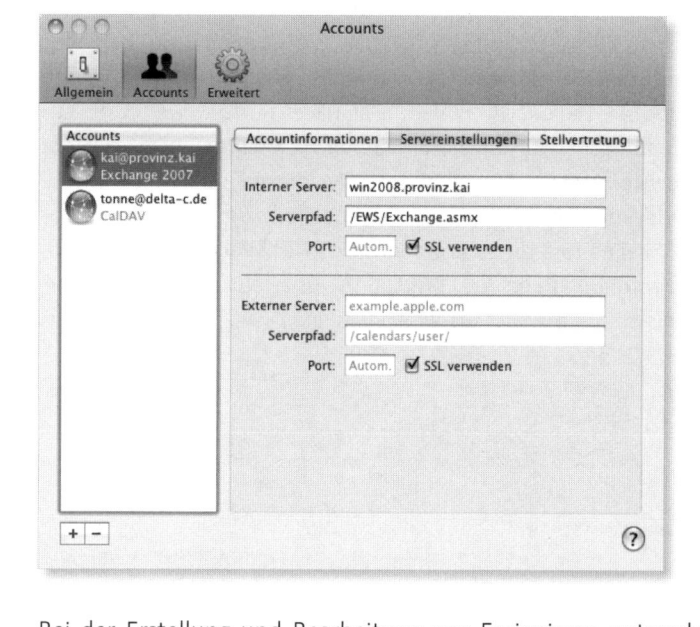

▲ **Abbildung 4.54**
Raumpostfächer auf dem Exchange-Server werden ebenfalls gefunden.

Bei der Erstellung und Bearbeitung von Ereignissen unterscheiden sich die Kalender auf einem Exchange-Server nicht von den normalen Kalendern in iCal. Lediglich die Farbe, die einem Kalender zugewiesen wurde, wird nicht übernommen. Wenn Sie zu einem Ereignis Teilnehmer einladen, dann können Sie hier auch die auf Exchange-Server gespeicherten Kontakte auswählen. Die Eigenschaft ORT eines Ereignisses hat bei den normalen Kalendern eigentlich nur eine dekorative Funktion, bei der Arbeit mit Exchange können Sie die Eigenschaft jedoch nutzen, um die Belegungspläne zu berücksichtigen. Wenn auf dem Exchange-Server spezielle Raumpostfächer eingerichtet wurden, werden Ihnen diese bei der Eingabe eines Ortes zur Auswahl gestellt.

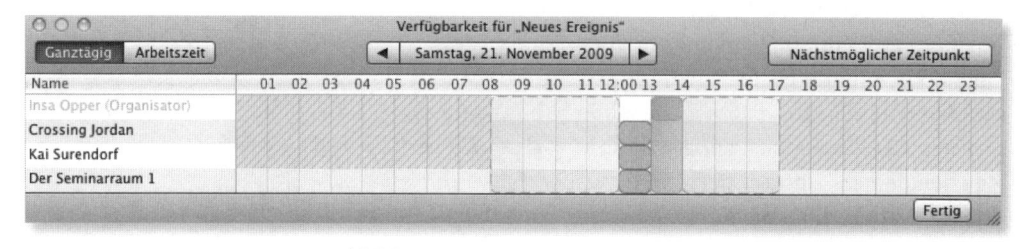

▲ **Abbildung 4.55**
Ein Ort wird in der Ansicht VERFÜGBARKEIT ebenfalls angezeigt.

Verfügbarkeit | Im Fenster VERFÜGBARKEIT, das Sie über den Menüpunkt FENSTER • VERFÜGBARKEIT aufrufen können, finden Sie die Zeiträume, an denen die anzufragenden Teilnehmer basierend auf den Daten in ihren Exchange-Kalendern Zeit haben. Wenn Sie einen Ort vorgegeben haben, dann wird dessen Belegungsplan ebenfalls berücksichtigt. Der hervorgehobene Zeitraum repräsentiert in dieser Ansicht Ihren gewünschten Termin, und Sie können ihn an einen Zeitpunkt ziehen, an dem sowohl der Raum frei ist als auch alle gewünschten Teilnehmer Zeit haben. Wenn Sie nun die Schaltfläche FERTIG anklicken, dann wird die Einladung an die Teilnehmer geschickt und der Raum gebucht.

Die weitere Prozedur unterscheidet sich eigentlich nicht von den Einladungen, die Sie bei normalen Kalendern über Mail verschicken. Die einzige Einschränkung besteht darin, dass Sie Aufgaben, die Ihnen über Outlook zugeteilt werden, nicht mit Mail öffnen können.

▲ **Abbildung 4.56**
Die Einladung kann auch über das Web-Interface bestätigt werden.

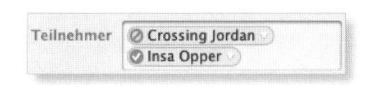

▲ **Abbildung 4.57**
Zusagen werden mit einem grünen Häkchen signalisiert.

4.3 Adressbuch

Die im Adressbuch gespeicherten Kontakte werden unter Mac OS X von einer Reihe von Programmen genutzt. Mail, Safari, iCal und iChat können auf die hier gespeicherten Daten in der einen oder anderen Form zugreifen.

4.3.1 Kontakte verwalten

Das Adressbuch unterscheidet zwischen Personen und Firmen. Der wesentliche Unterschied besteht zunächst darin, dass Firmen in der Liste mit einem anderen Icon versehen werden. Im Hauptfenster des Adressbuchs können Sie über das Pluszeichen unterhalb der mittleren Spalte einen neuen Kontakt erstellen. Anschließend können Sie nacheinander die einzelnen Felder mit Daten versehen. Die Pluszeichen haben jeweils die Aufgabe, ein weiteres Feld innerhalb dieses Bereichs zu erstellen und so mehrere E-Mail-Adressen oder Telefonnummern einem Kontakt zuzuschreiben. Wenn Sie alle Daten eingegeben haben, dann können Sie die Eingabe durch einen Klick auf die Schaltfläche BEARBEITEN beenden.

Die Schaltfläche hat auch die Aufgabe, die Änderung eines schon vorhandenen Kontakts zu ermöglichen. Um einen vorhandenen Kontakt zu löschen, können Sie diesen in der Spalte auswählen und anschließend die Taste ⌫ drücken. Sie erhalten vor dem Löschen noch eine Rückfrage.

Bild hinzufügen

Wenn Sie eine Grafikdatei auf das Symbol mit dem Kopf beziehungsweise dem Gebäude ziehen, dann wird sie dem Kontakt als Logo hinzugefügt. Sie können das Feld bei der Bearbeitung auch einmal anklicken und dann mit ⌘ + V ein in der Zwischenablage befindliches Bild einfügen.

Speicherorte
In Abbildung 4.58 finden Sie auch die Speicherorte. So deutet der Eintrag LOKAL auf die auf Ihrer Festplatte gespeicherten Kontakte hin, während KAI@PROVINZ.KAI die Kontakte auf dem Exchange-Server enthält.

Gruppen erstellen | Um eine Gruppe zu erstellen, können Sie das Pluszeichen unterhalb der linken Spalte anklicken. Die Erstellung einer Untergruppe im Sinne von BERLIN • FREUNDE ist auch unter Mac OS X 10.6 nicht möglich. Kontakte einer Gruppe zuordnen können Sie, indem Sie diese aus der Gruppe ALLE KONTAKTE auf die gewünschte Gruppe ziehen. Wählen Sie einen Kontakt in einer Gruppe aus, und drücken Sie die Taste ←, dann steht Ihnen neben dem Punkt LÖSCHEN auch die Option VON DER GRUPPE ENTFERNEN zur Verfügung.

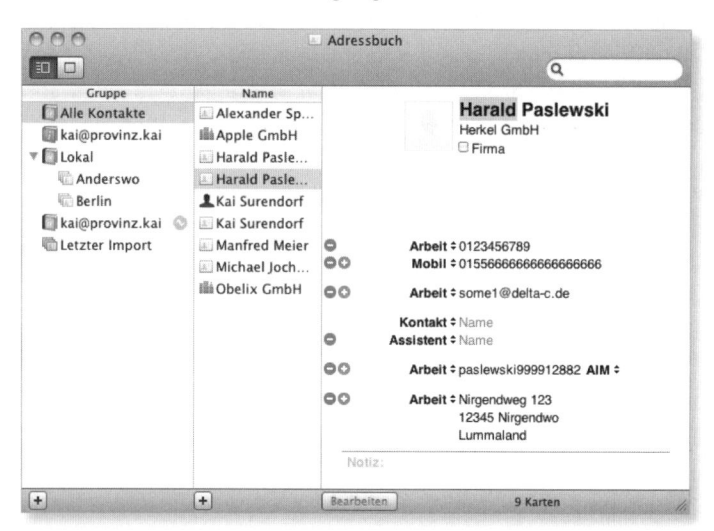

Abbildung 4.58 ▶
Über die Plus- und Minuszeichen können bei Bedarf weitere Felder hinzugefügt oder gelöscht werden.

Intelligente Gruppen | Halten Sie die Taste ⌥ gedrückt, dann ändert sich das Pluszeichen in ein Zahnrad. Mit einem Mausklick erstellen Sie nun eine intelligente Gruppe. In dem Dialog werden Sie nach dem Namen und den Kriterien gefragt. Der Inhalt einer intelligenten Gruppe aktualisiert sich wie auch bei den intelligenten Ordnern im Finder oder in Mail selbstständig. Sie werden in der Liste ebenfalls mit einem Zahnrad dargestellt.

▲ **Abbildung 4.59**
Über das Pluszeichen können weitere Kriterien hinzugefügt werden.

Kontextmenü | Wenn Sie einem Kontakt eine Telefonnummer zugewiesen haben, dann können Sie die Bezeichnung (ARBEIT,

Mobil…) anklicken. Es erscheint dann ein Kontextmenü mit der Option Vergrössern, und die Nummer wird Ihnen sehr groß angezeigt. Bei anderen Einträgen können Sie über dieses Kontextmenü eine Suche über Spotlight durchführen oder eine E-Mail an diese Adresse schicken.

Vorlage für Kontakte | Welche Felder Ihnen für die Daten zur Verfügung stehen, können Sie in den Einstellungen in der Ansicht Vorlage vornehmen. Im Ausklappmenü stehen Ihnen einige weitere Felder zur Verfügung. Die Änderungen stehen Ihnen bei der Erstellung und Bearbeitung zur Verfügung. Über die in Abbildung 4.61 nicht dargestellten Plus- und Minuszeichen können Sie Felder duplizieren oder entfernen.

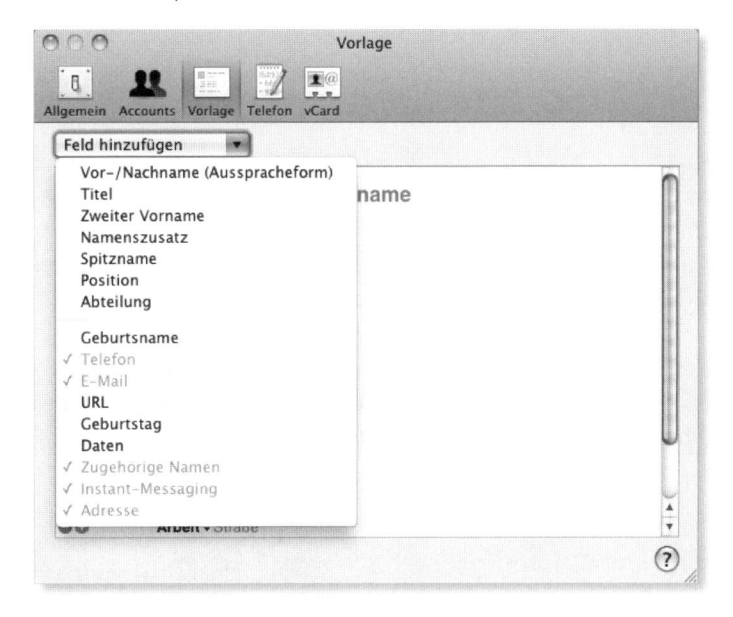

▲ Abbildung 4.60
Eine Telefonnummer kann vergrößert werden.

TIPP

Wenn Sie in Ihrem Adressbuch das Feld Geburtstag aktivieren und dort Daten eintragen, dann können Sie in iCal in den Einstellungen in der Ansicht Allgemein die Option Geburtstagskalender einblenden aktivieren. Dieser erscheint in der Rubrik Abonnements.

◀ Abbildung 4.61
Über die Vorlage werden die verfügbaren Felder konfiguriert.

4.3.2 Anbindung an Exchange 2007

Wenn Sie Mail an einen Exchange-Server angebunden haben, dann wurde in diese Einstellung auch das Programm Adressbuch einbezogen. Sie können aber auch separat einen Exchange-Server konfigurieren. In den Einstellungen finden Sie in der Ansicht Accounts zunächst die Server, die bereits konfiguriert wurden. Ferner können Sie über das Pluszeichen weitere Server hinzufügen.

Globale Liste | Wenn Sie die Anbindung an einen Exchange-Server vollzogen haben, dann erscheinen zwei weitere Einträge in der Spalte Gruppe. Der Eintrag, der mit einem blauen Icon versehen wurde und dessen Name Ihrer E-Mail-Adresse entspricht,

[LDAP]

Wenn Sie einen Exchange-Server konfigurieren, dann finden Sie dort auch einen Accounttyp LDAP. Hiermit wird ein lokaler Verzeichnisdienst, der das Protokoll LDAP nutzt, konfiguriert. Die genauen Parameter müssen Sie in diesem Fall vom Administrator des Servers erfragen.

stellt die globale Adressliste des Servers dar. Wenn Sie sie einfach anklicken, dann bleibt die Spalte NAME leer. Sie müssen, um sich hier Kontakte anzeigen zu lassen, eine Suche durchführen. Gefundene Kontakte können Sie anschließend einer Gruppe zuordnen.

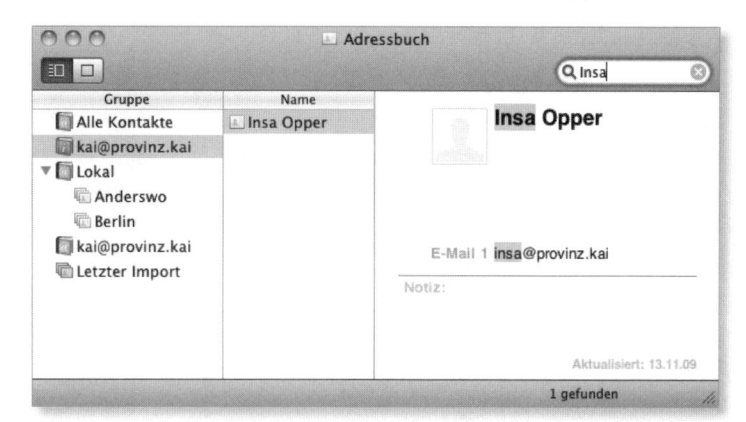

Abbildung 4.62 ▶
Die globale Adressliste eines Exchange-Servers kann online durchsucht werden.

[CardDAV]
Der ACCOUNTTYP CARDDAV stellt eine zweite Alternative zu Exchange und LDAP her. Hierbei handelt es sich um einen von Apple mit Mac OS X 10.6 Server unterstützten Dienst, der auf dem WebDAV-Protokoll aufsetzt.

Der zweite Eintrag, dessen Bezeichnung Ihrem Exchange-Konto entspricht und mit einem braunen Icon dargestellt wird, ermöglicht den Zugriff auf Ihre persönliche Kontaktdatenbank auf dem Exchange-Server. Hier können Sie bei Bedarf Untergruppen erstellen, wobei das Adressbuch auch hier nur eine Ebene zulässt. Die in dieser Gruppe gespeicherten Kontakte stehen Ihnen auch dann zur Verfügung, wenn Sie keine Verbindung zum Exchange-Server herstellen können. Sie können Kontakte, die Sie in der globalen Liste gefunden haben, auf diese Gruppe und ihre Untergruppen ziehen, um sie zu kopieren.

Abbildung 4.63 ▶
Kontakte in der Gruppe KAI@PROVINZ.KAI können auch ohne direkte Verbindung zum Server eingesehen werden.

4.3.3 Weitere Funktionen

Neben der Verwaltung von Kontakten bietet Ihnen das Adressbuch auch die Möglichkeit, Etiketten, Listen und Umschläge zu drucken. Ferner können Sie Ihre Kontakte mit den Online-Diensten von Yahoo! und Google synchronisieren sowie ein Backup Ihres Datenbestandes erstellen.

Drucken | Über die Funktion ABLAGE • DRUCKEN können Sie die Gruppen oder die ausgewählten Kontakte in vier verschiedenen Stilen ausgeben. Das Programm enthält passende Stilvorlagen für den Ausdruck von Adressetiketten, Umschlägen, Listen und einem sogenannten Taschen-Adressbüchern.

In dem Dialog können Sie dann abhängig vom ausgewählten Stil weitere Einstellungen vornehmen. Dort steht Ihnen beim Ausdruck von Etiketten beispielsweise das Layout AVERY A4 zur Auswahl, das den handelsüblichen Adressetiketten entspricht und die Kontakte passend ausgibt. In der Ansicht ETIKETT geben Sie die Darstellung sowie die auszugebenden Kontakte vor. Haben Sie zuvor KONTAKTE gezielt ausgewählt, dann werdend diese, die Beschriftung ist etwas missverständlich, über den Eintrag ALLE ausgedruckt. Ferner können Sie bei den Stilen die zu verwendende Schrift festlegen und die Ränder an Ihre Anforderungen anpassen.

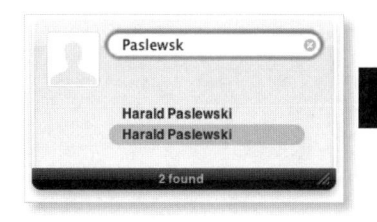

▲ **Abbildung 4.64**
Das Adressbuch kann auch über das gleichnamige Widget auf dem Dashboard (siehe Abschnitt 2.7.4) durchsucht werden.

▲ **Abbildung 4.65**
Kontakte können in vier verschiedenen Formen ausgedruckt werden.

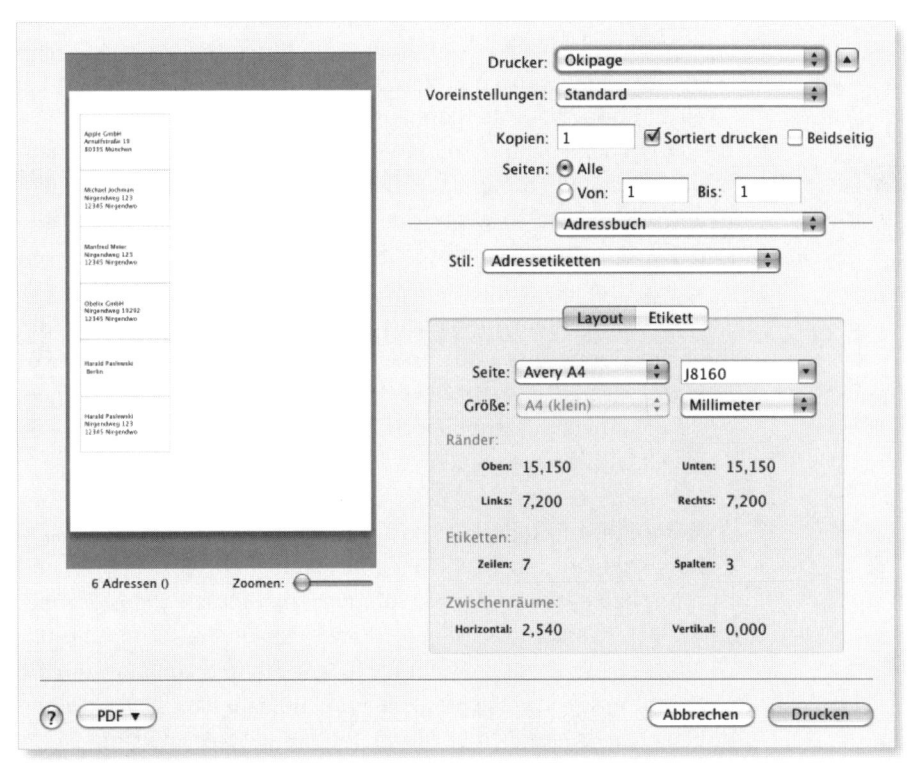

▲ **Abbildung 4.66**
Die Druckfunktion des Adressbuchs unterstützt den Druck von Etiketten, Umschlägen und Listen.

▲ **Abbildung 4.67**
Die Kontakte können in eine Datei exportiert werden.

▲ **Abbildung 4.68**
Eine vCard kann auch mehrere Einträge enthalten.

Adressbucharchiv | Zwar werden Ihre Kontakte auch in der Time Machine (siehe Abschnitt 11.3.2) gesichert und können über diese rekonstruiert werden, aber möglicherweise möchten Sie Ihre Kontakte gezielt auf einen anderen Rechner transferieren. Die Erstellung eines Archivs kann auch dann angebracht sein, wenn Sie überhaupt kein Backup erstellen. Über den Menüpunkt ABLAGE • EXPORTIEREN • ADRESSBUCHARCHIV können Sie zunächst den Ort und Namen der Datei festlegen. Anschließend werden alle vorhandenen Kontakte in einer .ABBU-Datei gespeichert.

Diese können Sie anschließend über den Menüpunkt ABLAGE • IMPORTIEREN öffnen. Sie erhalten dann die Rückfrage, ob Sie wirklich alle bereits vorhandenen Kontakte überschreiben möchten. Eine Funktion, die Ihnen für jeden Kontakt eine individuelle Entscheidung ermöglicht, gibt es nicht.

vCard | Bei einer vCard werden die Kontaktdaten in einer Textdatei gespeichert, deren Dateiendung .VCF lautet und die über einen standardisierten Aufbau verfügt. Diese Dateien sind sehr verbreitet, um in Form einer elektronischen Visitenkarte schnell und einfach Kontaktdaten weitergeben zu können. Nicht wenige Firmen stellen eine solche Datei auf ihren Webseiten zum Download zur Verfügung. Sie können eine vCard erstellen, indem Sie einen Kontakt aus der Liste auf den Schreibtisch ziehen.

Es ist auch möglich, mehrere Kontakte auszuwählen und dann den Menüpunkt ABLAGE • EXPORTIEREN • VCARD EXPORTIEREN aufzurufen. Die so gespeicherte Datei enthält die Adressdaten der ausgewählten Kontakte. Im Finder können diese Dateien mit Quick Look eingesehen werden.

Um eine vCard zu importieren, können Sie sie im Finder mit einem Doppelklick öffnen oder im Adressbuch über den MENÜPUNKT ABLAGE • IMPORTIEREN Ihrem Datenbestand hinzufügen. Bei schon vorhandenen Einträgen mit gleichem Namen erhalten Sie eine Rückfrage vor dem Import.

Yahoo! und Google | Das Programm Adressbuch ist in der Lage, Ihre Kontakte mit den Online-Adressbüchern von Google und Yahoo! zu synchronisieren, sofern Sie bei diesen Diensten über ein Benutzerkonto verfügen. Hierzu wählen Sie in den Einstellungen in der Ansicht ACCOUNTS LOKAL aus und können dann die Synchronisation zunächst aktivieren und dann Ihre Zugangsdaten eingeben. Weitere Optionen bietet dieser Abgleich nicht.

Die Synchronisation erfolgt dabei über das Programm iSync. Es erscheint, wenn iSync den Abgleich vornimmt, ein Dialog, in dem Sie bestimmen können, wie dieser Abgleich zu erfolgen hat.

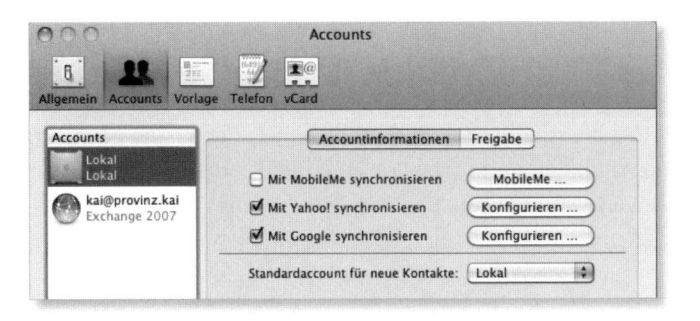

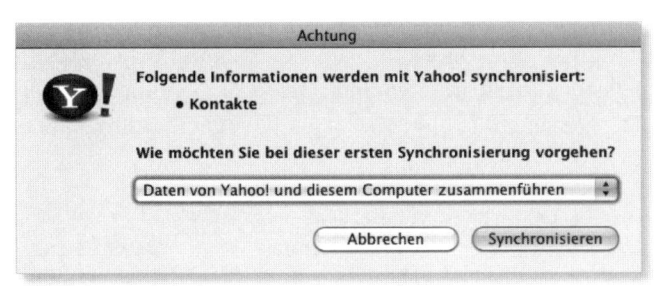

◀ **Abbildung 4.69**
Der lokale Datenbestand kann mit Yahoo! und Google synchronisiert werden.

◀ **Abbildung 4.70**
Bei der ersten Synchronisation kann das Verfahren ausgewählt werden.

4.4 Safari

Mit der Ankündigung eines eigenen Webbrowsers hat Apple 2003 unter anderem vom Netscape-Mitbegründer Marc Andreessen einiges an Spott geerntet. Dabei hat sich der Funktionsumfang über die Jahre hinweg enorm entwickelt und neben eher optischen Verbesserungen wie den Vorschaubildern sind auch einige sehr nützliche Funktionen wie die Tabs und das Menü ENTWICKLER hinzugekommen.

4.4.1 Elegant surfen

Für den Abruf von Webseiten gibt es mittlerweile so viel einführende Literatur, dass sich dieser kursorisch gehaltene Abschnitt auf einige Punkte beschränkt, die man leicht übersieht. Eine der ersten Funktionen, die Sie aktivieren sollten, ist die Statusleiste über den Menüpunkt DARSTELLUNG • STATUSLEISTE EINBLENDEN. Am unteren Rand des Fensters finden Sie nun eine Leiste, die Sie zunächst über den Fortschritt des Ladevorgangs einer Seite informiert. Wenn die Seite geladen wurde und Sie den Mauspfeil über einen Link platzieren, dann finden Sie die Adresse, die über diesen Link geladen wird, zunächst in der Startseite. Sie können sich so über das Ziel eines Links informieren, ohne dass Sie ihn anklicken müssen.

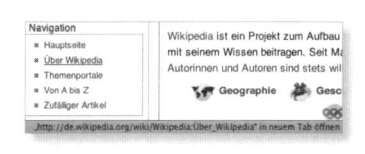

▲ **Abbildung 4.71**
Befindet sich der Mauspfeil über einem Link, dann wird dessen Ziel in der Statusleiste angezeigt.

Tabs nutzen | Die Tabs haben die Aufgabe, mehrere Fenster in einem zu gruppieren. Zunächst können Sie in den Einstellungen

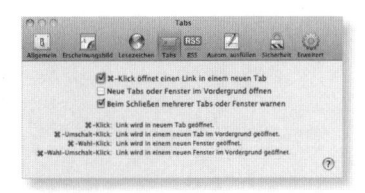

▲ **Abbildung 4.72**
Die Funktionsweise der Tabs wird in den Einstellungen festgelegt.

in der Ansicht TABS drei Optionen konfigurieren. Mit der ersten Option werden die Tabs im engeren Sinne aktiviert. Wenn Sie die Taste ⌘ gedrückt halten, während Sie einen Link anklicken, dann wird die so aufgerufene Seite in einem neuen Tab geöffnet, und die zuerst aufgerufene Webseite bleibt erhalten. Mit dieser Arbeitsweise können Sie auf einer Seite, die mehrere für Sie interessante Links enthält, in einem Durchgang mehrere Links öffnen, ohne dass Sie die zuerst geladene Seite verlassen müssen. Dieses Verfahren wird durch die Option NEUE TABS ODER FENSTER IM VORDERGRUND ÖFFNEN umgekehrt. Die Option BEIM SCHLIESSEN MEHRERER TABS ODER FENSTER WARNEN ist dann nützlich, wenn Sie mit Tastenkürzeln arbeiten und statt ⌘ + W zum Schließen eines Tabs versehentlich ⌘ + Q zum Beenden des Programms drücken.

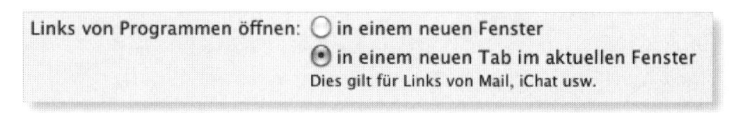

▲ **Abbildung 4.73**
Links, die von anderen Programmen aufgerufen werden, können auch in einem neuen Tab geöffnet werden.

▲ **Abbildung 4.74**
Die Tastenkürzel für die Auswahl der Tabs werden unter Safari 4.0.4 nicht korrekt aufgeführt.

Wenn Sie in einem anderen Programm einen Link anklicken, dann wird dieser in Safari in den Standardeinstellungen in einem neuen Fenster geöffnet. Sie finden in der Ansicht ALLGEMEIN die Einstellung LINKS VON PROGRAMMEN ÖFFNEN und können hier die Option IN EINEM NEUEN TAB IM AKTUELLEN FENSTER auswählen.

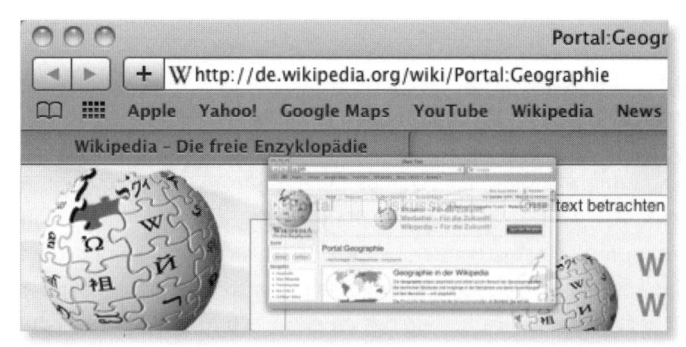

▲ **Abbildung 4.75**
Ein Tab kann aus der Leiste gezogen und in ein anderes oder eigenes Fenster bewegt werden.

Tabs zusammenführen | Wenn Sie zu viele Fenster in Safari geöffnet haben, dann können Sie über den Menüpunkt FENSTER • ALLE FENSTER ZUSAMMENFÜHREN diese in einem vereinigen. Dabei erhält jede geöffnete Webseite einen eigenen Tab. Recht praktisch sind die Tastenkürzel für den Sprung zum nächsten oder vorherigen Tab. Diese werden im Menü von Safari 4.0.4 allerdings nicht richtig angegeben. Sie lauten ⌘ + ⇧ + ← sowie ⌘ + ⇧ + →.

Das Fenster AKTIVITÄT | In dem Menü Fenster finden Sie auch einen Eintrag AKTIVITÄT. Damit öffnen Sie ein eigenes Fenster. Dieses Fenster enthält zunächst als Haupteinträge die Titel der Webseiten, die Sie gerade aufrufen oder schon geladen haben. Klappen Sie einen Eintrag aus, dann erhalten Sie eine Liste aller Dateien, die im Zusammenhang mit dieser Webseite abgerufen wurden. Die Zeile STATUS zeigt Ihnen entweder die Größe der Datei oder den Fortschritt des Ladevorgangs an. Wenn Sie eine dieser Dateien auswählen und anschließend mit ⌘ + C in die Zwischenablage kopieren, dann wird deren URL in die Zwischenablage kopiert. Diesen können Sie anschließend mit ⌘ + V aus der Zwischenablage direkt in die Adresszeile des Browser kopieren und so gezielt diese eine Datei abrufen.

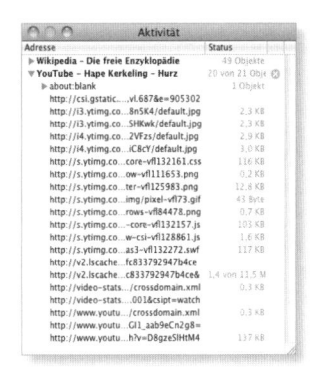

◂ **Abbildung 4.76**
Das Fenster AKTIVITÄT zeigt die geladenen und noch zu ladenden Dateien an.

SSL Zertifikat | Wenn Sie eine Webseite über eine verschlüsselte Verbindung aufrufen, dann erscheint im Fenster oben rechts ein Schloss, das die Verschlüsselung signalisiert. Sofern das Zertifikat der Webseite vom System überprüft und für integer befunden wurde, erscheint der Name des Inhabers in der Adresszeile. Sie können sowohl das Schloss oben rechts als auch den Namen anklicken, um sich über die Eigenschaften des Zertifikats zu informieren.

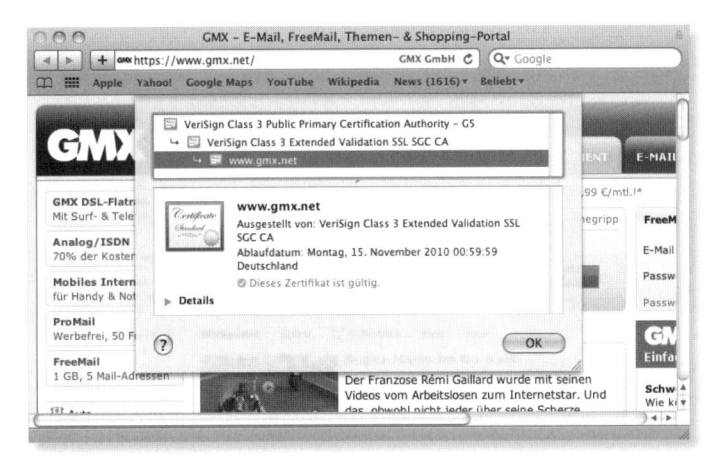

◂ **Abbildung 4.77**
Informationen über das verwendete Zertifikat können in Safari eingesehen werden.

PDF-Darstellung | Safari verfügt über eine Erweiterung, die Ihnen PDF-Dateien, die Sie herunterladen, direkt im Browserfenster anzeigt. Im unteren Bereich finden Sie vier Schaltflächen, die

Datei herunterladen
⌥ gedrückt

sich einblenden, wenn Sie den Mauspfeil in diese Fläche bewegen. Mit den Schaltflächen können Sie die Anzeige verkleinern oder vergrößern, die Datei im Programm VORSCHAU ÖFFNEN oder mit der Schaltfläche ganz rechts speichern. Mit einem Rechtsklick können Sie das Kontextmenü aufrufen und dann zum Beispiel auch Doppelseiten für die Darstellung verwenden. Am Rande: Wenn Sie eine PDF-Datei direkt speichern möchten, dann halten Sie einfach die Taste ⌥ gedrückt, und die Datei wird in Ihren Download-Ordner geladen und nicht angezeigt.

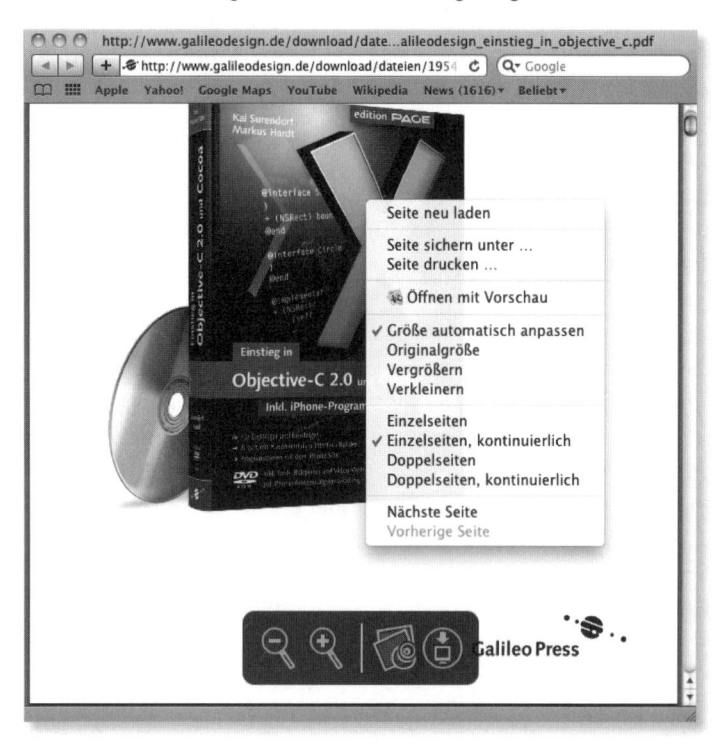

Abbildung 4.78 ▶
Die Darstellung einer PDF-Datei kann über das Kontextmenü angepasst werden.

4.4.2 Lesezeichen und Verlauf

Über das Menü VERLAUF können Sie die zuletzt besuchten Webseiten direkt wieder aufrufen. Wie lange Seiten im Verlauf gespeichert werden, wird über die Option OBJEKTE AUS VERLAUF ENTFERNEN in der Ansicht ALLGEMEIN der Einstellungen vorgegeben.

> **TIPP**
>
> Da sich die Untermenüs bei einer Vielzahl von Daten recht langsam aufbauen, kann es sinnvoll sein, hier anstelle der Standardeinstellung NACH EINEM MONAT einen kürzeren Zeitraum auszuwählen.

Verlauf durchsuchen | Wenn Sie viele Webseiten abgerufen haben und eine bestimmte Webseite, deren Adresse Sie vergessen haben und die sich eigentlich noch im Verlauf befinden müsste, erneut besuchen möchten, dann können Sie über den Menüpunkt LESEZEICHEN • ALLE LESEZEICHEN EINBLENDEN nicht nur die Lesezeichen durchsuchen, sondern auch den Verlauf. Wenn Sie in der linken Spalte unter SAMMLUNGEN den Verlauf auswählen und dann im unteren Suchfeld ❶ einen Text eingeben, dann können Sie meist recht schnell die besuchte und jetzt gesuchte Webseite finden. Die Vorschau der Webseiten können Sie, sollte Sie nicht angezeigt werden, durch Herunterziehen des oberen schwarzen Balkens einblenden.

▲ **Abbildung 4.79**
Der Verlauf kann über die Lesezeichen durchsucht werden.

Lesezeichenleiste | Safari stellt Ihnen vier Sammlungen für Lesezeichen zur Verfügung. Die Lesezeichenleiste, die Sie sich über den Menüpunkt DARSTELLUNG • LESEZEICHENLEISTE EINBLENDEN lassen können, ermöglicht den direkten Zugriff auf die Webseiten. Dabei gibt es zwei Möglichkeiten, wie die Arbeit mit dieser Leiste noch etwas verfeinert wird. Zunächst können Sie, wenn Sie unter SAMMLUNGEN den Eintrag LESEZEICHENLEISTE ausgewählt haben, einen Ordner erstellen. Wenn Sie Lesezeichen in diesem Ordner speichern, dann erscheinen diese, wenn Sie den Ordner aufklappen. Die Arbeit mit Ordnern in der Lesezeichenleiste ist meist etwas bequemer als über das Menü LESEZEICHEN.

> **TIPP**
>
> Sie können die ersten zehn regulären Lesezeichen in der Leiste auch durch die Tastenkombinationen ⌘ + 1 ... 0 direkt aufrufen. Bei der in Abbildung 4.80 dargestellten Leiste würde der Kurzbefehl ⌘ + 2 direkt die Webseite von Google aufrufen.

Auto-Klick | Wenn Sie bei einem Ordner die Option AUTO-KLICK aktivieren, dann wird er nicht mehr ausgeklappt. Die darin enthaltenen Lesezeichen werden in einem Durchgang in Tabs im aktuellen Fenster geöffnet. Die Funktion AUTO-KLICK wird in der Lesezeichenleiste durch ein Quadrat nach dem Namen symbolisiert.

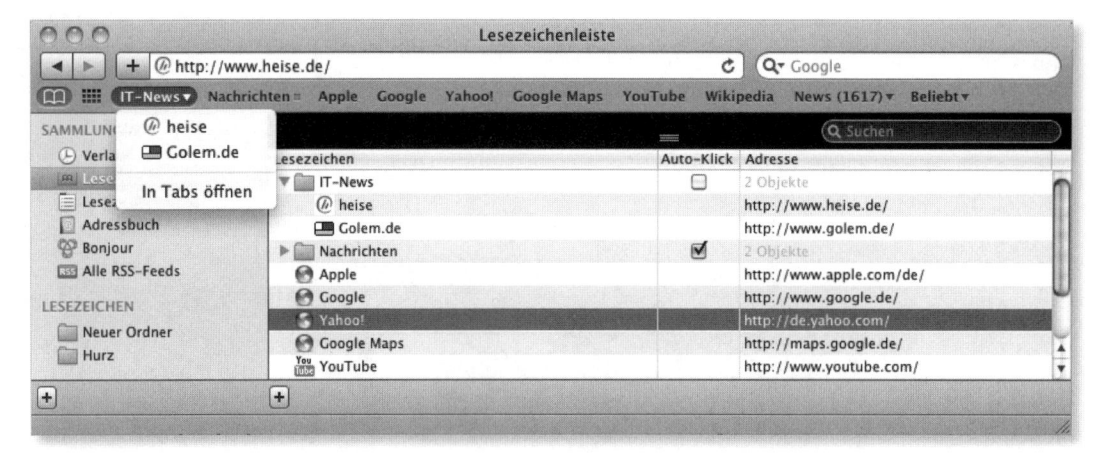

▲ **Abbildung 4.80**
Ordner in der Lesezeichenleiste können ausgeklappt werden.

Weitere Einstellungen | Safari ist in der Lage, auf die Datenbestände des Adressbuchs zurückzugreifen sowie die über Bonjour im lokalen Netzwerk kommunizierten Webseiten (siehe Abschnitt 19.5.3) als Lesezeichen darzustellen. Sie finden in den Einstellungen von Safari in der Ansicht Lesezeichen die entsprechenden Optionen.

Abbildung 4.81 ▶
Ob die im Adressbuch gespeicherten Homepages in Safari angezeigt werden, kann in den Einstellungen vorgegeben werden.

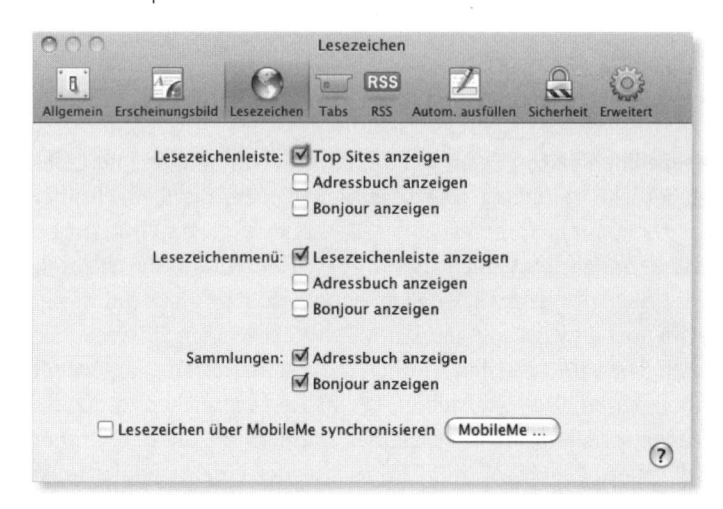

▲ **Abbildung 4.82**
Das Öffnen vermeintlich sicherer Dateien sollte unterbunden werden.

4.4.3 Einstellungen und Erweiterungen

Die meisten Einstellungen von Safari sind so weit selbst erklärend. Der Vollständigkeit halber sei an dieser Stelle noch einmal auf die etwas problematische Option SICHERE DATEIEN NACH DEM LADEN ÖFFNEN hingewiesen. Ist sie aktiv, dann werden zum Beispiel Disk Images (siehe Abschnitt 9.5) direkt nach dem Download im Finder aktiviert. Dies stellt eine potenzielle Sicherheitslücke dar, weil es nicht unmöglich ist, dass das heruntergeladene Disk Image in einer Form manipuliert wurde, die zum Beispiel Dateien löscht. Das ist zwar eine etwas theoretische Annahme, aber sie ist wahrscheinlich genug, sodass die Abwahl dieser Option recht sinnvoll ist.

Automatisch ausfüllen | Eine Option, deren Sinn sich nicht auf den ersten Blick erschließt, ist die Ansicht AUTOMAT. AUSFÜLLEN. Hierbei geht es um die Formulare, die Sie auf einer Webseite ausfüllen und abschicken. Die INFORMATIONEN MEINER ADRESSBUCH-VISITENKARTE ÜBERNEHMEN greift auf die Informationen zurück, die Sie im Programm ADRESSBUCH für Ihre eigene Visitenkarte gespeichert haben. Ob die Vervollständigung eines Formulars gelingt, hängt dabei auch davon ab, wie es entwickelt wurde. Safari versucht anhand der internen Bezeichnungen der Felder des Formulars die passenden Werte aus dem Adressbuch zu ermitteln. Die automatische Vervollständigung und damit auch das Speichern von BENUTZERNAMEN UND KENNWÖRTERN ist standardmäßig deaktiviert. Wenn Sie diese Option aktivieren, dann werden Formulare, die ein Feld für ein Passwort enthalten, zukünftig automatisch ausgefüllt. Der Eintrag ANDERE FORMULARE bezieht sich auf alle Formulare überhaupt. Safari führt im Hintergrund Buch, welche Werte Sie für Formulare einer Webseite eingegeben haben und offeriert Ihnen, wenn Sie mit der Eingabe beginnen, eine Liste der bisher genutzten Werte. Über die Schaltflächen BEARBEITEN erreichen Sie hier eine Liste der Webseiten, auf denen Sie ein Formular abgeschickt haben und können einen Eintrag gezielt oder gleich alle Einträge entfernen.

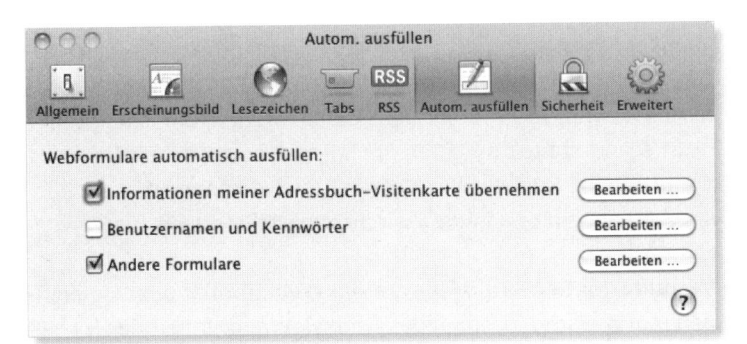

> **HINWEIS**
> Wenn Sie das automatische Ausfüllen für die Benutzernamen und Kennwörter aktivieren, dann werden diese Informationen im Schlüsselbund gespeichert.

◀ **Abbildung 4.83**
Es ist auch möglich, Passwörter automatisch auszufüllen.

Erweiterungen | Es gibt einige Programme, die die Funktionen und Fähigkeiten von Safari ergänzen. Das Funktionsprinzip dieser Erweiterungen beruht oft darauf, dass die Methoden und Funktionen von Safari zur Laufzeit modifiziert werden. Dies funktioniert in vielen Fällen erstaunlich gut, führt aber doch oft zu Abstürzen

[Silverlight]
Als Konkurrenz zu Flash versucht Microsoft in den letzten Jahren die eigene Technologie Silverlight zu etablieren. Auch wenn Silverlight noch nicht sehr verbreitet ist, kann es sein, dass Sie Webseiten aufrufen, die diese Erweiterung voraussetzen. Auf den Webseiten von Microsoft wird auch eine Erweiterung für Mac OS X 10.6 angeboten, die nach der Installation die Anzeige von Inhalten, die auf Silverlight basieren, ermöglicht.

▲ **Abbildung 4.84**
Das Menü ENTWICKLER muss eigens aktiviert werden.

▲ **Abbildung 4.85**
Der Snippet-Editor stellt das Ergebnis von HTML-Code während der Eingabe dar.

von Safari. Auch sind diese Erweiterungen nach einem Update von Safari nicht mehr funktionsfähig und müssen selbst aktualisiert werden, sofern ein Update für sie vorliegt. Wenn Sie Werbebanner weitgehend blocken möchten, dann können Sie auch das Programm GlimmerBlocker (*http://glimmerblocker.org*) installieren. Dieses arbeitet im Hintergrund als Proxy-Server (siehe Abschnitt 17.3).

4.4.4 Das Entwickler-Menü

Das Menü ENTWICKLER bietet einige Funktionen, die dann interessant werden, wenn Sie selbst Webseiten programmieren. Aber auch im normalen Arbeitsalltag bietet es die eine oder andere hilfreiche Funktion. Aktivieren können Sie das Menü ENTWICKLER in der Ansicht ERWEITERT in den Einstellungen. Dort finden Sie die Option MENÜ ›ENTWICKLER‹ IN DER MENÜLEISTE ANZEIGEN.

Benutzer-Agent | In dem Menü finden Sie einen Eintrag BENUTZER-AGENT, in dem Ihnen eine Reihe von verschiedenen Browsern wie Firefox, Internet Explorer und Opera zur Auswahl gestellt werden. Wenn Sie auf eine Webseite stoßen, die prüft, mit welchem Browser Sie im Web surfen, und Sie anschließend aussperrt, weil Sie nicht den Internet Explorer benutzen, dann können Sie hier einen anderen Browser auswählen. Laden Sie die Seite neu, dann gaukelt Safari dem Webserver vor, dass die Seiten eigentlich mit dem Internet Explorer abgerufen wird.

Snippet-Editor | Mit dem Eintrag SNIPPET-EDITOR EINBLENDEN öffnen Sie ein kleines Fenster. Dieses teilt sich in zwei Bereiche. Sie können oben HTML-Quellcode eingeben, dessen Ergebnis Ihnen unten präsentiert wird. Dies ist ganz praktisch, wenn Sie zum Beispiel über ein Formular in einem Forum einen formatierten Beitrag abschicken, aber dafür Ihren eigentlichen Editor nicht eigens starten möchten. Im Snippet-Editor sehen Sie direkt das ungefähre Ergebnis Ihres Codes, und Sie können ihn anschließend markieren und in die Zwischenablage kopieren.

Webinformationen | Wenn Sie die Webinformationen einblenden, dann erscheint ein neues Fenster, indem Ihnen der HTML-Code der aufgerufenen Webseite hierarchisch dargestellt wird. Wählen Sie eine Zeile im Code aus, dann wird Sie im Browserfenster hervorgehoben. Sie können Textpassagen mit einem Doppelklick ändern und so den dargestellten Text der aufgerufenen Webseite ändern. In der rechten Spalte finden Sie die CSS-Eigenschaften, die für das Element in der ausgewählten Zeile gelten.

Darüber hinaus können Sie in der Ansicht SKRIPTS auch die Ausführung von JavaScript überprüfen und nach Fehlern suchen. Die Ansicht RESSOURCEN hilft Ihnen, die Ladezeit der Webseite zu ermitteln. Und das sind noch nicht mal alle Funktionen, die dieses Fenster bietet. Relevant sind sie in erster Linie für Menschen, die selbst Webseiten entwickeln und so Fehler aufspüren oder die Ladezeit der Webseite optimieren möchten.

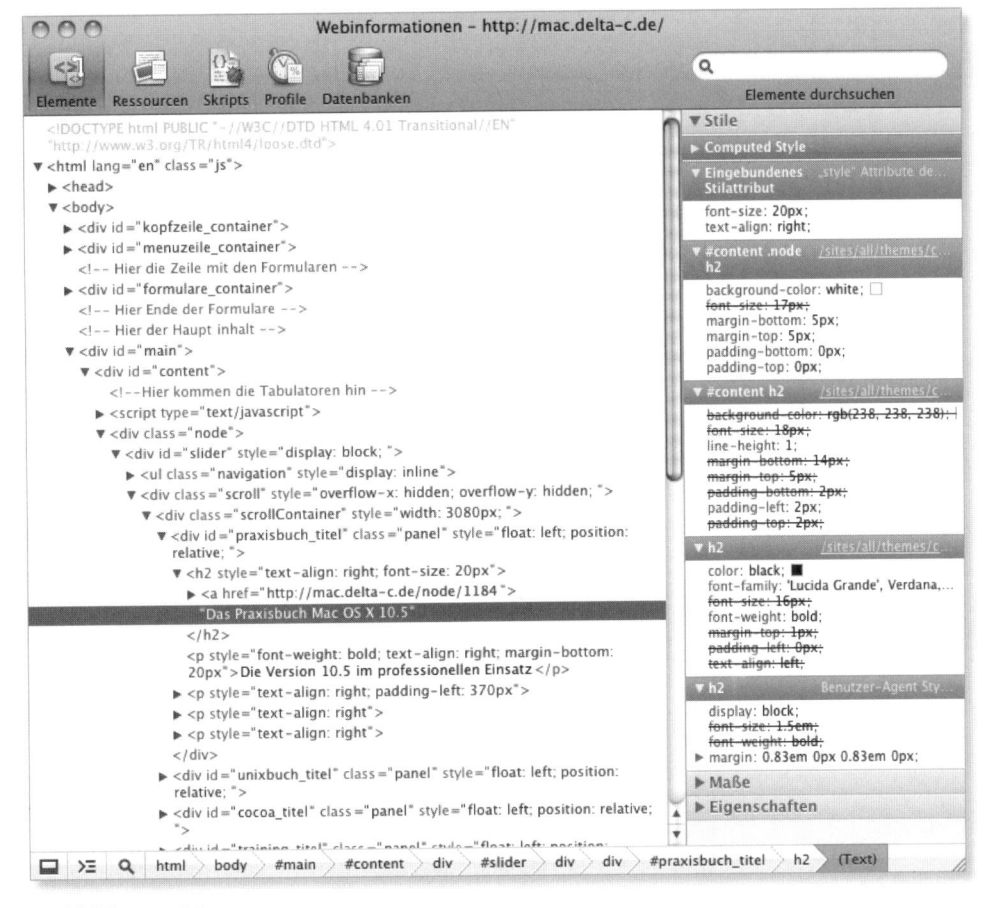

▲ **Abbildung 4.86**
Das Fenster WEBINFORMATIONEN bietet eine Fülle von Entwicklungswerkzeugen.

4.5 iChat

iChat kann etwas mehr, als das Programm auf den ersten Blick preisgeben mag. Während die Einrichtung eines AIM-Kontos schnell geschehen ist und Kontakte sich über das ausreichend große Pluszeichen unterhalb der Liste der Kontakte fast von selbst hinzufügen lassen, kann die geschickte Konfiguration des Programms und insbesondere der Kontakte die Kommunikation noch leichter machen.

4.5.1 Konten und nützliche Einstellungen

iChat unterstützt genau genommen zwei Protokolle. Wenn Sie ein Konto einrichten, dann stehen Ihnen als Servertyp fünf Optionen zur Verfügung. Dabei werden die Einträge Jabber und Google Talk von AIM, MobileMe und Mac.com getrennt. Während die letzten drei alle auf dem Dienst AOL Instant Messenger aufsetzen, nutzt sowohl Google Talk als auch Jabber das XMPP-Protokoll. Um ein AIM-Konto zu nutzen, müssen Sie sich zuerst auf der Webseite *http://www.aim.com* einen sogenannten Screenname registrieren.

Jabber | Während Sie bei der Anmeldung bei Google Talk lediglich Ihre Googlemail-Adresse eingeben müssen, kann die Konfiguration eines Jabber-Kontos etwas aufwendiger sein. Dabei müssen Sie beachten, dass iChat die Registrierung eines neuen Kontos nicht unterstützt. Hier müssen Sie entweder auf ein anderes Programm kurzzeitig zurückgreifen oder die Registrierung über die Webseite des Anbieters vornehmen, sofern dies möglich ist.

Das XMPP-Protokoll ermöglicht es, über die Grenzen der jeweiligen Server hinweg zu kommunizieren. Sie können also mit einem Google Talk-Konto Kontakt zu anderen Anwendern aufnehmen, die einen anderen Jabber-Server nutzen. Allerdings ist es nicht möglich, dass Sie von einem MobileMe- oder AIM-Konto Kontakt zu einem Jabber-Anwender herstellen, weil hierfür keine Schnittstelle existiert.

Accounts konfigurieren | In den Einstellungen des Programms finden Sie, ähnlich wie bei Mail, eine Ansicht Accounts. Hier können Sie auch nachträglich weitere Konten hinzufügen. Auf jeden Fall vorhanden ist ein Konto Bonjour, das Sie zunächst in den Account-Informationen aktivieren müssen. Damit wird der Chat im lokalen Netzwerk auch ohne einen zentralen Server möglich.

Sicherheit | Wenn Sie nicht von jedem, der Ihr Pseudonym kennt, angesprochen werden möchten, dann können Sie im Reiter Sicherheit die Privatsphären-Stufe für das ausgewählte Konto konfigurieren. Über die beiden Schaltflächen Liste bearbeiten ist es möglich, die zugelassenen oder blockierten Personen einzugeben.

[XMPP]
Das Protokoll XMPP hat in der Open-Source-Szene aufgrund des freien Jabber-Servers sehr schnell viele Anhänger gefunden. Auch Apple nutzt XMPP und bietet in Mac OS X Server mit dem iChat-Dienst einen eigenen Chat-Server, der sich für geschlossene Firmennetzwerke eignet.

[ICQ]
Es ist problemlos möglich, über ein Konto vom Typ AIM, MobileMe oder Mac.com Kontakt mit einem Nutzer von ICQ aufzunehmen. Fügen Sie einfach dessen ICQ-Nummer zu Ihren Kontakten hinzu, und der Chat ist möglich. Allerdings sehen Sie bei ICQ nicht, ob die Person online erreichbar ist. Sie wird immer als offline angezeigt.

TIPP
Sie können das Kontextmenü über einem Kontakt aufrufen und dann den Eintrag Blockieren auswählen. Der Kontakt wird dann der Liste der blockierten Personen hinzugefügt, aus der Sie ihn nachträglich löschen können.

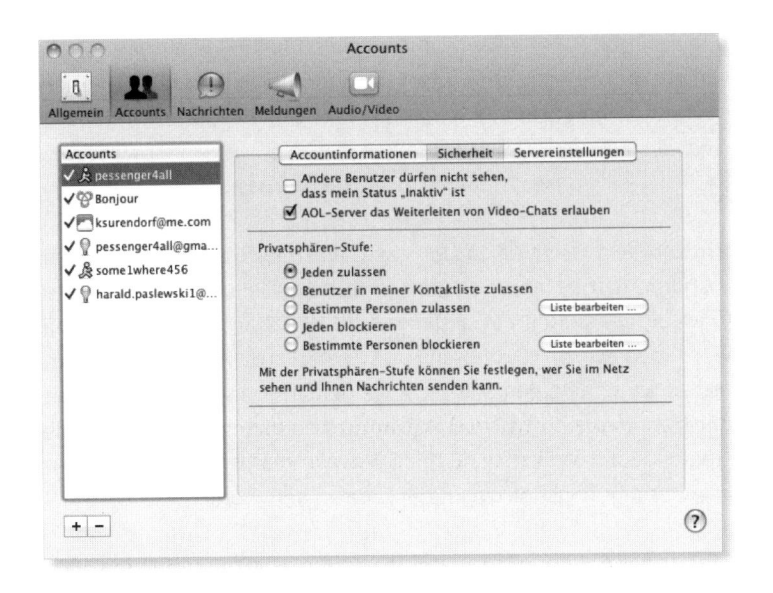

◄ **Abbildung 4.87**
In der Ansicht SICHERHEIT kann die Privatsphäre konfiguriert werden.

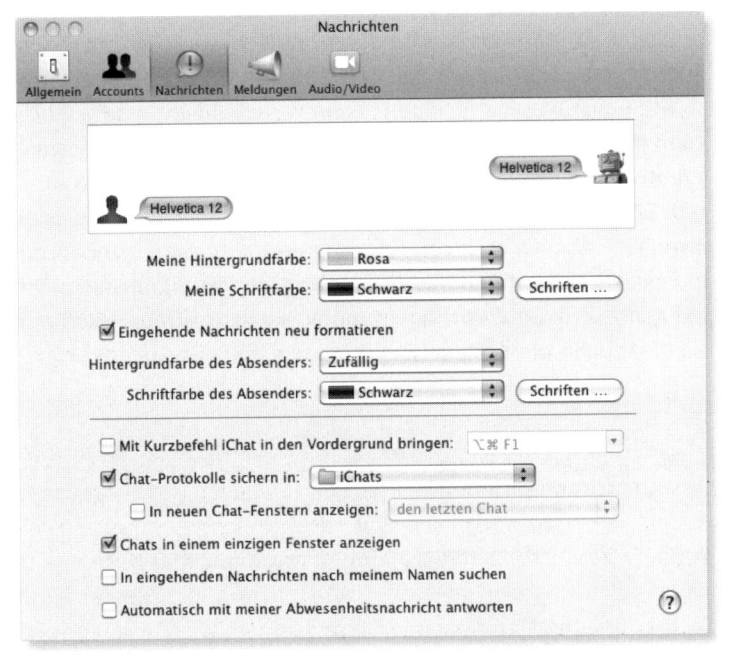

◄ **Abbildung 4.88**
Die Neuformatierung eingehender Nachrichten kann erzwungen werden.

In der Ansicht NACHRICHTEN können Sie einige Einstellungen vornehmen, die die Darstellung der Chats betreffen. Zuerst können Sie hier die Farben und die zu verwendende Schrift festlegen. Da einige Gesprächspartner bisweilen mit einer kreativ gemeinten, aber eigentlich unleserlichen Farbgebung aufwarten, können Sie über die Option EINGEHENDE NACHRICHTEN NEU FORMATIEREN diese in eine lesbar Form überführen. Mit der Option CHATS IN EINEM EINZIGEN FENSTER ANZEIGEN können Sie für etwas Ord-

▲ **Abbildung 4.89**
Chats können in einem Fenster zusammengefasst werden.

▲ **Abbildung 4.90**
Der iChat-Status kann auch über die Menüleiste konfiguriert werden.

Abbildung 4.91 ▶
Mit den Meldungen können Sie sich auf verschiedene Weisen benachrichtigen lassen.

nung sorgen. Wenn Sie mit mehr als einer Person gleichzeitig Nachrichten austauschen, dann werden diese Konversationen in einem Fenster zusammengefasst. In der linken Spalte werden die Gespräche aufgelistet. Mit den Kurzbefehlen ⌘ + ⌥ + Ö und ⌘ + ⌥ + Ä wechseln Sie zwischen den einzelnen Chats.

Protokolle | iChat ist in der Lage, Ihre Gespräche in Chat-Protokollen aufzuzeichnen. Hierfür müssen Sie die Option CHAT-PROTOKOLLE SICHERN IN aktivieren. In den Standardeinstellungen werden diese im Ordner ICHATS unter DOKUMENTE gesichert. Dabei wird für jeden Tag ein eigener Unterordner erstellt, und der Dateiname enthält das Datum des Gesprächs. Die Protokolle stehen auch bei der Suche mit Spotlight zur Verfügung und können über Quick Look im Finder eingesehen werden.

Status in Menüleiste | In der Ansicht ALLGEMEIN finden Sie ferner noch die Option STATUS IN MENÜLEISTE ANZEIGEN. Dadurch erscheint in der Menüleiste oben rechts ein Icon mit einer Sprechblase, und Sie können hier ein Protokoll auswählen und sich die darüber verfügbaren Kontakte anzeigen lassen. Auch kann die Änderung Ihres Status direkt über dieses Menü erfolgen. Wenn Sie ferner die Option BEIM BEENDEN VON ICHAT STATUS AUF „OFFLINE" STELLEN abwählen, dann bleiben Sie über diesen Menüeintrag online. Wenn Sie beispielsweise auf jemanden für einen Chat warten und das Programm iCal währenddessen nicht die ganze Zeit aktiv sein lassen möchten, dann können Sie über den Eintrag in der Menüleiste online bleiben.

Meldungen | iCal meldet Ihnen Ereignisse, wenn ein Kontakt online geht oder eine Nachricht eingeht mit einigen Geräuschen und Animationen. Diese MELDUNGEN können Sie in den Einstellungen konfigurieren, wobei Sie zuerst ein Ereignis auswählen und dann die entsprechende Aktion. Auf diese Weise ist es auch möglich, iChat weitgehend stumm werden zu lassen, indem Sie alle Töne und Animationen deaktivieren. Das Vorlesen der Ankündigung greift auf die englische Sprachausgabe von Mac OS X zurück, die zwar eigenwillig klingt, aber die Namen der meisten Kontakte verständlich ausspricht. Schließlich können Sie auch ein AppleScript ausführen, wobei Sie hier in dem Skript einen besonderen Handler (siehe Abschnitt 24.9.8) verwenden müssen.

> **TIPP**
>
> Sie können in den Informationen eines Kontakts auch für diesen eine individuelle Meldung konfigurieren. Wenn Sie ein AppleScript nur für einen ausgewählten Kontakt zuweisen möchten, dann konfigurieren Sie dies über dessen Informationen.

4.5.2 Nachrichten austauschen

In Bezug auf die Chats selbst gibt es bei iChat eigentlich keine richtigen Tricks oder Funktionen, die nicht selbsterklärend sind. Sie können anstelle der Emoticons das Kürzel /me nutzen, um einen Satz in der dritten Person einzuleiten. Der darauffolgende Text wird zentriert, und ihm wird Ihr Name oder ein Pseudonym vorangestellt. Für launige Nachrichten über ihre nonverbale Kommunikation ist dies ein praktisches Hilfsmittel.

Bilder, die Sie zuvor in die Zwischenablage kopiert haben, können Sie direkt in das Eingabefeld kopieren. Der Vorteil besteht darin, dass die Bilder nicht als separate Dateien übertragen werden, sondern direkt im Text dargestellt werden.

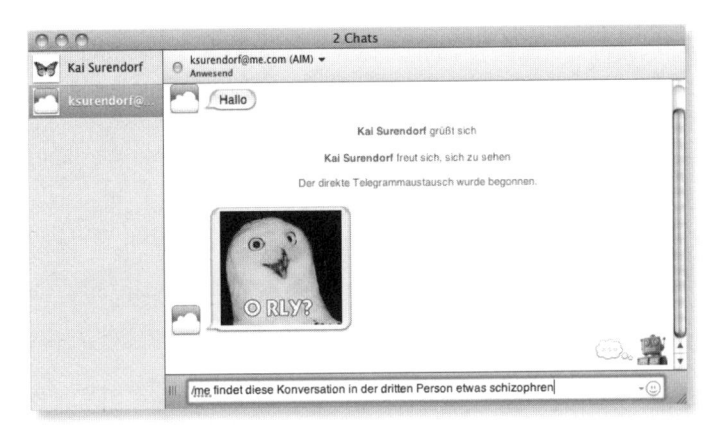

> **TIPP**
>
> Sie können beim Verfassen einer Mitteilung einen Zeilenumbruch mit der Tastenkombination ⌥ + ↵ einfügen.

◀ **Abbildung 4.92**
Über das Kürzel /me kann ein Satz in der dritten Person formuliert werden.

4.6 Daten synchronisieren

Mac OS X 10.6 stellt Ihnen zwei Mechanismen zur Verfügung, wie Sie Ihre Daten mit einem anderen Gerät abgleichen können. Das Programm iSync kann eine Vielzahl von Mobiltelefonen, die über USB oder Bluetooth mit Ihrem Rechner verbunden sind, mit Ihren persönlichen Daten versorgen. Ferner bietet Apple mit MobileMe einen kostenpflichtigen Service, der nicht nur ein E-Mail-Postfach, sondern die Synchronisation von Daten ermöglicht.

4.6.1 iSync

Wenn Sie iSync starten, dann müssen Sie zuerst über den Menüpunkt GERÄTE • GERÄTE HINZUFÜGEN die Verbindung zu dem Telefon aufnehmen. Sofern Sie Ihr Gerät nicht über USB angeschlossen haben, wird der in Abschnitt 18.7 beschriebene Bluetooth-Assistent gestartet, um Ihren Rechner mit dem anderen Gerät zu verbinden. Wenn Sie die Verbindung hergestellt haben, dann erscheint das Modell im Fenster. Wenn Sie möchten, dann können Sie über die Schaltfläche GERÄTE-SYNC direkt die Datenbestände abgleichen.

Erweiterungen
Wenn Ihr Gerät von iSync nicht unterstützt wird, dann ist es möglich, dass Sie die Unterstützung mit einem Plug-in nachrüsten können. Einige Hersteller von Mobilfunktelefonen bieten auf Ihren Webseiten diese Module zum Download an, während auch einige Softwarehersteller solche Module anbieten.

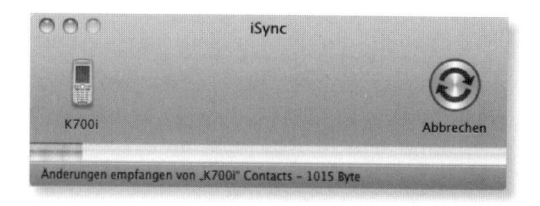

Abbildung 4.93 ▶
Der Fortschritt des Abgleichs wird angezeigt.

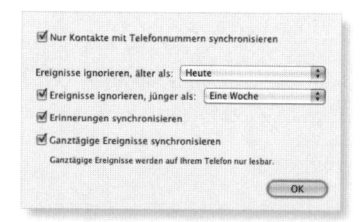

Wenn Sie das Gerät anklicken, dann erweitert sich das Fenster, und Sie können hier festlegen, ob Sie alle Kontakte und Kalender abgleichen oder ob Sie die Synchronisation nur für ausgewählte Kalender und Kontaktgruppen vornehmen möchten. Noch detaillierter einstellen lässt sich dieser Vorgang, indem Sie über die Schaltfläche WEITERE OPTIONEN den in Abbildung 4.94 dargestellten Dialog aufrufen. So können Sie beispielsweise veraltete Ereignisse von der Synchronisation ausschließen.

▲ Abbildung 4.94
In den Standardeinstellungen werden nur Kontakte mit Telefonnummern synchronisiert.

Datenänderungswarnung
In den Einstellungen von iSync können Sie über die Option DATENÄNDERUNGSWARNUNG vorgeben, dass Sie benachrichtigt werden, wenn ein gewisser Prozentsatz der bereits abgeglichenen Daten auf Ihrem System geändert wurde und eine erneute Synchronisation an der Zeit wäre.

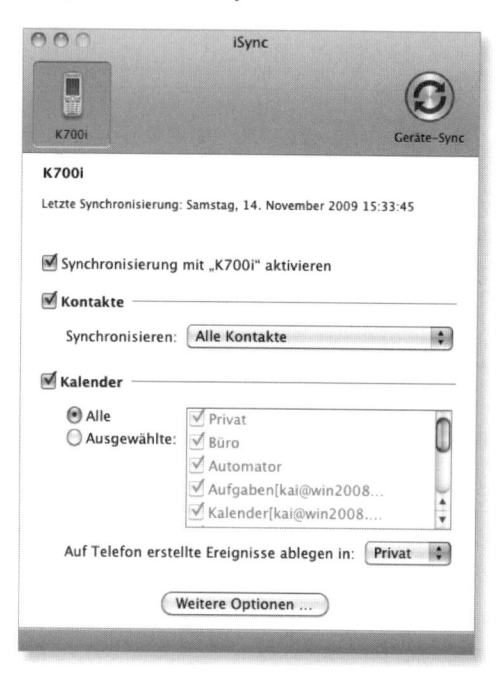

Abbildung 4.95 ▶
Es können auch nur ausgewählte KONTAKTE und KALENDER synchronisiert werden.

iSync führt über den Datenabgleich Protokoll. Dieses können Sie über den Menüpunkt FENSTER • ISYNC-PROTOKOLL aufrufen. Es enthält Informationen über den Zeitpunkt und den Umfang der Synchronisation, nicht jedoch über die abgeglichenen Daten selbst.

▲ Abbildung 4.96
Das iSync-Protokoll informiert über die abgeglichenen Daten.

4.6.2 MobileMe

Nutzen Sie den Online-Dienst MobileMe dann können Sie diesen für den Datenabgleich zwischen mehreren Computern nutzen. In den Systemeinstellungen finden Sie in der Ansicht MobileMe, sofern Sie Ihre Daten dort eingetragen haben, den Reiter SYNC. Hier können Sie zunächst die Option Synchronisieren mit MobileMe aktivieren und ferner den Zeitraum festlegen, innerhalb dessen der Abgleich erfolgen soll. Es ist auch möglich, dass Sie über MANUELL den Abgleich von Hand starten.

Dann können Sie auswählen, welche Daten mit dem Bestand des MobileMe-Kontos abgeglichen werden. Ob die Synchronisation der Schlüsselbunde empfehlenswert ist, hängt von Ihrer Datenbasis ab. Wenn Sie intensiv mit Zertifikaten arbeiten und diese für jeden Rechner unterschiedlich sein müssen, dann kann der Abgleich der Schlüsselbunde eventuell zu Konflikten führen.

Wenn Sie die Synchronisation zum ersten Mal vornehmen, dann erhalten Sie eine Rückfrage, wie der Abgleich vorgenommen werden soll. Mit der Option INFORMATIONEN ZUSAMMENFÜHREN wird bei Datensätzen, die bereits vorhanden sind, die aktuellste Variante verwendet. Sie können auch den gesamten Datenbestand von MobilMe herunterladen oder den Ihres Rechners auf MobileMe schreiben.

Mehrere Rechner
Arbeiten Sie mit mehreren Rechnern, dann können Sie über die Schaltfläche WEITERE OPTIONEN eine Liste aufrufen und für einzelne Systeme die SYNCHRONISIERUNG DES COMPUTERS STOPPEN. Wie auch bei iSync können Sie sich eine Warnung anzeigen lassen, wenn ein bestimmter Prozentsatz der abgeglichenen Daten zwischenzeitlich geändert wurde.

▲ Abbildung 4.98
Der Abgleich kann auch über die Menüleiste veranlasst werden.

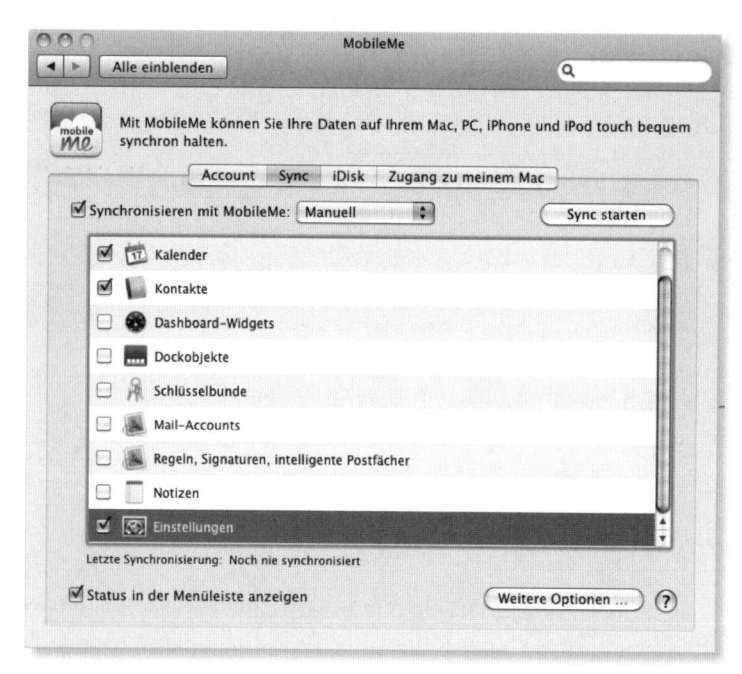

▲ **Abbildung 4.97**
Die zu synchronisierenden Daten werden in den Systemeinstellungen ausgewählt

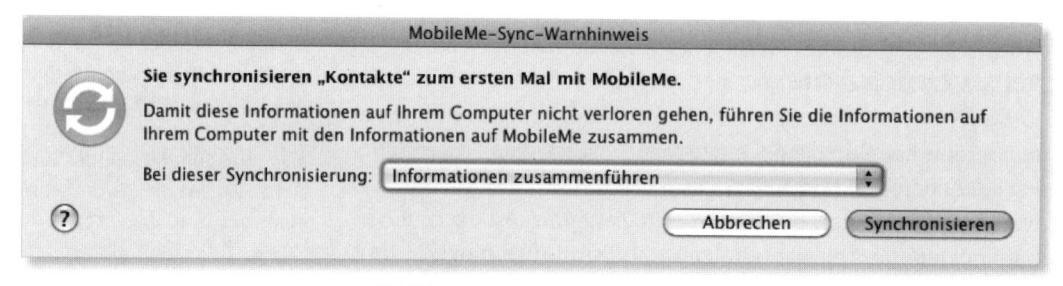

▲ **Abbildung 4.99**
Bei der ersten Synchronisation kann die Methode ausgewählt werden.

5 Audio und Video

Mac OS X bietet für Unterhaltung und die Nutzung von Medien vielfältige Möglichkeiten. Die zentrale Komponente ist dabei QuickTime, das unter Mac OS X 10.6 in einer völlig neuen Version QuickTime X vorliegt. Neben QuickTime X hat sich auch iTunes der zehnten Versionsnummer angenähert. Dieses Kapitel vermittelt Ihnen einige Tipps und Tricks für die Nutzung dieser Programme.

In letzter Zeit hat sich iTunes in Verbindung mit dem iPod, dem iPhone und dem iTunes Store zu einer Art Mikrokosmos entwickelt, der den Anwender doch nennenswerte finanzielle Ressourcen abverlangt. Daher widmet sich dieser Abschnitt ausschließlich der einfachen Nutzung von iTunes 9.

5.1 QuickTime X

QuickTime hat eine lange Geschichte. Vorgestellt wurde es erstmals 1991 für das damalige System 6 und über die Jahre immer weiter entwickelt. Dabei kamen immer neue Funktionen hinzu und mit der Zeit entwickelte sich QuickTime zu einem enorm komplizierten Bestandteil des Betriebssystems. Einer der Gründe für die Komplexität bestand darin, dass aktuelle QuickTime-Versionen kompatibel zu den meisten vorhergehenden waren. Mit Mac OS X 10.6 hat Apple mit QuickTime X eine komplett neue Architektur entwickelt. Zunächst bietet QuickTime X weniger Funktionen als das alte QuickTime 7.6, das bei Bedarf aber immer noch installiert werden kann.

5.1.1 Der QuickTime Player

Im Ordner PROGRAMME finden Sie den QUICKTIME PLAYER. Er dient zur Wiedergabe von Filmen und Tondateien. QuickTime bringt bereits Unterstützung für viele gängige Formate mit, und wenn Sie Flip4Mac sowie Perian installieren, dann wird es kaum noch Formate geben, die Sie im QuickTime Player nicht abspielen können.

Vollständige Liste
Die Liste der unterstützten Formate und Codes finden Sie unter *http://support.apple.com/kb/HT3775*.

▲ **Abbildung 5.1**
Mit dem linken Icon werden die Proportionen nicht mehr berücksichtigt.

Bedienung | Die Bedienelemente des Players erscheinen, wenn Sie den Mauspfeil über dem Fenster platzieren. Mit der Maus können Sie die Steuerungsleiste an eine andere Position ziehen. Neben den sicher bekannten Elementen zum Start/Stop sowie Vor- und Zurückspulen finden Sie ganz rechts ein Icon mit zwei Pfeilen. Mit diesem Icon wechseln Sie in den Vollbildmodus (cmd + F). Dabei berücksichtigt der QuickTime Player zunächst die Proportionen, und der Film belegt nicht den ganzen Bildschirm. Mit dem kleinen Icon links neben den zwei Pfeilen wird der gesamte Bildschirm für die Darstellung genutzt.

Abbildung 5.2 ▶
Die Steuerungsleiste kann verschoben werden.

▲ **Abbildung 5.3**
Die Funktion zum Trimmen kann auch über die Steuerungsleiste aufgerufen werden.

Film kürzen | Mit dem QuickTime Player können Sie in begrenztem Maß Filme schneiden. Über den Menüpunkt BEARBEITEN • TRIMMEN (cmd + T) stellt der Player in der Steuerungsleiste eine Übersicht des gesamten Films zusammen. Je breiter das Fenster ist, desto mehr Vorschaubilder werden angezeigt. Sie können dann den gelben Bereich verkleinern und so den anzuzeigenden Zeitraum eingrenzen. Drücken Sie die Taste alt, dann wird Ihnen anstelle der Vorschaubilder die Lautstärke der Tonausgabe angezeigt. Auf diese Weise können Sie den Film auch gemäß der Geräuschkulisse schneiden. Über BEARBEITEN • ALLES AUSWÄHLEN OHNE STILLE ist es möglich, dass sich der QuickTime Player für die Auswahl an der Lautstärke zu Beginn und am Ende orientiert. Bei dem in Abbildung 5.5 dargestellten Film würden die ersten und letzten Sekunden nicht ausgewählt. Mit der Schaltfläche TRIMMEN wird der Film dann geschnitten.

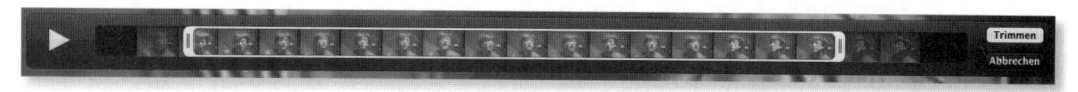

▲ **Abbildung 5.4**
Ein Film kann auf einen Ausschnitt begrenzt werden.

▲ **Abbildung 5.5**
Anstelle der Vorschau kann auch die Lautstärke der Tonausgabe angezeigt werden.

URL öffnen | Finden Sie im Internet einen Film, den Sie sich gerne anschauen möchten, dann müssen Sie nicht zwingend das QuickTime Plug-in für Safari bemühen. Rufen Sie über dem Link in Safari das Kontextmenü auf, dann finden Sie dort den Eintrag MIT QUICKTIME PLAYER ÖFFNEN. Sollten Sie den URL zu einer Filmdatei per E-Mail erhalten haben, dann können Sie diesen in die Zwischenablage kopieren und im QuickTime Player den Menüpunkt ABLAGE • URL ÖFFNEN (⌘ + U) aufrufen. In dem Dialog können Sie dann den URL eingeben. Über den Pfeil rechts lässt sich der Verlauf der aufgerufenen Dateien einsehen.

▲ **Abbildung 5.6**
Mit dem Icon ganz links kann der Film im Browser um 30 Sekunden zurückgespult werden.

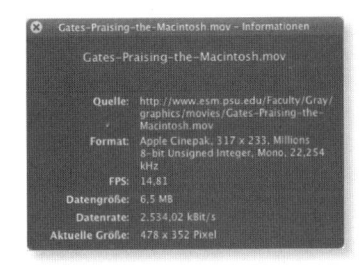

▲ **Abbildung 5.7**
Ein im Internet verfügbarer Film kann auch direkt im QuickTime Player abgespielt werden.

Sichern unter | Haben Sie einen Film geschnitten oder möchten Sie ihn in einer für das iPhone optimierten Fassung exportieren, dann können Sie über den Menüpunkt ABLAGE • SICHERN UNTER den Film exportieren. Hier stehen Ihnen nur drei Dateiformate zur Verfügung. Wählen Sie als Format FILM, dann wird der Film im selben Format gesichert. Die Option IPHONE sichert den Film unter Verwendung des H.264 Codecs als M4V-Datei. Das FORMAT IPHONE (FUNKNETZ) erzeugt eine 3GP-Datei, bei der die Auflösung des Films halb so groß ist wie beim Format IPHONE. Die erstellte Datei wird dadurch um ein Vielfaches kleiner. Welche Codecs, Auflösung, Dateigröße und Datenrate in einer Filmdatei verwendet werden, können Sie über das FENSTER INFORMATIONEN (FENSTER • INFORMATIONEN EINBLENDEN oder ⌘ + I) einsehen.

▲ **Abbildung 5.8**
Das Format und weitere Informationen können über das Fenster INFORMATIONEN eingesehen werden.

Bereitstellen | Fest in den QuickTime Player integriert ist die Bereitstellung eines Films auf MobileMe oder YouTube. Wenn Sie Ihr MobileMe-Konto in den Systemeinstellungen konfiguriert

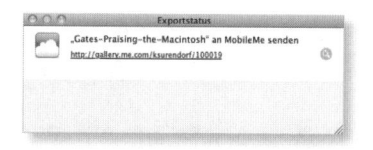

▲ **Abbildung 5.9**
Das Fenster EXPORTSTATUS zeigt nach dem Upload den Link zum Film an.

haben, dann können Sie neben einem Titel und einer Beschreibung auch noch festlegen, ob der Film in Ihrer Galerie ausgeblendet und der Download erlaubt werden soll. Bei YouTube können Sie sich mit Ihrem dortigen Benutzerkonto anmelden.

In dem auch über FENSTER • EXPORTSTATUS EINBLENDEN aufzurufenden Fenster finden Sie nach einem erfolgreichen Upload auch den URL, über den Ihr Film im Internet abrufbar ist.

Die Bereitstellung in iTunes fügt den Film Ihrer iTunes-Mediathek hinzu, wobei Ihnen abhängig von der Auflösung der Ursprungsdatei bis zu drei Optionen zur Auswahl stehen. Die Auflösung orientiert sich dabei an dem Gerät, auf dem der Film abgespielt werden soll. Ist die Auflösung des Ausgangsmaterials zu gering, dann stehen die Optionen APPLE TV und COMPUTER nicht zur Verfügung.

▲ **Abbildung 5.11**
Der Film kann in drei Formaten für das Web gesichert werden.

▲ **Abbildung 5.10**
Wird der Film für iTunes bereitgestellt, dann stehen bis zu drei Auflösungen zur Verfügung.

Für Web sichern | Und schließlich steht Ihnen die Möglichkeit FÜR WEB SICHERN im Menü ABLAGE zur Verfügung. Hier stehen Ihnen die drei schon erwähnten EXPORTVERSIONEN zur Verfügung. Bei diesem Verfahren wird Ihr Film jedoch nicht in einer Datei, sondern in einem Ordner gesichert. Dessen Namen geben Sie im Feld SICHERN UNTER vor. Der Player schlägt Ihnen den Ordner FILME in Ihrem persönlichen Ordner vor.

In dem Ordner finden Sie anschließend, abhängig von Ihrer Auswahl, mehrere Dateien. Die HTML-Datei können Sie in Safari öffnen. Sie enthält Anweisungen, wie Sie die so konvertierten Filmdateien in Ihre persönliche Webseite einbinden können.

Dabei bietet Ihnen Apple zwei Formen der Steuerung an. Mit der QUICKTIME-STEUERUNG wird der Film im Browser über das Plug-in von QuickTime abgespielt. Alternativ können Sie sich auch für die JAVASCRIPT-STEUERUNG entscheiden. Dabei werden

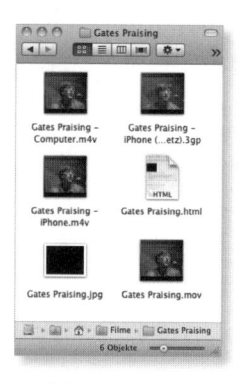

▲ **Abbildung 5.12**
Der Ordner enthält die Filme sowie die Anleitung.

die benötigten AJAX-Bibliotheken von Apple auf deren Webservern zur Verfügung gestellt. Unten finden Sie zwei Textfelder, die den notwendigen HTML-Code beinhalten. Während Sie den oberen direkt im `<head>`-Bereich Ihrer Webseite kopieren können, müssen Sie bei der Anweisung für den `<body>`-Bereich den URL beim `<a>`- und `<img>`-Tag noch anpassen. Anschließend können Sie den unteren Quelltext an die Position Ihrer Webseite kopieren, auf der der Film angezeigt werden soll.

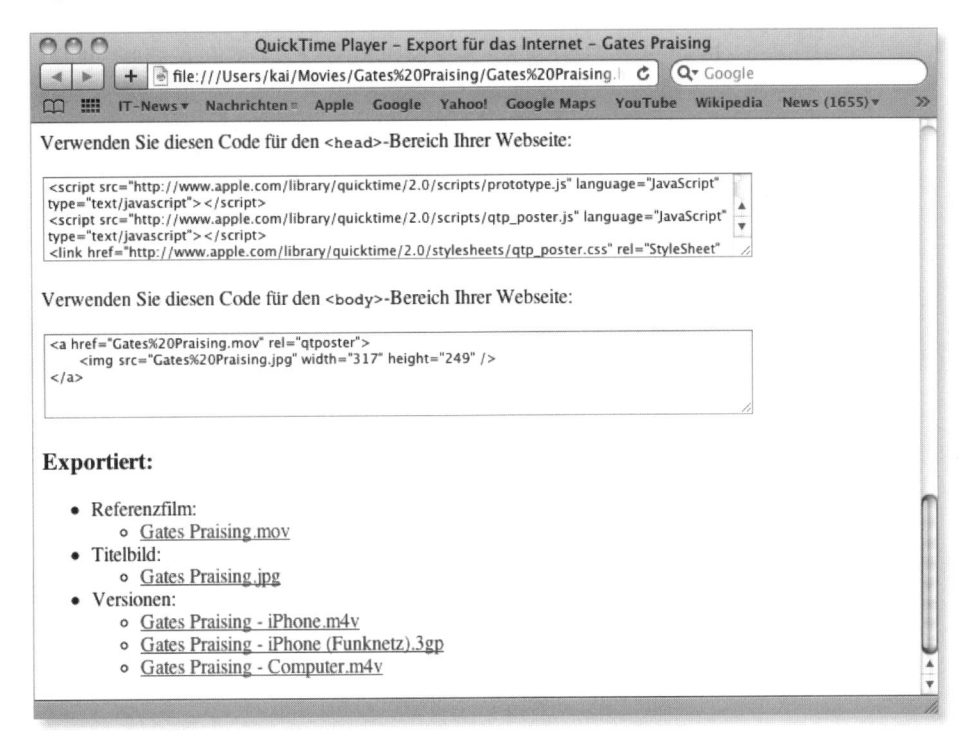

▲ Abbildung 5.13
Der HTML-Quellcode kann mit leichten Änderungen direkt genutzt werden.

5.1.2 QuickTime erweitern

QuickTime X unterstützt bereits eine Vielzahl von Formaten, aber in diesem Bereich haben sich aufgrund der rasanten technischen Entwicklung noch jede Menge anderer Standards etabliert. Insbesondere unter Windows gelten für die Darstellung multimedialer Inhalte ganz andere Gepflogenheiten als unter Mac OS X.

Flip4Mac WMV | Das Dateiformat Windows Media Video (WMV) stammt von Microsoft und ist unter allen zurzeit gebräuchlichen Windows-Varianten der Standard. Mit Flip4Mac WMV steht eine Erweiterung für QuickTime zur Verfügung, mit der Sie WMV-Dateien im QuickTime Player wiedergeben kön-

Flip4Mac WMV
http://www.telestream.net/flip4mac-wmv/overview.htm

> **HINWEIS**
>
> Bei der Installation von Flip4Mac WMV wird in den Standardeinstellungen auch das Silverlight Plug-in (siehe Abschnitt 4.4.3) installiert. Dies können Sie durch ANPASSEN der Installation auch problemlos abwählen.

nen. Auf der Webseite von Telestream sind neben der kostenlosen Version auch kostenpflichtige Versionen erhältlich, die den Export von WMV-Dateien im QuickTime Player ermöglichen. Wundern Sie sich nicht, wenn Sie beim Download der kostenlosen Variante auf die Webseite von Microsoft geleitet werden. Microsoft hatte die Entwicklung des Windows Media Players für Mac OS X vor einiger Zeit eingestellt und diese Arbeit an Telestream übergeben.

Nach der Installation finden Sie in den Systemeinstellungen eine neue Ansicht FLIP4MAC WMV. Hier können Sie einige Einstellungen bezüglich der Wiedergabe festlegen und finden ferner einen Reiter UPDATE. Flip4Mac WMV prüft im Hintergrund zunächst wöchentlich, ob Aktualisierungen vorliegen und weist Sie auf Updates hin.

Perian
http://www.perian.org

Perian | Eine Ergänzung zu Flip4Mac WMV ist Perian. Perian wird vom seinem ehrenamtlichen Entwickler als das Schweizer Taschenmesser für QuickTime angepriesen, und in der Tat trifft diese Charakterisierung zu. Mit Perian wird unter anderem die Wiedergabe von AVI-Dateien möglich. Ferner wurden in Perian fast alle irgendwie frei verfügbaren Codecs integriert. Von der Webseite des Projekts können Sie eine Erweiterung für die Systemeinstellungen herunterladen. Wenn Sie diese mit einem Doppelklick im Finder installieren, dann werden beim Aufruf in den Systemeinstellungen auch die Codecs installiert. Über die Ansicht PERIAN in den Systemeinstellungen können Sie auch ein automatisches Update vornehmen und Perian deinstallieren.

Wenn Sie mit der Pro-Version von QuickTime 7.6 Filme exportieren und konvertieren, dann kann es vereinzelt vorkommen, dass die Ergebnisse nicht Ihren Erwartungen entsprechen. Wahrscheinlich wurde bei einem solchen Export ein Encoder von Perian genutzt und nicht der von QuickTime 7.6. In einem solchen Fall können Sie Perian kurzzeitig über die Systemeinstellungen deinstallieren.

VLC Player

Keine Erweiterung sondern eher eine Alternative ist der VLC Player (*http://www.videolan.org/vlc/*). Dieses Programm unterstützt ebenfalls eine ganze Reihe von Video- und Audiodateien.

5.1.3 QuickTime 7.6 installieren

QuickTime X unterstützt nicht mehr alle Dateiformate, die QuickTime in früheren Versionen unterstützt hat. Ein vergleichsweise prominentes Beispiel ist QuickTimeVR, mit dem sich Panorama-Bilder darstellen lassen. Im Browser können solche Dateien zwar zum Teil noch angesehen werden, aber der QuickTime Player unterstützt das Format nicht mehr.

QuickTime Pro

Haben Sie die Pro-Version von QuickTime 7.6 erworben, dann können Sie über den Menüpunkt QUICKTIME PLAYER 7 • REGISTRIERUNG die Seriennummer eingeben. Haben Sie Ihr System aktualisiert und verfügten vorher schon über eine Lizenz, dann wird QuickTime 7 bereits während des Installation des Systems berücksichtigt.

Auf der Installations-DVD von Mac OS X 10.6 finden Sie im Ordner OPTIONALE INSTALLATIONSPAKETE die Datei OPTIONAL INSTALLS.MPKG. Öffnen Sie diese mit einem Doppelklick im Finder im Installationsprogramm, dann steht Ihnen dort auch das Paket QuickTime 7. Nach der Installation finden Sie im Ordner Dienstprogramme den QuickTime 7 Player.

5.2 Digitale Bilder

Das Programm Digitale Bilder kommt dann zum Zuge, wenn Sie nicht mit iPhoto oder Aperture arbeiten möchten. Es ermöglicht den Zugriff auf angeschlossene Kameras, iPods, iPhones und Scanner.

5.2.1 Fotos importieren

Wenn Sie eine Kamera oder ein anderes Gerät direkt angeschlossen haben, dann erscheint es in der linken Spalte, sofern es von Digitale Bilder unterstützt wird. Nach einer kurzen Wartezeit erscheinen rechts die auf der Kamera gespeicherten Bilder. Über die Schaltflächen mit den Pfeilen ❶ können Sie die ausgewählten Bilder um 90 Grad drehen. Die rote Schaltfläche ❷ löscht die Auswahl auf der Kamera. Sie können die Bilder entweder direkt aus dem Fenster auf den Schreibtisch im Finder ziehen oder sie Importieren.

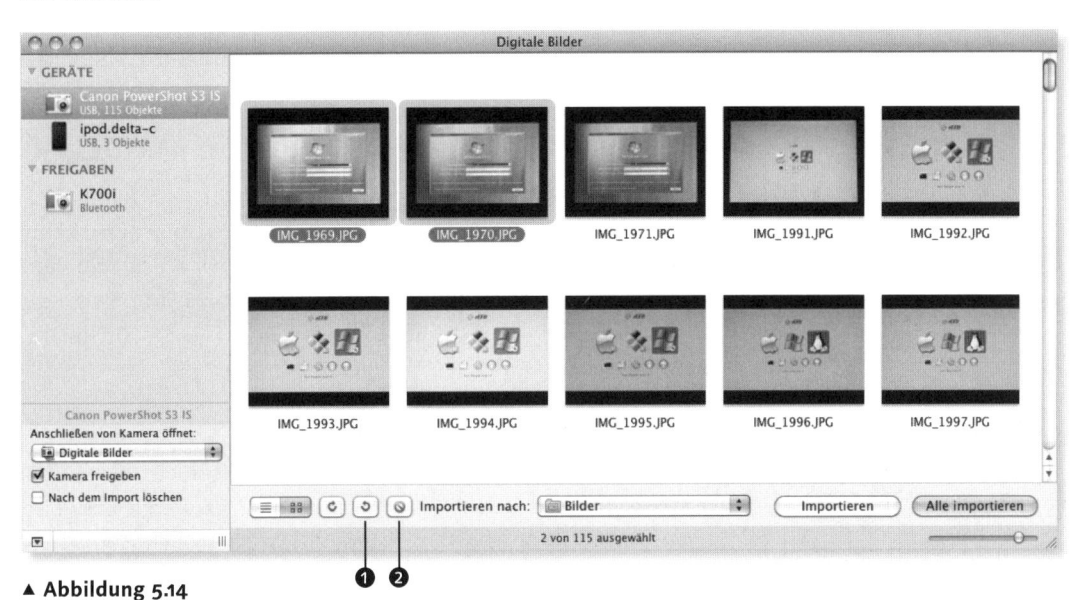

▲ **Abbildung 5.14**
Digitale Bilder ermöglicht den
Zugriff auf die in der Kamera gespeicherten Fotos

In dem Ausklappmenü Importieren nach stehen Ihnen nicht nur Verzeichnisse zur Auswahl, sondern Sie können hier auch die

Programme iPhoto, Vorschau und Mail als Ziel vorgeben und so die Bilder direkt an diese Programme übergeben. Mit dem Automator lassen sich die Arbeitsabläufe unter Verwendung der entsprechenden Vorlage (siehe Abschnitt 23.6.4) erstellen, an die die Bilder übergeben und direkt verarbeitet werden können.

Webseite erstellen | Wählen Sie als Ziel des Imports das Programm Webseite erstellen aus, dann wird ein Hilfsprogramm gestartet, das basierend auf den importierten Bildern eine Galerie erstellt. Dabei wird neben den Vorschaubildern auch eine HTML-Datei in dem Zielverzeichnis gespeichert, deren Quelltext Sie nutzen können, um die Galerie in Ihre persönliche Webseite zu integrieren.

▲ **Abbildung 5.15**
Bilder können auch Arbeitsabläufe oder Programme übergeben werden.

MakePDF | Die importieren Bilder können Sie auch in einer PDF-Datei zusammenfügen. Geben Sie als Ziel des Imports das Programm MakePDF vor, dann werden die Bilder importiert und anschließend das Programm MakePDF gestartet. In den Standardeinstellungen erstellt es einen Kontaktbogen, auf dem mehrere Bilder untereinander angeordnet sind. Im Menüpunkt Layout finden Sie eine Reihe von Ausgabeformaten und können über Neues Layout das Papierformat für die PDF-Datei vorgeben und so zum Beispiel auch DIN A5 als Seitengröße vorgeben. Die PDF-Datei müssen Sie abschließend über Ablage • Sichern speichern.

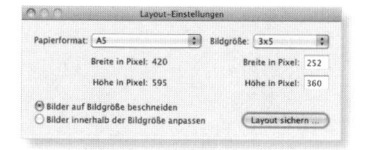

▲ **Abbildung 5.16**
Im Programm MakePDF kann ein eigenes Layout erstellt werden.

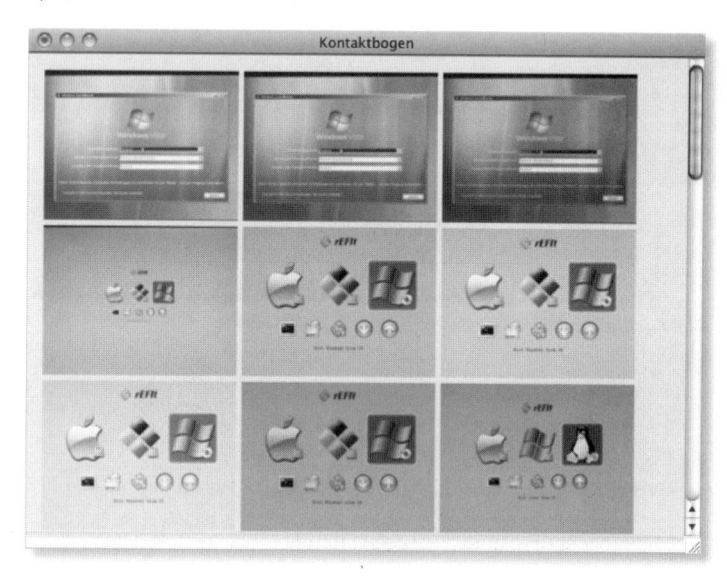

Abbildung 5.17 ▶
Das Programm MakePDF erstellt zunächst einen Kontaktbogen.

Einstellungen | Unten links finden Sie die Einstellungen für die ausgewählte Kamera. Im Ausklappmenü Anschliessen von

Kamera öffnet: finden Sie neben iPhoto auch Digitale Bilder und die Vorschau. Wählen Sie eines der Programme aus, dann wird dieses Programm automatisch gestartet, wenn diese Kamera angeschlossen wird. Sie finden hier auch einen AutoImporter. Hiermit werden die Bilder automatisch in das Verzeichnis AutoImport im Ordner Bilder kopiert, wenn Sie die Kamera anschließen. Wenn Sie die Option Nach dem Import löschen aktivieren, dann bezieht sich diese sowohl auf die Funktion Importieren im Programm Digitale Bilder als auch auf den AutoImporter.

Aufnehmen | Sofern Ihr Gerät diese Funktion unterstützt, können Sie Digitale Bilder auch als Auslöser für eine angeschlossene Kamera nutzen. Über den Menüpunkt Ablage • Bild aufnehmen rufen Sie das in Abbildung 5.19 dargestellte Fenster auf. Sie können hier den Auslöser entweder Manuell betätigen oder automatisch in einem bestimmten Intervall betätigen lassen. Die aufgenommenen Bilder können Sie automatisch von der Kamera laden und in einem Ordner sichern. Je nach Speicherkapazität Ihrer Kamera bietet es sich an, die Option Fotos nach dem Download löschen zu aktivieren. Die Unterstützung für diese Funktion variiert von Kamera zu Kamera. Es kann sein, dass das Bild erst erscheint, wenn die erste Aufnahme getätigt wurde. Unten links finden Sie die Zeit bis zur nächsten Aufnahme.

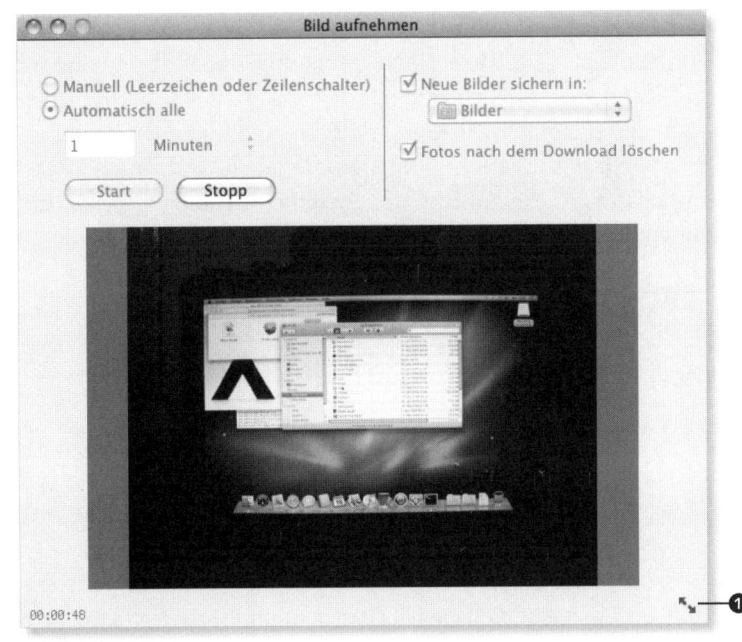

▲ **Abbildung 5.18**
Die ausgewählte Kamera kann automatisch mit einem Programm geöffnet werden.

> **HINWEIS**
>
> Die Funktion Bild aufnehmen funktionierte wenigstens unter Mac OS X 10.6.2 noch nicht zuverlässig. Sollten Sie auf Probleme stoßen, dann können Sie Digitale Bilder beenden, die Kamera abstecken und anschließend wieder verbinden und das Programm erneut starten.

Vollbild
Das Symbol mit den beiden Pfeilen unten rechts ❶ stellt das Foto auf dem ganzen Bildschirm dar. Mit dem in der rechten unteren Bildschirmecke können Sie diese Darstellung wieder verlassen.

▲ **Abbildung 5.19**
Digitale Bilder kann Fotos automatisch in Zeitabständen aufnehmen.

5.2.2 Scanner und SANE

Das Programm DIGITALE BILDER ermöglicht Ihnen nicht nur den Zugriff auf Kameras, es ist auch in der Lage einen Scanner anzusprechen. Die Voraussetzung besteht darin, dass der Treiber des Scanners dem TWAIN-Standard entsprechen muss. Wurde der Treiber installiert, dann steht er Ihnen im Programm DIGITALE BILDER in der linken Spalte zur Verfügung. Welche Funktionen und Einstellungen Ihnen dabei zur Verfügung stehen, hängt von dem Treiber ab. Am Rande: Im Programm VORSCHAU steht Ihnen der Menüpunkt BILDSCHIRM • AUS SCANNER IMPORTIEREN zur Verfügung.

[TWAIN]
Mit TWAIN wird ein Standard bezeichnet, über den ein Eingabegerät wie ein Scanner von einer Software angesprochen werden.

SANE | Einige Treiber kostengünstiger Geräte unterstützen diesen Standard nicht. Hier können Sie versuchen, durch die Installation der SANE-Treiber den Scanner im Programm DIGITALE BILDER verfügbar zu machen. Bei der Arbeit mit SANE müssen Sie berücksichtigen, dass diese von Freiwilligen erstellten Treiber nicht alle Modelle vollständig unterstützen können. Der Grund besteht darin, dass die Hersteller die Spezifikationen der Geräte oft nicht offengelegt haben.

[Scanner Access Now Easy]
Das Kürzel SANE steht für *Scanner Access Now Easy*. Das Projekt hat seine Wurzeln im Linux-Bereich und wurde damals gestartet, um der sehr unzureichenden Unterstützung von Scannern zu begegnen.

Drei Pakete | Auf der Webseite des Projektes finden Sie eine Reihe von Installationspaketen. Herunterladen müssen Sie die binäre Version für Mac OS X 10.6. Benötigt werden mindestens drei Pakete. Die Bibliothek LIBUSB stellt die Verbindung zum USB-Anschluss her. Das Paket SANE BACKENDS enthält die Treiber für die Scanner. Schließlich wird mit dem Paket TWAIN SANE INTERFACE das eigentliche Programm installiert. Sie können dort auch ein SANE PREFERENCE PANE herunterladen und anschließend installieren. Diese Ansicht der Systemeinstellungen ermöglicht Ihnen die direkte Bearbeitung der Konfigurationsdateien.

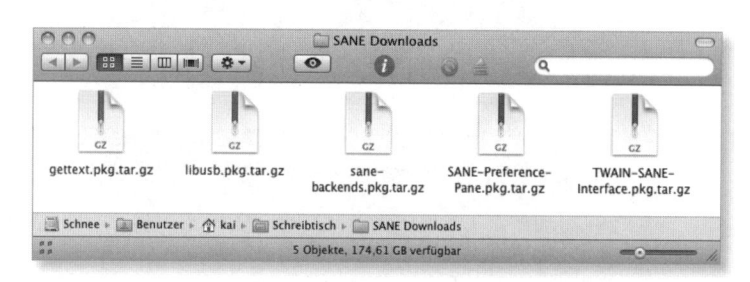

SANE für Mac OS X
http://www.ellert.se/twain-sane/

Abbildung 5.20 ▶
Die heruntergeladenen .TAR.GZ-Dateien können im Finder mit einem Doppelklick entpackt werden.

Vor der Installation des Pakets TWAIN-SANE-INTERFACE.PKG müssen Sie zuerst die Pakete LIBUSB.PKG und SANE-BACKENDS.PKG installieren.

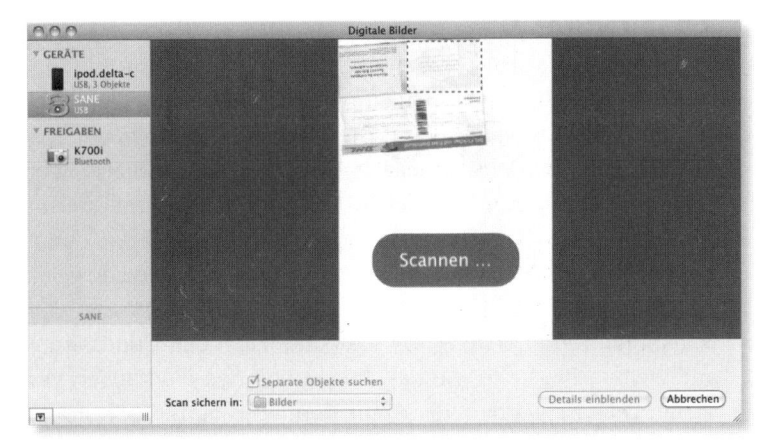

▲ **Abbildung 5.21**
Der Scanvorgang mit einem SANE-Treiber kann etwas Geduld erfordern.

Wenn Sie SANE installiert und Ihren Scanner angeschlossen haben, dann finden Sie im Fenster des Programms DIGITALE BILDER einen Eintrag SANE mit dem Untertitel USB. Über die Schaltfläche SCANNEN können Sie nun ausprobieren, ob der SANE-Treiber für Sie ausreichende Ergebnisse liefert.

Verfügbare Treiber
Auf der Webseite des Hauptprojekts finden Sie unter *http://www.sane-project.org/sane-supported-devices.html* eine durchsuchbare Liste der unterstützten Geräte.

5.2.3 Freigaben und Abläufe

In den Einstellungen für ein Gerät links unten (siehe Abbildung 5.18) können Sie die Option GERÄT FREIGEBEN aktivieren. Es erscheint dann im lokalen Netzwerk auf anderen Rechnern in der Rubrik FREIGABEN. Der einzige Unterschied zwischen einem lokalen Anschluss und einer Freigabe besteht darin, dass Sie über das Netzwerk keine Bilder löschen können.

> **TIPP**
> Sie können das Programm DIGITALE BILDER beenden, ohne dass die Freigabe aufgehoben wird. Sie wird im Hintergrund durch den Dienst DIGITALE BILDER-ERWEITERUNG bis zur nächsten Abmeldung aufrechterhalten.

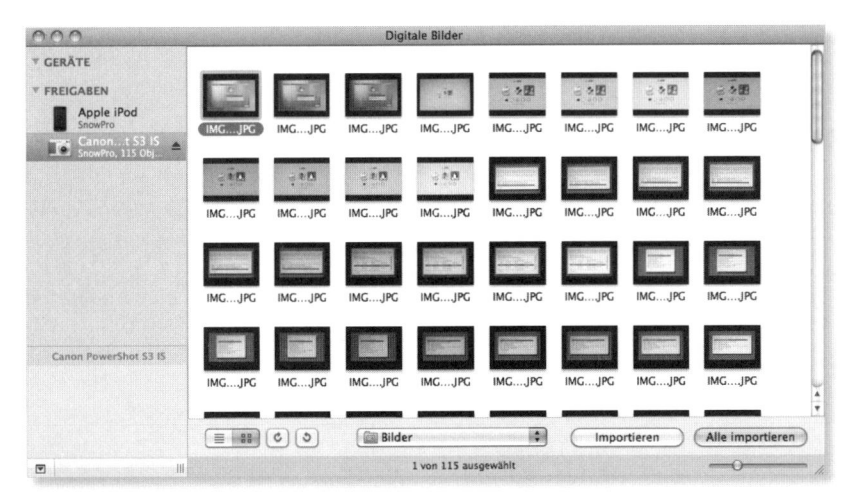

▲ **Abbildung 5.22**
Bilder auf freigegebenen Geräten können nicht gelöscht werden.

5.3 iTunes 9

Audion und SoundJam
iTunes hatte einen Vorläufer namens SoundJam. Dieses zunächst eigenständige Programm wurde von Apple aufgekauft, weiterentwickelt und in iTunes umbenannt. Dabei war SoundJam zunächst nur zweite Wahl, und Apple plante den Aufkauf einer Software namens Audion. Warum dieser Deal nicht zustande kam, können Sie unter *http://www.panic.com/extras/audionstory/* nachlesen.

iTunes ist sicherlich das Programm, das von Apple am häufigsten aktualisiert und erweitert wird. Die meisten Funktionen wie das Wiedergeben von Musik oder die Auswahl eines Equalizers über FENSTER • EQUALIZER erschließen sich sehr schnell und stellen keine wirkliche Hürde dar. Erklärungsbedürftig wird iTunes dann, wenn es um die Organisation und Verwaltung Ihrer Medien geht.

Dieser Abschnitt möchte sich gezielt der Verwaltung und Organisation Ihrer Dateien widmen und dabei den iTunes Store und weitere Produkte wie das iPhone und den iPod außen vor lassen. Letztere werden von Apple dermaßen massiv beworben, und dabei wird auch erklärt, dass der ursprüngliche Zweck von iTunes, Ihre Musik abzuspielen und zu organisieren, ein wenig aus dem Blick geraten ist.

5.3.1 Medien organisieren

iTunes bietet für die Darstellung Ihrer Medien drei Ansichten. Während die Cover Flow genannte Ansicht optisch sehr ansprechend ist, wird Sie etwas unübersichtlich, wenn Ihre Mediathek sehr viele Objekte beinhaltet. Die Ansicht als Gitter wäre eine Möglichkeit, wenn Sie in erster Linie ganze Alben hören und sich nicht einzelne Titel heraussuchen. Die Darstellung als Liste mag zwar auf den ersten Blick recht bieder wirken, aber der dort verfügbare Spaltenbrowser kann bei vielen Objekten die Übersicht erleichtern.

▲ **Abbildung 5.23**
Der Spaltenbrowser kann wahlweise oben oder links angezeigt werden.

Spaltenbrowser | Im Spaltenbrowser finden Sie aufbauend auf den Informationen der vorhandenen Medien eine Übersicht der aktuell in Ihrer Mediathek verfügbaren GENRES, INTERPRETEN und ALBEN. Wenn Sie dort einen Eintrag auswählen, dann wird die Liste unten auf die Einträge beschränkt, deren Informationen mit der Auswahl übereinstimmen. So kann mit einem Mausklick die Anzeige auf einen Interpreten begrenzt werden. Über den Menüpunkt DARSTELLUNG • SPALTENBROWSER können Sie auch die Spalten KOMPONISTEN und WERKE einblenden, wenn Sie in erster Linie klassische Musik hören.

Unterhalb des Spaltenbrowsers werden die vorhandenen Dateien und ihre Informationen angezeigt. Die linke Spalte, die die Cover der Alben enthält, können Sie über den Menüpunkt DARSTELLUNG • CD-COVER-SPALTE AUSBLENDEN abschalten. Die in Abbildung 5.23 dargestellte Spalte mit den Titelnummern resultiert aus den nachfolgend beschriebenen Eigenschaften der Dateien. Mit einem Klick auf einen Eintrag in der Titelleiste wird die Liste gemäß dieser Information sortiert. Wenn Sie die Liste nach INTERPRET oder ALBUM sortieren und die Information TITEL-NUMMER vergeben wurde, dann fasst iTunes die Alben zusammen und sortiert die Titel nach Nummer und nicht nach Name.

CD-Cover-Spalte
⌘ + G

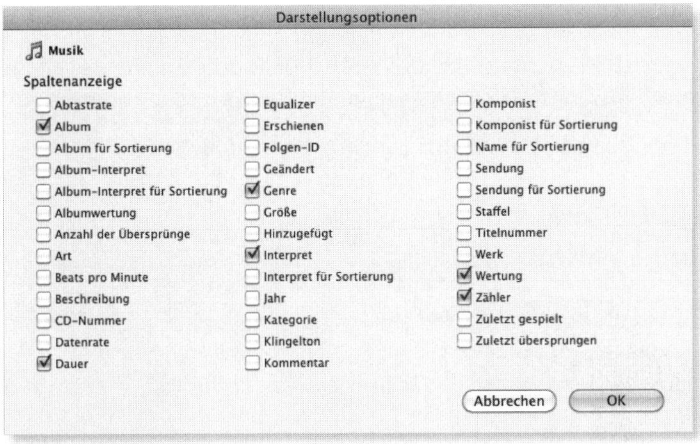

▲ **Abbildung 5.24**
Über die DARSTELLUNGSOPTIONEN können die anzuzeigenden Spalten ausgewählt werden.

Darstellungsoptionen | Welche Spalten angezeigt werden, können Sie über die DARSTELLUNGSOPTIONEN im Menü DARSTELLUNG festlegen. Die hier verfügbaren Spalten entsprechen den Informationen, die Sie für Ihre Medien festlegen können.

Darstellungsoptionen
⌘ + J

> **TIPP**
>
> Sie können auch mehrere Dateien bei gedrückt gehaltener Taste ⇧ markieren und dann das Fenster INFORMATIONEN aufrufen, um die Eigenschaften aller ausgewählten Dateien gleichzeitig zu ändern.

Infos | Über den Menüpunkt ABLAGE • INFORMATIONEN (⌘ + I) können Sie ein Fenster aufrufen, in dem Sie die Eigenschaften der ausgewählten Datei im Reiter INFOS bearbeiten können. Sie können hier eine Reihe von Informationen eingeben, die für die Anzeige der Datei genutzt werden.

Die Information CD-NUMMER hilft Ihnen, bei Werken, die auf mehr als einem Medium vorliegen, eine korrekte Gruppierung vorzunehmen. Wenn Sie für die erste CD die Werte 1 VON 2 und für die zweite 2 VON 2 vorgeben, dann werden die beiden CDs in der Übersicht zusammengefasst. Die Option TEIL EINER COMPILATION ermöglicht es Ihnen, bei einer CD, die Werke unterschiedlicher Interpreten enthält, diese Dateien zusammenzufassen, sofern Sie die Liste nach dem Album sortieren lassen.

> **TIPP**
>
> Über die Schaltflächen ZURÜCK und WEITER können Sie den in der Liste vorhergehenden oder nachfolgenden Titel auswählen und dessen Eigenschaften bearbeiten, ohne dass Sie das Fenster schließen müssen.

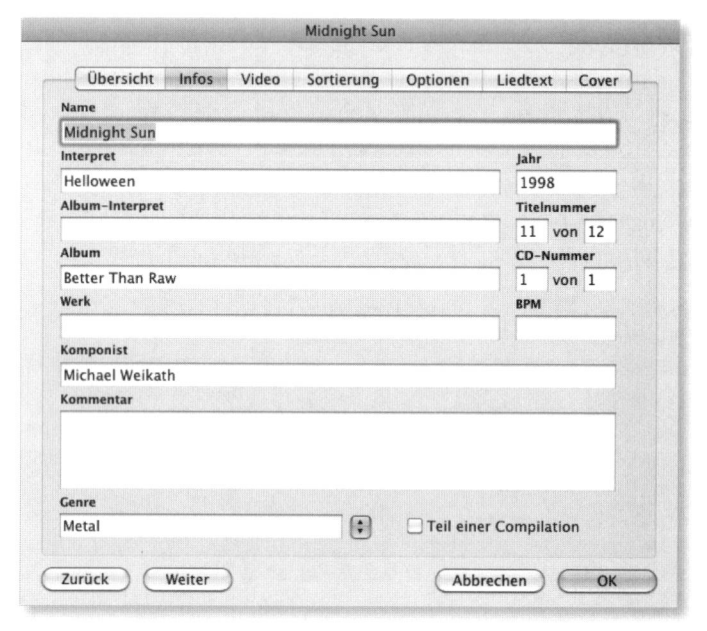

▲ **Abbildung 5.25**
Im Reiter INFOS werden die Daten einer Datei eingegeben.

Sortierung | Nehmen Sie die Sortierung nach Interpret vor, dann können Sie sich bei einem Sampler mit der Eigenschaft INTERPRET FÜR SORTIERUNG behelfen. Wenn Sie hier für alle Dateien, die zu diesem Sampler gehören, einen Interpreten vorgeben, dann wird dieser für die Sortierung nach Interpret als Kriterium herangezogen. Damit werden diese Dateien nacheinander aufgelistet, angezeigt wird jedoch der Interpret, den Sie im Reiter INFOS vorgegeben haben.

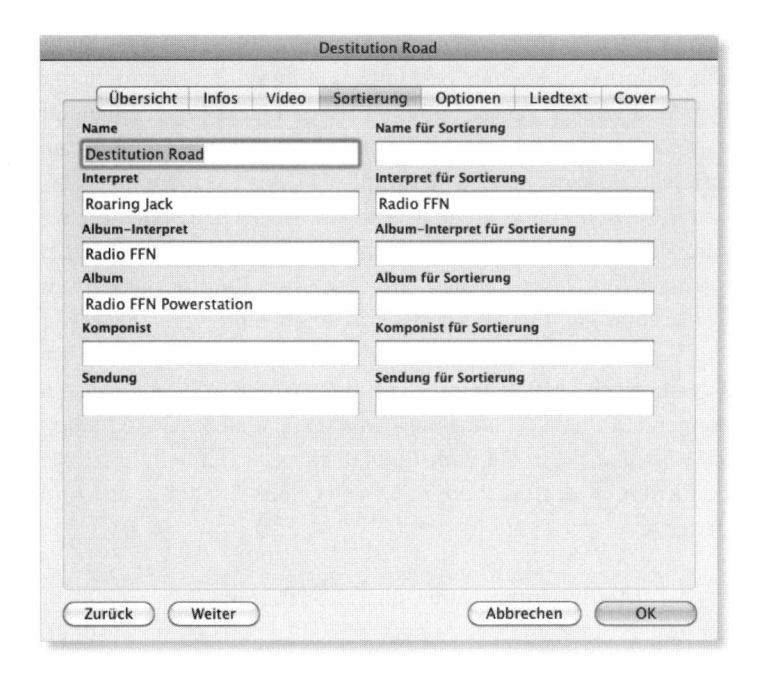

◄ **Abbildung 5.26**
Im Reiter SORTIERUNG kann ein abweichender Interpret eingegeben werden.

Intelligente Wiedergabelisten | Die intelligenten Wiedergabelisten ermöglichen es Ihnen, solche Listen dynamisch unter Verwendung der zuvor besprochenen Informationen zu erstellen. Apple hat bereits in iTunes sieben dieser intelligenten Wiedergabelisten angelegt. Über den Menüpunkt ABLAGE • NEUE INTELLIGENTE WIEDERGABELISTE können Sie die Kriterien für eine neue Liste vorgeben. Anstelle des Menüpunkts können Sie auch die Taste ⌥ gedrückt halten und das Icon mit dem Pluszeichen unten links, das nun ein Zahnrad darstellt, anklicken.

Ordner
Die Listen können Sie in Ordnern (ABLAGE • NEUER WIEDERGABELISTE-ORDNER) gruppieren und so ein wenig Übersicht in die linke Spalte bringen.

▲ **Abbildung 5.27**
Kriterien einer intelligenten Wiedergabeliste können auch verschachtelt werden.

5.3 iTunes 9 | **169**

Nur markierte Objekte
Mit der Option NUR MARKIERTE OBJEKTE EINBEZIEHEN können Sie die Dateien ausschließen, bei denen Sie in der Liste die Checkbox vor dem Namen abgewählt haben. Damit ist es möglich, Titel gezielt auszuschließen.

In den Eigenschaften der Widergabeliste können Sie eine Reihe von Kriterien vorgeben, die sich auf die Informationen der Dateien beziehen. Diese Kriterien können Sie auch miteinander verschachteln. Mit einem Klick auf ein Icon mit den drei Punkten erstellen Sie eine neue Untergruppe, in der Sie mehrere Kriterien vorgeben können. Die in Abbildung 5.27 dargestellte Liste wird alle Lieder des aufgeführten Interpreten beinhalten. Hierbei werden zwei Namen gezielt ausgeschlossen, und ferner darf im Kommentar nicht das Wort »Demo« erscheinen.

Automatisch aktualisieren | Die intelligenten Wiedergabelisten können automatisch aktualisiert werden. Haben Sie diese Option aktiviert und fügen Sie Ihrer Mediathek neue Dateien hinzu, die den Kriterien entsprechen, dann erscheinen Sie automatisch in der Liste.

5.3.2 Medien importieren und exportieren

Sie können in dem über ABLAGE • ZUR MEDIATHEK HINZUFÜGEN aufzurufenden Dialog nicht nur Dateien, sondern auch Ordner auswählen. Halten Sie die Taste ⌘ gedrückt, um mehrere Ordner nacheinander mit einem Mausklick zu markieren. Über die Schaltfläche AUSWÄHLEN werden nun die Ordner und ihre Unterordner nach Dateien durchsucht, die iTunes wiedergeben kann. Dies kann abhängig von der Anzahl der Dateien etwas Zeit in Anspruch nehmen.

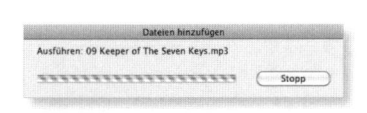

▲ **Abbildung 5.28**
Der Import einer Ordnerhierarchie kann etwas Zeit in Anspruch nehmen.

CDs importieren | Um den Inhalt einer CD Ihrer Mediathek hinzufügen zu können, müssen die Titel der auf der Audio-CD vorhandenen Titel erst in ein digitales Format konvertiert werden. In den Einstellungen von iTunes können Sie in der Ansicht ALLGEMEIN zunächst vorgeben, wie iTunes auf eine eingelegte CD reagieren soll. Möchten Sie mehrere CDs importieren, dann können Sie mit der Option CD IMPORTIEREN UND AUSWERFEN diese Arbeit enorm beschleunigen.

[Gracenote]
Die Option CD-TITELNAMEN AUTOMATISCH VOM INTERNET ABRUFEN führt beim Einlegen einer CD eine Abfrage bei dem Online-Dienst Gracenote durch. Dieser auch als CDDB bekannte Dienst stellt eine Datenbank zur Verfügung, die basierend auf der Dauer der einzelnen Musikstücke den Titel der CD ermittelt, und die Namen der Musikstücke werden automatisch den Informationen der Dateien hinzugefügt. Sie können auch den Menüpunkt ERWEITERT • CD-TITELNAMEN abfragen, wenn Sie die Namen nicht automatisch abrufen.

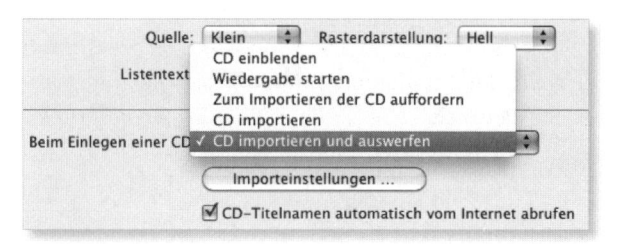

▲ **Abbildung 5.29**
Über die Option CD IMPORTIEREN UND AUSWERFEN können mehrere CDs schnell hintereinander importiert werden.

Importeinstellungen | Wichtig in Verbindung mit der Digitalisierung einer CD sind die IMPORTEINSTELLUNGEN. Hier legen Sie fest, mit welchem Codierer die Musikstücke in eine Datei transferiert werden. Der APPLE LOSSLESS-CODIERER bietet die beste Tonqualität, erzeugt aber auch die größten Dateien. Neben dem von Apple für den iTunes Store verwendeten AAC-CODIERER finden Sie hier auch einen MP3-CODIERER. Wählen Sie einen der Codierer aus, dann erhalten Sie in dem Dialog eine kurze Beschreibung seines Aufgabengebiets. Die Auswahl eines Codierers für den Import einer CD kann notwendig sein, wenn Sie einen MP3-Player nutzen, der nur MP3-Dateien abspielen kann.

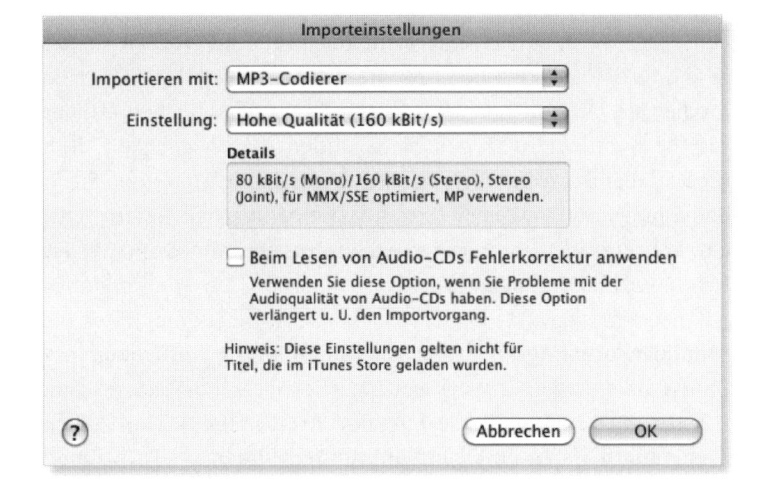

◀ **Abbildung 5.30**
Die IMPORTEINSTELLUNGEN können über die Einstellungen von iTunes festgelegt werden.

5.3.3 Die Mediathek verwalten

Sie haben die Möglichkeit, iTunes die gesamte Verwaltung Ihrer Mediathek zu überlassen. In den Einstellungen des Programms finden Sie in der Ansicht ERWEITERT die OPTION ITUNES-MEDIENORDNER AUTOMATISCH VERWALTEN. Ist die Option aktiv, dann erstellt iTunes eine Ordnerstruktur. Die oberste Ebene der Ordnerstruktur wird durch die Interpreten gebildet. In diesen Verzeichnissen werden Ordner für die Alben angelegt. Letztere enthalten dann die eigentlichen Dateien, wobei iTunes diese gemäß der Informationen einer Datei benennt. Berücksichtigt wird hierbei auch die Titelnummer. Ändern Sie die Informationen, indem Sie beispielsweise einen anderen Interpreten eingeben, dann erstellt iTunes den passenden Ordner und kopiert die Datei.

Mit der Option BEIM HINZUFÜGEN ZUR MEDIATHEK können Sie sicherstellen, dass wirklich alle Dateien, die Sie mit iTunes abspielen, auch durch iTunes verwaltet werden.

▲ **Abbildung 5.31**
iTunes benennt die Dateien gemäß der ihnen zugewiesenen Informationen um.

Abbildung 5.32 ▶
Die Verwaltung des Medienordners kann iTunes überlassen werden.

Medienordner ändern | Verwaltet iTunes den Medienordner, dann nimmt Ihnen dies viel Arbeit ab. Ein Problem kann dann auftreten, wenn der Speicherplatz auf Ihrem Startvolume knapp wird oder Sie, zum Beispiel bei einem mobilen Gerät, den iTunes-Medienordner grundsätzlich nicht in Ihrem persönlichen Ordner speichern möchten. iTunes bietet Ihnen die Möglichkeit, Ihre Mediathek in zwei Schritten zu verlagern. Zunächst können Sie in den Einstellungen über die Schaltfläche ÄNDERN ein Verzeichnis, das sich auch auf einer externen Festplatte befinden kann, als Medienordner vorgeben.

Dateien zusammenführen
Wenn Sie iTunes bisher nicht die Verwaltung Ihrer Mediathek überlassen haben und Ihre Dateien über das Dateisystem verstreut sind, dann können Sie in dem Dialog auch die Option AUF ITUNES-MEDIENVERWALTUNG AKTUALISIEREN auswählen. Beide Optionen zusammen führen dazu, dass iTunes Ihre Dateien in den Medienordner kopiert und dessen Verwaltung übernimmt.

Mediathek verlagern | Bei dieser Änderung verbleiben die Dateien zunächst an Ihrem ursprünglichen Platz. Im Menü ABLAGE • MEDIATHEK finden Sie die Funktion MEDIATHEK ORGANISIEREN. Damit rufen Sie einen Dialog auf, in dem Ihnen zwei Optionen zur Auswahl stehen. Sie finden hier die Option DATEIEN ZUSAMMENLEGEN. Wählen Sie diese aus und klicken Sie auf OK, dann kopiert iTunes die Dateien aus dem alten Medienordner in den neuen. Die Originale werden dabei nicht angetastet, aber zukünftig von iTunes ignoriert. Sie können diese, nach einer Prüfung der Kopien, löschen. Fügen Sie nun Dateien Ihrer Mediathek hinzu, dann werden diese auf die externe Festplatte in den dortigen Medienordner kopiert.

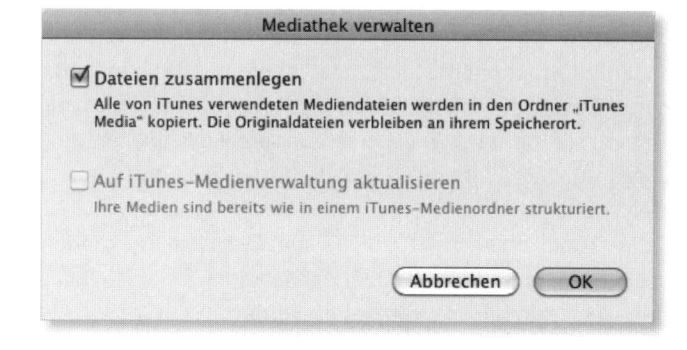

Abbildung 5.33 ▶
Mit der Option DATEIEN ZUSAMMENLEGEN kann der ursprüngliche Medienordner verlagert werden.

5.3.4 Nützliche Erweiterungen

Wenn Sie sich nicht am iTunes Store anmelden möchten, um die Cover der CDs Ihren Dateien hinzuzufügen, dann steht Ihnen mit Amazon Album Art Widget (*http://www.widget-foundry.com/widgets/amazonart.htm*) für das Dashboard eine Alternative zur Verfügung. Wenn Sie das Dashboard aufrufen, dann können Sie mit einem Klick auf das kleine iTunes-Icon den Interpreten und Titel der aktuellen Auswahl im Suchfeld übernehmen. Das Widget durchsucht dann die Datenbank von Amazon nach einem passenden Cover. Über die Schaltfläche CD-COVER AN ITUNES SENDEN wird die Datei der aktuellen Auswahl in iTunes als Titel zugewiesen. Über die punktierte Schaltfläche rechts können Sie sich weitere Suchtreffer anzeigen lassen, und auf der Rückseite des Widgets stehen Ihnen die Amazon-Datenbanken anderer Länder zur Auswahl.

▲ **Abbildung 5.34**
Über das Widget können Cover den Dateien hinzugefügt werden.

G-Force | Einen weiteren visuellen Effekt für iTunes stellt G-Force dar. G-Force verfügt über eine fast unerschöpfliche Vielzahl an Möglichkeiten, Ihre Musik zu visualisieren. Neben einer kostenpflichtigen Version steht auch eine freie zum Download zur Verfügung.

G-Force
http://www.soundspectrum.com/g-force/

5.4 DVD-Player

Der DVD-Player von Mac OS X bietet Ihnen alle Funktionen, die Sie von handelsüblichen Geräten kennen. Neben der Sprachwahl, der Bedienung des Menüs der DVD und dem Abspielen in Zeitlupe verfügt der DVD-Player über ein paar Funktionen, die Ihnen bei der Wiedergabe von DVDs insbesondere im schulischen oder universitären Bereich von Nutzen sein können.

◄ **Abbildung 5.35**
Bei einem Videoclip können der Start- und Endzeitpunkt gesetzt werden.

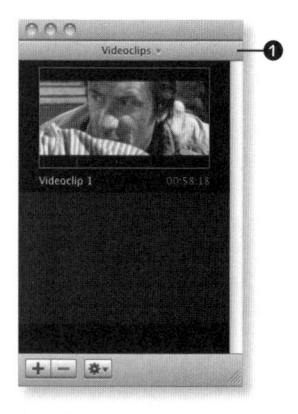

▲ **Abbildung 5.36**
Das Fenster VIDEOCLIPS ermöglicht den direkten Zugriff auf die angelegten Szenen.

Videoclips | Möchten Sie auf eine bestimmte Szene direkten Zugriff erhalten, dann können Sie diese in einem Videoclip speichern. Der Menüpunkt STEUERUNG • NEUER VIDEOCLIP blendet einen Dialog ein. Unten befindet sich die Zeitleiste des gesamten Films. Das Bild des ausgewählten Zeitpunkts wird unter AKTUELL dargestellt. Über die beiden Schaltflächen SETZEN können Sie die Zeitpunkte für den START und das ENDE festlegen. Wenn Sie den Videoclip dann SICHERN, steht er Ihnen im Fenster VIDEOCLIPS zur Auswahl. Letzteres können Sie über den Menüpunkt FENSTER • VIDEOCLIPS (⌘ + B) einblenden.

Rufen Sie einen Videoclip auf, dann beginnt die Wiedergabe zu dem Zeitpunkt, den Sie als START festgelegt haben. Wenn der abgespielt wurde, dann wird der Film angehalten.

Eine Alternative zu den Videoclips stellen die über STEUERUNG • NEUES LESEZEICHEN zu erstellenden Lesezeichen dar. Diese können Sie in dem in Abbildung 5.36 dargestellten Fenster über das Ausklappmenü in der Titelleiste ❶ direkt erreichen.

Die Videoclips und Lesezeichen werden auf Ihrem Rechner gespeichert und stehen, wenn Sie die DVD erneut einlegen, wieder zur Verfügung.

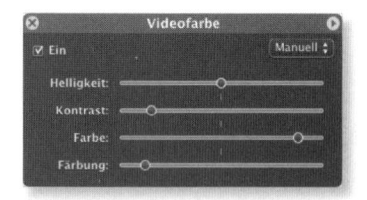

▲ **Abbildung 5.37**
Über das Fenster VIDEOFARBE kann das Bild angepasst werden.

Videofarbe | Wenn Sie eine DVD in einem abgedunkelten oder zu hellen Raum abspielen, dann kann die Anpassung der Videofarbe die Bildqualität für die Zuschauer gegebenenfalls verbessern. Über FENSTER • VIDEOFARBE können Sie eine Palette einbinden. Hier müssen Sie über EIN zuerst die Korrektur aktivieren und können dann über die Schieberegler die Darstellung anpassen. Das Ausklappmenü oben rechts enthält einige Voreinstellungen. Über den Menüpunkt FENSTER • AUDIO-EQUALIZER können Sie in der Palette anstelle der Videofarbe die Tonausgabe über Schieberegler anpassen. Schließlich steht Ihnen in diesem Menü auch der Videozoom zur Verfügung. Mit den Schiebereglern können Sie die Darstellung des Bildes vergrößern.

5.5 Front Row

Fernbedienung koppeln
Befindet sich in Ihrem Arbeitsumfeld mehr als eine Fernbedienung, dann können Sie Ihre Fernbedienung über die Ansicht SICHERHEIT der Systemeinstellungen (siehe Abschnitt 13.6.1) mit Ihrem Rechner koppeln.

Besitzen Sie eine Fernbedienung von Apple, dann können Sie diese nutzen, um Musik und Filme wiederzugeben und sich eine Diashow Ihrer Fotos anzeigen zu lassen. Auch ohne Fernbedienung können Sie Front Row aufrufen, indem Sie den Kurzbefehl ⌘ + esc nutzen. Mit esc können Sie Front Row wieder beenden.

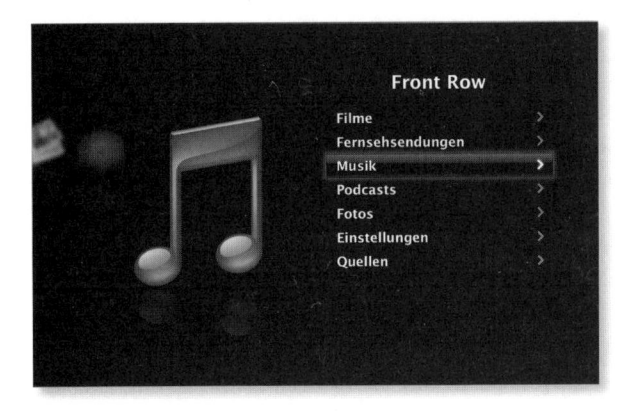

◄ **Abbildung 5.38**
Front Row ermöglicht die Fernbedienung des Rechners.

5.6 Audio-MIDI-Setup

Das Dienstprogramm Audio-Midi-Setup ermöglicht Ihnen die Konfiguration der Tonquellen und Ausgänge. Haben Sie einen Anschluss ausgewählt, dann können Sie abhängig von dessen Technik verschiedene Parameter konfigurieren. Über die Schaltfläche Lautsprecher konfigurieren können Sie, sofern Sie solche Geräte angeschlossen haben, auch die Einstellungen Surround vornehmen.

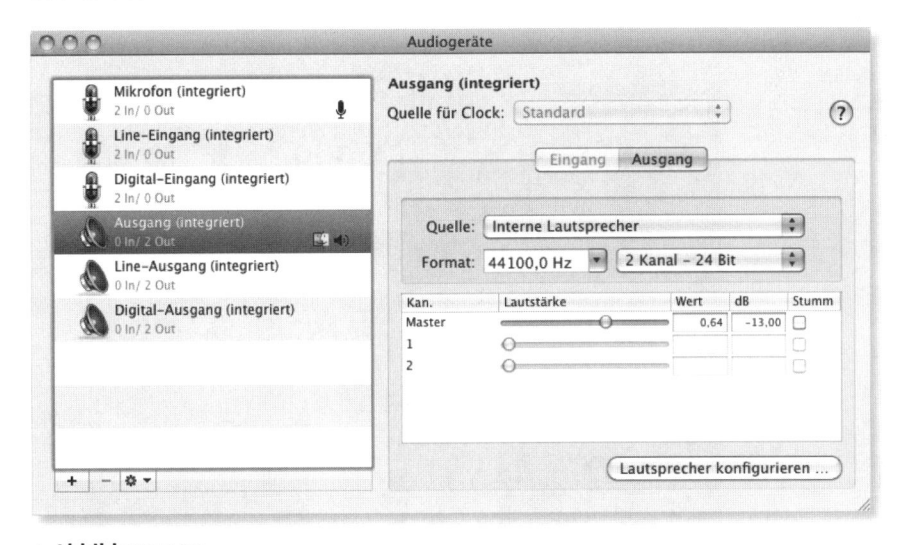

▲ **Abbildung 5.39**
Lautsprecher können im Dienstprogramm Audio-Midi-Setup konfiguriert werden.

Haben Sie MIDI-Geräte angeschlossen, dann steht Ihnen über den Menüpunkt Fenster • MIDI-Fenster einblenden das MIDI-Studio zur Verfügung.

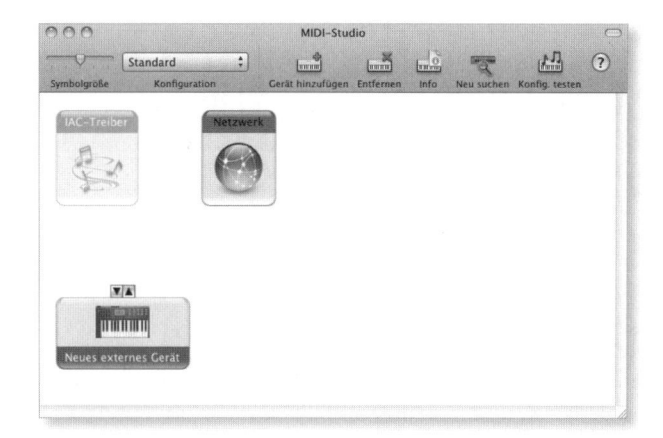

Abbildung 5.40 ▶
Das MIDI-Studio muss über das Menü Fenster aufgerufen werden.

5.7 Photo Booth

Bei Photo Booth handelt es sich um ein reines Spaßprogramm. Es greift auf das Bild einer angeschlossenen Kamera zurück und erlaubt es Ihnen, dieses Bild mit einigen mehr oder weniger lustigen Effekten zu versehen. Über die Schaltfläche mit dem Film ❶ können Sie auch einen Film aufnehmen. Aufgenommene Bilder werden Ihnen in der Leiste unten aufgeführt, gespeichert werden Sie im Verzeichnis Photo Booth im Ordner Bilder.

Quartz Composer
Wenn Sie selbst Effekte für Photo Booth erstellen möchten, dann können Sie das Programm Quartz Composer aus dem Ordner /Developer/Applications ausprobieren. Das Programm setzt ein wenig Einarbeitung voraus, führt dann aber schnell zu interessanten Ergebnissen. Für die Erstellung der Effekte bietet es die Vorlage Image Filter.

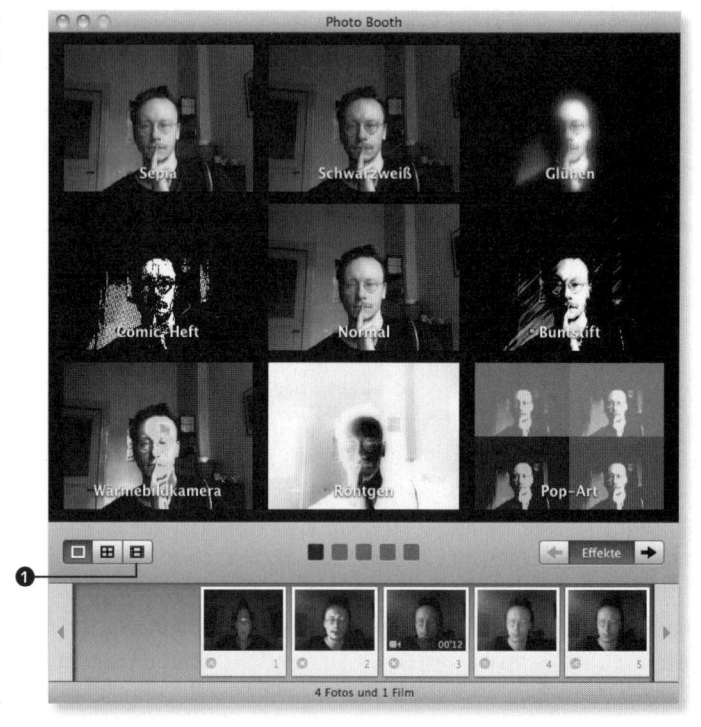

Abbildung 5.41 ▶
Photo Booth bietet einige Effekte.

6   Arbeiten am Terminal

Für die Administration von Mac OS X ist das Terminal ein unverzichtbares Werkzeug. Auf den ersten Blick mag die Befehlseingabe am Terminal nicht sehr intuitiv wirken. Dabei ist die Arbeit am Terminal recht einfach, wenn man sich ein wenig mit den zugrunde liegenden Konzepten vertraut gemacht hat. Die Scheu vor den kryptischen Befehlsfolgen verliert sich dann erfahrungsgemäß recht schnell, und die Arbeit am Terminal ist eigentlich ein Herzstück von Mac OS X. Was wäre ein offiziell zertifiziertes UNIX-System ohne Befehlseingabe?

Werkzeug im Alltag | Dieses Kapitel macht Sie mit den Grundlagen der Eingabe von Befehlen vertraut, zeigt Ihnen, welche Aufgabe die Shell `bash` hat, wie Sie sich im Dateisystem am Terminal bewegen, Dateien und Ordner kopieren, löschen und verschieben und wie Sie Texte am Terminal anzeigen und bearbeiten können.

Viele Einstellungen von Mac OS X lassen sich am besten über das Terminal vornehmen, und spätestens, wenn Sie sich auf die Suche nach Fehlern und an die Problemlösung machen müssen, werden Grundkenntnisse darin unverzichtbar sein.

Mehr über UNIX
Sie brauchen keine Einführung mehr und wollen UNIX auf Ihrem Mac voll ausreizen? Eine ausführliche Beschreibung der Arbeit mit dem Terminal unter Mac OS X auf über 500 Seiten bietet Ihnen ab Ende Januar 2010 das bewährte »Mac OS X und UNIX« (978-3-8362-1476-6), ebenfalls geschrieben von Kai Surendorf und erschienen bei Galileo Press.

HINWEIS

In einigen Netzwerkkonfigurationen finden Sie anstelle des Namens Ihres Rechners auch die Angabe `localhost`. Diese bezeichnet in jedem Fall den Rechner, vor dem Sie gerade sitzen.

6.1   Die Grundlagen

Sie finden das Terminal im Ordner *Dienstprogramme*. Mit einem Doppelklick wird es gestartet – anschließend sehen Sie ein Fenster, dessen erste Zeilen denen in Abbildung 6.1 entsprechen.

Mit `Last login` werden Sie über die Uhrzeit Ihrer letzten Anmeldung am Terminal, nicht am System allgemein, informiert. Die zweite Zeile enthält den Namen Ihres Rechners (hier `SnowPro`), den Sie über die Systemeinstellungen in der Ansicht Freigaben vergeben haben. Ferner wird nach dem Doppelpunkt das aktuelle Verzeichnis angezeigt.

Englische Bezeichnungen
Die Standardordner wie Filme oder Bilder tragen am Terminal englische Namen. Der Grund hierfür besteht darin, dass die Verzeichnisse hinter der Oberfläche eigentlich immer schon englische Bezeichnungen trugen. Sie werden lediglich vom Finder ins Deutsche oder in eine andere voreingestellte Sprache übersetzt.

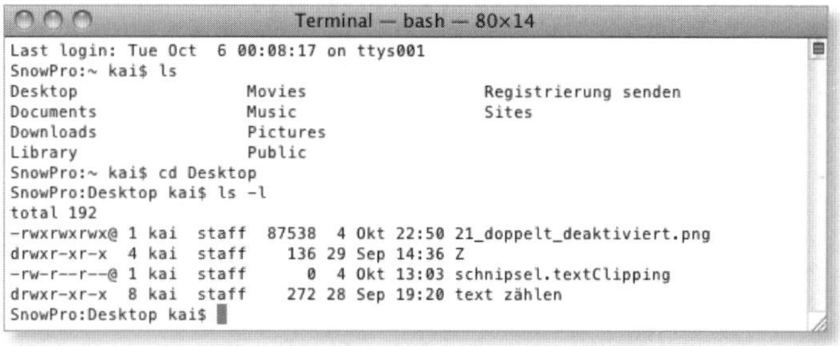

Abbildung 6.1 ▶
Das Terminal nimmt Befehle entgegen und zeigt deren Ergebnisse an.

```
Last login: Tue Oct  6 00:08:17 on ttys001
SnowPro:~ kai$ ls
Desktop              Movies               Registrierung senden
Documents            Music                Sites
Downloads            Pictures
Library              Public
SnowPro:~ kai$ cd Desktop
SnowPro:Desktop kai$ ls -l
total 192
-rwxrwxrwx@ 1 kai  staff   87538  4 Okt 22:50 21_doppelt_deaktiviert.png
drwxr-xr-x  4 kai  staff     136 29 Sep 14:36 Z
-rw-r--r--@ 1 kai  staff       0  4 Okt 13:03 schnipsel.textClipping
drwxr-xr-x  8 kai  staff     272 28 Sep 19:20 text zählen
SnowPro:Desktop kai$
```

[Prompt]
Der Prompt stellt die Eingabeaufforderung am Terminal dar. Er wird um einige zusätzliche Informationen wie den Namen des Rechners und das aktuelles Verzeichnis ergänzt.

Die Tilde ~ und der Prompt | In den Standardeinstellungen beginnt die Arbeit immer in Ihrem persönlichen Verzeichnis, das im Finder dem Ordner /BENUTZER/KURZNAME entspricht. Am Terminal wird eine Abkürzung in Form einer Tilde (~) verwendet. Außerdem gibt Ihnen die Zeile Aufschluss über den Benutzernamen, mit dem Sie aktuell arbeiten. Nach dem Dollar-Zeichen wartet ein Cursor auf Eingaben. Diese Eingabeaufforderung wird auch Prompt genannt.

Ein erster Befehl | Geben Sie nun als ersten Befehl `ls` ein und drücken dann ⏎. Als Ergebnis wird der Inhalt Ihres persönlichen Verzeichnisses angezeigt. Je nachdem, was Sie dort gespeichert und welche eigenen Ordner Sie dort angelegt haben, wird die Darstellung von der in Abbildung 6.1 etwas abweichen.

Verzeichnis wechseln | Nach der Ausgabe des Verzeichnisinhalts erscheint erneut der Cursor und wartet auf weitere Eingaben. Wenn Sie nun `cd Desktop` eingeben, wechseln Sie das aktuelle Arbeitsverzeichnis. Die Eingabe von `cd`, gefolgt von einem Verzeichnisnamen, entspricht einem Doppelklick auf das Symbol eines Ordners im Finder. Das Verzeichnis, in dem Sie sich jetzt befinden, ist nun `Desktop` – im Finder entspricht dies dem Schreibtisch.

Der Verzeichniswechsel wird Ihnen auch in der Eingabeaufforderung in der Form `SnowPro:Desktop` angezeigt. Wenn Sie dahinter nun erneut `ls` eingeben, wird der Inhalt des Verzeichnisses ausgegeben. In diesem Beispiel wären das alle Dateien und Ordner, die sich auf Ihrem Schreibtisch befinden. Mit der erneuten Eingabe von `cd` ohne den Namen eines Verzeichnisses wechseln Sie jetzt wieder in Ihren persönlichen Ordner, es erscheint wieder die Tilde ~.

6.1.1 Die Shell

Während Sie sich an Ihre ersten Schritte am Terminal wagen, greifen dabei im Hintergrund einige Programme und Komponenten des Systems ineinander. Dem Dienstprogramm Terminal kommt hierbei in erster Linie die Aufgabe zu, Ihre Eingaben entgegenzunehmen und die Ergebnisse auf dem Bildschirm im passenden Fenster anzuzeigen. Das Terminal ist also in erster Linie für die Ein- und Ausgabe zuständig.

Geben Sie einen Befehl ein, so leitet das Terminal Ihre Tastatureingaben an die Shell weiter. Diese sorgt dafür, dass Ihre Befehle ausgeführt werden. Die eigentliche Arbeit, also das Auslesen des Inhalts eines Verzeichnisses, übernimmt in den meisten Fällen nicht die Shell selbst. Sie startet dafür ein weiteres Programm, das sich um das Auslesen kümmert und das Ergebnis an sie zurückgibt. Die Shell sorgt dann für die entsprechende Anzeige des Prozesses im Fenster des Terminals. Aufgrund dieser Übersetzungsleistung, indem die Shell Eingaben auswertet und Befehle zurückgibt, wird sie manchmal auch als Interpreter bezeichnet.

6.1.2 Befehle, Parameter, Optionen

Die Befehle, die am Terminal zur Verfügung stehen, liegen fast ausnahmslos in der Form von kleinen Programmen vor. Im Finder wird ein solches Programm als AUSFÜHRBARE UNIX-DATEI bezeichnet und mit einem grauen Icon versehen. Nach einer Eingabe wie `ls` sucht die Shell nach einem Programm mit dem Namen `ls`, startet es und wartet auf das Ergebnis vom System.

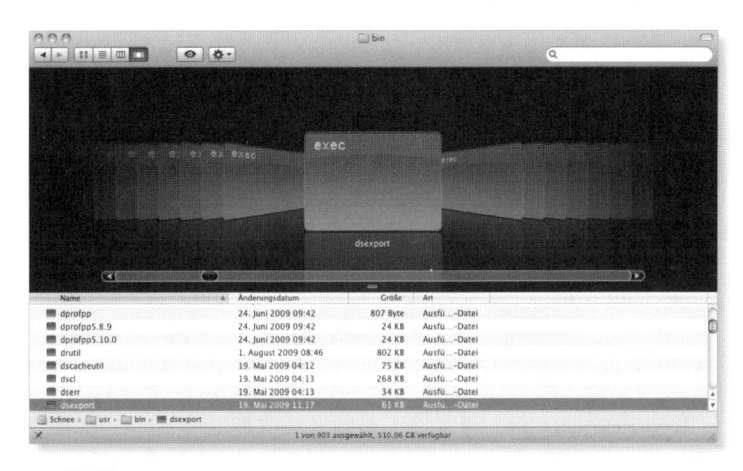

Bash 3.2
In Mac OS X 10.6 verwendet Apple standardmäßig die Version 3.2 der `bash`, der »*Bourne Again Shell*«. Neben der `bash` gibt es noch eine ganze Reihe weiterer Shells mit unterschiedlichem Funktionsumfang.

▲ **Abbildung 6.2**
Die meisten Befehle am Terminal sind eigentlich kleine Programme.

Akronyme
Befehle wie `cd` oder `ls` wirken auf den ersten Blick kryptisch. Es handelt sich dabei aber oft um Abkürzungen oder Akronyme für englische Wörter, die die Funktion charakterisieren. Mit `cd` wechseln Sie das aktuelle Verzeichnis. Im Englischen heißt dieser Vorgang »*change directory*«. Ebenso listet Ihnen `ls` (von »*list*«) den Inhalt eines Verzeichnisses auf. Und `cp` (für »*copy*«) kopiert eine Datei oder ein Verzeichnis an eine Stelle, die über Parameter anzugeben ist.

▲ **Abbildung 6.3**
Die Befehle für das Terminal werden in Verzeichnissen abgelegt, die der Finder sonst nicht anzeigt.

Verzeichnisse für Befehle | Die zur Verfügung stehenden Programme werden in besonderen Verzeichnissen abgelegt, die die Shell durchsucht. In den Standardeinstellungen sind dies die Verzeichnisse /bin, /sbin, /usr/bin, /usr/sbin, /usr/local/bin und möglicherweise /usr/x11/bin. Sie können sich den Inhalt dieser Verzeichnisse auch im Finder anzeigen lassen, wenn Sie den Menüpunkt Gehe zu • Gehe zu Ordner aufrufen und dort direkt zum Beispiel /usr/bin eingeben.

PATH-Variable | Von entscheidender Bedeutung ist hierbei der Wert der PATH-Variablen. Bei solchen Umgebungsvariablen handelt es sich um einen Wert, der im Arbeitsspeicher vorgehalten wird. Im weiteren Sinne entspricht dies einer Voreinstellung. In der PATH-Variablen werden die fünf oder sechs zuvor genannten Verzeichnisse durch Doppelpunkte getrennt gespeichert. Die Ergänzung der PATH-Variablen (siehe Abschnitt 6.6.1) kann notwendig sein, wenn Sie eigene Programme, die am Terminal genutzt werden, installieren.

Mehrere Parameter
Viele Befehle lassen auch mehrere Parameter zu. So ist es etwa üblich, beim Kopieren einer Datei mit dem Befehl cp sowohl die zu kopierende Datei als auch den neuen Namen und das Ziel der Kopie in der Form cp Alt.txt Neu.txt anzugeben.

[Synopsis]
Synopsis heißt der Grundaufbau, nach dem fast alle Befehle in UNIX mitsamt ihren Optionen und Parametern aufgebaut sind. Er lautet in den meisten Fällen:
Befehl Option Parameter

Parameter | Im ersten Beispiel mit der Eingabe von ls wurde lediglich der Befehl allein aufgerufen. Bei dem Wechsel des Verzeichnisses mit cd musste jedoch auch der Name des Verzeichnisses angegeben werden. Der Name ist dabei ein Parameter, den die Programme ls und cd bei ihrer Arbeit berücksichtigen. Die meisten Befehle, die Sie am Terminal verwenden können, verstehen solche Parameter. So können Sie mit ls Movies auch direkt den Inhalt des Ordners Filme ausgeben, ohne zuerst in das entsprechende Verzeichnis mit dem Befehl cd wechseln zu müssen.

Optionen | Neben Parametern, die meistens das Ziel der auszuführenden Aktion darstellen, können Sie mit Optionen auch die Art und Weise beeinflussen, in der der Befehl ausgeführt wird. Eine solche Option wird bei den meisten Befehlen mit einem Minuszeichen, gefolgt von einem Buchstaben, definiert. So führt die Eingabe von

```
ls -l Music
```

zu einer etwas anderen Ausgabe des Verzeichnisinhalts als mit ls allein. Ihnen werden neben den Dateien und Ordnern auch einige ihrer Eigenschaften angezeigt:

```
drwxr-xr-x  6 kai  staff  204  4 Okt 14:08 iTunes
```

Mit der Option -l wird dem Programm ls signalisiert, dass der Inhalt in einer detaillierten Langfassung ausgegeben werden soll.

Welche Optionen und Parameter ein Befehl entgegennimmt, hängt immer vom Befehl selbst ab. Informationen über die verfügbaren Optionen und Parameter finden Sie in der Dokumentation der Befehle (siehe Abschnitt 6.5).

6.2 Navigation im Dateisystem

Die Navigation im Dateisystem erfolgt im Finder bequem über die Fenster, die Icons und gegebenenfalls einen Doppelklick. Am Terminal wird mit dem Befehl cd das aktuelle Verzeichnis gewechselt.

Pfadangaben | Wenn Sie ein neues Fenster im Terminal öffnen, dann ist Ihr persönlicher Ordner automatisch das aktuelle Verzeichnis. Je nach Ihrem Benutzernamen handelt es sich zum Beispiel um /USERS/KAI, was im Finder /BENUTZER/KAI entsprechen würde. Um in ein Verzeichnis zu wechseln, geben Sie den Befehl cd gefolgt von dem Namen des Verzeichnisses ein. Hierbei gilt es, zwischen relativen und absoluten Pfadangaben zu unterscheiden. Die absolute Angabe eines Pfades zu einem Verzeichnis beginnt immer mit einem Schrägstrich, gefolgt von dem vollständigen Pfad. Zum Beispiel lautet der absolute Pfad zu dem persönlichen Verzeichnis des Benutzers Martin /USERS/MARTIN. Egal, in welchem Verzeichnis Sie sich befinden, mit

```
cd /Users/Martin
```

würden Sie in dieses Verzeichnis wechseln.

Möchten Sie in das Verzeichnis FILME des Benutzers Martin wechseln, so können Sie sowohl

```
cd /Users/Martin/Movies
```

als auch, sollten Sie sich bereits in /USERS/MARTIN befinden, einfach nur

```
cd Movies
```

eingeben. Hier wird vor dem Verzeichnis Movies kein Schrägstrich angegeben, die Pfadangabe ist also relativ zum aktuellen Verzeichnis. Das heißt, nicht ausgehend von dem obersten Ordner Ihres Dateisystems, sondern vom aktuellen Arbeitsverzeichnis, in dem Sie sich befinden.

[Relative und absolute Pfade]
Pfadangaben kann man auf zwei Arten vorgeben: absolut, also mit der Beschreibung des kompletten Pfads vom Grundverzeichnis aus, oder relativ, also von dem Punkt im Verzeichnisbaum aus, an dem man sich gerade befindet.

TIPP

Wenn Sie direkt in Ihr persönliches Verzeichnis wechseln möchten, können Sie auch einfach cd ohne weitere Optionen und Parameter eingeben.

Übergeordnetes Verzeichnis:
..

Verzeichnisse schnell wechseln | Möchten Sie von dem Verzeichnis MOVIES in das Verzeichnis für Dokumente (DOCUMENTS) wechseln, können Sie in unserem Beispiel mit

```
cd /Users/Martin/Documents
```

eine absolute Pfadangabe verwenden. Einfacher und schneller getippt ist jedoch die relative Pfadangabe

```
cd ../Documents
```

Die zwei Punkte stehen für das übergeordnete Verzeichnis (/USERS/MARTIN) des Verzeichnisses, in dem Sie sich befinden (/USERS/MARTIN/MOVIES).

Wenn Sie sich aktuell im Verzeichnis /USERS/MARTIN/DOCUMENTS befinden und in das Verzeichnis /USERS wechseln möchten, so können Sie entweder wieder mit

```
cd /Users
```

den absoluten Pfad angeben oder mit

```
cd ../../
```

Persönlicher Ordner: ~

einfach zwei Ebenen in der Verzeichnishierarchie nach oben springen.

Bei der Verwendung von cd kommt der Tilde (~), die Sie mit ⎇ + N eingeben können, eine besondere Bedeutung zu. Sie dient als Abkürzung für den persönlichen Ordner des jeweiligen Benutzers. Mit

Present Working Directory
Wenn Sie vergleichsweise tief in die doch recht umfangreiche Verzeichnishierarchie hinabgestiegen sind, hilft Ihnen die kleine Gedächtnisstütze am Prompt nicht mehr weiter. Sie zeigt lediglich die letzten drei übergeordneten Verzeichnisse an und nicht den kompletten Pfad. Mit Eingabe von pwd gibt die Shell den vollständigen Pfad des aktuellen Arbeitsverzeichnisses aus. Auch pwd ist ein Akronym und steht für »present working directory«.

```
cd ~/Documents
```

wechseln Sie in das Verzeichnis DOCUMENTS in Ihrem Nutzerverzeichnis, ganz gleich, wo Sie sich aktuell im Dateisystem befinden. Darüber hinaus ist die Shell so konfiguriert, dass auch die einfache Angabe von cd ohne eine Pfadangabe immer in Ihr persönliches Verzeichnis wechselt.

Abbildung 6.4 ▶
Mit den Befehlen cd und pwd erfolgt die Navigation im Dateisystem.

```
Terminal — bash — 80×7
SnowPro:~ kai$ cd Documents
SnowPro:Documents kai$ ls
Beispiele           Scannerausgabe      WeblogClient
Bildvorrat          Stapel Dokumente.pdf iChats
SnowPro:Documents kai$ pwd
/Users/kai/Documents
SnowPro:Documents kai$
```

Zeichen mit \ maskieren | Optionen und Parameter werden am Terminal durch Leerzeichen getrennt. Dies kann bei einem Ordner oder einer Datei, in deren Namen sich ein Leerzeichen befindet, dazu führen, dass der dem Leerzeichen folgende Teil des Namens als Parameter interpretiert wird. Neben dem Leerzeichen können auch Klammern zu Problemen führen.

Sie können dies umgehen, indem Sie Klammern und Leerzeichen in Pfadangaben das Zeichen »\« (⌥ + ⇧ + 7) voranstellen. Damit werden die problematischen Zeichen maskiert. In einen Ordner, dessen Name PROJEKTE (21.7.2009) lautet, wechseln Sie mit der Eingabe `cd Projekte\ \(21.7.2009\)`. Es müssen hier also drei Zeichen maskiert werden.

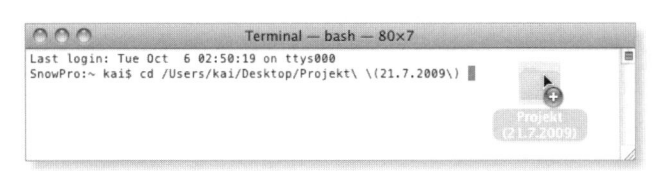

◀ **Abbildung 6.5**
Ein Ordner oder eine Datei kann in das Fenster gezogen werden.

Verzeichnisinhalt anzeigen | Mit dem Befehl `cd` können Sie zwar das aktuelle Arbeitsverzeichnis wechseln, aber Sie erhalten keine Auskunft über den Inhalt des Verzeichnisses. Zu dessen Anzeige dient der bereits erwähnte Befehl

`ls Verzeichnis`

Wenn Sie einfach nur `ls` eingeben, dann wird Ihnen der Inhalt des aktuellen Verzeichnisses ausgegeben. Sie können aber auch ein Verzeichnis, dessen Inhalt Sie in Erfahrung bringen möchten, direkt angeben. Mit der Eingabe

`ls ~/Documents`

wird Ihnen der Inhalt des Verzeichnisses DOKUMENTE in Ihrem persönlichen Ordner angezeigt.

Informationen einholen | Geben Sie keine Option an, dann gibt `ls` lediglich die Namen der Dateien und Ordner das angegebenen Verzeichnisses aus. Mit der Option `-l` können Sie veranlassen, dass `ls` Ihnen in einer Liste detaillierte Informationen über den Inhalt des Verzeichnisses geben. Dazu gehören auch die aktuell geltenden Zugriffsrechte (siehe Abschnitt 8.2). Ferner können Sie mit der Option `-a` auch die unsichtbaren Dateien, deren Name mit einem Punkt beginnt, in die Ausgabe einbeziehen. Am Terminal sind diese Dateien zwar nicht wirklich unsichtbar, werden

Ganz viele Optionen …
Auch wenn der Befehl `ls` lediglich den Inhalt eines Verzeichnisses anzeigt, so verfügt er doch über eine erstaunliche Anzahl von Optionen. In der mit `man ls` aufzurufenden Dokumentation (siehe Abschnitt 6.5) finden Sie mehr als zwanzig Optionen, über die Sie die Ausgabe konfigurieren können.

aber von der normalen Anzeige ausgeschlossen. Beide Optionen können Sie auch in einem Aufruf in der Form

```
ls -al ~/Documents
```

kombinieren. In diesem Fall erhalten Sie eine detaillierte Auflistung Ihres Ordners DOKUMENTE, in die auch die sonst nicht sichtbaren Dateien einbezogen werden.

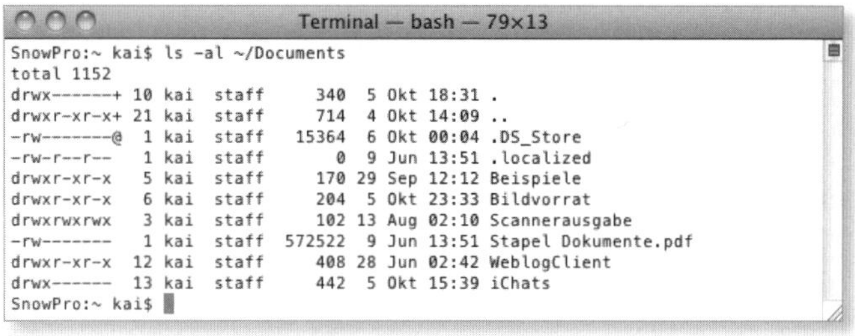

Abbildung 6.6 ▶
Mit dem Befehl ls können auch die unsichtbaren Dateien angezeigt werden.

6.3 Mit Dateien arbeiten

Auch am Terminal steht eine Reihe von Befehlen für die Dateiverwaltung zur Verfügung. An und für sich stellen diese oft nur das Pendant zu den Funktionen des Finders dar, und in der täglichen Arbeit ist die Nutzung des Finders zunächst einfacher und intuitiver.

Es kann aber erforderlich sein, Dateien von Hand am Terminal zu kopieren oder zu löschen. Sei es, weil Ihr System nicht mehr startet und Sie im Single-User-Modus eigenhändig Dateien löschen und verschieben müssen, oder sei es, dass Sie eine Konfigurationsdatei im Verzeichnis /ETC ändern und vorher eine Sicherheitskopie der alten Einstellungen erstellen möchten. Dabei gelten die zuvor beschriebenen Konventionen der Pfadangaben auch für alle Befehle zum Kopieren, Löschen und Verschieben.

> **HINWEIS**
>
> Wenn Sie am Terminal auf Dateien oder Ordner zugreifen möchten, für die Sie keine ausreichenden Zugriffsrechte besitzen, können Sie in begründeten Ausnahmefällen den Befehlen cp, mv, rm den Befehl sudo (siehe Abschnitt 14.3.1) voranstellen.

Kopieren mit cp | Um eine Datei oder ein Verzeichnis zu kopieren, verwenden Sie den Befehl

```
cp Quelle Ziel
```

Als Quelle geben Sie den Namen oder Pfad der zu kopierenden Datei, als Ziel entweder einen anderen Namen, ein anderes Verzeichnis oder beides an. Mit

```
cp ~/Documents/Datei.rtf /Users/kai/Public/
```

kopieren Sie Datei.rtf aus Ihrem Ordner Dokumente in den Ordner Öffentlich des Benutzers kai. Achten Sie bei der Angabe eines Pfades als Ziel darauf, dass Sie die Angabe mit / abschließen. So behält cp dann den Namen der Ausgangsdatei bei. In Ihrem aktuellen Arbeitsverzeichnis erstellen Sie mit

```
cp Brief.rtf Meier.rtf
```

ein Duplikat der Datei Brief.rtf mit einem neuen Namen Meier.rtf, und mit

```
cp Brief.rtf ~/Backup/Meier.rtf
```

kopieren Sie die Datei in das (vorher zu erstellende) Verzeichnis Backup und weisen ihr gleichzeitig einen neuen Namen zu.

Verzeichnis kopieren | Wenn Sie anstelle einer einzelnen Datei den vollständigen Inhalt eines Verzeichnisses kopieren möchten, so erfolgt die Angabe von Quelle und Ziel in der gleichen Form, muss aber durch die Option –r ergänzt werden. Die Eingabe

```
cp -r ~/Documents/ /Users/kai/Public/
```

kopiert Ihren Ordner Dokumente samt Inhalt in den Ordner Für alle Benutzer.

> **TIPP**
> Mit der zusätzlichen Option -v können Sie den Befehl cp veranlassen, Sie am Terminal über den Verlauf des Kopiervorgangs zu informieren. Die Eingabe von cp -vr ~/Documents /Users/Public kopiert Ihr Verzeichnis Dokumente in den Ordner Für alle Benutzer und informiert Sie detailliert über den Verlauf des Kopiervorgangs.

Verschieben und Umbenennen mit mv | Zum Umbenennen einer Datei oder eines Verzeichnisses am Terminal gibt es keinen eigenen Befehl. Dies lässt sich aber auch mit dem Befehl

```
mv Quelle Ziel
```

bewerkstelligen, der eigentlich dem Verschieben von Dateien dient. Mit

```
mv Brief.rtf Brief2.rtf
```

ändern Sie den Namen der Datei Brief.rtf in Brief2.rtf.

Das Verschieben erfolgt ähnlich wie das Kopieren jeweils durch die Angabe eines Namens oder eines Pfades. Eine Datei im aktuellen Verzeichnis verschieben Sie mit

```
mv Brief.rtf ~/Documents/
```

in Ihren Ordner DOKUMENTE. Geben Sie nach dem Zielverzeichnis noch einen Namen an, etwa in der Form

```
mv Brief.rtf ~/Documents/Brief_12007.rtf
```

dann wird die Datei in den Ordner DOKUMENTE verschoben und in BRIEF_12007.RTF umbenannt.

Verzeichnis erstellen mit mkdir | Ein Verzeichnis erstellen Sie mit dem Befehl

```
mkdir Pfad
```

> **TIPP**
>
> Über die Option -p können Sie auch gleich einen ganzen Pfad erzeugen. Mit `mkdir -p /Users/kai/Neuer/Pfad` wird zuerst ein Verzeichnis NEUER und innerhalb dessen ein Verzeichnis PFAD erstellt.

wobei die bloße Angabe eines Namens ein neues Verzeichnis im gerade aktuellen Verzeichnis erstellt. Geben Sie hingegen einen ganzen Pfad wie etwa

```
mkdir /Users/kai/Neu
```

an, so wird das Verzeichnis NEU im persönlichen Ordner des Benutzers Kai angelegt, unabhängig von Ihrem aktuellen Arbeitsverzeichnis.

Löschen mit rm | Beim Löschen von Dateien am Terminal müssen Sie beachten, dass es dort kein Pendant zum Papierkorb gibt. Löschen Sie eine Datei mit dem Befehl

```
rm Datei
```

so stellt Ihnen das Betriebssystem keine Möglichkeit zur Verfügung, die Datei wiederherzustellen. Sie können den Befehl mit der Option -i (zum Beispiel `rm -i Brief.rtf`) veranlassen, vor dem Löschen einer Datei eine Bestätigung zu verlangen.

Verzeichnisse rekursiv löschen | Ebenso, wie Sie mit der Option -r ein ganzes Verzeichnis kopieren, können Sie mit der Option -r auch ein Verzeichnis und seinen Inhalt rekursiv löschen. Durch die Eingabe von

```
rm -r /Users/kai/Desktop/Kannweg
```

wird der auf dem Schreibtisch des Benutzers KAI befindliche Ordner KANNWEG mitsamt seinem Inhalt einschließlich Unterordnern gelöscht.

Sicheres Löschen mit srm | Der Befehl `srm` hat die Aufgabe, eine Datei nicht nur aus der Verzeichnisstruktur zu entfernen, sondern auch die in ihr enthaltenen Daten mit Leerdaten zu überschreiben. Er entspricht also dem sicheren Entleeren des Papierkorbs im Finder, jedoch bezogen auf eine Datei. Mit

```
srm Brief.rtf
```

wird die Datei BRIEF.RTF gelöscht und ihr Inhalt mit Leerdaten überschrieben. Sie ist auf diese Weise auch für versierte Computer-Forensiker so gut wie nicht mehr zu rekonstruieren.

Verzeichnis löschen mit rmdir | Wenn Sie ein Verzeichnis komplett entleert haben und es auch keine unsichtbaren Dateien enthält, können Sie anstatt des fehlerträchtigen Befehls `rm -r` auch den Befehl

```
rmdir /Pfad/zum/Verzeichnis
```

verwenden. Da `rmdir` nur leere Verzeichnisse aus dem Dateisystem entfernt, ist seine Verwendung weniger gefährlich als die Kombination `rm -r`. Beachten Sie, dass `rmdir` die Löschung eines Verzeichnisses auch dann verweigert, wenn sich darin noch unsichtbare Dateien und Ordner befinden. Sie können sich diese mit `ls -a Verzeichnis/` (siehe Abschnitt 6.2) anzeigen lassen.

6.4 Texte anzeigen und bearbeiten

Viele Konfigurationsdateien oder Protokolle, die das System im Hintergrund von Fehlermeldungen erstellt, liegen als Texte vor. Die Arbeit mit reinen Textdateien am Terminal mag im Vergleich zu Editoren wie TextMate oder auch TextEdit etwas gewöhnungsbedürftig sein, aber in vielen Fällen ist die direkte Anzeige und Bearbeitung von Texten am Terminal einfach schneller.

6.4.1 Texte anzeigen mit less

Eine Textdatei anzeigen können Sie mit dem Befehl `less`, gefolgt vom Namen der anzuzeigenden Datei. Mit

```
less /etc/apache2/httpd.conf
```

rufen Sie die Konfigurationsdatei des Webservers Apache auf.

[more]
Der Vorgänger von `less` trug den bezeichnenden Namen `more`. Das Programm hatte den Nachteil, dass der Anwender nicht im Text zurücknavigieren konnte. Dieses Manko wurde mit `less` aufgehoben, und dementsprechend charakterisiert sich `less` in seiner Dokumentation als »*opposite of more*«.

Hierbei geben Sie mit `/etc/apache2/httpd.conf` den absoluten Pfad zu der Datei an. Wären Sie vorher mit

```
cd /etc/apache2/
```

in das entsprechende Verzeichnis gewechselt, so hätte der Aufruf auch lediglich

```
less httpd.conf
```

Vorteile von less
Ein großer Vorteil von `less` liegt in der Geschwindigkeit und Effizienz. Wenn eine sehr große Textdatei angezeigt werden soll, dann lädt `less` nicht die gesamte Datei in den Arbeitsspeicher, sondern nur den gerade anzuzeigenden Bereich.

lauten können. Mit den Tasten ⬆ und ⬇ können Sie durch das Dokument navigieren. Die ⎵Leertaste⎵ blättert eine Seite weiter, und mit B blättern Sie eine Seite zurück. Die Taste G führt Sie zum Beginn, die Tastenkombination ⇧ + G zum Ende des Textes. Die Taste Q beendet `less` und führt Sie zurück zur Eingabeaufforderung.

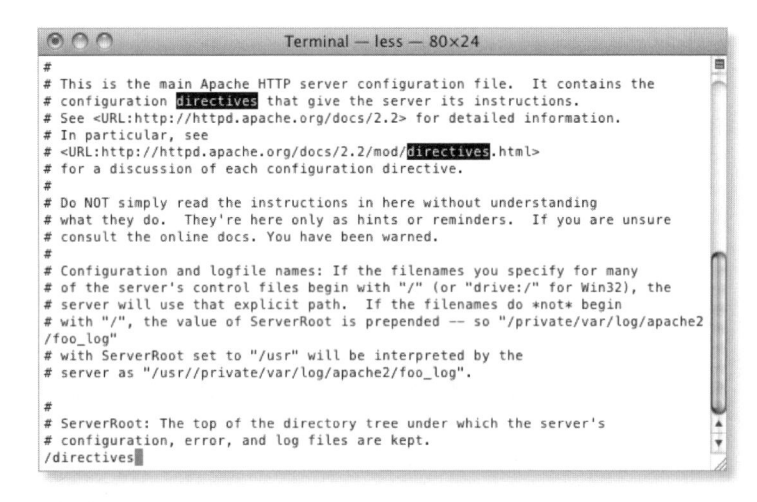

Abbildung 6.7 ▶
Der Befehl `ls` dient zur Anzeige von Textdateien.

Textstellen suchen | Wenn Sie eine bestimmte Textstelle suchen möchten, so geben Sie zuerst ein / gefolgt vom Suchbegriff, zum Beispiel /Begriff ein, und drücken abschließend ↵. Das Programm sucht nun die passenden Fundstellen und hebt sie hervor. Beim weiteren Blättern durch den Text werden alle Fundstellen weiterhin hervorgehoben angezeigt. Mit der Taste N können Sie direkt zur nächsten Fundstelle springen, zur vorhergehenden gelangen sie mit ⇧ und N.

6.4.2 Texte bearbeiten mit nano

Am Terminal steht eine ganze Reihe von Editoren zur Verfügung. Von dem sehr gewöhnungsbedürftigen Editor `vi` bis hin zum umfangreichen `Emacs` gibt es einige Programme. Am einfachsten zu bedienen ist der Editor `nano`. Sie können ihn durch die Eingabe von

```
nano Datei
```

starten. Die Angabe der Datei ist dabei nicht zwingend erforderlich. Starten Sie den Editor nur mit `nano`, so wird eine leere Datei angelegt, die Sie später mit einem Namen versehen können. Auch bei der Bearbeitung von Dateien mit nano gelten die Zugriffsrechte (siehe Abschnitt 8.2). Bei vielen Konfigurationsdateien insbesondere im Verzeichnis /etc müssen Sie dem Aufruf von `nano` den Befehl `sudo` voranstellen, um Ihre Änderungen speichern zu können.

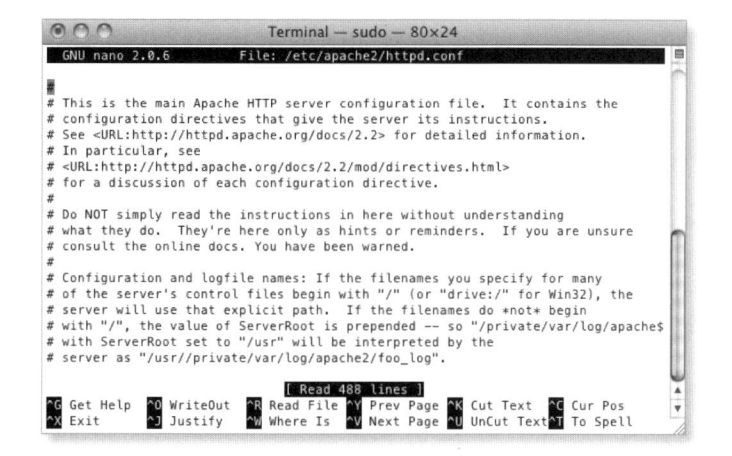

Vorgang abbrechen
Mit der Tastenkombination [ctrl] + [C] können Sie die meisten Vorgänge wie den Dateimanager oder die Suche vorzeitig abbrechen.

◄ **Abbildung 6.8**
Der Editor `nano` verfügt über wenige Funktionen, ist aber leicht zu bedienen.

Im Editor `nano` können Sie mit dem Cursor ganz normal in einem Text navigieren und an beliebigen Stellen Text einfügen oder löschen. Die am unteren Fensterrand aufgeführten Kürzel werden mit [ctrl] angesprochen. Dementsprechend dient die Kombination [ctrl] + [X] zum Beenden des Programms. Sie erhalten bei einem noch nicht gesicherten Text eine Rückfrage, ob er gespeichert werden soll. Den aktuellen Stand können Sie mit [ctrl] + [O] speichern, ohne dabei das Programm zu verlassen. Hierbei erhalten Sie eine Rückfrage zum Dateinamen. Mit der Eingabe von [↵] werden die Änderungen in der aktuellen Datei gesichert.

Datei öffnen… | Den Inhalt einer anderen Textdatei können Sie direkt an der aktuellen Position des Cursors mit dem Kurzbefehl [ctrl] + [R] einfügen. Anschließend können Sie direkt eine Datei angeben oder mit [ctrl] + [T] einen kleinen Dateimanager aufrufen. Die Pfeiltasten dienen zur Auswahl eines Verzeichnisses, in

TIPP

Der Editor verfügt auch über eine kleine Zwischenablage. Mit [ctrl] + [K] wird die Zeile, in der sich der Cursor gerade befindet, in die Zwischenablage kopiert und gleichzeitig gelöscht. An die Stelle, an der sich der Cursor befindet, können Sie diese Zeile mit [ctrl] + [U] wieder einfügen, wobei die Kopie im Speicher erhalten bleibt. Diese Zwischenablage arbeitet nicht mit der normalen Zwischenablage von Mac OS X zusammen. Sie können die so kopierte Zeile also nicht mit [⌘] + [V] in einer anderen Anwendung einfügen.

das Sie mit ⏎ und der Bestätigung der folgenden Rückfrage mit Y wechseln können. Eine ausgewählte Datei öffnen Sie ebenfalls mit ⏎. Ihr Inhalt erscheint dann in der von Ihnen aktuell bearbeiteten Datei.

Abbildung 6.9 ▶
Der Editor nano verfügt über einen kleinen Dateimanager.

...und speichern | Der Dateimanager steht Ihnen auch beim Speichern einer Datei zur Verfügung. Haben Sie eine Datei neu angelegt, nano also ohne die direkte Angabe eines Dateinamens gestartet, dann können Sie den Editor mit ctrl + O zum Speichern auffordern. Anstatt den direkten Pfad für die Datei in der Form /Users/kai/Datei.txt anzugeben, können Sie auch hier mit ctrl + T den Dateimanager aufrufen, das entsprechende Verzeichnis auswählen und der Datei einen Namen geben.

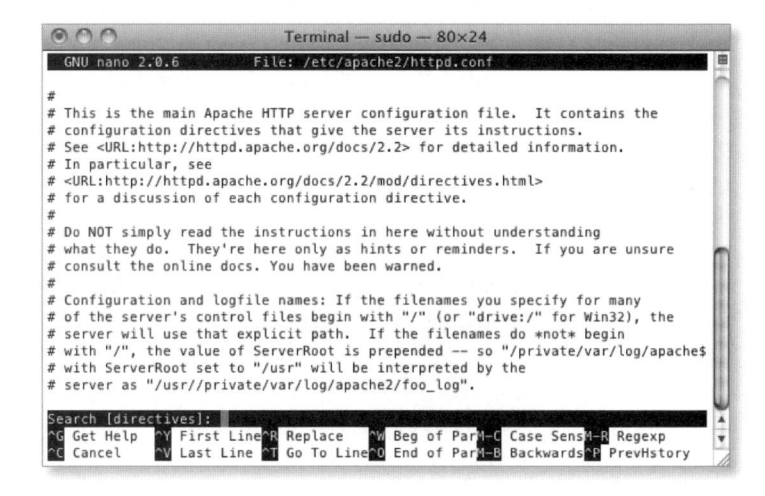

Abbildung 6.10 ▶
Der zuvor eingegebene Suchbegriff wird in Klammern angegeben.

Textstellen suchen | Ähnlich wie less verfügt auch nano über eine eingebaute Suchfunktion. Mit ctrl + W erhalten Sie eine

Eingabezeile über den unten angezeigten Kurzbefehlen. Dort geben Sie den zu suchenden Text ein und starten mit ⏎ die Suche. Nun wird Ihnen das erste Suchergebnis angezeigt. Um zur nächsten Fundstelle zu gelangen, geben Sie erneut ctrl + W ein, dabei allerdings keinen Suchbegriff, sondern einfach nur ⏎. Der vorhergehende Suchbegriff wird Ihnen in Klammern als Gedächtnisstütze angezeigt.

6.5 Die enthaltene Dokumentation

Zusammen mit dem Betriebssystem wird auch eine umfangreiche Dokumentation der am Terminal zur Verfügung stehenden Befehle installiert.

Manual Pages | Zu fast jedem Befehl ist eine zumindest rudimentäre Erläuterung vorhanden. Geben Sie dafür einfach den Befehl man gefolgt von dem Namen eines Befehls ein. Mit

Navigation
In der Dokumentation können Sie die in Abschnitt 6.4.1 beschriebenen Tasten und Tastenkombinationen des Programms less zur Navigation nutzen. Die Anzeige der man-pages wird am Terminal nämlich durch less vorgenommen.

```
man less
```

rufen Sie etwa die Dokumentation des Befehls less auf. In Abbildung 6.11 ist die daraufhin angezeigte, »Manual Page« (auch »man-page«) genannte Dokumentation zu sehen.

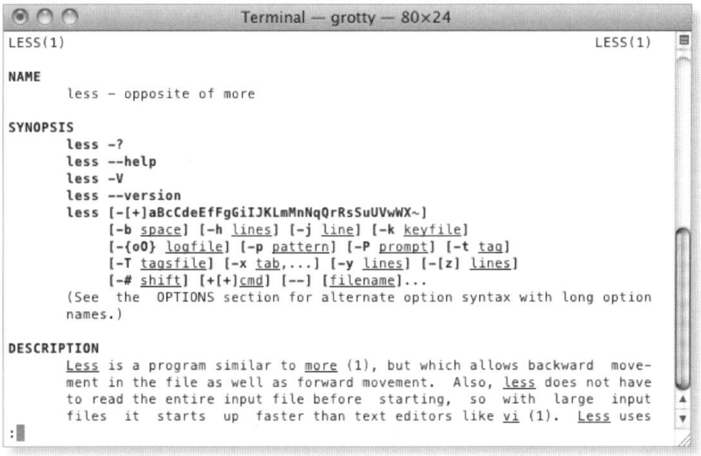

◀ **Abbildung 6.11**
Auch das eher einfache Programm less verfügt über eine Dokumentation.

Synopsis | Neben dem Namen und einer knappen Beschreibung der grundlegenden Funktion des Befehls erhalten Sie in der Synopsis eine Auflistung aller möglichen Optionen und Parameter.

Description | Wie Sie im Beispiel less sehen, gibt es auch für die Anzeige von Textdateien viele Möglichkeiten. Am wichtigsten ist in der Regel die Erläuterung unter dem Punkt DESCRIPTION. Sie finden hier neben den grundlegenden Funktionen des Befehls auch Anmerkungen, inwiefern verschiedene Optionen ineinandergreifen und sich gegenseitig beeinflussen.

Manchmal kommt es vor, dass eine Option eine andere ausschließt. Solche möglichen Konflikte werden hier erwähnt. Oft finden Sie am Ende der Dokumentation auch einige Beispiele, die die Funktionsweise des Befehls verdeutlichen.

man-pages ausdrucken | Die Lektüre der man-pages kann am Bildschirm insbesondere bei längeren Texten recht ermüdend sein. Sie liegen nicht als reine Textdatei vor, sondern es handelt sich um ein spezielles Format, das auch Fettschrift und Unterstreichungen beinhaltet. Bei einfachem Copy & Paste und Ausdruck aus einem Editor würden diese Formatierungen verloren gehen.

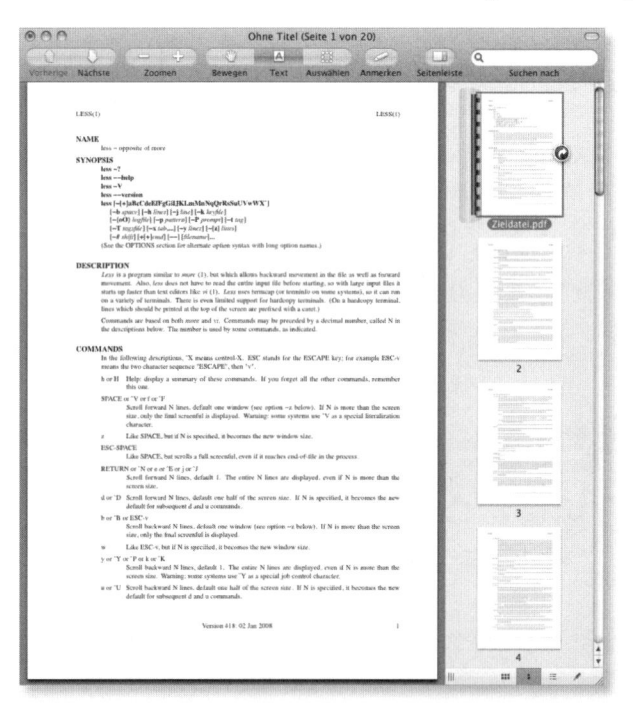

Abbildung 6.12 ▶
Die Dokumentation kann auch ausgedruckt werden.

Mit einer Befehlskombination können Sie aus einer man-page aber eine PostScript-Datei erzeugen, die mithilfe des Programms VORSCHAU ausgedruckt werden kann. Hierzu geben Sie das Kommando

```
man -t Befehl > Zieldatei.ps
```

ein, wobei Sie `Befehl` durch den Befehl ersetzen, dessen Dokumentation Sie konvertieren möchten. Sie erhalten anschließend eine Zieldatei.ps genannte Datei, die sich in dem Verzeichnis befindet, das Sie zuletzt mit `cd` ausgewählt haben. Öffnen Sie diese Datei in dem Programm Vorschau, so beinhaltet sie das, was Sie sonst am Terminal angezeigt bekommen.

6.6 Effizienter am Terminal arbeiten

Wenn Sie etwas intensiver mit dem Terminal arbeiten, um Ihr System zu administrieren und anzupassen, dann bietet Ihnen die Shell einige Funktionen, die eine etwas effizientere Arbeit ermöglichen.

6.6.1 Umgebungsvariablen

Die Einstellungen der Shell, die sowohl das Aussehen des Prompts als auch die Verzeichnisse, in denen die Shell nach Befehlen sucht, betreffen, werden in einer eigenen Datei mit dem Namen .bash_profile vorgenommen.

Datei erstellen
In einer normalen Installation ist keine Datei .bash_profile in Ihrem persönlichen Verzeichnis vorhanden. Diese können Sie mit `nano ~/.bash_profile` einfach erstellen und dann bearbeiten.

.bash_profile | Wenn Sie ein Fenster des Terminals öffnen und die Shell in diesem Fenster gestartet wird, so wird .bash_profile von der Shell ausgelesen. In dieser Datei befinden sich Definitionen von Werten, die die Shell in ihrer Arbeitsweise beeinflussen. Sie werden Umgebungsvariablen genannt. Der Name rührt daher, dass sie die Arbeitsumgebung des Anwenders bestimmen. Sie befinden sich also genau genommen nicht in einer normalen Datei auf der Festplatte, sondern im Arbeitsspeicher des Rechners.

In der Datei .bash_profile lässt sich `bash` auf vielfältige Weise vom Anwender konfigurieren. Die Shell verfügt über eine Vielzahl von Optionen und Möglichkeiten, da sie auch – der Begriff »Befehlszeilen-Interpreter« deutet es an – als ein Interpreter für Skripte an der Shell ähnlich wie AppleScript verwendet werden kann.

[echo]
Der Befehl `echo` dient zur Ausgabe von Variablen oder Texten am Terminal. Sie können `echo` auch anstelle einer Variablen einen Text in Anführungszeichen übergeben, den der Befehl sofort am Terminal wieder anzeigt. `echo` ist bei Shell-Skripten (siehe Abschnitt 6.6.4) recht nützlich.

Die PATH-Variable | Eine der wichtigsten Umgebungsvariablen ist PATH. Sie legt fest, in welchen Verzeichnissen die Shell nach Befehlen suchen soll. Wenn Sie sich näher mit dem UNIX-Kern von Mac OS X befassen, werden Sie vielleicht auch weitere Programme installieren, die Sie am Terminal verwenden möchten. Den aktuellen Inhalt der Variablen können Sie sich durch die Eingabe `echo $PATH` anzeigen lassen. Die Ausgabe lautet in der Standardeinstellung:

```
/usr/bin:/bin:/usr/sbin:/usr/local/bin:/usr/X11/bin
```

Die Angabe /usr/X11/bin finden Sie nur, wenn Sie das Paket X11 ebenfalls installiert haben. Die einzelnen Ordner werden durch Doppelpunkte voneinander getrennt. Wird ein Befehl wie mv oder chmod eingegeben, durchsucht die Shell die in diesen Ordnern vorhandenen Dateien und prüft, ob es eine Übereinstimmung gibt. Dabei wird die Liste von links nach rechts durchsucht und die erste Fundstelle ausgeführt.

Wenn Sie im Verzeichnis /Users/kai/Skripte einige Programme oder Skripten gespeichert haben, die an der Shell verwendet werden sollen, müssen Sie die PATH-Variable um diesen Pfad ergänzen.

HINWEIS

Fügen Sie eigene Verzeichnisse immer ans Ende der PATH-Variablen an. Sie vermeiden so, dass die systemeigenen Befehle wie chmod oder ls durch andere Befehle, die über andere Software installiert wurde, ersetzt werden.

export | Änderungen an Umgebungsvariablen werden mit dem Befehl export vorgenommen. Die PATH-Variable können Sie durch die Eingabe

```
export PATH="/usr/bin:/bin:/usr/sbin:/usr/local/bin:/usr/X11/bin:/Users/kai/Skripten"
```

export

Die Funktionsweise von export besteht darin, zuerst den Namen der Variablen und nach dem Gleichheitszeichen in Anführungsstrichen den neuen Wert anzugeben. Diese Änderung gilt immer nur für das Fenster, in dem Sie den Befehl eingegeben haben.

bestimmen. Mit dieser Eingabe werden die zu durchsuchenden Pfade um das Verzeichnis /Users/kai/Skripten ergänzt, und das Verzeichnis wird bei der Suche berücksichtigt.

Dauerhafte Änderungen | Um Umgebungsvariablen dauerhaft ändern zu können, müssen Sie eine Datei .bash_profile erstellen. Erstellen Sie mit

```
nano ~/.bash_profile
```

eine neue Datei und fügen Sie die folgende Zeile ein:

```
export PATH="/usr/bin:/bin:/usr/sbin:/usr/local/bin:/usr/X11/bin:/Users/kai/Skripten"
```

Nach dem Speichern stehen Ihnen die Änderungen an jeder neu gestarteten Shell zur Verfügung.

6.6.2 Abkürzungen definieren

alias

Der Befehl alias hat nichts mit den Aliasen, die als Verweise auf Dateien und Ordner im Finder dienen, gemein.

Wenn Sie intensiver mit dem Terminal arbeiten, wird es einige Befehlsfolgen geben, die Sie häufiger verwenden. Die Shell bietet die Möglichkeit, Befehlen eine Abkürzung zuzuweisen. Es ist damit möglich, anstatt des Befehls cd ~/Movies einfach nur

Filme einzugeben und damit einen Wechsel in dieses Verzeichnis zu bewirken. Der Befehl `alias` ähnelt in seiner Funktionsweise `export`. Eine Abkürzung können Sie durch die folgende Eingabe bewirken:

```
alias Filme="cd ~/Movies"
```

Geben Sie anschließend nur `Filme` in die Kommandozeile ein, so wechselt die Shell in das Verzeichnis `Movies` in Ihrem persönlichen Ordner. Ebenso wie Umgebungsvariablen verfallen diese Definitionen, wenn Sie das Fenster mit der Shell schließen. Um die Abkürzung für alle Fenster zu definieren, fügen Sie die Zeile der Datei .BASH_PROFILE hinzu.

6.6.3 Weitere nützliche Funktionen

Die Shell bietet Ihnen ein paar Funktionen, die Ihnen die Arbeit am Terminal etwas erleichtern können. Dieser Abschnitt stellt Ihnen einige dieser Tricks vor, die Sie bei der normalen Arbeit mit Mac OS X nicht missen möchten.

Historie der Befehle | Die Shell merkt sich im Hintergrund die eingegebenen Befehle. Den zuvor eingegebenen Befehl können Sie erneut am Prompt anzeigen lassen, indem Sie die Taste ⎵↑⎵ drücken. Mit ⎵↑⎵ können Sie nacheinander alle zuvor eingegebenen Befehle abfragen, während Sie mit ⎵↓⎵ in der Historie wieder eine Eingabe vorwärts gehen.

Voriger Befehl
⎵↑⎵

Nachfolgender Befehl
⎵↓⎵

Eingaben vervollständigen | Bei der Eingabe von Datei- und Verzeichnisnamen sowie bei Befehlen können Sie Ihre Eingabe automatisch vervollständigen. Geben Sie am Terminal `cd Doc` gefolgt von ⎵Tab⎵ ein, dann vervollständigt die Shell `Doc` zu `Documents`, sofern Sie sich in Ihrem persönlichen Ordner befinden. Die Vervollständigung wird nur durchgeführt, wenn sie eindeutig ist. Dies bedeutet, dass `Doc` nicht zu `Documents` vervollständigt wird, wenn sich in Ihrem persönlichen Ordner ein Verzeichnis `Documents` und ein Verzeichnis `Documentation` befinden. Es erklingt ein Warnton. Drücken Sie nun zweimal kurz hintereinander ⎵Tab⎵, dann präsentiert Ihnen die Shell die verfügbaren Möglichkeiten.

Eingabe vervollständigen
⎵Tab⎵

Möglichkeiten anzeigen
⎵Tab⎵ ⎵Tab⎵

Zeilenanfang und -ende | Die sonst üblichen Tastenkombinationen, um an den Beginn oder an das Ende einer Zeile zu springen, funktionieren am Terminal nicht. Stattdessen können Sie den Cursor mit ⎵ctrl⎵ + ⎵A⎵ an den Beginn und mit ⎵ctrl⎵ + ⎵E⎵ an das Ende der Zeile bewegen.

Zeilenanfang
⎵ctrl⎵ + ⎵A⎵

Zeilenende
⎵ctrl⎵ + ⎵E⎵

Fensterinhalt löschen
⌘ + K

Fensterinhalt löschen | Mit der Tastenkombination ⌘ + K können Sie den Inhalt des aktuellen Fensters löschen. Der Prompt befindet sich anschließend oben in dem leeren Fenster. Streng genommen handelt es sich hierbei nicht um eine Funktion der Shell sondern des Terminals.

6.6.4 Kleine Shell-Skripten erstellen

Die Shell kann auch dazu dienen, um Skripten auszuführen. In diesem Fall arbeitet sie im nichtinteraktiven Modus. Shell-Skripten sind ein machtvolles, aber bisweilen auch kompliziertes Werkzeug. Möglicherweise sind Ihnen unter Windows die Batch-Dateien geläufig, mit denen Sie eine Reihe von Anweisungen nacheinander ausführen können. Shell-Skripten haben im Prinzip die gleiche Aufgabe.

Ein einfaches Skript kann aber auch schon aus wenigen Zeilen bestehen. In der ersten Zeile erfolgt die Angabe, welches Programm die nachfolgenden Anweisungen interpretieren soll. Mit der Angabe #!/bin/bash wird auf die bash verwiesen.

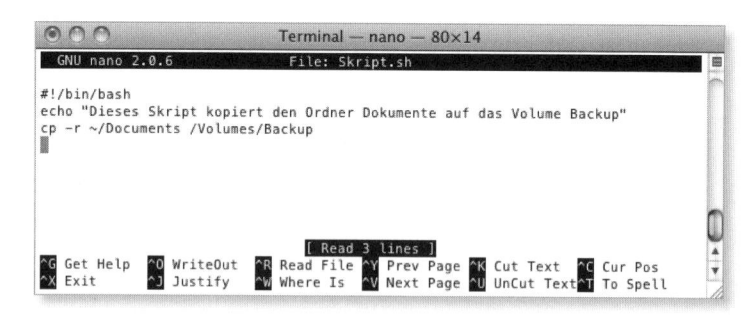

[Shebang]
Die erste Zeile, die mit den Zeichen #! beginnt, wird auch »Shebang« genannt. Sie enthält den Verweis auf das Programm oder die Shell, das die im Skript vorhandenen Befehle ausführen sollte. Mit #!/usr/bin/python würde ein Skript in der Programmiersprache Python ausgeführt.

Abbildung 6.13 ▶
Ein Shell-Skript sollte über eine Shebang-Zeile verfügen.

In einem Shell-Skript können Sie die meisten Befehle, die Ihnen auch im interaktiven Modus der Shell zur Verfügung stehen, verwenden. In Abbildung 6.13 wurde ein sehr einfaches Shell-Skript im Editor nano erstellt.

```
#!/bin/bash
echo "Dieses Skript kopiert den Ordner Dokumente auf
das Volume Backup"
cp -r ~/Documents /Volumes/Backup
```

Die drei Zeilen werden von oben nach unten abgearbeitet. Zuerst wird mit der Shebang-Zeile festgestellt, dass die bash die nachfolgenden Befehle erhalten soll. Dann wird mit echo einfach nur der Text in Anführungszeichen am Terminal ausgeführt. Schließlich wird in der dritten Zeile ein Kopiervorgang mittels cp durchgeführt.

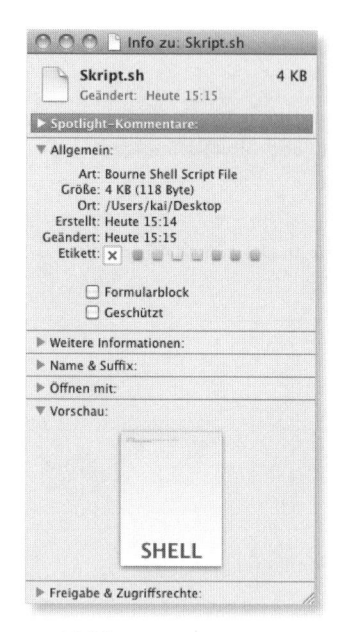

▲ **Abbildung 6.14**
Die Dateiendung .SH wird automatisch als Skript identifiziert.

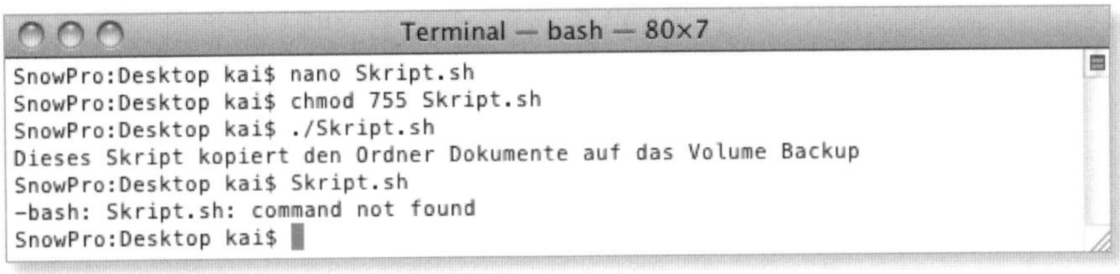

```
SnowPro:Desktop kai$ nano Skript.sh
SnowPro:Desktop kai$ chmod 755 Skript.sh
SnowPro:Desktop kai$ ./Skript.sh
Dieses Skript kopiert den Ordner Dokumente auf das Volume Backup
SnowPro:Desktop kai$ Skript.sh
-bash: Skript.sh: command not found
SnowPro:Desktop kai$
```

▲ **Abbildung 6.15**
Einem Shell-Skript müssen die passenden Zugriffsrechte zugewiesen werden.

Zugriffsrechte zuweisen | Haben Sie das kleine Skript gespeichert, so müssen Sie ihm noch die entsprechenden Zugriffsrechte (siehe Abschnitt 8.2) mit `chmod 755 Skript.sh` zuweisen. Speichern Sie es dann in einem Ordner, beispielsweise /USERS/KURZNAME/SKRIPTEN oder an einem anderen Platz, der in der PATH-Variable eingetragen ist, und Sie können das Skript wie ein Programm am Terminal aufrufen. Es ist auch möglich, das Skript aus dem aktuellen Verzeichnis mit `./Skript.sh` aufzurufen und zu starten.

Das einfache Beispiel gibt bei einem Aufruf wie in Abbildung 6.15 zuerst den Text über `echo` aus und startet dann den Kopiervorgang. Hat das Skript seine Arbeit beendet, erscheint wieder der Prompt.

Aktuelles Verzeichnis
In dem in Abbildung 6.15 gezeigten Beispiel muss dem Aufruf des Skriptes ein `./` vorangestellt werden. Die Angabe von `./` greift auf den aktuellen Pfad zurück. Der direkte Aufruf mit `Skript.sh` führt zu einer Fehlermeldung.

7   Quick Look und Spotlight

Während Sie mit dem Finder Ihre Dateien in Ordnern sortieren können, bietet Ihnen Mac OS X mit Quick Look und Spotlight zwei Möglichkeiten, Dateien schnell zu finden und zu prüfen, ob es sich um die gesuchte handelt.

Die Suchfunktion Spotlight ist in der Lage, auch den Inhalt einiger Dateien zu durchsuchen. Damit diese Suche schnell zu Ergebnissen führt, wird im Hintergrund eine Indexdatei angelegt und bei der Suche herangezogen. Dabei ist Spotlight nicht nur recht schnell, sondern auch flexibel. Wie Sie Ausdrücke formulieren und mit Spotlight sogar eine kleine Berechnung durchführen können, erfahren Sie im zweiten Teil dieses Kapitels.

Der erste Teil stellt Ihnen die Quick Look genannte Vorschau von Mac OS X vor. Bei Quick Look handelt es sich um eine Funktion des Betriebssystems, die Sie zwar in erster Linie im Finder nutzen werden, die Ihnen aber auch an anderen Stellen im System zur Verfügung steht.

7.1   Übersicht mit Quick Look

Quick Look ist zunächst recht unscheinbar, dafür aber äußerst praktisch. Seine Aufgabe besteht darin, Ihnen schnell eine Vorschau des Inhalts einer Datei zu ermöglichen. Dabei ist der Aufbau von Quick Look modular, die Funktion kann also leicht um weitere Dateitypen ergänzt werden. Entwickler können seine Funktionen in ihre Programme integrieren und eigene Generatoren zur Verfügung stellen.

7.1.1   Übersicht erhalten

Neben der hier im Mittelpunkt stehenden Übersicht im Finder können Sie Quick Look auch in Mail aufrufen, um einen Dateianhang, der von Quick Look interpretiert werden kann, einzusehen. Sie ersparen sich auf diese Weise das manuelle Öffnen beispielsweise von Word- und PDF-Dateien. In der Time Machine können

▲ **Abbildung 7.1**
Über das Symbol mit dem Auge kann die Übersicht aus der Symbolleiste aufgerufen werden.

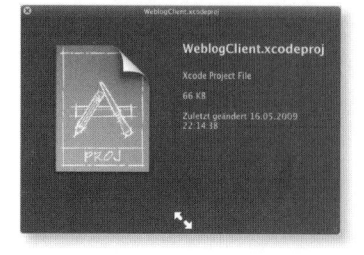

Sie Quick Look nutzen, um eine Vorschau der Datei zu erhalten, die Sie wiederherstellen möchten.

Übersicht aufrufen
`Leertaste`
`⌘` + `Y`

Übersicht aufrufen | Im Finder können Sie die Übersicht aufrufen, indem Sie entweder die Taste `Leertaste` drücken, den Kurzbefehl `⌘` + `Y` verwenden oder die Schaltfläche ÜBERSICHT in der Symbolleiste des Finders anklicken. Im Dialog zum Öffnen oder Speichern einer Datei können Sie die Vorschau ausschließlich über die Taste `Leertaste` aufrufen.

Es erscheint dann ein schwebendes, dunkelgraues Fenster. Darin finden Sie, abhängig vom Typ der ausgewählten Datei, entweder eine Vorschau des Inhalts oder eine kurze Übersicht der Eigenschaften. Das Fenster selbst schwebt und zeigt Ihnen immer die Übersicht der aktuell ausgewählten Datei an. Sie können also die Übersicht aufrufen und dann nacheinander verschiedene Dateien auswählen, und die Übersicht passt sich immer der gerade selektierten Datei an.

▲ **Abbildung 7.2**
Ist kein passender Generator verfügbar, werden Details der ausgewählten Datei angezeigt.

Abbildung 7.3 ▶
Ein Film kann direkt in der Übersicht abgespielt werden.

Ganzer Bildschirm
`⌘` + `⌥` + `Y`

Ganzer Bildschirm | Mit den beiden Pfeilen am unteren Rand können Sie die Übersicht auf den ganzen Bildschirm vergrößern und so beispielsweise Filme oder Bilder in voller Auflösung anzeigen. Sie können auch gleich den ganzen Bildschirm nutzen, indem Sie bei einer ausgewählten Datei den Kurzbefehl `⌘` + `⌥` + `Y` verwenden oder die Taste `⌥` gedrückt halten, wenn Sie auf das Symbol ÜBERSICHT in der Symbolleiste des Finders klicken. Zur normalen Ansicht können Sie mit der Taste `esc` zurückkehren.

Diashow | Haben Sie mehrere Dateien ausgewählt, wird bei der Darstellung auf dem ganzen Bildschirm automatisch eine Diashow gestartet. Öffnen Sie die Übersicht hingegen im Fenster, dann finden Sie unten drei Pfeile, wobei über die mittlere Schaltfläche die Diashow begonnen und pausiert wird. Mit den Pfeilen nach links und rechts können Sie von Hand zum vorigen und nächsten Objekt wechseln. Sie können hierzu auch ⎡←⎤ und ⎡→⎤ verwenden.

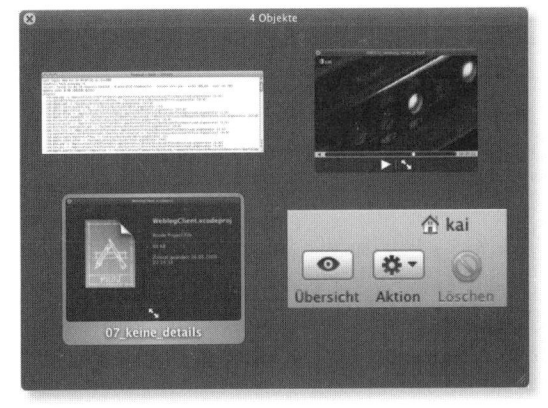

◀ **Abbildung 7.4**
Eine Diashow kann angehalten und mit den Pfeiltasten von Hand gesteuert werden.

◀ **Abbildung 7.5**
Die Index-Seite kann mit der Tastenkombination ⌘ + ↵ aufgerufen werden.

Index-Seite | Haben Sie mehrere Dateien ausgewählt, finden Sie in der unteren Leiste auch ein Symbol mit vier Rechtecken. Darüber oder über die Tastenkombination ⌘ + ↵ können Sie sich eine miniaturisierte Darstellung aller ausgewählten Dateien anzeigen lassen. Eine Datei für die volle Darstellung wählen Sie entweder mit einem Mausklick aus, oder Sie verschieben mit den Pfeiltasten die Auswahl und rufen mit ↵ die Vorschau der ausgewählten Datei auf. Haben Sie so viele Dateien ausgewählt, dass Quick Look diese Übersicht auf mehrere Seiten verteilt, dann können Sie auch mit den Tasten ⎡Seite↑⎤ und ⎡Seite↓⎤ blättern.

Index-Seite
⌘ + ↵

Bilder betrachten | Wird die Übersicht eines Bildes angezeigt, steht Ihnen, sofern Sie iPhoto installiert haben, unten eine Schaltfläche mit dem Icon des Programms zur Verfügung, mit der Sie die Datei in Ihre iPhoto-Bibliothek importieren können.

Ins Bild zoomen
⌥ + Mausklick

Aus Bild zoomen
⌥ + ⇧ + Mausklick

Halten Sie die Taste ⌥ gedrückt, verwandelt sich der Mauspfeil in eine Lupe mit einem Pluszeichen, und ein Mausklick vergrößert die Anzeige des Bildes. Der Mauspfeil verwandelt sich bei einer vergrößerten Darstellung in ein Kreuz, und mit gedrückter Maustaste verschieben Sie den angezeigten Ausschnitt. Mit ⌥ + ⇧ können Sie mit einem Mausklick die Anzeige wieder verkleinern.

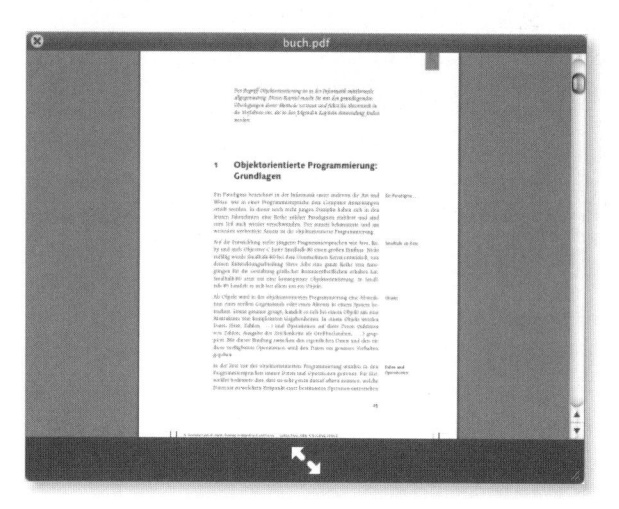

Abbildung 7.6 ▶
Die Vorschau einer PDF-Datei kann verkleinert und vergrößert werden.

PDF-Dateien anzeigen | Wenn Sie eine PDF-Datei anzeigen lassen, können Sie mit der Tastenkombination ⌘ + + die Anzeige vergrößern und mit ⌘ + - wieder verkleinern. Stellen Sie eine mehrseitige PDF-Datei auf dem ganzen Bildschirm dar, dann blättern Sie mit der Taste Leertaste eine Seite vor, mit ⇧ + Leertaste eine zurück. Auch hier können Sie mit ← und → das anzuzeigende Dokument wechseln.

7.1.2 Funktionsweise von Quick Look

Die Funktionsweise von Quick Look beruht im Wesentlichen auf zwei Komponenten. Im Hintergrund ist der Dämon `quicklookd` aktiv und wartet auf Anfragen eines Programms wie des Finders, der Time Machine oder Mail, eine Übersicht einzublenden.

Wenn eine Übersicht angefordert wird, greift `quicklookd` auf einen sogenannten Generator für diese Übersicht zurück, lässt diesen die Übersicht erstellen und gibt die Darstellung an das Programm, genau genommen an das Fenster, zurück.

▲ **Abbildung 7.7**
Generatoren mit der Dateiendung QLGENERATOR sind für die Darstellung des Dateiinhaltes zuständig.

Generatoren als Plug-Ins | Die Aufgabe der Generatoren besteht darin, die anzuzeigenden Dateien auszuwerten und die Darstellung des Inhalts zu liefern. Bei den Generatoren für Quick Look verhält es sich ähnlich wie bei den Importern für Spotlight (siehe Abschnitt 7.2.1). Die Erweiterungen, die Mac OS X von Haus aus mitbringt, finden Sie in den Verzeichnissen /System/ Library/QuickLook und /System/Library/Frameworks/Quick-Look.framework/Versions/A/Resources/Generators.

◄ **Abbildung 7.8**
Die Vorschau des ZIP-Archivs wurde über einen separaten Generator ermöglicht.

Generatoren installieren | Generatoren mit der Dateiendung .qlgenerator können in den Verzeichnissen /Library/Quick-Look oder ~/Library/QuickLook installiert werden. Bei der nächsten Anmeldung stehen sie zur Verfügung.

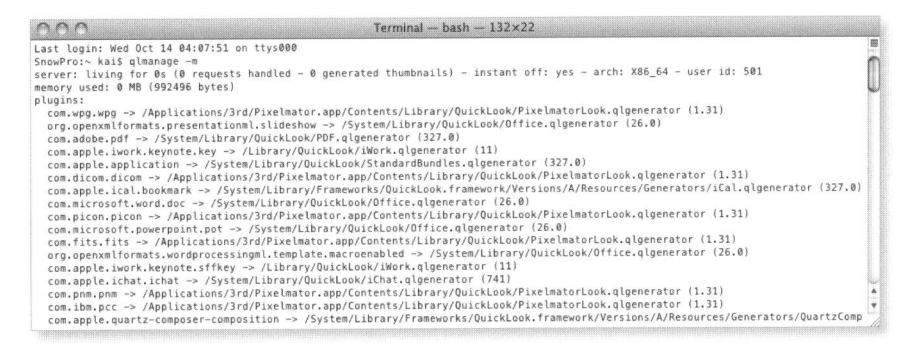

▲ **Abbildung 7.9**
Mit dem Befehl qlmanage -m kann die Liste der aktiven Generatoren ausgegeben werden.

qlmanage | Der Befehl qlmanage ist in erster Linie für Entwickler gedacht, die eigene Erweiterungen für Quick Look schreiben. Sie können qlmanage aber auch nutzen, um sich die aktiven Generatoren von Quick Look anzeigen zu lassen. Rufen Sie hierzu den Befehl mit der Option -m auf. Nach der Eingabe von qlmanage -m erhalten Sie am Terminal eine Liste, in der zuerst der Uniform Type Identifier (siehe Abschnitt B.2.3) angegeben wird. Darauf folgt der absolute Pfad zu dem Generator, der für diese Dateitypen zuständig ist.

> **TIPP**
>
> Sie können qlmanage mit dem Aufruf qlmanage -p Datei auch nutzen, um direkt vom Terminal die Vorschau der angegebenen Datei zu öffnen. Mit qlmanage -t Datei erhalten Sie eine verkleinerte Vorschau. Schließen Sie das Fenster der Vorschau, dann steht Ihnen der Prompt wieder zur Verfügung.

7.2 Suchen mit Spotlight

Relevante Informationen schnell zu finden, ist mittlerweile fast nicht mehr möglich. Selbst eine noch so ausgefeilte Ordnerstruktur, die mit viel Disziplin gepflegt wird, kann die Flut an Dateien und Daten kaum bewältigen. Die Spotlight genannte Suchfunktion kann Ihnen bei dieser Herausforderung helfen.

Spotlight bietet für die Suche nach Daten und Informationen eine ganze Reihe von nicht offensichtlichen Funktionen, die in diesem Abschnitt erläutert werden. Spotlight selbst ist etwas mehr als eine bloße Suche nach Dateien. Vielmehr handelt es sich um eine Technologie, die an vielen weiteren Stellen des Systems verwendet wird. So wird zum Beispiel auch die Suche nach Nachrichten in dem Programm Mail oder nach Kontakten im Adressbuch über Spotlight realisiert.

[Metadaten]
Die wesentlichen Bestandteile der Datenbank sind neben den Dateinamen und Pfaden die sogenannten Metadaten. Zu den Metadaten gehören zum Beispiel das Erstellungs- und Änderungsdatum, der Eigentümer, bei Bildern die Auflösung und bei GarageBand-Projekten die Tonart. Bei einigen Dateitypen wie PDF ist Spotlight ferner in der Lage, auch den Inhalt der Datei zu indizieren und bei der Suche zu berücksichtigen.

7.2.1 Funktionsweise von Spotlight

Die Geschwindigkeit von Spotlight beruht darauf, dass das System im Hintergrund automatisch eine Datenbank anlegt, in der die relevanten Daten vorgehalten werden. Diese Funktion ist Ihnen bei der Installation (siehe Abschnitt A.5) bereits begegnet: Die blinkende Lupe rechts oben in der Menüleiste zeigt an, dass Spotlight einen Index aufbaut. Für jedes eingebundene Volume wird eine eigene Datenbank angelegt. Bei einem zweiten Volume mit der Bezeichnung Daten befindet sich die Datenbank im Verzeichnis /Volumes/Daten/.Spotlight-V100.

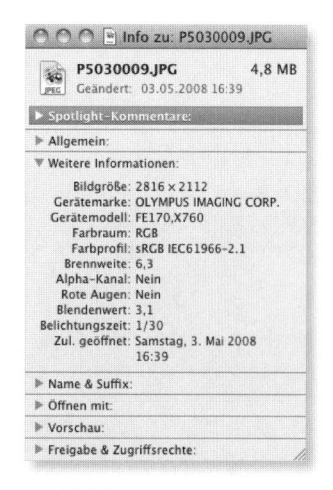

▲ Abbildung 7.10
Einige der indizierten Metadaten werden im Fenster Informationen angezeigt.

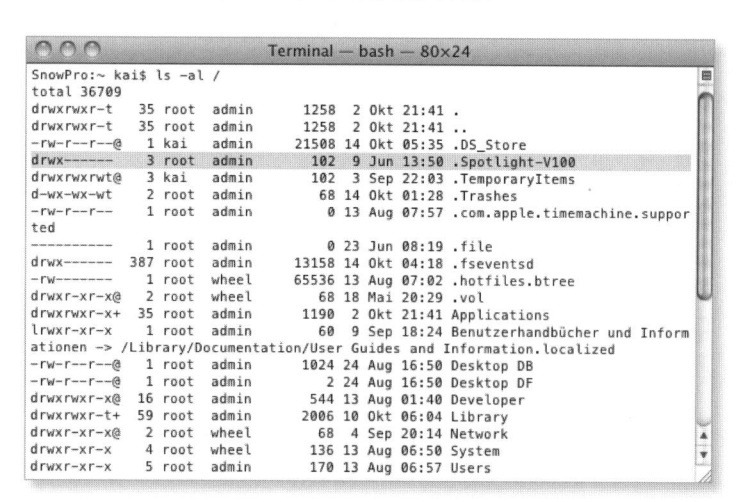

Abbildung 7.11 ▶
Im Verzeichnis .Spotlight-V100 befindet sich eine im Finder nicht sichtbare Datenbank für Spotlight.

Permanente Aktualisierung | Spotlight aktualisiert die zugrunde liegende Datenbank automatisch. Im Hintergrund wird diese Aufgabe durch zwei Dämonen realisiert. Der Dämon mds ist die zentrale Instanz von Spotlight, der sowohl den Index verwaltet als auch auf eine Abfrage Ihrerseits antwortet. Über die nicht immer aktiven Prozesse `mdworker` werden die geänderten Daten laufend neu indiziert und die Informationen der Datenbank aktualisiert. Sie finden diesen Prozess möglicherweise mehrmals, da er sowohl unter Ihrem Benutzerkonto als auch unter dem Benutzerkonto root arbeitet.

Importer | Welche Daten aus einer Datei extrahiert werden können und sollen, wird über einen sogenannten Importer definiert. Die Aufgabe eines Importers besteht in der Definition dessen, was aus den vorliegenden Dateien in die Datenbank eingelesen und unter welcher Rubrik in der Suche zur Verfügung stehen soll. Dabei soll ein Importer zunächst möglichst wenige Daten importieren. Während zum Beispiel die Extrahierung von Texten aus PDF- und Word-Dateien weitgehend unproblematisch ist, wäre es kaum sinnvoll, auch noch Informationen über die in einem PDF-Dokument enthaltenen Bilder aus einer solchen Datei zu extrahieren. Damit würde die Spotlight-Datenbank viel zu umfangreich und die Suche dementsprechend langsam.

Die Importer mit der Dateiendung .MDIMPORTER finden Sie zunächst in den Verzeichnissen /SYSTEM/LIBRARY/SPOTLIGHT, in dem sich die Importer für die systemeigenen Dateitypen (zum Beispiel Automator-Aktionen, PDF-Dateien, Schriften) befinden, und /LIBRARY/SPOTLIGHT für die Dateiarten der installierten Programme. Sie finden im zweiten Verzeichnis auch eigenständige Importer, die Ihnen beispielsweise wie der MICROSOFT Office. mdimporter die Suche in Word-Dateien ermöglichen, ohne dass Sie das Programm von Microsoft installiert haben.

Es ist auch möglich, dass Importer innerhalb des Bundles einer Applikation gespeichert werden. Solche Importer werden in dem Moment aktiv, in dem Sie das Programm das erste Mal starten.

7.2.2 Spotlight aufrufen

Eine Suche über Spotlight können Sie auf mehrere Weisen ausführen. Zunächst können Sie die in der Menüleiste fest verankerte Lupe mit einem Mausklick öffnen und so das Suchfeld sichtbar machen. Die Tastenkombination ⌘ + Leertaste erfüllt den gleichen Zweck. Führen Sie eine Suche aus, bei der es viele Fundstellen gibt, werden Ihnen nicht alle präsentiert. Sie können dann ALLE EINBLENDEN.

Ferner können Sie in fast allen Programmen die Tastenkombination ⌘ + ⌥ + Leertaste verwenden, um direkt in den Finder zu springen und ein Fenster für eine detaillierte Suche

FSEvents

Dass Spotlight im Hintergrund nur die Dateien indiziert, die geändert oder neu erstellt wurden, wird mit dem Dämon `fseventsd` realisiert. Seine Aufgabe besteht darin, im Hintergrund auf Änderungen im Dateisystem zu wachen und diese Änderungen in der Datenbank /.FSEVENTSD zu protokollieren. Spotlight greift auf diese Informationen zurück.

Weitere Importer

Es gibt mittlerweile einige Importer, die die Fähigkeiten von Spotlight ohne ein dahinterstehendes Programm erweitern. Ein Beispiel wäre Ziplight, mit dem sich auch der Inhalt von .ZIP-Archiven durchsuchen lässt. Unter http://www.apple.com/de/downloads finden Sie in der Rubrik »Spotlight Plugins« eigenständige Importer, die Sie mit dem Befehl `mdimport` aktivieren und überblicken können.

HINWEIS

Die Spotlight standardmäßig zugewiesenen Kurzbefehle kollidieren mit denen für den Wechsel der Tastaturbelegung. Wenn Sie Letzteres ebenfalls nutzen möchten, müssen Sie die Tastaturkurzbefehle (siehe Abschnitt 2.6.1) entsprechend anpassen.

zu öffnen. Eine dritte Möglichkeit besteht darin, im Finder die Tastenkombination ⌘ + F oder den Menüpunkt ABLAGE • SUCHEN aufzurufen.

Spotlight-Objekte | Es besteht durchaus ein Unterschied zwischen dem Aufruf von ⌘ + ⌥ + Leertaste und ⌘ + F, der auf den ersten Blick nicht ersichtlich ist. Nutzen Sie die erste Möglichkeit, dann werden auch die sogenannten Spotlight-Objekte durchsucht. Dazu gehören zum Beispiel Kontakte, Termine und Aufgaben, die ja oftmals nicht in einer eigenen Datei, sondern als Bestandteil etwa eines Kalenders gespeichert sind.

Umgekehrt wird mit ⌘ + F im Finder nur nach Informationen gesucht, die als eigenständige Datei vorliegen. Diese Unterscheidung ist wichtig, wenn Sie schnell und direkt nach einer Datei oder aber mit der ersten Methode nach irgendeiner Information suchen möchten.

> **TIPP**
>
> Wenn Sie das Fenster im Finder mit einem Klick auf das ovale Icon oben rechts minimieren, dann nimmt das Eingabefeld für den Suchbegriff die gesamte Breite ein.

▲ **Abbildung 7.12**
In der minimierten Darstellung des Fensters steht ein größeres Eingabefeld zur Verfügung.

7.2.3 Nach Informationen suchen

Die direkte Suche über die Menüleiste ermöglicht es Ihnen, schnell eine Suche durchzuführen. Geben Sie in das Suchfeld einen beliebigen Begriff ein, dann zeigt Ihnen Spotlight sortiert nach Rubriken die ersten Fundstellen an. Natürlich können Sie auch mehrere Termini eingeben und so die Suche etwas eingrenzen.

Mit der Eingabe wird eine Suche über die gesamte Datenbank ausgeführt, es werden Ihnen also alle Dateien, Ordner, Ereignisse usw. angezeigt, die an irgendeiner Stelle den oder die gesuchten Begriffe enthalten. Bei dieser Suche werden allerdings die Systemdateien ausgespart. Die Ordner /SYSTEM, /LIBRARY, ~/LIBRARY und den UNIX-Unterbau können Sie in der anschließend beschriebenen Suche im Finder einbeziehen.

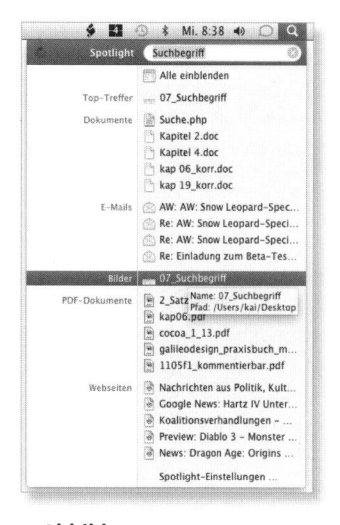

▲ **Abbildung 7.13**
Der Pfad zur Datei erscheint nach einer kurzen Wartezeit.

Als TOP-TREFFER wird hier die Fundstelle aufgeführt, von der das System annimmt, dass diese am wahrscheinlichsten ist. Oft wird dabei vom Namen der Datei oder des Ordners ausgegangen. Platzieren Sie den Mauspfeil über eine Fundstelle, dann erscheinen nach zwei Sekunden entweder der komplette Pfad der Datei oder weitere Informationen des gefundenen Objekts. Bei gleich lautenden Fundstellen wird der Name des Ordners nach einem Gedankenstrich angezeigt.

Tastenkürzel | Sie können mit einigen Tastenkürzeln durch die Ergebnisse navigieren. Mit ⬆ und ⬇ wird das vorige und nachfolgende Suchergebnis ausgewählt. Mit ⌘ + ⬇ sowie ⌘ + ⬆ springt die Auswahl zur vorhergehend beziehungsweise nachfolgenden Kategorie. Mit der Taste ↵ wird das ausgewählte Element geöffnet. Die Tastenkombination ⌘ + R zeigt die ausgewählte Datei im Finder.

Programme starten | Diese Funktionsweise von Spotlight eignet sich sehr gut, um Programme mit ein paar Tastatureingaben zu starten. Drücken Sie zunächst ⌘ + Leertaste, um die Eingabe zu aktivieren. Wenn Sie nun »Terminal« eingeben, dann wird das Programm höchstwahrscheinlich als TOP-TREFFER behandelt und markiert. Mit der Taste ↵ können Sie das Programm nun direkt starten.

Die einfache Suche kann bei einem prägnanten Suchbegriff schnell ans Ziel führen, bei eine großen Menge an Dateien, Ereignissen und Kontakten sind Sie aber entweder auf die nachfolgend besprochene Suche im Finder angewiesen, oder Sie verwenden eine Reihe von Stichwörtern. Diese ermöglichen es Ihnen, die Suche weiter einzugrenzen und mehrere Kriterien zu formulieren.

Phrasensuche | Suchen Sie nach einer bestimmten Textstelle, dann können Sie diese in Anführungszeichen eingeben. Die Eingabe von »PRODUKTIV AM TERMINAL« sucht nach allen Dateien, in denen exakt diese Zeichenfolge enthalten ist. Dateien, in denen sich die drei Wörter unzusammenhängend an irgendwelchen Stellen befinden, gelten nicht als Ergebnis.

Kategorie eingrenzen | Weiter eingrenzen lässt sich die Suche, indem Sie ein Schlüsselwort für eine Kategorie verwenden. Somit lassen sich die anderen Kategorien ausblenden, und Sie erhalten für den gewünschten Typ mehr Platz in der Liste. So würde die Eingabe von »PRODUKTIV AM TERMINAL« ART:PDF auf alle PDF-Dateien zutreffen, in denen die Zeichenfolge enthalten ist.

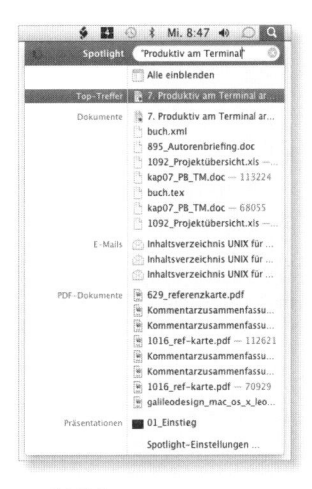

▲ **Abbildung 7.14**
Mit der Verwendung von Anführungszeichen kann nach einer Phrase gesucht werden.

7.2 Suchen mit Spotlight | **207**

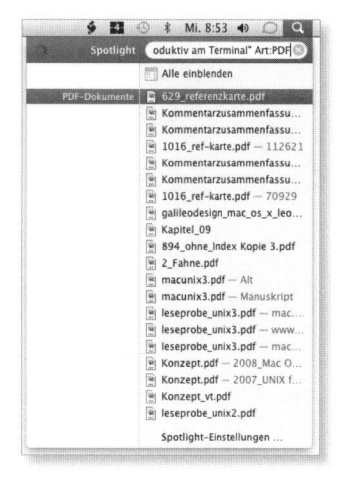

▲ **Abbildung 7.15**
Die Suche kann auf Dateitypen eingegrenzt werden.

TIPP

Wenn Sie eine Datei oder einen Ordner in das Eingabefeld ziehen, dann wird anschließend dessen vollständiger Pfad angezeigt.

Kombinationen

Es ist problemlos möglich, die hier beschriebenen Kriterien zu kombinieren. Mit der Eingabe "Produktiv am Terminal" Art:PDF Geändert:<20.10.2005 würden Sie nach PDF-Dateien suchen, die die Zeichenfolge »Produktiv am Terminal« beinhalten und vor dem 20. Oktober 2005 geändert wurden.

Word- und andere Textdokumente bleiben außen vor. Beachten Sie, dass Sie zwischen ART: und dem TYP kein Leerzeichen einfügen.

Programme	Art:Programm
Lesezeichen	Art:Lesezeichen
Kontakte	Art:Kontakt
Ordner	Art:Ordner
Dokumente (beliebig)	Art:Dokument
E-Mails	Art:E-Mail
Ereignisse und Aufgaben	Art:Ereignis
Schriften	Art:Schrift
Bilder	Art:Bild
Film	Art:Film Art:Filme
Musik- & Tondateien	Art:Musik
Präsentationen	Art:Präsentation
Systemeinstellungen	Art:Systemeinstellung

▲ **Tabelle 7.1**
Schlüsselwörter für die Suche nach Kategorie

Als Kriterien stehen Ihnen zum Teil auch weitere Eigenschaften wie die Anzahl der Seiten oder die Breite eines Bildes zur Verfügung. Diese lassen sich am Terminal mit dem in Abschnitt 7.2.5 beschriebenen Befehl mdls ermitteln.

Erstellungs- und Änderungsdatum | Neben der Angabe des Dateityps können Sie über die Schlüsselwörter Erstellt: und Geändert: nach Dateien und Objekten suchen, die zu einem bestimmten Datum erstellt oder geändert wurden. Mit Erstellt:20.12.2007 wird die Suche auf die Dateien begrenzt, die am 20. Dezember gespeichert wurden.

Mit < und > können Sie vorgeben, ob die zu suchenden Dateien vor oder nach dem angegebenen Datum erstellt oder geändert wurden. Ein Beispiel wäre Geändert:>21.12.2007. Wenn Sie Dateien suchen möchten, die an oder nach einem bestimmten Datum beziehungsweise an oder vor dem angegebenen Datum erstellt wurden, stellen Sie = vor das Datum.

Die Eingabe von Erstellt:>=20.12.2007 findet Dateien, die am oder nach dem 20. Dezember 2007 gesichert wurden. Beachten Sie, dass Sie das Zeichen = direkt vor dem Datum anfügen.

Dateiname | Wenn Sie den Namen der Datei kennen, aber nicht wissen, wo sich diese im Dateisystem befindet, können Sie das Schlüsselwort `Dateiname:` verwenden. Mit `Dateiname:kap16.pdf Spotlight` suchen Sie nach Dateien, die das Wort »Spotlight« enthalten und deren Name KAP16.PDF lautet.

Boolesche Operatoren: Und – Oder – Nicht | In Mac OS X 10.5 wurde in Spotlight auch die Verwendung von booleschen Operatoren ermöglicht. Diese werden in Kombination mit der Phrasensuche und der Verwendung von Klammern zu einem sehr machtvollen, aber bisweilen vielleicht auch komplizierten Instrument.

Kriterien | Die Aufgabe der Operatoren AND, OR und NOT besteht darin, dass Sie bei mehreren Kriterien vorgeben können, wie diese gewertet werden sollen. Mit der Eingabe von `Hegel AND Kant` werden nur die Dateien gefunden, in denen die angegebenen Wörter vorkommen. Dies entspricht dem normalen Verhalten von Spotlight.

> **HINWEIS**
> Achten Sie auch hier auf die Großschreibung. AND, OR und NOT müssen großgeschrieben werden.

Geben Sie hingegen `Hegel OR Kant` vor, dann werden die Dateien gefunden, die einen der beiden Begriffe beinhalten.

Mit NOT können Sie ein Kriterium ausschließen. Die Suche nach `Hegel NOT "Durch die Ausübung"` findet alle Dokumente, die den Begriff »Hegel«, aber nicht die Phrase »DURCH DIE AUSÜBUNG« enthalten. Sie können so gezielt Dokumente, von denen Sie wissen, dass Sie sie nicht finden möchten, ausschließen.

Klammern verwenden | Diese Operatoren können Sie durch die Verwendung von Klammern für noch präzisere Suchen verwenden. Dabei werden die zusammengehörenden Kriterien von Klammern umschlossen. Mit der Abfrage

```
("Hegel argumentiert" AND Art:PDF) OR
(Hegel AND Art:Mail)
```

würden Ihnen sowohl die PDF-Dateien angezeigt, in denen sich die Phrase »HEGEL ARGUMENTIERT« findet, als auch alle E-Mails, die »Hegel« enthalten. Dabei muss das zweite Kriterium nicht in Klammern angegeben werden. Mit der Eingabe `(Hegel OR Kant) NOT Art:PDF` suchen Sie nach allen Dateien, in denen sich eines der beiden Wörter befindet und bei denen es sich nicht um eine PDF-Datei handelt.

Definition nachschlagen | Spotlight durchsucht über die Kategorie DEFINITION auch das in Mac OS X enthaltene Lexikon.

▲ Abbildung 7.16
Über die Definition wird der Eintrag im Lexikon aufgerufen.

▲ Abbildung 7.17
Spotlight bietet auch die Möglichkeit, kleinere Berechnungen durchzuführen.

Quick Look
Sie können in den Fenstern der Suche im Finder wie auch in allen anderen Fenstern Quick Look verwenden, um sich so schnell einen Überblick über die gefundenen Dateien zu verschaffen.

Inhalt und Dateiname
Über die Schaltfläche DATEINAME können Sie die Suche auf eben jenen beschränken.

Wählen Sie diesen Eintrag aus, dann wird das Programm Lexikon gestartet und Ihnen die Erläuterung angezeigt.

Rechnen mit math.h | Spotlight bietet Ihnen auch die Möglichkeit, Berechnungen durchzuführen. Zunächst können Sie einfache Berechnungen etwa mit 2 + 2 ausführen. Spotlight greift jedoch auf die mathematischen Funktionen des UNIX-Unterbaus zurück, sodass Sie mit dem passenden Kürzel auch andere Berechnungen durchführen, etwa mit sqrt(8) die Quadratwurzel ausrechnen können.

Wenn Sie sich für diese Berechnungen interessieren, können Sie am Terminal mit man math die Beschreibungen der in dieser Programmbibliothek enthaltenen Funktionen aufrufen.

7.2.4 Dateien im Finder suchen

Während die Suche über die Menüleiste schon recht flexibel ist, bietet Ihnen die Suche im Finder nicht nur eine komfortablere Oberfläche, sondern auch einige weitere Optionen, die Sie im Suchfeld nicht ohne Weiteres verwenden können. Auch ist die Verwendung boolescher Operatoren im Finder etwas einfacher und übersichtlicher zu handhaben.

Wichtig bei der Suche im Finder ist die Unterscheidung zwischen der Suche mit ⌘ + F oder ⌘ + ⌥ + Leertaste. Die erste Tastenkombination – Sie können auch den Menüpunkt ABLAGE • SUCHEN auswählen – sucht nicht in den sogenannten Spotlight-Objekten. Zu diesen gehören unter anderem Aufgaben und Ereignisse im Kalender sowie Kontakte im Adressbuch.

Rufen Sie die Suche auf, dann können Sie in das Textfeld ❶ einen Text eingeben und über das »+«-Zeichen ❷ Kriterien für die Suche vorgeben.

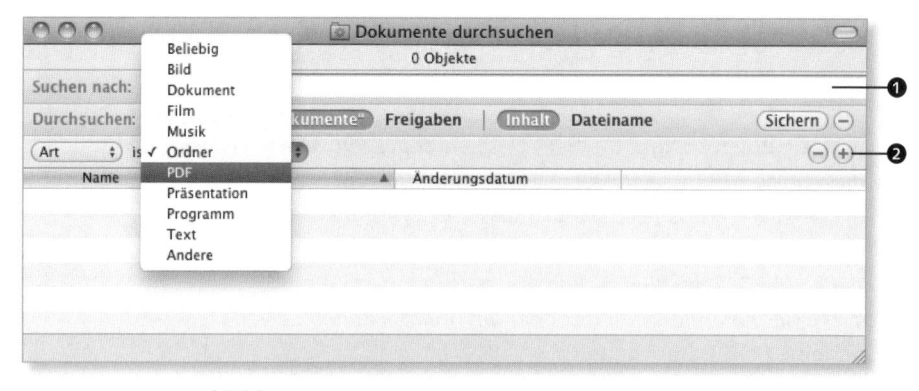

▲ Abbildung 7.18
Über die Plus- und Minuszeichen können weitere Kriterien hinzugefügt und gelöscht werden.

Diese Kriterien werden Ihnen in einem Ausklappmenü zur Verfügung gestellt. Sie finden hier zunächst nur sechs Kriterien, die Sie zusammen mit einem Suchbegriff verwenden können. Wenn Sie beispielsweise nach PDF-Dateien, die das Wort »Apple« beinhalten, suchen möchten, können Sie in das Textfeld »Apple« eingeben und dann unter ART den Typ PDF auswählen.

Mit den Schaltflächen »+« und »–« können Sie weitere Kriterien hinzufügen und wieder löschen. Beispielsweise können Sie die Suche nach PDF-Dateien mit dem Wort »Apple« auf diejenigen eingrenzen, die vor einem Monat erstellt wurden.

Darstellung | Für die Darstellung der Ergebnisse steht Ihnen die Ansicht ALS SPALTEN nicht zur Verfügung. Ebenfalls eingeschränkt ist die Anzeige der Spalten. Hier sind die Sortierungen nach GRÖSSE, VERSION und ETIKETT sowie die Anzeige der KOMMENTARE nicht verfügbar.

Boolesche Operatoren | Halten Sie bei der Erstellung der Liste der Kriterien die Taste ⌥ gedrückt, verändert sich die Schaltfläche »+« in drei Punkte. Sie dient dann dazu, die Kriterien zu gruppieren, was in etwa der Funktionsweise der Klammern entspricht.

Erstellen Sie auf diese Weise eine Gruppe, können Sie zunächst in dem obersten Kriterium vorgeben, wie die Kriterien ausgewertet werden sollen. EINER entspräche hier dem Operator OR, ALLE dem Operator AND und KEINER dem Operator NOT. Die Kriterien darunter werden etwas nach rechts eingerückt. In Abbildung 7.21 wurden so zwei Zeiträume als Kriterien vorgegeben. Die Angabe EINER besagt, dass die Datei entweder innerhalb der letzten fünf Tage geöffnet oder innerhalb der letzten zwei Jahre geändert wurde.

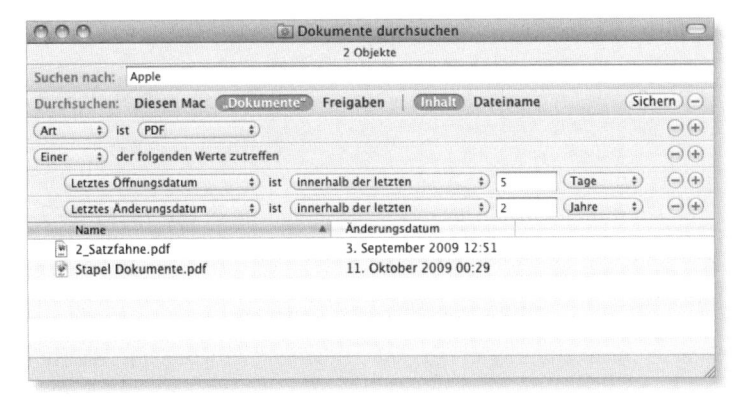

Ordner durchsuchen
Um einen Ordner zu durchsuchen, öffnen Sie ihn zuerst in einem eigenen Fenster im Finder. Rufen Sie dann die Suchfunktion auf, und Ihnen steht der Ordner hinter DURCHSUCHEN als Alternative zu DIESEN MAC und den FREIGABEN im Netzwerk zur Verfügung.

▲ **Abbildung 7.19**
Einige Spalten stehen für die Darstellung der Suchergebnisse nicht zur Verfügung.

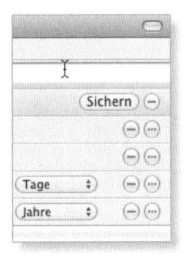

▲ **Abbildung 7.20**
Mit der Taste ⌥ können Untergruppen erstellt werden.

▲ **Abbildung 7.21**
Die Suche wurde auf zwei Zeiträume begrenzt.

> **TIPP**
>
> Sie können die Kriterien in dem Fenster auch per Drag and Drop verschieben und auf diese Weise neu arrangieren.

Sie können bei diesen Abfragen auch Untergruppen verwenden. Wenn Sie die Taste ⌥ gedrückt halten und dann die Schaltfläche mit den drei Punkten bei einem Eintrag anklicken, der bereits eingerückt ist, dann wird eine Untergruppe innerhalb der Kriterien erzeugt. In Abbildung 7.22 wurde zunächst mit dem Haupteintrag EINER DER FOLGENDEN WERTE ZUTREFFEN festgelegt, dass eines der folgenden eingerückten Kriterien zutreffen muss. In dieser Abfrage bezieht sich dies auf die beiden Einträge ALLE DER FOLGENDEN WERTE ZUTREFFEN. Nur wenn die Kriterien, die in diesen Untergruppen vorgegeben werden, erfüllt sind, wird die Datei als Suchtreffer gewertet. Die in Abbildung 7.22 dargestellte Abfrage findet alle Textdateien, die innerhalb der letzten vierzehn Tage erstellt wurden und das Wort »Apple« beinhalten, sowie alle PDF-Dateien, die innerhalb der letzten Woche erstellt wurden und ebenfalls das Wort »Apple« enthalten.

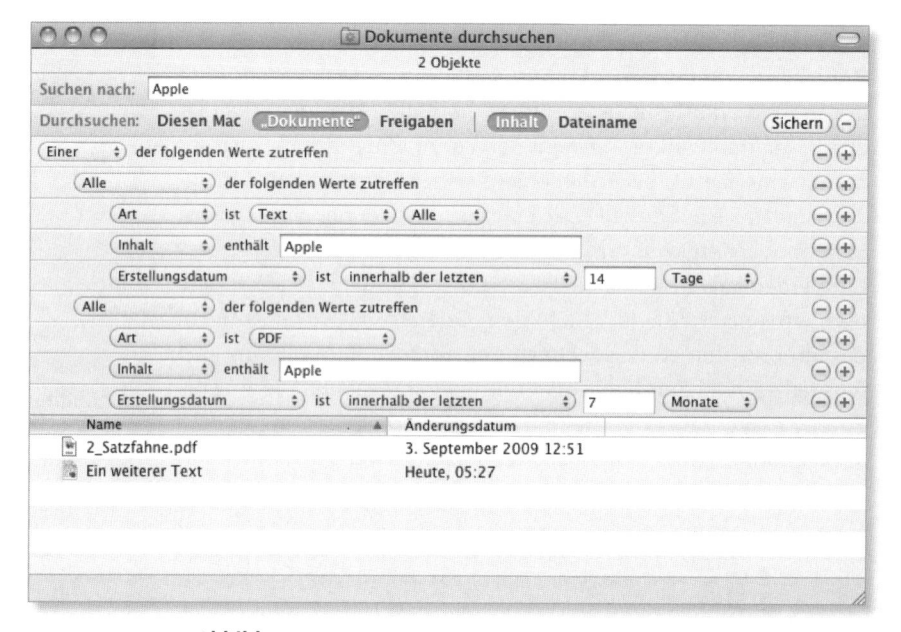

▲ **Abbildung 7.22**
Kriterien können kombiniert und verschachtelt werden.

Andere Suchkriterien | In dem Ausklappmenü für die Kriterien finden Sie am Ende einen Eintrag ANDERE. Rufen Sie diesen auf, erscheint in einem eigenen Fenster eine Liste aller Suchkriterien, die Ihnen über die auf Ihrem System installierten Importer zur Verfügung stehen. Die Liste ist, abhängig von den installierten Importern und Programmen, recht umfangreich. Ein Kriterium zu Ihrer aktuellen Suche hinzufügen können Sie, indem Sie es auswählen und dann mit OK bestätigen.

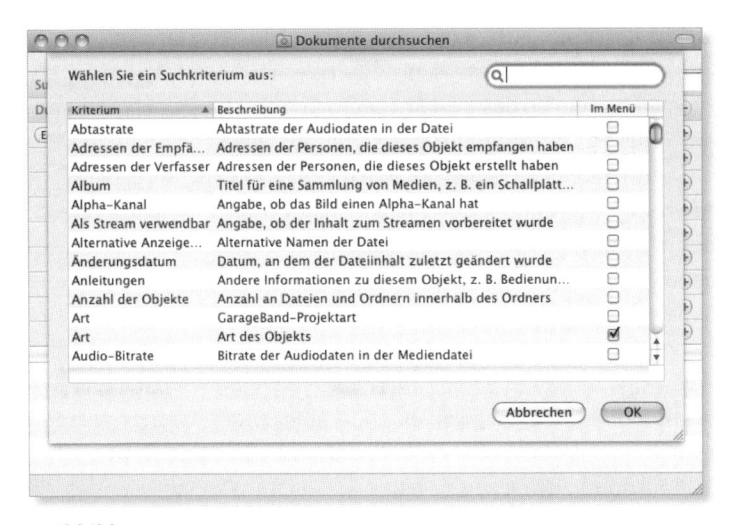

▲ **Abbildung 7.23**
Die Suchkriterien können auch ins Menü übernommen werden.

Vielfältige Möglichkeiten
Auf den ersten Blick wirkt die umfangreiche Liste der verfügbaren Suchkriterien ein wenig erschlagend. Sie sind, ein wenig Experimentierfreude vorausgesetzt, jedoch ein sehr machtvolles Werkzeug. So könnten Sie einen intelligenten Ordner erstellen, der alle Bilder mit einer vertikalen Auflösung von 300 dpi enthält, die mit einem bestimmten Stichwort versehen und vor dem 28.2.2009 erstellt wurden und bei denen ferner ein Alpha-Kanal vorhanden ist. Bei einer großen Anzahl an Daten und Dateien können solche komplexen Abfragen ganz hilfreich sein.

Wenn Sie die Option IM MENÜ aktivieren, steht sie Ihnen direkt im Ausklappmenü zur Verfügung. Die Übernahme ins Menü ist dann nützlich, wenn es einige Kriterien gibt, die Sie immer wieder für eine Suche nutzen.

Systemdateien durchsuchen | Das Kriterium SYSTEMDATEIEN unterscheidet sich von den anderen Kriterien dahingehend, dass es sich weniger auf die Datei als vielmehr auf ihre Position im Dateisystem bezieht. Wenn Sie das Kriterium SYSTEMDATEIEN hinzufügen und den Wert EINSCHLIESSEN auswählen, durchsucht Spotlight auch die Ordner /SYSTEM, /LIBRARY, ~/LIBRARY sowie den gesamten UNIX-Unterbau.

TIPP

Das Auswählen der Option EINSCHLIESSEN für das Kriterium der SYSTEMDATEIEN kann sich, suchen Sie dort häufig nach Dateien, als recht lästig erweisen. Wenn Sie eine gespeicherte Suche in der Seitenleiste des Finders platzieren, bei der lediglich die SYSTEMDATEIEN EINSCHLIESSEN sind, können Sie sie als bequeme Vorlage nutzen.

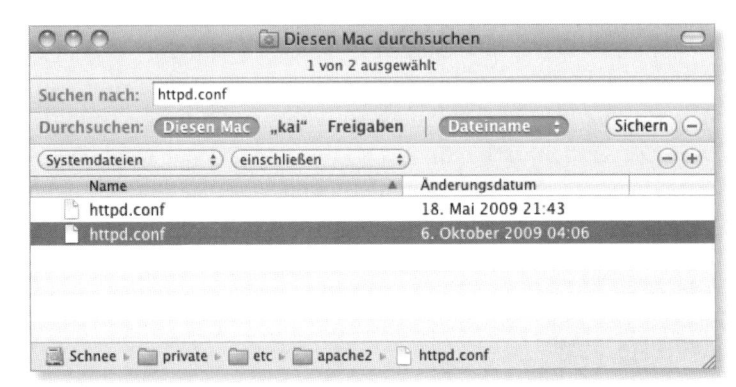

◄ **Abbildung 7.24**
Die Systemdateien können bei der Suche berücksichtigt werden.

Spotlight-Objekte berücksichtigen | Je nachdem, wonach Sie suchen und wie es sich mit dem Bestand an Dateien und Daten auf Ihrem System verhält, kann es manchmal erwünscht sein, die Spotlight-Objekte, die keine eigenständigen Dateien darstellen, von der Suche auszuschließen oder in diese einzubeziehen. Hierzu können Sie das Suchkriterium SPOTLIGHT-OBJEKTE verwenden. Dieses Kriterium mag zwar überflüssig erscheinen – immerhin können Sie ja mit den Tastenkürzeln ⌘ + ⌥ + Leertaste sowie ⌘ + F im Finder entscheiden, ob die Spotlight-Objekte berücksichtigt werden sollen oder nicht –, es ist aber spätestens dann sinnvoll, wenn Sie einen intelligenten Ordner angelegt haben und bei diesem die Spotlight-Objekte nachträglich einbeziehen oder ausschließen möchten.

Intelligente Ordner | Bei einem intelligenten Ordner handelt es sich um nichts anderes als um eine gespeicherte Suche. Über den Menüpunkt ABLAGE • NEUER INTELLIGENTER ORDNER oder die Tastenkombination ⌘ + ⌥ + N können Sie das Suchfenster aufrufen und die Kriterien für die Suche vorgeben. Sie können auch in dem Fenster der detaillierten Suche die Schaltfläche SICHERN nutzen. Im letzteren Fall bietet Ihnen das System die Speicherung der Abfrage im Verzeichnis ~/LIBRARY/GESICHERTE SUCHABFRAGEN an. Das Verzeichnis heißt eigentlich SAVED SEARCHES und wird vom Finder eingedeutscht. Über das Fenster INFO ZU im Finder können Sie auch das Icon der gespeicherten Suche ändern.

In beiden Fällen wird eine Property-Liste (siehe Abschnitt 13.2.2) mit der Dateiendung .SAVEDSEARCH erzeugt. Sie speichert die Kriterien der Suche, und wenn Sie den Ordner, bei dem es sich ja eigentlich um eine Datei handelt, im Finder öffnen oder über die Seitenleiste aufrufen, dann wird eine Suche über Spotlight ausgeführt, und die Ergebnisse werden im Fenster des intelligenten Ordners angezeigt.

Kriterien nachträglich ändern | Haben Sie einen intelligenten Ordner angelegt oder eine Suchabfrage gespeichert, dann können Sie über die Schaltfläche AKTION die SUCHKRITERIEN EINBLENDEN. Die Option finden Sie auch im Kontextmenü, wenn Sie es über dem Ordner in der Seitenleiste aufrufen. Sie können dann die gespeicherten Suchkriterien ändern und SICHERN.

▲ **Abbildung 7.25**
Ein intelligenter Ordner kann der Seitenleiste hinzugefügt werden.

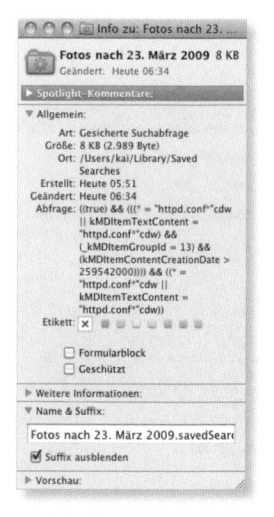

▲ **Abbildung 7.26**
Bei einem intelligenten Ordner handelt es sich um eine Property-Liste mit der Dateiendung .SAVEDSEARCH.

Abbildung 7.27 ▶
Über die Ausklappmenü AKTION können die Suchkriterien eingeblendet werden.

Abfragen im Dialog | Die intelligenten Ordner oder gesicherten Suchabfragen lassen sich auch in den Dialogen der Programme zum Öffnen und Sichern verwenden. Wenn Sie zum Beispiel in VORSCHAU eine Datei öffnen möchten, finden Sie in diesem Dialog auch ein Textfeld SUCHEN. Führen Sie über dieses Feld eine beliebige Suche aus, dann stehen Ihnen auch die Funktionen, die Sie im Finder für eine Suche verwenden können, zur Verfügung. Ebenfalls finden Sie hier eine Schaltfläche SICHERN, mit der Sie die zu speichernde Suche benennen und vorgeben können, ob Sie diesen INTELLIGENTEN ORDNER NUR FÜR DIESES PROGRAMM ANZEIGEN LASSEN wollen. Die gespeicherte Suche ist dann zukünftig in den Dialogen in der Rubrik GESICHERTE SUCHABFRAGEN verfügbar. Um eine solche nur für ein Programm geltende Suche zu löschen, ziehen Sie sie einfach wie ein Element des Docks aus der Seitenleiste.

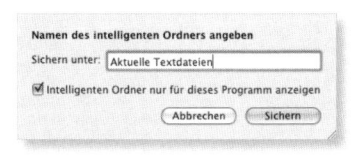

▲ **Abbildung 7.28**
Die Abfrage kann auch nur in einem Programm angezeigt werden.

▲ **Abbildung 7.29**
Die Abfragen stehen im Programm in der Rubrik GESICHERTE SUCHABFRAGEN zur Verfügung.

7.2.5 Suchen am Terminal

Für die Suche am Terminal dienen Ihnen in erster Linie zwei Befehle: Mit `mdls` können Sie sich die zur Verfügung stehenden Metadaten einer Datei anzeigen lassen, mit dem Befehl `mdfind` können Sie auch am Terminal mit Spotlight suchen.

Metadaten anzeigen | Dem Befehl `mdls` übergeben Sie als Parameter den Namen einer Datei, und er gibt Ihnen deren verfügbare Metadaten aus. Hierbei wird die Zeichenkette `kMDItem` der eigentlichen Bezeichnung der Eigenschaft vorangestellt, `kMDItemNumberOfPages` entspricht also der Anzahl der Seiten.

```
SnowPro:~ kai$ cd Desktop/
SnowPro:Desktop kai$ mdls 07_darstellungsoptionen.png
kMDItemAlternateNames         = (
    "07_darstellungsoptionen.png"
)
kMDItemBitsPerSample          = 40
kMDItemColorSpace             = "RGB"
kMDItemContentCreationDate    = 2009-10-15 08:02:16 +0200
kMDItemContentModificationDate = 2009-10-15 08:02:16 +0200
kMDItemContentType            = "public.png"
kMDItemContentTypeTree        = (
    "public.png",
    "public.image",
    "public.data",
    "public.item",
    "public.content"
)
kMDItemDisplayName            = "07_darstellungsoptionen"
kMDItemFSContentChangeDate    = 2009-10-15 08:02:16 +0200
kMDItemFSCreationDate         = 2009-10-15 08:02:16 +0200
kMDItemFSCreatorCode          = ""
kMDItemFSFinderFlags          = 16
kMDItemFSHasCustomIcon        = 0
kMDItemFSInvisible            = 0
```

▲ **Abbildung 7.30**
Der Befehl `mdls` zeigt die verfügbaren Informationen einer Datei an.

> **TIPP**
>
> Es kann sich lohnen, ein wenig mit `mdls` und der Verwendung der Rohdaten mittels `kMDItem` zu experimentieren. Je nach Datenbestand und Arbeitsweise können Sie so Suchabfragen formulieren und eingeben, die über die normale Oberfläche von Spotlight nur mit etlichen Mausklicks zu realisieren sind.

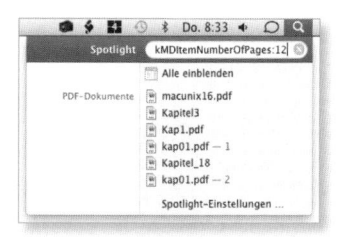

▲ **Abbildung 7.31**
Die über `mdls` ermittelten Bezeichnungen können auch als Suchkriterien verwendet werden.

Dateien suchen | Die mit `mdls` ermittelten Bezeichnungen und Eigenschaften können Sie sich mit dem Befehl `mdfind` zunutze machen. Der Befehl durchsucht die Spotlight-Datenbank nach dem vorgegebenen Kriterium und gibt Ihnen den absoluten Pfad zu der gefundenen Datei an. So können Sie mit `mdfind Apple` eine Suche nach allen Dokumenten ausführen, bei denen sich in irgendeiner Form der Begriff »Apple« finden lässt. Mit der Option `-onlyin` und dem Pfad zu einem Verzeichnis beschränken Sie die Suche. Die Eingabe von `mdfind -onlyin /Users/kai/Documents Apple` durchsucht nur den Ordner Dokumente nach Dateien mit dem Begriff »Apple«. Der Befehl `mdfind` durchsucht standardmäßig auch die Systemdateien.

kMDItem nutzen | Sie können sich die nicht übersetzten Eigenschaften wie `kMDItemNumberOfPages` an zwei Stellen zunutze machen. Zuerst können Sie eine solche Eigenschaft `mdfind` als Suchkriterium übergeben: Mit `mdfind kMDItemNumberOfPages=12` werden Ihnen alle Dateien angezeigt, die zwölf Seiten umfassen. Zweitens können Sie diese Abfrage auch im Suchfeld oben rechts verwenden, indem Sie dort einfach `kMDItemNumberOfPages:12` eingeben.

Deutsche Kurzbezeichnung | Mit Mac OS X 10.6 ist es auch möglich, die übersetzte Kurzbezeichnung einer Eigenschaft wie `kMDItemNumberOfPages` im Suchfeld oben rechts zu nutzen. Im Verzeichnis /System/Library/Frameworks/CoreServices.

Framework/Frameworks/Metadata.framework/Resources/German.lproj finden Sie eine Datei schema.strings, die Sie im Finder unter anderem mittels Quick Look anzeigen können. Dort finden Sie links die Eigenschaft (zum Beispiel kMDItemNumberOfPages) und rechts die Übersetzung.

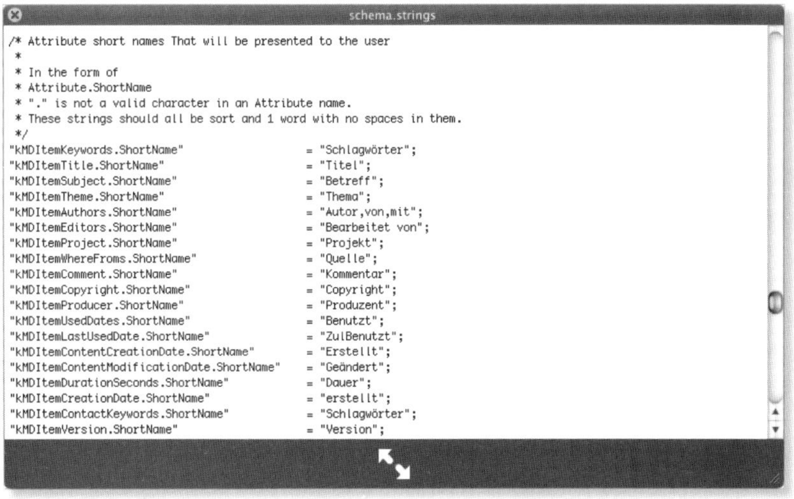

```
/* Attribute short names That will be presented to the user
 *
 * In the form of
 * Attribute.ShortName
 * "." is not a valid character in an Attribute name.
 * These strings should all be sort and 1 word with no spaces in them.
 */
"kMDItemKeywords.ShortName"                     = "Schlagwörter";
"kMDItemTitle.ShortName"                        = "Titel";
"kMDItemSubject.ShortName"                      = "Betreff";
"kMDItemTheme.ShortName"                        = "Thema";
"kMDItemAuthors.ShortName"                      = "Autor,von,mit";
"kMDItemEditors.ShortName"                      = "Bearbeitet von";
"kMDItemProject.ShortName"                      = "Projekt";
"kMDItemWhereFroms.ShortName"                   = "Quelle";
"kMDItemComment.ShortName"                      = "Kommentar";
"kMDItemCopyright.ShortName"                    = "Copyright";
"kMDItemProducer.ShortName"                     = "Produzent";
"kMDItemUsedDates.ShortName"                    = "Benutzt";
"kMDItemLastUsedDate.ShortName"                 = "ZulBenutzt";
"kMDItemContentCreationDate.ShortName"          = "Erstellt";
"kMDItemContentModificationDate.ShortName"      = "Geändert";
"kMDItemDurationSeconds.ShortName"              = "Dauer";
"kMDItemCreationDate.ShortName"                 = "erstellt";
"kMDItemContactKeywords.ShortName"              = "Schlagwörter";
"kMDItemVersion.ShortName"                      = "Version";
```

▲ **Abbildung 7.32**
Die Datei schema.strings enthält die übersetzten Bezeichnungen der Eigenschaften.

Die Datei ist in mehrere Bereiche unterteilt. Am Ende der Datei finden Sie einen Bereich, der mit dem Kommentar Attribute short names that will be presented to the user eingeleitet wird. Hier werden die Übersetzungen der Kurzformen aufgeführt. Sie können dementsprechend anstelle von kMDItemNumberOfPages auch Seiten eingeben, und für die Eigenschaft kMDItemPixelWidth gibt es das Kürzel Breite. Mit Seiten:12 würden Sie eine Suche nach allen Dokumenten, die zwölf Seiten lang sind, durchführen. Die Eingabe von Breite:300 zeigt alle Bilder mit dieser Breite an.

> **HINWEIS**
>
> Die Arbeit mit den Kürzeln funktioniert nicht mit allen Übersetzungen. Bei ihrer Verwendung sollten Sie ausprobieren, welche Kürzel zu Ergebnissen führen und welche nicht funktionsfähig sind.

7.2.6 Spotlight verwalten

Spotlight bietet zur Konfiguration und Administration recht wenige Funktionen und bedarf auch vergleichsweise selten der Aufmerksamkeit des Administrators. Die Ansicht Spotlight in den Systemeinstellungen besteht im Wesentlichen aus zwei Reitern. Unter Suchergebnisse können Sie für das Spotlight-Menü oben rechts die Reihenfolge und Anzeige der Kategorien ändern. Ebenso können Sie unten die Kurzbefehle für den Aufruf von Spotlight anpassen.

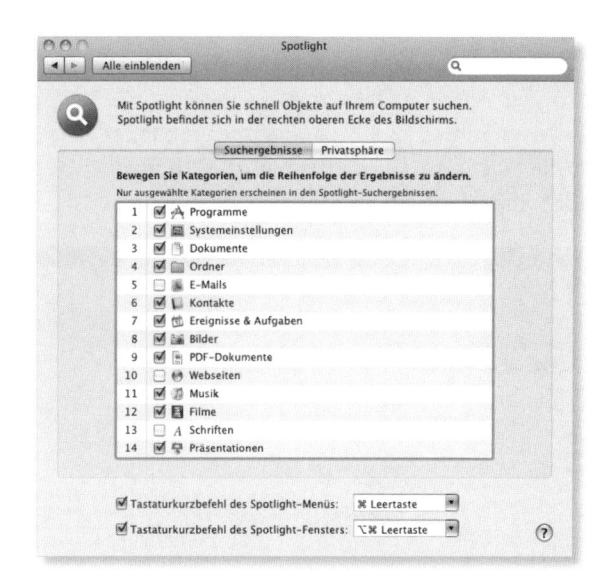

Abbildung 7.33 ▶
In den Systemeinstellungen können sowohl die Kurzbefehle als auch die Anzeige und Reihenfolge der Kategorien geändert werden.

Exclusions.plist
Gespeichert werden diese Ausnahmen in der Datei EXCLUSIONS.PLIST im Verzeichnis der Spotlight-Datenbank des jeweiligen Volumes. Dies hat den Vorteil, dass die definierte Privatsphäre jeweils für das Volume gilt und Sie bei externen Datenträgern, die Sie an mehreren Rechnern verwenden, nicht auf die Einstellung der Privatsphäre von Spotlight achten müssen, wenn Sie das Gerät an einem anderen Rechner anschließen.

Privatsphäre anpassen | Im Reiter PRIVATSPHÄRE können Sie das Indizierungs- und Suchverhalten von Spotlight, also der Prozesse `mds` und `mdworker`, konfigurieren. Sie können hier Ordner hinzufügen, die von Spotlight nicht durchsucht werden sollen. Dies bedeutet in diesem Fall, dass die Ordner bei der Aktualisierung der Datenbank nicht mehr berücksichtigt werden und somit auch keine Suchergebnisse mehr produzieren. Sie können hier beliebige Ordner und Volumes hinzufügen und somit von der Suche und Indizierung ausschließen.

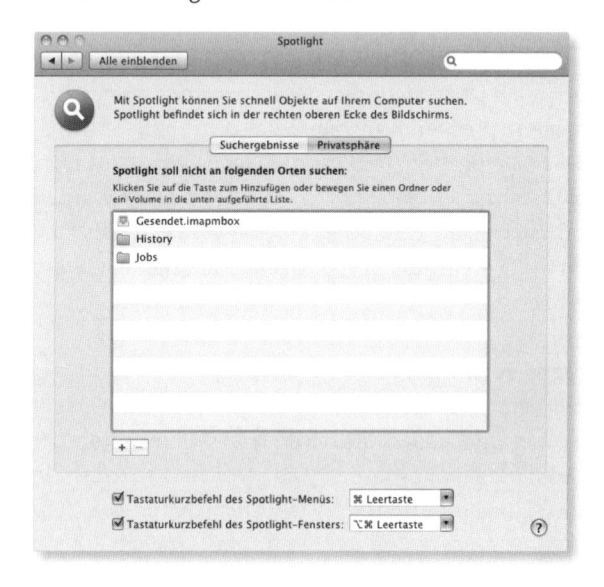

Abbildung 7.34 ▶
Über den Reiter PRIVATSPHÄRE werden Ordner und Volumes von der Indizierung und Suche ausgeschlossen.

Um die Suchergebnisse noch weiter zu verfeinern und anzupassen, können Sie auch einige Ordner aus ~/LIBRARY in die Privatsphäre übernehmen. Wenn Sie zum Beispiel die Suche der mit Safari aufgerufenen Webseiten (SAFARI-VERLAUFSOBJEKT) als sehr lästig empfinden, können Sie den Ordner ~/LIBRARY/CACHES/ METADATA/SAFARI/HISTORY in die Privatsphäre integrieren. Auch bei Mail können Sie durch das Hinzufügen von Unterordnern aus ~/LIBRARY/MAIL gezielt einige Ordner mit Nachrichten von der Suche ausschließen, ohne jedoch ganz auf die Suche nach E-Mails verzichten zu müssen.

Importer verwalten | Neue Importer im Verzeichnis /LIBRARY/ SPOTLIGHT werden von `mds` und `mdworker` bei der nächsten Anmeldung eines Benutzers berücksichtigt. Am Terminal können Sie mit dem Befehl `mdimport` neue Importer aktivieren sowie die vorhandenen und aktiven überblicken.

Wenn Sie einen neuen, von einem Programm unabhängigen Importer wie Ziplight für die Indizierung von ZIP-Archiven ins Verzeichnis /LIBRARY/SPOTLIGHT kopiert haben, können Sie ihn am Terminal mit `mdimport` und der Option `-r` aktivieren. In diesem Beispiel würde die Eingabe

```
mdimport -r /Library/Spotlight/Ziplight.mdimporter
```

die Indizierung von ZIP-Dateien im Hintergrund aktivieren. Die Indizierung über einen neuen Importer erfolgt sukzessive im Hintergrund, sodass die Suchergebnisse über den neuen Importer nicht sofort zur Verfügung stehen.

◀ **Abbildung 7.35**
Über `mdimport -L` können die aktiven Spotlight-Importer angezeigt werden.

Aktive Importer | Sie können mit der Option `-L` den Befehl `mdimport` anweisen, Ihnen die Liste aller aktiven Importer auszugeben. Sie finden hier auch die innerhalb eines Programm-Bundles gespeicherten Importer.

Index neu anlegen | Es kommt hin und wieder vor, dass die Datenbank von Spotlight durch einen Absturz oder einen Fehler im Dateisystem in Mitleidenschaft gezogen wird. Sie können sie, wenn Spotlight auf einmal falsche oder nicht nachvollziehbare Suchergebnisse liefert, für ein vorgegebenes Volume neu anlegen. Die zentrale Instanz für die Verwaltung der Datenbanken ist der Befehl `mdutil`.

Mit der Option `-E` gefolgt von der Pfadangabe des Volumes können Sie den derzeit vorhandenen Index löschen und von Spotlight im Hintergrund neu anlegen lassen. Um den Index des Startvolumes neu anzulegen, geben Sie `sudo mdutil -E /` ein, der Index der Partition BACKUP würde durch `sudo mdutil -E /Volumes/Backup` neu angelegt. Bis Spotlight mit der erneuten Indizierung beginnt, kann es einen Moment dauern.

Neuanlegen über »Privatsphäre«
Sie können den Index für ein Volume auch neu anlegen, indem Sie die Partition erst zur PRIVATSPHÄRE in den Systemeinstellungen hinzufügen und aus dieser wieder entfernen. Auch in diesem Fall legt Spotlight im Hintergrund den Index neu an. Die Warnung von Spotlight, wenn Sie das Startvolume kurzzeitig in die Privatsphäre aufnehmen, können Sie dabei ignorieren.

Volume ausschließen | Eine Partition von der Indizierung durch Spotlight ausschließen können Sie einerseits, indem Sie das Volume zur Privatsphäre hinzufügen. Sie können auch mit dem Befehl `mdutil` und der Option `-i` den Status modifizieren. Mit `sudo mdutil -i off /Volumes/Daten` wird die Indizierung ausgeschaltet; mit `sudo mdutil -i on /Volumes/Daten` wird sie wieder aktiviert, und Spotlight legt, um auf den aktuellsten Stand zu kommen, einen neuen Index an.

.metadata_never_index | Wenn Sie über `mdutil` oder die PRIVATSPHÄRE die Indizierung über Spotlight deaktivieren, verbleibt im Verzeichnis .SPOTLIGHT-V100 auf der obersten Ebene des Dateisystems des Volumes immer noch ein Restbestand des Indexes. Wenn Sie Spotlight anweisen möchten, eine Partition völlig unberührt zu lassen, können Sie dies mit einer Datei .METADATA_NEVER_INDEX signalisieren. Diese im Finder aufgrund des führenden Punktes unsichtbare Datei können Sie zum Beispiel mit dem Befehl `touch`, der eine leere Datei erzeugt, erstellen. Mit

`touch /Volumes/Daten/.metadata_never_index`

erstellen Sie auf dem Volume DATEN die benötigte unsichtbare Datei. Damit diese Änderung vom System berücksichtigt wird, müssen Sie das Volume deaktivieren und anschließend wieder aktivieren.

Rufen Sie nun am Terminal mit `mdutil -s /Volumes/Daten` den Indizierungsstatus des Volumes DATEN auf, dann erhalten Sie die Ausgabe `Indexing and searching disabled because of`

".metadata_never_index" file at root of volume. Den Index im Verzeichnis .SPOTLIGHT-V100 könnten Sie nun eigenhändig löschen, und er würde, da die unsichtbare Datei vorhanden ist, auch nicht wieder neu angelegt werden.

```
SnowPro:/ kai$ mdutil -s /Volumes/Daten/
/Volumes/Daten:
        Indexing and searching disabled because of ".metadata_never_index"
 file at root of volume.
SnowPro:/ kai$
```

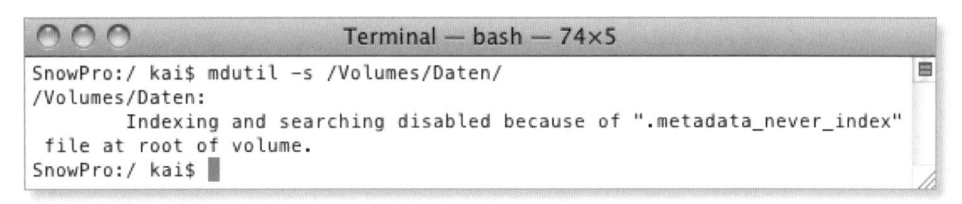

▲ **Abbildung 7.36**
Mit der unsichtbaren Datei .METADATA_NEVER_INDEX kann eine Partition dauerhaft von der Indizierung ausgeschlossen werden.

Spotlight abschalten | Wenn Sie Spotlight vollständig abschalten möchten, können Sie sich des Befehls launchctl bedienen, um den LaunchDaemon (siehe Abschnitt 13.3) zu deaktivieren, der den Prozess mds überwacht. Die Eingabe von

sudo launchctl unload -w /System/Library/LaunchDaemons/com.apple.metadata.mds.plist

fügt der Konfigurationsdatei die Eigenschaft Disabled hinzu. Nach einem Neustart des Systems ist Spotlight nicht mehr aktiv. Mit der Eingabe

sudo launchctl load -w /System/Library/LaunchDaemons/com.apple.metadata.mds.plist

können Sie Spotlight wieder aktivieren. Es bietet sich in diesem Fall an, denn Index mit den zuvor beschriebenen Maßnahmen neu anzulegen.

8 Zugriffsrechte

Unter Mac OS X spielen die Zugriffsrechte für Dateien und Ordner eine große Rolle, um die Sicherheit des Systems und seine Funktionsfähigkeit zu gewährleisten sowie die Dateien und Order der einzelnen Benutzer zu schützen und voneinander zu trennen.

Zwei Methoden | Mac OS X 10.6 verwendet bei der Verwaltung von Zugriffsrechten zwei Methoden. Die erste besteht in dem hier als POSIX-Rechte bezeichneten Verfahren, bei dem einer Datei oder einem Ordner aufgeteilt in drei Kategorien (EIGENTÜMER, GRUPPE und ANDERE) mit der Lese-, Schreib- und Ausführungsberechtigung jeweils drei Rechte zugewiesen werden können. Diese POSIX-Rechte sind auf eigentlich allen UNIX- und Linux-Systemen verfügbar.

Daneben wurden bereits als Ergänzung mit Mac OS X 10.4 die sogenannten Access Control Lists (ACL) eingeführt. Während bei den POSIX-Rechten nur die drei Kategorien verfügbar sind, und diese bei mehreren eingerichteten Benutzern schnell an ihre Grenzen stoßen, können bei den Access Control Lists beliebig lange Listen für die Zugriffssteuerung erstellt werden. Dabei sind sie flexibler als die POSIX-Rechte, da die Rechte für beliebig viele Benutzer und Gruppen definiert werden können. Sie stellen auch eine Grundlage für die Freigabe von Ordnern im Netzwerk dar.

Finder und Terminal
Die Zuweisung von Zugriffsrechten über den Finder ist, sofern es sich um Freigaben im Netzwerk oder für andere Benutzerkonten des Systems handelt, recht komfortabel und wenig fehlerträchtig. Allerdings haben auch die Befehle am Terminal wie chmod und chown nach wie vor ihre Berechtigung, um eine Datei beispielsweise als ausführbar zu definieren oder um Probleme des Systems zu beheben.

8.1 Zugriffsrechte im Finder

Im Finder können Sie die Zugriffsrechte für einen Ordner oder eine Datei im Fenster INFOS ZU in der Ansicht SHARING & ZUGRIFFSRECHTE festlegen. Die Ansicht teilt Ihnen zunächst die Ihnen derzeit zustehenden Rechte – SIE DÜRFEN LESEN UND SCHREIBEN bei Dateien in Ihrem persönlichen Ordner – mit.

Darunter finden Sie eine Liste, in der Ihnen links die Benutzerkonten und Gruppen angezeigt werden, für die Zugriffsrechte definiert wurden. Hier sind immer mindestens drei Kategorien

HINWEIS
Um die Zugriffsrechte im Finder zu ändern, müssen Sie sich bei einigen Aktionen über das Schloss unten rechts als Administrator identifizieren.

vorhanden, die die POSIX-Rechte widerspiegeln. Bei Dateien und Ordnern innerhalb Ihres persönlichen Ordners handelt es sich zunächst um Ihr Benutzerkonto (Ich), dann folgt die Gruppe staff, der alle über die Systemeinstellungen angelegten Benutzer angehören, und mit der Angabe everyone alle anderen Benutzerkonten.

Zugriffsrechte für Dateien | In dem Ausklappmenü in der Spalte Rechte können Sie bei Ihrem Benutzerkonto sowie bei der Gruppe staff zwischen der Vorgabe Lesen & Schreiben sowie Nur Lesen auswählen. Bei der Vorgabe für alle anderen Benutzerkonten können Sie zusätzlich noch Keine Rechte vergeben. Diese Standardeinstellung für Dateien, die Sie selbst erstellt haben, ermöglicht es Ihnen, die Datei zu verändern und zu öffnen. Benutzer der Gruppe staff, zu der alle über die Systemeinstellungen angelegten (menschlichen) Benutzerkonten gehören, können die Datei öffnen, sofern sie über die passenden Zugriffsrechte für das übergeordnete Verzeichnis verfügen.

▲ **Abbildung 8.1**
Die Zugriffsrechte können im Finder im Fenster Info zu festgelegt werden.

Abbildung 8.2 ▶
Die Benutzerkonten der Verzeichnisdienste werden in den Rubriken Netzwerk-Benutzer und Netzwerk-Gruppen aufgelistet.

Über das Plus- und Minuszeichen unterhalb der Liste können Sie weitere Benutzer und Gruppen zuweisen und für sie Zugriffsrechte vergeben.

Wenn Sie über »+« einen Benutzer oder eine Gruppe zuweisen, öffnet sich ein neues Fenster, in dem Sie den Neuen Benutzer oder neue Gruppe auswählen können. Sofern Ihr Rechner mit einem Verzeichnisdienst (siehe Abschnitt 17.6) verbunden ist, finden Sie die dort eingerichteten Benutzerkonten und Gruppen in den Rubriken Netzwerkbenutzer und Netzwerk-Gruppen.

Über die Schaltfläche Neue Person können Sie direkt aus diesem Dialog heraus ein neues Benutzerkonto erstellen und mit einem Passwort versehen. Ferner ist es möglich, auf die Kontakte des Adressbuchs zurückzugreifen und für einen der dort vorhandenen Einträge ein Konto zu erstellen. Hierbei wird der Name des

HINWEIS

Die Anzeige in der Liste im Finder nutzt immer den Kurznamen des Kontos oder Gruppe und nicht den Langnamen, den Sie über die Systemeinstellungen vorgeben können. Die in Abbildung 8.2 verfügbare Gruppe Designer wurde nachträglich in den Systemeinstellungen umbenannt und trägt im Finder ihre ursprüngliche Bezeichnung test.

Eintrags für ein Benutzerkonto vom Typ Nur Freigabe erstellt, und Sie müssen ein Passwort für dieses neue Konto zuweisen.

Wählen Sie eines der Benutzerkonten oder eine der Gruppen aus und klicken Sie auf Auswählen, um die Gruppe oder den Benutzer der Datei zuzuweisen.

Wenn Sie weitere Benutzer und Gruppen zuweisen und ihnen irgendwelche Rechte einräumen, werden diese der Liste oben hinzugefügt. Die POSIX-Rechte werden immer unten aufgeführt.

In Abbildung 8.3 wurden die Rechte für die Datei modifiziert. Der Eigentümer kai (Ich) darf die Datei nach wie vor öffnen und ändern, ebenso der Benutzer mit dem Kurznamen videouser. Die zur Gruppe mit dem Kurznamen test, die in Abbildung 8.2 als Designer angezeigt wird, gehörigen Benutzer können die Datei öffnen und sich so über den Stand der Arbeit von kai und videouser informieren. Es ist den Mitgliedern dieser Gruppe jedoch nicht möglich, die Datei zu speichern und so die Arbeit der beiden Benutzer zu stören. Alle anderen Benutzer, die nicht zur Gruppe test gehören, haben für die Datei Keine Rechte.

▲ **Abbildung 8.3**
Die Zugriffsrechte wurden um die Gruppe test sowie den Benutzer videouser ergänzt.

Die Gruppe staff | In den POSIX-Rechten muss immer irgendein Eintrag für eine Gruppe vorhanden sein. Wenn Sie die Gruppe staff über das Minuszeichen löschen, dann gibt es zwei Möglichkeiten. Wenn sich mehrere Gruppen in der Liste befinden, dann wird die zuoberst stehende Gruppe nach unten gerückt und als Gruppe für die POSIX-Rechte eingetragen. Wenn keine weitere Gruppe in der Liste vorhanden ist, dann wird die Gruppe wheel im Hintergrund zugewiesen. Diese wird im Finder nicht angezeigt, und dementsprechend verschwindet die Gruppe der POSIX-Rechte aus der Liste. Dieser Zustand liegt bei den in Abbildung 8.3 wieder gegebenen Zugriffsrechten vor. Wenn Sie diesen Zustand nachträglich korrigieren wollen, dann können Sie den Befehl `chgrp` (siehe Abschnitt 8.2) am Terminal nutzen, um die Gruppe staff erneut zuzuweisen.

Eigentümer ändern | Über das Werkzeugmenü unten können Sie zunächst etwaige Änderungen zurücksetzen. Es werden dann wieder die Zugriffsrechte verwendet, die galten, als Sie das Fenster öffneten. Ihnen steht dort auch, wenn Sie in der Liste einen Benutzer ausgewählt haben, die Option »Benutzer« als Eigentümer festlegen zur Verfügung. Der Eigentümer einer Datei wird in der Liste immer als unterster Benutzer angezeigt.

▲ **Abbildung 8.4**
Der Eigentümer kann über das Werkzeugmenü geändert werden.

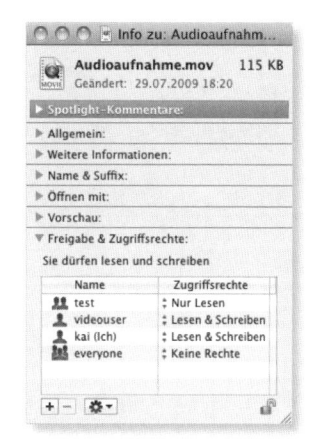

Zugriffsrechte bei Ordnern | Bei Zugriffsrechten für Ordner verhält es sich weitgehend ähnlich wie bei denen für Dateien. Es gibt jedoch eine Besonderheit: Können Sie bei Dateien entweder nur den Lesezugriff oder gleich beide Zugriffsarten freigeben, so können Sie bei einem Ordner auch lediglich den Schreibzugriff für andere Benutzer mit dem Recht Nur Schreibzugriff (Briefkasten) ermöglichen.

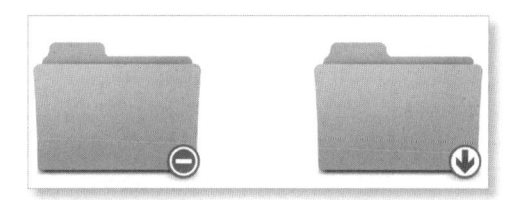

▲ **Abbildung 8.5**
Ordner, auf die nicht zugegriffen werden kann, erhalten ein Warnzeichen, während Briefkästen mit einem Pfeil nach unten gekennzeichnet werden.

Vererbung für neue Objekte
Bei der Arbeit mit freigegebenen Ordnern können Sie die Zugriffsrechte für einen Ordner um die in Abschnitt 19.1.2 beschriebene Vererbung der Rechte ergänzen. Damit erreichen Sie, dass neuen Objekten die Zugriffsrechte des übergeordneten Odners automatisch vererbt werden.

Der Grund besteht darin, dass Sie so einen Ordner erstellen können, in dem andere Benutzer – auch über das Netzwerk – Dateien speichern können. Da diese Benutzer aber den Ordner nicht lesen können und somit keine Informationen über die darin enthaltenen Dateien bekommen, können sie auch keine der von anderen Benutzern abgelegten Dateien löschen.

Auf Unterobjekte anwenden | Wenn Sie die Zugriffsrechte für einen Ordner ändern, steht Ihnen im Werkzeugmenü neben der Option Änderungen zurücksetzen auch die Möglichkeit Auf alle Unterobjekte anwenden zur Verfügung. Bei Ordnern, die zum Betriebssystem gehören, sollten Sie mit dieser Funktion sehr vorsichtig sein, sofern Sie sie überhaupt nutzen.

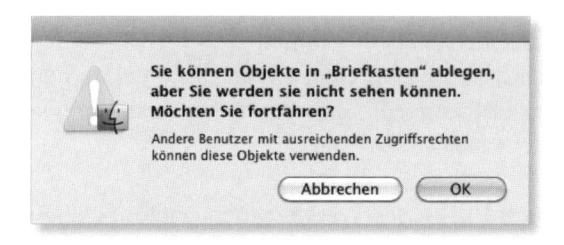

Abbildung 8.6 ▶
Dateien für andere Benutzer können in deren Briefkasten kopiert werden.

Was sich erst einmal sehr theoretisch anhört, wird in der Praxis von Apple für den sogenannten Briefkasten im Ordner Öffentlich praktisch eingesetzt. Seine Aufgabe besteht darin, dass andere Benutzer Dateien in Ihr persönliches Verzeichnis kopieren können, dabei aber keinen Einblick in die dort schon vorhandenen Dateien und Ordner bekommen. Andere Benutzer, insbesondere im Netzwerk, können Ihnen so Dateien schicken, aber nicht die bereits vorhandenen löschen.

Zugriffsrechte anwenden | Die Konfiguration der Zugriffsrechte für Ordner ist insbesondere im Netzwerk notwendig, wenn Sie zum Beispiel innerhalb des Verzeichnisses ÖFFENTLICH neben dem Briefkasten weitere Unterordner einrichten möchten, die Sie für Gruppen oder Benutzer im Netzwerk freigeben wollen.

Angenommen, in Ihrem Netzwerk haben Sie drei Gruppen angelegt: DESIGNER, MANAGEMENT und ENTWICKLER. Zur Abwicklung eines Projektes haben Sie in Ihrem persönlichen Ordner neben DOKUMENTE, MUSIK etc. einen weiteren Ordner PROJEKT_1 erstellt, diesen im Netzwerk freigegeben und dabei den Mitgliedern der drei Gruppen die Anmeldung an dieser Freigabe ermöglicht. Innerhalb von PROJEKT_1 gibt es drei Unterordner: GESTALTUNG, ENTWICKLUNG und BÜRO.

Mithilfe der Zugriffsrechte könnten Sie nun leicht folgende Zuteilung von Rechten vornehmen: Mitglieder der Gruppe MANAGEMENT haben vollen Zugriff auf den Ordner BÜRO und Lesezugriff auf die Ordner GESTALTUNG und ENTWICKLUNG, um den Stand der Arbeiten der Projektmitarbeiter in den Gruppen DESIGNER und ENTWICKLER zu überwachen. Die Gruppe DESIGNER hat vollen Zugriff auf den Ordner GESTALTUNG, Lesezugriff auf den Ordner ENTWICKLUNG und keinen Zugriff auf BÜRO. Analog haben die ENTWICKLER vollen Zugriff auf ENTWICKLUNG, aber nur Lesezugriff auf GESTALTUNG und wiederum keinen auf BÜRO.

Mit dieser Trennung wäre über die Zugriffsrechte vermieden, dass ENTWICKLER und GESTALTER Einsicht in vertrauliche Vertragsdaten im Ordner BÜRO nehmen, während sich das MANAGEMENT jederzeit einen Überblick über den Stand der Dinge verschaffen kann, ohne jedoch als fachfremde Personen die Arbeit der jeweiligen Experten zu stören. Wie Sie diese Zugriffsrechte in Ihrem Netzwerk oder auf Ihrem lokalen System zuteilen, hängt jeweils von Ihren persönlichen Anforderungen ab.

8.2 Zugriffsrechte am Terminal

Die Zuweisung von Rechten über das Informationsfenster ist im alltäglichen Gebrauch von Mac OS X völlig ausreichend. Allerdings ist es hiermit nicht möglich, eine Datei als ausführbar zu kennzeichnen. Letzteres ist zum Beispiel bei der Erstellung eines Shell-Skriptes (siehe Abschnitt 6.6.4) notwendig. Auch ist die Änderung der Zugriffsrechte von Systemdateien, wenn Sie zum Beispiel eine Voreinstellungsdatei modifizieren, in Ausnahmefällen nötig. Dies wird am besten am Terminal vorgenommen.

POSIX-Rechte | Am Terminal können zunächst die POSIX-Rechte mit dem Befehl

```
ls -l
```

einsehen. Sie erhalten eine detaillierte Liste der in einem Verzeichnis vorhandenen Dateien, in der linken Spalte erscheinen die Zugriffsrechte in Form von mehreren Buchstaben. Der erste Buchstabe – im Beispiel in Abbildung 8.7 ist es mit einer Ausnahme d – enthält die Informationen über den Dateityp. Ein Verzeichnis (*directory*) wird mit d, eine Datei mit - und ein symbolischer Link mit l aufgeführt.

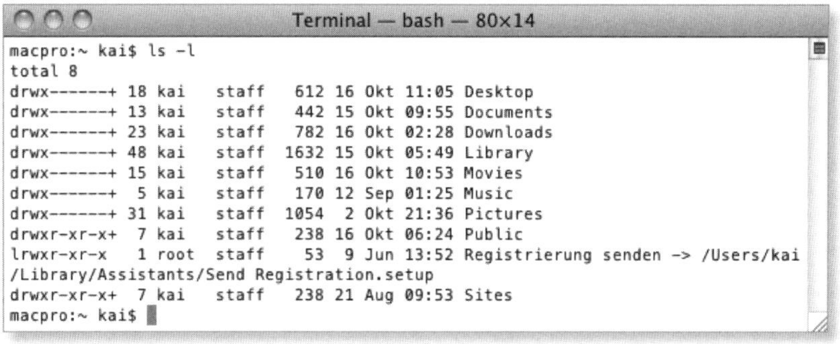

```
macpro:~ kai$ ls -l
total 8
drwx------+  18 kai    staff    612 16 Okt 11:05 Desktop
drwx------+  13 kai    staff    442 15 Okt 09:55 Documents
drwx------+  23 kai    staff    782 16 Okt 02:28 Downloads
drwx------+  48 kai    staff   1632 15 Okt 05:49 Library
drwx------+  15 kai    staff    510 16 Okt 10:53 Movies
drwx------+   5 kai    staff    170 12 Sep 01:25 Music
drwx------+  31 kai    staff   1054  2 Okt 21:36 Pictures
drwxr-xr-x+   7 kai    staff    238 16 Okt 06:24 Public
lrwxr-xr-x    1 root   staff     53  9 Jun 13:52 Registrierung senden -> /Users/kai
/Library/Assistants/Send Registration.setup
drwxr-xr-x+   7 kai    staff    238 21 Aug 09:53 Sites
macpro:~ kai$
```

▲ **Abbildung 8.7**
Mit dem Befehl ls -l können die POSIX-Rechte aufgelistet werden.

Die nachfolgenden Buchstaben, wie zum Beispiel rwxr-xr-x, stellen die Zugriffsrechte dar. Hierbei spiegeln die ersten drei die Rechte des Eigentümers wider, der die Datei lesen (r), verändern (w) und ausführen (x) darf; sein Kurzname wird Ihnen in der folgenden Spalte (kai) angezeigt. Die nächsten drei Zeichen geben die Rechte der Gruppe wieder, die der Datei oder dem Verzeichnis zugewiesen wurde. Sie finden den Namen der Gruppe (staff) neben dem Kurznamen des Eigentümers. Mitglieder der Gruppe dürfen das Verzeichnis oder die Datei lesen (r) und ausführen (x), nicht aber verändern (-). Gleiches gilt für alle anderen Benutzer, was aus den folgenden drei Zeichen hervorgeht. Bei der Angabe rwx------ verfügt der Besitzer über alle Rechte, die Gruppe und alle anderen über keine.

Zugriffsrechte zuweisen | Für die Zuweisung von POSIX-Rechten, Eigentümern und Gruppen stehen am Terminal drei Befehle zur Verfügung: Mit chmod werden Zugriffsrechte definiert, Eigentümer und Gruppen werden mit chown und chgrp geändert. Sind Sie Eigentümer einer Datei, dann können Sie mit

```
chmod Rechte Datei
```

deren Zugriffsrechte ändern. Die Angabe der Zugriffsrechte erfolgt in der Regel mithilfe von drei Zahlen, über die die Rechte definiert werden. Welche Zahl für welche Zugriffsrechte anzugeben ist, ergibt sich aus Tabelle 8.1.

	Besitzer	Gruppe	Andere
Lesen	4	4	4
Schreiben	2	2	2
Ausführen	1	1	1

◄ **Tabelle 8.1**
Ziffern für die Vergabe von Zugriffsrechten am Terminal

Sie müssen immer eine Zahl, die für eine zu vergebende Berechtigung steht, zu den anderen addieren. Wenn Sie für sich als Besitzer den Lese- und den Schreibzugriff zulassen, die Ausführbarkeit aber unterbinden wollen, wäre die anzugebende Zahl 6. Soll die Datei nur lesbar sein, wäre 4 einzugeben. Für die Zuweisung aller Rechte dient die 7, für keines die 0.

Die erste Zahl definiert die Rechte des Besitzers der Datei, die zweite Zahl die Rechte der Gruppe und die dritte die Rechte für alle restlichen Benutzer. Um also sich selbst bei einer Datei alle Rechte zu geben und sowohl den restlichen Benutzern in seiner Gruppe als auch allen anderen Benutzern keine Rechte zuzugestehen, würde der Befehl lauten:

Ausführbare Verzeichnisse
Die Ausführbarkeit eines Verzeichnisses ermöglicht den Wechsel über `cd` in dieses Verzeichnis. Wenn Sie sich mit `chmod 400 Verzeichnis` lediglich den Lesezugriff zugestehen, können Sie den Inhalt zwar mit `ls Verzeichnis/` ausgeben, der Wechsel mit `cd Verzeichnis` wird Ihnen jedoch mit der Meldung `Permission denied` verweigert.

```
chmod 700 Datei
```

Dem Eigentümer Lese- und Schreibzugriff ermöglichen sowie den Mitgliedern Ihrer Gruppe und allen restlichen Benutzern gar keine Rechte zuweisen können Sie mit `chmod 740 Datei`. Jeder Benutzer erhält alle Rechte mit `chmod 777 Datei`. Alle Rechte entfernen können Sie mit `chmod 000 Datei`.

Eigentümer ändern | Um den Besitzer einer Datei zu ändern, verwenden Sie den Befehl

```
chown Benutzer Datei
```

Sie müssen diesen mit `sudo` als Administrator ausführen. Um eine Datei, die Ihnen als Benutzer `kai` gehört, dem Benutzer `theo` zuzuweisen, geben Sie

```
sudo chown theo Datei
```

HINWEIS

Um den Besitzer für eine Datei zu ändern, müssen Sie den Befehl `chown` mittels `sudo` als Super-User (siehe Abschnitt 14.3.1) ausführen. Der Grund dafür liegt auf der Hand: Könnte jeder Benutzer seine Dateien beispielsweise dem Super-User root unterschieben, so ließen sich sehr schnell Skripten aus- und sonstige Manipulationen durchführen, die die Sicherheit des Systems kompromittieren.

ein. Soll der Datei eine andere Gruppe zugewiesen werden, so können Sie auf die Angabe von sudo verzichten, sofern Sie der zuzuweisenden Gruppe angehören. Der Befehl zum Ändern der Gruppenzugehörigkeit einer Datei lautet:

```
chgrp Gruppe Datei
```

Er funktioniert genauso wie chown. Soll die Datei einer Gruppe zugewiesen werden, der Sie nicht angehören, so müssen Sie sich wiederum des Befehls sudo bedienen. Die Angaben in dieser Form gelten auch für Verzeichnisse.

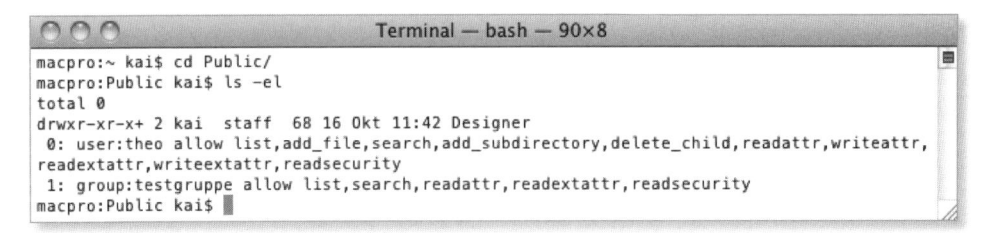

```
macpro:~ kai$ cd Public/
macpro:Public kai$ ls -el
total 0
drwxr-xr-x+ 2 kai  staff  68 16 Okt 11:42 Designer
 0: user:theo allow list,add_file,search,add_subdirectory,delete_child,readattr,writeattr,
readextattr,writeextattr,readsecurity
 1: group:testgruppe allow list,search,readattr,readextattr,readsecurity
macpro:Public kai$
```

▲ **Abbildung 8.8** ▶
Die ACL werden durchnummeriert und aufsteigend interpretiert.

[Access Control Entry]
Die einzelnen, nummerierten Einträge in einer Access Control List werden als Access Control Entry (ACE) bezeichnet.

Access Control Lists | Am Terminal können Sie sich die Access Control Lists mit dem Aufruf von ls -el anzeigen lassen. Sie erhalten dann zusätzlich eine nummerierte Liste der Einträge der Access Control Lists. Hier verhält es sich so, dass das System die Einträge aufsteigend interpretiert und das Zugriffsrecht, das zuerst zutrifft, anwendet.

In Abbildung 8.8 erhält der Benutzer mit dem Kurznamen theo vollen Lese- und Schreibzugriff auf das Verzeichnis Designer, da für ihn mit user:theo der erste Eintrag (0) in der Zugriffsliste definiert wurde. Dies geschieht unabhängig davon, ob er einer Gruppe testgruppe angehört, für die der nachfolgende Eintrag 1 erstellt wurden.

Gehörte ein Benutzer der testgruppe an, dann würden für ihn die definierten Rechte im Eintrag 1 gelten. Sofern bei einem Benutzer keiner der Einträge zutrifft, werden für ihn die Rechte der Kategorie everyone der POSIX-Rechte verwendet.

Einträge verstehen | Die Rechte der Einträge in einer Access Control List werden über die Stichworte definiert, die auf den Namen des Benutzers oder der Gruppe folgen. Hierbei wird zunächst mit allow und delete festgelegt, ob die über die nachfolgenden Stichworte definierten Aktionen dem Benutzer oder der Gruppe zustehen oder ihnen verboten werden sollen.

Daran schließt sich eine Reihe von Stichwörtern an, die die einzelnen Aktionen definieren. So wird mit `read` und `write` der Lese- und Schreibzugriff für Dateien festgelegt und mit `append` sogar noch vorgegeben, ob an die bereits vorhandene Datei weitere Daten angefügt werden dürfen. Dies mag auf den ersten Blick bei einer Bilddatei widersinnig erscheinen, aber zum Beispiel bei einem Protokoll für das Dienstprogramm Konsole, bei dem die einzelnen Einträge zeilenweise unten angefügt werden, ist diese Eigenschaft höchst sinnvoll. So können Zugriffsrechte für ein Protokoll vergeben werden, bei dem Systemdienste über `append` Zeilen ans Ende anfügen können. Da ihnen aber die Berechtigung für `write` fehlt, können keine bereits erstellten Zeilen innerhalb des Protokolls überschrieben werden.

deny delete
Wenn Sie sich die Access Control Lists für die Verzeichnisse in Ihrem persönlichen Ordner anzeigen lassen, werden Sie dort bei jedem nicht freigegebenen Ordner einen Eintrag `everyone deny delete` finden. Dieser führt dazu, dass das Löschen von Objekten auf jeden Fall untersagt ist, wenn Sie den Ordner (versehentlich) freigeben sollten.

Einträge erstellen | Für die Erstellung eines Eintrags in einer Access Control List stehen insgesamt mehr als 20 Stichwörter zur Verfügung. Sie können diese nutzen, um eine sehr fein granulierte Zugriffssteuerung zu entwickeln.

Hierzu dient wiederum der Befehl `chmod` in Verbindung mit der Option `+a`. An ihn schließt sich in Anführungszeichen der zu erstellende Eintrag an. Mit

```
chmod +a "kai deny delete" Datei
```

würden Sie dem Benutzer mit dem Kurznamen `kai` das Löschen der angegebenen Datei explizit untersagen, ansonsten hätte er aber, abhängig von den anderen definierten Zugriffsrechten, durchaus Schreibzugriff. Details erhalten Sie in der über `man chmod` abrufbaren Dokumentation (siehe Abschnitt 6.5) des Befehls `chmod`.

> **HINWEIS**
>
> Im Arbeitsalltag ist diese eigenhändige Zuweisung von Einträgen selten notwendig, weil das Fenster INFOS zu im Finder eigentlich die beste Kombination für das zu erreichende Ziel (Lesen & Schreiben, Lesen, Briefkasten, keine Rechte) verwendet. Lediglich bei Verzeichnissen ist die in Abschnitt 19.1.2 beschriebene Vererbung eine sinnvolle Ergänzung.

Einträge löschen | Während die Erstellung von Hand unter Mac OS X selten notwendig ist, kann die eigenhändige Löschung eines Eintrags manchmal nötig sein, etwa wenn Sie über SSH (siehe Abschnitt 17.2.1) auf Ihren Rechner zugreifen. Während mit der Option `+a` ein Eintrag hinzugefügt wird, dient `-a` zum Entfernen. Einen ganzen Eintrag löschen Sie, indem Sie der Option `-a` noch ein Doppelkreuz hintanstellen, also `-a#` verwenden. Darauf folgen dann die Nummer des zu löschenden Eintrags und der Name der Datei oder des Verzeichnisses. Die Eingabe von `chmod -a# 0 Datei` löscht den ersten Eintrag in der Access Control List der angegebenen Datei.

> **HINWEIS**
>
> Auch bei der Erstellung und Löschung von Einträgen gelten die Eigentümer. Sofern Sie als Administrator eine fremde Datei oder ein fremdes Verzeichnis ändern möchten, müssen Sie `chmod` den Befehl `sudo` voranstellen.

9   Festplatten und Dateisysteme

Werden Daten auf einer Festplatte oder einer CD gespeichert, sind sie über den Finder bequem in Ordnern, Unterordnern und mit Aliasen organisierbar. Schaut man jedoch auf den physikalischen Speicherträger selbst, ist die Übersicht dahin. Die Daten werden lediglich in Zylindern, Headern und Sektoren auf die Platte geschrieben. Die Organisation der Dateien im Finder ist also nur ein vom Dateisystem erstelltes Abbild. In diesem Kapitel soll es darum gehen, wie Mac OS X mit Ihren Daten und Speicherträgern umgeht, und welche Funktionen Ihnen in der Verwaltung Ihrer Datenträger zur Verfügung stehen.

9.1   Hintergründe

Dateisysteme haben die Aufgabe, Dateien auf einem Datenträger wie einer Festplatte oder einer CD-ROM zu organisieren. Dabei wird in den Dateisystemen Buch darüber geführt, an welcher Stelle auf dem Datenträger sich die Daten befinden, ob sie in einem Verzeichnis liegen und wenn ja, in welchem, und mit welcher Bezeichnung sie versehen wurden.

Modularer Aufbau | Da diese Dateisysteme in ihrer Funktionsweise sehr unterschiedlich sind, benötigt Mac OS X jeweils ein Programm, das für die Ansprache des Dateisystems sorgt. Im Ordner /System/Library/Filesystems finden Sie mehrere Ordner und Dateien wie zum Beispiel msdos.fs. Diese Erweiterungen werden vom System bei Bedarf aktiviert und zur Einbindung des Dateisystems geladen.

Partitionen, Slices, Volumes | Als die Speicherkapazität von Datenträgern und insbesondere Festplatten mit der Zeit immer größer wurde, bot es sich an, diese in mehrere Bereiche zu unterteilen. Dateisysteme sind nicht in der Lage, unbegrenzt viele Dateien zu verwalten. Bei der Anzahl an Dateien, die sich inner-

MacFUSE und NTFS-3G
Sie finden am Ende dieses Kapitels einen Abschnitt zu dem Open-Source-Projekt MacFUSE und dem Treiber NTFS-3G. Damit wird der Schreibzugriff auf NTFS-Datenträger möglich.

Erweiterte Attribute
Bei vielen Betriebssystemen wie auch Mac OS X werden zusätzlich zu den konkreten Daten (z. B. zu einem Text) auch weitere Informationen (z. B. ein Icon) gespeichert. Daher unterstützen Dateisysteme wie das von Mac OS X verwendete HFS auch die sogenannten Metadaten und erweiterten Dateiattribute.

▲ **Abbildung 9.1**
Die von Mac OS X unterstützten Dateisysteme werden mithilfe von Modulen realisiert.

halb eines Dateisystems verwalten lassen, gibt es je nach Dateisystem Grenzen. Aus diesem Grund können Datenträger in mehrere Bereiche, die Partitionen genannt werden, unterteilt und so können mehrere Dateisysteme auf einer Festplatte eingerichtet werden.

Innerhalb der Dokumentation von Mac OS X ist die Terminologie ein wenig unübersichtlich. Sie werden hier auch auf den Begriff Slices stoßen. Damit werden innerhalb des UNIX-Kerns Partitionen bezeichnet. Ergänzend wird auch der Terminus Volume verwendet. Dieser bezeichnet ebenfalls eine Partition, die in diesem Fall mit einem von Mac OS X direkt unterstützten Dateisystem versehen wurde.

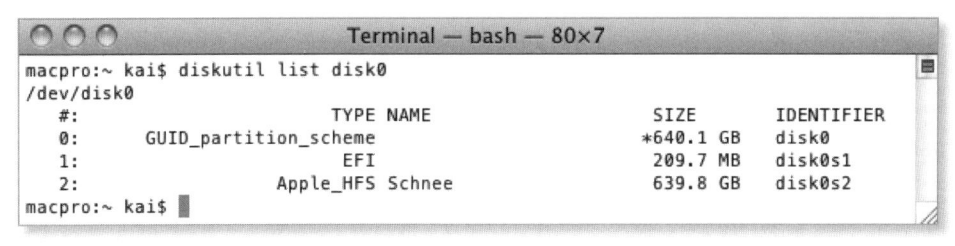

```
macpro:~ kai$ diskutil list disk0
/dev/disk0
   #:                       TYPE NAME                    SIZE       IDENTIFIER
   0:      GUID_partition_scheme                        *640.1 GB   disk0
   1:                        EFI                         209.7 MB   disk0s1
   2:                  Apple_HFS Schnee                  639.8 GB   disk0s2
macpro:~ kai$
```

▲ **Abbildung 9.2**
Eine Festplatte kann in eine oder mehrere Partitionen unterteilt werden.

Partitionen anzeigen | Mit dem Befehl diskutil list können Sie am Terminal die Partitionen Ihrer Datenträger anzeigen lassen. In Abbildung 9.2 wurde mit diskutil list disk0 die Partitionstabelle der Festplatte ausgegeben, von der das System gestartet wurde. Wundern Sie sich nicht, wenn mehr Partitionen angezeigt werden, als Sie ursprünglich mit dem Festplatten-Dienstprogramm eingerichtet haben.

In Abbildung 9.2 befindet sich als erste Partition eine kleine, im Finder und im Festplatten-Dienstprogramm nicht sichtbare vom Typ EFI. Sie enthält einige zum Start des Systems notwendige Informationen. Die zweite, im Finder sichtbare Partition wurde mit dem Dateisystem HFS (in der Spalte TYPE) versehen und trägt den Namen SCHNEE. Dieser Name wird auch im Finder verwendet.

Eindeutige Identifizierung
Partitionen mit HFS+-Dateisystem wird neben dem Namen und der Medienidentifikation auch eine UNIV. EINDEUTIGE IDENTIFIZIERUNG (siehe Abbildung 9.3) zugewiesen. Diese eindeutige Zeichenkette hat die Aufgabe, die Partition unabhängig von ihrem Namen identifizieren zu können. Dies wird zum Beispiel bei Time Machine verwendet, um auch bei einer Namensänderung mit der Sicherung fortfahren zu können.

Medien-Identifikation | Um Laufwerke wie Festplatten anzusprechen, untersucht das Betriebssystem nach dem Start die vorgefundene Hardware. Sind Treiber für die gefundenen Festplatten, CD-ROM- oder anderen Laufwerke vorhanden, legt das System im Verzeichnis /DEV Dateien in der Form DISK0S2 an. Jede dieser Dateien steht für eine Partition des jeweiligen Datenträgers.

In der Regel wird die Festplatte, von der das System gestartet wurde, mit DISK0 bezeichnet. Die zweite Partition oder der zweite Slice würde dementsprechend über /DEV/DISK0S2 angesprochen. Diese Dateien dienen im UNIX-Unterbau von Mac OS X dazu, die Partitionen direkt anzusprechen, und werden bei der Einbindung von Dateisystemen (siehe unten) ebenfalls abgefragt.

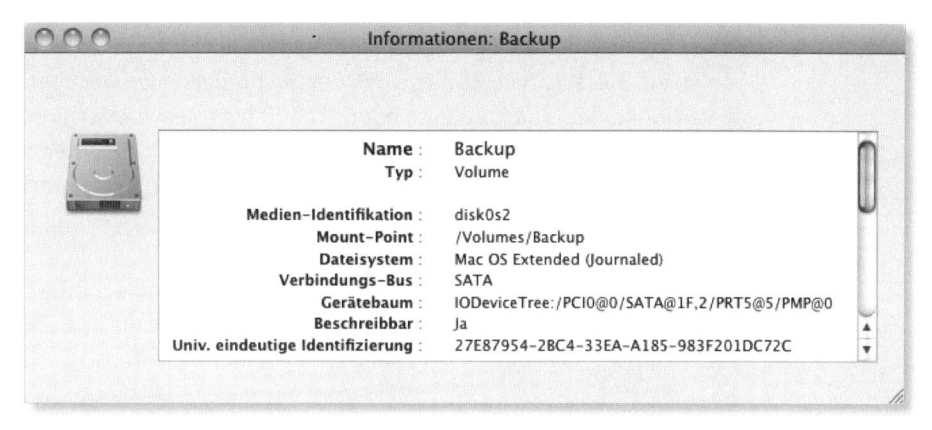

▲ **Abbildung 9.3**
Die MEDIEN-IDENTIFIKATION enthält sowohl die Nummer des Datenträgers als auch die der Partition.

Mount-Points | Die Partition, auf der sich das aktive System befindet und von der aus Sie den Rechner gestartet haben, wird automatisch als Verzeichnis / eingebunden. Sie entspricht damit der höchsten Ebene in der Ordnerstruktur von Mac OS X.

Andere Partitionen und Wechselmedien werden in die Verzeichnisstruktur des Startvolumes integriert. Im Ordner /VOLUMES finden Sie jeweils als Verzeichnis die Partitionen der vorhandenen Festplatten und auch die über das Netzwerk eingebundenen Freigaben. In Abbildung 9.3 wurde die Partition BACKUP der externen Festplatte als Ordner im Verzeichnis /VOLUMES/BACKUP angelegt. Den Ordner, an dessen Stelle ein Dateisystem eingegliedert wird, bezeichnet man auch als *Mount-Point*. Er wird Ihnen auch im Festplatten-Dienstprogramm angezeigt (siehe Abbildung 9.3).

Gleichnamige Volumes | Sollte bei Ihnen der Fall eintreten, dass Sie zwei Dateisysteme aktivieren, die den gleichen Namen (z. B. DATEN) tragen, legt das System im Ordner /VOLUMES Verzeichnisse mit dem Namen DATEN an und nummeriert diese fortlaufend durch. Haben Sie zwei Partitionen mit dem Namen DATEN eingebunden, erhalten Sie im Ordner /VOLUMES dementsprechend ein Verzeichnis namens DATEN und ein weiteres mit der

[mounten]
Die Bezeichnung Mount-Point hat ihren Ursprung darin, dass am Terminal zur Einbindung von Dateisystemen der Befehl `mount` benutzt wird. Umgangssprachlich wird die Aktivierung von Dateisystemen auch als »mounten« bezeichnet. Zur Einbindung von Dateisystemen stehen am Terminal spezielle Befehle wie `mount_hfs` oder `mount_msdos` zur Verfügung.

Bezeichnung DATEN 1, das die andere Partition enthält. Im Finder erscheinen beide Partitionen jedoch unter dem gleichlautenden Namen DATEN.

Automatische Einbindung von Datenträgern | Wenn Sie eine CD-ROM einlegen oder eine externe Festplatte anschließen, stellt Ihnen das System die gefundenen Partitionen automatisch zur Verfügung und erledigt die Einbindung im Hintergrund. Zuständig für diese Arbeit, die sowohl die Suche nach vorhandenen Partitionen als auch die Einbindung unter /VOLUMES umfasst, ist der Dämon `diskarbitrationd`. Er wird beim Start des Systems aufgerufen und verbleibt für die gesamte Laufzeit im Hintergrund. Direkt nach dem Start prüft er vorgefundene Datenträger und bindet deren Dateisysteme ein. Wenn ein Medium in ein Laufwerk gesteckt oder per USB an den Rechner angeschlossen wird, teilt das System dies dem Dämon mit. Dieser prüft dann die Datenträger und bindet die Dateisysteme ein.

> **WARNUNG**
>
> Konsultieren Sie vor der Erstellung der Datei /ETC/FSTAB unbedingt die entsprechende Dokumentation (`man diskarbitrationd`), um Fehler und Datenverluste zu vermeiden. Sichern Sie, bevor Sie mit verschiedenen Mount-Points arbeiten, unbedingt Ihre Daten. Sie finden ferner im Verzeichnis /ETC bereits eine Datei FSTAB.HD. Diese enthält außer einem Hinweis keine Einträge und sollte von Ihnen auch nicht modifiziert werden.

Die Datei /etc/fstab | Unter vielen UNIX-Varianten und Linux ist es üblich, in der Datei /ETC/FSTAB die Informationen zu speichern, an welcher Stelle im Dateisystem des Rechners andere Dateisysteme wie externe Festplatten eingebunden werden und nach welchen Kriterien dies erfolgt.

Unter Mac OS X ist die Datei /ETC/FSTAB nicht vorhanden. Sie können sie aber von Hand erstellen (`sudo nano /etc/fstab`), und sie wird dann von `diskarbitrationd` auch konsultiert. Dabei hat die Datei /ETC/FSTAB unter Mac OS X eine andere Aufgabe: Sie dient nicht dazu, Dateisysteme einzubinden, sondern dazu, Ausnahmen von dem oben beschriebenen Verhalten in Bezug auf das Verzeichnis /VOLUMES zu definieren. Wenn Sie also eine Partition an einer anderen Stelle im Dateisystem einbinden möchten oder müssen und vielleicht sogar nur Lesezugriff zulassen wollen, dann müssen Sie die Datei /ETC/FSTAB modifizieren.

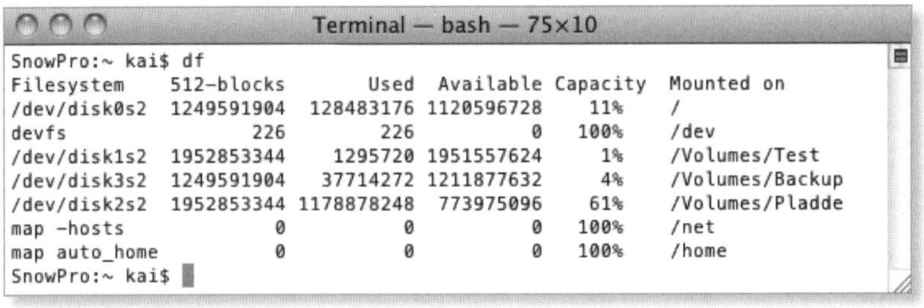

```
SnowPro:~ kai$ df
Filesystem    512-blocks        Used  Available Capacity  Mounted on
/dev/disk0s2  1249591904   128483176 1120596728    11%    /
devfs                226         226          0   100%    /dev
/dev/disk1s2  1952853344     1295720 1951557624     1%    /Volumes/Test
/dev/disk3s2  1249591904    37714272 1211877632     4%    /Volumes/Backup
/dev/disk2s2  1952853344  1178878248  773975096    61%    /Volumes/Pladde
map -hosts             0           0          0   100%    /net
map auto_home          0           0          0   100%    /home
SnowPro:~ kai$
```

▲ **Abbildung 9.4**
Mit dem Befehl `df` kann der verfügbare Speicherplatz angezeigt werden.

Freie Kapazität | Wenn Sie einen schnellen Überblick über den verfügbaren Speicherplatz aller eingebundenen Laufwerke bekommen möchten, können Sie am Terminal den Befehl `df` eingeben. Er zeigt Ihnen (siehe Abbildung 9.4) in der Spalte `Capacity` den belegten Speicherplatz an. Die Angaben `devfs` gehört zur internen Verwaltung des Systems, die beiden Einträge `map` werden bei der Einbindung von einigen NFS-Freigaben genutzt. Wenn Sie über das Netzwerk Freigaben eingebunden haben, dann werden diese hier ebenfalls aufgeführt.

9.2 Dateisysteme

Dieser Abschnitt beschreibt die Dateisysteme, die Mac OS X bei direkt an den Rechner angeschlossenen Datenträgern nutzen kann.

9.2.1 Hierarchical File System (HFS+)

Das Hierarchical File System (HFS) ist zurzeit das bevorzugte Dateisystem unter Mac OS X. Es stammt von Apple selbst und wurde im Laufe der Jahre an die gewachsenen Anforderungen immer weiter angepasst. Bei der Arbeit mit Mac OS X hat sich die Verwendung von HFS als die schnellste Lösung herausgestellt.

HFS und HFS+ | Da HFS schon etwas älteren Datums ist, war es ursprünglich nicht darauf ausgelegt, Festplatten mit den heute üblichen Kapazitäten zu verwalten. Dies führte dazu, dass die alte Version von HFS nicht in der Lage war, den Speicherplatz auf sehr großen Festplatten adäquat zu verwalten. Mit der Einführung von HFS+, im Festplatten-Dienstprogramm mit der Bezeichnung MAC OS X EXTENDED versehen, hat Apple diese Grenzen erweitert und weitgehend zukunftssicher gemacht. Immerhin besteht Mac OS X in seiner Standard-Installation aus mehreren Zehntausenden einzelner Dateien.

Hierarchischer Aufbau | Um Dateien auf der Festplatte zu speichern und den Zugriff auf die enthaltenen Daten zu ermöglichen, wird jeder Datei und jedem Verzeichnis eine eindeutige Nummer zugewiesen. Diese wird in einem zentralen Katalog (*B-tree catalogue*), über den das System den Aufbau ermittelt, gespeichert. Die hierarchische Struktur ergibt sich dadurch, dass zusätzlich zu der eindeutigen Identifikationsnummer die Nummer des Verzeichnisses gespeichert wird, in dem sich das Objekt befindet. Um den Inhalt eines Verzeichnisses zu ermitteln, wird – vereinfacht ausge-

Dateisysteme im Netzwerk
Freigaben, die Sie über das Netzwerk an Ihren Rechner anbinden, werden auch im Verzeichnis /VOLUMES eingebunden. Streng genommen handelt es sich bei WebDav, AFP und SMB nicht um Dateisysteme, sondern um Netzwerkprotokolle. Relevant bei der Einbindung von Dateisystemen über das Netzwerk ist hier nicht das Dateisystem des Laufwerks, sondern das Netzwerkprotokoll, über das die Freigabe erfolgt. Zum Beispiel können Sie eine Windows-Freigabe mittels SMB (siehe Kapitel 18.3) einbinden, auch wenn diese in einem Dateiformat vorliegt, das Mac OS X von Haus aus eigentlich nicht unterstützt.

Alias
Durch die Verwendung eines Katalogs ist es bei HFS auch möglich, dass Aliase auch dann noch funktionieren, wenn ihr Ziel in ein anderes Verzeichnis verschoben wurde.

drückt – der Katalog nach allen Objekten durchsucht, die als übergeordnetes Attribut das anzuzeigende Verzeichnis beinhalten.

Groß- und Kleinschreibung | HFS+ merkt sich zwar die Groß- und Kleinschreibung der Dateinamen, unterscheidet aber nicht danach. Dieses Verhalten wird auch »case preserving« genannt.

Wenn Sie wie nachfolgend beschrieben eine Partition mit HFS+ formatieren, dann steht Ihnen dort auch die Variante GROSS-/KLEINSCHREIBUNG zur Verfügung. In diesem Fall wird dann nach Groß- und Kleinschreibung unterschieden, und mit INSTALL.SH und INSTALL.SH würden zwei verschiedene Dateien bezeichnet. Dieses Verhalten wird auch als »case sensitive« bezeichnet.

Die Unterscheidung der Groß- und Kleinschreibung sollten Sie eigentlich nur verwenden, wenn Sie einige Programme aus dem UNIX-Bereich installieren möchten, die zwingend ein Dateisystem benötigen, das case sensitive ist. Ansonsten können Sie es bei dem üblichen »case preserving«-Verhalten von HFS+ belassen.

Resource Forks | Eine Besonderheit von HFS+ im direkten Vergleich zu den nachfolgend beschriebenen Dateisystemen sind die sogenannten Resource Forks. Unter dem klassischen Mac OS war es üblich, bei einer Datei zusätzlich zu den eigentlichen Daten (z. B. dem Text) weitere Metadaten (z. B. das Icon) zu speichern. Diese Metadaten, die als zusätzliche Ressourcen bezeichnet werden können, werden von HFS+ automatisch der jeweiligen Datei zugeordnet. Wenn Sie also zum Beispiel eine Grafik in Photoshop gespeichert haben und hier sowohl ein spezielles Icon als auch eine Vorschau erstellt werden, dann wurden bei vielen Versionen von Photoshop die letzten beiden Elemente in einem Resource Fork gespeichert. HFS+ ordnet automatisch jeder Datei ihre Ressourcen zu, sodass sie als eine Datei erscheint, obwohl es genau betrachtet mindestens zwei sind. Mit der Einführung der Kompression in HFS+ (siehe Abschnitt 9.3) feierten die Resource Forks mit Mac OS X 10.6 ein eher unerwartetes Revival.

Extended Attributes | Diese erweiterten Attribute einer Datei (siehe Abschnitt 3.3.5) ähneln ein wenig den Resource Forks, haben aber in der Regel eine klar umrissene Aufgabe. Sie wurden mit Mac OS X 10.4 eingeführt. Die Aufgabe dieser erweiterten Attribute besteht zum Beispiel darin, Dateien, die Sie über Safari aus dem Internet geladen haben, unter Quarantäne zu stellen. Die erweiterten Attribute werden auch von Time Machine genutzt, um die gesicherten Dateien zu verwalten. Am Terminal können Sie mit dem Befehl ls in Kombination mit den Optionen

---

> **WARNUNG**
>
> Sie sollten die Variante »case sensitive« nur dann nutzen, wenn Sie sie wirklich benötigen. Es ist sehr wahrscheinlich, dass mit einem Dateisystem, das Groß- und Kleinschreibung unterscheidet, einige Programme nicht mehr funktionieren. Der Grund ist hier oft, dass die Entwickler auf die Groß- und Kleinschreibung nicht penibel geachtet haben und beispielsweise auf einen Ordner CARBON. FRAMEWORK zugreifen möchten. Dieser heißt aber eigentlich CARBON.FRAMEWORK.

._Datei
Um sowohl die Resource Forks als auch die Extended Attributes auf anderen Dateisystemen wie zum Beispiel FAT32 nutzbar zu machen, verwenden der Finder und die meisten Befehle am Terminal eine im Finder unsichtbare ._-Datei. Diese beginnt mit ._, und ihr Name entspricht der Datei, zu der sie gehört. Aus diesem Grund finden Sie zum Beispiel auf vielen Windows-Server eine Reihe solcher ._-Dateien, die mögliche Resource Forks und erweiterte Attribute beinhalten. Im Finder jedoch erscheinen diese Dateien als einzelne Datei.

-@l die erweiterten Attribute einer Datei oder eines Ordners auflisten lassen. Mit dem Befehl `xattr` (siehe Abschnitt 3.3.5) erhalten Sie noch detailliertere Informationen.

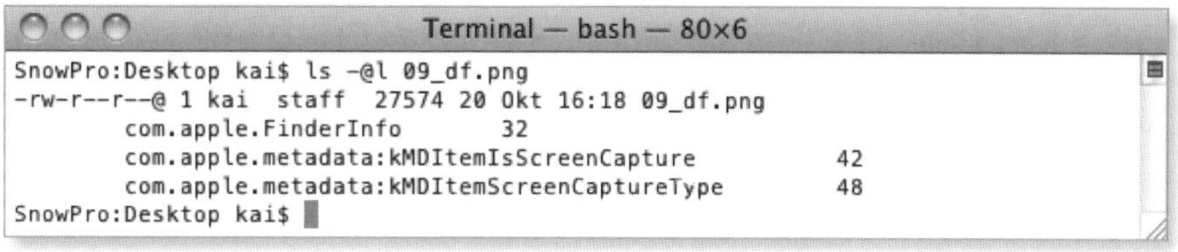

```
SnowPro:Desktop kai$ ls -@l 09_df.png
-rw-r--r--@ 1 kai  staff    27574 20 Okt 16:18 09_df.png
        com.apple.FinderInfo        32
        com.apple.metadata:kMDItemIsScreenCapture        42
        com.apple.metadata:kMDItemScreenCaptureType      48
SnowPro:Desktop kai$
```

▲ **Abbildung 9.5**
Der Befehl `ls -@l` listet die erweiterten Attribute einer Datei auf.

9.2.2 MS-DOS Dateisystem (FAT)

Im Zuge der Einführung von Boot Camp erlebte das FAT32-Dateisystem von Microsoft eine kleine Renaissance. Im Windows-Bereich ist es zwar weitgehend durch das deutlich leistungsfähigere NTFS abgelöst worden, allerdings besteht bei FAT32 der Vorteil darin, dass Mac OS X es von Haus lesen und schreiben kann. Im Festplatten-Dienstprogramm wird es als MS-DOS-DATEISYSTEM (FAT) bezeichnet.

Maximale Dateigröße
Aufgrund der Beschränkungen des Dateisystems ist es unter FAT nicht möglich, Dateien größer als ungefähr 4 GB zu erzeugen. Diese Grenze kann sich insbesondere bei Video-Dateien als wichtig erweisen.

9.2.3 Weitere Dateisysteme

Neben HFS+ als im weiteren Sinne hauseigenes Dateisystem ist Mac OS X in der Lage, einige weitere Dateisysteme auf angeschlossenen Festplatten und Wechselmedien zu lesen.

- **Audio-CD:** Das Format normaler Audio-CDs. Diese können zum Beispiel in iTunes importiert werden.
- **ISO-9660:** Hierbei handelt es sich um den Standard für Daten-CDs. Dieses Dateisystem kann sowohl unter Mac OS X als auch unter Windows und Linux gelesen werden.
- **NTFS:** Das Dateisystem, das von Microsoft mit Windows NT eingeführt wurde, kann unter Mac OS X gelesen werden. Die in Mac OS X 10.6 enthaltene, aber nicht dokumentierte Unterstützung des Schreibzugriffs ist weit davon entfernt, als stabil und ausgereift zu gelten. Um Schreibzugriff auf eine NTFS-Partition zu erhalten, die Sie mit Windows angelegt haben, müssen Sie ein Programm wie MacFUSE (siehe Abschnitt 9.6) installieren.
- **Universal Disk Format (UDF):** UDF wird für DVDs verwendet. Mac OS X ist somit in der Lage, handelsübliche DVDs abzuspielen und Daten auf diesen zu sichern.
- **UNIX File System (UFS):** Bis Mac OS X 10.4 stand auch UFS zur Formatierung einer Partition im Festplatten-Dienstprogramm zur Auswahl. Auch der Start eines Systems von einer

UFS-Partition war möglich. Mit Mac OS X 10.5 wurde sowohl die Unterstützung im Festplatten-Dienstprogramm als auch der Start des Systems gestrichen, gleichwohl ist das System nach wie vor in der Lage, UFS-Partitionen einzubinden.

- **ZFS:** In Mac OS X 10.5 wurde der Lesezugriff auf das von SUN entwickelte ZFS-Dateisystem eingeführt. In Mac OS X 10.6 wurde diese Unterstützung ersatzlos gestrichen, obwohl Apple im Vorfeld kurzzeitig damit geworben hatte. Die Gründe waren zur Drucklegung des Buchs unbekannt. ZFS eignet sich insbesondere für Server-Anwendungen mit sehr vielen und großen Dateien und erlaubt eine recht flexible Verwendung der Festplatten und Datenträger.

9.3 Exkurs: Journaling, Defragmentierung, Komprimierung

Apple hat in HFS+ im Zuge der Entwicklung der Version 10.2 das sogenannte Journaling eingeführt.

Einsatz auf Servern
Dass das Journaling zuerst seine Anwendung in der Server-Variante von Mac OS X gefunden hatte, liegt auch darin begründet, dass Server, wenn sie abstürzen, möglichst schnell wieder ihre Arbeit im Netzwerk aufnehmen sollen. Da insbesondere bei großen Datenmengen die Prüfung des Dateisystems enorm viel Zeit beanspruchen kann, wird mithilfe des Journalings diese Prüfung beschleunigt.

Buchführung im Hintergrund | Haben Sie eine Partition mit dem Format MAC OS X EXTENDED (JOURNALED) formatiert, wie es auch das Installationsprogramm von Mac OS X empfiehlt, so führt das System im Hintergrund Buch darüber, welche Dateien gerade geöffnet und noch nicht geschlossen wurden.

Stürzt das System ab oder wird der Rechner zum Beispiel durch einen Stromausfall gewaltsam beendet, dann konsultiert das Betriebssystem dieses Journal beim nächsten Start. Stellt es dabei fest, dass das Dateisystem aufgrund eines Absturzes nicht korrekt ausgehängt wurde, wird eine Prüfung veranlasst. Dabei werden, gestützt auf dieses Journal, gezielt nur die Dateien und Verzeichnisse geprüft, die nicht korrekt geschlossen wurden und bei denen zu erwarten ist, dass Fehler vorliegen. Damit wird der Prüfvorgang insgesamt erheblich beschleunigt.

Mit der Schaltfläche JOURNALING AKTIVIEREN können Sie diese Funktion für Partitionen, die Sie mit dem Dateisystem MAC OS X EXTENDED versehen haben, nachträglich aktivieren, ohne die Partition zu löschen.

Defragmentierung »on the fly« | Wenn Sie eine Zeit lang mit einem Datenträger arbeiten und Dateien darauf speichern und wieder löschen, wird irgendwann unweigerlich der Fall eintreten, dass aufgrund von Platzmangel oder aus anderen Gründen die

Dateien nicht mehr an einem Stück, also hintereinander, auf dem Datenträger vorliegen. Sie sind an mehreren Stellen oder Blöcken auf der Festplatte verstreut, und diese muss sich, um die vollständige Datei zusammenzufügen, die entsprechenden Blöcke zusammensuchen. Dieses Verfahren nimmt natürlich Zeit in Anspruch und reduziert die Arbeitsgeschwindigkeit. In diesem Fall wird von fragmentierten Daten oder auch Fragmentierung gesprochen.

Unter Microsoft Windows ist es für Administratoren oft üblich, mithilfe von Dienstprogrammen die Dateien auf der Festplatte zu defragmentieren. Mac OS X verfügt von Haus aus über zwei Mechanismen, die eine Fragmentierung verhindern und die Leistung der Festplatte optimieren. Zum einen werden Dateien, die kleiner als 20 MB sind, vom System automatisch an eine andere Stelle auf der Festplatte kopiert. Vorausgesetzt, es ist noch genügend Platz im Dateisystem vorhanden, wird die Datei an ihrer neuen Stelle wieder zusammengefügt.

Kriterien für die automatische Verlagerung
Die Verlagerung führt das System automatisch im Hintergrund durch, wenn die Datei kleiner als 20 MB, nicht geöffnet, nicht schreibgeschützt und auf mehrere Blöcke verteilt ist. Dieses Verhalten kann und muss vom Anwender nicht beeinflusst werden.

Nicht erforderlich: Zusatzsoftware
Die Anschaffung von zusätzlicher Software, die vorgibt, die Leistung der Festplatte zu optimieren und die Dateien zu defragmentieren, ist unter Mac OS X eigentlich unnötig. Die wirklich relevanten Arbeiten werden vom System automatisch im Hintergrund erledigt.

»Heiße« Dateien | Darüber hinaus verfügt Mac OS X bei HFS+-Partitionen über die Fähigkeit, häufig benutzte Dateien in den Bereich der Festplatte zu verlagern, der am schnellsten angesprochen werden kann. Dieses Verfahren ermöglicht den beschleunigten Zugriff gezielt auf die Dateien, die häufig benötigt werden.

Um dies zu realisieren, legt das System im Hintergrund einen eigenen, separaten Katalog (/.HOTFILES.BTREE) an. Dieser wird auf der höchsten Ebene des Dateisystems abgelegt, und Sie können ihn, wie auch andere unsichtbare Dateien, mit dem Befehl `ls -a /` am Terminal anzeigen lassen. Sie sollten diese Datei nicht ändern oder löschen. Das Verfahren wird von Mac OS X automatisch im Hintergrund angewandt und bedarf keiner Einflussnahme durch den Anwender.

Komprimierung | Mit Mac OS X 10.6 verfügt das Dateisystem HFS+ über die Möglichkeit, Dateien zu komprimieren. Diese Komprimierung wird aber nicht bei allen Dateien angewandt. Der Einsatz beschränkt sich unter Mac OS X 10.6 auf die Dateien, die zum Betriebssystem gehören. So werden zum Beispiel fast alle Programme, die mit Mac OS X installiert wurden, auf diese Weise komprimiert. Schließen Sie die Festplatte an einen Rechner an, auf dem eine ältere Version von Mac OS X installiert wurde, dann erscheinen diese komprimierten Dateien als leer, und die Dateigröße wird mit 0 KB angegeben. Ein direkter Zugriff auf die komprimierten Dateien kann von einem älteren System nicht erfolgen.

Der Grund besteht darin, dass bei den komprimierten Dateien die eigentlichen Daten in den Resource Fork oder die erweiterten

ditto und afscexpand
Am Terminal könnten Sie den in diesem Buch nicht weiter besprochenen Befehl `ditto` nutzen, um die zu kopierenden Dateien zu komprimieren oder zu dekomprimieren. Der Befehl `afscexpand` entpackt die komprimierten Dateien. Beide Befehle verfügen über eine man-page (siehe Abschnitt 6.5).

Dateiattribute ausgelagert werden. Es tritt also der etwas paradoxe Fall ein, dass die eigentlichen Daten der Datei neben der Datei gespeichert werden, während die Datei selbst weitgehend leer bleibt. Unter Mac OS X 10.6 stellt sich dieser Sachverhalt intransparent dar. Wenn Sie sich mit dem Befehl `xattr` (siehe Abschnitt 3.3.5) die erweiterten Attribute am Terminal anzeigen lassen, dann werden Sie bei den komprimierten Dateien keine Informationen über die Attribute finden. Unter Mac OS X 10.5 würden Sie hier gegebenenfalls die Attribute `com.apple.ResourceFork` sowie `com.apple.decmpfs` finden.

9.4 Festplatten-Dienstprogramm

diskutil
Wenn Sie Ihre Datenträger lieber am Terminal verwalten, formatieren und partitionieren möchten, steht Ihnen mit dem Befehl `diskutil` ein dem Festplatten-Dienstprogramm fast gleichwertiges Pendant zur Verfügung.

Bei der Arbeit mit Dateisystemen und Datenträgern sind normalerweise unter einem UNIX-System eine Vielzahl von Befehlen am Terminal wie `mount`, `newfs`, `fsck` (siehe Abschnitt 25.8.3) und `pdisk` zu verwenden. Das Festplatten-Dienstprogramm bietet eine komfortable Alternative und fasst alle wichtigen Optionen in einer Oberfläche zusammen. Neben den direkten Funktionen, die der Finder bietet, wie dem Auswerfen und Brennen von Wechselmedien, ist das Festplatten-Dienstprogramm ein bewährtes Hilfsmittel, um Festplatten und auch – der Name täuscht in diesem Fall – Wechselmedien zu löschen, zu partitionieren und mit Dateisystemen zu versehen. Mit Mac OS X 10.6 wurde auch die Konfiguration von NFS-Freigaben (siehe Abschnitt 18.9.1) in das Festplatten-Dienstprogramm verlagert.

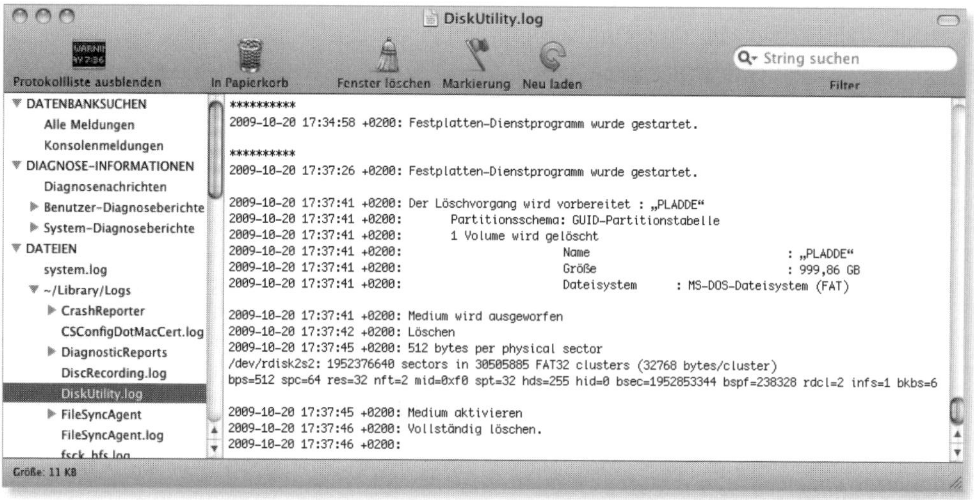

▲ **Abbildung 9.6**
Aktionen im Festplatten-Dienstprogramm werden protokolliert.

Das Protokoll | Jede Aktion, die Sie im Festplatten-Dienstprogramm vornehmen, wird vom Programm im Protokoll aufgezeichnet. Mit ⌘ + L oder dem Button PROTOKOLL können Sie es anzeigen lassen. Um auch nachträglich Ihre Arbeiten nachverfolgen zu können, rufen Sie das Dienstprogramm Konsole (siehe Abschnitt 25.3.1) auf. Das Protokoll des Festplatten-Dienstprogramms wird im Bereich ~/LIBRARY/LOGS mit der Bezeichnung DISKUTILITY.LOG gespeichert.

9.4.1 Medien (de-)aktivieren und auswerfen

Wählen Sie in der linken Spalte eine Partition aus, so können Sie diese DEAKTIVIEREN. Die Partition wird aus dem Dateisystem von Mac OS X ausgeklinkt und steht im Finder und auch am Terminal nicht mehr zur Verfügung. Die Dateien der Partition bleiben erhalten, es kann aber kein Lese- und kein Schreibzugriff mehr erfolgen. Sie erscheint in der Liste in grauer Schrift.

Eine Partition, die Sie mit der Funktion DEAKTIVIEREN oder über den Finder aus dem Dateisystem von Mac OS X ausgeklinkt haben, können Sie wieder aktivieren, indem Sie den grau hinterlegten Namen auswählen. Der Button DEAKTIVIEREN ändert sich nun in AKTIVIEREN. Betätigen Sie ihn, so wird die Partition wieder im Verzeichnis /VOLUMES aktiviert.

Bei Partitionen, die sich auf einem Wechselmedium befinden, führt eine Deaktivierung dazu, dass sie zwar ausgeklinkt werden, der Datenträger aber trotzdem im Laufwerk verbleibt.

Datenträger auswerfen
Das Festplatten-Dienstprogramm dient auch dazu, Datenträger zu deaktivieren und wieder in das Dateisystem von Mac OS X einzubinden. Wenn Sie in der linken Spalte des Programms ein Laufwerk und keine Partition auswählen, steht Ihnen bei einem Wechselmedium die Funktion AUSWERFEN zur Verfügung. Wenn Sie eine externe Festplatte auswerfen, dann werden dabei alle Partitionen deaktiviert.

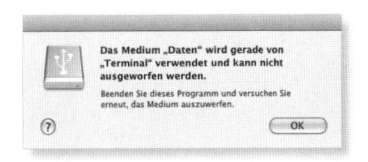

Geöffnete Dateien | Eine Partition oder ein Medium kann nur ausgeworfen werden, wenn alle darauf befindlichen Dateien geschlossen wurden und kein Zugriff mehr erfolgt. Im Festplatten-Dienstprogramm erhalten Sie den Hinweis, dass das Deaktivieren fehlgeschlagen ist. Indes gibt Ihnen das Dienstprogramm keinen Hinweis, welches Programm derzeit auf den Datenträger zugreift. Wenn Sie die Partition im Finder auf den Papierkorb im Dock ziehen oder mit der Tastenkombination ⌘ + E auswerfen möchten, dann werden Sie über das Programm informiert.

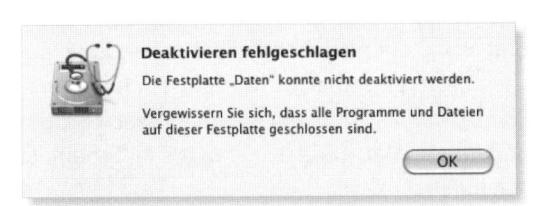

▲ **Abbildung 9.7**
Der Finder informiert über das Programm.

▲ **Abbildung 9.8**
Das Festplatten-Dienstprogramm informiert nicht über das Programm, das auf die Festplatte zugreift.

9.4.2 Datenträger partitionieren

Für die Aufteilung einer Festplatte in mehrere Partitionen kann es eine Reihe von Gründen geben. Wenn Sie Windows parallel zu Mac OS X verwenden möchten, dann bleibt Ihnen nichts anderes übrig, als die interne Festplatte zu partitionieren. Aber auch jenseits des Einsatzes von Boot Camp kann es Gründe geben, Ihre Festplatten in mehrere Partitionen zu unterteilen, zum Beispiel eine bessere Übersicht der Daten oder die Trennung einer Festplatte etwa in Video oder Audio.

Seit Mac OS X 10.5 müssen Sie nicht mehr die gesamte Festplatte löschen, um den Datenträger in Partitionen zu unterteilen. Sie können jetzt vorhandene Partitionen, wie nachfolgend beschrieben, verkleinern und den so frei gewordenen Speicherplatz für eine neu zu erstellende Partition nutzen.

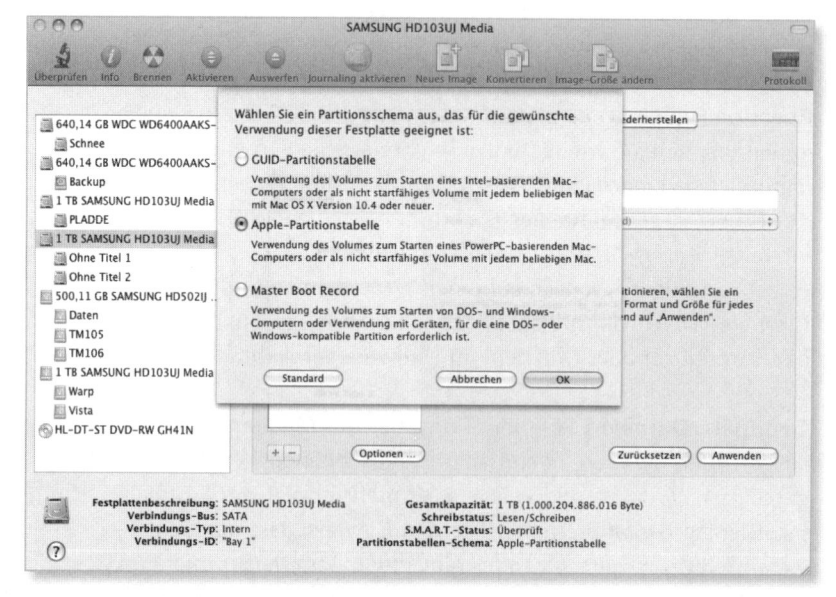

WARNUNG
Auch wenn das Erstellen und Löschen von Partitionen unter Mac OS X 10.6 in der Regel reibungslos funktioniert, so sind Sie vor Datenverlusten und Bedienfehlern bei einem dermaßen tief greifenden Schritt nicht gefeit. Bevor Sie die Partitionstabelle ändern, sollten Sie in jedem Fall ein Backup Ihrer Daten vornehmen.

▲ **Abbildung 9.9**
Das Festplatten-Dienstprogramm erläutert die Anwendungsgebiete der Partitionsschemata.

Mac OS 9
Bis Mac OS X 10.6 war es bei der Apple-Partitionstabelle möglich, notwendige Treiber für Mac OS 9 zu installieren. Diese Möglichkeit ist unter Mac OS X 10.6 weggefallen.

Drei Partitionsschemata | Mit der Umstellung auf die Prozessoren von Intel und damit einhergehend der Verwendung der EFI für den Start des Rechners haben sich auch bei den zu verwendenden Partitionsschemata Änderungen im Vergleich zu den vorigen Versionen ergeben. Mac OS X 10.6 nutzt drei Schemata für folgende Einsatzgebiete:

▶ GUID-Partitionstabelle: Diese wird für das Startvolume auf Rechnern, die mit einem Intel-Prozessor ausgestattet sind, verwendet. Sie können innerhalb der GUID-Partitionstabelle Partitionen mit dem HFS+- und mit dem MS-DOS-Dateisystem erstellen. Dieses Schema wird bisweilen auch mit GPT abgekürzt und auch von Windows Vista sowie den 64-Bit-Versionen von Windows XP unterstützt.

▶ Apple-Partitionstabelle: Dieses Schema war für das Startvolume auf einem Rechner mit einem PowerPC-Prozessor vorgesehen.

▶ Master Boot Record: Dieses eigentlich aus der Windows-Welt stammende Schema unterstützt sowohl HFS+ als auch das MS-DOS-Dateisystem. Allerdings können Sie hier die Partitionen nicht nachträglich ändern.

Festplatte partitionieren | Eine komplette Festplatte mit einem neuen Partitionsschema in eine vorgegebene Anzahl von Partitionen aufteilen können Sie im Festplatten-Dienstprogramm, indem Sie die Festplatte (in Abbildung 9.9 1TB SAMSUNG…) in der linken Liste auswählen ❶. Wechseln Sie dann in den Reiter Partitionieren ❷, und wählen Sie im Ausklappmenü Schema ❸ die Anzahl der Partitionen aus, in die die Festplatte unterteilt werden soll. Über die Schaltfläche Optionen ❹ können Sie von den drei Schemata (siehe Abbildung 9.9) das gewünschte auswählen.

Richtiges Schema auswählen
Welches dieser drei Schemata Sie auswählen, hängt in erster Linie vom Verwendungszweck der so aufgeteilten Festplatte ab. Arbeiten Sie mit einem aktuellen Intel-Rechner, und möchten Sie das System auf einer erstellten Partition installieren und starten, müssen Sie die GUID-Partitionstabelle verwenden. Um die Festplatte an einen Rechner anschließen zu können, auf dem Mac OS X 10.3 oder älter installiert ist, müssen Sie die Apple-Partitionstabelle nutzen. Soll die Festplatte auch unter Windows XP Home / Pro oder einer noch älteren Windows-Version genutzt werden, wählen Sie Master Boot Record aus.

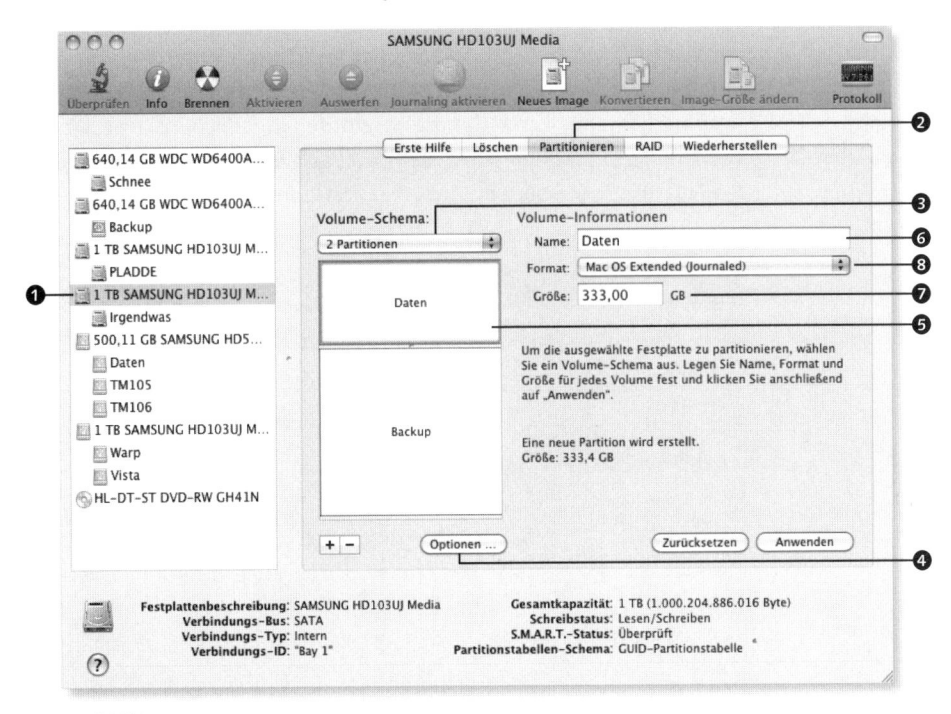

▲ **Abbildung 9.10**
Die zu erstellenden Partitionen können mit Name, Format und Größe versehen werden.

Das Festplatten-Dienstprogramm teilt den verfügbaren Speicherplatz zwischen den zu erstellenden Partitionen zunächst gleichmäßig auf. Sie können die Größen ändern, indem Sie die Trennlinie ❺ zwischen den Partitionen mit der Maus nach oben oder unten ziehen. Alternativ können Sie auch in das Feld einer Partition klicken und diese damit auswählen. Es ist Ihnen jetzt möglich, unter NAME ❻ gleich eine Bezeichnung für die Partition zu vergeben und eine GRÖSSE ❼ direkt einzugeben. Das Festplatten-Dienstprogramm passt dann die Größe der folgenden Partition an. Unter FORMAT ❽ können Sie das Dateisystem für die ausgewählte Partition festlegen.

Mit der Schaltfläche »+« ❾ können Sie die ausgewählte Partition in zwei gleich große teilen oder mit »–« löschen. Haben Sie sich auf diese Weise Ihre gewünschte Partitionierung erstellt, dann können Sie diese mit der Schaltfläche ANWENDEN auf die Festplatte schreiben. Zum aktuellen Stand der derzeitigen Partitionierung gelangen Sie mit der Schaltfläche ZURÜCKSETZEN. Bevor die Partitionstabelle geändert wird, teilt Ihnen das Festplatten-Dienstprogramm mit, welche Partitionen gelöscht und welche erstellt werden.

Partitionierung ändern | Das Festplatten-Dienstprogramm erlaubt es Ihnen, die vorhandene Partitionierung einer Festplatte nachträglich zu ändern. Dabei gelten jedoch einige Einschränkungen. Zunächst ist es nicht möglich, eine Partition zu verkleinern und einer anderen den frei gewordenen Speicherplatz zuzuweisen. Beim Löschen einer Partition kann der so frei gewordene Speicher nur der über ihr liegenden Partition zugewiesen werden.

▲ **Abbildung 9.11**
Das Festplatten-Dienstprogramm weist auf die vorhandenen Partitionen, die gelöscht werden, hin.

HINWEIS

Die nachträgliche Änderung der Partitionierung funktioniert zwar meistens einwandfrei, aber bei einem dermaßen tiefen Eingriff in Ihre Dateiverwaltung sollten Sie in jedem Fall vorher ein Backup erstellen.

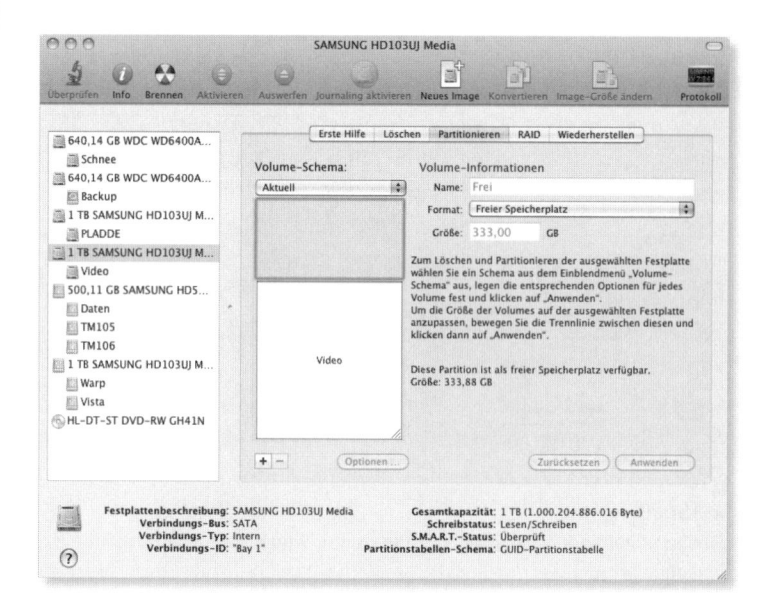

Abbildung 9.12 ▶
Partitionen können nur »nach unten hin« vergrößert werden.

Wenn sich auf einer Festplatte zwei Partitionen Musik und Video befinden, von denen sich Musik an erster Stelle befindet, dann könnten Sie zwar die Partition Musik löschen, den in der Darstellung des Festplatten-Dienstprogramms frei gewordenen Speicher jedoch nicht der Partition Video zuweisen. Dieser Zustand wird in Abbildung 9.12 dargestellt. Hätten Sie stattdessen die Partition Video gelöscht, dann könnten Sie anschließend die Partition Musik auf die gesamte Kapazität der Festplatte ausdehnen.

Partition teilen | Eine Partition teilen können Sie, indem Sie sie in der Liste auswählen und dann auf die Schaltfläche »+« klicken. Abhängig vom verfügbaren Speicherplatz, der Ihnen auch unter den Volume-Informationen angezeigt wird, teilt das Festplatten-Dienstprogramm die Partition entweder in zwei gleich große oder, sofern mehr als die Hälfte des Speicherplatzes bereits belegt ist, weist der neu zu erstellenden Partition den noch verfügbaren Speicherplatz der ursprünglichen zu. In diesem Fall würde auf der Ausgangspartition kein verfügbarer Speicherplatz mehr vorhanden sein. Sie können die Größe der zu erstellenden Partition aber durch das Verschieben der Trennlinie reduzieren und so auf der Ausgangspartition noch freien Speicherplatz vorhalten.

Wenn Sie eine Partition teilen, wird die neue Partition immer unterhalb der ursprünglichen in die Partitionstabelle eingefügt. Ferner wird der Name der Ausgangspartition aufsteigend nummeriert. Mit Anwenden können Sie die neue Partition erstellen, die Schaltfläche Zurücksetzen bringt wieder die aktuell auf der Festplatte gespeicherte Partitionstabelle zur Ansicht.

9.4.3 Partitionen löschen

Möchten Sie ein existierendes Volume löschen, dabei aber die ursprüngliche Partitionierung der Festplatte beibehalten und die anderen Volumes auf dem Datenträger nicht antasten, dann wählen Sie einfach die zu löschende Partition in der linken Liste aus und anschließend den Reiter Löschen. Sie können in dieser Ansicht einen anderen Namen vergeben und unter Format ein anderes Dateisystem vorgeben. Mit Löschen wird das Volume geleert und steht Ihnen wieder mit seiner vollständigen Speicherkapazität zur Verfügung.

Volume umbenennen
Wenn Sie eine Partition lediglich mit einem anderen Namen versehen möchten, sollten Sie dies nicht über das Festplatten-Dienstprogramm erledigen. Wählen Sie das Volume einfach im Finder aus, und ändern Sie den Namen wie bei einer normalen Datei. Die Funktion Löschen des Festplatten-Dienstprogramms erstellt immer ein neues Dateisystem.

Mit Daten überschreiben | Hinter dem Punkt Sicherheitsoptionen verbirgt sich die Möglichkeit, den Speicherplatz der Partition mit Leerdaten zu überschreiben. Wenn sich auf der zu löschenden Partition sensible Daten befinden oder befunden haben, so ist es auch nach dem einfachen Löschen des Volumes

Irreversibel Löschen
Die Auswahl von 35 Durchgängen mag ein wenig überdimensioniert anmuten, aber es gibt durchaus spezialisierte Firmen, die auch Daten auf einem einfach beschriebenen Volume wieder rekonstruieren können.

möglich, diese Daten zu rekonstruieren. Sie befinden sich weiterhin auf dem Datenträger, sind aber in keinem Dateisystem mehr eingetragen. Mit geeigneten Programmen lassen sich diese Daten durchaus rekonstruieren. In den Sicherheitsoptionen können Sie vorgeben, wie oft der Speicherplatz überschrieben werden soll.

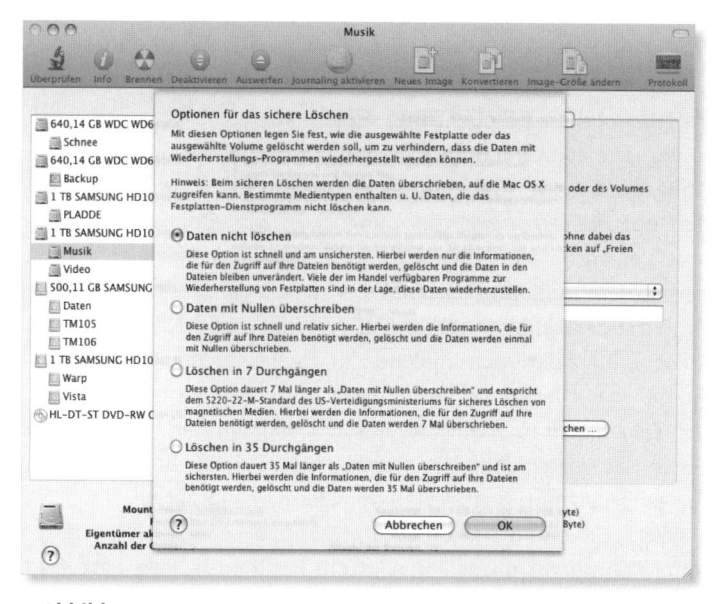

▲ **Abbildung 9.13**
Wenn eine Partition gelöscht wird, kann ihr Speicherplatz mit Leerdaten überschrieben werden.

▲ **Abbildung 9.14**
Auch freier Speicherplatz kann mit Daten überschrieben werden.

Freien Speicher löschen | Die Möglichkeit, freien Speicher mit Leerdaten zu überschreiben, mag auf den ersten Blick widersinnig anmuten, erfüllt aber doch eine wichtige Funktion.

Haben Sie im Finder Dateien in den Papierkorb gelegt und diesen normal geleert, so sind diese Dateien immer noch auf der Festplatte vorhanden und können rekonstruiert werden. Aus diesem Grund bietet Ihnen der Finder auch die Möglichkeit, den Papierkorb sicher zu entleeren und dabei die Dateien sofort zu überschreiben.

Wenn Sie dies einmal vergessen haben und dennoch sichergehen möchten, dass die betreffenden Dateien wirklich gelöscht werden, wählen Sie das Volume, auf dem sich die Daten befinden, im Festplatten-Dienstprogramm aus. Im Reiter Löschen finden Sie die Möglichkeit Freien Speicher löschen und können so den Speicherplatz mit Leerdaten füllen. Die nicht sicher gelöschten Daten werden so nachträglich überschrieben und sind nur schwer wiederherzustellen.

9.4.4 Erste Hilfe bei Problemen

Es kann, wenn auch selten, vorkommen, dass ein Dateisystem auf einer Partition beschädigt wird. Die Gründe hierfür sind vielfältig. Es kann der Absturz eines Programms, eine fehlerhaft programmierte Applikation, eine Kernel Panic, ein Stromausfall oder ein anderer Grund vorliegen, und die Zuordnung von Verzeichnissen und Dateien stimmt nicht mehr überein.

Überprüfen ... | Für diese Fälle hat Apple im Festplatten-Dienstprogramm die Funktion ERSTE HILFE vorgesehen. Den Namen sollten Sie in diesem Fall wörtlich nehmen. Denn die Funktion prüft nur, ob das Dateisystem in sich stimmig ist. Sie untersucht nicht, ob die Festplatte oder der Datenträger beschädigt ist oder ob Dateien, die korrekt in den Verzeichnissen eingetragen sind, vielleicht intern beschädigt sind. Das Festplatten-Dienstprogramm ist in der Lage, sowohl HFS in seinen Varianten als auch das MS-DOS DATEISYSTEM zu prüfen und zu reparieren.

Wann prüfen?
Eine Prüfung ist insbesondere dann angeraten, wenn Ihr System nicht mehr stabil arbeitet oder abgestürzt ist. Sie sollten mit der Funktion VOLUME ÜBERPRÜFEN zuerst eine Prüfung ohne anschließende Reparatur veranlassen. Sie erhalten, je nach Dateisystem, einen kurzen Überblick, welche Bereiche und möglichen Fehlerquellen gerade überprüft werden.

◂ **Abbildung 9.15**
Mit der Funktion »Erste Hilfe« kann ein Dateisystem überprüft und gegebenenfalls repariert werden.

... und reparieren | Sollte das Festplatten-Dienstprogramm Fehler in der Verzeichnisstruktur entdecken, legt es Ihnen in roter Schrift eine Reparatur nahe. Mit VOLUME REPARIEREN können Sie veranlassen, dass das Dateisystem erneut geprüft und die vorhandenen Fehler korrigiert werden.

Wenn Fehler gefunden und erfolgreich repariert wurden, sollten Sie anschließend die Partition erneut überprüfen. So kön-

Startvolume reparieren
Sie können die Partition, von der aus Sie Ihr System gestartet haben, mit dem Festplatten-Dienstprogramm prüfen aber nicht reparieren. Für eine solche Reparatur müssen Sie von der Installations-DVD starten und dort das Festplatten-Dienstprogramm über das Menü DIENSTPROGRAMME aufrufen. Alternativ können Sie auch mithilfe des Befehls `fsck` (siehe Kapitel 25) eine Reparatur vornehmen.

▲ **Abbildung 9.16**
Der S.M.A.R.T.-Status informiert über den Zustand einer internen Festplatte.

▲ **Abbildung 9.17**
Ein RAID wird im Festplatten-Dienstprogramm durch einen Stapel Festplatten symbolisiert.

nen Sie sicherstellen, dass die Reparatur wirklich erfolgreich war, oder, wenn nötig, einen weiteren Reparaturvorgang einleiten.

Daten sichern | Manchmal ist das Dateisystem so stark beschädigt, dass die Funktionalitäten des Festplatten-Dienstprogramms nicht für eine Reparatur ausreichen. Oft zeichnet sich dies durch die Meldung DER ZUGRUNDE LIEGENDE PROZESS MELDETE EINEN FEHLER aus, der auch nach mehrmaligen Prüf- und Reparaturversuchen erscheint.

In diesem Fall bleibt Ihnen leider nur die Möglichkeit, die Daten des Volumes auf eine andere Partition zu kopieren und mit der Funktion LÖSCHEN ein neues Dateisystem anzulegen. Dies mag unbefriedigend sein, aber das Programm von Apple bietet einfach keine weiteren Funktionen. Möglicherweise sind Sie zur Datenrettung auf die Programme von Drittanbietern (siehe Kapitel 25) angewiesen.

Der S.M.A.R.T.-Status | Wenn Fehler auftreten, sollten Sie bei einer internen Festplatte auch den S.M.A.R.T.-Status überprüfen. Wählen Sie die Festplatte in der linken Leiste aus, und beachten Sie unten die Angabe nach S.M.A.R.T.-STATUS. Lautet er ÜBERPRÜFT, so ist die Selbstdiagnose der Festplatte erfolgreich, und sie kann keinen Fehler an sich feststellen. Wenn der Status hingegen mit DROHT AUSZUFALLEN angegeben wird, müssen sofort alle Daten von diesem Datenträger kopiert und gesichert werden. Die defekte Festplatte ist unbedingt gegen eine neue auszutauschen. Weitere Informationen zum S.M.A.R.T.-Status finden Sie in Abschnitt 25.8.1.

9.4.5 Redundant Array of Independent Disks (RAID)

Mac OS X bietet Ihnen die Möglichkeit, mehrere Festplatten und Partitionen zu einer zusammenzufassen. Diese Verfahren werden mit *Redundant Array of Independent Disks* (kurz: RAID) bezeichnet. Mac OS X bietet drei Formen von RAID für unterschiedliche Zwecke.

Gespiegeltes RAID-System | Hierbei werden zwei und mehrere Festplatten (nicht Partitionen) zusammengefasst. Die Daten werden auf allen Festplatten in der gleichen Form vorgehalten. Sollte eine Festplatte ausfallen, dann sind die Dateien immer noch auf der oder den anderen Festplatten vorhanden und können von diesen gelesen und auf diese geschrieben werden.

Mit einem gespiegelten RAID-System wird die Ausfallsicherheit eines Systems in Bezug auf defekte Datenträger verkleinert. Ein gespiegeltes RAID-System wird auch als RAID 1 bezeichnet. Wenn Sie mehrere Festplatten mit unterschiedlicher Geschwindigkeit zu einem gespiegelten RAID-System verbinden, so bestimmt der kleinste gemeinsame Nenner bei Größe und Geschwindigkeit die Fähigkeiten des RAID. Verbinden Sie eine langsame Festplatte von 40 GB mit einer sehr schnellen Festplatte von 180 GB, so stehen Ihnen in einem gespiegelten RAID nur gut 40 GB zur Verfügung und dies mit der Geschwindigkeit der langsameren Festplatte. In der Regel sollten nur Festplatten gleichen Typs in einem gespiegelten RAID-System verbunden werden.

RAID-System (Verteilt) | Erstellen Sie ein RAID-System, das Apple mit der Bezeichnung Verteilt versehen hat, so erscheinen die damit verbundenen Festplatten als ein Volume, und dessen Größe ergibt sich aus der Addition der Kapazitäten der eingebundenen Festplatten. Eine Festplatte mit der Kapazität von 140 GB und eine Festplatte mit der Kapazität 120 GB würden, als RAID-System (Verteilt) verbunden, ein Volume im Finder ergeben, dessen maximale Speicherkapazität ungefähr 260 GB beträgt. Wenn bei einem verteilten RAID eine der Festplatten ausfällt, dann sind die im RAID gespeicherten Dateien höchstwahrscheinlich verloren. Während also ein gespiegeltes RAID die Ausfallsicherheit erhöht, ist die Gefahr eines Datenverlustes bei einem verteilten RAID dementsprechend höher.

Zusammengefasste Laufwerke | Diese Form von verbundenen Partitionen ist im engeren Sinne kein RAID, sondern eine Spezialität von Mac OS X. Dieser RAID-Typ macht es möglich, dass Sie mehrere Partitionen, die sich auch auf verschiedenen Datenträgern befinden können, zu einer Partition zusammenfassen. Hierbei werden nur die Partitionen zusammengefasst und nicht, wie bei den beiden anderen Varianten, die Datenträger. Diese Funktion ermöglicht es Ihnen, durch die Zusammenfassung mehrerer Partitionen auch enorm große Dateien über diese hinwegzuverteilen.

Dabei können Sie aber eine Festplatte durchaus in zwei Partitionen unterteilen, von denen eine separat im Finder verwendet und die andere in ein zusammengefasstes Laufwerk mit weiteren Partitionen anderer Festplatten integriert wird. Ob dies im Einzelfall sinnvoll ist und ob die leicht reduzierte Arbeitsgeschwindigkeit dieser im weiteren Sinne virtuellen Partition dies rechtfertigt, hängt von Ihrer Hardware und der aktuellen Einteilung Ihrer Festplatten ab.

Trotz RAID: Backups
Ein gespiegeltes RAID-System entbindet Sie im Übrigen nicht von der Notwendigkeit, Backups zu erstellen. Zwar liegen die Dateien mehrfach vor, aber es kann trotzdem vorkommen, dass das Dateisystem gelöscht wird oder anderweitig Fehler auftreten, die eine Kopie außerhalb der aktiven Dateisysteme notwendig machen.

Hardware-RAID
Neben den Typen 0 und 1, die genau genommen über eine spezifizierte Partitionstabelle und entsprechende Treiber vorgenommen werden, gibt es noch verschiedene Methoden, ein RAID mithilfe von geeigneter Hardware zu realisieren. Diese hardwarebasierten Lösungen erweisen sich in der Praxis als sehr viel zuverlässiger und auch schneller, sind dafür aber auch recht teuer.

> **WARNUNG**
>
> Sie sollten die Erstellung eines RAID keinesfalls abbrechen oder den Rechner in diesem Moment zwangsweise neu starten. Sonst kann es sein, dass Ihr Rechner gar nicht mehr bootet und Sie die Festplatten ausbauen oder mithilfe von Linux (!) die defekten Partitionstabellen manuell löschen müssen. Letztere können einen Start von Mac OS X auch von der Installations-DVD verhindern.

RAID erstellen | Um ein RAID, gleich welcher Art, zu erstellen, wählen Sie im Festplatten-Dienstprogramm den gleichnamigen Reiter aus. Sie können für das RAID-System einen Namen vergeben, der im Finder und unter dem Verzeichnis /VOLUMES verwendet wird. Ebenso wählen Sie unter VOLUMEFORMAT das für das RAID zu verwendende Dateisystem und als RAID-TYP eine der oben beschriebenen Varianten. Wenn Sie nun auf das Pluszeichen klicken, erscheint das noch leere RAID in der Liste.

Ziehen Sie dann mit der Maus die gewünschten Laufwerke oder Partitionen aus der linken Liste in das RAID. Mit dem Minuszeichen können Sie ein RAID oder ein Laufwerk aus der Übersicht entfernen. Wenn Sie alle Laufwerke oder Partitionen zusammengestellt haben, wird mit ERSTELLEN das RAID konfiguriert. Dieser Vorgang kann einige Minuten in Anspruch nehmen.

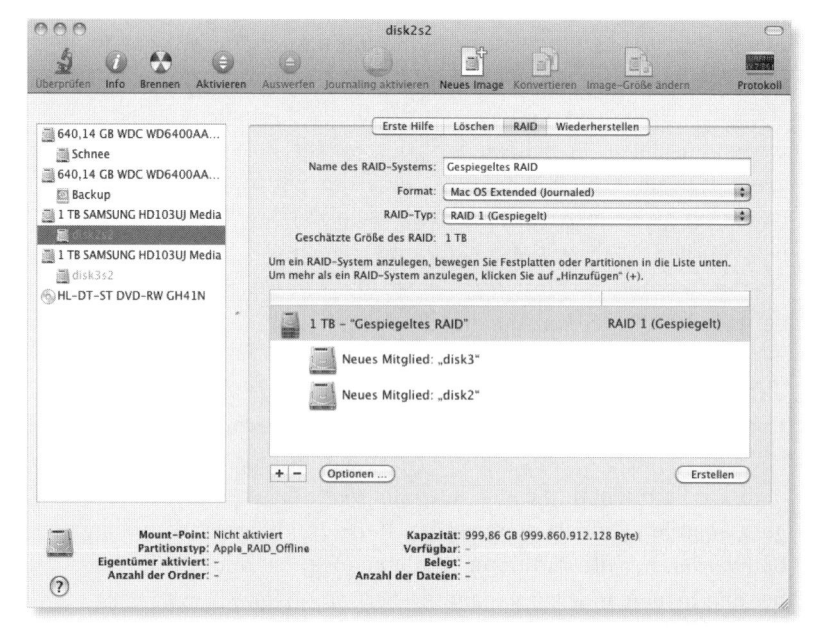

▲ **Abbildung 9.18**
Bei der Erstellung eines RAID werden die Festplatten oder Partitionen aus der Seitenleiste in das RAID gezogen.

RAID-Optionen einstellen | Wenn das RAID erstellt wurde, erscheint es in der Übersicht der Festplatten und Dateisysteme zusammen mit dem Icon der gestapelten Festplatten. Ob Sie bei der Erstellung eines RAID mit OPTIONEN eine andere BLOCKGRÖSSE der Daten vorgeben möchten, hängt von den verwendeten Festplatten ab. Die BLOCKGRÖSSE gibt die Datenmenge vor, in die die Dateien gestückelt und auf die Festplatten verteilt werden. In der Regel ist die Vorgabe von Apple optimal.

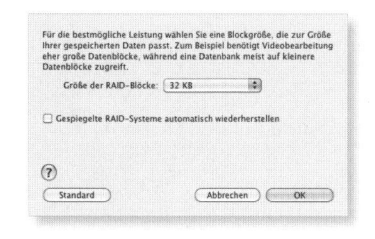

▲ **Abbildung 9.19**
In den Optionen wird die Blockgröße festgelegt.

RAID entfernen | Um ein existierendes RAID-System zu löschen und die zusammengefassten Partitionen wieder einzeln zu verwenden, wählen Sie es einfach in der Liste der Festplatten und Partitionen aus, und klicken Sie auf Löschen. Die innerhalb des RAID vorhandenen Dateien gehen hierbei verloren.

Gespiegeltes RAID wiederherstellen | Wenn bei einem gespiegelten RAID eine der Festplatten ausfällt, dann stehen Ihnen die Dateien nach wie vor zur Verfügung. Im Festplatten-Dienstprogramm wird dieses RAID-System rot angezeigt und wenn Sie sich das RAID anzeigen lassen, dann werden Sie über die nicht mehr funktionsfähige Festplatte informiert.

▲ **Abbildung 9.20**
Fällt eine der Festplatten aus, dann wird ein gespiegeltes RAID als Eingeschränkt bezeichnet.

Sie haben anschließend die Möglichkeit, eine neue Festplatte einzubauen und dem gespiegelten RAID hinzuzufügen. Mit der Schalfläche Wiederherst können Sie dann dafür sorgen, dass die auf der noch funktionierenden Festplatte vorhandenen Dateien auf der zweiten, neuen Festplatte gespiegelt werden. Dieser Vorgang kann, abhängig von der Größe der Festplatten, einige Zeit in Anspruch nehmen.

▲ **Abbildung 9.21**
Ein gespiegeltes RAID kann nach dem Ausfall einer Festplatte wieder hergestellt werden.

9.4.6 Partition duplizieren

Das Festplatten-Dienstprogramm ermöglicht es Ihnen, eine exakte Kopie einer Partition zu erstellen. Wählen Sie hierzu eine

Startvolume duplizieren
Die einfachste Möglichkeit, das Startvolume Ihres Systems zu duplizieren, besteht im Start von der Installations-DVD. Rufen Sie dort über das Menü DIENSTPROGRAMME das Festplatten-Dienstprogramm auf, und Sie können über die dann ebenfalls verfügbare Funktion WIEDERHERSTELLEN eine exakte Kopie Ihres Startvolumes auf einer externen Festplatte erstellen.

Partition in der linken Übersicht aus, und wechseln Sie dann in den Reiter WIEDERHERSTELLEN. Dort können Sie in das Feld QUELLE die zu duplizierende Partition aus der Liste links ziehen. In das Feld ZIELMEDIUM ziehen Sie das Icon der Partition, die das Duplikat enthalten soll.

Wenn Sie die Option ZIELMEDIUM LÖSCHEN nicht aktivieren, werden die Daten der QUELLE mit denen des Zieles gemischt. Für eine wirklich exakte Kopie sollten Sie das ZIELMEDIUM LÖSCHEN.

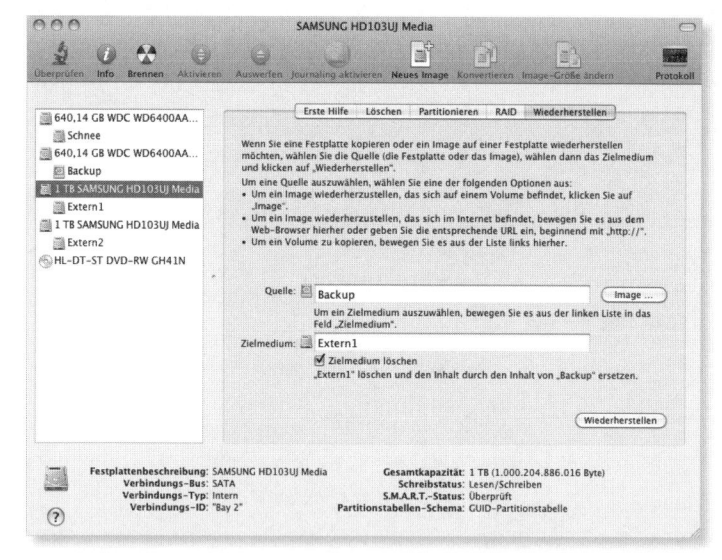

▲ **Abbildung 9.22**
Das Festplatten-Dienstprogramm ermöglicht mit der Funktion WIEDERHERSTELLEN die Duplizierung ganzer Partitionen.

9.5 Arbeit mit Disk Images

Um Ordner oder auch ganze Partitionen zu sichern, zu kopieren, weiterzugeben und zu brennen, können unter Mac OS X sogenannte Disk Images verwendet werden.

9.5.1 Grundlagen

Bei Disk Images handelt es sich um einzelne Dateien mit der Endung .DMG oder .SPARSEIMAGE, die ein ganzes Dateisystem enthalten. Diese im weiteren Sinne virtuellen Dateisysteme können im Finder mit einem Doppelklick aktiviert werden. Anschließend wird das Programm DISKIMAGEMOUNTER aufgerufen. Es liest die Abbildung ein und aktiviert sie wie eine normale Partition im Verzeichnis /VOLUMES. Das im Disk Image vorhandene Dateisystem steht anschließend wie eine Festplatte im Finder zur Verfügung.

> **TIPP**
> Zum Beispiel lassen sich diese Abbildungen sehr gut als Anhang per E-Mail versenden oder zum Download auf einer Webseite anbieten. Aus diesem Grund sind .DMG-Dateien auch bei Software-Anbietern sehr beliebt.

Aktivierte Abbildungen merkt sich das System im Festplatten-Dienstprogramm und listet sie unterhalb der Festplatten auf. Disk Images eignen sich gut, um exakte Kopien von Ordnern oder Festplatten zu erstellen.

Überprüfung im Hintergrund | Wenn Sie eine Abbildung zum ersten Mal aktivieren, dann führt das System automatisch eine Überprüfung des enthaltenen Dateisystems durch. Im Dienstprogramm Konsole finden Sie im Ordner ~/LIBRARY/LOGS das Protokoll FSCK_HFS.LOG. Dieses enthält auch die Ergebnisse der Prüfungen.

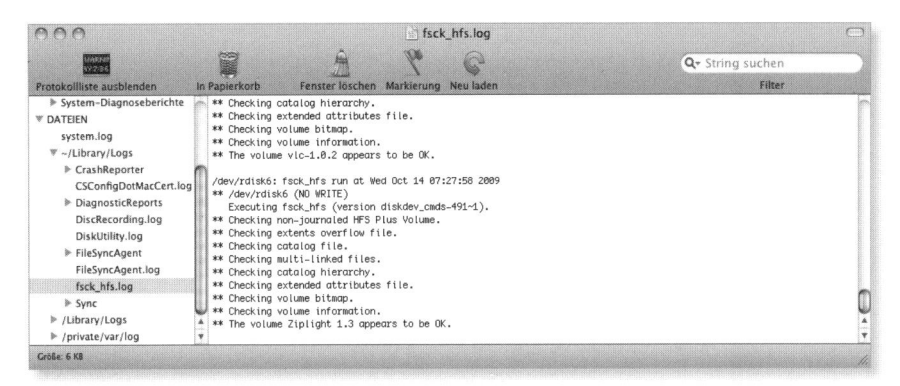

▲ **Abbildung 9.23**
Wenn eine Abbildung zum ersten Mal aktiviert wird, dann prüft das System im Hintergrund das enthaltene Dateisystem.

Erste Hilfe | Es kann vorkommen, dass das enthaltene Dateisystem einer Abbildung beschädigt wird. In diesem Fall können Sie das Festplatten-Dienstprogramm starten und die .dmg oder .sparsebundle-Datei in die linke Spalte des Fensters ziehen. Es steht Ihnen dann die Funktion ERSTE HILFE (siehe Abschnitt 25.8.2) zur Verfügung, um das Dateisystem zu überprüfen und gegebenenfalls den Versuch einer Reparatur zu veranlassen.

Disk Image auswerfen | Benötigen Sie die Dateien in einem Disk Image nicht mehr, können Sie es wie auch eine CD im Finder deaktivieren. Ziehen Sie sein Icon einfach auf den Papierkorb im Dock, dessen Symbol sich in die Auswurf-Taste verwandelt. Sie können das Icon der Abbildung im Finder auch auswählen und mit der Tastenkombination ⌘ + E auswerfen.

▲ **Abbildung 9.24**
Disk Images werden im Festplatten-Dienstprogramm unterhalb der physikalischen Laufwerke aufgeführt.

9.5.2 Leeres Disk Image erstellen

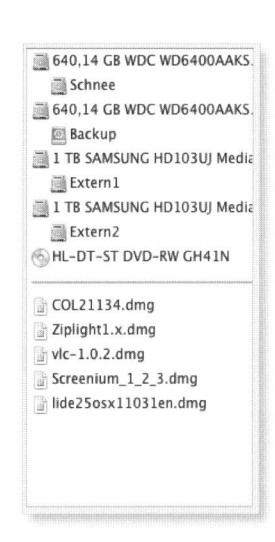

Mac OS X bietet Ihnen mehrere Optionen für Disk Images. Ob und welche Sie davon nutzen, hängt vom Einsatzzweck der jeweiligen Abbildung ab. Möchten Sie sensible Daten archivieren, mit einem Passwort versehen und in einer verschlüsselten Datei speichern, werden Sie ein anderes Format nutzen, als wenn Sie eine exakte Kopie eines Ordners erstellen, um diesen per E-Mail an einen Kollegen zu versenden.

Über den Menüpunkt ABLAGE • NEU • LEERES IMAGE (⌘ + ⌥ + N) können Sie eine neue Abbildung mit allen verfügbaren Optionen erzeugen. Die Schaltfläche NEUES IMAGE stellt nur einige der verfügbaren Optionen dar. In dem Dialog können Sie zunächst den Namen der Datei der Abbildung und den Namen des Volumes, unter dem die im Finder eingebundene Abbildung erscheint, vorgeben.

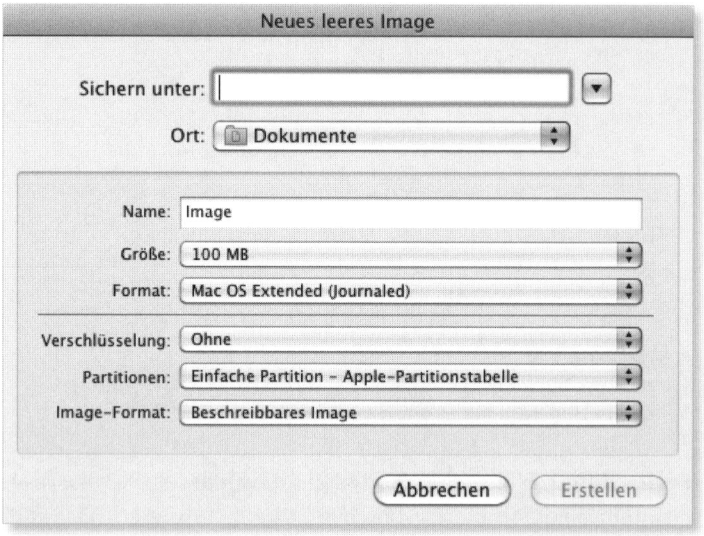

▲ **Abbildung 9.25**
Bei der Erstellung eines Disk Images können im Festplatten-Dienstprogramm verschiedene Optionen vorgegeben werden.

Größe nachträglich ändern
Die Größe einer beschreibbaren Abbildung können Sie nachträglich ändern, indem Sie die Datei in der linken Spalte auswählen. Ihnen steht dann die Schaltfläche IMAGE-GRÖSSE ÄNDERN in der Symbolleiste zur Verfügung.

▶ GRÖSSE: Der Abbildung können Sie eine feste Größe zuweisen. Dies ist nützlich, wenn Sie sie anschließend auf CD oder DVD brennen möchten. Sie verhindern auf diese Weise, dass sich im Image mehr Daten befinden, als der Datenträger an Speicherkapazität bietet. Das Festplatten-Dienstprogramm bietet Ihnen verschiedene Größen, die für Datenträger üblich sind, bereits in der Auswahl an. Mit dem Unterpunkt EIGENE können Sie von Hand eine Größe vorgeben, wenn das Disk Image zum Beispiel im World Wide Web heruntergeladen und das Datenvolumen nicht zu groß werden soll.

▶ FORMAT: Hier wählen Sie das Dateisystem für das zu erstellende Volume aus.

- VERSCHLÜSSELUNG: Apple stellt Ihnen zwei Methoden der Verschlüsselung zur Auswahl: Die 128-BIT-AES-VERSCHLÜSSELUNG findet auch bei FileVault Verwendung und stellt einen Kompromiss zwischen kryptografischer Sicherheit und Geschwindigkeit dar. Die 256-BIT-AES-VERSCHLÜSSELUNG ist schwerer zu brechen, allerdings kostet diese Variante Rechenkapazität für die Verschlüsselung.

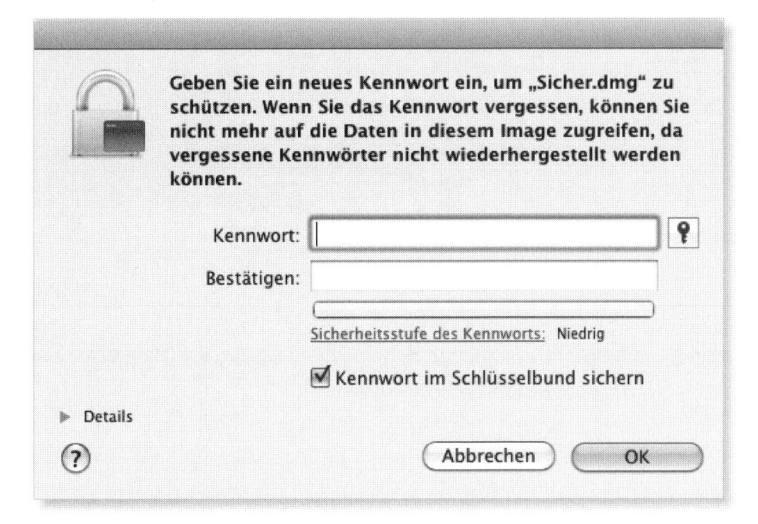

TIPP

Verschlüsselte Abbildungen eignen sich gut, um vertrauliche Daten zu speichern und nur bei Bedarf zu aktivieren. Sie verzichten so auf die Verwendung von FileVault, können aber kritische Daten verschlüsseln. Beachten Sie, dass in den Standardeinstellungen (siehe Abbildung 9.26) das Kennwort automatisch im Schlüsselbund abgelegt wird.

▲ **Abbildung 9.26**
Für ein verschlüsseltes Disk Image wird bei der Erstellung ein Passwort vergeben.

- PARTITIONEN: Für eine so erstellte Abbildung können Sie auch eine Partitionstabelle vorgeben. Dies ermöglicht es Ihnen, anschließend die Festplatten-Abbildung mit dem zuvor beschriebenen Verfahren in mehrere Partitionen (siehe Abbildung 9.25) zu unterteilen. Aktivieren Sie die Abbildung, dann erscheinen die Partitionen als Volumes im Finder.
- IMAGE-FORMAT: Als Format für die Abbildung stehen Ihnen drei Möglichkeiten zur Verfügung. Wählen Sie BESCHREIBBARES IMAGE, belegt die .DMG-Datei so viel Speicherplatz auf der Festplatte, wie Sie als VOLUMEGRÖSSE vorgegeben haben. Wenn Sie ein MITWACHSENDES IMAGE mit der Dateiendung .SPARSEIMAGE erstellen, beschränkt sich sein Speicherbedarf auf die tatsächlich innerhalb der Volumes der Abbildung vorhandenen Dateien. Eine .SPARSEBUNDLE-Datei wird mit der Option MITWACHSENDES BUNDLE-IMAGE erzeugt. Hierbei handelt es sich nicht um eine einzelne Datei, sondern um einen im Finder als Bundle angezeigten Ordner.

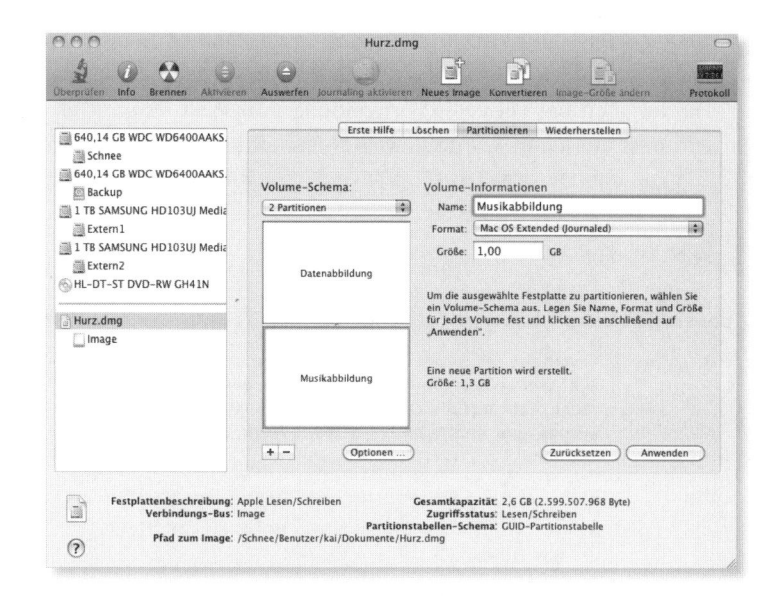

Abbildung 9.27 ▶
Bei Verwendung einer Partitionstabelle können Abbildungen unterteilt werden.

Startvolume
Um eine Abbildung Ihres Startvolumes auf einer externen Festplatte zu erstellen, starten Sie von der Installations-DVD, und rufen Sie das dort enthaltene Festplatten-Dienstprogramm wie in Abschnitt 25.7.10 beschrieben auf.

Temporärer Speicher
Erzeugen Sie eine Abbildung, die auf einem Ordner, einer Partition oder einer Festplatte basiert, wird, auch wenn Sie die Komprimierung aktivieren, auf dem Zielmedium deutlich mehr Speicherplatz benötigt, als die Abbildung am Ende beanspruchen wird. Das Festplatten-Dienstprogramm benötigt temporären Speicherplatz, in den es Daten zwischenlagert, bevor diese schließlich in die Abbildung kopiert werden.

9.5.3 Abbildung von einem Ordner, einem Volume oder einer Festplatte erstellen

Neben einer zunächst leeren Abbildung können Sie über das Festplatten-Dienstprogramm auch eine Abbildung basierend auf einem Ordner, einer Partition oder einer ganzen Festplatte erstellen.

Image von Festplatte | Erstellen Sie eine Abbildung von einer Partition oder einer ganzen Festplatte, dann wird diese vom Festplatten-Dienstprogramm für die Dauer des Kopiervorgangs deaktiviert.

Wählen Sie, um eine Abbildung von einer Festplatte oder einer Partition zu erstellen, diese in der linken Spalte aus. Ihnen steht dann über den Menüpunkt ABLAGE • NEU • IMAGE VON DISK1 oder ähnlich die Möglichkeit zur Verfügung, die Dateistruktur der Festplatte oder Partition in einer Datei abzubilden.

Image von Ordner | Bei einem Ordner wählen Sie den Menüpunkt ABLAGE • NEU • IMAGE VON ORDNER ([⌘] + [⇧] + [N]) aus. Anschließend können Sie einen Ordner auswählen, von dem eine Abbildung erstellt wird. Sie sollten vorher sicherstellen, dass keine der in dem Ordner enthaltenen Dateien mehr vom System geöffnet ist. Aus diesem Grund können Sie mit diesem Verfahren auch keine einwandfreie Abbildung Ihres persönlichen Ordners erstellen, da insbesondere im Verzeichnis ~/LIBRARY permanent Änderungen vorgenommen werden.

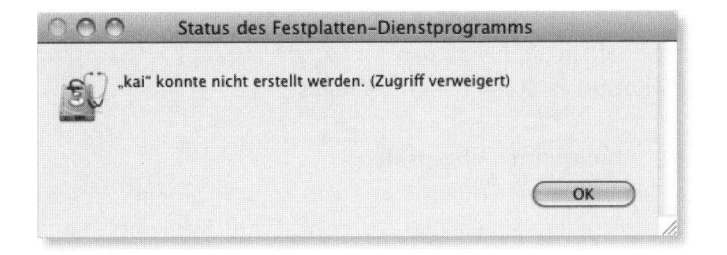

◄ **Abbildung 9.28**
Die Sicherung des persönlichen Ordners setzt den Start von der Installations-DVD voraus.

Lesen/Schreiben | Wenn Sie eine Abbildung auf diese Weise erstellen, wird als IMAGE-FORMAT vom Festplatten-Dienstprogramm KOMPRIMIERT vorgegeben. Damit spart die Datei zwar Speicherplatz auf der Festplatte, allerdings können Sie keine Änderungen an der Abbildung vornehmen. Um Dateien auf der Abbildung nachträglich löschen oder hinzufügen zu können, wählen Sie als IMAGE-FORMAT die Option LESEN/SCHREIBEN. Binden Sie eine so erstellte Abbildung ein, so können Sie im Finder Dateien daraus löschen und in sie kopieren. Über die Schaltfläche KONVERTIEREN ist es auch möglich, ein komprimiertes Disk Image in ein beschreibbares umzuwandeln.

◄ **Abbildung 9.29**
Um auf der Abbildung eines Ordners oder einer Partition später Änderungen vornehmen zu können, muss als IMAGE-FORMAT LESEN/SCHREIBEN ausgewählt werden.

9.5.4 Abbildung wiederherstellen

Um die in einer Abbildung gesicherten Dateien in einem Durchgang wieder auf eine Partition zu schreiben, sie also aus der Abbildung wiederherzustellen, wechseln Sie zuerst in den Reiter WIEDERHERSTELLEN. Ziehen Sie die Abbildung in das Feld QUELLE oder öffnen Sie eine im Festplatten-Dienstprogramm nicht aufgeführte Datei über die Schaltfläche IMAGE.

Die Partition, auf die die Daten geschrieben werden sollen, muss aktiviert sein und dann in das Feld ZIELMEDIUM gezogen werden. Wenn Sie das ZIELMEDIUM LÖSCHEN lassen, erhalten Sie eine exakte Kopie der Abbildung, andernfalls werden die auf dem ZIELMEDIUM bereits vorhandenen Dateien mit denen der Abbildung vermengt.

Netzwerk
Es ist auch möglich, eine Datei wiederherzustellen, die auf einem Webserver liegt. Geben Sie hierzu in das Feld QUELLE den URL zu der Datei ein, beispielsweise *http://miniserver.local/~/kai/Backup.dmg*. Die Wiederherstellung über das Netzwerk dauert indes deutlich länger.

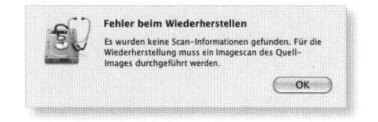

▲ Abbildung 9.30
Vor der Wiederherstellung muss die Abbildung einer speziellen Prüfung unterzogen werden.

Vor der Wiederherstellung der Abbildung müssen Sie diese überprüfen. Wählen Sie hierzu den Menüpunkt IMAGES • IMAGE FÜR DAS WIEDERHERSTELLEN ÜBERPRÜFEN aus.

9.5.5 Abbildungen überprüfen

Damit Ihnen bei der Archivierung von Dateien in Disk Images keine Fehler unterlaufen und Sie keine Daten verlieren, bietet Ihnen das Festplatten-Dienstprogramm zwei Möglichkeiten, um die Integrität einer Abbildung zu prüfen.

Dateisystem prüfen | Einerseits können Sie über IMAGES • ÜBERPRÜFEN eine .DMG-, .SPARSEIMAGE-, .SPARSEBUNDLE- oder .CDR-Datei auf einen korrekten Aufbau hin testen. Findet das Dienstprogramm innerhalb des Disk Images keine korrekte Partitionstabelle, die in das Dateisystem eingebunden werden könnte, so erhalten Sie eine Fehlermeldung. Die Abbildung ist dann beschädigt. Mit der zuvor beschriebenen Funktion ERSTE HILFE können Sie bei einer beschreibbaren Abbildung eine Reparatur versuchen.

Störfaktor Spotlight
Die Arbeit mit den CRC32-Prüfsummen ist eigentlich nur dann sinnvoll, wenn Sie Ihr System von der Installations-DVD gestartet haben. Im normalen Betrieb würde zum Beispiel Spotlight durch das automatische Anlegen des Indexes die Prüfsumme sofort manipulieren. Im normalen Arbeitsalltag mit aktivierten Partitionen ist die Arbeit mit CRC32-Prüfsummen eigentlich nicht praktikabel.

Prüfsumme | Die normale Überprüfung einer Abbildung stellt nur sicher, dass sich in dieser Dateisysteme befinden, die über den Finder aktiviert werden können. Mithilfe der Prüfsumme können Sie gewährleisten, dass die Dateien und Ordner korrekt kopiert wurden.

Diese Prüfsumme in der Form »$540B47A0« stellt eine Quersumme der in einer Partition oder Abbildung vorhandenen Dateien dar. Sie resultiert aus einem Algorithmus, der den Inhalt der Dateien abfragt und addiert. Das Ergebnis ist für jede Konstellation von Dateien einmalig und kann somit zur Prüfung des Kopiervorgangs verwendet werden.

Haben Sie zum Beispiel von einem Disk Image eine Partition wiederhergestellt, dann können Sie die Prüfsummen miteinander vergleichen. Mit dem Menüpunkt IMAGES • PRÜFSUMME • CRC-32 IMAGE-PRÜFSUMME wird die Prüfsumme der Partition berechnet. Gegebenenfalls müssen Sie sich als Administrator identifizieren. Notieren Sie sich diesen Wert. Wählen Sie dann das Disk Image aus, von dem aus Sie die Partition kopiert haben, und lassen Sie erneut die Prüfsumme berechnen.

Stimmen die Werte nicht überein, ist der Kopiervorgang nicht korrekt abgelaufen. Selbstverständlich ändert sich die Prüfsumme in dem Moment, in dem irgendeine Änderung vorgenommen wurde. Wird irgendeine Datei von Ihnen oder vom System geändert, erhalten Sie eine andere Prüfsumme.

md5 Prüfsummen | Neben der CRC-32-Prüfsumme bot das Festplatten-Dienstprogramm in den vorhergehenden Versionen von Mac OS X auch die Berechnung einer md5-Prüfsumme. Bei einigen im Internet verfügbaren Programmen geben Ihnen die Entwickler die md5-Prüfsummen der zum Download verfügbaren Dateien an. Mit dieser Prüfsumme soll sichergestellt werden, dass Sie auch wirklich die gewünschten Dateien herunterladen und nicht etwa Opfer eines trojanischen Pferdes werden. Die md5-Prüfsumme einer Datei können Sie sich am Terminal mit der Eingabe von `md5 Datei` anzeigen lassen.

```
Terminal — bash — 80×5
SnowPro:Downloads kai$ md5 vlc-1.0.2.dmg
MD5 (vlc-1.0.2.dmg) = 061ba928ebaafac4099a3444ead2829a
SnowPro:Downloads kai$
```

▲ **Abbildung 9.31**
Die md5-Prüfsumme einer Datei kann am Terminal angezeigt werden.

9.5.6 Disk Images brennen

Wenn Sie Dateien in einem Disk Image archiviert haben, können Sie sie über das Festplatten-Dienstprogramm auf CD oder DVD brennen.

Kopie erstellen | Es ist auch möglich, eine exakte Kopie einer DVD oder CD zu erstellen. Legen Sie hierzu den zu duplizierenden Datenträger ein, und wählen Sie ihn dann in der linken Liste im Festplatten-Dienstprogramm aus. Beachten Sie, dass Sie hier das Laufwerk wählen und nicht eine auf dem Datenträger enthaltene Partition. Sie können über Ablage • Neu • Image von disk3 oder ähnlich eine Abbildung des Datenträgers erstellen und hier als Dateiformat DVD/CD-Master wählen. Diese Datei enthält eine Spiegelung des Datenträgers, und Sie können sie anschließend im Festplatten-Dienstprogramm auswählen und Brennen.

Wechselmedium löschen | Wenn Sie Datenträger verwenden, die wiederbeschreibbar sind (CD-RW/DVD-RW), können Sie sie mit dem Festplatten-Dienstprogramm löschen. Legen Sie hierzu einfach den Datenträger ein, und warten Sie, bis er im Festplatten-Dienstprogramm angezeigt wird. Wählen Sie nun den Datenträger (keine Partition oder Brenn-Session) aus, und wechseln Sie dann in den Reiter Löschen. Sofern bisher mit dem Datenträger keine Probleme aufgetreten sind, können Sie die schnelle Löschung vornehmen.

.cdr
Erstellen Sie im Festplatten-Dienstprogramm eine Abbildung von einem Ordner über Ablage • Neu • Image von Ordner, dann können Sie als Format auch DVD/CD-Master auswählen. Der Nutzen der so erzeugten .cdr-Dateien gegenüber dem Brennvorgang eines Ordners im Finder besteht darin, dass Sie auf diese Weise den aktuellen Stand zwischenspeichern, normal mit dem Ordner und seinem Inhalt weiterarbeiten und gegebenenfalls noch eigenhändig Änderungen an den in der Abbildung enthaltenen Dateien vornehmen können.

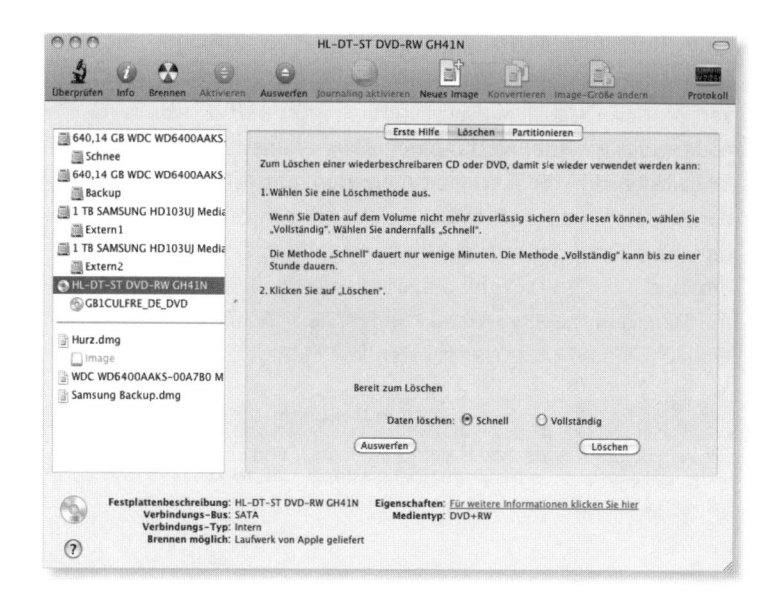

Abbildung 9.32 ▶
Wiederbeschreibbare DVDs und CDs können im Festplatten-Dienstprogramm gelöscht werden.

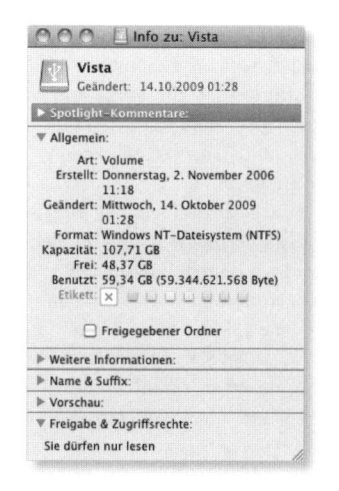

▲ **Abbildung 9.33**
Das Dateisystem NTFS kann ohne Hilfsmittel nur gelesen werden.

9.6 MacFUSE und NTFS-3G

Mac OS X 10.6 bietet von Haus aus keinen Schreibzugriff für das mittlerweile unter Windows zum Standard avancierte Dateisystem NTFS.

Dies führt dazu, dass Sie bei einem mittels Boot Camp installierten Windows Vista oder Windows 7 von Mac OS X aus keine Dateien auf die Windows-Partition schreiben können, was den Datenaustausch zwischen den beiden Systemen erschweren kann. Der Grund besteht hier darin, dass das Dateisystem NTFS geistiges Eigentum von Microsoft ist und noch nicht offengelegt wurde.

MacFUSE | Neben mehreren kommerziellen Produkten besteht eine Lösung dieses Problems in der Installation von MacFUSE. Bei MacFUSE handelt es sich um ein Open-Source-Projekt. Hierbei bedeutet die Abkürzung FUSE »*Filesystem in User Space*«.

Das Konzept besteht darin, dass die Dateisysteme nicht über das Betriebssystem selbst, sondern über Programme, die vom angemeldeten Benutzer ausgeführt werden, eingebunden und angesprochen werden. MacFUSE stellt somit den technologischen Rahmen für eigene Treiber zur Verfügung, die dann den eigentlichen Zugriff auf die Dateisysteme realisieren. Einer der verfügbaren Treiber ist NTFS-3G, der auch einen Schreibzugriff auf NTFS-Partitionen ermöglicht.

Für die Installation von NTFS-3G steht mittlerweile ein Paket zur Verfügung, bei dem auch MacFUSE installiert wird. Auf der

Webseite *http://macntfs-3g.blogspot.com/* müssen Sie nach der letzten Version des Installationspakets Ausschau halten und die Version herunterladen, die nicht als *legacy build* bezeichnet wird. Die Entwicklung der Mac OS X-Version von NTFS-3G wurde mittlerweile von der Firma Tuxera übernommen, die aber nach wie vor eine frei verfügbare Version des Treibers unter der genannten Adresse bereitstellt.

64-Bit-Kernel
Zur Drucklegung des Buchs unterstützte MacFUSE den 64-Bit-Modus des Kernels (siehe Abschnitt 12.1.2) nicht. Sie müssen also für die Verwendung von MacFUSE und NTFS-3G im 32-Bit-Modus starten.

◀ **Abbildung 9.34**
Das Installationspaket enthält auch das MacFUSE-Grundsystem.

MacFUSE und NTFS-3G installieren | Haben Sie das Disk Image im Finder aktiviert, dann finden Sie darin ein normales Installationspaket. Wenn Sie dieses im Finder mit einem Doppelklick öffnen, dann wird das Installationsprogramm von Mac OS X gestartet, und Sie können die Installation vornehmen. Wenn Sie die Lizenz akzeptiert haben, dann können Sie sich in der Ansicht INSTALLATIONSTYP über die Schaltfläche ANPASSEN die im Paket enthaltenen Komponenten anzeigen lassen. Neben dem Treiber NTFS-3G gehört auch das Grundsystem MACFUSE zur Installation.

Nach der Installation müssen Sie einen Neustart Ihres Rechners durchführen. Anschließend werden alle gefundenen NTFS-Partitionen über MacFUSE und den installierten Treiber aktiviert, und Sie können im Finder Dateien auf diese kopieren. Die Geschwindigkeit des Kopiervorgangs ist dabei allerdings recht langsam.

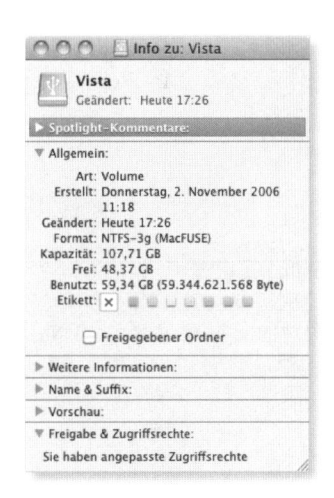

▲ **Abbildung 9.35**
Nach der Installation übernimmt MacFUSE die Aktivierung der NTFS-Partitionen.

NTFS-3G und Boot Camp | Wenn die NTFS-Partitionen über MacFUSE und den Treiber NTFS-3G aktiviert werden, dann erkennt Mac OS X eine vorhandene Installation von Windows nicht mehr als startfähig. Das führt dazu, dass Ihnen diese in den

Systemeinstellungen in der Ansicht STARTVOLUME nicht mehr zur Auswahl steht. Sie können aber nach wie vor die Taste ⌥ nach dem Einschalten oder Neustart des Rechners beim Startgong gedrückt halten und Windows starten.

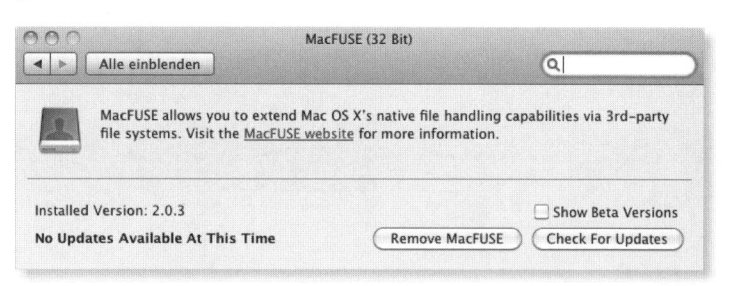

Abbildung 9.36 ▶
Das Grundsystem MacFUSE kann über die Systemeinstellungen deinstalliert werden.

Systemeinstellungen | In den Systemeinstellungen finden Sie anschließend die Ansichten MACFUSE und NTFS-3G. In der Ansicht MACFUSE können Sie prüfen, ob Updates für das Grundsystem vorliegen und über die Schaltfläche REMOVE MACFUSE das Grundsystem deinstallieren.

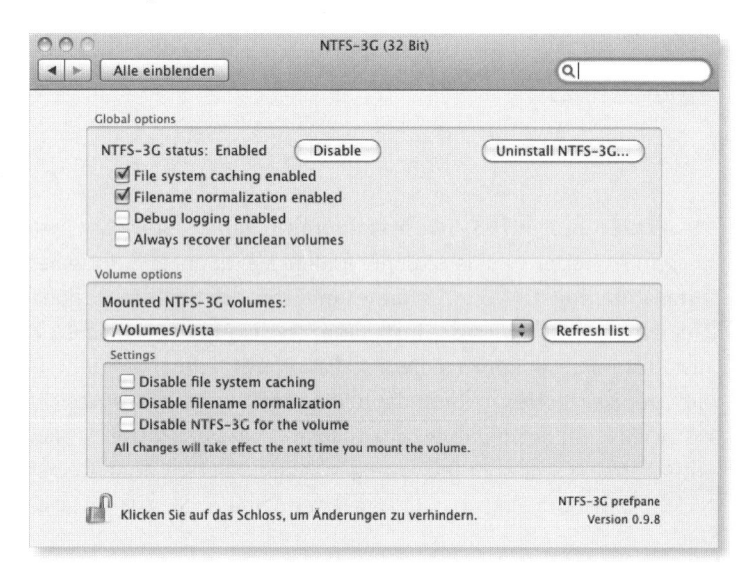

Abbildung 9.37 ▶
In den Systemeinstellungen können Parameter für jede Partition festgelegt werden.

In der Ansicht NTFS-3G können Sie neben der Deinstallation über UNINSTALL NTFS-3G die Details für die NTFS-Unterstützung konfigurieren. Sie finden im unteren Bereich die aktivierten NTFS-Partitionen. Wählen Sie eine der Partitionen aus, dann können Sie über DISABLE NTFS-3G FOR THE VOLUME die Verwendung des Treibers für dieses Volume abschalten. Die Option DISABLE FILENAME NORMALIZATION kann dann notwendig sein, wenn Sie bei Kopiervorgängen im Finder bei einigen Dateinamen eine Fehlermeldung bezüglich des Dateinamens erhalten. Sofern Sie aber in erster Linie mit westeuropäischen Zeichensätzen arbeiten, sorgt die Verwendung dieser FILENAME NORMALIZATION für eine höhere Kompatibilität mit Windows.

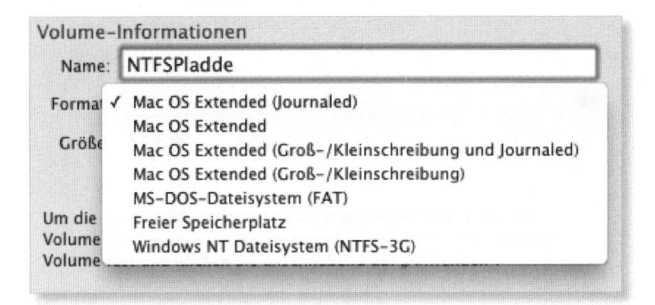

◄ **Abbildung 9.38**
NTFS-3G wird auch im Festplatten-Dienstprogramm integriert.

Festplatten-Dienstprogramm | Im Festplatten-Dienstprogramm können Sie den Treiber NTFS-3G dann nutzen, wenn Sie eine Festplatte neu partitionieren oder eine neue Partition hinzufügen. Ihnen steht für eine Partition im Ausklappmenü FORMAT das Dateisystem WINDOWS NT DATEISYSTEM (NTFS-3G) zur Auswahl. In der Ansicht LÖSCHEN stand dieses Dateisystem bei Drucklegung nicht zur Verfügung.

Möglichkeiten mit MacFUSE | MacFUSE unterstützt neben NTFS einige weitere Dateisysteme. Nützlich ist auf jeden Fall das Projekt sshfs, mit dem Sie eine Verbindung über SSH (siehe Abschnitt 17.2.1) herstellen und die Ordnerstruktur auf dem Server im Finder wie ein Volume einbinden können. Im weiteren Sinne wird damit für SSH-Verbindungen die Möglichkeit geschaffen, dass sie vergleichbar eines freigegebenen Ordners eingebunden werden. Darüber hinaus gibt es ein paar interessante Experimente wie ein Dateisystem SpotlightFS, das Suchergebnisse nutzt.

MacFUSE
http://code.google.com/p/macfuse/

10 Weitere Dienstprogramme

Im Arbeitsalltag können Ihnen einige der Dienstprogramme eine Hilfe sein. Die Schlüsselbundverwaltung speichert nicht nur Passwörter und Zertifikate, sondern auch verschlüsselte Notizen. TextEdit ist zwar noch keine ausgereifte Textverarbeitung, aber zur Konvertierung von Texten manchmal sehr nützlich.

10.1 Schlüsselbundverwaltung

Die Schlüsselbundverwaltung, die Sie im Ordner DIENSTPROGRAMME finden, hat innerhalb des Systems drei Aufgaben:

- Sie speichert Passwörter, die Sie zur Authentifizierung bei Webseiten, Servern und Chat- und E-Mail-Diensten verwenden.
- Sie verwaltet sogenannte Schlüssel, mit deren Hilfe Sie E-Mails verschlüsseln können.
- SIE VERWALTET UND SPEICHERT DIE ZERTIFIKATE VON WEBSEITEN, DEREN ÜBERTRAGUNG VERSCHLÜSSELT WIRD.

Informationen zur Verschlüsselung von E-Mails finden Sie in Abschnitt 4.1.5. Eine weitere Aufgabe des Schlüsselbundes, die aber nicht direkt mit der Funktionsweise des Systems zusammenhängt, besteht in der Speicherung verschlüsselter Notizen.

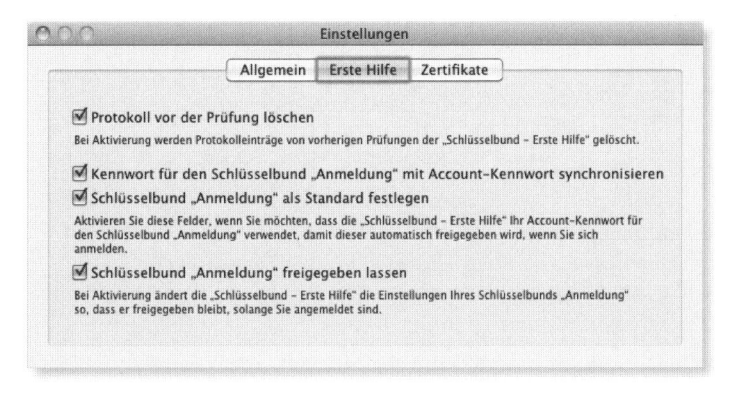

Erste Hilfe
Hin und wieder kann es vorkommen, dass innerhalb des Schlüsselbundes die Zugriffsrechte durcheinandergeraten oder Einträge fehlerhaft sind und von Programmen nicht ausgelesen werden können. Für diese Fälle bietet der Schlüsselbund seine eigene Funktion der Ersten Hilfe, die Sie über den Menüpunkt SCHLÜSSELBUND • SCHLÜSSELBUND • ERSTE HILFE aufrufen können. Sie können, wenn Sie sich als Administrator identifiziert haben, eine Überprüfung veranlassen und, sofern Fehler aufgetreten sind, versuchen, diese zu beheben.

◄ **Abbildung 10.1**
Die Schlüsselbundverwaltung verfügt über eine eigene ERSTE HILFE.

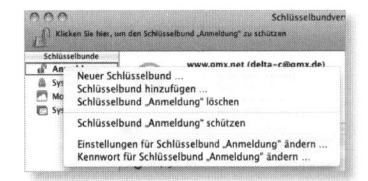

▲ **Abbildung 10.2**
Über das Kontextmenü kann ein Schlüsselbund geschützt werden.

Keychains | Die in der Schlüsselbundverwaltung gesammelten Passwörter und Zertifikate werden in sogenannten Keychains, man könnte auch sagen »Schlüsselbunde«, gespeichert. Die persönlichen Passwörter werden unter ~/LIBRARY/KEYCHAINS abgelegt. Die Passwörter für das System und die Zertifikate finden Sie unter /LIBRARY/KEYCHAINS.

Schlüsselbund Anmeldung | Der Schlüsselbund ANMELDUNG wird zunächst standardmäßig für Ihre Daten genutzt. Schlüsselbunde können eigene Passwörter besitzen, um so die Sicherheit zu erhöhen. In den Einstellungen ERSTE HILFE können Sie durch die Option KENNWORT FÜR DEN SCHLÜSSELBUND ›ANMELDUNG‹ MIT DEM ACCOUNT-KENNWORT SYNCHRONISIEREN dafür sorgen, das das Passwort Ihres Benutzerkontos mit dem dieses Schlüsselbundes übereinstimmt. Dadurch ist es möglich, dass ohne weitere Eingabe eines Passworts auf die gesicherten Daten zugegriffen werden kann. Ist diese Option deaktiviert, dann können Sie den Schlüsselbund auswählen und über den Menüpunkt BEARBEITEN • KENNWORT FÜR SCHLÜSSELBUND ›ANMELDUNG‹ ÄNDERN ein separates Passwort für den Schlüsselbund vergeben. Wenn ein Zugriff auf ein gesichertes Objekt erfolgt, dann müssen Sie sich von jetzt an mit dem Passwort des Schlüsselbundes autorisieren.

10.1.1 Passwörter speichern und verwalten

Passwörter einmal eingeben
Rufen Sie zum Beispiel eine Webseite auf, die durch ein Passwort geschützt ist, so können Sie Safari anweisen, dieses Passwort und auch die damit verbundene Benutzerkennung im Schlüsselbund zu speichern. Besuchen Sie diese Webseite zu einem späteren Zeitpunkt erneut, dann müssen Sie das Passwort nicht erneut eingeben, sondern Safari liest es aus dem Schlüsselbund.

Wenn Sie die Schlüsselbundverwaltung aufrufen, finden Sie in der linken Leiste eine Übersicht der enthaltenen Kategorien. Die ZERTIFIKATE ❶ sind für die verschlüsselte Übertragung einer Webseite im Internet zuständig. Die SCHLÜSSEL ❷ finden bei der Codierung von E-Mails Verwendung. Im Bereich KENNWÖRTER ❸ finden Sie die Passwörter, die Sie im Schlüsselbund gespeichert haben. In dieser Ansicht finden Sie unter ART einen Hinweis auf den Verwendungszweck des Passwortes.

▲ **Abbildung 10.3**
Programme wie zum Beispiel Safari können Zugangsdaten im Schlüsselbund sichern.

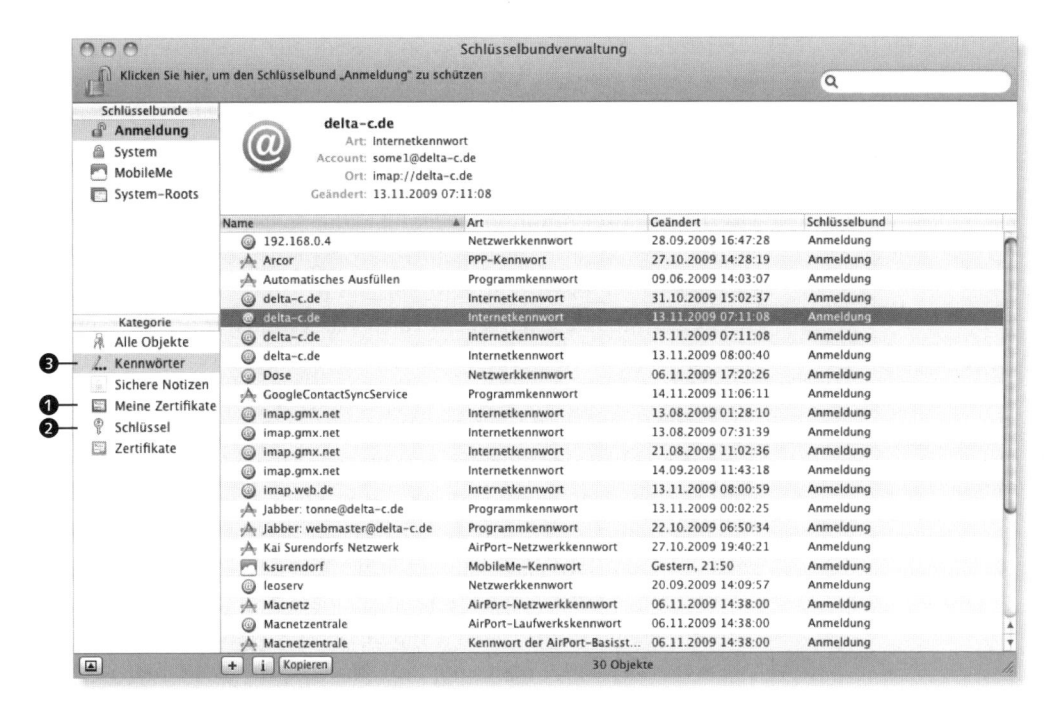

▲ **Abbildung 10.4**
Der Schlüsselbund erlaubt die zentrale Verwaltung von Passwörtern.

Kennwörter verwalten | Haben Sie Passwörter in einem Programm wie zum Beispiel Safari gesichert, können Sie auch anderen Applikationen den Zugriff auf diese Zugangsdaten erlauben. Wählen Sie hierzu in der Liste der gesicherten Passwörter das gewünschte aus, und klicken Sie auf das kleine I am unteren Rand des Fensters oder führen Sie einen Doppelklick aus.

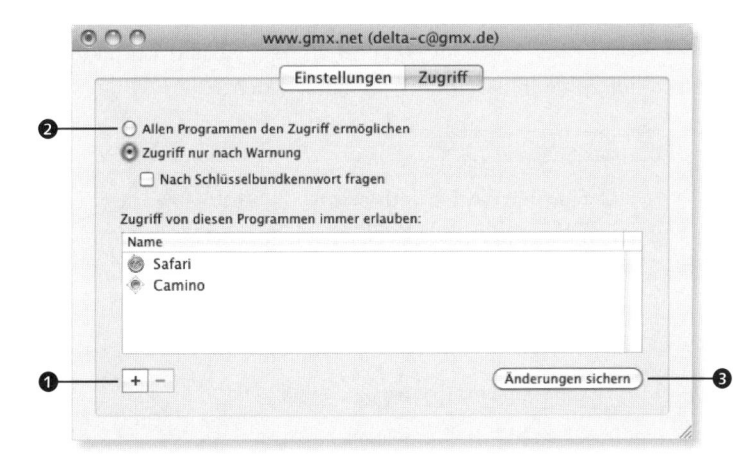

◀ **Abbildung 10.5**
Mehrere Programme können auf gesicherte Passwörter zugreifen.

In dem Informationsfenster können Sie im Reiter ZUGRIFF mit dem Pluszeichen ❶ weitere Programme hinzufügen. Ebenso

10.1 Schlüsselbundverwaltung | **269**

Nicht jedes Passwort für jedes Programm freigeben
Die Nachfrage hat den Hintergrund, Sie vor unbefugten Zugriffen auf den Schlüsselbund zu warnen. Es wäre etwa möglich, Ihnen mit ein paar Tricks ein modifiziertes Programm unterzuschieben, das Ihre Daten anderweitig, eventuell sogar für kriminelle Zwecke, nutzen könnte. Mit der Nachfrage können Sie vermeiden, dass Programme, die ohne Ihr Wissen geändert wurden, auf vertrauliche Daten zugreifen können. Haben Sie durch die entsprechende Funktion allen Programmen den Zugriff auf einen Eintrag ermöglicht, dann erfolgt diese Nachfrage natürlich nicht, denn die Daten sind ja frei verfügbar.

> **HINWEIS**
>
> Würden Sie in Abbildung 10.6 nicht die Angabe /APPLICATIONS/CAMINO.APP unter PROGRAMM finden, sondern zum Beispiel /USERS/KAI/DOWNLOADS/NEU.APP, und würde nicht ein Schlüsselbund aus Ihrer Library abgefragt, sondern ein anderer, etwa der generelle Schlüssel für das FileVault, dann sollten Sie stutzig werden. Eventuell haben Sie aus Versehen ein Programm installiert, das Ihre Passwörter auslesen möchte, oder jemand mit Zugriff auf Ihren Rechner hat eine Manipulation vorgenommen.

Abbildung 10.6 ▶
Sofern ein Objekt nicht generell freigegeben wurde, ist die Eingabe des Passwortes erforderlich.

können Sie ALLEN PROGRAMMEN DEN ZUGRIFF ERMÖGLICHEN ❷. Änderungen müssen Sie, wie bei allen Aktionen im Schlüsselbund, explizit sichern ❸ und sich dafür durch die Eingabe Ihres Passwortes authentifizieren.

Zugriff von Programmen | Wenn Sie die Freigaben im Informationsfenster erteilt haben, können Programme auf gespeicherte Passwörter zugreifen und zum Beispiel auf einer Webseite Formulare automatisch ausfüllen. Auch das Programm iChat kann sich so ohne die Eingabe eines Passwortes am Server von AOL identifizieren.

Installieren Sie eine neue Version eines Programms, sei es durch ein Update des Betriebssystems oder indem Sie eine neue Version vom Hersteller beziehen, und greift dieses Programm in der neuen Version zum ersten Mal auf die im Schlüsselbund gespeicherten Daten zu, dann informiert Sie das System darüber. Sie erfahren in einem separaten Fenster, dass das Programm geändert wurde und nun auf den Schlüsselbund zugreifen möchte.

Haben Sie den Zugriff nur auf Nachfrage beschränkt oder möchte ein Programm, dem die Freigabe nicht erteilt wurde, auf Einträge zugreifen, fordert Sie das System auf, Ihr Passwort einzugeben. In dem Fenster können Sie einem Programm den Zugriff gänzlich verweigern, ihn einmal erlauben oder eine generelle Freigabe erteilen.

Klappen Sie die DETAILS auf, so erhalten Sie Informationen über den Schlüsselbund, auf den zugegriffen werden soll, und über das Programm, das zugreifen möchte. Positionieren Sie den Mauspfeil über dem Programmnamen oder klappen Sie diesen mit dem Pfeil nach unten aus, so erhalten Sie den vollständigen Pfad des Programms. Sie können so erkennen, ob das korrekte Programm auf den Schlüsselbund zugreifen möchte.

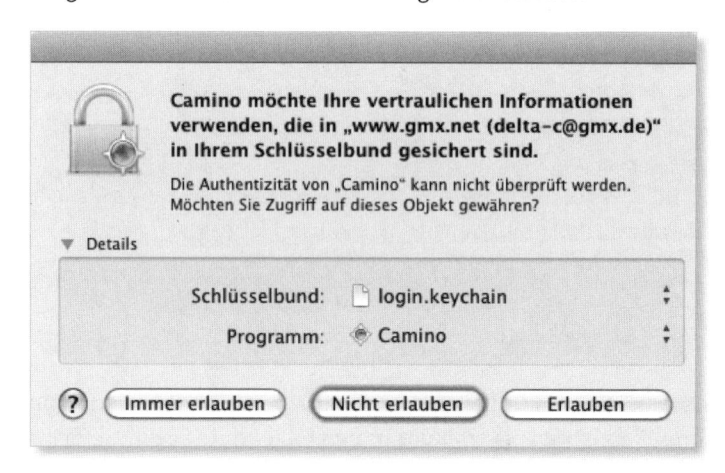

10.1.2 Verschlüsselte Notizen

Eine weitere Funktion des Schlüsselbundes ist die Möglichkeit, sichere Notizen anzulegen. Eine sichere Notiz ist ein verschlüsselter Text, dessen Inhalt nur angezeigt wird, wenn das Passwort des Benutzers korrekt eingegeben wurde.

Notiz anlegen | Über die Funktion ABLAGE • NEU • SICHERE NOTIZ oder die Tastenkombination ⌘ + ⇧ + N legen Sie eine neue Notiz an, vergeben einen Namen und können direkt den Text eingeben.

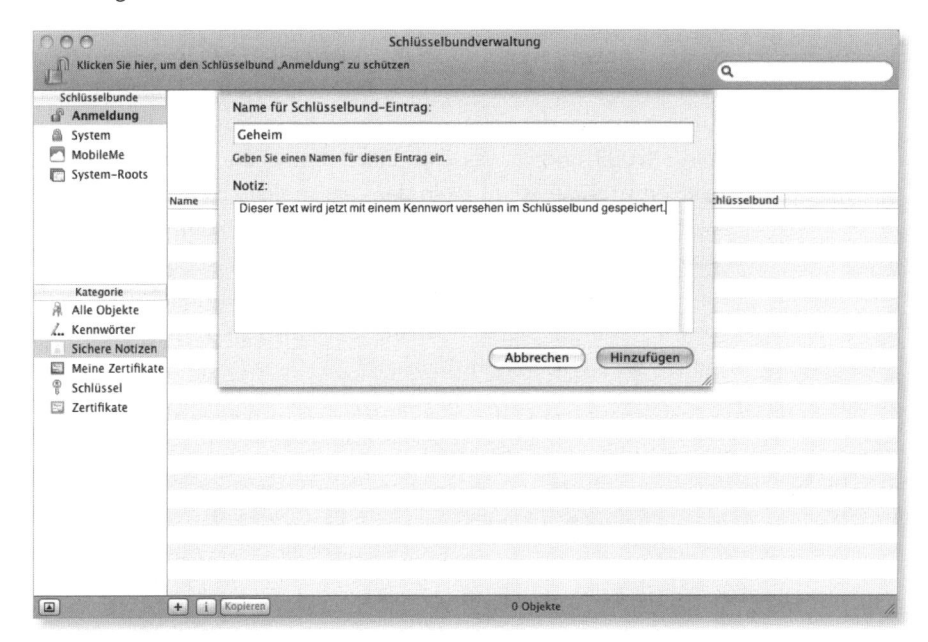

▲ **Abbildung 10.7**
Der Schlüsselbund kann auch sichere Notizen enthalten.

Notiz bearbeiten | Wenn Sie eine gespeicherte Notiz lesen oder ändern möchten, wählen Sie sie mit einem Doppelklick in der Liste des Schlüsselbundes aus. Erst wenn Sie den Haken bei der Funktion TEXT EINBLENDEN aktivieren, fordert Sie das Programm auf, Ihr Passwort einzugeben. Nun ist der Text sichtbar und kann von Ihnen bei Bedarf geändert werden. Damit die Änderungen wirksam werden, müssen Sie sie explizit SICHERN.

10.2 TextEdit

Wenn Sie für einen kurzen und einfach gehaltenen Text nicht sofort Word starten möchten, dann ist TextEdit in der Regel eine

Quellcode
Wenn Sie Xcode installiert haben, dann finden Sie im Verzeichnis /DEVELOPER/EXAMPLES den Quellcode von TextEdit.

Abbildung 10.8
Formatierter Text kann in reinen umgewandelt werden.

TIPP
Über den Menüpunkt ABLAGE • ALS PDF SICHERN können Sie ohne Umweg über den Druckdialog eine PDF-Datei erzeugen.

Abbildung 10.9
TextEdit unterstützt das Öffnen und Speichern von OpenOffice.org- und Word-Dateien.

ausreichende und vor allem schnelle Alternative. Für die Bearbeitung von Text können Sie die in Abschnitt 2.5 beschriebenen Funktionen nutzen.

Reiner Text | Wenn Sie eine neue Datei erstellen, dann wird ein RTF-Dokument erzeugt. Möchten Sie eine Konfigurationsdatei erstellen, wie Sie beispielsweise im Verzeichnis /ETC (siehe Abschnitt 13.2.1) vorliegen, dann können Sie über den Menüpunkt FORMAT • IN REINEN TEXT UMWANDELN die Formatierungen löschen und eine reine Textdatei erzeugen.

Datei konvertieren | TextEdit unterstützt neben reinem Text und RTF auch HTML, das von OpenOffice.org genutzte OpenDocument-Format sowie das Dateiformat von Word 2007, von Word 2003 und, etwas antiquiert aber immer noch verbreitet, von Word 97. TextEdit ist in der Lage, solche Dateien zu öffnen, wobei naturgemäß die Formatierungen bei komplexen Dokumenten etwas verrutschen können und auch komplexe Funktionen wie Feldbefehle nicht unterstützt werden. Einen Text können Sie in eines dieser Formate speichern. Sie stehen im Dialog hinter DATEIFORMAT zur Auswahl.

Voreinstellung | Etwas versteckt im Reiter ÖFFNEN UND SICHERN • VOREINSTELLUNGEN befindet sich die Option, um Formatierungen zu ignorieren. Nützlich kann das Ignorieren dann sein, wenn die Datei entweder völlig unleserlich dargestellt wird oder aber Sie etwa zum Zwecke der Archivierung auf die Formatierungen verzichten möchten.

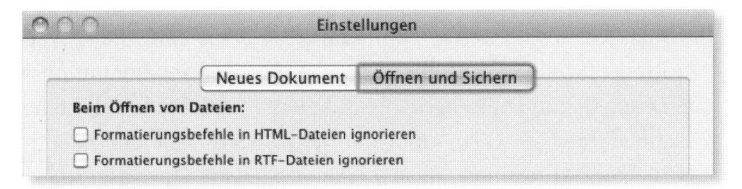

▲ Abbildung 10.10
Formatierungen können auch ignoriert werden.

10.3 Rechner

Das Programm RECHNER bietet neben den einfachen Grundrechenarten noch ein paar andere Funktionen. Im Menü DARSTELLUNG finden Sie auch die Optionen WISSENSCHAFTLICH und PROGRAMMIERER. Damit erweitern Sie den Funktionsumfang des dargestellten Taschenrechners. Um den Verlauf Ihrer Berechnungen nachzuvollziehen, können Sie über FENSTER • BELEG EINBLENDEN ein kleines Fenster einbinden, in dem Ihnen die Berechnungen und deren Ergebnisse aufgelistet werden.

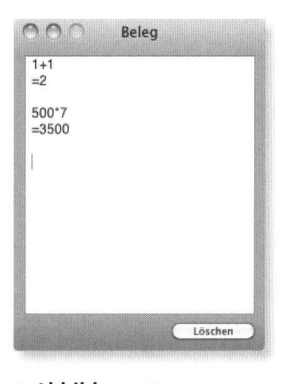

▲ Abbildung 10.11
Der Beleg zeigt die ausgeführten Berechnungen an.

Umrechnen | Den aktuell angezeigten Wert des Rechners können Sie über die Einträge im Menü UMRECHNEN von einer Maßeinheit in eine andere umrechnen. Dabei stehen nicht nur gängige Einheiten wie Fahrenheit und Celsius zur Verfügung. Sie können ferner von einer Währung in eine andere umrechnen, wobei die aktuellen Wechselkurse online aktualisiert werden können.

▲ Abbildung 10.12
Wechselkurse werden online aktualisiert.

10.4 Grapher

Das Dienstprogramm GRAPHER könnte ein eigenes Kapitel füllen. Seine Aufgabe besteht darin, Funktionen zu berechnen. Wenn Sie das Programm starten, dann können Sie aus einer Reihe von Vorlagen auswählen. Anschließend können Sie eine oder mehrere Gleichungen eingeben, deren Berechnung Ihnen anschließend im Fenster dargestellt wird. Über den Menüpunkt FENSTER • GLEICHUNGSPALETTE können Sie sich die verfügbaren Operatoren und Symbole anzeigen lassen und in das Feld oben ❶ eingeben.

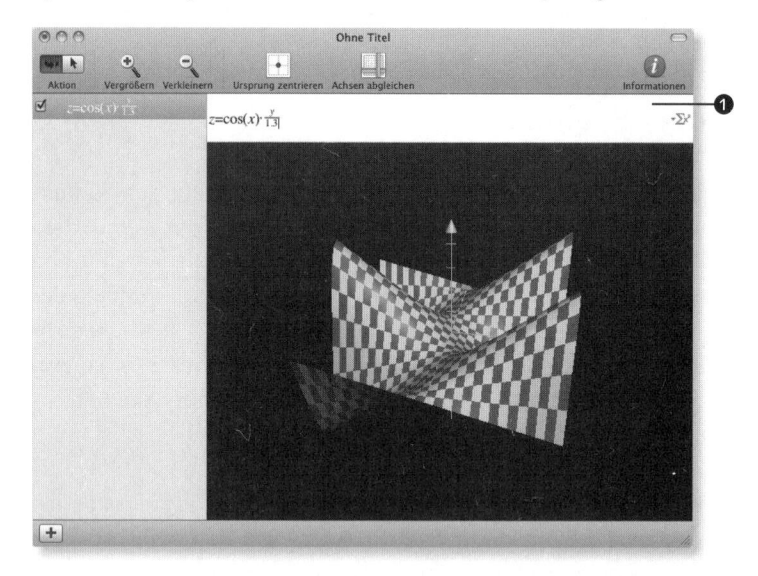

Abbildung 10.13 ▶
Das Programm GRAPHER dient zur Berechnung mathematischer Funktionen.

10.5 Notizzettel

Das Programm NOTIZZETTEL hat eine lange Geschichte und hat sich in der Optik und Handhabung seit fast einem Jahrzehnt nicht grundlegend geändert. Sie können hier Notizzettel anlegen und in diese Text, Bilder und auch Audiodateien einfügen. Ein Vorteil der Notizzettel gegenüber Mail kann darin bestehen, dass Notizzettel sich immer im Vordergrund befinden können, wenn Sie für den aktuellen Zettel den Menüpunkt NOTIZ • IMMER IM VORDERGRUND AUSWÄHLEN. Um den Bildschirm nicht zu sehr zu füllen, können Sie ferner über den Menüpunkt TRANSPARENTES FENSTER die hinter dem Zettel befindlichen Elemente zumindest teilweise sichtbar machen.

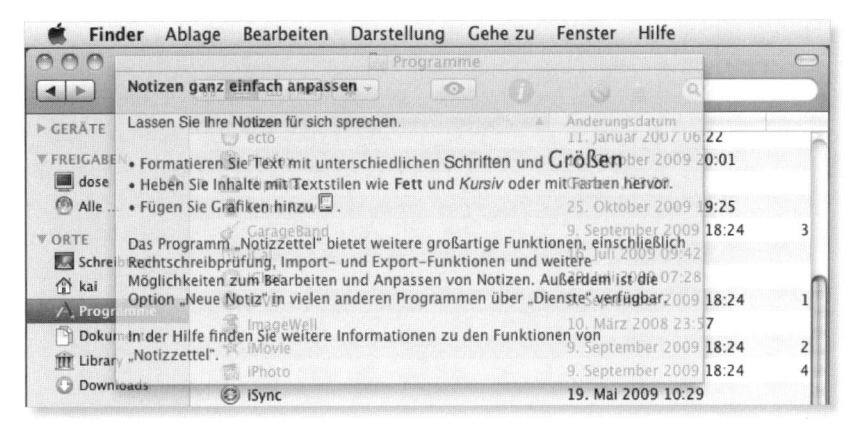

▲ **Abbildung 10.14**
Notizzettel können dauerhaft und transparent in den Vordergrund gestellt werden.

10.6 X11

Unter fast allen Linux-Distributionen und UNIX-Derivaten stellt der X11-Server für die technische Grundlage für die Arbeit mit einer grafischen Oberfläche dar. Dabei übernimmt X11 die Verwaltung der Fenster. Haben Sie bei der Installation von Mac OS X das Paket X11 ausgewählt, dann finden Sie im Ordner DIENSTPROGRAMME ein Element X11. Mit einem Doppelklick wird das Programm xeyes gestartet, und es erscheinen zwei Augen, die den Bewegungen des Mauspfeils folgen. Über X11 • BEENDEN können Sie den Server wieder beenden.

Xquartz

http://xquartz.macosforge.org

Eigenheiten | Der Begriff »Element« wurde hier bewusst genutzt, denn im Ordner DIENSTPROGRAMME befindet sich nicht das ausführbare Programm. Wenn Sie bereits mit X11 gearbeitet haben, dann müssen Sie unter Mac OS X 10.6 an einigen Stellen umdenken. So übernimmt launchd den Start von Programmen, die einen X11-Server benötigen. Haben Sie X11 beendet, dann können Sie am Terminal einfach xeyes eingeben und der X11-Server wird automatisch gestartet. Die Verwendung von launchd müssen Sie auch bei der Arbeit mit X11 im Netzwerk beachten, den unter Mac OS X 10.6 wird die Umgebungsvariable screen von launchd verwaltet und darf nicht durch den Anwender gesetzt werden.

Apple hat die Entwicklung der X11-Funktionalität etwas ausgelagert. Sie finden auf der Webseite des Xquartz-Projekts aktueller Versionen des X11-Servers als sie über die Softwareaktualisierung von Mac OS X eingespielt werden.

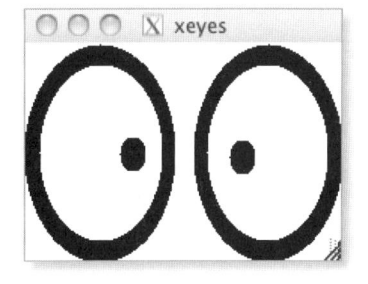

▲ **Abbildung 10.15**
Das Programm xeyes kann durch die Eingabe am Terminal direkt gestartet werden.

X

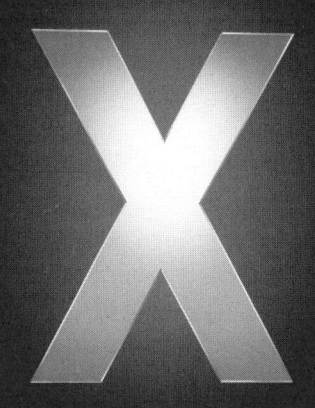

TEIL II
Das System verwalten

11 Time Machine

Mit dem Sichern der Daten ist das ja so eine Sache. Eigentlich müsste man es tun, man vergisst es aber dann doch, und im Fall der Fälle steht man plötzlich ohne Sicherheitskopie da, und Murphy's Law hat wieder mal gegriffen.

Dabei war es in der Vergangenheit gar nicht einmal so sehr der vermeintlichen Faulheit der Anwender oder Administratoren anzulasten, dass Konzepte der Datensicherung oft nicht aufgingen. Vielmehr waren und sind viele Backup-Programme umständlich zu bedienen, und die Benutzerführung ist vieles, aber bestimmt nicht intuitiv.

Mit Time Machine hat Apple diesem Umstand mit zwei Faktoren abgeholfen. Zum einen ist Time Machine Bestandteil des Betriebssystems und damit ziemlich exakt auf die speziellen Anforderungen von Mac OS X zugeschnitten. Zum anderen wurde Time Machine mit einer grafischen Oberfläche versehen, die eine einfache und vor allem nachvollziehbare Bedienung des Programms ermöglicht.

Winclone
Time Machine ist nicht in der Lage, die mit Boot Camp erstellte Windows-Partition zu sichern und unterstützt die Dateisysteme FAT-32 und NTFS nicht. Sofern Sie nicht auf die unter Windows verfügbaren Mechanismen zurückgreifen möchten, können Sie die Freeware Winclone *(http://www.twocanoes.com/winclone)* verwenden, um eine Sicherungskopie Ihrer Windows-Partition zu erstellen.

11.1 Erwägungen im Vorfeld

Time Machine ist in vielerlei Hinsicht ein gelungener Kompromiss zwischen den technischen Anforderungen an eine Backup-Lösung und einer grafischen Oberfläche, die die Wiederherstellung von Daten und Dateien vereinfacht.

Stündlich, täglich, wöchentlich | Das Konzept von Time Machine beruht darauf, dass auf einer externen Festplatte alle 60 Minuten die seit dem letzten Backup vorgenommenen Änderungen im Dateisystem gesichert werden.

Wenn Sie zum ersten Mal ein Backup Ihrer Dateien erstellen, legt Time Machine auf der externen Festplatte einen Hauptordner Backups.backupdb an. Dann wird ein Unterordner für die Backups Ihres Systems erstellt, dessen Name dem Gerätenamen

Gerätename
Time Machine hat Probleme mit Umlauten und Sonderzeichen im Gerätenamen, den Sie in den Systemeinstellungen in der Ansicht Freigaben festlegen. Um mit Time Machine problemlos arbeiten zu können, sollten Sie im Gerätenamen auf Sonderzeichen und Umlaute verzichten.

Daten archivieren

Aufgrund des zeitgebundenen Konzepts von Time Machine eignet sich das System nicht für die dauerhafte Archivierung von Dateien. Abhängig von der Zeit und Festplattenkapazität wird es vorkommen, dass Dateien aus dem Backup gelöscht werden. Es wäre also fatal, Dateien, die Sie im Finder gelöscht haben, sicher in der Time Machine zu wähnen. Es bietet sich daher an, Dateien, die beispielsweise zu einem abgeschlossenen Projekt gehören und die Sie dauerhaft behalten möchten, eigens auf DVD zu brennen oder außerhalb des Backups zu archivieren.

Ihres Rechners entspricht. In diesem Ordner werden von Time Machine weitere Unterordner angelegt, die die Sicherungskopien enthalten. Dabei gibt der Name »2009-10-15-122439« den Zeitpunkt wieder, zu dem die Sicherung erstellt wurde, also z. B. 15. Oktober 2009 um 12:24 Uhr. Die Angabe »39« entspricht den Sekunden. Der Verweis LATEST deutet auf das letzte Backup und wird vom System nach jeder Sicherung aktualisiert.

Diese stündlichen Sicherungen werden von Time Machine nach zwei Tagen endgültig zu einem täglichen Backup zusammengefasst. Die täglichen Sicherungen werden dann zu einer wöchentlichen zusammengefasst, die so lange vorgehalten wird, bis auf der Festplatte kein Speicherplatz mehr vorhanden ist.

Wenn die Festplatte für die Sicherungskopien voll ist, werden die wöchentlichen Backups nach und nach gelöscht. Es ist also von der Kapazität der Festplatte, die Sie für Time Machine verwenden, abhängig, wie viele Zeiträume gespeichert werden.

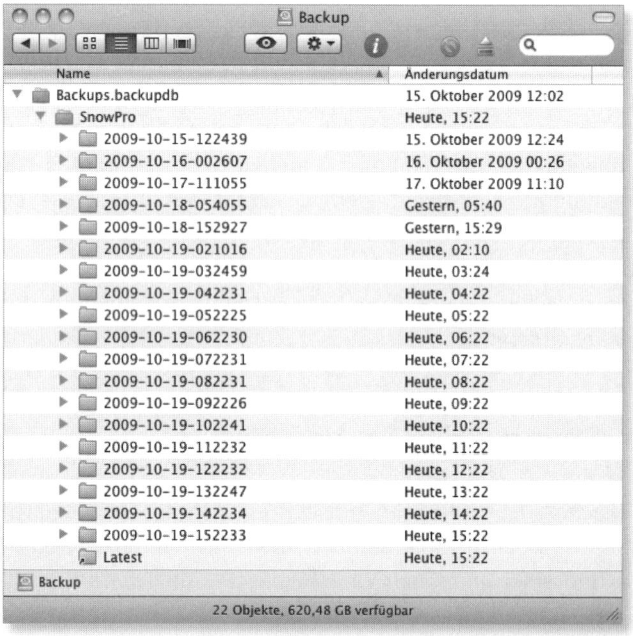

Abbildung 11.1 ▶
Der Zeitpunkt der Sicherung wird für den Namen des Ordners verwendet.

Hard Links auf Verzeichnisse | Für jede der stündlichen Sicherungen wird zunächst ein neuer Ordner angelegt. Damit die Sicherungskopien möglichst wenig Platz benötigen, arbeitet Time Machine mit sogenannten Hard Links (siehe Abschnitt 3.3.4) auf Verzeichnisse. Diese verweisen, so es keine Änderung gegeben hat, auf die zurückliegende Kopie.

Für den Anwender stellt es sich, wenn Sie die Ordnerstruktur im Finder durchgehen, so dar, als wenn zu jedem Zeitpunkt alle

Ordner gleichzeitig vorhanden wären. Würden Sie die Festplatte, die die Sicherungskopien enthält, auf einem System mit Mac OS X 10.4 öffnen, würde diese Struktur der Hard Links auf Verzeichnisse transparent werden, denn unter einer älteren Version von Mac OS X werden sie als Aliasse dargestellt.

»backup thinning« | Das Verfahren, die älteren Sicherheitskopien zu löschen beziehungsweise der Rückgriff über die Hard Links auf ältere, aber aktuelle und nach wie vor gültige Ordner wird in den Protokollen von Time Machine als »thinning« bezeichnet. Wenn Sie das Dienstprogramm Konsole starten und den Eintrag ALLE MELDUNGEN auswählen, können Sie die Anzeige mit der Eingabe von BACKUP ins Textfeld ❶ auf die Ausgaben von Time Machine begrenzen.

Wenn eine Sicherung begonnen wird, dann findet sich im Protokoll eine Zeile `Starting standard backup`. Daraufhin erfolgt eine Prüfung, ob auf dem Backup-Medium genügend Speicherplatz für die jetzt zu kopierenden Dateien frei ist. Wenn dies der Fall ist, dann ist kein »thinning« im Vorfeld notwendig, und Sie finden im Protokoll eine Zeile mit dem Hinweis `No pre-backup thinning needed`. Wenn zu diesem Zeitpunkt ein wöchentliches Backup gelöscht wird, um den notwendigen freien Speicherplatz herzustellen, dann können Sie sich auch einen Hinweis geben lassen (siehe Abschnitt 11.2). Anschließend wird die Sicherung durchgeführt, was mit einer Meldung in der Form `Copied ... files ...` protokolliert wird. Daraufhin wird geprüft, ob zurückliegende Backups gelöscht werden können. Im Protokoll finden Sie bei solchen Löschungen dann eine mit `Deleted backup` beginnende Zeile. Darauf folgt ein Eintrag `Post-backup thinning complete` und die Anzahl der gelöschten Kopien, wobei der gelöschte Pfad angegeben wird.

backupd
Im Hintergrund wacht der Dämon `backupd` darüber, ob ein Backup zu erstellen ist. Wenn dies nach 60 Minuten der Fall ist, greift er auf die Änderungen seit der letzten Sicherung zurück und führt den Kopiervorgang durch. Dabei verwendet der Dämon die Datenbank von `fseventsd`, um die in den letzten 60 Minuten erstellten oder geänderten Dateien zu ermitteln.

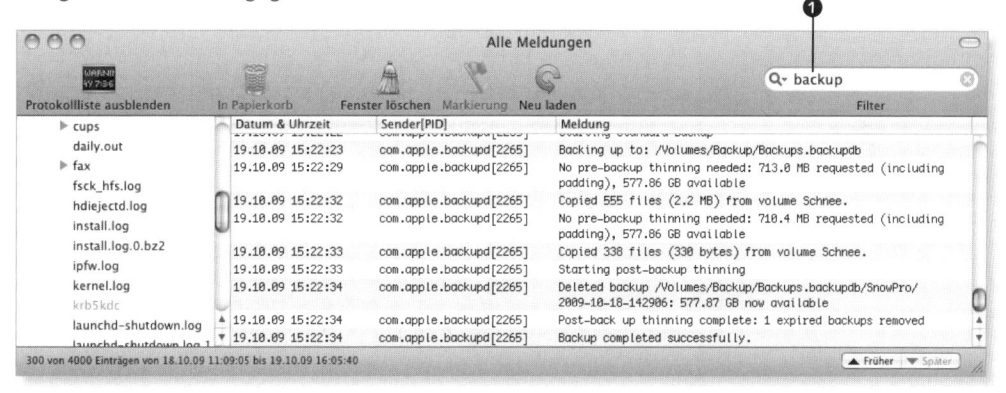

▲ **Abbildung 11.2**
In den Protokollen wird über die Sicherungen detailliert Buch geführt.

Nicht zu sichernde Objekte
Apple hat die Entwickler angewiesen, in den Eigenschaften eines Programms vorzugeben, welche Ordner von der Sicherung in jedem Fall ausgeschlossen werden sollen. Dazu gehören in den Standardeinstellungen auf jeden Fall die Zwischenspeicher (Caches), die sich dermaßen schnell ändern können, dass eine Sicherung nicht möglich ist. Ferner werden diese Caches auch für die Wiederherstellung des Systems nicht benötigt.

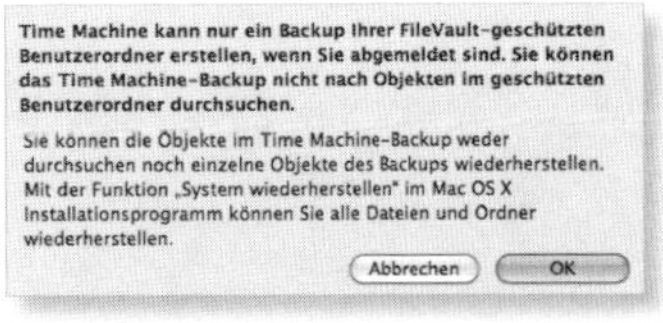

▲ **Abbildung 11.3**
Verschlüsselte Benutzerordner lassen sich nur vollständig wiederherstellen.

Einschränkungen | Neben dieser zeitlichen Einschränkung, die in der Tat zu ungewollten Löschungen führen kann, gibt es noch einige weitere Punkte, die Sie beim Einsatz von Time Machine beachten müssen. Dazu gehört zum Beispiel das Hinzufügen einer weiteren Partition zu den zu sichernden Objekten. Dies kann, wenn Sie den Benutzerordner auf eine zweite externe Festplatte verlagern, auch automatisch im Hintergrund passieren, was dann den zuvor beschriebenen Löschvorgang unbemerkt auslösen kann. Insofern sollten Sie immer ein Auge auf den noch freien Speicherplatz haben, wenn Sie nicht die ältesten Sicherungen verlieren möchten.

Bei sehr großen einzelnen Dateien kann es in Verbindung mit Time Machine durchaus zu Problemen im Rahmen der stündlichen Sicherung kommen. Da zum Beispiel Microsoft Entourage die E-Mails in einer sehr großen Datenbank verwaltet, kann es hier zu Problemen kommen, da stündlich mehrere Gigabyte gesichert werden müssen. Nehmen Sie in diesem Moment Änderungen an der Datenbank vor, dann kann es passieren, dass die Sicherheitskopie nicht funktionsfähig ist. Der gleiche Effekt kann auch eintreten, wenn Sie mit sehr großen Projektdateien in iMovie oder Final Cut Pro arbeiten. In solchen Fällen sollten Sie erwägen, auf die Sicherung dieser Ordner mit Time Machine zu verzichten und Sicherheitskopien von Hand erstellen.

Umgekehrt kann es auch bei der Wiederherstellung von Dateien zu Problemen kommen. Wenn Sie eine Sicherheitskopie der Bibliothek von Aperture wieder herstellen möchten, dann sollten Sie das Programm vorher beenden.

FileVault und Time Machine | Wenn Sie für ein Benutzerkonto die Verschlüsselung mittels FileVault (siehe Abschnitt 14.2.8) aktiviert haben, dann müssen Sie beachten, dass der verschlüsselte Benutzerordner nur dann gesichert wird, wenn der Benutzer nicht angemeldet ist. Es wird also immer die komplette Festplattenabbildung, die das FileVault darstellt, gesichert. Dies führt dazu, dass Sie die nachfolgend beschriebene Oberfläche für die Wiederherstellung einzelner Dateien und Ordner nicht nutzen können. Um den gesicherten Benutzerordner aus dem Backup zu rekonstruieren, müssen Sie von der Installations-DVD starten und dann die Funktion zur Wiederherstellung des Systems nutzen.

Time Machine im Netzwerk | Im nächsten Abschnitt wird auch die Sicherung über das Netzwerk auf einer Freigabe beschrieben. Es gibt vier Möglichkeiten, ein Backup über das Netzwerk vorzunehmen:

- Bei der Time Capsule handelt es sich um eine spezielle Variante der AirPort-Basisstation mit einer eingebauten Festplatte.
- An eine normale AirPort-Basisstation kann eine USB-Festplatte angeschlossen und im Netzwerk freigegeben werden.
- Nutzen Sie eine angeschlossene Festplatte zur Sicherung, dann können Sie diese als freigegebenen Ordner im Netzwerk bereitstellen. Die so freigegebene Festplatte steht anderen Rechnern als Ziel der Sicherung zur Verfügung.
- Mac OS X Server in den Versionen 10.5 und 10.6 verfügt über die Möglichkeit, eine Freigabe als Zielmedium für die Time Machine im Netzwerk bereitzustellen.

Bei jeder dieser Varianten wird auf dem Server ein mitwachsendes Disk Image (siehe Abschnitt 9.5.1) erstellt, das dann als Volume mit der Bezeichnung Time Machine-Backups auf Ihrem Schreibtisch erscheint. Innerhalb der Abbildung finden Sie dann die zuvor beschriebene Ordnerstruktur.

▲ **Abbildung 11.4**
Die Festplattenabbildung (unten) trägt die Bezeichnung Time Machine-Backups.

▲ **Abbildung 11.5**
Im Netzwerk erfolgt die Sicherung in einer mitwachsenden Festplattenabbildung.

Die Nutzung der Time Machine in Verbindung mit handelsüblichen Netzwerkfestplatten (*Network Attached Storage – NAS*) kann nicht empfohlen werden. Es gibt zwar einige Anleitungen, wie sich ein solches Backup mit einigen Modifikationen der Konfiguration erstellen ließe, aber es gibt gute Gründe gegen diese Form der Sicherung. Wenn diese Geräte eine Unterstützung für das AFP-Protokoll bieten, dann beruht diese in den meisten Fällen auf einer Version von netatalk (siehe Abschnitt 19.7). Die zur Drucklegung verfügbare aktuellste Version von netatalk bietet keine vollständige Implementation dieses Protokolls. Nicht unterstützt wird eine Anweisung, die im Arbeitsspeicher zwischen gespeicherte Daten auf den Datenträger schreibt. In Einzelfällen kann dies dazu führen, dass Dateien nicht vollständig gespeichert werden. Ein weiteres Problem besteht darin, dass einige der handelsüblichen Geräte mit der internen Datenstruktur eines mitwachsenden Disk Images nicht arbeiten können und regelrecht abstürzen.

Bei der Wahl des Speichermediums wäre daher eher eine konservative Strategie zu empfehlen. Für die Datensicherung ein Verfahren zu nutzen, das erfahrungsgemäß nicht verlässlich arbeitet, führt das zu erreichende Ziel ad absurdum.

Fazit | Time Machine ist ein Kompromiss. Die Art und Weise, wie Backups aus dem Archiv verschwinden können, macht das System für eine stringente Archivierung Ihrer Dateien mehr oder weniger ungeeignet. Die Hauptaufgabe von Time Machine besteht darin, Sie vor Datenverlusten und versehentlichen Löschungen zu schützen. Diese Aufgabe erfüllt das System jedoch sowohl aufgrund der guten Integration ins Betriebssystem als auch aufgrund der intuitiven Benutzerführung sehr gut.

Ob Sie zusätzlich zu Time Machine noch ein anderes Programm zur Datensicherung anschaffen oder bei einigen Dateien und Ordnern diese zusätzlich eigenhändig archivieren, hängt von Ihrem Datenbestand ab.

11.2   Time Machine konfigurieren

Wenn Sie eine externe Festplatte an Ihren Rechner anschließen und Time Machine noch nicht konfiguriert haben, erhalten Sie vom System automatisch eine Rückfrage, ob Sie dieses Volume für Time Machine nutzen möchten. Sie können diese Rückfrage bestätigen und so die Erstellung der ersten Sicherung veranlassen. Alternativ können Sie auch in den Systemeinstellungen in der Ansicht TIME MACHINE eine Partition als BACKUP-VOLUME AUSWÄHLEN.

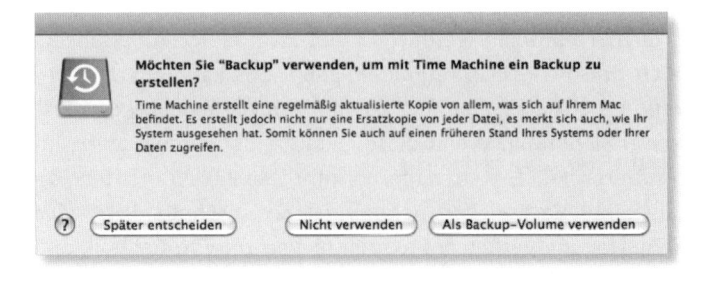

Abbildung 11.6 ▶
Wird eine externe Festplatte angeschlossen, dann kann diese als Backup-Volume genutzt werden.

Möchten Sie die Datensicherung über das Netzwerk vornehmen, dann müssen Sie zunächst die Freigabe, auf der das Backup gesichert werden soll, im Finder einbinden. In den Systemeinstellungen können Sie dann in der Ansicht TIME MACHINE über die Schaltfläche VOLUME AUSWÄHLEN die Freigabe auswählen. In Abbildung 11.7 stehen neben der ausgewählten Festplatte BACKUP zwei Freigaben zur Auswahl. Bei dem Eintrag TM106 handelt es sich um eine Freigabe auf einem System mit Mac OS X Server, der untere Eintrag BACKUP mit 88,47 GB Speicherplatz stellt eine Festplatte, die an eine AirPort-Basisstation angeschlossen wurde, dar.

◄ **Abbildung 11.7**
Die möglichen Ziele im Netzwerk stehen neben den angeschlossenen Festplatten zur Auswahl.

Haben Sie das Ziel für die Datensicherung ausgewählt, wird die erste Sicherung erstellt. Sie werden über den Verlauf sowohl in einem eigenen Fenster als auch in den Systemeinstellungen informiert. Dieser Vorgang kann abhängig von der Anzahl und der Größe der zu sichernden Dateien einige Zeit in Anspruch nehmen. Auf dem Backup-Volume wird auch ein Index für Spotlight angelegt, mit dessen Hilfe Sie später die gesicherten Dateien durchsuchen können.

TIPP
Wenn Sie die Sicherung über eine drahtlose Netzwerkverbindung vornehmen, dann kann es beim ersten Backup sehr viel Zeit sparen, für die Verbindung ein Ethernetkabel zu nutzen.

◄ **Abbildung 11.8**
Das Backup-Volume wird im Finder mit einem Icon mit einer Uhr angezeigt.

Die für die Verwendung von Time Machine vorgesehene Partition wird Ihnen im Finder mit einem Icon angezeigt, das eine

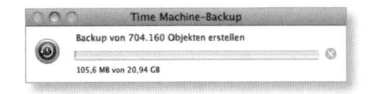

▲ **Abbildung 11.9**
Die Erstellung des ersten Backups kann einige Zeit dauern.

Uhr und einen kreisförmigen Pfeil darstellt. Sie können durchaus weitere Dateien und Ordner auf diese Partition außerhalb der Ordnerstruktur unter BACKUPS.BACKUPDB kopieren, sofern Sie bereit sind, die Einbußen des Speicherplatzes, der möglicherweise benötigt wird, in Kauf zu nehmen.

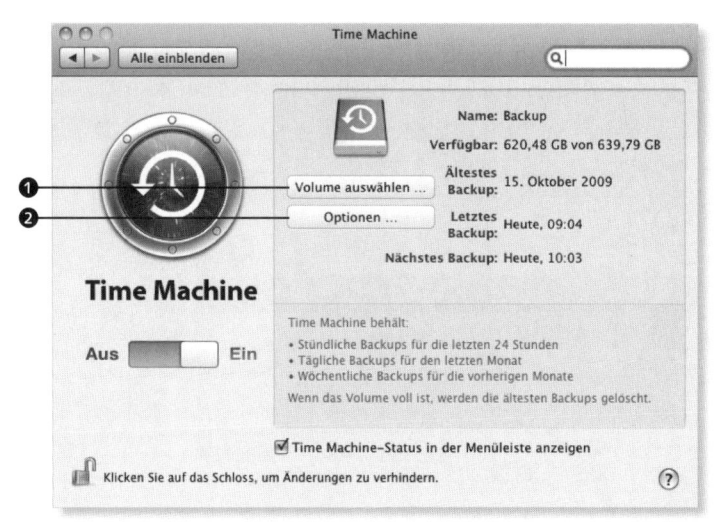

Abbildung 11.10 ▶
In den Systemeinstellungen können Sie das Volume für die Sicherung wechseln ❶ und in den OPTIONEN ❷ Ordner von der Sicherung ausschließen.

Nicht angeschlossene Festplatte
Wenn die Festplatte für die Datensicherung nicht verfügbar ist, dann wird die Sicherung in dem Moment ausgeführt, in dem die Festplatte wieder angeschlossen wird. Diese Funktion ist besonders bei mobilen Geräten, die nicht dauerhaft mit dem Backup-Volume verbunden sind, eine Hilfe.

Systemeinstellungen | In den Systemeinstellungen in der Ansicht TIME MACHINE erhalten Sie Informationen über den auf dem Backup-Volume noch verfügbaren Speicherplatz sowie über den Zeitpunkt des ältesten, letzten und nächsten Backups.

Über die Schaltfläche VOLUME AUSWÄHLEN können Sie eine andere Partition für die Datensicherung auswählen. Dies kann notwendig sein, wenn kaum noch Speicherplatz auf dem Backup-Volume verfügbar ist und Sie die vorhandenen Sicherungskopien behalten möchten.

Abbildung 11.11 ▶
Ordner und Partitionen können von der Sicherung ausgeschlossen werden.

Ordner ausschließen | Über die Schaltfläche OPTIONEN können Sie die Ordner und Partitionen auswählen, die von der Sicherung über Time Machine ausgeschlossen werden sollen. Welche Ordner und Partitionen Sie hier wählen, hängt von Ihrem persönlichen Datenbestand ab. Bei den Pfadangaben berücksichtigen die Systemeinstellungen für die Darstellung das aktuelle Benutzerkonto. Der Ordner ~/MOVIES verweist auf Ihren Ordner FILME. Würden Sie mit einem anderen Benutzerkonto die Einstellung aufrufen, dann würde der Ordner mit /USERS/KURZNAME/MOVIES aufgeführt. Es wird also nicht jeder Ordner FILME aller Benutzerkonten ausgeschlossen.

◄ **Abbildung 11.12**
Die Sicherung des Systems kann unterbunden werden.

Neben den eingangs erwähnten Einschränkungen unter anderem in Bezug auf Microsoft Entourage können Sie auch den Ordner /SYSTEM zu den nicht zu sichernden Objekten hinzufügen. Sie erhalten dann den Dialog aus Abbildung 11.12 und können sich entscheiden, ob nur der Ordner /SYSTEM oder alle Systemdateien ausgeschlossen werden sollen. Entscheiden Sie sich für Letzteres, sparen Sie etwas Speicherplatz, sind aber anschließend nicht mehr in der Lage, Ihr System wie nachfolgend beschrieben von einer Sicherungskopie über die Installations-DVD wiederherzustellen.

Backup bei Batteriebetrieb
Bei einem mobilen Rechner finden Sie hier auch die Option BACKUP WÄHREND BATTERIEBETRIEB. Die Erstellung des Backups kann die Laufzeit eines Akku reduzieren.

Löschen alter Backups | In diesem Dialog finden Sie ferner die Option BENACHRICHTIGUNG NACH DEM LÖSCHEN VON ALTEN BACKUPS. Diese bewirkt, dass Sie eine Mitteilung erhalten, wenn der Speicherplatz auf dem Backup-Volume nicht mehr ausreicht und Time Machine beginnt, ältere Backups zu verwerfen. Ihnen wird damit die Chance gegeben, Ihre Datensicherung gegebenenfalls auf einem anderen Medium fortzusetzen.

Status in Menüleiste | In den Systemeinstellungen finden Sie auch die Option TIME MACHINE-STATUS IN DER MENÜLEISTE ANZEIGEN. Über den Eintrag in der Menüleiste, dessen Icon ebenfalls mit dem eingekreisten Pfeil versehen wird, können Sie sich über den Zeitpunkt der letzten Sicherung informieren, ein Backup außerhalb des Zeitplans erstellen (BACKUP JETZT ERSTELLEN) sowie die TIME MACHINE STARTEN, um Dateien und Ordner wieder herzustellen.

▲ **Abbildung 11.13**
Einige Funktionen stehen über die Menüleiste zur Verfügung.

Weitere Konfigurationen | Es sind einige Manipulationen von Time Machine möglich, etwa indem das Intervall für die Sicherung durch eine Änderung des Werts der Eigenschaft STARTINTERVAL des LaunchDaemons COM.APPLE.BACKUPD-AUTO im Verzeichnis /SYSTEM/LIBRARY/LAUNCHDAEMONS geändert wird. Vielleicht sollten Sie aber bei einem so elementaren Dienst wie Time Machine eher konservativ vorgehen, sich also an den von Apple erprobten und freigegebenen Einstellungen orientieren.

11.3 Time Machine verwenden

Das zentrale Element für die Wiederherstellung von Dateien und Objekten ist das Programm Time Machine im Ordner /PROGRAMME. Es bietet sich an, dieses Programm im Dock abzulegen.

Andere Time Machine-Volumes durchsuchen | Rufen Sie das Kontextmenü im Dock auf, dann können Sie auch ANDERE TIME MACHINE-VOLUMES DURCHSUCHEN. Wählen Sie diese Option aus, so durchsucht das System alle angeschlossenen Festplatten nach einem Ordner BACKUPS.BACKUPDB auf der obersten Ebene. Die dann gefundenen Archive werden Ihnen zur Auswahl gestellt, und Sie können mit dieser Funktion das ausgewählte Archiv anstelle des Backups Ihres Systems durchsuchen und Daten von dem anderen Backup-Volume wiederherstellen. Diese Funktion kann sehr nützlich sein, wenn Sie auf Archive zurückgreifen, die von einem anderen Rechner stammen, und Dateien transferieren möchten.

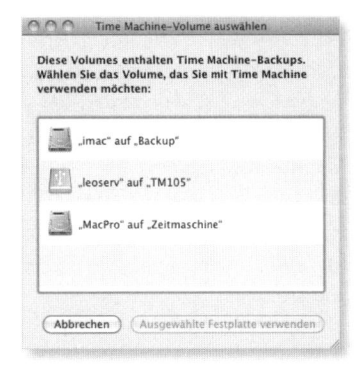

▲ **Abbildung 11.14**
Die Rekonstruktion kann auch aus einem anderen Backup erfolgen.

11.3.1 Dateien und Ordner wieder herstellen

Wenn Sie im Finder einen Ordner in einem Fenster öffnen, können Sie mit dem Programm Time Machine im Dock das Archiv mit den gesicherten Dateien durchsuchen. Hierbei wird die normale Darstellung des Systems ausgeblendet und von einer Weltraum-Ansicht überdeckt.

Innerhalb dieses Fensters wird Ihnen zunächst der Ordner angezeigt, der im vordersten Fenster des Finders dargestellt wurde. Sie können im Dateisystem genau so navigieren wie im Finder, wobei die Ihnen zur Verfügung stehenden Ordner vom Stand des Dateisystems zum ausgewählten Zeitpunkt abhängen.

In dieser Darstellung finden Sie rechts die Zeitleiste ❶, mit der Sie zu einem Zeitpunkt in der Vergangenheit zurückspringen können. Wenn Sie den Mauspfeil über einer der Markierungen platzieren, wird diese hervorgehoben, und es erscheint der Zeitpunkt der Sicherung.

> **HINWEIS**
>
> Öffnen Sie in Time Machine einen Ordner, der zu einem späteren Zeitpunkt erstellt wurde, von dem also keine Backups über den gesamten Zeitraum hinweg existieren können, dann ändern sich die Zeitleiste und die Darstellung entsprechend.

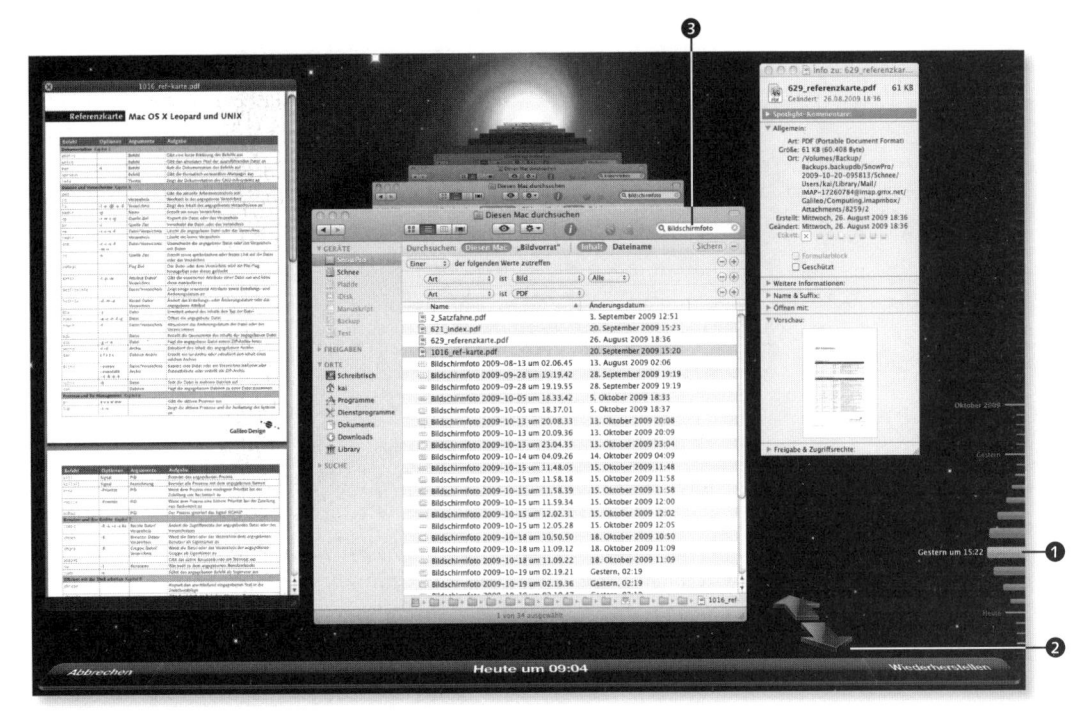

▲ **Abbildung 11.15**
Im Wechselspiel mit anderen Komponenten wie Quick Look und Spotlight ist ein schnelles Auffinden der gesuchten Datei möglich.

Alternativ dazu können Sie auch die Pfeile rechts unten ❷ verwenden, um zum vorigen oder nächsten Zeitpunkt in der Vergangenheit zu springen. Die Darstellung des Ordners ändert sich dann entsprechend, und es werden Ihnen die Dateien angezeigt, die sich zu diesem Zeitpunkt in dem Ordner befanden.

Integration von Quick Look und Spotlight | Wurde eine Datei zwischenzeitlich geändert und möchten Sie auf den alten Stand zurückgreifen, zeigt sich die Stärke von Time Machine: Wie auch im Finder können Sie sich hier über Quick Look (siehe Abschnitt 7.1) den Inhalt der Datei anzeigen lassen. Ferner können Sie das Fenster INFOS ZU des Finders aufrufen und so die Dateigröße und das Änderungsdatum der Datei einsehen.

Über das Textfeld rechts oben ❸ können Sie, wenn Sie den Speicherort der Datei vergessen haben, eine Suche über Spotlight ausführen. Der Clou besteht darin, dass Ihnen in dieser Ansicht nur die Dateien als Suchergebnisse aufgeführt werden, die zu dem ausgewählten Zeitpunkt verfügbar waren. Auf diese Weise können Sie sich beispielsweise alle PNG-Dateien anzeigen lassen, die sich zu einem bestimmten Zeitpunkt in der Vergangenheit in Ihrem Dateisystem befunden haben.

> **TIPP**
>
> Sie können auch die Titelleiste eines weiter hinten liegenden Fensters anklicken, um diesen Zeitpunkt in den Vordergrund zu holen. Ferner können Sie die Animationen in Zeitlupe betrachten, indem Sie die Taste ⇧ gedrückt halten. Mit [esc] verlassen Sie die Ansicht, ebenso mit einem Klick auf das Schließ-Gadget in der oberen linken Ecke des Fensters.

Die Art und Weise, wie Sie innerhalb von Time Machine Suchanfragen für Spotlight formulieren, entspricht den in Abschnitt 7.2 erläuterten.

Backups gezielt löschen | In dem Aktionsmenü in der Symbolleiste des Fensters finden Sie, wenn Sie ein Objekt ausgewählt haben, auch die Funktionen BACKUP LÖSCHEN sowie ALLE BACKUPS VON LÖSCHEN. Mit der Aktion BACKUP LÖSCHEN wird die aktuell dargestellte Sicherung gelöscht. Wenn Sie sich also beispielsweise die Sicherung von 8:15 Uhr anzeigen lassen und die Funktion BACKUP LÖSCHEN auswählen, dann stehen Ihnen zukünftig nur noch die Sicherungen von 7:15 Uhr und 9:15 Uhr zur Verfügung. Die dazwischenliegende Sicherung wurde gelöscht.

Die Funktion ALLE BACKUPS VON LÖSCHEN bezieht sich auf die ausgewählte Datei oder den ausgewählten Ordner. Die Funktion ist dann sinnvoll, wenn Sie aus Gründen der Privatsphäre eine Datei nicht mehr rekonstruieren oder wenn Sie innerhalb des Backup-Volumes Platz schaffen möchten, indem Sie etwa eine sehr große Projektdatei von iMovie gezielt aus der Datensicherung entfernen.

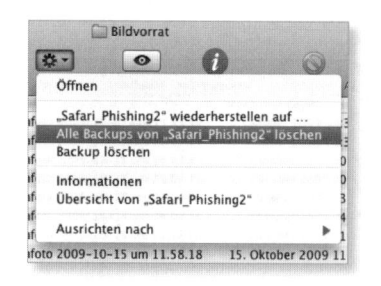

▲ **Abbildung 11.16**
Backups können über das Aktionsmenü gezielt gelöscht werden.

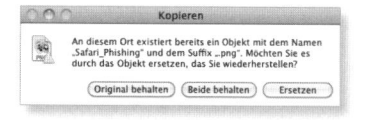

Wiederherstellen | Haben Sie die vermisste Datei oder den vermissten Ordner gefunden, dann können Sie das Element WIEDERHERSTELLEN ❹. Es wird dann vom Backup aus in den ursprünglichen Ordner zurückkopiert. Falls sich an dieser Stelle ein gleichnamiges, neueres Objekt befindet, erhalten Sie eine Rückfrage (siehe Abbildung 11.17), und Sie können sich entscheiden, ob Sie das ORIGINAL BEHALTEN, BEIDE BEHALTEN oder ERSETZEN möchten. Wenn Sie beide behalten, wird die wiederhergestellte Datei mit dem Zusatz »1« versehen.

▲ **Abbildung 11.17**
Befindet sich am Zielort bereits eine gleichnamige Datei, dann kann diese ersetzt werden.

11.3.2 Mail, Adressbuch und iPhoto

Time Machine können Sie nicht nur in Verbindung mit dem Finder, sondern auch mit Mail, dem Adressbuch und iPhoto ab Version '08 verwenden.

Wenn sich beispielsweise Mail im Vordergrund befindet, können Sie mit einem Klick auf das Time Machine-Icon im Dock auf das Archiv der E-Mails zurückgreifen. Die Darstellung entspricht bei Mail, dem Adressbuch und bei iPhoto der zuvor beschriebenen Darstellung im Finder. Es wird lediglich das Fenster des jeweiligen Programms und nicht das des Finders dargestellt. Sie können auf diese Weise versehentlich gelöschte E-Mails, Kontakte oder Fotos wiederherstellen. Bei E-Mails müssen Sie, sofern Sie mit IMAP arbeiten, darauf achten, dass Sie Kopien dieser Nachrichten auf Ihrer Festplatte speichern.

▲ **Abbildung 11.18**
Wiederhergestellte E-Mails werden in einem eigenen Ordner gesichert.

Im Adressbuch werden nicht nur Kontakte, sondern auch Änderungen der Kontakte zur Wiederherstellung angeboten. Sie können also über Time Machine auch eine Änderung an einem Kontakt revidieren. Hier erhalten Sie ebenfalls eine Rückfrage, wenn noch ein gleichnamiger Kontakt existiert. Wiederhergestellte Kontakte werden der Gruppe LETZTER IMPORT hinzugefügt.

11.3.3 System wiederherstellen

Wenn Sie die Systemdateien nicht von der Sicherung ausgeschlossen haben, können Sie ein Time-Machine-Backup auch nutzen, um das gesamte System in einem startfähigen Zustand wiederherzustellen. Auf diese Weise können Sie eine (fehlgeschlagene) Aktualisierung des Systems revidieren. Letzteres kann vielleicht auch notwendig sein, wenn eines Ihrer benötigten Programme durch die Aktualisierung auf etwa Mac OS X 10.6.6 nicht mehr lauffähig ist.

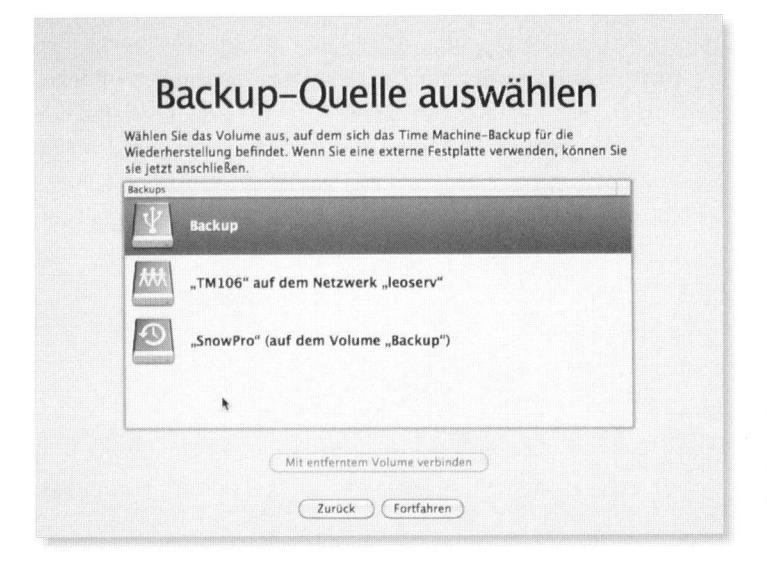

> **WARNUNG**
>
> Den Hinweis, dass bei der Wiederherstellung des gesamten Systems das Ziel-Volume gelöscht wird, sollten Sie ernst nehmen. Insbesondere dann, wenn Sie eine Aktualisierung des Systems revidieren möchten, in der Zwischenzeit aber Dateien erstellt haben, die Sie behalten wollen. Sie sollten diese Dateien vor der Wiederherstellung des alten Systems auf einem anderen Datenträger sichern.

◄ **Abbildung 11.19**
Nach dem Start von der Installations-DVD stehen die angeschlossenen und im Netzwerk verfügbaren Backups zur Auswahl.

Start von DVD | Um das gesamte System wiederherzustellen, starten Sie zunächst von der Installations-DVD von Mac OS X und wählen nach der Auswahl der Sprache den Menüpunkt DIENSTPROGRAMME • SYSTEM VON DER SICHERUNG WIEDERHERSTELLEN. Es wird dann auf den angeschlossenen Festplatten nach Time Machine-Archiven gesucht. Diese werden Ihnen, unterteilt nach den vorgefundenen Gerätenamen, zur Auswahl gestellt. Besteht eine Netzwerkverbindung, dann werden auch die auf einem Mac OS X Server vorhandenen Backups aufgeführt.

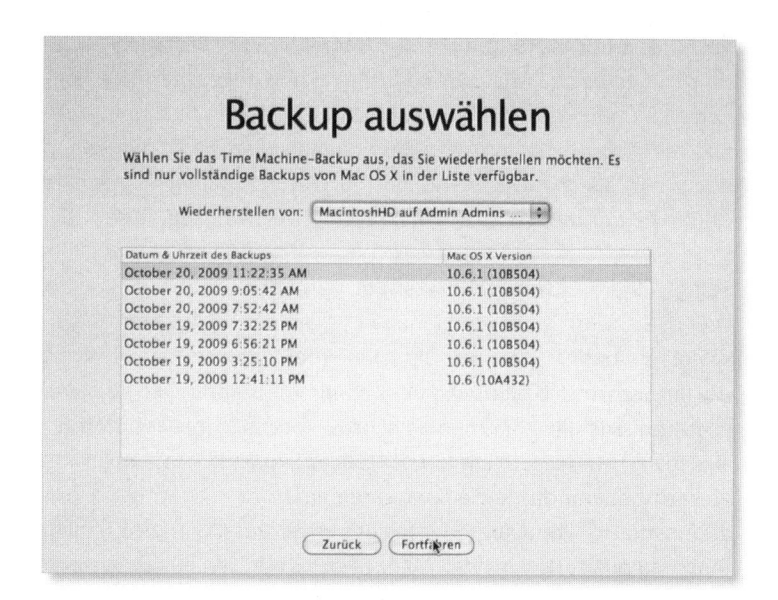

Abbildung 11.20 ▶
Neben dem Zeitpunkt der Sicherung wird auch die Version von Mac OS X angegeben.

Haben Sie ein Time Machine-Archiv ausgewählt, erhalten Sie eine Liste der gesicherten Zeitpunkte, die sich in diesem Archiv befinden. Ihnen wird in dieser Übersicht ferner die exakte Version von Mac OS X angegeben. Wenn Sie dann FORTFAHREN und das Ziel-Volume auswählen, wird Letzteres gelöscht und die gesicherte Version von Mac OS X wieder eingespielt. Dieser Vorgang kann einige Zeit in Anspruch nehmen.

12 Prozesse und Hintergrundaktivitäten

Ein Betriebssystem wie Mac OS X besteht aus einer Vielzahl von Diensten und Programmen, die oft unsichtbar im Hintergrund ihre Arbeit verrichten. Die Anzahl dieser Dienste ist in dem Maße gewachsen, wie das System weitere Funktionen – und sei es nur die Ansprache von Geräten via Bluetooth – zur Verfügung stellt.

Die Verwaltung und das Management von solchen Prozessen ist Thema in diesem Kapitel. Den Schwerpunkt bildet dabei das Dienstprogramm AKTIVITÄTSANZEIGE und einige Befehle am Terminal.

12.1 Grundlagen

Jedes Programm, das vom Betriebsystem oder Anwender gestartet wird, ist grundsätzlich ein eigener Prozess. Prozesse werden vom Kernel verwaltet, der ihnen je nach Bedarf Rechenzeit und Arbeitsspeicher zuteilt.

12.1.1 Programme und Dämonen

Dabei haben Prozesse wie auch Dateien eindeutige Besitzer. In der Regel gehört ein Prozess zu dem Benutzer, der ihn gestartet hat, und verfügt auch über dessen Zugriffsrechte im Dateisystem. Der Sinn dieser Zuordnung besteht in der Begrenzung des Zugriffs auf Ressourcen. Es würde die Sicherheit des Systems gefährden, wenn zum Beispiel der Apache Webserver Zugriff auf den Ordner /SYSTEM/LIBRARY erhielte. Immerhin ist der Webserver ein bevorzugtes Angriffsziel für Hacker.

PID | Um die aktiven Prozesse zu verwalten, wird einem jedem eine eindeutige Nummer zugewiesen. Diese *Process IDentification* (PID) dient dem System zur Identifikation der aktiven Prozesse. Darüber können die einzelnen Prozesse gezielt angesprochen werden.

[Sandbox]
Neben der Eingrenzung über die Benutzerkonten ist Mac OS X auch in der Lage, Prozesse in eine sogenannte Sandbox zu sperren. Hierbei werden dem Prozess gezielt einige Möglichkeiten wie der Zugriff auf das Netzwerk oder Dateien (außerhalb eines vorgegebenen Verzeichnisses) entzogen.

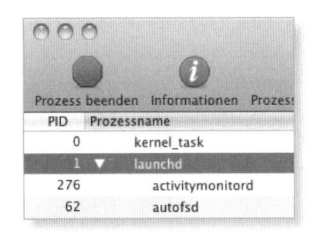

▲ **Abbildung 12.1**
Jeder Prozess verfügt über eine eindeutige, »PID« genannte Prozessnummer.

Dämonen | Bei einem UNIX-System wie Mac OS X wird zwischen normalen Applikationen, die der Anwender startet und die mit ihm interagieren, und Hintergrundprozessen, die Funktionalitäten des Betriebssystems realisieren, unterschieden. Diese Hintergrundprozesse werden auch als Dämonen (»*daemon*«) bezeichnet.

Oft können Sie solche Prozesse am Namen erkennen: Der Apache Webserver, der im Hintergrund für die Auslieferung von Webseiten zuständig ist, wird mit dem Befehl `httpd` aufgerufen. Hierbei steht `d` für »*daemon*« und `http` für »*hyper text transfer protocol*«.

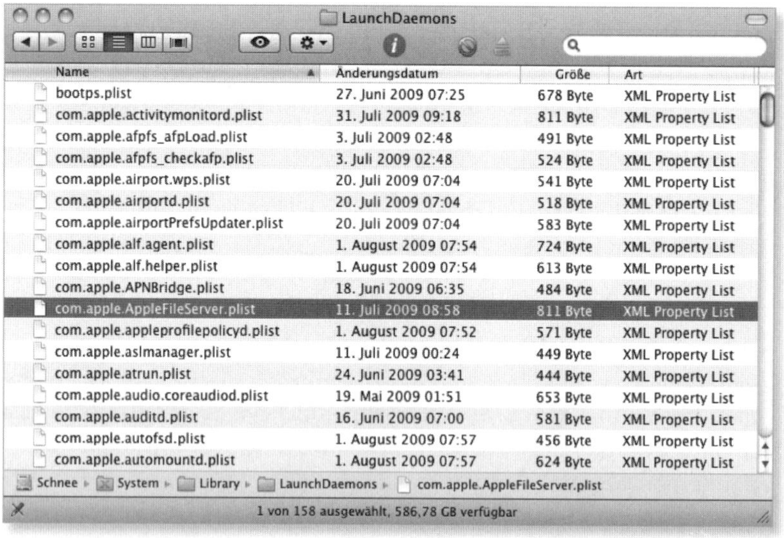

▲ Abbildung 12.2
Viele Systemdienste werden von LAUNCHD mittels der Propery List Dateien gestartet.

[init.d]
Wenn Sie bereits mit einem anderen UNIX-Derivat oder mit Linux gearbeitet haben, werden Sie vielleicht die `init`-Skripten vermissen. In Mac OS X werden die vergleichbaren Aufgaben durch `launchd` übernommen. Auch die Aufgaben von `xinetd` für den Start von Servern übernimmt `launchd`.

launchd | Ein besonderer Dämon ist `launchd`, der in der Aktivitätsanzeige mit der PID 1 versehen wird. Er ist der erste Prozess, der beim Start des Systems aktiviert wird. Seine Aufgabe besteht unter anderem darin, fast alle Systemdienste zu starten oder zu stoppen.

Die Steuerung dieser LAUNCHDAEMONS wird über Property-Listen vorgenommen. Diese finden Sie in den Verzeichnissen /SYSTEM/LIBRARY/LAUNCHDAEMONS für die Dienste, die direkt von Apple zur Verfügung gestellt werden und im weiteren Sinne zum Betriebssystem gehören, und /LIBRARY/LAUNCHDAEMONS für Dienste von Fremdherstellern. Neben den LAUNCHDAEMONS gibt es noch die LAUNCHAGENTS. Diese werden gestartet, wenn der Benutzer sich angemeldet hat.

▲ **Abbildung 12.3**
Die Prozesse unterliegen einer Hierarchie. BASH ist LOGIN untergeordnet, das wiederum im Terminal ausgeführt wurde.

Hierarchie der Prozesse | Die Prozesse unterliegen einer Hierarchie. Das System führt Buch darüber, welcher Prozess durch einen anderen gestartet wird. Diese Hierarchie wird angezeigt, wenn Sie das Terminal gestartet haben. Sie finden dann in der Aktivitätsanzeige einen Eintrag TERMINAL und, sofern Sie die hierarchische Anzeige ausgewählt haben, diesem untergeordnet die Shell bash.

In Abbildung 12.3 finden Sie mehrere Einträge BASH, weil hier mehrere Fenster mit verschiedenen Shells im Terminal geöffnet wurden. Die Prozesse sind von den ihnen übergeordneten abhängig. Das heißt, wenn Sie das Terminal als übergeordneten Prozess beenden, werden auch die ihm untergeordneten zwangsweise beendet.

12.1.2 32-Bit- und 64-Bit-Modus

Eine der größeren Weiterentwicklungen, die Mac OS X 10.6 bietet und die von Apple im Marketing hervorgehoben wird, ist die fast durchgängige 64-Bit-Unterstützung. Etwas vereinfacht umschrieben führt diese Unterstützung dazu, dass Programme einen größeren Adressbereich im Arbeitsspeicher schneller ansprechen können. Bei einem Programm wie Mail kommt dieser Vorteil nicht so zum Tragen. Bei einem Programm zur Bildbearbeitung, das regelmäßig sehr große Datenmengen zu verarbeiten hat, sind die Auswirkungen schnell spürbar.

▲ **Abbildung 12.4**
Im Fenster Info zu kann festgelegt werden, ob das Programm im 32- oder 64-Bit-Modus ausgeführt wird.

Cocoa und Carbon | Das Programm Adobe Photoshop eignet sich hier indes nicht als Beispiel. Damit ein Programm im 64-Bit-Modus ausgeführt werden kann, muss es die Cocoa-Bibliothek verwenden. Die angekündigte 64-Bit- Unterstützung der Carbon-Bibliothek wurde von Apple zwischenzeitlich fallen gelassen.

In den Standardeinstellungen werden fast alle Programme, die in Mac OS X 10.6 von Haus aus enthalten sind, im 64-Bit-Modus ausgeführt. Bei Programmen von Drittherstellern obliegt es den Entwicklern, eine 64-Bit-Variante anzubieten. Ein Grund, ein Programm trotzdem im 32-Bit-Modus auszuführen, kann darin bestehen, dass Sie Erweiterungen für dieses Programm installiert haben, die nur in einer 32-Bit- Fassung vorliegen. Sie können dann im Finder das Fenster INFO ZU des Programms auswählen und die Option IM 32-BIT-MODUS ÖFFNEN aktivieren.

Im 64-Bit-Modus starten
6 + 4 beim Startgong gedrückt

Im 32-Bit-Modus starten
3 + 2 beim Startgong gedrückt

Kernel | Auch der Kernel von Mac OS X 10.6 liegt in einer 64-Bit-Fassung vor, wobei allerdings auf den meisten Rechnern der 32-Bit-Modus Verwendung findet. Der Grund besteht darin, dass auch die Treiber und Kernel Extensions ausnahmslos in einer 64-Bit-Fassung vorliegen müssen. Eine Kernel Extension, die nur in einer 32-Bit-Fassung vorliegt, kann unter einem 64-Bit-Kernel nicht verwendet werden. Im normalen Arbeitseinsatz von Mac OS X 10.6 bringt ein 64-Bit-Kernel jedoch kaum Vorteile für den Anwender. Der Vorteil kommt aber bei einem stark frequentierten Server zum Tragen, weil mit einem 64-Bit-Kernel mehr Prozesse gleichzeitig gestartet und der Server somit etwas mehr Kapazität zur Verfügung stellen kann.

Abbildung 12.5 ▶
Der Modus des Kernels kann über den System-Profiler ermittelt werden.

Sie können den Modus des Kernels umschalten, indem Sie nach dem Start des Rechners direkt nach dem Startgong zwei Tasten gedrückt halten. Wenn Sie die Tasten 6 und 4 gleichzeitig gedrückt halten, dann wird der 64-Bit-Kernel verwendet. Die Tastenkombination 3 + 2 während des Startgongs startet den Kernel im 32-Bit-Modus. In welchem Modus sich der Kernel gerade befindet, können Sie im Programm System-Profiler im Eintrag SOFTWARE ermitteln. Sie finden dort den Eintrag 64-BIT-KERNEL UND ERWEITERUNGEN, gefolgt von der Angabe JA oder NEIN. Der Neustart in einen anderen Modus kann dann notwendig sein, wenn Sie Erweiterungen installiert haben, die noch nicht in einer 64-Bit-Variante vorliegen.

12.1.3 Rosetta und PowerPC

Neben dem 32- und 64-Bit-Modus einer Anwendung und des Kernels gibt es noch eine weitere Besonderheit, die sich aus der Verwendung einer bestimmten Prozessorarchitektur ergibt. Ursprünglich lief Mac OS X auf PowerPC-Prozessoren, die von einem aus Apple, IBM und Motorola bestehenden Konsortium entwickelt werden. Im Jahr 2006 wechselte Apple die Architektur und verwendet nun Prozessoren von Intel. Damit bei diesem Wechsel der Architektur die älteren Programme, die noch für den PowerPC kompiliert wurden, weiterhin lauffähig sind, führte Apple ein Rosetta genanntes System ein. Dies übersetzt den PowerPC-Code und ermöglicht so die Ausführung des Programms. Der Geschwindigkeitsverlust aufgrund dieser Übersetzung ist vergleichsweise klein.

▲ **Abbildung 12.6**
Für welchen Prozessor das Programm kompiliert wurde, wird im Fenster INFO ZU angegeben.

Universal Binary | Für welche Architektur ein Programm vorliegt, können Sie im Finder im Fenster INFO ZU ermitteln. Sie finden dort unter ART die Angabe PROGRAMM und dann in Klammern die ARCHITEKTUR, für die das Programm kompiliert wurde. Neben POWERPC und INTEL kann hier auch die Angabe UNIVERSAL auftreten. Hierbei handelt es sich um ein Programm, das den Code für beide Architekturen enthält.

Rosetta installieren | Falls Sie ein älteres Programm verwenden möchten, das nur in einer Fassung für den PowerPC vorliegt, dann müssen Sie Rosetta gegebenenfalls noch installieren. Wird ein solches Programm gestartet, und ist Rosetta noch nicht installiert, dann erhalten Sie einen Hinweis. Sie können dann über die Schaltfläche INSTALLIEREN die Softwareaktualisierung von Mac OS X starten, die das Installationspaket von Rosetta aus dem Internet lädt und direkt installiert.

▲ **Abbildung 12.7**
Rosetta kann über die Softwareaktualisierung installiert werden.

Sie finden auch auf der Installations-DVD von Mac OS X 10.6 im Ordner OPTIONALE INSTALLATIONSPAKETE das Paket OPTIONAL INSTALLS.MPKG. Haben Sie dieses Paket mit einem Doppelklick geöffnet, dann können Sie dort den Eintrag ROSETTA auswählen und mit der Installation beginnen.

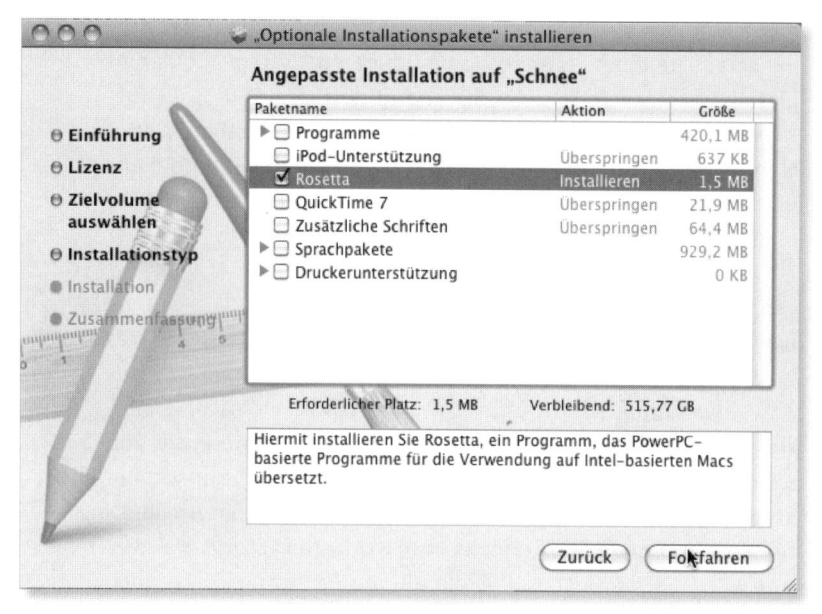

▲ **Abbildung 12.8**
Die Installation von Rosetta kann auch von der Installations-DVD erfolgen.

12.2 Die Aktivitätsanzeige

Die Aktivitätsanzeige ist das Dienstprogramm, mit dem Sie die Auslastung Ihres Systems und die aktiven Prozesse am einfachsten überblicken können. Neben der Anzeige der Prozesse können Sie darüber auch Signale an Prozesse senden, um diese vorzeitig zu beenden. Ferner ist die Aktivitätsanzeige in der Lage, Ihnen die Auslastung Ihres Systems in Form einiger Grafiken anzuzeigen.

12.2.1 Informationen über Prozesse

Hierarchie
Sie können die Anzeige der aktiven Prozesse durch das Ausklappmenü in der Symbolleiste modifizieren. Während die Option ALLE PROZESSE, HIERARCHISCH anzeigt, welcher Prozess einem anderen untergeordnet ist, können Sie durch die anderen Optionen wie MEINE PROZESSE oder ADMINISTRATORPROZESSE die Anzeige auf diejenigen eingrenzen, die Ihrem Benutzerkonto oder dem Benutzer root zugeordnet wurden.

In der Liste der aktiven Prozesse können Sie über den Menüpunkt DARSTELLUNG • SPALTEN bis zu 14 Spalten einblenden, die Ihnen weitere Informationen über die einzelnen Prozesse vermitteln.

Die Spalte PROZESS-ID oder PID gibt Ihnen die eindeutige Nummer an, anhand derer das Programm im System identifiziert wird. Der Prozessname entspricht entweder dem Namen der ausführbaren UNIX-Datei wie `httpd` oder dem des Programms wie SAFARI. Bei Programmen wie ICHAT oder SAFARI wird Ihnen zusätzlich das Icon angezeigt.

Die Spalte BENUTZER gibt an, unter welchem Konto der Prozess ausgeführt wird und über welche Rechte er im Dateisystem verfügt.

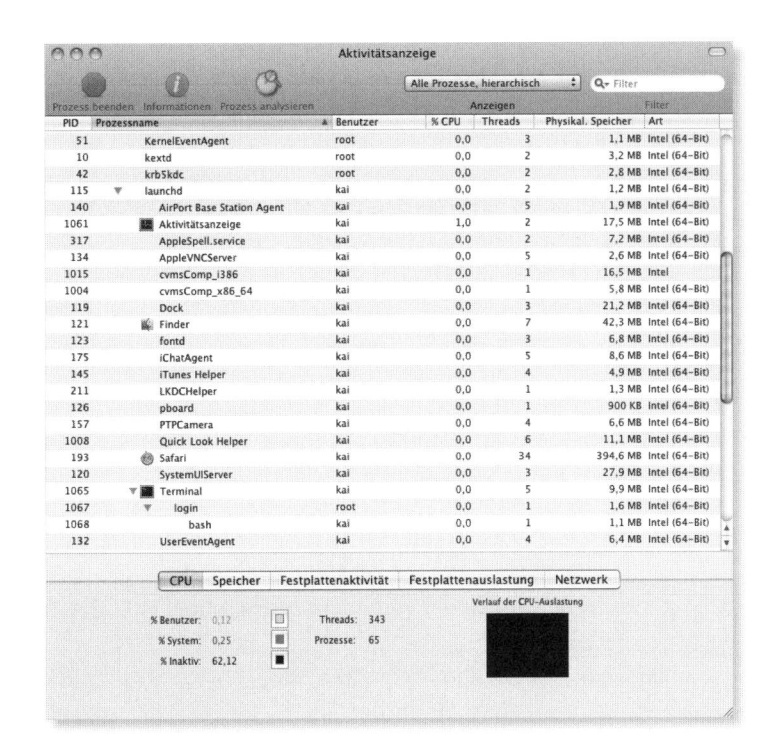

◀ **Abbildung 12.9**
In der Aktivitätsanzeige können die aktiven Prozesse in einer hierarchischen Struktur dargestellt werden.

TIPP

Sofern Sie nicht die hierarchische Anzeige ausgewählt haben, können Sie über das Textfeld FILTER die Anzeige auf die Prozesse begrenzen, deren Namen dem dort eingegebenen Text entspricht. Mit der Eingabe `httpd` werden nur die aktiven (Unter-)Prozesse des Webservers angezeigt.

Rechenzeit | Die Spalten % CPU und CPU-ZEIT zeigen an, wie viel Rechenzeit der Prozess beansprucht. Ein Prozentwert von 0 besagt, dass der Prozess aktuell ruht. Er kann Befehle entgegennehmen, ist aber ansonsten nicht aktiv. Bei einem Wert von 80 % beansprucht der Prozess einen Großteil der verfügbaren Ressourcen.

Die Anzeige in der Spalte CPU-ZEIT hingegen ist ein absoluter Wert und gibt wieder, wie viel Rechenzeit der Prozess in der Vergangenheit beansprucht hat. Die Erklärung, wie sich diese Zahl berechnet, würde zu einem längeren Exkurs über das Verhalten des Kernels führen. Generell können Sie davon ausgehen, dass, je höher die Zahl ist, desto mehr Rechenzeit der Prozess benötigt hat.

[Thread]

Es ist Programmen möglich, mehrere Aufgaben gleichzeitig zu übernehmen. Einige Prozesse starten hierzu intern einen Unterprozess, der auch als THREAD bezeichnet wird.

Speicherbelegung | Die Aktivitätsanzeige bietet vier Spalten für die Darstellung der Speicherbelegung. Hierbei gibt die Spalte PHYSIKALISCHER SPEICHER an, wie viel des eingebauten Arbeitsspeichers von dem Prozess in Anspruch genommen wird.

Der Wert unter VIRTUELLER SPEICHER ist in der Regel enorm hoch, da hier die Summe der eingebundenen Frameworks wiedergegeben wird.

Als PRIVATER SPEICHER werden die Bereiche bezeichnet, die das Programm gegenüber dem Kernel als für andere Prozesse nicht zugänglich deklariert hat.

[Port]

Die Spalte PORTS bezieht sich nicht auf die Verbindungen im Netzwerk. Als PORT wird hier eine Möglichkeit bezeichnet, Nachrichten zwischen zwei Prozessen zu verschicken.

Plötzl. Beendigung
In der Spalte PLÖTZL. BEENDIGUNG finden Sie die Angaben JA und NEIN. Hierbei bedeutet NEIN, dass dieser Prozess vom System überwacht wird und, sollte er abstürzen, neu gestartet wird.

Der Wert unter GEMEINSAM GENUTZTER SPEICHER gibt wieder, in welchem Umfang der Prozess auf die Speicherbereiche anderer Prozesse zugreift.

Art | In der Spalte ART wird zunächst der Prozessor angegeben, für den das Programm kompiliert wurde. Darauf folgt dann die Angabe, ob das Programm im 32- oder 64-Bit-Modus ausgeführt wird.

Deltas anzeigen | Der Symbolleiste der Aktivitätsanzeige können Sie auch eine Schaltfläche DELTAS EINBLENDEN hinzufügen. Wählen Sie dann einen Prozess aus und betätigen Sie die Schaltfläche, so wird der Prozess grün hervorgehoben, und an seinen Namen wird in Klammern die Angabe DELTAS angefügt. In den anderen Spalten erscheinen nun nicht mehr die absoluten Werte, sondern den Angaben wird »+« und »–« vorangestellt. Die nun angezeigten Werte geben die Veränderung gegenüber der letzten Anzeige wieder.

Beginnt ein Prozess also mehr Rechenzeit als zuvor zu beanspruchen, dann erhalten Sie in der Spalte % CPU eine Angabe »+5,5«. Gibt der Prozess Ressourcen wieder frei, dann wird ein negativer Wert angegeben.

▲ **Abbildung 12.10**
Werden Deltas eingeblendet, zeigt die Aktivitätsanzeige die Veränderungen des Prozesses.

Prozesse im Detail | Wählen Sie einen Prozess aus und klicken anschließend auf die Schaltfläche INFORMATIONEN (⌘ + I), so erscheint in einem eigenen Fenster eine Übersicht der für den ausgewählten Prozess verfügbaren Details.

Die unter SPEICHER und STATISTIK angegebenen Werte entsprechen weitgehend den Angaben, die auch in den Spalten des Hauptfensters zu finden sind. Bei den Prozessen, die Ihrem Benutzerkonto zugeordnet sind, finden Sie auch einen Reiter GEÖFFNETE DATEIEN UND PORTS. In dieser Liste werden zunächst alle Dateien, auf die der Prozess zugreift, aufgeführt.

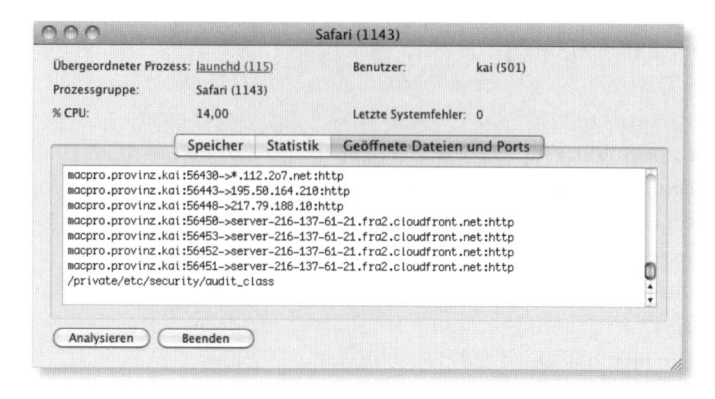

Abbildung 12.11 ▶
Die Informationen eines Prozesses geben auch Aufschluss über die geöffneten Dateien und Verbindungen ins Netzwerk.

Hat der Prozess eine Verbindung ins Netzwerk aufgenommen, werden Ihnen auch diese Verbindungen angezeigt. In Abbildung 12.11 werden die Informationen von Safari angezeigt. Die Angabe 192.168.0.199:49507->195.71.11.67:HTTP gibt hier Aufschluss über eine Verbindung ins Netzwerk, wobei 192.168.0.199 die IP-Adresse im lokalen Netzwerk und 195.71.11.67 die Adresse des entfernten Rechners angibt. Bei dieser Verbindung wird das Hypertext Transfer Protokoll (HTTP) verwendet.

Analysieren
Die Analyse eines Prozesses fasst die ausgeführten Threads und Aufrufe zusammen. Die Anzeige entspricht der Ausführung des Befehls sample und ist in erster Linie für Entwickler interessant.

12.2.2 Signale senden und Prozesse beenden

Die Aktivitätsanzeige ermöglicht es Ihnen, Signale an Prozesse zu senden. In den frühen Tagen der UNIX-Systeme war das Senden solcher Signale ein recht üblicher Weg, um Prozesse zu beenden oder anzuhalten. Mit der Zeit hat sich eine ganze Reihe von Signalen etabliert, die aber heutzutage kaum noch gebraucht werden.

Von Relevanz sind in erster Linie die Signale AUFLEGEN (SIGHUP), mit dem ein Prozess beendet und sofort neu gestartet wird, und BEENDEN (SIGKILL) zum sofortigen Beenden. Auch bei den Signalen werden die Zugriffsrechte beachtet: Sie können Signale nur an die Prozesse senden, die Ihrem Benutzerkonto zugeordnet sind. Sofern dies nicht der Fall ist, müssen Sie sich als Administrator identifizieren. Das Signal wird dann via sudo (siehe Abschnitt 14.3.2) gesendet.

Prozess beenden | Einen Prozess abbrechen können Sie in der Aktivitätsanzeige, indem Sie ihn auswählen und dann den Menüpunkt DARSTELLUNG • PROZESS BEENDEN (⌘ + ⌥ + Q) aufrufen. Sie erhalten von der Aktivitätsanzeige eine Rückfrage (siehe Abbildung 12.12), ob Sie den Prozess BEENDEN oder SOFORT BEENDEN möchten. Hierbei bedeutet Ersteres, dass dem Prozess beschieden wird, er möchte sich zum nächstmöglichen Zeitpunkt beenden. Dies entspricht in etwa dem Menüpunkt ABLAGE • BEENDEN.

Wenn Sie hingegen den Prozess SOFORT BEENDEN, dann wird er ad hoc aus dem Arbeitsspeicher entfernt und hat nicht mehr die Möglichkeit, offene Dateien zu schließen.

Programme sofort beenden | Sie können ein Programm auch beenden, ohne die Aktivitätsanzeige zu starten. Hierzu dient die Tastenkombination ⌘ + ⌥ + esc. Es erscheint dann das Fenster aus Abbildung 12.13. Hier beschränkt sich die Anzeige allerdings auf die Programme, die über eine grafische Oberfläche verfügen. Einen Dämon, der im Hintergrund nicht mehr reagiert, können Sie auf diese Weise nicht beenden.

▲ **Abbildung 12.12**
Prozesse können auch über die Aktivitätsanzeige beendet werden.

Auflegen (SIGHUP)
Das Signal SIGHUP kann nützlich sein, wenn Sie die Voreinstellungen (oft unter /ETC) eines Prozesses wie beispielsweise httpd verändert haben. Hier führt das Signal SIGHUP dazu, dass der Prozess beendet wird und anschließend sofort neu startet. Dabei bleibt jedoch die PID erhalten, und beim Neustart werden die geänderten Voreinstellungen eingelesen.

▲ **Abbildung 12.13**
Mit der Tastenkombination ⌘ + ⌥ + esc können Programme sofort beendet werden.

Nicht reagierende Programme | Wenn ein Prozess abstürzt, so erscheint in der Aktivitätsanzeige oder im Fenster Programme sofort beenden in Klammern der Hinweis reagiert nicht. Bei einem nicht mehr reagierenden Prozess sollten Sie noch einen Moment abwarten. Hin und wieder erledigt sich der Sachverhalt von selbst. Sollte das Programm aber auch nach einer kurzen Wartezeit immer noch nicht wieder reagieren, dann müssten Sie es Sofort beenden.

12.2.3 Systemauslastung überblicken

Die Aktivitätsanzeige ermöglicht Ihnen auch einen Einblick in die aktuelle Auslastung Ihres Rechners. Dies geschieht in erster Linie durch die fünf Reiter im unteren Bereich des Fensters. Diese bedeuten im Einzelnen:

CPU | In der Ansicht CPU finden Sie vier Prozentwerte Benutzer, System und Inaktiv. Hier werden die Prozesse, die nicht zu Ihrem Benutzerkonto gehören, unter System zusammengefasst. Prozesse, die Sie gestartet haben und die Ihrem Benutzerkonto zugeordnet wurden, werden unter Benutzer zusammengefasst.

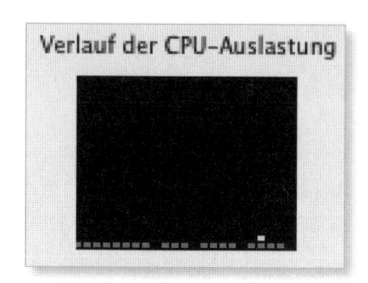

▲ **Abbildung 12.14**
Der Verlauf der CPU-Auslastung gibt Aufschluss über die Belastung des Systems in den letzten Minuten.

[Virtueller Speicher]
Die enorme Grösse des virtuellen Speichers mit mehr als 146 GB besagt nichts über die Auslagerung des Arbeitsspeichers auf die Festplatte. Dieser Wert ist die absolute Summe der durch die Prozesse verwendeten virtuellen Speicherbereiche und ist wirklich rein virtuell.

Speicher | Die Belegung des Arbeitsspeichers zeigt Ihnen die Aktivitätsanzeige in einem Tortendiagramm an. Hierbei entspricht der Wert Aktiv dem durch Prozesse belegten Speicher.
Als Reserviert werden die Bereiche betrachtet, die nicht auf die Festplatte ausgelagert werden dürfen, sondern immer im Arbeitsspeicher verbleiben müssen. Dies betrifft in erster Linie elementarste Bestandteile des Systems.

Als Inaktiv werden umgekehrt die Bereiche betrachtet, die auf die Festplatte ausgelagert werden können, weil sie derzeit nicht genutzt werden. Oft gehören diese Bereiche Prozessen, die gerade pausieren.

CPU	Speicher	Festplattenaktivität	Festplattenauslastung	Netzwerk

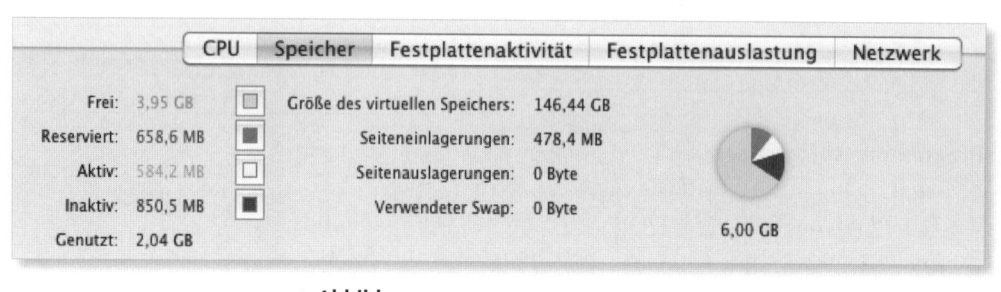

Frei:	3,95 GB	Größe des virtuellen Speichers:	146,44 GB
Reserviert:	658,6 MB	Seiteneinlagerungen:	478,4 MB
Aktiv:	584,2 MB	Seitenauslagerungen:	0 Byte
Inaktiv:	850,5 MB	Verwendeter Swap:	0 Byte
Genutzt:	2,04 GB		6,00 GB

▲ **Abbildung 12.15**
Die Belegung des Arbeitsspeichers wird in einem Tortendiagramm dargestellt.

Seitenauslagerungen | Wenn der freie Arbeitsspeicher knapp wird, beginnt der Kernel, einzelne Bereiche des Arbeitsspeichers auf die Festplatte auszulagern. Dabei wird der Speicher in Seiten unterteilt, die dann einzeln ausgelagert werden. Der so auf der Festplatte zwischengelagerte Inhalt wird bei Bedarf wieder in den Arbeitsspeicher geladen.

Mac OS X verhält sich bei der Ein- und Auslagerung dieser Seiten recht intelligent, dennoch geht die Auslagerung von Teilen des Arbeitsspeichers auf die langsamere Festplatte natürlich zu Lasten der Geschwindigkeit des Systems. Die Aktivitätsanzeige zeigt Ihnen den Umfang der SEITENAUSLAGERUNGEN sowie den durch die Auslagerungen benötigten Speicherplatz auf der Festplatte (VERWENDETER SWAP) an. In Abbildung 12.15 wurden noch keine Auslagerungen vorgenommen, die Werte liegen bei 0.

Swapfile
Die ausgelagerten Seiten des Arbeitsspeichers werden im Verzeichnis /VAR/VM gespeichert.

Festplattenaktivität | In der Ansicht FESTPLATTENAKTIVITÄT erhalten Sie statistische Daten über die Lese- und Schreibzugriffe sowie über die gelesenen und geschrieben Daten. Ferner finden Sie dort, versehen mit der Angabe /s, die Geschwindigkeit, mit der die aktuellen Lese- und Schreibzugriffe erfolgen.

Die Ansicht FESTPLATTENAUSLASTUNG zeigt Ihnen den genutzten und freien Speicherplatz auf den eingebundenen Volumes an.

Netzwerk | In der Ansicht NETZWERK führt die Aktivitätsanzeige Buch über die Daten, die über das Netzwerk ausgetauscht wurden. Sie finden dort die Summe der empfangenen und gesendeten Daten und Pakete sowie die Geschwindigkeit der Übertragung.

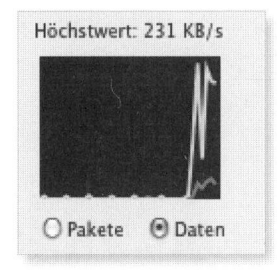

▲ **Abbildung 12.16**
Die Ansicht NETZWERK stellt den ein- und ausgehenden Datenverkehr dar.

Symbol im Dock | Anstelle des Icons können Sie über den Menüpunkt DARSTELLUNG • SYMBOL IM DOCK auch Informationen über die Auslastung des Systems anzeigen. Hierbei können Sie sich im Dock neben der NETZWERKAUSLASTUNG, der FESTPLATTENAKTIVITÄT und der SPEICHERAUSLASTUNG auch über die AKTUELLE CPU-AUSLASTUNG sowie deren VERLAUF informieren lassen.

◀ **Abbildung 12.17**
Die Belegung des Arbeitsspeichers (rechts) kann als Icon im Dock angezeigt werden.

Drei Fenster | Schließlich können Sie über den Menüpunkt FENSTER noch drei weitere einblenden.

Der VERLAUF DER CPU-AUSLASTUNG zeigt Ihnen selbigen in einem separaten Fenster an.

Die AKTUELLE CPU-AUSLASTUNG ruft ein Fenster mit blauen Balken auf, die die Auslastung des Prozessors angeben. Jeder der hier dargestellten Balken repräsentiert einen Kern des Prozessors. Wird ein Intel Core 2 Duo verwendet, dann finden Sie hier dementsprechend zwei Spalten.

Die unaufdringlichste Form der Darstellung ist der BALKEN FÜR CPU-AUSLASTUNG. Diesen können Sie sich horizontal oder vertikal anzeigen lassen. Er verfügt über kein Gadget zum Schließen, kann aber per Drag and Drop an eine beliebige Stelle auf dem Bildschirm platziert werden.

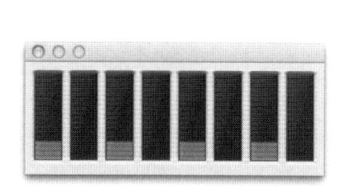

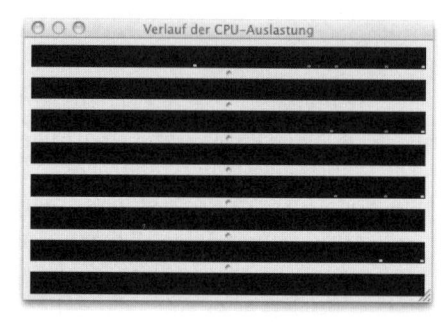

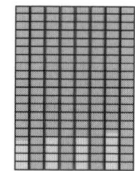

▲ **Abbildung 12.18**
Über drei schwebende Fenster kann die aktuelle Prozessorauslastung und ihr Verlauf dargestellt werden.

12.3 Prozesse am Terminal verwalten

Neben der Aktivitätsanzeige gibt es auch am Terminal einige Befehle, mit denen Sie die aktiven Prozesse anzeigen, die Systemauslastung überblicken und Programme zwangsweise beenden können. Haben Sie mittels SSH (siehe Abschnitt 17.2.1) eine Verbindung zu einem anderen Rechner aufgenommen, werden Ihnen diese Befehle bei der Administration des entfernten Rechners eine große Hilfe sein.

12.3.1 Prozesse anzeigen

Zur einfachen Anzeige aktiver Prozesse dient der Befehl:

```
ps [Option]
```

Rufen Sie `ps` ohne eine Option auf, zeigt er Ihnen lediglich die Programme, die Sie aus dem jeweiligen Fenster des Terminals heraus gestartet haben. In der Regel ist dies lediglich die Shell an sich. Mit dem Aufruf von `ps x` erhalten Sie eine Liste, die der in Abbildung 12.19 ähneln kann. Es handelt sich hierbei um alle Prozesse, die von Ihrem Benutzerkonto aus gestartet wurden.

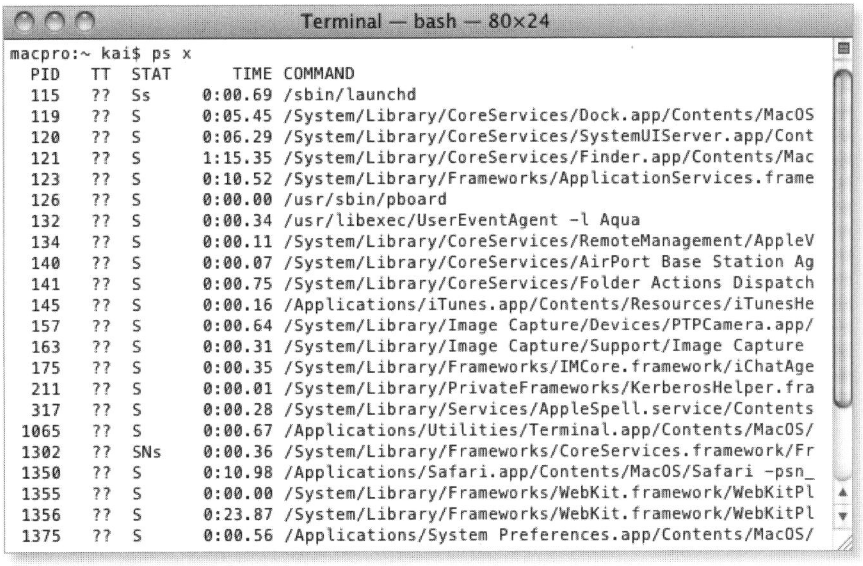

```
macpro:~ kai$ ps x
  PID   TT  STAT      TIME COMMAND
  115   ??  Ss        0:00.69 /sbin/launchd
  119   ??  S         0:05.45 /System/Library/CoreServices/Dock.app/Contents/MacOS
  120   ??  S         0:06.29 /System/Library/CoreServices/SystemUIServer.app/Cont
  121   ??  S         1:15.35 /System/Library/CoreServices/Finder.app/Contents/Mac
  123   ??  S         0:10.52 /System/Library/Frameworks/ApplicationServices.frame
  126   ??  S         0:00.00 /usr/sbin/pboard
  132   ??  S         0:00.34 /usr/libexec/UserEventAgent -l Aqua
  134   ??  S         0:00.11 /System/Library/CoreServices/RemoteManagement/AppleV
  140   ??  S         0:00.07 /System/Library/CoreServices/AirPort Base Station Ag
  141   ??  S         0:00.75 /System/Library/CoreServices/Folder Actions Dispatch
  145   ??  S         0:00.16 /Applications/iTunes.app/Contents/Resources/iTunesHe
  157   ??  S         0:00.64 /System/Library/Image Capture/Devices/PTPCamera.app/
  163   ??  S         0:00.31 /System/Library/Image Capture/Support/Image Capture
  175   ??  S         0:00.35 /System/Library/Frameworks/IMCore.framework/iChatAge
  211   ??  S         0:00.01 /System/Library/PrivateFrameworks/KerberosHelper.fra
  317   ??  S         0:00.28 /System/Library/Services/AppleSpell.service/Contents
 1065   ??  S         0:00.67 /Applications/Utilities/Terminal.app/Contents/MacOS/
 1302   ??  SNs       0:00.36 /System/Library/Frameworks/CoreServices.framework/Fr
 1350   ??  S         0:10.98 /Applications/Safari.app/Contents/MacOS/Safari -psn_
 1355   ??  S         0:00.00 /System/Library/Frameworks/WebKit.framework/WebKitPl
 1356   ??  S         0:23.87 /System/Library/Frameworks/WebKit.framework/WebKitPl
 1375   ??  S         0:00.56 /Applications/System Preferences.app/Contents/MacOS/
```

▲ **Abbildung 12.19**
Der Befehl `ps x` zeigt die aktiven Prozesse des Benutzers an.

Die vollständige Liste aller aktiven Prozesse des Systems erhalten Sie mit `ps aux`. Die Spalte PID gibt hier die eindeutige Prozessnummer des jeweiligen Programms wieder.

In der Spalte COMMAND wird der absolute Pfad zu der ausführbaren Datei angegeben. Haben Sie zum Beispiel den Browser Safari gestartet, erhalten Sie hier nicht die die bloße Angabe SAFARI, sondern den ganzen Pfad zur ausführbaren Datei innerhalb des Bundles von Safari.

12.3.2 Systemauslastung überblicken

Um sich am Terminal einen Überblick über die aktiven Prozesse zu verschaffen, können Sie den Befehl `top` verwenden. Dieser übernimmt dann den gesamten im Fenster zur Verfügung stehenden Platz und zeigt Ihnen – regelmäßig aktualisiert – die aktuellen Prozesse an. Sie können `top` mit der Eingabe von Q beenden. Die angezeigten Informationen entsprechen weitgehend denen der Aktivitätsanzeige.

ps auxww
Da die Pfadangaben oft etwas zu lang sind, um noch im Fenster des Terminals dargestellt zu werden, können Sie den Befehl `ps` mit der Option ww anweisen, die Zeilen umzubrechen. Mit der Eingabe von `ps auxww` werden Ihnen alle Prozesse angezeigt. Dabei wird der Pfad nicht wie in Abbildung 12.19 abgeschnitten, sondern vollständig angegeben. Sie können mit der Eingabe von `ps auxww` das Programm eines Prozesses innerhalb Ihres Dateisystems exakt lokalisieren.

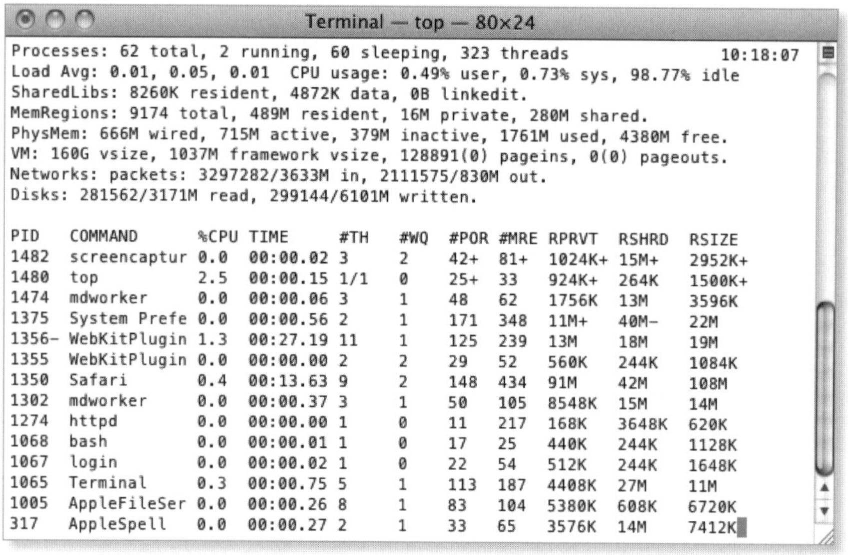

▲ **Abbildung 12.20**
Der Befehl `top` zeigt die aktuelle Auslastung des Systems am Terminal an.

12.3.3 Prozesse killen

Prozesse können Sie am Terminal mithilfe des recht martialisch benannten Befehls `kill` beenden. Sie müssen `kill` als Parameter die PID des zu beendenden Prozesses übergeben. Mit

```
kill 127
```

beenden Sie den Prozess mit der entsprechenden PID. Sollte es sich um einen Prozess handeln, der eingefroren ist und sich auf diese Weise nicht beendet, so können Sie durch

```
kill -KILL 127
```

am Terminal das gleiche Signal senden, wie es durch die Option SOFORT BEENDEN über die Aktivitätsanzeige erfolgt. Beachten Sie, dass mit `kill` nur Prozesse beendet werden können, deren Eigentümer Sie sind. Um einen Prozess des Systems oder eines anderen Benutzers zu beenden, müssen Sie dem Befehl `sudo` voranstellen. Mit der Eingabe von `sudo kill 127` gefolgt vom Passwort des Administrators wird der Prozess auch dann beendet, wenn er dem Benutzer `root` gehören sollte.

killall

Wenn Sie über das Terminal Applikationen wie den Finder oder das Dock beenden möchten, können Sie mit dem Befehl `killall Name` den Namen anstatt der PID verwenden. Mit `killall Dock` beenden Sie das Dock, und es wird automatisch neu gestartet. Die Eingabe von `killall Finder` führt zu dessen Neustart.

13 Mac OS X administrieren

Eigentlich dreht es sich in diesem Buch fast durchgängig um die Administration und Konfiguration von Mac OS X. Aber neben der Verwaltung von Benutzern, Netzwerk, Druckern, Prozessen, Dateien, Farben und Schriften gibt es noch einiges mehr, das es zu verwalten gilt. In diesem Kapitel geht es um die Themen, die im Alltag immer wieder aktuell sind, sich aber nicht unter große Schlagworte wie »Netzwerk« oder »Benutzerverwaltung« zusammenfassen lassen.

Dieses Kapitel wirft zunächst einen Blick auf die Installation von Programmen. Um Ihr System an Ihre Anforderungen anzupassen, gibt es eine Reihe von Voreinstellungen, die in Form von Property-Listen oder Textdateien angelegt werden. Das Format der Property-Listen wird hier ebenso beschrieben wie die Orte, an denen sie innerhalb der Dateistruktur abgelegt werden.

Mit Mac OS X 10.4 wurde `launchd` eingeführt, und auch unter 10.6 dient dieser Dämon unter anderem dazu, Programme und Skripten zu einem bestimmten Zeitpunkt oder bei einem bestimmten Ereignis zu starten. Diese LaunchAgents können in bestimmten Situationen sehr nützlich sein und lassen sich schnell mit der Erstellung einer Property-Liste konfigurieren.

Schließlich finden Sie in diesem Kapitel noch eine Reihe weiterer Systemeinstellungen, die in den anderen Teilen dieses Buches nicht behandelt werden, aber dennoch die eine oder andere nützliche Einstellung ermöglichen.

13.1 Programme installieren

Zur Installation von Software gibt es unter Mac OS X 10.6 mehrere Möglichkeiten. Zum einen können Programme, die nicht auf die Unterstützung von Kernel Extensions oder auf eigene Dienste im Hintergrund angewiesen sind, durch Kopieren in die Ordner PROGRAMME oder DIENSTPROGRAMME recht einfach installiert werden. Bei komplexeren Installationen bietet Mac OS X 10.5

Andere Installationsverfahren
Neben den beiden Verfahren, die von Apple direkt entwickelt wurden, gibt es weitere Lösungen, zum Beispiel den Installer von Vise, die ebenfalls die Applikation installieren und ergänzende Dateien etwa in der LIBRARY ablegen. Oft, aber nicht immer, finden Sie bei diesen Installationsprogrammen ein Protokoll mit der Dateiendung ».log« auf Ihrem Desktop oder in Ihrem persönlichen Ordner.

das INSTALLATIONSPROGRAMM, das sich im Verzeichnis /SYSTEM/LIBRARY/CORESERVICES befindet.

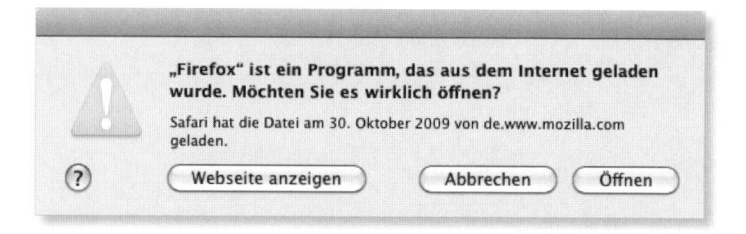

Abbildung 13.1 ▶
Wurden Programme mit Safari aus dem Internet geladen, so muss ihr erster Start bestätigt werden.

Geladene Programme | Wenn Sie Programme mit Safari aus dem Internet herunterladen, werden diesen – unabhängig davon, ob sie sich in einem Archiv oder einem Disk Image befinden – die zwei erweiterten Dateiattribute `com.apple.quarantine` und `com.apple.metadata:kMDItemWhereFroms` angehängt. Diese beiden Attribute stellen das Programm unter Quarantäne und speichern den URL, von dessen Adresse es heruntergeladen wurde. Wenn Sie das Programm das erste Mal starten, erhalten Sie den Hinweis, dass es aus dem Internet geladen wurde, und müssen den Start bestätigen.

Softwarelizenzen | Wenn Sie ein Shareware-Programm installieren, werden Sie bei der Installation oder beim ersten Start oft nach dem erworbenen Lizenzschlüssel oder nach der Seriennummer gefragt. Wo diese Informationen gespeichert werden, ist von Programm zu Programm unterschiedlich. Einige legen sie direkt im Bundle des Programms ab, sodass das Programm für alle Benutzer als registriert gilt. Andere speichern diese Information in den Voreinstellungen unter ~/LIBRARY/PREFERENCES oder an anderer Stelle.

13.1.1 Pakete installieren

Um Programme mit dem Installationsprogramm installieren zu können, müssen diese von den Entwicklern zu einem sogenannten Paket mit der Dateiendung ».pkg« oder ».mpkg« zusammengefasst werden. Bei den Paketen handelt es sich um ein Bundle, also um einen Ordner, dessen Inhalt Sie im Finder über das Kontextmenü mit PAKETINHALT ZEIGEN einsehen können.

[XAR]
Der Vorteil von XAR gegenüber anderen Formaten besteht unter anderem in einer besseren Kompression, die zu kleineren Installationsdateien führt. Ferner wird am Beginn der Datei eine XML-Datei integriert, die Details über den vorzunehmenden Installationsvorgang und dessen Voraussetzungen enthält.

Neues Format mit 10.5 | Mit Mac OS X 10.5 hat Apple ein weiteres Format für diese Pakete eingeführt, das auf dem Open-Source-Projekt XAR beruht. Dieses arbeitet nicht mehr mit einem Bundle, sondern es handelt sich um eine einzelne Datei, deren Inhalt Sie im Finder allerdings nicht mehr über das Kontextmenü einsehen können.

Das neue Format bringt auch für das Installationsprogramm einige neue Funktionen mit sich, etwa die Signierung von Paketen mit Zertifikaten, die gezielte Aktualisierung von bereits installierten Programmen und auch den Download von benötigten Paketen aus dem Internet während des Installationsvorgangs. Die Nutzung dieser neuen Fähigkeiten obliegt den Entwicklern.

Zertifikate
Mit dem neueren Paketformat ist es möglich, einem Installationspaket ein Zertifikat mitzugeben. Die Aufgabe dieses Zertifikates besteht darin, Ihnen die Authentizität der Quelle, also in erster Linie des Softwareanbieters, zu garantieren. Es besagt zunächst nichts über den eigentlichen Inhalt des Pakets.

[MPKG]
Neben den normalen Paketen, die eine einzelne Installation vornehmen, gibt es auch sogenannte Meta Packages mit dem Suffix .MPKG. Solche fassen mehrere Pakete zusammen und dienen bei der Installation als übergeordnete Instanz, mit der die eigentliche Installation vorgenommen wird.

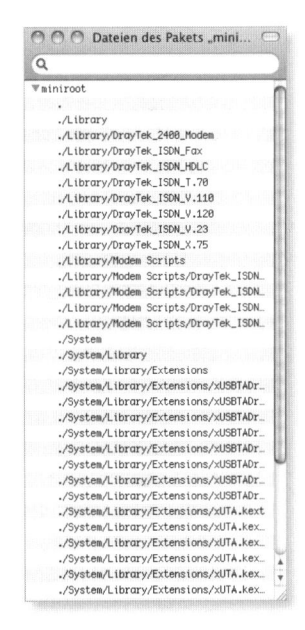

▲ **Abbildung 13.2**
Bei Paketen, die mit einem Zertifikat versehen wurden, kann dieses über das Icon oben rechts ❶ eingeblendet werden.

Pakete installieren | Ein Installationspaket, gleich welchen Formats, können Sie im Finder mit einem einfachen Doppelklick öffnen. Es wird dann das Installationsprogramm gestartet. Die Installation erfolgt in mehreren Schritten, die Ihnen am linken Rand des Fensters angezeigt werden.

Dateien einsehen | Vor der Installation können Sie über ABLAGE • DATEIEN EINBLENDEN die Dateien einsehen, die mit dem Paket installiert werden. Bei dieser Liste spielen die Pfadangaben eine entscheidende Rolle. In Abbildung 13.3 beginnen sie mit »/«, die Dateien werden also von der höchsten Ebene Ihres Startvolumes ausgehend installiert. Es ist auch möglich, dass Pakete Ihnen den Ort der Installation zur Auswahl stellen.

Mac OS X 10.6 unterstützt die Installation von Programmen in Ihrem persönlichen Verzeichnis. Pakete, die Ihnen im Schritt INSTALLATIONSTYP die Auswahl eines Ortes für die Installation erlauben, führen eine Dateiliste, deren Pfadangaben mit »./« beginnen. Diese Pfadangabe gilt dann relativ zum gewählten Ort der Installation.

▲ **Abbildung 13.3**
Über den Menüpunkt ABLAGE • DATEIEN EINBLENDEN können die zu installierenden Dateien eingesehen werden.

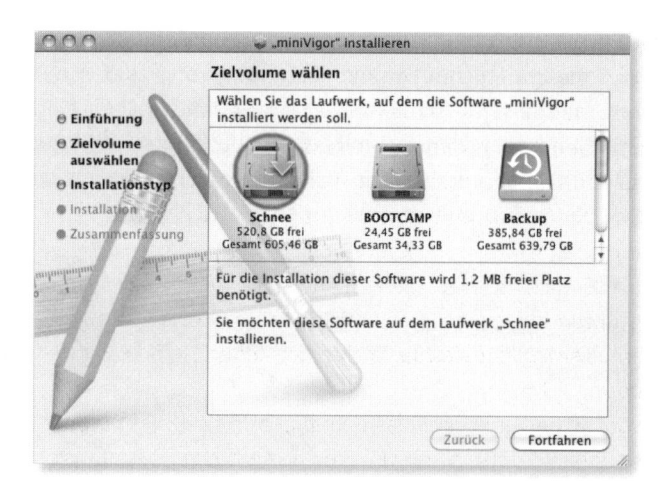

Abbildung 13.4 ▶
Der Installationsvorgang erfolgt in mehreren Schritten.

Shell-Skripten | In ein Installationspaket können Entwickler Shell-Skripten (siehe Abschnitt 6.6.4) integrieren, die entweder vor oder nach der Installation ausgeführt werden. Die Aufgabe dieser Skripten vor der Installation besteht oft darin, zu ermitteln, ob bereits eine Installation vorliegt oder ob Ihr System die Mindestanforderungen erfüllt. Die Skripten, die nach der Installation ausgeführt werden, dienen meist dazu, benötigte Benutzerkonten über den Befehl `dscl` zu erzeugen oder Dateien aus dem Installationspaket an eine andere Stelle zu verschieben. Letzteres ist zum Beispiel bei Kernel Extensions der Fall.

install.log
Im Dienstprogramm KONSOLE können Sie die Protokolle bereits erfolgter Installationen in der Datei INSTALL.LOG im Verzeichnis /VAR/LOG auch nachträglich einsehen.

Protokoll der Installation | Da Sie in der normalen Darstellung des Installationsprogramms während der Installation nicht über die Aktivitäten solcher Skripten informiert werden, können Sie sich über den Menüpunkt FENSTER • INSTALLATIONSPROTOKOLL das Protokoll der Installation anzeigen lassen. Wenn Sie dort statt NUR FEHLERMELDUNGEN ANZEIGEN die Option ALLE MELDUNGEN ANZEIGEN auswählen, erhalten Sie in den meisten Fällen auch Einsicht in die Ausgaben vorhandener Skripten.

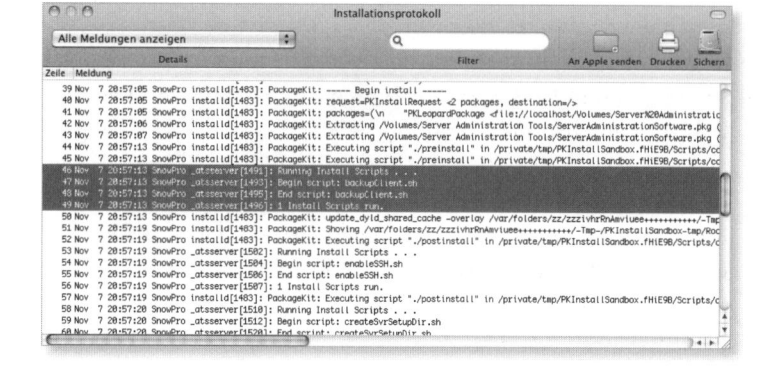

Abbildung 13.5 ▶
Das Installationsprotokoll informiert über den Fortschritt und etwaige Fehler.

Startobjekte | Einige ältere Programme, die noch nicht mit dem nachfolgend beschriebenen `launchd` arbeiten, installieren im Verzeichnis /Library/StartupItems ein Startobjekt, um zum Beispiel einen Dienst im Hintergrund zu starten. Dieses Verfahren wird zwar von Apple ausdrücklich nicht mehr empfohlen, aber von Mac OS X 10.6 nach wie vor unterstützt.

Es kann bei einigen Programmen vorkommen, dass die Zugriffsrechte nicht korrekt gesetzt wurden. Stößt das System beim Ausführen auf ein solches Objekt, so wird es nicht gestartet, Sie erhalten stattdessen nach der Anmeldung die Nachricht aus Abbildung 13.6.

Wenn Sie sicher sind, dass das bemängelte Startobjekt eigentlich ausgeführt werden sollte, weil Sie vor dem Neustart ein Programm installiert haben, dessen Bezeichnung sich mit dem des Startobjekts deckt, dann können Sie die Zugriffsrechte korrigieren. Mit der Eingabe von

```
sudo chown -R root:wheel /Library/StartupItems/Name
```

weisen Sie dem Ordner den Super-User als Besitzer zu. Mit der Eingabe von

```
sudo chmod 755 -R /Library/StartupItems/Name
```

werden die Zugriffsrechte anschließend dahin gehend korrigiert, dass nur noch der Super-User Schreibzugriff auf den Inhalt dieses Verzeichnisses erhält, andere Benutzer dürfen den Inhalt ausführen.

Quittung für Installationen | Haben Sie Software über das Installationsprogramm installiert, wird im Ordner /Library/Receipts eine Quittung für die Installation gesichert. Unter Mac OS X 10.6 sind hier zwei Formen dieser Quittungen zu finden. Zunächst enthält der Ordner Quittungen für die Pakete, die als Bundle vorliegen. Diese Quittungen werden auch als .pkg-Dateien dargestellt. Würden Sie sie im Installationsprogramm öffnen, so erhielten Sie den Hinweis, dass es sich hierbei um eine Paketquittung handelt.

Die zweite Form der Quittungen sind diejenigen, die aus Installationen mit dem neuen Paketformat unter Mac OS X 10.5 herrühren. Diese werden im Ordner boms gespeichert. Das System legt für diese Pakete ferner eine Datenbank a.receiptdb an, die sich im Ordner db befindet.

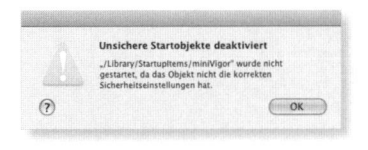

▲ **Abbildung 13.6**
Unsichere Startobjekte werden nicht ausgeführt.

Privilege escalation
Mit diesen restriktiven Zugriffsrechten wird vermieden, dass die Zugriffsrechte und Privilegien dieses Startobjekts eskalieren. Hätten andere Benutzer ebenfalls Schreibrechte an dem Startobjekt, dann könnte dies im Hintergrund manipuliert werden.

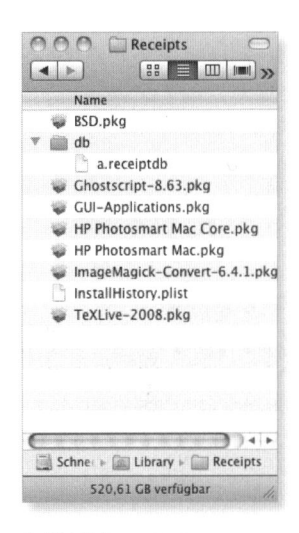

▲ **Abbildung 13.7**
Das Verzeichnis /Library/Receipts enthält die Quittungen der installierten Pakete.

bill of materials | Bei Paketen des älteren Formats, die also noch als Bundle vorgelegen haben, können Sie sich mit folgendem Vorgehen einen Einblick in die mitinstallierten Dateien verschaffen. Wechseln Sie am Terminal zuerst in den Ordner des Bundles, zum Beispiel mit dem Befehl:

```
cd /Library/Receipts/Paket.pkg/Contents
```

Programme deinstallieren
Die Einsichtnahme über lsbom kann notwendig werden, wenn Sie Software vollständig deinstallieren möchten und nicht genau wissen, ob jenseits des eigentlichen Programms noch weitere Elemente wie ein LaunchDaemon oder ein Shell-Befehl etwa im Verzeichnis /USR/BIN installiert wurden.

Im Inhalt des Bundles finden Sie auch eine Datei ARCHIVE.BOM. Hierbei handelt es sich um eine .BOM-Datei, die die Liste der installierten Dateien enthält. Das Dateiformat .BOM wurde mit dem Mac-OS-X-Vorläufer NeXTSTEP eingeführt, wobei »bom« für »bill of materials« steht. Den Inhalt dieser Rechnung können Sie mit dem Befehl lsbom ausgeben, und dementsprechend zeigt Ihnen lsbom Archive.bom (siehe Abbildung 13.8) den Inhalt des Archivs an.

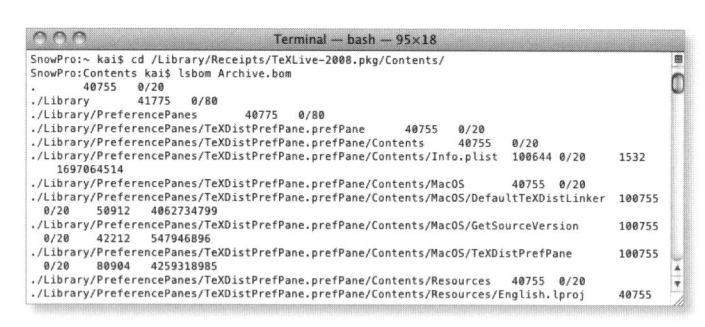

▲ **Abbildung 13.8**
Mit dem Befehl lsbom kann die in der Datei ARCHIVE.BOM enthaltene Liste ausgegeben werden.

▲ **Abbildung 13.9**
In den Paketen unter /LIBRARY/ RECEIPTS werden auch die in dem ursprünglichen Installationspaket enthaltenen Shell-Skripten archiviert.

In den Paketen unter /LIBRARY/RECEIPTS finden Sie im Unterordner RESOURCES auch die Shell-Skripten, die vor und nach der Installation ausgeführt wurden. Hierzu gehören in erster Linie die Skripten preflight für die Aktionen vor und postflight für die Aktionen nach der Installation. Diese Skripten können Sie, auch wenn sie als AUSFÜHRBARE UNIX-DATEI angezeigt werden, in einem Editor wie TextEdit öffnen und einsehen. Die meisten dieser Skripten greifen auf Befehle wie mv, cp und dscl zurück, die in diesem Buch erläutert werden, und sind in vielen Fällen auch ein wenig kommentiert.

pkgutil | Die Installationspakete, die im neuen XAR-Format vorliegen, werden von Mac OS X 10.5 in die Datenbank A.RECEIPTDB aufgenommen und ihre ».bom«-Dateien im Verzeichnis BOMS gesichert. Bei diesen Paketen können Sie auf den Befehl pkgutil zurückgreifen, um die installierten Pakete und Dateien zu ermitteln. Zunächst können Sie über

```
pkgutil --packages
```

die Liste der in der Datenbank aufgeführten Pakete ausgeben. Hierbei wird es sich in erster Linie um die Pakete handeln, die das Betriebssystem selbst darstellen. Mit der Eingabe

```
pkgutil --files com.apple.pkg.X11User
```

erhalten Sie die Liste aller Dateien, die im Installationspaket von X11 enthalten waren.

Übergangsphase | Unter Mac OS X 10.6 werden also weiterhin zwei verschiedene Fassungen der Installationspakete und -methoden genutzt. Während einer Übergangsphase werden beide so lange nebeneinander bestehen, bis das neue XAR-Format die älteren Bundles ablösen kann.

13.1.2 Eigene Pakete erstellen

Die Erstellung eigener Installationspakete ist nicht nur für Entwickler nützlich. Wenn Sie in einem Netzwerk mehrere Rechner neu einrichten und bei jedem eine festgelegte Anzahl von Programmen verfügbar sein soll, kann die Erstellung eines eigenen Pakets, das die notwendigen Programme in einem Durchgang installiert, hilfreich sein. Mac OS X 10.6 bietet Ihnen für diese Aufgabe den PACKAGE MAKER, den Sie im Verzeichnis /DEVELOPER/APPLICATIONS/UTILITIES finden.

Format der Pakete
Wenn Sie mit dem Package Maker ein neues Paket erstellen, fragt Sie das Programm nach dem Ziel (MINIMUM TARGET). Abhängig von der ausgewählten Version wählt es dann das passende Format für das Paket. Entscheiden Sie sich hier für MAC OS X V10.5 LEOPARD, so wird das XAR-Format verwendet.

Install Destination | Nach dem Start fragt Sie der Package Maker nach der ORGANIZATION, mit der das Installationspaket identifiziert werden soll, sowie nach dem MINIMUM TARGET für das Installationspaket. In dem Hauptfenster können Sie nun das eigentliche Paket zusammenstellen. Dieses finden Sie oben in der linken Leiste. Wenn Sie es anklicken – in Abbildung 13.10 wird es mit INTERNER ROLLOUT bezeichnet –, können Sie im Hauptfenster die Eigenschaften wie den Titel, die Beschreibung und das Ziel der Installation (INSTALL DESTINATION) vorgeben.

Unter INSTALL DESTINATION stehen Ihnen drei Optionen zur Verfügung. Mit VOLUME SELECTED BY USER ermöglichen Sie dem Anwender, die Installation auf einem beliebigen Volume vorzunehmen. Aktivieren Sie SYSTEM VOLUME, dann erscheint im Installationsprogramm die Option FÜR ALLE BENUTZER DIESES

COMPUTERS INSTALLIEREN. USER HOME DIRECTORY ermöglicht im Installationsprogramm die Entscheidung NUR FÜR MICH INSTALLIEREN, wobei dann das persönliche Verzeichnis als Ziel gewählt wird.

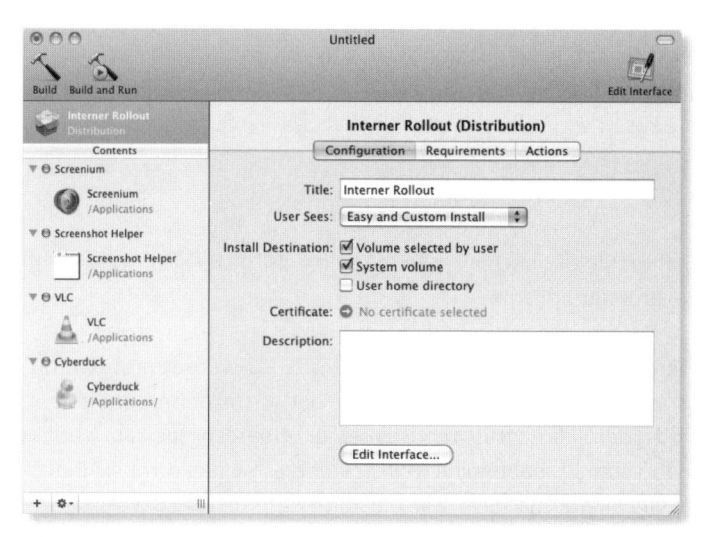

▲ **Abbildung 13.10**
Programme und Dateien können zu einem Paket per Drag and Drop hinzugefügt werden.

Edit Interface
Über die Schaltfläche EDIT INTERFACE können Sie bei Bedarf die Benutzeroberfläche des Installationspakets ändern. Hierzu gehören unter anderem die Erläuterungen und der grafische Hintergrund des Fensters.

Programme hinzufügen | Anschließend können Sie die zu installierenden Programme unter CONTENTS hinzufügen. Es ist möglich, Programme aus dem Finder einfach in diese Spalte zu ziehen, oder Sie wählen über das »+«-Zeichen unten ein Programm aus. Die Programme werden jeweils in einem eigenen Unterpaket gleichen Namens eingefügt.

Wählen Sie das Paket des Programms (siehe Abbildung 13.11) aus, und Sie können über die Optionen hinter INITIAL STATE vorgeben, ob Sie das Paket dem Anwender zur Wahl stellen möchten oder nicht. Aktivieren Sie die Option SELECTED, so gilt das Paket als ausgewählt und wird, sofern der Anwender keine gegenteilige Entscheidung trifft, installiert.

Eine Unterscheidung unterbinden können Sie, indem Sie die Option ENABLED deaktivieren. Das Paket erscheint dann in der Liste, wird allerdings ausgegraut, und der Anwender kann keine Änderung vornehmen. Diese Option kann hilfreich sein, um einige Pakete obligatorisch zu installieren.

Mit der Option HIDDEN können Sie das Paket in der Liste verstecken, es wird dann zwar immer noch installiert, erscheint aber nicht mehr in der Auswahl.

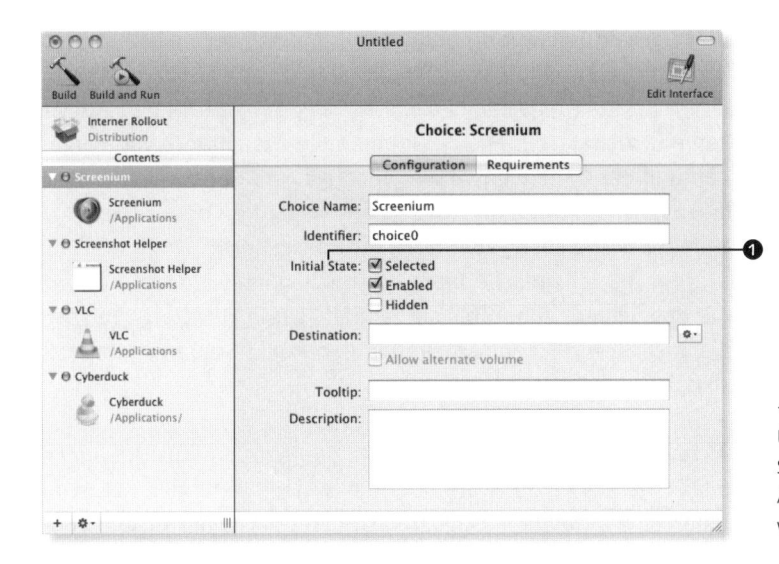

◄ **Abbildung 13.11**
Über die Optionen bei INITIAL STATE ❶ kann das Paket dem Anwender zur Auswahl gestellt werden.

Build | Um das Installationspaket zu erstellen, klicken Sie die Schaltfläche BUILD an. Der Package Maker sammelt nun die notwendigen Informationen und Dateien und erstellt das Installationspaket an dem von Ihnen ausgewählten Ort. Über BUILD AND RUN können Sie auch anschließend das Installationsprogramm sofort starten.

13.1.3 Softwareaktualisierung

Damit Sie Ihr System immer auf dem aktuellsten Stand halten können, bietet Apple mit der Funktion SOFTWAREAKTUALISIERUNG die Möglichkeit, Updates direkt von einem Support-Server automatisch herunterzuladen und anschließend zu installieren.

Eigenhändige Aktualisierung
Die Softwareaktualisierung ist eigentlich die bevorzugte und auch am wenigsten fehlerträchtige Methode, um das System zu aktualisieren. Verfügen Sie über eine langsame Verbindung ins Internet oder möchten Sie Übertragungsvolumen sparen, können Sie Updates auch von der Webseite von Apple unter *www.apple.com/de/downloads* herunterladen. Als COMBO UPDATE werden hier Aktualisierungen bezeichnet, die Ihr System von einem beliebigen Ausgangspunkt, etwa 10.6.2, auf den aktuellsten Stand 10.6.7 bringen. Ein DELTA UPDATE enthält nur einen Aktualisierungssprung, etwa von 10.6.3 auf 10.6.4.

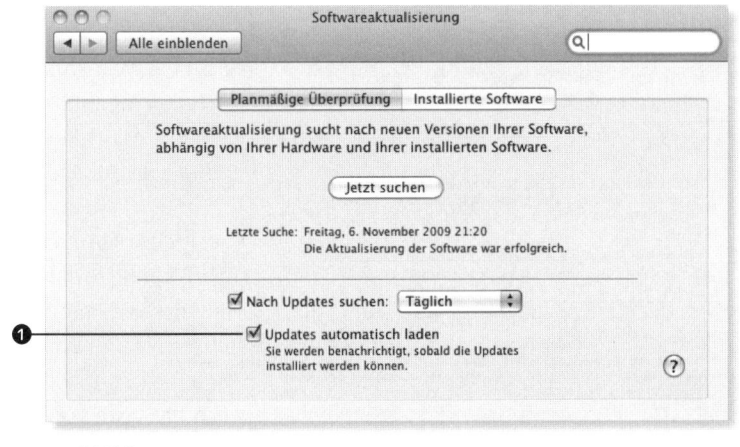

▲ **Abbildung 13.12**
In den Systemeinstellungen kann die Softwareaktualisierung angewiesen werden, wichtige Updates im Hintergrund automatisch zu laden ❶.

▲ **Abbildung 13.13**
Heruntergeladene und noch zu installierende Updates werden im Verzeichnis »/Library/Updates« gespeichert.

Softwareaktualisierung benutzen | In den Systemeinstellungen können Sie in der Ansicht SOFTWAREAKTUALISIERUNG einstellen, ob Ihr Rechner regelmäßig nach Aktualisierungen auf den Apple-Servern suchen soll. Hierbei können Sie das Zeitintervall vorgeben und das System anweisen, wichtige Updates automatisch zu laden. Diese werden als Installationspakete im Ordner /LIBRARY/UPDATES gespeichert, aber noch nicht installiert.

Über die Schaltfläche JETZT SUCHEN können Sie direkt Kontakt mit den Servern von Apple aufnehmen. Diese Funktion erreichen Sie auch, wenn Sie im Apfelmenü den Punkt SOFTWAREAKTUALISIERUNG auswählen.

Aktualisierung vornehmen | Wenn das System Aktualisierungen der vorhandenen Software oder des Systems gefunden hat, wird Ihnen eine Liste der verfügbaren Updates präsentiert. Darin können Sie, sofern Sie dies wünschen, Aktualisierungen deaktivieren. Diese werden dann nicht eingespielt, Ihnen aber bei der nächsten Softwareaktualisierung erneut angezeigt und zur Auswahl gestellt.

Aktualisierungen, bei denen Sie einen Pfeil nach links finden, erfordern einen Neustart Ihres Systems. Hierbei handelt es sich um Aktualisierungen des Systems selbst oder einzelner Komponenten wie QuickTime, die im laufenden Betrieb natürlich nicht ausgetauscht werden können. Wenn Sie die ausgewählten Objekte installieren, lädt das System die notwendigen Pakete herunter und führt die Installation durch.

Abbildung 13.14 ▶
Aktualisierungen, die einen Neustart erfordern, werden mit einem Pfeil nach links hervorgehoben.

Wenn das Update einen Neustart erfordert, meldet Sie die Softwareaktualisierung automatisch ab. In der Mitte des Bildschirms wird Ihnen der aktuelle Status des Vorgangs angezeigt. Wenn Sie Ihr System aktualisiert haben und nach dem Neustart mit einem blauen Bildschirm konfrontiert sind, dann können Sie einen weiteren Neustart erzwingen und hierbei einen sicheren Start (siehe Abschnitt 25.7.5) erzwingen. Starten Sie dann erneut im normalen Modus, dann wird der Cache des Systemdienstes `dyld` neu angelegt. Dieses Problem tritt aber nur in sehr seltenen Fällen auf.

▲ **Abbildung 13.15**
Einige Aktualisierungen werden im Vollzug eines Neustarts installiert.

Weitere Funktionen | Wenn Sie ein Update nicht installieren möchten, können Sie es über den Menüpunkt AKTUALISIEREN • UPDATE IGNORIEREN von zukünftigen Suchen ausschließen. Beachten Sie hierbei, dass Ihnen dann auch folgende Updates nicht mehr angezeigt werden. Ignorieren Sie also ein Update von QuickTime, dann werden Ihnen auch zukünftige Aktualisierungen dieser Anwendung, die auf dem ignorierten Update aufbauen, nicht mehr angezeigt. Sie können diese Entscheidung über den Menüpunkt SOFTWAREAKTUALISIERUNG • IGNORIERTE UPDATES ZURÜCKSETZEN revidieren.

Update zurücknehmen | In den letzten Jahren hat sich die Softwareaktualisierung von Apple als recht zuverlässig erwiesen. Dennoch können Sie Fehler und Probleme, die durch ein Update ausgelöst werden, nie ganz ausschließen. Insofern kann es durchaus sinnvoll sein, ein neues Update nicht sofort einzuspielen, sondern zwei bis drei Tage zu warten und anschließend Erfahrungsberichte anderer Anwender und Administratoren im Internet einzusehen. Wenn Sie die Time Machine nutzen, können Sie eine fehlgeschlagene Aktualisierung des Systems auch über einen Start von der Installations-DVD (siehe Abschnitt 25.7.10) zurücknehmen.

Installierte Updates | Wenn Sie in Erfahrung bringen möchten, welche Versionen der über die Softwareaktualisierung verwalteten Programme installiert sind, dann können Sie in der Ansicht SOFTWAREAKTUALISIERUNG in den Reiter INSTALLIERTE SOFTWARE wechseln. Zusätzlich zum Zeitpunkt der Installation wird dort auch die eingespielte Version aufgeführt.

[Security Update]
Wenn es sich um ein sogenanntes Security Update handelt, sollten Sie die Installation so schnell wie möglich vornehmen, insbesondere wenn Ihr Rechner dauerhaft mit dem Internet verbunden ist. Zwar ist UNIX ein durchaus sicheres System, aber hin und wieder werden doch gravierende Sicherheitslücken entdeckt, die es auf jeden Fall schnell zu schließen gilt. Oft ist die Dateigröße dieser Security Updates recht gering (weniger als 1 Megabyte), und Sie sollten mit der Aktualisierung nicht zögern.

WARNUNG

Dringend abzuraten ist von einem erzwungenen »Downgrade«, indem Sie nach der Aktualisierung auf beispielsweise 10.6.5 das eigenständige Update auf 10.6.4 mit dem Installationsprogramm erneut einspielen. Hierbei erhalten Sie keinesfalls die Version 10.6.4 als Endergebnis, sondern eine Mischform der Versionen, die in naher Zukunft zu einer ganzen Reihe von Problemen, Fehlern und Abstürzen führen wird.

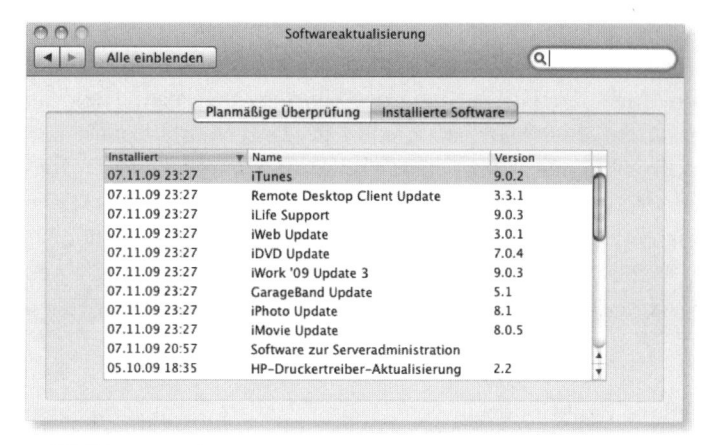

▲ **Abbildung 13.16**
In den Systemeinstellungen werden bereits installierte Updates aufgeführt.

Firmware Update | Bei einigen Rechnermodellen aktualisiert Apple gelegentlich die Firmware. Diese Aktualisierung wird in der Regel über ein eigenständiges Programm vorgenommen, das über die Softwareaktualisierung heruntergeladen und im Ordner Dienstprogramme gespeichert wird.

Um die Firmware Ihres Rechners zu aktualisieren, starten Sie das Programm und erhalten dann genaue Anweisungen, die von Modell zu Modell unterschiedlich sein können. Sie sollten ihnen Folge leisten und bei einem mobilen Rechner sicherstellen, dass er an das Stromnetz angeschlossen ist.

13.2 Voreinstellungen

Ob und wie die Voreinstellungen für eine Software gespeichert werden, kann von Programm zu Programm ganz unterschiedlich sein. Die von Apple bevorzugte und empfohlene Methode sind die Property-Listen, deren Format und Bearbeitung nachfolgend beschrieben werden. Nicht alle Programme, insbesondere wenn sie aus dem Open-Source- oder UNIX-Spektrum stammen, machen sich die Vorgaben von Apple zunutze.

Darüber hinaus gibt es noch zwei weitere Dateien, Environment.plist« und .globalpreferences.plist, die das Verhalten Ihres Systems beeinflussen können.

13.2.1 Unsichtbare Verzeichnisse und Textdateien

Nutzen Sie Programme wie GPG oder den Editor jEdit, deren Wurzeln in anderen UNIX-Derivaten oder in Linux zu finden sind, so kann es sein, dass diese Programme ihre Voreinstellungen nicht im Ordner PREFERENCES in Ihrer LIBRARY ablegen, sondern in unsichtbaren Verzeichnissen in Ihrem persönlichen Ordner.

Auch wenn sich diese Programme manchmal weitgehend nahtlos in die Oberfläche von Mac OS X integrieren und optisch kaum ein Unterschied auszumachen ist, werden Sie bei der Suche nach den Voreinstellungen vielleicht nicht fündig.

/etc

Das Verzeichnis /ETC wird in diesem Buch an vielen Stellen angesprochen. In ihm befinden sich die Voreinstellungen einiger Systemdienste und Server wie dem Apache Webserver.

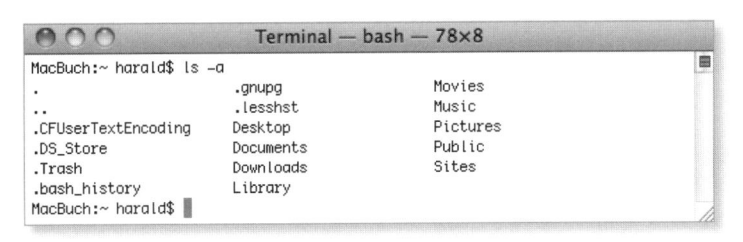

```
MacBuch:~ harald$ ls -a
.                    .gnupg               Movies
..                   .lesshst             Music
.CFUserTextEncoding  Desktop              Pictures
.DS_Store            Documents            Public
.Trash               Downloads            Sites
.bash_history        Library
MacBuch:~ harald$
```

▲ **Abbildung 13.17**
Im persönlichen Benutzerordner finden sich in unsichtbaren Verzeichnissen (mit einem Punkt beginnend) die Voreinstellungen vieler Programme aus dem UNIX-Spektrum.

Am Terminal können Sie mit dem Befehl `ls -a` (siehe Abschnitt 3.3.3) die im Finder nicht sichtbaren Verzeichnisse anzeigen, zum Beispiel mit `cd .gnupg` in sie hineinwechseln und die darin enthaltenen Voreinstellungsdateien bearbeiten. In der Regel handelt es sich dabei um einfache Textdateien, die Sie mit dem Editor `nano` modifizieren können.

Kommentare

In vielen der Einstellungsdateien dient die Raute # dazu, einen Kommentar einzuleiten. Solche Zeilen erhalten Erläuterungen der Voreinstellungen und werden von dem Programm ignoriert.

13.2.2 Preferences und Property-Listen

Das von den meisten Programmen und dem Betriebssystem für die Speicherung von Voreinstellungen genutzte Format sind die Property-Listen mit der Dateiendung .PLIST. Hierbei handelt es sich um XML-Dateien, deren Aufbau von Apple festgelegt wurde.

Viele Voreinstellungen des Betriebssystems finden Sie im Verzeichnis /LIBRARY/PREFERENCES. Dazu gehören in erster Linie die Komponenten, die von Apple selbst entwickelt wurden, während Voreinstellungen für Programme und Dienste aus dem Open-Source-Spektrum in erster Linie im Verzeichnis /ETC (siehe oben) zu finden sind.

Die Voreinstellungen, die Sie für Programme vornehmen, werden im Verzeichnis ~/LIBRARY/PREFERENCES gespeichert. Darüber hinaus nutzen auch viele Programme dieses Format für die Speicherung anderer Informationen. Safari etwa speichert die Lesezeichen in der Datei BOOKMARKS.PLIST.

Umgekehrte Dateinamen

Namensgebungen wie COM.APPLE.MAIL mögen auf den ersten Blick verwirren. Betrachtet man sie genauer, so lesen sie sich wie eine Adresse im World Wide Web, bloß rückwärts. Apple selbst spricht auch von Domains für Voreinstellungen. Die Idee hinter der Schreibweise ist, die Voreinstellungen auch nach Herstellern trennen zu können. So speichert zum Beispiel der Browser Camino, der von einer gemeinnützigen Stiftung verantwortet wird, seine Voreinstellungen in der Datei ORG.MOZILLA.CAMINO.PLIST.

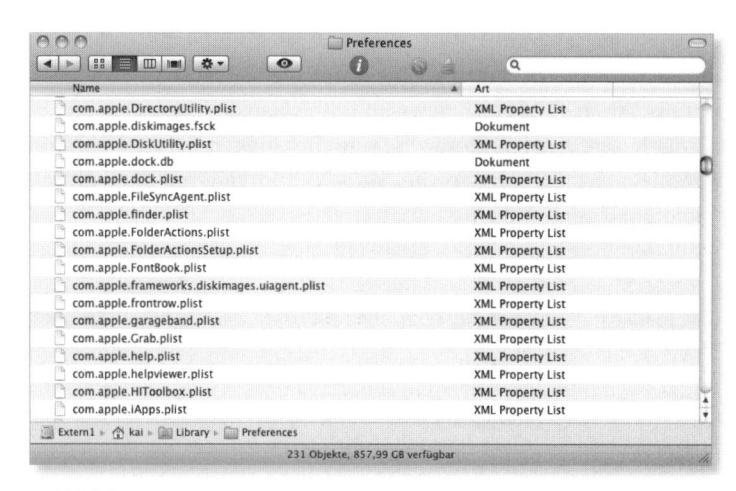

▲ **Abbildung 13.18**
Die individuellen Einstellungen der meisten Programme werden in der Library unter PREFERENCES gespeichert.

Einsicht mit Quick Look | Wenn Sie einen schnellen Blick in den Inhalt einer Property-Liste werfen möchten, können Sie im Finder mit Quick Look die Übersicht aufrufen. Sie erhalten dann einen Einblick in den Quelltext der XML-Datei.

Der Property List Editor | Zur Bearbeitung der Property-Listen dient der Property List Editor, den Sie im Verzeichnis /DEVELOPER/APPLICATIONS/TOOLS finden. Öffnen Sie eine Property-Liste in diesem Programm, so erhalten Sie eine hierarchische Übersicht der enthaltenen Werte.

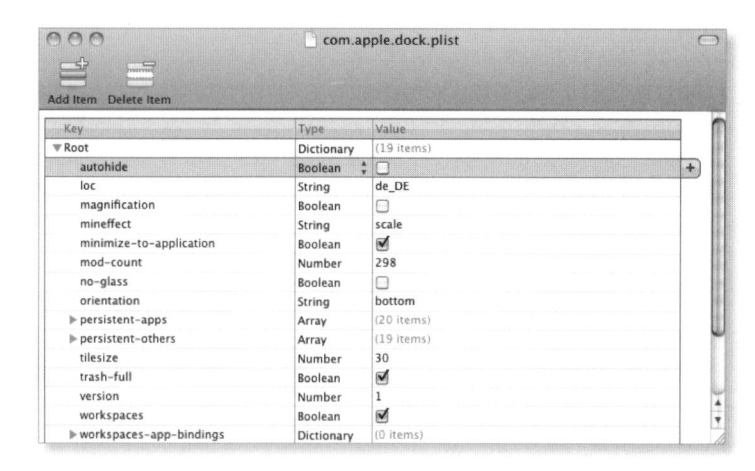

▲ **Abbildung 13.19**
Property-Listen können mit Quick Look eingesehen werden.

Abbildung 13.20 ▶
Der Property List Editor erleichtert die Bearbeitung der XML-Dateien.

Property-Listen bearbeiten | Jeder dieser Einträge ist einem Typ zugewiesen, der seinen Inhalt definiert. Der Grund hierfür liegt in einer einigermaßen effizienten Speichermethode und Verfahrensweise bei der Programmierung. Folgende Typen können zugeordnet werden:

- DICTIONARY: Ein DICTIONARY enthält keine Daten an sich, dafür aber Untereinträge in Form von weiteren Einträgen.
- STRING: Ein Eintrag vom Typ STRING kann als Wert Text in Form von alphanumerischen Zeichen enthalten.
- ARRAY: In einem ARRAY können mehrere Einträge zusammengefasst werden, die aufsteigend nummeriert werden.
- NUMBER: In einem solchen Typ werden ausschließlich Ganzzahlen gespeichert.
- DATA: Dieser Typ enthält binäre Daten. Dies können zum Beispiel Grafikdateien eines Icons oder eine Voransicht des zuletzt benutzten Dokuments sein.
- BOOLEAN: Dieser Typ kann lediglich zwei Werte enthalten: wahr (`true` beziehungsweise YES) oder falsch (`false` beziehungsweise NO).
- Die Werte können Sie mit einem Doppelklick auf den Eintrag in der Spalte VALUE ändern. Bei dem Typ BOOLEAN können Sie über eine Checkbox entscheiden, ob der Wert wahr oder unwahr sein soll. Ansonsten können Sie Text frei eingeben. Um einen neuen Eintrag hinzuzufügen, wählen Sie zuerst den ihm überzuordnenden Eintrag aus und klicken dann die Schaltfläche ADD ITEM.

Wenn Sie einen Eintrag auf der höchsten Ebene erzeugen möchten, klicken Sie zunächst auf den Eintrag ROOT und dann auf die in ADD CHILD umbenannte Schaltfläche. So erzeugen Sie jeweils einen neuen Eintrag und können eine Bezeichnung vergeben. Der Typ steht Ihnen in der Spalte TYPE zur Auswahl. Einen Wert unter VALUE können Sie mit einem Doppelklick auf das Feld in der Spalte eingeben.

Property-Listen prüfen | Property-Listen folgen einem von Apple in Form einer Doctype Declaration vorgegebenen Format. Infolge von Programmabstürzen kann es zu Beschädigungen kommen. Um die Datei einer syntaktischen Prüfung zu unterziehen, können Sie am Terminal einen Befehl nach folgendem Schema eingeben:

```
plutil Dateiname
```

Wenn Sie mit `cd ~/Library/Preferences` am Terminal in das Verzeichnis Ihrer persönlichen Voreinstellungen wechseln, können Sie mit der Eingabe

---

HINWEIS

Die Typen sollten Sie nicht entgegen der vom Programm vorgenommenen Definition ändern.

HINWEIS

Wenn Sie auf diese Weise in die Voreinstellungen von Programmen eingreifen, könnten Sie vielleicht eine versteckte Funktion aktivieren. Es ist aber ebenso gut möglich, wenn nicht sogar wahrscheinlicher, dass das Programm anschließend nicht mehr funktioniert. In diesem Fall sollten Sie unbedingt auf eine zuvor erstellte Sicherheitskopie der Datei zurückgreifen.

HINWEIS

Der Befehl `plutil` prüft die Datei nur auf syntaktische Korrektheit. Er ermittelt nicht, ob die enthaltenen Werte bei einem Programmierfehler im Programm einen Absturz auslösen.

```
plutil com.apple.mail.plist
```

die Datei der Voreinstellungen von Mail überprüfen. Wenn sie vom Aufbau her fehlerfrei ist, erhalten Sie die Ausgabe OK.

Binäre Property-Listen | Die XML-Dateien können entweder als reiner Text vorliegen, der sich auch in einem beliebigen Editor bearbeiten ließe, oder in binärer Form. Sie können mit plutil eine Umwandlung der Property-Liste in lesbaren Text vornehmen. Rufen Sie plutil mit der Option -convert auf, und geben Sie mit dem Parameter xml1 das Format XML anstatt binär vor. Der Aufruf würde vollständig

```
plutil -convert xml1 com.apple.mail.plist
```

lauten, sofern die Datei binär vorliegt. Die Umwandlung kann notwendig werden, wenn Sie sich beispielsweise über SSH (siehe Abschnitt 17.2.1) an einem Rechner angemeldet haben und Änderungen nur über die Shell und einen Editor wie nano vornehmen können.

Der Befehl defaults | Wenn Sie anfangen, mehr mit dem Terminal zu arbeiten, werden Sie vielleicht auch die eine oder andere Voreinstellung direkt manipulieren wollen. Hierzu steht Ihnen der Befehl defaults zur Verfügung. Er modifiziert die Voreinstellungen des Benutzers, von dem er aufgerufen wurde.

Sie müssen defaults eine Aktion (read oder write) vorgeben. Darauf folgt die zu lesende oder zu ändernde Voreinstellung in Form ihres umgekehrten Domain-Namens. Die Eingabe defaults read com.apple.mail gibt Ihnen die aktuellen Voreinstellungen von Mail am Terminal aus.

Wenn Sie einen Wert mit write ändern oder neu erstellen möchten, geben Sie zuerst seinen Namen und dann den neuen Wert an. Wenn der Wert einem bestimmten Typ entsprechen soll, geben Sie diesen mit einem Minuszeichen vor.

Der Befehl defaults ist recht beliebt, um sogenannte »Hacks«, mit denen verborgene Funktionen eines Programms aktiviert werden, zu nutzen. So würden Sie mit

```
defaults write com.apple.dock no-glass -boolean YES
```

das zweidimensionale Dock auch am unteren Bildschirmrand aktivieren. Hier würde die Eigenschaft no-glass den Einstellungen com.apple.dock hinzugefügt und dabei der Typ -boo-

Neustart
Die meisten dieser Manipulationen erfordern den Neustart des Programms oder Dienstes. Im Falle des Docks können Sie es mit killall Dock neu starten.

lean verwendet. Der eigentliche Wert ist YES, also wahr. Mit der Eingabe von

```
defaults write com.apple.dock no-glass -boolean NO
```

können Sie die Änderung zurücknehmen und wieder zur standardmäßigen Darstellung zurückkehren.

13.2.3 Umgebungsvariablen setzen

Das Verhalten der Shell und die Verzeichnisse, in denen nach Programmen und Befehlen gesucht wird, werden über Umgebungsvariablen (siehe Abschnitt 6.6.1) vorgegeben. Diese gelten, neben den vom System selbst definierten Variablen wie dem Kürzel für das Betriebssystem, nur für die Shell, in der sie definiert wurden. Zwar können Sie dies mit der Datei .BASH_PROFILE für jede gestartete Shell im Voraus festlegen, aber nicht für das gesamte System.

In Einzelfällen kann es vorkommen, dass Sie weitergehende Umgebungsvariablen auch für die grafische Benutzeroberfläche und nicht nur das Terminal festlegen müssen. Diese Funktion ist zum Teil für Entwickler interessant, weil sich bei einigen Programmen mit solchen Umgebungsvariablen die Art und Weise der Protokolle beeinflussen lässt. Aber auch für den normalen Anwender kann das systemweite Setzen von Umgebungsvariablen in einigen Situationen geboten sein.

Um solche Umgebungsvariablen zu definieren, erstellen Sie am Terminal zuerst mit dem Befehl `mkdir ~/.MacOSX` ein im Finder nicht sichtbares Verzeichnis. Mit dem Property List Editor erstellen Sie eine neue Datei. Für jede zu setzende Variable können Sie mit ADD CHILD einen neuen Eintrag erzeugen. Geben Sie als TYPE unter CLASS den Wert STRING vor. Der Name entspricht der zu definierenden Variable, zum Beispiel EDITOR. Der unter VALUE eingetragene Text entspricht dem Wert der Variablen.

[Editor]
Der in diesem Buch bevorzugt behandelte Editor nano ist nicht der einzige, der Ihnen am Terminal zur Verfügung steht. Neben nano erfreuen sich auch die Programme vim und emacs großer Beliebtheit. Auf die Umgebungsvariable EDITOR greifen einige Befehle zurück, wenn Sie dem Anwender die Bearbeitung einer Textdatei ermöglichen möchten.

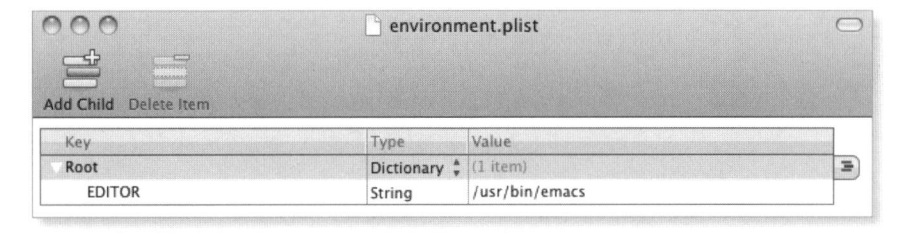

▲ **Abbildung 13.21**
Über die Datei ENVIRONMENT.PLIST können Umgebungsvariablen nach der Anmeldung gesetzt werden.

Um die Datei im Ordner .MacOSX zu speichern, aktivieren Sie im Dialog SAVE AS mit der Tastenkombination ⌘ + ⇧ + . (siehe Abschnitt 3.4) die Anzeige der unsichtbaren Dateien und Ordner. Speichern Sie die Datei dann mit dem Namen ENVIRONMENT.PLIST im Ordner ~/.MacOSX, und bei der nächsten Anmeldung werden die definierten Variablen vom System ausgewertet.

13.2.4 Global Preferences

Die im Finder unsichtbare Datei .GLOBALPREFERENCES.PLIST im Verzeichnis ~/LIBRARY/PREFERENCES enthält die Voreinstellungen für viele Elemente der grafischen Benutzeroberfläche. Um diese Datei mit dem Property List Editor zu bearbeiten, können Sie am Terminal den Befehl

Der Befehl open
Mit dem Befehl open können Sie am Terminal Dateien in dem Programm öffnen, mit dem sie auch bei einem Mausklick im Finder geöffnet würden. open simuliert quasi einen Doppelklick.

```
open ~/Library/Preferences/.GlobalPreferences.plist
```

eingeben. Die Datei wird anschließend im Property List Editor geöffnet. Wenn Sie den Eigenschaften wie APPLEAQUACOLORVARIANT eigene Werte zuweisen, kann es sein, dass sich Ihr System anschließend instabil verhält oder einige Funktionen nicht mehr wie gewünscht funktionieren.

13.3 Der Dämon launchd

[cron]
Unter vielen UNIX-Derivaten und Linux wird die Aufgabe, Programme nach einem Zeitplan zu starten, von dem Dienst cron übernommen. Dieser ist in Mac OS X 10.6 zwar auch vorhanden, allerdings wird auch er von launchd kontrolliert. Im direkten Vergleich zu cron ist die Arbeit mit launchd deutlich flexibler und komfortabler.

Die Aufgaben und Funktionen des Dämons launchd sind recht vielfältig. Zunächst ist er beim Start des Systems dafür zuständig, dass viele Systemdienste gestartet werden. Er ist die übergeordnete Instanz, die diese Dienste überwacht, bei Bedarf neu startet und ihnen Ressourcen des Rechners zuteilt. Ferner kann er Programme nach einem Zeitplan und in Intervallen ausführen.

LaunchDaemon und LaunchAgent | Das Konzept von launchd beruht auf zwei Formen von Diensten. Als LaunchDaemon wird ein Dienst bezeichnet, der ohne grafische Oberfläche arbeitet und im Hintergrund aktiv ist. Ein Beispiel wäre der Webserver Apache, der über keine Oberfläche verfügt und im Hintergrund die aufgerufenen Webseiten ausliefert, oder auch die zentrale Instanz des Drucksystems cupsd.

inetd
Unter Linux ist der Dämon inetd für den Start von Servern bei Bedarf zuständig. Um die Portierung von Programmen zu erleichtern, verfügt launchd über die Möglichkeit, dem Dämon den Start über inetd vorzutäuschen.

Es ist mit launchd auch möglich, Dienste nur bei Bedarf zu starten. Dazu gehört beispielsweise die entfernte Anmeldung über SSH (siehe Abschnitt 17.2.1). Der für die Anmeldung zuständige Dämon sshd ist nicht die ganze Zeit aktiv, sondern er wird von launchd gestartet, wenn eine Anfrage auf dem entsprechenden Port eingeht. Ein LaunchDaemon arbeitet unabhängig davon, ob sich ein Benutzer am System angemeldet hat.

Ein LaunchAgent wird erst dann ausgeführt, wenn sich ein Benutzer am System angemeldet hat. Ein Beispiel wäre hier die über das Programm `pbboard` realisierte Zwischenablage. Sie ist nicht aktiv, wenn das System mit dem Anmeldebildschirm auf die Identifizierung eines Anwenders wartet, wird aber dann gestartet, wenn sich ein Benutzer anmeldet. Anders als ein LaunchDaemon kann ein LaunchAgent die grafische Benutzeroberfläche nutzen, unterliegt hier aber einigen kleinen Einschränkungen.

> **WARNUNG**
>
> Das manuelle Löschen von Dateien aus den Ordnern /SYSTEM/LIBRARY/LAUNCHDAEMONS und /SYSTEM/LIBRARY/LAUNCHAGENTS ist zu vermeiden.

Fünf Verzeichnisse | Verwaltet und konfiguriert werden sowohl die LaunchDaemons als auch die LaunchAgents über Property-Listen, in denen die benötigten Angaben wie der Pfad des auszuführenden Programms, der Name des Dienstes, die Kommunikation des Dienstes im Netzwerk über Bonjour und auch die Zeitpunkte für den zeitgesteuerten Start enthalten sind. Diese Property-Listen werden in fünf Verzeichnissen abgelegt:

- /SYSTEM/LIBRARY/LAUNCHDAEMONS: Hier werden die meisten Dienste des Systems konfiguriert, die über einen Dämon im Hintergrund realisiert werden. Dazu gehören die meisten Server-Dienste.
- /SYSTEM/LIBRARY/LAUNCHAGENTS: Die dem System eigenen Dienste, die nach der Anmeldung des Benutzers ausgeführt werden, finden sich in diesem Verzeichnis. Dazu gehören beispielsweise die Zwischenablage oder auch die Suche über Spotlight.
- /LIBRARY/LAUNCHDAEMONS: In diesem zunächst leeren Ordner können Dämonen von Fremdherstellern konfiguriert werden.
- /LIBRARY/LAUNCHAGENTS: Dieser ebenfalls zunächst leere Ordner kann LaunchAgents von Fremdherstellern oder auch eigene enthalten, die für alle Benutzer des Systems gelten sollten.
- ~/LIBRARY/LAUNCHAGENTS: Auch in der persönlichen Library können LaunchAgents konfiguriert werden. Diese werden nur dann aktiv, wenn sich der betreffende Benutzer angemeldet hat.

Diese Unterteilung in fünf Verzeichnisse ist bei der Trennung zwischen den Diensten, die zum Betriebssystem an sich gehören, und denen, die Sie selbst entweder per Hand oder über die Installation einer Software eingerichtet haben, sehr hilfreich.

Zur besseren Übersicht hat Apple bei der Bezeichnung auf die umgekehrten Domainnamen zurückgegriffen, und so heißt die

LaunchAgents als Beispiele
Dieser Abschnitt stellt Ihnen die Einrichtung zweier LaunchAgents vor. Die dabei beschriebenen Parameter können Sie auch für die Einrichtung eines LaunchDaemons nutzen. Die Arbeit mit einem LaunchDaemon ist in der Regel dann nötig, wenn Sie Server installieren, die ohne vorige Anmeldung eines Benutzers ausgeführt werden sollen.

Bundle
Bei der Arbeit mit `launchd` müssen Sie den Pfad zur ausführbaren Datei angeben. Sichern Sie Ihr AppleScript als Programm, dann müssen Sie nachfolgend den Pfad zur ausführbaren Datei innerhalb des Bundles, beispielsweise /USERS/KAI/LIBRARY/SKRIPTEN/REGULAR.APP/CONTENTS/MACOS/APPLET, angeben.

> **HINWEIS**
>
> Der `launchd` ist sehr sensibel in Bezug auf die Typen der Eigenschaften. Wenn Sie für die Eigenschaft STARTINTERVAL den Typ STRING und nicht NUMBER auswählen, wird der LaunchAgent von `launchd` nicht ausgeführt, und Sie erhalten eine Fehlermeldung in der Konsole, wie nachfolgend beschrieben.

für den Start des LaunchAgents der Zwischenablage zuständige Datei COM.APPLE.PBOARD.PLIST.

Verwaltung mit launchctl | Die Inhalte der Ordner werden nach dem Start und der Anmeldung automatisch eingelesen und ausgewertet. Während des Betriebs von Mac OS X können Sie mit dem Befehl `launchctl` Dienste aktivieren und deaktivieren.

Nützlich ist `launchctl` unter anderem dann, wenn Sie, wie in den nächsten Abschnitten beschrieben, eigene LaunchAgents einrichten und testen möchten. Sie ersparen sich den Neustart und können im laufenden Betrieb die aktiven LaunchAgents und LaunchDaemons konfigurieren.

13.3.1 Programme in Intervallen starten

In einem ersten Beispiel soll ein LaunchAgent für ein AppleScript, das als Programm gespeichert wurde, alle fünf Minuten ausgeführt werden. Hierzu benötigen Sie zunächst das AppleScript. Für Testzwecke können Sie ein einfaches Script mit der Zeile

```
tell application "Finder" to display dialog "Hallo"
```

erstellen. Dies hat den Vorteil, dass Sie eine Nachricht im Finder erhalten, wenn der LaunchAgent ausgeführt wird. Für den produktiven Einsatz wäre natürlich ein Skript, das auch wirklich Aufgaben verrichtet, angebracht. Aber mit der Benachrichtigung im Finder können Sie schnell prüfen, ob Ihr LaunchAgent wie gewünscht funktioniert.

Im Skripteditor geben Sie als DATEIFORMAT für das AppleScript PROGRAMM vor. Unter Mac OS X 10.6 wird in dieser Einstellung ein Bundle erzeugt (siehe Abschnitt 3.3.2). Erstellen Sie dann in Ihrer persönlichen Library einen Unterordner SKRIPTEN, in dem Sie das AppleScript mit dem Namen REGULAR speichern. Es erhält das Suffix .APP, der vollständige Name lautet also REGULAR.APP.

Property-Liste erstellen | Für einen regelmäßigen Start des Programms werden in der Property-Liste drei Einträge benötigt:

▶ LABEL: Dieser Eintrag vom Typ STRING gibt die Bezeichnung vor, unter der der LaunchAgent von `launchd` identifiziert wird. Hierbei werden die umgekehrten Domainnamen verwendet, und Sie können als Bezeichnung zum Beispiel COM.KAI.TEST verwenden.

▶ PROGRAM: Dieser Eintrag gibt den absoluten Pfad zum auszuführenden Programm an. Als Typ muss wiederum STRING verwendet werden.

- STARTINTERVAL: Dieser Eintrag vom Typ NUMBER enthält eine ganze Zahl, die in Sekunden den Zeitabstand zwischen den Starts des Programms enthält.

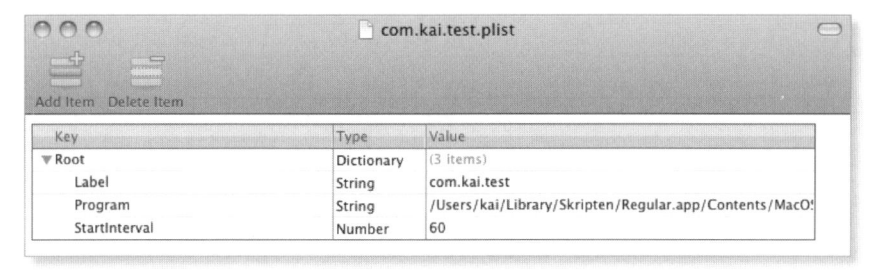

Abbildung 13.22
Für den LaunchAgent werden drei Eigenschaften benötigt.

Im Property List Editor erstellen Sie über den Menüpunkt FILE • NEW eine leere Property-Liste. Klappen Sie den ersten Eintrag ROOT mit dem Pfeil an seinem linken Rand aus, und erstellen Sie über die jetzt mit ADD CHILD betitelte Schaltfläche einen neuen Untereintrag.

Geben Sie als Bezeichnung LABEL und unter TYPE STRING vor. In der Spalte VALUE wird die Bezeichnung, unter der der Launch-Daemon von `launchd` verwaltet werden soll, eingegeben.

Mit der jetzt als ADD ITEM beschrifteten Schaltfläche erzeugen Sie einen weiteren Eintrag, dem Sie als Bezeichnung PROGRAM und als Typ wiederum STRING zuweisen. Geben Sie dann unter VALUE den absoluten Pfad zu dem auszuführenden Programm ein.

Der dritte Eintrag erhält die Bezeichnung STARTINTERVAL, und Sie müssen als Typ NUMBER vorgeben. Unter VALUE geben Sie die Anzahl der Sekunden vor, die zwischen den einzelnen Ausführungen liegen sollen. Die in Abbildung 13.22 verwendete Anzahl von 60 ist im alltäglichen Gebrauch sicherlich zu gering, aber ganz gut geeignet, um den LaunchAgent zu testen.

LaunchAgent aktivieren | Speichern Sie diese Property-Liste im Ordner ~/LIBRARY/LAUNCHAGENTS, wobei Sie der Übersicht halber den Namen verwenden sollten, den Sie auch als Label vergeben haben. In diesem Beispiel wurde die Datei als COM.KAI.TEST.PLIST gespeichert.

Um den LaunchAgent zu testen, müssen Sie ihn nun mit `launchctl` aktivieren. Dieser Befehl verfügt über die Aktionen `load` zur Aktivierung und `unload` zur Deaktivierung von LaunchAgents und LaunchDaemons.

Ordneraktionen
Auch die Ordneraktionen, die Sie mit dem Automator oder mit AppleScript nutzen können, werden über LaunchAgents realisiert. Es kann also sein, dass Sie im Verzeichnis ~/LIBRARY/LAUNCHAGENTS bereits zwei Dateien vorfinden.

Beiden müssen Sie den Pfad zu der Property-Liste übergeben, die den LaunchAgent oder LaunchDaemon konfiguriert. In diesem Beispiel würde der Aufruf wie folgt lauten:

```
launchctl load /Users/kai/Library/LaunchAgents/com.kai.test.plist
```

Wenn Ihr LaunchAgent funktioniert, erhalten Sie alle 60 Sekunden eine Nachricht im Finder. Um den LaunchAgent zu deaktivieren und das AppleScript für den produktiven Einsatz zu überarbeiten, können Sie den LaunchAgent durch die Eingabe des folgenden Befehls abschalten:

```
launchctl unload /Users/kai/LaunchAgents/com.kai.test.plist
```

Throttle
Wenn ein LaunchAgent zu schnell hintereinander ausgeführt wird, dann wird er von `launchd` zurückgestellt. In einem solchen Fall finden Sie im Protokoll einen Eintrag mit dem Vermerk `throttle`.

Fehlersuche | Der Befehl `launchctl` ist in Bezug auf etwaige Fehlermeldungen etwas schweigsam. Wenn Ihr LaunchAgent nicht so funktioniert, wie Sie es erwarten, dann finden Sie die Fehlermeldungen von `launchd` im Dienstprogramm KONSOLE. Wählen Sie die Ansicht KONSOLENMELDUNGEN, und grenzen Sie die Anzeige durch die Eingabe der Bezeichnung Ihres LaunchAgents im FILTER ein.

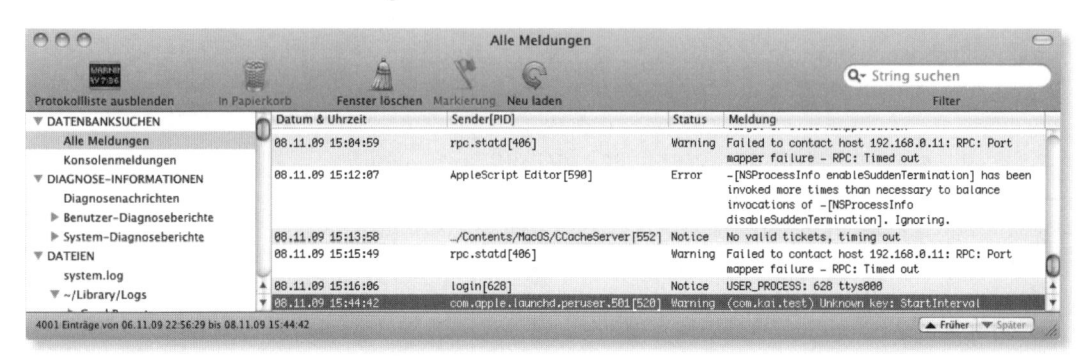

▲ **Abbildung 13.23**
Fehlermeldungen von `launchd` lassen sich im Dienstprogramm KONSOLE einsehen.

In Abbildung 13.23 ist bei der Meldung `Unknown key: StartInterval` ein falsch gesetzter Typ der Auslöser für den Fehler. Er wird, obwohl die Bezeichnung STARTINTERVAL korrekt ist, unter CLASS mit dem Typ STRING und nicht NUMBER versehen. Zwar wird er von `launchctl` geladen, aber dann aufgrund seines falschen Typs nicht ausgeführt.

13.3.2 Programme zu bestimmten Zeitpunkten starten

Auch das zweite Beispiel soll ein Programm nach einem Zeitplan starten. Allerdings wird nicht der Abstand in Sekunden zwischen den einzelnen Ausführungen vorgegeben, sondern der exakte Zeitpunkt in Form der Uhrzeit. Ferner wird kein Programm aufgerufen – der Start des AppleScript Regular.app im ersten Beispiel entspricht in etwa einem Doppelklick im Finder –, sondern der Befehl cp (siehe Abschnitt 6.3) zusammen mit zwei Parametern und einer Option. Ferner soll der LaunchAgent nicht für einen Benutzer, sondern für alle Benutzer unter /Library/Launch-Agents eingerichtet werden.

Das zu erreichende Ziel besteht darin, das zuvor erstellte und im Netzwerk freigegebene Verzeichnis /Groups täglich um 18:15 Uhr auf eine externe Festplatte zu kopieren.

Hierbei werden folgende Einträge in der Property-Liste verwendet:

- Label: Erneut wird eine Bezeichnung vergeben und wiederum der Typ String verwendet.
- ProgramArguments: Bei diesem Eintrag handelt es sich um eine Liste (Array). Seine nummerierten Untereinträge vom Typ String geben nacheinander den Pfad des aufzurufenden Befehls sowie die Parameter und Optionen wieder.
- StartCalendarInterval: Diese Liste des Typs Dictionary enthält benannte Untereinträge vom Typ Number, mit denen Sie den Zeitpunkt der Ausführung festlegen.

Relative Pfadangaben
In diesem Beispiel wird mit absoluten Pfadangaben gearbeitet. Wenn Sie anstelle von /Groups mit ~/Movies den Ordner Filme des aktuell angemeldeten Benutzers kopieren möchten, dann müssen Sie noch einen weiteren Eintrag mit der Bezeichnung EnableGlobbing vom Typ Boolean hinzufügen und dessen Checkbox aktivieren. Dieser Wert sorgt dafür, dass relative Pfadangaben vor der Ausführung ausgewertet werden und abhängig vom angemeldeten Benutzer ~/Movies als /Users/kai/Movies übergeben wird.

Legen Sie im Property List Editor zuerst eine neue Datei und klappen Sie den Eintrag Root aus. Hier wird, wie auch im ersten Beispiel, zunächst die Eigenschaft Label erstellt. In diesem Beispiel wird die Bezeichnung com.kai.kopie verwendet. Wählen Sie den Eintrag Label aus, und erstellen Sie mit Add Item einen neuen Eintrag. Geben Sie hier die Bezeichnung ProgramArguments ein, und wählen Sie unter Type Array.

Es erscheint nun links des Namens ein Pfeil. Klicken Sie diesen einmal an, dann wird die Liste, die zum jetzigen Zeitpunkt noch leer ist, ausgeklappt, und Sie können mit der Schaltfläche Add Child neue Untereinträge hinzufügen. Diese werden vom Property List Editor automatisch mit »0« beginnend nummeriert.

Aufruf zusammenstellen | In dem Array müssen Sie drei Einträge vom Typ String definieren. Der erste, mit »0« bezifferte, enthält den absoluten Pfad zum aufzurufenden Befehl. In diesem Beispiel lautet die Angabe /bin/cp.

Pfad ermitteln
Am Terminal können Sie den Pfad zu einem Programm ermitteln, indem Sie den Befehl `which` verwenden. Er sucht innerhalb der über PATH definierten Pfade nach der ausführbaren Datei. So erhalten Sie auf die Eingabe `which cp` die Ausgabe `/bin/cp`. Diesen Pfad können Sie im Property List Editor eingeben.

Als zweiter Eintrag, mit der Ziffer »1«, wird die Option vorgegeben, mit der der Befehl aufgerufen werden soll. Der Eintrag lautet hier –r, um das Verzeichnis samt Inhalt zu kopieren (siehe Abschnitt 6.3).

Als dritter und vierter Eintrag werden die jeweiligen Parameter benötigt. Dies ist zunächst /Groups für das zu kopierende Verzeichnis und in diesem Beispiel /Volumes/Extern2 für das Verzeichnis, in dem die Kopie erfolgen soll.

Diese vier Einträge entsprechen, da sie nacheinander zusammengefügt werden, der direkten Eingabe im Terminal von:

```
/bin/cp -r /Groups /Volumes/Extern2
```

HINWEIS

Achten Sie bei der Zusammenstellung der Property-Liste unbedingt auf die korrekte Vorgabe der Typen. Wenn Sie versehentlich bei der Eigenschaft Minute als Typ String und nicht Number vorgeben, wird Ihr LaunchAgent nicht ausgeführt.

Zeitpunkt festlegen | Der letzte Schritt besteht in der Angabe des Zeitpunktes, zu dem der LaunchAgent seine Arbeit verrichten soll. Wählen Sie zunächst den Eintrag Root aus, und erstellen Sie über Add Child einen weiteren Eintrag. Geben Sie hier als Bezeichnung StartCalendarInterval ein und als Typ Dictionary.

Diese benannte Liste verhält sich in Bezug auf die Untereinträge wie das zuvor besprochene Array, wobei die Einträge vom Property List Editor nicht nummeriert werden. Vielmehr geben Sie bei diesen Untereinträgen eine Bezeichnung ein, mit der Sie den Zeitpunkt der Ausführung exakt definieren können.

Die Zeitpunkte für StartCalendarInterval werden über die folgenden Einträge vorgegeben:

- Minute: die Minute der Ausführung
- Hour: die Stunde der Ausführung
- Day: der Kalendertag der Ausführung
- Month: der Monat der Ausführung
- Weekday: der Wochentag der Ausführung, wobei »0« und »7« den Sonntag bezeichnen

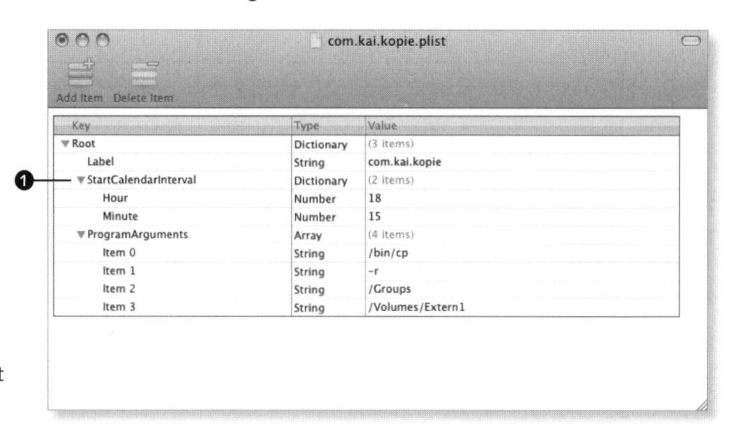

Abbildung 13.24 ▶
Über die Eigenschaft StartCalendarInterval ❶ wird der Zeitpunkt der Ausführung festgelegt.

Sie können die fünf möglichen Einträge nutzen, um den Zeitpunkt vorzugeben. Wenn Sie eine Angabe nicht verwenden, dann interpretiert `launchd` daraus, dass der LaunchAgent zu jeder Stunde, an jedem Tag oder in jedem Monat ausgeführt werden soll. Mit den Werten aus Abbildung 13.24 wird er jeden Tag um viertel nach sechs ausgeführt.

Eigentümer anpassen | Sichern Sie die Datei im Property List Editor zunächst in einem beliebigen Ordner, beispielsweise mit dem Dateinamen COM.KAI.KOPIE.PLIST. Verschieben Sie die Datei dann im Finder in das Verzeichnis /LIBRARY/LAUNCHAGENTS, wobei Sie sich als Administrator identifizieren müssen. Am Terminal müssen Sie der Datei dann noch den passenden Eigentümer und eingeschränkte Zugriffsrechte zuweisen. Mit der Eingabe

```
sudo chown root:wheel /Library/LaunchAgents/com.kai.kopie.plist
```

gehört die Datei fortan dem Benutzer root und zur Gruppe wheel. Die Zugriffsrechte werden schließlich mit

```
sudo chmod 644 /Library/LaunchAgents/com.kai.kopie.plist
```

dahin gehend eingeschränkt, dass nur der Benutzer root die Datei bearbeiten darf, Mitglieder der Gruppe wheel und alle anderen Benutzer dürfen sie lediglich lesen.

Nach einem Neustart wird der LaunchAgent für jeden Benutzer des Systems aktiviert. Dies führt dazu, dass bei einem angemeldeten Benutzer das Verzeichnis /GROUPS um viertel nach sechs, also quasi zum Feierabend, kopiert wird.

Dubious ownership
Die Übergabe der Property-Liste an den Benutzer root und der Entzug der Schreibrechte an der Datei für alle anderen Benutzer ist notwendig, um die Sicherheit des Systems zu gewährleisten. Wenn die Datei nicht dem Benutzer root gehört, dann finden Sie nach einem Neustart im Protokoll die Nachricht Dubious ownership, und der LaunchAgent wird nicht aktiviert.

13.3.3 Weitere Möglichkeiten

Für sehr fortgeschrittene Konfigurationen bietet `launchd` eine Reihe von weiteren Möglichkeiten, Parametern und Funktionen. So können Sie beispielsweise über die Eigenschaft WATCHPATHS Ordner auf Änderungen hin überwachen und einen LaunchAgent dann starten, wenn dieser Ordner geändert wird. Die Ordneraktionen im Finder beruhen auf dieser Funktion.

Ebenso ist es möglich, über die Funktion STARTONMOUNT einen LaunchAgent dann zu starten, wenn ein Dateisystem eingebunden wird. Darüber hinaus gibt es für die Einrichtung von Servern als LaunchDaemon mehr als ein Dutzend Einstellungen und Eigenschaften.

Dokumentation
Am Terminal finden Sie in den man-pages weitergehende Informationen. Sowohl der Befehl `launchctl` (man `launchctl`) als auch `launchd` selbst (man `launchd`) und auch die möglichen Eigenschaften in den Property-Listen (man `launchd.plist`) wurden mit detaillierten Dokumentationen versehen.

13.4 Java

Die Programmiersprache Java und viele sie unterstützende Bibliotheken sind in Mac OS X schon seit Beginn seiner Entwicklung vorhanden. Die Konfiguration der Java-spezifischen Funktionen ist, sofern Sie nicht selbst in Java entwickeln, eigentlich nur selten nötig.

Java 1.6
Mit Mac OS X 10.6 installiert Apple nur noch Java 1.6. Ältere Java-Versionen werden nicht mehr installiert und eigentlich auch nicht mehr unterstützt.

Umgebungsvariable Java_Home | Einige Java-Anwendungen wie der Tomcat-Server oder die Entwicklungsumgebung Eclipse benötigen Umgebungsvariablen, mit denen Sie einige notwendige Pfade zu den ausführbaren Dateien vorgeben.

In erster Linie ist es die Variable JAVA_HOME, mit der der Pfad zum Java-System von Mac OS X vorgegeben wird. Der anzugebende Pfad sollte immer /LIBRARY/JAVA/HOME lauten. Bei diesem Verzeichnis handelt es sich eigentlich um einen symbolischen Link, der auf das passende Unterverzeichnis unter /SYSTEM/LIBRARY/FRAMEWORKS zeigt. Die Verwendung von /LIBRARY/JAVA/HOME ist in jedem Fall vorzuziehen, da sich bei diesen Pfadangaben bei einem Update oder einer Aktualisierung etwas ändern kann.

Java-Einstellungen | Im Ordner DIENSTPROGRAMME finden Sie das Programm Java-Einstellungen. Es ist in erster Linie für Entwickler interessant.

In der Ansicht ERWEITERT kann unter anderem die JAVA-KONSOLE eingeblendet werden. Die Aufgabe dieser Konsole entspricht in etwa dem gleichnamigen Dienstprogramm, da hier die Fehlermeldungen und Warnungen eines Java-Programms dargestellt werden.

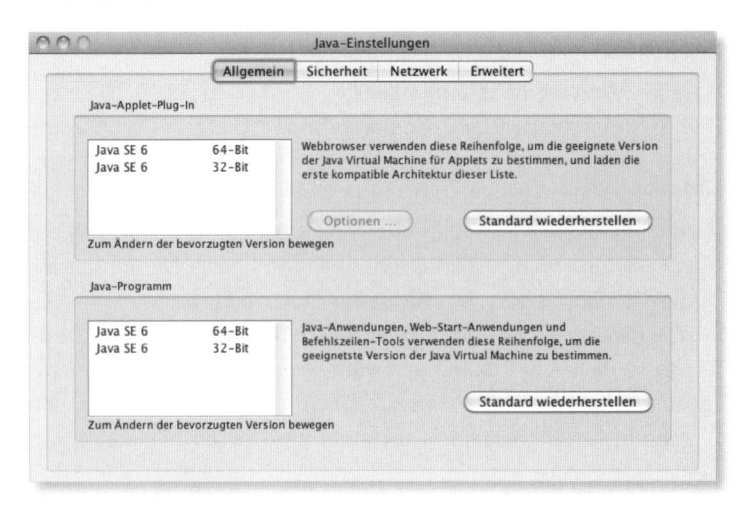

Abbildung 13.25 ▶
Es kann auch die 32-Bit-Version bevorzugt werden.

Für die normale Administration von Mac OS X kann im Reiter ALLGEMEIN die Reihenfolge der zu verwendenden JAVA-VERSION manchmal notwendig sein. In der Regel wird hier die 64-Bit-Version an die erste Position gesetzt.

13.5 Firmware-Kennwort

Wenn Sie Ihren Rechner einschalten oder neu starten, dann ist die Firmware dafür zuständig, das ausgewählte Betriebssystem zu starten. Sie können für diese Firmware ein Kennwort vergeben. Mit dem Kennwort erreichen Sie, dass die in Abschnitt 25.7 beschriebenen Tastenkombinationen für die unterschiedlichen Startmodi nur nach Eingabe des Kennworts genutzt werden können. Ebenfalls ist es nur nach Eingabe des Kennworts möglich, mit gedrückt gehaltener Taste ein anderes Startvolume auszuwählen.

> **WARNUNG**
>
> Wenn Sie das Firmware-Kennwort und das Kennwort für die administrativen Benutzer Ihres Systems beide vergessen, dann können Sie versuchen, das Kennwort durch Ausbau eines Speicherriegels und Zurücksetzen des PRAMs (siehe Abschnitt 15.10.4) zu löschen. Sollte dies nicht zum Erfolg führen, dann ist Ihr Rechner ein Fall für den Service-Techniker.

◀ Abbildung 13.26
Über das Menü DIENSTPROGRAMME kann das Programm FIRMWARE-KENNWORT gestartet werden.

Kennwort vergeben | Um die Firmware mit einem Kennwort zu versehen, können Sie von der Installations-DVD starten und dann über DIENSTPROGRAMME • FIRMWARE-KENNWORT das dazu notwendige Dienstprogramm starten. Im zweiten Schritt müssen Sie dann zunächst die Checkbox aktivieren und anschließend das Kennwort, das nur aus Buchstaben exklusive Umlauten sowie Ziffern bestehen darf, vergeben.

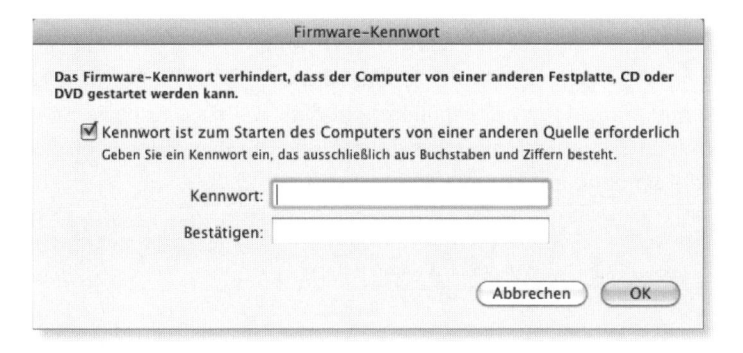

◀ Abbildung 13.27
Die Checkbox muss zur Eingabe eines Passworts aktiviert werden.

▲ **Abbildung 13.28**
Der Rechner fordert zur Eingabe des Passworts auf.

Wenn Sie nach der Festlegung des Passworts einen Neustart ausführen und dabei zum Beispiel die Taste ⌥ gedrückt halten, fordert Sie der Rechner zuerst zur Eingabe des Firmware-Kennwortes auf.

Die Aufgabe des Kennwortes besteht in erster Linie darin, den Start von einem anderen System zu vermeiden. Notwendig kann dies zum Beispiel in Klassenräumen sein, wenn Sie vermeiden möchten, dass Schüler von einem anderen System starten oder im Single User Modus die Benutzerdatenbank manipulieren. Damit das Firmware-Kennwort seine Aufgabe erfüllen kann, sollten Sie die automatische Anmeldung der Benutzer deaktivieren. Somit ist es nur noch administrativen Benutzern möglich, in den Systemeinstellungen in der Ansicht STARTVOLUME ein anderes System vorzugeben.

Kennwort deaktivieren | Um das Kennwort nachträglich zu deaktivieren, starten Sie erneut von der Installations-DVD und führen das Dienstprogramm FIRMWARE-KENNWORT erneut aus, wobei Sie die in Abbildung 13.27 aktivierte Checkbox deaktivieren.

13.6 Weitere Systemeinstellungen

Spotlight
In den Systemeinstellungen sind die Fähigkeiten von Spotlight enthalten. Geben Sie im Feld oben rechts einen Begriff wie »Netzwerk« oder »Bluetooth« ein, so werden Ihnen neben der Liste, aus der Sie direkt auswählen können, auch die Bereiche hervorgehoben, in denen der gesuchte Begriff vorkommt. Diese Suchfunktion umfasst nicht alle Erweiterungen von Drittanbietern.

Die Systemeinstellungen kann man mit einer Schaltzentrale vergleichen, in der alle Einstellungen zusammenlaufen. Viele sind selbsterklärend, einige in ihrer Bedeutung aber auch nicht so offensichtlich. In diesem Abschnitt soll ein Blick darauf geworfen werden.

Preference Panes installieren | Es ist möglich, die Funktionen der Systemeinstellungen durch solche von Drittanbietern zu ergänzen. Erweiterungen, die nicht von Apple stammen, werden in der Rubrik SONSTIGE abgelegt. Sie können die Preference Panes in den Ordnern /LIBRARY/PREFERENCEPANES oder ~/LIBRARY/PREFERENCEPANES ablegen.

Im Finder können Sie diese Dateien auch mit einem Doppelklick öffnen. Es starten dann die Systemeinstellungen, und Sie werden gefragt, ob Sie die Voreinstellungen für sich oder für alle Benutzer des Systems installieren möchten. Um sie zu entfernen, können Sie sie entweder aus dem Ordner löschen oder über das Kontextmenü entfernen.

Abbildung 13.29 ▶
Über das Kontextmenü können Module der Systemeinstellungen wieder entfernt werden.

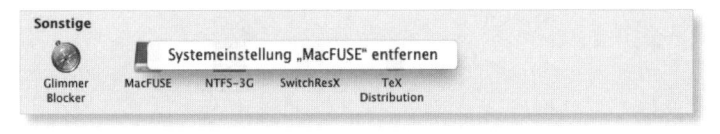

13.6.1 Sicherheit

Die Ansicht SICHERHEIT unterteilt sich in drei Reiter, wobei die Konfiguration der Firewall in Abschnitt 17.5 besprochen wird.

Hauptkennwort | Das Hauptkennwort ist für die Verwendung von FILEVAULT (siehe Abschnitt 14.2.8) notwendig. Aber auch, wenn Sie kein FileVault verwenden, kann die Vergabe eines Hauptkennwortes im Reiter FILEVAULT angebracht sein.

Haben Sie ein Hauptkennwort gesetzt, dann erscheint im Anmeldebildschirm ein Schloss unterhalb des Passwortfeldes. Wenn Sie dieses anklicken und sich mit dem Hauptkennwort authentifizieren, können Sie das Passwort des Benutzers im Anmeldefenster direkt ändern.

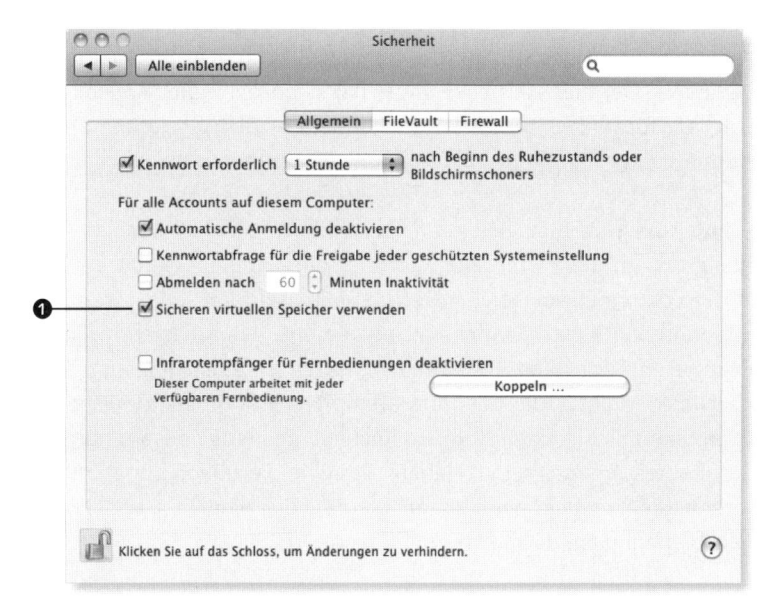

FileVaultMaster.keychain
Das Hauptkennwort wird nicht in der Benutzerverwaltung gespeichert, sondern in einem eigenen Schlüsselbund im Verzeichnis /LIBRARY/KEYCHAINS.

◀ **Abbildung 13.30**
In der Ansicht ALLGEMEIN kann der virtuelle Speicher verschlüsselt werden ❶.

Ruhezustand und Bildschirmschoner | Wenn Sie Ihren Rechner für eine Kaffeepause verlassen, dann sorgt der Punkt KENNWORT ERFORDERLICH ... NACH BEGINN ... dafür, dass Ihr Rechner erst nach der Eingabe eines Passwortes wieder freigegeben wird. Mit Mac OS X 10.6 ist es jetzt auch möglich, eine Frist vorzugeben, während derer kein Kennwort eingegeben werden muss.

Den Punkt ABMELDEN NACH MINUTEN INAKTIVITÄT führt dazu, dass der aktuelle Benutzer automatisch abgemeldet wird, wenn die Anzahl der vorgegebenen Minuten verstrichen ist, ohne dass eine Eingabe des Benutzers erfolgte. Dabei versucht das System, alle aktiven Programme zu beenden. Der Abmeldevorgang kann von Programmen unterbrochen werden, die auf eine Rückmeldung des Benutzers warten.

Sicherer virtueller Speicher
Wenn Sie eine Zeit lang mit Ihrem System arbeiten, werden Teile des Arbeitsspeichers auf die Festplatte ausgelagert. Es kann in Einzelfällen vorkommen, dass hierbei auch Passwörter im Klartext auf der Festplatte gespeichert werden. Dies ließe sich nutzen, um solche Passwörter auszulesen. Wenn Sie den SICHEREN VIRTUELLEN SPEICHER VERWENDEN, wird dieser verschlüsselt auf der Festplatte abgelegt.

Ortungsdienste
In Abbildung 13.30 aufgrund einer fehlenden AirPort-Karte nicht dargestellt ist die Option ORTUNGSDIENSTE DEAKTIVIEREN. Wenn die Ortungsdienste aktiv sind, dann versucht Ihr Rechner bei einer drahtlosen Verbindung über das Netzwerk seine geografische Position zu ermitteln. Dies ist nicht immer gewünscht.

Automatisches Anmelden | Die automatische Anmeldung, die Sie in der Ansicht BENUTZER für ein Konto festlegen können, kann zu einem Problem werden: Jeder, der Ihren Computer anschaltet, hat sofort Zugriff auf dieses Konto, da das Anmeldefenster beim Startvorgang übersprungen wird. Um das zu verhindern, wählen Sie den Punkt AUTOMATISCHES ANMELDEN DEAKTIVIEREN. Die Einstellung hier deckt sich mit derjenigen in der Ansicht BENUTZER.

Geschützte Systemeinstellungen | Wenn Sie die KENNWORTABFRAGE FÜR DIE FREIGABE JEDER GESCHÜTZTEN SYSTEMEINSTELLUNG aktivieren, wird die Authentifizierung als Administrator bei jeder Systemeinstellung verlangt, bei der das Schloss unten links entsperrt werden muss. Notwendig kann diese Funktion sein, wenn Sie einen fremden Rechner administrieren und diesen nach Änderungen an geschützten Systemeinstellungen sofort wieder verlassen. Der eigentliche Benutzer hat dann nicht die Möglichkeit, die für ein paar Minuten vorhandene Authentifizierung als Administrator für eigene Änderungen zu nutzen.

▲ **Abbildung 13.31**
Über die Schaltfläche KOPPELN kann eine bestimmte Fernbedienung mit dem Rechner gekoppelt werden.

Front Row | Verfügt Ihr System über die Möglichkeit der Fernbedienung mittels Front Row, kann sich dies in einem Arbeitsumfeld, in dem mehrere solcher Rechner aktiv sind, als sehr störend erweisen. Wird eine Fernbedienung bedient, dann reagieren alle Rechner in Reichweite. Sie haben in den Systemeinstellungen die Möglichkeit, entweder den Infrarotempfänger komplett zu deaktivieren, oder Sie können Ihren Rechner mit einer bestimmten Fernbedienung KOPPELN. Haben Sie eine Fernbedienung mit Ihrem Rechner gekoppelt, dann werden die Eingaben anderer Fernbedienungen in Ihrem Umfeld ignoriert.

13.6.2 Energie sparen und Startzeit des Rechners festlegen
Um den Stromverbrauch Ihres Rechners zu reduzieren, können Sie in der Ansicht ENERGIE SPAREN die Einstellungen für den Ruhezustand vornehmen. In diesem Zustand wird der Bildschirm abgeschaltet oder in den Sparmodus versetzt, und die Festplatten werden ebenfalls heruntergefahren. Wenn Sie ein mobiles Gerät einsetzen, dann teilt sich die Ansicht ENERGIE SPAREN in zwei Reiter für die jeweilige Stromquelle.

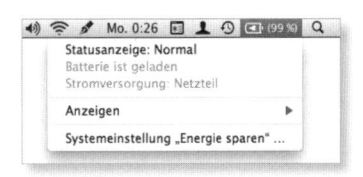

▲ **Abbildung 13.32**
Mit gedrückt gehaltener Taste ⌥ wird der Status der Batterie angezeigt.

Sie können anhand der Schieberegler die Wartezeit ändern, wobei der Ruhezustand des Monitors unabhängig von dem des Rechners eingestellt werden kann. Abhängig von der gewählten Stromquelle können Sie hier weitere Optionen festlegen, mit denen sich Strom sparen und damit die Laufzeit der Batterie erhöhen lässt. Ferner ist es möglich, sich den BATTERIESTATUS IN der Menüleiste anzeigen zu lassen. Sie finden dann oben rechts in der Menüleiste einen Eintrag für die Batterie, und über den Eintrag Anzeigen können Sie vorgeben, welche Informationen direkt in der Menüleiste angezeigt werden sollen. Halten Sie die Taste ⌥ gedrückt, wenn Sie den Menüpunkt anklicken, dann erscheint der Eintrag Statusanzeige. Wählen Sie ihn aus, dann erscheint ein Fenster, in dem Ihnen die Informationen zum Status Ihrer Batterie erläutert werden.

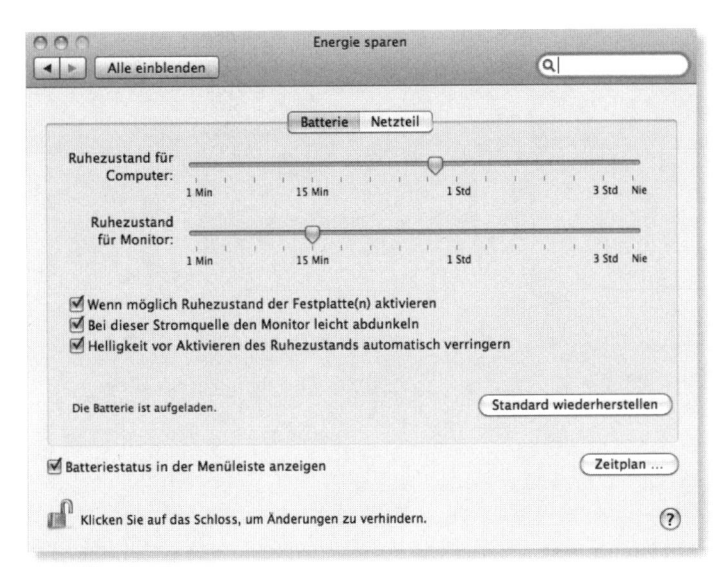

▲ **Abbildung 13.33**
Bei einem mobilen Gerät werden die Einstellungen für jede Stromquelle einzeln festgelegt.

In den Einstellung für das Netzteil können Sie die in Abschnitt 17.2.4 besprochene Funktion Ruhezustand bei Netzwerkzugriff beenden aktivieren. Wichtig für ein System, das Sie als Server einsetzen, kann die dort vorhandene Option Nach Stromausfall automatisch starten sein.

▲ **Abbildung 13.34**
Über die Schaltfläche Zeitplan kann der Rechner zu bestimmten Uhrzeiten gestartet und ausgeschaltet werden.

13.6.3 Datum & Uhrzeit

In der Ansicht DATUM & UHRZEIT legen Sie nicht das Format der Anzeige fest, wohl aber die Zeitzone und das auf Ihrem System eingestellte Datum.

[Network Time Protocol]
Wenn Sie DATUM & UHRZEIT AUTOMATISCH EINSTELLEN lassen, nimmt Ihr System über das Internet Kontakt zu den Zeitservern von Apple auf und stellt die Uhrzeit Ihres Rechners automatisch nach diesen Servern. Grundlage hierfür ist das Network Time Protocol, und im Hintergrund übernimmt der Dämon `ntpd` die Synchronisation.

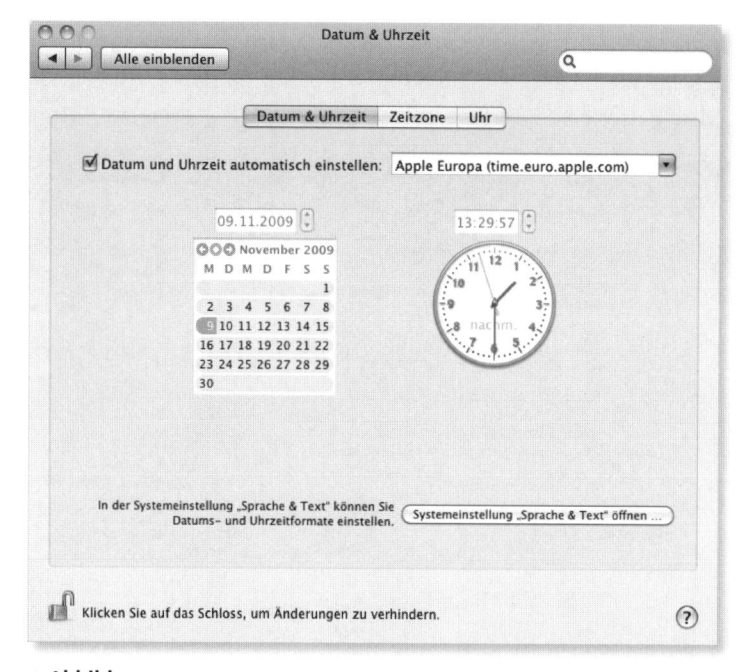

▲ **Abbildung 13.35**
In der Ansicht DATUM & UHRZEIT kann die Synchronisation über einen Zeitserver von Apple erfolgen.

Das Festlegen der Zeitzone kann wichtig sein, wenn Sie Ihren Rechner auf eine Reise mitnehmen oder ihn an die Uhrzeit eines weit entfernten Ortes angleichen müssen. In diesem Fall sorgt die Modifikation der Zeitzone in Zusammenhang mit der automatischen Synchronisation für eine korrekte Buchführung über die Änderungsdaten Ihrer Dateien.

Wenn Ihr Rechner über eine AirPort-Karte verfügt, dann finden Sie dort auch die Option ZEITZONE AUTOMATISCH ANHAND DES AUFENTHALTSORTS FESTLEGEN. Ist diese Option aktiviert, dann versucht das System, aufgrund der Konstellationen der erreichbaren Netzwerke Ihre Position zu bestimmen, was in der Praxis recht gut funktioniert.

Das Aussehen der Zeitanzeige in der Menüleiste können Sie unter UHR an Ihre Vorstellungen anpassen. Es gibt auch die Möglichkeit, sich die Uhrzeit mithilfe der Sprachausgabe Ihres Systems innerhalb eines bestimmten Intervalls vorlesen zu lassen.

13.6.4 Sprache & Text

In der Ansicht SPRACHE & TEXT legen Sie die Sprache des Systems und die Formate für das Datum sowie die Währung fest. Im Reiter SPRACHEN finden Sie eine Liste der Sprachen vor, die das System für die Darstellung auf dem Bildschirm verwenden soll. Hier steht, sofern Sie bei der Installation keine andere Sprache ausgewählt haben, DEUTSCH an erster Stelle. Die darunter aufgeführten Sprachen können Sie in eine andere Reihenfolge ziehen. Wenn Sie beispielsweise ENGLISH an die erste Stelle platzieren, nutzen alle Programme, die Sie von diesem Zeitpunkt an starten, eine englische Oberfläche. Sie erhalten in den Systemeinstellungen einen Hinweis, dass die neuen Einstellungen nur für neu gestartete Programme gelten. Über die Schaltfläche LISTE BEARBEITEN können Sie nicht benötigte Sprachen aus der Liste entfernen.

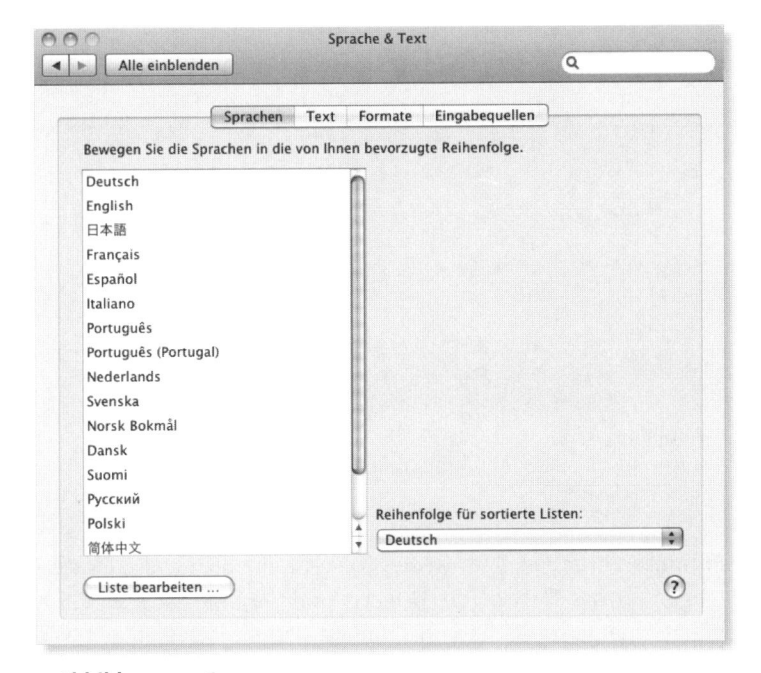

▲ **Abbildung 13.36**
Die installierten Sprachmodule können in die gewünschte Reihenfolge gebracht werden.

Sortierung der Listen | Die REIHENFOLGE FÜR SORTIERTE LISTEN wirkt sich unter anderem auf die Darstellung der Listenansicht im Finder aus. Hier können Sie eine Methode auswählen, die sich an den für die jeweilige Sprache üblichen Gepflogenheiten orientiert. Neben Deutsch steht Ihnen auch die Option TELEFONBUCH-SORTIERREGELN zur Verfügung.

Wortgrenze
Die Auswahl STANDARD unter WORTGRENZE können Sie so belassen, sofern Sie nicht Programme entwickeln. In diesem Fall dient die Option ENGLISCH (VEREINIGTE STAATEN, POSIX) dazu, dass sich das Verhalten des Systems bei der Auswahl von Wörtern zum Beispiel über einen Doppelklick an den Anforderungen von Programmiersprachen orientiert.

Text | In der Ansicht TEXT finden Sie zunächst die in Abschnitt 2.5.3 besprochenen automatischen Ersetzungen. Ferner können Sie hier die Sprache für die Rechtschreibprüfung (siehe Abschnitt 2.5.2) auswählen. Die intelligenten Anführungszeichen beziehen sich auf die Funktion intelligente Anführungszeichen, wobei der erste Eintrag für die Tastenkombination ⇧ + 2, der untere Eintrag für die Tastenkombination ⇧ + # genutzt wird.

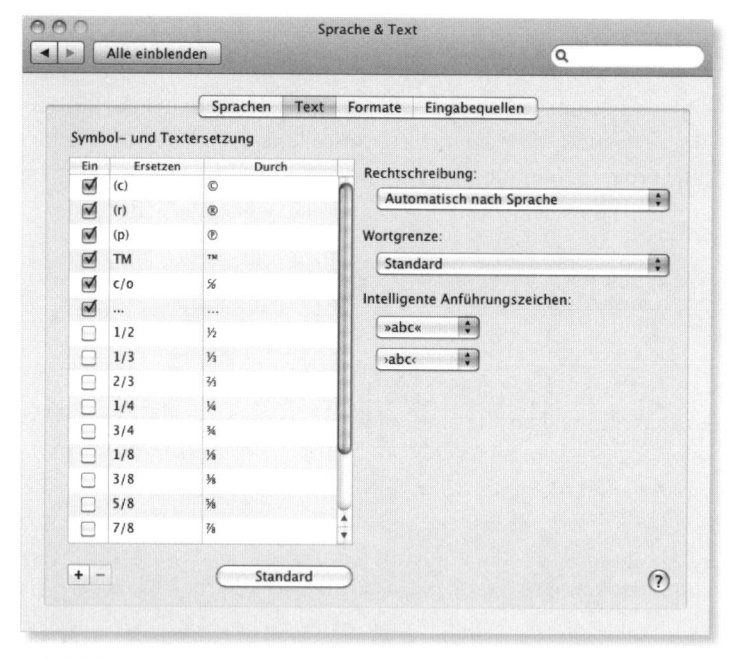

▲ **Abbildung 13.37**
Die zu verwendenden Anführungszeichen können im Reiter TEXT ausgewählt werden.

Formate vorgeben | Im Reiter FORMATE finden Sie die Einstellungen für das DATUM, die UHRZEIT und die ZAHLEN. Mac OS X bringt eine ganze Reihe von standardisierten Formaten mit, die Sie unter REGION auswählen können. Die zur Verfügung stehenden Gepflogenheiten orientieren sich zunächst an der ausgewählten Sprache. Wenn Sie sich ALLE REGIONEN ANZEIGEN lassen, können Sie aus einer langen Liste auswählen, welches Format Sie verwenden möchten.

Viele Programme greifen auf diese Einstellungen des Systems zurück, und so orientieren sich einige Textverarbeitungen eben an den hier vorgegebenen Formaten.

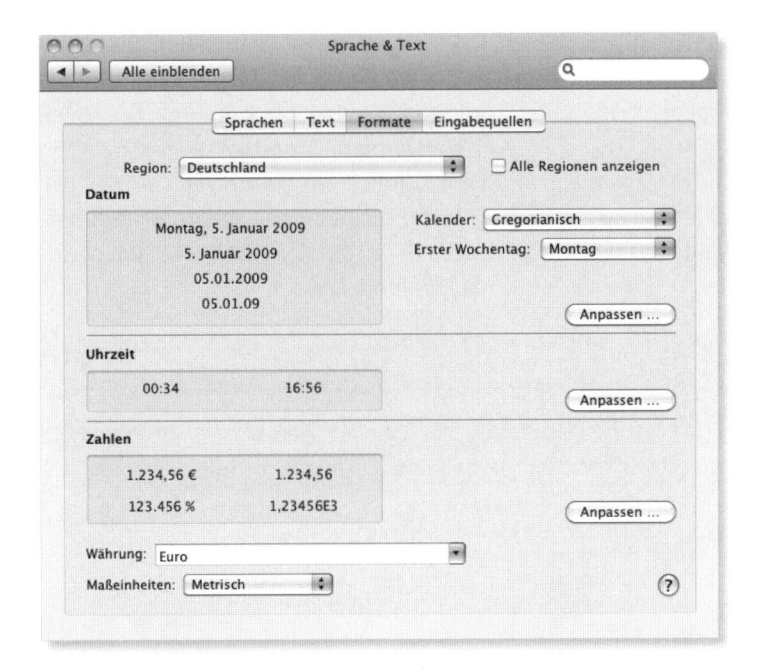

◄ **Abbildung 13.38**
Die Formate für das Datum, für die Uhrzeit und für Zahlen können eigens definiert werden.

Formate anpassen | Über die Schaltfläche ANPASSEN können Sie sowohl die Formate für die Uhrzeit als auch für das Datum an Ihre eigenen Anforderungen anpassen. Es erscheint dann jeweils ein Fenster mit einer Eingabezeile, in dem Sie unter ANZEIGEN das zu ändernde Format auswählen und dann die hellblau unterlegten Elemente an die passende Stelle ziehen. Andere Elemente wie Punkte oder Leerzeichen können Sie direkt dort eingeben.

Über den kleinen weißen Pfeil, der sich in der hellblauen Umrandung der Elemente befindet, können Sie weitere Einstellungen vornehmen. Hierzu gehört zum Beispiel eine führende Null beim Tag. Ändern Sie die Vorgaben auf diese Weise ab, so finden Sie unter REGION die Auswahl EIGENE. Mit der Auswahl von DEUTSCH könnten Sie dann wieder zum Standard zurückkehren.

▲ **Abbildung 13.39**
Die Formate können durch die Bestandteile zusammengesetzt werden.

Eingabequellen | Im Reiter EINGABEQUELLEN können Sie neben der wahrscheinlich aufgrund der Sprachwahl voreingestellten deutschen Tastaturbelegung aus einer ganzen Reihe von weiteren Sprachen auswählen und zum Beispiel mit US auf die QWERTY-Belegung zurückgreifen. Wenn Sie sich die EINGABEQUELLEN IN DER MENÜLEISTE ANZEIGEN lassen, erscheint oben rechts ein Eintrag in der Menüleiste. Haben Sie mehr als eine Tastaturbelegung ausgewählt, dann wird die jeweilige Flagge angezeigt. Andernfalls stehen Ihnen die nachfolgend beschriebenen Funktionen TASTATURÜBERSICHT und ZEICHENÜBERSICHT zur Auswahl, sofern Sie diese aktiviert haben.

Eingabequellen pro Dokument
Die Option FÜR JEDES DOKUMENT EINE ANDERE ZULASSEN sorgt dafür, dass sich das System merkt, für welches offene Dokument Sie eine andere Tastaturbelegung ausgewählt haben.

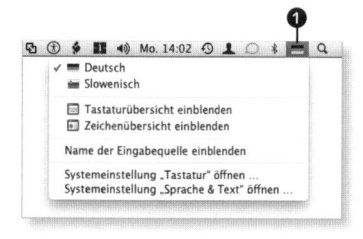

▲ **Abbildung 13.40**
Die Tastaturbelegungen ❶ stehen über die Menüleiste zur Auswahl.

Es ist auch möglich, mit einer Tastenkombination zwischen den Tastaturbelegungen zu wechseln. In den Standardeinstellungen werden hierfür die Kurzbefehle ⌘ + Leertaste sowie ⌘ + ⌥ + Leertaste verwendet. Diese kollidieren mit den Kurzbefehlen für Spotlight. Wollen Sie sie nutzen, müssen Sie daher (siehe Abschnitt 2.6.1) die Kurzbefehle entweder für Spotlight oder für den Wechsel der Tastaturbelegung in der Systemeinstellung für die Tastaturkurzbefehle ändern.

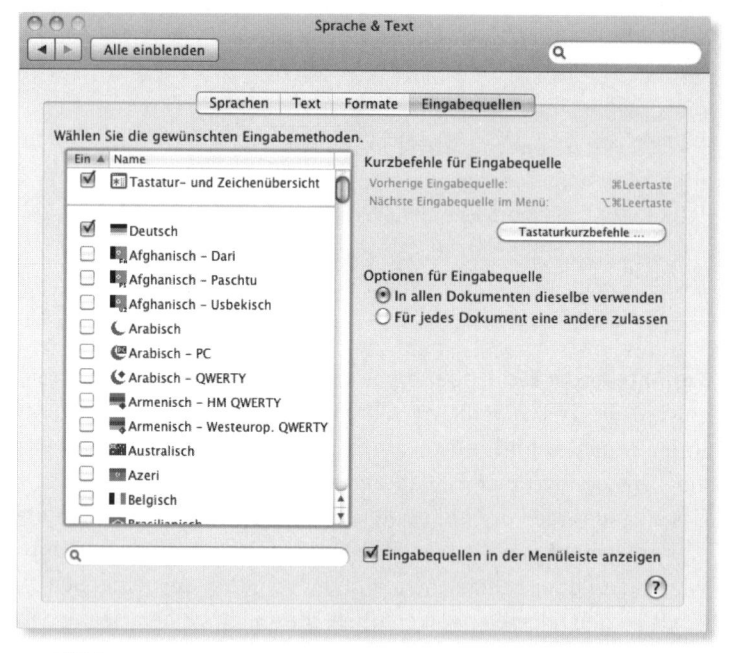

▲ **Abbildung 13.41**
Die Ansicht EINGABEQUELLEN enthält eine ganze Reihe von möglichen Tastaturbelegungen.

Wenn Sie die Option TASTATUR- UND ZEICHENÜBERSICHT aktivieren, dann können Sie über das Menü in der Symbolleiste sowohl die in Abschnitt 2.5.5 beschriebene Zeichenpalette aufrufen als auch eine Palette, die die aktuelle Tastaturbelegung darstellt. Drücken Sie eine Taste wie ⇧ oder ⌥, dann ändert sich die Darstellung entsprechend.

Abbildung 13.42 ▶
Die TASTATURÜBERSICHT zeigt die Belegung der Tasten an.

13.7 Systemwartung und -optimierung

Über die Notwendigkeit, Mac OS X zu warten und gegebenenfalls zu optimieren, werden bisweilen recht emotionale Debatten geführt. Dabei ist es entscheidend, was jeweils unter den Begriffen »Wartung« und »Optimierung« verstanden wird. So ist jede Installation eines Updates ja eigentlich schon eine Wartungsmaßnahme, und insbesondere bei der Optimierung kommt es wirklich darauf an, wie man diesen Begriff auffasst.

Der Punkt bei Mac OS X besteht darin, dass es eigentlich keine direkte Wartungsmaßnahme in dem Sinne gibt, als dass Sie mit der Ausführung von Befehlen und Programmen Problemen vorbeugen können. In der Regel verhält es sich so, dass es einige Maßnahmen gibt, mit denen Sie aufgetretenen Problemen abhelfen können – diese werden im Kapitel »Troubleshooting« besprochen. Problemen vorbeugen, um beispielsweise Abstürze zu vermeiden oder die Arbeitsgeschwindigkeit des Systems konstant zu halten, müssen Sie nicht.

> **Staub wischen!**
> Apple selbst gibt in einem Dokument mit dem Titel »Schnellhilfe für die Mac-Wartung« *(http://support.apple.com/kb/HT1147?viewlocale=de_DE)* allen Ernstes die Empfehlung: »Staub und andere Verschmutzungen können dem Computerinneren schaden. Halten Sie daher Ihren Arbeitsplatz immer sauber.«

»cron jobs« | Es gibt unter Mac OS X 10.6 drei LaunchDaemons, die täglich, wöchentlich beziehungsweise monatlich frühmorgens ausgeführt werden. Sie werden verschiedentlich auch als »cron jobs« bezeichnet, weil sie bis Mac OS X 10.3 durch den Dämon `crond` ausgeführt wurden. Hierbei werden jeweils mehrere Shell-Skripten aus den Verzeichnissen /ETC/PERIODIC/DAILY, /ETC/PERIODIC/WEEKLY und /ETC/PERIODIC/MONTHLY aufgerufen.

Die Aufgabe dieser Skripten besteht in erster Linie darin, die Protokoll-Dateien im Verzeichnis /VAR/LOG zu komprimieren und so ein wenig Speicherplatz auf der Festplatte freizugeben. Bei der geringen Größe der Protokolle von nur einigen MB fällt diese Komprimierung angesichts der heute gebräuchlichen Kapazität der Festplatten nicht ins Gewicht. Wenn Sie möchten, können Sie diese Skripten durch die Aufrufe `sudo periodic daily`, `sudo periodic weekly` und `sudo periodic monthly` eigenhändig ausführen.

> **weekly**
> Die Aussage, dass die Skripten in erster Linie Protokolle komprimieren, ist bei dem über `sudo periodic weekly` aufzurufenden Skript ein wenig abzuschwächen. Hierbei werden zwei Datenbanken aktualisiert, die von den Befehlen `locate` und `whatis` genutzt werden.

Caches löschen? | Das System legt im Hintergrund in den Verzeichnissen /SYSTEM/LIBRARY/CACHES, /LIBRARY/CACHES und ~/LIBRARY/CACHES sowie unter /VAR/FOLDERS eine Reihe von Zwischenspeichern an. Die Aufgabe dieser Caches besteht darin, dem System einen schnelleren Zugriff auf häufig benötigte Daten zu ermöglichen. Das eigenhändige Löschen dieser Zwischenspeicher bringt keinen Geschwindigkeitsvorteil, vielmehr verlangsamt es den Systemstart. Nur wenn diese Zwischenspeicher korrupt werden, kann die Löschung etwa mit dem Befehl `atsutil` notwendig sein. Indes fällt diese Aufgabe eher in den Bereich Troubleshooting und nicht unter Wartung.

Vorsicht mit Systemoptimierern
Gelegentlich werden auch verschiedene Programme empfohlen, die selbstständig in einem Durchlauf Optimierungen vornehmen. Mittlerweile gibt es fast ein Dutzend dieser Programme. Bei vielen wurde der Quellcode nicht freigegeben, sodass eine präzise Aussage, was genau ausgeführt wird, schlichtweg nicht möglich ist. Sie sollten sich beim Einsatz solcher Programme, sofern Sie sie überhaupt nutzen möchten, immer bewusst sein, dass Sie keinen Einblick haben, was dieses Programm, dem Sie gerade mithilfe Ihres Administratoren-Passwortes freien Zugriff auf Ihr System gegeben haben, überhaupt macht.

Prebinding | In älteren Versionen von Mac OS X war es bisweilen notwendig, das Prebinding von Hand zu aktualisieren. Dessen Aufgabe besteht darin, Programmbibliotheken, die von Programmen eingebunden werden, schon vorab zu laden. Dies hat den Start von einigen Programmen beschleunigt. Mit Mac OS X 10.5 hat Apple einige Verbesserungen und Änderungen an dem Dämon `dyld`, der für das dynamische Laden von Bibliotheken zuständig ist, vorgenommen. Die Aktualisierung des Prebindings ist auch unter Mac OS X 10.6 nicht mehr notwendig.

Ein paar Worte zum Schluss | Die Kürze dieses Abschnittes mag überraschen, wenn man ihn ins Verhältnis zum ganzen Buch setzt. Abschließend eine Beobachtung, die aus den Rückmeldungen aus der Leserschaft der vorhergehenden Auflagen, aus meinem persönlichen Umfeld und auch aus der Arbeit mit meinen eigenen Rechnern und Systemen resultiert. Während die eigenen Computer nie mit den zuweilen empfohlenen Methoden »gewartet« und optimiert wurden und sich von Version 10.4.0 bis 10.6.1 eigentlich keine nennenswerten oder gar gravierenden Probleme ergaben, stieg die Anzahl der Probleme und Schwierigkeiten in der Regel dort an, wo versucht wurde, das System eigenhändig mit den hier diskutierten Methoden zu warten. Dies ist natürlich nur ein subjektiver Eindruck, aber irgendwie spiegelt er schon eine Tendenz wider.

14 Benutzer und Gruppen verwalten

Unter Mac OS X ist genau geregelt, wem welche Datei gehört und wer sie lesen und ändern darf. Daneben können Benutzern einige Funktionen des Systems vorenthalten werden, um Probleme zu vermeiden. In diesem Kapitel erfahren Sie alles über die Administration von Benutzern und Benutzergruppen.

14.1 Grundlagen

Die Verwendung von Benutzerkonten hat unter UNIX-Systemen eine lange Tradition, und die Zugriffsrechte werden deutlich strenger gehandhabt, als dies unter Windows lange der Fall gewesen ist. Im direkten Vergleich zu Windows Vista und auch Windows 7 ist die Verwaltung der Benutzerkonten sehr viel komfortabler und deutlich besser ins System integriert, werden Sie doch nicht alle naselang nach Ihrer Zustimmung gefragt.

System schützen | Wenn Ihnen für eine Datei die benötigten Rechte fehlen, verweigert Ihnen das System kategorisch jeglichen Zugriff. So ist es möglich, das System gegen unbefugte Zugriffe besser abzusichern. Eine Datei, die Sie nicht explizit für einen Benutzer als ausführbar gekennzeichnet haben, kann von diesem auch nicht gestartet werden. Das Risiko, dass Sie sich einen Virus einfangen, wird so deutlich reduziert.

Privatsphäre schützen | Durch die strenge Rechtevergabe wird auch die Privatsphäre der Anwender besser geschützt. UNIX ist in seiner langen Entwicklungsgeschichte von jeher als ein System entwickelt worden, das bevorzugt im Netzwerk mit mehreren Hundert, wenn nicht sogar Tausend Beteiligten arbeitet. Damit Anwender jeweils nur Zugriff auf ihre Daten und nicht auf die der Kollegen oder gar Konkurrenten erhalten, werden die Zugriffsmöglichkeiten eingeschränkt.

NetInfo
Bis Mac OS X 10.4 wurden die lokalen Benutzerkonten über das NetInfo-System verwaltet. Mit Mac OS X 10.5 hat Apple NetInfo aufgegeben. In den man-pages unter anderem von `dscl` werden Sie noch vereinzelt auf diesen Begriff stoßen.

Protokolle
Die Einteilung in Benutzer hat noch einen weiteren, bei der Verwaltung eines Systems nicht zu unterschätzenden Vorteil: Anhand der Protokolle (siehe Abschnitt 25.3) kann oft detailliert nachvollzogen werden, welcher Anwender welche Aktionen ausgeführt hat. Im Falle von Problemen kann die entsprechende Person angesprochen oder auch zur Verantwortung gezogen werden.

Ressourcen begrenzen | Neben den Zugriffsrechten, die Sie auch vor Schaden bewahren, wenn ein Hintergrundprozess aus dem Ruder laufen sollte, ist es mit der Einrichtung von Benutzern auch möglich, die Ressourcen eines Rechners zu verwalten.

Da jedes laufende Programm einen Eigentümer hat, kann dadurch auch der Zugriff innerhalb des Dateisystems eingeschränkt werden. Zum Beispiel verfügt der Webserver Apache über eine eigene Benutzerkennung (_www) und kann nur auf die Verzeichnisse und Dateien zugreifen, die ihm und seiner Benutzergruppe zugewiesen wurden. Somit wird verhindert, dass der Webserver, wenn er im Internet frei zugänglich ist, Dateien des Betriebssystems manipuliert.

BSD-Konfigurationsdateien
Unter Linux und vielen UNIX-Derivaten werden die Benutzerkonten über Textdateien im Verzeichnis /ETC verwaltet. Mac OS X ist in der Lage, diese Dateien zu berücksichtigen. Der Zugriff kann über das Programm Verzeichnisdienste (siehe Abschnitt 17.2) konfiguriert werden.

Datenbank | Die Vorgaben der Benutzerkonten, Gruppen und noch einige weitere Einstellungen werden in einer Datenbank im Verzeichnis /VAR/DB/DSLOCAL gespeichert. Sie finden hier eine nur für den Super-User zugängliche Verzeichnisstruktur, in der die einzelnen Einträge, wie zum Beispiel ein über die Systemeinstellungen erstelltes Benutzerkonto, in Property-Listen (siehe Abschnitt 13.2.2) gespeichert werden. Der Aufbau der Datensätze und der Datenbank orientiert sich sehr eng an den Spezifikationen von LDAP (siehe Abschnitt 17.6). Während die Möglichkeiten der Systemeinstellungen, diese Datenbank zu bearbeiten, eher grundlegender Natur sind, steht Ihnen am Terminal der Befehl dscl zur Verfügung.

DirectoryService | Im Hintergrund arbeitet der Dämon DirectoryService. Er ist unter anderem zuständig für die Verwaltung dieser Datenbank und antwortet auf Anfragen aus dem System, wenn zum Beispiel ein Benutzer sich über sein Passwort identifizieren möchte. Daneben übernimmt er noch eine Reihe von weiteren Aufgaben, wie etwa die Auflösung von Rechnernamen im Netzwerk.

14.2 Benutzer verwalten

In den Systemeinstellungen finden Sie in der Ansicht BENUTZER eine Liste der auf Ihrem System angelegten Benutzerkonten und Gruppen für menschliche Benutzer. Menschlich deshalb, da es auch möglich ist, dass Programme und Systemdienste eine eigene Benutzer- und Gruppenkennung besitzen. Solche nicht menschlichen Benutzer werden von den Systemeinstellungen nicht aufgeführt, sind aber am Terminal mit dscl einzusehen und zu bearbeiten.

Vier Typen | Neben den Gruppen können Sie vier verschiedene Typen von Benutzerkonten verwenden. Zuerst gibt es den STANDARD. Unter Benutzerkonten dieses Typs können Programme gestartet und beendet, Verbindungen ins Netzwerk aufgebaut und Dateien und Dokumente innerhalb des persönlichen Ordners gespeichert werden.

Bei einem Konto vom Typ ADMINISTRATOR (siehe Abschnitt 14.3) sind diese Möglichkeiten natürlich auch gegeben, indes ist es einem Anwender unter diesem Konto möglich, sich für einen begrenzten Zeitraum durch die Eingabe seines Passwortes administrative Rechte des Super-Users zu verschaffen. Darüber hinaus stehen ihm einige Verzeichnisse unter /LIBRARY zur Verfügung.

Ist für ein Benutzerkonto die Option VERWALTET DURCH DIE KINDERSICHERUNG aktiviert,, kann ein Administrator die verfügbaren Möglichkeiten und Funktionen drastisch einschränken. Geben Sie Ordner im Netzwerk frei, können Sie anderen Anwendern in Ihrem Netzwerk den Zugriff mit einem Benutzerkonto vom Typ NUR FREIGABE gewähren.

[Erster Benutzer]
Haben Sie Mac OS X gerade installiert und keine Einstellungen von einem anderen System übernommen, so existiert lediglich ein Benutzerkonto. Es handelt sich hierbei um das Konto, das Sie im Zuge des Installationsvorgangs angelegt haben. Dieser erste auf Ihrem System angelegte Benutzer verfügt zunächst über die Rechte, das System zu verwalten.

14.2.1 Neues Benutzerkonto erstellen

Ein neues Benutzerkonto erstellen Sie mit einem Klick auf das Pluszeichen links unten ❶. Zunächst geben Sie über NEUER ACCOUNT den Typ des Benutzerkontos vor. Darunter geben Sie dann den vollständigen Namen des Benutzers ❷ ein, der im Anmeldebildschirm und auch im Adressbuch verwendet wird.

◀ **Abbildung 14.1**
Ein neuer Benutzer wird mit dem Pluszeichen ❶ erstellt.

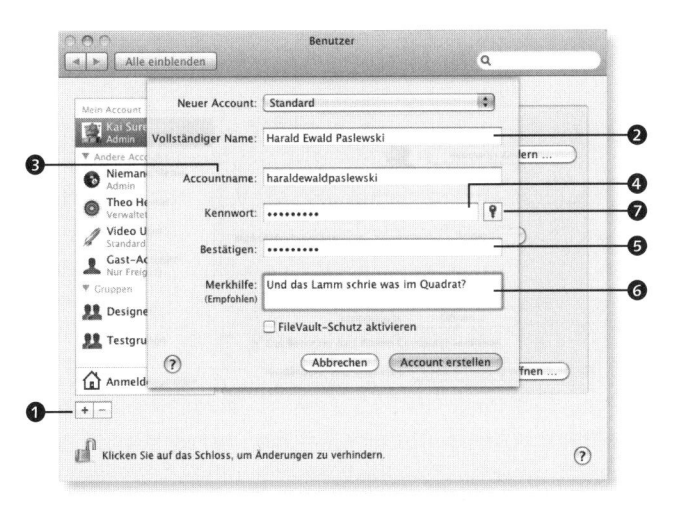

Der ACCOUNTNAME ❸, auch Kurzname genannt, wird vom System automatisch basierend auf dem vollständigen Namen vorgeschlagen. Sie können ihn aber nach eigenen Vorstellungen ändern, sofern Sie dabei Kleinbuchstaben verwenden und Leerzeichen vermeiden. Der Kurzname wird unter anderem für die Anmeldung am Terminal benutzt. Er gibt ferner den Namen des persönlichen Ordners unter /Users vor. Wählen Sie den Kurznamen mit Bedacht, denn die nachträgliche Änderung ist nicht unproblematisch.

Passwort vergeben | Nach dem Kurznamen müssen Sie das Passwort sowohl unter Kennwort ❹ als auch im Feld Bestätigen ❺ eingeben. Die Merkhilfe ❻ kann als Gedankenstütze dienen, wenn Sie sich im Anmeldefenster mehrmals vertippen, und einen Hinweis auf das zu verwendende Passwort (»Wie heißt das Haustier und wie ist die Quersumme seines Geburtsdatums?«) geben. Auch wenn Sie von Apple mit dem Hinweis Empfohlen versehen wurde, sollte die Verwendung einer Merkhilfe bedacht sein. Sie kann unter Umständen auch Fremden das Erraten Ihres Passwortes erleichtern.

Kennwortassistent | Wenn Sie bei der Wahl eines Passwortes etwas unsicher sind, können Sie mit einem Klick auf den kleinen Schlüssel ❼ die Funktion Kennwortassistent aufrufen. Basierend auf der Art des Passwortes (Einprägsam, Zufällig ...) unterbreitet er Ihnen einen Vorschlag. Sie können dabei die Länge des Passwortes einstellen. Je länger das Passwort, desto schwerer ist es zu erraten.

Der Balken der Qualität zeigt Ihnen, wie schwierig es voraussichtlich wäre, Ihr Kennwort herauszufinden. Wenn dieser Balken im roten Bereich ist, verwenden Sie ein zu kurzes und sehr leicht zu erratendes Passwort.

Sichere Passwörter | Sie finden im Kennwortassistenten unter Tipps Hinweise, wenn Ihr Kennwort etwa nur aus Kleinbuchstaben besteht oder gar ein real existierendes Wort ist. Letztere, wie zum Beispiel »Apple«, sind besonders unsicher, weil es mittlerweile ganze Datenbanken gibt, die gezielt echte Wörter oder Kombinationen daraus (»Apple123«, »1Apple4«, ...) abfragen und so die Zeit bis zum erfolgreichen Einbruch gehörig verkürzen. Angriffe dieser Art werden auch »Dictionary Attack« genannt. Die Art FIPS-181-kompatibel basiert auf einem Verfahren von US-Regierungsbehörden. Diese Methode hat den Vorteil, dass das vorgeschlagene Passwort in keinem Wörterbuch steht, aber dennoch recht leicht zu merken ist. Lediglich ein bis zwei Ziffern und ein Satzzeichen wären im besten Fall noch zu ergänzen.

Hauptkennwort | Wenn ein Benutzer das Passwort für sein Konto vergessen hat, dann kann mithilfe des Hauptkennwortes

> **HINWEIS**
>
> Es ist tunlichst zu unterlassen, als Passwort einfache Namen von Familienangehörigen, Haustieren oder bekannten Persönlichkeiten zu wählen. Auch ist es nicht sinnvoll, ein echtes Wort wie »Apple« oder gar »Passwort« zu verwenden. Ein gutes, weil sicheres Kennwort besteht aus einer mindestens sechs, besser aber acht oder mehr Zeichen langen, zufälligen Kette von Buchstaben und Ziffern.

▲ **Abbildung 14.2**
Der Kennwortassistent hilft bei der Vergabe eines sicheren Passworts.

(siehe Abschnitt 14.2.8) ein neues direkt im Anmeldefenster vergeben werden.

Persönliches Verzeichnis | Wenn Sie die Schaltfläche ACCOUNT ERSTELLEN betätigen, wird der neue Benutzer in der Datenbank angelegt und erscheint automatisch in der Liste unter ANDERE ACCOUNTS. Zeitgleich richtet das System im Hintergrund im Ordner /BENUTZER das persönliche Verzeichnis des neuen Benutzers ein, sofern Sie als Typ nicht NUR SHARING ausgewählt haben. Der Name des Ordners entspricht dem gewählten Kurznamen für den Benutzer.

FileVault
Sie können gleich bei der Erstellung eines Benutzerkontos für den persönlichen Ordner den FILEVAULT-SCHUTZ (siehe Abschnitt 14.2.8) aktivieren.

14.2.2 Der Gast-Account

Eine Besonderheit ist der sogenannte GAST-ACCOUNT, der immer in der Liste aufgeführt wird. Er erfüllt zwei Aufgaben, die Ihnen mit ANMELDUNG und FREIGABE unterhalb seines Namens angezeigt werden.

Wählen Sie den GAST-ACCOUNT aus, dann können Sie zunächst GÄSTEN ERLAUBEN, SICH AN DIESEM COMPUTER ANZUMELDEN. Zusätzlich können Sie noch die KINDERSICHERUNG AKTIVIEREN (siehe Abschnitt 14.2.9). Dies führt dazu, dass im Anmeldefenster der Benutzer GAST-ACCOUNT in der Liste der verfügbaren Benutzer erscheint. Für die Anmeldung mit diesem Benutzer ist kein Passwort erforderlich. Der Gast-Account kann nützlich sein, wenn Sie Dritten einen einmaligen Zugriff auf Ihren Rechner ermöglichen wollen, diese jedoch keine Dateien dauerhaft speichern sollen. Der persönliche Ordner dieses Benutzers unter /BENUTZER/GUEST wird nach der Abmeldung vom System automatisch gelöscht. Ein entsprechender Hinweis bei der Abmeldung wird gegeben.

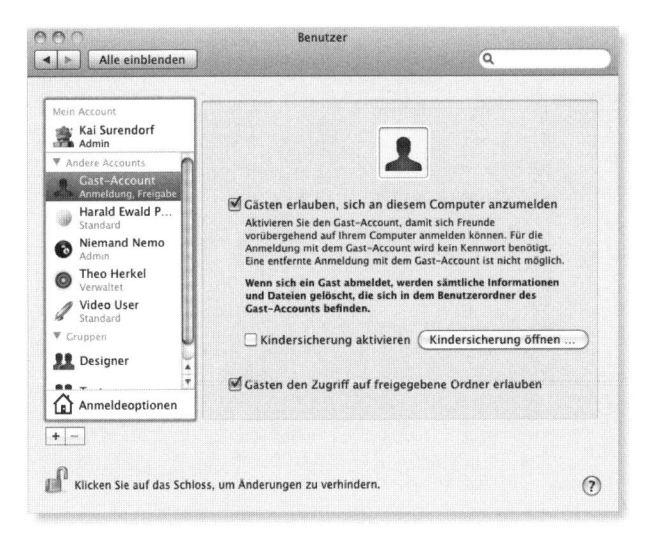

HINWEIS
Wenn Sie sich im Anmeldefenster nicht die Liste der verfügbaren Benutzerkonten, sondern die Felder für den Namen und das Passwort anzeigen lassen, lauten die für die Anmeldung als Gast notwendigen Eingaben jeweils guest.

WARNUNG
Die Anmeldung über den GAST-ACCOUNT führte wenigstens unter Mac OS X 10.6.0 und 10.6.1 in einigen, allerdings nicht reproduzierbaren Fällen dazu, dass beim Abmelden nicht nur der Ordner des GAST-ACCOUNT sondern auch persönliche Ordner anderer Benutzer gelöscht wurden! Das Update auf Mac OS X 10.6.2 sollte das Problem lösen, aber Sie sollten vor der ersten Nutzung dieses Benutzerkontos auf jeden Fall ein Backup erstellen.

◄ **Abbildung 14.3**
Der GAST-ACCOUNT kann sowohl für die Anmeldung am Rechner als auch über das Netzwerk konfiguriert werden.

Ob die Einrichtung eines Gast-Accounts insbesondere bei einem mobilen Rechner, der Ihnen gestohlen werden kann, eine gute Idee ist, sei dahingestellt. Auch über die Anmeldung als Gast könnte sich ein versierter Angreifer durchaus weitergehenden Zugang verschaffen.

> **HINWEIS**
>
> Wenn Sie Ihren Rechner in einem Netzwerk einsetzen, in dem Sie die Dateifreigabe aktiviert haben, aber nicht allen Teilnehmern im Netzwerk vertrauen können, sollten Sie den Zugriff für Gäste auf freigegebene Ordner an dieser Stelle deaktivieren.

Freigaben im Netzwerk | Die zweite Funktion des Gast-Accounts besteht nicht in der Anmeldung als Benutzer, sondern in der Möglichkeit, dass andere Anwender im Netzwerk ohne vorherige Anmeldung die freigegebenen Ordner durchsuchen können. Dies wird über die Option GÄSTEN DEN ZUGRIFF AUF FREIGEGEBENE ORDNER ERLAUBEN realisiert. Somit ist es von jedem anderen Rechner im Netzwerk aus möglich, auf die Dateien, die im Ordner ÖFFENTLICH der Benutzer abgelegt wurden, zuzugreifen und Dateien in den jeweiligen BRIEFKASTEN zu kopieren. Genau genommen wird gar nicht in die Benutzerverwaltung eingegriffen, sondern beim Dienst DATEIFREIGABE wird beim AFP-Server der Gastzugang (siehe Abschnitt 19.3.1) aktiviert.

14.2.3 Benutzerkonto konfigurieren

Neben dem Bild, mit dem der Benutzer im Anmeldefenster erscheint, können Sie auch Ihre VISITENKARTE ÖFFNEN. Mit dieser Schaltfläche gelangen Sie direkt ins Adressbuch zu Ihrem persönlichen Eintrag. Sie finden hier auch die Möglichkeit, Ihr Kennwort zu ändern. Bei einem anderen Benutzerkonto, mit dem Sie nicht aktuell angemeldet sind, heißt diese Funktion gegebenenfalls KENNWORT ZURÜCKSETZEN. Sollten Sie MobileMe nutzen, dann finden Sie hier auch Ihren Benutzernamen für diesen Dienst

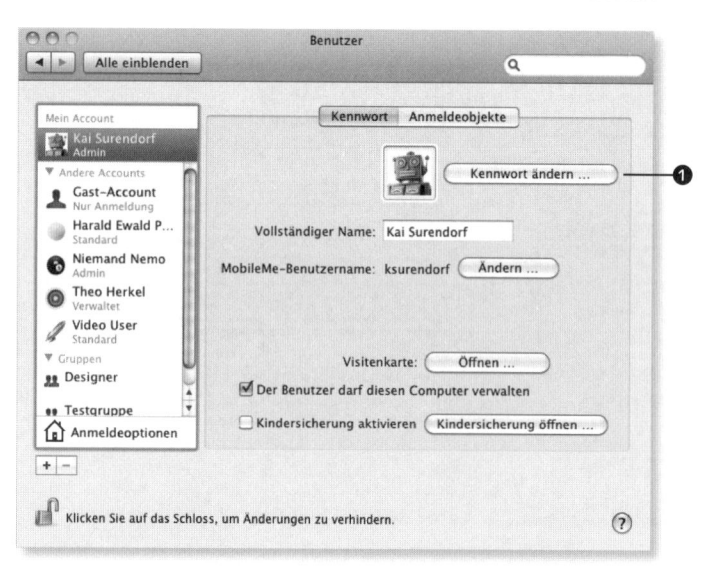

Abbildung 14.4 ▶
Neben dem Bild für das Benutzerkonto kann auch das Kennwort geändert werden ❶.

Anmeldeobjekte | Eine nützliche Funktion verbirgt sich hinter dem Punkt ANMELDEOBJEKTE. Diese sind nicht zu verwechseln mit den nach dem Start des Rechners abgearbeiteten Launch-Daemons und auch nicht mit den LaunchAgents (siehe Abschnitt 13.3). Die Anmeldeobjekte eines Benutzers werden ausgeführt, wenn er sich angemeldet hat, und gelten zunächst nur für das jeweilige Benutzerkonto. An und für sich entspricht ihr Verhalten einem Doppelklick auf das jeweilige Programm oder, sofern Sie ein Dokument hinzugefügt haben, der jeweiligen Datei. In der Liste finden Sie auch die Angabe der ART des Objekts.

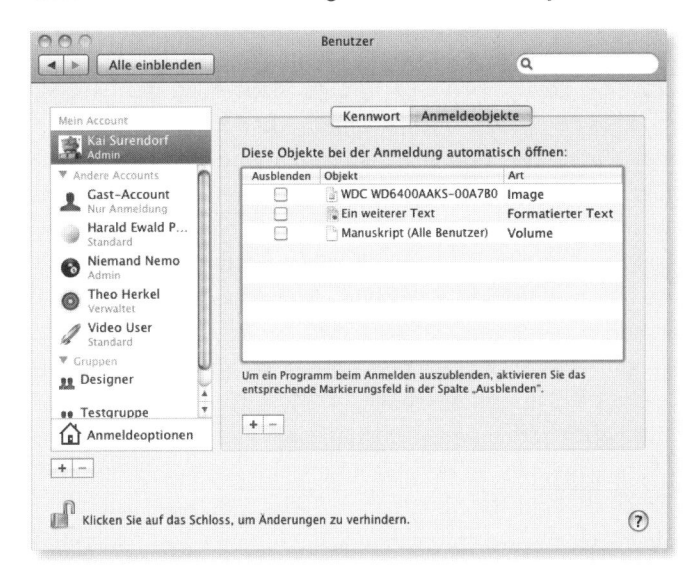

> **HINWEIS**
>
> Die Startobjekte eines Benutzers werden im Ordner ~/LIBRARY/PREFERENCES in der Datei LOGINWINDOW.PLIST gespeichert. Falls ein Startobjekt Ihren Rechner sofort nach der Anmeldung blockiert, können Sie einen sicheren Systemstart (siehe Abschnitt 25.7.5) durchführen und die Datei löschen.

◀ **Abbildung 14.5**
Objekte in den Anmeldeobjekten werden automatisch geöffnet.

Sie können hier mit dem Plus- und Minuszeichen Programme und Dateien hinzufügen und löschen. Es ist auch möglich, Objekte aus dem Finder in diese Liste zu ziehen. Arbeiten Sie zum Beispiel intensiv und ausschließlich mit InDesign, so können Sie das Programm hier hinzufügen, und es wird jedes Mal sofort nach der Anmeldung gestartet. Sie sparen sich somit den Klick auf das Icon im Dock. Die Funktion AUSBLENDEN stellt das Programm nach dem Start automatisch in den Hintergrund, analog zu der Funktion, die Sie mit ⌘ + H aufrufen können.

Im Finder zeigen
Rufen Sie das Kontextmenü über einen Eintrag in den Anmeldeobjekten auf, dann erscheint dort der Punkt IM FINDER ZEIGEN. Diese Funktion ist nützlich, wenn sich Programme nach der Installation automatisch in die Anmeldeobjekte einfügen und dabei auf Skripten zurückgreifen, die nicht auf den ersten Blick mit dem installierten Programm in Verbindung zu bringen sind.

Alle Benutzer | Es ist möglich, dass Anmeldeobjekte für alle Benutzerkonten vorgesehen sind. Diese werden in Klammern mit dem Zusatz ALLE BENUTZER gekennzeichnet. Arbeiten Sie mit einem administrativen Benutzerkonto, dann können Sie ein solches Objekt mit dem Minuszeichen löschen. Um selbst Anmeldeobjekte für alle Benutzerkonten vorzugeben, können Sie Ihre Datei LOGINWINDOW.PLIST kopieren (siehe Abschnitt 14.4.4).

▲ **Abbildung 14.6**
Die Ordner gelöschter Benutzer lassen sich in Disk Images archivieren.

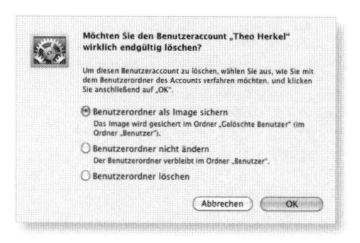

▲ **Abbildung 14.7**
Der persönliche Ordner eines Benutzers kann aufbewahrt oder gelöscht werden.

14.2.4 Benutzerkonten löschen

Ein nicht mehr benötigtes Benutzerkonto können Sie löschen, indem Sie es in der Liste auswählen und dann auf das Minuszeichen klicken. Es erscheint dann ein Dialog, in dem Sie gefragt werden, was mit dem persönlichen Ordner des Benutzers geschehen soll. Wenn Sie den BENUTZERORDNER ALS IMAGE SICHERN lassen, wird dieser zu einem Disk Image zusammengefasst und ins Verzeichnis /BENUTZER/GELÖSCHTE BENUTZER verschoben. Der Zugriff auf dieses Verzeichnis steht nur Administratoren offen, und die .DMG-Datei kann wie jede andere Abbildung auch im Finder eingebunden werden. Wenn der zu löschende Benutzer die Dateien im FileVault gesichert hat, müssen Sie für das SPARSEBUNDLE die Zugriffsrechte korrigieren (siehe Abschnitt 14.2.8).

Wenn Sie den persönlichen Ordner nicht verändern, verbleibt er unter /BENUTZER, und seinem Namen wird (GELÖSCHT) hinzugefügt. Wenn Sie sich die Zugriffsrechte eines solchen Ordners anzeigen lassen, dann wird als Eigentümer der Benutzer _UNKNOWN aufgeführt. Am Terminal würde bei der Eingabe von `ls -el /Users` bei diesem Verzeichnis als Eigentümer die zuvor für dieses Konto verwendete BENUTZER-ID (siehe Abschnitt 14.2.5) angegeben, und bei einer Access Control List (siehe Abschnitt 8.2) würde die UUID (siehe Abschnitt 14.2.5) aufgeführt. Um Zugriff auf die so noch vorhandenen Dateien eines gelöschten Benutzers zu erhalten, müssen Sie den Eigentümer und, je nach Anforderung, auch die Zugriffsrechte (siehe Abschnitt 8.2) ändern.

Dateien eines gelöschten Benutzers, die sich zum Zeitpunkt der Löschung nicht innerhalb seines persönlichen Ordners befanden, verbleiben an ihrem Platz. Es kann also durchaus vorkommen, dass Sie im Ordner FÜR ALLE BENUTZER oder an anderer Stelle noch Dateien finden, die einem mittlerweile gelöschten Benutzer gehören.

14.2.5 Erweitere Optionen und der Accountname

Wenn Sie über einen Benutzer in der Liste das Kontextmenü aufrufen, erscheint dort als einziger Punkt ERWEITERTE OPTIONEN. In dieser Ansicht können Sie einige Details des Benutzerkontos ändern, die sich nicht, wie das Bild des Benutzers, auf die grafische Oberfläche, sondern direkt auf die Eigenschaften in der Datenbank beziehen.

Die Warnung in diesem Fenster wurde von Apple nicht ohne Grund angebracht. Wenn Sie hier unbedacht Änderungen vornehmen, wird das Benutzerkonto unbrauchbar oder Sie verlieren den Zugriff auf Dateien und Ordner. Bis auf die Einstellung der ANMELDE-SHELL und der ALIASSE sollten Sie Änderungen hier nur

▲ **Abbildung 14.8**
Die erweiterten Optionen eines Benutzerkontos werden über das Kontextmenü aufgerufen.

dann vornehmen, wenn es einen technischen Grund dafür gibt. In der Regel nicht zu ändern sind die BENUTZER-ID, die GRUPPE und insbesondere die UUID. Alle drei Eigenschaften werden in Abschnitt 14.5.4 erklärt.

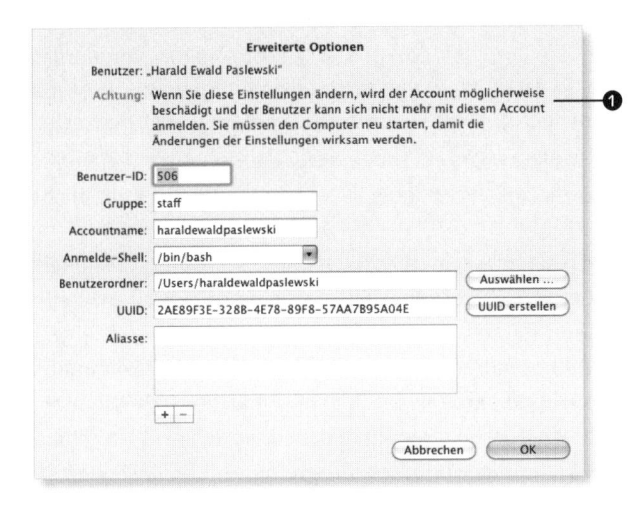

◀ **Abbildung 14.9**
Die Warnung in den erweiterten Optionen ❶ sollte auf jeden Fall ernst genommen werden.

Die Pfadangabe unter ANMELDE-SHELL definiert das Programm, das am Terminal als Shell ausgeführt wird. In der Regel ist das die auch in diesem Buch verwendete Bourne Again Shell (BASH). Wenn Sie eine andere Login-Shell bevorzugen, weil Sie unter Linux oder einem anderen UNIX-Derivat mit der tcsh oder zsh gearbeitet haben, stehen Ihnen diese Shells im Ausklappmenü zur Verfügung.

Accountname ändern? | Eine Frage, die immer wieder aufkommt, ist die nach der Änderung des Accountnamens. Es kann durchaus vorkommen, dass ein zu langer Accountname bei der Arbeit am Terminal etwas hinderlich sein kann, wobei sich ja der Tippaufwand durch die Verwendung der Vervollständigung via Tab (siehe Abschnitt 6.6.3) minimieren lässt.

Während in den vorherigen Versionen von Mac OS X bis zu 40 Einzelschritte für eine erfolgreiche und korrekte Änderung des Accountnamens notwendig waren, bietet Apple jetzt eine Möglichkeit mit grafischer Oberfläche an, und die Änderung erfolgt ohne Rückfrage. Wenn Sie den Accountnamen in den erweiterten Optionen des Benutzerkontos ändern, werden im Hintergrund zwei Aktionen ausgeführt: Zum einen wird innerhalb der Benutzerdatenbank der Eintrag des Benutzerkontos entsprechend geändert, zum anderen verwendet das System ab jetzt den geänderten Accountnamen für die Darstellung der Zugriffsrechte. Sie können das unter anderem am Terminal mit ls -l ~/ (siehe Abschnitt 8.2) überprüfen.

MobileMe und Aliasse
Wenn Sie über ein MobileMe-Konto verfügen, dann finden Sie unter den Aliassen bereits zweit Einträge. Der erste Eintrag besteht aus Ihrem Benutzernamen (NAME@ME.COM), der zweite aus einer langen Zeichenkette. Beide ALIASSE werden von MobileMe benötigt und sollten nicht gelöscht werden.

Fallstricke | Auch wenn die Änderung des Accountnamens mit Mac OS X 10.6 recht einfach erscheint, so sei die Änderung an dieser Stelle ausdrücklich nicht empfohlen. Aus Anwendersicht handelt es sich bei einem zu langen oder unpassenden Accountnamen in erster Linie um ein ästhetisches Problem. Es gibt ferner einige Stellen, bei denen der Accountname verwendet wird und wo er nicht über die Systemeinstellungen nachträglich geändert wird. Dazu gehört zum Beispiel die persönliche Webseite des Benutzers unter HTTP://LOCALHOST/~ACCOUNTNAME. Diese Einstellung im Verzeichnis /ETC/APACHE2/USERS wird nicht angepasst.

Ebenso ist es sehr gut möglich, dass Sie Programme installiert haben, die bei ihrer internen Verwaltung an irgendeiner Stelle auf den Accountnamen zurückgreifen und nach der Änderung nicht mehr funktionieren, oder dass Sie in diesem Zusammenhang Daten verlieren. Eine nachträgliche Änderung des Accountnamens kann sich durchaus als Hypothek erweisen und, abhängig von den von Ihnen verwendeten Programmen und installierten Erweiterungen, Grund für Probleme sein, die nicht unmittelbar auf den Accountnamen zurückzuführen sind.

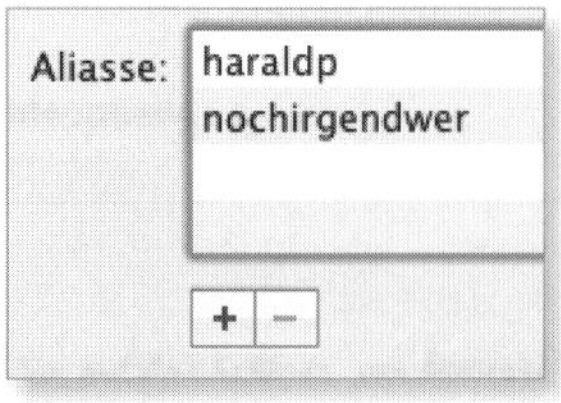

Alias statt Änderung | Wenn sich ein zu langer Accountname bei der Arbeit am Terminal doch einmal als hinderlich erweisen sollte, etwa weil Sie für die entfernte Anmeldung über SSH (siehe Abschnitt 17.2.1) immer die Zeile `ssh haraldewaldpaslewski@192.168.0.3` eingeben müssen, dann können Sie für ein Benutzerkonto ALIASSE vergeben. Diese funktionieren vom Prinzip her wie die Verweise im Finder und deuten auf das Benutzerkonto, für das sie erstellt wurden. Haben Sie ein prägnantes Alias erstellt, können Sie es im Anmeldefenster bei der Eingabe des Benutzernamens und am Terminal verwenden. Die Anmeldung mittels SSH könnte dann über `ssh alias@192.168.0.3` erfolgen, ebenso wäre der Benutzerwechsel am Terminal mit `su alias` möglich.

▲ **Abbildung 14.10**
Für einen Benutzer können beliebig viele ALIASSE erstellt werden.

14.2.6 Benutzerordner verlagern

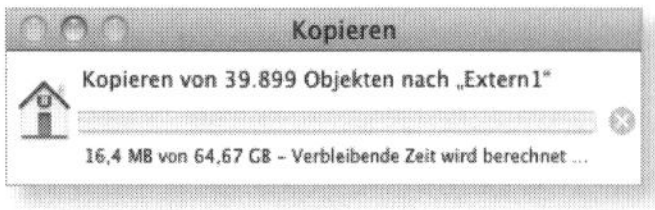

Wenn auf Ihrer internen Festplatte der Speicherplatz eng wird, kann die Verlagerung des persönlichen Ordners eines oder mehrere Benutzer auf eine externe Festplatte mit mehr Kapazität geboten sein. Eine Verlagerung des Benutzerordners können Sie mit folgendem Vorgehen erreichen: Beenden Sie zunächst alle aktiven Programme. Im Finder kopieren Sie dann Ihren persönlichen Ordner, indem Sie ihn über das Icon mit dem Häuschen an die gewünschte Stelle auf der externen Festplatte ziehen.

▲ **Abbildung 14.11**
Der Benutzerordner selbst sollte kopiert werden.

Kopieren Sie unbedingt den Ordner. Wählen Sie dabei nicht die Verzeichnisse wie DOKUMENTE, MUSIK und LIBRARY aus, da sonst die unsichtbaren Dateien (siehe Abschnitt 3.3.3) nicht mitkopiert werden.

Neustart | Starten Sie nach dem Kopiervorgang die Systemeinstellungen, und rufen Sie die erweiterten Optionen für das Benutzerkonto auf. Wählen Sie unter BENUTZERORDNER den Ordner auf der externen Festplatte.

Haben Sie Ihren Benutzerordner auf eine externe Festplatte verlagert, dann sollten Sie das unter /BENUTZER befindliche Original noch eine Weile vorrätig halten und Sicherungskopien erstellen, bis Sie annehmen können, dass die Verlagerung ohne Probleme verlaufen ist. In Einzelfällen kann es notwendig sein, die Pfadangabe zum Benutzerordner zu korrigieren. Dies ist zum Beispiel, aber nicht nur, bei den persönlichen Webseiten für den Apache Webserver der Fall. Ein wenig nachträgliche Handarbeit kann also notwendig sein.

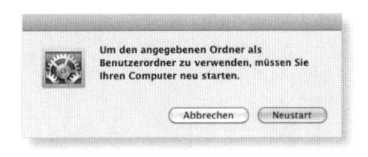

▲ **Abbildung 14.12**
Das System fordert einen sofortigen Neustart.

Time Machine | Wenn Sie die Festplatte oder Partition, auf der sich der verlagerte Benutzerordner befindet, von der Sicherung in der Time Machine ausgeschlossen haben, dann müssen Sie diesen Ausschluss aufheben. Der Benutzerordner wird unter Mac OS X 10.6 nicht automatisch den zu sichernden Objekten hinzugefügt.

14.2.7 Benutzer in Gruppen einteilen

Die Erstellung von und Arbeit mit Benutzergruppen kann sinnvoll sein, wenn Sie im Netzwerk Ordner für mehrere Anwender freigeben möchten, dabei aber nicht jede Freigabe für alle Anwender verfügbar sein soll. Wird Ihr System von mehreren Personen genutzt, dann können Sie mit Benutzergruppen auch erreichen, dass zum Beispiel die im Ordner FÜR ALLE BENUTZER abgelegten Dateien in Unterordnern gruppiert werden können. Dabei können Sie die Gruppen den entsprechenden Ordnern im Finder (siehe Abschnitt 19.1.1) zuweisen.

Eine Gruppe erstellen und entfernen Sie wie auch ein Benutzerkonto über das Plus- und Minuszeichen unterhalb der linken Spalte. Bei einer Gruppe können Sie nur den Namen vorgeben. Sie wird anschließend in der Liste aufgeführt, und wenn Sie sie auswählen, können Sie unter MITGLIEDSCHAFT die Benutzer auswählen, die zu der Gruppe gehören sollen.

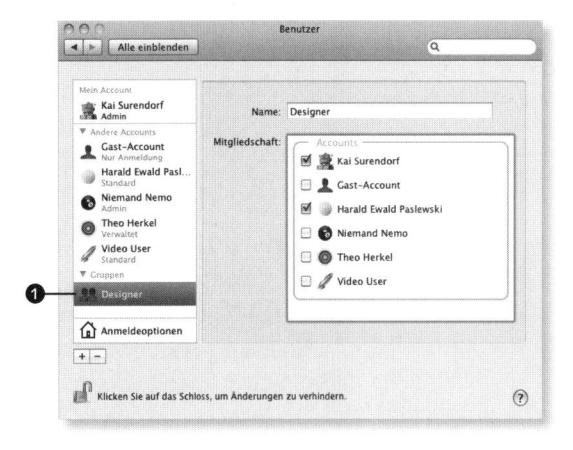

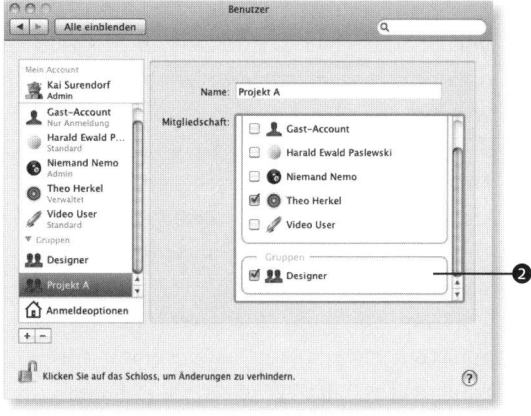

▲ **Abbildung 14.13**
Benutzer können einer Gruppe ❶ zugeordnet werden.

▲ **Abbildung 14.14**
Gruppen können ineinander verschachtelt ❷ werden.

Verschachtelte Gruppen | Es ist auch möglich, dass Sie Gruppen miteinander verschachteln, also eine Gruppe als Mitglied einer anderen Gruppe definieren. In diesem Fall erhalten die Benutzer, die Mitglieder der untergeordneten Gruppe sind, automatisch die Rechte der übergeordneten.

Von den in Abbildung 14.14 aufgeführten Benutzern wurden Kai Surendorf und Harald Paslewski der Gruppe Designer als Mitglieder zugewiesen. Die beiden Benutzer können auf die Ordner und Dateien zugreifen, für die diese Gruppe die Berechtigung besitzt. Zusätzlich wurde die Gruppe Projekt A erstellt. Hier wurde der Benutzer Theo Herkel und ebenfalls die Gruppe Designer als Mitglied zugewiesen. Auf Ordner und Dateien, für die Gruppe Projekt A im Finder Zugang bekommen hat, können somit Theo Herkel und alle Mitglieder der Gruppe Designer zugreifen. Die beiden anderen Benutzer gehören keiner der beiden Gruppen an und können auf Ordner und Dateien, die für eine der beiden Gruppen, aber nicht explizit für sie freigegeben sind, nicht zugreifen.

▲ **Abbildung 14.15**
Die Namen der Gruppen werden im Finder und am Terminal klein- und zusammengeschrieben ❸.

Namensgebung der Gruppen | Bei den Bezeichnungen der Gruppen müssen Sie beachten, dass das System zwei Namen verwendet. Zunächst gibt es den ausgeschriebenen Namen, den Sie in den Systemeinstellungen leicht ändern können. Daneben nutzt das System in der Benutzerdatenbank und bei der Darstellung der Zugriffsrechte im Finder den Kurznamen der jeweiligen Gruppe. Dieser wird klein geschrieben, und etwaige Leerzeichen werden entfernt. Verwendung findet dieser Kurzname im Finder (siehe Abbildung 14.15) und bei der Vergabe von Zugriffsrechten im Terminal.

Beachten Sie, dass Sie den Kurznamen einer Gruppe nicht nachträglich ändern. Würden Sie die Gruppe PROJEKT A in EILIGES PROJEKT umbenennen, würde die Kurzform PROJEKTA im Finder und am Terminal weiterhin verwendet und nicht in EILIGESPROJEKT geändert werden. Dies kann, wenn Sie Gruppen nachträglich umbenennen, insbesondere am Terminal bei der Arbeit mit `ls -el` manchmal zur Verwirrung führen.

14.2.8 Daten im FileVault verschlüsseln

Mit FileVault wird der persönliche Ordner des Benutzers verschlüsselt. Diese recht starke Verschlüsselung gilt bisher als nicht zu knacken. Wenn Sie sehr sensible Daten auf Ihrem Computer speichern (Krankenakten, Kreditanträge, Gutachten usw.), kann FileVault insbesondere bei mobilen Geräten oder Rechnern, die in einer »fremden« Umgebung stehen, die Sicherheit enorm erhöhen. Wird Ihnen Ihr Rechner gestohlen, so verfügen die Diebe zwar über die Hardware, wären aber nicht in der Lage, zum Beispiel die Gutachten bezüglich der Kreditwürdigkeit Ihrer Kunden weiterzugeben oder anderweitig zu nutzen.

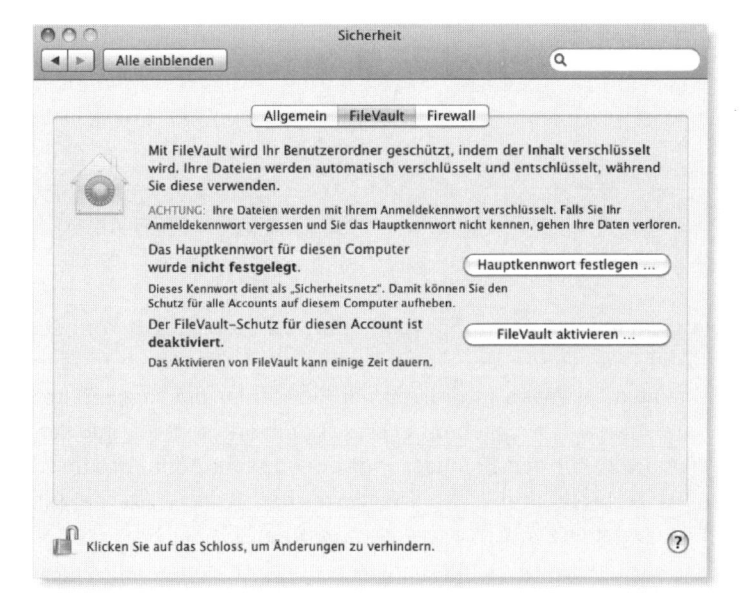

Funktionsweise
Das FileVault zugrunde liegende Verfahren besteht darin, dass der Ordner des Benutzers in eine Festplatten-Abbildung (siehe Abschnitt 9.5) vom Typ SPARSEBUNDLE kopiert wird. Diese Abbildung wird in dem Moment aktiviert, in dem der Benutzer sich am Anmeldefenster mit seinem Passwort identifiziert. Wenn sich der Benutzer abmeldet, wird auch die aktivierte Abbildung wieder aus dem Dateisystem ausgeklinkt.

◄ **Abbildung 14.16**
Die Verschlüsslung im FileVault wird in der Ansicht SICHERHEIT der Systemeinstellungen aktiviert.

Niedrigere Performance | Die Arbeit mit einem FileVault kann etwas langsamer sein als mit einem unverschlüsselten Ordner. Immerhin müssen Ihre Dateien ja während der Arbeit (»on the fly«) verschlüsselt werden. Insbesondere wenn Sie mit sehr großen Videodateien arbeiten, kann ein aktiviertes FileVault die Arbeit mit Final Cut Pro oder einem vergleichbaren Programm recht zäh werden lassen. In einem solchen Fall können Sie die

Videodateien an einem Ort außerhalb Ihres persönlichen und verschlüsselten Ordners speichern. Ein Zugriff über das Netzwerk auf ein FileVault ist nur von einem anderen Mac-OS-X-Rechner möglich. Von Windows aus können Sie das FileVault nicht aktivieren.

Eine Alternative zur Verwendung von FileVault ist die Nutzung eines verschlüsselten Disk Images (siehe Abschnitt 9.5), das Sie mit einem separaten Passwort versehen. Wenn Sie in dieses nur die Dokumente und Dateien verschieben, die Sie in jedem Fall vor fremdem Zugriff schützen möchten, vermeiden Sie die Nutzung von FileVault und dessen Nachteile in Bezug auf Geschwindigkeit und Time Machine, können aber dennoch im Falle eines Diebstahls davon ausgehen, dass Ihre sensiblen Daten nicht gestohlen werden.

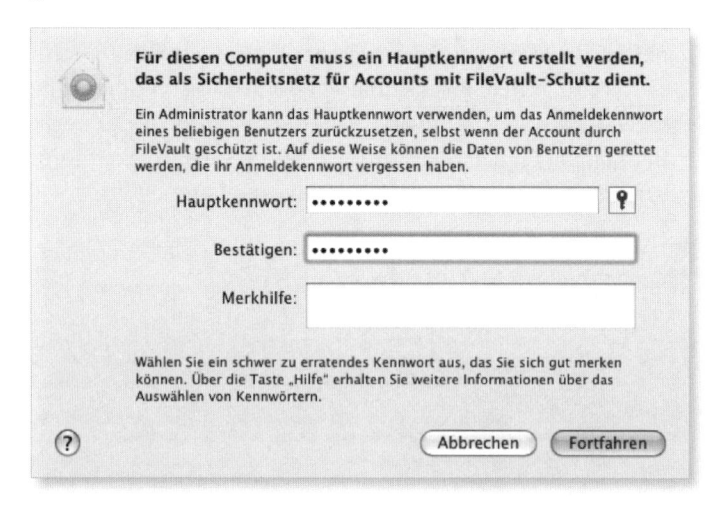

Abbildung 14.17 ▶
Das Hauptkennwort muss vor der Verwendung von FileVault festgelegt werden.

HINWEIS

Im Umkehrschluss bedeutet dies natürlich auch, dass der Administrator eines Rechners auch Zugriff auf die FileVaults aller Benutzer dieses Computers hat. Es ist also nicht möglich, dass ein Benutzer Daten vor demjenigen verbergen kann, der über das Hauptkennwort verfügt.

Hauptkennwort | Um FileVault generell nutzen zu können, müssen Sie zuerst als Administrator Ihres Rechners in den Systemeinstellungen in der Ansicht Sicherheit ein sogenanntes Hauptkennwort eingeben. Dieses Kennwort ist nicht mit den Passwörtern für den Benutzer root oder andere Administratoren zu verwechseln, und es wird im Verzeichnis /Library/Keychains in der Datei FileVaultMaster.keychain gesichert.

Die Aufgabe des Hauptkennwortes besteht darin, den Zugriff auf das FileVault auch dann noch zu ermöglichen, wenn der Anwender sein Passwort vergessen hat. Mit dem Hauptkennwort können Sie ferner im Anmeldefenster das Passwort für einen Benutzer zurücksetzen, wenn dieser mehrfach hintereinander ein falsches Passwort eingegeben hat.

FileVault aktivieren | Wenn Sie ein Hauptkennwort vergeben haben, können Sie für den gerade angemeldeten Benutzer das

FILEVAULT AKTIVIEREN. Wenn Sie nun das zu dem Benutzerkonto gehörende Passwort eingeben, wird der Inhalt des persönlichen Ordners verschlüsselt.

Dies kann, wie auch von Apple angegeben, durchaus einige Zeit in Anspruch nehmen. Immerhin müssen die Dateien, die bereits in dem Ordner abgelegt wurden, mit einem entsprechend aufwendigen Algorithmus verschlüsselt werden. Sie sollten während dieses Vorgangs Ihren Computer nicht zwangsweise neu starten und bei einem mobilen Gerät sicherstellen, dass die Stromzufuhr während der Verschlüsselung nicht unterbrochen wird.

Vor der Aktivierung bietet Ihnen das System auch noch die Möglichkeit, sowohl den sicheren virtuellen Speicher zu aktivieren (siehe Abschnitt 13.6.1) als auch das sichere Löschen (siehe Abschnitt 3.1.6) zu verwenden.

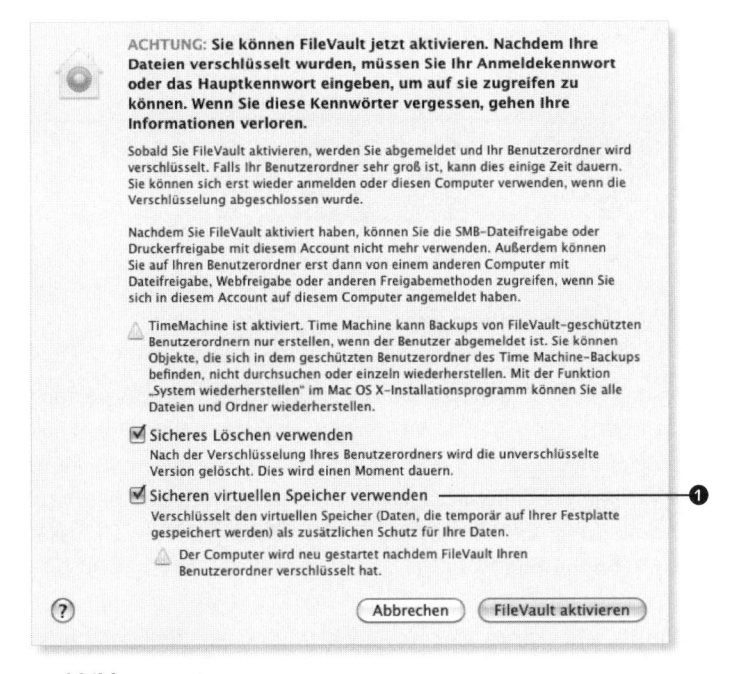

▲ **Abbildung 14.18**
Bei der Aktivierung von FileVault kann auch der virtuelle Speicher verschlüsselt werden ❶.

Wenn FileVault aktiviert wird, werden die Daten aus dem Benutzerordner in die verschlüsselte Festplattenabbildung kopiert. Um diesen Vorgang durchführen zu können, muss auf dem Startvolume etwas mehr Speicherplatz verfügbar sein, als der Benutzerordner selbst belegt. Andernfalls erhalten Sie vorher eine Fehlermeldung, und die Erstellung des FileVaults wird abgebrochen.

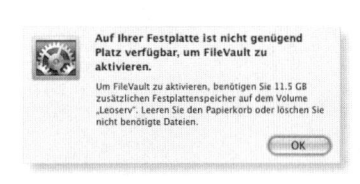

▲ **Abbildung 14.19**
Für das FileVault wird entsprechend Speicherplatz vorausgesetzt.

Während der Aktivierung werden Sie zwangsweise vom System abmeldet. Nach der Erstellung des eigentlichen FileVaults beginnt das System, den vorigen Benutzerordner sicher zu löschen. Dieser Vorgang kann einige Zeit in Anspruch nehmen, Sie können aber mit einem Klick auf den Pfeil rechts fortfahren und sich wieder anmelden.

secure_erase | Wenn Sie das sichere Löschen des vormaligen Benutzerordners überspringen, dann setzt das System die Löschung im Hintergrund fort. Sie finden in der Aktivitätsanzeige einen Prozess SECURE_ERASE, der die Löschung vornimmt, und in den Systemeinstellungen in der Ansicht SICHERHEIT im Reiter FILEVAULT wird Ihnen unten der Fortschritt angezeigt.

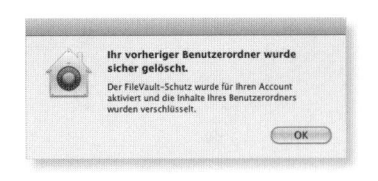

▲ **Abbildung 14.20**
Der vorherige Benutzerordner wurde im Hintergrund sicher gelöscht.

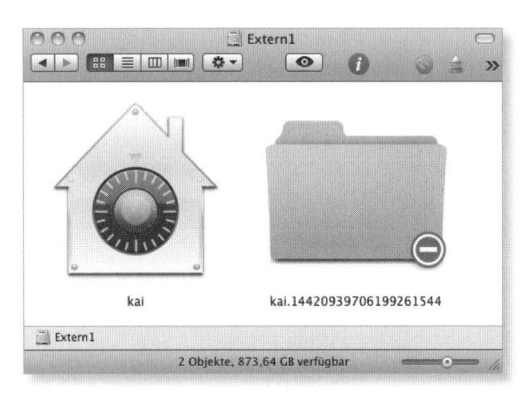

Abbildung 14.21 ▶
Das FileVault wird mit einem Tresor (links) dargestellt. Der alte Benutzerordner (rechts) wurde mit restriktiven Zugriffsrechten versehen und wird sicher gelöscht.

Wenn das FileVault aktiviert wurde, erscheint als Icon des persönlichen Ordners ein Tresor. Melden Sie sich bei einem Benutzerkonto, bei dem FileVault verwendet wird, vom System ab, kann dies mit einer kleinen Verzögerung geschehen. Unmittelbar nach der Abmeldung wird die Festplatten-Abbildung, die das FileVault darstellt, komprimiert.

FileVault und Time Machine | Wenn Sie die Time Machine und FileVault verwenden, müssen Sie bei der Nutzung der Time Machine Einschränkungen hinnehmen. Das System ist nicht in der Lage, die stündliche Sicherung der Daten vorzunehmen. Vielmehr wird die Sicherungskopie direkt nach der Abmeldung erstellt. Es wird also nach der Abmeldung der letzte Stand der Dinge gesichert. Dieser Vorgang kann abhängig von der Datenmenge etwas Zeit in Anspruch nehmen. Ebenso ist die Wiederherstellung der Dateien aus der Time Machine bei einem Benutzerkonto mit FileVault nicht möglich. Sie müssen im Falle eines Datenverlustes das gesamte FileVault oder System (siehe Abschnitt 11.3.3) wiederherstellen.

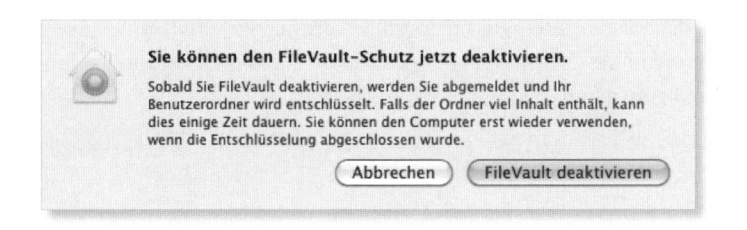

◀ **Abbildung 14.22**
Der Deaktivierung von FileVault geht eine Abmeldung voraus.

FileVault deaktivieren | Verwenden Sie bei einem Benutzerkonto FileVault, so können Sie dies über die Systemeinstellungen wieder deaktivieren. Der Vorgang kann, je nach Größe des persönlichen Ordners, einige Zeit in Anspruch nehmen. Sie sollten ihn keinesfalls mutwillig abbrechen und bei einem mobilen Rechner die ununterbrochene Stromzufuhr sicherstellen.

> **HINWEIS**
>
> Wenn Sie das FileVault deaktivieren möchten, benötigen Sie auf dem Startvolume etwas mehr freien Speicherplatz, als durch das FileVault belegt wird. Das System kopiert die im FileVault enthaltenen Daten zunächst in den freien Speicherplatz und löscht dann das FileVault.

◀ **Abbildung 14.23**
Die Zugriffsrechte des FileVaults eines gelöschten Benutzers müssen angepasst werden.

Benutzer löschen | Wenn Sie einen Benutzer löschen, dessen persönlicher Ordner in einem FileVault gesichert wird, können Sie auch in diesem Fall vorgeben, dass die Daten in einer Abbildung archiviert werden. Allerdings ergibt sich hier das Problem, dass das System keine .DMG-Datei erstellt, sondern einfach die Abbildung vom Typ SPARSEBUNDLE in den Ordner /BENUTZER/GELÖSCHTE BENUTZER verschiebt.

Dass die Festplattenabbildung, die nicht aus einer einzelnen Datei, sondern aus einer Ordnerstruktur (siehe Abschnitt 9.5) besteht, im Finder als Ordner erscheint, beruht auf den Zugriffsrechten. Da Sie zunächst überhaupt keinen Zugriff haben, interpretiert der Finder das SPARSEBUNDLE als Ordner.

```
SnowPro:~ kai$ sudo chmod -R 777 /Users/Deleted\ Users/tomgepa.sparsebundle
Password:
SnowPro:~ kai$ sudo chown -R kai /Users/Deleted\ Users/tomgepa.sparsebundle
SnowPro:~ kai$
```

▲ **Abbildung 14.24**
Mit zwei Befehlen können die Zugriffsrechte angepasst werden.

Zugriff auf den archivierten Benutzerordner verschaffen Sie sich, indem Sie die Zugriffsrechte korrigieren. Dazu müssen Sie am Terminal zuerst mit

```
sudo chmod -R 777 /Users/Deleted\
Users/martin.sparsbundle
```

alle Einzeldateien, aus denen sich das SPARSEBUNDLE zusammensetzt, vollständig freigeben. Dann weisen Sie mit

```
sudo chown -R Benutzer /Users/Deleted\
Users/martin.sparsebundle
```

die Ordnerstruktur einem noch existenten Benutzer Ihres Systems zu, wobei Sie `Benutzer` durch dessen Accountname ersetzen. Beachten Sie bei beiden Eingaben, dass Sie sowohl die Option `-R` verwenden, um die Änderung auch für die in den Ordnern enthaltenen Objekte anzuwenden, als auch mit dem Backslash \ das Leerzeichen maskieren.

Nun erscheint der gelöschte Ordner auch im Finder wieder als Festplattenabbildung. Mit einem Doppelklick und der anschließenden Eingabe des Passwortes des mittlerweile gelöschten Benutzers oder des Hauptkennwortes können Sie die Abbildung im Finder aktivieren.

> **HINWEIS**
>
> Die mit chmod zugewiesenen Zugriffsrechte sind für den normalen Alltag eigentlich viel zu lax, da aber die Daten in der Abbildung ja bereits verschlüsselt sind und sich das SPARSEBUNDLE nur nach Eingabe des Passwortes öffnen lässt, sind die Zugriffsrechte an dieser Stelle ausnahmsweise zu vernachlässigen.

14.2.9 Die Kindersicherung

Mit der Kindersicherung, die Sie in der gleichnamigen Ansicht der Systemeinstellungen verwalten können, bietet Ihnen Mac OS X die Möglichkeit, für Benutzerkonten Einschränkungen vorzusehen. Diese können nur von einem administrativen Benutzerkonto aufgehoben oder angepasst werden. Wenn Sie ein neues Benutzerkonto erstellen, dann steht Ihnen hier auch der Typ VERWALTET DURCH DIE KINDERSICHERUNG zur Verfügung. Es ist auch möglich, für ein schon existentes Konto nachträglich die Kindersicherung zu aktivieren. Wenn ein Konto Einschränkungen durch die Kindersicherung unterliegt, dann wird sein Name in der linken Spalte mit dem Zusatz VERWALTET versehen.

In der Ansicht Kindersicherung finden Sie in der linken Spalte zunächst die eingerichteten Benutzerkonten. Wenn die Sicherung bereits aktiv ist, dann können Sie in dieser Ansicht die Einschränkungen vornehmen. In der Ansicht SYSTEM können Sie für dieses Benutzerkonto den anschließend beschriebenen einfachen Finder vorgeben, und es ist auch möglich, die zur Verfügung stehenden Programme einzuschränken. In der Liste unten finden

> **HINWEIS**
>
> Die Kindersicherung ist nicht absolut sicher. Ein versierter Anwender könnte zum Beispiel den Rechner im Single User Modus (siehe Abschnitt 25.7.5) starten, anschließend die Einstellungen für das Benutzerkonto direkt in der Datenbank DSLocal manipulieren und so den Schutz aufheben.

Sie in der Rubrik ANDERE die Programme, die Sie selbst installiert haben. Diese Rubrik kann recht umfangreich sein, wenn Sie Xcode installiert haben, da hier auch die Werkzeuge für die Entwickler aufgeführt werden.

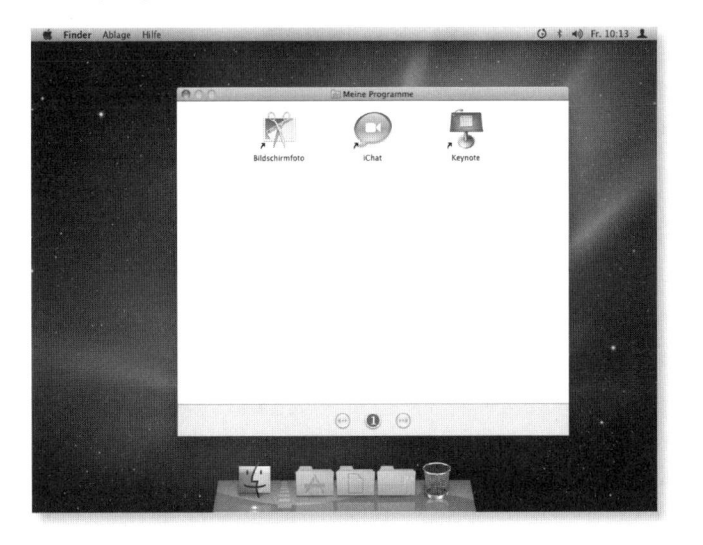

◄ **Abbildung 14.25**
Über die Kindersicherung können die verfügbaren Programme eingegrenzt werden.

Der einfache Finder | Der einfache Finder (siehe Abbildung 14.26) reduziert die Möglichkeiten auf ein Minimum. Im Dock befinden sich drei Ordner (PROGRAMME, DOKUMENTE und FÜR ALLE BENUTZER). Werden diese angeklickt, dann erscheint das Fenster in der Mitte. Bei den Programmen befinden sich dort Aliase auf diejenigen, die für dieses Benutzerkonto zugelassen wurden.

HINWEIS

Bevor Sie den einfachen Finder freigeben, sollten Sie die Einstellungen kurz prüfen. Es ist zum Beispiel möglich, dass sich in der Menüleiste oben rechts Einträge befinden, die für das eingeschränkte Benutzerkonto nicht geeignet sind.

◄ **Abbildung 14.26**
Der einfache Finder bietet nur drei Ordner sowie die zugelassenen Programme.

14.2 Benutzer verwalten | **363**

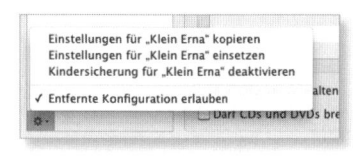

▲ **Abbildung 14.27**
Die Einstellungen für ein Konto können kopiert und wieder eingesetzt werden.

In den anderen Reitern können Sie das Benutzerkonto noch weiter einschränken, wobei die Optionen jeweils selbst erklärend sind. Nützlich in Kombination mit der entfernten Verwaltung sind in jedem Fall die PROTOKOLLE, denn auf diese Weise können Sie auch über das Netzwerk das Surfverhalten Ihrer Kinder überwachen.

Möchten Sie mehrere Benutzerkonten mit den vorgenommenen Einschränkungen versehen, dann können Sie diese Einstellungen über das Werkzeugmenü unterhalb der linken Spalte kopieren, dann ein anderes Konto auswählen und wiederum über das Werkzeugmenü einsetzen. Die Kindersicherung für ein Konto kann auch über dieses Menü deaktiviert werden.

Entfernte Konfiguration | Die entfernte Konfiguration können Sie entweder über die Option KINDERSICHERUNG VON EINEM ANDEREN COMPUTER AUS VERWALTEN oder über das Werkzeugmenü unterhalb der linken Spalte aktivieren.

Befinden sich in Ihrem Netzwerk Rechner, bei denen die entfernte Konfiguration der Kindersicherung aktiviert wurde, dann erscheinen diese in der linken Spalte. Wenn Sie einen Rechner auswählen, müssen Sie sich mit einem administrativen Benutzerkonto authentifizieren. Es erscheint nun eine Liste der Benutzer, die auf dem anderen Rechner eingerichtet wurden und die Konfiguration der Kindersicherung kann nun über das Netzwerk vorgenommen werden.

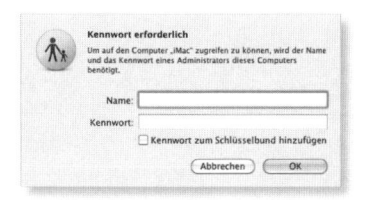

▲ **Abbildung 14.28**
Um die Kindersicherung über das Netzwerk zu konfigurieren, muss eine Authentifizierung erfolgen.

14.2.10 Schneller Benutzerwechsel

Der Sinn des schnellen Benutzerwechsels besteht darin, zwischen verschiedenen Benutzerkonten wechseln zu können, ohne vorher sämtliche Programme beenden und sich abmelden zu müssen.

Sie können ihn in den Systemeinstellungen unter dem Punkt ANMELDEOPTIONEN aktivieren. Entscheiden Sie sich in den OPTIONEN für das SYMBOL, so sparen Sie ein wenig Platz in der Menüzeile. Anschließend finden Sie im rechten Teil der Menüleiste eine Liste mit allen verfügbaren Benutzern, mit denen eine Anmeldung an der grafischen Oberfläche möglich ist.

▲ **Abbildung 14.29**
Der schnelle Benutzerwechsel erfolgt über die Menüleiste.

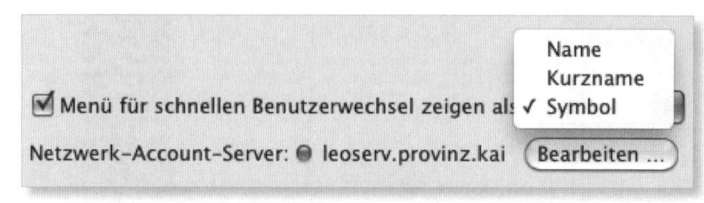

▲ **Abbildung 14.30**
Der schnelle Benutzerwechsel kann in drei Formen angezeigt werden.

Wählen Sie nun aus der Liste in der Menüleiste einen anderen Benutzer aus, so erscheint das Anmeldefenster und legt sich über die derzeit aktiven Fenster. Haben Sie sich erfolgreich identifiziert, wird der Bildschirm weggeklappt, und Sie arbeiten als der andere Benutzer. Dabei bleiben die gestarteten Programme des vorhergehenden Benutzers im Arbeitsspeicher und sind weiterhin aktiv.

Erzwungene Abmeldung | Ob Sie den schnellen Benutzerwechsel einsetzen, hängt ein wenig von Ihrem Arbeitsumfeld ab. Wenn Sie den Benutzer wechseln und im Hintergrund ein anderer Benutzer angemeldet bleibt, können Sie den Rechner weder ausschalten noch neu starten, solange der andere Benutzer sich nicht abgemeldet hat. In diesem Fall können Sie mit der Authentifizierung als Administrator den anderen Benutzer zwangsweise abmelden. Sofern Dokumente noch nicht gesichert sind, gehen hier alle Änderungen verloren.

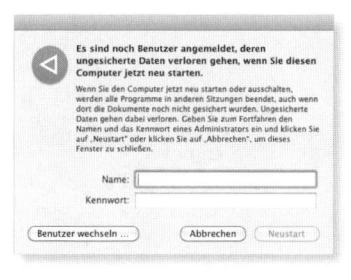

▲ Abbildung 14.31
Ist im Hintergrund noch ein Benutzer angemeldet, können Daten verloren gehen.

14.3 Administratoren und der Super-User root

Der erste Benutzer, den Sie im Zuge der Installation anlegen, übernimmt zunächst automatisch die Rolle eines Administrators.

Verwaltung des Systems | Administratoren unterscheiden sich von normalen Benutzerkonten dadurch, dass sie neue Software installieren und Updates des Systems vornehmen dürfen und bei den Systemeinstellungen keinen Einschränkungen unterliegen. Die Unterscheidung hat ihren Grund in der Sicherheit des Systems. Arbeiten Sie unter einer normalen Benutzerkennung, so können Sie Programme starten und Dokumente sichern, die meisten Einstellungen des Systems bleiben Ihnen aber verwehrt und sind nur nach Eingabe eines Administratoren-Passwortes zugänglich.

Teilen Sie sich zum Beispiel mit mehreren Benutzern einen Rechner, dann besteht die Aufgabe des Administrators darin, das System zu konfigurieren und für die anderen Benutzer einzurichten. Gerade wenn Sie Ihren Rechner mit jemandem zusammen benutzen, der über vergleichsweise geringe Kenntnisse verfügt, schützt die Unterteilung in Administratoren und normale Benutzer vor Fehlern und Problemen.

Weitere Administratoren
Neben dem ersten Benutzerkonto können Sie weitere Administratoren anlegen. Erstellen Sie ein neues Benutzerkonto, so können Sie als Typ ADMINISTRATOR vorgeben. Einen Benutzer, der bereits als normaler Anwender eingerichtet wurde, können Sie nachträglich zum Administrator machen, indem Sie in den Systemeinstellungen in der Ansicht des Kontos die Option DER BENUTZER DARF DIESEN COMPUTER VERWALTEN aktivieren. Selbstverständlich ist es nicht möglich, dass sich ein normaler Benutzer selbst zum Administrator erklärt.

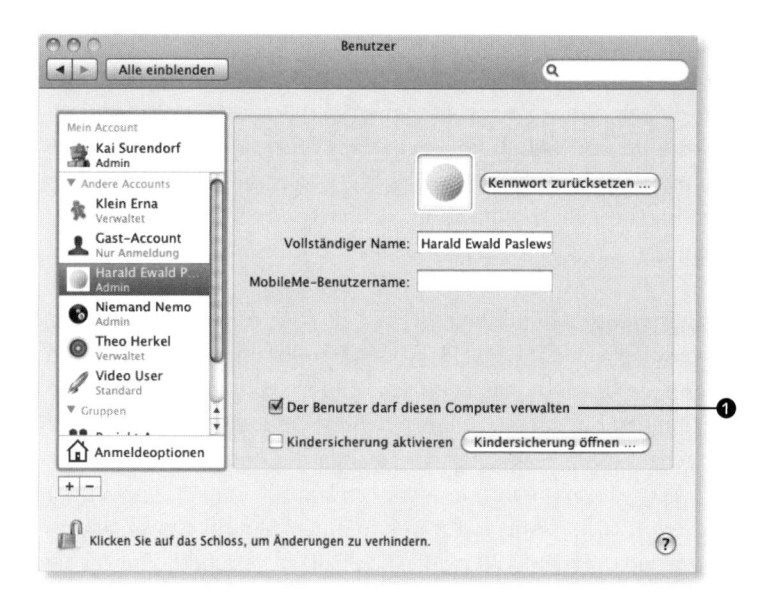

Abbildung 14.32 ▶
Wurde die Option DER BENUTZER DARF DIESEN COMPUTER VERWALTEN ❶ aktiviert, wird sein Typ von STANDARD in ADMIN geändert.

▲ **Abbildung 14.33**
Bei einigen Funktionen ist die Eingabe eines Administratoren-Passwortes zwingend erforderlich.

Einschränkungen | Auch Administratoren unterliegen gewissen Einschränkungen. So können sie zum Beispiel nicht den Ordner /SYSTEM löschen oder in den Papierkorb legen, sofern sie nicht vorher mutwillig die Zugriffsrechte manipuliert haben. Diese Beschränkungen haben auch den Sinn, vor unerwünschten und unbeabsichtigten Fehlern zu schützen.

In Programmen wie den Systemeinstellungen oder dem Finder können Sie diese Einschränkungen für einen begrenzten Zeitraum aufheben. Dazu dient in der Regel das Schloss, das Sie in den Systemeinstellungen unten links, im Fenster INFOS ZU im Finder bei den Zugriffsrechten unten rechts finden. Bei der Installation von Programmen über das Installationsprogramm werden Sie, sofern das Programm noch weitere Bestandteile außerhalb des Ordners PROGRAMME installiert, ebenfalls nach dem Passwort Ihres Benutzerkontos gefragt. In jedem dieser Fälle dient die Eingabe Ihres Passwortes dazu, kurzzeitig die Beschränkungen aufzuheben.

14.3.1 Benutzerwechsel am Terminal

Wenn Sie bestimmte Funktionen am Terminal aufrufen möchten, kann es erforderlich sein, dass diese Befehle nicht unter Ihrer normalen Benutzerkennung ausgeführt werden, sondern als Super-User.

Daneben kann es in Einzelfällen notwendig sein, am Terminal zu einem anderen Benutzerkonto zu wechseln, um beispielsweise eine Datei zu löschen, die Ihnen nicht gehört, aber trotzdem gelöscht werden soll. Ein solcher Benutzerwechsel ist auch notwendig, um bestimmte Befehle am Terminal auszuführen, mit denen Sie Ihr System verwalten und konfigurieren können.

Am Terminal stehen Ihnen zwei Möglichkeiten zur Verfügung:

- Der Befehl sudo führt die anschließend anzugebenden Befehle als Super-User aus.
- Mit su und der Angabe des Accountnamens wechseln Sie zu einem anderen Benutzer.

…mit sudo | Mit sudo arbeiten Sie nicht dauerhaft als Super-User, sondern es werden lediglich die nachfolgenden Befehle als Super-User ausgeführt. Wird sudo einem Befehl am Terminal vorangestellt, so müssen Sie sich anschließend mit Ihrem Passwort authentifizieren. sudo kann nur von Benutzern verwendet werden, die von Ihnen als Administratoren eingerichtet wurden, bei denen also in den Systemeinstellungen der Punkt DER BENUTZER DARF DIESEN COMPUTER VERWALTEN aktiviert wurde.

Die Arbeit mit sudo wird von Apple seit Langem bevorzugt. Einerseits ist das Fehlerpotenzial deutlich geringer, da Sie sich lediglich kurzzeitig allumfassende Rechte verschaffen und jedem dieser Befehle explizit sudo voranstellen müssen. Andererseits ist ein System, in dem das Benutzerkonto root nicht aktiviert ist, zunächst deutlich schwerer zu hacken. Ein Einbrecher muss dafür zuerst den Benutzernamen eines Administrators kennen, um anschließend das korrekte Passwort herauszufinden.

Um zum Beispiel eine Datei zu verschieben, an der Sie als normaler Administrator keine Rechte haben, geben Sie einfach

sudo mv Quelldatei Zieldatei

ein. Die Shell fragt Sie anschließend nach Ihrem Passwort und führt dann den Befehl mit erweiterten Rechten aus.

[Grace Period]
Wenn Sie sich bei der Ausführung eines Befehls mittels sudo erfolgreich mit einem Passwort authentifiziert haben, werden Sie für einen Zeitraum von ungefähr fünf Minuten bei einer erneuten Eingabe von sudo nicht mehr nach Ihrem Passwort gefragt. Das System merkt sich die Authentifizierung, was bei direkt aufeinander folgenden Eingaben mittels sudo den Komfort ein wenig erhöht.

WARNUNG

Sie sollten auch beim Verschieben einer Datei als Super-User Vorsicht walten lassen, da hier die meisten Sicherheitsbeschränkungen aufgehoben werden und viele Befehle anders als zum Beispiel der Finder am Terminal keine Bestätigung verlangen. Immerhin stehen Ihnen auf diese Weise auch die Inhalte der persönlichen Ordner offen, sofern sie nicht mit FileVault verschlüsselt wurden.

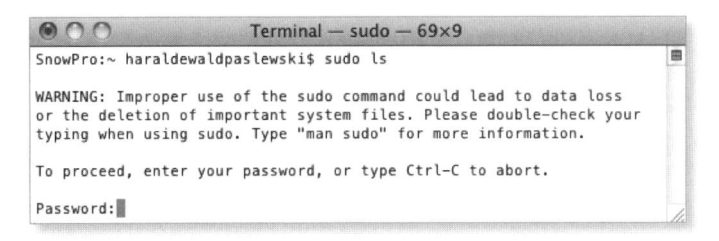

▲ **Abbildung 14.34**
Wird zum ersten Mal mit sudo ein Befehl als Administrator ausgeführt, so weist Mac OS X auf die damit verbundene Verantwortung hin.

…mit su | Einen schnellen Benutzerwechsel am Terminal können Sie mit dem Befehl su veranlassen. Diesem übergeben Sie als

Wer bin ich?
Falls Sie den Überblick verlieren sollten, können Sie sich mittels des einfachen Befehls `whoami` anzeigen lassen, als welcher Benutzer Sie gerade am Terminal agieren.

Parameter den Kurznamen des Benutzers, unter dessen Benutzerkonto Sie die folgenden Befehle ausführen möchten. Mit

```
su theo
```

werden Sie am Terminal aufgefordert, das Passwort des Benutzerkontos von `theo` einzugeben. Wenn Sie sich mit dem Passwort authentifiziert haben, werden die nachfolgenden Befehle unter der Benutzerkennung von `theo` ausgeführt, was natürlich auch die Zugriffsrechte für die Dateien und Verzeichnisse einschließt.

Um die Arbeit unter diesem fremden Benutzerkonto am Terminal wieder zu beenden, geben Sie einfach `exit` ein. Die Shell kehrt dann wieder zu Ihrem Benutzerkonto zurück.

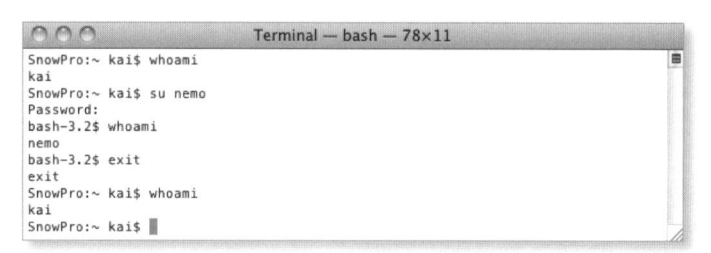

```
SnowPro:~ kai$ whoami
kai
SnowPro:~ kai$ su nemo
Password:
bash-3.2$ whoami
nemo
bash-3.2$ exit
exit
SnowPro:~ kai$ whoami
kai
SnowPro:~ kai$
```

Abbildung 14.35 ▶
Mit dem Befehl `su` kann der aktive Benutzer am Terminal gewechselt werden.

»sudo -s« contra »su«
Zwar könnten Sie, wenn Sie dem Benutzer root wie nachfolgend beschrieben ein Passwort zugewiesen haben, auch mit der Eingabe von `su` als Super-User am Terminal arbeiten. Allerdings erreichen Sie mit `sudo -s` das gleiche Ziel, sparen sich aber die Aktivierung des Benutzers.

Root-Shell mit sudo -s | Wenn Sie am Terminal mehrere Befehle nacheinander eingeben möchten, für die Sie als Super-User mit den entsprechenden Rechten und Befugnissen ausgestattet sein müssen, dann können Sie am Terminal mit `sudo -s` gefolgt von der Eingabe Ihres Passwortes einen Wechsel zu root vollziehen, ohne vorher den Super-User selbst aktiviert zu haben.

Genau genommen wird eine Instanz der BASH-Shell gestartet, die unter der Benutzerkennung des Super-Users läuft. Dementsprechend verfügt sie über alle Rechte des Super-Users, und allen Befehlen, die über sie ausgeführt werden, werden diese Rechte vererbt.

Die Wechsel über `sudo -s` kann dann nützlich sein, wenn Sie im Verzeichnis /ETC nacheinander einige Konfigurationsdateien mit `nano` bearbeiten und nicht allen Aufrufen sudo voranstellen sowie alle fünf Minuten Ihr Passwort eingeben möchten.

> **WARNUNG**
>
> Wechseln Sie mit `sudo -s` zum Super-User, dann sollten Sie alle Eingaben genau abwägen. Dies gilt insbesondere für das Löschen von Dateien mittels `rm`.

```
SnowPro:~ kai$ whoami
kai
SnowPro:~ kai$ sudo -s
Password:
bash-3.2# whoami
root
bash-3.2# exit
exit
SnowPro:~ kai$ whoami
kai
SnowPro:~ kai$
```

Abbildung 14.36 ▶
Mit der Eingabe von `sudo -s` kann zu einer root-Shell gewechselt werden.

Überwachung der Wechsel | Wird mittels `sudo` oder `su` zu einem anderen Benutzerkonto gewechselt, so werden alle Aufrufe im Protokoll SYSTEM.LOG protokolliert. Sie können sich diese Datei im Dienstprogramm Konsole anzeigen lassen und als Filter SU, SUDO oder ROOT verwenden. Damit schränken Sie die Anzeige im Protokoll auf die Zeilen ein, die für die Protokollierung eines Wechsels infrage kommen.

Das Protokoll gibt Ihnen Aufschluss über den Zeitpunkt des Wechsels (Oct 22 09:0:09), den Rechnernamen (SnowPro), den aufgerufenen Befehl (su oder sudo) und den Benutzer, von dem der Wechsel ausging (kai). ttys001, ttys002... bezeichnen das erste, zweite ... Fenster des Terminals, und hinter PWD wird das zum Zeitpunkt des Aufrufs aktuelle Arbeitsverzeichnis (/Users/kai) angegeben. Die Gleichung USER=root und die Angabe kai to nemo zeigen Ihnen, zu welchem Benutzerkonto gewechselt wurde. Hinter COMMAND= finden Sie den Befehl, der mittels sudo als root ausgeführt wurde.

Einbruchsversuche

Diese sehr akribische Form des Protokolls hat den Zweck, Einbruchsversuche auf Ihrem Rechner möglichst einfach nachzuvollziehen und zu ersehen, wann eventuell ein normaler Benutzer Ihres Rechners versucht hat, sich erweiterte Zugriffsrechte zu verschaffen. Aus diesem Grund versuchen Hacker, wenn sie erfolgreich in einen Server eingebrochen sind, oft zuerst die Protokolle zu löschen oder die Spuren darin zu verwischen.

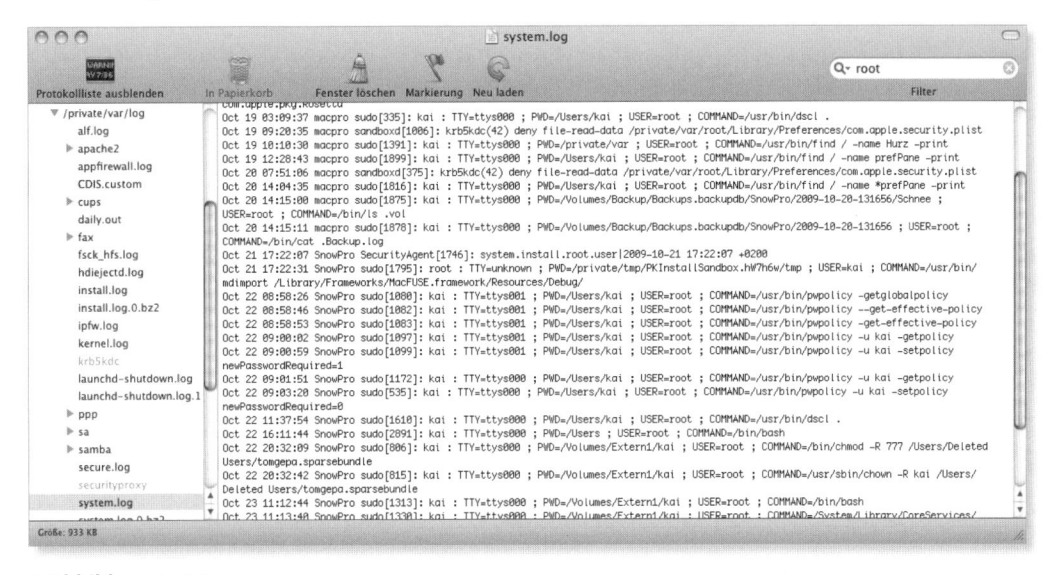

▲ **Abbildung 14.37**
Der Aufruf der Befehle sudo und su wird unter SYSTEM.LOG protokolliert.

14.3.2 Der Super-User root

Unter fast allen UNIX-Varianten gibt es nur einen speziellen Benutzer, bei dem alle Schranken fallen. Dieser agiert unter der Kennung root. Er kann so gut wie alle Beschränkungen außer Kraft setzen, und das System gibt kaum Warnungen bei eventuellen Gefahren aus. Vielmehr wird vorausgesetzt, dass jemand, der so viel Verantwortung erhalten hat, genau weiß und darauf achtet, was er tut.

root aktivieren? | In der Standardinstallation von Mac OS X können Sie sich nicht als Benutzer root anmelden. Der Grund besteht darin, dass für diesen Benutzer kein Passwort vergeben wurde.

Sie können mit dem anschließend beschriebenen Verfahren im Programm VERZEICHNISDIENSTE ein Passwort vergeben. Die Aktivierung des Super-Users root ist aber eigentlich nicht nötig. Ausnahmslos alle in diesem Buch beschriebenen administrativen Aufgaben können Sie über die Entsperrung mittels des Schlosses in der grafischen Oberfläche oder über sudo am Terminal erreichen. Einen technischen Grund für die Anmeldung an der grafischen Oberfläche als root gibt es bei den regulären Arbeiten mit Mac OS X eigentlich nicht. Auch bei der Fehlerbehebung ist die Anmeldung mit dem Benutzer root, wenn überhaupt, nur in sehr seltenen Ausnahmefällen nötig.

Wenn Sie den Benutzer dennoch aktivieren möchten, können Sie die Aktivierung über das Programm VERZEICHNISDIENSTE (siehe Abschnitt 17.6) im Verzeichnis /SYSTEM/LIBRARY/CORE-SERVICES vornehmen. Starten Sie das Programm, klicken Sie im Hauptfenster auf das Schloss, und identifizieren Sie sich durch Eingabe Ihres Passwortes. Ihnen steht jetzt der Menüpunkt BEARBEITEN • ROOT-BENUTZER AKTIVIEREN zur Verfügung. Wählen Sie ihn aus, so fordert Sie das Programm auf, ein neues Kennwort für den root-Benutzer einzugeben.

▲ **Abbildung 14.38**
Das Programm Verzeichnisdienste ermöglicht die Aktivierung des root-Benutzers.

Anmeldung als root | Haben Sie das Kennwort vergeben, können Sie sich nun auch mit diesem Benutzer am System anmelden. Wenn Sie sich im Anmeldefenster die verfügbaren Benutzerkonten auflisten lassen, wählen Sie hier den Punkt ANDERE aus. Mit dem Namen ROOT und dem zuvor vergebenen Kennwort können Sie sich nun an der grafischen Oberfläche anmelden.

Über das Programm Verzeichnisdienste können Sie einen aktivierten root-Benutzer auch wieder deaktivieren.

14.4 Das Anmeldefenster konfigurieren

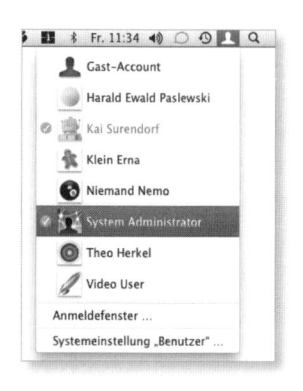

▲ **Abbildung 14.39**
Der Benutzer root wird als SYSTEM ADMINISTRATOR aufgeführt.

Das Anmeldefester ist die Eingangspforte zur grafischen Oberfläche von Mac OS X. Aber es ermöglicht Ihnen nicht nur die Auswahl eines Benutzerkontos und die Eingabe eines Passwortes, sondern verfügt noch über einige weitere Fähigkeiten.

14.4.1 Anmeldeoptionen einstellen

Die grundlegenden Funktionen des Anmeldefensters konfigurieren Sie in den Systemeinstellungen in der Ansicht BENUTzer, indem Sie dort den Punkt Anmeldeoptionen auswählen. Zunächst sollten Sie die Automatische Anmeldung deaktivieren, sofern dies noch nicht geschehen ist.

Ob Sie die Tasten »Neustart«, »Ruhezustand« und »Ausschalten« anzeigen, hängt von der Verwendung Ihres Rechners ab. Fungiert Ihr Rechner als Server im Netzwerk, der auch dann noch Daten ausliefern soll, wenn niemand angemeldet ist, dann kann die Ausblendung sinnvoll sein. Sitzt jemand vor Ihrem Rechner, dann kann er diesen über den Ausschaltknopf immer noch zwangsweise herunterfahren.

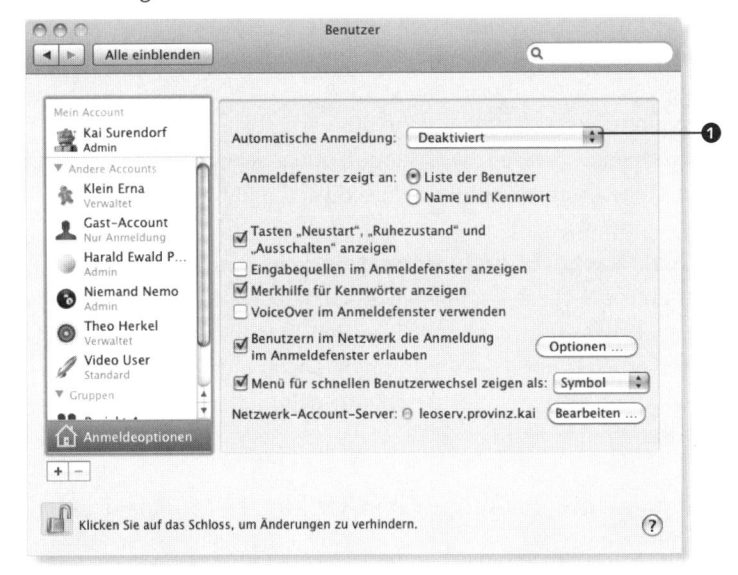

Automatische Anmeldung unterbinden
Wenn Sie den sicheren Systemstart (siehe Abschnitt 25.7.5) durchführen, dann wird die automatische Anmeldung ebenfalls unterbunden.

◀ **Abbildung 14.40**
In den Anmeldeoptionen sollte die Automatische Anmeldung auf jeden Fall »deaktiviert« ❶ werden.

Ob Sie sich die Liste der Benutzer oder Name und Kennwort anzeigen lassen, ist in erster Linie eine Frage des Komforts. Bei der Liste müssen Sie nur den Benutzer auswählen und dessen Passwort eingeben. Allerdings können Sie auch bei der Liste zu den Eingabefeldern gelangen, indem Sie mit ↓ den ersten Benutzer auswählen und dann den Kurzbefehl ⌥ + ↵ eingeben.

Eingabequellen | Die Anzeige der Eingabequellen kann nützlich sein, wenn Ihr Rechner von Personen verwendet wird, die eine andere Sprache als Deutsch eingestellt haben und in deren Passwörtern sich Zeichen einer Fremdsprache befinden, die über eine deutsche Tastaturbelegung nicht einzugeben sind.

Netzwerk-Accounts | Sofern Ihr System mit einem oder mehreren Verzeichnisdiensten (siehe Abschnitt 17.6) verbunden ist, können Sie über Benutzern mit Netzwerk-Accounts die Anmeldung an diesem Computer erlauben vorgeben, ob die

▲ **Abbildung 14.41**
Die Eingabequellen können im Anmeldefenster ausgewählt werden.

14.4 Das Anmeldefenster konfigurieren | 371

HINWEIS

Die Konfiguration der Netzwerk-Accounts erscheint nur, wenn die Verbindung zum Verzeichnisdienst eingerichtet wurde.

im Open Directory oder Active Directory vorhandenen Benutzerkonten für die Anmeldung an diesem Rechner genutzt werden dürfen. Über OPTIONEN können Sie auch einige Benutzerkonten aus dem Verzeichnis gezielt für die Anmeldung freigeben.

Merkhilfe | Das Einblenden der Merkhilfe kann abhängig davon, wie leicht diese für Fremde zu erraten ist, die Sicherheit Ihres Systems durchaus kompromittieren. Die Einblendung erfolgt, nachdem das Passwort mehrfach hintereinander falsch eingegeben wurde.

Voice Over | Sie können für das Anmeldefenster auch die Funktion Voice Over aktivieren. Dem Anwender werden dann bei Verwendung der Listenansicht die verfügbaren Benutzerkonten vorgetragen und weitere Optionen vorgelesen. Die Verwendung von Voice Over wird mit einem schwarzen Rahmen signalisiert.

▲ **Abbildung 14.42**
Die Sprachsteuerung führt zu einer schwarzen Umrandung.

14.4.2 Nachricht und Informationen im Anmeldefenster

Das Anmeldefenster können Sie auch so konfigurieren, dass es Ihnen einige Informationen über den Status Ihres Systems mitteilt. Ferner können Sie im Anmeldefenster eine Nachricht anzeigen lassen, mit der Sie Benutzern schon vor der Anmeldung etwas mitteilen können.

Informationen im Anmeldefenster | In den Standardeinstellungen wird Ihnen im Anmeldefenster unterhalb des Schriftzugs von Mac OS X der Name Ihres Rechners angezeigt, wie Sie ihn in den Systemeinstellungen in der Ansicht FREIGABEN konfiguriert haben. Sie können mit einem Mausklick auf den Namen Ihres Rechners die angezeigte Information austauschen.

Das Anmeldefenster zeigt Ihnen folgende Informationen an: Name des Rechners, installierte Version von Mac OS X, die exakte Build-Nummer dieser Version, die Seriennummer Ihres Rechners, die IP-Adresse der ersten Netzwerkschnittstelle sowie die Verbindung zu den Verzeichnisdiensten und die Uhrzeit.

▲ **Abbildung 14.43**
Ein Mausklick auf den hellgrauen Text ❶ ändert die dargestellte Information.

Die Build-Nummer ist in erster Linie für Software-Entwickler interessant. Bei den über die Verzeichnisdienste verfügbaren Netzwerk-Accounts werden Ihnen drei Statusmeldungen angezeigt. Eine rote Diode, wenn keine Verzeichnisdienste erreichbar sind oder eingerichtet wurden, eine gelbe, wenn einige der Verzeichnisdienste erreichbar sind, und eine grüne, wenn alle eingerichteten Verzeichnisdienste ansprechbar sind.

Standardinformation festlegen | Wenn Sie sich nicht mit mehreren Mausklicks bis zur gewünschten Information vorklicken möchten, können Sie auch die Voreinstellungen des Programms `loginwindow` anpassen. Über die Eigenschaft `AdminHostInfo` wird vorgegeben, welche Information standardmäßig angezeigt werden soll.

Manipulieren lässt sich die Voreinstellung am besten mit dem Befehl `defaults` (siehe Abschnitt 13.2), dem Sie den Pfad zur Voreinstellungsdatei von `loginwindow` übergeben. Der Aufruf lautet:

```
sudo defaults write /Library/Preferences/com.apple.
loginwindow AdminHostInfo Wert
```

Hier müssen Sie anstelle von `Wert` eine der folgenden Eigenschaften angeben: `HostName` für den Gerätenamen, `SystemVersion` für die Version, `SystemBuild` für die exakte Nummer des Builds, `SerialNumber` für die Seriennummer Ihres Rechners, `IPAddress` für die IP-Adresse, `DSStatus` für die Verbindung zu Verzeichnisdiensten und `Time` für die Uhrzeit.

Nachricht im Anmeldefenster | Das Anmeldefenster ist auch in der Lage, eine Nachricht unterhalb der Information darzustellen. Auch hier müssen Sie die Voreinstellungen des Anmeldefensters manipulieren. Für die Anzeige einer Nachricht ist der Wert der Eigenschaft `LoginwindowText` zuständig. Sie können ihn mit dem Aufruf

```
sudo defaults write /Library/Preferences/com.apple.
loginwindow LoginwindowText "Nachricht"
```

ändern. Anstelle von `Nachricht` geben Sie den Text an, der im Anmeldefenster erscheinen soll, wobei Sie die Anführungszeichen eingeben müssen (siehe Abbildung 14.44). Den Text können Sie wieder löschen mit der Eingabe von:

```
sudo defaults write /Library/Preferences/com.apple.
loginwindow delete LoginwindowText
```

▲ **Abbildung 14.44**
Das Anmeldefenster wurde um einen Text ergänzt.

HINWEIS

Verzichten Sie bei dem Text nach Möglichkeit auf Satzzeichen wie !, ; und :. Diese werden am Terminal von der Shell nicht als Zeichen, sondern als Anweisung interpretiert, was in diesem Fall zu einer Fehlermeldung führen würde.

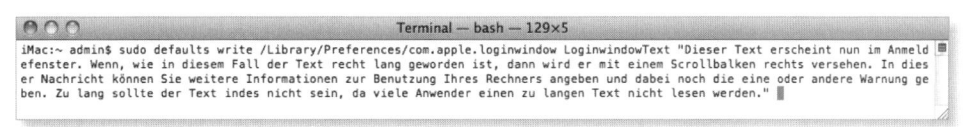

▲ **Abbildung 14.45**
Mit dem Befehl `defaults` kann dem Anmeldefenster eine Nachricht hinzugefügt werden.

14.4.3 Benutzer nicht auflisten

In Einzelfällen kann es erwünscht sein, dass in der Liste verfügbarer Benutzer und im Menü für den schnellen Benutzerwechsel ausgewählte Benutzer nicht angezeigt werden. Sie können Benutzer von der Liste ausschließen, indem Sie für den Wert `HiddenUsersList` der Voreinstellungen des Anmeldefensters eine Liste der Kurznamen der auszublendenden Benutzer vorgeben. Die Eingabe lautet:

```
sudo defaults write /Library/Preferences/com.apple.
loginwindow HidenUsersList -array Kurzname Kurzname2
```

Sie können auch nur einen Kurznamen angeben. Die in dieser Liste befindlichen Benutzerkonten werden Ihnen im Anmeldefenster nicht mehr angezeigt. Mit folgender Eingabe können Sie die Änderung wieder rückgängig machen:

```
sudo defaults delete /Library/Preferences/com.apple.
loginwindow HiddenUsersList
```

14.4.4 Anmeldeobjekte für alle Benutzer

Die Startobjekte, die unmittelbar nach der Anmeldung gestartet werden sollen, können Sie für jedes Benutzerkonto einzeln vorgeben. Es gibt allerdings einige Situationen, in denen die Ausführung eines Programms direkt nach der Anmeldung bei jedem Benutzerkonto obligatorisch sein soll. An und für sich können Sie diese Aufgabe mit einem LaunchAgent (siehe Abschnitt 13.3), der beispielsweise ein AppleScript startet, erledigen. Eine etwas schnellere Lösung kann darin bestehen, dass Sie den Start der Programme vom Anmeldefenster vornehmen lassen.

loginwindow.plist | Die Startobjekte des Benutzers werden unter anderem in der Datei ~/LIBRARY/PREFERENCES/LOGINWIN-DOW.PLIST gespeichert. Wenn Sie diese Datei mit

```
sudo cp ~/Library/Preferencs/loginwindow.plist
/Library/Preferences
```

in die allgemeine Library kopieren, wird die Datei /LIBRARY/PREFE-RENCES/LOGINWINDOW.PLIST für alle Benutzerkonten berücksichtigt. In dem Reiter Anmeldeobjekte werden diese Objekte mit dem Zusatz (ALLE BENUTZER) versehen. Über ein administratives Benutzerkonto können Sie diese Objekte löschen. Die Löschung bezieht sich dabei auf alle Benutzerkonten.

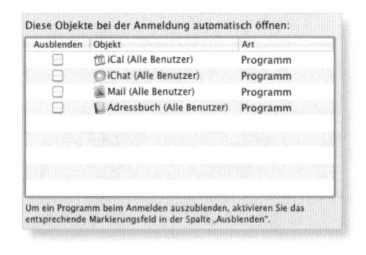

▲ **Abbildung 14.46**
Anmeldeobjekte können für alle Benutzer vorgesehen werden.

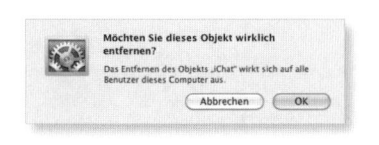

▲ **Abbildung 14.47**
Die Löschung eines allgemeinen Anmeldeobjekts bezieht sich auf alle Benutzerkonten.

14.5 Die Datenbank DSLocal

Mit Mac OS X 10.5 hat Apple die Benutzerverwaltung des Systems einer Generalüberholung unterzogen. Anstelle des alten NetInfo-Systems wird jetzt ein neues und etwas moderneres System verwendet. Es orientiert sich am LDAP-Standard und lehnt sich sehr eng an Open Directory an, mit dem unter Mac OS X Server die Benutzerdaten im Netzwerk zentral verwaltet werden. Die lokale Benutzerdatenbank wird nachfolgend mit »DSLocal« bezeichnet, was man ungefähr mit lokalem Verzeichnisdienst (*local directory service*) umschreiben könnte.

14.5.1 Grundlagen und Aufgaben

Das zentrale Element für die Verwaltung der Datenbank und die Authentifizierung der Benutzer ist der Dämon `DirectoryService`. Er arbeitet im Hintergrund und wartet auf die Anfrage eines Programms oder Dienstes nach einem Benutzerkonto oder einer Gruppenzugehörigkeit. Der Dämon `DirectoryService` erfüllt darüber hinaus auch die Aufgabe, Anfragen nach einer Domain etwa im Internet zu beantworten (siehe Abschnitt 16.1.7).

Property-Listen | Die Datenbank DSLocal setzt sich aus einer ganzen Reihe von Property List-Dateien zusammen. Diese werden im Verzeichnis /VAR/DB/DSLOCAL gespeichert, auf das lediglich der Super-User zugreifen kann. Wenn Sie einen Blick in das Verzeichnis werfen möchten, geben Sie `sudo ls /var/db/dslocal` ein.

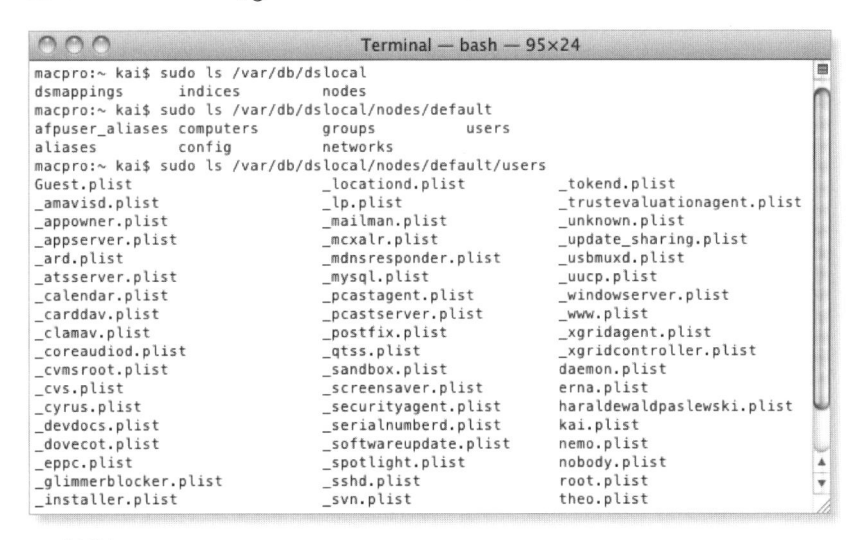

```
macpro:~ kai$ sudo ls /var/db/dslocal
dsmappings       indices            nodes
macpro:~ kai$ sudo ls /var/db/dslocal/nodes/default
afpuser_aliases  computers          groups             users
aliases          config             networks
macpro:~ kai$ sudo ls /var/db/dslocal/nodes/default/users
Guest.plist                  _locationd.plist          _tokend.plist
_amavisd.plist               _lp.plist                 _trustevaluationagent.plist
_appowner.plist              _mailman.plist            _unknown.plist
_appserver.plist             _mcxalr.plist             _update_sharing.plist
_ard.plist                   _mdnsresponder.plist      _usbmuxd.plist
_atsserver.plist             _mysql.plist              _uucp.plist
_calendar.plist              _pcastagent.plist         _windowserver.plist
_carddav.plist               _pcastserver.plist        _www.plist
_clamav.plist                _postfix.plist            _xgridagent.plist
_coreaudiod.plist            _qtss.plist               _xgridcontroller.plist
_cvmsroot.plist              _sandbox.plist            daemon.plist
_cvs.plist                   _screensaver.plist        erna.plist
_cyrus.plist                 _securityagent.plist      haraldewaldpaslewski.plist
_devdocs.plist               _serialnumberd.plist      kai.plist
_dovecot.plist               _softwareupdate.plist     nemo.plist
_eppc.plist                  _spotlight.plist          nobody.plist
_glimmerblocker.plist        _sshd.plist               root.plist
_installer.plist             _svn.plist                theo.plist
```

▲ **Abbildung 14.48**
Die Datenbank setzt sich aus einer Reihe von Property-List-Dateien zusammen.

Sie finden hier drei Unterordner. Der Ordner DSMAPPINGS enthält einige notwendige Informationen, um die Daten für Benutzerkonten, wie sie unter Mac OS X gespeichert werden, auch mit anderen Verzeichnisdiensten wie Active Directory zu vereinbaren.

Das Verzeichnis INDICES enthält in binärer Form einige Daten, die das System intern zur Verwaltung nutzt. Im Unterunterverzeichnis NODES/DEFAULT finden Sie wiederum eine Reihe von Ordnern, die die eigentliche Datenbank darstellen. Zum Beispiel sehen Sie innerhalb des Ordners USERS für jedes eingerichtete Benutzerkonto eine .PLIST-Datei. In der Property-Liste werden die notwendigen Eigenschaften und Werte des Benutzerkontos gespeichert.

Die Verwendung von Property-Listen macht die Datenbank selbst sowohl flexibel als auch transparent. Flexibel, weil innerhalb der Property-Liste weitere Elemente gespeichert werden können. Es lässt sich zum Beispiel ein individuelles Benutzerbild in binärer Form direkt in der Property-Liste speichern, und auch bei einigen Eigenschaften kann die Verwendung einer Property-Liste in der Property-Liste nützlich sein. So werden, wenn Sie die Kindersicherung verwenden, die Rechte für das Benutzerkonto in einer eigenen Property-Liste gespeichert, die in der des Benutzerkontos enthalten ist. Transparent, weil Sie auch mit dem Property List Editor oder einem Texteditor wie nano die Einträge der Datenbank bearbeiten können. Es handelt sich ja um XML-Dateien.

> **HNWEIS**
> Die direkte Bearbeitung der XML-Dateien kann Ihnen bei der Fehlerbehebung im Single User Modus gegebenenfalls nützen. Bei normalen administrativen Aufgaben ist die Arbeit mit dscl besser, weil Sie dann den Dämon DirectoryService nicht von Hand neu starten müssen, um die Änderungen wirksam werden zu lassen.

Nicht nur Benutzer | Der Name der Datenbank DSLocal deutet schon an, dass die Datenbank noch mehr Informationen speichert als einfach nur die Daten der Benutzer und Gruppen. Es handelt sich in der Tat um einen kleinen Verzeichnisdienst, der neben den Benutzern auch noch einige andere Informationen enthält. Dazu gehören zum Beispiel die freigegebenen Ordner sowie die über das Festplatten-Dienstprogramm eingerichteten NFS-Aktivierungen (siehe Abschnitt 18.9.1).

14.5.2 Einträge lesen und ändern

Die beste Möglichkeit, um auf die Datenbank DSLocal zuzugreifen und Änderungen an ihr vorzunehmen, besteht in dem Befehl dscl. Er stellt eine Verbindung zu DirectoryService her und bezieht die Einträge und Inhalte aus der Datenbank von ihm.

> **localhost**
> Neben dem Aufruf von sudo dscl ., mit dem Sie auf die lokale Datenbank zugreifen, könnten Sie auch sudo dscl localhost aufrufen. Dieser Aufruf greift nicht nur auf die lokale Datenbank zurück, sondern auf das lokale System. Der Unterschied besteht darin, dass mit der Angabe localhost auch die Verzeichnisdienste wie Open Directory eingesehen werden können, mit denen Ihr Rechner verbunden ist.

Interaktiver Modus | Der Befehl dscl kann auf zwei Weisen verwendet werden. Er bietet einen interaktiven, in diesem Abschnitt beschriebenen Modus. Dabei übernimmt dscl die Eingabeaufforderung von der Shell, und Sie können Befehle wie `read` und `write` direkt eingeben. Es ist aber auch möglich, `dscl` Parameter und Optionen zu übergeben und so mit einer Eingabezeile Änderungen vorzunehmen.

Die zweite Möglichkeit wird zum Beispiel von einigen Installationspaketen in Anspruch genommen, um mit einem Shell-Skript während des Installationsvorgangs ein Benutzerkonto für den installierten Server zu erstellen. Am Terminal können Sie mit der Eingabe von

```
sudo dscl .
```

eine Verbindung zur Datenbank Ihres Systems erstellen. Wenn Sie das Passwort eines Administrators angegeben haben, verschwindet der Prompt, und vor dem Cursor erscheint eine spitze Klammer. Alle Befehle, die Sie von jetzt an eingeben, werden von `dscl` entgegengenommen und ausgeführt.

Die Arbeit in diesem interaktiven Modus entspricht ein wenig der Arbeit mit Dateien. Die Einträge der Datenbank sind in Kategorien unterteilt, die Sie wie Verzeichnisse am Terminal anzeigen und wechseln können.

Einträge auflisten mit ls | Geben Sie nun `list` ein, zeigt Ihnen `dscl` alle Kategorien in der lokalen Datenbank an. Die Liste (siehe Abbildung 14.49) ist recht lang. Nicht alle Kategorien verfügen auch wirklich über Daten und Einträge, die meisten sind leer.

Verzeichnis wechseln mit cd | Sie können nun in der Datenbank mit `cd` in ein anderes Verzeichnis oder in eine andere Kategorie wechseln. Geben Sie `cd Users` ein, ändert sich die Eingabeaufforderung in `/Users >`. Wenn Sie nun erneut `ls` eingeben, werden Ihnen alle Einträge unter `Users` angezeigt. Mit `cd ..` wechseln Sie wieder in die obere Ebene.

Einträge anzeigen mit read | Während Sie mit `list` lediglich über die Existenz eines Eintrags informiert werden, können Sie ihn mit dem Befehl `read` gefolgt von seinem Namen ausgeben.

Wenn Sie zu Beginn mit `cd Users` in die Kategorie für die Benutzerkonten gewechselt sind, können Sie mit `read Accountname` (siehe Abbildung 14.50) die Eigenschaften des Benutzers mit dem angegebenen Kurznamen ausgeben. Sie können auch den absoluten Pfad (siehe Abschnitt 6.2) wie bei der Navigation im Dateisystem verwenden, also `read /Users/Kurzname`.

▲ **Abbildung 14.49**
Der Befehl `list` zeigt die vorhandenen Kategorien der Datenbank.

```
> cd /Users/
/Users > read kai
dsAttrTypeNative:_writers_hint: kai
dsAttrTypeNative:_writers_jpegphoto: kai
dsAttrTypeNative:_writers_LinkedIdentity: kai
dsAttrTypeNative:_writers_passwd: kai
dsAttrTypeNative:_writers_picture: kai
dsAttrTypeNative:_writers_realname: kai
dsAttrTypeNative:_writers_UserCertificate: kai
dsAttrTypeNative:LinkedIdentity:
 <?xml version="1.0" encoding="UTF-8"?>
<!DOCTYPE plist PUBLIC "-//Apple//DTD PLIST 1.0//EN" "http://www.apple.com/DTDs/PropertyList-1.0.dtd">
<plist version="1.0">
<dict>
        <key>mac.com</key>
        <dict>
                <key>full name</key>
                <string>ksurendorf@me.com</string>
                <key>name</key>
                <string>ksurendorf</string>
                <key>timestamp</key>
                <date>2009-10-22T14:05:10Z</date>
        </dict>
</dict>
```

▲ **Abbildung 14.50**
Die Anweisung `read` zeigt die Eigenschaften eines Eintrags an.

Einträge erstellen und ändern mit create | Mit der Anweisung `create` können Sie die Werte von Eigenschaften ändern oder eine Eigenschaft, sofern sie noch nicht existiert, erstellen. Dabei muss der Aufruf von create von der obersten Ebene der Datenbank ausgeführt werden, da sonst die Pfadangabe fehlschlägt. Wenn Sie zuvor mittels `cd /Users` in die Kategorie gewechselt haben, dann müssen Sie mit `cd /` die oberste Ebene auswählen. Der Aufruf von `create` hat folgenden Aufbau:

```
create Pfad Eigenschaft Wert
```

Mit der Eingabe von `create /Users/markusherkel NFSHome-Directory /Users/mherkel` würden Sie den Wert der Eigenschaft `NFSHomeDirectory` auf `/Users/mherkel` festlegen. Dies entspricht der Änderung des Benutzerordners in den Systemeinstellungen.

Sie können mit `create` auch neue Pfade erzeugen. Mit der Eingabe von `create /Users/Neu` erstellen Sie einen Eintrag, also ein noch gänzlich leeres Benutzerkonto, das Sie mit Eingaben wie `create /Users/Neu UniqueID 510` nacheinander mit Eigenschaften und Werten vervollständigen können. Geben Sie keinen Wert an, wird nur die Eigenschaft erzeugt.

Einträge löschen mit delete | Einen Eintrag oder Pfad komplett löschen können Sie mit der Anweisung

```
delete Pfad Eigenschaft Wert
```

> **WARNUNG**
>
> Bei allen Anweisungen wie `create` und `delete` erfolgt vom System keine Rückfrage. Es ist somit leicht möglich, dass Sie mit einer unbedachten Eingabe ein Benutzerkonto zerstören.

Strings in Anführungszeichen
Wenn Sie einen Wert vergeben, der in der Property-Liste vom Typ String ist, müssen Sie ihn in Anführungszeichen angeben. Die Eingabe `create /User/Test RealName Test Benutzer` schlägt fehl, während `create /User/Test RealName "Test Benutzer"` die Eigenschaft erzeugt.

Die Eingabe von `delete /Users/kai JPEGPhoto` würde zum Beispiel das individuelle Bild des Benutzers, das mit der Webcam aufgenommen wurde, aus dem Benutzerkonto entfernen. Der Benutzer verfügt nun wieder über ein Standardbild. Es ist auch möglich, einen ganzen Eintrag, also einen Pfad, zu löschen, indem Sie `delete /Users/theo` eingeben. In diesem Fall würde der Datensatz des Benutzers mit dem Kurznamen `theo` ohne Rückfrage gelöscht!

dscl beenden | Für einen ersten Einstieg in die Arbeit mit `dscl` dürften diese grundlegenden Erläuterungen reichen. Sie können `dscl` mit der Eingabe von `exit` beenden und wieder an die Shell zurückkehren.

Listen und append
Dass `delete` auch gezielt einen Wert löschen kann, hat den Zweck, dass Sie so Listen bearbeiten können. Die Funktionsweise der Listen in einer Property-Liste (siehe Abschnitt 13.2.7) beruht ja darin, dass in einem Eintrag mehrere Werte vorhanden sein können. Mit der Anweisung `append` können Sie bei ausgewählten Eigenschaften einen weiteren Wert anhängen und so eine Liste erstellen.

14.5.3 Relevante Kategorien

Die Grundstruktur der Datenbank leitet sich in wesentlichen Teilen von den Fähigkeiten ab, über die die Server-Variante von Mac OS X verfügt. Mit Mac OS X Server ist es beispielsweise auch möglich, Listen von Computern zu erstellen, die dann im Netzwerk gruppiert werden. Diese Informationen werden auch in DSLocal gespeichert, und die Einträge sind, in erster Linie pro forma, auch vorhanden. Lassen Sie sich nicht von der langen Liste irritieren, die Ihnen mit `list` angezeigt wird. An sich ist die Datenbank durchaus überschaubar.

Die relevanten Einträge für den Einsatz ohne Mac OS X Server sind:

- AFPUserAliases: In diesem Verzeichnis wird für jeden Benutzer, der sich am AFP-Server in Ihrem System anmeldet, ein Eintrag erstellt.
- Groups: Hier werden die Benutzergruppen gespeichert. Diese umfassen sowohl die des Systems, deren Name mit _ beginnt, als auch diejenigen, die Sie über die Systemeinstellungen angelegt haben.
- Mounts: Wenn Sie über das Festplatten-Dienstprogramm NFS-Freigaben (siehe Abschnitt 18.9.1) beim Start des Systems automatisch einbinden, werden die Vorgaben hier und in der Kategorie NFS gespeichert.
- SharePoints: Diese Kategorie beinhaltet die im Finder freigegebenen Ordner (siehe Abschnitt 19.1.1).
- Users: Hier befinden sich die Datensätze der Benutzerkonten. Analog zu den Gruppen beginnen die Benutzer, die für Systemdienst angelegt wurden, mit _, während »menschliche« Benutzerkonten mit ihrem Kurznamen benannt werden.

Letzte Anmeldung
Wenn Sie sich mit `read /AFP-UsersAliases/kai` einen Eintrag anzeigen lassen, dann finden Sie dort auch die Eigenschaft `last_login_time` und einen Wert in der Form 1199385865. Dieser speichert den Zeitpunkt der letzten Anmeldung, am Terminal können Sie sich mit `date -r 1199385865` den Zeitpunkt in einer lesbaren Form anzeigen lassen.

14.5.4 Aufbau eines Benutzerkontos

Wenn Sie sich den Datensatz eines Benutzerkontos mit READ / USERS/KURZNAME ausgeben lassen, wird die Ausgabe ungefähr der aus Abbildung 14.51 entsprechen. Zu den elementaren und notwendigen Eigenschaften gehören:

- RecordName: Der Kurzname des Benutzers, über den dieser auch in DSLocal identifiziert wird.
- RealName: Der ausgeschriebene Name des Benutzers, wie er Ihnen im System an vielen Stellen angezeigt wird.
- UniqueID: Hierbei handelt es sich jeweils um eine nur einmal zu vergebende Nummer, die den Benutzer eindeutig kennzeichnet. Bei UNIX-Systemen werden die Benutzer und die Gruppen auch über diese Nummern identifiziert. Bei der Vergabe dieser Nummern hat der Benutzer root immer die Nummer 0, während normale Benutzer von 500 an aufwärts durchnummeriert werden. Systemdienste, die eine eigene Benutzerkennung benötigen, erhalten Nummern von 1 bis 499 und werden im Anmeldefenster nicht angezeigt.
- PrimaryGroupID: Hier wird die eindeutige Nummer der Gruppe angegeben, über die dieser Benutzer zuerst identifiziert werden soll. In Abbildung 14.51 handelt es sich um einen menschlichen Benutzer, der immer primär zur Gruppe staff gehört.
- UserShell: Der Pfad zur Shell mit der der Benutzer bevorzugt am Terminal arbeitet.
- Picture: Der Pfad zu der Bilddatei, die Ihnen zum Beispiel im Anmeldefenster präsentiert wird.
- Password: Die acht Sternchen dienen lediglich als Platzhalter, das eigentliche Passwort wird außerhalb von DSLocal gespeichert.
- NFSHomeDirectory: Der absolute Pfad zum Benutzerordner, in der Regel /Users/Kurzname.
- AuthenticationHint: Die Merkhilfe für das Passwort, sofern überhaupt eine eingegeben wurde.
- GeneratedUID: Diese einmalige Nummer dient zum einen dazu, die korrekte Datei für das Passwort zu ermitteln. Sie ist ferner ein wesentlicher Bestandteil für die Zuweisung von Access Control Lists im Finder, da bei diesen nicht der Kurzname oder die UniqueID gespeichert, sondern die GeneratedUID verwendet wird.
- AuthenticationAuthority: Die Werte in dieser Eigenschaft bestimmen, mit welchem Verfahren das Passwort verschlüsselt wird. In den Standardeinstellungen ist dies ShadowHash, womit das Passwort im Verzeichnis /VAR/DB/SHADOW/HASH

JPEGPhoto
Finden Sie neben Picture auch einen Eintrag JPEGPhoto mit einem sehr umfangreichen Wert, der aus hexadezimalen Zahlen besteht, dann hat der Benutzer ein individuelles Bild etwa über die Webcam ausgewählt. Dieses wird in binärer Form direkt in DSLocal gespeichert.

gespeichert und anhand der `GeneratedUID` identifiziert wird. Ferner finden Sie hier einen Eintrag `Kurzname@LKDC:` für die Verwendung von Kerberos im Netzwerk. Haben Sie für dieses Benutzerkonto die Anmeldung über SMB aktiviert, dann sehen Sie zusätzlich noch den Eintrag `<SALTED-SHA1, SMB-NT>`. Hiermit wird eine deutlich schwächere Verschlüsselung des Passwortes verwendet, die aber vom Samba-Server gelesen werden kann.

Universally Unique Identifier
Die im nur durch den Super-User zu lesenden Verzeichnis /VAR/DB/SHADOW/HASH enthaltenen Dateien werden mit einem sogenannten Universally Unique Identifier (UUID) versehen. Zu jedem Benutzer-Account wird ein solcher Identifikator in der Eigenschaft `GeneratedUID` gespeichert. Diese Form der alphanumerischen Zeichenkette hat den Anspruch, einmalig zu sein und sich aufgrund des von dem Programm verwendeten Algorithmus niemals zu wiederholen.

◀ **Abbildung 14.51**
Der Datensatz des Benutzerkontos gibt auch Aufschluss über die Freigabe über SMB.

Benutzerkonten, die für einen Systemdienst erstellt wurden, verfügen über weniger Eigenschaften als die menschlichen Benutzer. Zunächst ist hier kein Passwort vorhanden, was mit einem Sternchen angezeigt wird, und ferner deutet der Pfad für die Shell mit dem Pfad `/usr/bin/false` ins Leere. Damit ist eine Anmeldung mit diesem Benutzerkonto am System nicht möglich.

◀ **Abbildung 14.52**
Bei einem Benutzer, der für einen Systemdienst wie den Apache Webserver erstellt wurde, deuten Passwort und Shell ins Leere.

14.5.5 Aufbau einer Gruppe

Die notwendigen Eigenschaften für eine Gruppe sind etwas weniger umfangreich als die eines Benutzerkontos. In erster Linie wichtig sind die `PrimaryGroupID`, mit der die gleichnamige Eigenschaft bei einem Benutzerkonto verknüpft wird, die `GeneratedUID`, die

groups
Wenn Sie erfahren möchten, zu welchen Benutzergruppen Ihr Konto effektiv gehört, geben Sie am Terminal einfach `groups` ein. Sie finden hier auch – dies ist notwendig für die Freigabe von Ordnern –, eine Reihe von Gruppen mit `sharepoint` im Namen.

für die Access Control Lists verwendet wird, sowie die Eigenschaft `GroupMembership`. In dieser finden sich alle Benutzerkonten, die zu dieser Gruppe gehören. Gruppen, die der Gruppe als Mitglieder hinzugefügt wurden (siehe Abschnitt 14.2.7), werden in der Eigenschaft `NestedGroups` über ihre UUID identifiziert.

Die in dieser Liste aufgeführten Kurznamen geben die Benutzer vor, die zu der Gruppe gehören. Während in der Gruppe `staff` alle normalen, menschlichen Benutzer eingetragen werden, verfügen die Mitglieder der Gruppe `admin` über die Berechtigung, das System zu verwalten. Eine Mitgliedschaft in dieser Gruppe ist auch die Voraussetzung für die Ausführung eines Befehls mittels `sudo`. Schließlich gibt es noch die Gruppe `wheel`, zu der nur der Super-User gehört.

```
> read /Groups/projekta
AppleMetaNodeLocation: /Local/Default
GeneratedUID: 81B43E58-B216-4573-A1CA-1CE92624CFB7
GroupMembers: 007D950C-D4EE-49B0-AA26-2C25B81853BB
❶ GroupMembership: theo
❷ NestedGroups: 17ED7E6D-D342-4BB0-B2F1-02CB1F69D770
Password: *
PrimaryGroupID: 503
RealName:
 Projekt A
RecordName: projekta
RecordType: dsRecTypeStandard:Groups
>
```

▲ **Abbildung 14.53**
Über die Eigenschaften `GroupMemberShip` ❶ und `NestedGroups` ❷ werden die Mitglieder einer Gruppe bestimmt.

14.5.6 Passwort ändern
Mit `dscl` ist es auch möglich, dass Passwort für ein Benutzerkonto zu ändern. Diese Funktion kann nützlich sein, wenn Sie mittels SSH (siehe Abschnitt 17.2.1) ein System über das Netzwerk verwalten, aus der Ferne ein Passwort ändern müssen und dafür nicht auf das Screen-Sharing zurückgreifen können oder wollen.

Innerhalb von `dscl` können Sie die Anweisung `passwd` mit der Angabe des Pfades zum Benutzerkonto innerhalb der Datenbank (`/Users/theo`) und gefolgt vom neuen Passwort verwenden, um ein neues zu vergeben. Mit der Anweisung `passwd /Users/theo Geheim` lautet das Passwort des Benutzers `theo` in Zukunft `Geheim`.

> **HINWEIS**
>
> Bei dieser Änderung des Passwortes müssen Sie beachten, dass die Änderung nicht für den Schlüsselbund ANMELDUNG vollzogen wird. Dieser nutzt zunächst das vormalige Passwort.

14.5.7 Eine Politik für Passwörter
Die Probleme, die sich aus unsicheren Anwender-Passwörtern ergeben können, sind vielleicht gar nicht mal so gering, wie es auf den ersten Blick den Anschein haben mag. Die Server-Variante von Mac OS X verfügt über die Funktion, Passwörtern von

Benutzern ein Verfallsdatum zuzuweisen und ferner die Anwender zu zwingen, in den Passwörtern Ziffern sowie Groß- und Kleinschreibung zu verwenden. In der normalen Version von Mac OS X können Sie mithilfe des Befehls `pwpolicy` einen Teil dieser Vorgaben ebenfalls nutzen.

pwpolicy | Den Befehl `pwpolicy` müssen Sie mittels `sudo` aufrufen. Eine Politik können Sie mit der Option `-setglobalpolicy` vergeben. Auf die Option folgen in Anführungsstrichen die Kriterien, nach denen die Benutzer ihre Passwörter wählen können.

Um zu erreichen, dass jeder normale Benutzer auf Ihrem Rechner ein Passwort verwendet, das mindestens acht Zeichen umfasst und sowohl Ziffern als auch Buchstaben enthält, und sich dabei nicht die Zeichenkette des Kurznamens im Passwort wiederfindet, geben Sie am Terminal folgenden Befehl ein. Die vier Kriterien können Sie aus Tabelle 14.1 entnehmen.

```
sudo pwpolicy -setglobalpolicy "minChars=8 requires-
Numeric=1 requiresAlpha=1 passwordCannotBeName=1"
```

Social Engineering | Die beste Möglichkeit, einen Benutzer zu zwingen, sein Passwort entsprechend den Vorgaben zu wählen, besteht darin, bei der Erstellung ein so simples Passwort zu vergeben, dass der Anwender anschließend genötigt ist, es sofort zu ändern. Dieses Verfahren ist im weitesten Sinne als Social Engineering zu bezeichnen, führt aber in der Regel zum Erfolg.

Größere Netzwerke
Bei der Verwaltung von Firmen-Netzwerken ist es üblich, dass Mitarbeiter ihre Passwörter in regelmäßigen Abständen ändern. Diese Politik hat unter anderem den Hintergrund, dass ein bekannt gewordenes Passwort nur über einen begrenzten Zeitraum hin unbemerkt Schaden anrichten kann.

Administratoren
Diese Vorgaben gelten nur für normale Benutzerkonten, die Sie auf Ihrem System einrichten. Administratoren können auch weiterhin beliebige Passwörter wählen und über die Systemeinstellungen die Passwörter der eingerichteten Benutzer frei ändern.

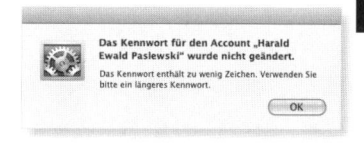

◀ **Abbildung 14.54**
Entspricht das Kennwort nicht den Vorgaben, dann wird die Änderung verweigert.

Option	Funktion
`minChars`	Legt fest, wie viele Zeichen das Passwort mindestens umfassen muss.
`requiresNumeric`	Wird dieser Wert mit 1 angegeben, so muss das Passwort mindestens eine Ziffer (1 … 0) enthalten. Bei einem Wert von 0 kann ein Passwort gewählt werden, das nur aus Ziffern besteht.
`passwordCannotBeName`	Das Passwort wird verweigert, wenn es dem Kurznamen des Benutzers entspricht oder ähnelt.
`requiresAlpha`	Wird dieser Wert mit 1 angegeben, so muss das Passwort mindestens einen Buchstaben beinhalten. Bei einem Wert von 0 kann ein Passwort gewählt werden, das nur aus Buchstaben besteht.

◀ **Tabelle 14.1**
Vorgaben für den Befehl `pwpolicy` (Forts.)

WARNUNG
Wenn Sie die man-page des Befehls pwpolicy durchlesen, werden Sie auf einige weitere Optionen stoßen, die hier nicht besprochen wurden. Sie sollten diese nicht benutzen, da Sie damit einige Benutzerkonten unbrauchbar machen können. Die hier nicht besprochenen Funktionen sind ausschließlich in der Server-Variante von Mac OS X zu verwenden.

Vorgaben löschen | Um die eingerichteten Vorgaben für Passwörter zu entfernen, müssen Sie in DSLocal in der Kategorie Config bei dem Datensatz ShadowHash die Eigenschaft PasswordPolicyOptions löschen. Starten Sie zunächst über sudo dscl . eine Sitzung von dscl, und löschen Sie dann durch die Eingabe von

```
delete /Config/shadowhash PasswordPolicyOptions
```

den Eintrag, der die Vorgaben für die Wahl der Passwörter enthält.

15 Andere Welten: Boot Camp, rEFIt, VMware

Der Umstieg auf die Prozessoren von Intel brachte nebenbei eine weitere Neuerung mit sich: Windows lässt sich nun auch auf Rechnern von Apple problemlos installieren. Was auf Puristen wie blanke Häresie wirken mag, erweist sich recht schnell als überaus nützlich. Immerhin gibt es unter Windows eine ganze Reihe von Programmen – insbesondere in der Finanzbuchhaltung –, die bisher für Mac OS X nicht zur Verfügung stehen.

Windows | Apple unterstützt die Verwendung von Windows auf einem Macintosh durch die Bereitstellung eines Dienstprogramms namens BOOT CAMP ASSISTENT. Dieser Assistent hat die Aufgabe, auf Ihrer Festplatte eine Partition zu erstellen, auf der Sie Windows installieren können. Darüber hinaus enthält die Installations-DVD von Mac OS X 10.6 eine ganze Reihe von Treibern, mit deren Hilfe die spezielle Hardware von Apple auch unter Windows XP und Windows Vista verwendet werden kann.

Linux | Das Open-Source-Projekt rEFIt ermöglicht die Verwaltung von drei Betriebssystemen auf einem Rechner. Denn auch für die Verwendung einer Linux-Distribution gibt es manchmal gute Gründe. Es sind bei einer solchen Installation jedoch einige entscheidende Punkte zu beachten, die von der richtigen Partitionierung über die Installation des sogenannten Bootloaders bis hin zur Einrichtung des Swap-Speichers reichen. Eine solche Installation wird im zweiten Teil dieses Kapitels beschrieben.

Virtualisierung | Mit einem Programm wie VMware Fusion ist es möglich, mehrere Betriebssysteme gleichzeitig unter Mac OS X auszuführen. Diese Gastsysteme laufen in einer virtuellen Hardware, die von VMware Fusion simuliert wird. Damit ist es möglich, innerhalb von Mac OS X Windows-Programme zu nutzen. Die Arbeit mit VMware Fusion 3 wird im dritten Abschnitt beschrieben.

Boot Camp oder Virtualisierung?
Ob Sie sich für die Installation mittels Boot Camp oder die Virtualisierung entscheiden, hängt von den Programmen ab, die Sie insbesondere unter Windows nutzen möchten. Mit der Virtualisierung gehtein Geschwindigkeitsverlust einher. Während dies bei einem MacPro kaum ins Gewicht fällt, kommt er bei vielen MacBooks und iMacs durchaus zum Tragen. Bei einer Finanzbuchhaltung mag dies zu vernachlässigen sein, aber wenn Sie Spiele mit hohen Anforderungen an die Hardware ausführen möchten, dann wäre die Nutzung von Boot Camp der Virtualisierung vorzuziehen.

15.1 Windows mit Boot Camp installieren

Windows 7
Zur Drucklegung dieses Buchs gab Apple bekannt, dass optimierte Treiber für Windows 7 in einigen Monaten erscheinen sollen. Die Installation der noch nicht angepassten Version von Boot Camp führte aber bereits zu zufriedenstellenden Ergebnissen.

Sie können auf einem Rechner, der mit einem Prozessor von Intel ausgestattet wurde, Windows Vista, Windows XP und zum Teil auch Windows 7 installieren. Wenn Sie sich für die Installation von Windows XP entscheiden, benötigen Sie eine CD, auf der mindestens das Service Pack 2 bereits vorhanden ist. Frühere Varianten von Windows XP können nicht verwendet werden. In diesem Abschnitt wird die Installation von Windows Vista Ultimate und Windows XP Professional beschrieben. Dabei ist der Vorgang bei beiden Windows-Varianten gleich.

Boot Camp Assistent | Die primäre Aufgabe des Boot Camp Assistenten besteht in der Erstellung einer eigenen Partition für Windows und einer Modifikation der Partitionstabelle der Festplatte. Die Treiber, die die Nutzung der Apple-Hardware unter Windows ermöglichen, befinden sich bereits auf der Installations-DVD von Mac OS X.

15.1.1 Partition für Windows erstellen

WARNUNG
Bevor Sie eine neue Partition erstellen, sollten Sie unbedingt ein Backup machen, wenn Sie die Time Machine nicht nutzen. Haben Sie Ihr persönliches Verzeichnis mit FileVault verschlüsselt, sollten Sie den Schutz für die Dauer der Installation aufheben und später wieder aktivieren.

Um eine Partition für Windows zu erstellen, starten Sie den Boot Camp Assistenten aus dem Ordner DIENSTPROGRAMME.

Voraussetzung für eine Partitionierung ist, dass sich auf der Festplatte lediglich eine Partition befindet und es sich bei dieser um das Startvolume Ihres Systems handelt. Andernfalls verweigert der Assistent die Arbeit. Haben Sie Ihre Festplatte vorher bereits in Partitionen unterteilt, können Sie diese über das Festplatten-Dienstprogramm (siehe Abschnitt 9.4.2) löschen und den frei gewordenen Speicherplatz dem Startvolume hinzufügen.

Sofern Ihr Rechner über mehrere interne Festplatten verfügt, können Sie auch eine der internen Festplatten für eine Windows-Installation verwenden. Beachten Sie, dass eine Installation von Windows auf einer externen Festplatte nicht unterstützt wird.

Firmware | Möglicherweise müssen Sie, bevor Sie Windows installieren können, eine Aktualisierung der Firmware durchführen. Es kann in Einzelfällen auch vorkommen, dass Sie die Meldung (siehe Abbildung 15.1) erhalten, aber für Ihren Rechner keine Aktualisierungen der Firmware vorliegen. In diesem Fall behebt ein Neustart, bei dem Sie das PRAM zurücksetzen (siehe Abschnitt 25.10.4), das Problem, und Sie können dann den Assistenten ausführen.

▲ **Abbildung 15.1**
Der Verweis auf eine Firmware-Aktualisierung erscheint manchmal auch dann, wenn keine Aktualisierung vorliegt.

Partition für Windows erstellen | Befindet sich nur eine Partition auf Ihrer Festplatte, so können Sie den Assistenten verwenden.

Im dritten Schritt müssen Sie die Größe für die Windows-Partition vorgeben. Über den Regler in der Mitte können Sie die Größe verändern. Hierbei muss auf der Partition für Mac OS X in jedem Fall 5 GB Speicherplatz frei bleiben. Die Schaltfläche 32 GB VERWENDEN rührt daher, dass der Assistent für die Windows-Partition das Dateisystem FAT32 verwendet. Dieses ist unter Windows nicht in der Lage, mehr als 32 GB Speicherplatz anzusprechen. Allerdings können Sie auch mehr als 32 GB für die Partition zuweisen, wenn Sie diese, wie anschließend beschrieben, mit dem Dateisystem NTFS formatieren. Es ist auch möglich, mit der Schaltfläche GLEICHMÄSSIG TEILEN den freien Speicherplatz zur Hälfte für Windows und Mac OS X zu nutzen.

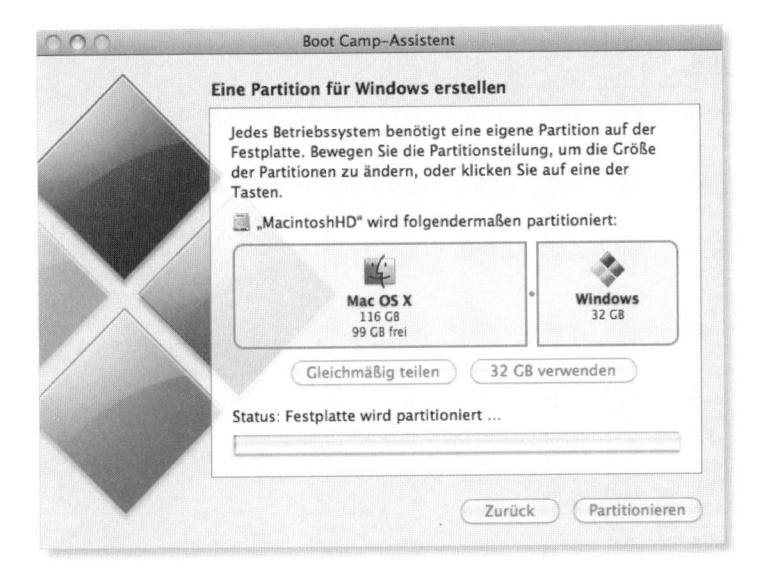

Einzelne Partition
Auf der internen Festplatte darf sich nur Ihr Startvolume befinden. Haben Sie die interne Festplatte mit dem Festplatten-Dienstprogramm selbst partitioniert, dann ist der Boot Camp Assistent nicht in der Lage, die Partition für Windows einzurichten.

◀ **Abbildung 15.2**
Die Partitionierung der Festplatte kann einen Moment dauern.

Haben Sie sich für eine Größe entschieden, können Sie mit der Schaltfläche PARTITIONIEREN Ihre Festplatte unterteilen. Dieser Vorgang kann einen kurzen Moment dauern, Sie sollten ihn keinesfalls abbrechen. Anschließend finden Sie im Finder eine neue Partition mit der Bezeichnung BOOTCAMP.

Nachdem die Partition erstellt wurde, bietet der Assistent Ihnen den sofortigen Start von einem Windows-Installationsmedium an. Sie können jetzt eine passende CD oder DVD einlegen und mit der Schaltfläche INSTALLATION STARTEN einen Neustart durchführen. Es ist auch möglich, den Rechner zu einem späteren Zeitpunkt bei gedrückter ⌥-Taste neu zu starten und dann als Startmedium die CD oder DVD auszuwählen.

Master Boot Record | Neben der Erstellung der Partition nimmt der Assistent noch eine weitere Änderung an der Festplatte vor.

> **HINWEIS**
>
> Diese Doppelstruktur ist im Festplatten-Dienstprogramm nicht ohne Weiteres ersichtlich, wird aber durch die Warnung vor möglichen Änderungen aufgegriffen.

Zusätzlich zu der normalen, von Mac OS X verwendeten GUID-Partitionstabelle wird noch ein Master Boot Record (MBR) installiert. Dieser wird von Windows für den Start zwingend vorausgesetzt, obwohl die zugrunde liegende Technik eigentlich seit über zehn Jahren als veraltet anzusehen ist. Insofern handelt es sich um eine hybride Partitionstabelle, da jetzt sowohl die von Mac OS X unterstützte GUID-Partitionstabelle als auch die für Windows notwendige MBR-Struktur vorhanden sind.

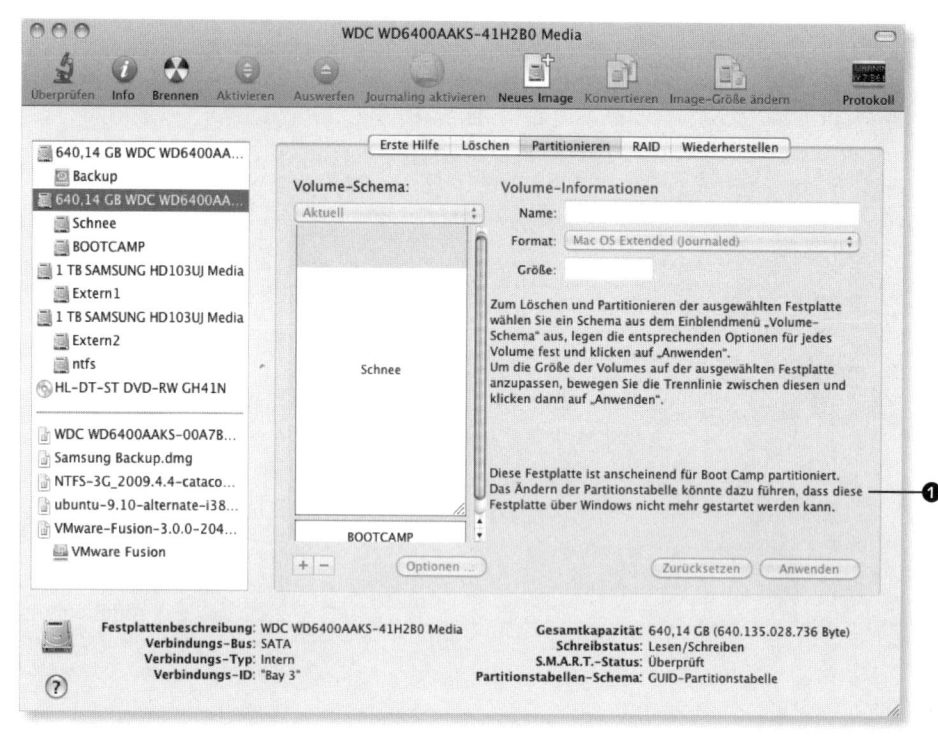

▲ **Abbildung 15.3**
Wenn über den Boot-Camp-Assistenten eine Partition eingerichtet wurde, erscheint im Festplatten-Dienstprogramm eine Warnung ❶.

> **WARNUNG**
>
> Vermeiden Sie auf jeden Fall die Partitionierung Ihrer Festplatte mithilfe des Installationsprogramms von Windows. Belassen Sie die Partitionierung in der Form, wie Sie sie über den Boot-Camp-Assistenten hergestellt haben. Andernfalls laufen Sie Gefahr, den Zugriff auf alle Partitionen zu verlieren.

15.1.2 Windows installieren

Die Installation von Windows, gleich ob Vista, XP oder Windows 7, wurde von Microsoft in allen Schritten mit einschlägigen Erläuterungen versehen. Es stehen eigentlich auch keine Optionen zur Auswahl. Lediglich bei der Wahl der Partition gilt es sowohl bei Windows XP als auch bei Vista und Windows 7, auf die Besonderheiten von Boot Camp Rücksicht zu nehmen.

Legen Sie das Installationsmedium ein, und führen Sie einen Neustart aus. Halten Sie die Taste ⎇ gedrückt, wenn der Startgong ertönt, und wählen Sie dann die DVD oder CD der Windows-Installation als Startmedium aus.

Windows XP | Wenn Sie Windows XP installieren, stellt Ihnen das Installationsprogramm ebenfalls die vorhandenen Partitionen zur Auswahl. Auch bei Windows XP sollten Sie die Partitionstabelle nicht antasten, sondern mit ⏎ die schon vorhandene Partition BOOTCAMP auswählen.

Das Installationsprogramm fragt Sie im nächsten Schritt, ob Sie das bestehende Dateisystem beibehalten oder die Partition neu formatieren möchten.

FAT oder NTFS?
Bei der Installation von Windows XP haben Sie die Wahl zwischen den Dateisystemen FAT32 und NTFS. Während FAT32 etwas älter ist und unter Windows nicht mehr als 32 GB Speicherplatz verwalten kann, kann Mac OS X auf FAT32-Partitionen schreibend zugreifen. NTFS ist deutlich moderner, allerdings wurden die Spezifikationen von Microsoft bisher nicht offengelegt. Für den Schreibzugriff von Mac OS X aus müssen Sie MacFUSE und den Treiber NTFS-3G (siehe Abschnitt 9.6) installieren.

◄ **Abbildung 15.4**
Die Partition BOOTCAMP ist das Ziel der Installation.

Auch wenn der Boot Camp Assistent bereits ein FAT32-Dateisystem erzeugt hat, so wird die Installation darauf fehlschlagen. Sie müssen die Partition mithilfe des Installationsprogramms neu formatieren. Ob Sie das NTFS- oder FAT-Dateisystem auswählen, ist für die Installation selbst nicht relevant. Mit der Option (SCHNELL) wird nur das Dateisystem erzeugt, während die normale Variante auch noch eine Prüfung vornimmt, was ein wenig Zeit in Anspruch nimmt.

◄ **Abbildung 15.5**
Die Partition muss vor der Installation formatiert werden.

64-Bit-Editionen
Während Sie bei Windows XP auf die 32-Bit-Editionen angewiesen sind, können Sie auf neueren Geräten der Pro-Serie auch die 64-Bit-Editionen von Windows Vista und Windows 7 verwenden. Unter *http://support.apple.com/kb/ HT1846?viewlocale=de_DE* finden Sie eine Liste der unterstützten Modelle. Zwar ist die Installation der 64-Bit-Editionen auch auf älteren Geräten möglich, aber die Installation der Boot-Camp-Treiber wird verweigert.

Windows Vista und Windows 7 | Nach dem Start von der Installations-DVD und der obligatorischen Eingabe eines Lizenzschlüssels werden Sie bei der Installation von Windows Vista und Windows 7 nach der Partition, auf der die Installation vorgenommen werden soll.

Windows Vista und Windows 7 können nur auf einer Partition mit dem NTFS-Dateisystem installiert werden. Da der Boot Camp Assistent jedoch das Dateisystem FAT32 für die Boot-Camp-Partition verwendet hat, müssen Sie diese mit dem Installationsprogramm neu formatieren.

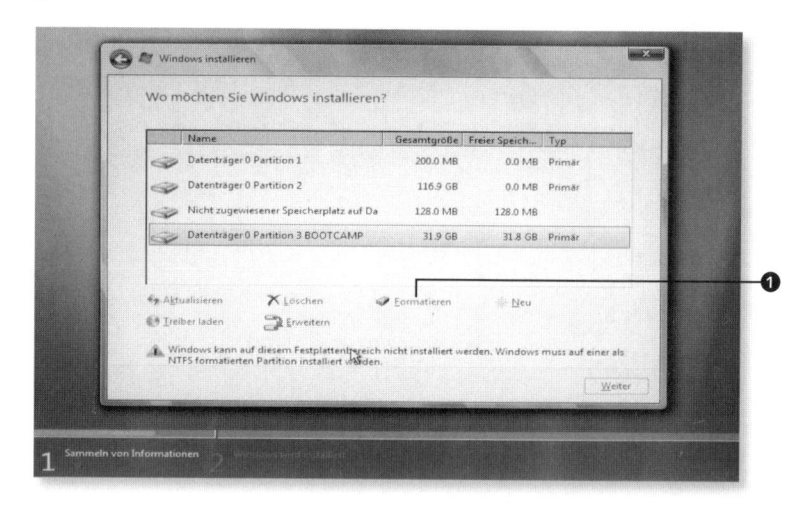

Abbildung 15.6 ▶
Bei der Installation von Windows Vista und Windows 7 muss die BOOTCAMP-Partition mit dem Dateisystem NTFS formatiert werden.

Wählen Sie hierzu zunächst die Partition mit der Beschreibung BOOTCAMP aus und klicken dann auf die Schaltfläche Laufwerksoptionen. Dort finden Sie nun eine weitere Schaltfläche mit Formatieren ❶. Klicken Sie darauf, und Sie erhalten eine Rückfrage, ob Sie die Partition wirklich löschen möchten. Diese wird anschließend vom Installationsprogramm mit dem Dateisystem NTFS formatiert, wobei die Partitionstabelle der Festplatte jedoch nicht angetastet wird. Die Beschreibung BOOTCAMP geht dabei verloren.

DVD auswerfen bei Windows 7
Bei der Installation von Windows 7 sollten Sie die linke Maustaste und die Taste ⏏ beim Startgong gedrückt halten, wenn der Rechner während der Installation das erste Mal neu gestartet wird. Damit wird die Installations-DVD ausgeworfen und Sie können im Menü die Windows-Partition auswählen. Die Installation wird dann korrekt fortgesetzt.

Installation durchführen | Haben Sie die Partition ausgewählt und formatiert, beginnt das Installationsprogramm sowohl unter XP als auch unter Windows Vista und Windows 7 mit dem Kopieren der benötigten Dateien auf die Festplatte. Nach dem Abschluss des Kopiervorgangs wird ein Neustart durchgeführt. Sie erhalten hier möglicherweise die Aufforderung, eine Taste zu drücken, um von der DVD oder CD zu starten. Drücken Sie hier keine Taste, sondern führen Sie einen Start von der Festplatte aus, so wird die Installation fortgesetzt.

Es folgt noch ein weiterer Neustart, und die Installation wird bei allen drei Varianten abgeschlossen. Die notwendigen Eingaben und Einstellungen wurden von Microsoft mit ausgiebigen Erläuterungen versehen und sind eigentlich selbst erklärend.

15.1.3 Treiber installieren

Wurde Windows erfolgreich installiert, so müssen die für den Betrieb auf einem Apple-Rechner notwendigen Treiber installiert werden. Solange dies nicht der Fall ist, steht Ihnen keine Tonausgabe zur Verfügung, und auch die Bildschirmdarstellung beruht auf Standardtreibern.

Nachdem Sie die DVD oder CD von Windows ausgeworfen haben, legen Sie die Installations-DVD von Mac OS X 10.6 ein.

Medium auswerfen
Die Taste zum Auswerfen funktioniert aufgrund der fehlenden Treiber nicht unter Windows. Sie können den ARBEITSPLATZ aufrufen, die DVD oder CD auswählen und diese dann über den Menüpunkt DATEI • AUSWERFEN (XP) oder die Schaltfläche AUSWERFEN (Vista und 7) aus dem Laufwerk nehmen.

▲ **Abbildung 15.7**
Über die AUTOMATISCHE WIEDERGABE erfolgt die Installation automatisch.

Wurde die Installations-DVD eingelegt, erscheint bei Windows Vista und Windows 7 ein Fenster mit dem Titel AUTOMATISCHE WIEDERGABE. Hier klicken Sie auf SETUP.EXE AUSFÜHREN, um den Installationsvorgang zu starten. Unter Windows XP wird das Programm SETUP.EXE automatisch gestartet.

Boot-Camp-Installationsprogramm | Nun wird das BOOT-CAMP-INSTALLATIONSPROGRAMM gestartet, das in einem Durchgang alle notwendigen Treiber und Komponenten installiert. Der Vorgang kann einige Minuten dauern. Währenddessen erscheinen in der Symbolleiste unten rechts einige Nachrichten darüber, dass die jeweilige Hardware nun zur Verfügung steht. Sie können diese ignorieren.

Apple Software Update
Die einzige zur Auswahl stehende Option ist das Programm APPLE SOFTWARE UPDATE (siehe Abbildung 15.9). Dieses Programm funktioniert ähnlich wie die SOFTWAREAKTUALISIERUNG unter Mac OS X. Sie sollten das Programm installieren, um in Zukunft die Treiber auf dem aktuellsten Stand zu halten.

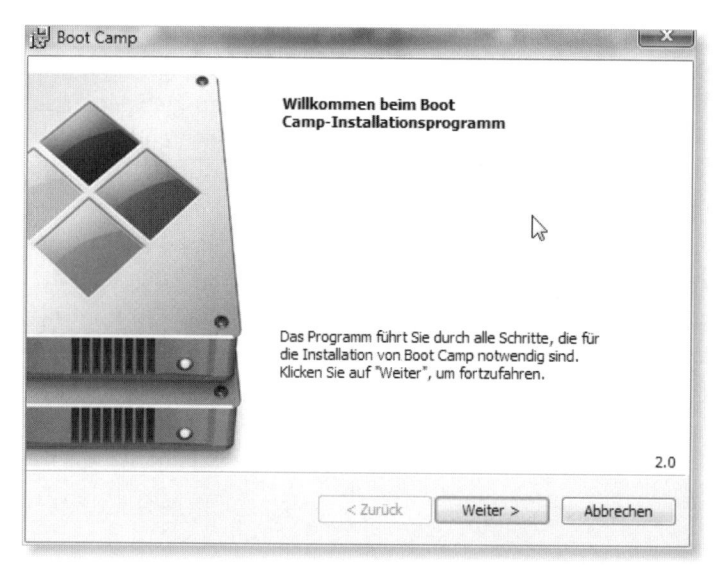

▲ **Abbildung 15.8**
Das Boot-Camp-Installationsprogramm richtet die notwendigen Treiber unter Windows ein.

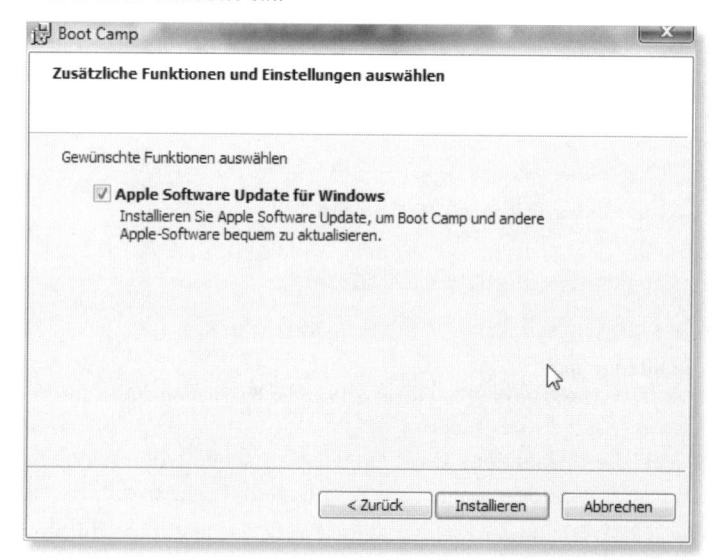

▲ **Abbildung 15.9**
»Apple Software Update für Windows« erleichtert die zukünftige Aktualisierung der Treiber.

15.1.4 Nach der Installation

Nach einem Neustart stehen Ihnen über die Treiber Funktionen zur Verfügung, die einige spezielle Fähigkeiten der Rechner von Apple auch unter Windows zugänglich machen. Zunächst können Sie über die Raute in der Symbolleiste den Computer neu starten und dabei einen NEUSTART UNTER MAC OS X ... durchführen.

Um die Sondertasten der Apple-eigenen Tastaturen zu nutzen, wurde eine eigene Tastaturbelegung installiert. Diese finden Sie unter anderem in der Symbolleiste, und durch die Auswahl der Option DEUTSCH (APPLE) entspricht die unter Windows verfügbare Tastenbelegung in etwa der, die Sie auch unter Mac OS X verwenden. Sie können die Tasten zur Reduzierung und Erhöhung der Lautstärke ebenso nutzen wie die zum Auswurf der Wechselmedien.

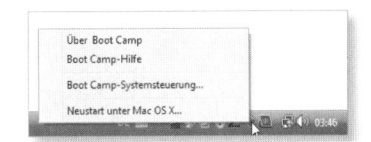

▲ Abbildung 15.10
Die Raute stellt in der Symbolleiste den direkten Zugriff auf die Funktionen von Boot Camp zur Verfügung.

Windows-Tastatur	Apple-Tastatur
Windows	Apple
⌦	⌦
Drucken	F14
Bildlauf	F15
Pause	F16
@	Rechte ⌥ + L

▲ Tabelle 15.1
Wichtige Unterschiede in der Windows- und Apple-Tastaturbelegung.

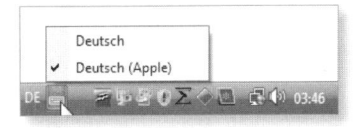

▲ Abbildung 15.11
Zur Unterstützung der Apple-Tastatur wurde eine eigene Belegung installiert.

Software Aktualisierung | Um die installierten Treiber auf dem aktuellsten Stand zu halten, können Sie das Programm APPLE SOFTWARE UPDATE ausführen. Es entspricht in seiner Funktionsweise der SOFTWAREAKTUALISIERUNG von Mac OS X und nimmt, wenn Sie es gestartet haben, Kontakt zu den Servern von Apple auf. Anschließend bietet es Ihnen eine Liste der verfügbaren Aktualisierungen an, die Sie installieren können. Ihnen stehen dabei zwei Kategorien zur Auswahl. In Abbildung 15.12 würden verfügbare Aktualisierungen, die zum Zeitpunkt der Aufnahme nicht vorhanden waren, oben stehen. Unten finden Sie noch nicht installierte Software wie Safari, die Sie über das APPLE SOFTWARE UPDATE installieren können.

▲ Abbildung 15.12
Verfügbare Aktualisierungen würden im oberen Bereich angezeigt.

Systemsteuerung | In der SYSTEMSTEUERUNG von Windows finden Sie, sofern Sie die KLASSISCHE ANSICHT wählen, auch einen Eintrag BOOT CAMP. Dort sehen Sie mindestens drei Reiter.

Unter STARTVOLUME können Sie das System vorgeben, von dem Ihr Rechner standardmäßig starten soll. Im Reiter HELLIGKEIT können Sie die gleichnamige Einstellung für den Bildschirm vornehmen.

Unter FERNBEDIENUNG können Sie eine Apple-Remote-Fernbedienung mit diesem Computer verbinden und mit dieser iTunes steuern. Ihren Rechner nach einem Stromausfall automatisch neu zu starten ermöglicht die Option im Reiter STROMVERSORGUNG.

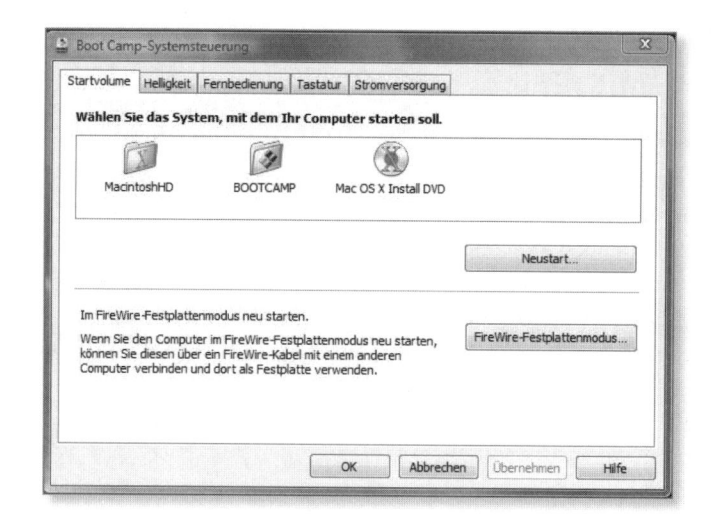

Abbildung 15.13 ▶
Über die Boot-Camp-Systemsteuerung kann unter anderem das Startvolume ausgewählt werden.

Viren und andere Schädlinge
Ein Rechner von Apple, auf dem Sie Windows installiert haben, verhält sich in Bezug auf die Sicherheit wie jedes andere Windows-System. Dies bedeutet, dass Ihr Computer genauso anfällig für Viren und Trojaner ist wie jeder andere handelsübliche PC. Ein für den privaten Einsatz kostenloses und für die ersten Schritte ausreichendes Anti-Viren-Programm ist Avira Antivir, das Sie unter *www.free-av.de* herunterladen können.

Windows Update | Liegt eine Verbindung zum Internet vor und haben Sie während der Installation eingestellt, dass Windows automatisch nach Aktualisierungen suchen soll, dann beginnt Windows im Hintergrund mit dem Download und zum Teil auch der Installation der Aktualisierungen. Wundern Sie sich nicht, wenn diese etwas umfangreicher ausfallen, als Sie dies unter Mac OS X gewöhnt sind. Zur Drucklegung wurden für Windows Vista 94 Aktualisierungen gefunden und installiert.

15.1.5 Boot-Camp-Partition entfernen

Wenn Sie die Installation von Windows zu einem späteren Zeitpunkt löschen möchten, dann können Sie den Boot-Camp-Assistenten starten und im zweiten Schritt über die Schaltfläche WIEDERHERSTELLEN Ihrem Startvolume wieder den gesamten Speicherplatz auf der internen Festplatte zuweisen.

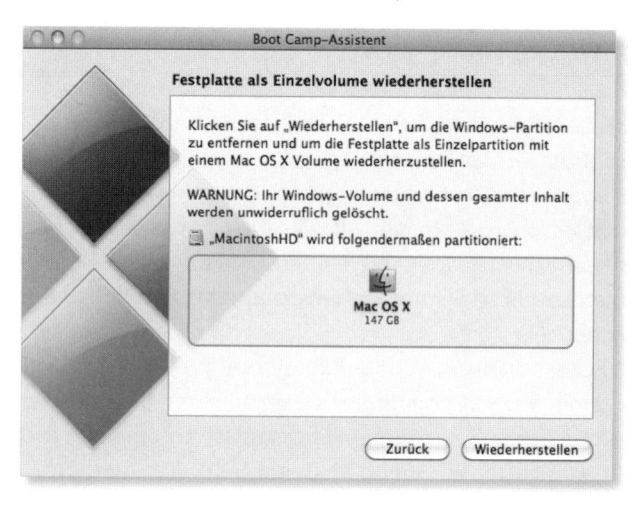

Abbildung 15.14 ▶
Die Partition für Windows kann mit dem Boot-Camp-Assistenten gelöscht werden.

15.2 Windows, Linux und Mac OS X mit rEFIt

Die Installation von Linux parallel zu Mac OS X und Windows ist auf einem Rechner von Apple möglich, und in der Tat gibt es für die Nutzung von Linux eine Reihe von Gründen. Sei es, dass man als Web-Entwickler Webseiten auch für die unter Linux verfügbaren Browser testen muss, sei es aus reiner Neugier oder für die Nutzung einer Reihe von Open-Source-Programmen, die unter Mac OS X noch nicht vollständig zur Verfügung stehen.

Allerdings unterliegt die Installation von drei Betriebssystemen auf einer Festplatte einigen Einschränkungen. Hilfreich bei der Einrichtung und späteren Verwendung der drei Betriebssysteme ist das Open-Source-Projekt rEFIt, das eine bequeme und flexible Auswahl der installierten Systeme bietet. Dieser Abschnitt beschreibt ein mögliches Vorgehen bei der Installation der drei Betriebssysteme auf einer internen Festplatte.

Ubuntu oder openSUSE?
In diesem Abschnitt wird die Installation von Linux anhand von Ubuntu 9.10 beschrieben. Die Installation von openSUSE ist auf einem Intel-Mac ebenfalls möglich und unterliegt in Bezug auf die Partitionierung und den Bootloader den gleichen Einschränkungen wie Ubuntu.

Ubuntu Linux | Zur Installation wird die zur Drucklegung des Buches aktuelle Version 9.10 von Ubuntu Linux verwendet. Hierbei wird jedoch nicht die normale Desktop-Variante, sondern die sogenannte »alternate desktop CD« benutzt. Diese verfügt über ein eher spartanisches Installationsprogramm, das jedoch für die Installation auf einem Apple-Rechner deutlich besser geeignet ist. Beachten Sie ferner, dass sich angesichts der schnellen Änderungen im Linux-Bereich die Installation einer aktuelleren Version etwas anders verhalten kann.

.iso-Datei
Die von der Webseite *www.ubuntu.com* heruntergeladene Datei »ubuntu-9.10-alternate-i386.iso« können Sie mit dem Festplatten-Dienstprogramm auf einen CD-Rohling brennen.

15.2.1 Partitionen einrichten

Die größte Schwierigkeit bei der Installation der drei Betriebssysteme besteht in der richtigen Partitionierung. Hierbei sind folgende Dinge zu beachten: Windows muss auf einem Macintosh immer auf der letzten Partition der Festplatte installiert werden. Ferner ist Windows auf eine Partitionstabelle mit dem Master Boot Record (MBR) angewiesen.

Das Problem bei diesem jedoch besteht darin, dass er nicht mehr als vier (primäre) Partitionen verwalten kann. Nun benötigen die meisten Linux-Distributionen jedoch eine eigene, zusätzliche Partition für den sogenannten Swap-Speicher. Insgesamt würden also vier Partitionen benötigt: eine für Mac OS X, zwei für Linux und die letzte für Windows.

Abbildung 15.15 ▶
Mac OS X legt eine kleine, unsichtbare Partition an ❶.

EFI Partition | Das Problem bei Mac OS X besteht nun darin, dass neben dem eigentlichen Startvolume eine weitere, im Festplatten-Dienstprogramm nicht sichtbare Partition existiert. Genau genommen benötigt Mac OS X also zwei Partitionen, was jetzt zu einem Problem mit Linux führt. Für eine Swap-Partition verbleibt aufgrund der Begrenzung der MBR-Partitionierung auf maximal vier Partitionen somit kein Platz. Umgehen lässt sich dieses Problem, indem bei der Installation von Linux auf eine eigene Swap-Partition verzichtet und nach erfolgter Installation eine sogenannte Swap-Datei eingerichtet wird.

Der erste Schritt der Partitionierung besteht in der Einrichtung einer Partition für Windows mit dem BOOT CAMP ASSISTENT. Beginnen Sie jetzt jedoch nicht unmittelbar mit der Installation von Windows, sondern starten Sie das Festplatten-Dienstprogramm. Wählen Sie dort oben links die interne Festplatte aus und dann den Reiter PARTITIONIEREN. Die untere Partition mit der Bezeichnung BOOTCAMP lassen Sie unangetastet und wählen stattdessen das Startvolume aus. In Abbildung 15.16 trägt es die Bezeichnung MACINTOSHHD. Mit einem Klick auf das Plus-Zeichen unterhalb der Liste der Partitionen teilen Sie das Startvolume.

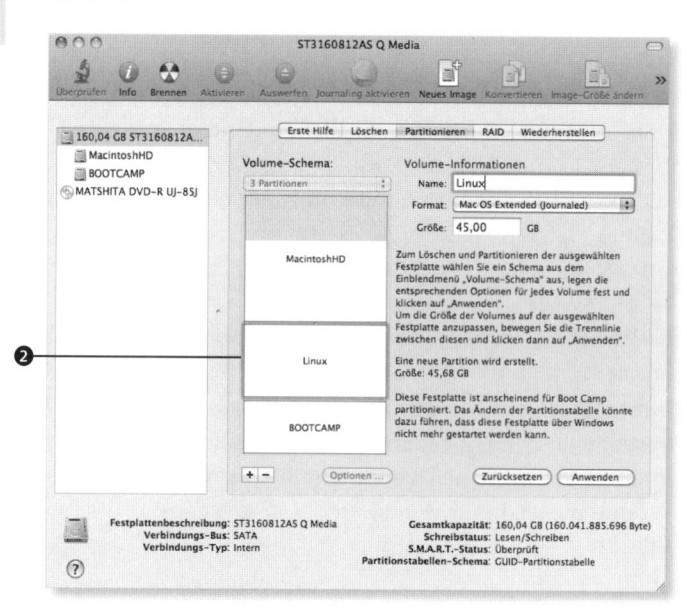

> **WARNUNG**
>
> Auch bei diesem Installationsvorgang gilt, dass Sie vorher ein Backup Ihrer Daten erstellen sollten. Das Festplatten-Dienstprogramm mag zwar verlässlich arbeiten, aber bei einem derart diffizilen Vorgang wie der Partitionierung der Festplatten und der anschließenden Installation zweier Betriebssysteme sind Fehler und Datenverluste nie ganz auszuschließen.

Abbildung 15.16 ▶
Mit dem Festplatten-Dienstprogramm wird eine dritte Partition für die Installation von Linux erzeugt ❷.

Das Festplatten-Dienstprogramm teilt das Startvolume in zwei gleich große Partitionen auf, von denen die zweite leer ist, während auf der ersten Ihr System verbleibt. Sind Sie mit dieser Einteilung nicht zufrieden und möchten Sie die Partition für Linux verkleinern oder vergrößern, können Sie den Trennbalken zwischen den beiden Partitionen entsprechend verschieben. Die Partition für Linux kann ruhig mit dem Dateisystem Mac OS Extended formatiert werden. Haben Sie die Größen der Partitionen angepasst, können Sie die Änderungen Anwenden.

15.2.2 rEFIt installieren

Die Verwaltung von drei oder mehr Betriebssystemen wird durch das Open-Source-Programm rEFIt deutlich einfacher. Sie sollten, bevor Sie die anderen Systeme installieren, zunächst rEFIt herunterladen und installieren. Das Disk Image enthält neben der Dokumentation und einigen weiteren Hilfsprogrammen auch ein Installationspaket, das auf der obersten Ebene des Dateisystems einen Ordner EFI anlegt.

Dort befindet sich ein Unterordner Tools, der einige Programme für die Ausführung vor dem Start eines Betriebssystems enthält. Diese können in Einzelfällen bei der Fehlerbehebung hilfreich sein, sind aber nicht Bestandteil dieses Kapitels. Im Ordner REFIT liegen das Hauptprogramm sowie zwei Shell-Skripten.

▲ **Abbildung 15.17**
rEFIt kann kostenlos unter der Adresse *http://refit.sourceforge.net* heruntergeladen werden.

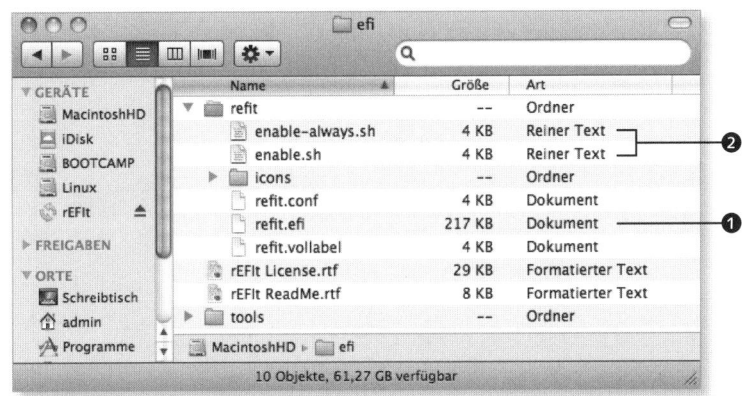

◀ **Abbildung 15.18**
Im Ordner »efi« befinden sich das Hauptprogramm (»refit.efi«) ❶ und zwei Shell-Skripten ❷.

rEFIt aktivieren | Damit Ihr System zuerst rEFIt aktiviert und nicht Mac OS X startet, müssen Sie zunächst eine Einstellung vornehmen: Am Terminal wechseln Sie mit `cd /efi/refit` in das entsprechende Verzeichnis und führen dann mit `sudo`Fehler! Verweisquelle konnte nicht gefunden werden. `./enable.sh` und der anschließenden Eingabe Ihres Administrator-Passwortes ein Shell-Skript aus. Dieses Skript nutzt den Befehl `bless`, um die Einstellung Ihres Startvolumes so abzuändern, dass zuerst

[bless]
Der Befehl `bless` hat die Aufgabe, Dateisysteme und Dateien als startfähig zu markieren, im weiteren Sinne zu segnen. rEFIt nutzt `bless` mithilfe des Shell-Skriptes, um das Startvolume so zu modifizieren, dass anstelle von Mac OS X zunächst rEFIt geladen wird.

rEFIt aktiviert wird. Wenn Sie die Taste ⎵ bei einem Neustart gedrückt halten, erscheint Ihr Startvolume kursiv mit der Bezeichnung REFIT und trägt nicht mehr seinen Namen.

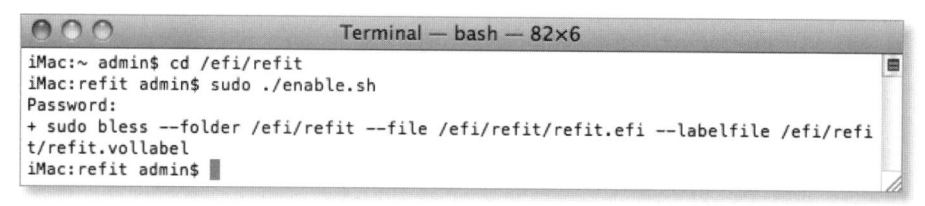

```
iMac:~ admin$ cd /efi/refit
iMac:refit admin$ sudo ./enable.sh
Password:
+ sudo bless --folder /efi/refit --file /efi/refit/refit.efi --labelfile /efi/refi
t/refit.vollabel
iMac:refit admin$
```

▲ Abbildung 15.19
Mit dem Shell-Skript »enable.sh« wird rEFIt aktiviert.

> **HINWEIS**
>
> Wenn Sie rEFIt installiert haben, dann müssen Sie für den Single User Modus das in Abschnitt 15.2.5 beschriebene Menü nutzen.

rEFIt konfigurieren | Sie können die Einstellungen von rEFIt über die Datei /EFI/REFIT/REFIT.CONF modifizieren. Wenn Sie die Datei mit `sudo nano /efi/refit/refit.conf` im Texteditor öffnen, können Sie zum Beispiel den Wert `timeout` ändern. Er gibt vor, nach wie vielen Sekunden Wartezeit automatisch das erste gefundene Betriebssystem gestartet wird. Mit einem Wert von 0 wird kein System automatisch gestartet.

15.2.3 Windows installieren

Nach der Installation und Aktivierung von rEFIt geben Sie in den SYSTEMEINSTELLUNGEN in der Ansicht STARTVOLUME die Partition vor, auf der sich Mac OS X 10.6 und rEFIt befinden. Legen Sie nun die Installations-CD oder -DVD von Windows in Ihr Laufwerk. Nach einem Neustart, bei dem Sie die Taste ⎵ nicht gedrückt halten, stellt Ihnen rEFIt die gefundenen Betriebssysteme zur Auswahl (siehe Abbildung 15.20).

Neustart und Ausschalten
Im Menü von rEFIt können Sie mit der Schaltfläche mit dem Pfeil nach unten Ihren Rechner ausschalten, mit dem Pfeil nach oben neu starten.

Abbildung 15.20 ▶
rEFIt ermöglicht auch den Start von der Windows-DVD.

Die zuvor erstellte Partition für Windows erscheint in diesem Menü mit dem Icon von Boot Camp, versehen als LEGACY OS, während die Installations-CD oder -DVD von Windows mit einem CD-Icon versehen wird. Wählen Sie mit ← das Installationsmedium aus, und drücken Sie ↵, um Ihren Rechner von der DVD oder CD zu starten.

Die Installation von Windows entspricht dem im ersten Teil dieses Kapitels beschriebenen Vorgehen. Sie müssen lediglich beachten, dass Sie die Installation auf der Partition mit der Bezeichnung BOOTCAMP vornehmen, die Partitionstabelle nicht antasten und mithilfe von rEFIt den Neustart von der Windows-Partition ausführen.

15.2.4 Ubuntu Linux installieren

Die Installation von Linux ist der letzte Schritt. Nach erfolgreicher Windows-Installation legen Sie die Installations-CD von Ubuntu Linux in Ihr Laufwerk und führen einen Neustart aus. Die CD wird von rEFIt automatisch als Linux-System erkannt und zusammen mit den beiden schon vorhandenen Systemen angeboten. Starten Sie von der CD, und die Installation von Linux beginnt.

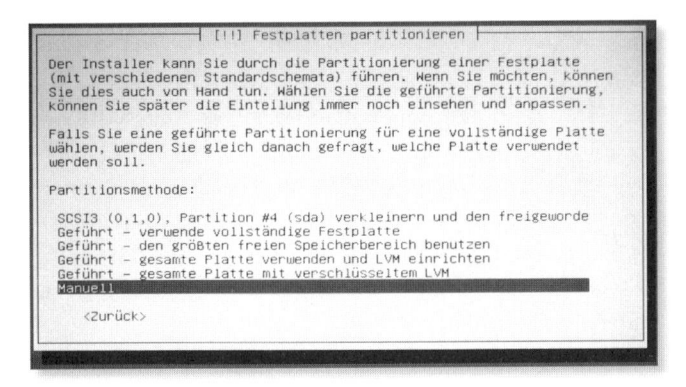

◄ **Abbildung 15.21**
Die Installations-CD von Ubuntu Linux wird von rEFIt mit einem Pinguin versehen.

Die Installation von Ubuntu wurde mit einer Reihe von Erläuterungen versehen und ist in weiten Teilen selbsterklärend. Sie können, wenn das Ubuntu-Logo mit einem Menü erscheint, mit einem Druck auf [F2] die Sprache auswählen und dann die Installation im Text-Modus vornehmen. Das Installationsprogramm versucht nun automatisch, Ihre Netzwerk-Konfiguration und die in Ihrem Rechner verfügbare Hardware zu erkennen.

◄ **Abbildung 15.22**
Als Partitionsmethode sollte unbedingt MANUELL ausgewählt werden.

Partitionsmethode | Das Installationsprogramm stellt Sie anschließend vor die Wahl der PARTITIONSMETHODE. Hier müssen Sie unbedingt den Punkt MANUELL mit den Pfeiltasten und abschließend ⏎ auswählen. Verzichten Sie auf die anderen angebotenen Methoden, da Sie damit nicht nur die Startfähigkeit Ihres Windows-Systems beschädigen, sondern auch die gesamte Festplatte löschen können.

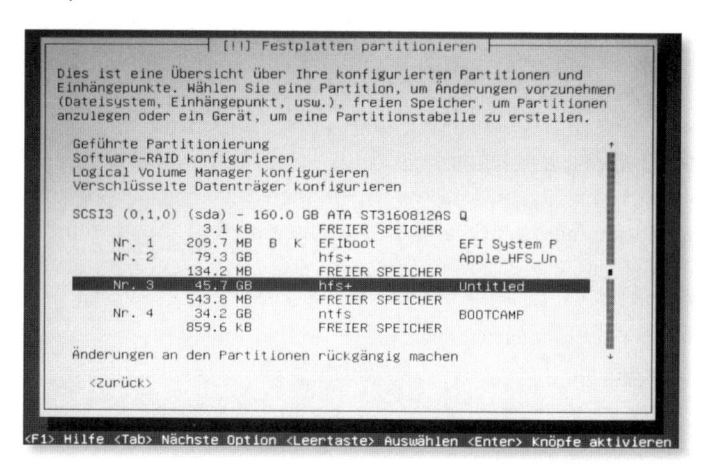

▲ Abbildung 15.23
Die zweite »hfs+«-Partition wird für die Installation von Linux herangezogen.

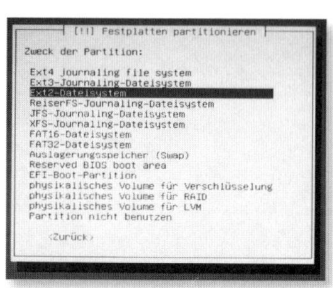

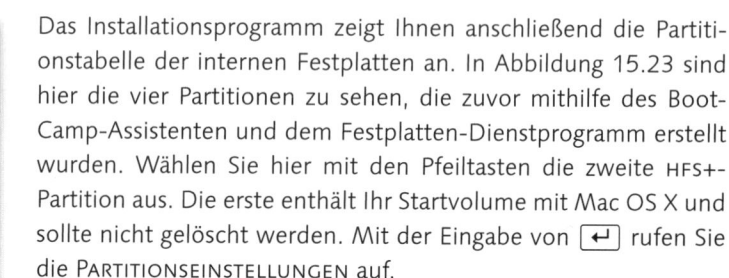

▲ Abbildung 15.24
Als »Zweck der Partition« sollte das »Ext2-Dateisystem« ausgewählt werden.

Das Installationsprogramm zeigt Ihnen anschließend die Partitionstabelle der internen Festplatten an. In Abbildung 15.23 sind hier die vier Partitionen zu sehen, die zuvor mithilfe des Boot-Camp-Assistenten und dem Festplatten-Dienstprogramm erstellt wurden. Wählen Sie hier mit den Pfeiltasten die zweite HFS+-Partition aus. Die erste enthält Ihr Startvolume mit Mac OS X und sollte nicht gelöscht werden. Mit der Eingabe von ⏎ rufen Sie die PARTITIONSEINSTELLUNGEN auf.

In diesem Menü müssen Sie zunächst den Unterpunkt BENUTZEN ALS, bei dem Sie zurzeit den Hinweis NICHT BENUTZEN finden, auswählen. Mit ⏎ gelangen Sie in ein weiteres Menü (siehe Abbildung 15.24), in dem Ihnen eine Reihe von Dateisystemen zur Auswahl steht. Das unter Linux schon seit Längerem als Standard eingesetzte EXT2-DATEISYSTEM ist für den Einsatz auf einem Macintosh gut geeignet, auch das EXT3-JOURNALING-DATEISYSTEM können Sie verwenden. Haben Sie es über die Pfeiltasten und anschließend ⏎ ausgewählt, wurde das vorhergehende Menü um einige Punkte ergänzt.

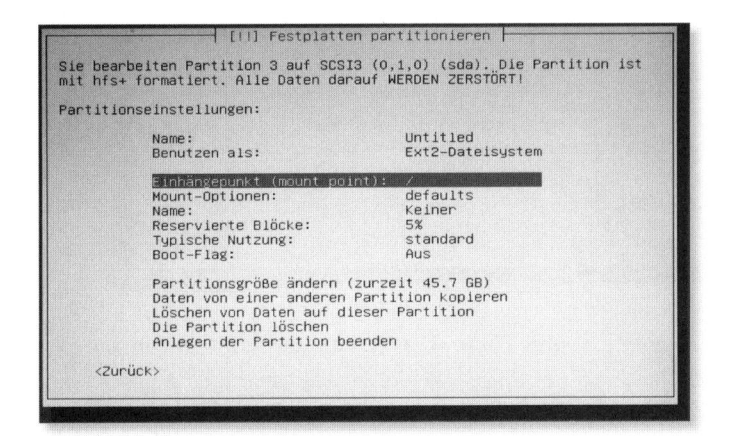

◀ **Abbildung 15.25**
Der Einhängepunkt kann nach der Auswahl des Dateisystems konfiguriert werden.

Wählen Sie hier den Eintrag EINHÄNGEPUNKT aus, und rufen Sie mit ⏎ das Menü aus Abbildung 15.26 auf. Darin geben Sie als EINHÄNGEPUNKT vor: / - DAS WURZELDATEISYSTEM. Mit dieser Vorgabe wird die Partition als Ziel für die Installation ausgewählt. Wenn Sie mit ⏎ zum vorherigen Menü zurückgekehrt sind, können Sie über den Eintrag ANLEGEN DER PARTITION BEENDEN mit der Installation fortfahren.

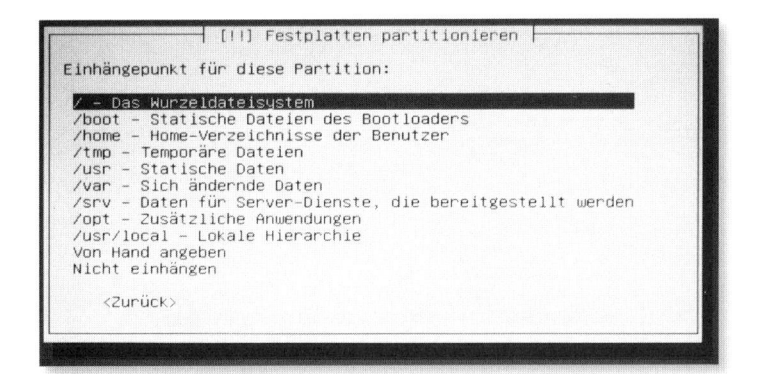

◀ **Abbildung 15.26**
Als Einhängepunkt wird das Wurzeldateisystem ausgewählt.

Keine Swap-Partition | Sie gelangen nun wiederum zur Übersicht der vorhandenen Partitionen, wobei Ihnen die Einstellungen, die Sie eben in Bezug auf das Dateisystem und den Einhängepunkt getroffen haben, angezeigt werden.

Wählen Sie nun ganz unten den Punkt PARTITIONIERUNG BEENDEN UND ÄNDERUNGEN ÜBERNEHMEN aus, so erhalten Sie vom Installationsprogramm die eindringliche Rückfrage, ob Sie nicht noch eine Partition als Swap-Speicher einrichten und zum PARTITIONSMENÜ ZURÜCKKEHREN möchten. Die Warnung mag eindringlich klingen, aber hier entscheiden Sie sich für die Option NEIN, um mit der Installation fortzufahren.

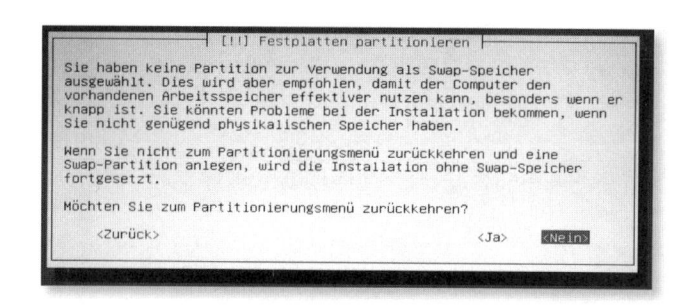

Abbildung 15.27 ▶
Auf die Einrichtung eines Swap-Speichers wird bewusst verzichtet.

Es folgt noch eine Zusammenfassung der Änderungen mit der Rückfrage, ob Sie diese auf die Festplatte schreiben möchten. Wenn Sie diese Rückfrage ebenfalls bestätigen, werden endlich die Änderungen vorgenommen, und der eigentliche Installationsvorgang beginnt.

[Bootloader]
Für die Aktivierung des Kernels von Linux wird oft ein sogenannter Bootloader verwendet. Die Aufgabe eines solchen Programms wie GRUB besteht darin, den Kernel zusammen mit einigen Parametern zu starten. Ein weiterer verbreiterter Bootloader ist LILO, der insbesondere bei openSUSE Verwendung findet.

GRUB-Bootloader | Im weiteren Verlauf der Installation werden die für Linux notwendigen Systembestandteile auf die Festplatte kopiert und die für Ihren Rechner notwendigen Einstellungen vorgenommen.

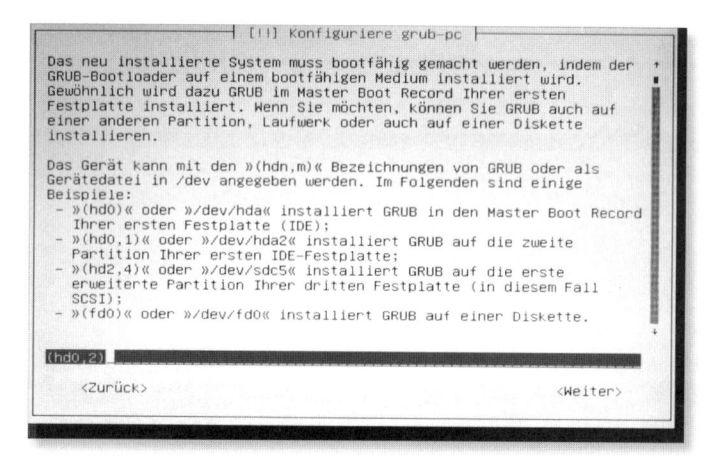

▲ **Abbildung 15.28**
Der GRUB-Bootloader wird in der Partition (hd0,2) installiert.

Sie werden nun gefragt, in welche Partition Sie den GRUB-Bootloader installieren möchten. Hier ist, sofern Sie bei der Installation von Linux allen Schritten in diesem Abschnitt gefolgt sind, die dritte Partition der ersten Festplatte das Ziel. Diese enthält das Linux-System, und die Installation von GRUB in dieser Partition ermöglicht den Start von Linux, ohne die anderen installierten Systeme zu stören. Mit der Eingabe von (hd0) würde der Boot Loader im MBR der ersten Festplatte installiert, womit Ihr Windows-System nicht mehr startfähig wäre!

HINWEIS

Die Erkennung der Hardware durch das Installationsprogramm von Ubuntu Linux funktioniert zwar, ist aber sprachlich nicht exakt. So wird eine interne IDE-Festplatte konstant als SCSI-Festplatte bezeichnet. Aus diesem Grund sollten Sie den Erläuterungen in Abbildung 15.28 nicht folgen, eine Angabe in der Form /dev/sda2 nicht verwenden und stattdessen die in Abbildung 15.28 gezeigte Variante in Klammern bevorzugen.

Die Angabe der Partition erfolgt in Klammern mit den Zeichen hd und zwei Zahlen. Die erste Zahl gibt die Festplatte an, wobei die Zählung mit 0 beginnt. Folglich wird mit 0 die erste Festplatte angesprochen. Ebenso wird bei der Nummerierung der Partition die Zählung bei 0 begonnen. Somit bezeichnet die Angabe 2 die dritte Partition, 0 würde die erste bezeichnen. Die Angabe für eine Installation von GRUB in die dritte Partition der ersten eingebauten Festplatte lautet dementsprechend (hd0,2) (siehe Abbildung 15.28).

Wenn Sie nun mit WEITER die Installation fortsetzen, wird diese recht bald abgeschlossen, die Installations-CD ausgeworfen und ein Neustart durchgeführt. Im Startmenü von rEFIt stehen Ihnen nun alle drei Systeme zur Verfügung. Prüfen Sie hier, ob die Partitionstabellen der internen Festplatte synchronisiert werden müssen, und führen Sie dann einen Start von Linux aus.

Legacy
Ubuntu 9.10 verwendet eine neue Version des GRUB-Bootloaders, die von rEFIt in der Version 0.13 noch nicht als Linux-System erkannt wurde. Daher wird das funktionsfähige Linux-System in Abbildung 15.29 als LEGACY OS aufgeführt, ist aber dennoch startfähig. Eine aktuellere Version von rEFIt wird dieses kosmetische Problem beheben.

◀ **Abbildung 15.29**
Ubuntu 9.10 wird von rEFIt 0.13 nicht als Linux-System erkannt.

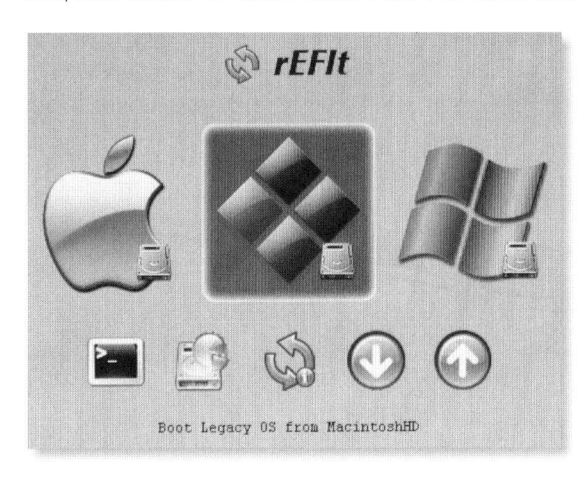

Tabellen synchronisieren | Es kann in Einzelfällen vorkommen, dass die zwei Partitionstabellen der internen Festplatte, bei der ja sowohl die GUID- als auch MBR-Tabellen Verwendung finden, nicht mehr synchron sind, was zu Problemen beim Start von Windows und Linux führen kann. Wählen Sie im Menü von rEFIt die Option START PARTITIONING TOOL aus, dann wird eine Prüfung durchgeführt. Wenn Sie das Programm darauf hinweist, dass die Tabellen synchronisiert werden müssen, können Sie dies mit der Taste [Z] veranlassen. rEFIt verwendet die amerikanische Tastaturbelegung, bei der die Tasten [Y] und [Z] vertauscht sind.

swap-Datei einrichten | Der letzte Schritt der Linux-Installation besteht in der Einrichtung der Swap-Datei, die die ursprünglich vorgesehene Swap-Partition ersetzen soll. Nachdem Sie sich unter Linux mit dem während der Installation eingerichteten

sudo
Die Aufgabe und Funktionsweise des Befehls sudo unter Linux entspricht im Wesentlichen der auch für Mac OS X gültigen und in Abschnitt 14.3.1 beschriebenen.

Benutzerkonto angemeldet haben, wählen Sie aus dem Menü ANWENDUNGEN • ZUBEHÖR das Programm TERMINAL. Mit dem Befehl

```
sudo dd if=/dev/zero of=/swapfile bs=1024 count=2048000
```

wird eine leere Datei (SWAPFILE) mit einer Größe von 2 GB erstellt. Die Erstellung dieser Datei kann einige Minuten dauern. Die Befehle

```
sudo mkswap /swapfile
sudo swapon /swapfile
```

kennzeichnen die Datei dann als Auslagerungsdatei und aktivieren sie.

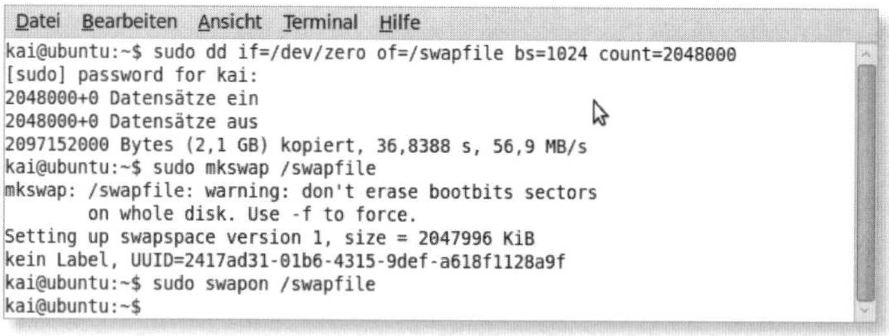

▲ **Abbildung 15.30**
Die Swap-Datei wird mit drei Befehlen erzeugt.

Da Linux in der Regel eine eigene Partition und keine Datei für den Auslagerungsspeicher erwartet, müssen Sie als letzten Schritt noch die von Linux verwendeten Vorgaben für die Partitionen entsprechend abändern. Die Einstellungen für die Einhängepunkte der Partitionen werden unter Linux wie auch unter Mac OS X in der Datei »/etc/fstab« definiert. Öffnen Sie die Datei mit der Eingabe

```
sudo nano /etc/fstab
```

im Texteditor, und fügen Sie dort folgende Zeile ein:

```
/swapfile       swap    swap    defaults    0    0
```

Orientieren Sie sich bei der Eingabe der Tabulatoren, mit denen Sie die einzelnen Spalten trennen, an den oberen der schon vorhandenen Einträge (siehe Abbildung 15.31).

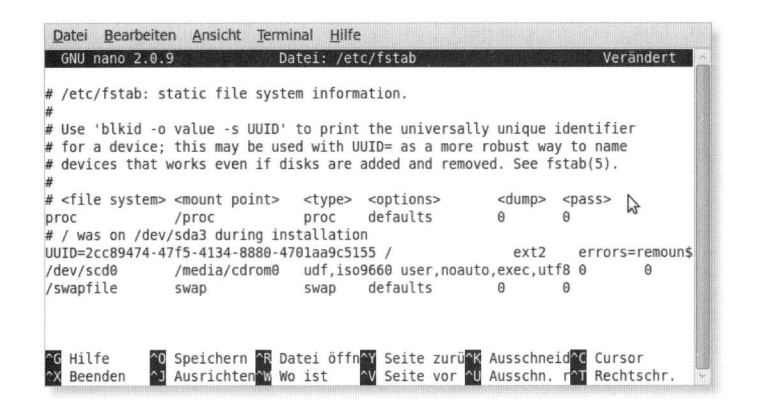

◀ **Abbildung 15.31**
Die Swap-Datei wird über die Datei »/etc/fstab« in das System eingebunden.

Neustart und Kontrolle | Führen Sie jetzt einen Neustart durch, und wählen Sie dann erneut Linux im Menü von rEFIt aus.

Über den Menüpunkt SYSTEM • SYSTEMVERWALTUNG • SYSTEMÜBERWACHUNG erscheint das Fenster aus Abbildung 15.32. Dort können Sie im Reiter RESSOURCEN überprüfen, ob die Swap-Datei erfolgreich aktiviert wurde. Hier müssen Sie in der Zeile BELEGTER AUSLAGERUNGSSPEICHER die Angabe VON 2 GB finden. Dies entspricht der Größe der zuvor angelegten Swap-Datei.

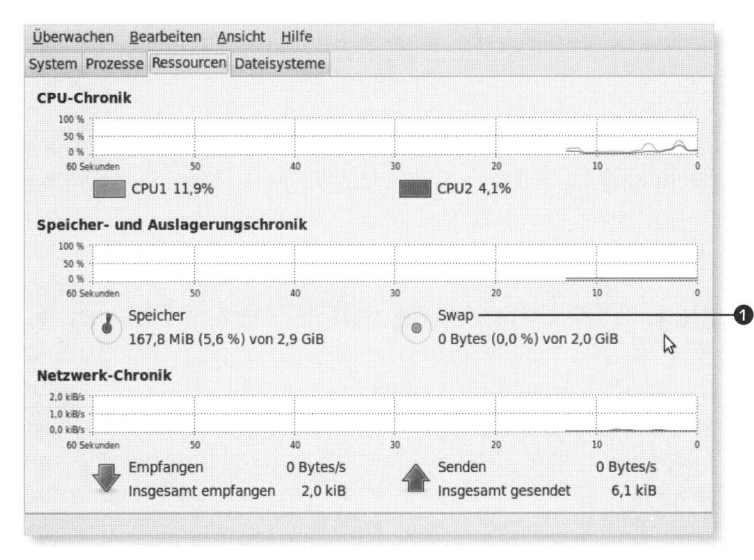

◀ **Abbildung 15.32**
Die aktivierte Swap-Datei ❶ wird in der Systemüberwachung aufgeführt.

15.2.5 Single User Modus mit rEFIt

Die Installation von rEFIt deaktiviert die Tastenkombinationen, mit denen Sie einen Start im Single User Modus und im geschwätzigen Modus (siehe Abschnitt 25.7.4) ausführen können. Im Hauptmenü von rEFIt können Sie ein Betriebssystem auswählen und dann über die Taste [F2] die Ansicht BOOT OPTIONS aufrufen. Sie finden hier neben dem normalen Start auch die Optionen

BOOT MAC OS X IN VERBOSE MODE für den geschwätzigen Startmodus und BOOT MAC OS X IN SINGLE USER MODE für den Single User Modus.

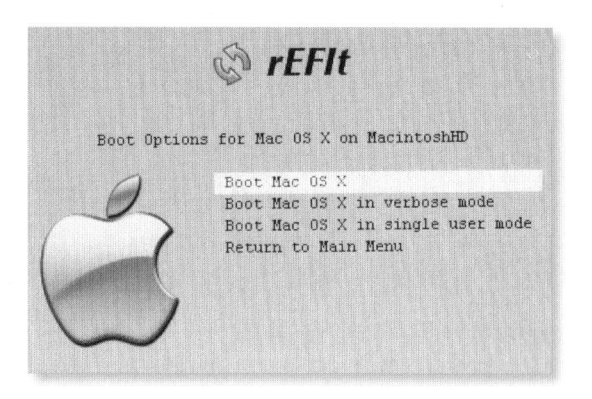

Abbildung 15.33 ▶
Mit der Taste F2 werden die Optionen für den Startvorgang aufgerufen.

15.2.6 rEFIt deaktivieren und deinstallieren

Wenn Sie rEFIt und die Installationen der beiden Betriebssysteme später löschen möchten, dann können Sie zunächst den Ordner /EFI in den Papierkorb ziehen und diesen entleeren. Wenn Sie anschließend in den Systemeinstellungen in der Ansicht STARTVOLUME Ihre Mac OS X-Installation auswählen, dann wird Ihr Rechner wieder direkt von dieser Partition gestartet. Die beiden Partitionen, die die Systeme enthalten, können Sie im Festplatten-Dienstprogramm löschen und den frei gewordenen Speicherplatz dem Startvolume zuweisen (siehe Abschnitt 9.4.2). Auch bei dieser Manipulation der Partitionstabelle sollten Sie zuvor ein Backup erstellen, da Fehler nie ganz auszuschließen sind.

15.3 Virtualisierung mit VMware Fusion 3

Parallels und VirtualBox
Es gibt zwei Alternativen zu VMware Fusion. Das ebenfalls kostenpflichtige Parallels hat ungefähr den gleichen Funktionsumfang und bewegt sich im selben Preisspektrum. Die Open Source-Lösung VirtualBox bietet etwas weniger Funktionen und Geschwindigkeit, ist dafür aber kostenlos.

Mit Boot Camp und rEFIt können Sie sowohl Windows als auch Linux neben Mac OS X installieren und getrennt voneinander nutzen. Ein anderer Ansatz besteht in der Virtualisierung von Betriebssystemen. Dabei stellt ein Programm wie VMware Fusion einen Rahmen zur Verfügung, innerhalb dessen das Betriebssystem ausgeführt wird. Der Rahmen besteht hierbei darin, dass VMware Fusion dem Gastsystem vorgaukelt, es würde auf einem eigenen Rechner ausgeführt. VMware Fusion simuliert die Hardware des virtuellen Rechners und leitet Aktionen wie beispielsweise die Bildschirmdarstellung und Tonausgabe an das eigentliche System unter Mac OS X weiter.

Dabei sind diese Lösungen technisch mittlerweile sehr weit fortgeschritten und bieten ein recht hohes Maß an Integration in das gastgebende System. VMware Fusion ist zum Beispiel in der Lage, die Programme des Gastsystems in einem eigenen Fenster weitgehend nahtlos in die Oberfläche von Mac OS X zu integrieren. Auch der gemeinsame Zugriff auf das Netzwerk, freigegebene Ordner und Dateien ist problemlos möglich.

Sinnvoll kann die Investition in VMware Fusion dann sein, wenn Sie Programme unter Linux und Windows parallel zu Ihren gewohnten Applikationen nutzen möchten. Auf diese Weise können Sie beispielsweise Ihre Finanzbuchhaltung unter Windows bearbeiten, während Sie die regulären Programme unter Mac OS X für Ihre produktive Arbeit nutzen. Für grafisch aufwendige Spiele und sehr rechenintensive Programme eignet sich die Virtualisierung nicht immer, da auch auf leistungsfähigen Geräten wie einem MacPro durchaus ein Geschwindigkeitsverlust zu vermerken ist.

In diesem Abschnitt wird zunächst die Installation von VMware Fusion 3 beschrieben. Das Programm können Sie im Fachhandel erwerben oder über die Webseite des Herstellers beziehen. Darauf folgend werden die Installationen von Windows und Linux als Gastsysteme erklärt.

Für die bessere Integration in Mac OS X bringt VMware Fusion die sogenannten VMware Tools mit. Diese müssen auf dem Gastsystem installiert und eingerichtet werden. Abschließend wird noch ein Blick auf die Virtual Appliances geworfen. Dabei handelt es sich um vorkonfigurierte Gastsysteme, die Sie herunterladen und direkt nutzen können.

VMware Fusion 3
http://www.vmware.com/de/products/fusion

Stolperstellen
Die Erläuterungen in diesem Abschnitt beschränken sich bewusst auf die Aufgaben, die entweder nicht selbsterklärend sind oder von VMware unzureichend dokumentiert wurden. In der Hilfe des Programms finden Sie Erläuterungen zu den hier nicht erklärten Funktionen. Sie werden nicht erklärt, um Redundanzen zu vermeiden.

Unterstützte Systeme | Eine Liste der Betriebssysteme, die von VMware Fusion auf jeden Fall unterstützt werden, finden Sie in der Datei ERSTE SCHRITTE.PDF. Bei dieser Datei handelt es sich eigentlich um die äußerst knapp gehaltene Installationsanleitung.

15.3.1 Installation

Bei der Installation des Pakets können Sie bei dem Schritt INSTALLATIONSTYP über die Schaltfläche ANPASSEN gegebenenfalls die Installation von MacFUSE (siehe Abschnitt 9.6) überspringen. VMware Fusion bietet über MacFUSE die Möglichkeit, die Dateisysteme der Gastsysteme mithilfe des nachfolgend beschriebenen Programms VMDKMOUNTER im Finder von Mac OS X zu aktivieren. Haben Sie MacFUSE und den Treiber NTFS-3G selbst installiert, dann können Sie dessen Installation über VMware Fusion überspringen und so Konflikte vermeiden. Ein bereits installiertes MacFUSE wird problemlos genutzt.

Time Machine
VMware Fusion speichert die Dateien der Gastsysteme im Ordner ~/DOKUMENTE/VIRTUELLE MASCHINEN. Die Größe dieser Dateien umfasst in der Regel mehrere Gigabyte. Wenn Sie die Time Machine als Backup-Lösung nutzen, dann kann es sinnvoll sein, diesen Ordner von der automatischen Sicherung auszuschließen, da diese Dateien nach jedem Start des enthaltenen Systems als geändert gelten und dementsprechend gesichert werden. Dadurch kann der Speicherplatz auf dem Backup-Medium recht schnell knapp werden.

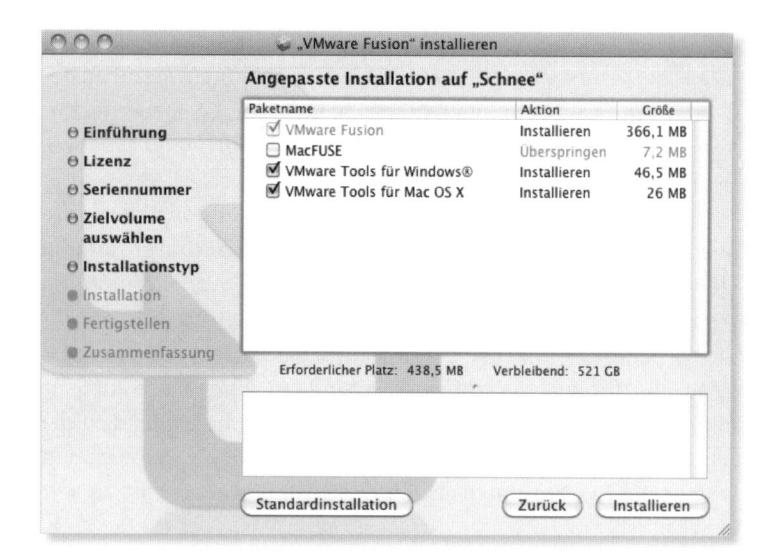

Abbildung 15.34 ▶
Haben Sie MacFUSE bereits installiert, dann kann dessen Installation übersprungen werden.

PC Migrations Assistent
Bei dem PC Migration Assistenten (*http://www.vmware.com/go/pc2mac/*) handelt es sich um ein Programm, das Sie auf Ihrem alten Windows-PC installieren und ausführen können. Es ist dann möglich, über den Menüpunkt ABLAGE • PC MIGRIEREN mit dem Assistenten Kontakt aufzunehmen und Ihr altes Windows-System über das Netzwerk in eine virtuelle Maschine zu transferieren.

15.3.2 Gastsysteme installieren und einrichten

Wenn Sie das Programm VMware Fusion zum ersten Mal starten, dann wird Ihnen die STARTSEITE in der BIBLIOTHEK VIRTUELLER MASCHINEN angezeigt. Sofern Sie Windows in einer Partition bereits installiert haben, finden Sie auch eine Maschine mit der Bezeichnung BOOT CAMP.

Windows installieren | Um Windows in einer virtuellen Maschine zu installieren, können Sie über ABLAGE • NEU den dafür zuständigen Assistenten aufrufen. Im ersten Schritt werden Sie nach dem Installationsmedium für das Betriebssystem gefragt. Wenn Sie zuvor eine Installations-CD oder -DVD eingelegt haben, dann erkennt der Assistent diese automatisch und fragt Sie, ob Sie dieses Betriebssystem installieren möchten. Es ist auch möglich, wie bei der nachfolgend beschriebenen Installation von Linux auf ein Disk Image zurückzugreifen.

Wenn Sie die Installation von dem eingelegten Datenträger vornehmen möchten, können Sie entscheiden, ob Sie eine EINFACHE WINDOWS-INSTALLATION vornehmen möchten. Hierbei geben Sie im Assistenten die Daten für das erste einzurichtende Benutzerkonto, das auch unter Windows über administrative Rechte verfügt, sowie Ihren Produktschlüssel ein. VMware Fusion führt dann die Installation selbstständig durch, und Sie müssen keine weiteren Einstellungen vornehmen. Bei der Installation von Windows spart diese automatische Installation durchaus Zeit. Wenn Sie aber individuelle Einstellungen vornehmen möchten, dann können Sie diese Option auch abwählen. Sie werden dann mit einem Installationsvorgang konfrontiert, der der normalen Installation entspricht.

◄ **Abbildung 15.35**
Die einfache Windows-Installation kann Zeit sparen.

Integration | Bevor Sie mit der einfachen Installation beginnen, können Sie noch über die Art der Integration entscheiden. Wählen Sie hier die Option Nahtlos integriert, dann kann der Zugriff auf Ihren persönlichen Ordner auch von Windows aus erfolgen. Ferner wird Ihr Schreibtisch auch unter Windows dargestellt. Ein Problem, auf das Sie hingewiesen werden, kann darin bestehen, dass aufgrund des von Windows aus möglichen Schreibzugriffs Windows-Viren und Trojaner direkt auf Ihre Dateien unter Mac OS X zugreifen können. Sie können hier auch zunächst den Punkt Isoliert auswählen und dann später in den Voreinstellungen der virtuellen Maschine gezielt Ordner freigeben. Die weitere Installation läuft dann automatisch ab.

Aero
Mit Windows Vista führte Microsoft eine semitransparente Oberfläche mit der Bezeichnung Aero ein. Sofern Sie über eine entsprechend leistungsfähige Grafikkarte verfügen, können Sie die Aero-Oberfläche aktivieren, indem Sie in der Systemsteuerung von Windows Vista und Windows 7 den Windows-Leistungsindex prüfen.

Linux installieren | Wenn Sie eine Linux-Distribution installieren möchten, dann haben Sie wahrscheinlich eine .iso-Datei von der Webseite der Distribution heruntergeladen. Diese können Sie direkt für die Installation verwenden und müssen Sie nicht auf einen Datenträger brennen. In der Ansicht Installationsmedien des Assistenten können Sie sie einfach auswählen. VMware Fusion erkennt dann das darauf enthaltene Betriebssystem und bietet Ihnen auch eine Einfache Linux-Installation. Während die einfache Installation bei Windows zu guten Ergebnissen führt, ist sie bei Linux vielleicht nicht immer angeraten. Bei der Installation von Ubuntu 9.10, das nach VMware Fusion 3 erschienen ist, war die Installationsroutine von VMware Fusion nicht in der Lage, die Einstellungen korrekt vorzunehmen. Dies führte dazu, dass die grafische Oberfläche von Ubuntu nicht installiert wurde. Die eigenhändige Installation verlief dagegen problemlos.

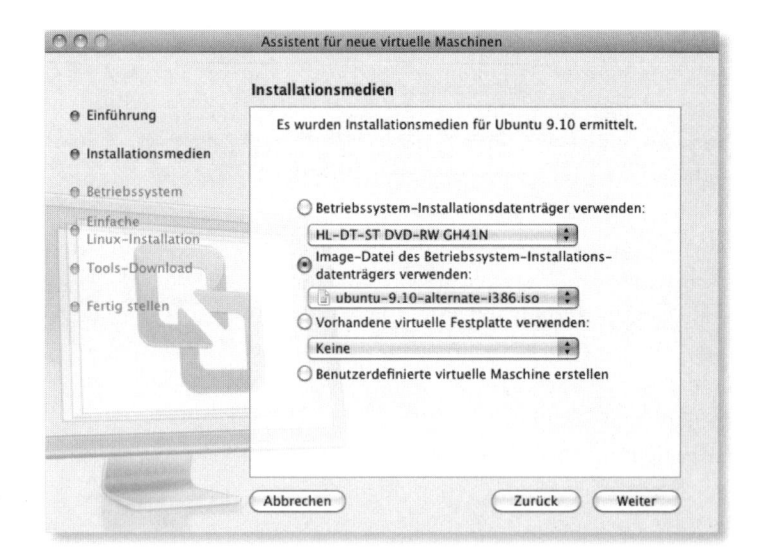

Abbildung 15.36 ▶
Bei der Installation kann auch auf eine Festplattenabbildung zurückgegriffen werden.

Nachträgliche Änderungen
Es ist bei VMware Fusion ohne Probleme möglich, die Einstellungen nachträglich zu ändern. Hierzu müssen Sie das installierte Betriebssystem herunterfahren, also in einen Zustand versetzen, als ob der Computer ausgeschaltet wäre.

Einstellungen | Für die Betriebssysteme verwendet VMware Fusion Voreinstellungen, von denen das Programm annimmt, dass Sie für die Systeme ausreichend sind. So bekommen Windows Vista und Windows 7 einen Gigabyte Arbeitsspeicher zugewiesen, eine Linux-Installation muss sich mit 512 Megabyte begnügen. Wenn Sie den Assistenten für die Installation durchlaufen haben, dann zeigt Ihnen dieser in der Ansicht FERTIG STELLEN eine Übersicht der Voreinstellungen und bietet Ihnen auch die Option EINSTELLUNGEN ANPASSEN. Wenn Sie diese auswählen, dann wird die virtuelle Maschine zunächst gespeichert, und wenn Sie sie das erste Mal starten, wird die Installation begonnen. Vorher können Sie wie nachfolgend beschrieben noch die Einstellungen anpassen.

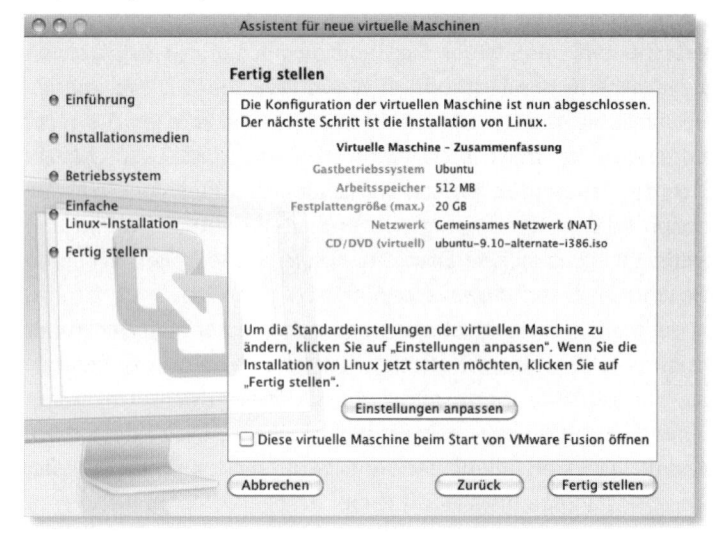

Abbildung 15.37 ▶
Vor der Installation erhalten Sie eine Zusammenfassung und können die Einstellungen anpassen.

Prozessoren und RAM | Die Einstellungen einer virtuellen Maschine werden in einem Fenster vorgenommen, dessen Aufteilung sich an den Systemeinstellungen von Mac OS X anlehnt. Hier werden auch einige Einstellungen vorgenommen, die im nächsten Abschnitt zur Integration besprochen werden. In Bezug auf die Hardware ist zunächst die Ansicht PROZESSOREN UND RAM wichtig. Sie können hier zunächst vorgeben, wie viele Prozessorkerne von dieser virtuellen Maschine in Anspruch genommen werden dürfen. Ob Ihnen hier bis zu vier Kerne zur Auswahl stehen, hängt vom Prozessor Ihres Rechners ab. Erhöhen Sie die Anzahl, dann gestehen Sie der virtuellen Maschine mehr Rechenkapazität zu, die dann natürlich anderen Prozessen nicht zur Verfügung steht. Die Einstellung für den verfügbaren Arbeitsspeicher können Sie bei Bedarf ebenfalls erhöhen. Hierbei sollten Sie darauf achten, dass Sie nicht zu viel Arbeitsspeicher zuweisen und so den Speicher für andere Prozesse unnötig verknappen.

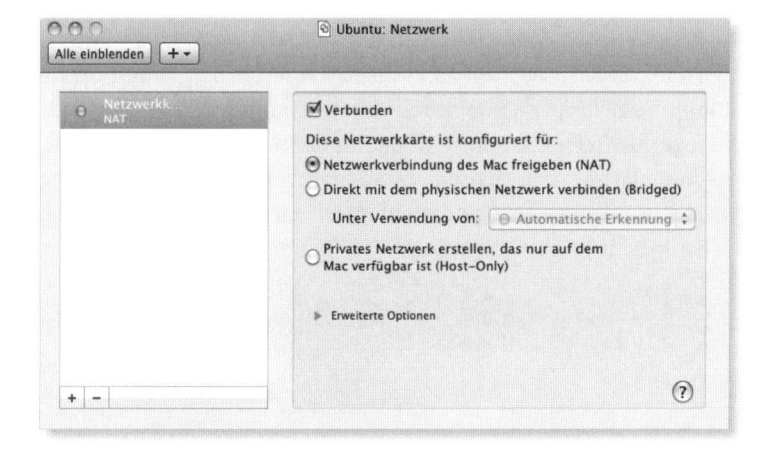

◂ **Abbildung 15.38**
Die Einstellungen werden in verschiedenen Ansichten vorgenommen.

◂ **Abbildung 15.39**
Die Verbindung zum Netzwerk kann auf drei Arten erfolgen.

Netzwerk | Eine virtuelle Maschine kann auf drei Arten mit Ihrem Netzwerk kommunizieren. Bei der Einstellunge NETZWERKVERBINDUNG DES MAC FREIGEBEN (NAT), die standardmäßig vorgegeben ist, greift die virtuelle Maschine über die Netzwerkschnittstelle von Mac OS X auf das Netzwerk zu. Das Verfahren entspricht ungefähr der Internetfreigabe (siehe Abschnitt 16.6.1), und es ist nicht möglich, von einem anderen Rechner direkt auf die virtuelle Maschine zuzugreifen.

Mit der Einstellung DIREKT MIT DEM PHYSISCHEN NETZWERK VERBINDEN (BRIDGED) sorgen Sie dafür, dass die virtuelle Maschine auch nach außen sichtbar ist und über eine eigene IP-Adresse verfügt, über die Sie angesprochen werden kann. Diese Einstellung ist dann sinnvoll, wenn Sie in der virtuellen Maschine einen Server installieren, der auch von anderen Rechnern in Ihrem

Schnittstellen hinzufügen
Mit dem Pluszeichen unterhalb der linken Spalte können Sie weitere Netzwerkschnittstellen hinzufügen und konfigurieren.

Firewall
Wenn Sie in den Einstellungen der Firewall die restriktive Option ausgewählt haben und die meisten eingehenden Verbindungen unterbinden, dann stehen auch die Server der virtuellen Maschinen nicht im Netzwerk zur Verfügung.

Netzwerk angesprochen werden soll. Sie müssen dann im Ausklappmenü UNTER VERWENDUNG VON lediglich festlegen, welche Netzwerkschnittstelle Ihres Rechners die virtuelle Maschine hierfür nutzen soll. Die letzte Option PRIVATES NETZWERK ERSTELLEN sorgt dafür, dass die virtuelle Maschine zwar auf Ihrem System im Netzwerk sichtbar ist, etwaige Verbindungen in das Internet und Ihr lokales Netzwerk aber nicht überbrückt werden.

VMDKMounter
Die erstellten Festplattenabbildungen können Sie mit dem Hilfsprogramm VMDKMounter auch unter Mac OS X im Finder einbinden.

Laufwerke und Datenträger | In der Ansicht FESTPLATTEN können Sie weitere Laufwerke erstellen, die auf der virtuellen Maschine erscheinen und von dieser genutzt werden können. Mit dem Pluszeichen unterhalb der linken Spalte können Sie eine neue Festplatte für die virtuelle Maschine erstellen. Unter DATEINAME können Sie dann auswählen, wo die Festplatte gespeichert werden soll. VMware Fusion bevorzugt bei der Simulierung des Bustyps, über den die Festplatte virtuell angeschlossen wird, den SCSI-Standard. Sie können, wenn dies vom installierten Betriebssystem verlangt wird, hier auch DIE auswählen. Mit der Option FESTPLATTENSPEICHER VORAB ZUWEISEN reservieren Sie den benötigten Speicherplatz. Bei einer 20 GB umfassenden Festplatte belegt die Datei anschließend auch 20 GB, ansonsten würde sie in ihrer Größe mitwachsen. Mit der Schaltfläche ÜBERNEHMEN wird die Datei erstellt und steht beim nächsten Start der virtuellen Maschine als Festplatte zur Verfügung.

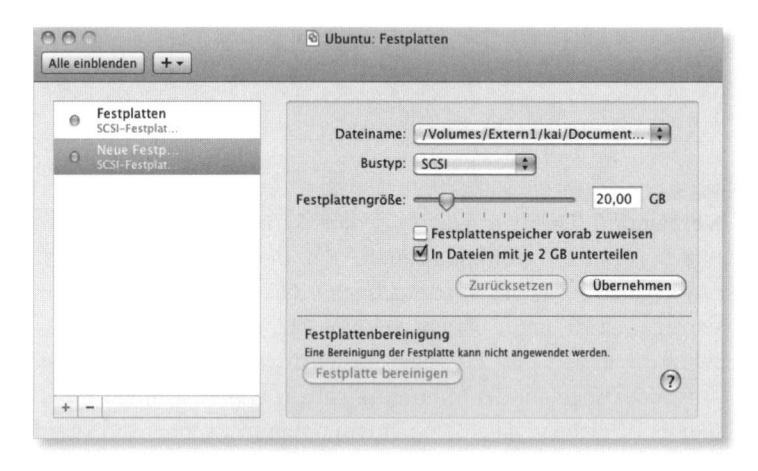

Abbildung 15.40 ▶
In den Einstellungen können neue Festplatten erstellt werden.

Weitere Einstellungen | Die Einstellungen in den Ansichten DRUCKER und AUDIO sind selbsterklärend. Sie können hier lediglich festlegen, ob die Einstellungen von Mac OS X übernommen werden oder nicht. In der Ansicht ANDERE GERÄTE können Sie weitere Schnittstellen hinzufügen. Hierbei handelt es sich um serielle und parallele Ports, also Vorläufer von USB und Firewire.

Eingerichtet ist hier in der Regel bereits ein serieller Port, der für den Anschluss des Druckers genutzt wird. Die Ansicht ERWEITERT teilt sich in zwei Reiter. Im Reiter STARTGERÄT können Sie festlegen, von welchem Datenträger der Start erfolgen soll. Sie finden hier neben dem DVD-Laufwerk und den Festplatten auch einen Eintrag NETZWERKKARTE. Dieser kann genutzt werden, wenn das System über das Netzwerk von einem Server gestartet werden soll.

Im Reiter SONSTIGE können Sie neben einigen technischen Einstellungen, die im normalen Einsatz nicht benötigt werden, auch einen VNC-Server (siehe Abschnitt 17.2.3) für die virtuelle Maschine aktivieren. Diese kann dann vollständig, ohne dass auf Ihr selbst ein VNC-Server installiert und aktiviert wurde, über das Netzwerk gesteuert werden.

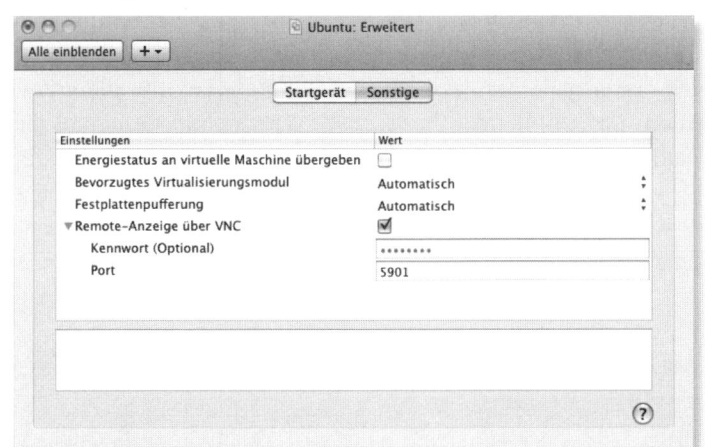

VNC und Netzwerkport
Wenn Sie für eine oder mehrere virtuelle Maschinen den VNC-Server aktivieren und zeitgleich die Bildschirmfreigabe von Mac OS X nutzen, dann müssen Sie unter PORT pro Maschine einen eigenen vergeben. Die Bildschirmfreigabe von Mac OS X erfolgt über den Netzwerkport 5900. Möchten Sie zeitgleich eine virtuelle Maschine steuern, dann können Sie in den Einstellungen den Port 5901 vorgeben und diese von einem anderen Rechner mit der Angabe IP-ADRESSE:5901 gezielt ansprechen.

◀ **Abbildung 15.41**
In den erweiterten Einstellungen kann die REMOTE-ANZEIGE ÜBER VNC für eine virtuelle Maschine aktiviert werden.

15.3.3 Integration und die VMware Tools

Die VMware Tools werden auf dem Betriebssystem der virtuellen Maschine installiert. Ihre Aufgabe besteht darin, verschiedene Funktionen zur besseren Integration innerhalb des Gastsystems verfügbar zu machen. Wenn Sie die einfache Installation vorgenommen haben, dann wurden die VMware Tools bereits installiert. Wenn die Tools noch nicht installiert wurden, dann werden Sie von VMware Fusion darauf hingewiesen. Bei einer Windows-Installation können Sie über den Menüpunkt Virtuelle MASCHINE • VMWARE TOOLS INSTALLIEREN die Hilfsprogramme wie jedes andere Programm installieren und einrichten.

▲ **Abbildung 15.42**
VMware Fusion erinnert an die Installation der Tools.

Installation unter Linux | Die Installation unter Linux müssen Sie eigenhändig vornehmen. Wenn das Linux-System gestartet wurde, können Sie den Menüpunkt aufrufen. VMware Fusion

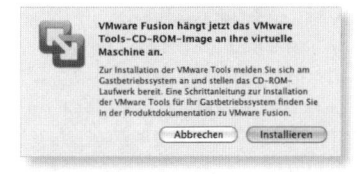

▲ Abbildung 15.43
Die zur Installation benötigten Dateien werden zunächst über eine virtuelle CD an das Linux-System übergeben.

lädt anschließend aus dem Internet die benötigten Installationspakete herunter und aktiviert diese als CD. In dem Programm DATEI-BROWSER von Ubuntu finden Sie anschließend einen Datenträger mit der Bezeichnung VMWARE TOOLS, der ein Archiv mit der Dateiendung TAR.GZ enthält. Dieses Archiv können Sie im Dateibrowser auf den Schreibtisch Ihres Linux-Systems ziehen. Mit einem Doppelklick auf die Kopie starten Sie den Archivmanager von Ubuntu und können den enthaltenen Ordner VMWARE-TOOLS-DISTRIB über die Schaltfläche ENTPACKEN auf dem Schreibtisch des Ubuntu-Systems sichern.

Nachdem die Dateien nun vorliegen, können Sie mit dem eigentlichen Installationsvorgang beginnen. Hierzu starten Sie unter Ubuntu über den Menüpunkt ANWENDUNGEN • ZUBEHÖR das Terminal. Wechseln Sie dort zunächst mit der Eingabe von `cd ~/Desktop/vmware-tools-distrib` in den zuvor entpackten Ordner. Die Eingabe von `sudo ./vmware-install.pl`, gefolgt von der Eingabe das Passwortes, startet das Skript für die Installation. Das Skript stellt Ihnen einige Optionen in Bezug auf die Dateipfade zur Auswahl, die Sie unter Ubuntu ausnahmslos mit ⏎ bestätigen können. Rückfragen, ob ein noch nicht vorhandenes Verzeichnis erstellt werden soll, können Sie mit der Eingabe von `yes` beantworten.

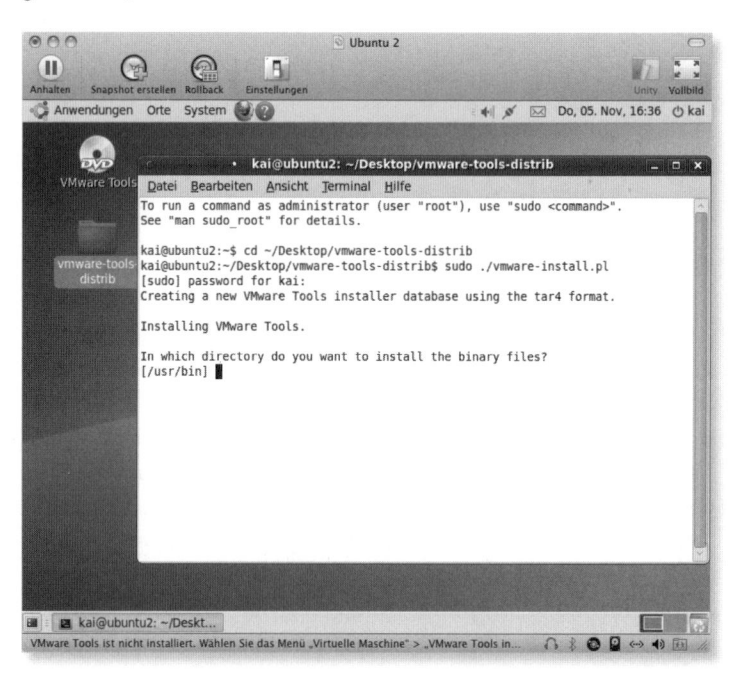

Abbildung 15.44 ▶
Die Rückfragen des Installationsskripts können mit ⏎ oder yes beantwortet werden.

Nachdem die Pfade konfiguriert wurden, möchte das Installationsskript ein weiteres Skript starten, das die Konfiguration der

VMware Tools übernimmt. Dieses versucht, die Konfiguration Ihres Linux-Systems zu ermitteln und die optimalen Einstellungen zu treffen. Unter Ubuntu-Linux funktionierte diese Erkennung problemlos und Sie können alle Rückfragen mit der Eingabe von ⏎ bestätigen.

Gemeinsame Ordner | Wenn Die VMware Tools auf dem Gastsystem vorhanden sind, dann können Sie auch Ordner gemeinsam nutzen. In den Einstellungen der virtuellen Maschine finden Sie in der Ansicht Freigabe zunächst eine Liste der Ordner, die Sie eigenhändig hinzufügen und unter dem Mac OS X und dem Gastsystem gleichzeitig nutzen können. Ferner finden Sie hier auch die Möglichkeit, die Ordner Schreibtisch, Dokumente, Musik und Bilder zu spiegeln. Das führt dazu, dass zum Beispiel die Dateien, die Sie unter Mac OS X auf Ihrem Schreibtisch abgelegt haben, auch unter Windows, jedoch nicht unter Linux, auf dem dortigen Schreibtisch erscheinen.

Andere Distribution
Wenn Sie eine andere Linux-Distribution einsetzen, dann kann die unter Ubuntu problemlos funktionierende Erkennung aufgrund abweichender Dateipfade fehlschlagen. Für die korrekte Konfiguration benötigen Sie dann detailliertere Kenntnisse Ihrer Linux-Distribution, die dieser Abschnitt nicht vermitteln kann.

WARNUNG
Wenn Sie den Schreibzugriff ermöglichen, dann setzen Sie Ihre Dateien auch den entsprechenden Gefahren aus, die das Gastsystem birgt. Ein Virus unter Windows ist dann in der Lage, Ihre Dateien in den gemeinsam genutzten Ordnern zu löschen.

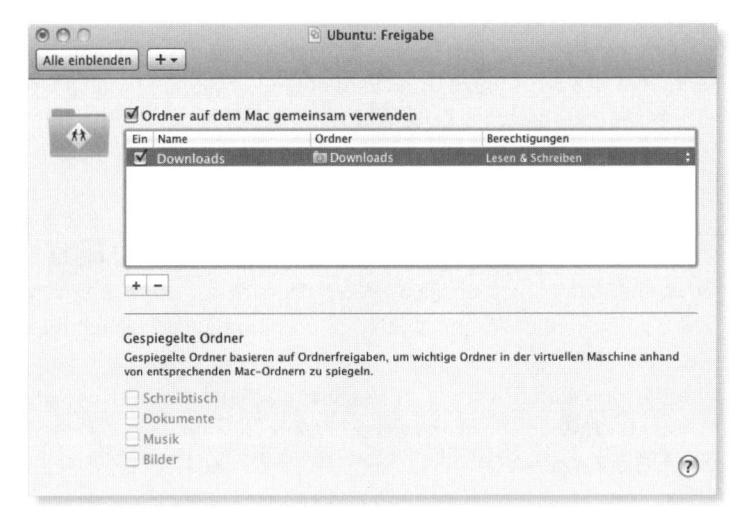

▲ **Abbildung 15.45**
Ordner können gemeinsam genutzt werden.

Über das Pluszeichen unterhalb der Liste können Sie weitere Ordner hinzufügen, die gemeinsam genutzt werden sollen. Dabei können Sie in der Spalte Name die Bezeichnung vorgeben, unter der der Ordner auf dem Gastsystem erscheint. Bei den Berechtigungen können Sie festlegen, ob das Gastsystem nur Lesen oder Lesen & Schreiben darf.

Unter Windows erscheinen diese Ordner dann auch im Windows-Explorer, während Sie unter Linux im Verzeichnis /mnt/hgfs eingebunden werden.

▲ **Abbildung 15.46**
Unter Linux werden die Ordner im Verzeichnis /mnt/hgfs eingebunden.

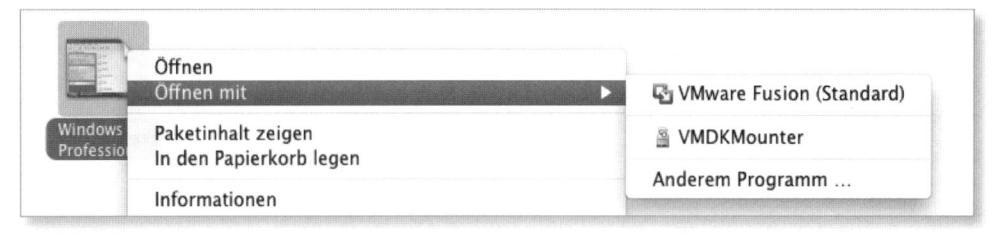

▲ **Abbildung 15.47**
Über das Programm VMDKMounter können die Dateien als Festplatten aktiviert werden.

Festplatten unter Mac OS X | Mit dem Hilfsprogramm VMD-KMounter können Sie Dateien, die eine Festplatte für eine virtuelle Maschine enthalten, auch unter Mac OS X aktivieren. Sie erscheinen im Finder dann als Disk Image, sofern Sie ein Dateisystem enthalten, das Mac OS X unterstützt. Während FAT von Haus aus unterstützt wird, können Sie das von Windows Vista und Windows 7 verwendete Dateisystem NTFS mit dem in Abschnitt 9.6 beschriebenen Treiber NTFS-3G nachrüsten. Für die Dateisysteme, die wie EXT2 unter Linux verwendet werden, benötigen Sie eigene Treiber, die zum Zeitpunkt der Drucklegung sofern überhaupt verfügbar, nicht in einer stabil arbeitenden Version vorlagen.

15.3.4 Am Terminal: vmrun

VMware Fusion nutzt eine ganze Reihe von Hintergrunddiensten, um seine Aufgabe zu erfüllen. Wenn Sie sich für die Arbeit mit VMware Fusion am Terminal interessieren und zum Beispiel über ein Shell-Skript virtuelle Maschinen steuern möchten, dann können Sie den Befehl vmrun im Verzeichnis /LIBRARY/APPLICATION SUPPORT/VMWARE FUSION nutzen. Wenn Sie ihn am Terminal durch die Eingabe von

```
/Library/Application\ Support/VMware\Fusion/vmrun
```

direkt aufrufen, dann erhalten Sie eine ausführliche Erläuterung der Optionen und Parameter, über die dieser Befehl verfügt.

15.3.5 Virtual Appliances

Bei einer Virtual Appliance handelt es sich um eine vorkonfigurierte und sofort einsetzbare virtuelle Maschine, die Sie aus dem Internet laden können. VMware bietet unter *http://www.vmware.com/de/appliances/* ein durchsuchbares Verzeichnis, das mehrere Hundert vorkonfigurierter Maschinen für eine Reihe von Einsatzgebieten enthält. Haben Sie eine solche Appliance heruntergeladen, dann können Sie die enthaltene .vmx-Datei mit einem Doppelklick im Finder öffnen. Sie erhalten dann zunächst die Rückfrage, ob Sie die virtuelle Maschine aktualisieren möchten.

Nach der Aktualisierung werden Sie gefragt, ob Sie diese Maschine kopiert oder verschoben haben. Wenn eine virtuelle Maschine erstellt wird, dann enthält diese Einstellungen, die in Bezug auf die Hardware Ihres Systems optimiert wurden. Bei einer aus dem Internet heruntergeladenen virtuellen Maschine wurde bei der Erstellung der Maschine natürlich ein anderer Rechner als der Ihre verwendet. Wenn Sie hier angeben, dass Sie die Maschine kopiert haben, dann werden die Einstellungen für Ihre Hardware optimiert.

Bei der Arbeit mit einer Virtual Appliance sollten Sie sich die Beschreibungen genau anschauen. Bei einem vorkonfigurierten Linux-System enthält die Beschreibung in der Regel auch das vergebene Passwort für den eingerichteten Benutzer.

[7zip]
Viele der verfügbaren Dateien werden mit dem Programm 7zip komprimiert, dessen Format vom Archivierungsprogramm von Mac OS X nicht unterstützt wird. Mit dem Programm keka (*http://www.kekaosx.com/de/*) können Sie solche Archive entpacken.

TEIL III

Mac OS X im Netzwerk

16 Netzwerke verstehen, planen und einrichten

Die Vernetzung von Computern ist im Zeitalter des Internets etwas Alltägliches geworden. Dieses Kapitel möchte Sie mit den Grundlagen der vernetzten Arbeit vertraut machen, Ihnen zeigen, welche Protokolle und Standards bei der Vernetzung von Computern heute verwendet werden und wie Sie Mac OS X in Netzwerke integrieren.

Grundlagen | Um Netzwerke erfolgreich in Betrieb zu nehmen und reibungslos Daten zwischen Computern auszutauschen, ist ein solides Grundwissen über die zugrunde liegenden Technologien und Protokolle notwendig. Dieses Kapitel widmet sich daher etwas intensiver den theoretischen Grundlagen der Netzwerke und klärt die Begriffe, Protokolle und Verfahren. Wenn Sie mit diesen vertraut sind, dann sind die Einrichtung eines lokalen Netzwerks, die Verbindung ins Internet oder die Konfiguration eines Routers keine großen Herausforderungen mehr.

Fehler finden | Die Einrichtung eines Netzwerkes verläuft nicht immer problemlos. Um Fehler in Ihrem Netzwerk zu finden, bietet Ihnen das Betriebssystem einige Tools wie das Netzwerkdienstprogramm.

Systemeinstellungen | Fast alle der notwendigen Einstellungen in Bezug auf Netzwerke können Sie im gleichnamigen Bereich der Systemeinstellungen vornehmen. Zusätzlich bietet Ihnen Mac OS X die Möglichkeit, eine eventuell vorhandene AirPort-Basisstation mit dem AIRPORT-DIENSTPROGRAMM zu konfigurieren. Am Terminal können Sie den Befehl `networksetup` verwenden, um die Verbindungen zu konfigurieren. Die unter anderen UNIX-Derivaten und Linux gebräuchlichen Befehle wie `ifconfig` sind unter Mac OS X zwar meistens vorhanden, beachten aber in vielen Fällen nicht die Eigenarten von Mac OS X.

[Netzwerk-Topologie]
Der physikalische Aufbau eines Netzwerkes wird auch als Netzwerk-Topologie bezeichnet. Sie können Ihre Rechner kreisförmig vernetzen, zentral über einen Hub (Switch) oder mithilfe eines zentralen Servers. Jede dieser Anordnungen entspräche einer anderen Topologie.

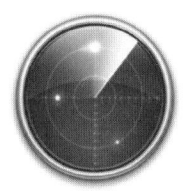

▲ **Abbildung 16.1**
Das Netzwerkdienstprogramm ist ein nützliches Werkzeug, um Problemen im Netzwerk auf die Spur zu kommen. Es wird bei den Erklärungen in diesem Kapitel immer wieder herangezogen.

16.1 Theoretische und praktische Grundlagen

Um die Arbeit mit Mac OS X in Netzwerken zu verstehen, ist die Kenntnis einiger Grundlagen und Fachbegriffe erforderlich. Nur so kann man nachvollziehen, was man wo einstellen muss und wie ein Netzwerk funktioniert. Auf den ersten Seiten dieses Kapitels werden die wichtigsten Protokolle, Verfahren, Methoden und Begriffe am Beispiel der Konfiguration von Mac OS X erläutert.

16.1.1 Daten in Paketen: das OSI-Modell

Um Dateien in einem Netzwerk zu übertragen, müssen diese in kleine Pakete aufgeteilt werden. Diese kleinen Pakete werden an der Netzwerkschnittstelle erstellt und zum Zielrechner geleitet. Dabei werden dem zu verschickenden Paket zusätzlich zu den eigentlichen Daten noch weitere Informationen hinzugefügt, die zum Beispiel den Zielrechner oder den Netzwerkdienst, für den das Paket gedacht ist, umfassen. Diese »Paketverwaltung« folgt einem standardisierten Schema. Das Schema wird OSI-Modell (Open Systems Interconnection Reference Model) genannt. Es unterteilt die Kommunikation in sieben Schichten.

Nur ein Modell
Die Beispielprotokolle in Tabelle 16.1 entstammen einer gängigen Datenübertragung, wie sie zum Beispiel im Internet sehr häufig anzutreffen ist. Sie sehen dort, dass bei einer Verbindung über FTP mehrere Schichten des Protokolls zusammengefasst werden. Eine Kommunikation, die exakt dem Modell entspricht, ist eher selten anzutreffen.

Schicht	Protokoll (Beispiel)
7. Anwendungsschicht	File Transfer Protocol (FTP)
6. Darstellungsschicht	
5. Kommunikation	
4. Transportschicht	Transmission Control Protocol (TCP)
3. Vermittlung	Internet Protocol (IP)
2. Sicherung	Ethernet
1. Übertragung	

Tabelle 16.1 ▶ Das Schema des OSI-Schichtenmodells

Ein Beispiel | Wenn Sie Dateien von einem Server im Internet mit einem FTP-Programm herunterladen, so stellt der FTP-Server sicher, welche Dateien Sie gegebenenfalls überhaupt empfangen dürfen, und gibt diese zum Transport über das Netzwerk frei (Ebenen 7 bis 5). Auf der Ebene 4 wird basierend auf dem Transmission Control Protocol (TCP) sichergestellt, dass die Verbindung zwischen den beiden Rechnern funktioniert und die Pakete korrekt übertragen werden können. Mit dem Internet Protocol (IP) wird der Rechner ermittelt, an den die Datenpakete übertragen werden sollen. An der Netzwerkschnittstelle wird mithilfe der Netzwerkkarte auf Ebene 2 dafür gesorgt, dass die Verbindung zwischen den Rechnern hergestellt ist. Anschließend werden dann auf Ebene 1 die Pakete übertragen.

Auf dem empfangenden Rechner werden an der Netzwerkschnittstelle (Ebene 1) die Daten empfangen und überprüft, ob sie korrekt übertragen wurden (Ebene 2). Die Quelle der Datenpakete wird auf Ebene 3 ermittelt, und auf Ebene 4 wird abgeklärt, welcher Natur die übertragenen Daten sind, also ob es sich um Daten handelt, die an das FTP-Programm weitergegeben werden müssen. Auf den Ebenen 5 bis 7 setzt das FTP-Programm die erhaltenen Datenpakete wieder zusammen. Nachdem dieser Vorgang mehrfach abgelaufen ist, hat der empfangende Rechner alle Datenpakete erhalten, diese erfolgreich wieder zusammengesetzt, und die Datei wurde somit erfolgreich übertragen.

> **HINWEIS**
>
> Diese Darstellung des OSI-Schichtenmodells ist sehr stark vereinfacht. Bei der Übertragung von Daten im Netzwerk laufen auf den einzelnen Ebenen eine Vielzahl von Prozessen und Methoden ab, die sich je nach Art des Netzwerkes sehr stark unterscheiden können. Für das Verständnis der nachfolgenden Kapitel ist diese vereinfachte Erklärung aber ausreichend.

16.1.2 Netzwerkschnittstellen

Um überhaupt Daten übertragen zu können, müssen Rechner auf irgendeine Weise miteinander verbunden werden. In den Zeiten des klassischen Mac OS konnte dies zum Beispiel über die Druckerschnittstellen mit einem einfachen Druckerkabel geschehen. Mittlerweile hat sich bei fast allen Betriebssystemen Ethernet als Standard für die Vernetzung im lokalen Netzwerk etabliert. Im Laufe der Zeit sind verschiedene Versionen von Ethernet-Kabeln entstanden, die die Übertragung von Daten in der Regel schneller und akkurater erledigen als ihre Vorgänger.

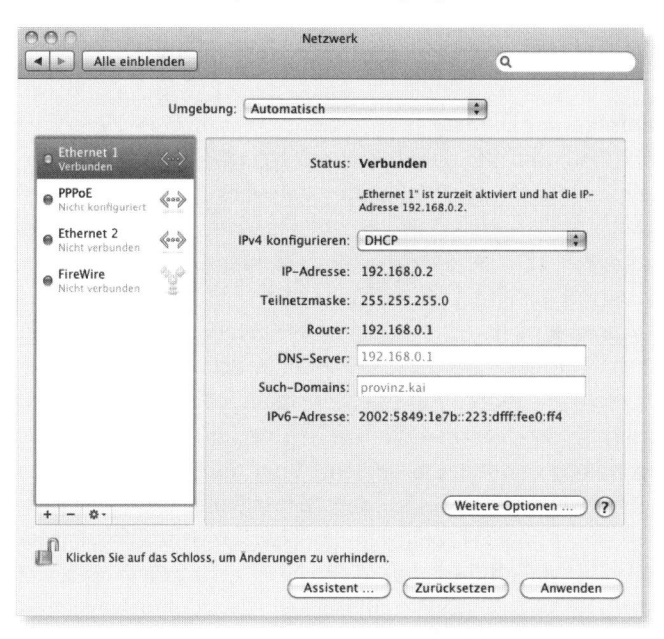

[(W)LAN]

Als Local Area Network (LAN) wird ein Netzwerk bezeichnet, mit dem Sie Rechner in der Firma oder im Büro untereinander vernetzen. Die Rechner innerhalb dieses Netzwerkes sind (primär) nur über das lokale Netzwerk zu erreichen. Erfolgt die Kommunikation der Rechner drahtlos (z. B. via AirPort), so wird ein solches Netzwerk auch als Wireless Local Area Network (WLAN) bezeichnet. Das Gegenstück zu einem (W)LAN ist ein Wide Area Network (WAN), in der Regel das Internet.

◀ **Abbildung 16.2**
Die eingerichteten Netzwerkschnittstellen werden in der linken Spalte aufgeführt.

Schnittstellen konfigurieren | In den Systemeinstellungen finden Sie in der Ansicht NETZWERK in der linken Spalte die eingerichteten Schnittstellen, die in den Systemeinstellungen auch als DIENSTE bezeichnet werden. Abhängig von der Ausstattung Ihres Rechners finden Sie dort zum Beispiel ETHERNET, AIRPORT, BLUETOOTH und FIREWIRE. Über das Plus- und Minuszeichen können Sie Schnittstellen hinzufügen oder entfernen. Das Hinzufügen von Schnittstellen ist notwendig, um zum Beispiel ein Virtual Private Network (siehe Abschnitt 16.7) einzurichten.

In den Systemeinstellungen müssen Sie Änderungen, die Sie an der Netzwerkkonfiguration vornehmen, explizit aktivieren. Mit der Schaltfläche ANWENDEN werden die Änderungen wirksam, anderenfalls bleiben sie vorläufig. Beenden Sie die Systemeinstellungen, ohne dass alle Änderungen aktiviert wurden, so erhalten Sie vom System eine Rückfrage, ob die Änderungen übernommen werden sollen.

Über das Ausklappmenü unten können Sie einen Dienst duplizieren, umbenennen oder deaktivieren. Die Umbenennung kann sinnvoll sein, wenn Ihr Rechner beispielsweise über zwei Ethernet-Anschlüsse verfügt, von denen der eine die Verbindung mit dem Internet, der andere die Verbindung mit dem lokalen Netzwerk herstellt.

Einen Dienst zu duplizieren kann hilfreich sein, wenn Sie zwei verschiedene Konfigurationen für einen Anschluss einrichten möchten, davon aber dann einen zeitweilig deaktivieren. Sie sparen sich so die manuelle Einrichtung der zweiten Konfiguration. Allerdings ist es in solchen Fällen meist praktischer, mit einer Netzwerk-Umgebung (siehe Abschnitt 16.3) zu arbeiten.

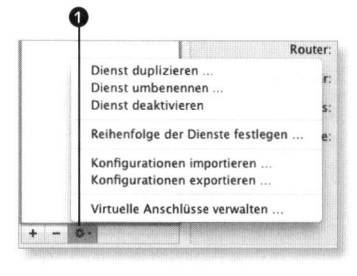

▲ **Abbildung 16.3**
Das Ausklappmenü ermöglicht auch die Deaktivierung einer Schnittstelle ❶.

▲ **Abbildung 16.4**
Die »Reihenfolge der Dienste« entscheidet über das Routing.

Reihenfolge der Dienste | Sie finden in diesem Menü auch die Option REIHENFOLGE DER DIENSTE FESTLEGEN. Diese Reihenfolge ist wichtig für das Routing der Datenpakete. Daten werden zunächst über die obersten Dienste gesendet und, sofern dies nicht möglich ist, über die darunterstehenden Dienste.

MAC-Adresse | Um die einzelnen Netzwerkkarten zu unterscheiden, wird auf die MAC-Adresse (Media Access Control) zurückgegriffen. Jede Ethernet- und auch AirPort-Karte verfügt über eine solche Nummer. Sie können sich diese MAC-Adresse anzeigen lassen, indem Sie zunächst über die Schaltfläche WEITERE OPTIONEN die Details für den Dienst einblenden und dann in den Reiter ETHERNET wechseln. Die MAC-Adresse wird dort als ETHERNET-ID aufgeführt. Sie wird von den Herstellern in die Karte eingebaut und ist weltweit einmalig.

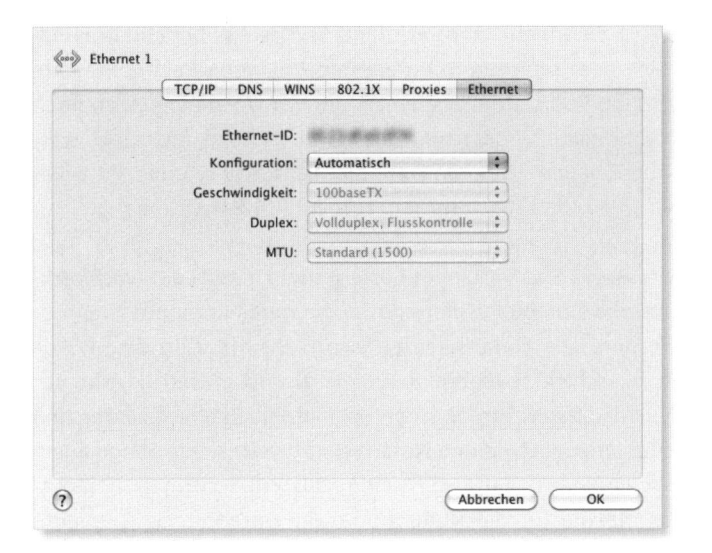

Automatische Konfiguration
Die Systemeinstellungen erlauben Ihnen im Reiter ETHERNET auch die manuelle Konfiguration der Netzwerkkarte. Seit Mac OS X 10.5 ist es nicht mehr notwendig, hier eigenhändige Änderungen vorzunehmen.

◄ **Abbildung 16.5**
Im Reiter ETHERNET wird die MAC-Adresse als ETHERNET-ID aufgeführt.

Im Netzwerkdienstprogramm können Sie die MAC-Adressen der Schnittstellen in der Ansicht INFORMATIONEN ermitteln. Sie wird dort als HARDWAREADRESSE bezeichnet. Über das Ausklappmenü NETZWERKSCHNITTSTELLE können Sie die verfügbaren Schnittstellen (Ethernet, AirPort, FireWire) auswählen. Die MAC-Adresse wird hier als Hardwareadresse bezeichnet.

en0, en1, fw0, ...
Zusätzlich zum Namen der Schnittstellen wird im Dienstprogramm ein Kürzel angezeigt. EN0 und EN1 bezeichnen hier die Ethernet- und AirPort-Karten, FW0 würde für den FireWire-Anschluss stehen.

◄ **Abbildung 16.6**
Das Netzwerkdienstprogramm liefert Informationen über die aktiven Netzwerkschnittstellen ❶ und deren MAC-Adressen ❷.

16.1.3 Internet Protocol (IP)

Mithilfe der MAC-Adressen lässt sich ein Rechner oder vielmehr eine seiner Netzwerkschnittstellen in einem Netzwerk eindeutig identifizieren. Um eine schnelle und problemlose Kommunikation zwischen den Netzwerkschnittstellen zu gewährleisten, sind MAC-Adressen unzureichend. In sehr kleinen lokalen Netzwerken könnte (theoretisch) die Vernetzung nur aufgrund der MAC-Adressen erfolgen. Wenn das Netzwerk aber ein wenig an Umfang zugenommen hat, stößt das Verfahren mit MAC-Adressen an eine

[ARPANET]
Das erste IP-basierte Netzwerk wurde 1962 am Massachusetts Institute of Technology entwickelt. Die dortige Entwicklungsarbeit bildet die Grundlage des heutigen Internets.

[IPv4]
Derzeit hat sich die Version 4 dieses Protokolls (IPv4) etabliert. Bei dieser Version werden IP-Adressen mit vier Zahlen, die durch Punkte unterteilt werden, angegeben. Die zu verwendenden Zahlen liegen im Bereich 0 bis 255. Eine mögliche IP-Adresse kann also 192.168.0.5 lauten.

Vergabe von öffentlichen IP-Adressen
Eine öffentlich über das Internet erreichbare IP-Adresse muss einmalig sein. Sie können, wenn Sie einen Rechner mit dem Internet verbinden, die IP-Adresse nicht beliebig wählen. Für die weltweite Vergabe von IP-Adressen ist die Internet Assigned Numbers Authority (IANA) zuständig. Im europäischen Raum wird sie durch das Forum Réseaux IP Européens (RIPE) vertreten. Wenn Sie einen Rechner dauerhaft mit dem Internet verbinden möchten, können Sie über einen Dienstleister beim RIPE eine IP-Adresse anmieten.

Der Befehl host
Am Terminal können Sie durch die Eingabe host Domain herausfinden, welcher IP-Adresse eine Domain im Internet zugeordnet ist. Die Eingabe von host apple.com liefert Ihnen die IP-Adresse aus dem Netzwerk von Apple sowie die für den Mail-Verkehr eingerichteten Server.

Grenze und ist nicht mehr effizient. Spätestens bei einem Netzwerk wie dem Internet, mit mehreren Millionen Rechnern, wäre der Versand von Datenpaketen an eine MAC-Adresse kaum noch zu gewährleisten. Immerhin muss ja auch noch festgelegt werden, auf welchem Weg die Daten transportiert werden. Aus diesem Grund wurde das Internet Protocol (IP) entwickelt.

IP-Adressen | Das Verfahren besteht darin, dass jeder Netzwerkschnittstelle eine oder, sofern nötig, mehrere Nummern zugeordnet werden. Die Daten werden also nicht mehr an eine MAC-Adresse geschickt, sondern an eine IP-Nummer oder IP-Adresse.

Die IP-Adressen ermöglichen es, Datenpakete effizienter und schneller auch durch große Netzwerke zu versenden. Schon allein im Aufbau einer IP-Adresse ist eine Fülle von Informationen enthalten, die die für die Kommunikation wesentlichen Elemente beinhalten. So entscheidet die IP-Adresse zum Beispiel darüber, ob Datenpakete im lokalen Netzwerk verbleiben oder ins Internet weiterverschickt werden sollen.

Aufbau einer IP-Adresse | Der Aufbau der IP-Adresse ist von entscheidender Bedeutung für den Transport von Daten im Netzwerk. Um Daten effizient zu verschicken und zu unterscheiden, ob Datenpakete in ein anderes Netzwerk weiterverschickt werden müssen oder nicht, wurden Netzwerkklassen und die anschließend beschriebenen Subnetze eingeführt. Eine IP-Adresse hat demnach zunächst zwei Bestandteile: Im ersten Teil informiert sie über das Netzwerk, in dem sich der Rechner befindet. Im zweiten Teil identifiziert sie den Rechner in diesem Netzwerk. Daher wird auch von einem Netzwerk- und einem Rechnerteil gesprochen.

Netzwerkklassen | Die Werte der Zahlen bestimmen, um was für ein Netzwerk es sich handelt. Es ist festgelegt, dass bei einem Wert von 1 bis 127 die letzten drei Zahlen den Rechner identifizieren. So gehört beispielsweise das Netzwerk, dessen öffentliche IP-Adressen mit 17 beginnen, der Firma Apple. Bei der IP-Adresse 17.192.28.28 identifiziert also die 17 das Netzwerk von Apple, und die Werte 192.28.28 stehen für den Rechner innerhalb dieses Netzwerks.

Handelt es sich bei der ersten Zahl um einen Wert zwischen 128 und 191, so definieren die ersten zwei Zahlen das Netzwerk und die letzten zwei den Rechner. Bei der IP-Adresse 129.152.19.19 handelt es sich also um den Rechner 19.19 im Netzwerk 129.152. Wenn sich die erste Zahl im Bereich 192 bis 223 befindet, so definieren die ersten drei Zahlen das Netzwerk und die letzte den

Rechner. Die IP-Adresse 192.168.0.2 befindet sich also im Netzwerk 192.168.0, und der Rechner wird über die 2 definiert.

```
SnowPro:~ kai$ host apple.com
apple.com has address 17.251.200.70
apple.com has address 17.112.152.57
apple.com has address 17.149.160.49
apple.com mail is handled by 10 mail-in11.apple.com.
apple.com mail is handled by 10 mail-in12.apple.com.
apple.com mail is handled by 10 mail-in13.apple.com.
apple.com mail is handled by 10 mail-in14.apple.com.
apple.com mail is handled by 20 mail-in2.apple.com.
apple.com mail is handled by 20 mail-in6.apple.com.
apple.com mail is handled by 100 mail-in3.apple.com.
SnowPro:~ kai$
```

▲ **Abbildung 16.7**
Der Firma Apple gehört das Netzwerk der Klasse A mit der Nummer 17.

Klasse A, B, C | Diese drei Unterteilungen von Netzwerken werden auch als Klassen bezeichnet und mit Großbuchstaben identifiziert. Ein Netzwerk der Klasse A, beginnend mit einer Netzwerkadresse von 0 bis 127, kann um die 16 Millionen Rechner umfassen. Die Zahl von 16 Millionen ergibt sich daraus, dass die letzten drei Zahlen zur Identifikation der Rechner verwendet werden und im Bereich von 0 bis 255 angesiedelt sind. Die Rechnung lautet also: 255 x 255 x 255 Möglichkeiten für die Identifikation eines Rechners. Es gibt weltweit in der Tat nur 128 Netzwerke der Klasse A, von denen das Netzwerk mit der Nummer 17 Apple gehört.

Netzwerke der Klasse B sind bedeutend kleiner, da hier nur zwei Zahlen zur Identifikation der Rechner zur Verfügung stehen. Für kleine Netzwerke können die der Klasse C verwendet werden, innerhalb deren maximal 255 Rechner eingebunden werden. Die Klassen D und E sind für besondere Zwecke reserviert und dürfen zur Konfiguration eines Netzwerkes nicht verwendet werden.

Aufgaben der Klassen
Die Aufgabe der Unterteilung in Klassen bestand in den Anfangstagen des Internets darin, die Netzwerke leichter zu verwalten und den Datentransfer (auch über die Ozeane hinweg) einfacher zu administrieren. Im Zuge der weiteren Entwicklung erwies sich dieses Verfahren natürlich als hinderlich für die Erweiterung des Internets. So kann auch eine Computerfirma wie Apple nicht 16 Millionen Rechner im Internet zur Verfügung stellen. Aus diesem Grund wurde, um die zur Verfügung stehenden IP-Adressen effektiver zu vergeben, im Jahre 1993 unter anderem das Classless Inter-Domain Routing (CIDR) eingeführt.

Zahl	Klasse	Erläuterung
0–127	A	Die erste Zahl identifiziert das Netzwerk.
128–191	B	Die letzten zwei Zahlen identifizieren den Rechner.
192–223	C	Die letzte Zahl identifiziert den Rechner.
224–239	D	Reserviert für Multicast
240–255	E	Reserviert für Erweiterungen

◀ **Tabelle 16.2**
Übersicht über IP-Adressen und Netzwerkklassen

[Address Resolution Protocol]
Um die IP-Adressen auf Netzwerkschnittstellen abzubilden, wird das Address Resolution Protocol (arp) verwendet. Mit seiner Hilfe ist es möglich, dass ein Rechner, der eine Verbindung mit einer IP-Adresse aufnehmen möchte, erfährt, welcher Rechner über die gesuchte IP-Adresse verfügt und welche MAC-Adresse dafür verwendet wird.

Abbildung 16.8 ▶
Ein Router leitet Daten von einem Netzwerk in ein anderes weiter.

Hub und Switch
Möchten Sie Rechner nur lokal in einem Netzwerk verbinden, so benötigen Sie keinen Router. Sie brauchen in diesem Falle lediglich einen Hub bzw. Switch. Diese Geräte mit mehreren Netzwerkschnittstellen fungieren als Verteiler, die ohne eigene IP-Adresse einfach nur mehrere Ethernet-Kabel verbinden.

Private IP-Adressen | Wenn Ihr lokales Netzwerk nicht mit dem Internet verbunden ist, können Sie die IP-Adressen für die Netzwerkschnittstellen frei innerhalb einer Netzwerkklasse vergeben. Besteht allerdings irgendwo z. B. via DSL eine Verbindung ins Internet, dann müssen Sie, um Konflikte mit bereits vergebenen IP-Adressen zu vermeiden, private IP-Adressen für Ihre lokalen Rechner vergeben.

Private IP-Adressen sind dadurch gekennzeichnet, dass an sie gesendete Daten nicht in andere Netzwerke weitergeleitet werden. Diese Konvention kann dadurch aufrechterhalten werden, dass alle Router Datenpakete, die an eine private IP-Adresse geschickt werden, nicht in ein anderes Netzwerk weiterleiten.

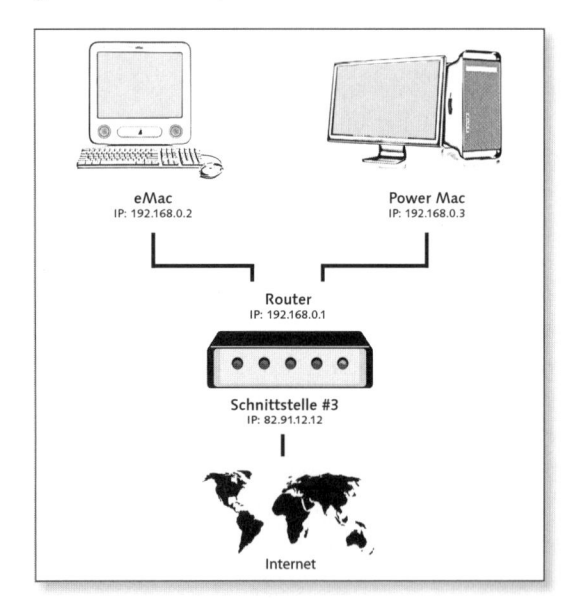

Routing | Als Routing wird das Verfahren bezeichnet, mit dem Daten von einem Netzwerk in ein anderes weitergeleitet werden.

In Abbildung 16.8 wurde ein sehr kleines lokales Netzwerk skizziert. Sowohl der eMac als auch der Power Mac sind mit einer der Netzwerkschnittstellen des Routers verbunden. Beiden Computern wurde eine lokale IP-Adresse (192.168.0.x) zugewiesen.

Der Router verfügt über mehrere Netzwerkschnittstellen. Die Schnittstellen, an denen die Computer angeschlossen sind, werden über die IP-Adresse 192.168.0.1 angesprochen. Eine weitere Schnittstelle ist mit dem Internet verbunden, und ihr wurde von einem Provider die IP-Adresse 82.91.12.12 zugewiesen.

Wenn der eMac Daten an die IP-Adresse 192.168.0.3 sendet, so werden diese zuerst an den Router weitergegeben. Dieser erkennt, dass es sich um eine lokale IP-Adresse handelt, und gibt die Datenpakete nicht ins Internet weiter, sondern sendet sie an den Power Mac.

Möchte der Power Mac eine Verbindung mit dem Rechner mit der IP-Adresse 17.149.160.10, dem Webserver von Apple, aufnehmen, so leitet der Router die Datenpakete ins Internet weiter. Erhält er eine Antwort, so besteht die Aufgabe des Routers nun darin, die Datenpakete an den Power Mac und nicht an den eMac zu senden, denn die Webseite soll ja auf dem Power Mac angezeigt werden.

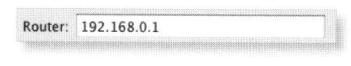

▲ **Abbildung 16.9**
Die IP-Adresse eines Routers kann in den Systemeinstellungen auch von Hand eingegeben werden.

▲ **Abbildung 16.10**
Die Routing-Tabelle kann mit dem Netzwerkdienstprogramm angezeigt werden.

Routing-Tabelle | Jeder Rechner im Netzwerk führt in einer Tabelle Buch darüber, wie Datenpakete weitergeleitet werden sollen. Diese Routing-Tabellen definieren, welche vorhandenen Netzwerkschnittstellen genutzt werden sollen, um Daten in bestimmte Netzwerke zu verschicken.

Die Routing-Tabelle können Sie im Netzwerkdienstprogramm im Reiter NETSTAT einsehen. Wählen Sie dort die Option INFORMATIONEN DER ROUTING-TABELLE ANZEIGEN, und klicken Sie auf NETSTAT. Die Spalte Netif informiert Sie über die zu verwendende Netzwerkschnittstelle. In Abbildung 16.10 wird lediglich die Ethernet-Schnittstelle (en0) verwendet. Der Eintrag lo0 entspricht der Loopback-Adresse (siehe unten). Die erste Zeile mit dem Ziel default definiert die Standard-Route, die Datenpakete nehmen sollen.

Diagnose mit netstat
Bei dem Programm NETSTAT das Sie am Terminal auch mit der Eingabe netstat ausführen können, handelt es sich um eine Art Schweizer Messer für die Diagnose von Netzwerkinformationen. Es bietet Ihnen neben der Anzeige der Routing-Tabellen auch eine Übersicht über die bestehenden Verbindungen ins Netzwerk. Die Anzeige der Routing-Tabelle im Netzwerkdienstprogramm entspricht der Eingabe von netstat -r.

Der Rechner oder der Router mit der IP-Nummer `192.168.0.1` dient bei dieser Konfiguration zur Weiterleitung (`Gateway`) der Datenpakete. An ihn werden alle Daten geschickt, die mit den folgenden Zeilen nicht besser versandt werden können. Die Zeile `192.168.0` erklärt für das lokale Netzwerk als Destination eine andere Route. Die Angabe von `link#4` besagt, dass eine direkte Verbindung mit allen Rechnern in diesem Teilnetzwerk hergestellt werden soll.

Zusätzlich ist zum Beispiel von dem Rechner mit der IP-Adresse 192.168.0.4 die MAC-Adresse bereits bekannt. Datenpakete, die an diesen Computer geschickt werden sollen, müssen nun keine weiteren Routing-Informationen enthalten, sondern können direkt versandt werden. Die Angabe `Expires` besagt hier, wie lange diese MAC-Adresse Ihrem Rechner als bekannt gilt. Diese Zwischenspeicherung wird für ungefähr zehn Minuten vorgenommen. Da IP-Adressen recht schnell wechseln können, ist die Zeitbegrenzung notwendig, um die Verbindungswege aktuell zu halten.

Netzwerk 169.254
Der Eintrag mit dem Netzwerk 169.254 dient zur Konfiguration der APIPA-Adressen (siehe unten).

Standard-Route | Um die Standard-Route Ihres Systems zu definieren, müssen Sie über das Ausklappmenü unterhalb der Liste der verfügbaren Schnittstellen die REIHENFOLGE DER DIENSTE FESTLEGEN (siehe oben). Hierbei sollte die Schnittstelle, mit der Sie eine Verbindung ins Internet herstellen, an erster Stelle stehen. Router sind so programmiert, dass sie Anfragen an lokale IP-Adressen nicht weiterleiten.

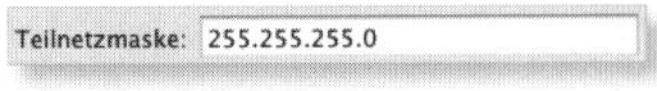

Subnetze | Verfügen Sie über ein größeres Netzwerk, zum Beispiel an einer Universität, dann kann es vorkommen, dass Sie Ihr Netzwerk, etwa der Klasse B, weiter unterteilen müssen. Vielleicht ist das Institut oder die Filiale an zwei Standorten angesiedelt, und die Hälfte der Rechner ist in einem anderen Stockwerk oder Gebäude untergebracht. Mithilfe von Teilnetzmasken können Sie ein internes Netzwerk in Sub- oder Teilnetze unterteilen.

Die Teilnetze sind extern nicht einsehbar. Ihr unterteiltes B-Netzwerk erscheint von außen wie ein einziges. Die Teilnetzmaske kann in den Systemeinstellungen unterhalb der IP-Adresse vorgegeben werden.

▲ **Abbildung 16.11**
Eine Teilnetzmaske kann ebenfalls von Hand eingegeben werden.

Teilnetzmaske | Für die Einrichtung eines lokalen Netzwerkes, das nicht unterteilt wird, können Sie eine der Teilnetzmasken aus Tabelle 16.3 nutzen. Sie sorgen in Ihrem lokalen Netzwerk der Klasse A, B oder C dafür, dass Daten für die lokalen Rechner in Netzwerk verbleiben und die für andere Netzwerke über einen Router nach außen geleitet werden.

Klasse	Maske
A	255.0.0.0
B	255.255.0.0
C	255.255.255.0

◄ **Tabelle 16.3**
Teilnetzmasken ohne Unterteilung eines Netzwerkes

Um ein Netzwerk zu unterteilen, sind folgende Zahlen in der Teilnetzmaske zulässig: 128, 192, 224, 240, 248, 252 und 254. Andere Zahlen dürfen in der Maske nicht angegeben werden.

Zahl	Definierte Teilnetze
128	2
192	4
224	8
240	16
248	32
252	64
254	128

◄ **Tabelle 16.4**
Zulässige Zahlen in der Teilnetzmaske und ihre Bedeutung

Um jetzt zum Beispiel ein angemietetes Netzwerk der Klasse C in zwei Teilnetze, etwa in zwei Gebäuden, zu unterteilen, vergeben Sie die Teilnetzmaske 255.255.255.128. Damit wird einem Rechner, der zum Beispiel über die IP-Adresse 199.100.12.14 verfügt, mitgeteilt, dass die Adressen 199.100.12.1 bis 199.100.12.128 in seinem Teilnetz direkt erreichbar sind, Datenpakete an Rechner mit IP-Adressen von 199.100.12.129 und aufwärts aber bereits an den Router geschickt werden müssen.

Der Router verfügt in diesem Fall über drei Netzwerkschnittstellen, die jeweils die Verbindung in ein Teilnetz und zusätzlich ins Internet herstellen. Mit der Teilnetzmaske 255.255.255.192 würden Sie Ihr Netzwerk der Klasse C in drei Teilnetze unterteilen. Ein Netzwerk der Klasse B würden Sie mit der Teilnetzmaske 255.255.128.0 in zwei Teilnetze gliedern.

Broadcast Adresse | Wenn Sie einem Rechner in Ihrem Netzwerk die IP-Adresse 192.168.0.255 zuteilen möchten, so wird Ihr Netzwerk nicht funktionieren. Der Grund besteht ganz einfach darin, dass Adressen, deren Host-Teil nur aus der Zahl 255 besteht, keine Rechner festlegen. Sie dienen als sogenannte Broadcast-Adressen. Werden Daten an diese Adresse geschickt, so sind alle Rechner, die im gleichen Netzwerk vorhanden sind, gezwungen, die Daten entgegenzunehmen. Je nach Inhalt hat

Bits und Bytes
Die Werte der Zahlen in der Teilnetzmaske liegen darin begründet, dass die Masken sich das einem Computer zugrunde liegende Binärsystem zunutze machen. Anhand einer Zahlenfolge von 1000000, was dem zweiten Byte der Zahl 128 im dezimalen System entspräche, wird ermittelt, dass das Netzwerk in zwei Teilnetze zu unterteilen ist. Die genaue Berechnung ist etwas kompliziert und kann an dieser Stelle nicht erfolgen. Sie finden eine detaillierte Erläuterung dieses Verfahrens in jedem guten Buch über TCP/IP-Netzwerke.

localhost oder 127.0.0.1
Eine spezielle IP-Adresse ist 127.0.0.1. Sie ist immer dem eigenen Rechner zugewiesen. Eine andere Bezeichnung ist localhost oder Loopback-Device, da es sich auch um eine (virtuelle) Netzwerkschnittstelle handelt. Sie können mit dieser IP-Adresse Ihren eigenen Rechner über das Netzwerk ansprechen, ohne Daten in dieses zu versenden. Was paradox klingt, erfüllt zum Beispiel bei der lokalen Arbeit mit dem Apache Webserver seinen Zweck. Geben Sie im Browser die Adresse *http://127.0.0.1* ein, so landen Sie immer auf Ihrem lokalen Webserver, ganz gleich, welche IP-Adresse Ihren anderen Netzwerkschnittstellen sonst zugewiesen wurde.

Ping basiert auf ICMP
Die Funktion PING, die Sie am Terminal auch mit dem Befehl ping, gefolgt von der Zieladresse, aufrufen können, wird über das Internet Control Message Protocol (ICMP) realisiert. Über dieses Protokoll, das auf dem Internet Protocol aufsetzt, können nicht nur Echo-Pakete wie bei Ping verschickt, sondern noch eine Reihe weitere nützlicher Funktionen für die Diagnose von Netzwerkproblemen und -Konfigurationen genutzt werden. So gehört auch die Funktion TRACEROUTE (siehe Abschnitt 16.8.2) zu den mit ICMP realisierten Funktionen.

der Rechner dann zu entscheiden, ob er auf diese Anfrage zu antworten hat oder sie ignorieren muss.

Der Sinn dieser Broadcast-Adressen besteht darin, Netzwerke automatisch konfigurieren zu können. Wenn ein Rechner mit dem Netzwerk 192.168.0.x verbunden und nicht von Hand für dieses konfiguriert wird, schickt er eine kurze Anfrage an die Adresse 192.168.0.255. Diese wird an alle erreichbaren Rechner in diesem Netzwerk geschickt.

Befindet sich in diesem Netzwerk ein DHCP-Server (siehe unten), dann empfängt dieser diesen Rundruf und schickt dem anfragenden Rechner eine passende Konfiguration zu. Alle normalen Rechner, die nicht als DHCP-Server fungieren, betrachten diese Anfrage als irrelevant und beachten sie nicht.

Netzwerkverbindung testen | Haben Sie Ihr Netzwerk in irgendeiner Form konfiguriert, so können Sie die Netzwerk-Verbindungen mithilfe des Netzwerkdienstprogramms testen. Ihnen steht hierfür die Funktion PING (Packet Internetwork Groper) zur Verfügung. Wenn Sie einen Ping senden – manchmal wird auch von »Rechner anpingen« gesprochen –, so verschickt Ihr Rechner kleine Datenpakete an den Zielrechner. Diese sind mit der Bitte versehen, sie zurückzuschicken.

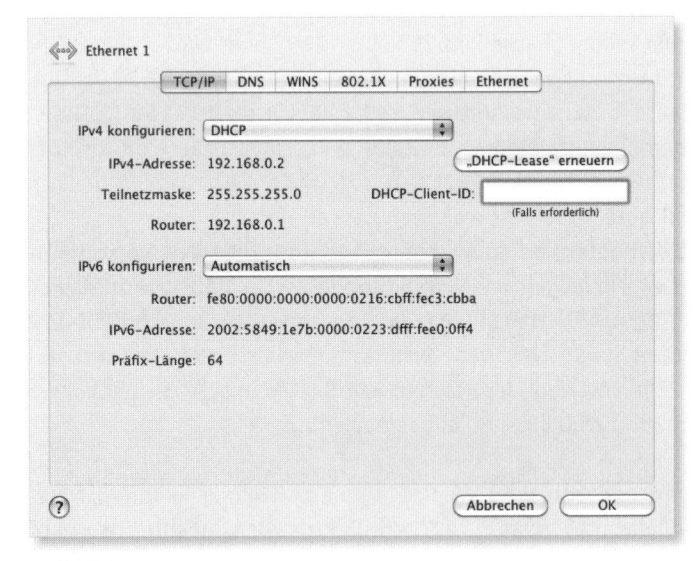

▲ **Abbildung 16.13**
Anstelle einer manuellen Eingabe kann eine IP-Adresse auch über einen DHCP-Server konfiguriert werden.

Wenn die Verbindung physikalisch funktionsfähig ist, also kein Kabelbruch vorliegt, und auch die Routing-Tabellen korrekt sind, wird Ihnen der Zielrechner antworten. Funktioniert auch die Namensauflösung in Ihrem Netzwerk, zum Beispiel mithilfe von Bonjour, dann können Sie anstatt einer IP-Adresse auch einen Hostnamen wie SnowPro.local eingeben.

Den Datenpaketen, die von Ping verschickt werden, wird eine Überlebensdauer (»time to live«, ttl) mitgegeben. Wird sie überschritten, so gilt das Paket als nicht angekommen. Die Ergebnisse von Ping können Sie in zweierlei Hinsicht auswerten: Erhalten Sie alle Pakete zurück, so ist die fundamentale Netzwerkkonfiguration korrekt, und dass Sie zum Beispiel keine FTP-Verbindung herstellen können, hat einen anderen Grund. Gehen einige Pakete verloren, so ist die Verbindung zwar an sich funktionsfähig, aber dennoch durch in der Regel äußere Verhältnisse (korrodierte Kabel, kurzzeitiger Router-Ausfall) gestört.

Keine Antwort? | Erhalten Sie keine Antwort, so ist die Verbindung entweder nicht herzustellen oder der Zielrechner wurde so konfiguriert, dass er auf einen Ping nicht antworten soll. Sind Sie sich sicher, dass Sie eine Antwort erhalten müssten, so funktioniert die Verbindung nicht.

Eine via Ping als funktionierend identifizierte Verbindung besagt ferner nicht, dass sich dort auch funktionsfähige Serverdienste befinden. Es gibt auch einige Netzwerkkarten, die von sich aus auf einen Ping antworten, sofern die Stromzufuhr sichergestellt ist.

16.1.4 IP-Adressen konfigurieren

Die theoretischen Grundlagen zum Internet Protocol und den IP-Adressen sollten für eine erfolgreiche Konfiguration Ihres Netzwerkes ausreichend sein. Wie Sie Ihr Netzwerk konfigurieren (müssen), hängt natürlich von seiner Natur ab. Arbeiten Sie in einem Betrieb oder einer Einrichtung, von der Ihnen eine IP-Adresse zugewiesen wurde, so können Sie diese gemäß den Vorgaben Ihres Administrators in den Systemeinstellungen eingeben (siehe Abschnitt 16.4.1).

Automatische Konfiguration mit DHCP | Die eigenhändige Konfiguration von Netzwerken kann, sobald das Netzwerk eine gewisse Größe angenommen hat, sehr zeitaufwendig werden. Aus diesem Grund wurde das Dynamic Host Configuration Protocol (DHCP) entwickelt.

Um DHCP verwenden zu können, muss sich in Ihrem Netzwerk wenigstens ein DHCP-Server befinden. Sowohl die Server-Variante von Mac OS X als auch die meisten Router verfügen

Tarn-Modus
Aktivieren Sie den Tarn-Modus der Firewall, so antwortet Ihr Rechner auf einen Ping nicht mehr. Dies mag bei einer Verbindung ins Internet die vermeintliche Sicherheit erhöhen, erschwert aber die Fehlersuche im lokalen Netzwerk ganz erheblich.

Weitere Optionen
In den Systemeinstellungen erhalten Sie in der normalen Ansicht Zugriff auf die wesentlichen, aber nicht auf alle Funktionen und Optionen. Über die Schaltfläche WEITERE OPTIONEN können Sie die Details einblenden.

[BootP]
DHCP basiert in weiten Teilen auf dem Bootstrap Protocol (BootP). Dieses wird eingesetzt, wenn ein Rechner über ein Netzwerk nicht nur seine Konfiguration, sondern gleich ein komplettes Betriebssystem beziehen soll. Mit BootP können Rechner, die nicht über eine Festplatte verfügen, über das Netzwerk ihr Betriebssystem von einem zentralen Server laden. Die Nähe der beiden Protokolle können Sie auch daran ersehen, dass bei einer Aktivierung der Funktion INTERNET-SHARING der Dämon bootpd in Aktion tritt.

über einen in der Regel konfigurierbaren Router. Auch wenn Sie die Funktion Internetfreigabe von Mac OS X nutzen, fungiert Ihr Rechner als ein DHCP-Server. Allerdings ist dieser nicht konfigurierbar.

Funktionsweise von DHCP | DHCP hat die Aufgabe, jedem Rechner in einem Netzwerk eine IP-Adresse zuzuweisen. Diese IP-Adresse stammt aus einem Netzwerk, das Sie vorher in dem DHCP-Server eingestellt haben.

Ein Rechner, der seine Netzwerkkonfiguration über DHCP beziehen soll, sendet im Zuge des Startvorgangs einen Broadcast, also einen Rundruf, in das Netzwerk. Geht dieser bei einem DHCP-Server ein, so antwortet er und sendet dem anfragenden Rechner eine Netzwerkkonfiguration zu. Diese Konfiguration beinhaltet nicht nur eine freie IP-Adresse, sondern auch die IP-Adresse des Routers und eine Teilnetzmaske. Aus diesem Grund ist auch in den Feldern TEILNETZMASKE und ROUTER keine Möglichkeit zur Eingabe vorhanden.

Manuelle IP-Adresse | Bei einigen DHCP-Konfigurationen kann es notwendig sein, dass Sie die IP-Adresse von Hand eingeben müssen. Über die Option DHCP MIT MANUELLER ADRESSE steht Ihnen die Eingabe einer IP-Adresse frei. Die weiteren Netzwerkkonfigurationen (Router, Teilnetzmaske etc.) werden dann von einem korrekt konfigurierten DHCP-Server bezogen.

APIPA | Wenn Sie in Ihrem Netzwerk über keinen DHCP-Server verfügen, so können Sie dennoch mehrere Rechner miteinander vernetzen, ohne dass Sie manuelle Vorgaben für die IP-Nummer vornehmen müssen. In diesem Fall wählt Ihr Rechner beim Start eine IP-Adresse aus dem Klasse-B-Netz 169.254 aus. Er sendet hierzu ebenfalls wie bei DHCP eine Broadcast-Anfrage in dieses Netzwerk.

Befinden sich dort schon Rechner, die beispielsweise bereits die IP-Adressen 169.254.0.1 und 169.254.0.2 belegt haben, so melden diese sich zurück. Der dritte, anfragende Rechner weiß nun, dass diese beiden IP-Adressen bereits belegt sind, und wählt für sich selbst die IP-Adresse 169.254.0.3. Seine Wahl teilt er den anderen beiden Rechnern mit. Diese sind nun von der Existenz eines dritten informiert und damit in der Lage, eine Verbindung zu ihm herzustellen.

APIPA und DHCP | In den Systemeinstellungen von Mac OS X steht Ihnen die Konfiguration über APIPA nicht direkt zur Verfü-

---

[DHCP-Lease]
Es ist mit einem DHCP-Server möglich, IP-Adressen nur für einen begrenzten Zeitraum zuzuweisen. Ist dieses DHCP-Lease abgelaufen, so muss es erneuert werden. Anstatt Ihren Rechner neu zu starten, können Sie in diesem Fall einfach mit der Schaltfläche »DHCP-LEASE« ERNEUERN eine neue Konfiguration inklusive IP-Adresse anfordern.

[DHCP-Client-ID]
In gängigen Konfigurationen wird Ihr Rechner von einem DHCP-Server über die MAC-Adresse Ihrer Netzwerkschnittstelle identifiziert. Hin und wieder kann es sein, dass Sie die Konfiguration über einen DHCP-Server vornehmen, der von Ihnen keine MAC-Adresse, sondern eine einmalige, von Ihrem Provider zugewiesene ID verlangt. Diese können Sie in dem gleichnamigen Feld eintragen. In einer gängigen Konfiguration lassen Sie dieses Feld einfach leer, und die Identifizierung Ihres Rechners am DHCP-Server erfolgt über die MAC-Adresse.

APIPA und Bonjour
Diese Form der Selbstzuweisung von IP-Adressen ist ein Bestandteil der Bonjour-Technologie von Apple. Die konfliktfreie Selbstkonfiguration von Rechnern im Netzwerk stellt die Grundlage für die weiteren Funktionen von Bonjour (siehe Abschnitt 16.2) dar.

gung. APIPA wird von Mac OS X automatisch dann verwendet, wenn Sie als IPv4-Konfiguration DHCP angegeben haben, aber kein DHCP-Server gefunden werden konnte. Das System schaltet dann automatisch auf die Konfiguration mittels APIPA um. Insofern fasst die Konfigurations-Methode DHCP in den Systemeinstellungen sowohl DHCP als auch APIPA zusammen. Wenn Ihr Netzwerk etwas größer geworden ist und Sie es sich über APIPA selbst konfigurieren lassen, sollten Sie ab einer gewissen Größe (ca. 50 Geräte im Netz) in Erwägung ziehen, einen DHCP-Server zu aktivieren. Die Verwendung von APIPA kostet dann durchaus Zeit.

16.1.5 Die nächste Generation: IPv6

Die mit der Version 4 des Internet Protocols (IPv4) zur Verfügung stehenden IP-Adressen sind für die Zukunft nicht mehr ausreichend. Die Unterteilung in Netzwerkklassen erwies sich, insbesondere in Bezug auf die der Klasse A, als recht verschwenderisch. Auch ist der Adressraum, der aufgrund des dezimalen Systems für IP-Adressen verwendet werden kann, in einer Zeit, in der bald neben Handys auch Kühlschränke und Kaffeemaschinen über einen Internet-Anschluss verfügen werden, einfach zu stark begrenzt. Zwar konnten mit einigen Hilfsmitteln die zur Verfügung stehenden IPv4-Adressen etwas effizienter aufgeteilt werden, aber auch hier ist eine Grenze der verfügbaren Adressen bereits in Sicht.

[IPv5]
Das Protokoll IPv5, das ja eigentlich auf IPv4 hätte folgen müssen, wurde zwar entwickelt, kam aber nie über einen experimentellen Status hinaus. Seine Entwicklung wurde zwischenzeitlich zugunsten von IPv6 aufgegeben.

Hexadezimale Schreibweise | Aus diesem Grund wurde das Protokoll IPv6 Mitte der 90er-Jahre entwickelt. Neben vielen Verbesserungen in Bezug auf die Konfiguration von Netzwerken und das Routing von Datenpaketen besteht der wesentliche Unterschied darin, dass IP-Adressen nicht mehr dezimal (196), sondern hexadezimal (fe80) notiert werden. Die Zahlen werden durch Doppelpunkte unterteilt.

Mit IPv6 können insgesamt 2^{128} Geräte im Internet angesprochen werden. Der so zur Verfügung stehende Adressraum dürfte damit wohl erst nach der erfolgreichen Besiedlung von Alpha Centauri ausgeschöpft sein. Ferner wurde das Protokoll IPSec für virtuelle private Netzwerke (siehe Abschnitt 16.7) in IPv6 integriert.

In den Netzwerk-Einstellungen zeigt Ihnen Mac OS X die gültige IPv4-Adresse zu Ihrer Information auch als IPv6-Adresse an. Die Unterstützung von Mac OS X für IPv6 ist weitgehend vollständig, sodass das System für die Zukunft des Internets gerüstet ist. Bis IPv6-Adressen in Europa gebräuchlich werden, wird indes noch einige Zeit vergehen.

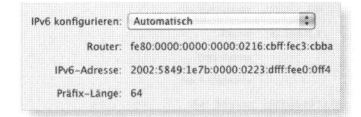

▲ Abbildung 16.14
Mac OS X verfügt bereits von Haus aus über eine Unterstützung für IPv6.

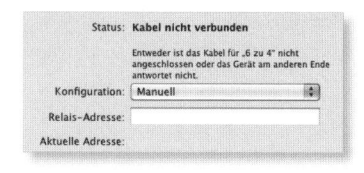

▲ **Abbildung 16.15**
Mit der Netzwerkschnittstelle »6 zu 4« kann eine Verbindung ins IPv6-Internet auch über IPv4 erfolgen.

[UDP]
Neben TCP wird auf IP basierend in einigen Bereichen auch das User Datagram Protocol (UDP) verwendet. Hierbei erfolgt keine Bestätigung der Datenübertragung, was dieses Protokoll natürlich etwas anfälliger für den Verlust von Datenpaketen macht. Andererseits ist UDP schneller als TCP, sodass es besonderes bei Netzwerk-Spielen Verwendung findet.

Die Schnittstelle 6 zu 4 | Wenn Sie in den Systemeinstellungen eine Netzwerkschnittstelle hinzufügen, steht Ihnen dort auch die Schnittstelle 6 zu 4 zur Verfügung. Hierbei handelt es sich streng genommen nicht um eine physikalische Schnittstelle, sondern um eine Methode, von dem derzeit gebräuchlichen IPv4-Netzwerk Datenpakete in das IPv6-Internet zu verschicken und von dort wieder zu empfangen. Dieses Tunneling genannte Verfahren, bei dem die IPv6-Datenpakete in IPv4-Pakete eingepackt werden, ermöglicht es, schon heute vorhandene Netzwerke an den IPv6-Adressraum anzubinden. Letztlich hat diese Form der Schnittstellenkonfiguration vorerst experimentellen Charakter. Am Terminal können Sie mit `man ip6config` die Dokumentation des Befehls `ip6config` aufrufen. Dieser ermöglicht eine etwas weitergehende, wiewohl experimentelle Konfiguration.

16.1.6 Daten transportieren: TCP

Dient das Internet Protocol dazu, Netzwerkschnittstellen von Computern, Druckern und anderen Geräten in einem Netzwerk zu lokalisieren, so ermöglicht das Transmission Control Protocol (TCP) die Übertragung von Daten an bestimmte Netzwerkdienste wie einen Webserver. TCP hat sich mittlerweile in den meisten Übertragungswegen im Netzwerk als gängiges Protokoll entwickelt, sodass das Akronym TCP/IP recht gebräuchlich ist.

Wenn über TCP eine Verbindung aufgenommen wird, schickt der anfragende Rechner ein spezielles Datenpaket an den Zielrechner. Dieses enthält quasi die Bitte um eine Übertragung. Der Zielrechner antwortet auf die Anfrage mit einem anderen Paket, das wiederum vom anfragenden bestätigt wird. Diese dreimalige Anfrage stellt sicher, dass wirklich eine Verbindung aufgebaut werden kann und die Daten nicht auf der einen Seite in einem schwarzen Loch verschwinden. Die Aufgabe des Protokolls besteht darin, die Übertragung (Transmission) zu kontrollieren. Der Name deutet das bereits an.

Ports | Mit einer IP-Adresse ist aber noch kein gültiger Zielpunkt für einen Dienst definiert. Um einen Netzwerkdienst wie den Apache Webserver erfolgreich ansprechen zu können, muss neben der IP-Adresse auch der Port des Dienstes angegeben werden. In der gängigen Schreibweise wird dieser durch einen Doppelpunkt von der IPv4-Adresse getrennt. Mit 192.168.0.1:80 würde der oft für den Webserver zuständige Port 80 des Rechners mit der IP-Adresse 192.168.0.1 angesprochen.

Etwas deutlicher wird die Aufgabe der Ports vielleicht dann, wenn Sie sich eine TCP/IP-Adresse als eine Art Postadresse vorstellen. Hier würden innerhalb der IP-Adresse 192.168.0.1 der Ort, die Postleitzahl und die Straße definiert. Der Port definiert das Stockwerk, in dem der Empfänger wohnt. Manchmal wird die Tatsache, dass ein Server wie der Apache an einem bestimmten Port auf eine Anfrage wartet, auch als »lauschen« bezeichnet. In Abschnitt 17.5 erfahren Sie im Kontext der Firewall mehr über die Ports, ihre Freigabe und die damit verbundenen Risiken.

16.1.7 Domain Name System

IP-Adressen haben den Vorteil, einen Rechner in einem Netzwerk eindeutig zu identifizieren. Zugleich haben sie den Nachteil, dass man sie sich nur schwer merken kann. www.apple.com ist einfacher zu merken als die Zahlenfolge 17.112.152.32. Aus diesem Grund wurde Anfang der 80er-Jahre das Domain Name System (DNS) eingeführt. Seine Aufgabe besteht darin, eine Adresse in der Form www.apple.com auf eine IP-Adresse wie 17.112.152.32 umzuleiten.

DNS-Server | Um eine Adresse wie www.apple.com in eine IP-Adresse aufzulösen, wird ein sogenannter DNS-Server befragt. Die zentralen DNS-Server, auch Root-Server genannt, verwalten die Zuordnung einer Domain zu einer IP-Adresse. Eine solche zentrale Struktur, bei der nur einige wenige Server für viele anfragende Rechner die Antworten liefern, ist natürlich anfällig für Fehler und angesichts der schieren Masse nicht sehr effizient. Aus diesem Grund unterhalten die meisten Provider eigene DNS-Server, die sich die maßgeblichen (autoritativen) Daten von den Root-Servern holen und auf deren Datenbestände die über diesen Provider mit dem Internet verbundenen Rechner zugreifen. Darum wirkt sich eine Änderung der Zuordnung Domain-IP-Adresse, etwa beim Wechsel eines Webhosters, immer mit ein paar Stunden Verzögerung aus, da die DNS-Server die Datenbestände nicht in Echtzeit abgleichen.

DNS-Server manuell vorgeben | Bei den meisten Internet-Providern werden Ihnen automatisch die IP-Adressen der DNS-Server zugewiesen, und Sie müssen keine Konfiguration von Hand vornehmen. DNS-Server, die Ihrem System automatisch übermittelt wurden, werden in den Systemeinstellungen grau hinterlegt.

Arbeiten Sie in einem Netzwerk, in dem Ihnen die Adressen der DNS-Server nicht per DHCP mitgeteilt werden, oder möchten Sie neben dem zugewiesenen DNS-Server weitere nutzen, können Sie die IP-Adressen von Hand in der Ansicht DNS ein-

Port-Übersicht: /etc/services
In der Datei /ETC/SERVICES, die Sie beispielsweise mit less /etc/services erreichen, können Sie eine Übersicht der gängigen Ports und eine kurze Beschreibung der Dienste, die auf diesen Ports arbeiten, einsehen. Die mehrere Tausend Einträge umfassende Liste beinhaltet die gängigen Ports für die Datenübertragung mittels TCP und UDP. Sie hat aber keinen obligatorischen Charakter. Es ist also möglich, dass auf Port 80 ein ganz anderer Dienst als der Webserver arbeitet.

[Fully Qualified Domain Name]
Ein Domain-Name wie *www.apple.com* wird als Fully Qualified Domain Name (FQDN), vollständiger Domain-Name, bezeichnet. Der Bestandteil »com« entspricht hierbei der Top Level Domain (TLD). Ferner schließt ein vollständiger Name mit einem Punkt ab. Dieser wird zwar oft unterschlagen, kann aber bei einigen Aufrufen (SnowPro.local.) notwendig sein.

[BIND]
Der Berkeley Internet Name Domain ist der Urvater aller Name Server. Er ist auch unter Mac OS X verfügbar, und sein Quellcode ist offengelegt.

geben. Befindet sich Ihr Rechner zusätzlich noch in einem Netzwerk, das über einen Domain-Namen verfügt, so können Sie diesen ebenfalls in den Systemeinstellungen vorgeben.

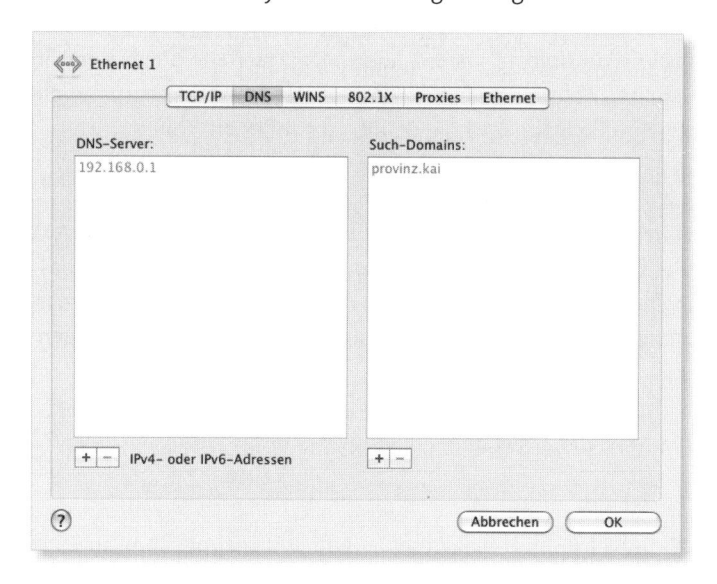

Abbildung 16.16 ▶
DNS-Server und Suchdomänen können im Reiter DNS eingegeben werden.

Resolver | Innerhalb von Mac OS X gibt es eine spezielle Funktionsbibliothek mit dem Namen Resolver. Diese Bibliotheken können von Programmen, die DNS-Abfragen ausführen müssen, eingebunden werden. Die Datei /etc/resolver.conf wird bei der Anmeldung im Netzwerk automatisch angelegt und enthält die IP-Adressen der Name Server Ihres Internet-Anbieters oder der in Ihrem Netzwerk aktiven Name Server.

Cache einsehen
Mit dem Aufruf sudo dscacheutil -cachedump -entries host können Sie die im Cache zwischengespeicherten Domain-Namen am Terminal ausgeben.

Cache löschen | Die Auflösung von Domain-Namen in IP-Adressen wird unter Mac OS X 10.5 von dem Dämon DirectoryService vorgenommen. Dieser speichert die vorgenommen Abfragen im Hintergrund in einem Zwischenspeicher und greift, wenn Sie innerhalb von knapp fünf Minuten zweimal auf eine Domain zugreifen wollen, auf diesen Cache zurück und nimmt in diesem Fall keine Verbindung zu einem DNS-Server auf.

In Einzelfällen, wenn Sie beispielsweise ein Netzwerk neu aufsetzen, kann es notwendig sein, diesen Zwischenspeicher vorzeitig zu löschen. Dies geschieht über den Befehl dscacheutil. Mit der Eingabe

```
sudo dscacheutil -flushcache
```

können Sie den Cache eigenhändig löschen. Die Löschung des Caches ist indes nur in Ausnahmefällen wirklich notwendig.

Besitzer einer Domain ermitteln | Wem eine Domain gehört, können Sie über die Whois-Server abfragen. Zwar bietet auch das Netzwerkdienstprogramm in der Ansicht WHOIS die Möglichkeit, eine solche Abfrage auszuführen, aber bisweilen führt das nicht zu den gewünschten Ergebnissen.

Einfacher und in seiner Funktionalität deutlich flexibler ist der Befehl whois am Terminal. Mit der einfachen Eingabe des Befehls gefolgt von einer Domain oder IP-Adresse (zum Beispiel whois apple.com oder whois 17.149.160.49) ermittelt er den Eigentümer und zeigt Ihnen die relevanten Kontaktdaten an, sofern der abgefragte Server über diesen Datensatz informiert ist. Wenn Sie keine Informationen erhalten, dann können Sie im Netzwerkdienstprogramm in der Ansicht WHOIS einen anderen Server auswählen.

Denic
Bei der whois-Abfrage für deutsche Domains mit der Endung de liefert die Denic keine Adressdaten. Hier müssen Sie das Formular auf der Webseite (*www.denic.de*) nutzen.

/etc/hosts | Die Datei »/etc/hosts« dient zur lokalen Konfiguration von Rechnernamen im Netzwerk. Mit den Fähigkeiten von Bonjour wird die Datei heute kaum noch verwendet. Sie enthält eine Liste von IP-Adressen, die diese Namen zuordnet. Dabei wird die IP-Adresse mit einem Leerzeichen oder Tabulator in der Form

```
127.0.0.1       localhost
```

vom Namen des Rechners getrennt. Die Datei /ETC/HOSTS eignet sich als Filter, um unerwünschte Webseiten gar nicht erst aufzurufen. Fügen Sie dieser Datei, die Sie mit der Eingabe sudo nano /etc/hosts bearbeiten können, die Zeilen

```
127.0.0.1       playboy.de
127.0.0.1       www.playboy.de
```

hinzu, wird die dorthin gehende Anfrage auf Ihren lokalen Webserver umgelenkt. Dieses Verfahren funktioniert auch für gängige Werbebanner-Server wie adserve.com. Sie können solche Angaben aber auch nutzen, um eigenhändig ohne Bonjour oder DNS einen Rechner über einen Namen anzusprechen. Beachten Sie, dass die Änderungen an der Datei /ETC/HOSTS nur für das jeweilige System gelten.

> **HINWEIS**
>
> Die in der Datei bereits enthaltenen Einträge für localhost und broadcasthost sollten Sie keinesfalls löschen.

▲ **Abbildung 16.17**
Die Domain des Playboy wird auf den lokalen Rechner umgeleitet.

DynDNS | Um eine eigene Domain mit einem eigenen Server zu betreiben, sollten Sie wenigstens über eine Standleitung ins Internet sowie über eine feste IP-Adresse verfügen. Möchten Sie aber dennoch, zum Beispiel über Ihren DSL-Zugang, einen Server im Internet mit einem leichter zu merkenden Domain-Namen zur

> **HINWEIS**
> Einige Provider verbieten in ihren Geschäftsbedingungen die Nutzung von Diensten wie DynDNS. Prüfen Sie am besten, bevor Sie einen Server dauerhaft ins Netz stellen, Ihren Vertrag.

Verfügung stellen, so können Sie sich unter *http://www.dyndns.org* eine Adresse reservieren. Der Dienst DynDNS ist kostenlos und ermöglicht es Ihnen, wechselnde IP-Adressen, wie sie viele DSL-Provider vergeben, auf eine Adresse wie *http://delta-c.dyndns.org* umzuleiten.

Dabei teilen Sie dem Dienst eine Änderung Ihrer IP-Adresse im Internet mit, und er leitet die Anfragen über die Domain an Ihre neue IP-Adresse weiter. Einige DSL-Router sind mittlerweile in der Lage, eine Änderung Ihrer IP-Adresse automatisch an DynDNS weiterzuleiten. Auf der Webseite von DynDNS finden Sie auch ein Programm, das im Hintergrund auf die Änderung Ihrer IP-Adresse achtet und sie automatisch an den Dienst kommuniziert.

16.2 Bonjour

[Zeroconf]
Apple hat die Bonjour zugrunde liegenden Methoden und Verfahren öffentlich zugänglich gemacht. Die Arbeitsgruppe Zeroconf (*http://www.zeroconf.org*) betreibt die weitere Entwicklung sich selbst konfigurierender Netzwerke. Zeroconf ist ein Akronym und steht für Zero Configuration Networking.

Port 5353
Ein wesentlicher Teil der Funktionen von Bonjour wird über den UDP-Port 5353 abgewickelt. Wenn Bonjour in Ihrem heterogenen Netzwerk nicht so funktioniert, wie Sie es erwarten, dann wäre ein Schritt zur Lösung die Prüfung der eingerichteten Firewalls und gegebenenfalls die Öffnung von Port 5353.

Die Konfiguration eines Netzwerkes kann bei vielen Rechnern sehr anspruchsvoll und zeitintensiv werden. Auch stellt die Einrichtung eines kleineren lokalen Netzwerkes unbedarfte Anwender schnell vor größere Probleme. Nicht zuletzt ist es manchmal recht zeitraubend, einen Rechner oder einen von ihm angebotenen Dienst im Netzwerk aufzufinden. Apple hat, um die Einrichtung von Netzwerken zu vereinfachen, eine neue Konfigurationsmethode mit dem Namen Bonjour eingeführt.

16.2.1 Funktionsweise von Bonjour

Bonjour erfüllt bei der automatischen Konfiguration eines Netzwerkes drei Aufgaben:

- Es übernimmt die Konfiguration von IP-Adressen ohne DHCP-Server und sorgt dafür, dass keine IP-Adresse doppelt vergeben wird.
- Die Rechner sind automatisch über ihren Namen innerhalb der Domain .local erreichbar.
- Dienste, die ein Rechner zum Beispiel in Form eines Webservers oder aktiven iChat-Programms bietet, werden automatisch im Netzwerk den anderen Rechnern innerhalb der Domain .local bekannt gemacht.

IP-Adresse mit Bonjour | Wenn Sie in den Netzwerk-Systemeinstellungen die Konfiguration über einen DHCP-Server angegeben haben, in Ihrem Netzwerk aber keiner aktiv ist, weist sich Ihr Rechner mithilfe von Bonjour gemäß der APIPA-Konvention automatisch eine IP-Adresse zu.

IP-Adresse wird kommuniziert | Zeitgleich teilt Ihr Rechner anderen Rechnern im selben Netzwerk mit, dass er sich selbst eine IP-Adresse zugewiesen hat. Wird ein weiterer Rechner mit dem Netzwerk verbunden und konfiguriert sich dieser ebenfalls selbstständig über Bonjour, so vermitteln ihm die anderen Rechner auf einen Rundruf hin ihre IP-Adressen. Dem neuen Rechner sind nun die schon belegten IP-Adressen bekannt, und er wählt sich aus den freien IP-Adressen eine aus. Diese teilt er dann den schon aktiven Rechnern mit.

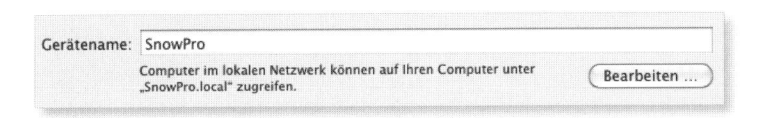

[Rendezvous]
Der ursprüngliche Name von Bonjour lautete Rendezvous. Im Zuge von Rechtsstreitigkeiten hat Apple diesen Namen aufgegeben. In der Dokumentation finden Sie sehr selten noch die alte Bezeichnung. Rendezvous und Bonjour bezeichnen ein und dieselbe Technologie.

◄ Abbildung 16.18
Der GERÄTENAME wird in den Systemeinstellungen unter FREIGABEN festgelegt.

Gerätename wird kommuniziert | Hat sich der Rechner eine IP-Adresse zugewiesen, wird der Gerätename ausgelesen und den anderen Rechnern im Netzwerk mitgeteilt. Normalerweise ist für die Ansprache von Rechnern über einen Namen mittels TCP/IP ein DNS-Server notwendig. Bonjour ersetzt diesen.

Den Namen Ihres Rechners im Netzwerk können Sie in den Systemeinstellungen im Bereich FREIGABEN beliebig ändern. In den Standardeinstellungen verwendet Apple eine Kombination aus dem vollständigen Namen Ihres Benutzerkontos und dem Typ Ihres Rechners, zum Beispiel »Kai Surendorfs MacBook«.

[Multicast DNS]
Diese Form der automatischen Zuweisung und Kommunikation von Namen wird auch als »Multicast DNS« bezeichnet. Die Bezeichnung rührt daher, dass der Name eines Rechners mit einem lokalen Rundruf (Multicast) im Netzwerk bekannt gemacht wird.

mDNSResponder | Der für die Funktionen von Bonjour zuständige Dämon ist der mDNSResponder. Er kommuniziert den Namen Ihres Rechners ins Netzwerk und nimmt auch die Propagierung anderer Rechner entgegen.

[Service Location Protocol]
Eine etwas ältere und seit Mac OS X 10.5 mit Ausnahme von CUPS nicht mehr unterstützte Methode der automatischen Propagierung von Netzwerkdiensten ist das Service Location Protocol.

Dienste erkennen und bekannt geben | Die dritte Aufgabe von Bonjour und dem Dämon mDNSResponder besteht darin, im Netzwerk bereitgestellte Dienste zu erkennen und bekannt zu geben. Wenn Sie zum Beispiel einen Drucker in Ihr Netzwerk integrieren, der sich selbst über Bonjour konfigurieren kann, so weist er sich nicht nur einen Namen und eine IP-Adresse zu, sondern benachrichtigt auch die vorgefundenen Computer, dass unter dem Bonjour-Namen eine Druckfunktion zur Verfügung steht. Sie finden dann automatisch den Namen dieses Druckers bei der Konfiguration eines neuen Druckers vor.

Ähnlich verhält es sich, wenn Sie den Webserver in den Systemeinstellungen unter FREIGABEN starten. Ist auf einem anderen Rechner in Ihrem Netzwerk der Browser Safari aktiv, so wird diesem über mDNSResponder mitgeteilt, dass ein neuer

Webserver im Netzwerk zum Beispiel unter http://SnowPro.local aktiv ist. Dies wird dem Anwender dann in der Lesezeichenleiste von Safari angezeigt. Die Propagierung dieses Dienstes erfolgt ebenfalls automatisch im Hintergrund.

Wide Area Bonjour | Mit Mac OS X 10.5 wurde auch eine Möglichkeit eingeführt, Dienste über das lokale Netzwerk hinaus im Internet über Bonjour zu kommunizieren. Dieses Wide Area Bonjour genannte Verfahren verbirgt sich hinter der Option DYNAMISCHEN, GLOBALEN HOSTNAMEN VERWENDEN. Sie erscheint, wenn Sie in der Ansicht FREIGABEN DER SYSTEMEINSTELLUNGEN die Schaltfläche BEARBEITEN unterhalb des Felds GERÄTENAME anklicken. Zur Drucklegung des Buchs gab es einige Anbieter, deren Dienste sich allerdings noch im Beta-Stadium befanden. Einen ähnlichen Zweck, wenn auch mit mehr Sicherheit und Komfort, bietet die Funktion ZURÜCK zu meinem Mac von Apples MobileMe.

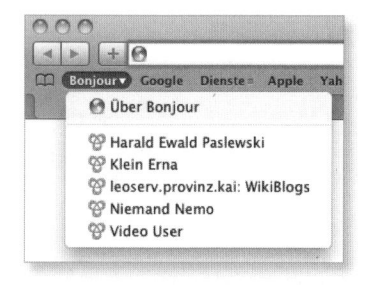

▲ **Abbildung 16.19**
Webseiten im lokalen Netzwerk werden automatisch über Bonjour an Safari kommuniziert.

16.2.2 Bonjour unter Windows

Apple stellt für Windows 2000, XP und Vista eine Version von Bonjour zur Verfügung. Sie können sie unter *http://www.apple.com/de/support/bonjour/* herunterladen. Eine Version für Windows 7 war zur Drucklegung noch nicht verfügbar.

Sie können Bonjour für Windows wie jedes andere Programm installieren. Nach der Installation ist Ihr Windows-Rechner in der Lage, über Multicast DNS die Namen von Rechnern im lokalen Netzwerk aufzulösen. Es wird ebenso ein Modul für den Internet Explorer installiert, das automatisch nach Webseiten sucht, die über Bonjour kommuniziert werden. Schließlich ist noch der Bonjour-Druckerassistent Bestandteil der Installation. Dieser vereinfacht die Einrichtung der im Netzwerk freigegebenen Drucker (siehe Abschnitt 20.4).

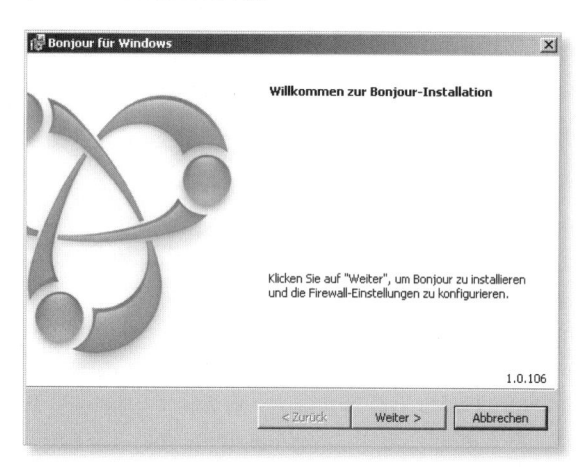

▲ **Abbildung 16.20**
Bonjour für Windows enthält auch eine Erweiterung für den Internet Explorer.

Abbildung 16.21 ▶
Bonjour wird wie jedes andere Programm installiert.

◀ **Abbildung 16.22**
Die Namensauflösung funktioniert auch unter Windows.

16.2.3 Avahi unter Linux

Unter Linux hat sich für die Unterstützung von Bonjour beziehungsweise Zeroconf das Projekt Avahi durchgesetzt. Mit ihm ist sowohl die Selbstkonfiguration der IP-Adressen als auch die Namensauflösung über den Bereich .local möglich. Schließlich ist Avahi auch in der Lage, die auf einem Linux-System aktiven Serverdienste wie beispielsweise VNC (siehe Abschnitt 17.2.3) im Netzwerk zu kommunizieren.

Avahi
http://avahi.org

▲ **Abbildung 16.23**
Mit den avahi-ui-utils können SSH-Server gefunden werden.

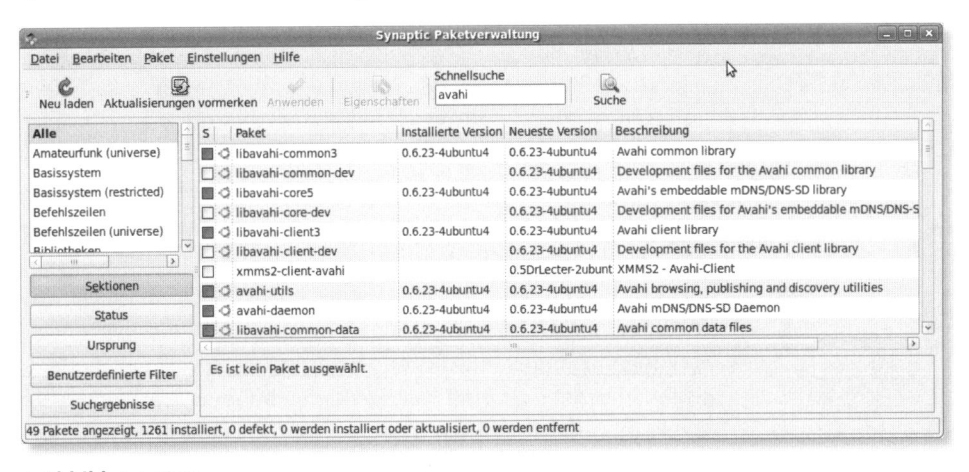

Avahi installieren | Unter Ubuntu kann Avahi problemlos installiert werden. In der Synaptic-Paketverwaltung können Sie mit der Suche nach Avahi (siehe Abbildung 16.24) sich die betreffenden Pakete anzeigen lassen. Das Paket AVAHI-DAEMON installiert den Systemdienst und die notwendigen Bibliotheken.

▲ **Abbildung 16.24**
In der Synaptic-Paketverwaltung stehen die Komponenten von Avahi zur Auswahl.

Abhängig von der Verzeichnisstruktur Ihrer Linux-Distribution finden Sie die Voreinstellungsdateien von Avahi meistens im Ver-

Hilfsmittel
Neben der Grundinstallation von Avahi, die wenigstens unter Ubuntu mittlerweile an einigen Stellen genutzt wird, können Sie ferner die Pakete AVAHI-UTILS und AVAHI-UI-UTILS installieren. Das erste Paket stellt Ihnen einige Befehle am Terminal zur Verfügung, mit denen Sie Dienste durchsuchen und selbst propagieren können. Das zweite Paket ermöglicht Ihnen die Suche nach SSH- und VNC-Server über zwei Programme im Menü NETZWERK.

Abbildung 16.25 ▶
Der VNC-Server des Linux-Rechners erscheint im Finder.

zeichnis /ETC/AVAHI und können darin bei Bedarf Änderungen etwa für die automatische Kommunikation von Freigaben mit Netatalk (siehe Abschnitt 19.7) vornehmen.

Aktivieren Sie einen Dienst unter Linux, der die Propagierung über Avahi unterstützt, dann erscheint dieser im Netzwerk. Aktivieren Sie zum Beispiel die ENTFERNTE VERWALTUNG, dann wird damit der VNC-Server (siehe Abschnitt 17.2.3) gestartet. Unter Mac OS X erscheint der Server dann mit dem generischen Icon eines Bildschirms (siehe Abbildung 16.25).

16.3 Netzwerkumgebungen

Die Aufgabe einer Netzwerkumgebung besteht darin, die Konfigurationen der einzelnen Netzwerkschnittstellen zusammenzufassen. Sinnvoll sind diese Umgebungen dann, wenn Sie zum Beispiel mit einem MacBook sowohl im Büro als auch zu Hause arbeiten. Im Büro würde Ihrem Rechner eine statische IP-Adresse zugewiesen. Zu Hause würden Sie die Verbindung ins Internet über einen Router aufnehmen. Hier arbeitet ein DHCP-Server. Eigentlich müssten Sie, wenn Sie Ihren Rechner zu Hause und im Büro ans Netzwerk anschließen, jedes Mal die Systemeinstellungen öffnen und die Konfiguration entsprechend ändern. Legen Sie mehr als eine Netzwerkumgebung an, so können Sie direkt über das Apfel-Menü den jeweiligen Standort auswählen.

▲ **Abbildung 16.26**
Umgebungen können in den Systemeinstellungen hinzugefügt, umbenannt, entfernt und dupliziert werden.

Umgebungen erstellen | In den Systemeinstellungen NETZWERK finden Sie oberhalb der Konfigurationen ein Ausklappmenü namens UMGEBUNG. Hier sehen Sie zunächst eine Umgebung AUTOMATISCH. Dort können Sie Umgebungen erstellen, umbenennen, löschen und duplizieren. Nehmen Sie dann die

Konfiguration der einzelnen Netzwerkschnittstellen vor, die für diese Umgebung gelten sollen. Änderungen und ein Wechsel der Umgebung werden über die Schaltfläche ANWENDEN wirksam.

◄ **Abbildung 16.27**
Wurde mehr als eine Netzwerkumgebung angelegt, dann kann ein Wechsel über das Apfel-Menü vorgenommen werden.

16.4 Lokales Netzwerk einrichten

Für die Einrichtung eines lokalen Netzwerkes stehen Ihnen zunächst drei Möglichkeiten zur Verfügung. Über ein FireWire-Kabel können Sie zwei Rechner, die über eine solche Schnittstelle verfügen, direkt miteinander verbinden. Mithilfe eines Ethernet-Kabels können ebenfalls zwei Rechner direkt miteinander vernetzt werden. Der Einsatz eines Hubs oder Switches ermöglicht die Vernetzung mehrerer Rechner über die Ethernet-Schnittstelle. Schließlich ist es auch möglich, über die AirPort-Karte ein eigenes AirPort-Netzwerk ohne den Einsatz einer Basisstation anzulegen und so über eine drahtlose Verbindung Rechner direkt miteinander zu vernetzen. Mit Mac OS X 10.6 ist ebenso eine Unterstützung für ein VLAN möglich, sofern Sie über die entsprechende Hardware verfügen.

Dieser Abschnitt beschreibt in erster Linie, wie Sie ein lokales Netzwerk ohne Verbindung ins Internet aufbauen und wie Sie Ihren Rechner in ein solches Netzwerk integrieren können. Für die Einrichtung eines lokalen Netzwerks und einer gleichzeitigen Verbindung ins Internet wird ein Router benötigt. Dessen Konfiguration wird in Abschnitt 16.6 behandelt.

16.4.1 Ethernet und FireWire

Bei der Vernetzung über Ethernet oder direkt über ein FireWire-Kabel erkennt das System automatisch, ob ein passendes Kabel bereits angeschlossen wurde. Sie können dann in dem Ausklappmenü IPv4-KONFIGURIEREN vorgeben, mit welcher Methode Ihr Rechner im Netzwerk seine IP-ADRESSE ermitteln soll. Wenn Sie

802.1x
Ebenfalls Bestandteil dieses Abschnitts ist die Identifizierung in einem Netzwerk über das 802.1X-Verfahren. Es wird in großen Netzwerken eingesetzt, um den Teilnehmer zu identifizieren und ihm Zugang zum Netzwerk zu gewähren.

die Auswahl bei DHCP belassen, wird entweder nach einem vorhandenen DHCP-Server gesucht oder, sofern keiner gefunden wurde, das Netzwerk mit Bonjour selbst konfiguriert.

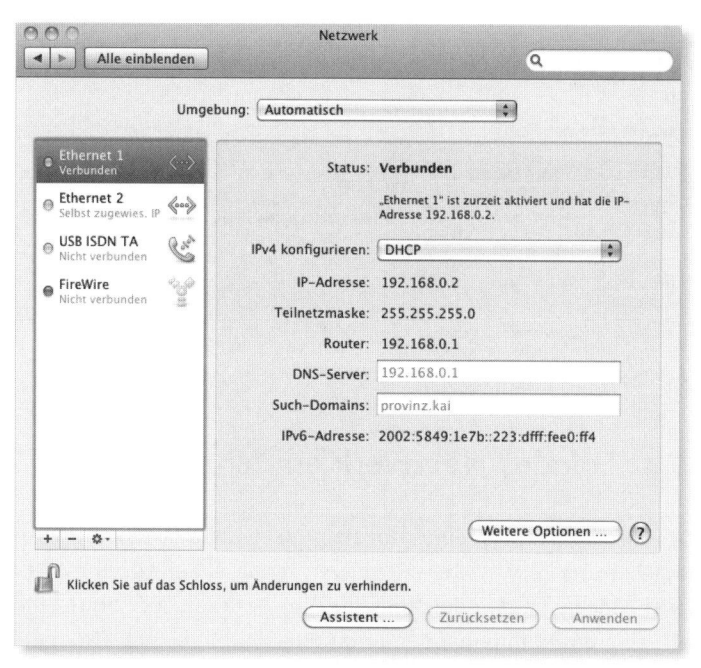

▲ Abbildung 16.28
Ein DHCP-Server versorgt das System mit den notwendigen Informationen.

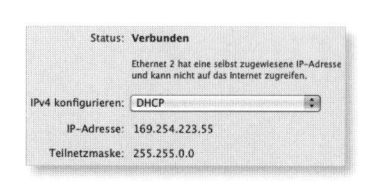

▲ Abbildung 16.29
Wenn kein DHCP-Server gefunden wurde, weist das System sich selbst eine zu.

Selbst zugewiesene IP-Adresse | Bei der direkten Verbindung über ein FireWire-Kabel zu einem anderen Apple-Rechner ist kein DHCP-Server vorhanden, sofern Sie nicht zeitgleich die INTERNETFREIGABE (siehe Abschnitt 16.6.3) aktiviert haben. Dementsprechend wurde hier die automatische Konfiguration mittels Bonjour genutzt, und der Rechner hat sich für diesen Anschluss selbst eine IP-Adresse zugewiesen.

Eigenhändige Konfiguration | Das Ausklappmenü IPv4-KONFIGURIEREN stellt Ihnen neben der automatischen Konfiguration über DHCP drei weitere Möglichkeiten zur Verfügung. Die Option DHCP MIT MANUELLER ADRESSE ermöglicht es Ihnen, Ihrem Rechner selbst eine IP-Adresse zuzuweisen und die weiteren Daten (Router, Teilnetzmaske usw.) von einem DHCP-Server zu beziehen.

Wird anstelle von DHCP noch ein BootP-Server eingesetzt, können Sie auch dieses Protokoll zur automatischen Konfiguration verwenden.

Mit der Methode MANUELL können Sie alle Eingaben für die IP-ADRESSE, die TEILNETZMASKE sowie den ROUTER und den DNS-SERVER selbst vornehmen.

PPPoE-Dienst | Mit einem PPPoE-Dienst können Sie über DSL eine Verbindung ins Internet aufnehmen. Diese Methode wird in Abschnitt 16.5.3 beschrieben.

Weitere Optionen | Wenn Sie über die Schaltfläche WEITERE OPTIONEN die Ansicht aus Abbildung 16.30 einblenden, können Sie dort im Reiter TCP/IP zunächst die bereits besprochenen Einstellungen für die IP-Adresse vornehmen. Sie finden hier auch die Option, die Unterstützung für IPv6 zu aktivieren.

▲ **Abbildung 16.30**
Die Daten können auch von Hand eingegeben werden.

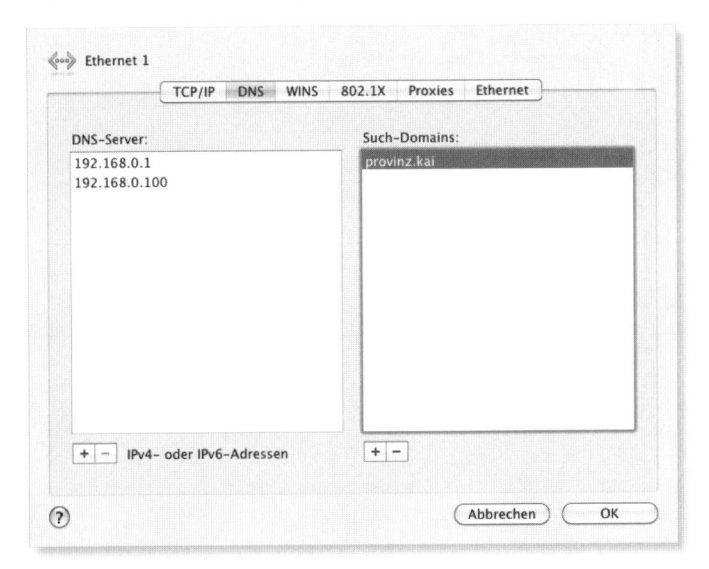

▲ **Abbildung 16.31**
DNS-SERVER und SUCH-DOMAINS werden in der Ansicht WEITERE OPTIONEN konfiguriert.

Im Reiter DNS können Sie weitere DNS-SERVER vorgeben, sofern diese in Ihrem Netzwerk aktiv sind und nicht automatisch über DHCP kommuniziert werden. Arbeitet in Ihrem lokalen Netzwerk ein DNS-Server, der den einzelnen Rechnern Namen zuweist (beispielsweise SNOWPRO.PROVINZ.KAI), dann können Sie hier unter den SUCH-DOMAINS den Namen der Domain ohne den Namen des Rechners (PROVINZ.KAI) eintragen.

16.4.2 AirPort-Netzwerk anlegen

Auch ohne eine AirPort-Basisstation können Sie ein drahtloses Netzwerk zwischen zwei Rechnern anlegen. Diese Form der

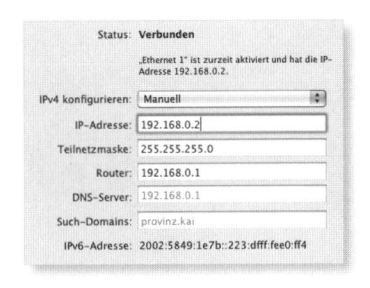

Verbindung wird in den Systemeinstellungen als »Computer-zu-Computer«-Netzwerk bezeichnet. In ein solches Netzwerk können sich auch mehrere Rechner einklinken. Die Namensauflösung über Bonjour funktioniert auch in diesem selbst angelegten Netzwerk.

Wählen Sie zunächst in der linken Spalte AirPort aus. Anschließend steht Ihnen im Ausklappmenü Netzwerkname die Option Netzwerk anlegen zur Verfügung. Als Name für das Netzwerk wird automatisch der Ihres Rechners eingefügt. Aus Sicherheitsgründen sollten Sie unbedingt die Option Kennwort erforderlich aktivieren und ein Passwort für das Netzwerk vergeben. Mehr zu Fragen der Sicherheit in drahtlosen Netzwerken erfahren Sie in Abschnitt 16.6.2.

▲ **Abbildung 16.32**
Das erstellte AirPort-Netzwerk sollte durch ein Kennwort geschützt werden.

▲ **Abbildung 16.33**
Das angelegte Netzwerk wird in der Rubrik Geräte aufgeführt.

Haben Sie das Netzwerk auf diese Weise angelegt, erscheint es bei anderen Rechnern in Reichweite in der Liste der verfügbaren Netzwerke. Unter Windows Vista wird Ihnen diese Form des Netzwerks mit drei verbundenen Computern angezeigt, unter Mac OS X 10.6 wird dieses »Computer-zu-Computer«-Netzwerk in den Systemeinstellungen von den anderen Funknetzen getrennt aufgeführt. Im AirPort-Status in der Menüleiste wird ein solches Netzwerk zum einen durch einen stilisierten Bildschirm im Icon signalisiert, zum anderen in der Rubrik Geräte aufgeführt. Die Selbstzuweisung einer IP-Adresse erfolgt in dem Moment, in dem ein anderer Rechner eine Verbindung mit dem erstellten Netzwerk herstellt.

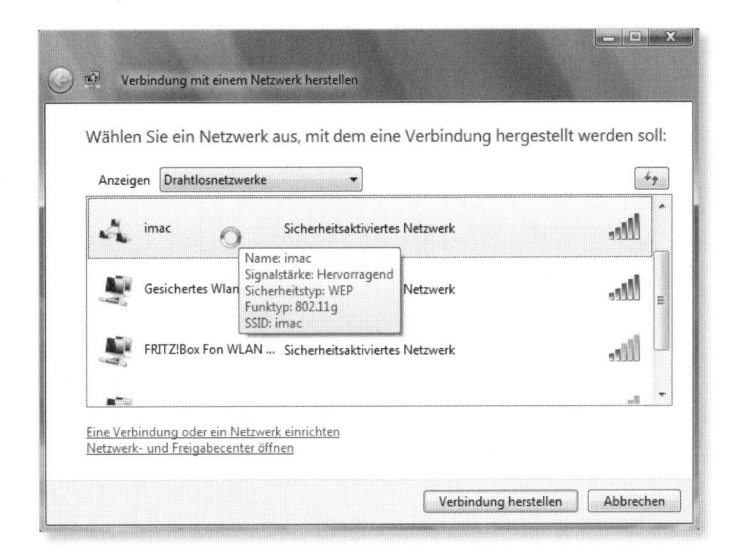

◀ **Abbildung 16.34**
Das AirPort-Netzwerk, hier IMAC, kann auch von einem Windows-Rechner genutzt werden.

16.4.3 Anmeldung über 802.1x an einem RADIUS-Server

Bei vielen Netzwerken, die von Institutionen wie zum Beispiel einer Universität eingerichtet wurden, muss bei der Anmeldung des Rechners im Netzwerk eine Authentifizierung vorgenommen werden. Auf diese Weise wird vermieden, dass sich Unbefugte Zugang zu dem (drahtlosen) Netzwerk verschaffen.

Bei vielen Routern können Sie den Zugang zum Netzwerk beschränken, indem Sie es nur für einige ausgewählte MAC-Adressen freigeben. Diese Form der Beschränkung wird auch durch die AirPort-Basisstation unterstützt. Dieses Verfahren stößt natürlich schnell an seine Grenzen, wenn eine große Menge an Rechnern an diesem Netzwerk teilnehmen soll und häufig Netzwerkkarten oder ganze Rechner ausgetauscht werden. In solchen Netzen werden zunehmend Authentifizierungen basierend auf dem IEEE-802.1X-Standard eingesetzt.

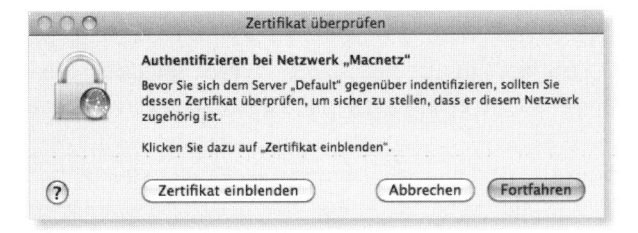

[RADIUS]
In den meisten Fällen wird die Authentifizierung an einem RADIUS-Server vorgenommen, der auch in der Server-Variante von Mac OS X enthalten ist. Dieser überprüft den Benutzer und das Passwort und erlaubt dann dem Rechner den Zugang zu dem Netzwerk.

◀ **Abbildung 16.35**
Das Zertifikat des Servers muss gegebenenfalls akzeptiert werden.

Wenn Sie über die Systemeinstellungen eine Verbindung zu einem solchen Netzwerk aufnehmen, dann wird die Verbindung in den meisten Fällen mithilfe eines Zertifikats verschlüsselt. Dieses müssen Sie zunächst akzeptieren. Sie können dann einen Benutzernamen und das Passwort eingeben. Hierbei handelt es sich um die Zugangsdaten, die Sie für die Verbindung mit dem Netzwerk benötigen.

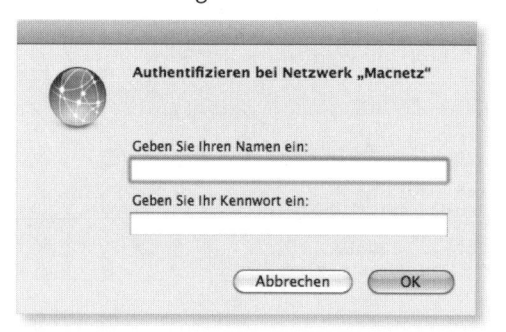

Abbildung 16.36 ▶
Die Zugangsdaten entsprechen nicht dem lokalen Benutzerkonto.

In den Systemeinstellungen finden Sie nun bei der Schnittstelle AirPort den Hinweis 802.1x und können hier die Verbindung natürlich auch wieder TRENNEN.

Drei Profile | Wenn Sie die weiteren Optionen aufrufen, dann finden Sie dort auch einen Reiter 802.1x. Hier können Sie die Verbindung weitergehend konfigurieren. Mac OS X stellt Ihnen über das Pluszeichen unterhalb der linken Spalte drei Profile zur Auswahl. Das BENUTZERPROFIL wird aktiviert, wenn sich irgendein Benutzer anmeldet. Die Verbindung ins gesicherte Netzwerk erfolgt also erst nach der Anmeldung. Verwendung finden dabei die Zugangsdaten, die Sie für dieses Profil eingeben.

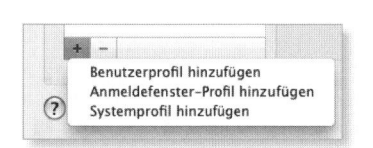

▲ **Abbildung 16.37**
Für die Anmeldung können drei Profile genutzt werden.

Verwenden Sie das ANMELDEFENSTER-PROFIL, dann nutzt das System die Zugangsdaten, die auf Ihrem System im Anmeldefenster eingegeben werden. Es werden als der im Anmeldefenster eingegebene Benutzername und dessen Kennwort für die Anmeldung am Netzwerk genutzt. Daher werden bei Verwendung dieses Profils die Zugangsdaten auch nicht gespeichert. Das SYSTEMPROFIL sorgt dafür, dass Ihr System immer eine Verbindung zu dem Netzwerk herstellt und dabei auf die in dieser Ansicht eingegeben Zugangsdaten zurückgreift. Die Verbindung erfolgt auch dann, wenn kein Benutzer angemeldet ist. Es ist nicht möglich, mehr als ein SYSTEMPROFIL in einer Netzwerkumgebung zu verwenden.

Identifizierung | Für die Identifizierung über 802.1x stehen eine Reihe von Möglichkeiten zur Verfügung. In der Regel können Sie es bei den von Mac OS X standardmäßig aktivierten Verfahren belassen. Möglicherweise ist das Netzwerk, an dem Sie sich anmelden möchten, anders konfiguriert und nutzt ein anderes Protokoll. In diesem Fall müssen Sie beim entsprechenden Administrator nachfragen oder ein Blick in die eventuell vorhandene Dokumentation werden.

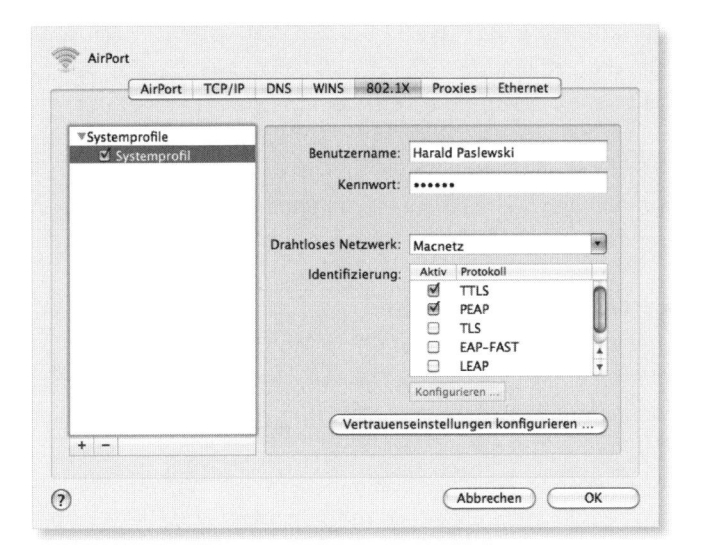

◀ **Abbildung 16.38**
Über die Profile kann die Anmeldung an einem gesicherten Netzwerk konfiguriert werden.

16.4.4 VLAN konfigurieren

Befinden sich sehr viele Rechner in einem Netzwerk, ist auch dessen Auslastung naturgemäß sehr hoch. Dies wird noch verschärft durch Dienste wie Bonjour und auch CUPS, die in regelmäßigen Abständen Datenpakete an alle Rechner im Netzwerk schicken. Eine Möglichkeit, die Auslastung auch in einem größeren Netzwerk zu senken, ist seine weitere Unterteilung in sogenannte Virtual LANs. Diese werden mithilfe spezieller Switches im Netzwerk numerisch voneinander unterschieden.

▲ **Abbildung 16.39**
Ein VLAN wird über einen virtuellen Anschluss eingerichtet.

Seit Mac OS X 10.6 können Sie Ihr System in ein VLAN einbinden, indem Sie in der Übersicht der Netzwerkschnittstellen den Punkt VIRTUELLE ANSCHLÜSSE VERWALTEN auswählen. Über das Plus-Zeichen können Sie dort ein NEUES VLAN erstellen und sowohl den ANSCHLUSS als auch das numerische ATTRIBUT auswählen.

16.5 Verbindung ins Internet

Die bisherigen Erläuterungen bezogen sich ausschließlich auf die Kommunikation in einem lokalen Netzwerk ohne Verbindung ins Internet. Mac OS X 10.6 bietet Ihnen drei Möglichkeiten, sich direkt ins Internet einzuwählen. Zunächst unterstützt das System nach wie vor die Einwahl über ein analoges oder ISDN-fähiges Modem, sofern Sie eines über die USB-Schnittstelle anschließen. Über die Bluetooth-Schnittstelle und ein Mobiltelefon können Sie auch unterwegs eine Verbindung ins Internet aufnehmen. Schließlich ist es auch möglich, einen DSL-Zugang ohne Verwendung eines Routers über PPPoE zu nutzen.

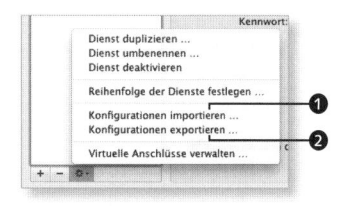

Abbildung 16.40
Konfigurationen für Wählverbindungen können importiert ❶ und exportiert ❷ werden.

Mehrere Konfigurationen
Möchten Sie mehrere Anbieter einrichten, können Sie über das Ausklappmenü KONFIGURATION weitere Konfigurationen neben STANDARD erstellen. Diese stehen Ihnen dann auch in der Menüleiste zur Verfügung.

Abbildung 16.41 ▶
Neben der Telefonnummer, dem Benutzernamen und dem Kennwort können verschiedene Anbieter in Konfigurationen unterteilt werden.

Konfigurationen exportieren | Bei den Wählverbindungen können Sie die vorgenommenen KONFIGURATIONEN EXPORTIEREN. Hierbei werden sowohl die Verbindungs- als auch die Zugangsdaten in eine separate Datei mit der Endung .NETWORKCONNECT geschrieben. Diese können Sie auf einem anderen Rechner importieren und so die bereits vorgenommenen Einstellungen übernehmen.

16.5.1 Einwahl über Modem

Für die Einwahl ins Internet über ein Modem wird das Point-to-Point Protocol (PPP) verwendet. Dieses regelt die Einwahl in das Netzwerk Ihres Providers und überprüft auch die Qualität der Verbindung.

Möglicherweise läuft die Verbindung etwas langsamer ab, als es mit Ihrem Modem eigentlich möglich wäre. Mit PPP wird die Übertragungsgeschwindigkeit dann entsprechend der Qualität der Kabel und Ihres Telefonanschlusses gesenkt. Die Zuweisung der IP-Adresse erfolgt dabei automatisch.

Anbieter konfigurieren | In den Systemeinstellungen wählen Sie zunächst das Modem in den verfügbaren Netzwerkschnittstellen aus. Geben Sie dann die zu wählende TELEFONNUMMER, den BENUTZERNAMEN und das KENNWORT für den Zugang an. Mit der Schaltfläche ANWENDEN werden Ihre Eingaben wirksam. Ihnen steht daraufhin die Schaltfläche VERBINDEN zur Verfügung.

Modem konfigurieren | Über die Schaltfläche WEITERE OPTIONEN gelangen Sie auch hier zu weiteren Details. Im Reiter MODEM können Sie für das Modem einen passenden Treiber oder in diesem Falle ein geeignetes Modemskript auswählen, indem Sie zunächst den HERSTELLER und dann das MODELL festlegen. Wenn Ihr Gerät nicht aufgeführt wird, dann können Sie als HERSTELLER ALLGEMEIN und als GERÄT DIALUP DEVICE auswählen. Abhängig von Ihrer Telefonanlage und Ihrem Telefonanschluss können Sie dann den WÄHLMODUS und die WÄHLART bestimmen und bei Bedarf die Lautsprecher des Modems ausschalten.

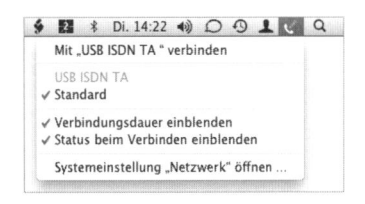

▲ **Abbildung 16.42**
Der Modemstatus kann in der Menüleiste eingeblendet und eine Verbindung aufgebaut werden.

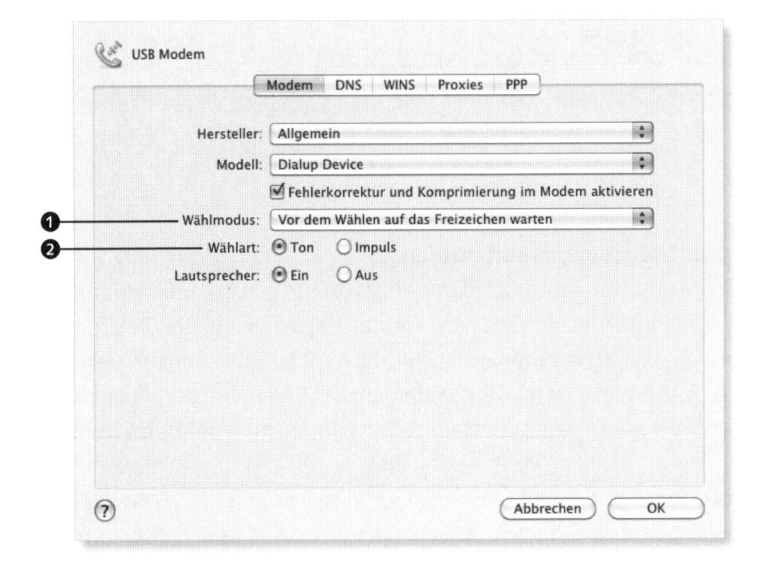

◄ **Abbildung 16.43**
Der WÄHLMODUS ❶ und die WÄHLART ❷ werden in den weiteren Optionen eingestellt.

PPP-Einstellungen | Im Reiter PPP können Sie weitere Einstellungen für die Verbindung über PPP vornehmen. Sie geben hier vor, dass sich Ihr Rechner automatisch einwählen soll, wenn ein Programm eine Verbindung mit dem Internet aufnehmen möchte.

Umgekehrt können Sie, um die Kosten zu regulieren, in einem bestimmten Intervall eine Bestätigung verlangen, ob Sie noch mit dem Internet verbunden sind. Um zu vermeiden, dass die Verbindung bestehen bleibt, wenn Sie sie nicht mehr benötigen, kann sie auch bei Nichtverwendung automatisch getrennt werden. Die Trennung vermeidet bei Abmeldung und beim Benutzerwechsel unnötige Kosten.

Erneute WÄHLVERSUCHE können nützlich sein, wenn Ihr Telefonnetz oder die Leitungen Ihres Providers unzureichend ausgebaut sind. Die Verwendung der TCP-HEADERKOMPRIMIERUNG ❸ und der Versand der PPP-ECHOPAKETE ❹ werden nicht von allen Anbietern unterstützt.

> **WARNUNG**
>
> Aktivieren Sie die Funktion BEI BEDARF AUTOMATISCH VERBINDEN, so kann es vorkommen, dass sich Ihr Rechner ohne Ihr Wissen in das Internet einwählt. Dies kann, je nach installierten und aktiven Programmen, Ihre Telefonrechnung erhöhen.

Ausführliches Protokoll
Wenn Sie die Option AUSFÜHRLICHES PROTOKOLL aktivieren, können Sie sich im Dienstprogramm KONSOLE im Protokoll PPP.LOG in der Rubrik über die Verbindungsaufnahme informieren. Sie finden hier auch die Fehlermeldungen.

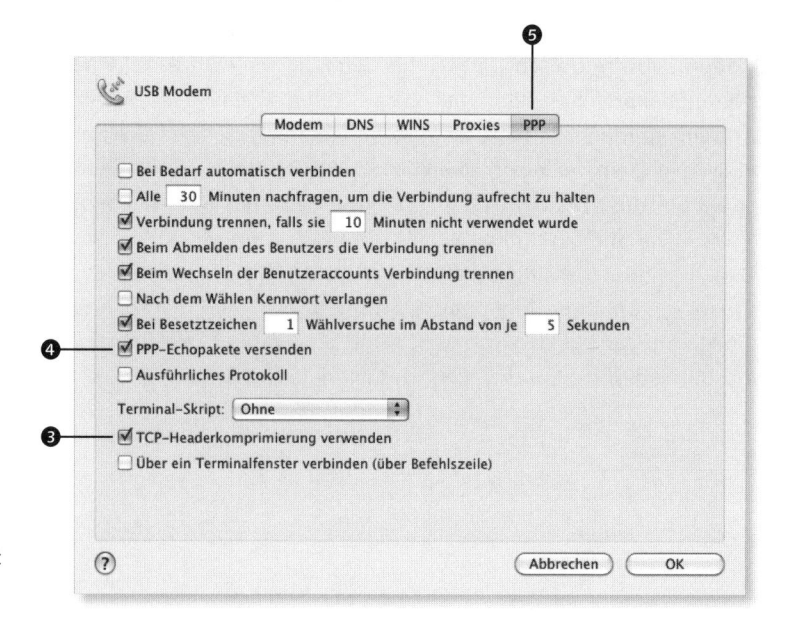

Abbildung 16.44 ▶
Im Reiter PPP kann die Verbindung automatisch nach einer bestimmten Zeit getrennt werden ❺.

16.5.2 Bluetooth mobil nutzen

Bevor Sie über ein bluetoothfähiges Handy eine Verbindung mit dem Internet aufnehmen können, müssen Sie Ihr Telefon zuerst für die Zusammenarbeit mit Ihrem Rechner konfigurieren. Zunächst fügen Sie in den Systemeinstellungen in der Ansicht NETZWERK einen ANSCHLUSS vom Typ Bluetooth-DUN hinzu.

Gerät konfigurieren | Über die Schaltfläche GERÄT KONFIGURIEREN können Sie den BLUETOOTH-ASSISTENT aus dem Verzeichnis /SYSTEM/LIBRARY/CORESERVICES starten. Der Assistent sucht anschließend in dem vom Bluetooth-Modul erreichbaren Umkreis nach bluetoothfähigen Geräten.

Abbildung 16.45 ▶
Der Bluetooth-Assistent sucht nach Geräten, die sich in Reichweite befinden.

Die erreichbaren Geräte werden Ihnen anschließend in einer Liste angezeigt. Wählen Sie dort Ihr Handy aus. Der Assistent schickt dann ein Kennwort an das Telefon, und Sie müssen auf diesem explizit die Verbindung mit dem Computer bestätigen.

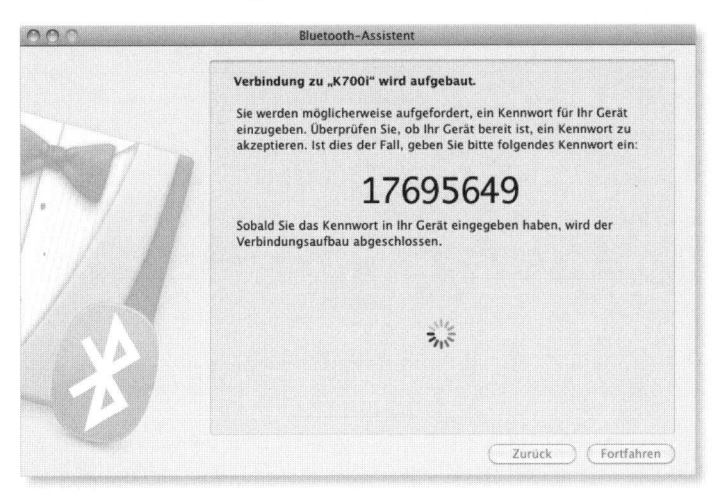

▲ Abbildung 16.46
Ein Kennwort schützt vor unbefugten Verbindungen.

Der Hintergrund für dieses Verfahren besteht darin, Ihr Telefon vor unbefugten Zugriffen zu schützen. Andernfalls ist es leicht möglich, dass Ihr mobiler Anschluss von Dritten unbefugt für einen Zugang ins Internet genutzt wird.

Im letzten Schritt müssen Sie nun den Benutzernamen, das KENNWORT sowie unter APN den Namen des Netzwerks Ihres Anbieters eingeben. Die einzugebenden Daten unterscheiden sich von Anbieter zu Anbieter. Oft erfolgt die Einwahl durch die Angabe des APN.

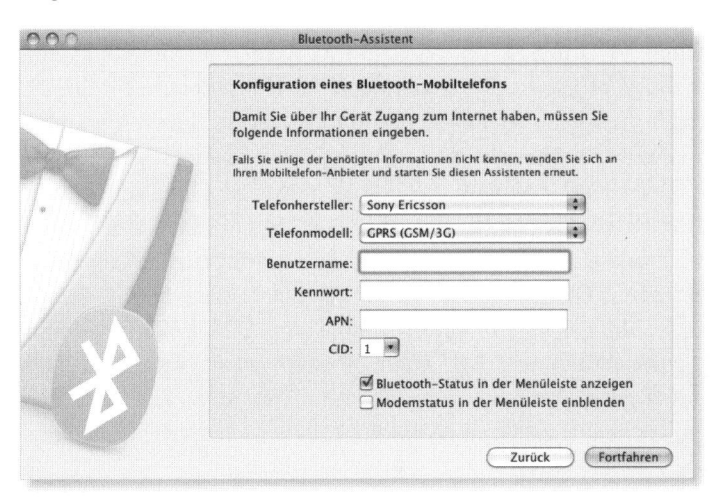

Access Point Name
Das Kürzel APN steht für Access Point Name. Dieser wird vereinzelt auch als Zugangspunkt bezeichnet.

Erweiterte Optionen
In den weiteren Optionen können Sie in der Ansicht MODEM nachträglich einen anderen APN vorgeben.

◄ Abbildung 16.47
Die Zugangsdaten müssen vom Anbieter erfragt werden.

16.5 Verbindung ins Internet

Abbildung 16.48 ▶
Das über Bluetooth konfigurierte Telefon wird wie ein Modem gesteuert.

[PPPoE]
Bei PPPoE handelt es sich um eine Weiterentwicklung von PPP. Die Überlegung bestand darin, dass für einen Breitbandzugang über ein Ethernet-Kabel die Vorzüge von PPP im Hinblick auf die automatische Konfiguration von Benutzerdaten, Passwörtern, IP-Adresse, DNS-Server usw. sehr praktisch sind. Mit PPPoE steht ein sich weitgehend selbst konfigurierendes Protokoll zur Verfügung.

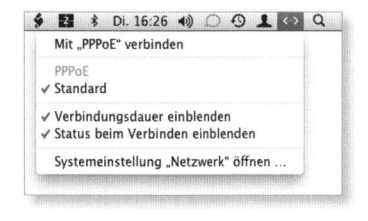

▲ **Abbildung 16.49**
Die Verbindung kann auch über die Menüleiste hergestellt werden.

16.5.3 DSL-Verbindung über PPPoE

Für die Verbindung ins Internet über einen DSL-Anbieter findet das Point-to-Point Protocol over Ethernet (PPPoE) Verwendung. Die Zuweisung einer IP-Adresse erfolgt bei der Verwendung von PPPoE in der Regel ebenfalls automatisch. Allerdings wird hier kein DHCP-Server eingesetzt. Viele Internet-Provider nutzen einen Network/Remote Access Server, der Ihrem Rechner aus einem Pool von IP-Adressen eine freie zuweist.

PPPoE-Dienst erstellen | Um den Zugang über DSL zu konfigurieren, wählen Sie in den Systemeinstellungen zunächst die Ethernet-Karte aus, die mit dem DSL-Modem verbunden ist. Im Menü IPv4 KONFIGURIEREN wählen Sie hier jedoch nicht DHCP, sondern den Punkt PPPoE-DIENST ERSTELLEN. Sie werden dann aufgefordert, einen Namen für den Dienst zu vergeben.

Der Dienst erscheint dann links in der Liste der verfügbaren Schnittstellen. Wählen Sie ihn aus, dann können Sie unter ACCOUNT-NAME und KENNWORT die benötigten Zugangsdaten eingeben. Über die Schaltfläche WEITERE OPTIONEN lassen sich auch bei der PPPoE-Verbindung einige Details konfigurieren. Dazu gehören wie bei einem Modem auch die regelmäßige Bestätigung der Verbindung und eine Trennung nach einer vorgegebenen Anzahl von Minuten, in denen die Verbindung nicht aktiv genutzt wurde.

Menüleiste | Sie können sich den PPPoE-Status in der Menüleiste anzeigen lassen und so schnell bei Bedarf eine Verbindung aufbauen. Das kleine Icon in der Menüleiste erscheint fett, wenn eine Verbindung besteht.

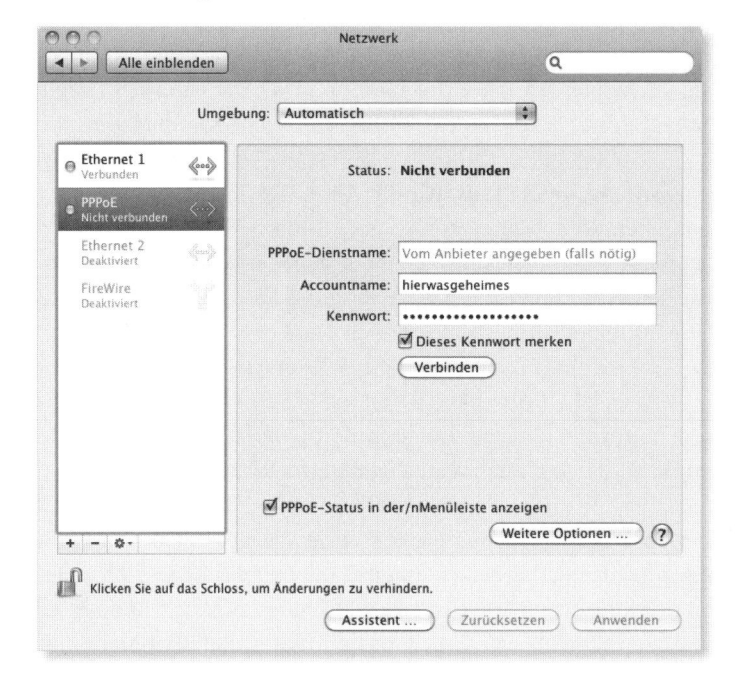

◀ **Abbildung 16.50**
Bei der Verbindung über PPPoE müssen in der Regel nur der Accountname und das Kennwort eingegeben werden.

16.6 Router konfigurieren und nutzen

Die Aufgabe eines Routers besteht darin, eine Verbindung in ein anderes Netzwerk herzustellen und die Kommunikation zwischen den Netzwerken sicherzustellen. Um eine Verbindung ins Internet mit mehreren Rechnern zu teilen, benötigen Sie einen funktionsfähigen Router, der sowohl die Schnittstelle ins Internet herstellt als auch Ihr lokales Netzwerk daran anbindet. Dieser Abschnitt beschäftigt sich primär mit der Anbindung von mehreren Rechnern an das Internet über einen Anschluss. Der Einsatz eines Routers kann auch dann notwendig sein, wenn Sie nicht für alle Rechner Ihres Netzwerkes IP-Adressen einkaufen können oder möchten.

Sicherheit
Der Einsatz eines Routers schützt die über ihn an das Internet angeschlossenen Rechner dahingehend, als dass diese vom Internet her nicht mehr direkt erreichbar sind.

16.6.1 Technische Hintergründe

Handelsübliche Router beinhalten eine Reihe von Komponenten, die eine gemeinsame Nutzung einer Verbindung erleichtern. Neben mehreren Netzwerkschnittstellen enthalten die meisten Router einen eigenen DHCP-Server. Sie können so die Vergabe von lokalen IP-Adressen und damit auch die Konfiguration Ihres Netzwerkes automatisch erfolgen lassen.

Dieser Abschnitt widmet sich mit der AirPort-Basisstation und dem Internet-Sharing von Mac OS X zwei Apple-eigenen Lösungen. Die besprochenen Protokolle, Verfahren und Methoden werden auch bei fast allen handelsüblichen Routern angewendet, wobei sich die Konfiguration im Detail natürlich anders darstellt und meistens über den Browser vorgenommen wird.

> **[IP-Masquerading]**
> Sie werden in der Literatur und in einigen Dokumentationen auch den Begriff IP-Masquerading finden. Mittlerweile werden »NAT« und »Masquerading« synonym verwendet. Genau genommen bezeichnet IP-Masquerading die Tatsache, dass die IP-Adresse des ursprünglichen Rechners (192.168.0.2) hinter einer anderen (der öffentlichen des Routers, 212.23.22.22) verborgen wird.

Network Address Translation | Wenn Sie mit Ihrem Rechner über einen Router eine Verbindung ins Internet aufnehmen, wird die private IP-Adresse Ihres Rechners (zum Beispiel 192.168.0.2) in die öffentliche des Routers (zum Beispiel 212.23.22.22) übersetzt. Diese Form der Übersetzung wird als Network Address Translation (NAT) bezeichnet. Die Aufgabe des Routers besteht darin, sich zu merken, welche Datenpakete von außerhalb von welchen Rechnern im privaten Netzwerk angefordert wurden, und diese Pakete korrekt an die Rechner im internen Netzwerk zu verteilen.

Port Forwarding | Wenn Sie auf diese Weise ein Netzwerk mit dem Internet verbinden, werden Sie einen Rechner im lokalen Netzwerk nicht ohne Weiteres als öffentlich zugänglichen Server einsetzen können. Der Grund besteht darin, dass bei einer eingehenden Anfrage von außen, zum Beispiel für eine Webseite, der Router nicht in der Lage ist, das Ziel im internen Netzwerk zu ermitteln. Die Anfrage an eine Webseite wird vom Router verworfen.

Eine Methode, solche Anfragen gezielt weiterzuleiten, wird Port Forwarding genannt. Hierbei wird der Router so konfiguriert, dass er eingehende Anfragen etwa auf Port 80 an einen bestimmten Rechner innerhalb des lokalen Netzwerkes weiterleitet, auf dem ein Webserver aktiv ist.

> **TIPP**
> Hierbei ist es auch möglich, neben einer bestimmten IP-Adresse einen anderen Port als Ziel anzugeben. So können Sie intern einen Webserver konfigurieren, der auf Port 4000 lauscht. Der Router müsste dann so konfiguriert werden, dass er eingehende Anfragen von außen auf Port 80, dem Standard für Hypertext, auf Port 4000 des Webservers im internen Netzwerk weiterleitet.

UPnP | Es ist auch möglich, dass diese Weiterleitung automatisch konfiguriert wird. Hierbei findet unter anderem das von der AirPort-Basisstation nicht unterstützte Protokoll Universal Plug and Play (UPnP) Verwendung. Statt UPnP verwendet Apples AirPort das NAT Port Mapping Protocol, das den gleichen Zweck erfüllt. Hierbei teilen Programme mit, dass sie Verbindungen von außen erwarten und diese entgegennehmen möchten.

16.6.2 AirPort

Diese Beschreibung der Konfiguration einer aktuellen AirPort-Basisstation beschränkt sich auf die grundlegenden Funktionen, um über eine Verbindung mehrere Rechner ins Internet zu bringen, Ports bei Bedarf umzuleiten und über den DHCP-Server IP-Adressen zu vergeben. Das AirPort-Dienstprogramm ist in diesem Abschnitt das Hilfsmittel der Wahl. Vor der Konfiguration sollten Sie Ihren Rechner mit einem Ethernet-Kabel direkt mit der Basisstation verbinden.

Erste Einstellungen | Die beste Möglichkeit, eine neue Basisstation zu konfigurieren, ist der Assistent im AirPort-Dienstprogramm. Er führt Sie in mehreren dokumentierten Schritten durch die grundlegende Installation. Im ersten Schritt geben Sie einen Namen für diese Basisstation ein und dann ein Kennwort, das Sie später bei der nachträglichen Konfiguration eingeben müssen. Im zweiten Schritt können Sie sich dann entscheiden, ob Sie ein neues drahtloses Netzwerk anlegen, eine bestehende Basisstation durch diese ersetzen oder die Basisstation mit einem schon existierenden Netzwerk verbinden möchten. Wenn Sie sich für die Anlage eines neuen drahtlosen Netzwerks entschieden haben, können Sie im dritten Schritt einen Namen und ein Netzwerkkennwort vergeben. Und schließlich geben Sie im vierten Schritt die Zugangsdaten für Ihren Internetanschluss an. Damit ist die Basisstation bereits konfiguriert und stellt eine Verbindung ins Internet her, die von allen angeschlossenen Geräten genutzt werden kann.

[IEEE]

Das Kürzel IEEE finden Sie bei vielen Protokollen und Abkürzungen. Es steht für Institute of Electrical and Electronics Engineers. Dieser Verein zeichnet für die Standardisierung vieler Netzwerkprotokolle verantwortlich.

HINWEIS

Sie sollten Ihr drahtloses Netzwerk in jedem Fall schützen. Wenn Dritte über Ihr offenes Netzwerk Straftaten begehen, werden Sie als Betreiber des Netzwerkes wahrscheinlich in Haftung genommen.

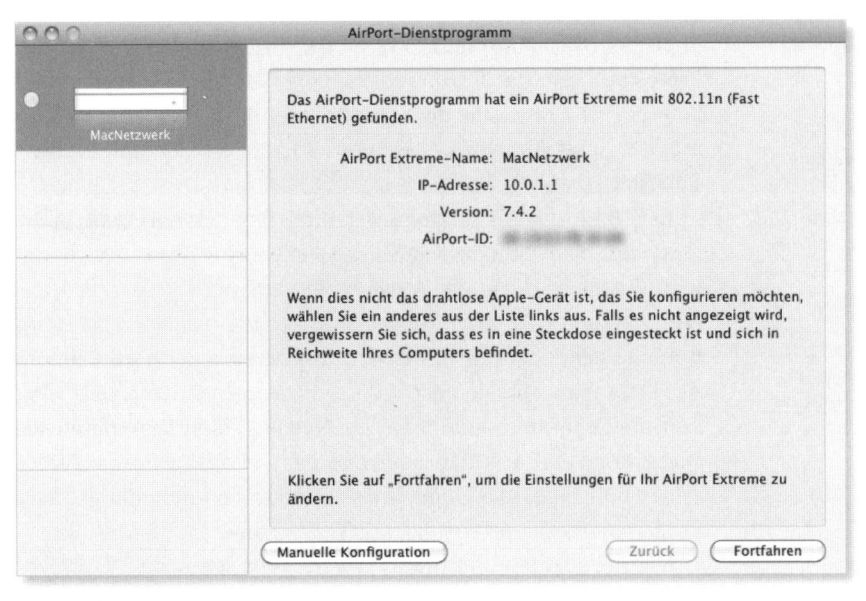

▲ **Abbildung 16.51**
Die konfigurierte Basisstation stellt ein Netzwerk her und nimmt die Verbindung mit dem Internet auf.

Aktualisierung und Neustart
Damit die Änderungen wirksam werden, müssen Sie die Schaltfläche AKTUALISIEREN unten rechts anklicken. Die Aktualisierung erfordert einen Neustart der Basisstation, wobei alle Verbindungen zunächst unterbrochen werden. Bei einem noch aktiven Download führt dies wahrscheinlich zum Abbruch.

Manuelle Konfiguration | Während die so getroffenen Grundeinstellungen für viele Netzwerke schon ausreichend sein können, kann sich etwas Handarbeit über die MANUELLE KONFIGURATION durchaus lohnen. Wenn Sie diese ausgewählt haben, dann erscheint oben im Fenster eine Symbolleiste, und im Hauptbereich finden Sie mehrere Reiter, in denen Sie die Einstellungen vornehmen können.

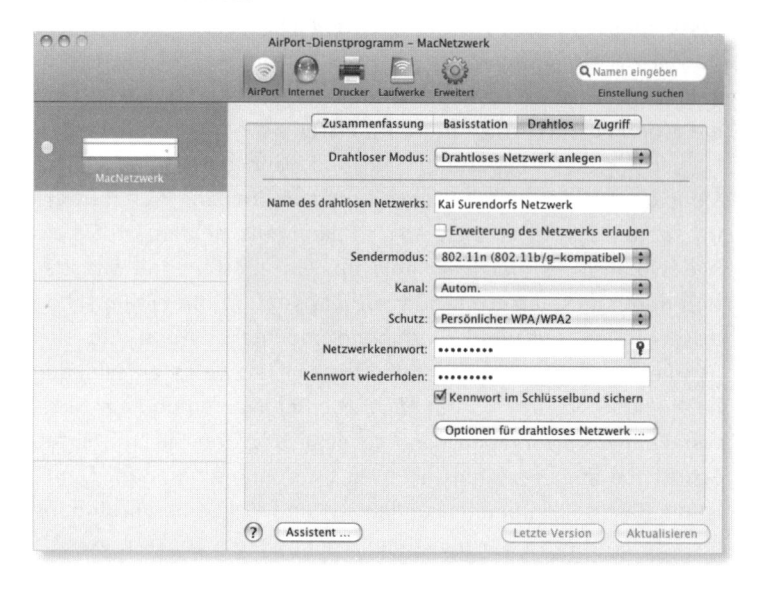

Abbildung 16.52 ▶
Im Reiter DRAHTLOS kann der Sendermodus festgelegt werden.

[802-11n]
Von Apple bereits unterstützt wird die zukünftige Variante 802.11n. Diese Ergänzung des Ursprungsprotokolls ist um ein Vielfaches schneller als die ersten Varianten. Im September 2009 wurde dieser Standard, der zuvor jahrelang diskutiert wurde, endgültig ratifiziert.

IEEE 802.11 | Den Standard für drahtlose Netzwerke stellt seit Ende der 90er-Jahre IEEE 802.11 dar. In der ersten Version des Protokolls war die Datenübertragung naturgemäß noch etwas langsam, und so wurde der Standard mehrfach ergänzt und überarbeitet. Die Abwandlungen von 802.11 werden mit kleinen Buchstaben angegeben.

Die AirPort-Basisstation unterstützt vier Sendermodi. Während der neue Standard 802.1n in allen vier Modi verwendet wird, können Sie mit der Auswahl von 802.11B/G-KOMPATIBEL das Netzwerk auch für ältere AirPort-Karten, die lediglich 802.11b/g unterstützen, zugänglich machen. Es gibt eine Reihe von älteren AirPort-Karten, die lediglich 802.11b/g unterstützen. Sie können dies ermitteln, indem Sie im Netzwerkdienstprogramm die INFORMATIONEN aufrufen und dort die AirPort-Karte – in Abbildung 16.53 ist es EN1 – auswählen. Dann finden Sie unter MODELL in Klammern die unterstützten 802.11-Varianten.

Das mit 802.11A-KOMPATIBEL zur Verfügung stehende 5-GHz-Frequenzband wird in erster Linie in der Industrie eingesetzt. Abhängig von Ihrem Standort kann es möglich sein, dass Sie unter Verwendung des 5GHZ-Frequenzbandes bessere Ergebnisse erzielen.

◀ **Abbildung 16.53**
Im Netzwerkdienstprogramm werden im Eintrag MODELL ❶ die unterstützten 802.11-Varianten angezeigt.

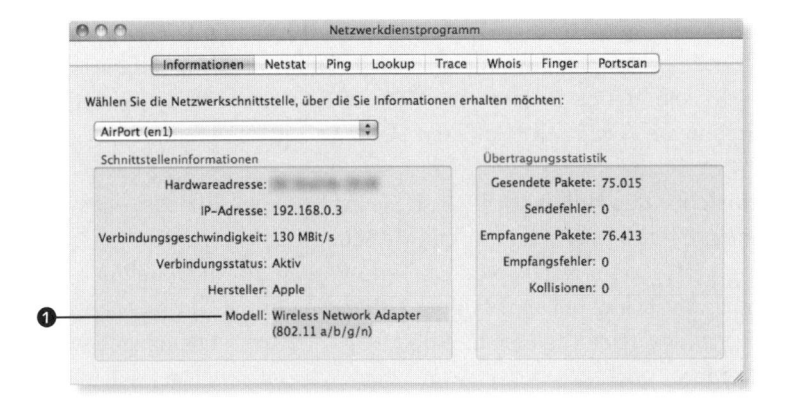

Schutz | Im Ausklappmenü SCHUTZ können Sie die Methode für die Verschlüsselung auswählen. Die Option PERSÖNLICHER WPA2 wäre, wenn möglich, in jedem Fall vorzuziehen. Die Verschlüsselung über WPA ist mittlerweile als eher unsicher zu betrachten. Für Windows XP gibt es ein entsprechendes Update von Microsoft, mit dem die Unterstützung für WPA2 nachgerüstet werden kann. Die Option FIRMENWEITER WPA setzt einen RADIUS-Server (siehe Abschnitt 16.4.3) voraus. Beim NETZWERKKENNWORT gelten die gleichen Richtlinien wie auch bei anderen Passwörtern.

WEP
Die deutlich schwächere WEP-Methode ist auch für kryptografisch weniger Versierte recht leicht zu brechen, und Sie sollten einen Einsatz nur dann in Erwägung ziehen, wenn die in Ihrem Netzwerk eingesetzten Betriebssysteme WPA partout nicht unterstützen können.

◀ **Abbildung 16.54**
Ein geschlossenes Netzwerk ist nicht sichtbar.

Optionen für drahtloses Netzwerk | Über die Schaltfläche OPTIONEN für drahtloses Netzwerk können Sie einige Details konfigurieren. Eine Erhöhung der MULTICAST-RATE sorgt dafür, dass die Datenpakete im Netzwerk in kürzeren Intervallen verschickt werden. Während dies die Qualität der Verbindung erhö-

Störunempfindlichkeit
Wenn es partout nicht möglich ist, eine stabile Verbindung zu Ihrem Netzwerk herzustellen, dann können Sie versuchen, die STÖRUNEMPFINDLICHKEIT zu aktivieren.

hen kann, reduziert es gleichzeitig die Reichweite des Netzwerks. Ändern sollten Sie die Einstellung nur dann, wenn Ihr Netzwerk nicht reibungslos funktioniert. Welche Einstellungen die besten Ergebnisse produzieren, müssen Sie dann ausprobieren.

Unsichtbares Netzwerk | Wenn Sie Ihr Netzwerk ALS GESCHLOSSENES NETZWERK ANLEGEN, dann erscheint es nicht in der Liste der verfügbaren Netzwerke. Um eine Verbindung aufzunehmen, muss der Name bekannt sein und über die Option MIT ANDEREM NETZWERK VERBINDEN (siehe Abbildung 16.55) direkt eingegeben werden.

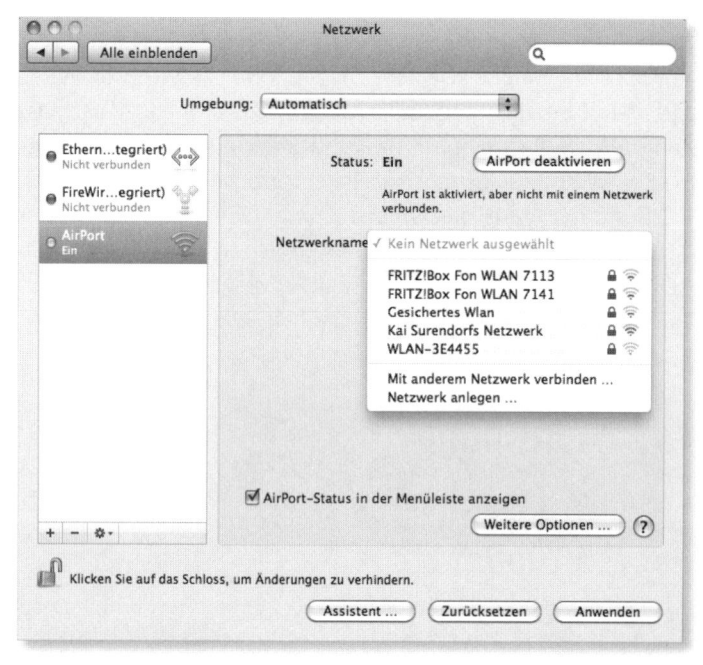

▲ **Abbildung 16.55**
Im Ausklappmenü NETZWERKNAME werden mit einer kurzen Verzögerung die erreichbaren und sichtbaren Netzwerke angezeigt.

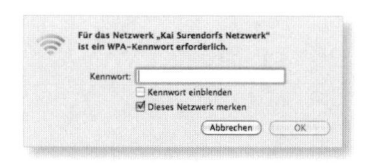

▲ **Abbildung 16.56**
Das Netzwerk kann auch für die Zukunft vorgemerkt werden.

Rechner ins WLAN einbinden | Einen Rechner können Sie in ein WLAN einbinden, indem Sie in den Systemeinstellungen in der Ansicht NETZWERK die AirPort-Karte auswählen. Zuerst müssen Sie hier, sofern dies noch nicht geschehen ist, AIRPORT AKTIVIEREN. Im Ausklappmenü NETZWERKNAME erscheint, wenn Sie einen kurzen Moment warten, eine Liste der erreichbaren drahtlosen Netzwerke. Ein kleines Schloss hinter dem Namen signalisiert, dass ein Netzwerk eine Authentifizierung erfordert. Wird kein Schloss angezeigt, dann ist das Netzwerk offen. Über die Signalstärke der Netzwerke informiert Sie das Symbol rechts.

Wählen Sie das gewünschte Netzwerk aus, fordert Sie das System zur Eingabe des Kennworts für das Netzwerk auf. Wenn Sie Dieses Netzwerk merken wählen, wird es in die über Weitere Optionen einsehbare Liste der bekannten Netzwerke aufgenommen. Stellt das System fest, dass bekannte Netzwerke in Reichweite sind, so versucht es automatisch, eine Verbindung zu einem Netzwerk aufzunehmen.

Beachten Sie, dass die Kennwörter der Netzwerke nicht nur in Ihrem persönlichen Schlüsselbund, sondern auch im Schlüsselbund System gespeichert werden. Möchten Sie die automatische Anmeldung vermeiden, können Sie die Passwörter aus den Schlüsselbünden löschen.

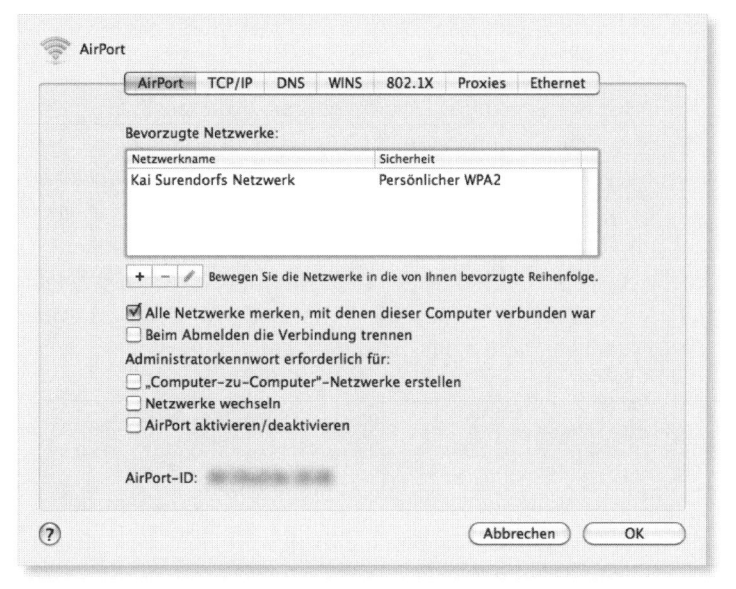

▲ **Abbildung 16.57**
In den weiteren Optionen können Sie vorgeben, ob sich das System alle Netzwerke merken soll, mit denen Sie sich verbunden haben.

DHCP konfigurieren | Die AirPort-Basisstation verfügt über einen konfigurierbaren DHCP-Server. Im Reiter DHCP der Ansicht Internet entscheiden Sie sich im Menü DHCP-Bereich zunächst für das private Netzwerk, das Sie nutzen möchten. In Abbildung 16.58 wurde ein Klasse-C-Netzwerk ausgewählt. Sie können dann ferner vorgeben, welchen Bereich der IP-Adressen in diesem Netzwerk der DHCP-Server verwalten soll.

Zwar geht der DHCP-Server durchaus ökonomisch bei der Zuweisung von IP-Adressen vor, aber in einigen Fällen möchten Sie wahrscheinlich bestimmten Geräten (etwa einen über CUPS eingebundenen Drucker) immer die gleiche IP-Adresse zuweisen.

LDAP-Server
Nehmen Sie die Benutzerauthentifizierung in Ihrem Netzwerk mit einem Verzeichnisdienst wie Open Directory vor, so können Sie den DHCP-Server anweisen, neben der Netzwerkkonfiguration auch gleich die IP-Adresse des Verzeichnisdienstes an die Rechner im Netzwerk zu übergeben.

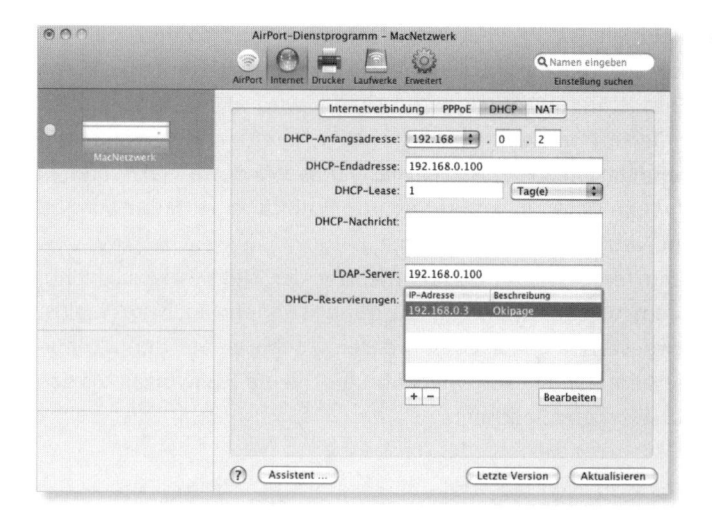

Abbildung 16.58 ▶
Über die DHCP-Reservierungen lassen sich IP-Adressen zentral verwalten.

Die DHCP-Reservierungen erfüllen genau diesen Zweck. Über das Pluszeichen können Sie für ein weiteres Gerät eine Reservierung vornehmen. Sie werden im ersten Schritt nach einem Namen gefragt und können auswählen, ob Sie die IP-Adresse anhand der MAC-Adresse oder anhand einer DHCP-Client-ID (siehe Abschnitt 16.1.4) vergeben möchten. Im zweiten und letzten Schritt geben Sie dann die betreffende MAC-Adresse oder DHCP-Client-ID sowie die zu vergebende IP-Adresse ein.

Abbildung 16.59 ▶
Dem Gerät mit der angegebenen MAC-Adresse wird zukünftig immer die IP-Adresse 192.168.0.3 zugewiesen.

Die so reservierte IP-Adresse wird nun vom DHCP-Server zukünftig nur noch an das Gerät vergeben, das sich mit der vorgegebenen MAC-Adresse oder DHCP-Client-ID im Netzwerk meldet. Gemäß den Einstellungen in Abbildung 16.58 ist zum Beispiel der Drucker Okipage immer unter der IP-Adresse 192.168.0.3 zu erreichen.

Port-Umleitung | Im AirPort-Dienstprogramm finden Sie in der Ansicht ERWEITERT auch die Möglichkeit zur PORT-UMLEITUNG. Die Umleitung oder auch Weiterleitung (*port forwarding*) eines öffentlichen Netzwerk-Ports auf einen bestimmten Rechner im lokalen Netzwerk kann notwendig sein, wenn Sie einen Server im Internet zur Verfügung stellen möchten. Haben Sie keine Weiterleitung des Ports vorgenommen, würden eingehende Anfragen auf dem Port 80, um beispielsweise eine Webseite aufzurufen, vom Router verworfen werden. Leiten Sie den Port jedoch auf einen bestimmten Rechner in Ihrem lokalen Netzwerk weiter, dann weiß der Router, welcher Rechner für die Beantwortung dieser externen Anfrage zuständig ist. So ist es möglich, etwa den Port 80 auf einen internen Webserver weiterzuleiten und so einen eigenen Webserver im Internet verfügbar zu machen.

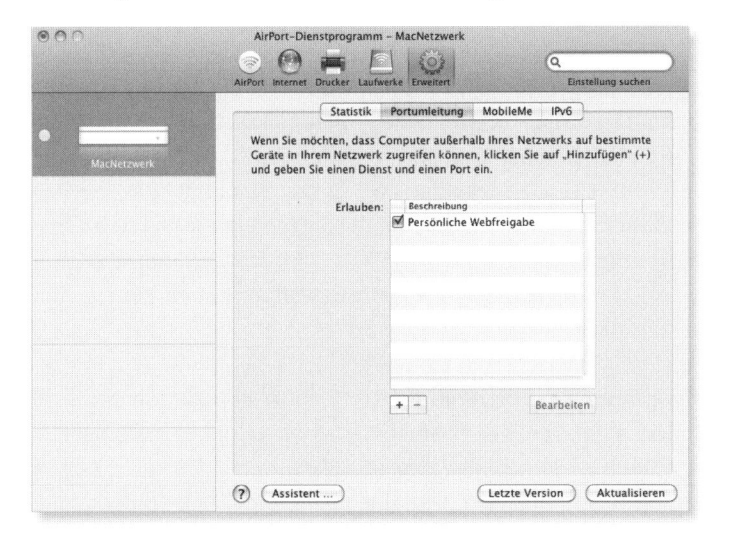

/etc/services
Zwar verfügt das AirPort-Dienstprogramm bereits über eine kleine Liste von Netzwerkdiensten, bei denen die Weiterleitung eines Ports angebracht ist, aber die Liste ist ganz und gar nicht vollständig. Die bereits angesprochene Datei /ETC/SERVICES enthält eine Liste der bekannten und häufig genutzten Ports. Anzeigen lässt sich die Datei beispielsweise durch `less /etc/services`.

◀ **Abbildung 16.60**
Die umgeleiteten Netzwerk-Ports werden mit ihrer Beschreibung aufgelistet.

Über die Plus- und Minuszeichen können Sie neue Umleitungen hinzufügen und vorhandene entfernen. Fügen Sie eine neue Umleitung hinzu, dann öffnet sich der PORT-UMLEITUNGS-ASSISTENT. Über das Ausklappmenü DIENST steht Ihnen eine kleine Liste der gängigen Umleitungen zur Verfügung.

Um eine gezielte Weiterleitung vorzunehmen, müssen Sie die Ports, die der Server nutzt, zunächst in Erfahrung bringen. In der Regel finden Sie sie in der entsprechenden Dokumentation, sofern es sich nicht um einen de facto standardisierten Dienst wie die ENTFERNTE ANMELDUNG SSH auf Port 22 handelt. Auch ist es wichtig, ob UDP oder TCP für die Kommunikation genutzt wird.

Unterschiedliche Ports | Die Umleitung eines öffentlichen Ports auf einen anderen privaten kann nützlich sein, um Dienste für das

> **HINWEIS**
>
> Beachten Sie, dass eine geänderte Nutzung der Ports nicht sanktioniert wird. Es ist zwar nicht erwünscht und selten praktikabel, aber Sie könnten beispielsweise auch Port 80 auf Ihren FTP-Server umleiten.

▲ **Abbildung 16.61**
Öffentliche und private Ports können sich durchaus unterscheiden.

gleiche Protokoll von einem anderen Server ausliefern zu lassen. So könnten Sie den öffentlichen Port 80, auf dem Anfragen nach Webseiten eingehen, auf den privaten Port 8080 umleiten. Hier könnte beispielsweise ein Plone-Server in seiner Standardkonfiguration auf eingehende Anfragen nach Webseiten warten.

Tragen Sie dann den öffentlichen Port, auf dem die Anfragen aus dem Internet eingehen, und den privaten Port, auf dem Ihr Server im lokalen Netzwerk »lauscht«, ein. Ebenso müssen Sie die lokale IP-Adresse des Rechners, auf der der Server läuft, angeben.

Über FORTFAHREN können Sie eine Bezeichnung für diese Umleitung vergeben, und nach einem Neustart der Basisstation werden eingehende Anfragen auf dem umgeleiteten Port zielgerichtet an den vorgegebenen Rechner in Ihrem lokalen Netzwerk weitergeleitet.

Global veröffentlichen | Der zweite Schritt des Assistenten beinhaltet auch die Option, den Dienst global über Bonjour zu veröffentlichen. Hierzu wird, wie in Abschnitt 16.2 beschrieben, ein entsprechender Provider im Internet benötigt. Für die AirPort-Basisstation können Sie einen solchen Dienst analog zu den Einstellungen für einen Rechner in der Ansicht AIRPORT im Reiter BASISSTATION über die Schaltfläche BEARBEITEN beim Eintrag AIRPORT EXTREME-NAME konfigurieren.

Einstellungen exportieren | Wenn Sie Ihre Basisstation im Detail konfiguriert haben, dann kann es sich lohnen, die Einstellungen in einer Datei zu speichern. Über den Menüpunkt ABLAGE • KOPIER SICHERN UNTER erscheint der Dialog zum Speichern einer Datei. Diese Datei mit der Endung .BASECONFIG können Sie später, wenn Sie die gespeicherten Einstellungen wieder herstellen möchten, über den Menüpunkt ABLAGE • KONFIGURATIONSDATEI ÖFFNEN einsehen. In einem separaten Fenster können Sie die enthaltenen Parameter einsehen, ändern und über ABLAGE • SICHERN in die Datei schreiben. Über ABLAGE • IMPORTIEREN werden die gespeicherten Einstellungen von der Basisstation eingelesen und nach einem Neustart aktiviert.

▲ **Abbildung 16.62**
Einstellungen können gesichert und importiert werden.

16.6.3 Der Mac als Router: Internetfreigabe

AirPort
Sie können über Internet-Sharing und ein angelegtes AirPort-Netzwerk auch eine De-facto-Basisstation aus Ihrem Rechner machen.

Neben einem Router oder einer AirPort-Basisstation können Sie auch Ihren Rechner als Router nutzen. Wenn Sie über wenigstens eine Netzwerkschnittstelle mit dem Internet verbunden sind (Modem, DSL über Ethernet, AirPort), können Sie diese für den gemeinsamen Zugriff freigeben und Rechnern, die über eine andere Schnittstelle angeschlossen wurden, den Zugriff auf das Internet ermöglichen.

Internetfreigabe | Rufen Sie in den Systemeinstellungen den Bereich FREIGABEN auf, so finden Sie dort auch den Dienst INTERNETFREIGABE. Wählen Sie diesen aus, dann müssen Sie zuerst unter VERBINDUNG FREIGEBEN den Anschluss auswählen, der die Verbindung ins Internet herstellt. Wählen Sie dann aus, welche Anschlüsse von dieser Weiterleitung Gebrauch machen. In Abbildung 16.64 wurde die Weiterleitung für den Anschluss ETHERNET 2 aktiviert.

Aktivieren Sie dann den Dienst über das Häkchen vor INTERNETFREIGABE, und Ihr Rechner leitet Anfragen, die über die Schnittstelle ETHERNET 2 eingehen, ins Internet und die angeforderten Daten über die Schnittstelle ETHERNET 2 an den Rechner weiter, von dem die Anfrage ausging.

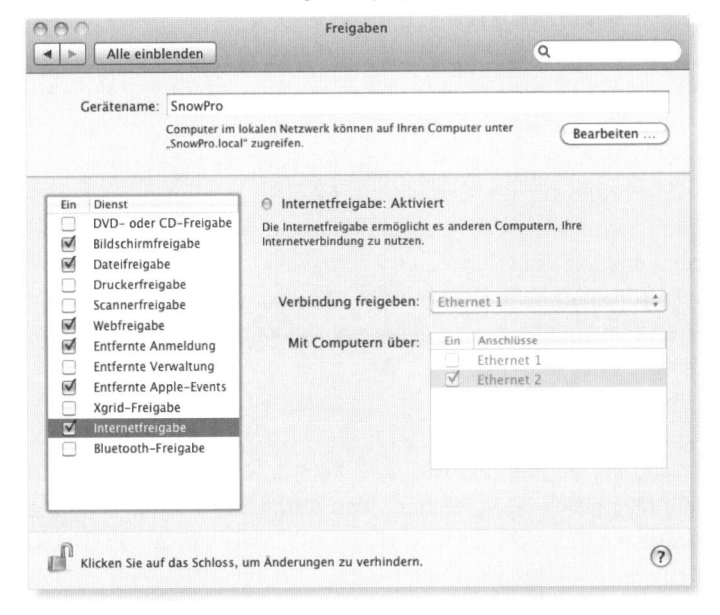

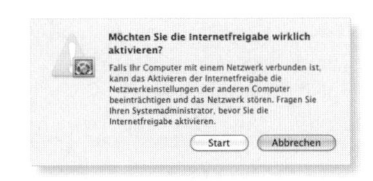

▲ **Abbildung 16.63**
Bevor Ihr Rechner als Router fungiert, erhalten Sie eine Rückfrage.

▲ **Abbildung 16.64**
Über die Systemeinstellungen FREIGABEN kann eine Schnittstelle für den gemeinsamen Zugriff auf das Internet freigegeben werden.

Dämonen im Hintergrund | Wenn Sie einen Internetzugang freigeben, werden im Hintergrund drei Dämonen aktiv, die in der Summe das Internet-Sharing darstellen. Der Dämon `bootpd` erfüllt die Aufgabe eines einfachen, nicht weiter konfigurierten DHCP-Servers. Der Dämon `named` arbeitet als lokaler DNS-Server. Er holt sich, auf die Anfrage von einer Domäne wie www.apple.com, die relevanten Daten von dem DNS-Server

ipfw
Zusätzlich zu den drei Dämonen wird noch die Firewall `ipfw` um eine Regel ergänzt. Lassen Sie sich mit `sudo ipfw list` die aktiven Regeln anzeigen, dann finden Sie dort auch einen Eintrag `divert`, der für die Verteilung der Datenpakete zuständig ist.

Ihres Providers und gibt sie an den anfragenden Rechner weiter. Schließlich übernimmt der Dämon `natd` die Weiterleitung von Anfragen aus dem lokalen Netzwerk in das Internet.

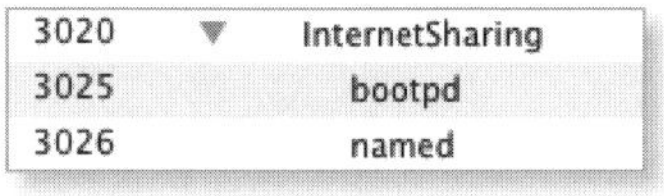

Begrenzte Konfiguration | Die Konfiguration des INTERNET-SHARING lässt, zumindest mit den Mitteln der grafischen Oberfläche, keine weiteren Möglichkeiten zu. Wenn Sie sich ein wenig mit der Dokumentation des Dämons `natd` (`man natd`) vertraut machen, werden Sie eine Reihe von Möglichkeiten finden. `natd` unterstützt, wenn er mit den entsprechenden Parametern aufgerufen wird, auch die Weiterleitung von Ports und noch einige weitere Optionen. Allerdings ist die detaillierte Konfiguration von `natd` und weiteren, damit zusammenhängenden Diensten recht zeitaufwendig und fehleranfällig, um nicht zu sagen lästig.

▲ **Abbildung 16.65**
Neben `bootpd` und `named` ist auch `natd` für das Internet-Sharing zuständig.

16.7 Virtual Private Network

Mit einem virtuellen privaten Netzwerk (Virtual Private Network – VPN) ist es möglich, sich von einem beliebigen Standort mit einer beliebigen IP-Adresse in ein lokales Netzwerk einzuwählen.

Der Grund für die Einrichtung eines VPN kann darin bestehen, dass ein Mitarbeiter einer Firma von zu Hause aus arbeitet und dabei auf das interne Firmennetzwerk zugreifen muss. Wird die Verbindung über das Internet vorgenommen, so können die Daten von potenziellen Angreifern abgefangen und ausgespäht werden.

Bei einem VPN wählt sich der Mitarbeiter über einen beliebigen Provider in das Internet ein. Anschließend nimmt er eine Verbindung zu dem VPN-Server seines Arbeitgebers auf und identifiziert sich. Der Rechner des Mitarbeiters leitet nun alle Datenpakete verschlüsselt an den VPN-Server des Arbeitgebers. Dieser entschlüsselt die Daten, gibt sie an die Rechner im lokalen Netzwerk weiter, verschlüsselt deren Antworten und schickt sie zurück an den Computer des Mitarbeiters. Für den Mitarbeiter stellt sich das Netzwerk nun so dar, als würde er im Büro seines Arbeitgebers arbeiten.

[Tunneling]
Virtual Private Networks werden mit einem Tunneling-Verfahren realisiert. Bei einem Tunneling werden Daten in ein beliebiges anderes Protokoll regelrecht eingepackt. Vereinfacht gesagt: Die ursprüngliche Anfrage wird auf dem Rücken eines anderen Protokolls weitergegeben. Der Zielrechner muss diese speziellen Datenpakete übersetzen und regelrecht in ihre ursprüngliche Form wieder auspacken.

Equinux
Der kostenpflichtige VPN-Tracker von Equinux (*http://www.equinux.com*) stellt eine Alternative zu den Treibern von Apple dar, mit der Sie manchmal bessere Ergebnisse erzielen können.

Drei Verfahren | Mac OS X unterstützt drei Verfahren, den Rechner in ein VPN zu integrieren. Das Point-to-Point Tunneling Protocol (PPTP) ist mittlerweile etwas veraltet und gilt nur noch begrenzt als sicher. Das Layer 2 Tunneling Protocol (L2TP) setzt auf einem IPSec (IP Security) genannten Verfahren auf, bei dem die IP-Pakete, die Ihr Rechner an den VPN-Server schickt, verschlüsselt werden. Die Verschlüsselung auf einer sehr niedrigen Ebene des OSI-Schichtenmodells gewährleistet eine weitgehend sichere Kommunikation. Ferner verfügt Mac OS X 10.6 jetzt über einen VPN-Client für die VPN-Technologie von Cisco. Letztere wird häufig in sehr großen Organisationen eingesetzt. Der Client funktioniert zwar, aber es ist auch möglich, den von Cisco selbst zur Verfügung gestellten zu nutzen. Dies kann notwendig sein, weil der Cisco-Client von Apple eine Authentifizierungsmethode nicht unterstützt.

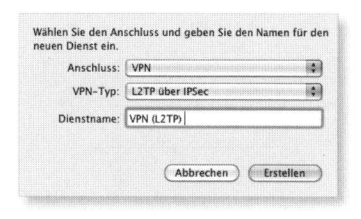

▲ **Abbildung 16.66**
Ein VPN wird als Netzwerkschnittstelle konfiguriert.

VPN konfigurieren | Ein VPN können Sie in den Systemeinstellungen NETZWERK erstellen, indem Sie über das Pluszeichen eine neue Netzwerkschnittstelle hinzufügen. Wählen Sie hier den ANSCHLUSS VPN und den passenden VPN-TYP.

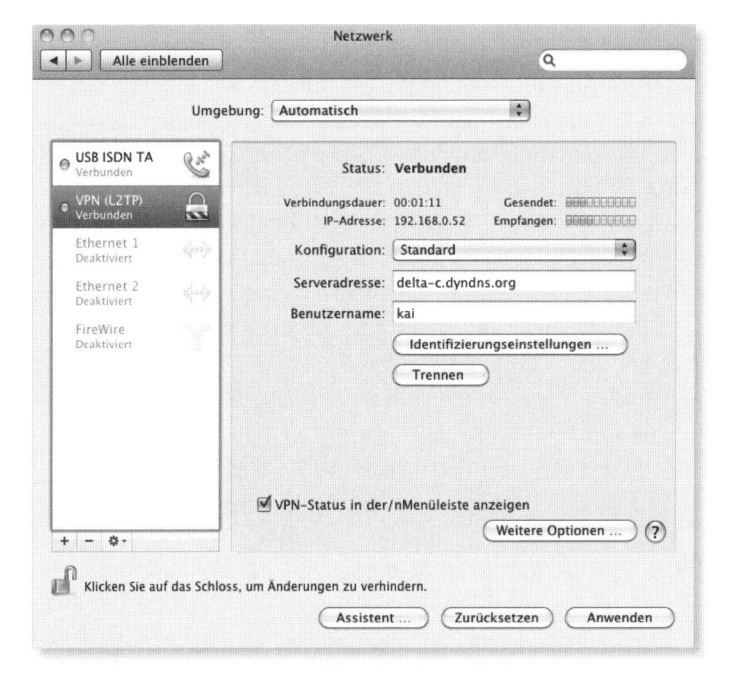

◀ **Abbildung 16.67**
Ein VPN wird zunächst wie eine Wählverbindung konfiguriert.

Da die IP-Adressen bei einem VPN in der Regel über PPP (siehe Abschnitt 16.5) vergeben werden, verhält sich auch die Konfiguration eines VPN ähnlich der eines Modems. Zunächst müssen Sie die Adresse des VPN-Servers und einen Benutzernamen angeben. Da die VPN-Server in Bezug auf die Benutzer- oder Rechner-Identifizierung immer etwas anders konfiguriert sind, können Sie über die Schaltfläche IDENTIFIZIERUNGSEINSTELLUNGEN weitere Details vorgeben. Oft wird ein »gemeinsames Geheimnis« (SHARED SECRET) verwendet, das Sie in diesem Fenster eingeben können.

▲ **Abbildung 16.68**
Der VPN-Status kann in der Menüleiste angezeigt werden.

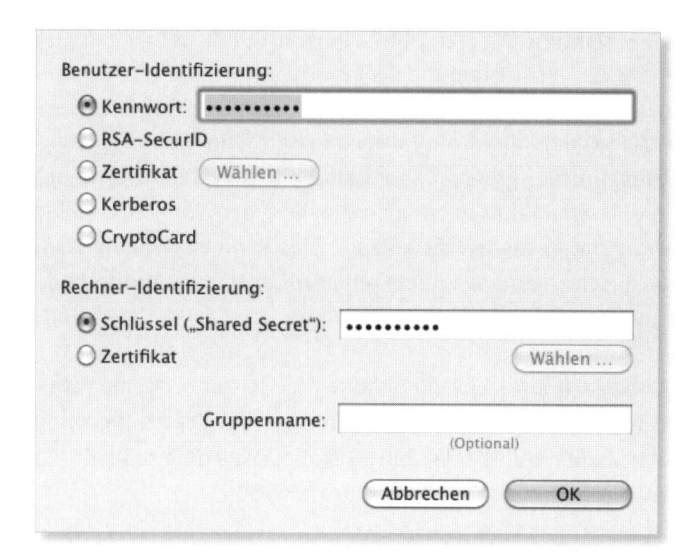

Abbildung 16.69 ▶
Die gemeinsamen Schlüssel können in einem separaten Dialog eingegeben werden.

Weitere Optionen | Über die Schaltfläche WEITERE OPTIONEN können Sie auch bei einem VPN einige Details konfigurieren. Die wichtigste und möglicherweise fehlerträchtigste ist die Option GESAMTEN VERKEHR ÜBER VPN-VERBINDUNG SENDEN. Haben Sie diese Option aktiviert, werden andere Verbindungen nicht mehr beachtet, und der gesamte Datenverkehr wird ausschließlich über die VPN-Verbindung abgewickelt. Dies kann dazu führen, dass Sie nicht mehr auf das Internet zugreifen können, während Sie zeitgleich im VPN angemeldet sind.

Sie finden hier auch die Option VPN ON DEMAND. Sie können hier die Domains von VPNs vorgeben, zu denen Ihr System automatisch eine Verbindung herstellen soll.

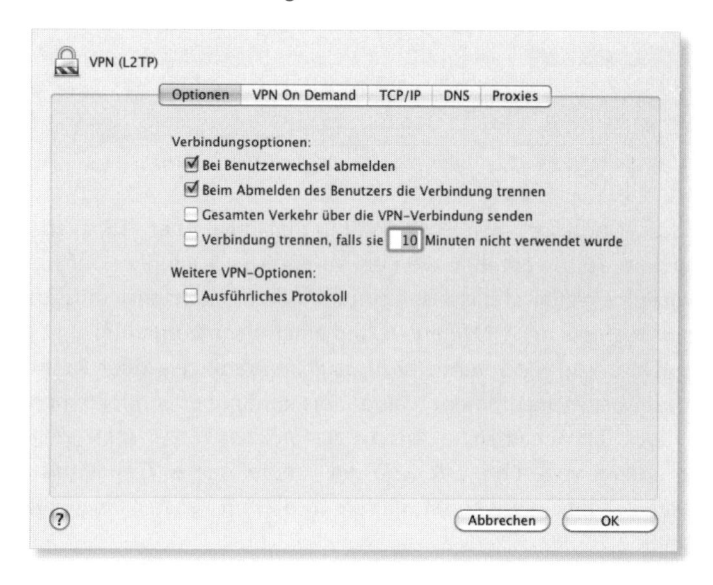

Protokoll
Die Verbindung in ein VPN wird im Protokoll »ppp.log« gespeichert, das Sie im Dienstprogramm Konsole in der Rubrik /VAR/LOG finden.

Abbildung 16.70 ▶
In den weiteren Optionen kann der gesamte Datenverkehr über die VPN-Verbindung gesendet werden.

16.8 Probleme im Netzwerk aufspüren

Auch mit soliden Kenntnissen sind Probleme und Fehler bei der Arbeit mit Netzwerken nicht selten. Mac OS X bietet Ihnen einige Möglichkeiten, Problemen im Netzwerk gezielt auf die Spur zu kommen. Neben den Standard-Werkzeugen Ping und Traceroute bietet das Programm Netzwerkdiagnose eine Möglichkeit, gängige Fehler im Netzwerk zu finden.

16.8.1 Ping

Wenn eine Verbindung fehlschlägt, so ist die Funktion PING des Netzwerkdienstprogramms wohl die erste Anlaufstelle. PING schickt speziell modifizierte Datenpakete an den Zielrechner. Verwendet wird das Internet Control Message Protocol (ICMP). Diesen Datenpaketen wird eine begrenzte Überlebensdauer (time to live) mitgegeben. Sie verfallen, wenn sie nicht innerhalb dieser Zeitspanne beantwortet werden.

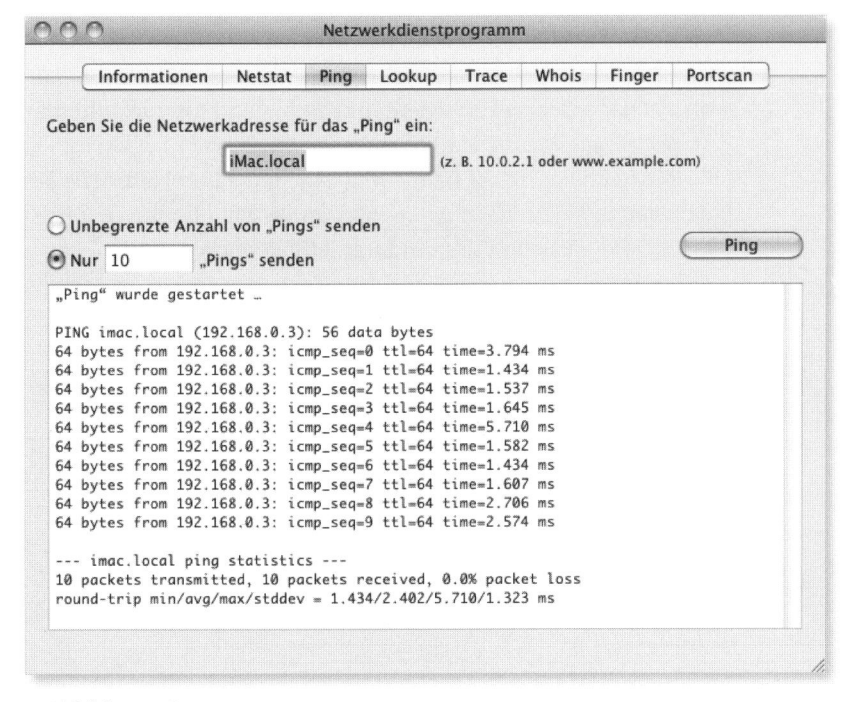

▲ **Abbildung 16.71**
Mit der Funktion PING kann eine Verbindung auf ihre Funktion hin überprüft werden.

Ping analysieren | Um einen Rechner »anzupingen«, geben Sie im Netzwerkdienstprogramm im Reiter PING seine IP-Adresse oder seinen Namen ein und klicken auf PING. In den Standardein-

Ping... keine Antwort!
Wenn Sie auf einen Ping keine Antwort erhalten, so ist dies meist ein sicheres Zeichen, dass die Verbindung physikalisch nicht funktioniert (Kabel?) oder bei der Konfiguration von IP-Adressen etwas grundlegend falsch gemacht wurde. Sie können aber bei einem fehlgeschlagenen Versuch mittels Ping nicht immer davon ausgehen, dass die Verbindung gestört ist. Wurde auf dem Zielrechner der Tarn-Modus der Firewall aktiviert, so antwortet er grundsätzlich nicht auf einen Ping.

stellungen verschickt das Programm zehn Pakete und wartet auf eine Antwort.

Erhalten Sie alle Pakete zurück, so funktioniert die IP-Verbindung an sich, und der Fehler wäre vielleicht bei einer Fehlkonfiguration eines Server-Dienstes oder der Firewall zu suchen.

Erhalten Sie die Pakete teilweise zurück, so ist dies oft ein sicheres Zeichen dafür, dass die Verbindung eigentlich funktioniert, aber physikalische Ausfälle auftreten. Bei Verbindungen ins Internet können dies Ausfälle von Routern sein, oder die verwendeten Kabel sind im lokalen Netzwerk einfach von einer schlechten Qualität.

Bleibt Ihnen der angefragte Rechner alle Antworten schuldig, bedeutet dies meist, dass die Verbindung gestört ist oder das Netzwerk grundlegend falsch konfiguriert wurde.

16.8.2 Traceroute

Wenn Sie den Weg der Datenpakete über die einzelnen Router im Internet genauer verfolgen möchten, können Sie sich der Funktion TRACE bedienen. Genauer müsste die Funktion »Traceroute« heißen, denn sie verfolgt den Weg, den die Pakete über die einzelnen Router im Internet nehmen, und listet alle Router-Stationen auf, die die Datenpakete weitergeben.

In Abbildung 16.72 wurde von einem lokalen Netzwerk aus der Weg zu einem Rechner im Internet verfolgt. Neben den Routern, die die Pakete über das Internet verschicken, finden Sie an erster Stelle mit 1 192.168.0.1 (192.168.0.1) den lokalen DSL-Router, der die Verbindung ins Internet an sich herstellt.

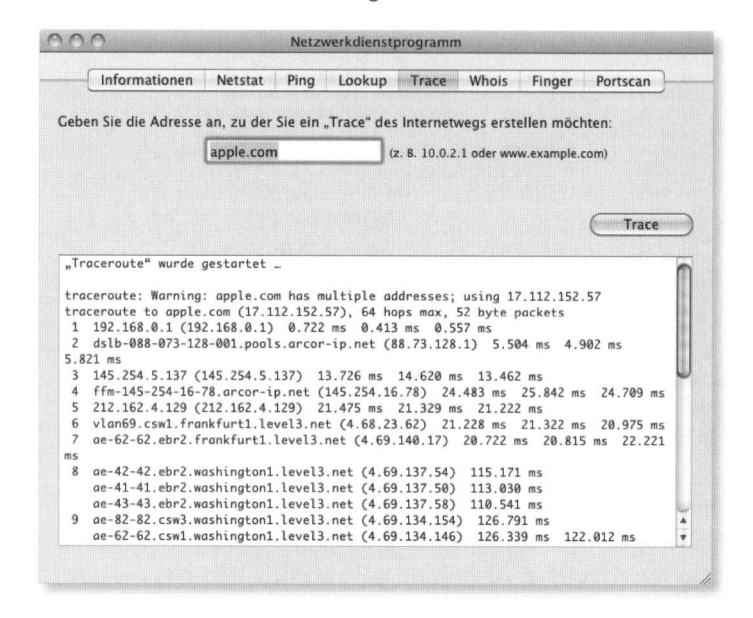

traceroute am Terminal
Am Terminal können Sie mit dem Befehl `traceroute`, gefolgt von einer IP-Adresse oder einem Domain-Namen, die gleiche Anzeige erzielen wie im Netzwerk-Dienstprogramm. In der Dokumentation von `traceroute` (`man traceroute`) können Sie sich bei Interesse über weitere Optionen des Programms informieren.

Abbildung 16.72 ▶
Bei Traceroute wird der Weg von Paketen über die Router nachverfolgt.

Die Verbindung aus Abbildung 16.72 funktioniert, und wenn die Webseite nicht zu erreichen wäre, wäre wahrscheinlich der Webserver ausgefallen oder die Firewall des lokalen Routers wäre falsch konfiguriert.

16.8.3 Netzwerkdiagnose

Treten Probleme bei einigen Programmen, insbesondere von Apple, auf, so bieten Ihnen diese bei Verbindungsschwierigkeiten das Programm NETZWERKDIAGNOSE an. Das Programm aus dem Ordner /SYSTEM/LIBRARY/CORESERVICES können Sie auch mit einem Doppelklick manuell starten.

Begrenzte Möglichkeiten | Das Programm arbeitet ähnlich wie die anderen Assistenten von Apple. Nachdem Sie eine zu diagnostizierende Netzwerk-Umgebung ausgewählt haben, prüft das Programm sie auf eine Reihe gängiger Fehler hin. Dabei hat es seine Grenzen. Wenn am Ethernet-Kabel kein DSL-Modem gefunden wurde, obwohl Sie diesen Anschluss für die Verwendung von PPPoE konfiguriert haben, erhalten Sie einen Hinweis. Ist hingegen zum Beispiel ein Router falsch konfiguriert oder blockiert eine Firewall gezielt den Port 80, so erhalten Sie keinen Hinweis auf die möglichen Fehlerquellen.

Sternchen
Wenn Ihnen bei der Ermittlung einer Wegstrecke mittels Traceroute ab einer Stelle Sternchen angezeigt werden, ist es wahrscheinlich, dass dort eine Firewall die Pakete entgegennimmt. Einige Firewalls sind so konfiguriert, dass sie die Pakete zwar entgegennehmen, aber nicht darauf antworten.

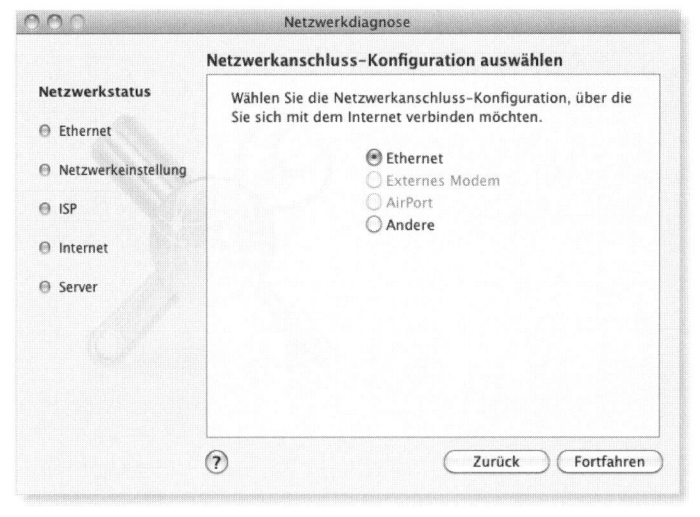

▲ **Abbildung 16.73**
Das Programm NETZWERKDIAGNOSE arbeitet ähnlich wie die Assistenten von Apple eine Reihe gängiger Fragen und Problemquellen ab.

Das Programm ist ein guter Ausgangspunkt, um gängige Fehlkonfigurationen zu finden. Bei komplexeren Problemstellungen müssen Sie sich wahrscheinlich selbstständig auf die Suche machen.

Wireshark

Bei komplexen Problemen (z. B. zu niedriger Datendurchsatz) bietet das Programm Wireshark eine gute Möglichkeit, Fehlern und Problemen auf die Spur zu kommen. Das auch unter seinem alten Namen Ethereal bekannte Programm ist Open Source, steht Ihnen auf der Webseite *www.wireshark.org* zum Download zur Verfügung, ist umfassend dokumentiert und setzt die Installation des Pakets X11 von der Installations-DVD voraus.

16.8.4 Weitere Möglichkeiten

Neben dem Netzwerk-Dienstprogramm und der Netzwerkdiagnose bietet Mac OS X am Terminal eine Reihe von Werkzeugen, die Ihnen bei der Analyse Ihres Netzwerkes und dessen Verbindung behilflich sein können. Es würde den Rahmen dieses Kapitels sprengen, detailliert auf diese Programme einzugehen. Sie benötigen für den effizienten Einsatz dieser Programme weitere Kenntnisse in TCP/IP, die dieses Kapitel in seinem bescheidenen Umfang nicht vermitteln kann.

Stichwortartig wäre auf jeden Fall das Programm `netstat` zu nennen. Neben der schon beschriebenen Anzeige der Standard-Routen verfügt `netstat` über eine Vielzahl von Funktionen, mit denen Sie auch das Verhalten einzelner Anschlüsse überprüfen können.

Der Befehl `tcpdump`, auszuführen als Super-User mit `sudo tcpdump`, zeigt Ihnen bestehende TCP-Verbindungen Ihres Rechners an. Hier müssen Sie die Option `-i` gefolgt vom Kürzel der Netzwerkschnittstelle (siehe Abschnitt 16.1.2) nutzen, um sich die ein- und ausgehenden Datenpakete anzeigen zu lassen. Mit `sudo tcpdump -i en0` überwachen Sie die Netzwerkschnittstelle mit dem Kürzel en0. Die fortlaufende Anzeige können Sie mit ⌘ + . abbrechen.

16.9 AppleTalk

Bei AppleTalk handelte es sich um ein von Apple zu Zeiten des klassischen Mac OS eingeführtes Netzwerkprotokoll, das sehr einfach zu konfigurieren war. Die Unterstützung für das Protokoll AppleTalk wurde mit Mac OS X 10.6 endlich endgültig vollständig aufgegeben.

17 Anwendungen im Netzwerk

Ein Netzwerk ist kein Selbstzweck, und neben der Einbindung von Freigaben, die im nächsten Kapitel besprochen werden, bringt Mac OS X 10.6 eine Reihe von leistungsfähigen Anwendungen und Funktionen für die Arbeit im Netzwerk mit.

Außer der Anmeldung an einem Rechner, die seit Mac OS X 10.6 unter anderem mit Kerberos vorgenommen werden kann, gibt es einige Möglichkeiten, Rechner über das Netzwerk fernzusteuern und zu administrieren. Die Sicherheit im Netzwerk spielt heutzutage eine große Rolle, und Mac OS X bringt zum Schutz eine etwas eigenwillige, aber funktionsfähige Firewall mit. Schließlich lassen sich Benutzerkonten in größeren Netzwerken in einem Verzeichnisdienst zentral verwalten. Ihre Einrichtung geschieht mit dem über die Systemeinstellungen aufzurufenden Programm.

17.1 Die Ansicht »Netzwerk«

Bevor Sie überhaupt eine Anwendung ausführen oder einen freigegebenen Ordner aktivieren können, müssen Sie erst einmal den anderen Rechner im Netzwerk finden. Wenn Sie in einem kleinen Netzwerk mit nicht mehr als zehn Rechnern arbeiten, können Sie sich die IP-Adressen noch leicht merken, in einem größeren Netzwerk ist diese Methode aber kaum praktikabel.

17.1.1 Rechner finden

Sofern in Ihrem Netzwerk kein eigener konfigurierter DNS-Server für die Vergabe von Rechnernamen zuständig ist, verwendet Mac OS X 10.6 zunächst Bonjour, um andere Rechner im Netzwerk zu finden. Im Finder können Sie sich die von Ihrem System gefundenen Rechner im Netzwerk in der Ansicht NETZWERK, die Sie auch über den Kurzbefehl ⌘ + ⇧ + K erreichen, anzeigen lassen.

Ansicht Netzwerk
⌘ + ⇧ + K

Seitenleiste
Ob Ihnen alle gefundenen Rechner oder nur diejenigen, mit denen Sie bereits eine Verbindung aufgebaut haben, in der Seitenleiste angezeigt werden, können Sie in den Einstellungen des Finders vorgeben. Die Einträge SERVERS und ALLE in Abbildung 17.1 resultieren aus der Verwendung eines Mac-OS-X-Servers, über den Freigaben automatisch beim Start eingebunden wurden.

Die Ansicht enthält alle gefundenen Rechner und versieht diese mit einem Icon, das das verwendete Betriebssystem und auch das Rechnermodell symbolisiert. So erscheint ein MacBook oder ein Mac mini, bei denen jeweils Mac OS X 10.5 oder 10.6 genutzt wird, in der Ansicht entsprechend als MACBOOK oder MAC MINI. Rechner, die mit Mac OS X Version 10.4 oder früher betrieben werden, erscheinen in dieser Übersicht als IMAC. Die Differenzierung nach Modellen ist eigentlich nur Kosmetik, kann aber helfen, den gesuchten Rechner schneller zu identifizieren.

Ein Rechner, der seine Freigaben über Samba bereitstellt und bei dem es sich meistens um ein Windows-System (PC-SERVER) handelt, wird in fast schon gehässiger Weise mit einem Bluescreen, dem Signal eines Systemabsturzes unter Windows, angezeigt.

Abbildung 17.1 ▶
Die Ansicht NETZWERK zeigt alle gefundenen Rechner an.

Unter welchem Namen Ihr Rechner im Netzwerk auftritt, legen Sie in den Systemeinstellungen in der Ansicht FREIGABEN fest. Sie sollten für den GERÄTENAMEN keine Umlaute, Sonder- und Leerzeichen verwenden und einen möglichst kurzen Namen wählen.

Zeitverzögerung
Die Kommunikation der Namen erfolgt bei Windows-Freigaben in Intervallen von bis zu einigen Minuten. Es kann also sein, dass die Windows-Rechner in Ihrem Netzwerk nacheinander mit einer zeitlichen Verzögerung erscheinen oder verschwinden.

PC-Server im Netzwerk | Die Anzeige von Windows-Rechnern im Finder scheint manchmal etwas instabil zu sein. Der Grund unter Mac OS X 10.6 besteht oft darin, dass ein Rechner unter Mac OS X sich zum Master Browser aufschwingt. Bei der Kommunikation der Rechnernamen verhandeln die im Netzwerk vorhandenen Systeme die Freigaben über das SMB-Protokoll (siehe Abschnitt 18.3) untereinander, wer als zentrale Instanz fungiert – wenn kein DNS-Server eingesetzt wird. Dieser Rechner wird auch als Master Browser bezeichnet. Mit diesem Verfahren soll die Kommunikation der Rechnernamen im Netzwerk etwas effizienter verlaufen.

nmblookup | Befinden sich in Ihrem Netzwerk Rechner, die über SMB Freigaben bereitstellen, und erscheinen diese nicht in der Ansicht NETZWERK im Finder, dann können Sie am Terminal mit dem Befehl `nmblookup` zunächst prüfen, ob die Auflösung der Namen in IP-Adressen überhaupt funktioniert und welcher Rechner die Funktion des Master Browsers übernommen hat.

Mit der Eingabe von `nmblookup Name` wird das Netzwerk nach einem Rechner mit dem angegebenen Namen durchsucht. Ist die Suche erfolgreich, dann wird die IP-Adresse des Rechners ausgegeben. Den Master Browser einer Arbeitsgruppe können Sie mit der Eingabe `nmblookup -M -- -` ermitteln (siehe Abbildung 17.2). Sie erhalten dann die IP-Adresse des Rechners, der in Ihrem Netzwerk als Master Browser fungiert. Hierbei sollte es sich, wie bei dem Rechner mit der IP-Adresse 192.168.0.4 in Abbildung 17.2, um ein Windows-System handeln.

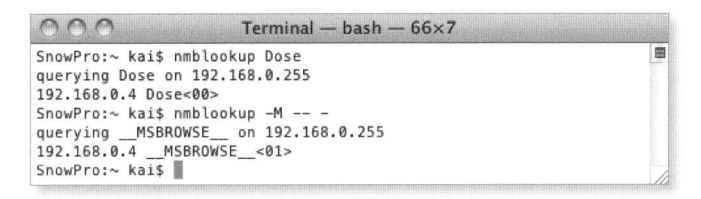

```
SnowPro:~ kai$ nmblookup Dose
querying Dose on 192.168.0.255
192.168.0.4 Dose<00>
SnowPro:~ kai$ nmblookup -M -- -
querying __MSBROWSE__ on 192.168.0.255
192.168.0.4 __MSBROWSE__<01>
SnowPro:~ kai$
```

◄ **Abbildung 17.2**
Der Befehl `nmblookup` hilft bei der Suche nach Windows-Freigaben.

Sollte ein Mac OS X-Rechner die Rolle des Master Browsers übernommen haben, dann können Sie auf diesem System zunächst die Freigabe von Ordnern über SMB für einige Minuten deaktivieren. In diesem Zeitraum handeln die Systeme im Netzwerk einen neuen Master Browser aus. Eine einfache Lösung kann auch darin bestehen, die Windows-Rechner im Netzwerk als Erstes zu starten. Da in diesem Fall kein Mac OS X-Rechner an der Diskussion, wer die Rolle des Master Browser übernimmt, beteiligt ist, wird dies in der Regel ein Windows-Rechner übernehmen.

Arbeitsgruppe bestimmen | Unter Windows werden die Rechner meist in einer Arbeitsgruppe zusammengefasst, die unter anderem dazu dient, die Anzeige im Windows Explorer zu strukturieren.

Mit Mac OS X 10.6 können Sie sich in eine Arbeitsgruppe einfügen, indem Sie in den Systemeinstellungen in der Ansicht NETZWERK die erweiterten Optionen der entsprechenden Netzwerkschnittstelle aufrufen. Sie finden dort einen Reiter WINS. Als NETBIOS-NAME ist hier bereits der Gerätename, den Sie unter FREIGABEN vergeben haben, eingetragen. Wenn Ihr Rechner im Windows-Netzwerk unter einem anderen Namen auftreten soll, können Sie diesen hier ändern. Darunter finden

Name zu IP-Adresse
Wenn Sie den Namen eines Rechners herausfinden möchten, dessen IP-Adresse Sie kennen, können Sie den Befehl mit der Option `-A` aufrufen. Die Eingabe von `nmblookup -A 192.168.0.4` gibt Ihnen sowohl die Arbeitsgruppe als auch den Namen des Rechners aus.

Firewall
Funktioniert die Namensauflösung, dann werden die Rechner auch dann im Finder angezeigt, wenn die Firewall alle eingehenden Verbindungen blockieren soll.

Sie die ARBEITSGRUPPE, die Sie analog zu den anderen Rechnern in Ihrem Netzwerk eingeben können. Der Standard ist zWORK-GROUP.

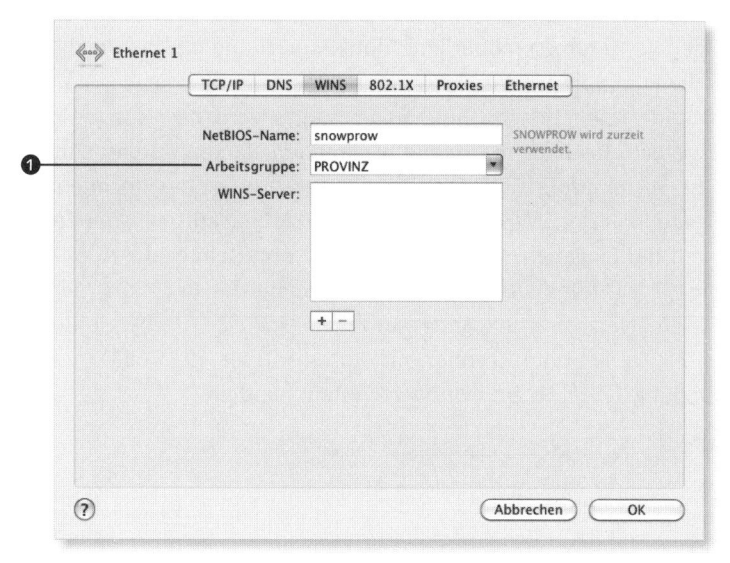

▲ **Abbildung 17.3**
Die ARBEITSGRUPPE ❶ wird in den erweiterten Optionen der Netzwerkschnittstelle festgelegt.

17.1.2 Ticket-Vergabe über Kerberos

In der Seitenleiste im Finder werden Ihnen in der Rubrik FREIGABEN nur die Computer aufgelistet. Die Bezeichnung ist insofern etwas irreführend, weil hier nicht direkt die Freigaben an sich, sondern die Systeme, die die Freigaben anbieten, aufgeführt werden. Neben den Ordnern wird, sofern dieser Dienst über Bonjour kommuniziert wird, auch die Bildschirmfreigabe angezeigt.

Wählen Sie in der Ansicht NETZWERK einen Rechner aus, so werden Ihnen dort die öffentlichen Freigaben, die für den Gast-Account zugänglich sind, angezeigt. Wurde auf dem Rechner der Gast-Account deaktiviert (siehe Abschnitt 14.2.2), erhalten Sie zunächst die Meldung NICHT VERBUNDEN. Wenn Sie mit der Schaltfläche VERBINDEN ALS eine Verbindung zu dem Rechner herstellen, werden Sie nach einem Benutzernamen und dem Passwort gefragt. Geben Sie hier ein Benutzerkonto an, das über den gleichen Accountnamen verfügt wie dasjenige, das Sie an Ihrem aktuellen Rechner nutzen.

Wenn Sie einen der angebotenen Dienste nutzen, also eine Freigabe einbinden oder auf den Bildschirm zugreifen, dann erhalten Sie im Hintergrund ein Ticket und müssen sich nicht mehr erneut identifizieren.

HINWEIS

Die Verwendung von Kerberos funktioniert in der hier beschriebenen Form nur zwischen Rechnern, die unter Mac OS X 10.5 oder 10.6 laufen.

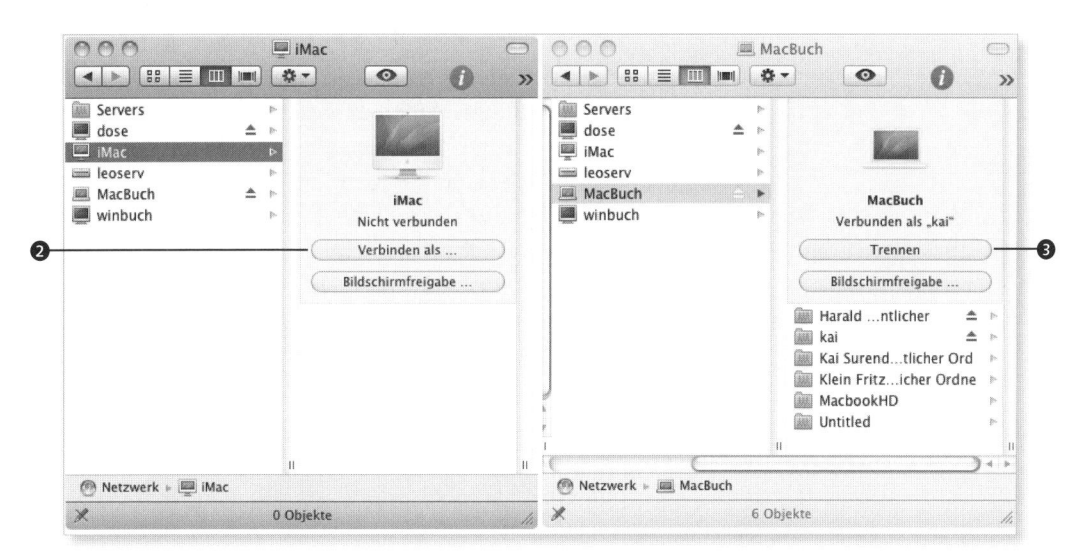

▲ **Abbildung 17.4**
Mit der Schaltfläche VERBINDEN ALS ❷ kann ein Kerberos-Ticket angefordert werden (links). Wenn ein Kerberos-Ticket übergeben wurde, springt der Schalter um auf TRENNEN ❸, und der Rechner gilt als verbunden (rechts).

Keine Passworteingabe | Der Clou besteht nun darin, dass Sie sich die nächsten zehn Stunden nicht mehr an diesem Rechner mit einem Passwort identifizieren müssen. Sowohl die Bildschirmsteuerung als auch die freigegebenen Ordner können ohne Weiteres nach Belieben eingebunden und wieder deaktiviert werden.

Bei Kerberos handelt es sich um eine Authentifizierungs-Methode, die mit Tickets arbeitet und die sonst nur in den Server-Varianten von Mac OS X und Windows in Verbindung mit einem Verzeichnisdienst Verwendung findet. Da die Eingabe des Passwortes nur einmal vom Anwender verlangt wird, wird im Zusammenhang mit Kerberos auch von »Single Sign-on« gesprochen.

Das Funktionsweise von Kerberos besteht darin, dass Tickets ausgestellt werden. Diese Tickets enthalten die Zugangsberechtigung, entweder zu dem Rechner oder zu einem Dienst wie der Bildschirmfreigabe oder der Freigabe von Ordnern über AFP und SMB.

Key Distribution Center | Wenn Sie auf die Schaltfläche VERBINDEN ALS klicken, nimmt Ihr System im Hintergrund eine Verbindung mit dem anderen Rechner auf. Dort wird bei dem Key Distribution Center, das für die Vergabe der Tickets zuständig ist, um Authentifizierung gebeten. Im Hintergrund sind hierzu die Prozesse `kdcmond` als überwachende Instanz, `krb5kdc` als die Ver-

> **HINWEIS**
>
> Da die Kerberos-Tickets nur eine bestimmte Lebenserwartung haben, reagiert dieses System sehr empfindlich auf Zeitunterschiede. Wenn Sie die Uhren Ihrer Rechner nicht synchronisieren, dann funktioniert die Verwendung von Kerberos wahrscheinlich nicht.

Keine Übertragung des Passworts
Ein entscheidender Grund, warum der Einsatz von Kerberos die Sicherheit im Netzwerk erhöhen kann, besteht darin, dass bei dem Verfahren mit dem mehrfachen Austausch von Tickets das Passwort des Benutzers nicht über das Netzwerk übertragen wird.

gabestelle der Tickets und `LKDCHelper` sind für Realisierung von Kerberos in der normalen Variante von Mac OS X aktiv. Wenn Sie sich mit einem Benutzernamen und dem korrekten Passwort identifiziert haben, erhalten Sie ein sogenanntes Ticket-Granting Ticket, auch mit TGT abgekürzt. Haben Sie ein TGT erhalten, wird dieses bei einem Dienst wie der Bildschirmfreigabe oder AFP zur Authentifizierung verwendet.

Das Vorgehen besteht darin, dass Sie vom Key Distribution Center ein Service Ticket für den AFP-Server anfordern. Wenn Sie zur Nutzung des AFP-Servers befugt sind, stellt Ihnen das Key Distribution Center ein sogenanntes Service Ticket aus. Mittels diesem erfolgt dann die Identifikation am AFP-Server. Die Eingabe eines Passwortes ist hierzu nicht mehr nötig, da sich die Befugnisse über das TGT definieren. Dienste, die diese Form der Authentifizierung unterstützen, werden auch als kerberisiert bezeichnet.

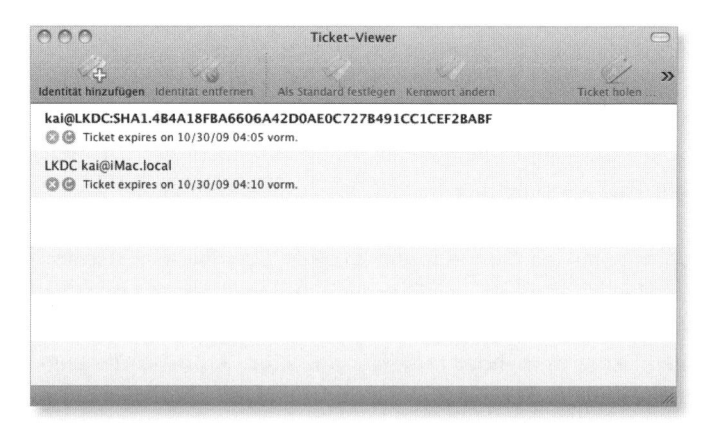

Gleicher Accountname
Der Grund, dass für die Erteilung eines TGT der gleiche Accountname genutzt werden muss, besteht unter anderem darin, dass auf diese Weise eine Vermischung von verschiedenen Konten vermieden wird. Sie arbeiten am fremden Rechner immer mit Ihrem Kurznamen, sofern Sie ein Kerberos-Ticket erhalten haben.

Principal und Realm
Die Angabe eines Tickets besteht aus einem Realm, der die Zeichenkette nach dem @ darstellt und hier den Computer identifiziert, sowie aus dem Principal, der die gesamte Zeichenkette umfasst und damit auch den Dienst definiert, für den das Ticket gilt. Die kryptische Schreibweise, normalerweise entspricht sie KRBTGT/SERVER@SERVER, rührt daher, dass Kerberos bei der Installation von Mac OS X automatisch eingerichtet und mit einer eindeutigen Zeichenkette versehen wird. Letzteres dient dazu, Verwechslungen durch einen gleichlautenden Namen zu vermeiden.

▲ **Abbildung 17.5**
Die erhaltenen Tickets können im Ticket-Viewer eingesehen werden.

Sie können die erhaltenen und gültigen Tickets einsehen, indem Sie das Programm Ticket-Viewer aus dem Ordner /SYSTEM/ LIBRARY/CORESERVICES starten oder in der SCHLÜSSELBUNDVERWALTUNG den Menüpunkt SCHLÜSSELBUNDVERWALTUNG • TICKET-VIEWER aufrufen. In der Liste finden Sie alle Identitäten, über die Ihnen bisher ein Ticket zugestellt wurde. Beachten Sie, dass die Namensauflösung hier nicht immer funktioniert. In Abbildung 17.5 stammt der erste, kryptisch anmutende Eintrag von einem MacBook, das unter der Bezeichnung MACBUCH.LOCAL im Netzwerk kommuniziert wurde. Das Kürzel LKDC weist hier auf ein lokales Key Distribution Center hin, das sich nicht auf einem Windows- oder Mac OS X-Server befindet. Die Angabe TICKET EXPIRES gibt an, wann das erhaltene Ticket verfällt.

```
SnowPro:~ kai$ klist -A
Kerberos 5 ticket cache: 'API:Initial default ccache'
Default principal: kai@LKDC:SHA1.4B4A18FBA6606A42D0AE0C727B491CC1CEF2BABF

Valid Starting     Expires            Service Principal
10/29/09 18:05:14  10/30/09 04:05:14  krbtgt/LKDC:SHA1.4B4A18FBA6606A42D0AE0C727B4
91CC1CEF2BABF@LKDC:SHA1.4B4A18FBA6606A42D0AE0C727B491CC1CEF2BABF
       renew until 11/05/09 17:56:47

10/29/09 18:15:31  10/30/09 04:05:14  afpserver/LKDC:SHA1.4B4A18FBA6606A42D0AE0C72
7B491CC1CEF2BABF@LKDC:SHA1.4B4A18FBA6606A42D0AE0C727B491CC1CEF2BABF
       renew until 11/05/09 17:56:47

-----------------------------------------------------------------
Kerberos 5 ticket cache: 'API:1'
Default principal: kai@LKDC:SHA1.4E54C0DF4EB9AC9D72119C161856257B097C580C

Valid Starting     Expires            Service Principal
10/29/09 18:10:37  10/30/09 04:10:36  krbtgt/LKDC:SHA1.4E54C0DF4EB9AC9D72119C16185
6257B097C580C@LKDC:SHA1.4E54C0DF4EB9AC9D72119C161856257B097C580C
       renew until 11/05/09 18:10:37

10/29/09 18:10:38  10/30/09 04:10:36  afpserver/LKDC:SHA1.4E54C0DF4EB9AC9D72119C16
1856257B097C580C@LKDC:SHA1.4E54C0DF4EB9AC9D72119C161856257B097C580C
       renew until 11/05/09 18:10:37

10/29/09 18:10:41  10/30/09 04:10:36  vnc/LKDC:SHA1.4E54C0DF4EB9AC9D72119C16185625
7B097C580C@LKDC:SHA1.4E54C0DF4EB9AC9D72119C161856257B097C580C
       renew until 11/05/09 18:10:37
SnowPro:~ kai$
```

◀ **Abbildung 17.6**
Mit dem Befehl `klist` können die Details der Tickets eingesehen werden.

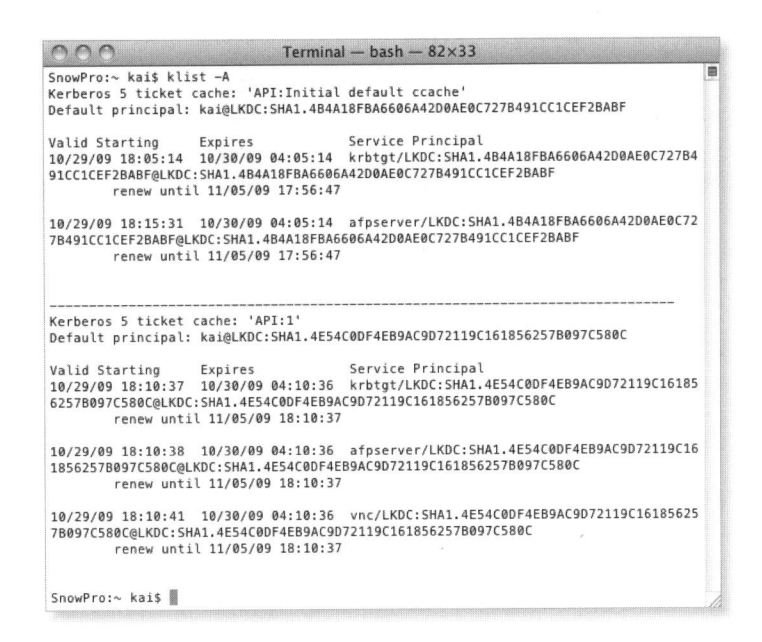

klist –A | Am Terminal können Sie sich mit der Eingabe von `klist -A` über die vorhandenen Tickets informieren. Hierbei entspricht KRBTGT dem eigentlichen Ticket-Granting Ticket, AFPSERVER für die Freigaben über den AFP-Server, VNC für die Bildschirmfreigabe und CIFS für die SMB-Freigaben für Windows-Rechner. Die letzten drei Tickets erhalten Sie nur, wenn Sie von dem entsprechenden Dienst Gebrauch gemacht, also zum Beispiel die Bildschirmfreigabe gestartet haben.

17.2 Rechner fernsteuern

Es gibt zahlreiche Gründe, einen Rechner über das Netzwerk zu kontrollieren. Wenn Sie mehrere Rechner zu verwalten haben, spart Ihnen eine entfernte Anmeldung einiges an Zeit und Aufwand. Ferner können Sie, insbesondere über die Freigabe des Bildschirms in iChat, Freunden und Bekannten recht einfach Hilfestellung leisten oder bei der Arbeit über die virtuelle Schulter schauen.

Daneben steht Ihnen auch die entfernte Anmeldung über die Secure Shell (SSH) zur Verfügung, die sicher nicht so komfortabel, aber dafür schneller und effizienter ist. Strom sparen und dennoch jederzeit auf einen Rechner im Netzwerk zugreifen können Sie mit der Funktion Wake on LAN, die den betreffenden Rechner über ein »magisches Paket« aufweckt.

Apple Remote Desktop
Wenn Ihnen die in diesem Abschnitt vorgestellten Methoden und Verfahren nicht ausreichen und Sie mehrere Mac OS X-Rechner in einem Netzwerk zentral verwalten und administrieren wollen, können Sie den Erwerb von Apple Remote Desktop in Erwägung ziehen. Das Programm bietet einige zusätzliche Funktionen für die Verwaltung von Rechnern über das Netzwerk.

17.2.1 Entfernte Anmeldung mit SSH

In der Ansicht FREIGABEN der Systemeinstellungen verbirgt sich hinter dem Punkt ENTFERNTE ANMELDUNG die Möglichkeit, mit einer verschlüsselten Verbindung eine Shell an einem anderen Rechner zu starten. Das bedeutet, dass Sie von Ihrem eigenen Rechner aus Befehle an einem virtuellen Terminal auf dem anderen Rechner eingeben und ausführen können.

Unter Mac OS X und so gut wie allen anderen UNIX- und Linux-Systemen werden die Programme des OpenSSH-Projektes eingesetzt. Dieses freie Software-Projekt hat sich zum De-facto-Standard für die verschlüsselte Kommunikation über die Eingabezeile entwickelt und steht Ihnen auf fast jedem UNIX- und Linux-Rechner zur Verfügung. Zwar wird es bei eher anwenderorientierten Linux-Distributionen wie Ubuntu bei der Erstinstallation nicht mehr vollständig installiert, lässt sich aber leicht über die jeweilige Softwareverwaltung nachträglich hinzufügen.

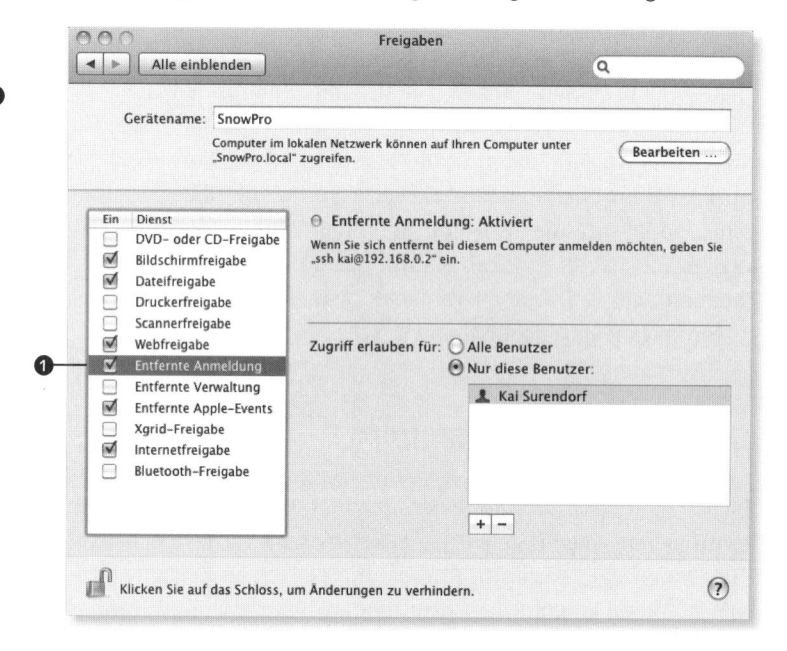

Telnet, rlogin ...
Neben SSH wurden in der langen Geschichte von UNIX einige weitere Werkzeuge entwickelt, um sich an einem entfernten Rechner anzumelden. Auf den Einsatz von Methoden wie Telnet sollten Sie grundsätzlich verzichten, da hier der gesamte Datenverkehr oft unverschlüsselt übertragen wird. Zwar wurden in Telnet nachträglich Methoden der Verschlüsselung integriert, die OS X auch unterstützt, aber Sie sollten, wenn irgend möglich, SSH verwenden.

Abbildung 17.7 ▶
Der SSH-Server wird über den Punkt ENTFERNTE ANMELDUNG ❶ aktiviert.

Poderosa für Windows
Während der Befehl ssh bei eigentlich allen UNIX- und Linux-Systemen vorhanden ist, müssen Sie unter Windows auf ein zusätzliches Programm zurückgreifen. Bei Poderosa (http://en.poderosa.org/) handelt es sich um ein Open-Source-Projekt mit einem großen Funktionsumfang.

Anmeldung mit ssh | Auf dem Rechner, an dem Sie sich anmelden möchten, muss in den Systemeinstellungen in der Ansicht FREIGABEN die ENTFERNTE ANMELDUNG aktiviert werden. Hier können Sie in der Liste ZUGRIFF ERLAUBEN FÜR die Anmeldung auf einige Benutzer begrenzen, um so zum Beispiel nur dem Administrator Zugriff über das Netzwerk zu gewähren. Ist die entfernte Anmeldung aktiv, dann steht Ihnen am Terminal der Befehl ssh zur Verfügung.

Sie können ihn zusammen mit dem URL oder der IP-Adresse des Rechners, an dem Sie sich anmelden möchten und auf dem Sie die entfernte Anmeldung aktiviert haben, aufrufen, zum Beispiel ssh imac.local. Es ist auch möglich, vor der Adresse den Kurznamen des Benutzers anzugeben, mit dessen Benutzerkonto Sie sich anmelden wollen. Die Angabe lautet dann zum Beispiel ssh kai@192.168.0.2.

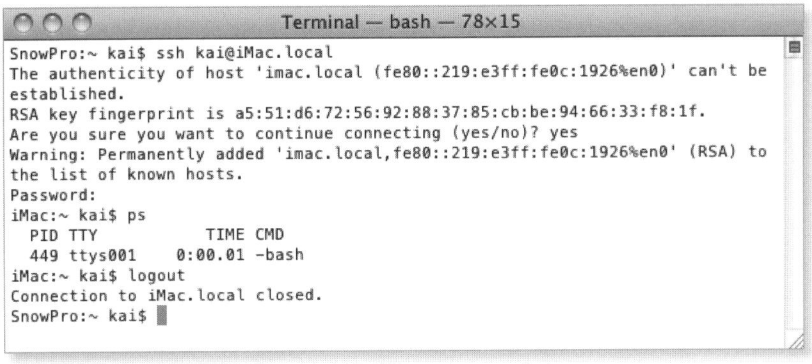

```
SnowPro:~ kai$ ssh kai@iMac.local
The authenticity of host 'imac.local (fe80::219:e3ff:fe0c:1926%en0)' can't be
established.
RSA key fingerprint is a5:51:d6:72:56:92:88:37:85:cb:be:94:66:33:f8:1f.
Are you sure you want to continue connecting (yes/no)? yes
Warning: Permanently added 'imac.local,fe80::219:e3ff:fe0c:1926%en0' (RSA) to
the list of known hosts.
Password:
iMac:~ kai$ ps
  PID TTY           TIME CMD
  449 ttys001    0:00.01 -bash
iMac:~ kai$ logout
Connection to iMac.local closed.
SnowPro:~ kai$
```

▲ **Abbildung 17.8**
Die entfernte Anmeldung erfolgt am Terminal über den Befehl ssh.

Fingerabdruck | Wenn Sie sich das erste Mal an dem angegebenen Rechner anmelden, erhalten Sie die Meldung, dass die Authentizität dieses Rechners nicht gewährleistet ist. In Abbildung 17.8 lautet die Meldung The authenticity of 'imac.local' can't be established. Sie besagt, dass der Rechner, an dem Sie sich anmelden wollen, noch unbekannt ist. Ihnen wird in der folgenden Zeile der virtuelle Fingerabdruck ausgegeben.

Mit der Eingabe von yes können Sie diesen Fingerabdruck akzeptieren, und Sie werden dann zur Eingabe des Passwortes für den angegebenen Benutzer aufgefordert. Sofern Sie den Benutzer nicht beim Aufruf von ssh angegeben haben, müssen Sie hier erst den Benutzer und dann sein Passwort eingeben. Anschließend wechselt der Prompt, und alle Befehle, die Sie von jetzt an eingeben, werden auf dem anderen Rechner ausgeführt.

In Abbildung 17.8 wurde die Anmeldung an einem Rechner mit dem Namen imac vollzogen. Die Eingabe von ps zeigt die aktiven Prozesse ohne grafische Oberfläche des Benutzers auf dem anderen Rechner an. Da dort keine Anmeldung an der grafischen Oberfläche vorlag, ist nur die Shell aktiv. Mit der Eingabe von logout beenden Sie die Sitzung, was mit der Meldung Connection to 192.168.0.100 closed quittiert wird.

> **HINWEIS**
>
> Beachten Sie bei der Anmeldung an anderen Rechnern, dass Ihnen je nach Konfiguration und Betriebssystem unterschiedliche Befehle zur Verfügung stehen. So wäre der Befehl diskutil auf einem Linux-Rechner nicht verfügbar, da es sich bei diesem Befehl um eine Eigenart von Mac OS X handelt.

Man in the middle
Die Arbeit mit Fingerabdrücken hat das Ziel, einen sogenannten Man-in-the-middle-Angriff unmöglich zu machen. Hierbei klinkt sich der Hacker zwischen Ihrem und dem Zielrechner ein und fängt die Daten und Eingaben, die für den Zielrechner gedacht sind, ab. Mit dem Fingerabdruck wird sichergestellt, dass sich auf der Gegenseite wirklich der gewünschte Rechner befindet.

Fingerabdruck einsehen
Den Fingerabdruck Ihres Rechners können Sie sich mit der Eingabe `ssh-keygen -l -f /etc/ssh_host_rsa_key.pub` anzeigen lassen. Sie können sich die Ausgabe notieren und den Fingerabdruck überprüfen, wenn Sie sich über das Internet an Ihrem Rechner anmelden.

Known_hosts | Die Verwendung des virtuellen Fingerabdrucks soll vermeiden, dass Sie irrtümlich durch eine manipulierte Netzwerkverbindung auf einen anderen Rechner als den gewünschten umgeleitet werden. Der Fingerabdruck wird bei der Installation erstellt und hat den Anspruch, einmalig und nicht reproduzierbar zu sein. Wenn Sie einen Fingerabdruck mit der Eingabe von yes akzeptiert haben, wird er der Datei ~/.ssh/KNOWN_HOSTS hinzugefügt. Diese Datei, die sich im unsichtbaren Verzeichnis .ssh in Ihrem persönlichen Ordner befindet, enthält die Fingerabdrücke aller Rechner, die Sie bislang akzeptiert haben.

Wenn bei der Anmeldung mittels ssh ein Fingerabdruck mitgeteilt wird, der vom bereits vorliegenden abweicht, erhalten Sie eine Warnung. Dies kann zum Beispiel dann der Fall sein, wenn das Netzwerk geändert wurde und ein anderer Rechner die IP-Adresse 192.168.0.100 besitzt, oder wenn das System neu installiert wurde. Sie können dann den neuen Fingerabdruck akzeptieren oder mit `nano ~/.ssh/known_hosts` die Liste der bekannten Fingerabdrücke bearbeiten. Die Datei (siehe Abbildung 17.9) ist zeilenweise aufgebaut, wobei der Name des Rechners oder die IP-Adresse am Beginn der Zeile steht. Löschen Sie die Zeile, dann gilt auch der Fingerabdruck nicht mehr als bekannt.

Die Löschung kann angebracht sein, wenn eine Änderung wie eine Neuinstallation vorgenommen wurde, sich noch der alte Fingerabdruck in der Datei KNOWN_HOSTS befindet und Programme mit grafischer Benutzeroberfläche die Verbindung verweigern, weil die Fingerabdrücke nicht übereinstimmen.

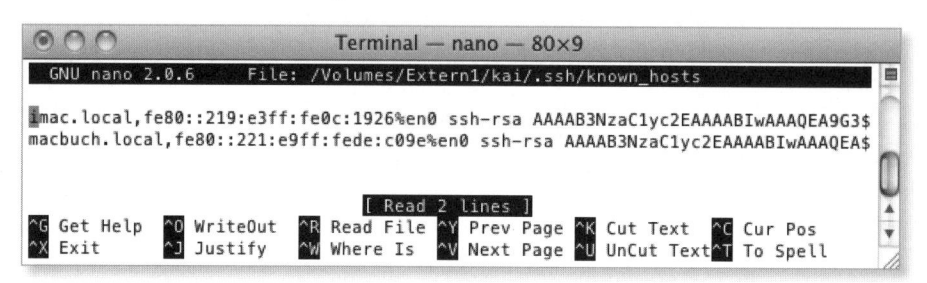

▲ **Abbildung 17.9**
Die Datei ~/.SSH/KNOWN_HOSTS kann mit dem Editor nano bearbeitet werden.

Schlüssel hinterlegen | Die Eingabe von Passwörtern kann die Arbeit mit ssh und scp (siehe Abschnitt 17.2.1) erschweren, wenn sie für automatische Arbeiten im Hintergrund eingesetzt werden. Es ist ein beliebtes Verfahren, mithilfe von Zeitplänen über einen LaunchAgent regelmäßig zu einem bestimmten Zeitpunkt einen Kopiervorgang zu starten. Die Eingabe eines Passwortes würde die Automatisierung dieses Vorgangs unmöglich machen. Mit SSH ist es daher möglich, sogenannte Schlüssel auf dem Server und auf Ihrem Rechner zu hinterlegen. Passen diese zusammen, so kann auf die Eingabe eines Passwortes verzichtet werden, da die Authentifizierung anhand der Schlüssel erfolgt.

Um einen Schlüssel auf einem Server zu hinterlegen, gehen Sie folgendermaßen vor:

- Mit dem Befehl `ssh-keygen -t rsa` erzeugen Sie ein Schlüsselpaar mit der RSA-Methode. Sie werden dann nach einem Ordner gefragt. Sie können einfach ⏎ eingeben, und der Schlüssel wird im Verzeichnis .ssh in Ihrem persönlichen Ordner gesichert. Die Frage nach einer `passphrase` sollten Sie mit einer zweifachen Eingabe von ⏎ beantworten.
- Nachdem der öffentliche und der private Schlüssel erstellt wurden, kopieren Sie durch die Eingabe von `scp ~/.ssh/id_rsa.pub kai@192.168.0.5:~/` Ihren öffentlichen Schlüssel in das private Verzeichnis auf dem entfernten Server.
- Melden Sie sich dann mit `ssh kai@192.168.0.5:` an dem entfernten Rechner an.
- Der Befehl `cat id_rsa.pub >> .ssh/authorized_keys` fügt Ihren öffentlichen Schlüssel den auf dem Server für das Benutzerkonto hinterlegten hinzu. (Die Datei »id_rsa.pub« können Sie auf dem Server anschließend löschen.)
- Für die Anmeldung mit `ssh` und das Kopieren mittels `scp` ist die Eingabe eines Passwortes nun nicht mehr notwendig.

HINWEIS

Sollte auf dem entfernten Rechner das Verzeichnis ~/.ssh noch nicht existieren, dann können Sie dies vor dem vierten Schritt mit dem Befehl `mkdir ~/.ssh` anlegen.

◀ **Abbildung 17.10**
Die letzte Anmeldung mit `ssh` wurde über den hinterlegten Schlüssel authentifiziert.

Bonjour | Die Möglichkeit der entfernten Anmeldung wird auch über Bonjour im lokalen Netzwerk kommuniziert. Im Terminal können Sie über den Menüpunkt SHELL • NEUE ENTFERNTE VERBINDUNG ⌘ + ⇧ + K den Dialog aus Abbildung 17.11 aufrufen. In der Rubrik DIENST wird Ihnen die entfernte Anmeldung unter SICHERE SHELL (SSH) angezeigt. Sie können dort einen SERVER auswählen und einen BENUTZER vorgeben.

Mit –p 22 wird der Port bezeichnet, über den die Verbindung aufgenommen werden soll. Dies ist in der Regel Port 22. Unter SSH (AUTOMATISCH) kann die Version des SSH-Protokolls ausgewählt werden. Gebräuchlich ist hier die auch unter Mac OS X verwendete Version 2, Version 1 gilt als deutlich weniger sicher.

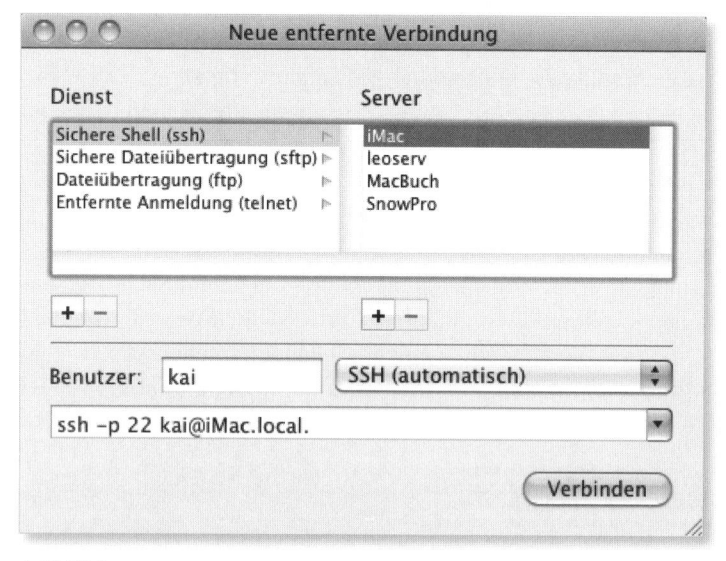

▲ **Abbildung 17.11**
Die entfernte Anmeldung wird auch über Bonjour kommuniziert.

> **HINWEIS**
>
> Wenn Sie zu einem späteren Zeitpunkt die entfernte Anmeldung doch wieder über Bonjour kommunizieren lassen möchten, erstellen Sie vor dem Aufruf von nano eine Sicherheitskopie der Datei SSH.PLIST aus dem Verzeichnis /SYSTEM/LIBRARY/LAUNCHDAEMONS.

Bonjour deaktivieren | Die automatische Kommunikation der entfernten Anmeldung über Bonjour kann in Einzelfällen nicht gewünscht sein. Um sie zu unterbinden, müssen Sie den Launch-Daemon, der für den Start von sshd zuständig ist, modifizieren. Rufen Sie hierzu mit

```
sudo nano /System/Library/LaunchDaemons/ssh.plist
```

den Editor nano auf. In der Property-Liste löschen Sie die fünf in Abbildung 17.12 hervorgehobenen Zeilen, die die automatische Kommunikation über Bonjour aktivieren. Sichern Sie die Datei, und starten Sie den Dienst ENTFERNTE ANMELDUNG über die Systemeinstellungen neu.

◀ **Abbildung 17.12**
Durch Löschung von fünf Zeilen kann die Kommunikation über Bonjour unterbunden werden.

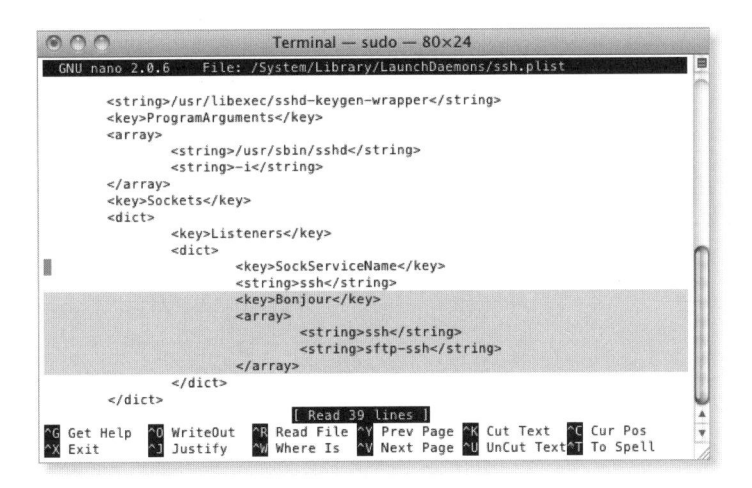

17.2.2 Bildschirm freigeben mit iChat

iChat unterstützt seit Mac OS X 10.5 die Möglichkeit, den Bildschirm freizugeben und einem anderen Teilnehmer den Zugriff und die Steuerung des Rechners zu ermöglichen. Die Funktion eignet sich sehr gut, um einem Kollegen bei einer Aufgabe zu assistieren oder selbst Hilfe zu holen. Ein Vorteil bei der Verwendung von iChat gegenüber der anschließend beschriebenen Bildschirmfreigabe besteht darin, dass die Arbeit mit iChat, eine schnelle Verbindung vorausgesetzt, auch problemlos über das Internet und die Router funktioniert. Umgekehrt kann mit iChat nur ein bereits angemeldeter Benutzer ferngesteuert werden und nicht das gesamte System. Durch die Verwendung von Bonjour ist die Verwendung von iChat auch im lokalen Netzwerk interessant.

Um die Freigabe Ihres Bildschirms in iChat zu ermöglichen, müssen Sie die Option VIDEO • BILDSCHIRMFREIGABE AKTIVIERT auswählen. Sollte Ihr Rechner nicht über eine Webcam verfügen, dann lautet der Menüpunkt AUDIO • BILDSCHIRMFREIGABE AKTIVIERT.

In der Kontaktliste ist es für andere Anwender nun möglich, auf Ihren Bildschirm zuzugreifen. Hierzu wird die rechte der vier Schaltflächen ❶ verwendet. Die Bildschirmfreigabe in iChat ist über alle fünf Protokolle (Bonjour, .Mac, AIM, Jabber und Google Talk) möglich.

Wählen Sie einen Kontakt aus, und es stehen Ihnen über die Schaltfläche zwei Menüpunkte zur Verfügung: Einerseits können Sie UM ZUGRIFF AUF BILDSCHIRM VON BENUTZER BITTEN auswählen. Der andere Anwender erhält dann eine Rückfrage (siehe Abbildung 17.15), ob er seinen Bildschirm für Sie freigeben möchte. Umgekehrt können Sie Ihren Bildschirm für den anderen Teilnehmer freigeben. Wenn Sie über iChat Ihren Bildschirm freigeben oder auf den eines anderen Anwenders zugreifen möchten, muss

▲ **Abbildung 17.13**
Die Freigabe des Bildschirms erfolgt in iChat über den Menüpunkt BILDSCHIRMFREIGABE.

▲ **Abbildung 17.14**
Über die rechte Schaltfläche ❶ kann die Bildschirmfreigabe in iChat gestartet werden.

die Gegenseite die Anfrage bestätigen. Über eine TEXTANTWORT können Sie eine mögliche Ablehnung erklären.

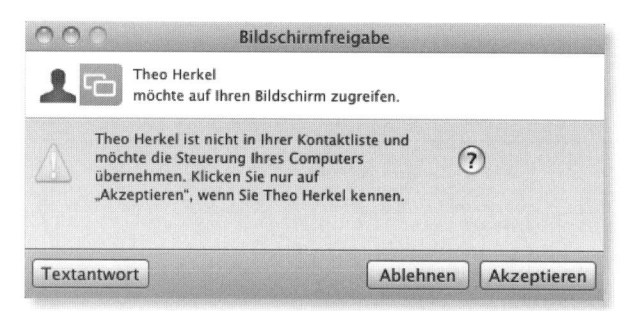

Abbildung 17.15 ▶
Die Freigabe des eigenen Bildschirms muss akzeptiert werden.

> **HINWEIS**
>
> Beachten Sie, dass die Übertragung der Bildschirmdarstellung nur bei einer schnellen Netzwerk-Verbindung reibungslos funktioniert. Arbeiten Sie mit einer langsamen Verbindung, dann sind eine ruckelnde Darstellung und eine verzögerte Ansprache auf Eingaben die Folge.

Wechselnde Ansicht | Wenn Sie die Verbindung zu einem anderen Rechner im Netzwerk hergestellt haben, haben Sie direkten Zugriff auf die Darstellung des anderen Rechners. Sämtliche Eingaben, die Sie über die Maus oder Tastatur tätigen, werden an den entfernten Rechner weitergeleitet und dort ausgeführt.

Zeitgleich wird die Darstellung Ihres eigenen Bildschirms verkleinert in einem Fenster mit dem Titel MEIN COMPUTER angezeigt. Wenn Sie dieses Fenster anklicken, tauschen die Darstellung des entfernten Bildschirms und die Ihres eigenen die Plätze. Dieser Wechsel wird mit einer eleganten Animation begleitet. Beenden lässt sich die Bildschirmfreigabe, indem Sie das Fenster der verkleinerten Ansicht schließen.

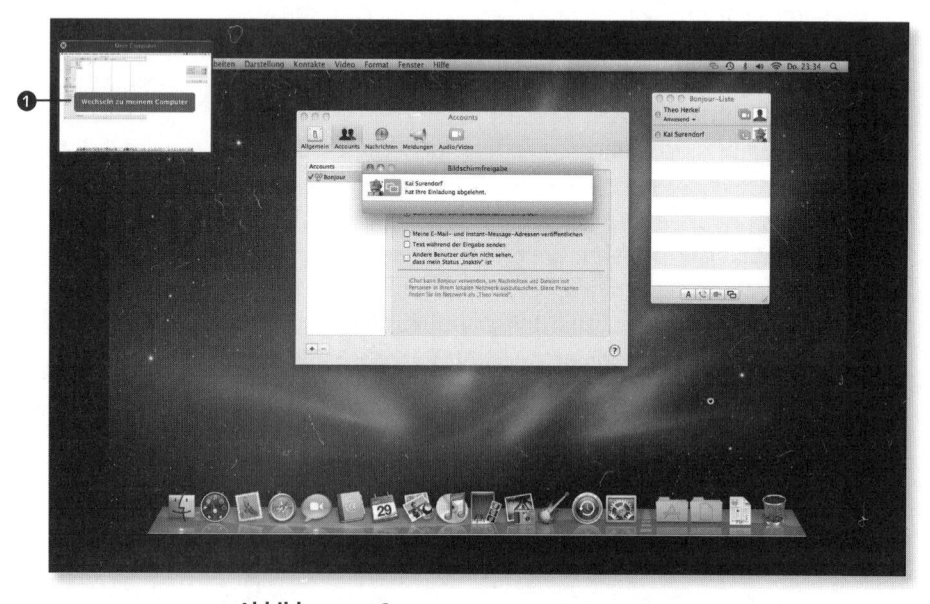

▲ **Abbildung 17.16**
Der eigene Bildschirm wird als verkleinerte Darstellung in einem separaten Fenster ❶ angezeigt.

Wenn Sie Ihren Bildschirm freigegeben haben, blinkt das Icon von iChat in der Menüleiste und ist rot eingefärbt. In der Liste der Kontakte finden Sie nun an erster Stelle den Hinweis, dass Sie eine Bildschirmfreigabe mit einem anderen Anwender vornehmen. Mit dem Menüpunkt BILDSCHIRMFREIGABE BEENDEN können Sie die Verbindung von sich aus trennen. Über diese Zwangstrennung wird der andere Anwender dann informiert.

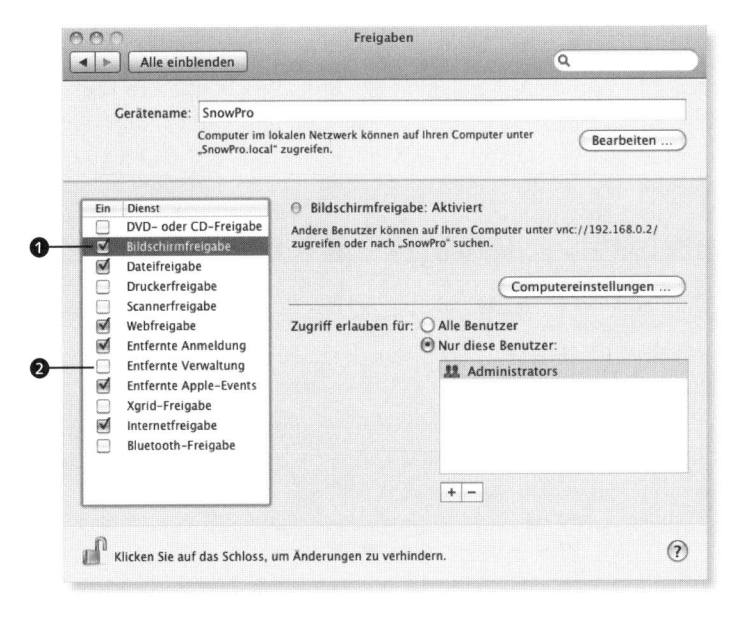

▲ **Abbildung 17.17**
Die Freigabe des Bildschirms kann über die Menüleiste beendet werden.

17.2.3 Bildschirmfreigabe

Während die Freigabe des Bildschirms mit iChat recht komfortabel ist, so stößt sie schnell an ihre Grenzen. Beispielsweise ist es nicht möglich, den Benutzer zu wechseln, und Sie sind auf die Verwendung von Mac OS X 10.5 oder 10.6 festgelegt. Eine Alternative stellt die Funktion BILDSCHIRMFREIGABE dar, bei der es sich um nichts anderes als einen VNC-Server handelt. Dieser wurde von Apple an einigen Stellen (Verschlüsselung und Komprimierung) etwas modifiziert, entspricht aber dennoch weitgehend dem Standard.

Virtual Network Computing
Bei dem Virtual Network Computing genannten Verfahren handelt es sich um eine ursprünglich von AT&T entwickelte Methode, die Darstellung des Bildschirms im Netzwerk zu übertragen und auf der Gegenseite Tastatur- und Mauseingaben entgegenzunehmen.

Bildschirmfreigabe aktivieren | Aktivieren können Sie die BILDSCHIRMFREIGABE über die Systemeinstellungen in der Ansicht FREIGABEN. Beachten Sie, sofern Sie auch mit Apple Remote Desktop arbeiten, dass die Einstellung überschrieben wird, wenn Sie den Dienst ENTFERNTE VERWALTUNG für den Apple Remote Desktop aktivieren. Ist die Bildschirmfreigabe aktiviert, dann ist es Ihnen auch möglich, den Zugriff wie auch bei der Anmeldung über SSH auf bestimmte Benutzer festzulegen.

◄ **Abbildung 17.18**
Die Einstellung BILDSCHIRMFREIGABE ❶ wird gegebenenfalls durch die ENTFERNTE VERWALTUNG ❷ ausgeblendet.

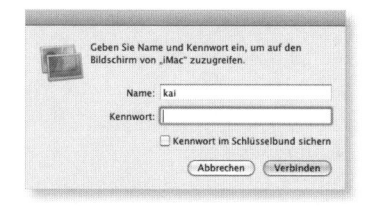

▲ **Abbildung 17.19**
Liegt kein Kerberos-Ticket vor, dann muss die Anmeldung im Programm Bildschirmfreigabe erfolgen.

TIPP

Bei einer langsamen Netzwerkverbindung kann es die Geschwindigkeit erhöhen, wenn Sie den Menüpunkt DARSTELLUNG • ANGEPASSTE QUALITÄT betätigen. Die Anzeige ist dann etwas grobkörniger, reagiert aber deutlich schneller.

▲ **Abbildung 17.20**
Über die Symbolleiste ❶ können die Zwischenablagen der beiden Rechner synchronisiert werden.

Abbildung 17.21 ▶
Die Voreinstellungen für die Verschlüsselung beziehen sich in erster Linie auf die Verwendung von Rechnern unter Mac OS X.

Um den Bildschirm eines anderen Rechners zu steuern, können Sie zunächst im Finder den entsprechenden Computer auswählen. Wenn Sie sich über die Schaltfläche VERBINDEN ALS identifiziert und sich ein Kerberos-Ticket geholt haben, steht Ihnen die Bildschirmsteuerung direkt im Finder zur Verfügung.

Sind Sie bisher nur als Gast verbunden, können Sie auch gleich auf die Schaltfläche BILDSCHIRMFREIGABE klicken. In beiden Fällen wird das Programm Bildschirmfreigabe aus dem Verzeichnis /SYSTEM/LIBRARY/CORESERVICES gestartet.

Das Programm Bildschirmfreigabe stellt Ihnen in einem eigenen Fenster den Bildschirm des anderen Rechners dar. Wenn Sie den Mauspfeil auf dieses Fenster bewegen, verschieben Sie ihn de facto auf den entfernten Rechner. Eingaben über die Tastatur werden, sofern sich das Fenster im Vordergrund befindet, von der Bildschirmfreigabe an den anderen Rechner weitergeleitet. Sie können ihn nun komplett fernsteuern.

In der Symbolleiste dient die Schaltfläche am linken Rand zur Steuerung der Skalierung. Wurde Sie angeklickt, dann wird der Inhalt des Bildschirms an die Größe des Fensters angepasst und entsprechend verkleinert. Deaktivieren Sie die Skalierung – es steht Ihnen auch der Menüpunkt DARSTELLUNG • SKALIERUNG AUSSCHALTEN zur Verfügung –, wird der Bildschirm im Verhältnis eins zu eins dargestellt, und Sie erhalten gegebenenfalls einen Scrollbalken.

Zwischenablage synchronisieren | In der Symbolleiste finden Sie noch zwei weitere Schaltflächen: Mit der linken können Sie den Inhalt der Zwischenablage des entfernten Rechners übertragen und so die Zwischenablage Ihres Rechners angleichen. Mit der rechten kopieren Sie den Inhalt der Zwischenablage Ihres Rechners in die des entfernten. Diese Funktion steht Ihnen nur bei der Verbindung von Rechnern unter Mac OS X 10.5 und 10.6 zur Verfügung.

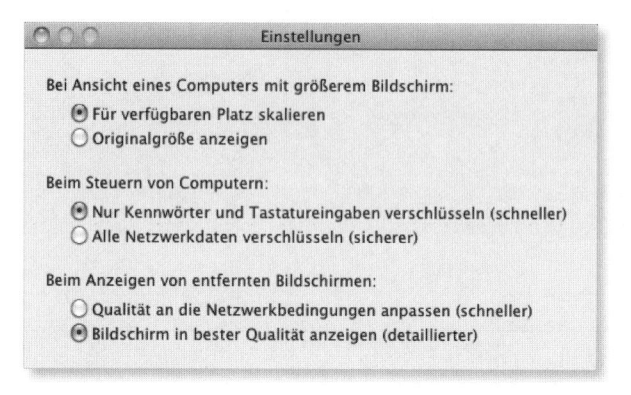

Voreinstellungen | Das Programm Bildschirmfreigabe verfügt auch über Voreinstellungen. Sie können hier zunächst über die Skalierung entscheiden und über die Qualität. Der zweite Punkt mit der Verschlüsselung ist etwas irreführend und bezieht sich in erster Linie auf die Verbindung von Rechnern, die beide unter Mac OS X 10.5 oder 10.6 laufen.

Wenn Sie Nur Kennwörter und Tastatureingaben verschlüsseln wählen, wird die eigentliche Bildschirmdarstellung nicht verschlüsselt. Dies kann im lokalen Netzwerk die Geschwindigkeit erhöhen, sofern Sie aber in einem Netzwerk arbeiten, bei dem Sie nicht allen Teilnehmern vertrauen können, erweist sich diese Variante als Sicherheitslücke.

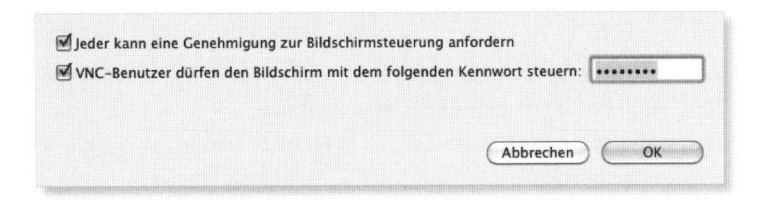

◄ **Abbildung 17.22**
In den Computereinstellungen der Bildschirmfreigabe kann ein Passwort vergeben werden.

Genehmigung anfordern | Die Bildschirmfreigabe wird etwas flexibler, wenn Sie nicht nur Anwendern, die über ein Benutzerkonto verfügen, die Steuerung der Bildschirms ermöglichen, sondern auch Dritten. Sie können hierzu in den Systemeinstellungen in den Voreinstellungen für die Bildschirmfreigabe die Computeroptionen (siehe Abbildung 17.22) auswählen. Dort finden Sie den Punkt Jeder kann eine Genehmigung zur Bildschirmsteuerung anfordern. Ist diese Funktion aktiv, dann erscheint im Anmeldedialog die Option Verbinden: Durch Fragen um Erlaubnis. Klickt der Anwender nun auf Verbinden, erhalten Sie an Ihrem Rechner den Hinweis, dass ein Benutzer auf Ihren Bildschirm zugreifen möchte.

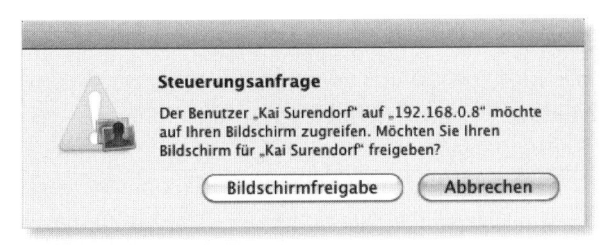

▲ **Abbildung 17.23**
Geht eine Anfrage zur Bildschirmfreigabe ein, dann kann diese bestätigt werden.

Verbindung trennen | Haben Sie den Bildschirm freigegeben, dann erscheint in der Menüleiste oben rechts ein Icon, das mit

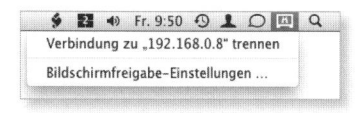

▲ **Abbildung 17.24**
Über die Menüleiste kann die Freigabe des Bildschirms vorzeitig beendet werden.

Remote Desktop Client
Eine Alternative zu VNC für die Fernsteuerung von Windows-Rechnern ist der Remote Desktop Client von Microsoft. Sie können ihn unter *http://www.microsoft.com/mac* beziehen. Er verfügt über einige weitere Funktionen wie die gemeinsame Nutzung der Zwischenablage, die mit VNC nicht möglich sind.

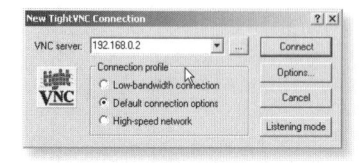

▲ **Abbildung 17.25**
Für die Verbindung von Windows aus muss die IP-Adresse des Mac OS X-Rechners eingegeben werden.

einem Monitor und einem Fernglas versehen ist. Es zeigt Ihnen die Verbindungen an, die über die Bildschirmfreigabe zu Ihrem Rechner hergestellt wurden, und Sie können die Freigabe für einen bestimmten Rechner vorzeitig beenden.

Passwort für die Freigabe | Die Eingabe eines Benutzers und Passwortes ist genauso wie die Verwendung von Kerberos für VNC eine Spezialität von Mac OS X, die Ihnen unter Windows und auch unter Linux nicht zur Verfügung steht. Sie müssen, um von Windows oder Linux eine Verbindung zu dem Mac OS X-Rechner herzustellen, dort in den Systemeinstellungen über die Schaltfläche COMPUTEREINSTELLUNGEN (siehe Abbildung 17.22) ein Kennwort für die Verwendung von VNC vergeben.

VNC mit Windows | Für die Verwendung von VNC unter Windows gibt es eine ganze Reihe von Software-Paketen, mit denen Sie die Funktion nachrüsten können. Neben dem kommerziellen, aber für den privaten Gebrauch in einer eingeschränkten Fassung kostenlosen RealVNC (*http://www.realvnc.com*) ist mit dem hier besprochenen TightVNC (*http://www.tightvnc.com*) auch eine unter Windows lauffähige Open-Source-Alternative erhältlich. Haben Sie TightVNC installiert, stehen Ihnen zwei Funktionen zur Verfügung: der TIGHTVNC SERVER, der sich unten rechts in der Menüleiste von Windows platziert, und der TIGHTVNC VIEWER, der die Verbindung zu einem anderen Rechner herstellt.

Wenn Sie das Programm TIGHTVNC VIEWER starten, müssen Sie als VNC SERVER die IP-Adresse des Mac OS X-Rechners angeben. Die weiteren, über OPTIONS zu erreichenden Parameter können Sie in den Standardeinstellungen belassen. Wenn Sie über CONNECT die Verbindung herstellen, werden Sie nach dem Passwort für die VNC-Verbindung gefragt. Anschließend steht Ihnen unter Windows die Steuerung des Mac OS X-Rechners zur Verfügung (siehe Abbildung 17.26).

Um von einem Mac OS X-Rechner aus eine VNC-Verbindung zu einem Windows-Rechner herzustellen, müssen Sie das Programm Bildschirmfreigabe direkt aus dem Ordner /SYSTEM/ LIBRARY/CORESERVICES starten. Über den Menüpunkt VERBINDUNG • NEU erscheint ein Dialog, der Sie zur Eingabe eines Hosts auffordert. Geben Sie hier die IP-Adresse des Windows-Rechners oder, sofern Sie darauf Bonjour installiert haben, seinen Gerätenamen ein. Unter Windows müssen Sie in den Einstellungen des TightVNC Servers ein Passwort vergeben haben, zu dessen Eingabe Sie die Bildschirmfreigabe im nächsten Schritt auffordert.

▲ Abbildung 17.26
Über TightVNC kann von Windows aus eine Verbindung zu einem Mac OS X Rechner hergestellt werden.

Sie erhalten dann einen dritten Dialog, in dem Sie gewarnt werden, dass die Verbindung zu dem anderen Rechner nicht verschlüsselt werden kann. Der Verweis auf die Verbindung über SSH ist etwas irreführend, da eine Verschlüsselung zu Windows von dem Programm Bildschirmfreigabe nicht unterstützt wird. Kurzum: Sie müssen bei der VNC-Verbindung zu einem Windows-Rechner ohne Verschlüsselung arbeiten.

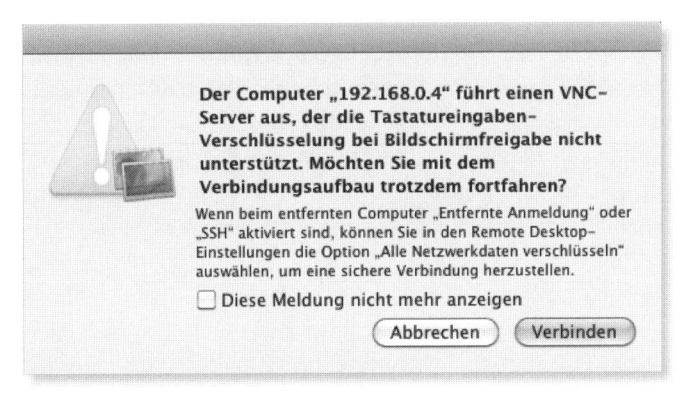

◄ Abbildung 17.27
Der Hinweis auf die fehlende Verschlüsselung erscheint selbst dann, wenn ein Tunnel über SSH hergestellt wurde.

Mauspfeil ausblenden | Wurde die unverschlüsselte Verbindung hergestellt, funktioniert die Fernsteuerung des Windows-Rechners wie auch bei der Verbindung zu Mac OS X. Der einzige Unterschied besteht darin, dass Ihnen in der Symbolleiste zusätzlich noch eine

Schaltfläche mit einem Mauspfeil zur Verfügung steht. Wenn Sie diese deaktivieren, verschwindet der Mauspfeil von Mac OS X, sofern er sich über dem Fenster mit dem Windows-Bildschirm befindet. Es wird dann nur der Windows-Mauspfeil angezeigt.

VNC mit Linux | Unter Linux wird die Verbindung mit VNC meist auch als »entfernter Desktop« bezeichnet. Unter Ubuntu-Linux im Gnome Desktop können Sie über den Menüpunkt SYSTEM • EINSTELLUNGEN • ENTFERNTER DESKTOP das Passwort für den VNC-Server vergeben. Eine Verbindung zu einem Linux-Rechner stellen Sie wie auch bei einem Windows-Rechner über die Eingabe der IP-Adresse als HOST her. Auch hier können Sie die Warnung, dass die Verbindung unverschlüsselt erfolgt, ignorieren.

> **HINWEIS**
>
> Auch Ubuntu bietet die Möglichkeit, die Freigabe des Bildschirms erst nach einer Bestätigung erfolgen zu lassen. Diese Funktion von Ubuntu wird von Mac OS X nicht unterstützt.

Tunnel

Diese Form der Einkapselung einer Verbindung in einer anderen wird auch als Tunnel bezeichnet. Sie dient nicht nur der Sicherheit, sondern kann auch bei Netzwerk-Konfigurationen, in denen die Verbindung über einen Port wie 5900 verboten und die verschlüsselte Verbindung über SSH via Port 20 erlaubt ist, nützlich sein, um dennoch eine VNC-Verbindung herzustellen.

Tunnel über SSH herstellen | Wenn Sie zu einem Linux-Rechner, auf dem Sie den Dienst SSH installiert und eingerichtet haben, eine sichere Verbindung mittels VNC herstellen möchten, müssen Sie einen SSH-Tunnel verwenden. Hierbei weisen Sie den Befehl `ssh` an, Daten auf einem lokalen Netzwerkport entgegenzunehmen, über eine verschlüsselte SSH-Verbindung an den anderen Rechner zu senden und sie dort auf den Port des VNC-Servers zu adressieren. Die Verbindung zwischen den Rechnern läuft also über eine verschlüsselte SSH-Verbindung.

Einen solchen Tunnel erstellen Sie mit dem Aufruf von

```
ssh -L 6666:127.0.0.1:5900 -N -l Benutzer IP-Adresse
```

Hierbei besagt die Option `-L`, dass Sie einen lokalen Port (6666) über den eigenen Rechner (127.0.0.1 – siehe Abschnitt 16.1.3) an den Port 5900, auf dem der VNC-Server des Linux-Rechners lauscht, koppeln möchten. Die Option `-N` sorgt dafür, dass über die Verbindung kein Befehl ausgeführt wird, und mit `-l Benutzer` geben Sie einen Benutzernamen vor. Die IP-Adresse entspricht der des Linux-Rechners. Der Aufruf könnte also folgendermaßen lauten:

```
ssh -L 6666:127.0.0.1:5900 -N -l kai 192.168.0.100
```

Nach der Eingabe des Passwortes verschwindet der Prompt am Terminal, und die Verbindung besteht. Im Programm Bildschirmfreigabe nehmen Sie nun eine Verbindung mit dem HOST 127.0.0.1:6666 auf, also dem Port 6666 Ihres eigenen Rechners. Nun können Sie sich am Linux-Rechner für die Bildschirmfreigabe identifizieren, wobei Ihnen das Programm auch bei dieser verschlüsselten Verbindung wiederum die Warnung vor einer unverschlüsselten ausgibt. Den aufgebauten Tunnel können Sie im Terminal durch den Kurzbefehl ⌘ + . wieder abschalten.

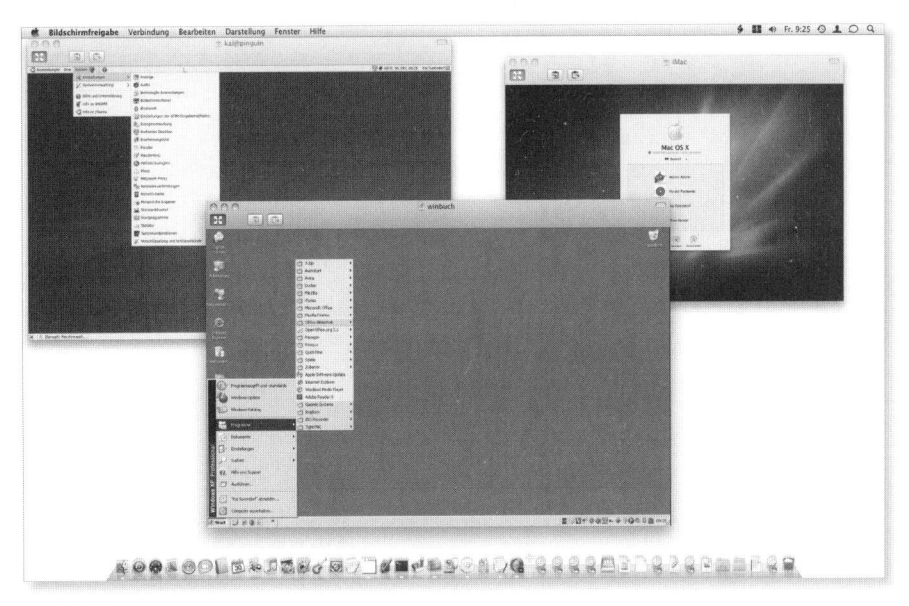

▲ **Abbildung 17.28**
Mit der Bildschirmfreigabe lassen sich über das Netzwerk mehrere Rechner gleichzeitig kontrollieren.

Um von Linux aus eine VNC-Verbindung mit Mac OS X herzustellen, sollten Sie am besten einen Client wie GNOME-RDP verwenden. Diese Programme bieten mehr Komfort als der direkte Aufruf über den sonst gebräuchlichen Befehl vncviewer, dem Sie ferner noch die in diesem Abschnitt nicht besprochenen Eigenheiten des VNC-Viewers von Mac OS X 10.6 übergeben müssten.

Qualität verringern | Bei einer sehr langsamen Netzwerk-verbindung kann auch die ANGEPASSTE QUALITÄT nicht für ein ausreichend schnelles Arbeiten sorgen. Wenn Sie die Datei COM.APPLE.SCREENSHARING.PLIST aus dem Verzeichnis ~/LIBRARY/PREFERENCES im Property List Editor öffnen, finden Sie dort auch eine Eigenschaft CONTROLOBSERVEQUALITY.

Setzen Sie hier den Wert auf 2, und speichern Sie die Datei, dann verwendet das Programm Bildschirmfreigabe bei der Verbindung zu einem Mac OS X-Rechner in Zukunft Graustufen, was die Arbeitsgeschwindigkeit erhöht. Wählen Sie aus dem Menü DARSTELLUNG eine der beiden standardmäßig vorgesehenen Qualitätsstufen aus, dann können Sie die Verwendung der Graustufen wieder abstellen.

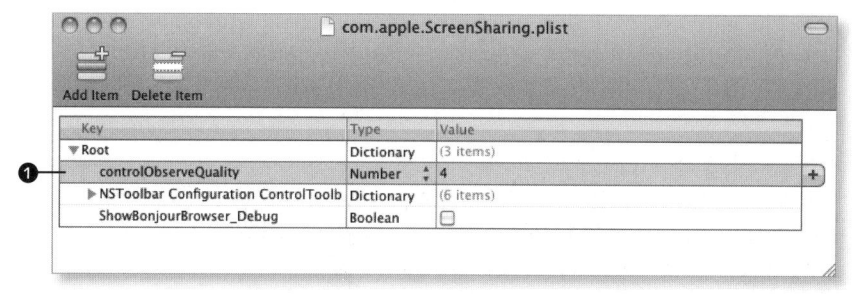

▲ Abbildung 17.29
Wird die Eigenschaft »controlObserveQuality« ❶ auf den Wert »2« gesetzt, erfolgt die Darstellung in Graustufen.

17.2.4 Wake on LAN

Wenn ein Rechner in den Ruhezustand versetzt wird, stehen Dienste wie die entfernte Anmeldung oder im Netzwerk freigegebene Ordner nicht mehr zur Verfügung. Sie können einen Rechner, der in den Ruhezustand versetzt wurde, über das Netzwerk aufwecken.

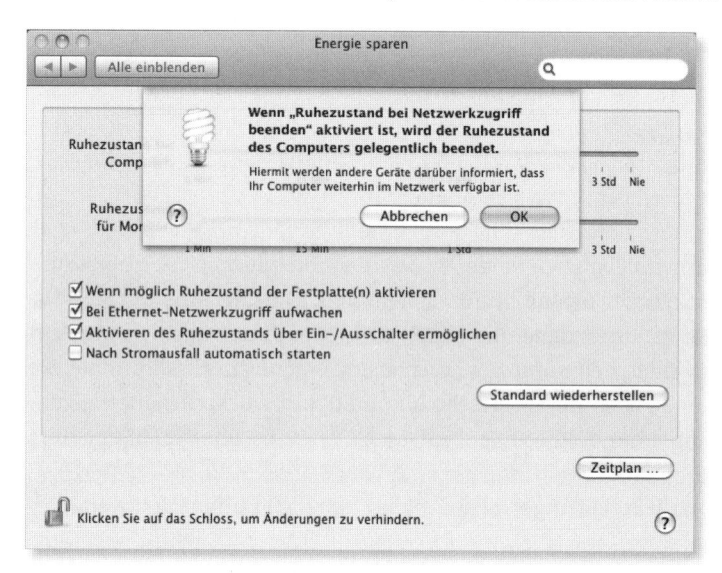

Abbildung 17.30 ▶
Der Rechner kann bei einem Ethernet-Netzwerkzugriff aufgeweckt werden.

Ethernet-Netzwerkzugriff | In den Systemeinstellungen finden Sie in der Ansicht Energie sparen die Option Bei Ethernet-Netzwerkzugriff aufwachen. Wenn Sie diese Option aktivieren, dann erhalten Sie den Hinweis, dass der Ruhezustand gelegentlich beendet wird. Wenn Sie eine AirPort-Basisstation einsetzen, bei der mindestens die Version 7.4.2 der Firmware installiert ist, dann bleibt der im Ruhezustand befindliche Rechner im Netzwerk sichtbar, und auch seine über Bonjour kommunizierten Dienste können eingesehen werden. Greifen Sie über das Netzwerk auf einen solchen Dienst zu, dann wacht der Rechner aus dem Ruhezustand auf. Wenn kein Zugriff mehr erfolgt, wird der Ruhezustand nach der festgesetzten Frist aktiviert.

AirPort als Proxy | Möglich wird diese Funktion durch die AirPort-Basisstation. Wird der Rechner in den Ruhezustand geschickt und stellt das System fest, dass eine aktuelle Basisstation eingesetzt wird, dann delegiert es den Gerätenamen sowie die über Bonjour verfügbaren Dienste an die Basisstation. Diese kommuniziert nun den Rechner über Bonjour im lokalen Netzwerk, und wenn eine Anforderung eingeht, übernimmt die Basisstation ebenfalls das Aufwecken des Gerätes.

Magisches Paket | Wenn die Basisstation einen Rechner aufweckt, dann verschickt Sie ein sogenanntes magisches Datenpaket. Dieses enthält unter anderem die codierte MAC-Adresse der Netzwerkkarte. Geht ein solches Paket ein, dann erwacht der Rechner aus dem Ruhezustand.

Paket selbst versenden | Ist keine AirPort-Basisstation vorhanden, an die der Rechner seine Sichtbarkeit im Netzwerk delegieren kann, dann kann das bekannte Verfahren Wake on LAN eingesetzt werden. Hierbei muss die zuvor beschriebene Option ebenfalls aktiviert werden. Die Netzwerkkarte wartet dann auf ein solches Paket und weckt den Rechner entsprechend auf. Zum Versand eines solchen Paketes können Sie unter Mac OS X unter anderem das kostenlose Programm WakeOnLan (*http://www.readpixel.com/wakeonlan*) verwenden. Für Linux gibt es eine Reihe von Programmen, die solche Pakete verschicken können. Hier müssen Sie ausprobieren, welches der verfügbaren Programme mit Ihrem Rechner kooperiert.

Aufwecken über WLAN
Mit Mac OS X 10.6 ist es auch möglich, einen Rechner über eine drahtlose Verbindung aufzuwecken. Die hier beschriebene Funktion ist bisher nur bei Ethernet-Karten möglich gewesen. Ob Ihre AirPort-Karte diese Funktion unterstützt, können Sie im System-Profiler ermitteln. In der Ansicht AIRPORT finden Sie dann den Hinweis RUHEZUSTAND BEI DRAHTLOSEM ZUGRIFF BEENDEN: UNTERSTÜTZT.

17.3 Proxy-Server konfigurieren

Die Aufgabe eines Proxy-Servers besteht unter anderem darin, die aus dem Internet geladenen Inhalte zwischenzuspeichern und so das übertragene Datenvolumen zu minimieren. Proxy-Server werden auch in Firmen-Netzwerken gerne eingesetzt, um die Zugriffe auf Webseiten einschränken zu können.

Automatische Konfiguration | Unter Mac OS X 10.6 konfigurieren Sie die Proxy-Server in den erweiterten Optionen der Netzwerkschnittstelle. Sie finden dort den Reiter PROXIES. Die

Firefox

Die hier beschriebene Konfiguration gilt für fast alle Programme, die auf das Netzwerk zugreifen. Eine prominente Ausnahme stellt der Browser Firefox dar. Bei diesem Programm müssen Sie die Konfiguration der Proxy-Server in den Einstellungen in der Ansicht ERWEITERT unter NETZWERK über die Schaltfläche EINSTELLUNGEN festlegen.

AUTOMATISCHE PROXY-ENTDECKUNG sorgt dafür, dass Programme zunächst nach einer speziellen Datei unter einer vorgegebenen Adresse suchen, bevor Sie eine Verbindung aufnehmen. Diese kann unter anderem über DHCP (siehe Abschnitt 16.1.3) kommuniziert werden. In der AUTOM. PROXY-KONFIGURATION können Sie den URL einer solchen Konfigurationsdatei direkt angeben oder eine vorliegende Datei direkt auswählen. Dieses Verfahren wird oft bei Bibliotheken und Bildungseinrichtungen genutzt. Diese PAC-Datei enthält alle notwendigen Informationen, um die Nutzung der Proxy-Server für Ihr System zu konfigurieren.

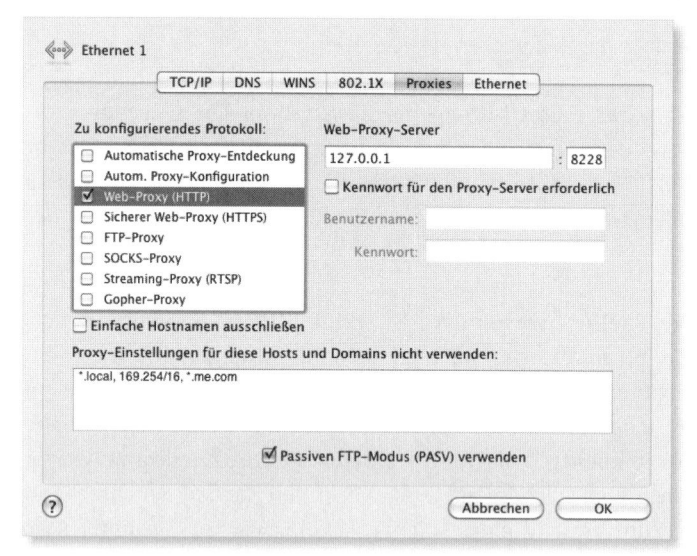

Abbildung 17.31 ▶
Proxy-Server können einzeln für die Protokolle konfiguriert werden.

Domains und Netzwerke ausschließen

Im Feld im unteren Bereich des Fensters können Sie durch Kommata getrennt die Domains, IP-Adressen und Teilnetze (siehe Abschnitt 16.1.3) angeben, die unter Umgehung des Proxies angesprochen werden sollen. Hierbei dient ein Sternchen als Platzhalter. Mit der Angabe *.delta-c.de werden sowohl mac.delta-c.de als auch *www.delta-c.de* direkt aufgerufen.

Proxies selbst konfigurieren | Wenn Sie die Proxy-Server manuell konfigurieren, müssen Sie sie für jedes Protokoll – in der Regel werden es WEB-PROXY (HTTP) und SICHERER WEB-PROXY (HTTPS) sein – einzeln aktivieren und unter WEB-PROXY-SERVER dessen IP-Adresse oder Gerätenamen sowie hinter dem Doppelpunkt den Port angeben. In Abbildung 17.31 wurde mit der Angabe 127.0.0.1:8228 ein auf dem eigenen Rechner installierter Proxy-Server zur Filterung von Werbung eingerichtet.

17.4 Zurück zu meinem Mac mit MobileMe

Mit MobileMe ist es möglich, dass Sie über das Internet auf Ihre Rechner zu Hause zugreifen können. Diese Funktion des Dienstes heißt ZURÜCK ZU MEINEM MAC. Wenn Sie sich bei Apples kostenpflichtigem Online-Dienst registriert haben, dann können Sie in der Ansicht MOBILEME der Systemeinstellungen im Reiter ZURÜCK ZU MEINEM MAC diese Funktion starten.

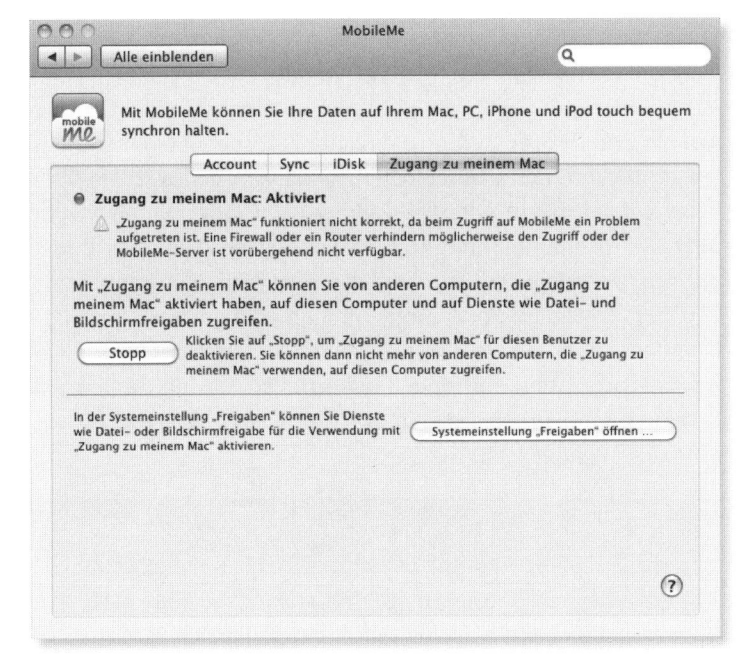

◄ **Abbildung 17.32**
Die Funktion ZURÜCK ZU MEINEM MAC muss eigens gestartet werden.

Protokolle und Verfahren | Bei dieser Funktion greifen im Hintergrund eine Reihe von Protokollen und Verfahren ineinander. Zunächst wird Ihren Rechnern ein globaler Gerätename in der Form Rechner.Benutzer.members.mac.com zugewiesen. Die Verwaltung dieser Namen übernimmt der Server von Apple. Aktive Netzwerkdienste wie die Bildschirmfreigabe werden auf diese Weise über Wide Area Bonjour kommuniziert. Zur Identifikation wird ein Kerberos-Ticket verwendet, das auf Ihrem MobileMe-Benutzernamen basiert.

◄ **Abbildung 17.33**
Statt eines Passworts wird Kerberos für die Identifizierung genutzt.

Dies hat den Vorteil, dass Ihr Passwort bei der Nutzung dieser Funktion nicht durchs Netzwerk geschickt wird. Schließlich wird, das können Sie am Terminal mit dem Befehl `tcpdump` (siehe Abschnitt 16.8.4) überprüfen, der Datenverkehr verschlüsselt. Die Datenpakete, die zwischen den über MobileMe verbundenen Rechnern ausgetauscht werden, tragen den Hinweis `ipsec`. Diese Verschlüsselung wird auch bei einem Virtual Private Network (siehe Abschnitt 16.7) verwendet.

Unterstützte Geräte
Eine nicht mehr ganz aktuelle Liste der unterstützten Router können Sie über *http://support.apple.com/kb/TS1304?viewlocale=de_DE* aufrufen.

AirPort und Router | Wenn die beiden Rechner über einen Router an das Internet angeschlossen sind, dann verfügen Sie über keine öffentliche IP-Adresse. Vielmehr muss der Datenverkehr über NAT (siehe Abschnitt 16.6.3) weitergeleitet werden. Damit die Weiterleitung der Daten an die korrekten IP-Adressen und vor allem Netzwerk-Ports vorgenommen werden kann, muss der eingesetzte Router das Protokoll UPnP unterstützen. Bei einer AirPort-Basisstation müssen Sie sicherstellen, dass in der Ansicht INTERNET im Reiter NAT die Option »NAT PORT MAPPING PROTOKOLL« AKTIV ausgewählt ist.

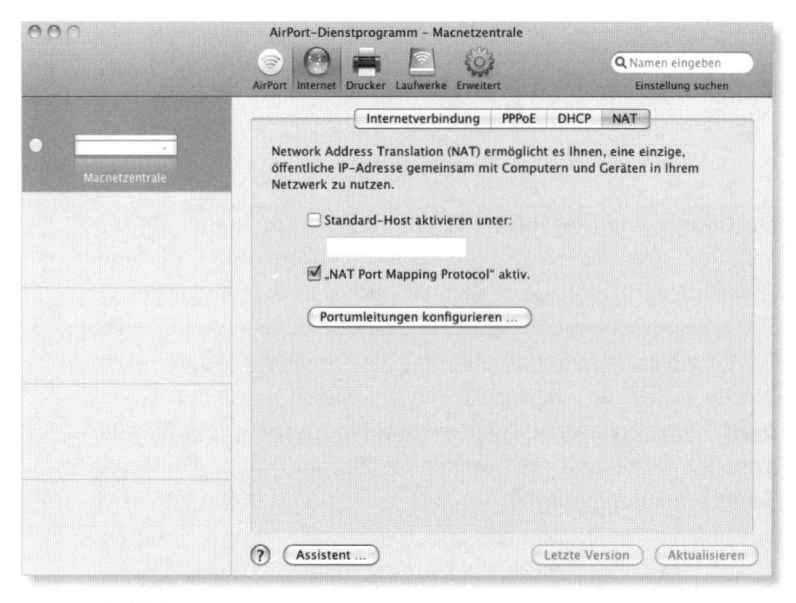

▲ **Abbildung 17.34**
Um die Funktion ZURÜCK ZU MEINEM MAC mit einer AirPort-Basisstation nutzen zu können, muss das NAT Port Mapping Protocol aktiviert werden.

Mein Mac | Wenn Sie die Funktion erfolgreich aktiviert haben, dann erscheinen auch über das Internet Ihre lokalen Rechner im Finder in der Ansicht NETZWERK. Dabei sind sie optisch zunächst nicht von anderen Rechnern, die sich im lokalen Teilnetz befinden, zu unterscheiden. Rufen Sie das Informationsfenster im Finder auf, dann erscheint bei einem über MobileMe gefundenen Rechner unter ART der Hinweis MEIN MAC. Sie können den Rechner auswählen und dann auf die aktiven Dienste in der Form zugreifen, als würden Sie sich im gleichen Teilnetz befinden.

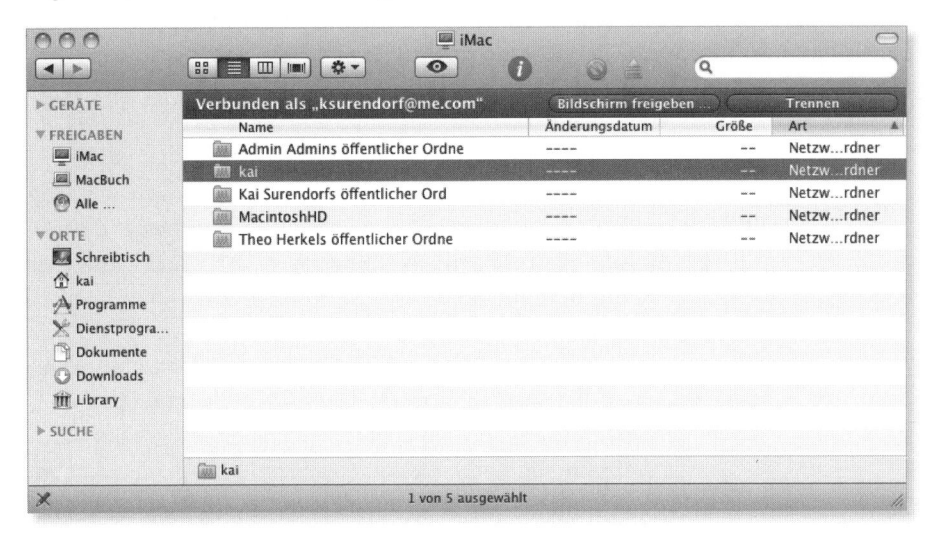

▲ **Abbildung 17.36**
Ein über MobileMe erreichbarer Rechner wird im Finder wie ein lokaler Rechner angesprochen.

Neben dem Finder werden über MobileMe auch andere Dienste, die über Bonjour kommuniziert werden, weitergeleitet. Hier kann es in Einzelfällen zum Beispiel bei der Anzeige von Webseiten über Bonjour (siehe Abschnitt 16.2) zu doppelten Einträgen kommen.

Zurück zu meinem Mac stoppen | Um diese Funktion zukünftig nicht mehr zu verwenden, können Sie ganz einfach die Schaltfläche STOP in den Systemeinstellungen im Reiter ZURÜCK ZU MEINEM MAC anklicken.

▲ **Abbildung 17.35**
Ein über MobileMe gefundener Rechner wird mit MEIN MAC ausgewiesen.

17.5 Die Firewall

Mit Mac OS X 10.5 hat Apple eine neue Firewall eingeführt, die direkt nach dem Erscheinen des Systems recht harsche Kritiken auf sich gezogen hat. Die Kritik selbst entzündete sich unter anderem an dem etwas anderen Konzept, das der seit Mac OS X 10.5 verwendeten Firewall zugrunde liegt.

Sicherheit im Netzwerk ist ein Wechselspiel zwischen der Technik, Psychologie und den Verhaltensweisen des Anwenders. Wer unbedingt aus zweifelhaften Quellen Software und Dateien

Little Snitch
Die Firewall von Mac OS X hat den Nachteil, dass sie lediglich die eingehenden Verbindungsanfragen kontrolliert. Datenpakete, die von Ihrem Rechner ausgehen, werden nicht erfasst. Wenn Sie Programmen verbieten möchten, eine Verbindung ins Internet aufzunehmen, sind Sie auf zusätzliche Software angewiesen. Eine mögliche Lösung ist die Shareware Little Snitch *(http://www.obdev.at)*.

Router
Wenn sich Ihr Rechner hinter einem Router befindet, ist er vor direkten Angriffen aus dem Internet deutlich besser geschützt. Ein Angreifer müsste zuerst den Router überwinden, um Zugriff auf Ihren Rechner zu bekommen. Sofern Sie nicht die Weiterleitung von Ports (siehe Abschnitt 16.6.2) eingerichtet haben, werden eingehende Datenpakete, die Sie nicht angefordert haben, vom Router verworfen.

über fragwürdige Wege bezieht, diese ohne weitere Prüfung ausführt und dabei das Administratoren-Passwort vergibt, muss damit rechnen, dass kaum eine (wenngleich auch ausgefeilte) Technik in der Lage ist, Angriffe abzuwehren und Daten zu schützen. Letztendlich ist es ein Kompromiss zwischen dem, was dem Anwender an Komplexität zuzumuten ist, und dem, was technisch mit vertretbarem Aufwand zu realisieren ist.

17.5.1 Funktionsweise

Bei der Firewall von Mac OS X 10.6 handelt es sich um eine Application-Level Firewall. Das Funktionsprinzip besteht darin, bei eingehenden Netzwerkverbindungen zu prüfen, ob das annehmende Programm befugt ist, Verbindungen herzustellen. Wenn dies nicht der Fall ist, wird das Paket verworfen; wurde dem Programm der Empfang vom Anwender gestattet, dann wird das Paket durchgelassen. Hier müssen Sie zwischen dem Empfang von Daten, die Sie angefordert haben (etwa dem Abruf einer Webseite) und dem Aufbau einer Verbindung, die von dem anderen Rechner ausgeht, unterscheiden.

Diese Spielart der Firewall ist unter UNIX-Systemen eigentlich kaum verbreitet. In Systemen wie OpenBSD und bis Version 10.4 auch in Mac OS X wurde und wird in erster Linie auf eine Port-basierte Firewall gesetzt. Hierbei wird nicht einem Programm der Zugang zum Netzwerk explizit erlaubt, sondern ein Netzwerk-Port (siehe Abschnitt 16.1.6) geöffnet. Wurde der Port 80 geöffnet, dann werden eingehende Datenpakete für diesen Port durchgelassen, sofern ein Prozess wie `httpd` aktiv ist, der das Paket in Empfang nimmt.

Es handelt sich also um zwei verschiedene technische Ansätze. Eine Application-Level Firewall ist für den Endanwender etwas komfortabler und transparenter, weil ein in der Regel eindeutig identifizierbares Programm freigegeben wird. Eine Port-basierte Firewall erlaubt eine deutlich schärfere Kontrolle des Netzwerk-Verkehrs und bietet weitere Funktionen wie die Weiterleitung von Ports und den expliziten Ausschluss von bestimmten Rechnern.

Welches von beiden Verfahren sicherer ist, ist nicht eindeutig zu entscheiden. Ein potenzieller Nachteil einer Application-Level Firewall kann darin bestehen, dass eingehende Datenpakete vom System zuerst komplett angenommen, dann geprüft und wieder verworfen werden. Sie durchlaufen also im OSI-Schichtenmodell (siehe Abschnitt 16.6.1) alle sieben Stufen. Da das Paket erst zu einem vergleichsweise späten Zeitpunkt verworfen wird, ist die Angriffsfläche für eine Aushebelung des Schutzes zumindest in der Theorie etwas größer.

Umgekehrt ist die korrekte Konfiguration einer Port-basierten Firewall sehr viel komplizierter und setzt ein fundierteres Wissen über Netzwerkprotokolle voraus. Hier besteht die Gefahr, sich mit einer mangelhaften Konfiguration in falscher Sicherheit zu wiegen. Auch wäre die Möglichkeit, dass durch ein trojanisches Pferd etwa die ausführbare Datei des Apache Webservers, /usr/sbin/httpd ausgetauscht und damit kompromittiert wird, ebenfalls in der Theorie gegeben. Der Port 80 wäre ja generell offen, und der manipulierte Prozess `httpd` dürfte Daten empfangen.

17.5.2 Firewall konfigurieren

In der Ansicht Sicherheit können Sie im gleichnamigen Reiter die Firewall starten. Ist die Firewall aktiv, dann steht Ihnen die Schaltfläche Weitere Optionen zur Verfügung, über die Sie die Funktionsweise der Firewall konfigurieren können.

Die Option Alle eingehenden Verbindungen blockieren ist die restriktivste Einstellung der Firewall. Hierbei werden bis auf die drei Ausnahmen alle eingehenden Datenpakete verworfen, die Sie nicht selbst angefordert haben. Das heißt, dass Sie mit dieser Einstellungen zwar immer noch im Internet surfen und Ihre E-Mails abrufen können, aber es ist zum Beispiel nicht mehr möglich, eine Verbindung zum AFP-Server aufzunehmen. Im letzten Fall wird die Verbindung von einem anderen Rechner zu Ihrem aufgebaut, damit gilt sie als eingehende Verbindung, und wird dementsprechend blockiert.

Wenn die Firewall aktiv ist und Sie nicht alle Verbindungen blockieren, dann wird die in dem Fenster dargestellte Liste konsultiert, wenn eine Verbindung zu Ihrem Rechner aufgebaut werden soll. Diese Liste teilt sich in zwei Bereiche. Sie finden oben in der Liste die Dienste aufgeführt, die Sie auf Ihrem System gestartet haben. Mac OS X geht davon aus, dass Sie einem Dienst die Kommunikation im Netzwerk gestatten möchten, wenn Sie ihn starten. Dementsprechend wird zum Beispiel der Webserver Apache hier als Webfreigabe automatisch die Kommunikation erlaubt, sofern Sie ihn gestartet haben.

Erlauben und Blockieren | Unterhalb des Trennstrichs finden Sie die Programme, die auf Anfragen aus dem Netzwerk antworten möchten. Hier können Sie dann entscheiden, ob Sie Eingehende Verbindungen erlauben oder blockieren möchten. Über das Pluszeichen können Sie Programme bereits im Vorfeld hinzufügen und über das Minuszeichen Programme aus der Liste entfernen. Wenn die Firewall aktiviert ist und ein Programm, das sich

Eine persönliche Anmerkung
Diskussionen über Firewalls und Sicherheit werden oft mit einem Überschuss Polemik geführt und entfernen sich bisweilen zu schnell vom eigentlichen Thema. Sicherheit von Computersystemen ist immer relativ, ganz gleich, welches System Sie einsetzen. Während es durchaus möglich ist, ein Windows-System gut abzusichern, wurde auch schon ein strikt auf Sicherheit optimiertes und entwickeltes System wie OpenBSD mit einer Sicherheitslücke ausgeliefert, sogar mit einer eklatanten. Das macht OpenBSD keinesfalls schlechter und Windows ganz bestimmt nicht besser, aber es zeigt die Relativität der Thematik.

Standard-Internetdienste
Wenn Sie die restriktivste Einstellung auswählen, können nur drei Prozesse aus dem Netzwerk Daten empfangen. Zunächst der Prozess mDNSResponder, der für Bonjour zuständig ist, der Prozess racoon, sofern Sie mit einem VPN (siehe Abschnitt 16.7) verbunden sind, die Prozess configd und writeconfig, die die allgemeinen Netzwerkeinstellungen verwalten, sowie gegebenenfalls der Befehl nmblookup für die Namensauflösung in einem Windows-Netzwerk.

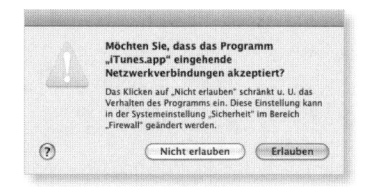

Abbildung 17.37
Möchte ein Programm Verbindungen entgegennehmen, dann können Sie dies unterbinden oder erlauben.

noch nicht in der Liste befindet, auf eingehende Verbindungen antworten möchte, dann erhalten Sie die Rückfrage aus Abbildung 17.37. Sie können in dem Dialog eine Entscheidung treffen, und das Programm wird dann der Liste hinzugefügt.

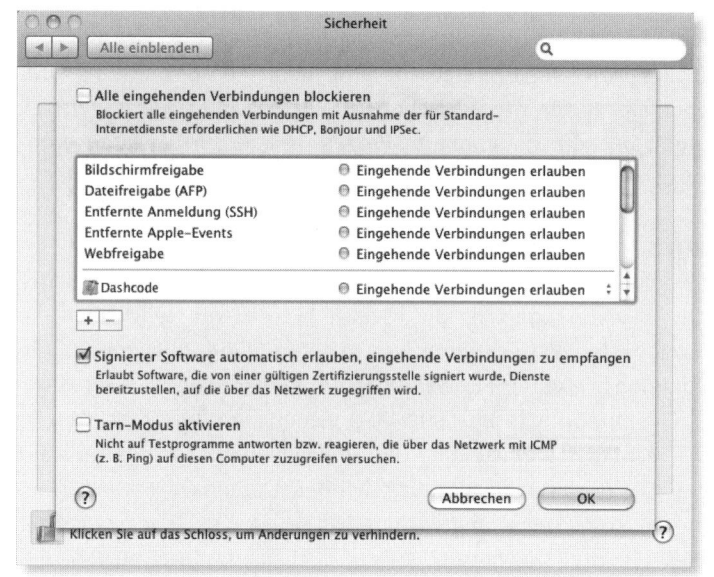

Abbildung 17.38
Die erweiterten Optionen der Firewall beinhalten die Liste der zugelassenen und nicht zugelassenen Verbindungen.

Tarn-Modus | Für einen zusätzlichen Schutz in manchem Netzwerk kann der sogenannte Tarn-Modus sorgen. Er führt dazu, dass Ihr Rechner auf eingehende Anfragen von Programmen, die Apple als TESTPROGRAMME bezeichnet, nicht mehr antwortet. Eingehende Datenpakete über das auch vom Programm ping verwendete ICMP (siehe Abschnitt 16.8.1) werden zukünftig direkt verworfen. In einem feindlichen Netzwerk wie einem öffentlichen WLAN kann diese Funktion sinnvoll sein, weil Sie Ihren Rechner damit als potenzielles Angriffsziel weitgehend unsichtbar macht. Für die Fehlersuche im lokalen Netzwerk – wenn die Verbindungen nicht wie gewünscht funktionieren – kann sich der Tarn-Modus jedoch als äußerst hinderlich erweisen.

Protokoll | In den Standardeinstellungen führt die Firewall über ihre Tätigkeit Protokoll. Im Dienstprogramm KONSOLE können Sie das Protokoll der Firewall im Verzeichnis /VAR/LOG in der Datei APPFIREWALL.LOG einsehen.

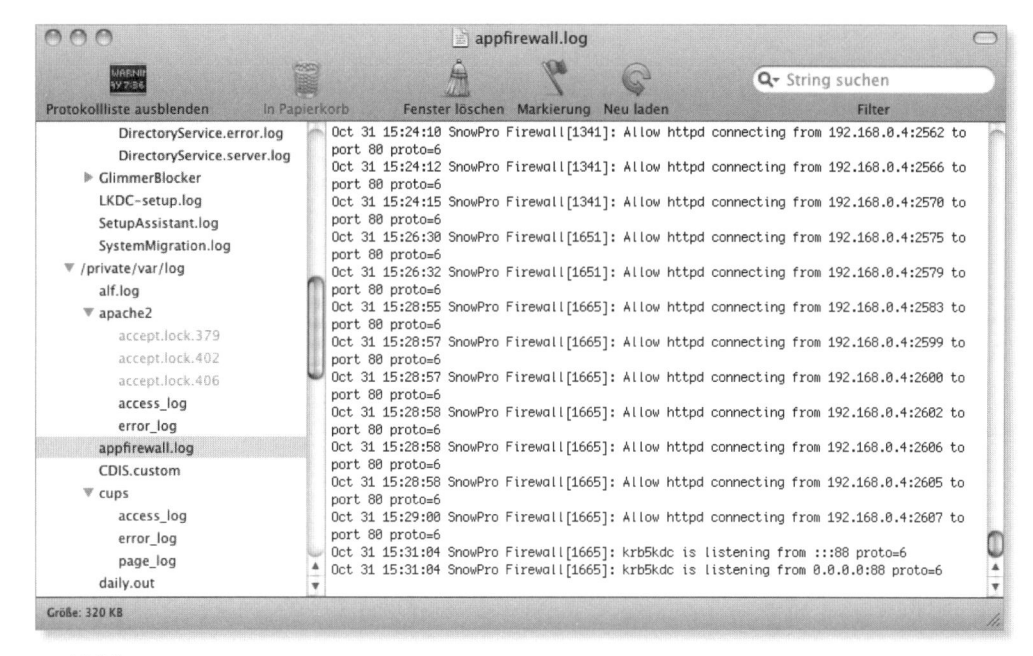

▲ **Abbildung 17.39**
Das Protokoll der Firewall informiert über erlaubte und blockierte Verbindungen.

In dem Protokoll finden Sie zeilenweise die von der Firewall überwachten Ereignisse und Verbindungen. Mit einem Eintrag wie `krb5kdc is listening from` wird Ihnen mitgeteilt, dass das Key Distribution Center von Kerberos auf eingehende Anfragen wartet, also auf einem Port lauscht.

Wird eine Verbindung von einem anderen Rechner hergestellt, erfolgt ein Eintrag in der Form `Allow smbd connecting from 192.168.0.4`, wobei die letzte Angabe die IP-Adresse des Rechners ist, von dem aus die Verbindung zu Ihnen aufgenommen wurde.

Möchte ein Prozess Verbindungen akzeptieren und haben Sie ihn blockiert, dann lautet der Eintrag `Deny Prozess connecting`.

Protokollierung abschalten | Die Protokollierung der Firewall können Sie unterbinden, indem Sie zunächst die Firewall abschalten. Anschließend können Sie die Datei COM.APPLE.ALF.PLIST im Verzeichnis /LIBRARY/PREFERENCES mit dem Propery List Editor (siehe Abschnitt 13.2.2) öffnen. Sie finden dort einen Eintrag LOGGINGENABLED mit dem Wert 1. Ändern Sie den Wert von 1 auf 0, speichern Sie die Datei und aktivieren Sie die Firewall erneut, dann wird die Protokollierung unterbunden.

> **HINWEIS**
>
> Die Änderung an der Voreinstellungsdatei muss aufgrund der Zugriffsrechte mit einem Benutzerkonto vorgenommen werden, dass über administrative Rechte verfügt.

17.5 Die Firewall

Abbildung 17.40
Durch die Änderung eines Wertes kann die Protokollierung unterbunden werden.

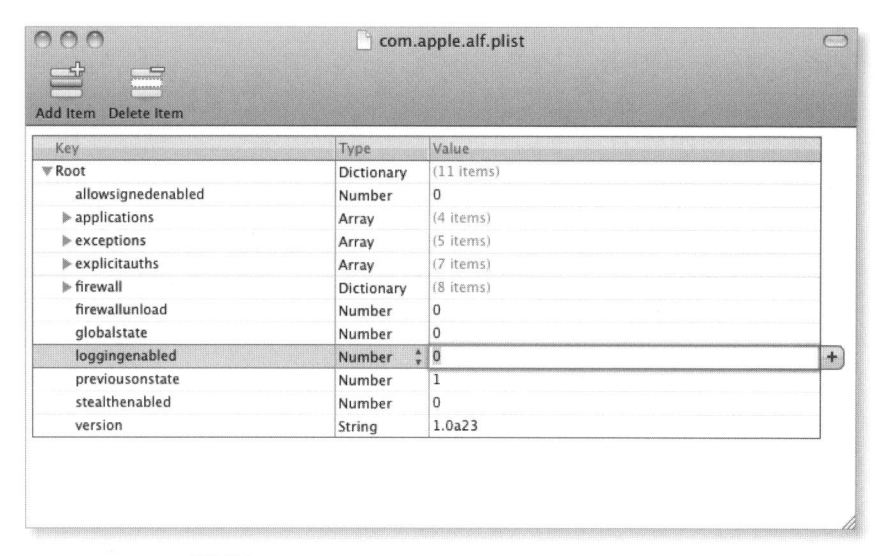

17.5.3 Code-Signing und Sandboxen

Eng mit der Firewall verknüpft sind zwei weitere Funktionen, die mit Mac OS X 10.5 eingeführt wurden. Zum einen ist es nun möglich, Programme und Applikationen mit einer digitalen Signatur zu versehen und so die Integrität des Programms in Bezug auf etwaige Änderungen und Manipulationen sicherzustellen. Zum anderen können laufende Prozesse, um ihre Zugriffsmöglichkeiten einzuschränken, in eine sogenannte Sandbox gesperrt werden.

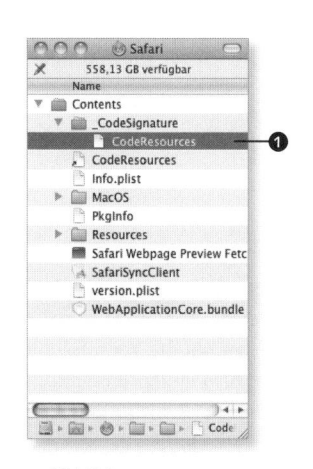

Abbildung 17.41
Die Signatur wird in der Datei CODERESOURCES ❶ gespeichert.

Code-Signing | Mit der Signierung von Programmen ist es Entwicklern möglich, die Authentizität ihrer Programme zu garantieren. Die Signierung erfolgt zunächst in zwei Schritten. Erstens verfügt der Entwickler über eine digitale Signatur, deren Echtheit von einer unabhängigen Instanz garantiert wird. Mit diesem Zertifikat wird der ausführbare Code des Programms signiert, also eine kryptografische Prüfsumme des auszuführenden Programms in Kombination mit dem Zertifikat des Entwicklers gezogen. Diese Signatur wird dann bei UNIX-Befehlen wie `httpd` in das Programm selbst oder in das Bundle des Programms in der Datei CODERESOURCES eingebettet.

Führen Sie ein signiertes Programm aus, das Netzwerkverbindungen akzeptieren möchte, prüft das Betriebssystem die Signatur des Programms und vergleicht sie mit dem auszuführendem Programm und dem Zertifikat des Herstellers. Schlägt die Prüfung fehl, weil beispielsweise das auszuführende Programm nachträglich (böswillig) modifiziert wurde, wird zunächst der Zugriff auf das Netzwerk unterbunden, und Sie müssen diese Freigabe explizit bestätigen.

Signierte Software | Mit diesem technischen Hintergrund erklärt sich auch die Option SIGNIERTER SOFTWARE AUTOMATISCH ERLAUBEN, EINGEHENDE VERBINDUNGEN ZU EMPFANGEN in den Einstellungen der Firewall. Fast alle mit Mac OS X 10.6 installierten Programme und Befehle wurden von Apple selbst signiert. Aktivieren Sie diese Option, dann werden signierte Programme von Anfang an als vertrauenswürdig betrachtet und, anders als bei fremden Programmen, dürfen in jedem Fall Verbindungen akzeptieren. Haben Sie die Option aktiviert und öffnen am Terminal mit dem Befehl nc -l 8118 pro forma den Port 8118, dann erhalten Sie keine Rückfrage. Wenn die Option nicht aktiviert ist, dann müssen Sie in diesem Fall dem Befehl nc die Möglichkeit zugestehen, Daten aus dem Netzwerk zu empfangen. Er wird anschließend auch in der Liste der Programme (siehe Abbildung 17.38) aufgeführt.

Systemdienste
Wenn Sie die nebenstehend besprochene Option deaktivieren, dann müssen Sie nach einem Neustart für jeden Systemdienst, der auf Verbindungen aus dem Netzwerk reagieren möchte, diese explizit erlauben oder verbieten. Damit lässt sich die Firewall natürlich noch detaillierter konfigurieren, weniger fortgeschrittene Anwender würden aber wohl schnell den Überblick verlieren.

Signatur prüfen | Sie können die Signatur, also im weiteren Sinne die Echtheit eines Programms, am Terminal mit dem Befehl codesign überprüfen. Mit der doppelten Option -v und -v sowie dem Pfad zum Programm können Sie sich die Details der Signatur ausgeben lassen. In Abbildung 17.42 wurden nacheinander die Programme Safari, httpd sowie Camino überprüft. Die beiden hauseigenen Programme (Safari und httpd) verfügen über eine gültige Signatur, während Camino in diesem Beispiel keine Signatur beinhaltet.

Ursprung im iPhone OS
Die Signierung von Programmen wurde zuerst beim iPhone angewandt und soll hier die Sicherheit des iPhone OS dahingehend gewährleisten, dass nur die von Apple geprüften Programme installiert und ausgeführt werden.

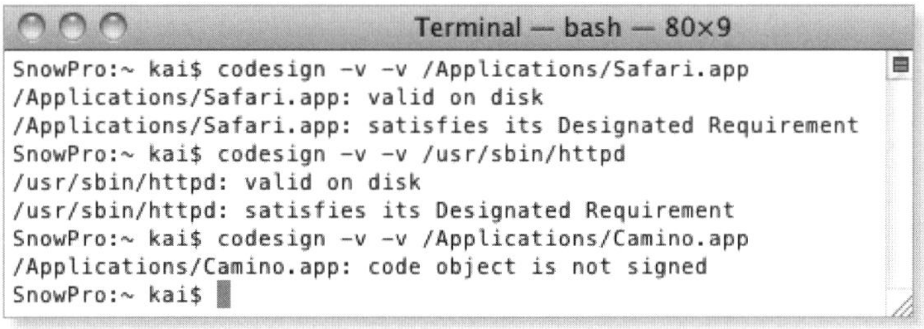

```
SnowPro:~ kai$ codesign -v -v /Applications/Safari.app
/Applications/Safari.app: valid on disk
/Applications/Safari.app: satisfies its Designated Requirement
SnowPro:~ kai$ codesign -v -v /usr/sbin/httpd
/usr/sbin/httpd: valid on disk
/usr/sbin/httpd: satisfies its Designated Requirement
SnowPro:~ kai$ codesign -v -v /Applications/Camino.app
/Applications/Camino.app: code object is not signed
SnowPro:~ kai$
```

▲ **Abbildung 17.42**
Mit dem Befehl codesign können Signaturen ermittelt und überprüft werden.

Einschränkungen in Sandboxen | Die zweite neue Funktion, die die Fähigkeiten der Firewall ergänzt, sind die sogenannten

BSD Jails

Die Kapselung und Beschränkung von Prozessen ist unter anderen UNIX-Systemen wie FreeBSD schon seit längerer Zeit mit den sogenannten Jails üblich. Die mit Mac OS X 10.5 eingeführte Sandbox-Funktionalität ist im direkten Vergleich zu den Jails noch recht rudimentär und von Apple für die Entwickler noch nicht freigegeben.

Sandboxen. Ihre Aufgabe besteht darin, einem aktiven Prozess den Zugriff auf Ressourcen des Systems zu verweigern. Ob und in welcher Form ein laufender Prozess in eine Sandbox gesperrt werden sollte, hängt natürlich von den Aufgaben des Prozesses ab.

Dem für Bonjour zuständigen Prozess mDNSResponder wird zum Beispiel untersagt, Dateien zu schreiben und auch nur auf einige vorgegebene Dateien lesend zuzugreifen. Würde also durch einen Angriff von außen der mDNSResponder kompromittiert, hätte der Hacker nicht so viel gewonnen, weil er erst einmal nicht richtig auf das Dateisystem zugreifen kann. Der Systemdienst sandboxd wird im Hintergrund bei Bedarf aktiviert und verweigert gegebenenfalls den Zugriff. Abhängig von der Konfiguration einer Sandbox finden Sie im Protokoll SYSTEM.LOG im Verzeichnis /VAR/LOG entsprechende Einträge. Diese können Sie sich durch die Beschränkung der Anzeige auf Zeilen mit dem Eintrag SAND (siehe Abbildung 17.43) anzeigen lassen.

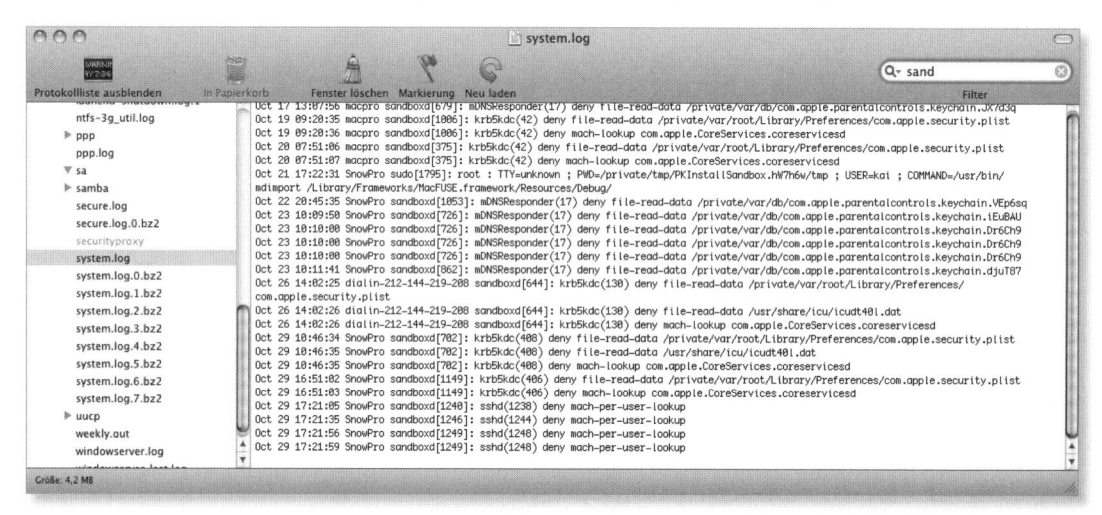

▲ **Abbildung 17.43**
Im Protokoll finden sich einige Einträge, wenn der Zugriff mithilfe einer Sandbox begrenzt wird.

Sicherheitsupdates

Im Vergleich zur Firewall sehr viel kritischer zu bewerten ist die Update-Politik von Apple, wenn es sich um Sicherheitslücken handelt. So werden Sicherheitslücken, die in UNIX-Kernkomponenten des Systems erkannt werden, bisweilen erst nach einem fast nicht mehr zu entschuldigenden Zeitraum mit einem Update geschlossen.

17.5.4 Ein Fazit

Das mit Mac OS X 10.5 geänderte Konzept der Firewall hat sich eigentlich bewährt. Unter Mac OS X 10.5 und auch Mac OS X 10.6 wurden keine Sicherheitslücken dokumentiert, die mit der Firewall in Verbindung gebracht werden können. Zwar lässt Mac OS X 10.5 einige in UNIX-System schon seit Jahrzehnten übliche Gepflogenheiten hinter sich. Letzteres muss nicht zwingend schlecht oder weniger sicher sein, weil es primär auf die Art der

Umsetzung ankommt, und ein Vorteil der Application Level Firewall besteht in dieser Form in ihrer Transparenz gegenüber dem etwas unbedarfteren Anwender.

17.5.5 Ausblick: eigene Regeln mit ipfw

Bis Mac OS X 10.4 wurde die Firewall `ipfw` verwendet, um Netzwerkports freizuschalten und den eingehenden Datenverkehr zu kontrollieren. `ipfw` ist auch unter Mac OS X 10.5 noch vorhanden. Sie wird verwendet, wenn Sie Ihre Verbindung über die INTERNETFREIGABE (siehe Abschnitt 16.6.3) teilen. Ferner ist `ipfw` für den Tarn-Modus zuständig. Das Funktionsprinzip von `ipfw` basiert auf Regeln, die nacheinander auf eingehende Datenpakete angewandt werden. Trifft eine Regel auf das Paket zu, dann wird es verworfen oder akzeptiert.

Die wirklich fehlerfreie Konfiguration der `ipfw` ist eine durchaus anspruchsvolle Aufgabe, die deutlich mehr Kenntnis der Netzwerkprotokolle erfordert als dieses Kapitel und viele Bücher über Netzwerke vermitteln wollen. Sicherlich ist die `ipfw` eine erprobte und voll funktionsfähige Firewall, aber sie so zu konfigurieren, dass Ihre Netzwerkverbindungen wirklich konsequent abgesichert sind und Sie sich nicht in falscher Sicherheit wiegen, erfordert mehr Wissen über Netzwerke an sich.

FWBuilder
Die Arbeit und Konfiguration der `ipfw` ist, sofern Sie Ihren Rechner für eine komplexere Netzwerkkonfiguration verwenden möchten, vielleicht angebracht. Indes ist die Konfiguration recht anspruchsvoll und fehlerträchtig. Das Programm Firewall Builder (*http://www.fwbuilder.org*) bietet eine ausgereifte grafische Oberfläche für die Erstellung der Regeln.

17.6 Verzeichnisdienste

Bei einer größeren Anzahl von Benutzern im Netzwerk kann es notwendig sein, die Benutzerkonten zentral zu verwalten. Hierfür werden auf einem Server Verzeichnisdienste eingesetzt. Dabei nehmen die Rechner Kontakt zu dem Server auf und überprüfen die eingegebenen Daten (Kennung und Passwort) anhand der auf dem Server vorhandenen Informationen in den Verzeichnissen. Dieser Abschnitt gibt Ihnen eine Orientierung über die Funktionen, mit denen sich eine normale Version von Mac OS X in Verzeichnisdienste integrieren lässt.

Anmeldefenster verzögern | Insbesondere in größeren Netzwerken kann es nützlich sein, den Start des Anmeldefensters ein wenig zu verzögern, um so sicherzustellen, dass wirklich alle eingerichteten Verzeichnisdienste angesprochen werden. Sie können dem Anmeldefenster mit der Eingabe

```
sudo defaults write /Library/Preferences/com.apple.
loginwindow StartupDelay -int 30
```

TIPP
Sie können das Anmeldefenster von Mac OS X so konfigurieren, dass Ihnen gleich nach dem Start der Status zu den eingerichteten Verzeichnisdiensten angezeigt wird (siehe Abschnitt 14.4).

Problemquellen
Die Gründe, warum ein Verzeichnisdienst nicht wie gewünscht funktioniert, sind äußerst vielfältig. In der Vergangenheit war diese Funktion von Mac OS X oft eher fehlerhaft, sodass die Fehler nach und nach durch Updates behoben wurden. Aber neben etwaigen Bugs ist ein falsch konfiguriertes DNS-System oft eine der Fehlerquellen. Bei der Suche nach solchen Fehlern kann das DEBUG. LOG eine große Hilfe sein, dann finden Sie zum Beispiel einen Eintrag mit dem Hinweis does not resolve, wenn ein Server nicht gefunden werden konnte.

eine Wartezeit von 30 Sekunden vorgeben. Während der Wartezeit bleibt der Bildschirm zunächst blau. Der Wert lässt sich je nach Struktur Ihres Netzwerkes anpassen. Mit der Eingabe

```
sudo defaults delete /Library/Preferences/com.apple.loginwindow StartupDelay
```

können Sie die Einstellung wieder löschen.

Debug.log aktivieren | Die Administration und Nutzung eines Verzeichnisdienstes gehört zu den anspruchsvollsten Aufgaben bei der Arbeit mit Mac OS X. Der Dämon DirectoryService ist die zentrale Instanz, um Rechnernamen in IP-Adressen aufzulösen, Benutzer zu authentifizieren und Informationen aus dem Verzeichnisdienst einzuholen. Wenn Sie auf Probleme stoßen, die sich nicht ohne Weiteres nachvollziehen lassen, dann können Sie einen Blick in die Protokolle werfen. Dabei sind die beiden Standardprotokolle DIRECTORYSERVICE.SERVER.LOG und DIRECTORYSERVICE.ERROR.LOG in der Kategorie /LIBRARY/LOGS/DIRECTORYSERVICE oft nicht sehr hilfreiche. Mit der Eingabe

```
sudo touch /Library/Preferences/DirectoryServices/.DSLogDebugAtStart
```

legen Sie eine leere und im Finder unsichtbare Datei ein. Wenn diese Datei existiert, dann führt der Dämon DirectoryService nach einem Neustart in der Datei DIRECTORYSERVICE.DEBUG.LOG (siehe Abbildung 17.44) sehr detailliert Protokoll über seine Arbeit. Dieses Protokoll ist in der Tat sehr ausführlich und kann bei der Fehlersuche eine große Hilfe sein. Beenden können Sie die Protokollierung, indem Sie mit der Eingabe

```
sudo rm /Library/Preferences/DirectoryServices/.DSLogDebugAtStart
```

die Datei löschen und einen Neustart ausführen. Die Datei wächst relativ schnell und wenn Sie die Probleme lösen konnten, kann es angeraten sein, diese detaillierte Protokollierung zu beenden.

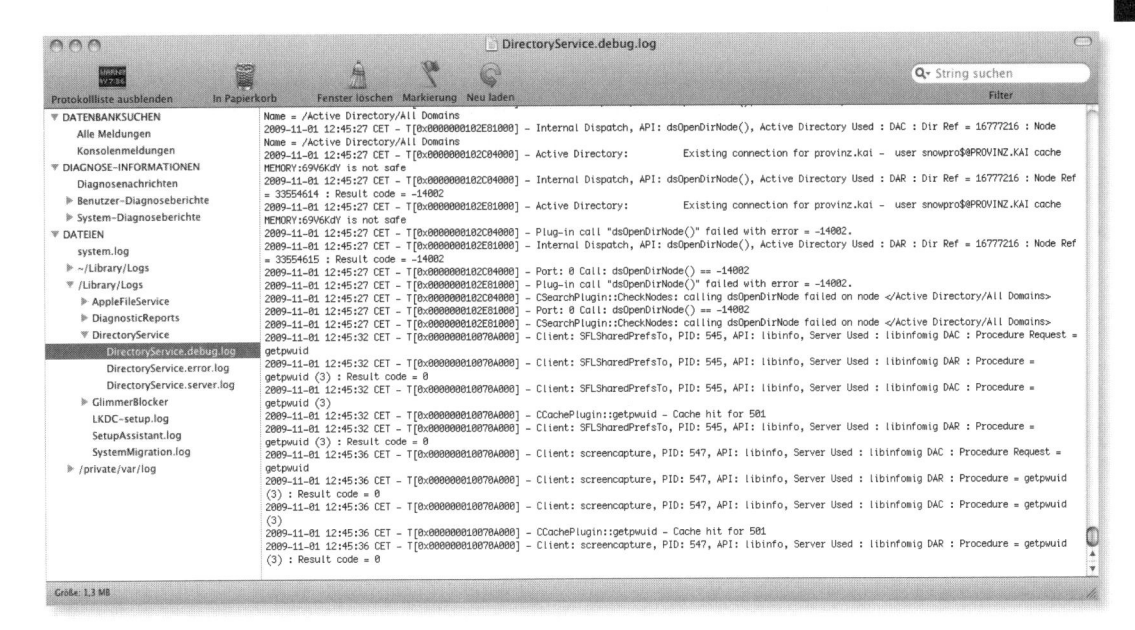

▲ **Abbildung 17.44**
Das Debug.log enthält sehr detaillierte Informationen über die Arbeit der Verzeichnisdienste.

17.6.1 Netzwerk-Account-Server einrichten

Eine einfache Möglichkeit, Ihr System an einen Verzeichnisdienst anzubinden, finden Sie in den Systemeinstellungen in der Ansicht BENUTZER. Wenn Sie hier die ANMELDEOPTIONEN auswählen, dann finden Sie dort auch einen Eintrag NETZWERK-ACCOUNT-SERVER und die Schaltfläche VERBINDEN. In dem folgenden Dialog geben Sie entweder den URL (zum Beispiel LEOSERV.PROVINZ.KAI) oder die IP-Adresse eines Open Directoy Servers oder die Domain einer Active Directory-Struktur (PROVINZ.KAI) an. Die Systemeinstellungen versuchen dann Kontakt mit dem angegebenen Server aufzunehmen und die Anbindung vorzunehmen. Bei einer Active Directory Domain muss auf jeden Fall Ihr Computer im Active Directory eingetragen sein. Ferner folgt bei der Anbindung an ein Active Directory die Aufforderung, sich als Netzwerkadministrator des Active Directory zu authentifizieren.

▲ **Abbildung 17.45**
Die Funktionsfähigkeit der Verzeichnisdienste wird durch einen grünen oder roten Knopf angezeigt.

Wenn mindestens ein Verzeichnisdienst eingerichtet wurde, dann können Sie über die Schaltfläche BEARBEITEN den Dialog aus Abbildung 17.45 aufrufen und weitere Verzeichnisdienste einrichten oder aber die Anbindung an einen Dienst löschen.

Benutzer ausschließen | Wenn Sie Ihr System an einen Verzeichnisdienst angebunden haben, dann können Sie über die Option BENUTZERN IM NETZWERK DIE ANMELDUNG IM ANMELDE-

Fenster erlauben vorgeben, dass sich diese an Ihrem Rechner anmelden können. Wenn diese Option nicht aktiv ist, dann werden die Verzeichnisdienste nicht für die Anmeldung wohl aber für Kontaktdaten im Adressbuch und für die Zuweisung Zugriffsrechte genutzt. Erlauben Sie die Anmeldung, dann können Sie über die nebenstehende Schaltfläche Optionen die Anmeldung nur für bestimmte Benutzer und Gruppen freigeben.

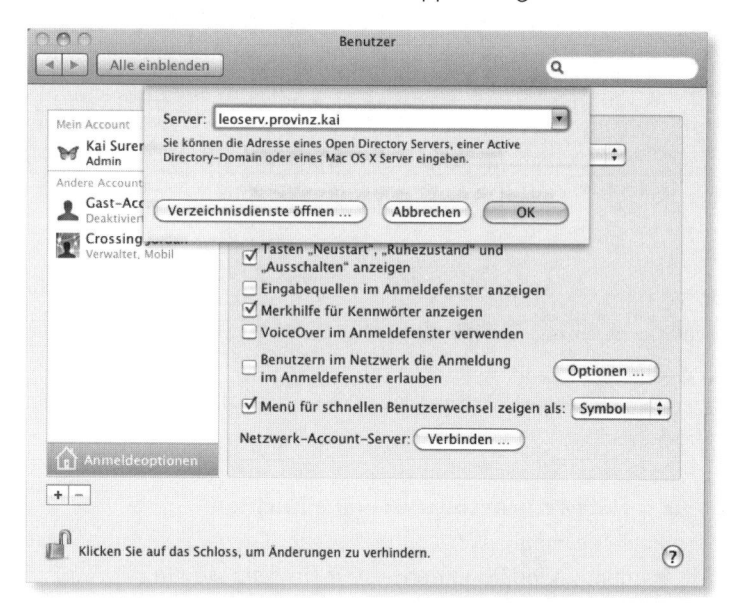

Abbildung 17.46 ▶
Verzeichnisdienste werden in den Systemeinstellungen als Netzwerk-Account-Server bezeichnet.

17.6.2 Verzeichnisdienste im Detail konfigurieren

Während über die Systemeinstellungen eine einfache Anbindung vorgenommen werden kann, bietet Ihnen das Programm Verzeichnisdienste die Möglichkeit, diese im Detail zu konfigurieren. Das Programm können Sie entweder über die Schaltfläche Verzeichnisdienste öffnen (siehe Abbildung 17.46) oder direkt aus dem Verzeichnis /System/Library/CoreServices starten.

[LDAP]
Bei LDAP handelt es sich, streng genommen, nicht direkt um einen Verzeichnisdienst, sondern vielmehr um eine Methode, die Daten zu strukturieren und zu übertragen.

Dienste | In der Ansicht Dienste finden Sie vier Einträge, die die Module repräsentieren, die für die Anbindung an einen Verzeichnisdienst zur Verfügung stehen. Mit Active Directory wird die Unterstützung für den gleichnamige Verzeichnisdienst von Microsoft bezeichnet. Dieses Modul ist, sofern Sie in den Systemeinstellungen keine Active Directory Domain konfiguriert haben, nicht aktiv. Der Eintrag LDAPv3 ermöglicht die Anbindung sowohl an einen Open Directory Server unter Mac OS X Server als auch an einen quasi normalen LDAP-Server, der beispielsweise auf einem Linux-System installiert wurde. Der Eintrag Local verweist auf die Datenbank DSLocal (siehe Abschnitt

14.5) Ihres Systems und kann weder deaktiviert noch konfiguriert werden.

Lokale Dateien | Die ebenfalls nicht zu deaktivierende Option LOKALE BSD-KONFIGURATIONSDATEIEN UND NIS ermöglicht über einen Doppelklick die Konfiguration zweier Dienste. Zunächst können Sie mit dem Eintrag BENUTZER- UND GRUPPENEINTRÄGE IM LOKALEN BSD-KNOTEN VERWENDEN vorgeben, dass die Dateien /ETC/MASTER.PASSWD und /ETC/GROUPS, die Ihnen möglicherweise von einem anderen UNIX-System bekannt sind, im Anmeldefenster ebenfalls herangezogen werden. Unter Mac OS X spielen sie nur noch eine marginale Rolle und enthalten in erster Linie und der Vollständigkeit halber Duplikate der Benutzerkonten für die Server wie _www für den Apache Webserver.

NIS | Darunter können Sie die KONFIGURATION DES NIS-SERVERS vornehmen. Da die Arbeit mit der Network-Information-System(NIS-)Architektur vergleichsweise komplex und nur noch wenig verbreitet ist, müssen Sie hier leider auf Sekundärliteratur zurückgreifen.

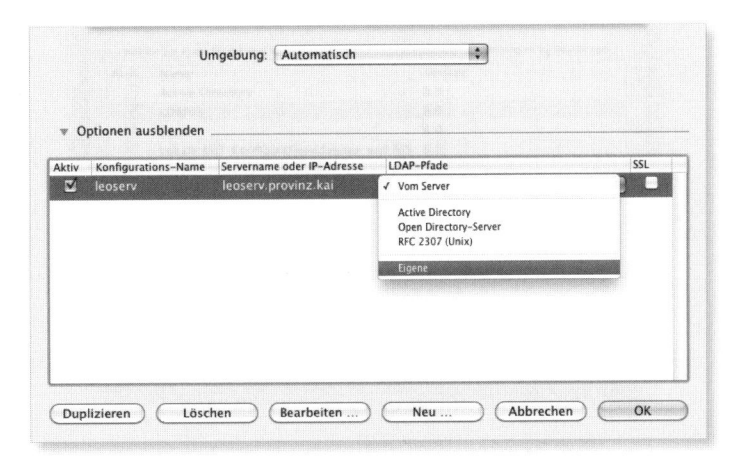

◄ **Abbildung 17.47**
Die Verwendung der BSD-Dateien kann bei Bedarf ebenso aktiviert werden wie die Anbindung an einen NIS-Server.

◄ **Abbildung 17.48**
Die LDAP-Pfade können auch eigenhändig konfiguriert werden.

Open Directory und LDAP | Wenn Sie einen Verzeichnisdienst im Detail konfigurieren und dabei zum Beispiel die vom Server gelieferten Schemata der Datenstrukturen modifizieren müssen, dann können Sie mit einem Doppelklick auf den Eintrag LDAPv3 die Liste der eingerichteten Server aufrufen. Sie erhalten zunächst eine Liste der eingerichteten LDAP-Server (siehe Abbildung 17.48), zu denen auch die Open Directory-Server gehören.

Über den Eintrag EIGENE können Sie das Fenster aus Abbildung 17.49 aufrufen und dort sowohl die Verschlüsselung der

[Open Directory]
Der Begriff Open Directory wurde von Apple recht weitläufig verwendet. Insgesamt bezeichnet er die Methoden, mit denen unter Mac OS X Benutzer identifiziert werden. Dementsprechend fällt auch die Identifikation mithilfe von DSLocal unter die Nutzung von Open Directory. Etwas spezieller bedeutet Open Directory den Einsatz von LDAP unter Mac OS X Server und die zentrale Verwaltung von Benutzern in dessen Datenbank.

Kommunikation mit dem Server in der Ansicht SICHERHEIT konfigurieren als auch Einträge in der Datenbank des Servers auf lokale Eigenschaften abbilden und auf diese Weise die Funktionsweise der Datenbank individuell anpassen. Letzteres benötigt sehr fortgeschrittene Kenntnisse sowohl des Protokolls LDAP als auch der Arbeit mit Verzeichnisdiensten generell.

Abbildung 17.49 ▶
Die Einträge in der LDAP-Datenbank können bei Bedarf auf andere Eigenschaften im lokalen System abgebildet werden.

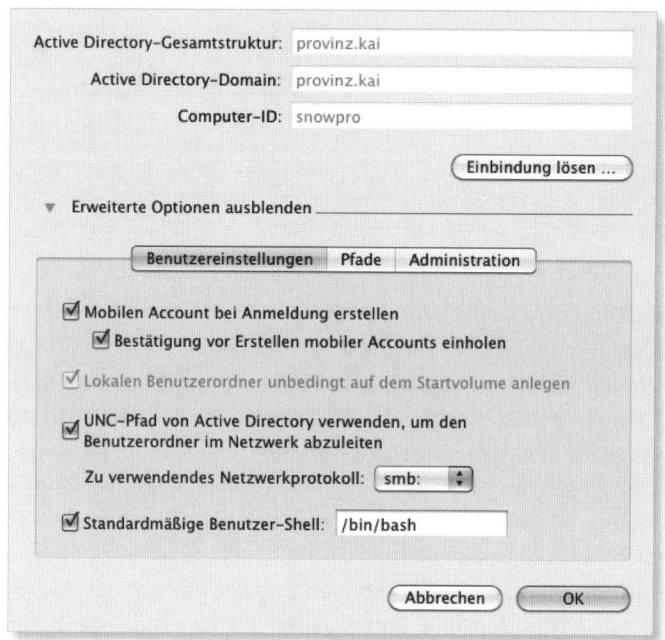

Abbildung 17.50 ▶
Die Zusammenarbeit mit einem Active Directory-Server kann im Detail konfiguriert werden.

Active Directory | Mit einem Doppelklick auf den Eintrag Active Directory können Sie diese Einbindung konfigurieren. Sofern Sie dies noch nicht über die Systemeinstellungen vorgenommen haben, können Sie durch Angabe der ACTIVE DIRECTORY-DOMAIN und der Ihnen dort zugewiesenen COMPUTER-ID die Einbindung in die Struktur vornehmen.

Benutzerordner | Wenn in dem Profil des Benutzerkontos im Active Directory ein sogenannter BASISORDNER vorgegeben wurde, dann wird sein persönliches Verzeichnis auf dem Windows-Server gespeichert. Hierzu müssen Sie die Option UNC-PFAD VON ACTIVE DIRECTORY VERWENDEN aktivieren. Als ZU VERWENDENDES NETZWERKPROTOKOLL sollten Sie in jedem Fall SMB: auswählen, weil die AFP-Unterstützung unter Windows Server den Ansprüchen von Mac OS X 10.6 nicht mehr genügt.

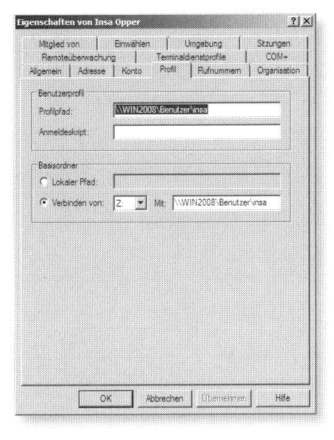

▲ Abbildung 17.51
Der im Active Directory-Profil vorgesehene BASISORDNER kann auch unter Mac OS X genutzt werden.

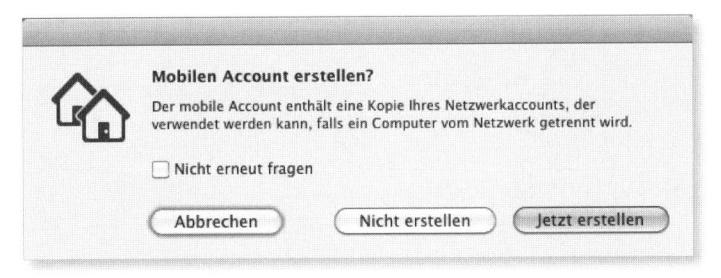

▲ Abbildung 17.52
Die Erstellung eines mobilen Accounts kann gegebenenfalls unterbunden werden.

Mobiler Account | Ein Windows-Server bietet die Möglichkeit, einen mobilen Account zu erstellen. Diese Funktion eignet sich besonders für mobile Geräte, denn sie führt dazu, dass das Benutzerkonto, das sich auf dem Server befindet, der lokalen Benutzerdatenbank von Mac OS X hinzugefügt wird. Solche Benutzerkonten tragen den Hinweis MOBIL. Diese Option können Sie aktivieren und dabei ebenfalls vorgeben, dass ein mobiler Account nur nach einer Bestätigung erstellt wird. Dabei bleiben die Dateien des Benutzers zunächst auf Ihrem System und können, sofern diese Funktion einwandfrei funktioniert und korrekt konfiguriert wurde, später mit den Daten auf dem Server abgeglichen werden.

Die Ansicht SUCHPFAD teilt sich in die zwei Reiter IDENTIFIZIERUNG und KONTAKTE. Wenn Sie mehr als einen Verzeichnisdienst konfiguriert haben, dann können Sie hier die Reihenfolge festlegen, in der die Dienste abgefragt werden. Bei der in Abbildung 17.53 dargestellten Konfiguration wird bei der Anmeldung eines

Benutzers zuerst der Open Directory-Server LEOSERV.PROVINZ.KAI konsultiert und dann das Active Directory. Die Reihenfolge im Reiter KONTAKTE wird bei der Suche nach Adressdaten etwa im Adressbuch herangezogen. Die lokalen Datenbanken – /LOCAL/DEFAULT für die Datenbank DSLocal sowie /BSD/LOCAL für die zuvor besprochenen Dateien im Verzeichnis /ETC – werden immer als Erstes konsultiert.

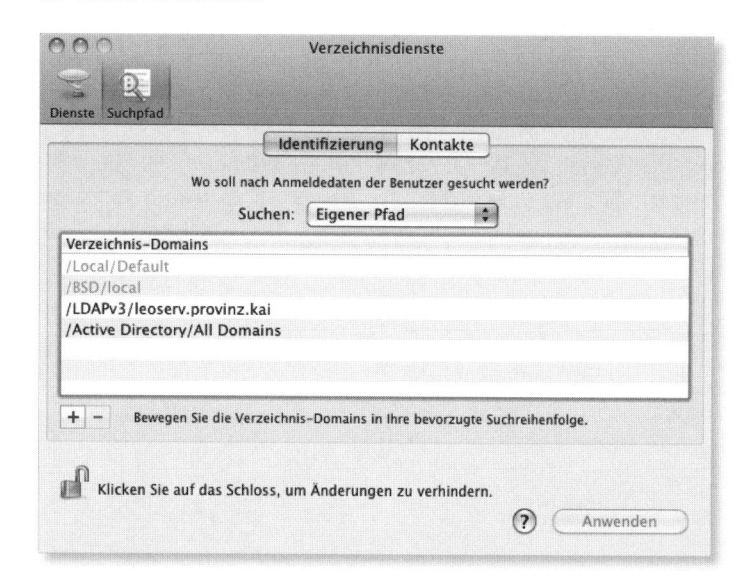

Abbildung 17.53 ▶
Die Reihenfolge der Verzeichnisdienste kann in der Ansicht SUCHPFAD festgelegt werden.

18 Dateien austauschen und Freigaben einbinden

Wenn über das Netzwerk eine Verbindung zwischen den Rechnern hergestellt ist, geht es an die Übertragung der Dateien. Mithilfe verschiedener Protokolle, deren Herkunft meist in der Geschichte der jeweiligen Betriebssysteme begründet ist, wird der Transfer geregelt.

Dieses Kapitel bietet Ihnen einen Überblick über die von Mac OS X unterstützten Protokolle und Methoden. Es erläutert, wie Sie Dateien übertragen und auf welche Probleme Sie dabei stoßen können. Neben dem Datenaustausch zwischen Macintosh-Rechnern wird auch die Zusammenarbeit mit Linux und Windows betrachtet. Das Kapitel schließt mit der automatischen Einbindung von Dateisystemen beim Start des Systems über den Dienst autofs.

Der Befehl mount

Der Befehl `mount` kann am Terminal auch genutzt werden, um Dateisysteme über das Netzwerk einzubinden. Für die Arbeit im Netzwerk gibt es einige spezielle Befehle wie `mount_nfs` oder `mount_smbfs`.

18.1 Grundlagen

Neben der im vorhergehenden Kapitel beschriebenen Ansicht NETZWERK können Sie im Finder auch einen Uniform Resource Locator (URL) verwenden, um eine Verbindung mit einem Server direkt aufzunehmen. Sicherlich ist Ihnen ein solcher URL bereits beim Surfen im World Wide Web begegnet, etwa in der Form *http://www.apple.de*.

Während die Ansicht NETZWERK der bequemere Weg ist, so ist die direkte Eingabe des URLs meistens schneller, bei der Arbeit mit FTP und WebDAV oft zwingend. Aufrufen können Sie den Dialog zur Eingabe eines URLs im Finder über den Menüpunkt GEHE ZU • MIT SERVER VERBINDEN oder die Tastenkombination ⌘ + K .

Bei der Arbeit mit Dateisystemen im Netzwerk müssen Sie das Präfix des einzusetzenden Protokolls vor die IP-Adresse oder den Namen des Servers setzen. Um eine Verbindung mit einem AFP-Server herzustellen, geben Sie also in dem Feld MIT SERVER VERBINDEN den URL `afp://192.168.0.2` ein.

Ergänzend zur Adresse des Servers können Sie auch die Freigabe oder den Ordner, den Sie einbinden möchten, getrennt

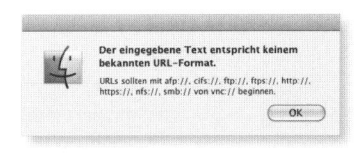

▲ **Abbildung 18.1**
Bei einem Tippfehler im Präfix weist Mac OS X auf die verfügbaren URLs hin.

Mit Server verbinden

⌘ + K

> **TIPP**
>
> Verwenden Sie das Präfix `vnc://` gefolgt von der IP-Adresse oder dem Rechnernamen, können Sie die Bildschirmfreigabe direkt aus dem Finder heraus starten.

▲ **Abbildung 18.2**
Der URL einer eingebundenen Freigabe wird nach SERVER: angegeben.

Leerzeichen in URLs
Möchten Sie bei einem URL ein Leerzeichen angeben, etwa weil der Benutzername auf einem Windows-Rechner eines enthält, dann müssen Sie es mit den Zeichen %20 maskieren.

Tabelle 18.1 ▶
Präfixe für die Einbindung von Freigaben

durch einen Schrägstrich hinter der Adresse des Servers angeben. Mit `smb://Dose/Bilder` aktivieren Sie auf dem Windows-Rechner `Dose` den Ordner, der mit der Bezeichnung `Bilder` für das Netzwerk freigegeben wurde.

Benutzer angeben | Schließlich können Sie innerhalb des URLs noch einen Benutzer angeben, mit dem Sie sich gegenüber dem Server identifizieren wollen. Mit der Eingabe `afp://theo@miniserver.local/Users` würden Sie auf dem Server `miniserver.local` den Ordner /USERS (Benutzer) aktivieren und sich dabei gegenüber dem Server gleich als Benutzer `theo` identifizieren.

Die manuelle Eingabe eines Benutzernamens kann zum Beispiel bei der Verbindung über FTP erforderlich sein. Viele FTP-Server sind so konfiguriert, dass sie anonyme Verbindungen akzeptieren. Stellen Sie die Verbindung mit dem URL `ftp://Benutzer@Server` her, geben Sie dem Finder gleich den Benutzernamen vor, mit dem Sie sich identifizieren möchten.

Präfix	Protokoll	Befehl	Anmerkungen
`afp://`	Apple Filing Protocol (AFP)	`mount_afp`	Zur Auswahl des Servers kann die IP-Adresse oder der Bonjour-Name verwendet werden.
`smb://` `cifs://`	Server Message Block (SMB)	`mount_smbfs`	Um den Server anzusprechen, wird die IP-Adresse oder der Name des Rechners eingegeben.
`ftp://`	File Transfer Protocol (FTP)	`mount_ftp`	Neben der IP-Adresse kann der vollständige Domain-Name (ftp.server.tld) angegeben werden.
`http://` `https://`	Web-based Distributed Authoring and Versioning (WebDAV)	`mount_webdav`	Zusätzlich zum Namen oder der IP-Adresse des Rechners muss manchmal explizit der Port, durch einen Doppelpunkt getrennt, angegeben werden.
`nfs://`	Network File System (NFS)	`mount_nfs`	Die Angabe eines Benutzernamens ist beim NFS nicht erforderlich.

Schließlich ist es auch möglich, das Passwort in der Form `ftp://Benutzer:Passwort@Server` gleich anzugeben. Diese Form ist aber nicht empfehlenswert, weil auf diese Weise dass Passwort zum Beispiel in den Protokollen im Klartext gespeichert werden kann.

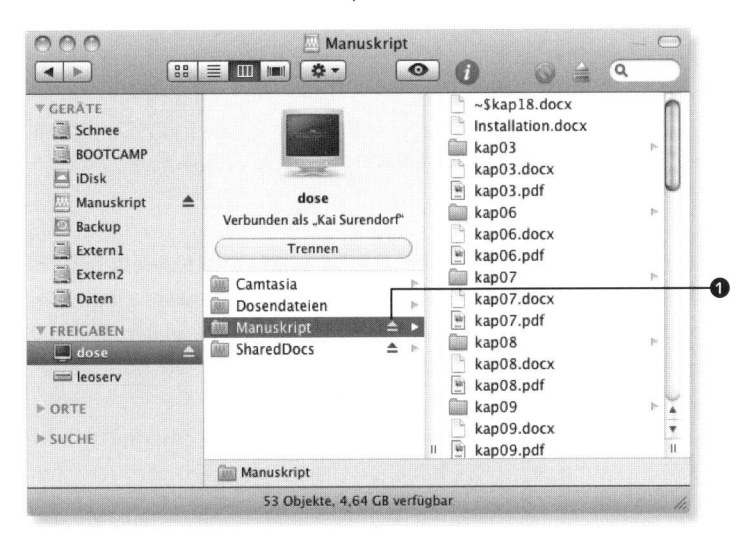

◀ **Abbildung 18.3**
Das Fenster zur direkten Verbindung mit einem Server kann auch eine Sammlung von Lesezeichen beinhalten.

Server angeben | Sie können mit dem Pluszeichen ❶ die aktuelle Eingabe in der SERVERADRESSE zur Liste BEVORZUGTE SERVER hinzufügen. Wählen Sie einen Server in der Liste aus, so wird er mit ENTFERNEN aus der Liste gelöscht. Die Schaltfläche DURCHSUCHEN ruft die Ansicht NETZWERK auf.

Mit dem Symbol der Uhr ❷ können Sie eine Liste der Server aufrufen, mit denen Sie sich in der Vergangenheit bereits verbunden haben.

Eine weitere Liste steht Ihnen auch im Apfel-Menü im Unterpunkt BENUTZTE OBJEKTE zur Verfügung. Für das Apfel-Menü können Sie in den Systemeinstellungen unter ERSCHEINUNGSBILD eine Grenze für die gespeicherten Objekte setzen.

Eingebundene Freigaben | Wenn Sie einen freigegebenen Ordner aktivieren, erscheint der Name des Rechners oder die IP-Adresse in der Seitenleiste des Finders, zusammen mit dem Icon zum Auswerfen. Wählen Sie den Rechner in der Spaltendarstellung aus, so werden die für den Benutzer verfügbaren Freigaben angezeigt, und diejenigen, die Sie eingebunden haben, werden ebenfalls mit dem Auswurfknopf versehen.

TIPP

Sie können eine eingebundene Freigabe in der Seitenleiste auch in den Bereich GERÄTE ziehen. Sie erscheint dann bei der nächsten Einbindung wiederum in diesem Bereich.

◀ **Abbildung 18.4**
Eingebundene Freigaben werden mit einem Auswurfknopf ❶ versehen.

Freigabe deaktivieren
⌘ + E

Betätigen Sie den Auswurfknopf in der Seitenleiste, hat das die Abmeldung an dem Rechner und die Deaktivierung aller eingebundenen Freigaben zur Folge. Nutzen Sie den Auswurfknopf bei einer Freigabe, so wird nur diese deaktiviert. Sofern Sie in den Einstellungen des Finders vorgegeben haben, dass eingebundene Freigaben auf dem Schreibtisch erscheinen sollen, können Sie diese wie auch eine Festplatte oder ein Wechselmedium deaktivieren.

> **TIPP**
>
> Sie können das Icon einer Freigabe auch ins Dock ziehen. Haben Sie zuvor das Passwort im Schlüsselbund gespeichert und klicken Sie die Freigabe an, dann wird Sie beim ersten Klick aktiviert. Beim zweiten Klick erscheint dann ihr Inhalt.

Dynamische Einbindung | Haben Sie sich an dem Rechner identifiziert, also entweder über VERBINDEN ALS ein Kerberos-Ticket erhalten oder durch die Eingabe Ihres Benutzernamens und Passwortes im Dialog MIT SERVER VERBINDEN eine AFP-Sitzung gestartet, dann können Sie die vorhandenen Freigaben auch automatisch einbinden lassen. Wenn Sie auf eine vorhandene Freigabe klicken, wird diese im Hintergrund automatisch aktiviert. Dies funktioniert auch zum Kopieren von Dateien und Ordnern: Wenn Sie eine Datei oder einen Ordner auf eine noch nicht eingebundene Freigabe ziehen, wird diese automatisch eingebunden, und Sie können gleich zu einem Unterordner navigieren. Diese Arbeit mit Freigaben funktioniert am besten in der Spaltendarstellung.

Abgebrochene Verbindung | Wenn ein Server vom Netz geht und Sie eine von ihm bereitgestellte Freigabe eingebunden haben, dann erhalten Sie im Finder eine Nachricht. Sie können dann mit dem Auswurfknopf gezielt die Verbindung zu einer Freigabe trennen. Wenn mehrere Freigaben eingebunden waren, dann können Sie mit der Schaltfläche ALLE TRENNEN die Verbindung zu allen aufheben. Es ist auch möglich, die Unterbrechung zunächst zu IGNORIEREN. In diesem Fall bleiben die Freigaben im Finder zunächst sichtbar. Wenn Sie diese nun öffnen, dann versucht der Finder im Hintergrund die zuvor unterbrochene Verbindung wieder aufzunehmen. Das Ignorieren kann dann sinnvoll sein, wenn der Server neu gestartet wird und in wenigen Minuten wieder verfügbar ist.

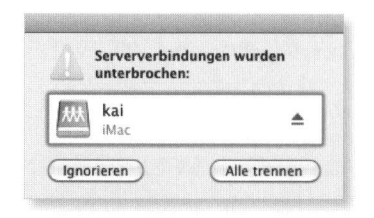

▲ **Abbildung 18.5**
Eine unterbrochene Verbindung muss nicht zwingend getrennt werden.

Mount point | Eine Freigabe, die Sie über das Netzwerk einbinden, wird im Verzeichnis /VOLUMES in Ihr Dateisystem eingebunden. Im Finder können Sie die eingebundenen Freigaben in der Ansicht COMPUTER neben Ihren Festplatten und Wechselmedien aufrufen.

In Abbildung 18.6 finden Sie unter /VOLUMES sowohl BACKUP als auch BACKUP-1. Dies hat den Grund, dass an dem Rechner eine Festplatte bereits den Namen BACKUP trägt. Anschließend wurde eine Freigabe, die ebenfalls die Bezeichnung BACKUP trägt, im Verzeichnis BACKUP-1 eingebunden, um sie von der lokal angeschlossenen Festplatte unterscheiden zu können. Bei den Ordnern KAI und KAI-1 besteht der Grund darin, dass nacheinander zwei Freigaben, die jeweils die Bezeichnung KAI tragen, eingebunden wurden und die zweite zur Unterscheidung in KAI-1 umbenannt wurde. Am Terminal können Sie zu den Freigaben navigieren, indem Sie beispielsweise mit `cd /Volumes/kai-1` in das Verzeichnis wechseln.

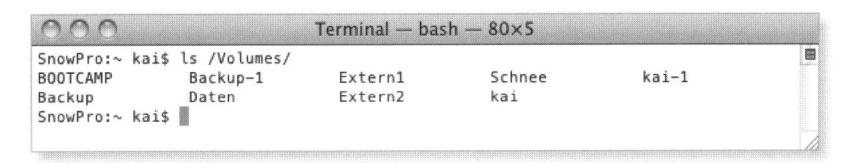

```
SnowPro:~ kai$ ls /Volumes/
BOOTCAMP       Backup-1       Extern1        Schnee         kai-1
Backup         Daten          Extern2        kai
SnowPro:~ kai$
```

▲ **Abbildung 18.6**
Freigaben werden im Verzeichnis /VOLUMES eingebunden.

18.2 Verbindung mit dem Apple Filing Protocol (AFP)

Das Apple Filing Protocol (AFP) ist Apples bevorzugte Lösung, Dateien im Netzwerk zu übertragen. Im Zuge der Entwicklung von Mac OS und Mac OS X wurde es immer weiter verbessert, und in verschiedenen Versionen der Betriebssysteme wurden unterschiedliche Versionen des Protokolls verwendet. Mittlerweile ist AFP in der Version 3.3 angekommen.

Erweiterte Attribute
Der Vorzug von AFP gegenüber SMB und NFS besteht darin, dass das Protokoll von Natur aus die Besonderheiten von Mac OS X unterstützt. Dazu gehören in erster Linie die erweiterten Attribute als auch einige für die Time Machine notwendigen Funktionen.

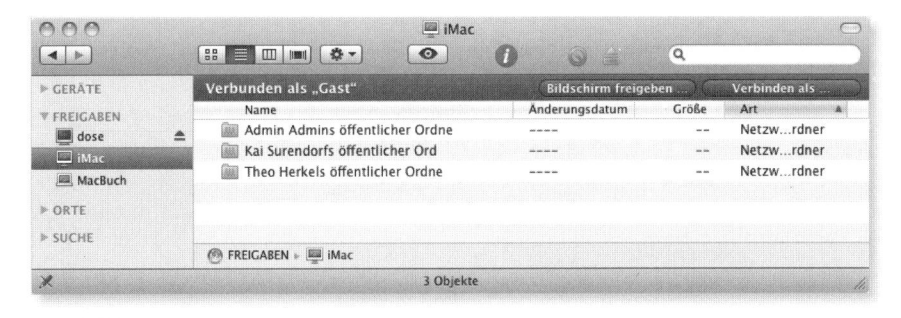

▲ **Abbildung 18.7**
Der Finder versucht zunächst eine Anmeldung mit dem Gast-Account.

Verbindung herstellen | Die Auswahl eines Rechners in der Ansicht NETZWERK oder in der Seitenleiste unter FREIGABEN versucht zunächst eine Anmeldung als Gast. Sofern der Zugang für einen Gast auf dem Rechner eingerichtet ist, sehen Sie anschlie-

▲ **Abbildung 18.8**
Das Kennwort kann direkt im Schlüsselbund gesichert werden.

▲ **Abbildung 18.9**
Für Administratoren stehen auch die Partitionen zur Auswahl.

Passwörter im Klartext
Die Übertragung von Passwörtern im Klartext ist eigentlich nicht zu empfehlen, kann aber manchmal notwendig sein, wenn der Server die von Mac OS X 10.6 bevorzugten Authentifizierungsverfahren nicht unterstützt. Dies kann bei einigen älteren AFP-Servern von Fremdanbietern durchaus der Fall sein.

ßend die öffentlich zugänglichen Freigaben. Über die Schaltfläche VERBINDEN ALS können Sie sich an dem Server anmelden und die für Ihr Benutzerkonto verfügbaren Freigaben einsehen.

Rufen Sie den Server über den URL auf oder führen Sie einen Doppelklick auf das Icon in der Ansicht Netzwerk aus, müssen Sie sich zunächst identifizieren. Am Rande: Über das Zahnrad ❶ steht Ihnen die Möglichkeit zur Verfügung, das Kennwort für den angegebenen Benutzer zu ändern.

Haben Sie im URL eine Freigabe angegeben, dann wird diese direkt eingebunden. Andernfalls können Sie in einem Dialog aus den für das angegebene Benutzerkonto verfügbaren Freigaben auswählen. Eine Mehrfachauswahl ist mit gedrückter Taste ⌘ möglich.

Volumes für Administratoren | Der AFP-Server ist in der Standardeinstellung so konfiguriert, dass Administratoren nicht nur die freigegebenen Ordner, sondern auch die vorhandenen Partitionen einbinden können. Dies geschieht unabhängig von der Freigabe im Finder oder den Systemeinstellungen.

Freigaben und Spotlight | Seit Mac OS X 10.5 ist es auch möglich, die eingebundenen Freigaben über Spotlight zu durchsuchen, sofern auf dem Server Mac OS X 10.5 oder 10.6 installiert wurde. Wählen Sie bei der Suche im Finder als Ort FREIGABEN aus, dann wird nicht Ihr lokales Dateisystem durchsucht, sondern die über AFP eingebundenen Ordner.

AppleShareClient konfigurieren | Sie können über die Datei COM.APPLE.APPLESHARECLIENT.PLIST im Verzeichnis ~/LIBRARY/PREFERENCES das Verhalten des Systems bei der Anmeldung ein wenig steuern. Die Datei lässt sich im Property List Editor bearbeiten. Aktivieren Sie den Wert der Eigenschaft AFP_CLEARTEXT_ALLOW, dann ist auch die Anmeldung an einem AFP-Server, bei dem das Passwort nicht übertragen wird, möglich. Wenn Sie die Übertragung des Passwortes im Klartext aktivieren, sollten Sie auch die Eigenschaft AFP_CLEARTEXT_WARN aktivieren. Sie erhalten dann einen Hinweis, wenn das Passwort im Klartext übertragen wird.

Sendet Ihnen der AFP-Server eine Willkommensnachricht (siehe Abschnitt 19.2), können Sie die Checkbox des Wertes AFP_LOGIN_DISPLAYGREETING abwählen und so die Nachricht des Servers unterdrücken. Ist die Eigenschaft AFP_USE_SHORT_NAME aktiviert, dann wird im Anmeldefenster automatisch der Accountname Ihres Benutzerkontos vorab eingefügt.

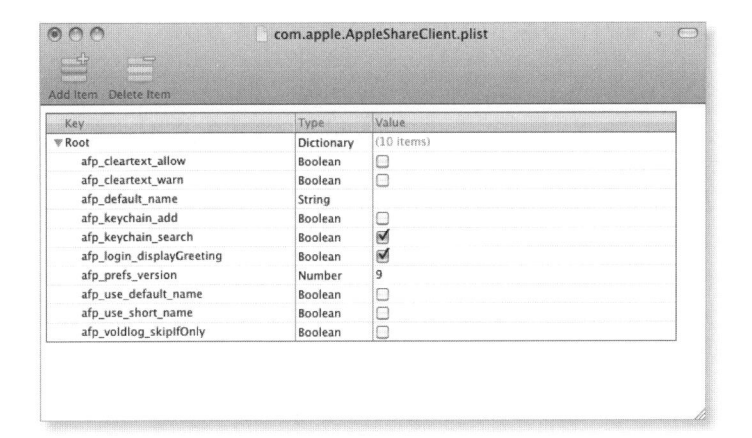

◀ **Abbildung 18.10**
Die Einstellungen für die Verbindung über AFP können mit dem Property List Editor bearbeitet werden.

Die Eigenschaften `AFP_DEFAULT_NAME` und `AFP_USE_DEFAULT_NAME` hängen zusammen. Aktivieren Sie die Eigenschaft `AFP_USE_DEFAULT_NAME` und geben Sie als Wert für `AFP_DEFAULT_NAME` den Namen eines Benutzerkontos vor, dann wird automatisch dieser Name im Anmeldefenster eingetragen. Die anderen Eigenschaften haben entweder keine Auswirkung (`AFP_KEYCHAIN_ADD` und `AFP_KEYCHAIN_SEARCH`) oder sollten nicht geändert werden.

Accountname
Die Verwendung des kurzen Accountnamens anstelle des vollständigen Namens kann bei einigen Servern sinnvoll sein, die den Benutzer ausschließlich anhand des Kurznamens identifizieren.

Protokoll | Die Aktivierung von Freigaben über AFP wird protokolliert. Wenn Sie im Dienstprogramm KONSOLE zunächst den Eintrag ALLE MELDUNGEN auswählen und dann die Anzeige auf AFPFS begrenzen, werden Ihnen Vorgänge, bei denen eine Freigabe aktiviert und ausgeworfen wurde, ebenso angezeigt wie etwaige Fehler, die dabei aufgetreten sein könnten.

▲ **Abbildung 18.11**
Die Aktivierung von Freigaben wird protokolliert.

18.3 Verbindung mit Windows über SMB

Microsoft verwendet für die Übertragung von Dateien in einem Windows-Netzwerk das Server Message Block (SMB) genannte Verfahren. Dieses Anfang der 80er-Jahre entwickelte Protokoll basierte ursprünglich auf NetBIOS. Mittlerweile benutzt Microsoft auch hier TCP/IP für die Übertragung von Daten, sodass Sie einen Windows-Rechner im Netzwerk auch über seine IP-Adresse ansprechen können. Mac OS X ist in der Lage, direkt auf freigegebene Ordner eines Windows-Rechners zuzugreifen.

Verbindung herstellen | Wenn die Auflösung von Namen in Ihrem Netzwerk korrekt funktioniert (siehe Abschnitt 16.1.7), werden aktive PC-Server automatisch in der Ansicht NETZWERK angezeigt. Mit einem Doppelklick auf das Icon oder die Schaltfläche VERBINDEN ALS können Sie sich an dem Windows-Rechner anmelden.

Ob Sie bei einem PC-Server die verfügbaren Freigaben im Finder einsehen können, hängt von der Konfiguration des Windows-Rechners ab. Ähnlich wie bei dem Gast-Account von Mac OS X kann auch unter Windows die Einsicht in die freigegebenen Ordner für unangemeldete Besucher verweigert werden.

Stellen Sie die Verbindung durch die direkte Eingabe des URLs her, können Sie nach dem Namen oder der IP-Adresse direkt die einzubindende Freigabe bestimmen. Ein passender URL könnte `smb://192.168.0.5/Manuskript` lauten. Sofern der Name des Benutzerkontos aus zwei Wörtern besteht, können Sie auch den Namen des Benutzers gleich in der folgenden Form angeben:

`smb://Kai%20Surendorf@Dose/Manuskript`

▲ **Abbildung 18.12**
Wenn Ordner unter Windows als geschützt markiert wurden, wird der Schutz (hier zum Beispiel »kap03.pdf«) auch vom Finder respektiert ❶.

[CIFS]
Sie werden bei der Arbeit mit Windows-Servern vereinzelt auch auf das Kürzel »CIFS« stoßen. Es ist eine Abkürzung für »Common Internet File System« und bezeichnet genau genommen die Übertragung von SMB-Paketen über TCP/IP statt über NetBIOS. In der Dokumentation von Apple und in der Fachliteratur werden SMB und CIFS mittlerweile synonym verwendet.

TIPP

Sie können am Terminal Ihres Macintoshs bei einigen Windows-Konfigurationen das Passwort mit dem Befehl `smbpasswd` ändern. Geben Sie diesen in der Form `smbpasswd -r Rechner -U Benutzer` ein, wobei Sie Rechner durch den Namen des Servers und Benutzer durch das Konto ersetzen. Besteht der Name aus zwei Wörtern, geben Sie diese in Anführungszeichen an: `"Vorname Nachname"`. Sie werden dann aufgefordert, das aktuelle Passwort des Benutzers und anschließend zweimal das neue Passwort einzugeben. Wurde das Passwort geändert, erhalten Sie die Nachricht `Password changed for user Benutzer`.

smbclient | Sie können sich am Terminal mit dem Befehl `smbclient -L Rechner` die verfügbaren Dienste und Freigaben eines PC-Servers anzeigen lassen. Gegebenenfalls fordert der Befehl das Passwort eines Benutzers auf dem PC-Server. Bei Windows Vista und Windows 7 müssen Sie, abhängig von der Konfiguration, noch zusätzlich ein Benutzerkonto in der Form `smbclient -L Rechner -U "Benutzer"` angeben.

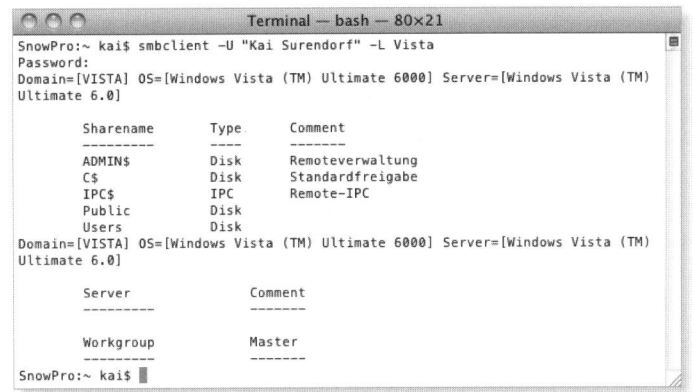

◄ **Abbildung 18.13**
Mit dem Befehl smbclient können weitere Informationen über den Server eingeholt werden.

Reservierte Zeichen | Anders als bei der Arbeit über AFP müssen Sie bei der Arbeit mit Windows-Freigaben auf reservierte Zeichen achten. Während unter Mac OS X lediglich der Doppelpunkt und der Schrägstrich – die vom Finder sowieso unterbunden werden – im Dateinamen problematisch sind, gibt es einige Zeichen, die unter Mac OS X im Dateinamen zulässig, unter Windows jedoch problematisch sind. Dazu gehören die Zeichen: <, >, \, ?, *, | und ".

._DS_Store unterbinden | Die Position der Icons im Fenster werden vom Finder in der Datei .DS_STORE gespeichert. Während diese im Finder aufgrund des Punkts zu Beginn unsichtbar ist, kann sie sich unter Windows als störend erweisen. Sie können dem Finder untersagen, diese Datei zu erstellen, indem Sie mit der Eingabe

```
defaults write com.apple.desktopservices DSDontWriteNetworkStores true
```

eine neue Voreinstellungsdatei im Ordner ~/LIBRARY/PREFERENCES anlegen. Nach der nächsten Anmeldung werden keine .DS_STORE-Dateien mehr angelegt. Um diese Entscheidung rückgängig zu machen, löschen Sie die Datei COM.APPLE.DESKTOPSERVICE.PLIST. Nach der nächsten Anmeldung werden die Dateien wieder angelegt.

HINWEIS

Diese Einstellung bezieht sich nur auf Freigaben im Netzwerk. In lokalen Dateisystemen arbeitet das System weiterhin mit .DS_STORE-Dateien.

Attribute in ._-Datei | Um die erweiterten Dateiattribute und eventuell vorhandene Resource Forks auch auf einem fremden Dateisystem zu ermöglichen, werden sie vom System in einer eigenen Datei gesichert, deren Name mit »._« beginnt (siehe Abschnitt 3.3.5). Während diese Dateien unter Mac OS X 10.6 nicht sichtbar sind, die zwei Dateien also als eine erscheinen, kann sich dies unter Windows als irritierend erweisen.

NTFS | Mit Mac OS X 10.6 ist das System in der Lage, die erweiterten Attribute in einer auch für Windows verständlichen Form zu kommunizieren. Das Dateisystem NTFS ist ebenso wie HFS in der Lage, zu einer Datei weitere Attribute zu speichern, deren Speicherung unter Windows genauso unsichtbar und intransparent erfolgt wie unter Mac OS X. Wenn Sie einen Ordner, der sich auf einer Partition mit dem NTFS-Dateisystem befindet, freigeben und einbinden, dann finden Sie dort keine ._-Dateien. Die erweiterten Attribute werden, wenn Sie eine Datei auf den Server kopieren, dort in den Alternate Data Streams, wie die erweiterten Attribute unter Windows bezeichnet werden, gespeichert. Sie finden also bei einem NTFS-Dateisystem keine separaten ._-Dateien, obwohl die erweiterten Attribute erhalten bleiben. Wenn Sie zu einer eingebundenen Freigabe das Fenster INFORMATIONEN im Finder aufrufen, dann finden Sie unter FORMAT die Angabe SMB (NTFS).

Es gibt zwei Möglichkeiten, mit den ._-Dateien umzugehen: Wenn Sie die Attribute und Resource Forks auch auf einer Windows-Freigabe, bei der sie nicht in den Alternate Data Streams gespeichert werden, benötigen, sollten Sie die ._-Dateien nicht löschen.

▲ **Abbildung 18.14**
Wenn die Freigabe das Dateisystem NTFS verwendet, dann werden die erweiterten Attribute direkt im Dateisystem gespeichert.

WARNUNG

Der Befehl dot_clean arbeitet vergleichsweise rigoros und kann durchaus auch zu Datenverlusten führen. Bevor Sie also die erweiterten Attribute mit dot_clean löschen, sollten Sie auf jeden Fall die Originale auf Ihrer Festplatte vorrätig halten und den Inhalt der bereinigten Ordner einer Prüfung unterziehen.

Aufräumen mit dot_clean | Wenn Sie sich jedoch sicher sind, dass Sie für die auf den Server kopierten Dateien die Metadaten nicht benötigen, können Sie den Befehl dot_clean verwenden, um die ._-Dateien in einem Durchgang zu löschen. Dabei arbeitet dot_clean, sofern Sie nicht die Option -f angeben, rekursiv. Das bedeutet, dass der Befehl auch alle Unterverzeichnisse in einem Durchgang bearbeitet. Mit dem Aufruf

```
dot_clean -m /Volumes/Freigabe
```

werden die ._-Dateien in allen Ordnern gelöscht, die sich in dem unter /Volumes/Freigabe befindlichen Verzeichnis befinden. Die Bearbeitung der Unterordner können Sie ausschließen, indem Sie zusätzlich die Option -f angeben, während Sie die Option -v über den Verlauf und die gelöschten Dateien informiert. Mit der Eingabe

```
dot_clean -mfv /Volumes/Freigabe/Ordner
```

werden alle ._-Dateien im angegebenen `Ordner` der `Freigabe` gelöscht, und Sie werden über den Löschvorgang informiert.

18.4 Network File System

Das Network File System (NFS) ist unter UNIX und Linux eine sehr beliebte Methode, Verzeichnisse und Datenträger für den gemeinsamen Zugriff im Netzwerk freizugeben. NFS hat den Vorteil, dass es recht schnell ist und auch sehr umfangreiche Verzeichnisstrukturen ohne Probleme einer großen Anzahl von Benutzern zugänglich machen kann. Ein weiterer Vorteil von NFS besteht darin, dass es unter so gut wie allen UNIX- und Linux-Versionen verfügbar ist.

> **WARNUNG**
>
> Aufgrund der eher unsicheren Architektur des NFS sollten Sie es auf einem Rechner, der direkt mit dem Internet verbunden ist, besser nicht aktivieren.

Keine Authentifizierung | Aus der Sicht des Anwenders besteht ein Nachteil von NFS in der derzeit vorliegenden Version darin, dass es keine Authentifizierung bietet. An und für sich ist NFS von Haus aus mehr oder weniger unsicher. Die Regelung der Zugriffsrechte erfolgt über die existierenden Benutzerkonten auf den Rechnern, die auf eine NFS-Freigabe zugreifen. Arbeiten Sie auf Ihrem Rechner also mit dem Benutzer KAI und der UID 501, so haben Sie auf einer NFS-Freigabe die Rechte an allen Dateien und Ordnern, die dem Benutzer mit der Kennung 501 zugewiesen wurden. Umgekehrt wird allen Dateien und Ordnern, die Sie auf diese Freigabe kopieren, Ihre UID zugewiesen, und sie gehören auf dem Server dem Benutzer, der über diese UID verfügt.

> **Benutzerkonten synchronisieren**
>
> Sie können die Benutzerkonten der Mac OS X-Rechner, wenn Sie mit NFS arbeiten, synchronisieren. Die UID (siehe Abschnitt 14.5.4) wird von Mac OS X aufsteigend vergeben, das heißt, der erste angelegte Benutzer verfügt über die UID 501, der zweite über die UID 502. Legen Sie auf allen Mac OSX-Rechnern die Benutzerkonten in der gleichen Reihenfolge an, dann sind die UIDs auf all diesen Rechnern in Ihrem Netzwerk synchron.

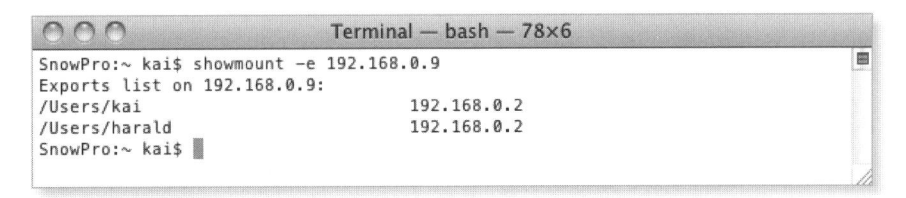

```
SnowPro:~ kai$ showmount -e 192.168.0.9
Exports list on 192.168.0.9:
/Users/kai                    192.168.0.2
/Users/harald                 192.168.0.2
SnowPro:~ kai$
```

▲ **Abbildung 18.15**
Der Befehl `showmount` zeigt die verfügbaren Freigaben an.

showmount und rpcinfo | Ob auf einem Server ein funktionsfähiges NFS-System aktiv ist, können Sie mithilfe des Befehls `rpcinfo -p IP-Adresse` herausfinden. Sofern in der Liste der so ermittelten Prozesse Einträge mit `nfs` und `mountd` vorhanden sind, ist wahrscheinlich ein konfigurierter NFS-Dienst verfügbar. Wenn Sie einen Überblick über die NFS-Freigaben eines Servers benötigen, dann können Sie den Befehl showmount verwenden. Mit showmount -e 192.168.0.9 können Sie sich die NFS-Freigaben des Rechners 192.168.0.9 anzeigen lassen. Die Angabe 192.168.0.2 in Abbildung 18.15 zeigt an, dass die beiden Freigaben im Netzwerk nur für den Rechner mit dieser IP-Adresse verfügbar sind.

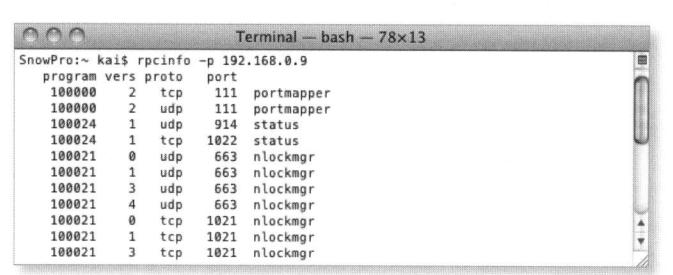

Abbildung 18.16 ▶
Ob ein NFS-System aktiv ist, kann mit dem Befehl rpcinfo ermittelt werden.

NFS-Freigabe einbinden | Einen über NFS freigegebenen Ordner können Sie im Finder einbinden, indem Sie die IP-Adresse oder den Namen des Servers gefolgt vom Pfad der einzubindenden Freigabe angeben. Wird Letzterer nicht angegeben, dann versucht der Finder kurz eine Einbindung, springt dann aber wieder zurück zum Dialog. Die Angabe des Pfads bedeutet, dass Sie nicht den Namen des Ordners sondern den exportierten Pfad angeben müssen. Um eine der beiden in Abbildung 18.15 angezeigten Freigaben einzubinden, würde der URL zum Beispiel NFS://192.168.0.9/USERS/KAI lauten. Die Angabe von NFS://192.168.0.9/USERS würde nicht zum Erfolg führen.

/net und /home | Zum NFS-System gehören auch die beiden im Finder nicht sichtbaren Verzeichnisse /HOME und /NET. Während /HOME in Verbindung mit einem Verzeichnisdienst für die automatische Einbindung eines Benutzerordners, der auf einem Server zentral gelagert ist, verwendet wird, ermöglicht es Ihnen der Ordner /NET, NFS-Freigaben in Ihrem Netzwerk zu durchsuchen.

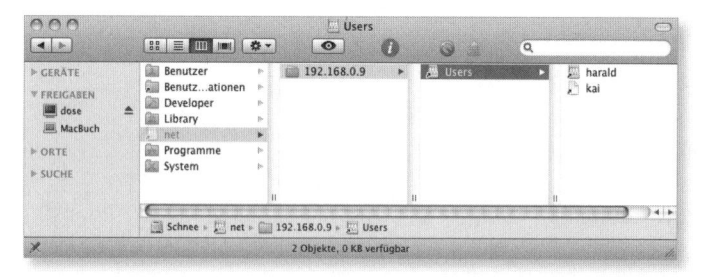

▲ **Abbildung 18.17**
Über das sonst nicht sichtbare Verzeichnis /NET können NFS-Server zum Teil durchsucht werden.

Mit dem Verzeichnis /NET können Sie auf zwei Weisen arbeiten. Zunächst ist es möglich, mit ⌘ + ⇧ + G im Finder direkt in dieses Verzeichnis zu wechseln. Bereits bekannte NFS-Server stehen Ihnen dort zur Verfügung. Verfügbare Freigaben eines bekannten NFS-Servers werden im Finder als Alias angezeigt. Wenn Sie es anklicken, wird die Freigabe automatisch eingebunden.

Direkt in eine Freigabe wechseln Sie, indem Sie im Finder über GEHE ZUM ORDNER direkt die Freigabe angeben, als in das Verzeichnis /NET/192.168.0.9/PFAD/ZUR/FREIGABE als anzuzeigenden Ordner angeben. Am Terminal wird diese Form der automatischen und sukzessiven Einbindung transparenter. Wechseln Sie mit `cd /net` in das Verzeichnis, und lassen Sie sich den Inhalt mit `ls` anzeigen, dann ist dieses zunächst leer.

Wenn Sie nun mit `cd 192.168.0.9` in das Verzeichnis wechseln, dessen Name der IP-Adresse oder dem Namen eines NFS-Servers entspricht, nimmt der Dienst `autofs` im Hintergrund automatisch Verbindung mit dem Server auf. Befinden Sie sich nun in diesem Verzeichnis, dann können Sie sich mit `ls` die auf dem Server verfügbaren NFS-Freigaben anzeigen lassen und anschließend mit `cd Users` sowie `cd kai` direkt in diese wechseln (siehe Abbildung 18.18).

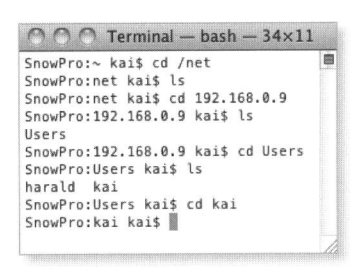

▲ **Abbildung 18.18**
Über das Verzeichnis /NET werden Freigaben dynamisch aktiviert.

Unsichere Ports | Nehmen Sie eine Verbindung mit einem Linux-Rechner auf, erhalten Sie im Finder möglicherweise die Nachricht, dass die Identifizierung fehlgeschlagen ist. Der Grund besteht oft darin, dass Mac OS X die Verbindung mit dem NFS-Server auf einem Port größer als 1024 aufbaut. Dies wird von einigen UNIX-Derivaten als unsicher betrachtet. Es gibt zwei Möglichkeiten, wie Sie die NFS-Freigaben eines Linux-Servers auch von Mac OS X aus einbinden können.

Haben Sie Zugriff auf den Server, müssen Sie in der Datei /ETC/EXPORTS (siehe Abschnitt 19.4) die Option `insecure` für die Freigabe aktivieren. Diese Option hat an sich nichts mit mangelnder Sicherheit zu tun, sondern erlaubt dem NFS-Server die Kommunikation auf Ports höher als 1024. Letztere werden als unprivilegiert oder unsicher betrachtet, auch wenn dies in der Praxis in den wenigsten Fällen der Fall ist. Ist diese Option aktiv, dann können Sie die Anmeldung über den Finder nutzen, um die NFS-Freigaben einzubinden.

mount_nfs
Wenn Sie NFS-Freigaben am Terminal mit `mount_nfs` einbinden, können Sie, falls Sie nicht die Voreinstellungen ändern, die Option -P verwenden, um diese unprivilegierten Ports anzusprechen.

Client konfigurieren | Möchten oder können Sie die Konfiguration des Servers nicht ändern, können Sie auch unter Mac OS X 10.5 die notwendigen Änderungen vornehmen. Um NFS-Server, die beispielsweise auf einem Linux-System laufen, über das Verzeichnis /NET ansprechen zu können, müssen Sie der Datei /ETC/AUTO_MASTER eine Option hinzufügen. Rufen Sie mit `sudo nano /etc/auto_master` den Editor `nano` auf, und ergänzen Sie die Zeile

```
/net -host -nobrowse,hidefromfinder,nosuid
```

hidefromfinder
Wenn Sie die Option `hidefromfinder` löschen, dann erscheint der Ordner /NET im Finder auf der obersten Ebene Ihres Startvolume.

um die Option `resvport`:

```
/net -host -nobrowse, hidefromfinder,nosuid,resvport
```

Nach einem Neustart können Sie jetzt auch über GEHE ZUM ORDNER mit der Angabe /NET/192.168.0.11 einen NFS-Server unter Linux ansprechen. Um die NFS-Freigaben ohne den Umweg über /NET ansprechen zu können, ziehen Sie deren Icon auf Ihren Schreibtisch und erstellen ein Alias, indem Sie die Tasten ⌘ + ⌥ gedrückt halten. Auch nach einem Neustart steht Ihnen über den Alias die Freigabe zur Verfügung, indes braucht die Einbindung über `autofs` in dieser Form möglicherweise mehr als einen Anlauf.

Attribute | Wie auch bei Windows-Freigaben, die nicht auf einer NTFS-Partition liegen, werden bei der Arbeit mit NFS die Metadaten über eine ._-Datei realisiert. Sie können auch bei NFS-Freigaben den zuvor beschriebenen Befehl `dot_clean` benutzen, um die nicht benötigten Metadaten in einem Durchgang zu löschen. Wird als Server Mac OS X eingesetzt, dann können Sie den Befehl `dot_clean` auch auf dem Server ausführen und so die Attribute und Dateien wieder zusammenfügen (siehe Abschnitt 18.3).

18.5 File Transfer Protocol

WARNUNG
Sie sollten sich bei der Arbeit mit FTP immer bewusst sein, dass der gesamte Datenverkehr unverschlüsselt verläuft. Es wäre also leicht möglich, dass jemand Passwörter und übertragene Daten mitliest.

Mac OS X ist in der Lage, mit dem File Transfer Protocol (FTP) eine Verbindung zu einem Server herzustellen. Dabei steht Ihnen im Finder jedoch kein Schreibzugriff zur Verfügung. Sie können also Dateien nur herunterladen.

Sie können eine Verbindung zu einem FTP-Server herstellen, indem Sie im Finder einen URL in der Form

```
ftp:// Server/Verzeichnis
```

eingeben. Bei der Authentifizierung bietet Ihnen der Finder auch die Möglichkeit, sich mit einem Gast-Account an dem Server anzumelden und damit eine anonyme FTP-Verbindung aufzubauen.

Sie können auch direkt ein Verzeichnis vorgeben. Dies kann in Ausnahmefällen notwendig sein, wenn symbolische Links auf einem Server nicht aufgelöst werden können. Wenn Sie auf das Hauptverzeichnis zugreifen, sehen Sie keinen Ordner, sondern einen nicht zu öffnenden Alias.

Aktives und passives FTP | Bei der Verbindung mit FTP gibt es zwei Möglichkeiten, die Kommunikation zwischen dem Server und Ihrem Rechner zu etablieren. Dies kann beim Einsatz einer Firewall oder eines Routers notwendig sein. Wird die Verbindung mit aktivem FTP hergestellt, so definiert der Server (!) den Port, über den die Kommunikation abgewickelt wird. Die FTP-Verbindung wird also von außen etabliert. Dieses Verhalten wird von vielen Firewalls und Routern blockiert. Beim passiven Modus etabliert der Client, Ihr Rechner, die Verbindung auf einem von ihm bestimmten Port. Die Verbindung wird von Ihrem Netzwerk aus initiiert und von den meisten Firewalls durchgelassen, sofern die FTP-Ports überhaupt geöffnet wurden.

Die Einstellung für den passiven FTP-Modus verbirgt sich in den Systemeinstellungen. Sie finden sie in den weiteren Optionen der jeweiligen Netzwerkschnittstelle im Reiter PROXIES (siehe Abbildung 18.19).

Verschlüsseltes SFTP | Am Terminal können Sie, sofern der Server dies unterstützt, über SSH auch einen verschlüsselten FTP-Zugriff realisieren. Dafür steht Ihnen der Befehl `sftp` zur Verfügung. Mit der Eingabe `sftp kai@192.168.0.2` starten Sie eine verschlüsselte FTP-Sitzung am Terminal. Sie können Daten aus dem aktuellen lokalen Verzeichnis mit dem Befehl `put`, gefolgt vom Namen der lokalen Datei, hochladen. Umgekehrt können Sie mit `get`, gefolgt vom Namen der Datei auf dem Server, diese in Ihrem aktuellen lokalen Verzeichnis sichern. Eine Anzeige des entfernten Verzeichnisses erhalten Sie mit `ls`, ein Verzeichnis wechseln können Sie mit `cd`. Beide Befehle arbeiten wie in Abschnitt 6.2 beschrieben. Sie beziehen sich lediglich auf die entfernten Verzeichnisse.

18.6 WebDAV und die iDisk

Mit WebDAV (»Web-based Distributed Authoring and Versioning«) besteht die Möglichkeit, über HTTP eine Verbindung mit einem Webserver aufzunehmen und dabei die Dateien und Ordner in Ihr Dateisystem einzubinden. Die Aufgabe von WebDAV ist es, in einer Arbeitsgruppe gleichzeitig an den Dateien einer Web-

Anonymes FTP
Eine anonyme FTP-Verbindung kann für den Download einiger Programme vor allem aus dem Open-Source-Spektrum recht nützlich sein, da diese über frei zugängliche FTP-Server verbreitet werden.

▲ **Abbildung 18.19**
Die Verwendung des passiven FTP-Modus wird in den erweiterten Einstellungen unter PROXIES vorgegeben.

CyberDuck
Die Arbeit mit `sftp` ist dem normalen FTP sofern möglich vorzuziehen, da die Daten verschlüsselt werden. Das kostenfreie Programm CyberDuck (http://www.cyberduck.ch) unterstützt auch die verschlüsselte Verbindung.

Die iDisk
Bei der iDisk, die Ihnen Apple im Zusammenhang mit dem Dienst MobileMe zur Verfügung stellt, handelt es sich eigentlich um nichts anderes als um eine WebDAV-Freigabe. Durch die Integration unter anderem in den Finder, etwa in der Seitenleiste, ist die Einbindung der iDisk etwas bequemer.

site zu arbeiten. Um diese Gruppenarbeit zu unterstützen, bringt WebDAV einige Erweiterungen mit. So wird zum Beispiel protokolliert, welche Dateien gerade von welchem Benutzer geöffnet wurden, und diese werden für den Zugriff anderer gesperrt.

Mac OS X ist in der Lage, für WebDAV freigegebene Ordner über den Finder einzubinden. WebDAV bietet eine sehr komfortable Möglichkeit, Dateien auf einem Webserver zu verwalten, und verhält sich in Bezug auf das Kopieren und Verschieben von Daten ähnlich wie ein Ordner auf Ihrer Festplatte.

Um eine Verbindung herzustellen, rufen Sie wiederum mit ⌘ + K den entsprechenden Dialog auf, und geben Sie als SERVERADRESSE einfach den URL der einzubindenden Webseite ein.

Verbindung über SSL
Mac OS X ist auch in der Lage, die WebDAV-Verbindung mit dem Secure Socket Layer zu verschlüsseln, sofern der Server dies unterstützt. Geben Sie beim URL das Präfix https:// an, wird eine verschlüsselte Verbindung aufgenommen.

Port angeben | Bei einigen Anbietern lauscht der Dienst WebDAV nicht auf dem gleichen Port 80 wie der Webserver, sondern zum Beispiel auf Port 81. In einem solchen Fall müssen Sie die Server-Adresse um den entsprechenden Port – zum Beispiel *http://delta-c.de:81* – ergänzen.

Langsamer Kopiervorgang | Die Arbeit mit WebDAV im Finder ist recht komfortabel. Zwei Dinge sind bisweilen aber problematisch: Einerseits werden auch bei einem WebDAV-Ordner die erweiterten Attribute getrennt von den eigentlichen Dateien gespeichert. Es kann also vorkommen, dass Sie anschließend auf Ihrem Webserver eine Reihe von Dateien finden, deren Namen mit ._ beginnen.

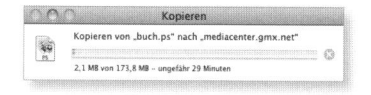

▲ **Abbildung 18.20**
Bei der Prognose handelt es sich um eine sehr grobe Schätzung.

Andererseits ist die Arbeit im Finder recht langsam und zäh. So kann es auch bei einem schnellen Internetzugang etwas dauern, bis die Verbindung aufgenommen oder der Inhalt eines Ordners angezeigt wird. Kopieren Sie eine Datei von Ihrer Festplatte auf einen Webserver, kann der Kopiervorgang sehr lange dauern. Insbesondere den Zeitprognosen im Finder sollten Sie hier nicht trauen.

18.7 Bluetooth-Freigabe

Dienst im Kontextmenü
Sie können dem Kontextmenü im Finder einen Dienst DATEI AN BLUETOOTH-GERÄT SENDEN hinzufügen, indem Sie ihn in den Systemeinstellungen in der Ansicht TASTATUR unter dem Reiter TASTATURKURZBEFEHLE in der Rubrik DIENSTE aktivieren.

Neben dem Anschluss von Tastaturen und Mäusen lässt sich die Bluetooth-Schnittstelle auch dazu verwenden, um Dateien und Ordner zwischen Rechnern direkt auszutauschen. Der Vorzug von Bluetooth gegenüber einem AirPort-Netzwerk kann darin bestehen, dass sich der drahtlose Datenaustausch über Bluetooth recht schnell und direkt nutzen lässt. Auch können Sie über Bluetooth auf Dateien, die auf einem Handy gespeichert wurden, zugreifen.

Besitzen Sie zwei Rechner, die über ein Bluetooth-Modul verfügen, dann können Sie mit dem Dienstprogramm BLUETOOTH-DATENAUSTAUSCH Dateien senden. Auf beiden Rechnern müssen das Bluetooth-Modul sowie die nachfolgend beschriebene BLUETOOTH-FREIGABE aktiviert sein. Bei einem Mobiltelefon konsultieren Sie bitte die Bedienungsanleitung.

◄ **Abbildung 18.21**
Das Dienstprogramm Bluetooth-Datenaustausch zeigt automatisch alle gefundenen Geräte an.

Quelle und Dateien auswählen | Starten Sie das Dienstprogramm, so müssen Sie zuerst die zu übertragenden Dateien auswählen. Das Programm präsentiert Ihnen anschließend eine Liste der in Ihrer Umgebung gefundenen Bluetooth-Geräte. Wählen Sie das passende Gerät aus, zum Beispiel den Computer Ihres Kollegen, und klicken Sie auf SENDEN. Auf dem Zielrechner oder dem Mobiltelefon erscheint dann eine Meldung, dass die gewählte Datei übertragen werden soll. Die Übertragung muss explizit bestätigt werden.

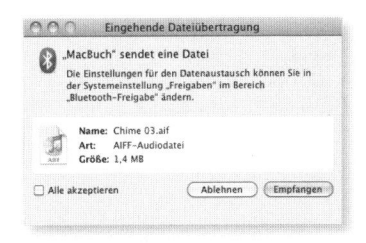

▲ **Abbildung 18.22**
Der Empfang einer Datei muss bestätigt werden.

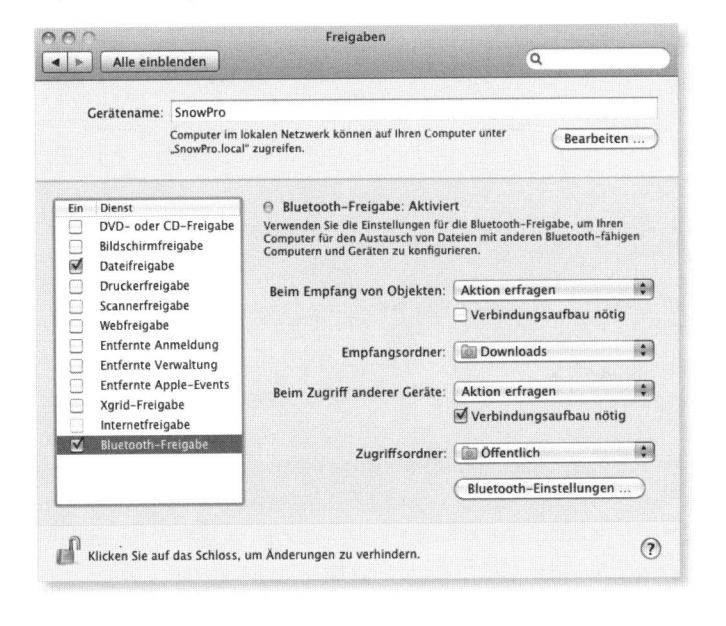

◄ **Abbildung 18.23**
Die Bluetooth-Freigabe wird in den Systemeinstellungen konfiguriert.

Bluetooth-Freigabe konfigurieren | In den Systemeinstellungen können Sie in der Ansicht BLUETOOTH-FREIGABE in der Ansicht FREIGABEN konfigurieren, wie Ihr Rechner sich beim Austausch von Dateien verhalten soll. Sie sollten BEIM EMPFANG VON OBJEKTEN auf jeden Fall eine AKTION ERFRAGEN lassen, sofern Sie die Rechner nicht wie nachfolgend beschrieben explizit miteinander verbinden.

Wenn Sie die zu empfangenden Objekte AKZEPTIEREN UND SICHERN, kann es gut sein, dass Sie von »feindlichen« Bluetooth-Geräten aus Ihrer Umgebung unerwünschte Dateien enthalten. Dies ist auch bei der Option AKZEPTIEREN UND ÖFFNEN der Fall, die sich, wenn es sich zum Beispiel um ein ausführbares AppleScript handelt, als fatale Sicherheitslücke erweisen kann.

Möchten Sie Bluetooth etwas intensiver zum drahtlosen Austausch von Dateien nutzen, kann es sich lohnen, mehrere Geräte miteinander zu verbinden. Wenn Sie in den Systemeinstellungen BEIM EMPFANG VON OBJEKTEN oder BEIM ZUGRIFF ANDERER GERÄTE die Option VERBINDUNGSAUFBAU NÖTIG aktivieren, wird bei der ersten Verbindung auf dem Rechner, zu dem Sie eine Verbindung aufnehmen möchten, ein Dialog angezeigt. In diesem Dialog wird ein einmaliges Passwort eingegeben, das Sie in Erfahrung bringen und eingeben müssen. Nach der Eingabe des Passwortes gelten die beiden Geräte als miteinander verbunden.

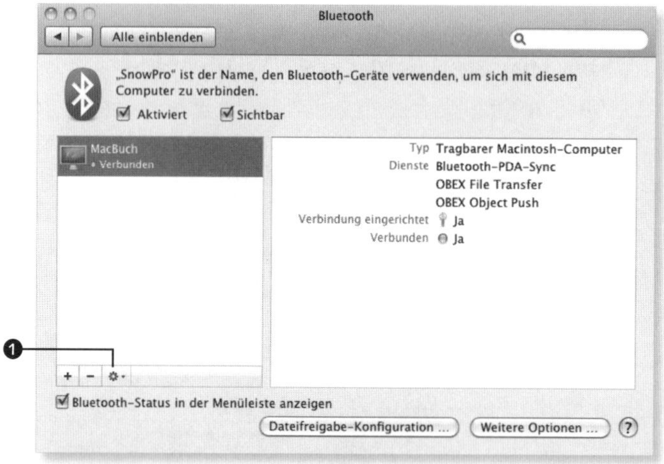

> **HINWEIS**
>
> Wenn Sie den vorherigen Verbindungsaufbau erzwingen, können Sie gegebenenfalls auch Dateien und Anfragen ohne Rückfrage akzeptieren. Behalten Sie aber im Hinterkopf, dass die Freigabe für ein Gerät gilt und nicht für einen Benutzer.

▲ **Abbildung 18.24**
In der Ansicht BLUETOOTH werden die Geräte verwaltet.

Weitere Optionen
Über das Ausklappmenü, das Sie über das Icon ❶ mit dem Zahnrad erreichen, können Sie direkt aus den Systemeinstellungen eine Datei an das Gerät senden oder sich weitere Informationen anzeigen lassen.

Die Geräte, mit oder von denen eine Verbindung aufgebaut werden kann, werden in der Ansicht BLUETOOTH der Systemeinstellungen verwaltet. Sie können hier Geräte, denen eine Verbindung erlaubt wird, auch wieder entfernen.

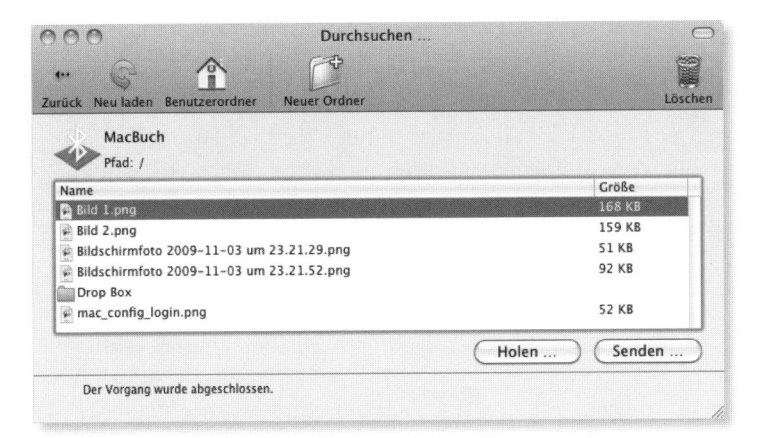

◀ **Abbildung 18.25**
Über die Funktion GERÄT DURCHSUCHEN können Dateien aus dem freigegebenen Ordner geholt und in diesen gesendet werden.

Gerät durchsuchen | Das Dienstprogramm BLUETOOTH-DATENAUSTAUSCH ist auch in der Lage, interaktiv mit einem anderen Gerät zu arbeiten. Die Funktion ist mit GERÄT DURCHSUCHEN etwas missverständlich benannt. Wenn Sie ein Gerät durchsuchen und die Verbindung aufgebaut, also von der Gegenseite bestätigt wurde, steht Ihnen das dort in den Systemeinstellungen als ZUGRIFFSORDNER festgelegte Verzeichnis zur Verfügung, und Sie können Dateien HOLEN oder SENDEN. Über die Schaltfläche ZURÜCK kehren Sie aus einem Unterordner in den übergeordneten zurück.

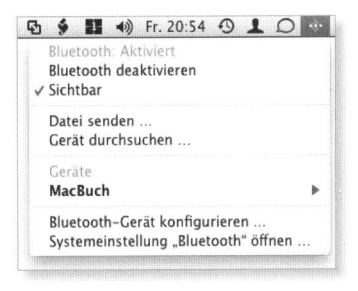

▲ **Abbildung 18.26**
Die Funktionen für die BLUETOOTH-FREIGABE stehen Ihnen fast vollständig in der Menüleiste zur Verfügung.

18.8 Verschlüsselt kopieren mit scp

Mit dem Befehl `scp` können Sie Dateien basierend auf der verschlüsselten Verbindung über SSH (siehe Abschnitt 17.2.1) von einem Rechner zu einem anderen kopieren. Dabei ist `scp` in der Lage, sowohl von Ihrem Rechner zu kopieren als auch Dateien von einem entfernten Rechner auf Ihrem zu sichern. Der Befehl `scp` folgt in seinem Aufbau dem bekannten Befehl `cp` für das Kopieren innerhalb Ihres lokalen Dateisystems:

```
scp Quelle Ziel
```

Allerdings müssen Sie, um einen entfernten Rechner ansprechen zu können, die Angaben für den Hostnamen und gegebenenfalls das zu verwendende Benutzerkonto durch einen Doppelpunkt getrennt voranstellen. Mit der Eingabe

```
scp ~/Documents/Brief.rtf kai@192.168.0.2:~/Desktop/
```

TIPP

Wenn Sie Ihren Schlüssel auf dem anderen Rechner hinterlegt haben (siehe Abschnitt 17.2.1), sparen Sie sich die Eingabe des Passwortes, und die Arbeit mit `scp` wird sehr viel komfortabler.

Pfadangaben im Griff
Bei der Angabe von Pfaden hinter dem Doppelpunkt müssen Sie darauf achten, dass Sie entweder vom persönlichen Ordner des angegebenen Benutzers (~) ausgehen oder eine absolute Pfadangabe von der obersten Ebene der Verzeichnisstruktur her verwenden.

kopieren Sie die Datei BRIEF.RTF aus Ihrem Ordner DOKUMENTE auf den Server 192.168.0.2. Da Sie sich dort mit dem Benutzer kai anmelden, Sie also auch dort über ein persönliches Verzeichnis verfügen, können Sie dies mit der Tilde (~) angeben.

Bei dem Zielrechner handelt es sich in diesem Beispiel ebenfalls um einen Computer mit Mac OS X, deswegen existiert im persönlichen Verzeichnis ein Ordner DESKTOP, der den Schreibtisch des Benutzers dort darstellt. Auf dem entfernten Rechner würde die Datei BRIEF.RTF auf dem Schreibtisch des Benutzers kai erscheinen. Umgekehrt könnten Sie durch den Befehl

```
scp kai@192.168.0.2:~/Documents/Brief.rf ~/Documents/Brief2.rtf
```

eine Datei aus dem Ordner DOKUMENTE vom entfernten Rechner kopieren, sie in Ihrem lokalen Dokumentenordner speichern und gleichzeitig in BRIEF2.RTF umbenennen.

Verzeichnisse kopieren
Mit der Option -r können Sie ein ganzes Verzeichnis über das Netzwerk auf einen entfernten Rechner kopieren. Dabei verhält sich scp wie cp, bloß verschlüsselt über das Netzwerk.

18.9 Freigaben automatisch einbinden

Der mit Mac OS X 10.5 eingeführte Dienst autofs stellt für die Arbeit im Netzwerk eine sehr große Erleichterung im Vergleich zu den vorhergehenden Versionen von Mac OS X dar.

Die beiden wesentlichen Vorzüge bestehen darin, dass er sehr leicht und flexibel zu konfigurieren ist und daneben zuverlässig funktioniert. Die Zuverlässigkeit resultiert unter anderem daraus, dass es seit Mac OS X 10.5 nicht mehr möglich ist, dass eine eingebundene Freigabe, zu der die Netzwerkverbindung abbricht, den ganzen Finder blockiert. Ferner werden die Freigaben, wie schon im Zusammenhang mit dem Verzeichnis /NET beschrieben, nur eingebunden, wenn sie wirklich verlangt werden. Dies senkt die Belastung der Server und reduziert ein wenig den Datenverkehr im Netzwerk.

Neben der Einbindung von Freigaben über den Finder ist das autofs-System, das sich aus den Diensten `autofsd`, `automountd` und `automount` zusammensetzt, auch in der Lage, Freigaben beim Start des Systems einzubinden.

Anmeldeobjekte für Benutzer
Eine einfache, aber nicht ganz so flexible Alternative besteht darin, dass Sie Freigaben, die nach der Anmeldung eines Benutzers zur Verfügung stehen sollen, den Anmeldeobjekten des Benutzerkontos hinzufügen. Diese lassen sich, wie in Abschnitt 14.4.4 beschrieben, auch für alle Benutzerkonten einrichten. Allerdings können Sie hier nicht den AKTIVIERUNGSORT vorgeben.

18.9.1 NFS-Freigaben beim Start aktivieren

Während Sie für die automatische Einbindung über SMB und AFP die Konfigurationsdateien von autofs eigenhändig bearbeiten müssen, steht Ihnen für die Einbindung von NFS-Freigaben das Festplatten-Dienstprogramm zur Verfügung.

> **HINWEIS**
>
> Das System legt die für die Einbindung der Freigaben notwendigen Verzeichnisse automatisch an. Dies kann, wurden die Aktivierungen gelöscht oder stehen die Server nicht zur Verfügung, in Einzelfällen zu leeren Ordnern führen, die sich quasi als Artefakte im Dateisystem befinden.

Über den Menüpunkt ABLAGE • NFS MOUNTS rufen Sie im Dienstprogramm ein neues Fenster mit dem Titel NFS-AKTIVIERUNGEN auf. Hier können Sie die NFS-Freigaben, die automatisch beim Start Ihres Systems eingebunden werden, konfigurieren. Über die Icons unten links können Sie Freigaben hinzufügen, löschen oder bearbeiten.

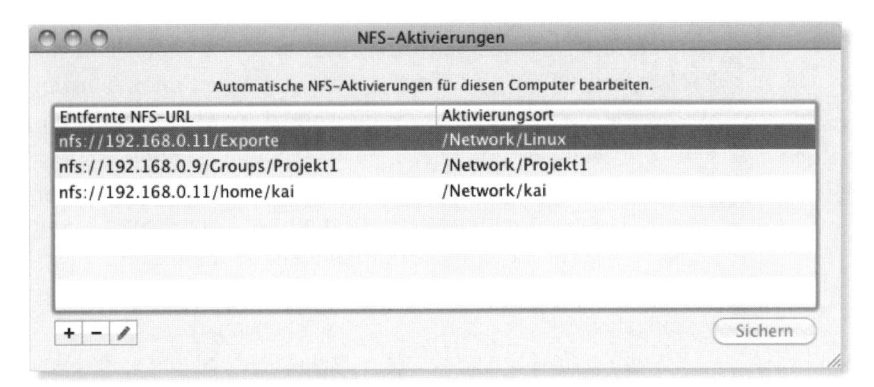

▲ **Abbildung 18.27**
Im Fenster NFS-AKTIVIERUNGEN können die einzubindenden NFS-Freigaben konfiguriert werden.

Wenn Sie eine Freigabe hinzufügen, müssen Sie zunächst den vollständigen URL zur Freigabe (NFS://192.168.0.11/EXPORTE) angeben. Der AKTIVIERUNGSORT ist das lokale Verzeichnis, an dem die Freigabe eingebunden werden soll, also der Mount-Point (siehe Abschnitt 9.1).

◄ **Abbildung 18.28**
Wird eine NFS-Freigabe eines Linux-Servers eingebunden, kann die Verwendung der unprivilegierten Ports als »Erweiterte Aktivierungsparameter« ❶ erzwungen werden.

In Abbildung 18.28 wird die Freigabe /EXPORTE auf einem Linux-Server mit der IP-Adresse 192.168.0.11 eingebunden. Da auf dem Server die Verwendung der »unsicheren« Ports (siehe Abschnitt 18.4) nicht aktiviert wurde, muss unter ERWEITERTE AKTIVIERUNGSPARAMETER die Option RESVPORT angegeben werden. Der Aktivierungsparameter hat in diesem Zusammenhang die gleiche

Aktivierungsort
Der vorgeschlagene Pfad /Volumes/Freigabe ist, wenigstens für die Arbeit im Finder, nicht die beste Lösung, weil das Verzeichnis /Volumes nicht sichtbar ist. Wenn Sie über den Finder einen direkten Zugriff auf die automatisch eingebundenen Freigaben haben möchten, können Sie als Aktivierungsort zum Beispiel /Network/Freigabe angeben. Die eingebundene Freigabe erscheint in der Ansicht Netzwerk im Finder als Ordner.

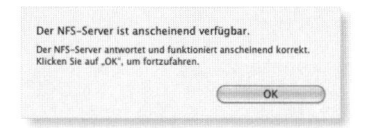

▲ **Abbildung 18.29**
Es wird nur den Kontakt zum Server getestet, nicht die Freigabe als solche.

Funktion wie die zuvor beschriebene Änderung der Datei »/etc/auto_master«.

Ferner können Sie mit der Option Als Nur-Lesen aktivieren die Zugriffsrechte auf der NFS-Freigabe ignorieren und sie lediglich im Lese-Modus einbinden. Die zwei Optionen Zugriffsrechte zum Festlegen der Benutzer-ID (»set user ID«) ignorieren haben den Hintergrund, dass unter UNIX-Systemen bei Dateien festgelegt werden kann, dass sie unter dem Benutzerkonto geöffnet werden, das der Datei als Eigentümer zugewiesen wurde. Ist also diese User ID gesetzt, wird ein Programm, das dem Benutzer root gehört, auch als root ausgeführt. Da dies insbesondere bei Freigaben im Netzwerk – Sie haben ja gegebenenfalls keinen administrativen Zugriff auf den Server – eine Sicherheitslücke darstellen kann, können Sie diese Option aktivieren. Es wird dann der Eintrag nosuid als Aktivierungsparameter eingefügt.

Bevor Sie die Konfiguration der Freigabe abschließen, wird mit der Schaltfläche Überprüfen erst festgestellt, ob sich auf dem angegebenen Rechner ein funktionsfähiger NFS-Dienst befindet. Diese Prüfung beinhaltet jedoch nicht, dass die Freigabe problemlos eingebunden werden kann. Sie erhalten also zum Beispiel bei einem Linux-Server, bei dem Sie die möglicherweise notwendige Option resvport vergessen haben, keine Fehlermeldung.

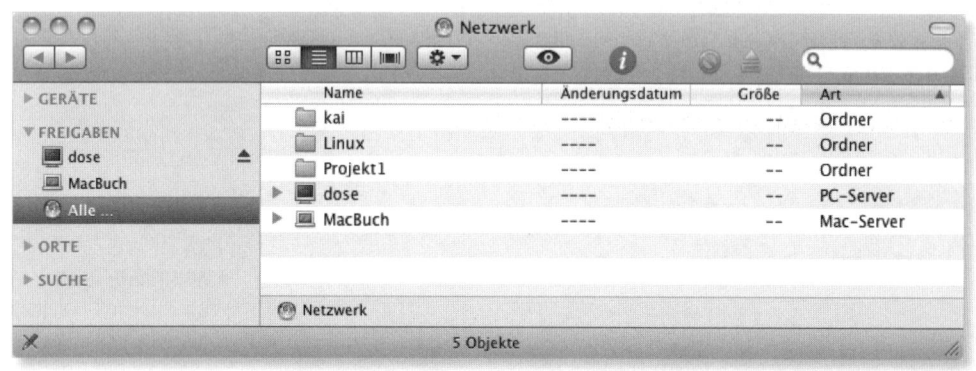

▲ **Abbildung 18.30**
NFS-Freigaben können beispielsweise im Verzeichnis /Network eingebunden werden.

Wenn Sie Änderungen an der Konfiguration Ihres Systems oder aber der NFS-Server in Ihrem Netzwerk vorgenommen haben, dann müssen Sie Ihr System nicht neu starten, damit die Änderungen übernommen werden. Mit der Eingabe von

```
sudo automount -vc
```

weisen Sie das autofs-System an, die Einstellungen zu aktualisieren und geänderte Konfigurationen der NFS-Server zu übernehmen.

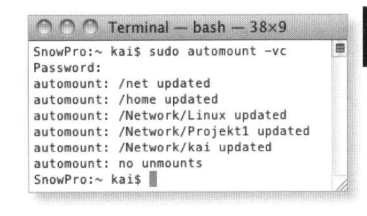

18.9.2 AFP-Freigaben beim Start aktivieren

Anders als bei NFS-Freigaben haben Sie bei der automatischen Einbindung von freigegebenen Ordnern, die über das Apple Filing Protocol etwa auf einem Rechner unter Mac OS X 10.6 zur Verfügung stehen, keine grafische Oberfläche. Sie können jedoch die Voreinstellungsdateien des autofs-Systems so ändern, dass auch über AFP freigegebene Ordner beim Start automatisch eingebunden werden.

▲ **Abbildung 18.31**
Geänderte Konfigurationen können am Terminal berücksichtigt werden.

Authentifizierung | Dabei müssen Sie beachten, dass AFP anders als NFS eine Authentifizierung von dem Rechner, von dem aus die Freigabe eingebunden werden soll, verlangt. Dementsprechend muss in dem URL sowohl ein Name als auch ein Kennwort eines auf dem Server befindlichen Benutzerkontos angegeben werden.

Dies kann sich, je nach Aufbau Ihres Netzwerkes, als problematisch erweisen, da Sie auf diese Weise möglicherweise auch Benutzern Zugriff auf Freigaben des Servers ermöglichen, die dafür eigentlich keine Berechtigung haben dürften. Der Name und das Kennwort werden ja zu Beginn festgelegt, und streng genommen authentifiziert sich das System und nicht der Benutzer selbst.

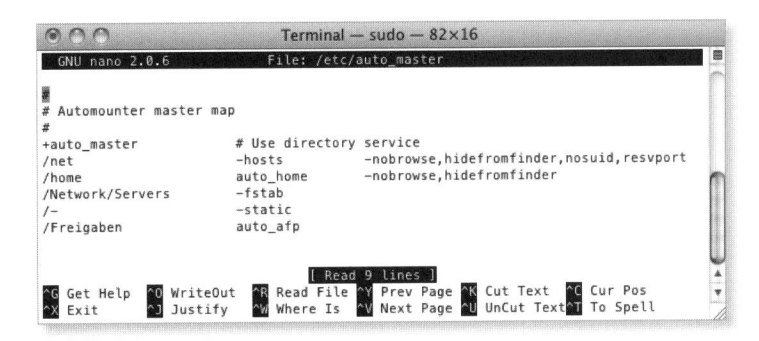

◀ **Abbildung 18.32**
Die Datei AUTO_MASTER wird zunächst um eine Zeile ergänzt.

> **HINWEIS**
>
> Wenn Sie die Passwörter wie beschrieben im Klartext in der Konfigurationsdatei /ETC/AUTO_AFP speichern, sollten Sie anschließend mit `sudo chmod 600 /etc/auto_afp` die Zugriffsrechte so weit einschränken, dass nur der Super-User lesend und schreibend auf die Datei zugreifen kann. Dies gilt auch für die Dateien, in denen Sie die Passwörter für Windows-Freigaben hinterlegen.

Konfigurationsdateien ergänzen | Um einen über AFP freigegebenen Ordner automatisch einzubinden, müssen Sie zwei Änderungen vornehmen. Zum einen fügen Sie der Datei /ETC/AUTO_MASTER eine Zeile hinzu, mit der die in einer anderen Datei befindlichen Angaben berücksichtigt werden. Zum anderen erstellen Sie eine neue Konfigurationsdatei, beispielsweise /ETC/AUTO_AFP, in der die über AFP automatisch einzubindenden Freigaben definiert werden. Rufen Sie mit

```
sudo nano /etc/auto_master
```

die Konfigurationsdatei des autofs-Systems auf. Ergänzen Sie die Datei um die Zeile

```
/Verzeichnis auto_afp
```

Hierbei geben Sie mit /Verzeichnis den Ordner an, unter dem die Freigaben eingebunden werden. Mit den Einstellungen aus Abbildung 18.32 werden die in der anschließend zu erstellenden Datei AUTO_AFP definierten Freigaben unterhalb von /FREIGABEN eingebunden. Speichern Sie die Datei /ETC/AUTO_AFP, dann wird sie in Zukunft berücksichtigt.

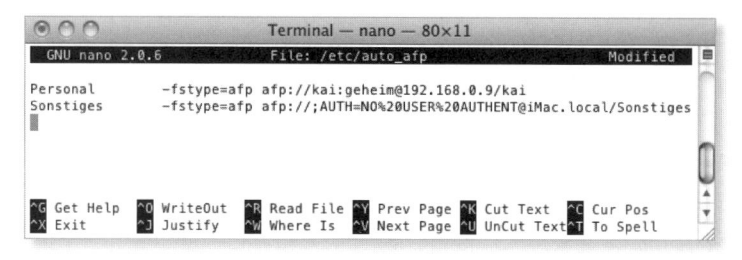

▲ **Abbildung 18.33**
Mit den zwei Zeilen werden AFP-Server automatisch eingebunden.

Konfiguration aktualisieren
Die hier beschriebenen Änderungen können Sie mit der Eingabe von sudo automount -vc wirksam werden lassen, ohne einen Neustart ausführen zu müssen.

AFP-Freigaben definieren | Wenn die Datei nicht schon vorliegt, erstellen Sie mit sudo nano /etc/auto_afp die zunächst leere Datei AUTO_AFP. Darin können Sie zeilenweise die einzubindenden AFP-Freigaben angeben. Die notwendigen Einträge haben folgenden Aufbau:

```
Ordner -fstype=afp afp://Name:Kennwort@Rechner/
Freigabe
```

Hierbei legen Sie mit Ordner den Namen fest, mit dem die Freigabe unterhalb des in AUTO_MASTER festgelegten Hauptverzeichnisses, im vorigen Beispiel /FREIGABEN, aktiviert wird. Die Angabe -fstpype=afp ist wie auch der Beginn des URLs mit afp:// obligatorisch. Die Angaben zu Name, Kennwort, Rechner und Freigabe folgen dem aus dem Finder bekannten Aufbau. Mit der Zeile

```
Macbuch -fstype=afp afp://kai:geheim@192.168.0.9/kai
```

wird der auf dem Rechner mit der IP-Adresse 192.168.0.9 freigegebene persönliche Ordner des Benutzers kai mit dem Accountnamen `kai` im Verzeichnis /FREIGABEN/PERSONAL aktiviert. Diese automatischen Freigaben werden Ihnen im Finder zunächst als Alias angezeigt.

Zugriff als Gast | Wenn auf dem Server der Gast-Zugriff auf die Freigabe möglich ist, können Sie diesen auch anstelle einer Anmeldung über ein Benutzerkonto erzwingen. Hierbei müssen Sie statt `Benutzer:Kennwort` die Angabe `;AUTH=NO%20USER%20AUTHENT` verwenden. Mit der Zeile

```
Gastbuch -fstype=afp afp://;AUTH=NO%20USER%20AUTHENT@iMac.local/Sonstiges
```

▲ **Abbildung 18.34**
Die eingebundenen Freigaben werden zunächst als Alias dargestellt.

wird der freigegebene Ordner SONSTIGES auf dem Rechner iMac.local im Verzeichnis /FREIGABEN/SONSTIGES aktiviert und dabei der Gast-Account verwendet.

18.9.3 SMB-Freigaben beim Start aktivieren

Die Einbindung von Freigaben eines Windows-Rechners über SMB können Sie ebenfalls durch eine Bearbeitung der Konfigurationsdateien automatisch beim Start des Systems vornehmen lassen. Auch hier bietet es sich an, die Datei /ETC/AUTO_MASTER um eine Zeile zu ergänzen und die einzubindenden Windows-Freigaben in einer separaten Datei AUTO_WINDOWS zu definieren. Starten Sie zunächst mit `sudo nano /etc/auto_master` den Editor `nano`, und ergänzen Sie die Zeile:

```
/Freigaben_Windows    auto_windows
```

Der Ordner /FREIGABEN_WINDOWS gilt also als übergeordneter Ordner für alle über die Datei AUTO_WINDOWS eingebundenen Ordner. Erstellen Sie dann mit `sudo nano /etc/auto_windows` die Einstellungsdatei für die Windows-Freigaben. Diese werden wiederum zeilenweise definiert und haben hier folgenden Aufbau:

```
Ordner -fstype=smbfs ://Name:Kennwort@Rechner/Freigabe
```

Während die Angabe `-fstype=smbfs` sowie der URL, indes ohne `smb` zu Beginn, wiederum obligatorisch sind, können Sie auch hier den Namen des Ordners, unter dem die Freigabe eingebunden werden soll, angeben. Mit der Zeile

```
Manuskript -fstype=smbfs ://Kai%20
Surendorf:geheim@192.158.0.4/Manuskript
```

wird die Freigabe Manuskript des Rechners 192.168.0.4 im Verzeichnis /Freigaben/Windows/Manuskript aktiviert und dabei das Benutzerkonto Kai Surendorf zusammen mit dem Passwort geheim angegeben. Die Änderungen werden ebenfalls nach einem Neustart aktiv.

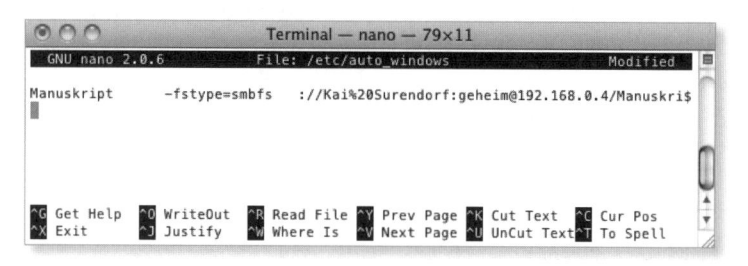

Abbildung 18.35 ▶
Leerzeichen im Namen des Benutzers werden mit %20 maskiert.

19 Mac OS X als Server einsetzen

Die Einrichtung und Konfiguration der Server-Dienste kann einiges an Kopfzerbrechen bereiten. Zwar bietet Mac OS X eine recht komfortable Oberfläche für die Aktivierung der einzelnen Dienste, bisweilen verbirgt sich jedoch die Tücke im Detail, und eine erweiterte Konfiguration kann die Arbeit mit Freigaben im Netzwerk noch etwas flexibler gestalten.

In diesem Kapitel geht es zunächst darum, einzelne Ordner gezielt für das Netzwerk freizugeben und, sofern nötig, die Zugriffsrechte anzupassen. Der AFP-Server bietet ein paar weitere Optionen, die im Arbeitsalltag ganz nützlich sein können, während sich die Konfiguration von Samba für Windows-Freigaben unter Mac OS X etwas anders gestaltet, als Sie dies möglicherweise von Linux gewohnt sind. Die Erstellung von NFS-Freigaben kann für die Zusammenarbeit mit Linux oder einem anderen UNIX-Derivat ganz hilfreich sein.

Der Apache Webserver ist unter Mac OS X 10.6 in der Version 2.2 enthalten. Sollten Sie die Bereitstellung von Dateien über FTP überhaupt nutzen wollen, bietet es sich an, den FTP-Server ein wenig einzugrenzen. Das Kapitel schließt mit einem Exkurs zu Netatalk unter Linux und Hinweisen zur Bereitstellung von AFP-Diensten unter Windows.

Ein weites Feld...
Zu vielen der in diesem Kapitel angesprochenen Themen ließe sich leicht ein ganzes Buch schreiben. Die Möglichkeiten des Apache Webservers sind vielfältig, die Stolperstellen bei der Arbeit und Feinkonfiguration von NFS und Samba zahlreich und die Installation von Open-Source-Software unter Linux auf Apple-Rechnern mit Mac OS X bisweilen recht komplex. Um ein möglichst breites Spektrum abdecken zu können, beschränkt sich dieses Kapitel auf die wichtigsten und bei der Arbeit mit Mac OS X notwendigen und nützlichen Konfigurationen und Optionen.

19.1 Freigaben konfigurieren

Bei der Freigabe von Ordnern können Sie mit ein paar Handgriffen dafür sorgen, dass die Zugriffsrechte vererbt werden und so die Zusammenarbeit in einer Gruppe einfacher gestalten. Ferner ist es auch möglich, Ordner nur über ein bestimmtes Protokoll freizugeben.

19.1.1 Ordner freigeben
Die Freigabe eines Ordners für die Verbindung über AFP oder SMB können Sie entweder über das Fenster INFOS ZU im Finder

▲ **Abbildung 19.1**
Ein Ordner kann über das Fenster INFOS ZU freigegeben werden.

Abbildung 19.2 ▶
In den Systemeinstellungen werden alle freigegebenen Ordner ❷ und die zugewiesenen Benutzer und Gruppen ❸ angezeigt.

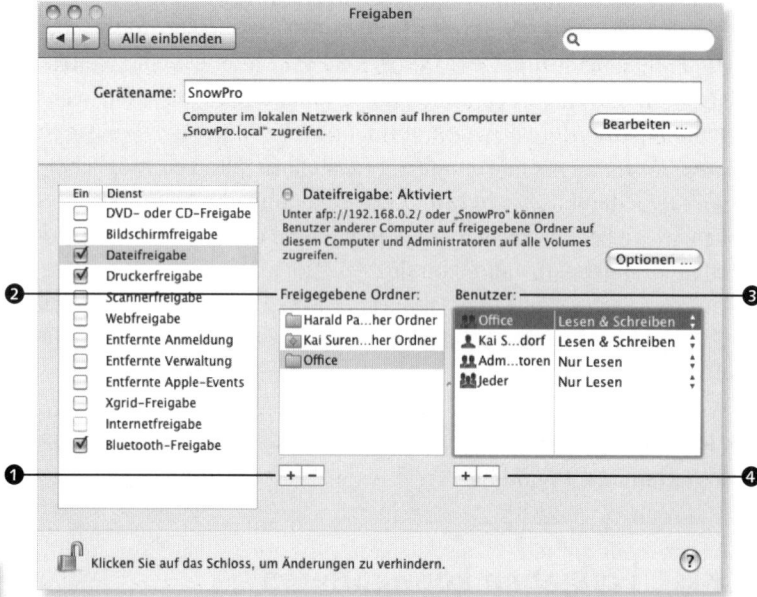

▲ **Abbildung 19.3**
Ein freigegebener Ordner wird im Finder als solcher gekennzeichnet.

oder über die Ansicht SHARING der Systemeinstellungen vornehmen. Rufen Sie im Finder das Fenster INFOS ZU (⌘ + I) des freizugebenden Ordners auf. Dort finden Sie die Option FREIGEGEBENER ORDNER. Wenn Sie diese aktivieren, steht der Ordner im Netzwerk zur Verfügung.

Systemeinstellungen | In den Systemeinstellungen finden Sie eine Übersicht der freigegebenen Ordner in der Ansicht FREIGABEN, wenn Sie dort den Dienst DATEIFREIGABEN auswählen. Neben den Ordnern werden Ihnen dort unter BENUTZER auch die Zugriffsrechte, die auch die Gruppen umfassen, angezeigt. Die in den Systemeinstellungen angezeigten Zugriffsrechte entsprechen denen im Finder. Sie können über die Symbole ❶ Ordner zu den Freigaben hinzufügen oder die Freigabe aufheben. Mit einem Doppelklick auf den Ordner in einer Liste öffnen Sie diesen im Finder.

Ebenso können Sie über die Symbole ❹ unter der Spalte BENUTZER Benutzerkonten und Gruppen Zugriff auf den Ordner erteilen oder wieder entziehen. Die Arbeit mit diesen Zugriffsrechten entspricht der Arbeit mit den Access Control Lists im Finder. Erlauben Sie einer Gruppe Zugriff auf den Ordner, dann wird dieser allen Mitgliedern, die zu der Gruppe gehören, bei der Anmeldung als mögliche Freigabe zur Auswahl gestellt. Bei dem in Abbildung 19.2 freigegebenen Ordner OFFICE haben alle Mitglieder der Gruppe OFFICE Lese- und Schreibberechtigung.

Speicherung in DSLocal | Die freigegebenen Ordner werden in der lokalen Benutzerdatenbank DSLocal im Eintrag SHAREPOINTS gespeichert. Wenn Sie mit `sudo dscl .` auf die Benutzerdatenbank zugreifen, können Sie sich mit `ls /SharePoints` die Einträge für die freigegebenen Ordner anzeigen lassen. Sie finden hier für jeden Ordner, den Sie über die Systemeinstellungen oder den Finder freigeben, einen Eintrag, über den er konfiguriert wird.

Darüber hinaus legt das System im Hintergrund Benutzergruppen mit den Bezeichnungen COM.APPLE.SHAREPOINT.GROUP an und nummeriert sie aufsteigend. Diese Gruppen, die unter anderem mit den von Ihnen angelegten Gruppen gegebenenfalls über das Attribut NESTEDGROUPS verschachtelt werden, dienen zur Ermittlung der für einen sich anmeldenden Benutzer verfügbaren Freigaben. Die Verwaltung dieser Gruppen sollten Sie in jedem Fall dem System überlassen.

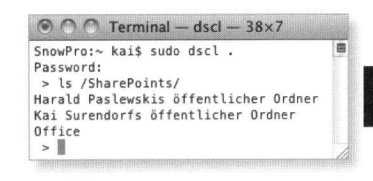

▲ **Abbildung 19.4**
Die freigegebenen Ordner werden in der Benutzerdatenbank im Eintrag »/SharePoints« gespeichert.

19.1.2 Vererbung der Zugriffsrechte konfigurieren

Die Zugriffsrechte und die ACLs (siehe Abschnitt 8.2) werden in der normalen Version von Mac OS X nicht an neu erstellte Objekte in einem Verzeichnis vererbt. Wird in einem für eine Gruppe freigegebenen Ordner eine Datei oder ein Unterordner erstellt, so wird der Benutzer, der die Datei oder den Ordner angelegt hat, als Eigentümer eingetragen. Andere Benutzer haben, weil die ACL des übergeordneten Ordners nicht weitergegeben und die Standardeinstellung des Systems genutzt wird, nur Lesezugriff. Die Ursache besteht darin, dass in den ACE die Eigenschaften `directory_inherit` und `file_inherit` im Unterschied zur Server-Variante fehlen.

Mit dem Befehl `chmod` (siehe Abschnitt 8.2) können Sie diese beiden Eigenschaften an die schon vorhandenen ACEs anfügen. In Abbildung 19.2 wurde der Ordner OFFICE für die Gruppe OFFICE freigegeben. Er steht, wenn sich Benutzer von einem anderen Rechner aus anmelden, als Freigabe zur Verfügung.

Die über `ls -el` anzuzeigende Access Control List verfügt hier nur über einen Eintrag. Markieren Sie den eigentlichen Eintrag mit `group` beginnend und `readsecurity` endend, und kopieren Sie ihn in die Zwischenablage. Sie sparen sich auf diese Weise das Abtippen der Einträge. Geben Sie dann `sudo chmod =a# 0 "` ein, wobei Sie nach dem Anführungszeichen mit ⌘ + V die zuvor in die Zwischenablage kopierten ursprünglichen Eigenschaften einsetzen. Direkt daran schließen Sie mit `,directory_inherit,file_inherit` die beiden Eigenschaften für die Vererbung dieses Eintrags an die Unterordner und die Dateien an. Mit `"` Ordner ist die Eingabe dann endlich vollständig.

chmod =a#
Die Option =a# überschreibt den mit der folgenden Zahl angegebenen Eintrag in der Access Control List.

HINWEIS

Die Ergänzung von `directory_inherit` und `file_inherit` wirkt sich nicht auf die in dem Verzeichnis schon enthaltenen Dateien und Ordner aus. Bei schon vorhandenen Dateien müssten Sie die Zugriffsrechte von Hand korrigieren.

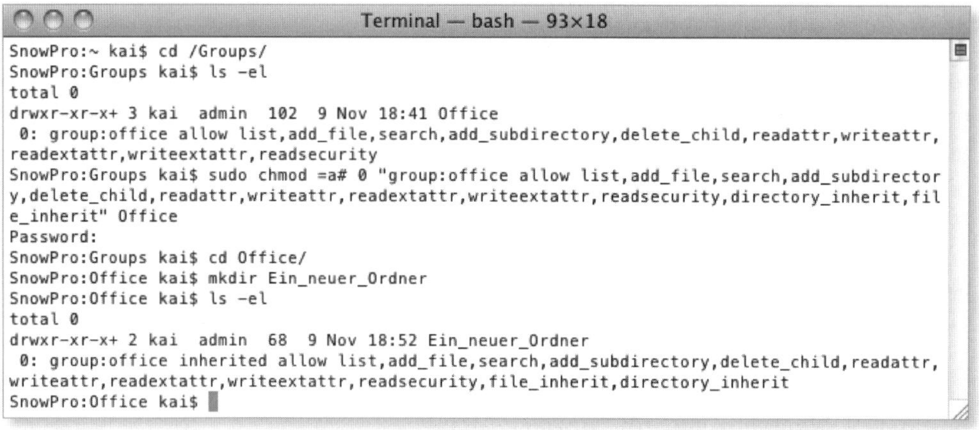

```
SnowPro:~ kai$ cd /Groups/
SnowPro:Groups kai$ ls -el
total 0
drwxr-xr-x+ 3 kai  admin  102  9 Nov 18:41 Office
 0: group:office allow list,add_file,search,add_subdirectory,delete_child,readattr,writeattr,
readextattr,writeextattr,readsecurity
SnowPro:Groups kai$ sudo chmod =a# 0 "group:office allow list,add_file,search,add_subdirector
y,delete_child,readattr,writeattr,readextattr,writeextattr,readsecurity,directory_inherit,fil
e_inherit" Office
Password:
SnowPro:Groups kai$ cd Office/
SnowPro:Office kai$ mkdir Ein_neuer_Ordner
SnowPro:Office kai$ ls -el
total 0
drwxr-xr-x+ 2 kai  admin  68  9 Nov 18:52 Ein_neuer_Ordner
 0: group:office inherited allow list,add_file,search,add_subdirectory,delete_child,readattr,
writeattr,readextattr,writeextattr,readsecurity,file_inherit,directory_inherit
SnowPro:Office kai$
```

▲ **Abbildung 19.5**
Mit dem Befehl chmod können die Eigenschaften file_inherit und directory_inherit hinzugefügt werden.

Die so erweiterte ACL ist für alle neu erstellten Unterordner und Dateien gültig. Wenn Sie sich am Terminal mit ls -el die Zugriffsrechte neu erstellter Objekte in diesem Verzeichnis anzeigen lassen – in Abbildung 19.5 ist es Ein_Neuer_Ordner –, finden Sie dort den zuvor ergänzten Eintrag 0 vor, der hier zusätzlich mit dem Wort inherited als von einem übergeordneten Ordner geerbt gekennzeichnet wird.

19.1.3 Protokoll vorgeben

Die zuvor beschriebenen Freigaben über den Finder können in bestimmten Konstellationen den Nachteil haben, dass sie Ordner sowohl für Windows-Rechner über SMB als auch für Rechner unter Mac OS X über AFP zur Verfügung stellen. Manchmal kann es gewünscht sein, dass ein Ordner nur für die Windows- oder nur für die Apple-Rechner im Netzwerk erreichbar ist, die Freigabe also nur über SMB oder AFP erfolgt. Sie können dies über eine Änderung in Einträgen in DSLocal erreichen, wobei Sie für die Deaktivierung der Freigabe über SMB noch eine zusätzliche Datei löschen müssen.

Wenn Sie eine Freigabe auf ein Protokoll beschränken möchten, bietet sich folgendes Vorgehen an: Konfigurieren Sie die Freigabe zunächst vollständig in Bezug auf die Zugriffsrechte, die Gruppen und die Benutzer, die auf diese Freigabe zugreifen sollen. Schalten Sie dann den Dienst DATEIFREIGABE in den Systemeinstellungen ab, und starten Sie über sudo dscl . eine Sitzung mit dscl am Terminal, während Sie das File Sharing so lange inaktiv lassen, wie Sie die Änderungen am Terminal vornehmen.

afp_shared und smb_shared | Wenn Sie sich mit `read /Share-Points/Ordner` unter `dscl` die Eigenschaften der Einträge anzeigen lassen, werden Sie dort die Eigenschaften `afp_shared` und `smb_shared` finden. Sie legen fest, ob der freigegebene Ordner über AFP beziehungsweise SMB zur Verfügung gestellt werden soll. In den Standardeinstellungen lautet der Wert beider Eigenschaften 1, und der Ordner steht sowohl über AFP als auch über SMB zur Verfügung. Wenn Sie einen der beiden Werte auf 0 setzen, wird der Ordner nach einem erneuten Start des Dienstes File Sharing nicht mehr über dieses Protokoll verfügbar gemacht.

Mit der Eingabe `create /SharePoints/Windows afp_shared 0` (siehe Abbildung 19.6) wird die Bereitstellung über AFP für den freigegebenen Ordner Windows deaktiviert. Er ist jetzt nur noch über das SMB-Protokoll verfügbar. Selbstverständlich können Sie auch von einem Mac-OS-X-Rechner auf die Freigabe zugreifen, indem Sie im Finder den URL smb://Rechner/Windows angeben, die Freigabe also direkt über das SMB-Protokoll einbinden.

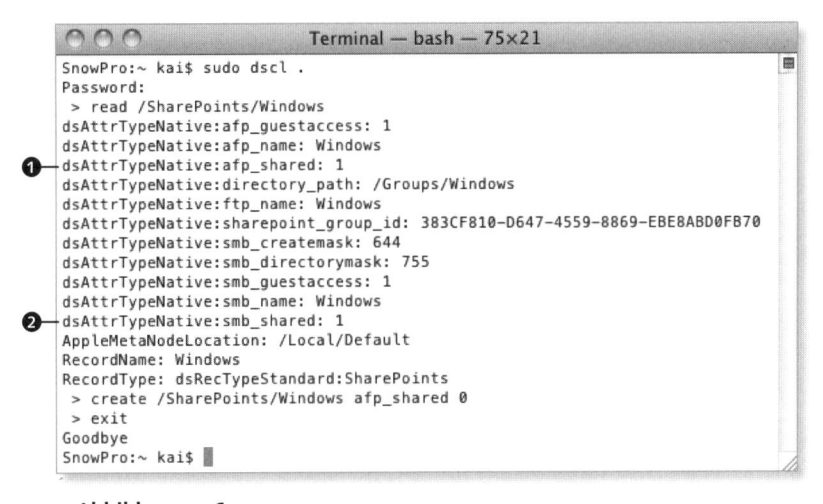

```
SnowPro:~ kai$ sudo dscl .
Password:
 > read /SharePoints/Windows
dsAttrTypeNative:afp_guestaccess: 1
dsAttrTypeNative:afp_name: Windows
dsAttrTypeNative:afp_shared: 1
dsAttrTypeNative:directory_path: /Groups/Windows
dsAttrTypeNative:ftp_name: Windows
dsAttrTypeNative:sharepoint_group_id: 383CF810-D647-4559-8869-EBE8ABD0FB70
dsAttrTypeNative:smb_createmask: 644
dsAttrTypeNative:smb_directorymask: 755
dsAttrTypeNative:smb_guestaccess: 1
dsAttrTypeNative:smb_name: Windows
dsAttrTypeNative:smb_shared: 1
AppleMetaNodeLocation: /Local/Default
RecordName: Windows
RecordType: dsRecTypeStandard:SharePoints
 > create /SharePoints/Windows afp_shared 0
 > exit
Goodbye
SnowPro:~ kai$
```

▲ **Abbildung 19.6**
Mit den Attributen `afp_shared` ❶ und `smb_shared` ❷ wird festgelegt, über welches Protokoll der Ordner verfügbar sein soll.

Um eine Freigabe ausschließlich über AFP bereitzustellen, sind zwei Maßnahmen erforderlich. Zunächst verschaffen Sie auch hier mit `sudo dscl .` Zugriff auf die Datenbank »DSLocal«. Setzen Sie dann mit `create /SharePoints/Ordner smb_shared 0` den Wert der Eigenschaft `smb_shared` auf 0.

Die Samba-Installation unter Mac OS X verfügt anders als der AFP-Server für die Freigabe von Ordnern über eigene Konfigurationsdateien. Diese werden vom System mit den Einstellungen, die sich in der Datenbank DSLocal befinden, mithilfe einiger Hilfsprogramme synchronisiert. Im Verzeichnis /VAR/DB/SAMBA befindet sich die Datei SMB.SHARES. Sie enthält die Voreinstellungen für die Ordner, die über Samba freigegeben werden. Mit dem Befehl

```
sudo /usr/libexec/samba/smb-sync-shares
```

können Sie veranlassen, dass die in der Datenbank DSLocal eingestellten Freigaben mit den Voreinstellungen von Samba synchronisiert werden. Mit der Eingabe von

```
less /var/db/samba/smb.shares
```

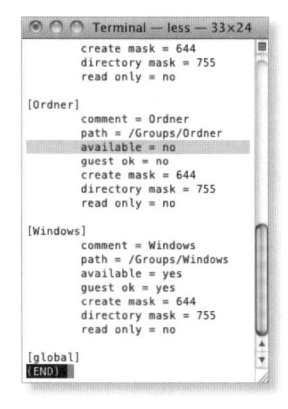

▲ **Abbildung 19.7**
Die Eigenschaft available wird mit dem Wert no versehen.

können Sie prüfen, ob die Änderungen übernommen wurden. In der Datei werden die Freigaben mit mehreren Zeilen konfiguriert, wobei ein solcher Block mit [Name] eingeleitet wird. Darunter finden Sie die Parameter, die für die Konfiguration dieser Freigabe verwendet werden. Bei einer Freigabe, bei der Sie in der Datenbank DSLocal den Wert der Eigenschaft smb_shared auf 0 gesetzt haben, wird hier die Eigenschaft available mit dem Wert no versehen.

Wenn Sie nun den Dienst DATEIFREIGABE wieder aktivieren, dann steht dieser Ordner nur noch über AFP aber nicht mehr über SMB im Netzwerk zur Verfügung.

19.2 AFP-Server konfigurieren

Wenn Sie die freizugebenden Ordner nach eigenen Vorstellungen konfiguriert haben, können Sie den AFP-Server aktivieren. Sie finden ihn in den Systemeinstellungen in der Ansicht FREIGABEN. Wählen Sie dort den Dienst DATEIFREIGABE aus, und klicken Sie auf die Schaltfläche OPTIONEN. Über DATEIEN UND ORDNER ÜBER AFP BEREITSTELLEN können Sie den AFP-Server starten.

Wenn Sie den Server bereits gestartet haben, können Sie sich in dem Dialog auch über die ANZAHL VERBUNDENER BENUTZER ❶ informieren. Deaktivieren Sie den Dienst, können Sie den noch verbundenen Benutzern auch eine Mitteilung zukommen lassen und die Abschaltung des Servers begründen.

Die Voreinstellungen des AFP-Servers selbst werden in der Datei COM.APPLE.APPLEFILESERVER.PLIST im Verzeichnis /LIBRARY/ PREFERENCES gespeichert. Über diese Datei können Sie den AFP-Server ein wenig konfigurieren. Bevor Sie jedoch mit dem Property List Editor Änderungen vornehmen können, müssen Sie im Finder in den Zugriffsrechten der Gruppe ADMIN die Schreibberechtigung zuweisen und die DATEIFREIGABE abschalten. Die modifizierten Zugriffsrechte werden beim nächsten Start korrigiert.

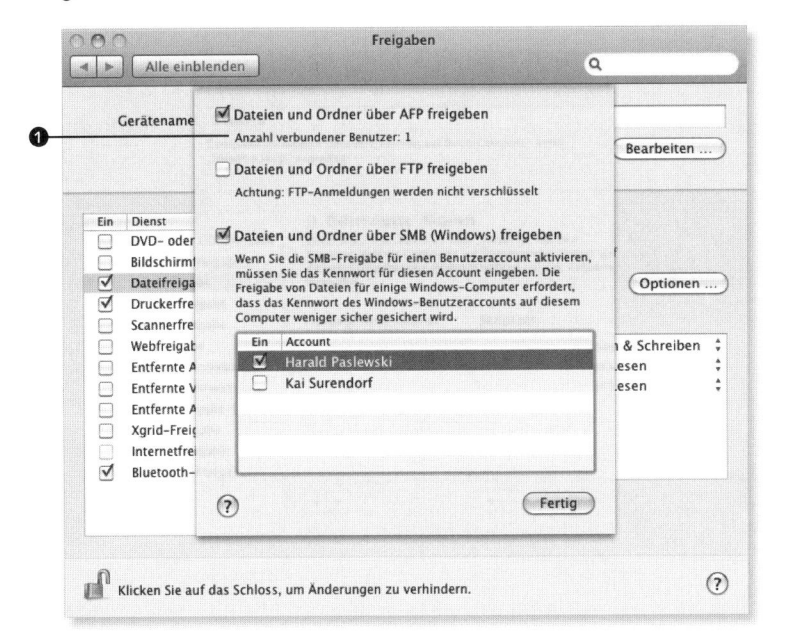

▲ **Abbildung 19.9**
Wenn ein AFP-Server abgeschaltet wird, kann dem Anwender dies begründet werden.

◀ **Abbildung 19.8**
Der Start des AFP-Servers erfolgt über die OPTIONEN der DATEIFREIGABE.

Haben Sie die Datei im Property List Editor geöffnet, dann finden Sie mehr als 40 Eigenschaften, von denen allerdings die meisten nicht in einer sinnvollen Form manipuliert werden können.

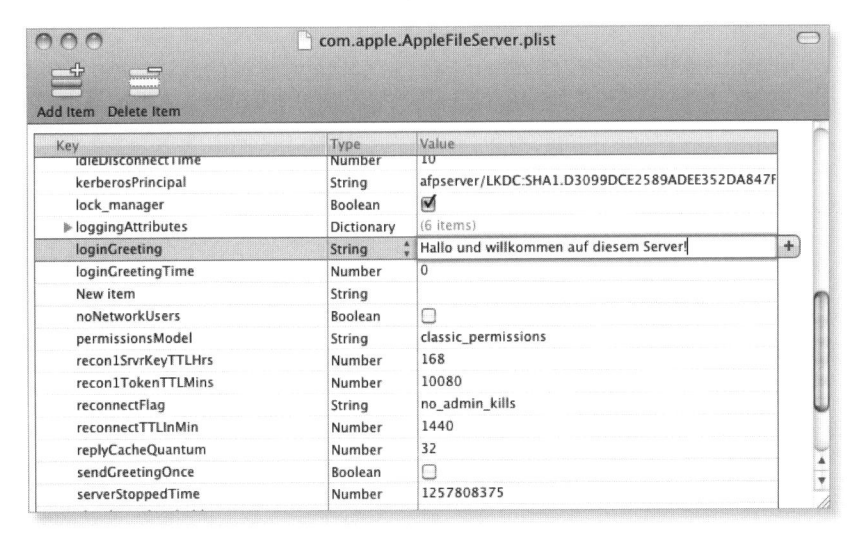

▲ **Abbildung 19.10**
Der AFP-Server kann über die Datei COM.APPLE.APPLEFILESERVER.PLIST konfiguriert werden.

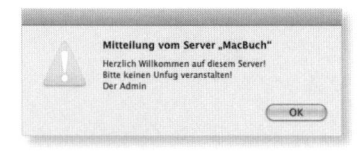

▲ **Abbildung 19.11**
Die Begrüßung kann auch mehrzeilig erfolgen.

Begrüßung | Eine mögliche Änderung besteht in der Vergabe eines Wertes für die Eigenschaft LOGINGREETING. Geben Sie hier einen Text ein, dann erhalten Benutzer nach der Anmeldung eine MITTEILUNG VOM SERVER. Einen Zeilenumbruch in dem Textfeld können Sie erzeugen, indem Sie die Tastenkombination ⌥ + ↵ verwenden. Die Begrüßung wird immer eingeblendet, wenn ein freigegebener Ordner eingebunden wird. Wenn Sie die Option SENDGREETINGONCE markieren, dann wird die Nachricht nur bei der ersten Aktivierung angezeigt.

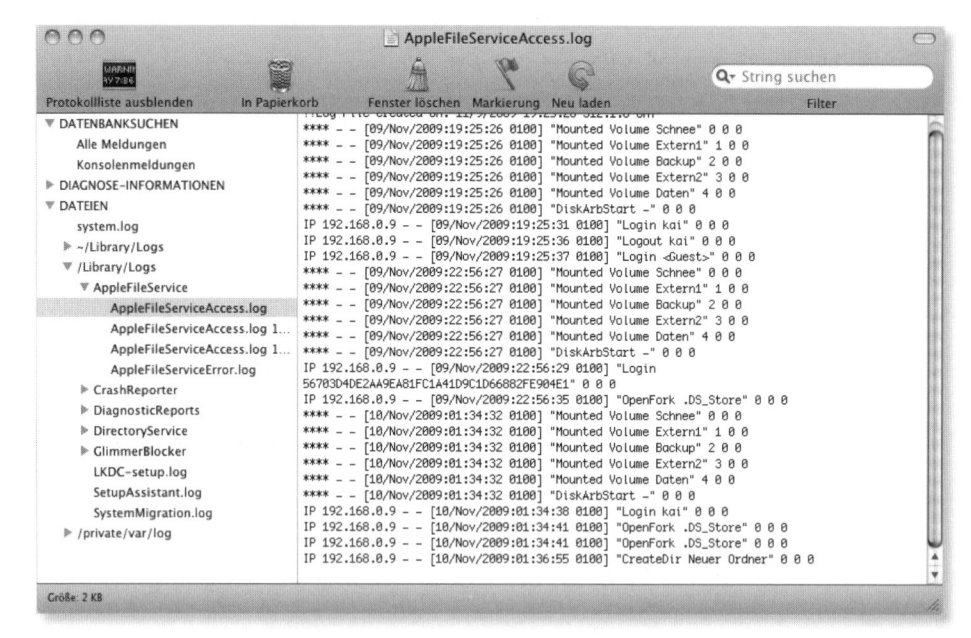

▲ **Abbildung 19.12**
Über die Arbeit des AFP-Servers wird Protokoll geführt.

Protokolle | Neben der Begrüßung können Sie auch die Protokollierung der AFP-Nutzung konfigurieren. Die Eigenschaft ACTIVITYLOG ist unter Mac OS X 10.6 standardmäßig aktiviert. Im Dienstprogramm KONSOLE werden in der Datei APPLEFILESERVICEACCESS.LOG in der Rubrik /LIBRARY/LOGS/APPLEFILESERVICE die über AFP erfolgten Zugriffe protokolliert. Wenn Sie die Eigenschaft ActivityLog deaktivieren, dann wird kein Protokoll mehr geführt. Das Protokoll konfigurieren können Sie in der Property-Liste über die Untereinträge des Eintrags LOGGINGATTRIBUTES:

- LOGCREATEDIR: Erstellung eines Verzeichnisses wird protokolliert.
- LOGCREATEFILE: Erstellung einer Datei wird protokolliert.
- LOGDELETE: Ein Löschvorgang wird protokolliert.
- LOGLOGIN: Anmeldung wird protokolliert.

- LogLogout: Abmeldung wird protokolliert.
- LogOpenFork: Zugriff auf erweiterte Attribute wird protokolliert.

Wenn Sie den Wert einer dieser Eigenschaften abwählen, erscheinen die Ereignisse nicht mehr im Protokoll. Insbesondere bei dem Ereignis LogOpenFork kann dies die Lesbarkeit des Protokolls erhöhen, weil Sie nur noch über die fünf anderen und eigentlich relevanten Ereignisse informiert werden. Das Fehlerprotokoll (AppleFileServiceError.log) enthält in erster Linie Informationen über den Zeitpunkt der Abschaltung des Servers.

19.3 Freigaben für Windows mit Samba

Um Ordner für Windows-Rechner im Netzwerk verfügbar zu machen oder Freigaben von Windows-Servern anzusprechen, hat Apple schon seit einigen Versionen das Open-Source-Projekt Samba integriert. Samba – der Name leitet sich von dem Kürzel SMB ab – besteht aus einer Vielzahl von Programmen, Befehlen und Konfigurationsdateien. Für das Funktionieren des eigentlichen SMB-Servers sorgen die Prozesse nmbd, der für die Namensauflösung (siehe Abschnitt 16.1.7) zuständig ist, und smbd, der den eigentlichen Server darstellt. Darüber hinaus gibt es zum Beispiel mit smbclient, smbstatus und testparm noch eine Reihe von Hilfsprogrammen, die die Arbeit mit Samba und Windows-Freigaben ein wenig erleichtern können.

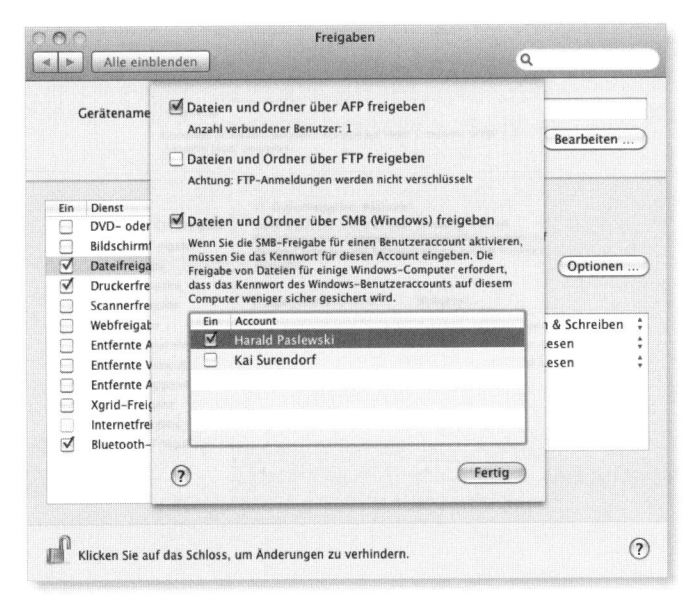

◀ **Abbildung 19.13**
Der Zugriff über SMB muss für Benutzer einzeln frei gegeben werden.

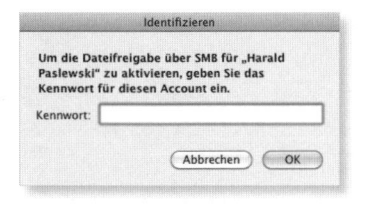

▲ **Abbildung 19.14**
Für die Anmeldung von einem Windows-Rechner muss das Passwort mit einem anderen Verfahren gespeichert werden.

Arbeitsgruppe
Die Arbeitsgruppe, in die sich Ihr Rechner einreiht, können Sie wie in Abschnitt 17.1.1 beschrieben in den Systemeinstellungen unter NETZWERK vorgeben.

Samba aktivieren Sie wie auch den AFP-Server über die Schaltfläche OPTIONEN des Dienstes DATEIFREIGABE in den Systemeinstellungen. Anders als bei AFP müssen Sie hier noch die Benutzerkonten auswählen, die sich von einem Windows-Rechner über das SMB-Protokoll anmelden können.

Der Grund, wie ihn der Dialog schon andeutet, besteht darin, dass das Passwort in einer weniger sicheren Variante gespeichert werden muss. Samba ist nicht in der Lage, das von Mac OS X standardmäßig verwendete Verfahren für die Speicherung von Passwörtern zu nutzen.

Wenn Sie ein Benutzerkonto für Samba freigeben, finden Sie in der Datenbank DSLocal in dem Benutzerkonto in der Eigenschaft AuthenticationAuthority den Eintrag HASHLIST:<SALTED-SHA1,SMB-NT>. Dass das Passwort mit einem schwächeren, »weniger sicheren« Verfahren gesichert wird, ist keine Sicherheitslücke für die Arbeit im Netzwerk, sondern bezieht sich lediglich auf die lokale Speicherung.

Haben Sie eines oder mehrere Benutzerkonten für die Anmeldung über Windows ausgewählt und in der Firewall nicht die Einstellung NUR NOTWENDIGE DIENSTE ERLAUBEN aktiviert, dann ist die Anmeldung von einem Windows-Rechner möglich.

smbstatus | Anders als beim AFP-Server bieten Ihnen die Systemeinstellungen keine Möglichkeit, zu sehen, ob und wie viele Benutzer gerade an Ihrem Rechner angemeldet sind. Am Terminal können Sie sich mit dem Befehl smbstatus einen Überblick über die momentan verbundenen Rechner und die verwendeten Benutzerkonten verschaffen.

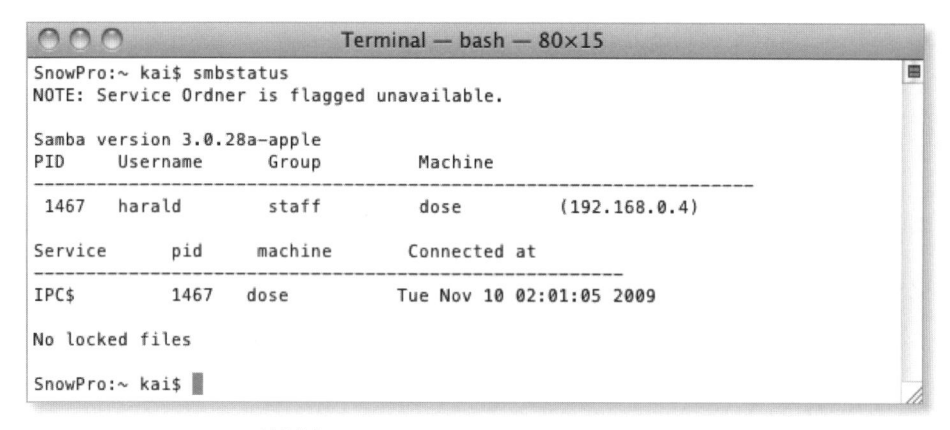

```
SnowPro:~ kai$ smbstatus
NOTE: Service Ordner is flagged unavailable.

Samba version 3.0.28a-apple
PID     Username      Group          Machine
-------------------------------------------------------
 1467   harald        staff          dose         (192.168.0.4)

Service      pid    machine       Connected at
-------------------------------------------------------
IPC$         1467   dose          Tue Nov 10 02:01:05 2009

No locked files

SnowPro:~ kai$
```

▲ **Abbildung 19.15**
Der Befehl smbstatus listet die aktuellen Anmeldungen am Samba-Server auf.

Protokolle | Auch die Zugriffe mithilfe von Samba auf Ihren Rechner werden akribisch in Protokollen notiert. Im Dienstprogramm KONSOLE finden Sie im Ordner /VAR/LOG/SAMBA bis zu drei Protokolle. In LOG.NMBD wird die Arbeit des Dämons nmbd bei der Auflösung von Rechnernamen notiert.

Die Zugriffe von Benutzern und einige Fehlermeldungen – der Dämon smbd ist sehr mitteilungsbedürftig – finden Sie in der Datei LOG.SMBD. Beachten Sie bei dem zweiten Protokoll, dass sich dort aufgrund der Geschwätzigkeit eine Reihe von Fehlermeldungen finden können, die den Betrieb des Samba-Servers jedoch nicht beeinträchtigen.

19.3.1 Zugriff von Windows XP, Windows Vista und Windows 7

Unter Windows XP können Sie auf einen Rechner, der Ihnen im Windows Explorer angezeigt wird, doppelklicken und den Anmeldevorgang starten. Möchten Sie direkt auf einen Rechner oder einen freigegebenen Ordner zugreifen, dann können Sie auch die Adresszeile des Windows Explorers nutzen.

Geben Sie dort einen URL in der Form \\RECHNER\FREIGABE ein, wird automatisch die angegebene Freigabe eingebunden. In jedem Fall müssen Sie sich zuerst an dem Server mit einem Benutzerkonto, das Sie zuvor für das SMB-Sharing freigegeben haben, identifizieren.

Geschwindigkeit
Die Geschwindigkeit der Datenübertragung über das SMB-Protokoll ist gerade bei sehr großen Dateien spürbar langsamer als im direkten Vergleich zu AFP.

Sicherheitspolitik für Vista ändern | Für die Anmeldung von einem Rechner mit Windows Vista müssen Sie vorher die Sicherheitsrichtlinie für das System ändern. Der Grund für diese Maßnahme besteht darin, dass Microsoft mit Windows Vista eine Anmeldemethode als Standard festgelegt hat, bei der das Kennwort etwas sicherer verschlüsselt wird. Diese wird jedoch nicht von Samba unterstützt. Es ist aber möglich, Windows Vista so zu konfigurieren, dass die etwas ältere, aber von Samba unterstützte Richtlinie ebenfalls zugelassen wird.

Vista Home
Die nebenstehende Beschreibung der Änderung der Sicherheitsrichtlinien trifft für die Versionen Business, Ultimate und Enterprise zu. In den in diesem Buch nicht berücksichtigten Home-Editionen von Windows Vista müssen Sie in der Registry den Wert des Eintrags HKEY_LOCAL_MACHINE\SYSTEM\ CURRENTCONTROLSET\CONTROL\LSA von »3« auf »1« ändern.

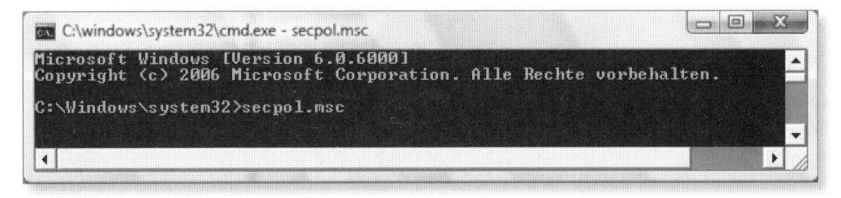

▲ **Abbildung 19.16**
Über die EINGABEAUFFORDERUNG wird das Dienstprogramm für die Sicherheitsrichtlinien gestartet.

▲ **Abbildung 19.17**
Die richtige Sicherheitseinstellung lautet &LM- UND NTLM-ANTWORTEN SENDEN.

Starten Sie unter Windows Vista über den Eintrag PROGRAMME • ZUBEHÖR die EINGABEAUFFORDERUNG, und geben Sie dort den Befehl `secpol.msc` ein. Dieser startet ein Dienstprogramm für die Konfiguration der Sicherheitsrichtlinien.

Sie finden in diesem Programm in dem Unterpunkt SICHERHEITSEINSTELLUNGEN • LOKALE RICHTLINIEN • SICHERHEITSOPTIONEN eine Eigenschaft NETZWERKSICHERHEIT: LAN MANAGER-AUTHENTIFIZIERUNGSEBENE. Mit einem Doppelklick auf den Eintrag können Sie die Einstellungen ändern. Wählen Sie hier (siehe Abbildung 19.17) &LM- UND NTLM-ANWORTEN SENDEN (NTLMv2-SITZUNGSSICHERHEIT VERWENDEN) aus, klicken Sie auf OK, und beenden Sie das Dienstprogramm.

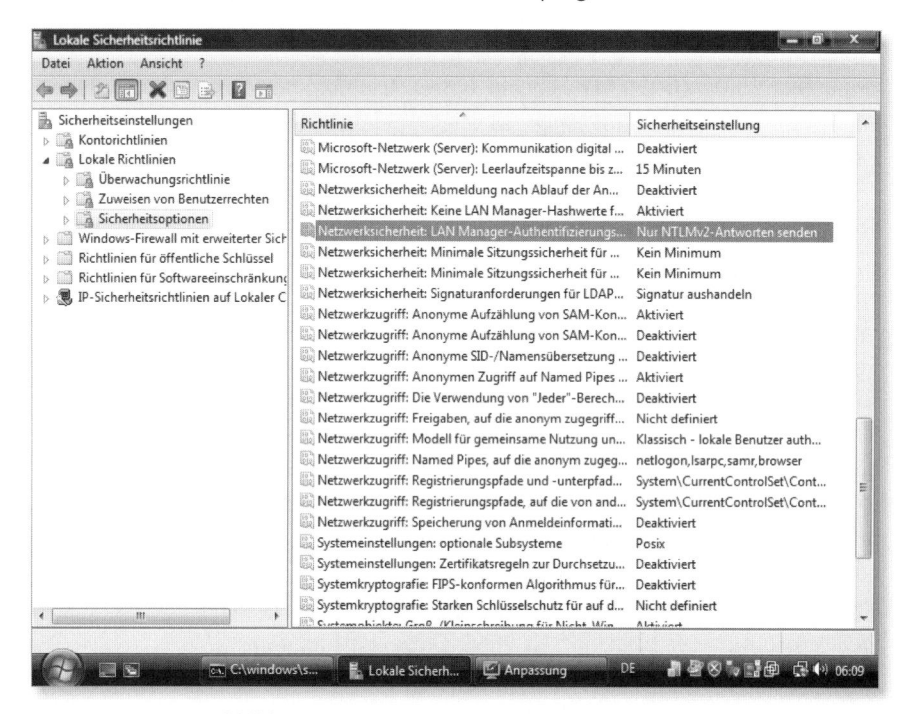

▲ **Abbildung 19.18**
Der Eintrag NETZWERKSICHERHEIT: LAN MANAGER-AUTHENTIFIZIERUNGSEBENE muss geändert werden.

Haben Sie die Methode der Anmeldung entsprechend geändert, dann können Sie die Verbindung zu einem Mac OS X-Rechner aufbauen. Sie finden im Windows Explorer die Mac OS X-Rechner, bei denen der SMB-Server aktiviert wurde, im Ordner NETZWERK. Gegebenenfalls müssen Sie Ihr Windows-System noch der gleichen Arbeitsgruppe hinzufügen, die Sie den Rechnern unter Mac OS X zugewiesen haben. Dies können Sie in der SYSTEMSTEUERUNG von Windows vornehmen.

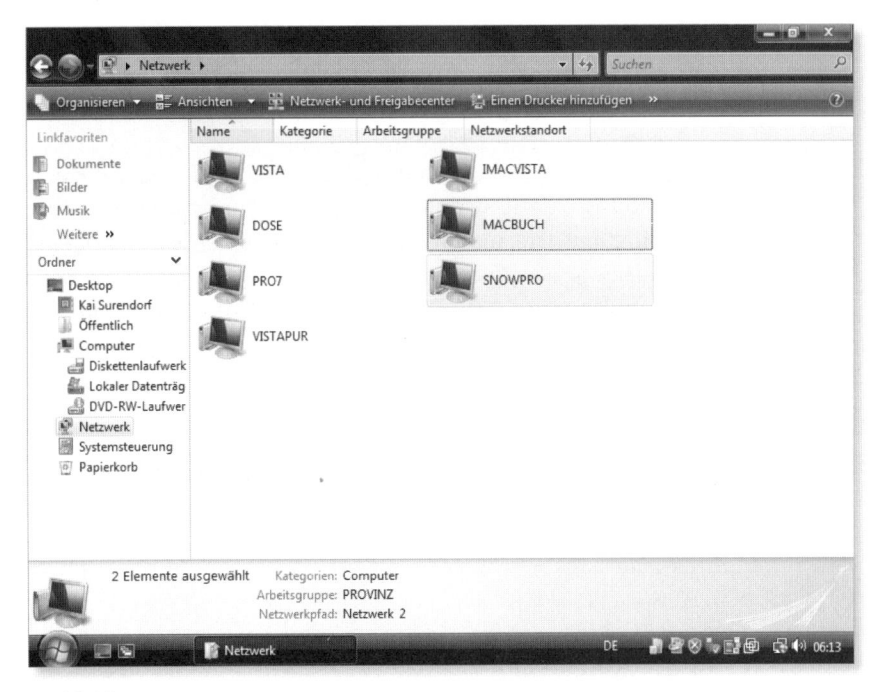

▲ **Abbildung 19.19**
Die aktiven SMB-Server werden auch unter Windows Vista angezeigt.

Sicherheitspolitik für Windows 7 ändern | Um von Windows 7 auf eine Freigabe zugreifen zu können, müssen Sie ebenfalls die Sicherheitspolitik ändern. Auch hier starten Sie über die Eingabeaufforderung mit dem Befehl `secpol.msc` das entsprechende Dienstprogramm und müssen dann wie unter Windows Vista die Eigenschaft NETZWERKSICHERHEIT: LAN MANAGER-AUTHENTIFIZIERUNGSEBENE entsprechend ändern. Ergänzend müssen Sie in der gleichen Ansicht die Eigenschaft NETZWERKSICHERHEIT: MINIMALE SITZUNGSSICHERHEIT FÜR NTLM-SSP-BASIERTE CLIENTS mit einem Doppelklick öffnen. Hier ist die Option 128-BIT-VERSCHLÜSSELUNG ERFORDERN markiert, die Sie abwählen müssen, da sie vom Samba-Server unter Mac OS X nicht unterstützt wird. Anschließend ist die Authentifizierung an dem Samba-Server unter Mac OS X von Windows 7 aus möglich.

▲ **Abbildung 19.20**
Unter Windows 7 muss eine weitere Einstellung geändert werden.

19.3.2 Konfigurationsdateien und weitere Optionen

Die Konfiguration eines funktionsfähigen Samba-Servers wäre ein dankbares Thema für ein eigenes Buch. Um möglichst viele der Windows-Eigenheiten, die zum Teil einfach historisch gewachsen sind, berücksichtigen zu können, bietet Samba eine fast nicht mehr überschaubare Anzahl von Parametern, Optionen und Einstellungen. Zum Glück hat Apple für Mac OS X eine Standardkonfiguration zusammengestellt, die nicht nur in der Praxis gut funktioniert, sondern auch die Besonderheiten der Verbindung von Mac OS X und Windows berücksichtigt.

smb.conf | Die für den Samba-Dienst maßgebliche Konfigurationsdatei ist /ETC/SMB.CONF. Der Aufbau und die Struktur der Konfigurationsdateien von Samba unterscheiden sich ein wenig von den bisher im Buch angesprochenen. So werden Kommentare nicht über das Doppelkreuz #, sondern über das Semikolon ; eingeleitet. Ferner ist es möglich, mit eckigen Klammern einen Bereich einzuleiten und dort zum Beispiel die Voreinstellungen für eine Freigabe blockweise festzulegen.

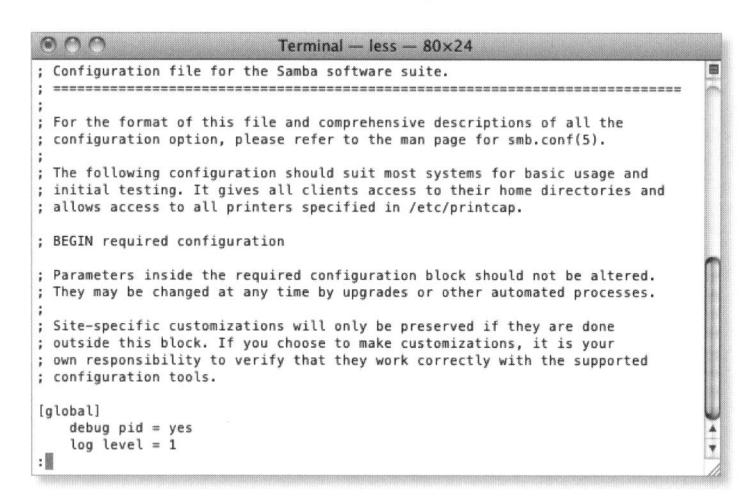

[SWAT]
Ein Hinweis, warum eine eigenhändige Konfiguration von Samba im Detail unter Mac OS X 10.6 nicht angeraten ist, ist das Fehlen des Samba Web Administration Tools, kurz: SWAT. Mit diesem über den Browser zu bedienenden Programm lässt sich Samba bis in die allerletzte Option konfigurieren, was aber detaillierte Kenntnisse der Windows-Eigenheiten erfordert. SWAT war in Mac OS X 10.3 und 10.4 verfügbar, seit Mac OS X 10.5 ist das Programm aber nicht mehr vorhanden.

Abbildung 19.21 ▶
In der Datei /ETC/SMB.CONF werden Kommentare durch ein Semikolon eingeleitet.

com.apple.smb.server.plist
Die Einstellungen für den Samba-Server, die über `synchronize-preferences` abgeglichen werden, befinden sich in der Datei COM.APPLE.SMB.SERVER.PLIST im Verzeichnis /LIBRARY/PREFERENCES/SYSTEMCONFIGURATION. Die Datei enthält die Voreinstellungen, die Sie über die Systemeinstellungen an verschiedenen Stellen vorgenommen haben.

/var/db/smb.conf | Wenn Sie sich die Datei /ETC/SMB.CONF anzeigen lassen, werden Sie dort auch eine Zeile `include = /var/db/smb.conf` finden. Diese Datei wird von dem Programm `synchronize-preferences` im Verzeichnis /usr/libexec/samba erstellt, wenn Sie die SMB-Freigabe in den Systemeinstellungen starten.

Das Programm greift auf die für Samba relevanten Systemeinstellungen wie die Arbeitsgruppe und den NetBIOS-Namen in den Systemeinstellungen und den Kerberos-Realm zurück und erstellt anhand dieser Vorgaben eine weitere Konfigurationsdatei für Samba.

Über die Zeile `include = /var/db/smb.conf` wird sie integriert, wenn der Samba-Dienst gestartet wird. Die eindringliche Warnung zu Beginn (DO NOT EDIT!) sollten Sie ernst nehmen, denn diese Einstellungen des Samba-Servers überlassen Sie besser dem System selbst.

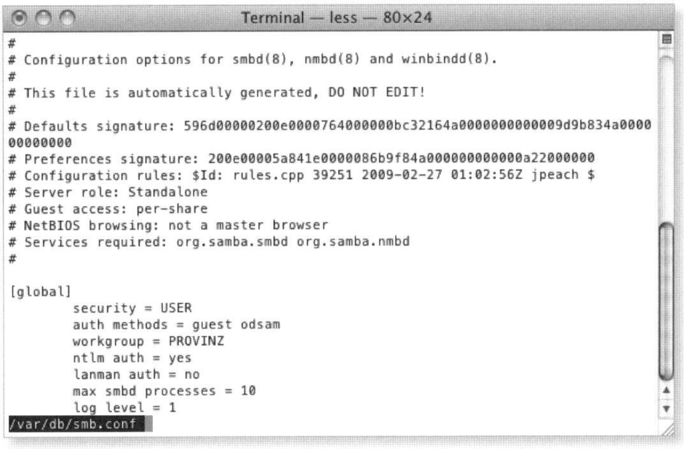

◀ **Abbildung 19.22**
Die Datei »/var/run/smb.conf« wird vom System erstellt und sollte nicht vom Anwender bearbeitet werden.

Freigaben unter /var/db/samba/smb.shares | Wenn Sie einen Ordner im Finder oder über die Systemeinstellungen freigeben, wird im Hintergrund das Programm `synchronize-shares` ausgeführt, das wiederum im Verzeichnis /USR/LIBEXEC/SAMBA zu finden ist. Es erstellt basierend auf den `SharePoints`-Einträgen in der Benutzerdatenbank eine Konfigurationsdatei SMB.SHARES für die freigegebenen Ordner und speichert diese im Verzeichnis /VAR/DB/SAMBA/. Integriert wird diese separate Konfigurationsdatei durch die Zeile `include = /var/db/samba/smb.shares` in der Datei /ETC/SMB.CONF. Sie enthält in Abschnitte unterteilt und durch den Namen der Freigabe eingeleitet die Konfigurationen der freigegebenen Ordner.

Die Möglichkeiten oder die Notwendigkeit der eigenhändigen Konfiguration von Samba sind aufgrund der beschriebenen Verquickung von mehr als drei Konfigurationsdateien mit /ETC/SMB.CONF als zentraler Instanz entweder beschränkt oder unnötig, je nach Standpunkt.

Zugriff beschränken | Eine nützliche Ergänzung der Datei /ETC/SMB.CONF kann darin bestehen, den Zugriff auf den Samba-Server für Rechner im Netzwerk gezielt freizugeben oder zu sperren. Mit der Eigenschaft `hosts allow` können Sie den Zugriff auf eine Freigabe für Rechner gezielt erlauben, die Eigenschaft `host deny` untersagt den Zugriff für die angegebenen Rechner.

Möchten Sie diese Direktiven verwenden, fügen Sie sie in der Datei /ETC/SMB.CONF am besten oberhalb des Eintrags [printers] (siehe Abbildung 19.23) ein. Den Editor `nano` müssen Sie hier wie auch bei den meisten anderen Konfigurationsdateien als Super-User, also mit `sudo nano /etc/smb.conf` aufrufen.

Prüfung mit testparm
Wenn Sie die Datei /etc/smb.conf modifizieren, sollten Sie anschließend den Befehl `testparm` gefolgt von der Datei /etc/smb.conf aufrufen. Mit `testparm /etc/smb.conf` prüfen Sie die geänderte Datei auf einen syntaktisch korrekten Aufbau. Erhalten Sie keine Fehlermeldung, dann ist die Datei in sich korrekt. Ob die angegebenen Werte und Einstellungen jedoch wie gewünscht funktionieren, wird nicht überprüft.

Möchten Sie den Zugriff für alle Rechner bis auf einen erlauben, nutzen Sie die Eigenschaft `hosts deny`. Umgekehrt sperrt `hosts allow` den Zugriff für alle Rechner bis auf die angegebenen. Zusätzlich können Sie bei beiden noch Ausnahmen mit der zusätzlichen Angabe EXCEPT definieren. Ferner funktioniert die Angabe auch mit Netzwerken. Fügen Sie die Zeile `hosts allow = 192.168.0` ein, so haben alle Rechner aus dem Netzwerk 192.168.0 Zugriff. Für alle anderen anfragenden Rechner wird der Zugriff unterbunden.

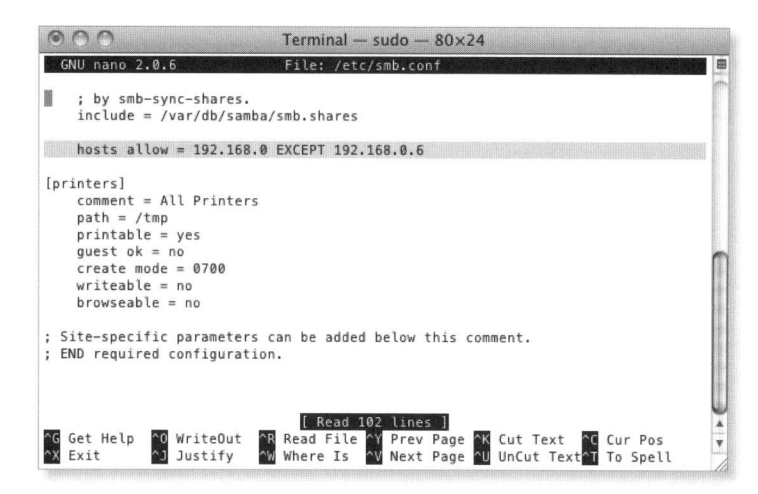

Abbildung 19.23 ▶
Über die Anweisung `hosts allow` kann der Zugriff über SMB eingeschränkt werden.

Möchten Sie einen weiteren Rechner mit einem bestimmten Namen zusätzlich freigeben, können Sie diesen durch ein Komma hinten anfügen. Die Angabe würde dann `hosts allow = 192.168.0, MacBuch` lauten. Sie können durch die Ausnahme EXCEPT einen Rechner von der Regel ausschließen. Fügen Sie die Zeile `hosts allow = 192.168.0 EXCEPT 192.168.0.2` hinzu, so hat der Rechner mit der IP-Adresse 192.168.0.2 keinen Zugriff.

Um die Änderungen wirksam werden zu lassen, müssen Sie den Samba-Server über die Systemeinstellungen gegebenenfalls neu starten, indem Sie die Option DATEIEN UND ORDNER ÜBER SMB BEREITSTELLEN deaktivieren und wieder aktivieren.

19.4 NFS-Freigaben erstellen

Zuständig für die Bereitstellungen von Verzeichnissen für das Network File System (NFS) ist in erster Linie der Dämon `nfsd`. Dieser wird über den LaunchDaemon COM.APPLE.NFSD im Verzeichnis /SYSTEM/LIBRARY/LAUNCHDAEMONS gestartet und verwaltet.

Im Gegensatz zu AFP und SMB können Sie Verzeichnisse für dieses Protokoll nicht im Finder freigeben. Stattdessen müssen Sie eine Datei EXPORTS im Verzeichnis /ETC erstellen, die den absoluten Pfad des freizugebenden Verzeichnisses sowie weitere Parameter enthält. Diese Datei existiert in Mac OS X standardmäßig nicht, kann aber von Ihnen mit `sudo nano /etc/exports` erstellt werden. In der Datei geben Sie Zeile für Zeile die Verzeichnisse an, die Sie über NFS im Netzwerk freigeben möchten. Diese Einträge haben folgenden Aufbau:

```
/Pfad    Optionen
```

Geben Sie keine Optionen an, wird der freigegebene Ordner allen Rechnern zugänglich gemacht und auch der Schreibzugriff aktiviert. Mit der Zeile

```
/Groups/Office
```

würde der Unterordner OFFICE im Verzeichnis GROUPS über NFS freigegeben. Von einem anderen Rechner aus können Sie das Verzeichnis mit dem URL nfs://Rechner/Groups/Office einbinden, wobei Sie hier Rechner durch die IP-Adresse oder den Namen Ihres Rechners ersetzen müssen.

Lesezugriff | Wenn ein über NFS freigegebenes Verzeichnis von anderen Rechnern im Netzwerk aus nicht beschrieben werden soll, können Sie mit der Option -ro den Schreibzugriff unterbinden. Mit der Zeile

```
/Groups/Design  -ro
```

wird der Ordner /GROUPS/DESIGN allen Rechnern im Netzwerk zur Verfügung gestellt, wobei lediglich lesend auf die Dateien zugegriffen werden kann. Der Schreibzugriff wird unterbunden.

Zugriffsrechte und UID | Das Problem bei der Verwendung von NFS besteht darin, dass das Protokoll in der vorliegenden Version keine Benutzerauthentifizierung kennt. Das heißt, dass für die Identifizierung die Benutzer-ID (UID) verwendet wird, über die der Benutzer auf dem Rechner verfügt, der auf die Freigabe zugreift.

Besitzt der Anwender, der auf die Freigabe zugreift, die UID (siehe Abschnitt 14.5.4) 502, stehen ihm auch auf dem Server die Dateien und Verzeichnisse zur Verfügung, für die der Benutzer

nfsd starten
Eigentlich ist der LaunchDaemon so eingestellt, dass er den Dämon nfsd startet, sobald eine Datei »/etc/exports« existiert. Sie können ihm aber auch mit der Eingabe `sudo nfsd start` auf die Sprünge helfen. Haben Sie Änderungen an der Datei »/etc/exports« vorgenommen, dann können Sie den Dämon mit `sudo nfsd update` zur Aktualisierung zwingen, obwohl dies eigentlich selbstständig geschehen sollte.

Datei überprüfen
Mit der Eingabe `nfsd checkexports` können Sie nfsd anweisen, die Datei /ETC/EXPORTS zu überprüfen. Wenn Sie keine Ausgabe erhalten, ist der Aufbau der Datei korrekt.

NFS und Firewall
Da die für NFS notwendigen Dienste von Apple selbst signiert (siehe Abschnitt 17.5.3) wurden, werden sie von der Firewall nicht blockiert, sofern Sie die Option SIGNIERTER SOFTWARE AUTOMATISCH ERLAUBEN… ausgewählt haben.

IP-Adressen beschränken
Sie können Einträge in der Datei /ETC/EXPORTS um die Angabe von IP-Adressen ergänzen. Werden eine oder mehrere durch Leerzeichen getrennte IP-Adressen angegeben (zum Beispiel /Groups/Demos -ro 192.168.0.5), geben Sie den Ordner für den Lesezugriff für den Rechner 192.168.0.5 frei.

Access Control Lists
Wenn Sie ohne Verzeichnisdienst, aber mit mehreren Benutzern und verschiedenen Systemen (Linux und Mac OS X) arbeiten möchten, erfordert die korrekte Zusammenstellung der Zugriffsrechte für NFS etwas Geduld. Zusätzlich zu den nebenstehend besprochenen Methoden ist ein gezielter Einsatz der Access Control Lists, der Benutzergruppen und der Vererbung der Zugriffsrechte (siehe Abschnitt 19.1.2) ein gangbarer Weg, um über NFS Dateien und Ordner unter Berücksichtigung von Zugriffsrechten im Netzwerk verfügbar zu machen.

mit der dortigen UID 502 Zugriffsrechte besitzt. NFS ist eigentlich für die Verwendung in Netzwerken ausgelegt, in denen die Benutzerkonten zentral in einem Verzeichnisdienst verwaltet werden.

Sie können sich in diesem Zusammenhang mit zwei Maßnahmen behelfen: Zum einen können Sie ein nur für den Zugriff über NFS erstelltes Benutzerkonto erstellen und alle über NFS erfolgenden Zugriffe darauf umleiten. Oder Sie erstellen ein Benutzerkonto, bei dem Sie ausnahmsweise die Eigenschaft UID nachträglich ändern. Letzteres kann für die Kooperation mit Linux-Systemen, bei denen die Nummerierung der UID bei 1.000 beginnt und nicht mit 500 wie unter Mac OS X, hilfreich sein.

-mapall= | Die Option -mapall= definiert, dass beim Zugriff auf den Ordner die Berechtigungen des lokalen Benutzers verwendet werden. Mit der Zeile

```
/Groups/Office -mapall=NFS_Benutzer
```

werden alle Zugriffe auf die Freigabe /GROUPS/OFFICE auf das Benutzerkonto mit dem Accountnamen NFS_BENUTZER umgeleitet, und bei allen Zugriffen werden für die Lese- und Schreibberechtigung die Befugnisse dieses Benutzerkontos auch in Bezug auf seine Gruppenzugehörigkeit beachtet. Sie können die Option -mapall auch mit -ro und den Angaben von IP-Adressen kombinieren. Mit der Zeile

```
/Groups/Designer -mapall=NFS_Benutzer -ro
192.168.0.100
```

ist der Zugriff auf die Freigabe nur von dem Rechner mit der IP-Adresse 192.168.0.100 möglich, und es können nur die Dateien und Ordner geöffnet werden, für die der Benutzer NFS_Benutzer auf dem Server Lesezugriff hat. Über die Option -ro wird, unabhängig von den tatsächlichen Zugriffsrechten, jeglicher Schreibzugriff unterbunden.

UID ändern | Der Nachteil der Option -mapall liegt darin, dass alle Zugriffe über NFS auf diesen einen Benutzer abgebildet werden. Umgekehrt besteht zum Beispiel bei der Zusammenarbeit mit Linux-Systemen das Problem, dass Sie hier nicht (siehe Kapitel 14.5.4) nacheinander die Benutzerkonten auf den Rechnern anlegen können, um eine einheitliche Vergabe der UID zu gewährleisten. Die meisten Linux-Systeme beginnen die Nummerierung der Benutzerkonten mit 1.000, während Mac OS X mit 501 beginnt.

Die Lösung kann hier sein, in den Systemeinstellungen ein Benutzerkonto von Typ Nur Freigabe anzulegen. Da diesem Konto ja kein persönliches Verzeichnis zugeordnet ist, diesem Benutzer also direkt nach der Erstellung noch keine Dateien gehören, können Sie direkt im Anschluss an die Erstellung die erweiterten Optionen (siehe Abschnitt 14.2.5) für dieses Benutzerkonto aufrufen. Dort geben Sie unter Benutzer-ID die Zahl ein, die auf dem Linux-Rechner der UID entspricht.

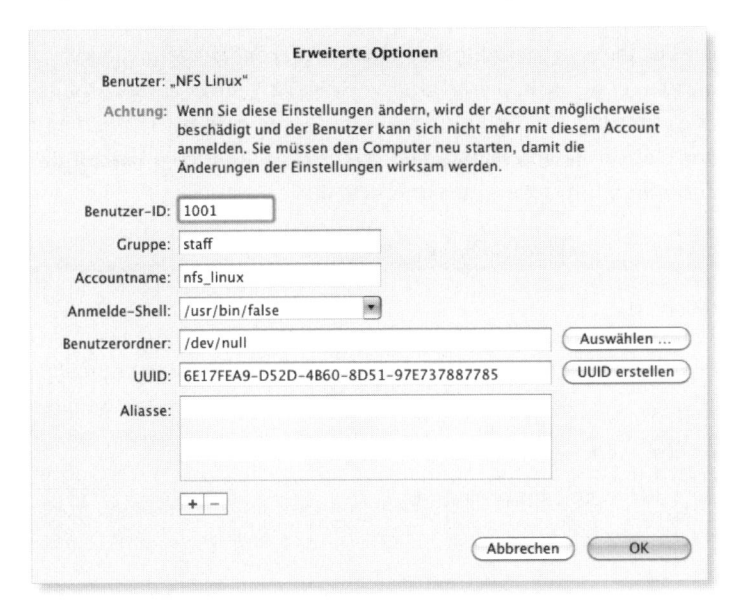

◀ **Abbildung 19.24**
Für die Freigabe über NFS kann ausnahmsweise bei einem Benutzerkonto nachträglich die Benutzer-ID manipuliert werden.

Von nun an können Sie von einem Linux-Rechner, bei dem Sie über die UID 1.000 verfügen, auf alle Dateien zugreifen, die unter Mac OS X diesem Benutzerkonto zur Verfügung stehen. Brauchbar wird die Verwendung eines manipulierten Benutzerkontos vom Typ Nur Sharing dann, wenn Sie für die NFS-Freigabe die Access Control List inklusive Vererbung und gegebenenfalls eine Gruppenzugehörigkeit definieren. Ein wenig Handarbeit in Bezug auf die Zugriffsrechte ist bei der Verwendung von NFS in den meisten Fällen einfach nötig, weil das Protokoll anders als AFP und SMB in der vorliegenden Form keine Authentifizierung auf der Seite des Servers vorsieht.

Metadaten zusammenführen | Kopieren Sie über NFS Dateien von einem Mac OS X-Rechner in ein Verzeichnis, dann finden Sie, wenn der Datei erweiterte Attribute zugeordnet wurden, eine unsichtbare ._-Datei, die die Attribute enthält.

Mithilfe des Befehls `dot_clean` können Sie auf dem Mac OS X-Rechner, der das Verzeichnis über NFS freigibt, die erweiterten Attribute und die eigentliche Datei wieder zusammenführen. Dies funktioniert nur, wenn als Dateisystem HFS+ verwendet wird. Übergeben Sie `dot_clean` die Option `-keep=dotbar`, dann werden die ._-Dateien nicht gelöscht, sondern mit der eigentlichen Datei wieder zusammengeführt (merging, siehe Abbildung 19.25). Der Aufruf erfolgt in der Form:

```
dot_clean --keep=dotbar /Verzeichnis
```

Dies ist insbesondere für die Arbeit am Terminal, wenn Sie mit `cp` und `mv` Dateien kopieren und verschieben, eine große Arbeitserleichterung. In Abbildung 19.25 wurde zusätzlich noch mit der Option `-v` veranlasst, dass `dot_clean` über den Verlauf der Zusammenführungen Auskunft erteilt.

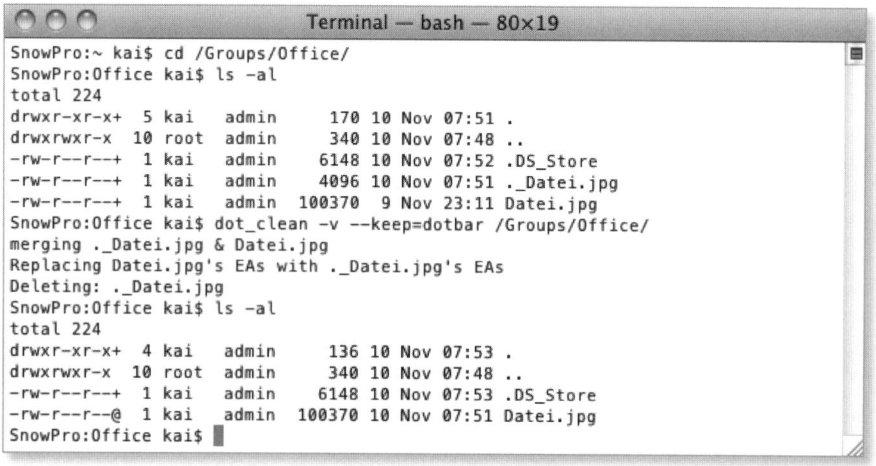

```
SnowPro:~ kai$ cd /Groups/Office/
SnowPro:Office kai$ ls -al
total 224
drwxr-xr-x+   5 kai     admin       170 10 Nov 07:51 .
drwxrwxr-x   10 root    admin       340 10 Nov 07:48 ..
-rw-r--r--+   1 kai     admin      6148 10 Nov 07:52 .DS_Store
-rw-r--r--+   1 kai     admin      4096 10 Nov 07:51 ._Datei.jpg
-rw-r--r--+   1 kai     admin    100370  9 Nov 23:11 Datei.jpg
SnowPro:Office kai$ dot_clean -v --keep=dotbar /Groups/Office/
merging ._Datei.jpg & Datei.jpg
Replacing Datei.jpg's EAs with ._Datei.jpg's EAs
Deleting: ._Datei.jpg
SnowPro:Office kai$ ls -al
total 224
drwxr-xr-x+   4 kai     admin       136 10 Nov 07:53 .
drwxrwxr-x   10 root    admin       340 10 Nov 07:48 ..
-rw-r--r--+   1 kai     admin      6148 10 Nov 07:53 .DS_Store
-rw-r--r--@   1 kai     admin    100370 10 Nov 07:51 Datei.jpg
SnowPro:Office kai$
```

▲ **Abbildung 19.25**
Mithilfe des Befehls `dot_clean` können die Attribute wieder direkt an die eigentliche Datei angefügt werden.

/var/run/httpd.pid
Der Dämon hat die Fähigkeit, weitere Prozesse von sich selbst zu aktivieren, um Webseiten und Dateien zu übertragen. Daher ist es notwendig, um den kompletten Dienst akkurat beenden und neu starten zu können, die Prozess-ID (PID) des ersten Prozesses, also quasi des Hauptprozesses, zu kennen. Hierzu wird in der Datei /VAR/ RUN/HTTPD.PID die Prozess-ID des ersten Prozesses gespeichert.

19.5 Der Webserver Apache

In Mac OS X 10.6 ist der Apache Webserver in der Version 2.2 enthalten. Der Apache ist das zurzeit beliebteste Programm zur Auslieferung von Webseiten im Internet. Die Nutzung des integrierten Webservers kann zwei Gründe haben: Zum einen können Sie einen eigenen Webserver betreiben und zum Beispiel in Verbindung mit DynDNS weltweit zugänglich machen, zum anderen bietet sich die lokale Nutzung des Webservers an, um mit PHP eigene dynamische Webseiten zu entwickeln und zu testen. Das zentrale Element des Webservers ist der Dämon `httpd`.

Konfiguration in /etc/apache2 | Die Konfigurationsdateien des Apache Webservers befinden sich im Verzeichnis /ETC/APACHE. Die Datei HTTPD.CONF ist für die grundlegende Konfiguration des Servers zuständig. In ihr wird festgelegt, welche Module geladen und aktiviert werden und sie greift auf die in den Unterordnern vorhandenen ergänzenden Konfigurationsdateien zurück.

Das Verzeichnis EXTRA enthält optionale Konfigurationsdateien, die zum Beispiel das integrierte Modul für WebDAV oder die Verschlüsselung über SSL steuern. Im Verzeichnis OTHER sind zwei Dateien abgelegt: BONJOUR.CONF steuert das im Apache enthaltene Modul für die automatische Kommunikation der Webseiten der Benutzer über Bonjour im lokalen Netzwerk, PHP5.CONF ermöglicht die Verwendung von Dateien mit der Endung .PHP, wenn das Modul für PHP wie nachfolgend beschrieben geladen wurde. Im Verzeichnis USERS wird für jeden eingerichteten Benutzer eine Konfigurationsdatei angelegt, über die dessen persönliche Webseite aktiviert wird. Die Dateien MAGIC und MIME.TYPES können vom Server für die Erkennung von Dateitypen herangezogen werden.

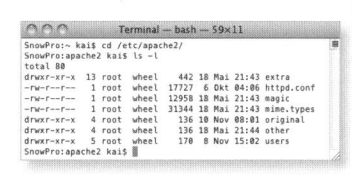

▲ **Abbildung 19.26**
Die Konfigurationsdateien des Webservers befinden sich im Verzeichnis /ETC/APACHE2.

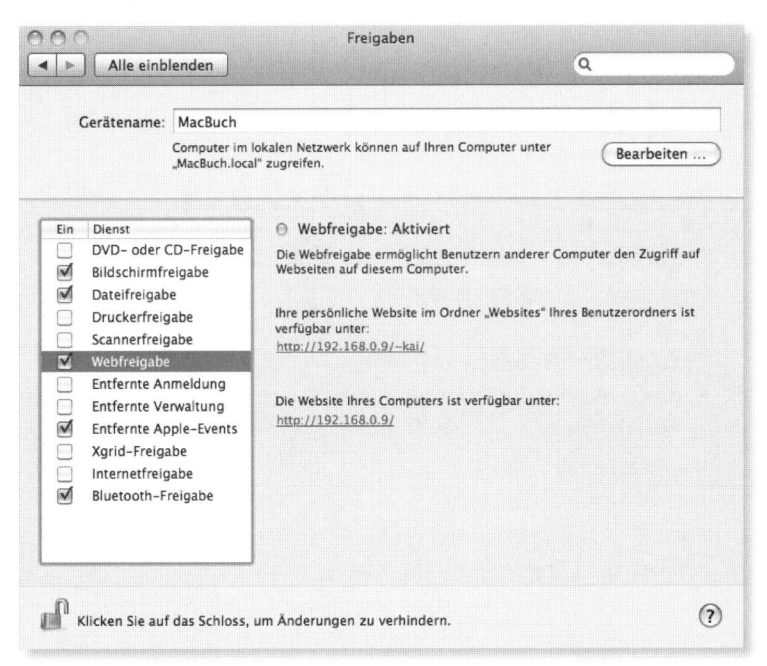

▲ **Abbildung 19.27**
Der Webserver kann in den Systemeinstellungen über die WEBFREIGABE gestartet werden.

Webfreigabe starten | Die bequemste Methode, den Webserver zu starten, besteht in der Aktivierung des Dienstes WEBFREIGABE in den Systemeinstellungen. Abhängig von der Konfiguration Ihres Netzwerkes wird Ihnen dann die WEBSITE IHRES COMPUTERS sowie IHRE PERSÖNLICHE WEBSITE angezeigt, wie sie von außen aufgerufen werden können. Die unterstrichenen Adressen können angeklickt werden und öffnen den Standardbrowser. Sie können im Browser auch direkt den URL *http://127.0.0.1* für die allgemeine Webseite oder *http://127.0.0.1/~Benutzer* für die persönliche Webseite des Benutzers angeben.

Konfiguration prüfen
Mit `sudo apachectl configtest` prüfen Sie die Konfigurationsdateien. Die Ausgabe `Syntax OK` besagt, dass die Dateien in sich korrekt sind.

Neustart mit apachectl | Am Terminal können Sie den Webserver über den Befehl `apachectl` starten. Hierbei geben Sie für den ersten Start die Option `start` vor, für einen Neustart, bei dem Änderungen in den Konfigurationsdateien berücksichtigt werden sollen, `restart` und zum Beenden des Webservers `stop`. Sie müssen den Befehl `apachectl` als Super-User ausführen.

Mit der Eingabe `sudo apachectl restart` wird der Server neu gestartet, und Änderungen der Konfigurationsdateien werden wirksam.

Allgemeine Webseite | Die Hauptseite Ihres Webservers, die Sie direkt mit http://127.0.0.1 aufrufen können, wird im Verzeichnis /LIBRARY/WEBSERVER/DOCUMENTS gespeichert. Sie finden dort die Datei INDEX.HTML.EN. Der Webserver ist in der Lage, die vom Browser übergebenen Spracheinstellungen des Surfers auszuwerten und darauf basierend eine der Sprachwahl entsprechende Sprachversion der Seite auszuliefern. In der vorliegenden Standardinstallation von Mac OS X 10.6 kommt dies nicht zum Tragen, da lediglich die englische Datei mit dem einfachen Hinweis *It Works!* installiert wurde.

▲ **Abbildung 19.28**
Der Webserver kann über den URL *http://127.0.0.1* aufgerufen werden.

Persönliche Webseiten | Jeder Benutzer, den Sie auf Ihrem System anlegen, erhält automatisch eine eigene persönliche Webseite. Hierbei werden die Dateien verwendet, die der Benutzer im Verzeichnis WEBSITES in seinem persönlichen Ordner abgelegt hat. Abzurufen ist diese persönliche Webseite unter dem URL *http://127.0.0.1/~* gefolgt vom Accountnamen des Benutzers, zum Beispiel *http://127.0.0.1/~kai/*.

Dokumentation
Die mitgelieferte ONLINE-DOKUMENTATION des Servers können Sie über den URL *http://127.0.0.1/manual* aufrufen. Diese enthält Informationen zu allen möglichen Parametern und Modulen des Webservers.

Wenn ein neuer Benutzer erstellt wird, wird zusätzlich zu seinem Benutzerkonto vom System auch eine Datei mit seinem Kurznamen und der Endung .CONF im Verzeichnis /ETC/APACHE2/USERS angelegt. Diese Trennung von Benutzer-Konfigurationen kann sehr nützlich sein, wenn Sie einem fortgeschrittenen Benutzer Ihres Rechners die Arbeit mit CGI-Skripten (siehe unten) ermöglichen, weniger versierten Benutzern dies aber weiterhin untersagen möchten.

Aufbau von httpd.conf | Wenn Sie die Datei »httpd.conf« im Editor mit `sudo nano /etc/apache2/httpd.conf` aufrufen, sollten Sie bezüglich des Umfangs und der Anzahl der Optionen nicht erschrecken. Um den Apache auf Ihrem System lokal zu nutzen, benötigen Sie nur die wenigsten, in diesem Kapitel beschriebenen Optionen.

Umfassende Kommentierung
Der Umfang der Datei HTTPD.CONF resultiert nicht zuletzt aus den umfangreichen Kommentaren, die die Optionen erläutern. Die Kommentare sind eine nützliche Gedankenstütze bei der Modifikation der Datei.

Die Datei folgt im Schema den gängigen Konfigurationsdateien. Kommentare werden mit einem Doppelkreuz (#) eingeleitet. HTTPD.CONF lässt sich grob in drei Bereiche einteilen. Im ersten Drittel werden die grundlegenden Parameter des Webservers definiert und dabei auch die zu aktivierenden Module über `loadmodule` festgelegt. Im zweiten Drittel finden sich die grundlegenden Einstellungen für die Verzeichnisse und die dort zur Verfügung stehenden Funktionen. Im letzten Drittel werden insbesondere über die `include`-Anweisungen weitere Konfigurationsdateien nachgeladen, über die zum Beispiel die persönlichen Webseiten der Benutzer realisiert werden.

Für den Webserver können mit spitzen Klammern Blöcke definiert werden, die Anweisungen bündeln:

```
<Directory />
    Options FollowSymLinks
    AllowOverride None
    Order deny,allow
    Deny from all
</Directory>
```

Die Ähnlichkeit mit einem Hypertext-Dokument ist nicht zufällig. Durch die Anweisung in der ersten Zeile wird der Konfigurationsblock eingeleitet, die letzte Zeile schließt, wie auch bei HTML, den Block. Beachten Sie, dass ein mit spitzen Klammern begonnener Block auch wieder geschlossen werden muss.

Protokolle | Der Webserver führt im Hintergrund detailliert Protokoll über die Zugriffe und etwaige Fehlermeldungen, zum Beispiel über nicht gefundene Dateien. Sie können diese Protokolle im Dienstprogramm KONSOLE einsehen. Im Verzeichnis /VAR/LOG/APACHE2 finden Sie zum einen das ACCESS.LOG, das zeilenweise die erfolgten Zugriffe enthält, sowie das ERROR.LOG, in dem Fehlermeldungen aufgezeichnet werden.

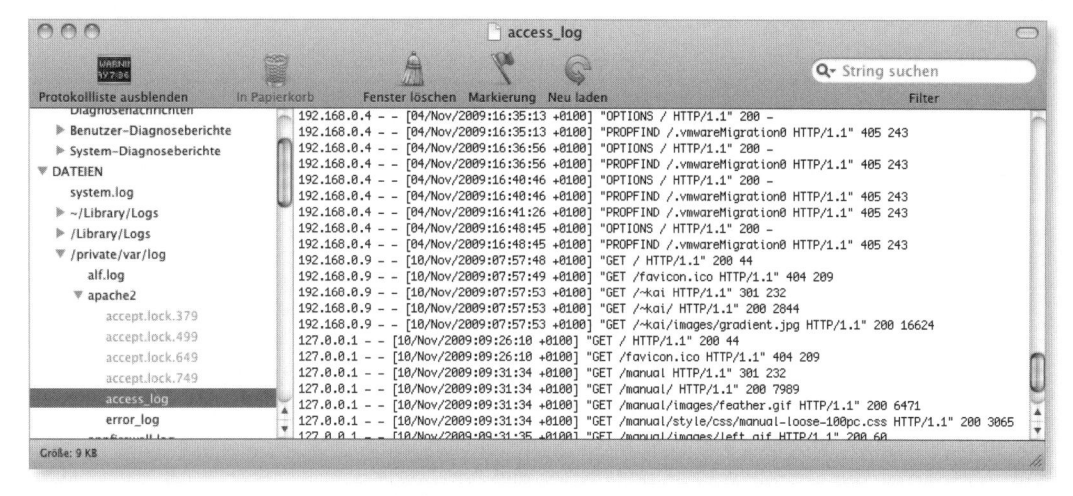

▲ **Abbildung 19.29**
Fehlermeldungen und Zugriffe werden in den Protokollen unter /VAR/ LOG/APACHE2 aufgezeichnet.

19.5.1 PHP 5 aktivieren

Die Programmiersprache PHP hat sich in den vergangenen Jahren zum bevorzugten Werkzeug für die Entwicklung dynamischer Webseiten etabliert. In Mac OS X 10.5 ist PHP in der Version 5 enthalten, aber standardmäßig für den Apache Webserver nicht aktiv. Sie können es jedoch leicht aktivieren: Rufen Sie mit `sudo nano /etc/apache2/httpd.conf` die Konfigurationsdatei im Editor auf, und ändern Sie die Zeile

`#LoadModule php5_module libexec/apache2/libphp5.so`
durch das Löschen des Doppelkreuzes zu Beginn in

MAMP
Die in Mac OS X 10.6 enthaltene PHP-Version enthält nicht alle möglichen Module und Funktionen, die diese Programmiersprache bietet. Wenn Sie sich detaillierter mit PHP befassen möchten, können Sie auch das Paket MAMP (http://www.mamp.info) installieren. Dieses eigenständige, als Entwicklungslösung gedachte Paket enthält den Apache Webserver, den Datenbankserver MySQL sowie eine etwas umfangreichere PHP-Konfiguration.

`LoadModule php5_module libexec/apache2/libphp5.so`
ab. Auf diese Weise wird das PHP-Modul beim nächsten Start des Servers aktiviert. Speichern Sie die Änderungen, und veranlassen Sie mit `sudo apachectl restart` einen Neustart des Servers. Um die Funktionsfähigkeit von PHP zu überprüfen, erstellen Sie mit `nano ~/Sites/index.php` eine leere Datei INDEX.PHP im Verzeichnis für Ihre persönliche Webseite. Mit den Zeilen

```
<?PHP
phpinfo();
?>
```

können Sie sich die aktuelle Konfiguration von PHP ausgeben lassen. Die Anweisung eignet sich gut zur Kontrolle, ob PHP erfolgreich aktiviert wurde. Rufen Sie im Browser den URL *http://127.0.0.1/~Name/index.php* auf, dann müsste die angezeigte Webseite der aus Abbildung 19.30 entsprechen. PHP ist somit funktionsfähig, und Sie können PHP-Skripten mit Ihrem Webserver testen und entwickeln.

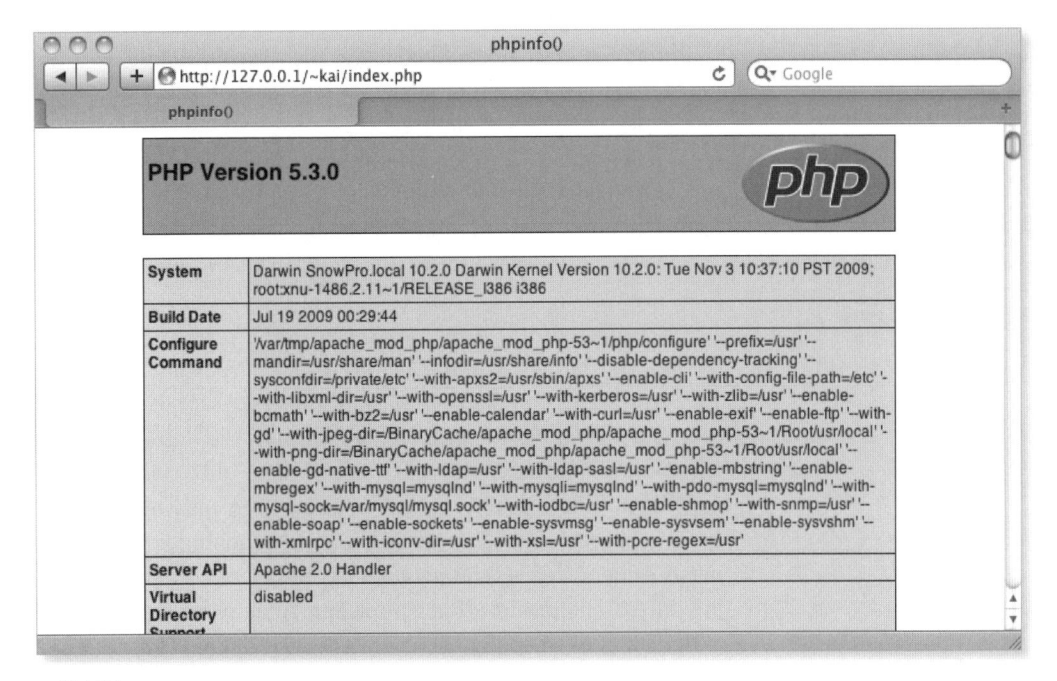

▲ Abbildung 19.30
Über den Befehl `phpinfo()` kann die Funktionsfähigkeit von PHP überprüft werden.

php.ini | Die Funktionen und Fähigkeiten der Programmiersprache PHP werden über die Datei /ETC/PHP.INI gesteuert. Diese ist in Mac OS X 10.5 nicht vorhanden, wohl aber ein Prototyp unter /ETC/PHP.INI.DEFAULT. Mit `sudo cp /etc/php.ini.default /etc/php.ini` können Sie den Prototypen an die richtige Stelle kopieren und so die Parameter und Option von PHP steuern.

Ein manchmal zu ändernder Parameter in dieser Datei ist der Wert von `mysql.default.socket`. Hier wird vorgegeben, über welche Datei ein möglicherweise installierter MySQL-Datenbankserver angesprochen wird. Wenn bei einem installierten MySQL-Server die Verbindung fehlschlägt und Sie die Fehlermeldung `Can't connect to local MySQL server through socket` erhalten, müssen Sie wahrscheinlich den Wert dieser Eigenschaft gemäß der Dokumentation der von Ihnen verwendeten MySQL-Version anpassen.

Python und Ruby

Perl ist unbestritten der Veteran unter den Skriptsprachen, mit dessen Hilfe sich auf Webseiten Kontaktformulare und Diskussionsforen realisieren lassen. Aber die Programmiersprachen Python und Ruby, beide in Mac OS X enthalten, eignen sich sehr gut für die Erstellung von dynamischen Webseiten. Haben Sie den Webserver wie hier beschrieben für die Nutzung von CGI-Skripten konfiguriert, dann können Sie Skripten, die in Python und Ruby geschrieben wurden, mit Mac OS X und dem Apache testen.

Addhandler

Wenn Sie CGI-Skripten mit einer anderen Dateiendung als .CGI ausführen möchten, etwa .PY oder .RB, fügen Sie in der Datei /ETC/APACHE/HTTPD.CONF einfach nach der Zeile `AddHanderl cgi-script .cgi` eine weitere in der Form `AddHandler cgi-script .py` ein.

19.5.2 CGI-Skripten

Etwas in die Jahre gekommen, aber immer noch außerordentlich beliebt ist die Skriptsprache Perl. Auch diese können Sie in Verbindung mit dem Apache Webserver nutzen und darin programmierte Skripten erst einmal lokal testen, bevor Sie sie in einer produktiven Umgebung einsetzen.

In den Standardeinstellungen werden auszuführende Skripten mit der Dateiendung .CGI versehen und ausgeführt. Sie müssen daher den Webserver anweisen, dass er Dateien, deren Name mit .CGI endet, als Skripten interpretiert. Rufen Sie hierzu wiederum mit `sudo nano /etc/apache2/httpd.conf` die Konfigurationsdatei im Editor auf, und löschen Sie in der Zeile

```
#AddHandler cgi-script .cgi
```

das Doppelkreuz zu Beginn. Der zweite Schritt besteht jetzt darin, die Ausführung von Skripten für einzelne Verzeichnisse freizugeben. Der Grund für diese Maßnahme ist, dass die Ausführung von CGI-Skripten zunächst für alle Verzeichnisse unterbunden wird. Sie können die Ausführung von CGI-Skripten entweder für die Hauptwebseite unter *http://127.0.0.1* freigeben oder nur für die persönlichen Webseiten ausgewählter Benutzer.

Um CGI-Skripten für die Hauptseite zu aktivieren, suchen Sie in der Datei HTTPD.CONF nach der Zeile `<Directory "/Library/WebServer/Documents">`. Sie finden ein paar Zeilen darunter den Eintrag

```
Options Indexes FollowSymLinks MultiViews
```

Ändern Sie diesen ab in

```
Options Indexes FollowSymLinks MultiViews ExecCGI
```

Führen Sie dann einen Neustart mit `sudo apachectl restart` durch, und Dateien mit der Endung .CGI werden, falls sie sich irgendwo unterhalb von /LIBRARY/WEBSERVER/DOCUMENTS befinden, als Skripten interpretiert.

Möchten Sie die Nutzung von CGI-Skripten nur für einen Benutzer aktivieren, dann rufen Sie mit `sudo nano /etc/apache2/users/Name.conf` die Konfigurationsdatei für dessen persönliche Webseite auf. Auch hier müssen Sie die mit `Options` beginnende Zeile um die Anweisung `ExecCGI` ergänzen.

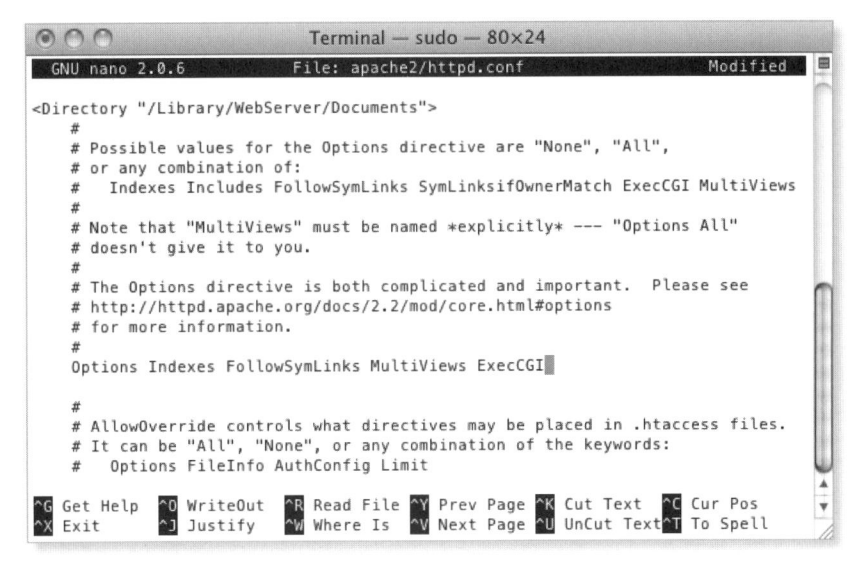

▲ **Abbildung 19.31**
Mit der zusätzlichen Option `ExecCGI` wird die Ausführung von Skripten ermöglicht.

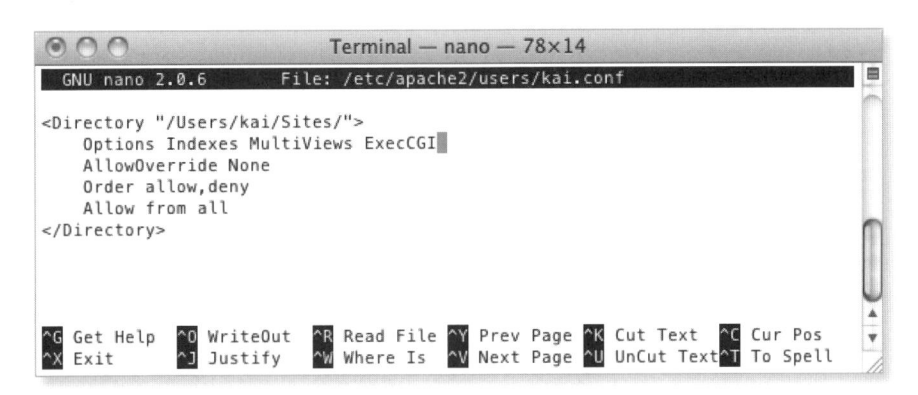

▲ **Abbildung 19.32**
Die Option `ExecCGI` kann auch für die persönlichen Webseiten der Benutzer verwendet werden.

CGI-Skript testen | Nach einem Neustart des Servers können Sie die Ausführung von Skripten mit einem kleinen Perl-Skript testen. Angenommen, Sie haben die Ausführung für Ihre persönliche Webseite aktiviert, dann legen Sie mit `nano ~/Sites/test.cgi` ein noch leeres Skript an, in das Sie folgende Zeilen einfügen:

```
#!/usr/bin/perl
print "Content-Type: text/plain \n\n";
print "Hallo";
```

▲ **Abbildung 19.33**
Wurde das Skript mit den passenden Zugriffsrechten versehen, dann wird beim Aufruf der Text »Hallo« angezeigt.

Dieses kleine Perl-Skript hat lediglich die Aufgabe, Ihnen »Hallo« zu sagen. Wenn Sie es mit `chmod 755 ~/Sites/test.cgi` als ausführbar markiert haben, können Sie im Browser den URL *http://127.0.0.1/~Name/test.cgi* aufrufen und das Skript auf Funktionsfähigkeit testen.

19.5.3 Unterstützung für Bonjour

Der Apache Webserver kommuniziert über Bonjour automatisch die persönlichen Webseiten der Benutzer, die ihre Webseite modifiziert haben. Wurde der Inhalt des Verzeichnisses ~/SITES/ nicht geändert, wird die persönliche Webseite auch nicht kommuniziert.

Sie können das Bonjour-Modul des Webservers über die Datei /ETC/APACHE2/OTHER/BONJOUR.CONF ändern. Rufen Sie sie mit `sudo nano /etc/apache2/other/bonjour.conf` im Editor auf. Sie finden dort die Zeile `RegisterUserSite customized-users`. Diese sorgt dafür, dass nur die Webseiten der Benutzer kommuniziert werden, die auch wirklich eine Änderung vorgenommen haben.

Ändern Sie die Zeile in `RegisterUserSite all-users` ab, dann werden die persönlichen Webseiten aller Benutzer kommuniziert, auch wenn sie bisher keine Veränderungen vorgenommen haben. Fügen Sie in der Datei noch die Zeile `RegisterDefaultSite` innerhalb des Blocks hinzu, dann wird auch die Hauptseite mit dem Gerätenamen kommuniziert.

▲ **Abbildung 19.34**
In den Standardeinstellungen werden nur die geänderten Webseiten über Bonjour kommuniziert.

19.6 Den FTP-Server eingrenzen

In Mac OS X 10.6 ist auch ein FTP-Server enthalten. Die Nutzung von FTP kann zum Beispiel für den Austausch von Kundendaten recht nützlich sein, da FTP auf jeder Plattform zur Verfügung steht und eine schnelle Datenübertragung ermöglicht, allerdings um den Preis einer unverschlüsselten Verbindung.

Sie können den FTP-Server aktivieren, indem Sie in den Systemeinstellungen in der Ansicht FREIGABEN die OPTIONEN der DATEIFREIGABE aufrufen. Sie finden dort die Option DATEIEN UND ORDNER ÜBER FTP BEREITSTELLEN, mit der Sie den FTP-Server starten können.

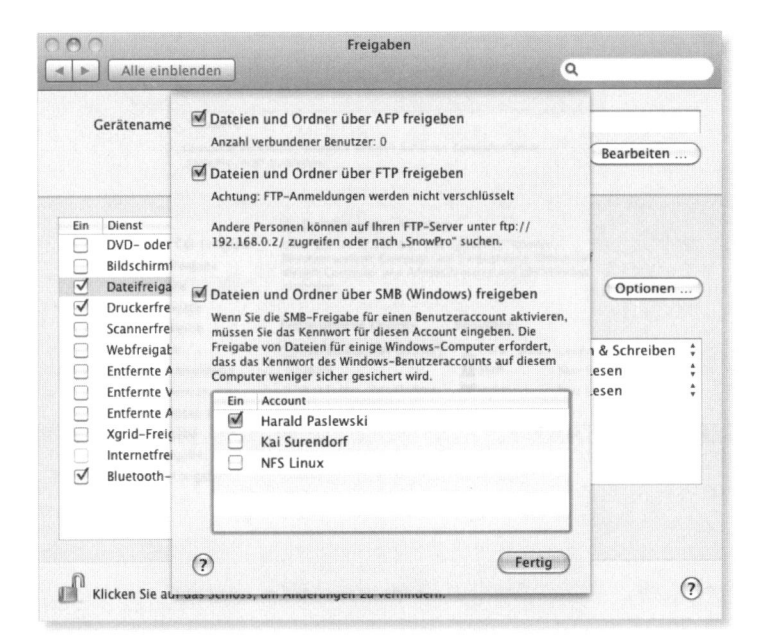

HINWEIS

Sie sollten sich bei der Bereitstellung eines FTP-Servers im Internet immer bewusst sein, dass die Verbindung nicht verschlüsselt wird und dass Passwörter im Klartext übertragen werden. Versuchen Sie, FTP soweit irgend möglich durch SSH zu ersetzen.

◄ **Abbildung 19.35**
Der FTP-Server wird in den Systemeinstellungen in der Ansicht FREIGABEN aktiviert.

Der Nachteil der Standardkonfiguration des FTP-Servers von Mac OS X besteht darin, dass beim Zugriff über FTP der Benutzer zunächst in sein persönliches Verzeichnis verwiesen wird, es allerdings dann möglich ist, auch die übergeordneten Verzeichnisse aufzurufen (siehe Abbildung 19.36). Die Freigaben der Ordner im Finder werden so nicht berücksichtigt.

Es gibt zwei Möglichkeiten, den FTP-Zugriff zu begrenzen: Über die Datei /ETC/FTPUSERS können Sie Benutzern die Anmeldung über FTP erlauben oder verbieten und so den Zugriff auf die Benutzer beschränken, bei denen die Sichtbarkeit der gesamten Verzeichnisstruktur unproblematisch ist. Es ist auch möglich, über die standardmäßig nicht vorhandenen Dateien /ETC/FTPCHROOT und /ETC/FTPD.CONF den Zugriff weiter zu begrenzen. Die Datei

Nur Freigabe
Die Anmeldung über ein Benutzerkonto vom Typ NUR FREIGABE ist, sofern Sie nicht die nachfolgend beschriebenen Änderungen am Benutzerkonto vornehmen, über FTP nicht möglich, weil für einen FTP-Zugang sowohl eine Anmelde-Shell als auch ein Benutzerordner vorhanden sein müssen.

FTPD.CONF kann dabei für eine recht detaillierte Konfiguration des Servers genutzt werden und verfügt auch über eine mit `man ftpd.conf` aufzurufende Dokumentation.

Auf eine nähere Beschreibung der Funktionen wird hier aus Platzgründen verzichtet, da der Einsatz von FTP eigentlich so sparsam wie möglich erfolgen sollte.

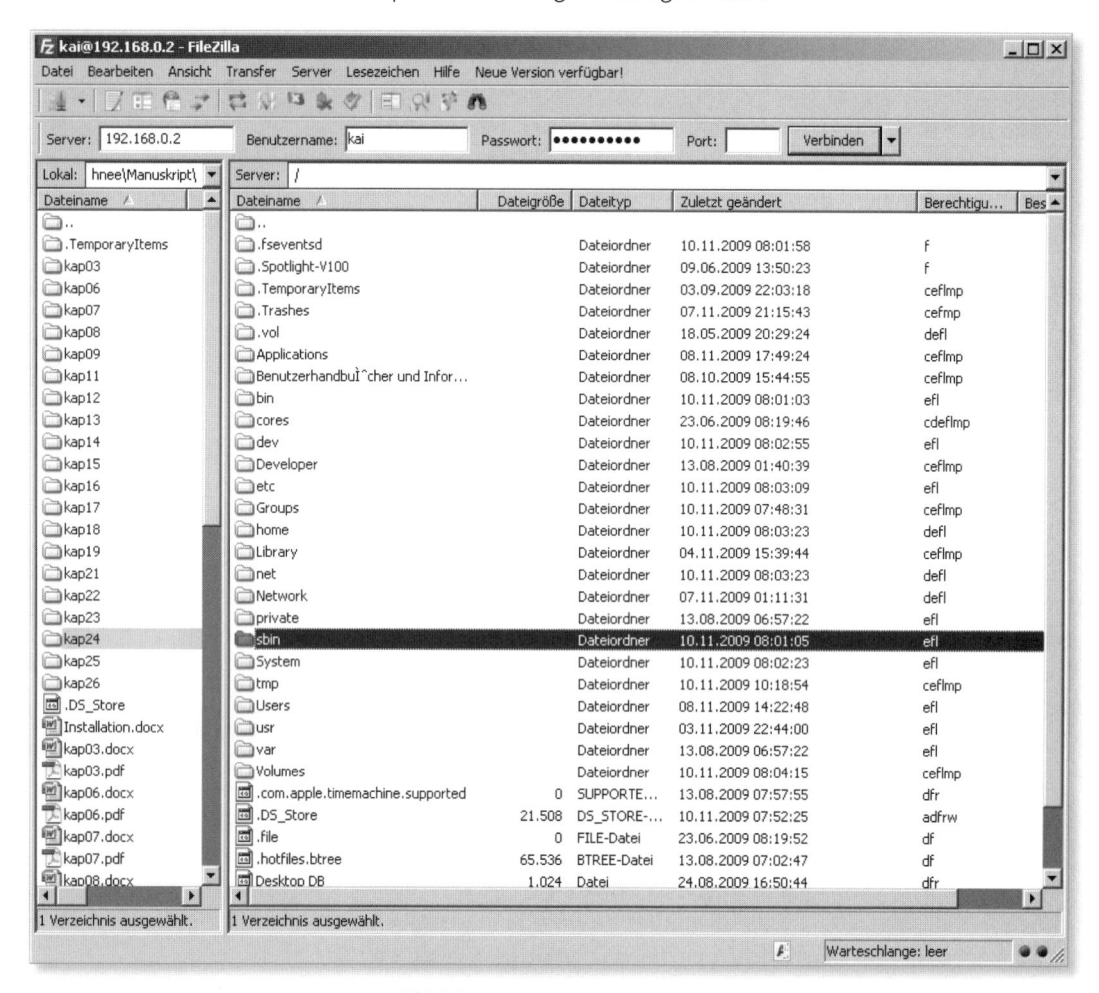

▲ **Abbildung 19.36**
In den Standardeinstellungen stellt der FTP-Server das gesamte Dateisystem (rechts) zur Verfügung.

Benutzer in /etc/ftpusers | Öffnen Sie die Datei mit `sudo nano /etc/ftpusers` im Editor, dann finden Sie dort bereits eine Reihe von Benutzerkonten wie zum Beispiel `root` vor, die keine Anmeldung über FTP vornehmen dürfen. Die Datei wird vom System von oben nach unten interpretiert. Dies bedeutet, dass der FTP-Zugriff dann freigegeben oder verweigert wird, wenn ein passender Eintrag für das Benutzerkonto gefunden wurde. Benutzerkonten, deren Kurzname ohne weitere Anweisungen hier eingetragen wird, wird die Anmeldung über FTP verweigert. Fügen Sie jedoch den Zusatz `allow` hinzu, dann ist die Anmeldung möglich. Ferner können Sie das Sternchen * als Platzhalter für alle Benutzerkonten verwenden.

Mit den beiden Zeilen `kai allow` und * in Abbildung 19.37 wurde dem Benutzerkonto mit dem Kurznamen kai der FTP-Zugriff gestattet, allen anderen Benutzern der FTP-Zugriff jedoch verweigert. Speichern Sie die Datei, und starten Sie den FTP-Server neu, indem Sie die Option DATEIEN UND ORDNER ÜBER FTP BEREITSTELLEN in den Systemeinstellungen erst deaktivieren und dann wieder aktivieren. Die Anmeldung über FTP ist jetzt nur noch einem Benutzerkonto möglich.

> **HINWEIS**
>
> Achten Sie darauf, dass Sie das Sternchen in der letzten Zeile eingeben. Fügen Sie es in der Zeile von `kai allow` an, würde auch diesem Benutzer die Anmeldung verweigert, da ja diese Bestimmung auf ihn auch zutrifft und die Liste von oben nach unten interpretiert wird.

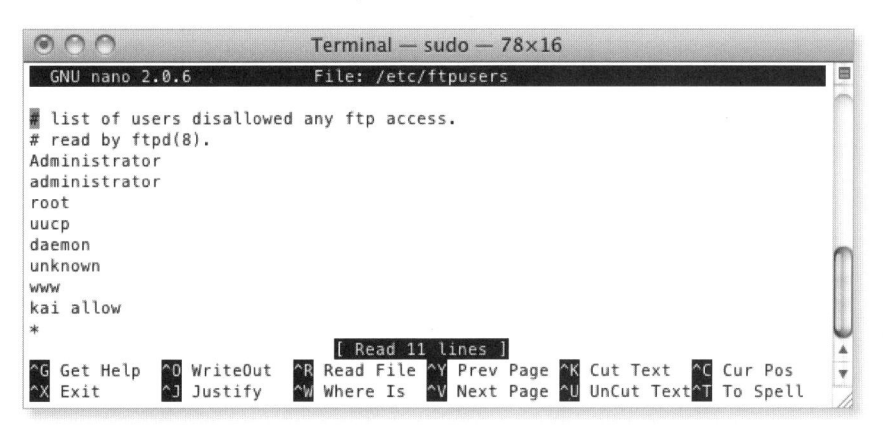

▲ **Abbildung 19.37**
Die Datei /ETC/FTPUSERS ermöglicht die Freigabe oder Sperrung von Benutzerkonten für den FTP-Zugriff.

Reiner FTP-Zugang | In den meisten Fällen werden Sie lediglich ein Verzeichnis für den FTP-Zugriff freigeben wollen und nach Möglichkeit den normalen Benutzerkonten den FTP-Zugriff nicht gestatten. Sie können in drei Schritten einen reinen FTP-Zugang für einen Ordner erstellen, indem Sie ein Benutzerkonto vom Typ NUR FREIGABE nachträglich modifizieren. Erstellen Sie in den Systemeinstellungen in der Ansicht BENUTZER zunächst ein Benutzerkonto vom Typ NUR FREIGABE. Direkt im Anschluss rufen Sie die erweiterten Optionen des Benutzerkontos auf und wählen als ANMELDE-SHELL eine beliebige Shell aus. Bestimmen Sie dann als BENUTZERORDNER den Ordner, der für den FTP-Zugang genutzt werden soll. In Abbildung 19.38 wurde /GROUPS/OFFICE verwendet.

> **HINWEIS**
>
> Achten Sie darauf, dass Sie dem erstellten Benutzerkonto Zugriff auf das als Benutzerordner zugewiesene Verzeichnis im Finder mithilfe der Access Control Lists gewähren. Die Anmeldung schlägt fehl, wenn der Benutzer keinen Zugang zum Ordner hat.

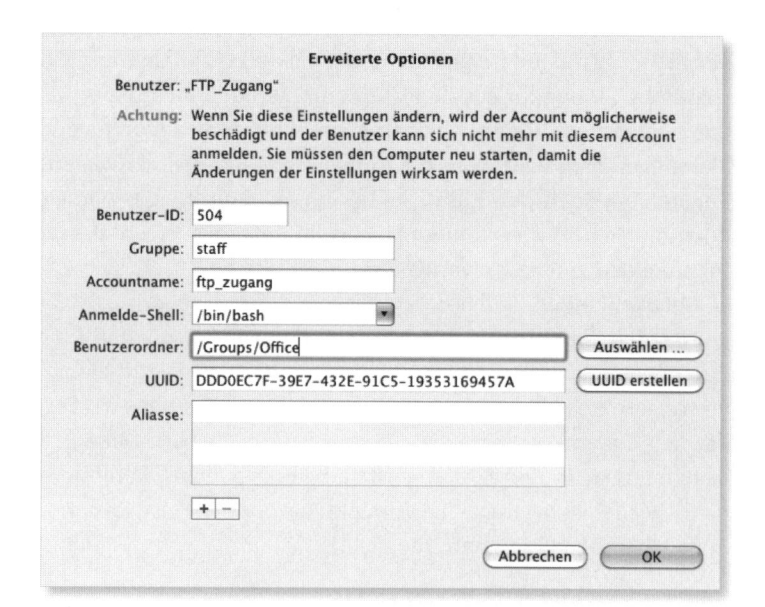

Abbildung 19.38 ▶
Wird einem Benutzerkonto vom Typ Nur Freigabe eine Anmelde-Shell und ein Benutzerordner zugewiesen, kann das Konto für die Anmeldung über FTP genutzt werden.

Um den Zugriff über FTP nur für dieses Benutzerkonto zu ermöglichen, öffnen Sie mit `sudo nano /etc/ftpusers` die Datei FTPUSERS im Editor. Sofern Sie das Sternchen * verwendet haben, um den anderen Benutzern die FTP-Anmeldung zu untersagen, müssen Sie oberhalb des Sternchens noch eine Zeile mit dem Kurznamen des zuvor angelegten Benutzers mit dem Zusatz `allow` hinzufügen. Für das in Abbildung 19.38 dargestellte Benutzerkonto würde die Zeile `ftp_zugang allow` lauten.

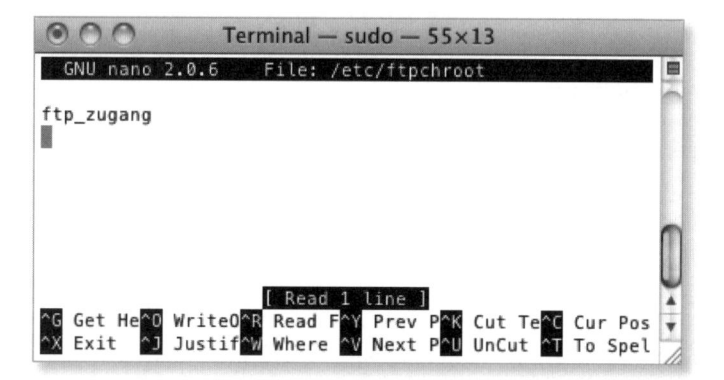

Abbildung 19.39 ▶
Die Datei /etc/ftpchroot legt fest, welche Benutzer nicht in übergeordnete Verzeichnisse wechseln dürfen.

Die Aufgabe der jetzt zu erstellenden Datei /etc/ftpchroot besteht darin, dass die hier eingetragenen Benutzerkonten nur das freigegebene Verzeichnis sehen dürfen. Das höchste Verzeichnis ist immer der persönliche Ordner, und im Falle des zuvor eingerichteten Benutzerkontos ist es das über FTP freizugebende Verzeichnis /Groups/Office. Rufen Sie mit `sudo nano /etc/ftpchroot` den Editor auf, und fügen Sie in einer Zeile den Kurznamen des erstellten Benutzerkontos ein. Wenn Sie nun den FTP-Dienst neu starten, ist die Anmeldung mit dem Benutzerkonto FTP_ZUGANG über FTP an diesem Rechner möglich. Der Zugriff ist hierbei auf das als Benutzerordner festgelegte Verzeichnis dieses Benutzers beschränkt.

Protokolle | Selbstverständlich werden auch die Anmeldevorgänge über den FTP-Server protokolliert. Sie können das Protokoll FTP.LOG im Verzeichnis /VAR/LOG einsehen mit dem Dienstprogramm KONSOLE.

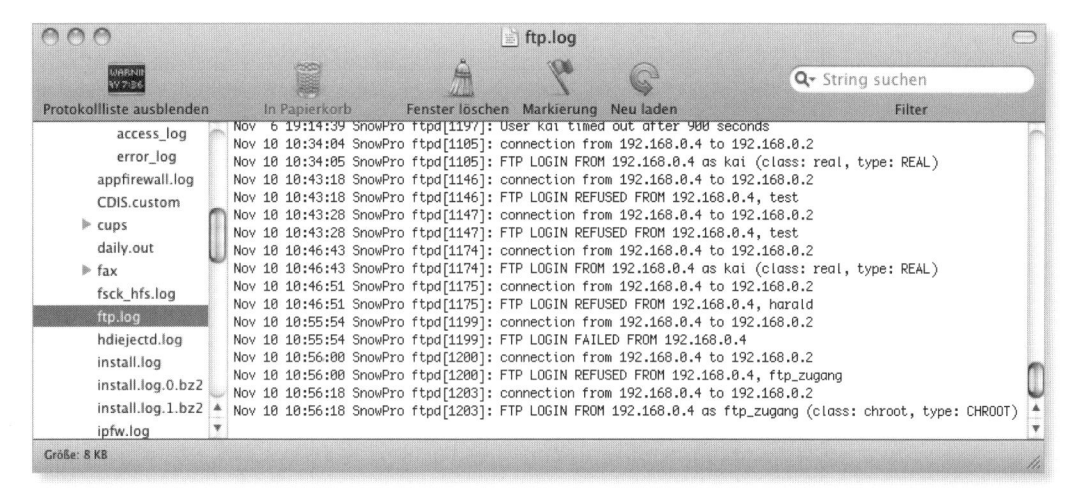

▲ **Abbildung 19.40**
Die Anmeldungen werden im Protokoll FTP.LOG eingetragen.

19.7 Exkurs: Netatalk unter Ubuntu Linux

Das Projekt Netatalk verfolgt erfolgreich und mit viel Engagement das Ziel, das Apple Filing Protocol sowie AppleTalk und die Apple-Druckerfreigaben (Printer Access) anderen Betriebssystemen zur Verfügung zu stellen. Der Quellcode des Projektes ist frei und kann unter *http://netatalk.sourceforge.net* heruntergeladen werden. Darüber hinaus ist Netatalk mittlerweile in den meisten Linux-Distributionen über die dort verwendete Methode der Software-Installation verfügbar und kann so leicht in Ihr bestehendes Linux-System integriert werden.

Version 2.0 | Zur Drucklegung des Buches war die Version 2.0 von Netatalk verfügbar und verbreitet. Sie steht sowohl unter Ubuntu Linux als auch für OpenSUSE zur Verfügung.

Warum Netatalk?
Neben den besseren Möglichkeiten, einen AFP-Server in einem heterogenen Netzwerk (etwa mit Solaris 8) zu realisieren, kann Netatalk auch in einem reinen Macintosh-Netzwerk gute Dienste leisten. Rechner wie der Power-Mac 9600 sind mittlerweile völlig veraltet und für Mac OS X nicht geeignet, können aber als Server im Netzwerk immer noch gute Dienste leisten und die Anschaffung neuer Hardware überflüssig machen. Mit Debian Linux steht zum Beispiel eine Distribution zur Verfügung, die auch auf älterer Mac-Hardware noch lauffähig ist und mit der Sie Kosten sparen.

19.7.1 Netatalk unter Ubuntu installieren

Zur Installation von Netatalk können Sie unter Ubuntu Linux die Synaptic Paketverwaltung nutzen. Wenn Sie dort eine SCHNELL-SUCHE nach Netatalk durchführen, dann finden Sie auch ein Paket NETATALK. Wenn Sie dieses zur Installation vormerken und anschließend die Änderungen ANWENDEN, wird Netatalk installiert und die notwendigen Dienste im Hintergrund umgehend gestartet. Unter Ubuntu 9.10 ist diese Installation von Netatalk auch in der Lage, die Passwörter bei der Kommunikation mit Mac OS X zu verschlüsseln.

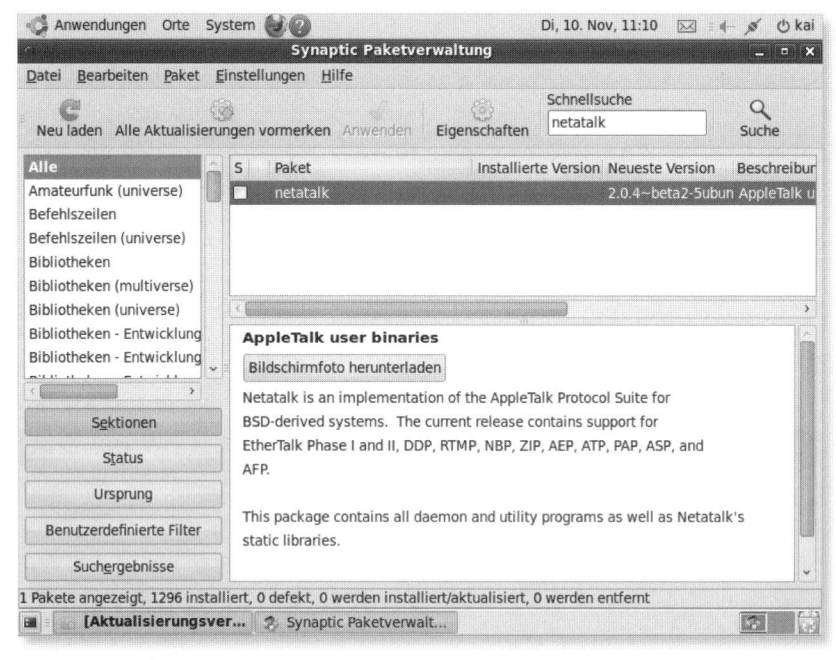

▲ **Abbildung 19.41**
Ubuntu stellt über die Synaptic Paketverwaltung ein fertiges Installationspaket für Netatalk zur Verfügung.

Spezifika von Apple
Bei der Entwicklung von Netatalk wurde Zeit und Energie darauf verwandt, die Spezifika von Apple auf anderen Dateisystemen zu ermöglichen. Sie werden bei der Lektüre der Dokumentation auf einige Konzepte stoßen, mit deren Hilfe die spezifischen Daten wie die Resource Forks nicht verloren gehen. Da Netatalk aber lediglich die AFP-Version 3.1 unterstützt, ist der Einsatz als Backupmedium für die Time Machine nicht angeraten.

19.7.2 Freigaben erstellen

Wurde Netatalk erfolgreich installiert, dann können Sie vom Finder aus mit dem URL afp://IP-Adresse eine direkte Verbindung zu dem Linux-Rechner aufnehmen. In den Standardeinstellungen wurde Netatalk so konfiguriert, dass Sie automatisch in Ihr persönliches Verzeichnis auf dem Linux-Rechner umgeleitet werden. Um eigene Freigaben zum Beispiel auf einem Linux-Rechner zu erstellen, müssen Sie die Datei APPLEVOLUMES.DEFAULT im Verzeichnis /ETC/NETATALK ergänzen. Sie wird vom Dämon `afpd` eingelesen, wenn sich ein Benutzer erfolgreich identifiziert. Sie können sie unter Linux mit `sudo nano /etc/netatalk/AppleVolumes.default` bearbeiten.

```
              kai@ubuntuvirtual: /etc/netatalk          _  □ X
 Datei  Bearbeiten  Ansicht  Terminal  Hilfe
  GNU nano 2.0.9    Datei: /etc/netatalk/AppleVolumes.default

 #                     volume being mounted.
 # nostat           -> don't stat volume path when enumerating volumes list
 # upriv            -> use unix privilege.
 #
 #
 # dbpath:path      -> store the database stuff in the following path.
 # password:password -> set a volume password (8 characters max)
 # cnidscheme:scheme -> set the cnid scheme for the volume, default is [cdb]
 #                     available schemes: [cdb dbd last]
 #
 # By default all users have access to their home directories.
 ~/                    "Home Directory"
 /Freigaben/Backup     "Sicherheitskopien"
 /Freigaben/Designer   "Grafiken"   allow:@grafiker
 /Freigaben/Quelltext  "Sourcecode" allow:kai



 ^G Hilfe      ^O Speichern  ^R Datei öffn ^Y Seite zurü ^K Ausschneid ^C Cursor
 ^X Beenden    ^J Ausrichten ^W Wo ist     ^V Seite vor  ^U Ausschn. r ^T Rechtschr.
```

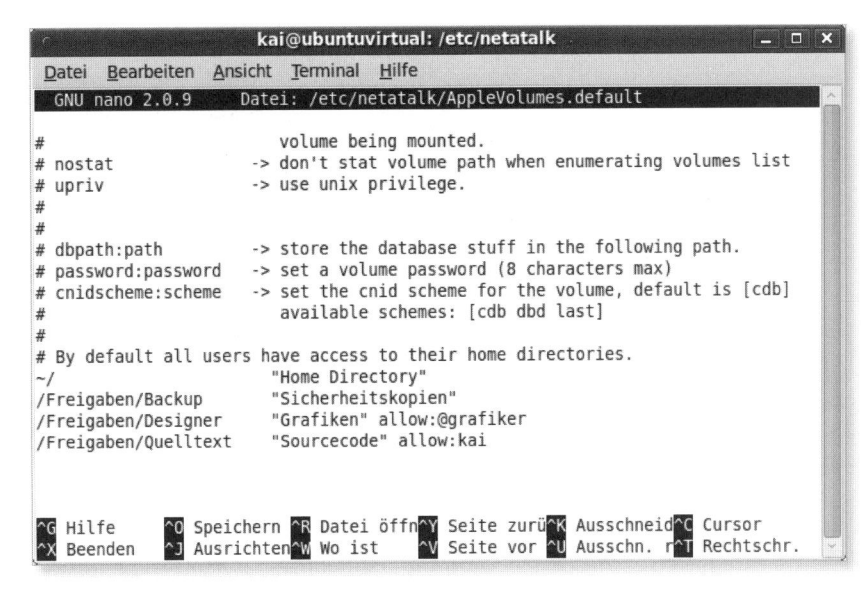

▲ **Abbildung 19.42**
In der Datei APPLEVOLUMES.DEFAULT werden die Freigaben konfiguriert.

In den Standardeinstellungen wird mit der Zeile ~/ "Home Directory" das persönliche Verzeichnis eines Benutzers bei der Anmeldung immer zur Einbindung angeboten. Weitere Freigaben erstellen Sie in einer eigenen Zeile, in der Sie zuerst das freizugebende Verzeichnis (/Freigaben/Backup) vorgeben, dann, durch Leerzeichen getrennt, den anzuzeigenden Namen ("Sicherheitskopien") definieren und gegebenenfalls weitere Optionen vorgeben.

Sie können den Zugriff auf Freigaben recht flexibel verwirklichen. Mit einem Zusatz wie allow:kai wird dem Benutzer kai Zugang gewährt. Möchten Sie dies auch Benutzergruppen erlauben, so müssen Sie dem Namen ein @ voranstellen (allow: @grafiker). Benutzer, die sich anmelden und für die eine Freigabe nicht vorgesehen ist, bekommen diese bei der Auswahl nicht zu Gesicht.

▲ **Abbildung 19.43**
Die Freigaben stehen abhängig von den Zugriffsrechten zur Auswahl.

19.7.3 Netatalk über Bonjour konfigurieren

Wenn Sie nicht immer die IP-Adresse des Linux-Rechners eingeben möchten, dann können Sie auch den Dienst Avahi (siehe Abschnitt 16.2.3) konfigurieren, um den Server über Bonjour zu kommunizieren. Avahi gehört bei Ubuntu zur Standardinstallation. Wenn Avahi nicht installiert wurde, können Sie über die Synaptic Paketverwaltung das Paket AVAHI-DAEMON installieren.

Konfiguration vornehmen | Der Dienst avahid, der für die Kommunikation der zur Verfügung gestellten Dienste zuständig ist, greift auf die Konfigurationsdateien im Verzeichnis /ETC/AVAHI/ SERVICES zurück. Mit der zu erstellenden Datei AFPD.SERVICE wird die Aktivität des Dienstes afpd im Netzwerk kommuniziert. Sie können die Datei mit der Eingabe

```
sudo nano /etc/avahi/services/afpd.service
```

erstellen und den Editor nano starten. Innerhalb der Konfigurationsdatei wird das XML-Format verwendet. Mit den Zeilen

Modell
Wenn Sie im Eintrag model anstelle von MacPro Xserve, Macmini, iMac, Powermac oder iPod angeben, dann wird ein passendes Icon für das angegebene Gerät verwendet.

```xml
<service-group>
<name replace-wildcards="yes">%h</name>
<service>
<type>_afpovertcp._tcp</type>
<port>548</port>
</service>
<service>
<type>_device-info._tcp</type>
<port>0</port>
<txt-record>model=MacPro</txt-record>
</service>
</service-group>
```

werden die Netatalk-Freigaben über Bonjour im Netzwerk kommuniziert. Wenn Sie die Datei gespeichert haben, müssen Sie den Dienst avahid mit der Eingabe sudo /etc/init.d/avahi-daemon restart neu starten. Anschließend erscheint der Linux-Server im Finder in der Ansicht NETZWERK.

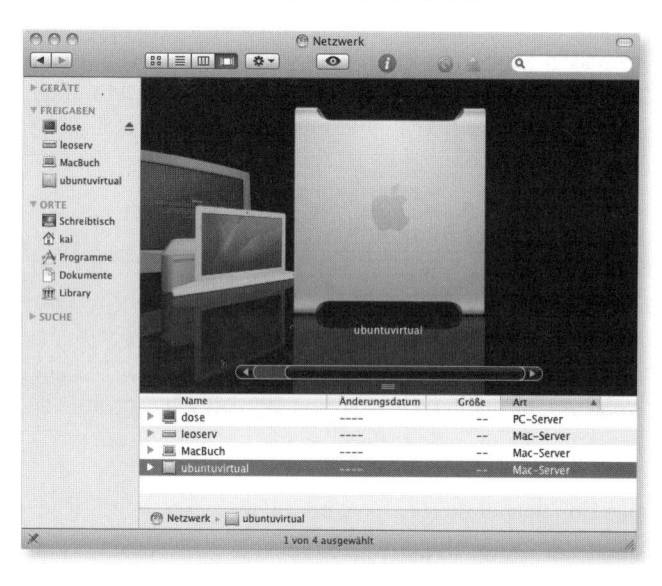

Abbildung 19.44 ▶
Der Ubuntu-Server erscheint als MacPro in der Ansicht Netzwerk.

19.8 AFP-Dienste unter Windows Server

Unter Windows 2000/2003 Server konnten Sie die Services for Macintosh verwenden, um einen AFP-Server für die Macintosh-Rechner in Ihrem Netzwerk zu realisieren. Mittlerweile sind die Services for Macintosh veraltet, und ihre Weiterentwicklung wurde von Microsoft aufgegeben.

Wenn Sie AFP-Dienste auf einem Windows-Server bereitstellen wollen oder dies aufgrund Ihrer Netzwerkstruktur müssen, sollten Sie den Kauf eines Zusatzproduktes wie den Helios File Server, sofern Ihr Budget für diesen ausreicht, oder ExtremeZ-IP von GroupLogic in Erwägung ziehen. Die zusätzlichen Kosten können sich durch einen gesparten Aufwand bei der Administration möglicherweise schnell amortisieren.

ExtremeZ-IP
http://www.grouplogic.com

Helios
http://www.helios.de

X

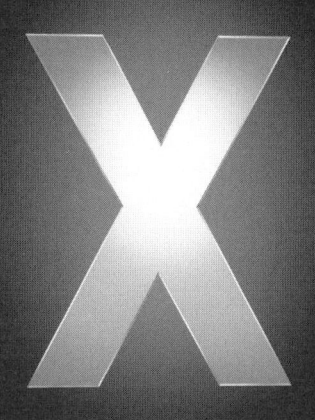

TEIL IV
Drucken, Schriften,
Farbmanagement

20 Drucken

Das papierlose Büro ist wohl nach wie vor Zukunftsmusik, und die Papierberge scheinen der elektronischen Steuererklärung zum Trotz immer mehr zu wachsen. Mac OS X verfügt über ein ausgereiftes Drucksystem, war doch das Layout und die Druckvorstufe lange Zeit eine der Domänen des Macintosh.

Dieses Kapitel hilft Ihnen bei der Einrichtung von Druckern, auch und vor allem im Netzwerk, und möchte Ihnen einige eher verborgene Tipps und Tricks zeigen. Diese reichen von der Feinkonfiguration von CUPS, dem zentralen Bestandteil der Druckarchitektur, über den Druckdialog und die Erstellung von PDF-Dateien bis hin zu einigen nützlichen und weniger offensichtlichen Funktionen des Programms VORSCHAU.

20.1 Der Druckvorgang im Detail

Das Drucksystem von Mac OS X besteht im Wesentlichen aus drei Ebenen. Wenn Sie ein Dokument aus einem Programm drucken, durchläuft es im Hintergrund drei Instanzen, bis es schließlich auf Papier vorliegt.

Drei Instanzen | Zunächst wird das Dokument vom Programm in das Drucksystem befördert. Apple stellt den Entwicklern entsprechende Bibliotheken zur Verfügung, mit denen sie Dateien über die Quartz Engine für den Druck vorbereiten können.

Das Ergebnis ist in der Regel eine PDF-Datei und ein sogenanntes Job Ticket. Die PDF-Datei enthält das eigentliche Dokument, wie es auf dem Bildschirm dargestellt wurde und das auf einem Drucker ausgegeben werden soll. Das Job-Ticket hat die Aufgabe, den Druckauftrag innerhalb des Drucksystems zu identifizieren und Ihnen so den Auftrag zum Beispiel in der Warteschlange des Druckers anzuzeigen.

Quartz und PDF
Die Nutzung von PDF für die Erstellung von auszudruckenden Dateien hat bei Mac OS X eine lange Geschichte. Die für die Darstellung auf dem Bildschirm zuständige Quartz Engine beruht in vielen Punkten auf dem Darstellungsmodell von PDF.

[CUPS]
Das Common UNIX Printing System (siehe Abschnitt 20.5) wurde von Apple erstmals mit Mac OS X 10.2 verwendet. CUPS ist ein erprobtes und ausgereiftes Drucksystem, das sich auch unter Linux einer sehr großen Beliebtheit erfreut. Apple hat den Hersteller von CUPS zwischenzeitlich aufgekauft, sodass die weitere Entwicklung des Systems nun Apple obliegt.

Befehle am Terminal
Seine UNIX-Wurzeln kann und will CUPS nicht verleugnen. Dementsprechend gibt es eine Reihe von Befehlen, mit denen sich Druckaufträge und -dateien am Terminal verwalten lassen.

Warteliste | Die in einer Warteschlange zwischengespeicherte PDF-Datei wird vom Drucksystem über mehrere Hilfsprogramme an den Drucker weitergegeben. Die Verwaltungsinstanz hierbei ist der Dämon `cupsd`, der im Hintergrund über die Druckaufträge und deren Status wacht. Er startet nacheinander mehrere Programme, die die Aufbereitung für den Drucker vornehmen. Zunächst wird ein Filter-Programm angewandt, das die PDF-Datei in ein für den Drucker verständliches Format umwandelt. Hierbei wird entweder PostScript verwendet oder, sofern der Drucker nicht PostScript-fähig ist, ein anderes Format, das meistens von den Druckerherstellern definiert wird.

Druckertreiber | Dann wird der Druckertreiber selbst geladen. Er ist dafür zuständig, den Drucker anzusprechen und den Vorgang des Drucks zu steuern. So gut wie alle Drucker verfügen über spezielle Funktionen, zum Beispiel über einen Sparmodus, und der Treiber ermöglicht deren Nutzung. Zuletzt sorgt ein sogenanntes »backend« dafür, dass die Daten zusammen mit den Anweisungen des Treibers über die Schnittstelle (USB, Ethernet...) an den Drucker gesendet werden.

Der Manager: cupsd | Der Dämon `cupsd` ist der zentrale Bestandteil des Drucksystems. Er übernimmt die Verwaltung der einzelnen Druckaufträge, die er nacheinander an die Unterprogramme und Drucker weitergibt. Ferner gehört es zu seinen Aufgaben, Wartelisten und Drucker zu installieren.

Darüber hinaus arbeitet `cupsd` auch als Webserver, sodass Ihnen unter dem URL *http://127.0.0.1:631* im Browser eine grafische Benutzeroberfläche zur Verfügung steht. Diese ergänzt die Systemsteuerung von Apple und bietet weitergehende Einstellungsmöglichkeiten in Bezug auf die Verwaltung der Drucker.

20.2 Drucker installieren und einrichten

Drucker und, sofern vorhanden, ein Fax-Modem werden in den Systemeinstellungen in der Ansicht DRUCKEN & FAXEN eingerichtet.

20.2.1 Drucker und Treiber einrichten

In der Ansicht DRUCKEN & FAXEN finden Sie links eine Liste der installierten Drucker und Faxgeräte. Einen Drucker hinzufügen können Sie über das Plus-Zeichen unterhalb der Liste. Es erscheint dann ein separates Fenster (siehe Abbildung 20.1), das bis zu fünf verschiedene Ansichten beinhalten kann.

Fünf Ansichten | In der Ansicht STANDARD finden Sie alle Drucker, die vom Drucksystem automatisch gefunden werden können. Hierzu gehören sowohl die Drucker, die direkt an Ihren Rechner angeschlossen oder automatisch über Bonjour im Netzwerk kommuniziert werden. Die Ansicht FAX stellt Ihnen ein angeschlossenes Modem oder ein über Bluetooth erreichbares Mobiltelefon zur Auswahl. In den Ansicht IP und WINDOWS können Sie im Netzwerk verfügbare Drucker einbinden. Schließlich können Sie der Symbolleiste noch die Option ERWEITERT hinzufügen. Sie ermöglicht die Konfiguration eines Druckers über einen URL.

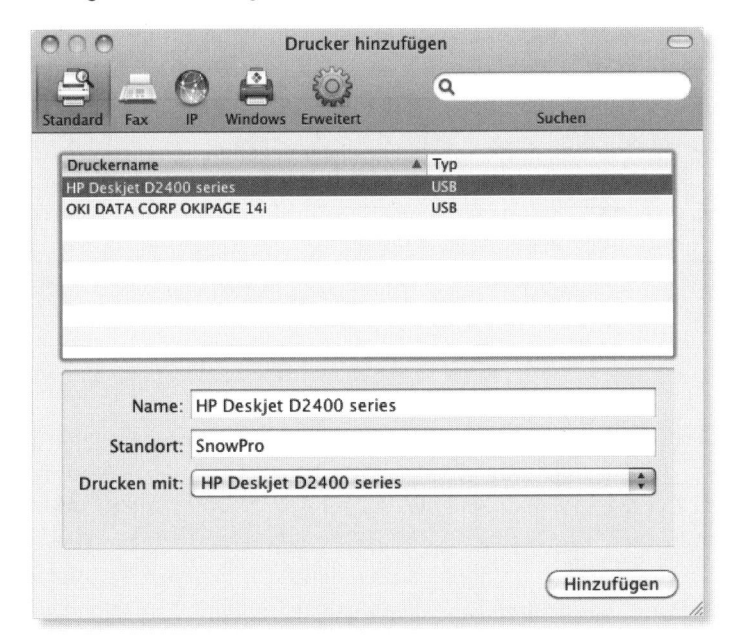

[PostScript]
Die von Mac OS X bevorzugte Methode zur Ansprache von Druckern ist zweifelsohne PostScript. Dabei handelt es sich um eine Beschreibungssprache, die sich in den letzten zwei Jahrzehnten als Standard in der Druckvorstufe etabliert hat. Die Fähigkeiten eines Druckers werden in einer PostScript Printer Description (PPD) deklariert. Nicht alle Modelle unterstützen PostScript; bei vielen preisgünstigeren Druckern werden eigene, proprietäre Treiber verwendet.

◀ **Abbildung 20.1**
Die Ansicht STANDARD listet alle Drucker auf, die automatisch gefunden werden konnten.

Sie können in der Ansicht STANDARD aus dieser Liste ein Modell auswählen, und der Assistent vergibt automatisch einen Namen für das Gerät. Der STANDORT ergibt sich über die Anschlussart. Wenn das Gerät direkt an Ihrem Rechner angeschlossen wurde, dann wird hier der Gerätename Ihres Systems eingefügt.

Netzwerkdrucker und Druckserver | Einen Drucker, der über das Netzwerk mit Ihrem Rechner verbunden ist und über eine eigene Netzwerkkarte sowie über eine IP-Adresse verfügt, können Sie in der Ansicht IP konfigurieren. Sie müssen dort zunächst das passende PROTOKOLL auswählen.

Die Angabe LINE PRINTER DAEMON – LPD dient dazu, einen direkt im Netzwerk zugänglichen Drucker anzusprechen. Sofern es sich um einen Druckserver von Hewlett Packard handelt, wählen Sie das Protokoll HP JETDIRECT – SOCKET aus. Auch gibt es

JetDirect
Das JetDirect-Protokoll ist eine Eigenentwicklung von Hewlett Packard. In einem TCP/IP-Netzwerk kommuniziert es auf Port 9100.

einige Drucker und Server, die über das INTERNET PRINTING PROTOCOL – IPP angesprochen werden. Welches der drei verfügbaren Protokolle verwendet wird, entnehmen Sie der Dokumentation des Druckers oder Servers.

Abbildung 20.2 ▶
Ein Drucker, der über eine Netzwerkkarte verfügt, kann direkt über seine IP-Adresse ❶ angesprochen werden.

Ob eine Warteliste vorgegeben werden muss, ist wiederum vom Typ des Druckers oder Servers abhängig. Bei dem in Abbildung 20.2 verwendeten Drucker OKIPAGE 14I ist die Angabe eine Warteliste nicht notwendig, da er über seine Ethernetkarte direkt mit dem Netzwerk verbunden ist. Bei einem Druckserver, der mehrere Geräte verwaltet, kann die Angabe einer Warteliste hingegen notwendig sein. NAME und STANDORT werden hier nicht automatisch ermittelt, die IP-Adresse als NAME vorgeschlagen.

▲ **Abbildung 20.3**
Der Treiber kann auch eigenhändig ausgewählt werden.

Treiber auswählen | Unter DRUCKEN MIT wählen Sie den Treiber für das Gerät aus. Das System versucht, den Treiber anhand der vom Gerät gelieferten Informationen selbstständig zu ermitteln. Im Ausklappmenü stehen Ihnen drei Optionen zur Verfügung: Mit AUTOMATISCH starten Sie erneut die Erkennung des Geräts. Über die Option ANDERE können Sie eine Datei auswählen, wobei es sich dann in den meisten Fällen um eine PPD-Datei handeln wird.

Die Liste aller Druckertreiber (siehe Abbildung 20.3), die auf Ihrem System installiert wurden, können Sie sich mit der Option DRUCKERSOFTWARE AUSWÄHLEN anzeigen lassen. Die dann eingeblendete Liste enthält alle Druckertreiber, die in den Ordnern /LIBRARY/PRINTERS und /SYSTEM/LIBRARY/PRINTERS installiert wurden, wobei letzterer die von Apple hergestellten Druckermodelle enthält. Mit der Eingabe eines Herstellers oder Typs können Sie die Liste eingrenzen.

Gutenprint | Sofern Sie das entsprechende Paket (siehe Abschnitt A.2) installiert haben, werden Sie in dieser Liste auch eine ganze Reihe von Treibern mit dem Zusatz GUTENPRINT finden. Diese werden von Freiwilligen entwickelt und bieten Unterstützung für Drucker, die sonst nicht mehr angesprochen werden können. Das unter *http://gutenprint.sf.net* im Web vertretene Projekt ist auch unter seinem vormaligen Namen Gimp-Print bekannt.

Download | Einige Hersteller stellen für einige Drucker die Treiber über die Softwareaktualisierung von Mac OS X zur Verfügung. Wenn Sie ein solches Gerät auswählen, dann erhalten Sie eine Rückfrage, ob Sie die Software laden und installieren möchten. Die Installation erfolgt dann direkt über die Softwareaktualisierung, und die Treiber sind anschließend einsatzbereit.

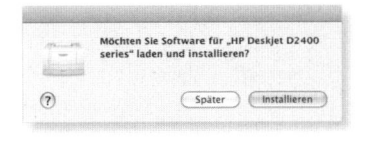

◄ **Abbildung 20.4**
Einige Treiber können direkt über die Softwareaktualisierung installiert werden.

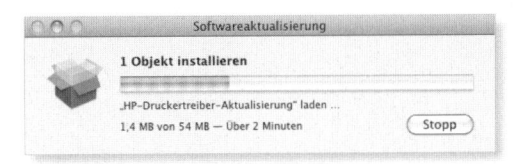

◄ **Abbildung 20.5**
Die Installation erfolgt über die Softwareaktualisierung.

Treiber installieren | Treiber, die weder über die Softwareaktualisierung verfügbar noch auf der Installations-DVD vorhanden sind, werden von den meisten Herstellern mithilfe eines Installationsprogramms eingerichtet. Sie sollten diese Treiber installieren, bevor Sie den Drucker in den Systemeinstellungen hinzufügen. Solche Treiber greifen meist auf eine ganze Reihe von Zusatzprogrammen zurück und werden im Verzeichnis /LIBRARY/ PRINTERS installiert.

> **HINWEIS**
>
> Wenn Sie bei der Installation des Systems nicht alle Druckertreiber installiert haben, können Sie dies auch nachträglich von der Installations-DVD über das Paket OPTIONAL INSTALLS.MPKG im Ordner OPTIONALE INSTALLATIONSPAKETE durchführen.

◄ **Abbildung 20.6**
Neben dem eigentlichen Druckertreiber werden von vielen Herstellern noch weitere Zusatzprogramme installiert.

20.2 Drucker installieren und einrichten | **587**

PPD prüfen

Eine PPD-Datei können Sie testen, indem Sie den Befehl `cupstestppd` gefolgt vom Dateinamen verwenden. Die Eingabe `cupstestppd Okipage.ppd` prüft die angegebene Datei und gibt sowohl Warnungen als auch Fehler aus. Entscheidend ist die Angabe `PASS`, die die Funktionstüchtigkeit der PPD signalisiert.

PostScript Printer Descriptions | Die Arbeit mit PostScript-Druckern ist in Bezug auf die Treiber deutlich weniger problematisch. Bei solchen Druckern werden deren Fähigkeiten in einer Textdatei mit dem Suffix .PPD (PostScript Printer Description) definiert. Diese können Sie im Ausklappmenü DRUCKEN MIT über die Option ANDERE direkt auswählen. Die in der Datei enthaltenen Informationen über das Gerät werden anschließend ausgewertet und die Datei in das Verzeichnis /ETC/CUPS/PPD kopiert. Der Drucker steht Ihnen anschließend mit den in der Datei beschriebenen Fähigkeiten zur Verfügung. Wenn Sie für Ihren Drucker keine gesonderte Datei zur Hand haben, dann können Sie auch den Treiber ALLGEMEINER POSTSCRIPT-DRUCKER verwenden.

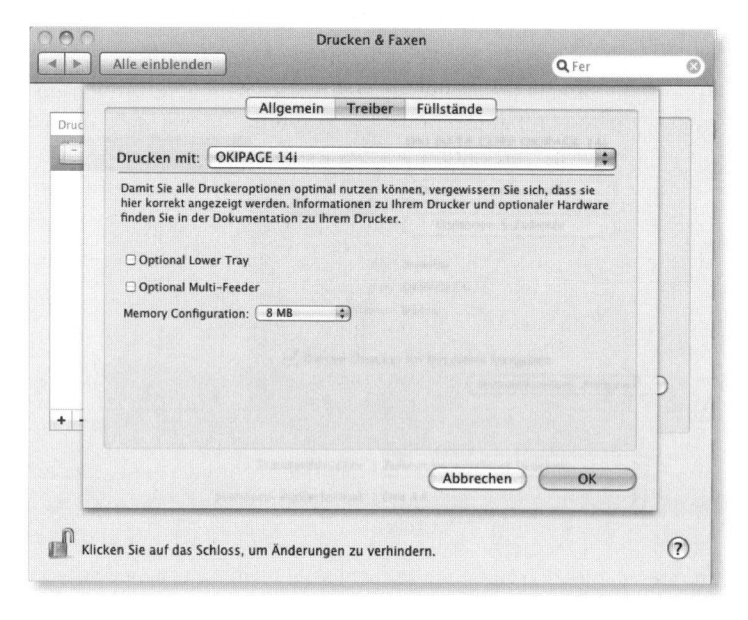

Abbildung 20.7 ▶
Über die .PPD-Datei stehen gerätespezifische Funktionen zur Verfügung.

▲ **Abbildung 20.8**
Ein DRUCKER-POOL wird in der Übersicht durch ein Icon mit mehreren Druckern repräsentiert.

20.2.2 Installierte Drucker verwalten

Haben Sie einen Treiber ausgewählt und den Drucker über HINZUFÜGEN installiert, dann erscheint er in der Liste und wird zumeist mit einem passenden Icon versehen. Letzteres wird auch manchmal über den installierten Treiber des Herstellers mitgeliefert.

Drucker in einem Pool | Die Warteschlangen der eingerichteten Drucker werden Ihnen in den Systemeinstellungen in der Liste links angezeigt. Wählen Sie dort mehrere Drucker mit gedrückt gehaltener Taste ⇧ aus, und fassen Sie sie in einem DRUCKER-POOL zusammen. Druckaufträge, die Sie an einen Pool schicken, werden von dem ersten freien Gerät ausgedruckt. Mithilfe eines solchen Drucker-Pools lässt sich bei hohem Druckaufkommen die Wartezeit bis zum Ausdruck reduzieren.

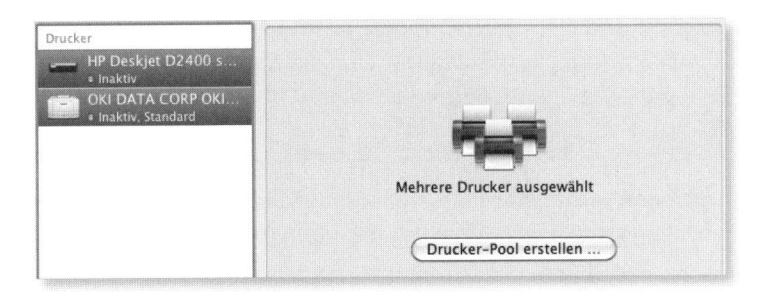

◄ **Abbildung 20.9**
Wurden mehrere Drucker ausgewählt, können sie in einem Drucker-Pool zusammengefasst werden.

Schreibtischdrucker | Die Warteschlange eines Druckers listet die Aufträge auf, die das Gerät auszugeben hat. Zugriff auf die Warteschlange haben Sie in den Systemeinstellungen, indem Sie einen Drucker auswählen und über die Schaltfläche die Drucker-Warteliste öffnen. Es erscheint dann als eigenständiges Programm die Warteliste, in der Sie (siehe Abschnitt 20.3.2) die Aufträge anhalten und auch abbrechen können. Gespeichert werden diese Proxies im Verzeichnis ~/Library/Printers.

Wenn Sie direkten Zugriff auf die Wartelisten haben möchten, können Sie einerseits ein Alias der Datei aus ~/Library/Printers erzeugen und auf den Schreibtisch bewegen. Einfacher ist es, wenn Sie einen Drucker aus der Liste in den Systemeinstellungen einfach auf den Schreibtisch ziehen.

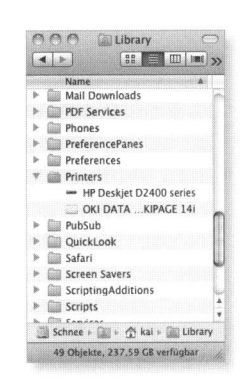

▲ **Abbildung 20.10**
Die Wartelisten der Drucker werden in der Library gespeichert.

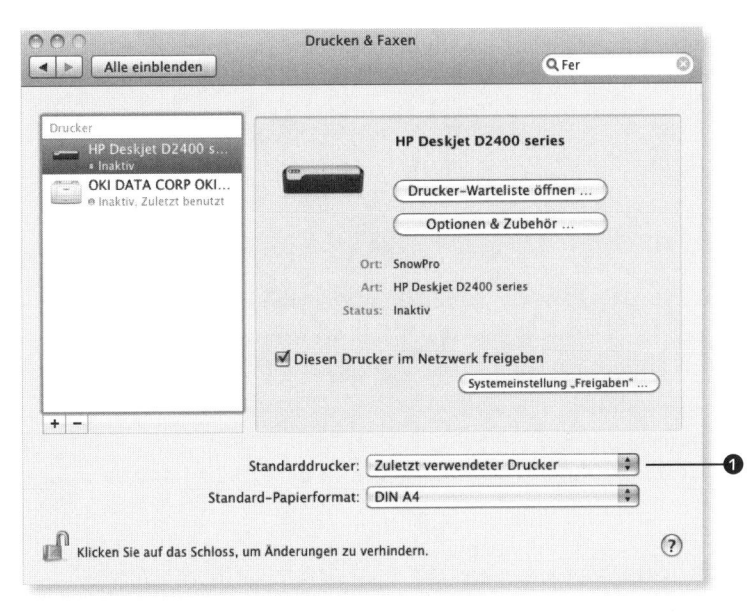

◄ **Abbildung 20.11**
Als Standarddrucker kann auch der zuletzt verwendete Drucker ausgewählt werden.

Standarddrucker | Haben Sie mehrere Drucker installiert, dann können Sie einen davon im Ausklappmenü am unteren Rand als Standarddrucker ❶ festlegen. Möchten Sie ein Dokument ausdrucken, wird dieser Drucker immer zuerst ausgewählt. Es ist auch

20.2 Drucker installieren und einrichten | **589**

möglich, dass Sie mit der Option Zuletzt verwendeter Drucker immer das Gerät auswählen, auf dem Sie zuletzt gedruckt haben. Sie können in diesem Bereich auch das Standard-Papierformat festlegen.

Optionen & Zubehör | Über die Schaltfläche Optionen & Zubehör können Sie ein Panel mit bis zu vier Reitern ausklappen. In der Ansicht Allgemein können Sie nachträglich den Namen und Standort ändern. In der Ansicht Treiber können Sie den zu verwendenden Treiber ändern und abhängig vom Gerät weitere Einstellungen vornehmen. Bei dem in Abbildung 20.12 gezeigten Drucker wird in der Ansicht Füllstände der aktuelle Status der Tintenpatronen anzeigen. Die Ansicht Sonstiges ist nicht bei allen Modellen verfügbar und abhängig vom Treiber. Bei dem in Abbildung 20.12 gezeigten Gerät von Hewlett Packard können Sie ein eigenes Dienstprogramm starten, das unter anderem die Reinigung der Druckköpfe ermöglicht.

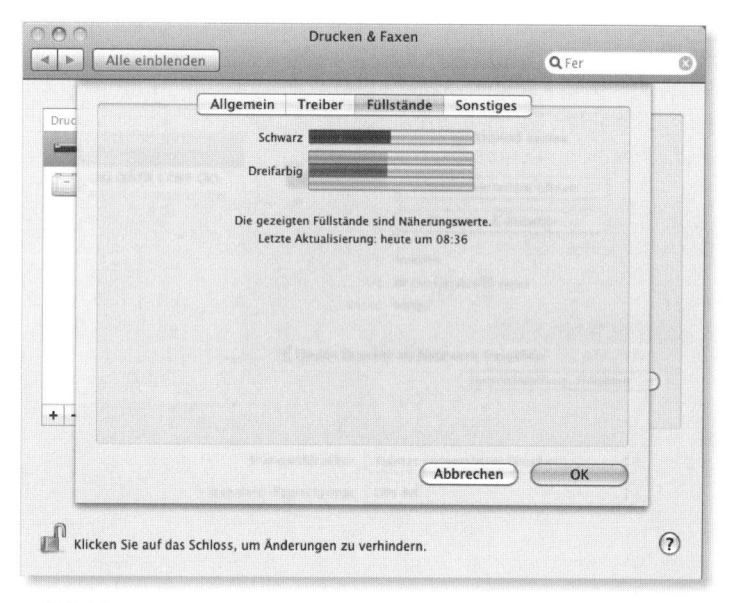

▲ **Abbildung 20.12**
In der Warteliste einiger Drucker lassen sich die Füllstände der Patronen einsehen.

Drucksystem zurücksetzen | Rufen Sie das Kontextmenü über einem Drucker auf, können Sie diesen entweder als Standarddrucker festlegen oder aber das Drucksystem zurücksetzen. Wenn Sie das System zurücksetzen, werden alle installierten Drucker und Wartelisten gelöscht und auch andere Änderungen, die Sie über den Browser (siehe Abschnitt 20.5) vorgenommen haben, rückgängig gemacht. Das Drucksystem befindet sich dann quasi im Zustand direkt nach der Installation.

Das Zurücksetzen kann notwendig werden, wenn Sie beim Drucken auf Probleme stoßen, die sich durch das Löschen einzelner Drucker oder Aufträge nicht mehr lösen lassen. Beim Zurücksetzen werden auch die Zugriffsrechte im Verzeichnis /TMP überprüft. Hier kann es manchmal zu Problemen kommen, da während des Druckvorgangs das System hier Dateien zwischenlagert.

▲ **Abbildung 20.13**
Über das Kontextmenü kann das Drucksystem komplett zurückgesetzt werden.

20.3 Dokumente ausgeben

Mac OS X bietet Ihnen für die Ausgabe von Dokumenten auf den zuvor eingerichteten Druckern eine Vielzahl von Optionen und Einstellungsmöglichkeiten. Darüber hinaus gilt es, die Wartelisten der Drucker zu überwachen, um Aufträge gegebenenfalls abzubrechen. Mac OS X unterstützt ferner von Haus aus die Erstellung von PDF-Dateien über einen kleinen Zusatzdialog.

20.3.1 Details im Druckdialog

Wenn Sie in einem Programm über den Menüpunkt ABLAGE • DRUCKEN (⌘ + P) ein Dokument ausgeben, erscheint der Dialog aus Abbildung 20.14. Bei den meisten Programmen finden Sie hier links eine Vorschau des zu erwartenden Druckergebnisses, und Sie können mit den Pfeilen unterhalb der Vorschau ❶ durch die Seiten blättern.

Papierformat
In vielen Programmen können Sie über den Menüpunkt ABLAGE • PAPIERFORMAT die Seitengröße festlegen, die dann auch für den Ausdruck verwendet wird. Der Menüpunkt bietet Ihnen auch die Möglichkeit, eigene Formate zu erstellen.

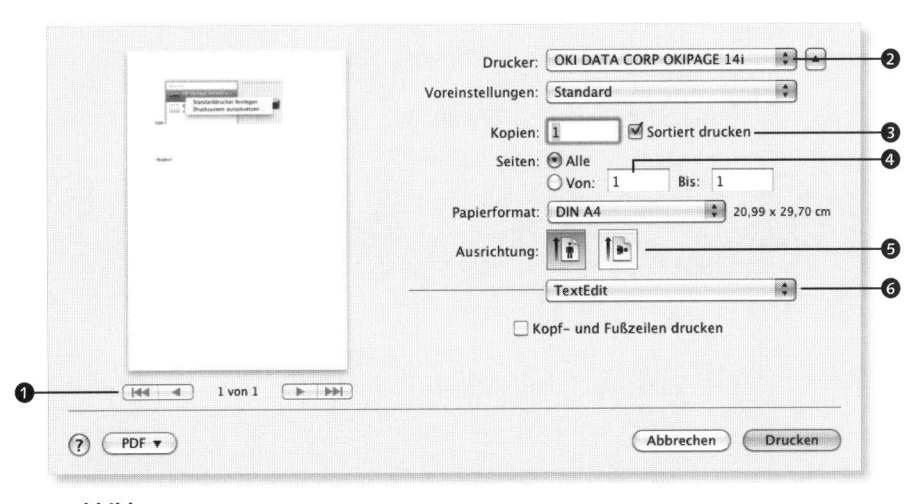

▲ **Abbildung 20.14**
Der Druckdialog vieler Programme enthält eine kleine Vorschau des Druckergebnisses.

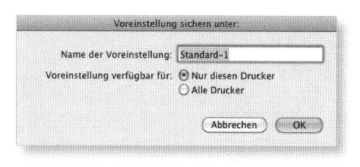

▲ **Abbildung 20.15**
Die getroffenen Voreinstellungen für den Ausdruck können auch gesichert werden, um sie später erneut aufzurufen.

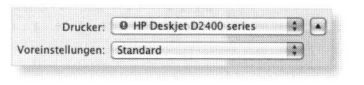

▲ **Abbildung 20.16**
Ein angehaltener Drucker wird mit einem Ausrufezeichen angezeigt.

▲ **Abbildung 20.17**
Mac OS X bietet bis zu sechs Einstellungsmöglichkeiten für den Ausdruck.

Im Ausklappmenü oben rechts ❷ können Sie einen der installieren Drucker auswählen oder einen neuen Drucker HINZUFÜGEN. Über KOPIEN ❸ können Sie vorgeben, wie oft Sie das Dokument ausgeben möchten. Deaktivieren Sie hier die Option SORTIERT DRUCKEN, dann werden die Seiten hintereinander mehrfach ausgegeben. Haben Sie die Option aktiviert, wird bei mehreren Kopien das Dokument von der ersten bis zur letzten Seite ausgegeben und dann das zweite Dokument von der ersten bis zur letzten Seite.

Die Vorgaben unter SEITEN ❹ beschränken den Ausdruck auf die angegebenen Seiten. Die Vorgaben zum Papierformat und zur Ausrichtung ❺ sind selbsterklärend, wobei Sie mit der Angabe der GRÖSSE auch Werte über 100 % eingeben können. Das Dokument wird dann dementsprechend vergrößert und auf mehreren Seiten verteilt.

Etwas unscheinbar ist das Ausklappmenü unten ❻, in Abbildung 20.14 mit TEXTEDIT beschriftet. Hier verbergen sich die meisten relevanten Einstellungen für den Ausdruck. Zunächst ermöglichen es viele Programme, Einstellungen für den Ausdruck vorzugeben. Bei TextEdit können Sie die Kopf- sowie Fußzeilen ebenfalls ausgeben.

Layout | In der Ansicht LAYOUT können Sie festlegen, wie viele Seiten auf ein Blatt gedruckt werden sollen. Diese Funktion ist nützlich, um sich bei einem umfangreichen Dokument schnell einen Überblick über die Gestaltung zu verschaffen und dabei Papier zu sparen. Mac OS X ist in der Lage, bis zu 16 Seiten auf einem Blatt zusammenzufassen. Wie diese verteilt werden sollen, können Sie mit der SEITENFOLGE vorgeben. Die Option BEIDSEITIG ist nur verfügbar, wenn der Drucker einen beidseitigen Ausdruck unterstützt. Ferner können Sie auch die SEITENAUSRICHTUNG UMKEHREN sowie die Ausgabe HORIZONTAL SPIEGELN.

Abbildung 20.18 ▶
Die Ansicht LAYOUT ermöglicht es, mehrere Seiten auf einem Blatt verkleinert auszugeben.

Farbanpassung | Wenn Sie Ihr System für einen farbkalibrierten Ausdruck eingerichtet haben, können Sie in der Ansicht FARBANPASSUNG für den Drucker ein ColorSync-Profil auswählen. Die Option DRUCKER-SPEZIFISCH ermöglicht es, bei einigen Geräten auf die integrierte Farbverwaltung zurückzugreifen.

Papierhandhabung | In dieser Ansicht können Sie unter ZU DRUCKENDE SEITEN die Ausgabe auf gerade oder ungerade Seiten beschränken. Die Einstellung PAPIERFORMAT DES ZIELS ermöglicht es Ihnen, den Ausdruck für eine andere Papiergröße vorzunehmen, wenn Sie die Option AN PAPIERFORMAT ANPASSEN aktivieren. Wählen Sie hier das Papierformat DIN A5, erfolgt auf einem DIN-A4-Blatt ein Ausdruck im Format A5. Im Menü SEITENFOLGE können Sie diese auch UMKEHREN. Dies kann bei Druckern, bei denen das erste Blatt zuunterst liegt, hilfreich sein, um das Dokument gleich in der richtigen Reihenfolge auszudrucken.

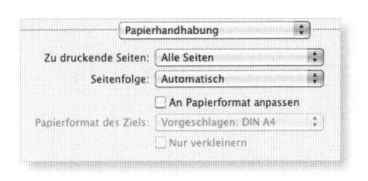

▲ **Abbildung 20.19**
In der Ansicht PAPIERHANDHABUNG kann die SEITENFOLGE umgekehrt werden.

Papiereinzug | Diese Option steht Ihnen nur bei Geräten zur Verfügung, die über mehr als einen Papierschacht verfügen. Geben Sie hier vor, aus welcher Kassette das Papier verwendet werden soll. Die Option ERSTE SEITE VON ist hilfreich, um zum Beispiel ein farbiges Deckblatt aus dem manuellen Einzug zu verwenden und die restlichen Seiten auf normalem Papier aus einer Kassette zu drucken.

Deckblatt | Vor oder nach dem eigentlichen Dokument können Sie auch ein Deckblatt ausdrucken. CUPS bringt sechs eigene englischsprachige Deckblätter mit, die Sie auch um eigene ergänzen können (siehe Abschnitt 20.5.3). Als RECHNUNGSINFOS können Sie einen Text eingeben, der ebenfalls in das Deckblatt gedruckt wird.

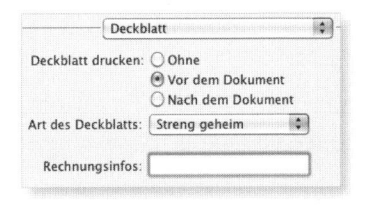

▲ **Abbildung 20.20**
RECHNUNGSINFOS können dem Deckblatt hinzugefügt werden.

Zeitplan | Zuletzt ermöglicht es Ihnen Mac OS X auch, das Dokument zu einem späteren Zeitpunkt zu drucken und mit einer PRIORITÄT zu versehen. Die Verwendung eines Zeitplans kann in größeren Netzwerken nützlich sein, um weniger dringende Dokumente zu einem späteren Zeitpunkt auszugeben. Wenn Sie hier die Option ANGEHALTEN auswählen, wird das Dokument in die Warteliste des Druckers gestellt. Sie müssen es dann über den nachfolgend beschriebenen Drucker-Proxy fortsetzen.

▲ **Abbildung 20.21**
Dokumente können zu einem gewählten Zeitpunkt ausgegeben werden.

Zusammenfassung | In der Ansicht ZUSAMMENFASSUNG erhalten Sie eine Übersicht über alle gewählten Optionen für den Druckauftrag. Sie ist insbesondere bei teuren Verbrauchsmaterialien hilfreich, um der Verschwendung von Tinte, Toner und Papier vorzubeugen.

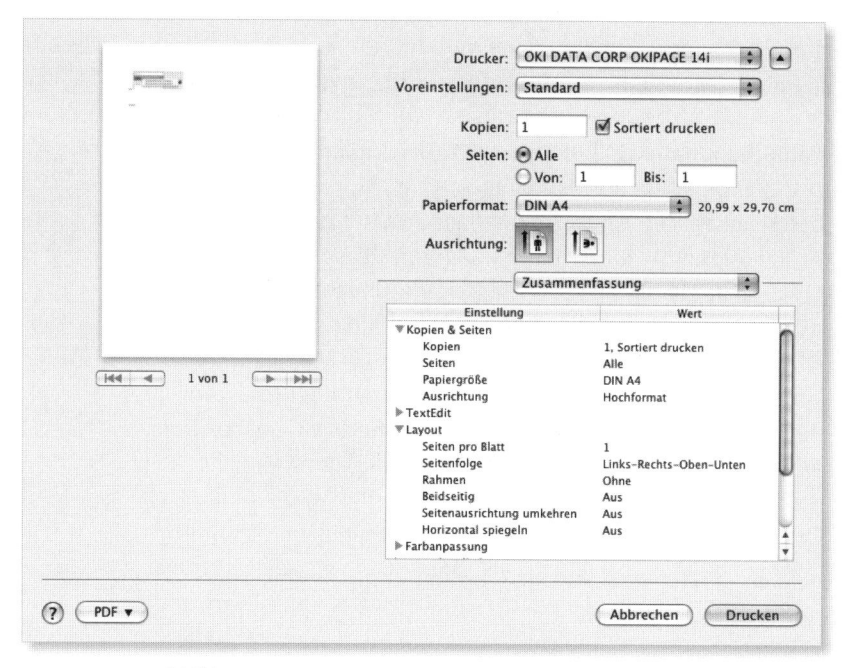

Abbildung 20.22
Vor dem Druck kann eine ZUSAMMENFASSUNG der ausgewählten Option eingesehen werden.

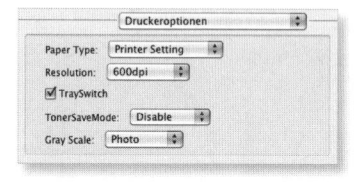

Abbildung 20.23
Abhängig vom Druckertreiber stehen weitere Optionen für Papier, Qualität und Toner zur Verfügung.

Druckereinstellungen | Schließlich finden Sie im Ausklappmenü zwischen dem Punkt ZUSAMMENFASSUNG und den vorhergehenden noch einige Einstellungen, die vom Drucker und seinem Treiber abhängen. Bei dem in Abbildung 20.24 ausgewählten Laserdrucker von OKI kann beispielsweise ein TONERSPARBETRIEB aktiviert werden. Bei vielen Tintenstrahldruckern können Sie hier auch die Papiersorte wie zum Beispiel NORMALPAPIER oder FOTOPAPIER auswählen.

20.3.2 Wartelisten überblicken und kontrollieren

Mac OS X verwaltet die Aufträge der Drucker in Wartelisten. Zugang zu den Wartelisten erhalten Sie durch die sogenannten Drucker-Proxies, die im Verzeichnis ~/LIBRARY/PRINTERS gespeichert werden. Geben Sie ein Dokument auf einem Drucker aus, dann erscheint ein solcher Proxy im Dock. Wenn Druckaufträge vorliegen, dann wird Ihnen deren Anzahl im Dock angezeigt. Ein angehaltener Drucker wird mit einer grünen Pausentaste signalisiert und sofern ein direkt angeschlossener Drucker ausgeschaltet wurde, wird dies mit einem gelben Symbol angezeigt.

Mit einem Klick auf das Icon im Dock erscheint ein Fenster mit der Warteliste des Druckers und den aktuell zu bearbeitenden Druckaufträgen. Sie können die Aufträge auswählen und sie dann Löschen oder Stoppen und angehaltene wieder Fortsetzen.

Halten Sie die Taste ⌥ gedrückt, können Sie den Ausdruck auf einer beliebigen Seite fortsetzen. Diese Funktion ist hilfreich, wenn beispielsweise eine Seite bereits gedruckt wurde, der Ausdruck aufgrund eines Papierstaus aber nicht brauchbar ist. In den Standardeinstellungen werden Ihnen nur die Aufträge angezeigt, die gerade gedruckt werden oder noch nicht ausgegeben wurden. Über den Menüpunkt Aufträge • Abgeschlossene Aufträge zeigen werden auch die Aufträge aufgelistet, die bereits ausgegeben wurden. In den Standardeinstellungen werden Ihnen nur die Druckaufträge angezeigt, die von Ihrem Benutzerkonto veranlasst wurden. Mit dem Menüpunkt Aufträge • Alle Aufträge einblenden können Sie sich auch die Aufträge anderer Benutzer anzeigen lassen. Abschalten können Sie dies über den nun verfügbaren Menüpunkt Aufträge • Meine Aufträge einblenden.

Konfiguration und Füllstände
Abhängig vom gewählten Drucker und Treiber finden Sie hier die Konfigurationen und Informationen des Druckers, die Sie sonst in den Systemeinstellungen vornehmen beziehungsweise einsehen.

▲ Abbildung 20.24
Der Druck kann auch auf einer beliebigen Seite fortgesetzt werden.

Automatisch beenden | Der Drucker-Proxy verbleibt auch nach Abschluss des letzten Auftrages aktiv. Wenn Sie ihn Automatisch beenden möchten, wählen Sie die gleichnamige Funktion aus dem Kontextmenü aus.

Im Drucker-Proxy können Sie den zugehörigen Drucker über den gleichnamigen Menüpunkt Als Standard verwenden, eine Testseite drucken und den Drucker anhalten. Über den Menüpunkt Drucker • Protokoll und Verlauf starten Sie das Dienstprogramm Konsole und gelangen direkt zu den Protokollen von CUPS.

▲ Abbildung 20.25
Über die Option Automatisch beenden verschwindet der Drucker-Proxy nach Beendigung des Auftrags aus dem Dock.

Aufträge verschieben | Stehen Ihnen mehrere Drucker zur Verfügung, dann können Sie angehaltene Aufträge auch zwischen

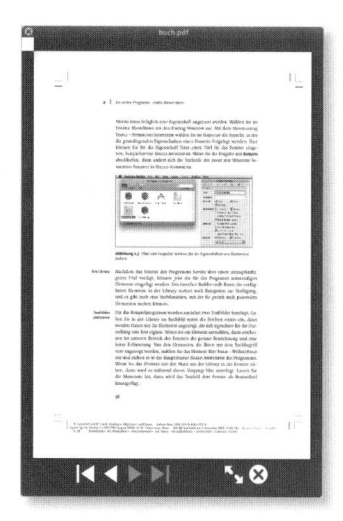

Abbildung 20.26
Eine Vorschau des Auftrags kann aus der Warteschlange aufgerufen werden.

Abbildung 20.27 ▶
Die AUFTRAGSINFORMATIONEN geben die Optionen wieder.

den Geräten verschieben. Öffnen Sie hierzu beide Wartelisten, und ziehen Sie den angehaltenen Auftrag vom Fenster des einen Druckers in die Warteliste des anderen.

Sie können die Wartelisten der Drucker auch über den Browser (siehe Abschnitt 20.5) verwalten, indem Sie den Namen eines Druckers anklicken. So gelangen Sie zu dessen Warteliste und finden dort alle aktuell anliegenden Druckaufträge. Auch hier können Sie über die Schaltflächen ALLE AUFTRÄGE VERSCHIEBEN beziehungsweise AUFTRAG VERSCHIEBEN Dokumente zwischen Druckern austauschen.

Auftrag anzeigen | In der Liste der Aufträge finden Sie links neben der Spalte STATUS in jeder Zeile einen kleinen Pfeil. Wenn Sie diesen anklicken, dann wird die in der Warteschlange befindliche PDF-Datei (siehe Abschnitt 20.1) in einem Fenster geöffnet. Sie können hier die Datei durchblättern und das Fenster schließen, während sich der Auftrag weiterhin in Bearbeitung befindet.

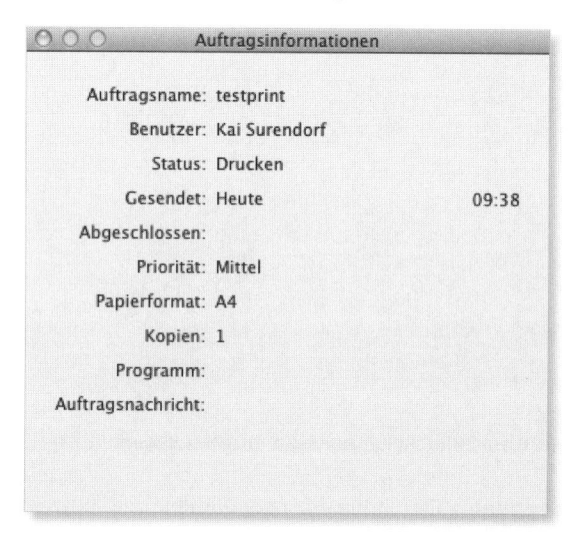

Auftragsinformationen | Haben Sie einen Auftrag ausgewählt, dann können Sie über die Schaltfläche AUFTRAGSINFORMATIONEN oder die Tastenkombination ⌘ + I eine Palette aufrufen. Diese zeigt Ihnen für den jeweils ausgewählten Auftrag den auftraggebenden Benutzer sowie die weiteren Optionen an, die Sie über die zuvor beschriebenen Einstellungen vorgenommen haben.

Drucker anhalten | Über die Schaltfläche DRUCKER ANHALTEN können Sie die Ausgabe von Aufträgen unterbrechen. Die vorhandenen Aufträge werden nicht gelöscht, sondern ausgeführt, sobald Sie das DRUCKEN FORTSETZEN. Wenn Sie einen Drucker angehalten haben und diesem einen neuen Auftrag erteilen, dann erscheint ein Dialog, in dem Sie den Auftrag der Warteliste hinzufügen können. Mit der Schaltfläche FORTSETZEN wird die Warteschlange wieder abgearbeitet.

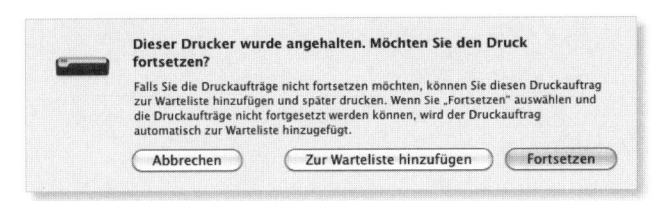

◄ **Abbildung 20.28**
Einem angehaltenen Drucker können neue Aufträge zugewiesen werden.

20.3.3 PDF-Dateien erstellen

Mac OS X hat schon seit jeher eine große Affinität zu PostScript und PDF. Dementsprechend finden Sie im Druckmenü unten links ein Ausklappmenü namens PDF, das Ihnen die Möglichkeit bietet, anstelle eines Ausdrucks eine PDF- oder PostScript-Datei zu erzeugen.

Automator und AppleScript
Sie können eigene PDF Services im Automator erstellen, indem Sie einen Arbeitsablauf basierend auf der entsprechenden Vorlage (siehe Abschnitt 23.6.3) erstellen. Möchten Sie die PDF-Datei mit einem AppleScript weiterverarbeiten, können Sie hier ein Droplet (siehe Abschnitt 24.10.2) einsetzen.

PSNormalizer | Apple verwendet für die Erstellung von PDF-Dateien einen von Adobe lizenzierten Distiller, der sich im Verzeichnis /SYSTEM/LIBRARY/PRIVATEFRAMEWORKS/PSNORMALIZER.FRAMEWORK befindet. Dieser Distiller entspricht in seinem Funktionsumfang nicht ganz dem normalen Produkt von Adobe, was in der Druckvorstufe immer wieder mal zu Problemen führen kann.

PDF Services | Das Menü enthält drei Abschnitte. Die ersten vier Einträge stellt Ihnen das Betriebssystem selbst zur Verfügung. Die folgenden vier Einträge bestehen aus vier Automator-Arbeitsabläufen, die im Verzeichnis /LIBRARY/PDF SERVICES gespeichert wurden. Sie können dieses Menü um eigene Abläufe und auch AppleScripts ergänzen, indem Sie diese in den Ordner /LIBRARY/PDF SERVICES für alle eingerichteten Benutzer oder ~/LIBRARY/PDF SERVICES für das eigene Benutzerkonto kopieren. Sie können über MENÜ BEARBEITEN den Inhalt des Menüs verwalten. Beachten Sie hierbei, dass etwaige Arbeitsabläufe, die Sie selbst erstellt haben, gegebenenfalls ohne Rückfrage gelöscht werden können.

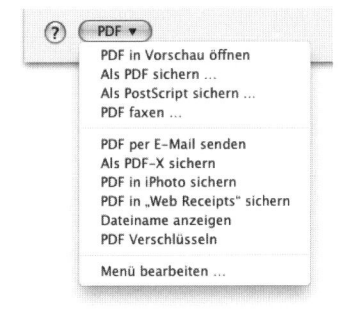

▲ **Abbildung 20.29**
Über das Untermenü PDF kann anstelle eines Ausdrucks eine PDF-Datei erzeugt werden.

PDF sichern | Wenn Sie ein Dokument ALS PDF SICHERN, erscheint der Dialog aus Abbildung 20.32. Hier können Sie neben dem TITEL und dem AUTOR auch noch einen BETREFF und mehrere SCHLAGWÖRTER eingeben. Letztere werden auch von Spotlight indiziert und bei einer Suche berücksichtigt.

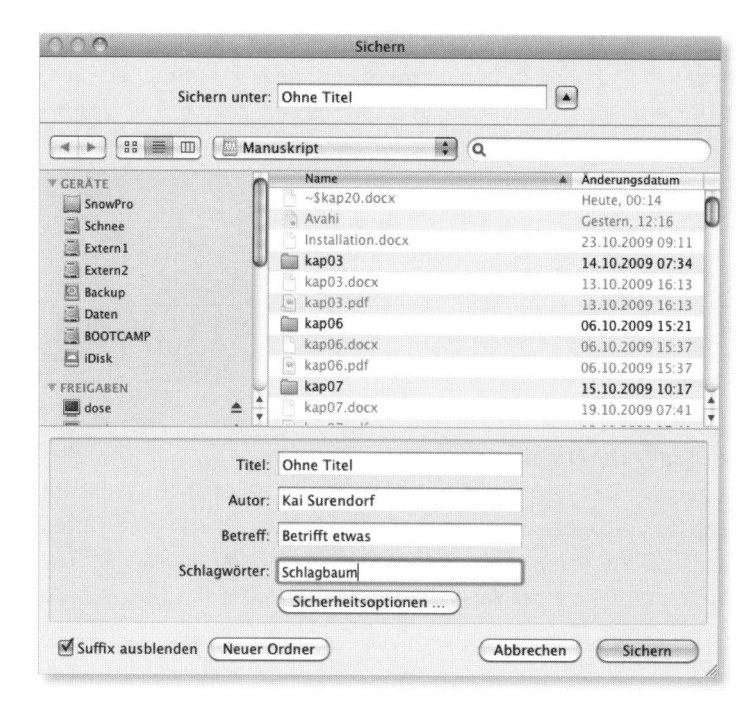

Abbildung 20.30 ▶
Über die SICHERHEITSOPTIONEN kann die Nutzung einer PDF-Datei mit Kennwörtern eingeschränkt werden.

▲ **Abbildung 20.31**
Der PDF-Datei können verschiedene Metadaten hinzugefügt werden.

HINWEIS

Achten Sie darauf, dass Sie in den Einstellungen der Firewall nicht die Option ALLE EINGEHENDEN VERBINDUNGEN BLOCKIEREN ausgewählt haben, weil dann eingehende Druckaufträge von der Firewall abgefangen werden.

Mit Kennwörtern versehen | Über die Schaltfläche SICHERHEITSOPTIONEN können Sie die Nutzung der PDF-Datei mit verschiedenen Kennwörtern einschränken. Hierbei werden bis zu zwei Kennwörter verwendet. Sie können so einem Personenkreis das Öffnen erlauben, aber mit einem zweiten, anderen Kennwort das Drucken untersagen.

20.4 Drucker im Netzwerk

Das dem Drucksystem von Mac OS X zugrunde liegende CUPS ist ohne Probleme in der Lage, Drucker im Netzwerk freizugeben oder freigegebene Drucker anzusprechen. CUPS selbst nutzt das Internet Printing Protocol (IPP), das entweder über Port 631 oder, sofern notwendig, über Port 80 kommuniziert. Die Freigabe eines Druckers erfolgt dabei über die Systemeinstellungen. Dabei ist Mac OS X über CUPS in der Lage, auch mit Windows-Rechnern Drucker zu teilen oder Drucker für Windows-Rechner freizugeben.

20.4.1 Druckerfreigabe für Mac OS X

In den Systemeinstellungen müssen Sie zunächst in der Ansicht FREIGABEN den Dienst DRUCKERFREIGABE aktivieren. Sie können dann hier oder unter DRUCKEN & FAXEN einzelne Drucker im Netzwerk freigeben. Die Drucker stehen anschließend im Netzwerk zur Verfügung, und die Freigabe wird über Bonjour automatisch kommuniziert.

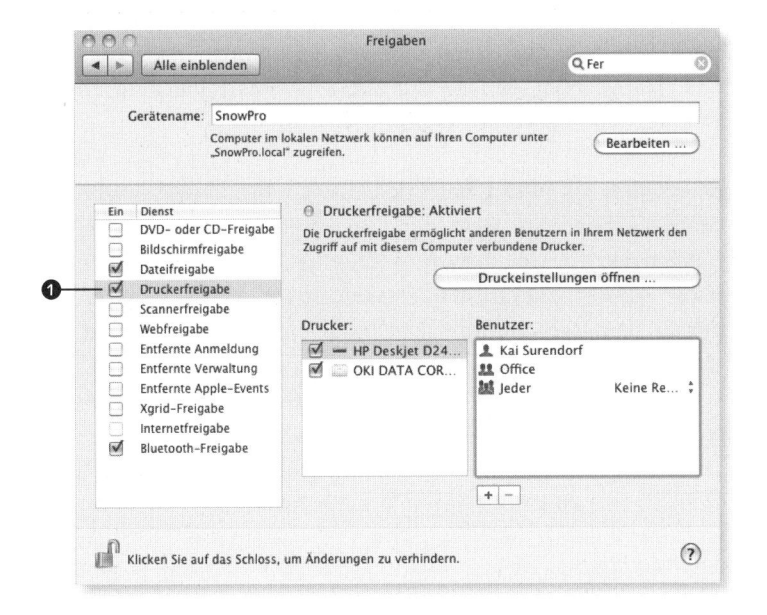

Abbildung 20.32
In der Ansicht FREIGABEN der Systemeinstellungen kann die DRUCKERFREIGABE ❶ aktiviert werden.

Benutzer | Sie können in der Ansicht FREIGABEN auch vorgeben, welche Benutzer auf den Drucker zugreifen dürfen. Zunächst darf JEDER Aufträge an den Drucker senden. Wenn Sie über das Pluszeichen unterhalb der Liste Benutzer und Gruppen hinzufügen, dann ist bei der Erteilung eines Druckauftrages eine Authentifizierung erforderlich. Die Benutzerkonten beziehen sich dabei auf das System, das den Drucker im Netzwerk freigibt.

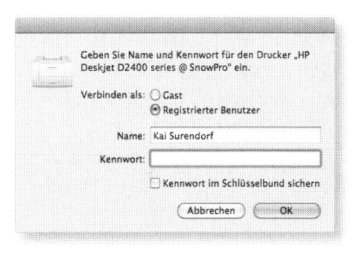

Abbildung 20.33
Der Druck kann von einer Authentifizierung abhängig gemacht werden.

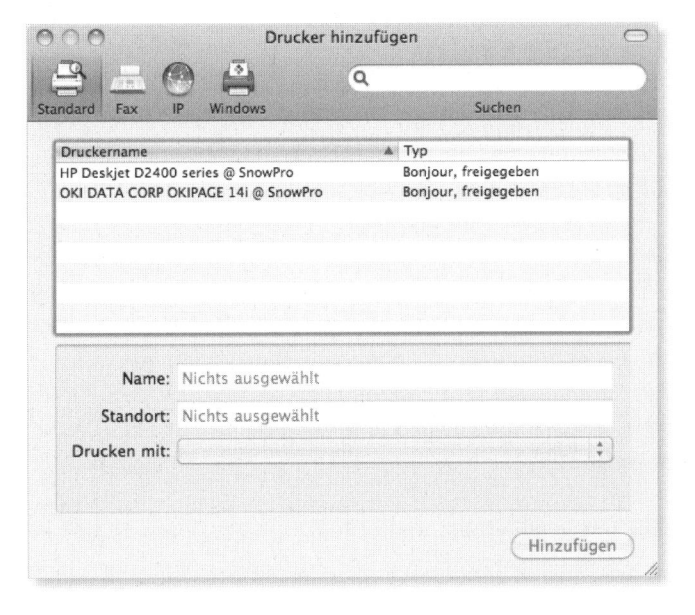

Abbildung 20.34
Über Bonjour kommunizierte Drucker werden in der Ansicht STANDARD aufgeführt.

20.4 Drucker im Netzwerk | **599**

Drucker einbinden | Auf einem anderen Rechner im Netzwerk erscheint dieser freigegebene Drucker nun in der Übersicht der verfügbaren Drucker. Dabei wird als Standort der Name des Rechners, auf dem der Drucker freigegeben wurde, nach dem Zeichen @ angegeben. In Abbildung 20.35 wurden zwei Drucker auf dem Rechner SNOWPRO freigegeben.

Druckertreiber als PPD | Nach der Auswahl des Druckers wird von dem Rechner, auf dem der Drucker freigegeben wurde, der Treiber kopiert. Bei dem in Abbildung 20.35 dargestellten Gerät von Hewlett Packard (HP DESKJET D2400) wurde der Treiber nur auf dem Rechner SNOWPRO installiert. Auf dem Rechner, der den freigegebenen Drucker einbindet, wurden die Treiber nicht eigens installiert. Stattdessen wird eine PostScript Printer Description vom Rechner SNOWPRO kopiert, die die Funktionen des Druckers beschreibt. Dies geschieht auch dann, wenn es sich nicht um einen PostScript-fähigen Drucker handelt.

Der Grund für die Verwendung einer PPD besteht darin, dass das Drucksystem aus den proprietären Treibern der Hersteller, in diesem Fall Hewlett Packard, eine PPD erstellt, die die Fähigkeiten des Druckers in Bezug auf die Auflösung und den Farbdruck beschreibt. So findet sich in diesem Beispiel auf dem Rechner SNOWPRO im Verzeichnis /ETC/CUPS/PPD eine Datei HP_DESKJET_D2400_SERIES. PPD, die die Funktionen und Fähigkeiten dieses Geräts basierend auf den eigentlichen Treibern von Hewlett Packard enthält. Binden Sie den freigegebenen Drucker auf einem anderen Rechner im Netzwerk ein, dann kopiert dieser die PPD-Datei. Die Installation des Treibers auf dem anderen Rechner ist somit nicht notwendig.

20.4.2 Verbindung mit Windows

Mac OS X ist auch in der Lage, Drucker für Windows freizugeben oder auf die Drucker, die unter Windows freigegeben wurden, zuzugreifen. Die gebräuchlichen Windows-Versionen XP (Pro), Vista und Windows 7 können das Internet Printing Protocol verwenden und unter Mac OS X freigegebene Drucker direkt ansprechen. Wenn Sie Drucker auf einem Windows-Rechner freigeben möchten, so können Sie diese von Mac OS X aus zunächst über Samba verwenden. Unter Windows XP Pro können Sie auch die Windows-Komponente DRUCKDIENSTE FÜR UNIX nutzen. Unter Windows Vista und Windows 7 wird dieser Dienst LPD-Druckdienst genannt.

Drucker unter Windows einbinden | Unter Windows gibt es genau drei Möglichkeiten, wie Sie auf einen unter Mac OS X

Download über http
Die PPD-Datei wird dabei über http heruntergeladen. Sie können die Datei auch eigenhändig downloaden, indem Sie im Browser die Adresse *http://IP-Adresse:631/printers/Name_des_Druckers.ppd* eingeben.

Drucker-Pool
Sie können auch einen Drucker-Pool im Netzwerk freigeben und auf einem anderen Rechner einbinden. Wählen Sie wie von Mac OS X vorgeschlagen als Treiber ALLGEMEINER POSTSCRIPT-DRUCKER.

Und Linux?
CUPS gehört mittlerweile bei fast allen Linux-Distributionen zur Standard-Installation. Einen Drucker unter Linux können Sie mit der in Abschnitt 20.5 beschriebenen Web-Oberfläche von CUPS freigeben und einbinden.

freigegebenen Drucker zugreifen können. Haben Sie Bonjour für Windows (siehe Abschnitt 16.2.2) installiert, dann können Sie mit dem Programm BONJOUR-DRUCKERASSISTENT die Drucker bequem einbinden. Verfügen Sie über den Windows-Treiber für den Drucker, so steht der direkten Ansprache über den URL mittels IPP nichts im Wege. Wenn Sie den Windows-Treiber nicht installieren können, steht Ihnen als dritte Möglichkeit die Verwendung von PostScript zur Verfügung.

> **HINWEIS**
>
> Wenn Sie den Zugriff auf die Drucker in den Systemeinstellungen auf ausgewählte Benutzer beschränkt haben, dann ist es möglich, dass dieses Verfahren von Windows nicht unterstützt wird und Sie den Drucker für alle Benutzer freigeben müssen.
>
> **PPD verwenden**
>
> Sie können auch bei der Verwendung des Bonjour-Druckerassistenten die PPD eines nicht PostScript-fähigen Druckers über Browser mit der nachfolgend beschriebenen Methode beziehen.

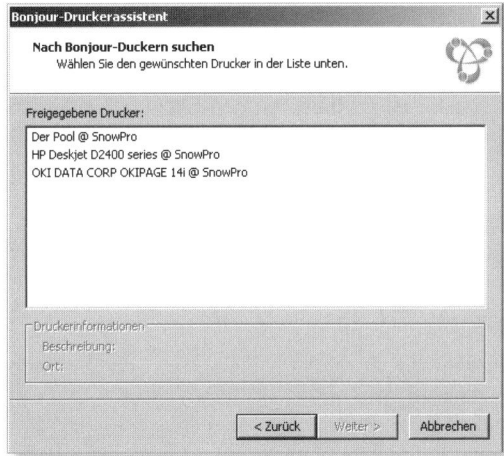

Bonjour-Druckerassistent | Der BONJOUR-DRUCKERASSISTENT ist Bestandteil des Installationspakets Bonjour für Windows. Starten Sie das Programm, dann sucht der Assistent im Netzwerk nach verfügbaren Druckern. Die Anzeige der gefundenen Drucker ähnelt der in Mac OS X.

Wählen Sie einen Drucker aus, und klicken Sie auf WEITER, dann müssen Sie den Treiber für den Drucker auswählen. Steht Ihnen unter Windows kein Treiber für den Drucker zur Verfügung, wählen Sie als Hersteller GENERIC und als Modell GENERIC / POSTSCRIPT. In diesem Fall wird vom Windows-Rechner eine PostScript-Datei gesendet, die dann von CUPS gegebenenfalls konvertiert und an den Drucker geschickt wird.

▲ **Abbildung 20.35**
Die Anzeige der gefundenen Drucker ähnelt der in Mac OS X.

▲ **Abbildung 20.36**
Ist kein eigener Treiber für den Drucker installiert, sollte als Modell GENERIC/POSTSCRIPT ausgewählt werden.

Drucker direkt einbinden | Möchten oder können Sie Bonjour in Ihrem Netzwerk nicht einsetzen, so können Sie einen Drucker unter Windows auch direkt einbinden. Über den Menüpunkt EINSTELLUNGEN • DRUCKER UND FAXGERÄTE unter Windows XP, dem

Eintrag GERÄTE UND DRUCKER unter Windows 7 beziehungsweise der Ansicht DRUCKER in der SYSTEMSTEUERUNG von Windows Vista starten Sie über die jeweilige Option DRUCKER HINZUFÜGEN den DRUCKERINSTALLATIONS-ASSISTENT von Windows. Wählen Sie unter Windows XP im zweiten Schritt NETZWERKDRUCKER aus, unter Windows 7 und Windows Vista fügen Sie im ersten Schritt einen Netzwerkdrucker hinzu, wobei Sie bei der anschließend erfolgenden Suche die Schaltfläche DER GESUCHTE DRUCKER IST NICHT AUFGEFÜHRT betätigen.

URL vorgeben | Im dritten Schritt müssen Sie den URL für den freigegebenen Drucker (siehe Abbildung 20.38) angeben. Der URL setzt sich zusammen aus der IP-Adresse des Rechners, an den der Drucker angeschlossen ist – sofern in Ihrem lokalen Netzwerk ein DNS-Server vorhanden ist, können Sie auch den Namen des Rechners angeben. An den Namen oder die IP-Adresse fügen Sie getrennt durch einen Doppelpunkt die Portangabe 631 an. Wenn Sie einen Drucker und keinen Drucker-Pool ansprechen, lautet die Angabe PRINTERS. Um einen Drucker-Pool anzusprechen, geben Sie an dieser Stelle CLASSES ein.

Der letzte Bestandteil des URL ist der Name des freigegebenen Druckers oder des Pools. Dieser entspricht dem in den Systemeinstellungen angezeigten, wobei Sie die Leerzeichen im Namen durch einen Unterstrich ersetzen müssen. Der vollständige URL zu einem freigegebenen Drucker könnte also *http://192.168.0.2:631/printers/HP_Deskjet_D2400_series* lauten.

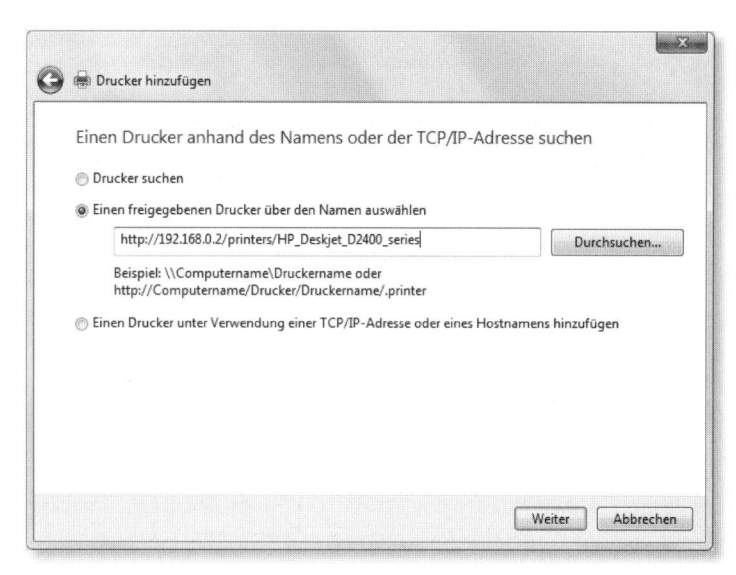

Abbildung 20.37 ▶
Neben der IP-Nummer muss der Port 631 angegeben werden.

Treiber | Der letzte Schritt besteht in der Auswahl beziehungsweise in der Installation des Treibers. Die berücksichtigten Windows-Versionen sind in der Lage, einen schon installierten Treiber für den eingebundenen Drucker zu verwenden.

PPD herunter laden | Verfügen Sie nicht über die speziellen Windows-Treiber des freigegebenen Druckers, können Sie auch eine PostScript-Datei direkt an CUPS schicken. Hierbei unterstützt Sie CUPS unter Mac OS X durch die Bereitstellung einer speziellen PPD, die die Fähigkeiten des Druckers deklariert, ganz gleich, ob dieser PostScript beherrscht oder nicht. Laden Sie diese Datei zuerst auf den Windows-PC herunter, indem Sie im Browser die Adresse *http://Rechner:631/printers/Name_des_Druckers.ppd* aufrufen, wobei Sie RECHNER durch die IP-Adresse oder den Namen des freigebenden Rechners und NAME_DES_DRUCKERS durch den entsprechenden Namen ersetzen.

Adobe PostScript-Treiber installieren | Windows XP bringt von Haus aus nur eine unzureichende PostScript-Unterstützung mit. Adobe bietet über die eigenen PostScript-Treiber, die frei verfügbar sind, einen passenden Ersatz. Hierzu laden Sie die ADOBE POSTSCRIPT-TREIBER für Windows von Adobe *(http://www.adobe.com/de/downloads)* herunter. Starten Sie die Installation, und wählen Sie zunächst die Option NETZWERKDRUCKER aus. Wenn das Installationsprogramm im nächsten Schritt nach einem NETZWERKPFAD fragt, geben Sie den URL wie oben beschrieben ein.

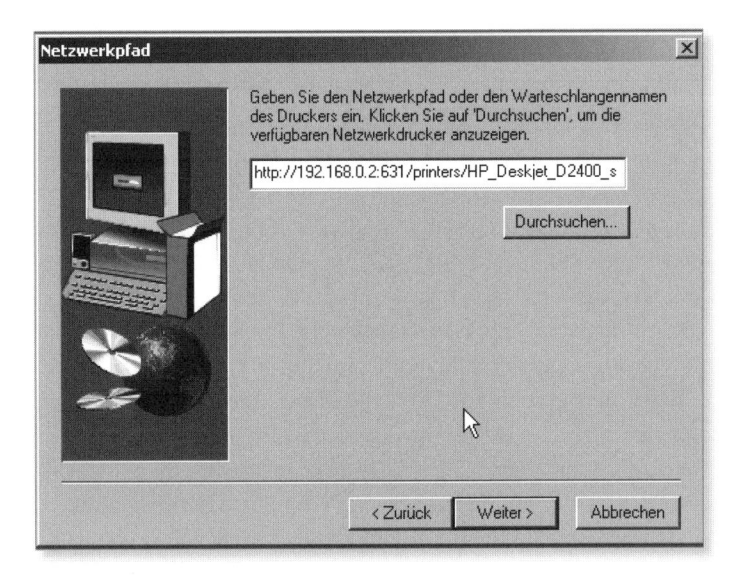

Vista, Windows 7 und PostScript
Bei Windows Vista und Windows 7 können Sie auf die Installation der Adobe PostScript-Treiber verzichten. Wählen Sie dort als Hersteller GENERIC und als Drucker MS PUBLISHER IMAGESETTER aus. Hierbei handelt es sich um einen ausreichend funktionsfähigen PostScript-Treiber.

◄ **Abbildung 20.38**
Unter Vista und Windows 7 ist bereits ein PostScript-Treiber vorhanden.

◄ **Abbildung 20.39**
Der URL des Druckers wird im zweiten Schritt eingegeben.

Sie erhalten vom Installationsprogramm den Hinweis, dass der Netzwerkdrucker keinen Treiber von Adobe verwenden würde. Klicken Sie hier auf die Schaltfläche Ja, um den Treiber zu installieren. Als Druckermodell wählen Sie GENERIC POSTSCRIPT PRINTER aus, wenn Sie die PPD nicht über CUPS geladen haben. Haben Sie die PPD heruntergeladen, können Sie sie über die Schaltfläche DURCHSUCHEN auswählen. Die nächsten Schritte der Installation sind selbsterklärend. Der so installierte Drucker erscheint mit der Bezeichnung GENERIC POSTSCRIPT PRINTER. Sie können ihn in der Einstellung DRUCKER UND FAXGERÄTE umbenennen.

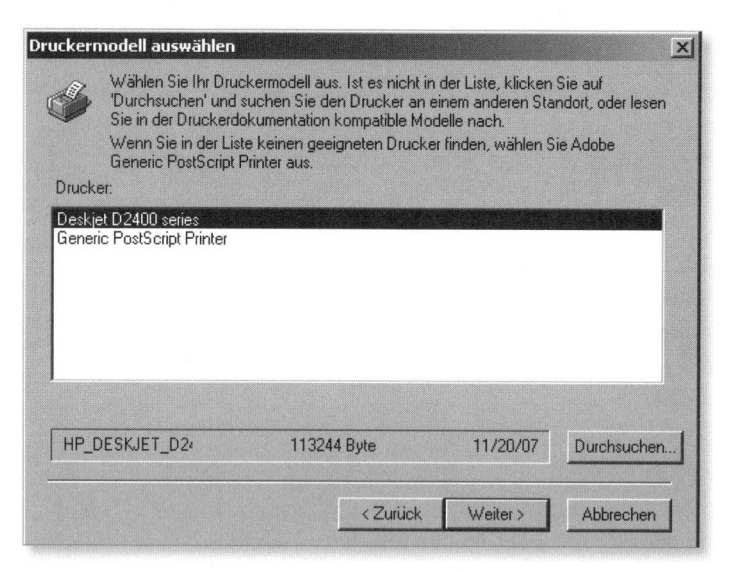

Abbildung 20.40 ▶
Die heruntergeladene PPD-Datei kann über DURCHSUCHEN ausgewählt werden.

> **HINWEIS**
>
> Sie können, sofern es die Sicherheitsrichtlinien in Ihrem Netzwerk erlauben, auch auf dem Windows-Rechner den Gast-Zugang aktivieren, um so allen Rechnern im Netzwerk den Zugriff auf die freigegebenen Drucker zu gewähren.

Drucker unter Windows freigeben | Die erste und wohl einfachste Möglichkeit, einen Drucker unter Windows für Mac OS X freizugeben, besteht in der Freigabe über das SMB-Protokoll. Zunächst müssen Sie auf dem Windows-Rechner den Drucker über die jeweiligen Einstellungen freigeben. Einen so freigegebenen und kommunizierten Drucker finden Sie im Dialog zum Hinzufügen eines Druckers in der Ansicht WINDOWS. Sie müssen dort zuerst die passende Arbeitsgruppe, in Abbildung 20.42 PROVINZ, auswählen und erst dann den Rechner, der den Drucker freigibt.

Da unter Windows die Freigabe eines Druckers ähnlich wie die eines Ordners gehandhabt wird, müssen Sie sich anschließend zunächst mit einem auf dem Windows-Rechner verfügbaren Benutzerkonto identifizieren. Erst dann erscheinen die Drucker in der Übersicht. Wenn Sie den Drucker auf diese Weise installieren, bietet es sich an, das Kennwort im Schlüsselbund zu sichern. Sie ersparen sich dadurch die Eingabe des Passwortes, wenn Sie auf dem Drucker ein Dokument ausgeben.

> **HINWEIS**
>
> Eine beliebte Fehlerquelle bei der Freigabe von Druckern unter Windows ist die Firewall. Erhalten Sie auf Ihrem Macintosh beim Ausdruck eine Fehlermeldung in der Form NT_STATUS_CONNECTION_REFUSED, NT_STATUS_ACCESS_DENIED oder ähnlich, dann sollten Sie die Einstellungen der Firewall auf dem Windows-Rechner überprüfen.

▲ **Abbildung 20.41**
Die freigegebenen Drucker erscheinen nach einer erfolgreichen Authentifizierung.

Sofern Sie den Drucker für alle auf dem Macintosh-Rechner angelegten Benutzerkonten freigeben und dabei für alle die Eingabe des Passwortes vermeiden möchten, sollten Sie den Drucker über den Browser (siehe Abschnitt 20.5) einrichten.

Installation der Treiber | Beachten Sie ferner, dass die Verteilung von Treibern im Netzwerk zwischen Windows und Mac OS X 10.6 nicht funktioniert. Sie müssen daher den passenden Treiber auf dem Macintosh installieren, sofern es sich nicht um einen PostScript-Drucker handelt.

Druckdienste für UNIX | Der Ausdruck über SMB im Netzwerk verläuft recht langsam. Über die DRUCKDIENSTE FÜR UNIX unter Windows XP oder über den LPD-DRUCKDIENST (Windows Vista und Windows 7) können Sie auch unter Windows eine Warteschlange erstellen. Bei allen drei Windows-Varianten müssen Sie diese Komponente nachträglich aktivieren. Unter Windows XP wählen Sie hierzu in der SYSTEMSTEUERUNG die Option SOFTWARE und im dortigen Fenster WINDOWS-KOMPONENTEN HINZUFÜGEN / ENTFERNEN. Klicken Sie in dem sich öffnenden Assistenten dann auf die Komponente WEITERE DATEI- UND DRUCKDIENSTE FÜR DAS NETZWERK. Diese enthält die DRUCKDIENSTE FÜR UNIX. Unter Windows Vista und Windows 7 finden Sie diesen Dienst in den WINDOWS-FUNKTIONEN mit der Bezeichnung LPD-DRUCKDIENST.

▲ **Abbildung 20.42**
Der LPD-Druckdienst gehört unter Windows 7 zu den Windows-Features.

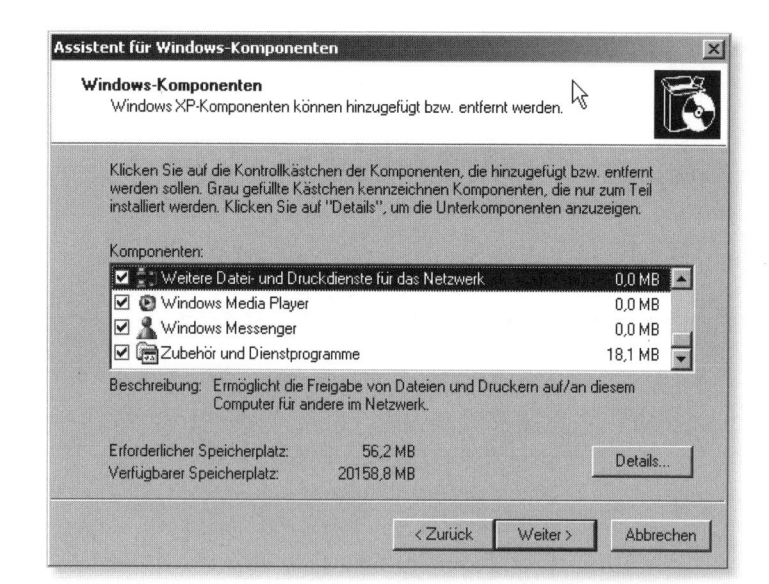

Abbildung 20.43 ▶
Die DRUCKDIENSTE FÜR UNIX werden über den ASSISTENT FÜR WINDOWS-KOMPONENTEN installiert.

Sie können den unter Windows freigegebenen Drucker nun über die Ansicht IP einbinden. Geben Sie dort die IP-Adresse des Windows-Rechners ein und als WARTELISTE den Namen des Druckers, so wie er Ihnen unter Windows angezeigt wird. Auch hier muss der Treiber für den Drucker auf dem Macintosh installiert werden. Die Eingabe eines Passwortes ist jedoch nicht notwendig.

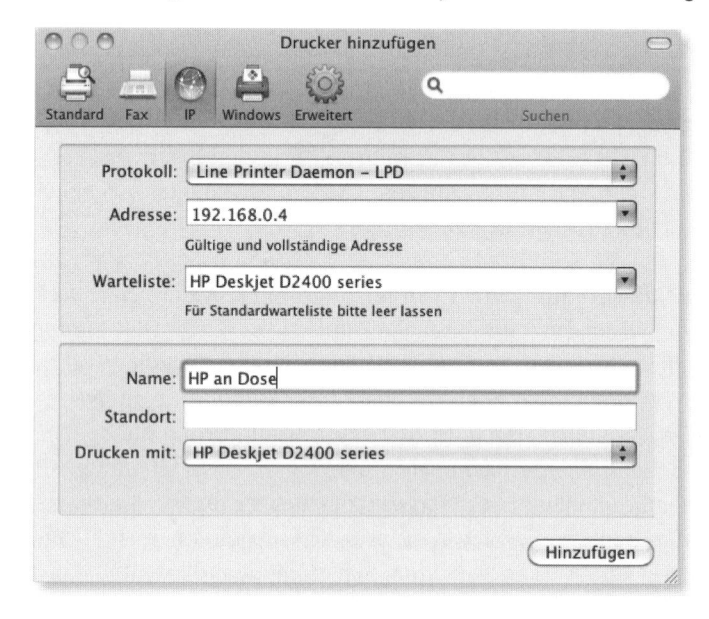

Abbildung 20.44 ▶
Die Warteliste entspricht dem Namen des freigegebenen Druckers.

20.4.3 Erweiterte Druckerkonfiguration

In einigen Netzwerken kann die direkte Eingabe der Adresse eines freigegebenen Druckers notwendig sein. Beispielsweise funktioniert die Namensauflösung in einem Windows-Netzwerk nicht, oder Sie möchten auf einen Rechner zugreifen, der sich in einem anderen Sub-Netz befindet und dessen freigegebene Drucker nicht über Bonjour kommuniziert werden.

Mac OS X erlaubt Ihnen die direkte Eingabe eines URL für einen Drucker. Hierzu müssen Sie im Fenster zum Hinzufügen eines Druckers die Symbolleiste um die Schaltfläche ERWEITERT ergänzen. In dieser Ansicht wählen Sie zunächst den TYP der Netzwerk-Verbindung aus. Im Feld URL wird dann der passende Beginn (SMB://, IPP://, HTTP://, LPD:// …) eingefügt. Sie können dort beginnen, die Netzwerk-Adresse des Druckers einzugeben. Das System versucht während der Eingabe automatisch, einen Drucker oder ein anderes Gerät an dem Anschluss zu erkennen. Dies wird aber nur von den wenigsten Protokollen unterstützt, sodass Sie den Drucker am besten in dem URL direkt angeben. NAME, STANDORT und die Auswahl des Treibers entsprechen den zuvor beschriebenen Verfahren.

URL und Passwörter

Eine gängige Methode, die Eingabe von Passwörtern bei der Ansprache von Druckern zu übergehen, ist die Eingabe des Passwortes direkt in den URL in der Form SMB://BENUTZER:PASSWORT@RECHNER/DRUCKER. Geben Sie die Passwörter in der Ansicht ERWEITERT vor, so werden das Passwort und der Benutzer nicht immer übernommen. In diesem Fall sollten Sie den Drucker über den Browser (siehe Abschnitt 20.5) installieren und dabei diesen Aufbau eines URL verwenden.

◀ **Abbildung 20.45**
In der Ansicht ERWEITERT kann als TYP ein Netzwerk-Protokoll ausgewählt werden.

20.5 CUPS im Detail konfigurieren

Das Common UNIX Printing System ermöglicht Ihnen die Administration über den Browser. In dieser über den URL *http://127.0.0.1:631* aufzurufenden Webseite finden Sie einige Optionen, die Sie über die Systemeinstellungen von Mac OS X nicht vornehmen können. Über den Browser ist es auch möglich, von einem anderen Rechner im Netzwerk die Drucker und Klassen zu verwalten.

Dokumentation

CUPS bietet Ihnen über den gleichnamigen Link eine sehr umfangreiche, aber schlecht gegliederte Dokumentation. Wenn Sie zu einem bestimmten Detail von CUPS nähere Informationen benötigen, ist die integrierte Suchfunktion hilfreich.

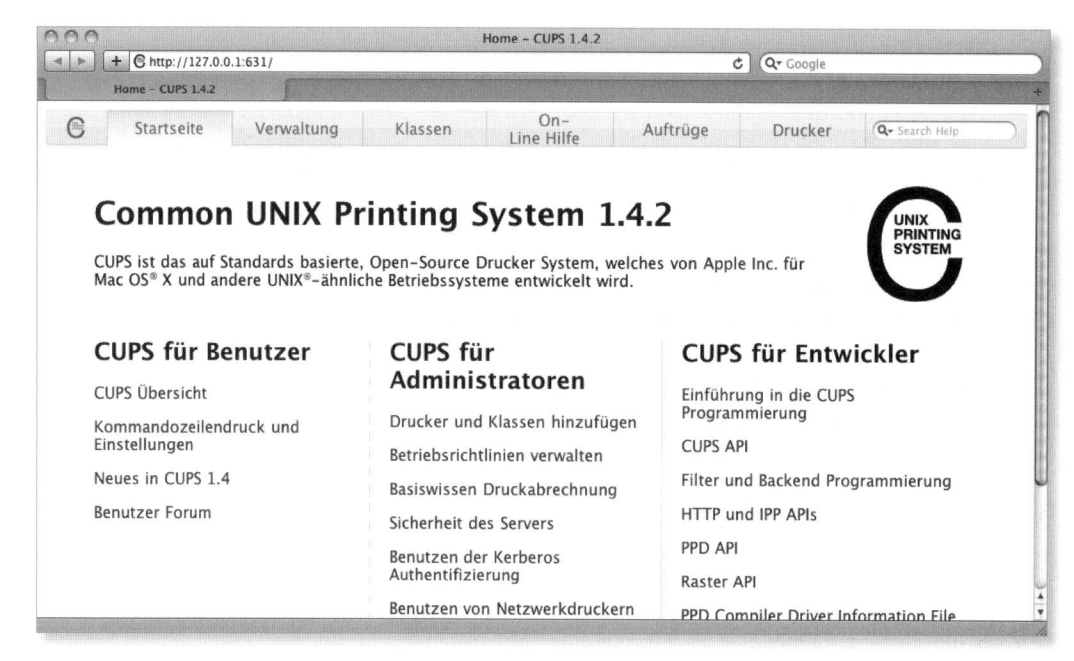

▲ Abbildung 20.46
CUPS ermöglicht die Administration über den Browser.

▲ Abbildung 20.47
Wenn CUPS um eine Identifizierung bittet, muss ein Administratoren-Konto angegeben werden.

Anmeldung als Administrator | CUPS wird bei vielen der nachfolgend beschriebenen administrativen Aufgaben eine Identifizierung verlangen. Hier können Sie den Kurznamen und das Passwort eines Administrators angeben.

20.5.1 Grundlegende Einstellungen und Protokolle

In der Ansicht VERWALTUNG können Sie einige grundlegende Einstellungen des CUPS-Servers cupsd vornehmen. Die Option ZEIGE FREIGEGEBENE DRUCKER VON ANDEREN SYSTEMEN aktiviert die Suche nach freigegebenen Druckern im Netzwerk sowohl über Bonjour als auch das CUPS-eigene Protokoll.

Printer-Sharing kontrollieren | Deaktivieren Sie die Option FREIGEBEN VON DRUCKERN, WELCHE MIT DIESEM SYSTEM VERBUNDEN SIND, dann hat dies die gleiche Wirkung, als wenn Sie die DRUCKERFREIGABE in den Systemeinstellungen ausschalten.

HINWEIS

Wenn Ihr Rechner direkt mit dem Internet verbunden ist, sollten Sie das Drucken aus dem Internet nicht zulassen. Andernfalls geben Sie Ihre Drucker möglicherweise weltweit frei.

Drucken aus anderen Subnetzen | Die eingerückte Option ERLAUBE DRUCKEN VOM INTERNET AUS bezieht sich auf die Freigabe von Druckern. Die Bezeichnung ist etwas missverständlich, da sich diese Option nicht nur auf das Drucken aus dem Internet auswirkt. Vielmehr bewirkt sie, dass CUPS Druckaufträge auch dann akzeptiert, wenn sie nicht aus dem gleichen Subnetz erfolgen. Dies kann in großen Netzwerken, die in Subnetze unterteilt wurden, notwendig sein, um einen Druckerserver für mehrere Subnetze freizugeben.

Entfernte Verwaltung | Standardmäßig erlaubt CUPS die Verwaltung über die Webseiten nur vom lokalen Rechner und sperrt ihn für andere Rechner. Aktivieren Sie diese Option, so können Sie auch von einem anderen Rechner im Netzwerk auf die Drucker-Verwaltung zugreifen, indem Sie als URL die IP-Adresse oder den Namen des Rechners und die Portangabe :631 eingeben und dabei nach der obligatorischen Authentifizierung auch Zugriff auf die administrativen Funktionen haben.

> **HINWEIS**
>
> Auch die entfernte Verwaltung sollten Sie nur dann aktivieren, wenn Ihr Rechner nicht direkt mit dem Internet verbunden ist. Ansonsten könnte eine in CUPS vielleicht vorhandene Sicherheitslücke Ihr gesamtes System kompromittieren.

▲ **Abbildung 20.48**
In der Ansicht VERWALTUNG kann auch die entfernte Verwaltung ermöglicht werden.

Aufträge abbrechen | CUPS ordnet jedem Druckauftrag den Namen des Benutzers zu, der ihn erstellt hat. In den Standardeinstellungen können Sie nur Ihre eigenen Aufträge abbrechen. Über die Option ERLAUBE BENUTZER JEDEN AUFTRAG ABZUBRECHEN können Sie die Wartelisten der Drucker für alle Benutzer freigeben und so auch die Aufträge, die nicht von Ihnen erstellt wurden, abbrechen.

Kerberos Authentifizierung | Wenn in Ihrem Netzwerk ein funktionsfähiger Verzeichnisdienst wie Active Directory oder

DefaultAuthType
Die Aktivierung von Kerberos führt dazu, dass in der Konfigurationsdatei »cupsd.conf« im Verzeichnis /ETC/CUPSD die Direktive `DefaultAuthType` von `Basic` in `Negotiate` geändert wird. Haben Sie versehentlich Kerberos für CUPS aktiviert, dann bearbeiten Sie die Datei mit `sudo nano /etc/cupsd/cupsd.conf` und ändern `DefaultAuthType Negotiate` in `DefaultAuthType Basic`. Führen Sie dann einen Neustart des Servers mit `sudo killall -SIGHUP cupsd` durch.

Open Directory (siehe Abschnitt 17.6) aktiv ist, können Sie für die Authentifizierung der Web-Oberfläche auch Kerberos verwenden. Aktivieren Sie diesen Dienst nicht, wenn sich in Ihrem Netzwerk kein funktionierender Verzeichnisdienst mit Kerberos-Unterstützung befindet, dann sollten Sie diese Option nicht nutzen. Andernfalls sperren Sie sich von der Web-Oberfläche aus.

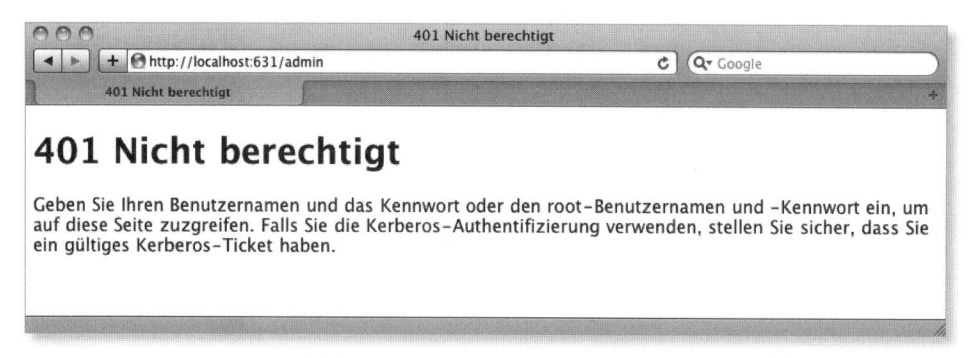

Abbildung 20.49
Die Authentifizierung über Kerberos setzt einen funktionsfähigen Verzeichnisdienst voraus.

Verwaltung über cupsctl | Die bevorzugte Methode für die Konfiguration von CUPS über das Terminal ist in vielen Fällen nicht die direkte Bearbeitung der entsprechenden Einstellungsdatei, sondern die Verwendung des Befehls `cupsctl`. Die Arbeit mit `cupsctl` ist über eine Verbindung mittels SSH (siehe Abschnitt 17.2.1) oder in Verbindung mit einem AppleScript über `do shell script` nützlich. Mit der Eingabe von `cupsctl` ohne Parameter und Optionen können Sie die aktuellen Einstellungen von `cupsd` anzeigen lassen.

Die Verwendung von `sudo` ist bei `cupsctl` nicht notwendig, sofern Sie am Terminal mit einem Administratoren-Konto arbeiten. Fordert Sie `cupsctl` zur Eingabe eines Passwortes auf, verwenden Sie das Passwort für Ihr Benutzerkonto.

Haben Sie `cupsctl` wie in Abbildung 20.51 direkt aufgerufen, informieren Sie zwei Zeilen (`SystemGroup` und `SystemGroupAuthKey`) über die Gruppe, die über administrative Rechte im Drucksystem verfügt. Dies sind alle Mitglieder der Gruppe `admin`, die über die Benutzerverwaltung von Mac OS X konfiguriert wurden.

Die Angabe `DefaultAuthType` zeigt die zuvor schon angesprochene Verwendung von Kerberos mit dem Wert `Negotiate` oder das normale Verfahren mit `Basic` an. Die folgenden Werte, deren Name mit einem Unterstrich beginnen, entsprechen den

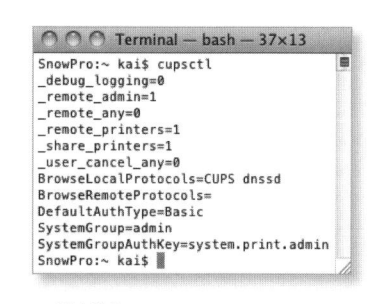

Abbildung 20.50
Der Befehl `cupsctl` zeigt die aktuellen Einstellungen des Drucksystems an.

Einstellungen, die Sie über die Ansicht VERWALTUNG im Browser vornehmen können.

debug-logging	Schaltet die ausführliche Protokollierung ein.
remote-admin	Ermöglicht die entfernte Verwaltung über den Browser.
remote-any	Das Drucken aus dem Internet wird aktiviert.
remote-printers	Aktiviert die Suche nach freigegebenen Druckern über das CUPS-Protokoll.
share-printers	Aktiviert die Freigabe von Druckern im Netzwerk.
user-cancel-any	Benutzer können jeden Druckauftrag abbrechen.

▲ **Tabelle 20.1**
Die Optionen von cupsctl

Ändern können Sie diese Einstellungen über cupsctl, indem Sie cupsctl den Namen der Einstellung mit zwei Minuszeichen vorangestellt als Option übergeben. So würde cupsctl --remote-admin die Verwaltung von einem anderen Rechner im Netzwerk erlauben. Deaktivieren können Sie eine Funktion, indem Sie dem Namen ein no voranstellen. Die entfernte Verwaltung wird mit cupsctl --no-remote-admin wieder abgeschaltet. Beachten Sie bei der Abschaltung der entfernten Verwaltung, dass hierbei auch die Freigabe der Drucker beendet wird. Mit cupsctl --share-printers können Sie sie wieder aktivieren.

/etc/cups | Die Voreinstellungen von CUPS werden im Verzeichnis /ETC/CUPS abgelegt. Die zentrale Datei für die Verwaltung von CUPS ist CUPSD.CONF. Die Datei PRINTERS.CONF beinhaltet die installierten Drucker, CLASSES.CONF enthält eingerichtete Drucker-Pools, und im Verzeichnis PPD werden die im Browser herunterladbaren Beschreibungen der eingerichteten Drucker gesichert.

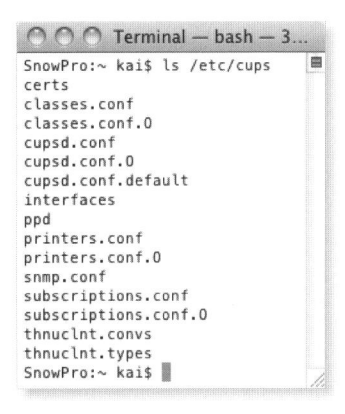

▲ **Abbildung 20.51**
Im Verzeichnis /ETC/CUPS werden die Voreinstellungen von CUPS gespeichert.

cupsd.conf direkt bearbeiten | Die bevorzugte Methode zur Bearbeitung der Datei »cupsd.conf« erfolgt im Browser über den Link KONFIGURATIONSDATEI BEARBEITEN. Dieses Vorgehen hat den Vorteil, dass der Dämon cupsd automatisch neu gestartet wird, wenn Sie die ÄNDERUNGEN SPEICHERN. Bearbeiten Sie die Datei am Terminal mit dem Aufruf sudo nano /etc/cups/cupsd.conf, so müssen Sie den Server nach der Bearbeitung mit sudo killall -SIGHUP cupsd neu starten.

Standardkonfiguration
Über die Schaltfläche STANDARDKONFIGURATION BENUTZEN können Sie die in der Datei »cupsd.conf.default« gespeicherten Standardeinstellungen von CUPS in das Textfeld im Browser laden. Diese entspricht der Einstellung von CUPS direkt nach der Installation.

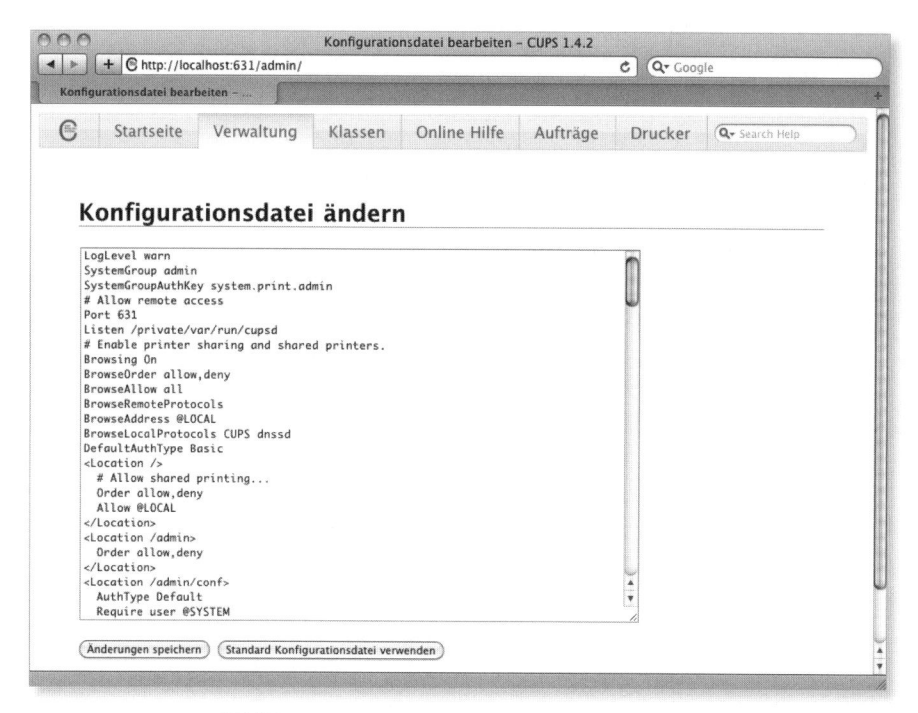

▲ **Abbildung 20.52**
Die Datei CUPSD.CONF kann auch im Browser bearbeitet werden.

Die direkte Bearbeitung der Datei CUPSD.CONF ist im Alltag eigentlich nur selten angezeigt. Sie kann aber notwendig werden, wenn Sie das Drucksystem gezielt für einige Rechner im Netzwerk sperren oder auf eine andere Form der Protokollierung umschalten möchten.

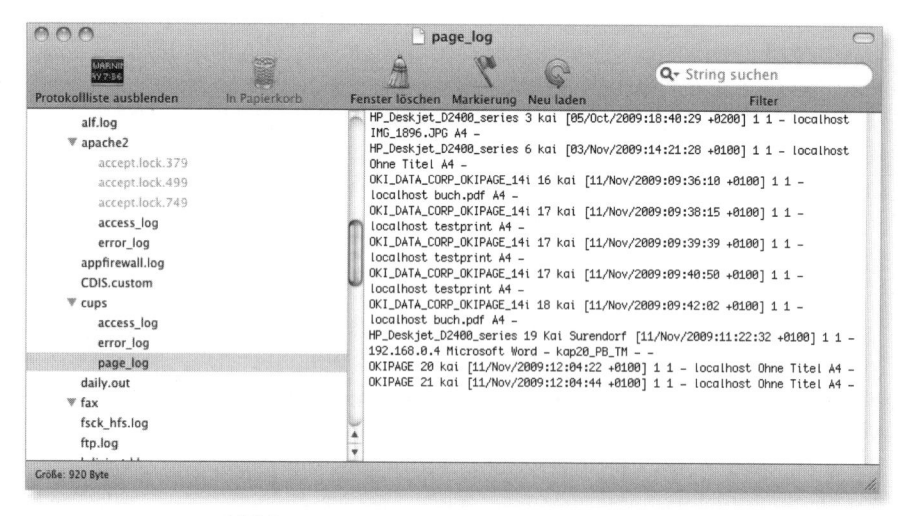

▲ **Abbildung 20.53**
Das PAGE_LOG enthält die Liste aller abgearbeiteten Druckaufträge.

Protokolle einsehen | Wie fast alle anderen Dienste unter Mac OS X führt auch CUPS mehr oder weniger detailliert Protokoll im Hintergrund. Dabei schreibt CUPS in drei Protokolle, die Sie sowohl im Browser über die entsprechenden Links als auch im Dienstprogramm KONSOLE einsehen können. Der Zugriff auf die Protokolle über den Browser ist hilfreich, wenn Sie sie auf einem anderen Rechner im Netzwerk einsehen möchten.

In der Datei ACCESS_LOG, dem ZUGRIFFSPROTOKOLL, werden alle Zugriffe auf die Web-Oberfläche gespeichert. Hierzu gehören nicht nur die Anfragen, die Sie über den Browser schicken, sondern auch die Anfragen von Computern im Netzwerk, die auf freigegebene Drucker zugreifen.

Das PAGE_LOG beinhaltet das Seitenprotokoll. Sie finden darin alle Druckaufträge, die an Drucker des Systems geschickt wurden, wobei neben dem Umfang und dem Zeitpunkt auch der beauftragende Benutzer aufgeführt wird.

Das FEHLERPROTOKOLL im ERROR_LOG kann bei der Fehlersuche sehr hilfreich sein. Hier werden fehlgeschlagene Startversuche des Dämons `cupsd` ebenso protokolliert wie sonstige Fehlermeldungen.

Protokollierung ändern
In den Standardeinstellungen führt CUPS vergleichsweise moderat Protokoll über die Ereignisse und Fehler im Drucksystem. Aktivieren Sie im Browser die Option SPEICHERE FEHLERINFORMATIONEN FÜR FEHLERSUCHE, dann wird der Datei CUPSD.CONF die Zeile `LogLevel debug` hinzugefügt, und die Protokolle werden sehr viel ausführlicher und auch unübersichtlicher.

20.5.2 Drucker und Klassen verwalten

CUPS ermöglicht es Ihnen auch, Drucker und Klassen über den Browser zu installieren, zu verwalten und wieder aus dem System zu entfernen.

Drucker installieren | Einen Drucker können Sie über die Schaltfläche DRUCKER HINZUFÜGEN einrichten. Dabei werden Sie Schritt für Schritt durch den Installationsvorgang geführt. Zunächst durchsucht das System die Anschlüsse und prüft, ob Drucker angeschlossen wurden und ob die notwendigen Treiber dafür schon vorhanden sein könnten.

Die Ergebnisse dieser Suche finden Sie dann unter LOKALE DRUCKER und, sofern Drucker gefunden wurden, die freigegebenen Geräte im Netzwerk.

Unter dem Punkt ANDERE NETZWERKDRUCKER stehen Ihnen die zuvor schon erläuterten Protokolle für freigegebene Drucker im Netzwerk zur Verfügung. Wenn das System glaubt, bereits über einen passenden Treiber für das Gerät zu verfügen, dann wird Ihnen dieser in Klammern aufgeführt. Der Hinweis UNKNOWN weist darauf hin, dass noch kein Treiber installiert wurde.

Neue Drucker suchen
Die Installation eines Druckers über die Schaltfläche VERFÜGBARE DRUCKER AUFLISTEN ist eigentlich nur für einen Netzwerk-Drucker praktikabel. CUPS fragt Sie im Laufe des Installationsvorgangs nach einem URL für den Drucker, der bei Geräten, die beispielsweise über USB angeschlossen werden, eher kryptisch ist und bei dem Sie über genaue Angaben über das Druckermodell und dessen Seriennummer verfügen. Einen solchen Drucker können Sie bequemer über die Funktion NEUE DRUCKER SUCHEN in der Ansicht VERWALTUNG installieren.

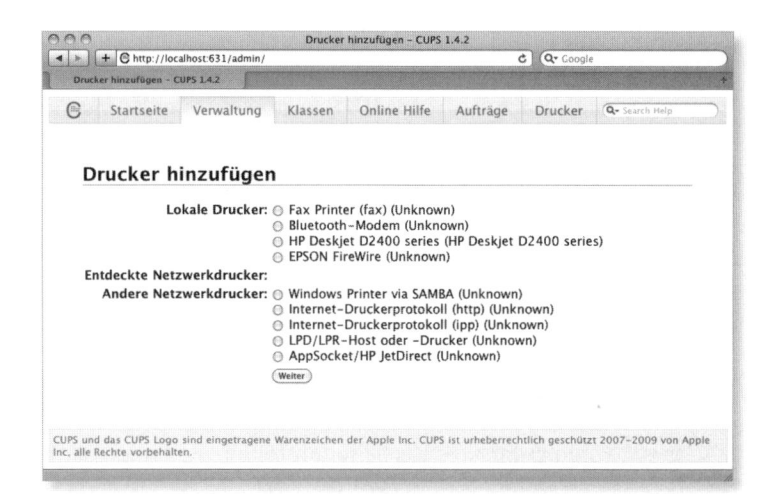

Abbildung 20.54 ▶
Im ersten Schritt wird nach angeschlossenen Druckern gesucht.

Freigabe von CUPS
Wenn Sie einen Drucker einbinden möchten, der auf einer CUPS-Installation freigegeben wurde, dann besteht der zweite Schritt darin, den URL für diesen Drucker einzugeben. Entgegen den Erläuterungen entspricht der Aufbau hier dem Schema, das bereits im vorhergehenden Abschnitt zu Windows erklärt wurde. Es lautet *http://Rechner:631/printers/Drucker*.

Name vergeben | Wenn Sie einen Drucker oder ein Protokoll ausgewählt haben, können Sie im zweiten Schritt Name, Beschreibung und Ort festlegen. Ferner können Sie bestimmen, ob Sie DIESEN DRUCKER FREIGEBEN möchten. Bei der VERBINDUNG handelt es sich um einen URL, der von CUPS fast ausschließlich intern genutzt wird, um dieses Gerät anzusprechen.

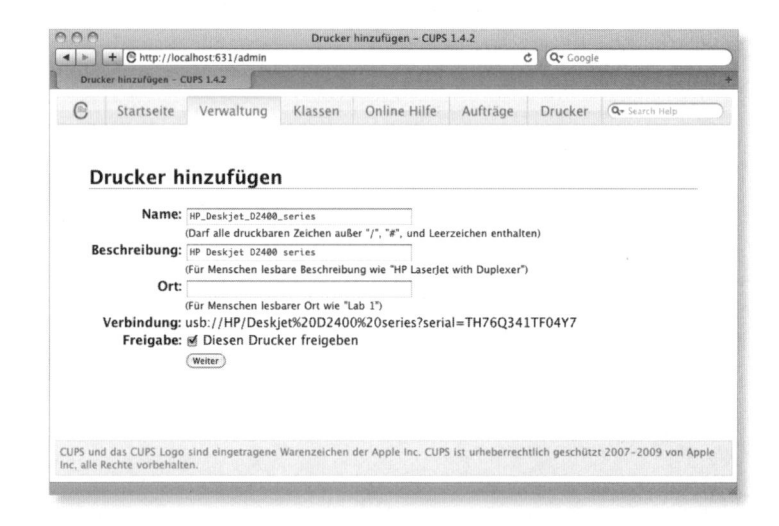

Abbildung 20.55 ▶
Name und Beschreibung werden im zweiten Schritt vergeben.

Allgemeiner PostScript-Drucker
Den allgemeinen PostScript-Treiber wird vom »Hersteller« GENERIC angebot und in der Liste mit GENERIC POSTSCRIPT PRINTER bezeichnet.

Im dritten Schritt können Sie in der Liste MODELL einen Treiber auswählen. CUPS gliedert diese Liste nach Herstellern. Wenn Sie einen Treiber eines anderen Herstellers installieren möchten, dann können Sie über die Schaltfläche hinter MARKE zunächst den Hersteller auswählen und sich dann für einen Treiber entscheiden. Ferner ist es möglich, eine PPD-Datei auszuwählen und diese dann dem Formular zu übergeben.

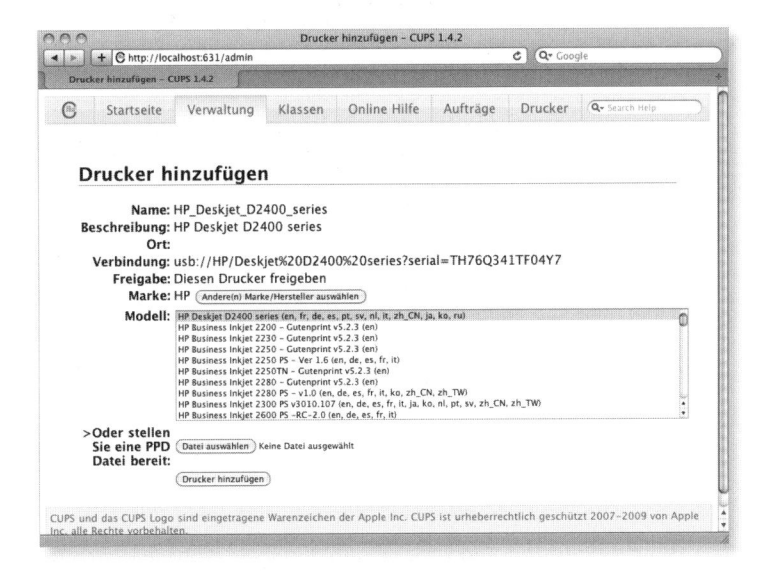

◄ **Abbildung 20.56**
Eine PPD-Datei kann anstelle der verfügbaren Treiber an das Formular übergeben werden.

Klassen erstellen | Ein Drucker-Pool wird unter CUPS als KLASSE bezeichnet. Über die Schaltfläche KLASSE HINZUFÜGEN gelangen Sie zu einem Formular, in dem Sie wiederum den Namen der Warteliste, den Ort und die sichtbare Beschreibung vergeben können. CUPS stellt Ihnen die bereits installierten Drucker als mögliche MITGLIEDER der Klasse zur Auswahl. Wählen Sie KLASSE HINZUFÜGEN, und es werden die ausgewählten Geräte in dem Drucker-Pool zusammengefasst.

◄ **Abbildung 20.57**
Bereits installierte Drucker werden unter MITGLIEDER aufgeführt.

Drucker konfigurieren | Wenn Sie im oberen Menü von CUPS den Reiter DRUCKER oder KLASSEN auswählen, listet Ihnen CUPS

20.5 CUPS im Detail konfigurieren | **615**

alle eingerichteten Drucker oder Pools auf. Die Zeile STATUS informiert Sie darüber, ob das Gerät gestoppt, beschäftigt oder frei ist.

▲ **Abbildung 20.58**
Ein Drucker kann mit einem Klick auf seinen Namen konfiguriert werden.

Wenn Sie den Namen eines Druckers anklicken, dann werden Sie zu einer weiteren Seite geleitet, auf der Sie die Einstellungen des Druckers vornehmen können. Die Konfiguration erfolgt dabei über die beiden Ausklappmenüs unterhalb des Namens. Das linke mit WARTUNG überschriebene Menü enthält die Funktionen, die im Alltag geläufig sind. Sie können hier eine TESTSEITE DRUCKEN, die DRUCKKÖPFE REINIGEN und ferner ALLE AUFTRÄGE ABBRECHEN sowie ALLE AUFTRÄGE VERSCHIEBEN. Wählen Sie den Eintrag AUFTRÄGE ABLEHNEN, dann arbeitet der Drucker die Warteschlange zwar noch ab, nimmt aber keine neuen Aufträge mehr entgegen.

▲ **Abbildung 20.59**
Über die Menüs können die Funktionen aufgerufen werden.

Unter ADMINISTRATION finden Sie die Funktionen, die den Systemeinstellungen entsprechen. Mit dem Eintrag DRUCKER ändern können Sie den zuvor beschriebenen Installationsvorgang erneut durchlaufen. Hier entspricht der Eintrag Erlaubte Benutzer festlegen den in Abschnitt 20.4.1 beschriebenen Vorgaben in den Systemeinstellungen.

Aufträge verwalten | Unterhalb der Einstellungen finden Sie die derzeit in Arbeit befindlichen Aufträge. Über die drei Schaltflächen können Sie gezielt Aufträge löschen, verschieben oder anhalten.

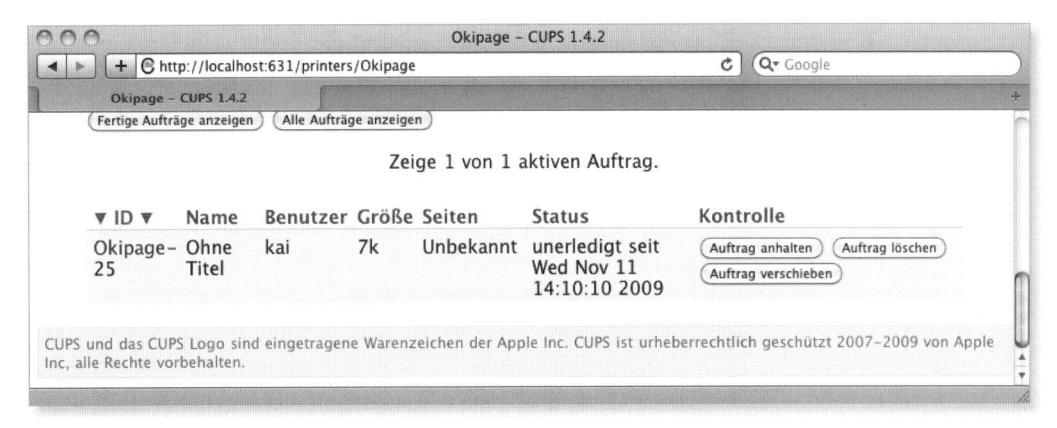

▲ **Abbildung 20.60**
Über den Browser können Aufträge verwaltet werden.

20.5.3 Eigene Deckblätter

CUPS bietet Ihnen im Drucken-Dialog die Möglichkeit, vor oder nach dem eigentlichen Dokument ein Deckblatt anzufügen. Im Verzeichnis /usr/share/cups/banners befindet sich für jedes Deckblatt eine eigene Datei. Bei diesen Dateien handelt es sich um reine Textdateien, die mit einigen Anweisungen das Deckblatt gestalten. Sie können eine dieser Vorlagen wie beispielsweise standard als Vorlage verwenden und darauf aufbauend Ihr eigenes Deckblatt erstellen. Mit

Kommentar durch #
In den Dateien für die Deckblätter leitet das Zeichen # wie in vielen Konfigurationsdateien einen Kommentar ein, die Zeile wird nicht beachtet.

```
sudo cp /usr/share/cups/banners/standard /usr/share/cups/kai
```

wird das neue Deckblatt erstellt. Anschließend können Sie mit der Eingabe

Server neu starten
Wenn Sie ein neues Deckblatt erstellt haben, dann müssen Sie dessen Existenz dem Drucksystem mitteilen. Mit der Einagbe von `sudo killall -SIGHUP cupsd` wird der Server neu gestartet.

```
sudo nano /etc/share/cups/banners/kai
```

den Editor starten und Ihre Anweisungen für das Deckblatt eingeben.

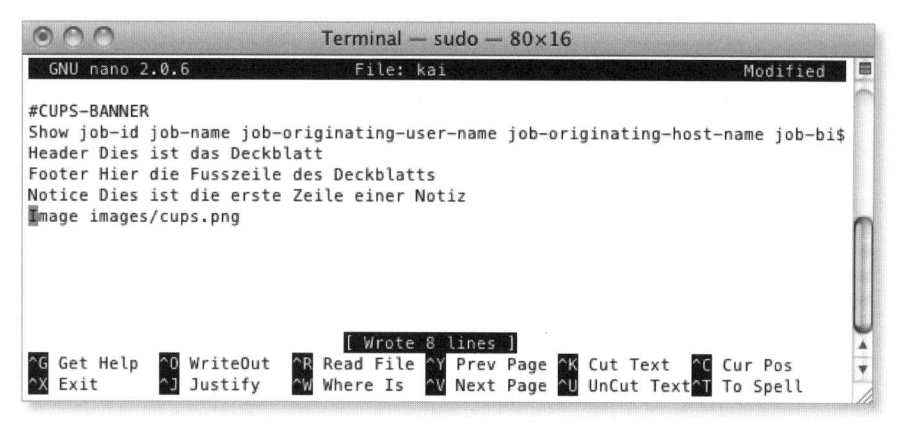

▲ Abbildung 20.61
Die Anweisungen werden zeilenweise aufgeführt.

▲ Abbildung 20.62
Das erstellte Deckblatt wird mit seinem Dateinamen aufgeführt.

In der Datei können Sie einige Anweisungen verwenden, mit denen Sie die Informationen des Deckblatts vorgeben können:

- `Show`: Auf diese Anweisung folgen durch Leerzeichen getrennt die organisatorischen Daten, die aufgeführt werden sollen. CUPS stellte eine Reihe solcher Informationen wie `job-name` zur Verfügung, deren Erläuterungen Sie in der Hilfe von CUPS über den URL *http://localhost:631/help/spec-banner.html* einsehen können.
- `Header`: Hierbei handelt es sich um den Text der Kopfzeile.
- `Footer`: Dies ist der Text der Fußzeile.
- `Notice`: Dieser Text wird in der Mitte des Deckblatts platziert.
- `Image`: Sie können hier einen Pfad zu einer Bilddatei angeben, die anstelle des CUPS-Logos gedruckt wird.

20.5.4 Drucker mit RSS-Feeds überwachen

Die Überwachung von Druckern kann insbesondere im Netzwerk aufwendig werden, wenn die Drucker an einem anderen Rechner angeschlossen sind. In den Standardeinstellungen hält CUPS den Drucker bei einem Problem an, sodass sich zwar die Aufträge in der Warteliste sammeln, aber kein Ausdruck erfolgt. Zur Überwachung von Druckern können Sie die Wartelisten als RSS-Feed exportieren und mit Mail, Safari oder einem beliebigen RSS-Reader beobachten.

▲ **Abbildung 20.63**
Die in den Feed aufzunehmenden Ereignisse sollten lediglich auf die notwendigen begrenzt werden.

In der Ansicht VERWALTUNG im Browser können Sie nun über die Schaltfläche RSS SUBSKRIPTION HINZUFÜGEN einen RSS-Feed für eine Warteliste erstellen. In dieser Ansicht (siehe Abbildung 20.64) vergeben Sie zunächst einen Namen für den RSS-Feed. In der Liste WARTESCHLANGE müssen Sie den oder die Drucker auswählen, deren Ereignisse in den RSS-Feed aufgenommen werden sollen. Schließlich wählen Sie unter EREIGNISSE diejenigen aus, über die Sie der RSS-Feed informieren soll. Wenn Sie die RSS SUBSKRIPTION HINZUFÜGEN, erscheint sie auf der Seite VERWALTUNG. Mit einem Klick auf den Link gelangen Sie zum RSS-Feed, der sich dann unter einem URL in der Form *http://localhost:631/rss/OkiFeed.rss* befindet. Beachten Sie, dass der RSS-Feed erst dann verfügbar ist, wenn wirklich ein Ereignis eingetragen wurde.

HINWEIS

Die Ereignisse WARTESCHLANGE GEÄNDERT und AUFTRAGSPARAMETER GEÄNDERT sollten Sie mit Bedacht auswählen. Sie führen dazu, dass sich im RSS-Feed viele belanglose Einträge finden, die Sie darüber in Kenntnis setzen, dass der Drucker auf Aufträge wartet.

◀ **Abbildung 20.64**
Der RSS-Feed kann in Safari oder Mail abonniert werden.

20.6 Faxe verschicken und empfangen

Sofern Ihr Rechner über ein Modem verfügt, bietet Mac OS X auch die Möglichkeit, Faxe zu verschicken oder zu empfangen. Es ist bei einigen Mobiltelefonen auch möglich, über Bluetooth ein Fax zu verschicken. In einem Netzwerk können Sie ferner auch ein eingerichtetes Fax-Modem freigeben und so auch von anderen Rechnern im Netzwerk aus ein Modem zum Versand von Faxen nutzen.

Abbildung 20.65 ▶
Ein Fax-Modem wird wie ein Drucker installiert.

efax
Die Fax-Fähigkeiten von Mac OS X beruhen auf dem Open-Source-Projekt efax *(http://www.cce.com/efax)*, das Apple eng mit dem Drucksystem von Mac OS X verzahnt hat.

▲ **Abbildung 20.66**
Der Status des Fax-Modems kann in der Menüleiste angezeigt werden.

Fax einrichten | In den Systemeinstellungen fügen Sie ein Fax-Modem wie einen Drucker hinzu. Wählen Sie bei einem lokal angeschlossenen Modem die Ansicht FAX. Dort werden Ihnen die gefundenen Fax-Modems aufgelistet. Gegebenenfalls können Sie, sofern vorhanden, auch über Bluetooth nach einem Fax-fähigen Mobiltelefon suchen. Wählen Sie als Druckertreiber unbedingt den FAX-DRUCKER aus.

Fax im Netzwerk | Ein Fax-Modem können Sie wie einen Drucker im Netzwerk freigeben. Haben Sie das Modem für die Verwendung im Netzwerk freigegeben, wird es von anderen Rechnern im Netzwerk in der Ansicht FAX wie ein freigegebener Drucker angezeigt. Wenn Sie den FAXSTATUS IN DER MENÜLEISTE ANZEIGEN lassen, finden Sie oben rechts in der Menüleiste einen Eintrag, der Ihnen den Status des Faxmodems wiedergibt.

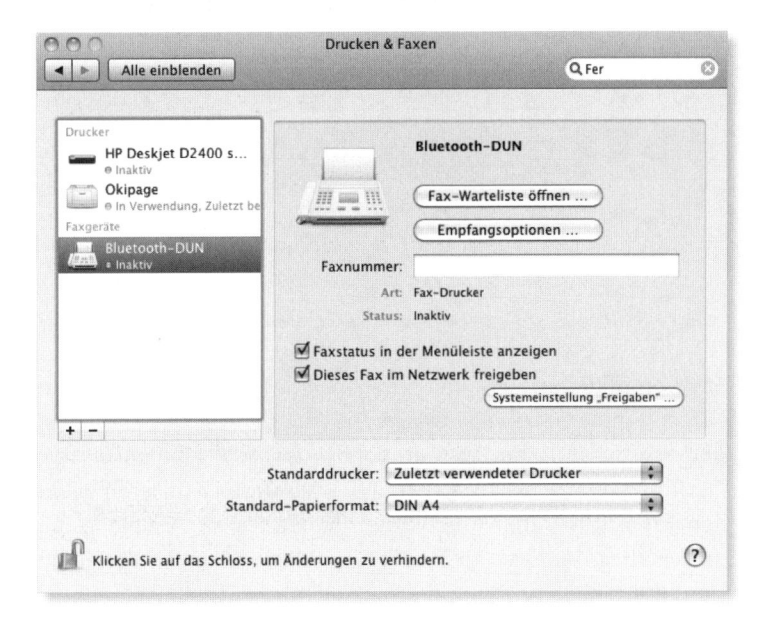

◀ **Abbildung 20.67**
Das Modem kann im Netzwerk gemeinsam genutzt werden.

Fax verschicken | Um ein Fax zu verschicken, wählen Sie das Fax-Modem im Druckmenü aus den verfügbaren Geräten aus. Dort geben Sie die Telefonnummern – ein Klick auf das Personen-Icon öffnet eine kleine Übersicht Ihres Adressbuchs – und, wenn Ihre Telefonanlage es benötigt, ein Wähl-Präfix vor. Zusätzlich können Sie noch ein DECKBLATT VERWENDEN. Wählen Sie bei einem Fax-Modem die DRUCKEROPTIONEN im Ausklappmenü aus, können Sie dort auch die AUFLÖSUNG des Faxes einstellen.

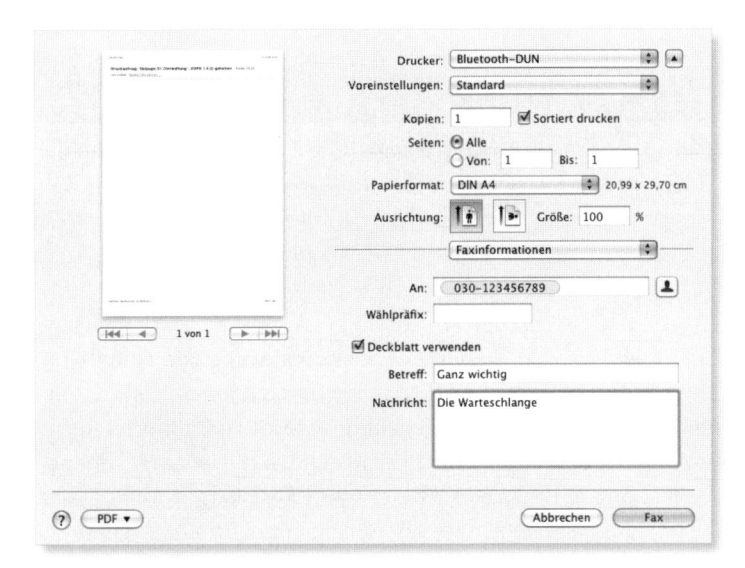

▲ **Abbildung 20.68**
Der Versand eines Fax erfolgt über den Druckdialog.

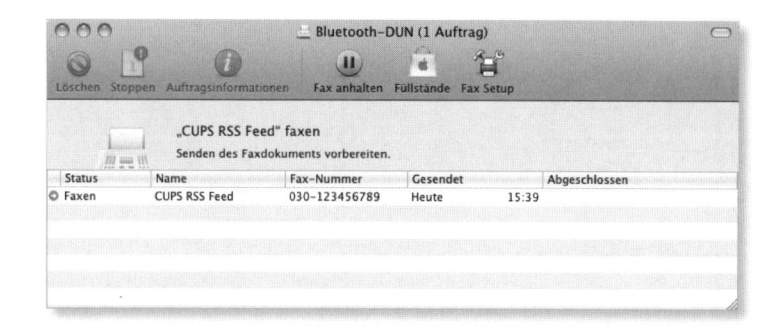

Abbildung 20.69 ▶
Der Versand eines Fax wird in der Warteliste des Fax-Modems angezeigt.

> **TIPP**
>
> Sie können an den Ordner, in dem die empfangenen Faxe als PDF-Datei gespeichert werden, auch eine Ordneraktion (siehe Abschnitt 23.6.2) anhängen und so die Weiterverarbeitung der eingegangenen Faxe weiter automatisieren. Bei vielen eingehenden Faxen könnten Sie ein AppleScript schreiben, das die im Namen der PDF-Datei gespeicherten Rufnummern analysiert.

Faxe empfangen | Wählen Sie in den Systemeinstellungen das Faxgerät in der Liste der installierten Drucker aus, und Sie finden dort die Schaltfläche EMPFANGSOPTIONEN. Hier können Sie die Option FAXE AUF DIESEM COMPUTER EMPFANGEN aktivieren. Über den Fax-Status in der Menüleiste können Sie den Empfang mit dem Eintrag ABHEBEN auch schon vor dem vierten Klingeln von Hand starten.

Faxe werden von Mac OS X als PDF-Dateien gespeichert, wobei Sie im Namen der PDF-Datei die Nummer des sendenden Anschlusses finden. Wenn Sie die eingehenden Faxe FÜR ALLE BENUTZER/FAXE sichern, werden die empfangenen Faxe als PDF-Dateien im Ordner FAXES unter /BENUTZER/FÜR ALLE BENUTZER gespeichert. Stattdessen können Sie auch den Ordner FAXES in Ihrem persönlichen Verzeichnis vorgeben oder einen beliebigen anderen Ordner auswählen. Eingegangene Faxe können auch sofort ausgedruckt oder an eine E-Mail-Adresse verschickt werden.

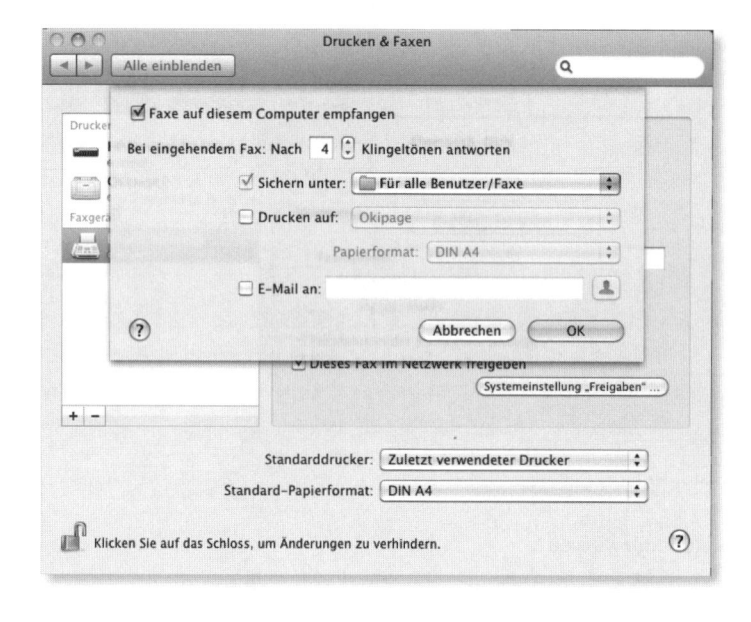

Abbildung 20.70 ▶
In den EMPFANGSOPTIONEN wird der Umgang für die eingegangenen Faxe festgelegt.

21 Schriften in Mac OS X 10.6

Die Verwaltung von Schriften kann gerade in Grafikstudios, die mit mehreren Tausend Schriftarten arbeiten, schnell zu einer mühsamen und bisweilen auch fehlerträchtigen Aufgabe werden. Spätestens wenn bei der Übernahme von Kundendaten weitere Schriften installiert werden sollen, sind detaillierte Kenntnisse der Schriftverwaltung von Mac OS X und ihrer Funktionsweise unabdingbar.

Mit der Schriftsammlung bietet Mac OS X von Haus aus ein komfortables und einfach zu nutzendes Programm, mit dem Sie Schriften installieren, verwalten und auch prüfen können. Im Hintergrund arbeitet das Programm `fontd` und sorgt für die Darstellung der Schriften auf dem Bildschirm und für die Ausgabe über die Quartz Engine.

21.1 Grundlagen

Mac OS X speichert Schriftdateien zunächst in vier Ordnern:

- Die für das System grundlegenden Schriftarten, auf denen weitgehend auch die Optik basiert, finden Sie im Ordner /SYSTEM/LIBRARY/FONTS.
- Im Verzeichnis /LIBRARY/FONTS sind die Zeichensätze gespeichert, die für alle eingerichteten Benutzer zur Verfügung stehen sollen.
- Unter ~/LIBRARY/FONTS werden die Schriftarten hinterlegt, die nur diesem Benutzer zur Verfügung stehen.
- WENN SIE DATEISYSTEME ÜBER DAS NETZWERK AUTOMATISCH EINBINDEN, KÖNNEN SIE SCHRIFTARTEN AUF DEM SERVER ABLEGEN UND DIESEN ORDNER IM VERZEICHNIS /NETWORK/LIBRARY/FONTS EINBINDEN. SIE ERSTELLEN SO EINE ZENTRALE INSTANZ, IN DER SIE SCHRIFTARTEN FÜR ALLE RECHNER IM NETZWERK – EINE PASSENDE LIZENZ VORAUSGESETZT – ZUGÄNGLICH MACHEN UND ZENTRAL VERWALTEN.

> **WARNUNG**
>
> Am Inhalt des Ordners /SYSTEM/LIBRARY/FONTS sollten Sie keine eigenhändigen Änderungen vornehmen. Das System ist eher sensibel, wenn es um die hier abgelegten eigenen Schriften geht. Begnügen Sie sich mit der Deaktivierung der Schriften über die Schriftsammlung.

Neben diesen vier Verzeichnissen können Sie Schriften auch in eigenen Ordnern ablegen und das Programm Schriftsammlung wie nachfolgend beschrieben anweisen, diese Ordner ebenfalls zu verwalten.

21.2 Dateitypen

Mac OS X unterstützt eine Reihe von Dateitypen, die Schriftarten enthalten können. Welche Sie davon einsetzen, hängt natürlich von den Ihnen zur Verfügung stehenden Dateien ab. Folgende Dateitypen können Sie mit Mac OS X nutzen und über das Programm Schriftsammlung installieren und verwalten:

[Glyphen]
Als Glyphen werden die unterschiedlichen Variationen der Zeichen bezeichnet. So können für das Zeichen »a« mehrere Glyphen enthalten sein, wenn »a« zum Beispiel hochgestellt oder verziert werden soll. Ferner ist es mit Glyphen möglich, mehrere Zeichen zusammenzufassen, was bei typografischen Feinheiten wie Ligaturen nützlich ist. Im Untermenü Typografie der Schriftenpalette (siehe Abschnitt 2.5.4) ermöglicht Ihnen Mac OS X den Zugriff auf die Glyphen, sofern vorhanden.

OpenType | Um dem Wildwuchs, der sich schon allein durch die folgende Aufzählung von unterstützten Schriftdateien andeutet, wenigstens in professionellen Arbeitsumgebungen ein Ende zu setzen, wurde das Format OpenType entwickelt. Diese Dateien mit der Endung .OTF können fast problemlos plattformübergreifend verwendet werden.

OpenType zeichnet sich dadurch aus, dass eine Schriftdatei mehr als 65.000 Glyphen enthalten kann und die Schriftart somit auch Ligaturen, hoch- und tiefgestellte Zeichen und Kapitälchen umfassen kann. Der Unterschied beim Ausdruck, wenn der Designer eigens für die Gestaltung der Kapitälchen verantwortlich ist, kann recht eindrucksvoll sein. Ferner basiert OpenType auf Unicode, es können also auch ohne Probleme Schriftzeichen für Sprachen wie Chinesisch enthalten sein.

Mac TrueType | Die TrueType-Schriftarten, die für Macintosh-Rechner (bevorzugt Mac OS 9 und älter) erstellt wurden, sind auch unter Mac OS X einsatzbereit. Sie sollten bei diesen Schriftdateien, die sowohl die Schriften für die Darstellung am Bildschirm als auch auf dem Drucker beinhalten, darauf achten, dass sie von hoher Qualität sind. Oft sind eigentlich beschädigte TrueType-Schriften, die aber trotzdem korrekt auf dem Bildschirm erscheinen, die Ursache für Probleme im Workflow. Bei diesen Schriftdateien werden die Daten für die Schriften im Resource Fork gespeichert.

Windows TrueType | Schriftarten, die in erster Linie für Windows-Rechner erstellt wurden, funktionieren auch unter Mac OS X und werden, sofern die Dateiendung .TTF lautet, auch im Finder als solche angezeigt. Mit Mac OS X 10.6 setzt Apple bei den Schriftarten, die das System nutzt, verstärkt auf Sammlungen von TrueType-Schriften mit der Dateiendung .TTC.

PostScript Type 1 | Die Arbeit mit Type-1-Schriftarten ist möglich. Bei Type 1 müssen zwei Dateien genutzt werden: Die Bitmap-Datei, deren Icon mit den Zeichen FFIL versehen wird, enthält die Daten für die Anzeige der Schriftart auf dem Bildschirm. Die zweite Datei, mit LWFN bezeichnet, beinhaltet die Daten, die an den Drucker geschickt werden. Sie müssen bei der Arbeit mit diesen Schriftarten darauf achten, dass Sie beide Dateien installieren. Ansonsten erscheinen Ihre Dateien zwar auf dem Bildschirm korrekt, aber der Ausdruck ist fehlerhaft.

AFM
Die manchmal noch mitgelieferten AFM-Dateien, die die Font-Metriken separat enthalten, benötigen Sie nicht unter Mac OS X.

Multiple Master | Bei Multiple Master handelt es sich um eine von Adobe entwickelte, jedoch mittlerweile weitgehend aufgegebene Weiterentwicklung von PostScript Type 1. Mac OS X unterstützt die Verwendung von Multiple Master. Eine Besonderheit dieses Formats besteht darin, dass ausgehend von einer Schrift verschiedene Parameter manipuliert werden können. Die so manipulierte Schrift konnte als eigenständige, neue Instanz verwendet werden. Das Verfahren mit Instanzen wird von Mac OS X jedoch nicht unterstützt.

Schriftenkoffer
Im klassischen Mac OS wurden verschiedene Schriftschnitte gerne in einem Schriftkoffer, der sich im Finder wie ein Ordner öffnen ließ, zusammengefasst. Diese Koffer können Sie auch unter Mac OS X weiterhin verwenden. Sie sollten allerdings unbedingt darauf achten, dass sich in dem Koffer nur die Schriften für den Bildschirm oder den Ausdruck befinden. Ein Öffnen der Koffer ist unter Mac OS X nicht mehr möglich, hierzu benötigen Sie ein Zusatzprogramm wie FontDoctor.

Datafork TrueType | Bei diesen Schriftdateien mit der Endung .DFONT handelt es sich eigentlich um normale TrueType-Dateien. Sie unterscheiden sich von den Mac-TrueType-Dateien dadurch, dass die Daten der Schriftart nicht in den Resource Forks ausgelagert werden. Bis Mac OS X 10.6 wurde diese Dateiformat für viele vom System genutzten Schriften verwendet, mittlerweile aber zugunsten der .TTC-Dateien bis auf wenige Ausnahmen aufgegeben.

21.3 Die Schriftsammlung

Das Programm Schriftsammlung ist die zentrale Instanz, um die installierten Schriften in den eingangs beschriebenen Ordnern zu verwalten. Neben der eigentlichen Verwaltung der Ordner verfügt es noch über ein paar weitere Funktionen, die sich im Arbeitsalltag als sehr nützlich erweisen können.

Wenn Sie die Schriftsammlung gestartet haben, öffnet sich auch das Hauptfenster des Programms. Darin finden Sie drei Spalten, wobei die linke die Bibliotheken oberhalb und Sammlungen unterhalb des Strichs enthält, die mittlere deren Schriften und

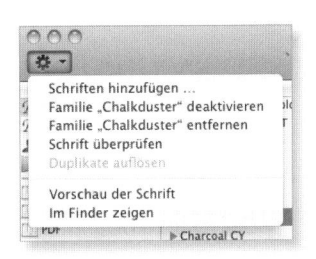

▲ **Abbildung 21.1**
Einige Funktionen können auch über das Ausklappmenü aufgerufen werden.

Bibliotheken und Sammlungen
Während die Sammlungen die installierten und aktivierten Schriftarten thematisch oder nach Projekten zusammenfassen und darstellen, dienen die Bibliotheken zur Verwaltung der Dateien. Die Bibliothek ALLE SCHRIFTEN gibt Ihnen eine vollständige Übersicht aller installierten Schriften, während die Bibliothek BENUTZER die unter ~/LIBRARY/FONTS installierten anzeigt. Die Bibliothek COMPUTER zeigt die unter /SYSTEM/LIBRARY/FONTS und /LIBRARY/FONTS abgelegten Schriften an.

die rechte eine Vorschau oder Informationen über das Repertoire der Schriftart.

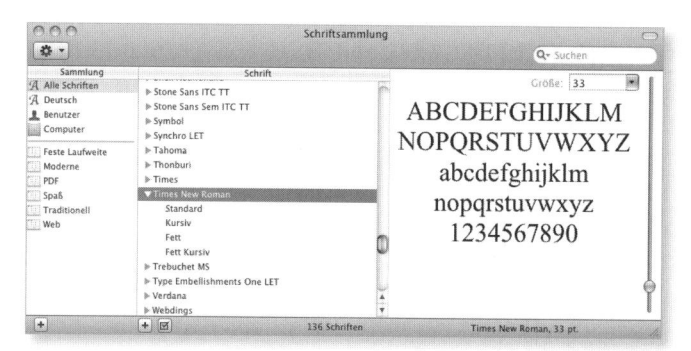

▲ **Abbildung 21.2**
Das Hauptfenster der Schriftsammlung teilt sich in bis zu drei Bereiche.

21.3.1 Vorschau von Schriftarten

Bei vielen installierten Schriftarten den Überblick zu behalten und schnell den gesuchten Typ zu finden, ist manchmal eine Kunst. Seit Mac OS X 10.5 gestaltet sich die Suche nach einer Schriftart etwas einfacher als in den vorhergehenden Versionen, da sowohl die Schriftsammlung als auch – vermittelt über Quick Look – der Finder Ihnen bei der Suche nach einer Schriftart behilflich sind.

Abbildung 21.3 ▶
Mithilfe von Quick Look und der Darstellung als Cover Flow können Ordner mit Schriften durchgeblättert werden.

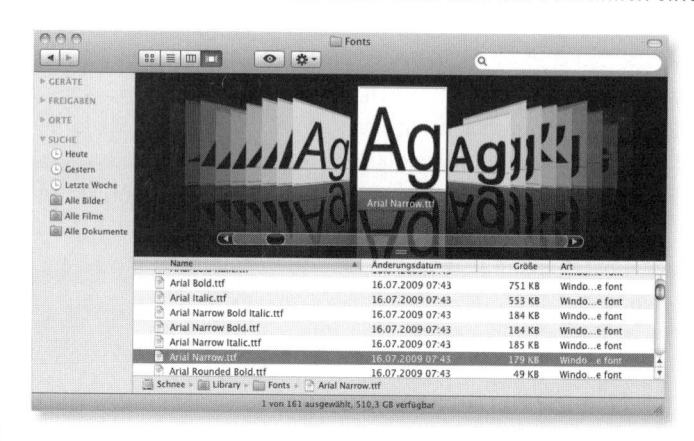

▲ **Abbildung 21.4**
Die Übersicht mit Quick Look zeigt eine Vorschau der ausgewählten Schriftarten.

Vorschau in der Schriftsammlung | In der Schriftsammlung können Sie mit einem Doppelklick auf den Namen einer Schriftart ein eigenes Fenster mit einer Vorschau öffnen und dort über das Ausklappmenü die verschiedenen Schnitte auswählen.

Im Hauptfenster der Schriftsammlung finden Sie rechts die Vorschau der Schriftart. Über den Menüpunkt VORSCHAU können Sie sich ein BEISPIEL (⌘ + 1), das gesamte REPERTOIRE (⌘ + 2) oder eine EIGENE (⌘ + 3) Zeichenkette anzeigen lassen.

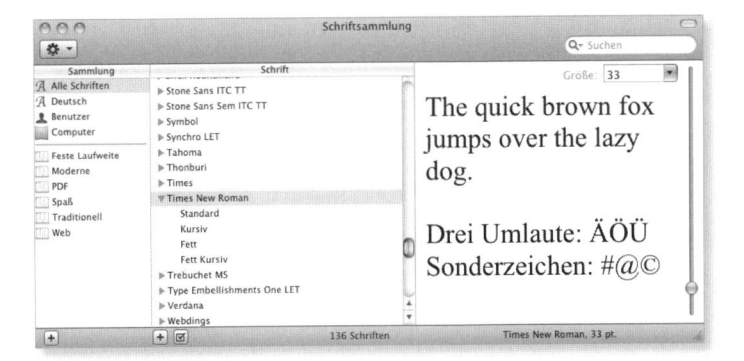

▲ **Abbildung 21.6**
Als Vorschau in der Schriftsammlung kann ein beliebiger Text eingegeben werden.

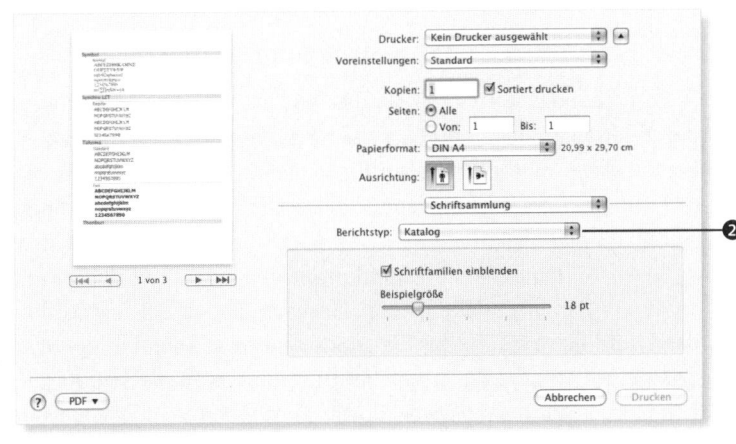

▲ **Abbildung 21.5**
In der separaten Vorschau der Schriftsammlung können auch einzelne Schriftschnitte angezeigt werden.

Schriftinformationen einblenden | Über den Menüpunkt Vorschau • Schriftinformationen einblenden können Sie detaillierte Informationen für die gewählte Schriftart einblenden. Dazu gehören neben dem Urheberrecht auch die verschiedenen Namen, die Art und die enthaltenen Sprachen. Ferner finden Sie hier den Ort, an dem die Schriftart gespeichert wurde.

Bericht drucken | Die Schriftsammlung ist auch in der Lage, Ihnen einen Bericht der aktuell ausgewählten Schriftarten auszudrucken. Wählen Sie zunächst alle Schriftarten, die in dem Bericht enthalten sein sollen, in der Liste aus. Über Ablage • Drucken gelangen Sie in die bekannte Ansicht. In den Optionen Schriftsammlung können Sie einen Berichtstyp auswählen. Neben dem in Abbildung 21.8 gezeigten Katalog kann sowohl das gesamte Repertoire als auch ein Wasserfall ausgedruckt werden.

▲ **Abbildung 21.7**
Die Schriftinformationen geben auch Auskunft über den Speicherort ❶ der Schriftdatei.

◀ **Abbildung 21.8**
Die Schriftsammlung kann die ausgewählten Schriften in einen Bericht ❷ ausgeben.

21.3 Die Schriftsammlung | **627**

21.3.2 Schriften installieren, prüfen und entfernen

Um eine Schriftart zu installieren, wählen Sie den Menüpunkt ABLAGE • SCHRIFTEN HINZUFÜGEN. In dem Dialog können Sie auch mehrere Ordner mit gedrückt gehaltener Taste ⌘ auswählen und so die in diesen enthaltenen Schriften hinzufügen. Sie können auch im Finder eine oder mehrere Schriftdateien wie eine Datei öffnen. Die Schriftsammlung präsentiert Ihnen dann das Fenster VORSCHAU aus Abbildung 21.5, versehen mit einer Schaltfläche INSTALLIEREN.

> **HINWEIS**
>
> Sie sollten Schriftarten nicht in den Ordner /SYSTEM/LIBRARY/FONTS installieren, da dieser ausschließlich den Schriftarten des Systems vorbehalten ist. Um Schriften allen eingerichteten Benutzern zugänglich zu machen, installieren Sie sie, wie es auch durch die Schriftsammlung geschieht, im Ordner /LIBRARY/FONTS.

Ort der Installation | Um den Ort, an dem Schriften abgelegt werden, vorzugeben, können Sie die SCHRIFTSAMMLUNGS-EINSTELLUNGEN über den Menüpunkt SCHRIFTSAMMLUNG • EINSTELLUNG aufrufen. Im STANDARDORT ZUR INSTALLATION können Sie zunächst zwischen der Option BENUTZER, was dem Ordner ~/LIBRARY/FONTS entspricht, und SYSTEM für den Ordner /LIBRARY/FONTS auswählen. Sie finden hier ebenfalls die nachfolgend erläuterten Bibliotheken, in Abbildung 21.10 zum Beispiel PROJEKT1.

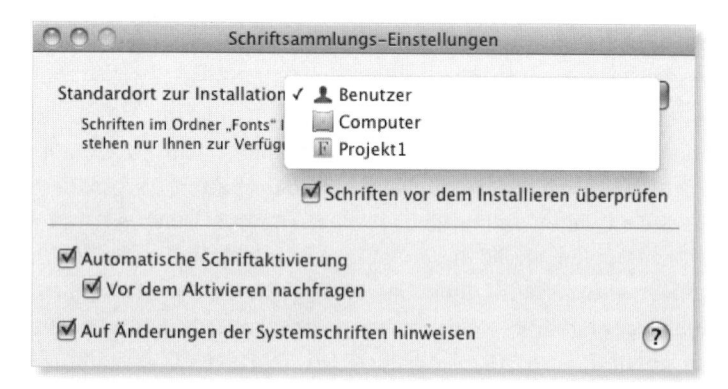

▲ **Abbildung 21.9**
In der Spalte SAMMLUNG können Bibliotheken zur Installation vorab ausgewählt werden.

▲ **Abbildung 21.10**
In den Einstellungen können auch eigene Bibliotheken als STANDARDORT vorgegeben werden.

In Bezug auf das Verzeichnis, in das die Schriftdateien kopiert werden oder auch nicht, verhält es sich so, dass Schriften, die Sie im Finder öffnen und anschließend installieren, in den STANDARDORT ZUR INSTALLATION kopiert werden. Anders verhält es sich allerdings, wenn Sie eine Schriftart über ABLAGE • SCHRIFTEN HINZUFÜGEN installieren: Haben Sie im Hauptfenster des Programms in der mit SAMMLUNG überschriebenen Spalte eine Bibliothek ausgewählt, dann wird diese als Ziel für die zu installierende Schriftart genutzt. Wählen Sie also die Bibliothek BENUTZER aus, wird die Schriftart in den Ordner ~/LIBRARY/FONTS kopiert, auch wenn Sie in den Einstellungen als STANDARDORT den Punkt COMPUTER ausgewählt haben.

Eigene Bibliotheken | Mithilfe von eigenen Bibliotheken können Sie auch außerhalb der Ordner /LIBRARY/FONTS und ~/LIBRARY/FONTS auf Schriftarten zugreifen. Eine neue Bibliothek erstellen Sie über ABLAGE • NEUE BIBLIOTHEK. Haben Sie eine Bibliothek benannt, dann können Sie entweder den Menüpunkt ABLAGE • SCHRIFTEN HINZUFÜGEN auswählen, oder Sie ziehen eine Schriftdatei oder einen Ordner auf die Spalte SCHRIFT. Die Schriften stehen Ihnen dann in den Programmen zur Verfügung, aber die Dateien verbleiben an ihrem Platz und werden von der Schriftsammlung beim Hinzufügen nicht bewegt oder kopiert.

> **HINWEIS**
>
> Beachten Sie, dass eine Schriftdatei beim Hinzufügen zu einer eigenen Bibliothek nicht kopiert wird. Möglicherweise verbleibt die Datei auf einem Wechselmedium und steht Ihnen nach dessen Auswurf nicht mehr zur Verfügung.

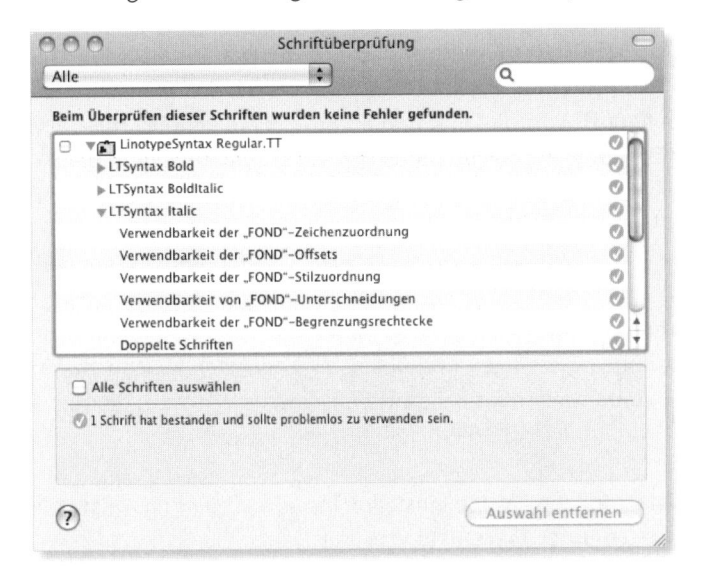

◀ **Abbildung 21.11**
Die Schriftsammlung überprüft Dateien auf Fehler und mögliche Probleme.

Schriften prüfen | Fehlerhafte oder beschädigte Schriften sind manchmal ein Grund für Abstürze oder fehlerhafte Ausdrucke. Die Schriftsammlung verfügt über Fähigkeit, Schriftarten zu überprüfen und Sie vor geringfügigen sowie schwerwiegenden Fehlern zu warnen. Wählen Sie die Schriften, die überprüft werden sollen, und dann den Menüpunkt ABLAGE • SCHRIFTEN ÜBERPRÜFEN. Sie erhalten nach der Prüfung in einem eigenen Fenster einen Bericht, in dem fehlerhafte Schriften hervorgehoben werden. Sie können diese auswählen und dann die AUSWAHL ENTFERNEN. Über ABLAGE • DATEI ÜBERPRÜFEN ist es möglich, eine Datei zu testen, ohne sie zuvor installieren zu müssen.

Prüfung vorab
In den Voreinstellungen der Schriftsammlung können Sie die Option SCHRIFTEN VOR DEM INSTALLIEREN ÜBERPRÜFEN aktivieren und so von vornherein vermeiden, dass fehlerhafte Schriften überhaupt installiert werden.

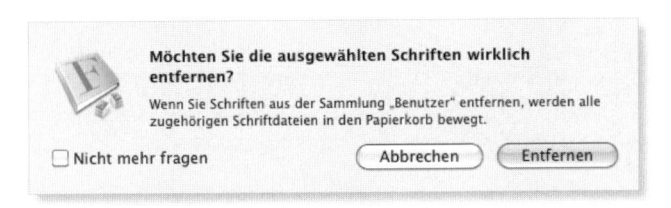

◀ **Abbildung 21.12**
Wurde die Schrift in der Sammlung ALLE SCHRIFTEN oder BENUTZER ausgewählt, wird auch die zugehörige Datei entfernt.

Schriften entfernen | Beim Entfernen einer Schriftart über Ablage • Schriften entfernen (←) ist es wie auch bei der Installation wichtig, wo Sie die Schrift ausgewählt haben. Wenn Sie die zu entfernende Schrift in der Bibliothek Alle Schriften oder Benutzer markiert haben, wird auch die zugehörige Datei in den Papierkorb verschoben. Dies geschieht auch dann, wenn sich die Schrift in einem anderen Ordner als /Library/Fonts oder ~/Library/Fonts befindet. Wählen Sie die Schrift in einer anderen Bibliothek aus, dann wird sie nur aus dieser Bibliothek entfernt, während die Datei an ihrem Platz verbleibt.

21.3.3 Schriften verwalten und gruppieren

Die Schriftsammlung erlaubt es Ihnen, Ihre Schriften in einer Sammlung zu gruppieren. Programme, die die Schriftpalette von Mac OS X nutzen, zeigen Ihnen die Sammlungen an und erleichtern Ihnen so die Übersicht und die Suche nach der gewünschten Schriftart. Eine neue Sammlung können Sie über den Menüpunkt Ablage • Neue Sammlung (⌘ + N) oder über das Plus-Zeichen unterhalb der Spalte erstellen.

Schriften können Sie per Drag and Drop aus einer Bibliothek in die Sammlung einfügen und über ← oder den gleichnamigen Menüpunkt wieder aus der Sammlung löschen. Hierbei bleibt die Schrift in den Bibliotheken jedoch weiterhin verfügbar.

Dienste | In den Systemeinstellungen in der Ansicht Tastatur können Sie unter Tastaturkurzbefehle auch die Dienste Sammlung aus Text erstellen sowie Schriftbibliothek aus Text erstellen aktivieren. Wenn Sie nun in einem Programm wie TextEdit einen Textbereich markieren, können Sie einen der Dienste (siehe Abschnitt 2.4) aufrufen und basierend auf den Schriftarten, die im ausgewählten Bereich verwendet werden, eine neue Bibliothek oder Sammlung erstellen.

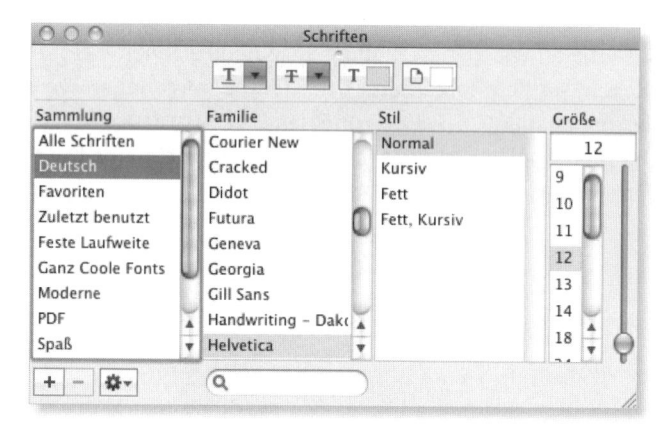

▲ **Abbildung 21.13**
Über die Sammlungen können Schriften gruppiert werden.

Abbildung 21.14 ▶
In der Schriftpalette können über das Plus- und Minuszeichen Sammlungen angelegt und gelöscht werden.

Schriften deaktivieren | Wenn Sie Schriften deaktivieren, dann werden diese in der Schriftpalette ausgeblendet, verbleiben aber in der Schriftsammlung und im Dateisystem an ihrem Platz. Bei sehr vielen installierten Schriften, von denen Sie abhängig vom gerade bearbeiteten Dokument oder Projekt nur einige brauchen, erleichtern Sie sich so die Übersicht. Wählen Sie die zu deaktivierende Schriftart aus und dann die Schaltfläche mit dem Haken unterhalb der Spalte. Die Schrift wird nun ausgegraut, mit dem Zusatz Aus versehen und steht Ihnen nicht mehr zur Verfügung.

Reaktivieren können Sie die Schrift wiederum über die Schaltfläche unten, die jetzt keinen Haken mehr beinhaltet. Sie können auch ganze Sammlungen und Bibliotheken deaktivieren, indem Sie sie auswählen und dann über das Ausklappmenü deaktivieren.

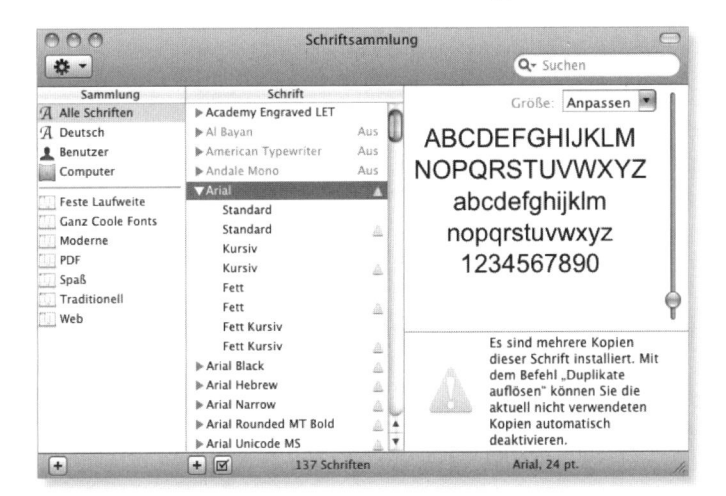

Schrift (de)aktivieren

⌘ + ⇧ + D

Sammlung oder Bibliothek (de)aktivieren

⌘ + ⇧ + E

◀ **Abbildung 21.15**
Deaktivierte Schriften werden grau, doppelt installierte Schriften mit einem Warndreieck dargestellt.

Duplikate ermitteln | Wenn eine Schrift mehrfach installiert wurde, kann dies nicht nur Verwirrung stiften, sondern auch zu anderweitigen Problemen führen, da Programme dann bisweilen die falsche Schrift auswählen und sich der Umbruch verschiebt. Doppelt vorhandene Schriftfamilien werden in der Schriftsammlung mit einem gelben Warndreieck und einer entsprechenden Erläuterung versehen. Über den Menüpunkt BEARBEITEN • DUPLIKATE AUFLÖSEN weisen Sie das Programm an, bei doppelt vorhandenen Schriften alle bis auf eine zu deaktivieren. Zur besseren Übersicht können Sie auch über den Menübefehl BEARBEITEN • DOPPELTE SCHRIFTEN AUSWÄHLEN alle Schriftschnitte, die doppelt vorhanden sind, auswählen.

21.3.4 Automatische Aktivierung

Seit Mac OS X 10.5 ist das System in der Lage, nicht installierte Schriften automatisch für den benötigten Zeitraum zu aktivieren.

In der Schriftsammlung können Sie die AUTOMATISCHE SCHRIFTAKTIVIERUNG in den Voreinstellungen des Programms einschalten.

Die Beschreibung dieser Funktion ist vielleicht etwas missverständlich. Mit der Schriftaktivierung werden deaktivierte Schriften in Ihrer Schriftsammlung nicht automatisch bei Bedarf aktiviert. Haben Sie eine Schriftart explizit mit der zuvor beschriebenen Funktion deaktiviert, dann respektiert das System diese Deaktivierung. Sie erhalten zum Beispiel in Pages eine Warnung, dass Schriften fehlen.

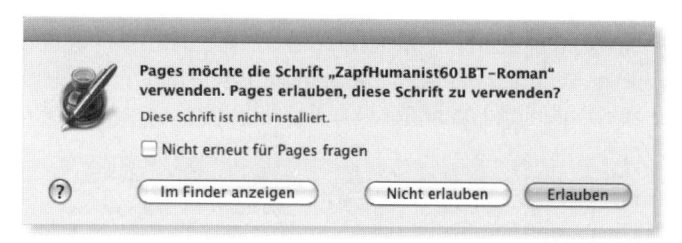

▲ **Abbildung 21.16**
Greift ein Programm auf eine nicht installierte Schrift zurück, kann diese automatisch aktiviert werden.

Doppelte Schriftdateien
Wenn Sie eine Schriftart deaktiviert haben, und im Dateisystem befindet sich an einer anderen Stelle eine Kopie der Schriftart, dann erhalten Sie in diesem Fall ebenfalls die Rückfrage zur automatischen Aktivierung. Das System versucht dann die nicht installierte Kopie der deaktivierten Schriftart zu verwenden.

Die automatische Aktivierung von Schriften bezieht sich vielmehr auf solche, die über Spotlight zu finden sind und die noch nicht installiert wurden. Die Schriften befinden sich also außerhalb der Schriftsammlung. In diesem Fall erhalten Sie, so Sie die Nachfrage in den Voreinstellungen aktiviert haben, die Meldung aus Abbildung 21.16, wenn eine benötigte Schriftart, die nicht installiert wurde, in Ihrem Dateisystem gefunden wurde. Wenn Sie die Verwendung der Schriftart ERLAUBEN, dann wird diese vorübergehend aktiviert, jedoch nicht in die Schriftsammlung installiert. Die eigentlich korrekte Beschreibung für diese Funktion müsste eher »automatische vorübergehende Schriftinstallation« lauten.

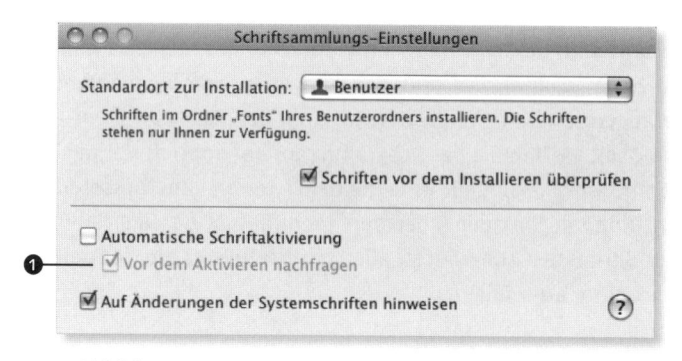

▲ **Abbildung 21.17**
Die AUTOMATISCHE SCHRIFTAKTIVIERUNG ❶ kann in den Einstellungen abgeschaltet werden.

21.4 Weitere Informationen

Neben der Schriftsammlung gibt es noch zwei wichtige Punkte in Bezug auf die Arbeit mit Schriften unter Mac OS X 10.6. Zunächst sind hier die Systemschriften und als Sonderfall die Schriftart Helvetica zu erwähnen. Ferner kann es vorkommen, dass die Caches der Schriftverwaltung korrupt sind und neu angelegt werden müssen. Dies geschieht seit Mac OS X 10.5 mit dem Befehl `atsutil`.

21.4.1 Die Systemschriften und die Schrift Helvetica

Die Schriften im Verzeichnis /SYSTEM/LIBRARY/FONTS betrachtet Mac OS X 10.6 als sogenannte Systemschriften. Diese gelten als Bestandteil des Systems, und Sie sollten sie, auch wenn damit Ihre Liste der Schriftarten etwas aufgebläht wird, nicht deaktivieren. In den Voreinstellungen der Schriftsammlung können Sie sich AUF ÄNDERUNGEN DER SYSTEMSCHRIFTEN HINWEISEN lassen. Das Deaktivieren von Systemschriften kann bei vielen Programmen zu Problemen in der Darstellung führen, da sie diese Schriften in jedem Fall voraussetzen. Es gibt auch einige Schriftarten wie zum Beispiel Monaco, bei denen Ihnen die Option zum Deaktivieren gar nicht zur Verfügung steht.

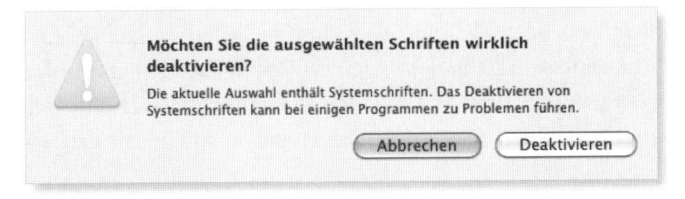

▲ **Abbildung 21.18**
Die Schriftsammlung kann vor der Deaktivierung von Systemschriften warnen.

Die Schrift Helvetica | Als etwas problematisch erweist sich in diesem Zusammenhang die Schriftart Helvetica, die für die Darstellung vieler Texte auf dem Bildschirm vom System genutzt wird. Diese Schrift ist andererseits auch in der Druckvorstufe sehr beliebt, und viele Setzer und Designer ziehen es vor, eine andere Fassung dieser Schriftart zu verwenden, die eher für den Ausdruck optimiert ist als die in Mac OS X enthaltene Variante. Allerdings ist es nicht mehr möglich, die in Mac OS X 10.6 enthaltene Variante der Helvetica zu ersetzen. Sie erhalten, wenn Sie im Finder die Dateien im Verzeichnis /SYSTEM/LIBRARY/FONTS verschieben oder löschen, sofort eine Nachricht, dass die Datei wiederhergestellt wurde.

Protected Fonts
Innerhalb des APPLICATIONSSERVICES.FRAMEWORK unter /SYSTEM/LIBRARY findet sich im enthaltenen ATS.FRAMEWORK ein Unterordner PROTECTEDFONTS. Die in diesem Ordner enthaltenen Schriften (Geneva, Helvetica, HelveticaNeue, Keyboard, LastResort, Lucidagrande und Monaco) werden automatisch wiederhergestellt. Von Manipulationen dieses Ordners sollten Sie in jedem Fall absehen.

Abbildung 21.19 ▶
Wird die Schriftart im Finder gelöscht, dann stellt das System sie sofort wieder her.

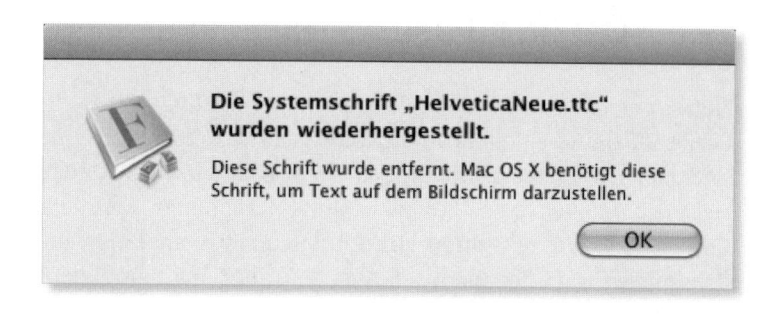

> **Die Systemschrift „HelveticaNeue.ttc" wurden wiederhergestellt.**
>
> Diese Schrift wurde entfernt. Mac OS X benötigt diese Schrift, um Text auf dem Bildschirm darzustellen.
>
> OK

Die Ersetzung der Helvetica durch eine andere Fassung wird seit Mac OS X 10.5 nicht mehr unterstützt, das System besteht auf seiner eigenen Datei. Eine Lösung kann der Erwerb einer anderen Helvetica-Variante sein, deren Name nicht mehr Helvetica, sondern zum Beispiel Helvetica LT lautet.

21.4.2 Font Caches löschen

Der Dienst `fontd` legt im Hintergrund Caches an, um Informationen und Daten, die die Schriftdarstellung betreffen, zwischenzuspeichern und so die Darstellung von Schriftarten zu beschleunigen. Es kann in Einzelfällen vorkommen, dass diese Zwischenspeicher fehlerhaft sind, was sich dann sowohl in Programmabstürzen als auch in fehlerhaften Darstellungen und Ausdrucken äußern kann. In Mac OS X 10.6 werden die Caches in einem Unterverzeichnis von /VAR/FOLDERS gesichert, das im Finder nicht sichtbar ist. Ebenso wird eine Zeichenkette in der Form OHAIHAKJUKLASZUZUA+++TI für den Namen des Verzeichnisses verwendet, in dem die Caches der einzelnen Benutzer gespeichert werden.

atsutil
Der Befehl `atsutil` am Terminal dient zur Verwaltung und Ansprache des Dienstes `fontd`. In der Dokumentation des Befehls (`man atsutil`) finden Sie auch die Optionen zur Abschaltung der automatischen Aktivierung, zum Neustart von `fontd` und zum Aufheben des Schutzes der Systemschriften. Alle drei Funktionen sind für die normale Arbeit mit Mac OS X nicht notwendig und auch nicht empfehlenswert.

Unter Mac OS X 10.6 können Sie mit dem Befehl `atsutil` diese Caches am Terminal löschen. Der Befehl `atsutil` dient zur Interaktion mit dem Dienst `fontd`. Mit der Eingabe `atsutil databases -removeUser` löschen Sie die Caches für das aktuelle Benutzerkonto. Anschließend sollten Sie sich umgehend ab- und wieder anmelden. Neben den Caches für den Benutzer gibt es auch einen systemweiten Cache, der zum Beispiel bei der Darstellung des Anmeldefensters Verwendung findet. Diesen Cache können Sie mit der Eingabe `sudo atsutil databases -remove` gefolgt von Ihrem Passwort löschen. Mit dieser Eingabe wird sowohl der Cache des Systems als auch der für den aktiven Benutzer gelöscht. Anschließend sollten Sie sofort einen Neustart durchführen.

22 PDF und Farbmanagement

Das Grafiksystem von Mac OS X setzt seit Beginn auf die Darstellung mittels PDF. Für den Anwender stellt sich dies nicht immer transparent dar, aber wenn Sie sich mit den Fähigkeiten des Programms Vorschau vertraut machen, dann werden Sie schnell erkennen, dass die PDF-Unterstützung von Mac OS X für viele Aufgaben ausreichend ist. Das Farbmanagement von Mac OS X, ColorSync, ist sogar noch wesentlich älter.

Dieses Kapitel stellt Ihnen zunächst das Programm Vorschau vor. Im Abschnitt zu ColorSync finden Sie eine Einführung in die Werkzeuge und Funktionen, die Ihnen Mac OS X zum Farbmanagement bietet.

22.1 Mehr als eine Vorschau

Das Programm Vorschau dient in erster Linie zur Anzeige von PDF- und Bilddateien. Aber es kann noch sehr viel mehr. So ist es in der Lage, PDF-Dateien zu bearbeiten, zusammenzufügen und zu verschlüsseln sowie Bilder freizustellen und in ein anderes Format zu konvertieren.

22.1.1 Einstellungen und Lesezeichen

Wenn Sie die Einstellungen des Programms Vorschau aufrufen, dann finden Sie in der Ansicht Allgemein die Voreinstellung für das Öffnen von Dateien. In den Standardeinstellungen des Programms wird eine einzelne Datei in einem separaten Fenster geöffnet. Wenn Sie mehrere Dateien zum Beispiel im Finder auswählen und diese auf das Icon der Vorschau im Dock ziehen, dann werden diese Dateien in einem Fenster geöffnet und Ihnen in der Seitenleiste (siehe Abbildung 22.1) zur Auswahl gestellt. Alternativ können Sie hier auch die Optionen Alle Dateien in einem Fenster öffnen oder Jede Datei in einem eigenen Fenster öffnen auswählen. Der Fenster-Hintergrund bezieht sich auf die Farbe der Ränder im Fenster.

▲ **Abbildung 22.1**
Mehrere Dateien können in der Seitenleiste geöffnet werden.

Abbildung 22.2 ▶
Ob Dateien in einem oder mehreren Fenstern geöffnet werden, wird in den allgemeinen Einstellungen festgelegt.

Anmerkungen
In der Ansicht PDF können Sie unter Anmerkungen auch festlegen, ob Ihr Name oder gegebenenfalls ein einzugebendes Kürzel automatisch den im nächsten Abschnitt beschriebenen Anmerkungen hinzugefügt wird.

Lesezeichen hinzufügen
⌘ + D

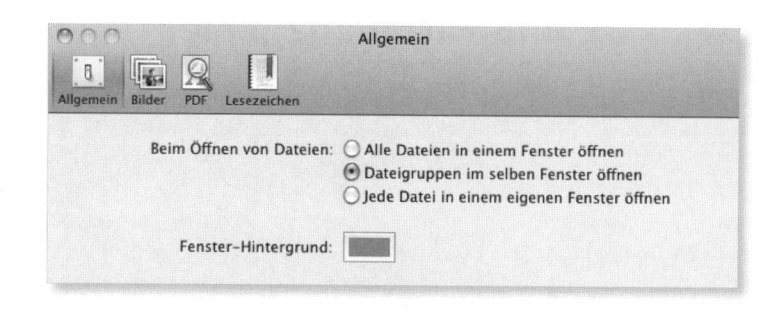

Bilder und PDF | In den Ansichten BILDER und PDF der Voreinstellungen können Sie festlegen, wie Ihnen solche Dateien angezeigt werden sollen. Bei den Bildern können Sie unter anderem vorgeben, ob die Ansicht 100 % den Bildpixeln oder der Druckgröße entsprechen soll. Die Voreinstellungen für PDF-Dateien beinhalten auch die Einstellungen für die Darstellung. Sie können hier auch festlegen, ob Sie bei PDF-Dateien die Darstellung bei der zuletzt angezeigten Seite beginnen möchten. In den Standardeinstellungen wird beim Öffnen von PDF-Dateien die Seitenleiste immer angezeigt. Aktivieren Sie die Option SEITENLEISTE NUR FÜR INHALTSVERZEICHNIS EINBLENDEN, dann wird die Leiste nur dann eingeblendet, wenn die PDF-Datei über ein Inhaltsverzeichnis verfügt.

In Bezug auf die DARSTELLUNG VON DOKUMENTEN können Sie zwei Einstellungen vornehmen. Zunächst können Sie die Glättung von Schriften und Linien deaktivieren. Bei einigen PDF-Dateien kann dies in Ausnahmefällen die Lesbarkeit oder die Geschwindigkeit des Programms erhöhen. Indes ist dies eher selten der Fall. Die Option LOGISCHE SEITENZAHLEN VERWENDEN bezieht sich auf die interne Paginierung innerhalb einer PDF-Datei. Hier ist es möglich, dass zum Beispiel ein Vorwort mit römischen Zahlen nummeriert wird. Innerhalb des PDF-Dokuments werden also zwei Zählungen vorgenommen. Verwenden Sie dann die Funktion GEHE ZU • GEHE ZU SEITE, so müssten Sie die mit römischen Zahlen nummerierten Seiten jeweils hinzuaddieren. Wenn die logischen Seitenzahlen verwendet werden, dann übernimmt die Vorschau die Nummerierung der Seiten beginnend bei 1.

Lesezeichen | Die Vorschau ist über den Menüpunkt LESEZEICHEN • LESEZEICHEN HINZUFÜGEN in der Lage, ein Lesezeichen für eine Seite in einer PDF-Datei zu setzen. Dabei merkt sich das Programm sowohl die Datei als auch die Seite. Wenn Sie die Datei verschieben, dann nimmt die Vorschau davon Notiz und findet auch die verschobene Datei. Der Menüpunkt LESEZEIchen • Lesezeichen bearbeiten ruft die entsprechende Ansicht in den Einstellungen auf. Hier können Sie ein Lesezeichen nachträglich Entfernen. Die Bearbeitung von Lesezeichen und das Erstellen von Ordnern sind hier nicht vorgesehen.

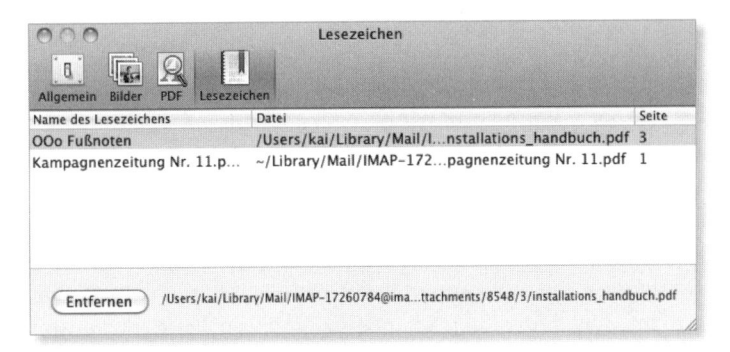

◀ **Abbildung 22.3**
Lesezeichen beziehen sich sowohl auf die Datei als auch auf die Seite.

22.1.2 PDF-Dateien bearbeiten

Die Möglichkeiten zur Bearbeitung von PDF-Dateien in der Vorschau können dem Vollprodukt von Adobe zwar nicht das Wasser reichen, aber für den Arbeitsalltag im Büro sind sie meistens völlig ausreichend.

Darstellung festlegen | Über das Untermenü Darstellung • PDF-Darstellung können Sie zunächst festlegen, ob Sie sich mehrseitige PDF-Dateien als Einzel- oder Doppelseiten darstellen lassen. Die erste Seite eines Dokuments stellt die Vorschau immer einzeln dar, was bei der Überprüfung eines Satzspiegels meistens für eine korrekte Darstellung der gegenüberliegenden Seiten sorgt. Die Eintrag Ausschnitt und Dokument dieses Untermenüs kommen dann zum Tragen, wenn Sie eine PDF-Datei, wie nachfolgend beschrieben, beschnitten haben. Mit der Option Ausschnitt wird der Beschnitt berücksichtigt, während die Option Dokument diesen für die Darstellung wieder aufhebt. Ansonsten können Sie über die weiteren Einträge im Menü Darstellung die Anzeige vergrößern sowie verkleinern und, wenn Sie einen Bereich markiert haben, auch in die Auswahl zoomen.

Informationen | Wenn Sie eine PDF-Datei geöffnet haben, dann können Sie über den Menüpunkt Werkzeuge • Informationen einblenden eine schwebende Palette aufrufen, deren Darstellung in fünf Reiter unterteilt wurde. Im ersten Reiter finden Sie weitere Details über die PDF-Datei, zu denen unter anderem das Programm gehört, mit dem die Datei erstellt wurde, und die PDF-Version, die von der Datei verwendet wird. Im zweiten Reiter, den Sie über das Icon mit der Lupe auswählen, können

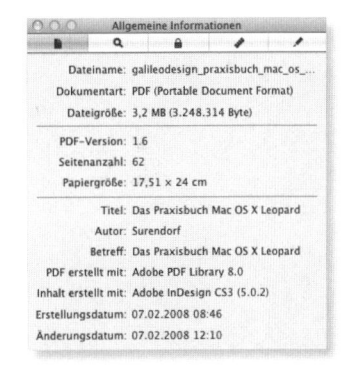

[PDF Kit]
Es ist gut möglich, dass Ihnen einige der Funktionen zur Bearbeitung von PDF-Dateien auch in anderen Programmen begegnen. Apple hat eine Reihe dieser Funktionen in einer Bibliothek namens PDF Kit zusammengefasst, die von Entwicklern für ihre eigenen Programme verwendet werden kann.

▲ **Abbildung 22.4**
Das Fenster Information enthält technische Details der Datei.

Sie Schlagworte für die Datei vergeben. Diese werden Ihnen im Finder nicht angezeigt, aber bei der Suche über Spotlight berücksichtigt. Sollten der PDF-Datei irgendwelche Beschränkungen auferlegt worden sein, dann werden diese im dritten Reiter mit dem Schlosssymbol aufgeführt.

Seitenleiste | Bei einer PDF-Datei können Sie in der Seitenleiste über die vier Symbole am unteren Rand oder das Untermenü DARSTELLUNG • SEITENLEISTE aus vier Ansichten auswählen. Der KONTAKTBOGEN ❶ (⌘ + ⌥ + 1) nimmt das gesamte Fenster ein und stellt Ihnen Miniaturen der Seiten des Dokuments dar. Er ist ganz praktisch, um wie nachfolgend beschrieben die Reihenfolge der Seiten zu ändern oder neue Seiten dem Dokument hinzuzufügen. Über den Schieberegler unten links im Fenster können Sie die Größe der Miniaturen anpassen. Die MINIATUREN ❷ (⌘ + ⌥ + 2) werden in der Seitenleiste dargestellt, wobei die eigentliche Anzeige im Fenster erhalten bleibt. Sofern das Dokument über ein INHALTSVERZEICHNIS ❸ (⌘ + ⌥ + 3) verfügt, können Sie es sich in der Seitenleiste anzeigen lassen und dabei mit der Tastenkombination ⌘ + ⌥ + ← alle Untereinträge ein- und mit der Tastenkombination ⌘ + ⌥ + → ausklappen. Schließlich ist es auch möglich, hier die Liste der ANMERKUNGEN ❹ ⌘ + ⌥ + 4) einzusehen.

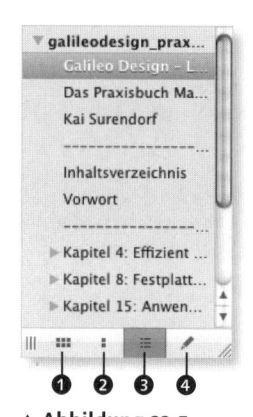

▲ **Abbildung 22.5**
Ein eventuell vorhandenes Inhaltsverzeichnis wird in der Seitenleiste angezeigt.

Markieren und auswählen | In der Symbolleiste stehen Ihnen zwei Möglichkeiten der Auswahl zur Verfügung. Mit dem Werkzeug TEXT, das Sie auch über den Menüpunkt WERKZEUGE • WERKZEUG FÜR TEXT (⌘ + 2) auswählen können, greifen Sie auf die unter Mac OS X 10.6 enorm verbesserte Funktion zur Textauswahl zurück. Bei PDF-Dateien, die in einem mehrspaltigen Satz vorliegen, war die Vorschau bisher nicht in der Lage, die Mehrspaltigkeit zu durchschauen, und der Text wurde einfach von oben nach unten ausgewählt. Mit Mac OS X 10.6 wurde ein wenig künstliche Intelligenz integriert und die Auswahl klappt deutlich besser. Das etwas missverständlich benannte WERKZEUG ZUM AUSWÄHLEN ermöglicht Ihnen die Auswahl eines rechteckigen Bereichs.

Zwischenablage
Wenn Sie Text ausgewählt haben und diesen in die Zwischenablage kopieren, dann wird der Text samt Formatierungen kopiert. Bei einer rechteckigen Auswahl wird eine Grafik in die Zwischenablage gelegt.

Drehen und beschneiden | Die Vorschau bietet Ihnen zwei Möglichkeiten, die Darstellung von Seiten zu manipulieren. Zunächst können Sie über den Menüpunkt WERKZEUGE • LINKS DREHEN und RECHTS DREHEN die aktuell dargestellte Seite um 90 Grad drehen. Es ist auch möglich, in der Ansicht MINIATUREN der Seitenleiste mehrere Seiten auswählen und alle ausgewählten gleichzeitig zu drehen. In Bezug auf die mehrfache Auswahl verhält sich die Vorschau wie der Finder (siehe Abschnitt 3.1.1). Sie finden im Fenster Informationen den Reiter Beschneiden und Drehen, in dem Ihnen die Funktionen ebenfalls zur Verfügung stehen.

Wenn Sie eine rechteckige Auswahl mit dem Werkzeug zum Auswählen getroffen haben, dann können Sie diese beschneiden. Hierbei wird zunächst nur die Ansicht der aktuellen Seite beschnitten. Wenn Sie in der Seitenleiste mehrere oder alle Seiten auswählen, dann können Sie diese gemäß der getroffenen Auswahl in einem Durchgang beschneiden. Diese Form des Beschnitts bewahrt jedoch die Inhalte, die nicht mehr angezeigt werden. Genau genommen wird lediglich die Darstellung der Datei eingegrenzt. Daher auch die Optionen Dokument und Ausschnitt im Untermenü PDF-Darstellung.

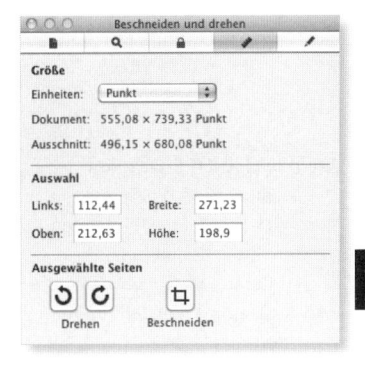

▲ **Abbildung 22.6**
Die Drehung und Beschneidung kann auch über das Fenster Information erfolgen.

Miniaturen in der Seitenleiste | Die Vorschau ermöglicht es Ihnen, Seiten in einem PDF-Dokument zu verschieben und neue Seiten aus einem anderen hinzuzufügen. Dabei müssen Sie eine Änderung beachten, die die Darstellung von PDF-Dateien in der Seitenleiste und als Kontaktbogen betrifft. Wenn Sie ein mehrseitiges PDF-Dokument öffnen, dann erscheint ein eingekreister Pfeil, wenn Sie den Mauspfeil über die erste Seite bewegen. Klicken Sie den Kreis an, dann werden die Miniaturen aus- und eingeblendet. Wenn Sie die Voreinstellung Alle Dateien in einem Fenster öffnen aktiviert haben, dann erscheinen zunächst die Dokumente untereinander, und Sie können die Miniaturen der Seiten jeweils pro Dokument darstellen und ausblenden.

Wenn Sie bei dieser Darstellungsweise eine Datei schließen möchten, dann können Sie in der Seitenleiste das Kontextmenü mit einem Rechtsklick über der betreffenden Datei aufrufen und den dort enthaltenen Eintrag Schliessen auswählen. Das Schließen des Fensters umfasst alle Dateien. Im Kontextmenü finden Sie auch den Eintrag In neuem Fenster öffnen.

▲ **Abbildung 22.7**
Die Miniaturen der Seiten können in der Seitenleiste eingeklappt werden.

Seiten verschieben | Um die Reihenfolge der Seiten zu ändern, ziehen Sie die Miniatur der Seite an eine andere Stelle. Dies kann sowohl in der Ansicht Miniaturen der Seitenleiste als auch in der Darstellung als Kontaktbogen erfolgen. Es erscheint ein blauer Strich, der den neuen Platz der Seite markiert. Lassen Sie die Maustaste los, so wird die Seite an die gewählte Stelle verschoben. Eine Seite aus dem Dokument entfernen können Sie über den Menüpunkt Bearbeiten • Löschen. Markieren Sie mit gedrückter ⇧- oder ⌘-Taste mehrere Miniaturen, dann kön-

Seiten extrahieren
Wenn Sie aus dem Kontaktbogen oder der Seitenleiste die Miniaturen von ausgewählten Seiten auf den Schreibtisch im Finder ziehen, dann erstellt die Vorschau eine separate PDF-Datei mit dem Namenszusatz (verschoben), die nur die ausgewählten Seiten enthält.

nen in einem Durchgang auch mehrere Seiten verschoben oder gelöscht werden. Über BEARBEITEN • LEERE SEITE EINFÜGEN wird vor der aktuell angezeigten Seite eine leere in das Dokument eingefügt.

Es ist problemlos möglich, dass Sie Seiten von einem Dokument in ein anderes integrieren. Wenn Sie die Ansicht MINIATUREN in der Seitenleiste nutzen, dann können Sie die gewünschten Seiten vom Ausgangsdokument in die Seitenleiste des Fensters mit dem Zieldokument ziehen. Dabei müssen Sie darauf achten, wohin Sie die Seiten ziehen. Wenn Sie die Seiten ans untere Ende der Seitenleiste ziehen, dann werden Sie nicht dem Zieldokument hinzugefügt. Sie werden dann hinzugefügt, wenn die Liste der Miniaturen blau umrahmt wird.

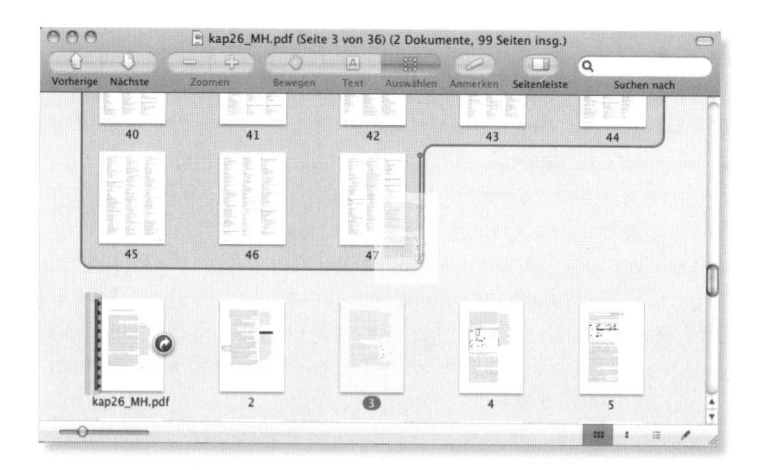

Mehrseitige TIFF-Dateien
Die Manipulation der Seiten kann nicht nur bei PDF-Dateien, sondern auch bei mehrseiten TIFF-Dateien, wie sie von einigen FAX-Programmen erstellt werden, vorgenommen werden.

Abbildung 22.8 ▶
In der Ansicht KONTAKTBOGEN entscheidet das Ziel, ob ein neues Dokument erstellt oder die Seite dem anderen Dokument hinzugefügt wird.

TIPP
Sie können auch Dateien direkt aus dem Finder in die Liste der Miniaturen oder den Kontaktbogen ziehen und auf diese Weise eine vollständige Datei integrieren. Dies funktioniert übrigens nicht nur mit PDF-Dateien, sondern auch mit Bildern.

Bei der Ansicht KONTAKTBOGEN wird dieser Punkt etwas verständlicher. In Abbildung 22.8 wurden zwei Dateien geöffnet. Von der unteren Datei KAP26_MH.PDF wird eine Seite in das obere Dokument verschoben. Bei der in Abbildung 22.8 dargestellten Situation wird die Seite dem oberen Dokument ans Ende hinzugefügt. Das können Sie auch an der blauen Umrandung aller Miniaturen dieses Dokuments ersehen. Würde der Mauspfeil etwas nach rechts oder unten bewegt, dann würde die Umrandung verschwinden, und wenn Sie die Maustaste loslassen, so würde ein neues Dokument erstellt. Das obere Dokument würde nicht verändert.

Abbildung 22.9 ▶
Die Anmerkungsleiste teilt sich in zwei Bereiche.

Anmerkungsleiste anzeigen
⌘ + ⇧ + A

PDF-Dateien annotieren | Eine vorliegende PDF-Datei können Sie in der Vorschau mit einigen Kommentaren und Anmerkungen versehen. Zunächst können Sie über die Schaltfläche ANMERKEN oder den Menüpunkt Darstellung • Anmerkungsleiste einblenden eine Leiste am unteren Rand des Fensters einblenden. Dieser teilt sich in zwei Bereiche. Links finden Sie die Elemente, die Sie für Ihre Anmerkungen verwenden können. Rechts stehen Ihnen die Farbe, die Dicke der Linien sowie die Palette der Schriftarten zur Auswahl. Sie können die einzelnen Elemente auch über das Untermenü Werkzeuge • Anmerken auswählen.

Wenn Sie Text ausgewählt haben, dann können Sie diesen über die Icons mit dem A farblich hervorheben, durch- sowie unterstreichen. Über die ersten vier Icons können Sie das dargestellte Element hinzufügen.

Etwas anders verhält es sich mit dem Icon, das aus einem Ausrufezeichen in einer stilisierten Sprechblase besteht. Hiermit fügen Sie eine Notiz ein, die mit einem Symbol verbunden ist und neben der eigentlichen Seite erscheint. In der Anmerkung können Sie links beliebigen Text eingeben. In der Ansicht Anmerkungen des Fensters Informationen können Sie neben der Farbe auch eines von sieben Symbolen auswählen. Standardmäßig wird eine solche Anmerkung gelb und mit einer Sprechblase dargestellt. Verschieben können Sie solche Anmerkungen, indem Sie das Symbol, das über dem Inhalt erscheint, an die gewünschte Position verschieben. Die Anzeige der Notizen am Rand können Sie über den Menüpunkt Darstellung • Notizen ausblenden abschalten.

Anmerkungen löschen
Um eine vorhandene Anmerkung zu entfernen, können Sie über dieser mit einem Rechtsklick das Kontextmenü aufrufen und dort den Eintrag Anmerkung löschen auswählen.

▲ **Abbildung 22.10**
In der Ansicht Anmerkungen kann ein Symbol ausgewählt werden.

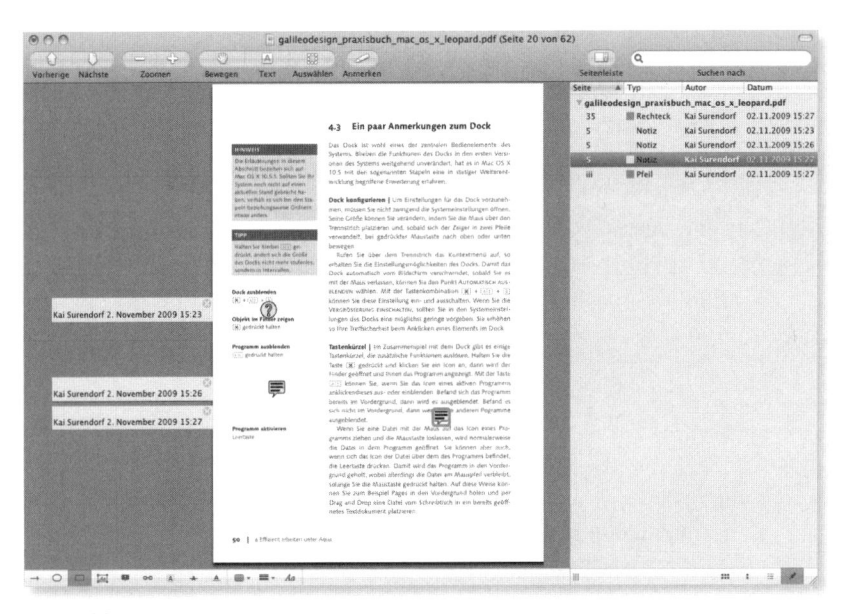

▲ **Abbildung 22.11**
Die enthaltenen Anmerkungen können in der Seitenleiste aufgelistet werden.

Wenn Sie in der Seitenleiste in die Ansicht ANMERKUNGEN wechseln, dann finden Sie dort alle Anmerkungen, die Sie in das Dokument eingefügt haben. Die Sortierung können Sie über die Kopfspalten nach SEITE, TYP, AUTOR und DATUM vornehmen lassen.

Hyperlinks erstellen | Wenn Sie einen Textausschnitt markiert haben, dann können Sie über das Symbol mit dem Anker in der Anmerkungsleiste einen Hyperlink erstellen. Hierbei wird unterschieden zwischen internen Links, die auf eine Seite innerhalb der Datei verweisen, und externen Links, die auf eine Adresse im Internet verweisen. Wenn Sie das Ankersymbol anklicken, dann erscheint das Fenster INFORMATION und stellt den Reiter ANMERKUNGEN dar. Sie können dort zunächst den LINK-TYP auswählen.

Wählen Sie als Typ LINK INNERHALB DES PDF's aus, dann können Sie zum Beispiel über die Miniaturen in der Seitenleiste die Seite auswählen, die als Ziel dienen soll. Wenn Sie nun die Schaltfläche ZIEL FESTLEGEN anklicken, dann erscheint der Hinweis ZIEL: GEHE ZU SEITE 33.

Mit dem LINK-TYP URL wird eine Adresse im Internet im Standardbrowser geöffnet. Haben Sie diesen Typ ausgewählt, dann erscheint unterhalb ein Textfeld, in das Sie den URL eingeben können.

▲ **Abbildung 22.12**
Das Ziel eines Links wird im Reiter ANMERKUNGEN festgelegt.

Hyperlinks bearbeiten | Wenn Sie einen Hyperlink nachträglich bearbeiten möchten, dann können Sie erneut das Symbol mit dem Anker in der Anmerkungsleiste anklicken. Klicken Sie nun auf den zu ändernden Hyperlink, so wird er grau schraffiert dargestellt, und sein Ziel wird im Fenster INFORMATIONEN angezeigt.

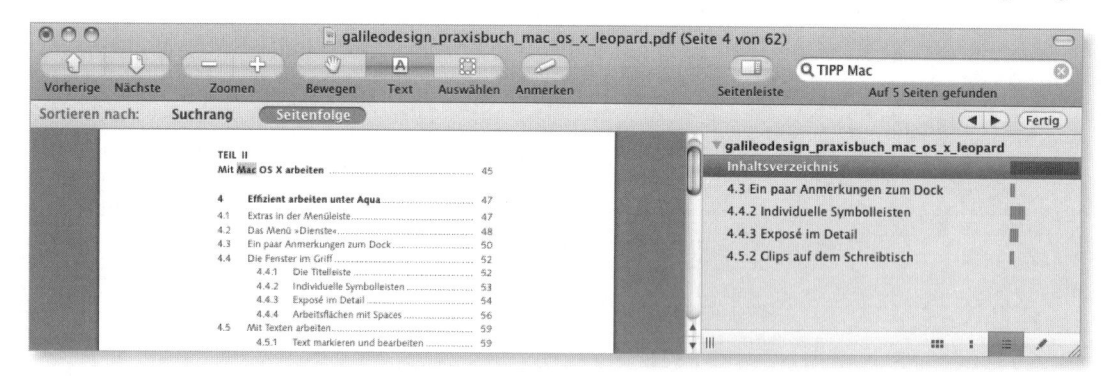

▲ **Abbildung 22.13**
Die Suche kann nach Rang oder Reihenfolge sortiert werden.

PDF-Dateien durchsuchen | Wenn Sie im Suchfeld oben rechts mehr als ein Wort eingeben, dann sucht die Vorschau nach allen

Seiten, die die eingegebenen Wörter beinhalten. Dabei können Sie sich die Ergebnisse in zwei Formen anzeigen lassen.

Während die Sortierung nach SEITENFOLGE die Reihenfolge der Seiten belässt, können Sie über den SUCHRANG die Seiten an die Spitze der Liste stellen, auf denen die Begriffe an hervorgehobener Stelle stehen. Als hervorgehoben gilt hier zum Beispiel Fettsatz oder eine große Schrift. Der Balken in der Seitenleiste gibt an, welchen Rang der jeweiligen Fundstelle zugewiesen wurde.

Verschlüsselung | Die Vorschau erlaubt es Ihnen auch, PDF-Dokumente zu verschlüsseln und mit einem Passwort zu versehen. Hierzu müssen Sie unter dem Menüpunkt ABLAGE • SICHERN UNTER die Datei unter einem anderen Namen sichern und die Option VERSCHLÜSSELN auswählen. Das Programm fragt Sie anschließend nach einem Passwort für das neu zu erstellende Dokument. Über die Verschlüsselung und die Zugriffsrechte einer Datei informiert Sie das Fenster INFORMATION in der über das Schloss-Icon zu erreichenden Ansicht VERSCHLÜSSELUNG. Hier können Sie auch ein separates Passwort für den Ausdruck eingeben und den Druck freischalten.

> **TIPP**
> Wenn Sie bei einer PDF-Datei unterschiedliche Passwörter für das Öffnen und für das Ausdrucken vergeben möchten, können Sie die Datei in Vorschau über DRUCKEN ausgeben und dabei die in Abschnitt 20.3.3 beschriebenen Möglichkeiten nutzen.

◄ **Abbildung 22.14**
Beim Speichern einer PDF-Datei kann diese verschlüsselt werden.

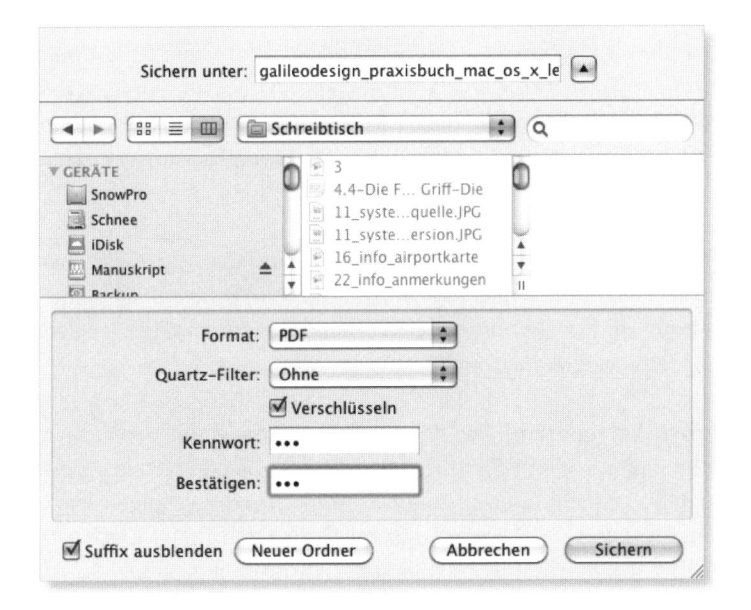

22.1.3 Bilder konvertieren und bearbeiten

Die Vorschau bietet Ihnen neben der Anzeige und Bearbeitung von PDF-Dateien auch die Möglichkeit, Bilddateien in ein anderes Format zu konvertieren und Änderungen in der Größe und Farbe vorzunehmen.

Import
Haben Sie eine Grafik in die Zwischenablage kopiert, können Sie sie in der Vorschau über den Menüpunkt ABLAGE • NEU AUS ZWISCHENABLAGE in eine neue Datei umwandeln. Haben Sie einen iPod, ein iPhone oder einen Scanner angesclossen, dann können Sie Bilder aus diesen Geräten direkt aus dem Menü ABLAGE importieren.

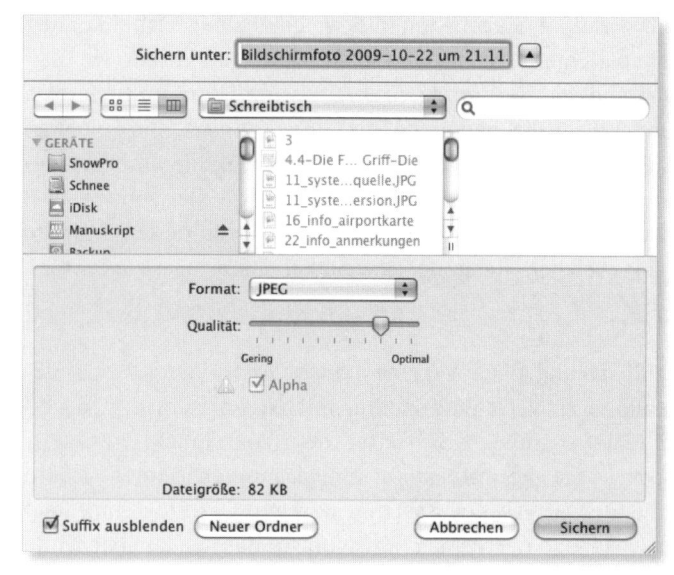

▲ **Abbildung 22.15**
Eine geöffnete Bilddatei kann in einem anderen FORMAT gesichert werden.

Drehen und spiegeln
Über die vier Einträge im Menü WERKZEUGE können Sie ein Bild auch drehen und spiegeln.

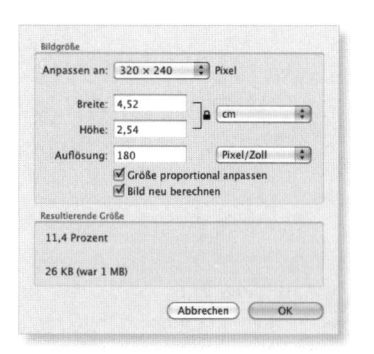

Bilder konvertieren | Um eine Bilddatei in ein anderes Dateiformat zu konvertieren, öffnen Sie sie in Vorschau und wählen dann den Menüpunkt ABLAGE • SICHERN UNTER. Sie können hier unter den Formaten wählen, die auch von QuickTime unterstützt werden. Zusätzlich ist es möglich, bei vielen Formaten Vorgaben etwa in Bezug auf die Komprimierung oder die Transparenz zu treffen.

Größe ändern | Über den Menüpunkt WERKZEUGE • GRÖSSENKORREKTUR können Sie die Größe und Auflösung eines Bildes ändern. Hierbei symbolisiert das Schloss, ob der andere Wert proportional angepasst wird.

▲ **Abbildung 22.16**
Die Größe und Auflösung eines Bildes kann geändert werden.

Farben korrigieren | Zur Korrektur und Anpassung der Farben eines Bildes können Sie über WERKZEUGE • FARBKORREKTUR die Palette aus Abbildung 22.16 einblenden und die gängigen Parameter anpassen. Es kommt nicht von ungefähr, dass diese der Palette in iPhoto ein wenig ähnlich sieht. Apple hat viele Funktionen zur Bildbearbeitung in einer Bibliothek ImageKit zusammengefasst. Es ist gut möglich, dass auch andere Programme diese Funktionen in Zukunft einbinden.

Farbprofile | Ergänzend zur Farbkorrektur können Sie auch ausprobieren, wie die Zuweisung eines ColorSync-Profils sich auf das

Bild auswirken würde. Im Menü Darstellung • Soft-Proof mit Profil finden Sie die auf Ihrem System installierten Farbprofile. Wählen Sie eines der Profile aus, dann wird es auf das Bild angewandt. Zur ursprünglichen Darstellung gelangen Sie über den Eintrag Ohne im gleichen Menü. Ein Profil dauerhaft zuweisen können Sie über den Menüpunkt Werkzeuge • Profil zuweisen. Es erscheint anschließend ein Dialog, in dem Ihnen die vorhandenen Profile zur Auswahl gestellt werden.

Bereich auswählen | Haben Sie ein Bild in der Vorschau geöffnet, dann können Sie über den Eintrag Auswählen in der Menüleiste zwischen fünf verschiedenen Werkzeugen auswählen. Die rechteckige und die elliptische Auswahl sind sicher selbsterklärend, und das Lasso funktioniert auch in der Vorschau, wie Sie es möglicherweise von Photoshop kennen. Wenn Sie das Lasso ausgewählt haben, dann können Sie bei gedrückt gehaltener linker Maustaste den Bereich markieren, der ausgewählt werden soll.

◄ **Abbildung 22.17**
Die Vorschau verfügt auch über die Möglichkeit der Farbkorrektur.

◄ **Abbildung 22.18**
Beim intelligenten Lasso wird der auszuwählende Bereich mit einer roten Linie markiert.

Beim intelligenten Lasso kommt hinzu, dass die Vorschau anhand der Farbwert zu erraten versucht, welcher Bereich ausgewählt werden soll. Anstelle einer gestrichelten Linie erscheint eine dicke rote. Markieren Sie mit dieser roten Linie den ungefähren Bereich, der ausgewählt werden soll, und die Vorschau versucht, wenn Sie mit dem Mauspfeil wieder am Ausgangspunkt angekommen sind, den ausgewählten Bereich zu optimieren.

> **TIPP**
>
> Über den Menüpunkt Darstellung • Bildhintergrund anzeigen können Sie innerhalb der nun gelöschten Bereiche ein Schachbrettmuster anstelle der in den Einstellungen festgelegten Hintergrundfarbe anzeigen lassen.

Transparenz sichern
Wählen Sie beim Sichern ein Dateiformat, das Transparenz unterstützt, aus, dann bleibt der freigestellte Bereich erhalten. Dies ist zum Beispiel beim Format PNG der Fall, wenn Sie die Option Alpha auswählen.

Freistellen | Mit der Funktion Werkzeuge • Beschneiden können Sie nun die Bereiche des Bildes, die nicht zur Auswahl gehören, löschen. Drücken Sie stattdessen die Taste ⌫, dann wird der ausgewählte Bereich gelöscht. Mit der Tastenkombination ⌘ + ⇧ + I können Sie die Auswahl auch vorher umkehren.

Transparenz | Mit dem Werkzeug Transparenz, das Sie ebenfalls im Ausklappmenü Auswahl der Symbolleiste finden, können Sie einen zusammenhängenden Farbbereich auswählen. Haben Sie das Werkzeug ausgewählt, dann ändert sich der Mauspfeil in ein Kreuz. Klicken Sie nun auf die Farbe, die ausgewählt werden soll. Wenn Sie die linke Maustaste gedrückt halten, dann können Sie den Mauspfeil von der Stelle weg bewegen, die Sie angeklickt haben. Je weiter weg Sie den Mauspfeil bewegen, desto mehr wird die Toleranz bei der Farbauswahl erhöht. Die aktuelle Auswahl wird Ihnen dabei mit einem hellen und semitransparenten Rotton signalisiert.

Abbildung 22.19 ▶
Bilder können mit der Vorschau auch freigestellt werden.

Wenn Sie also zum Beispiel zuerst in eine hellrote Fläche klicken und dann den Mauspfeil bei gedrückt gehaltener Maustaste von der Ausgangsposition weg bewegen, dann werden zunächst die angrenzenden roten und dann die dunkelroten Flächen ebenfalls in die Auswahl einbezogen. Lassen Sie den Mauspfeil los, dann wird die Auswahl vorgenommen. Mit der Taste ⌫ können Sie dann die Auswahl löschen und so, abhängig vom Motiv, freistellen. Am besten funktioniert dies bei Bildern, die über einen weitgehend homogenen Hintergrund verfügen.

Bilder einfügen | Der Vollständigkeit halber sei noch erwähnt, dass Sie über die Zwischenablage ein Bild in ein Bild einfügen können. Dabei wird das Bild aus der Zwischenablage über das bereits angezeigt Bild gelegt, und Sie können anhand der Ankerpunkte die Größe und Position des eingefügten Bildes bestimmen. Wenn Sie allerdings einen Mausklick an einer anderen Stelle ausführen oder ein anderes Werkzeug aufrufen, dann steht das über die Zwischenablage eingefügte Bild nicht mehr zur Auswahl.

22.2 Farbmanagement mit ColorSync

Die von Apple für das Farbmanagement verwendete Technologie nennt sich ColorSync. Seit Mac OS 7.1 verrichtet diese Technologie ihren Dienst. Unter Mac OS X wurde sie eng mit der Quartz Engine verwoben. Diese bietet Ihnen auch die Möglichkeit, auf PDF-Dateien, die Sie ausdrucken oder speichern, Filter anzuwenden. Diese Filter können Farbprofile einbetten, PDF-Dateien komprimieren, verschlüsseln, gemäß den PDF/X-3-Konventionen erstellen oder die Farbgebung der Bilder modifizieren.

Das zentrale Hilfsmittel von Mac OS X für das Farbmanagement ist das ColorSync-Dienstprogramm. Mit ihm verwalten Sie die Farbprofile, können diese prüfen und ferner Quartz-Filter erstellen.

Hilfsmittel
Auf Details des Farbmanagements und eine Erläuterung, wie Sie Ihren Bildschirm exakt kalibrieren und Profile in Dateien und Grafiken einbetten, kann im Rahmen dieses Buches aus Platzgründen leider nicht eingegangen werden. Dieser Abschnitt möchte Sie lediglich in der gebotenen Kürze mit den Programmen vertraut machen, die Apple für das Farbmanagement bereitstellt.

Gamma-Wert 2,2 | Mit Mac OS X 10.6 hat Apple den Gamma-Wert, der für die Darstellung der Farben auf dem Bildschirm herangezogen wird, von 1,8 auf 2,2 geändert. Damit entspricht die Darstellung von Mac OS X 10.6 derjenigen, die in der Windows-Welt seit jeher verwendet wird. Wenn Sie von einer früheren Version auf Mac OS X 10.6 umgestiegen sind, dann werden Bilder, denen kein Farbprofil zugewiesen wurde, etwas dunkler dargestellt.

22.2.1 Monitor kalibrieren

Einer der ersten Schritte wird oft die Kalibrierung Ihres Monitors sein. Apple bietet Ihnen hierfür ein Zusatzprogramm an. Dieses ist jedoch nicht im ColorSync-Dienstprogramm zu finden, sondern versteckt sich in den Systemeinstellungen im Reiter FARBEN in der Ansicht MONITORE.

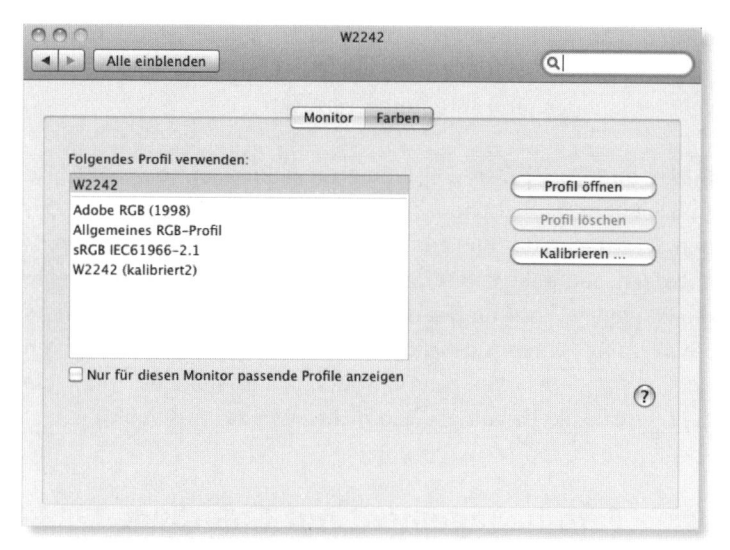

▲ **Abbildung 22.20**
Der Kalibrierungsassistent wird über die Systemeinstellungen aufgerufen.

Bedienen Sie sich der Schaltfläche KALIBRIEREN, dann wird der Assistent gestartet, und Sie können für Ihren Monitor und Ihre Arbeitsumgebung ein neues Profil erstellen. Wenn Sie Ihren Monitor exakter kalibrieren müssen, bietet Ihnen der Assistent auch einen EXPERTEN-MODUS.

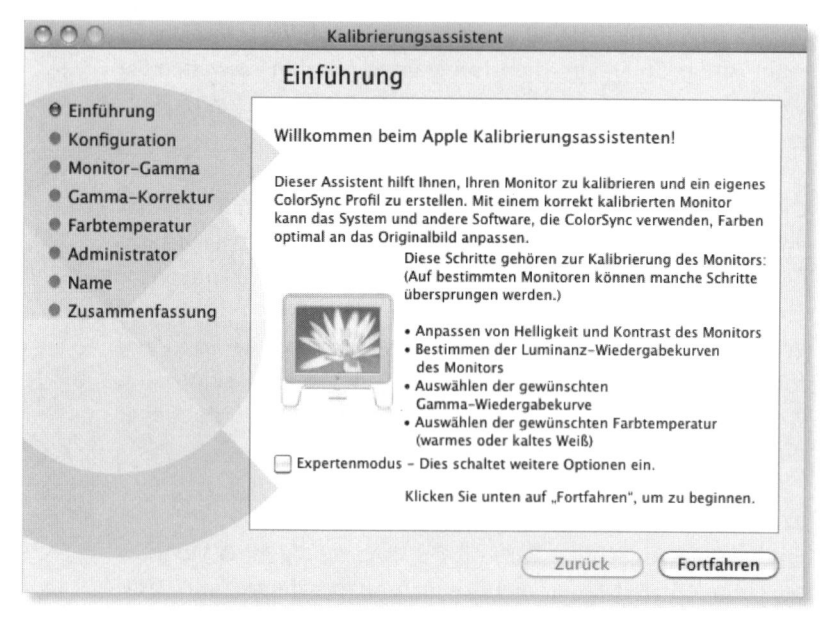

▲ **Abbildung 22.21**
Der Kalibrierungsassistent wurde von Apple mit umfangreichen Erläuterungen versehen.

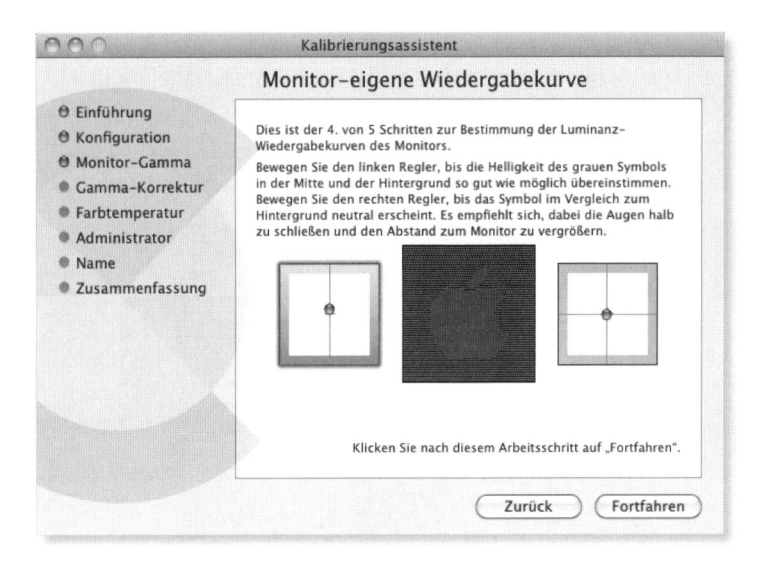

◀ **Abbildung 22.22**
Im Experten-Modus ist eine akkuratere Kalibrierung möglich.

22.2.2 ColorSync-Dienstprogramm

Mit dem ColorSync-Dienstprogramm können Sie die auf Ihrem Rechner eingerichteten Farbprofile verwalten. Diese Profile werden gemäß den Vorgaben des International Color Consortiums (ICC) erstellt. Die Dateien mit dem Suffix ».icc« können Sie wahlweise unter /LIBRARY/COLORSYNC/PROFILES oder in Ihrer LIBRARY im gleichen Verzeichnis speichern. Das ColorSync-Dienstprogramm erlaubt es Ihnen auch, mit der Funktion PROFILE REPARIEREN diese Dateien zu überprüfen und, sofern sie nicht den Standards entsprechen, zu reparieren.

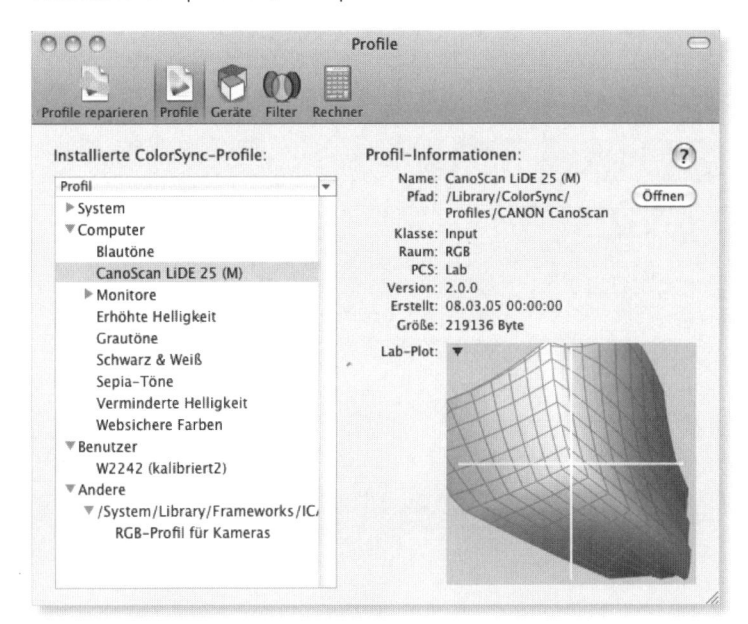

◀ **Abbildung 22.23**
Das ColorSync-Dienstprogramm ist für die Verwaltung installierter Farbprofile zuständig.

22.2 Farbmanagement mit ColorSync | **649**

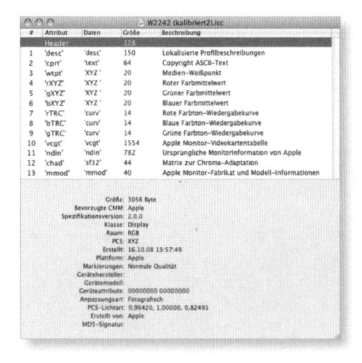

In der Ansicht GERÄTE werden für angeschlossene Ein- und Ausgabegeräte die Profile festgelegt. Es kann manchmal vorkommen, dass ein Gerät wie ein USB-Scanner nicht vom Dienstprogramm erkannt wird. In diesem Fall müssen Sie das Profil für eine eingescannte Datei selbst in das entsprechende Programm einbetten.

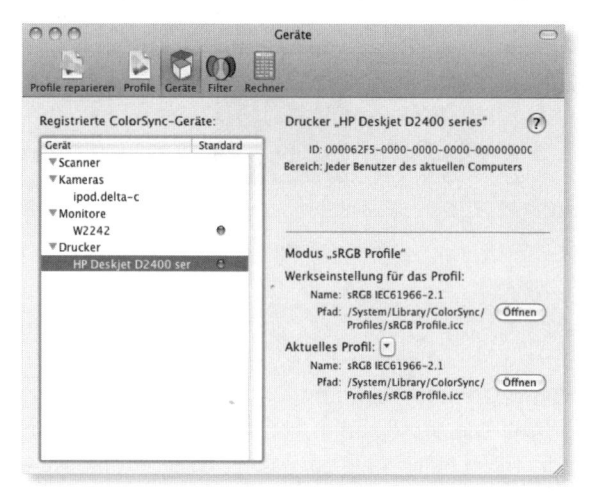

▲ **Abbildung 22.24**
Mit einem Doppelklick auf den Namen des Profils können die Details eingesehen werden.

Abbildung 22.25 ▶
In der Ansicht GERÄTE können den angeschlossenen Geräten installierte Profile zugewiesen werden.

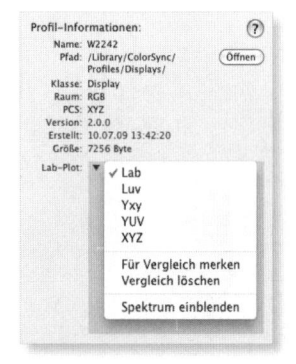

Profile vergleichen | Das Dienstprogramm ist auch in der Lage, zwei Profile zu vergleichen. Im Bereich LAB PLOT, der eine dreidimensionale Visualisierung das Farbraums darstellt, können Sie über das Ausklappmenü nicht nur verschiedene Darstellungsmodi auswählen, sondern auch das selektierte Profil FÜR VERGLEICH MERKEN. Wählen Sie dann das Profil aus, mit dem Sie den Vergleich vornehmen möchten. Letzteres wird angezeigt, wobei in dem Feld das vorgemerkte Profil als Drahtgitter dargestellt wird.

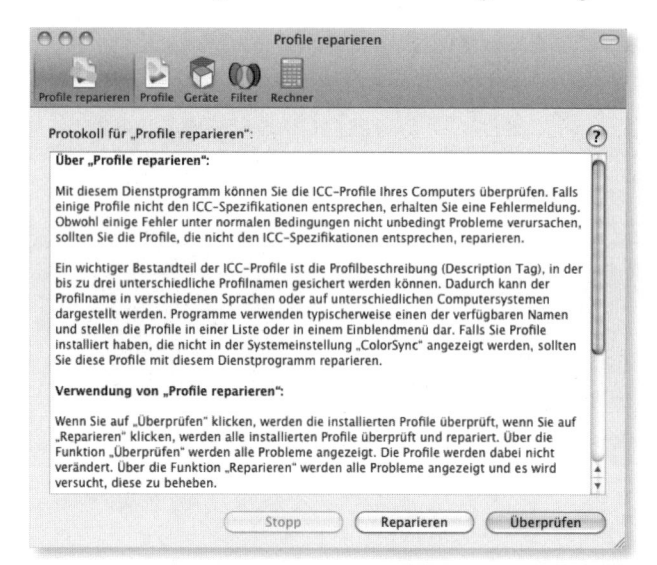

▲ **Abbildung 22.26**
Um den Farbraum zweier Profile zu vergleichen, muss das erste für den Vergleich vorgemerkt werden.

Abbildung 22.27 ▶
Mit der Funktion PROFILE REPARIEREN können die installierten Profile auf Fehler überprüft und gegebenenfalls repariert werden.

Rechner | Der Rechner kann ein praktisches Hilfsmittel sein, wenn Sie Werte zwischen Farbsystemen und Profilen umrechnen müssen. Sie können links ❶ ein System und ein Profil auswählen sowie die umzuwandelnden Werte eingeben und rechts das Ziel der Umrechnung bestimmen. Wenn Sie die Lupe links unten ❷ anklicken, können Sie mit dem Mauspfeil Pixel auf Ihrem Bildschirm ansteuern, und deren Farbwerte erscheinen dann sofort in den Werten beider ausgewählter Systeme ❸ und ❹.

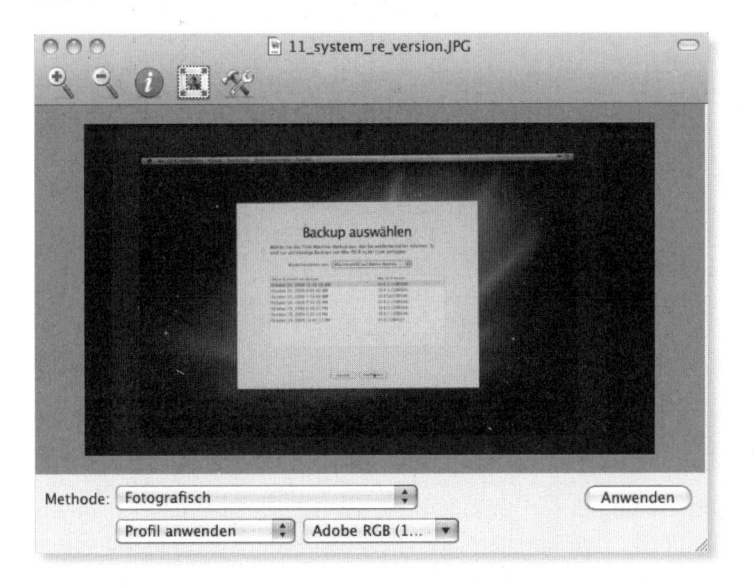

◀ **Abbildung 22.28**
Der Rechner erleichtert die Umrechnung von Farbwerten.

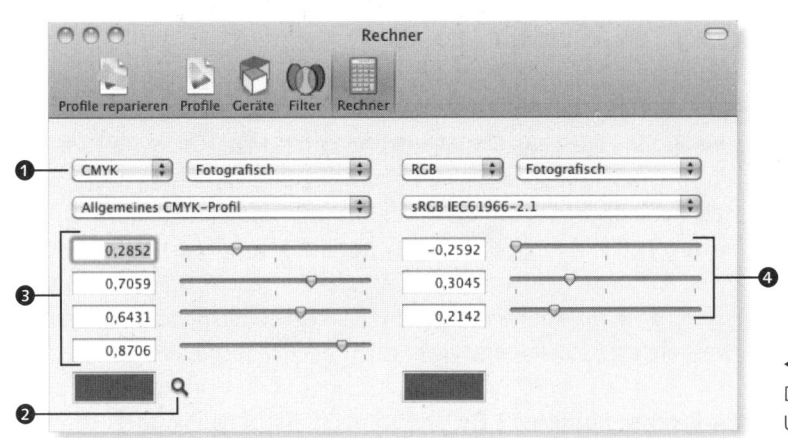

Bilder nachbearbeiten und Profile zuweisen | Sie können im ColorSync-Dienstprogramm eine Grafikdatei öffnen und darauf Farbfilter und -profile anwenden. Dies können Sie zum einen nutzen, um die Wirkung der installierten Profile auf Ihrem Bildschirm einzusehen oder auf eine bereits fertige Datei nachträglich andere Profile anzuwenden.

Automator und AppleScript
Wenn Sie Bildern nachträglich Profile zuweisen möchten, können Sie im Automator auf die Aktion COLORSYNC-PROFIL AUF BILDER ANWENDEN zurückgreifen. In AppleScript stellt Ihnen IMAGE EVENTS (siehe Abschnitt 24.7) die Befehle embed und unembed zur Verfügung, mit denen Sie Profile in Bilder einbetten und entfernen können.

◀ **Abbildung 22.29**
Farbprofile lassen sich im ColorSync-Dienstprogramm neu zuweisen.

Zum anderen können Sie mit einem Symbol in der Werkzeugleiste einige Funktionen für die Bildbearbeitung aufrufen und diese in Kombination mit den Profilen anwenden. Sie können so ersehen, wie sich ein Profil in Kombination mit einer reduzierten Helligkeit und erhöhten Sättigung auswirkt.

Eine so modifizierte Datei können Sie SICHERN oder EXPORTIEREN. Um Profile auf PDF-Dateien anzuwenden, eignen sich die Quartz-Filter.

22.2.3 DigitalColor-Farbmesser

Kalibrieren Sie Ihren Bildschirm mithilfe von Zusatzgeräten, so kann der DigitalColor-Farbmesser im Ordner DIENSTPROGRAMME eine große Hilfe sein. Das Dienstprogramm zeigt Ihnen die Farbwerte eines Pixels oder eines etwas größeren MESSBEREICHS in unterschiedlichen Formaten (RGB, CIE und Tristimulus) an. Bewegen Sie die Maus, so gibt das Programm die Werte der Pixel an, über denen sich der Mauspfeil gerade befindet. Mit ⌘ + ⇧ + H können Sie die FARBE MERKEN, also den aktuellen Wert anzeigen lassen und nicht mehr dem Mauspfeil folgen.

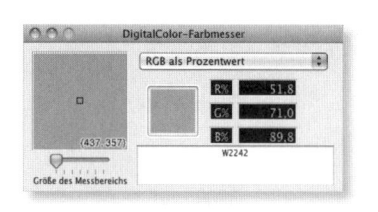

▲ **Abbildung 22.30**
Der DigitalColor-Farbmesser zeigt den Farbwert eines Pixels an.

Farbwerte kopieren | Der Farbmesser ist übrigens auch ganz nützlich, wenn Sie nicht mit einem kalibrierten System arbeiten. Mit ⌘ + ⇧ + C können Sie die aktuellen Farbwerte als Text in die Zwischenablage kopieren. Dies kann beim Screendesign nützlich sein, wenn Sie einen Farbwert zum Beispiel aus Photoshop in HTML verwenden möchten und so durch eine Platzierung des Mauspfeils über der gewünschten Farbe mit der Tastenkombination gleich die korrekten hexadezimalen Werte für die Farbangabe im HTML-Dokument in die Zwischenablage kopieren.

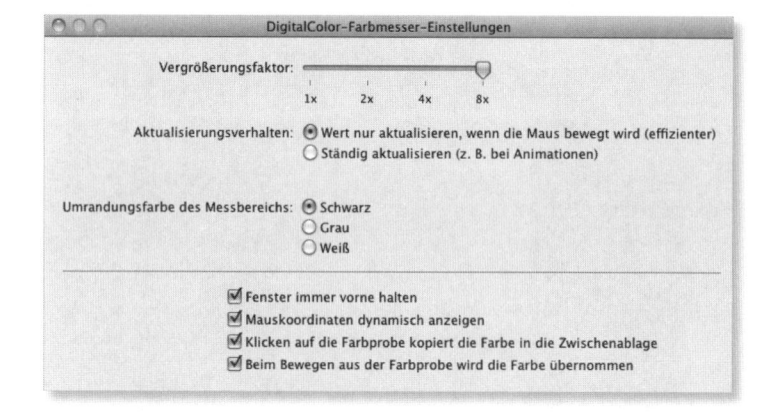

Abbildung 22.31 ▶
In den Voreinstellungen kann das Fenster dauerhaft in den Vordergrund gerückt werden.

Einstellungen | In den Einstellungen des Programms können Sie unter anderem vorgeben, dass das Fenster, in dem Ihnen der

Farbwert angezeigt wird, auch dann im Vordergrund verbleibt, wenn Sie zu einem anderen Programm wechseln.

22.2.4 Quartz-Filter

Normalerweise bekommt der Anwender von der Arbeit der Quartz Engine nicht allzu viel mit, sieht man einmal davon ab, dass diese im Hintergrund für die Darstellung der Fenster auf dem Bildschirm und die Ausgabe von PDF-Dateien auf Druckern zuständig ist. Sie können sich aber die Fähigkeiten von Quartz auch zunutze machen, indem Sie Filter für die Ausgabe von Dokumenten generieren.

Das ColorSync-Dienstprogramm hält die Möglichkeit bereit, eigene Filter zusätzlich zu denen des Betriebssystems zu erstellen. Wenn Sie den Punkt FILTER auswählen, erhalten Sie eine Übersicht über die bereits vorhandenen Filter. Der Pfeil links vom Namen klappt die im Filter enthaltenen Anweisungen auf. Der Pfeil rechts vom Namen dient dazu, neue Anweisungen dem Filter hinzuzufügen.

> **TIPP**
> Sie können die erstellten Quartz-Filter auch für Abläufe im Automator nutzen. In dessen Bibliothek-PDFs steht Ihnen auch die Aktion QUARTZ-FILTER AUF PDF-DOKUMENTE ANWENDEN zur Verfügung. Erstellen Sie also mit dem ColorSync-Dienstprogramm einen aufwendigeren Filter, dann können Sie diesen über einen passenden Arbeitsablauf auch als Plug-in fürs Drucken (siehe Abschnitt 23.6.3) nutzen.

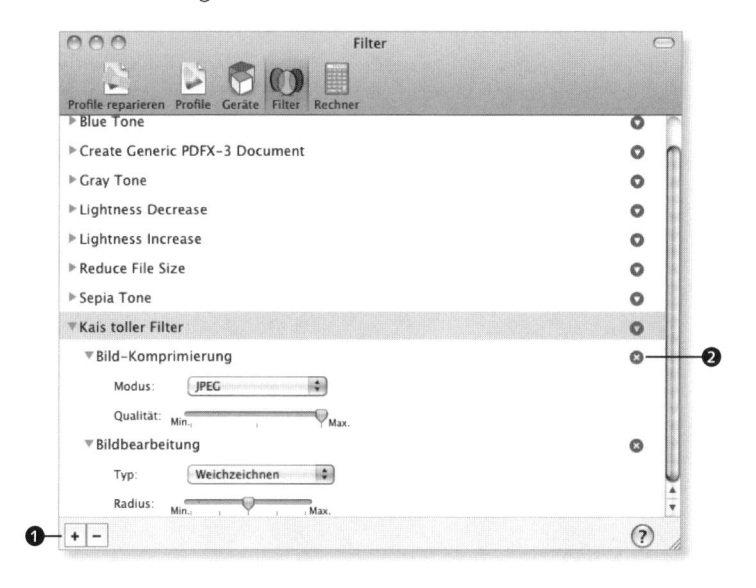

◄ **Abbildung 22.32**
Zu den bereits installierten Filtern können mit dem Pluszeichen neue hinzugefügt und mit dem Minuszeichen nicht mehr benötigte gelöscht werden.

Filtervarianten | Mit dem Pluszeichen ❶ können Sie eigene Filter erstellen. Um diesen Komponenten hinzuzufügen, bedienen Sie sich des Pfeils nach unten am rechten Rand ❷. In dem Ausklappmenü finden Sie Komponenten für die FARBVERWALTUNG, die Farbprofile zuweisen oder Werte (Helligkeit, Sättigung…) beeinflussen, BILDEFFEKTE, die zum Beispiel die in einer PDF-Datei enthaltenen Grafiken komprimieren und so die Dateigröße reduzieren, sowie PDF-RETUSCHIERUNG und BEREICHS-INFORMATIONEN für die Bereiche, für die die PDF-Datei gedacht ist.

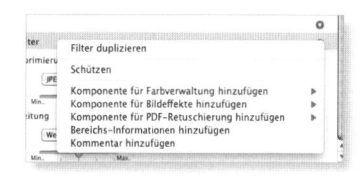

▲ **Abbildung 22.33**
Komponenten können nacheinander über das Ausklappmenü hinzugefügt werden.

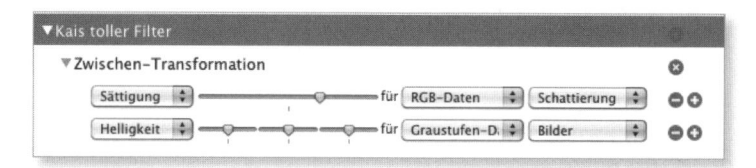

▲ **Abbildung 22.34**
Über die ZWISCHEN-TRANSFORMATION können Sie, jeweils nach Text, Grafiken, Bildern und Schattierung differenziert, einzelne Farbprofile und Farbwerte ändern.

Voransicht der Filter | Wenn Sie einen Filter ausprobieren möchten, öffnen Sie im ColorSync-Dienstprogramm eine PDF-Datei. In der Vorschau der Datei – in der Sie, um neuralgische Stellen zu finden, auch blättern können – finden Sie unten einen Punkt FILTER mit einer Liste der zuvor erstellten Quartz-Filter ❸. Wählen Sie dort einen Filter aus, so aktualisiert sich die Ansicht im Fenster automatisch, und Sie erkennen, wie groß der Qualitätsverlust durch eine Komprimierung sein könnte oder welche Daten Ihnen bei der Anwendung der PDF/X-3-Kriterien vielleicht verloren gehen würden. Klicken Sie auf ANWENDEN, so wird der Filter für die ganze Datei angewandt, und Sie können diese dann sichern. Bei größeren PDF-Dateien kann dies durchaus einen Moment dauern.

Abbildung 22.35 ▶
Auf eine geöffnete PDF-Datei kann ein Filter angewendet werden.

Komprimieren mit Filtern | Gerade im Zusammenhang mit PDF-Dateien, die Sie vielleicht über den Druck-Dialog erstellen möchten, bieten Ihnen die Filter die Möglichkeit, die Komprimierung der Dateien noch zu beeinflussen. Ergibt der Filter REDUCE FILE SIZE schon gute Ergebnisse, wenn Sie eine möglichst kleine Datei benötigen, so können Sie unter BILDER die KOMPRIMIERUNG in einem eigenen Filter noch weiter an Ihre Anforderungen anpassen.

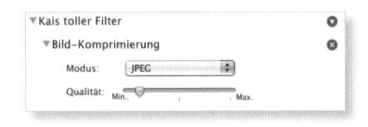

▲ **Abbildung 22.36**
Die Kompressionsrate der Bilder kann für den Filter vorgegeben werden.

PDF/X-3 | Möchten Sie sicherstellen, dass Ihre PDF-Dateien bei einem Dienstleister korrekt ausgegeben werden, so können Sie darauf die PDF/X-3-Kriterien anwenden. Sie finden bereits einen von Apple installierten und konfigurierten Filter für diesen Zweck. Zusätzlich können Sie eigene PDF/X-3-Kriterien für Dateien definieren, indem Sie einen eigenen Filter erstellen und dann die Komponente PDF/X-3 ergänzen.

[PDF/X3]
Bei PDF/X-3 handelt es sich um einen Industriestandard für Dateien, die bei einem Dienstleister ausgegeben werden sollen. Zu dem Standard gehört, dass zum Beispiel keine Kommentare in den PDF-Dateien erlaubt sind. Ihre erstellten PDF-Dateien können Sie mit dem frei erhältlichen Programm PDF/X-3Inspector (*http://www.pdfx3.org*) überprüfen.

▲ **Abbildung 22.37** ▶
Die Eigenschaften für den PDF/X-3-Standard können über einen Filter definiert werden.

Filter anwenden | Um die Quartz-Filter auf eine PDF-Datei anzuwenden, gibt es mehrere Möglichkeiten. In einem Arbeitsablauf des Automators können Sie die Aktion QUARTZ-FILTER AUF PDF-DOKUMENTE ANWENDEN integrieren. Das Programm Vorschau ist in der Lage, einen Quartz-Filter auf eine zu sichernde PDF-Datei anzuwenden, und stellt Ihnen im entsprechenden Dialog die installierten Filter zur Auswahl.

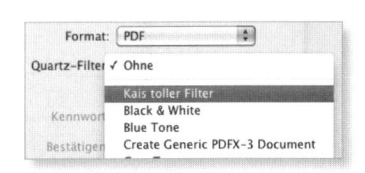

▲ **Abbildung 22.38**
Im Programm Vorschau kann ein Quartz-Filter beim Sichern einer PDF-Datei angewandt werden.

22.2 Farbmanagement mit ColorSync | **655**

X

TEIL V
Aufgaben automatisieren

23 Der Automator und die Dienste

Bei der Arbeit am Rechner sind oft eine ganze Reihe von Routineaufgaben zu bewältigen. Dateien umbenennen und archivieren, PDF-Dateien erstellen, E-Mails an mehrere Empfänger verschicken und noch vieles mehr gehören nicht zu den Tätigkeiten, die man im engeren Sinne als produktiv bezeichnen kann.

Mit Mac OS X 10.4 hat Apple den Automator eingeführt. Das Programm liegt unter Mac OS X 10.6 in seiner dritten Version vor und kann Ihnen dabei helfen, viele der immer wiederkehrenden Arbeiten automatisch auszuführen.

Geeignet ist der Automator für klar umrissene Aufgaben wie dem Umbenennen von Dateien oder die Bearbeitung von Bildern. Zum Teil lassen sich diese Arbeitsabläufe auch etwas umfangreicher gestalten, indem Sie die bearbeiteten Bilder zum Beispiel an eine E-Mail anhängen. Die Komplexität der Aufgaben sollte sich jedoch in Grenzen halten. Der Automator ist auch in seiner dritten Version noch kein Ersatz für AppleScript oder die Entwicklung eigener Programme.

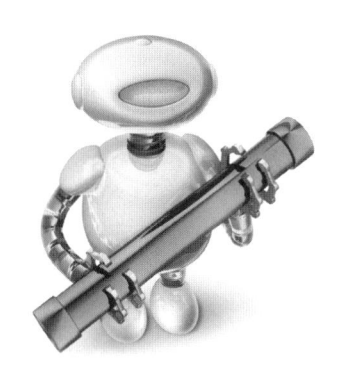

▲ **Abbildung 23.1**
Der Roboter »Otto« symbolisiert den Automator.

Dienste | Sein volles Potenzial entfaltet der Automator dann, wenn Sie Arbeitsabläufe an Schnittstellen des Betriebssystems wie Ordneraktionen, dem Kontextmenü im Finder, als Ergänzung des Druckmenüs oder als automatischen Prozess im Programm Digitale Bilder nutzen. In Mac OS X 10.6 komplett überarbeitet wurde das Menü DIENSTE. Es bietet nun eine sehr flexible Möglichkeit, den Arbeitsabläufen ausgewählten Text oder Dateien zu übergeben, die Abläufe über Tastenkürzel aufzurufen oder nur in bestimmten Programmen anzeigen zu lassen.

Dieses Kapitel stellt Ihnen zunächst das grundlegende Funktionsprinzip des Automators und der mit ihm erstellten Arbeitsabläufe vor. Anhand von Beispielen lernen Sie, wie Sie Arbeitsabläufe – auch Workflows genannt – selbstständig erstellen, dabei Fehler vermeiden und sich mithilfe des Automators Mausklicks und Tastatureingaben ersparen können.

Aktionen aufzeichnen
Der Automator ist auch in der Lage, Eingaben die Sie über die Maus oder Tastatur tätigen aufzuzeichnen und diese später zu wiederholen. Solche Aufzeichnungen können Sie dann nutzen, wenn für eine Aufgabe keine Aktion im Automator zur Verfügung steht.

23.1 Aufbau und Funktionsweise

Wenn Sie den Automator starten, dann erscheint zuerst ein Dialog, in dem sieben Vorlagen zur Auswahl stehen. Bei allen Vorlagen bleibt das grundlegende Funktionsprinzip des Automators erhalten. Die Vorlagen helfen Ihnen in erster Linie bei der Übergabe von Daten und Dateien an den Arbeitsablauf und assistieren Ihnen bei der Speicherung des Arbeitsablaufs im passenden Verzeichnis innerhalb des Systems.

▲ **Abbildung 23.2**
Arbeitsabläufe des Automator werden in einer .WORKFLOW-Datei gespeichert.

Sieben Vorlagen | Der einfache ARBEITSABLAUF wird im Automator selbst ausgeführt, indem Sie die Schaltfläche AUSFÜHREN betätigen. Mit der Vorlage PROGRAMM wird aus Ihrem Arbeitsablauf ein normales Programm, das Sie ohne den Automator mit einem Doppelklick im Finder starten können. Ein DIENST kann Text sowie Dateien oder Ordner entgegennehmen und wird unter anderem im Menü DIENSTE angezeigt. Eine ORDNERAKTION können Sie an einen vorhandenen Ordner anhängen. Sie wird in dem Moment ausgeführt, in dem Sie Objekte in dieses Verzeichnis kopieren oder verschieben. Ein PLUG-IN FÜR DRUCKEN finden Sie im Druckmenü von Mac OS X wieder und können mit diesem Arbeitsablauf die vom Drucksystem erzeugte PDF-Datei direkt weiterverarbeiten. Ein PLUG-IN FÜR DIGITALE BILDER ermöglicht es Ihnen, beim Auslesen von Bildern aus einer Kamera diese sofort zu bearbeiten. Schließlich können Sie über die Vorlage ICAL-ERINNERUNG ein Programm erstellen, bei dem der Automator für Sie einen Eintrag in iCal erzeugt.

Abbildung 23.3 ▶
Nach dem Start stellt der Automator sieben Vorlagen für Arbeitsabläufe zur Auswahl.

Fünf Bereiche | Haben Sie eine Vorlage ausgewählt, für ein erstes Beispiel eignet sich hier der einfache ARBEITSABLAUF, dann können Sie im Fenster den Arbeitsablauf zusammenstellen. Dieses Fenster gliedert sich in bis zu fünf Bereiche. In der Mitte des Fensters befindet sich die Arbeitsfläche ❶. In diesen Bereich ziehen Sie Aktionen oder auch Dateien, aus denen Ihr Arbeitsablauf besteht.

Am linken Rand befindet sich die BIBLIOTHEK ❷ mit den AKTIONEN und VARIABLEN, die Ihnen für einen Arbeitsablauf zur Verfügung stehen. Die BIBLIOTHEK fasst die zur Verfügung stehenden Aktionen und Variablen in Gruppen zusammen. Wählen Sie eine Gruppe wie AUTOMATOR aus, dann erscheinen die in ihr enthaltenen Aktionen oder Variablen in der Spalte rechts daneben ❸. Haben Sie eine Aktion oder Variable ausgewählt, gibt Ihnen die kurze Beschreibung links unten ❹ Aufschluss über die Funktionsweise.

Schließlich finden Sie unterhalb der Arbeitsfläche zwei Schaltflächen ❺, mit denen Sie das Protokoll oder die Übersicht der im Arbeitsablauf beschriebenen Variablen einblenden können. Oben rechts ❻ finden Sie im Fenster die Schaltflächen AUFZEICHNEN, SCHRITT, STOPPEN sowie AUSFÜHREN.

Aktionen anordnen
Ob die verfügbaren Aktionen nach Programm oder Kategorie gruppiert werden, können Sie über den Menüpunkt DARSTELLUNG • AKTIONEN ANORDNEN NACH bestimmen. In diesem Kapitel werden die Aktionen durchgängig nach Programm gruppiert.

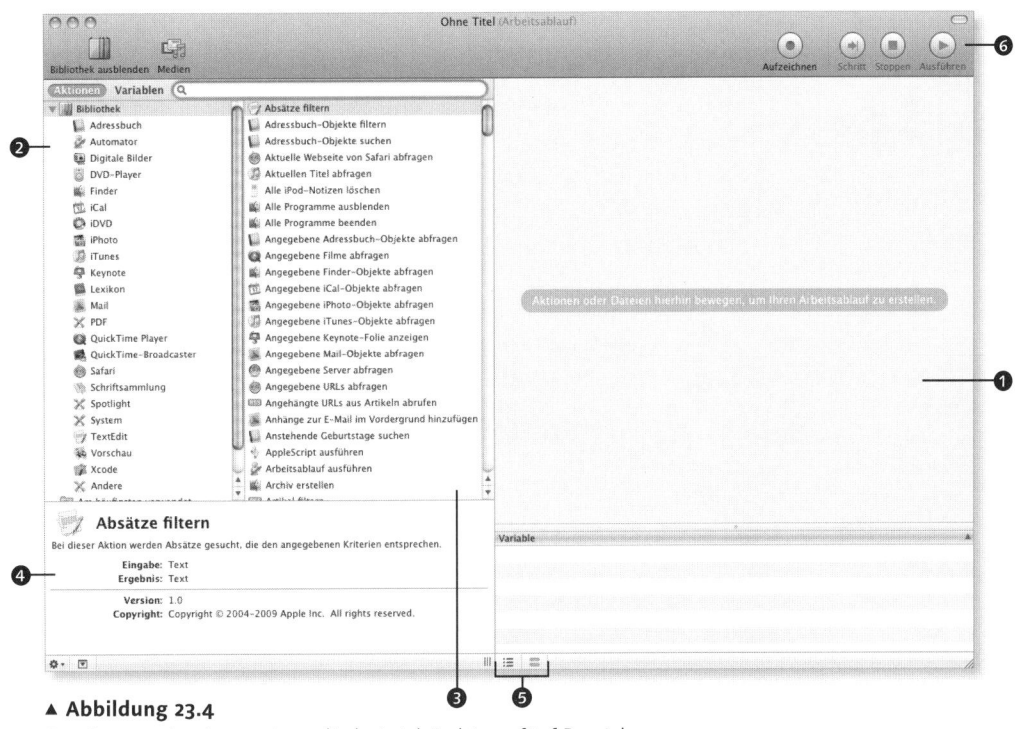

▲ **Abbildung 23.4**
Das Fenster des Automators gliedert sich in bis zu fünf Bereiche.

Pipeline

Es ist kein Zufall, dass der Roboter im Automator-Icon ein Rohr in den Händen hält. Diese Pipeline symbolisiert das lineare Funktionsprinzip des Automators recht gut. Auch am Terminal werden für komplexere Arbeitsabläufe sogenannte Pipes verwendet, die über das Zeichen | realisiert werden.

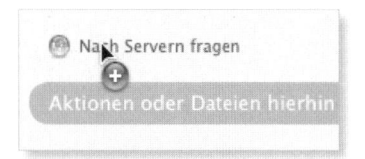

▲ **Abbildung 23.5**
Aktionen können per Doppelklick oder Drag and Drop in den Arbeitsablauf eingefügt werden.

TIPP

Wenn Sie die Taste ⌘ gedrückt halten, dann können Sie in der Bibliothek mehrere Gruppen oder Programme auswählen.

Doppelklick

Sie können Aktionen auch durch einen Doppelklick dem Ablauf hinzufügen. Bei einem Doppelklick wird die Aktion immer als letzter Schritt eingefügt, während Sie per Drag and Drop die Aktion auch zwischen zwei bereits vorhandene positionieren können.

Lineare Ausführung | Ein Arbeitsablauf besteht aus einer Reihe von einzelnen Aktionen, die nacheinander abgearbeitet werden. Dabei werden die Ergebnisse von einer Aktion zur nächsten weitergereicht. Wenn einem Arbeitsablauf ein Ordner übergeben wurde, wird dieser Ordner von Aktion zu Aktion weitergegeben. Hierbei übernehmen die nachfolgenden Aktionen die Änderungen der vorhergehenden. Der übergebene Ordner könnte dann nacheinander umbenannt, verschoben und mit einem Etikett im Finder versehen werden.

Dieses lineare Prinzip ist Stärke und Schwäche zugleich: Es ist eine Schwäche, weil Sie in einem Arbeitsablauf anders als bei AppleScript nur sehr eingeschränkt Bedingungen vorgeben können. Es ist eine Stärke, weil ein Arbeitsablauf somit übersichtlich und nachvollziehbar bleibt.

1. Aktion | Für einen ersten Arbeitsablauf, der dem Namen der im Finder ausgewählten Objekte einen Text voranstellt, ziehen Sie aus der Sammlung DATEIEN & ORDNER oder FINDER die Aktion AUSGEWÄHLTE FINDER-OBJEKTE ABFRAGEN nach rechts in die Arbeitsfläche. Der Mauspfeil wird mit dem grünen Pluszeichen versehen. Lassen Sie die Maustaste los, wird die Aktion als erster Schritt in Ihren Arbeitsablauf eingefügt.

2. Aktion | Wählen Sie dann als zweiten Schritt die Aktion FINDER-OBJEKTE UMBENENNEN, und ziehen Sie sie in den Bereich unterhalb der ersten Aktion. Wenn Sie die zweite Aktion hinzugefügt haben, erhalten Sie vom Automator die Rückfrage, ob Sie zusätzlich noch die Aktion FINDER-OBJEKTE KOPIEREN in Ihren Arbeitsablauf integrieren möchten. Für dieses Beispiel sollten Sie die Aktion NICHT HINZUFÜGEN.

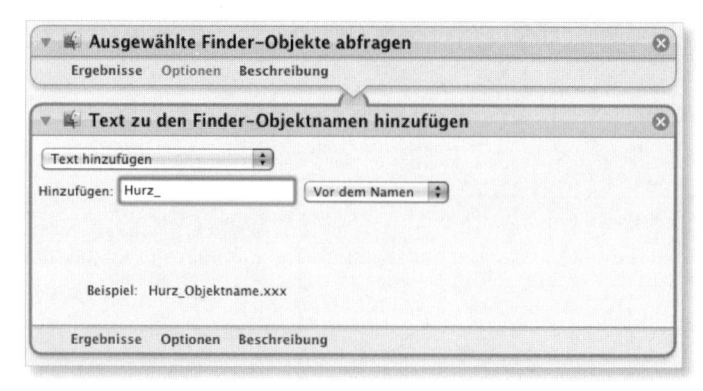

▲ **Abbildung 23.6**
Die Ergebnisse der ersten Aktion werden an die zweite übergeben.

Übergabe von Ergebnissen | Die beiden Aktionen werden nun durch einen Pfeil miteinander verknüpft. Dieser Pfeil besagt, dass die Ergebnisse der ersten Aktion an die zweite weitergegeben werden. Die Aktion FINDER-OBJEKTE UMBENENNEN verfügt über eine Reihe von Parametern, mit denen Sie ihre Funktionsweise beeinflussen können. Sie können unter anderem auswählen, ob dem Dateinamen ein Text, das Datum, oder eine laufende Nummer hinzugefügt werden soll und welche Optionen hierbei Verwendung finden.

Ausführen | Um den Arbeitsablauf nun auszuprobieren, wechseln Sie zunächst in den Finder und wählen dort eine oder mehrere Dateien oder Ordner aus, deren Namen Sie mithilfe der zweiten Aktion ändern möchten. Wechseln Sie dann in den Automator, und klicken Sie auf die Schaltfläche AUSFÜHREN. Wurde der Arbeitsablauf erfolgreich durchgeführt, ertönt ein Signalton, die erfolgreich abgearbeiteten Aktionen werden mit einem grünen Haken als erledigt markiert. Der Name der ausgewählten Dateien und Ordner im Finder wurde so geändert, wie Sie es in den Einstellungen der Aktion FINDER-OBJEKTE UMBENENNEN vorgenommen haben.

Namenswechsel
Wenn Sie bei der Aktion Finder-Objekte umbenennen eine Methode, etwa das Hinzufügen von Text, ausgewählt haben, dann ändert die Aktion ihre Bezeichnung. In Abbildung 23.6 heißt die Aktion daher TEXT ZU DEN FINDER-OBJEKTNAMEN HINZUFÜGEN.

Aktionen im Detail | Die Aktionen verfügen über einige Funktionen, die Ihnen sowohl bei der Fehlersuche als auch bei der zielgerichteten Erstellung Ihres Arbeitsablaufs helfen können.

Unterhalb einer Aktion finden Sie drei Schaltflächen: ERGEBNISSE, OPTIONEN und BESCHREIBUNG. Über BESCHREIBUNG wird Ihnen diese direkt im Arbeitsablauf angezeigt, ohne dass Sie die Aktion in der BIBLIOTHEK suchen müssen. In OPTIONEN können Sie über DIESE AKTION BEIM AUSFÜHREN DES ARBEITSABLAUFS ANZEIGEN veranlassen, dass die Werte der Aktion dem Anwender bei der Ausführung des Arbeitsablaufs präsentiert werden. Bei der Aktion FINDER-OBJEKTE UMBENENNEN würde ein Fenster erscheinen, in dem der Anwender die im Arbeitsablauf gespeicherten Einstellungen wie das FORMAT oder den ORT überschreiben kann.

Eingabe und Ergebnis
Viele Aktionen sind auf bestimmte Objekte festgelegt. Die Ergebnisse der Aktion ITUNES-OBJEKTE FILTERN können von einer Aktion aus der Sammlung PDF nicht verarbeitet werden. Welche Arten von Objekten eine Aktion verarbeiten kann, finden Sie in der Beschreibung unter EINGABE und ERGEBNIS.

Ergebnisse anzeigen | Um die Funktion der Aktion in Ihrem Arbeitsablauf zu überwachen, können Sie auch deren ERGEBNISSE einblenden. Ihnen stehen hier drei Möglichkeiten der Darstellung zur Verfügung, die Sie über die kleinen Icons ❶ auswählen können.

Zunächst können Sie die Ergebnisse als Symbole, wie auch im Finder, anzeigen lassen. Bei Grafikdateien erhalten Sie hier zum Beispiel eine kleine Vorschau. Die Listenansicht (siehe Abbil-

Ergebnisse einblenden
⌘ + K

dung 23.7) enthält die vollständigen Pfadangaben der bearbeiteten Dateien. Über das Klammernpaar können Sie sich die Ergebnisse der Aktion in der Form darstellen lassen, wie sie in AppleScript repräsentiert würden. Diese Ansicht kann sehr hilfreich sein, wenn Sie später Ihren Arbeitsablauf um ein AppleScript ergänzen.

Abbildung 23.7 ▶
Sowohl das Protokoll als auch die Ergebnisse der Aktionen können bei der Fehlersuche helfen.

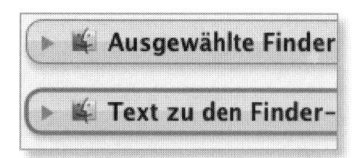

▲ **Abbildung 23.8**
Aktionen können für eine bessere Übersicht eingeklappt werden.

Über den Pfeil links des Namens können Sie eine Aktion ein- und wieder ausklappen. Bei einem umfangreichen Arbeitsablauf erhöhen Sie so die Übersicht, indem Sie fertig konfigurierte Aktionen einklappen. Eine Aktion aus dem Arbeitsablauf entfernen können Sie über das »x« am rechten Rand oder indem Sie die Aktion zunächst mit der Maus auswählen und dann ⌫ drücken.

Kontextmenü | Rufen Sie das Kontextmenü über eine Aktion auf, dann können Sie diese UMBENENNEN. Die von Ihnen eingegebene Bezeichnung wird in Klammern an die ursprüngliche angefügt. Erstellen Sie einen umfangreichen Arbeitsablauf, bei dem eine Aktion mehrfach verwendet wird, können eigene Bezeichnungen die Übersicht und Lesbarkeit erhöhen.

Eine Aktion zu DEAKTIVIEREN, sie aber zeitgleich im Arbeitsablauf zu belassen, kann dann notwendig sein, wenn sie zwar im endgültigen Ablauf ausgeführt werden soll, aber bei der Erstellung zu viel Zeit in Anspruch nimmt.

Über das Kontextmenü können Sie eine Aktion auch innerhalb des Arbeitsablaufs NACH OBEN und UNTEN BEWEGEN. Alternativ können Sie sie aber auch bei gedrückter Maustaste an eine andere Stelle ziehen.

Die in Abbildung 23.9 ausgegraute Option EINGABE IGNORIEREN sorgt dafür, dass die Aktion die von der vorhergehenden übergebenen Objekte ignoriert. Insbesondere im Zusammenhang mit der Verwendung von Variablen kann diese Option notwendig sein.

Aktion verschieben
⌘ + ↑
⌘ + ↓

◀ **Abbildung 23.9**
Über das Kontextmenü kann eine Aktion umbenannt und deaktiviert werden.

Protokoll und schrittweise Ausführung | Bei der Suche nach Fehlern ist das Protokoll der letzten Ausführung des Ablaufs die erste Anlaufstelle. Sie können es über die Schaltfläche ❶ unterhalb der Arbeitsfläche oder über den Menüpunkt DARSTELLUNG • PROTOKOLL anzeigen.

Wurde eine Aktion durchgeführt, erscheint sie mit einem grünen Haken im Protokoll. Dabei besagt dieser noch nicht, dass die Aktion auch wirklich wunschgemäß ihren Dienst verrichtet hat. So wurde die Aktion AUSGEWÄHLTE FINDER-OBJEKTE ABFRAGEN zwar erfolgreich durchgeführt, da aber keine Objekte im Finder ausgewählt waren, erscheint eine Warnung im Protokoll. Sie finden im Protokoll auch Fehlermeldungen, wenn der Ablauf vorzeitig abgebrochen wurde.

Bei der Suche nach Fehlern kann insbesondere bei einem umfangreicheren Arbeitsablauf die schrittweise Ausführung hilfreich sein. In der Symbolleiste des Automator finden Sie die Schaltfläche SCHRITT. Wenn Sie diese anklicken, dann wird die erste Aktion im Arbeitsablauf ausgeführt und dieser dann zunächst angehalten. Im Protokoll sowie unter ERGEBNISSE finden

Protokoll anzeigen
⌘ + ⌥ + L

Sie bereits die Resultate der Aktion. Mit einem weiteren Klick auf die Schaltfläche SCHRITT wird die nächste Aktion ausgeführt und der Ablauf dann erneut angehalten. In der Statusleiste des Fensters erscheint währenddessen der Hinweis ARBEITSABLAUF UNTERBROCHEN.

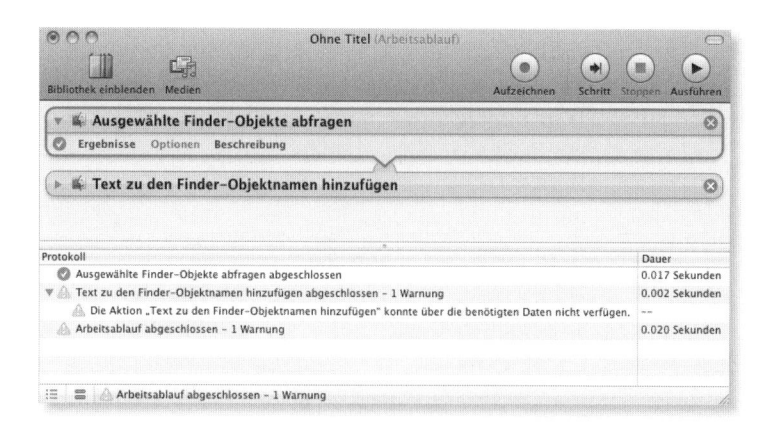

Abbildung 23.10 ▶
Das Protokoll informiert über Erfolg und Misserfolg eines Arbeitsablaufs.

▲ **Abbildung 23.11**
Aktionen werden unter anderem in separaten Dateien gespeichert.

Aktionen importieren
Die Entwicklung der Aktionen obliegt den Herstellern der jeweiligen Programme. Darüber hinaus gibt es eine Reihe von Aktionen von Drittherstellern. Diese finden Sie im Internet zum Beispiel unter http://www.macscripter.net, http://www.automatorworld.com oder http://www.macosxautomation.com. Über den Menüpunkt ABLAGE • AKTIONEN IMPORTIEREN können Sie die Aktionen der BIBLIOTHEK des Automator hinzufügen.

Technische Hintergründe | Der Automator selbst bietet eigentlich keine speziellen Funktionen. Er stellt in erster Linie den Rahmen bereit, innerhalb dessen die Aktionen zu einem Arbeitsablauf zusammengefügt werden können. Bei den Aktionen handelt es sich um kleine Programme, die für die Verwendung im Automator entwickelt wurden und deren Dateiendung ».action« lautet. Die Aktionen können entweder die Fähigkeiten eines Programms wie Finder oder iPhoto nutzen und steuern, oder aber sie wurden speziell für den Automator entwickelt, wie dies bei den Aktionen aus der Sammlung PDF der Fall ist. Die in der BIBLIOTHEK verfügbaren Aktionen können sich an mehreren Stellen im System befinden:

▶ /SYSTEM/LIBRARY/AUTOMATOR: Dieser Ordner enthält mehr als 270 Aktionen, die mit Mac OS X installiert wurden und den Kernbestand ausmachen.
▶ /LIBRARY/AUTOMATOR: In dieses Verzeichnis können Aktionen von Drittherstellern installiert werden, die dann allen Benutzern des Systems zur Verfügung stehen.
▶ ~/LIBRARY/AUTOMATOR: AUCH DIE AKTIONEN IN DIESEM ORDNER WERDEN VOM AUTOMATOR BERÜCKSICHTIGT, STEHEN ABER NUR DEM ENTSPRECHENDEN BENUTZER ZUR VERFÜGUNG

Schließlich können Aktionen auch innerhalb eines Programm-Bundles abgelegt werden. Der Automator sucht automatisch nach Programmen und fügt die in den Bundles gefundenen Aktionen automatisch der Bibliothek hinzu.

23.2 Interaktion mit dem Anwender

Ihre Arbeitsabläufe lassen sich flexibler einsetzen, wenn Sie an einigen Stellen dem Anwender die Möglichkeit zur Interaktion geben. Dazu gehört die Entscheidung, den Arbeitsablauf vorzeitig abzubrechen, oder die Eingabe eines Textes, um beispielsweise den Namen für ein neues Album in iPhoto festzulegen.

In der BIBLIOTHEK in der Gruppe AUTOMATOR gibt es bereits einige Aktionen, mit denen Sie vom Anwender eine Bestätigung, Eingabe oder Auswahl fordern können.

Die einfachste Art, dem Anwender eine Mitteilung aus dem Arbeitsablauf heraus zukommen zu lassen, ist die Aktion AUF BENUTZERAKTION WARTEN. Diese pausiert den Arbeitsablauf so lange, bis der Anwender auf FORTFAHREN klickt. In der Aktion können Sie den anzuzeigenden Text vorgeben und auch den ARBEITSABLAUF STOPPEN NACH X MINUTEN. Dies kann dann sinnvoll sein, wenn der Arbeitsablauf danach irgendeine Aktion vornimmt, die möglicherweise die Aufmerksamkeit des Anwenders in jedem Fall erfordert. Ignoriert der Anwender die Mitteilung, dann wird der Arbeitsablauf abgebrochen.

Bestätigung verlangen | Bei Arbeitsabläufen, die mit wichtigen Dateien verwendet werden oder solche gar löschen, sollten Sie vom Anwender eine BESTÄTIGUNG VERLANGEN. Hierbei können Sie sowohl einen aussagekräftigen Titel und eine Beschreibung als auch die Beschriftung der Schaltflächen (ABBRECHEN und OK) eingeben. Mit einem Klick auf das Icon können Sie zwischen dem einfachen Roboter und einem solchen mit einem Warnschild wechseln.

Pausieren
Die Aktion PAUSE hält den Arbeitsablauf für eine vorgegebene Anzahl von Sekunden an. Damit interagieren Sie zwar nicht mit dem Anwender, können aber das Verhalten Ihres Ablaufs ein wenig steuern. Das Pausieren eines Ablaufs kann manchmal notwendig sein, wenn die vorhergehende Aktion etwas Zeit benötigt, also beispielsweise ein Server eingebunden und auch im Finder aktiviert werden muss. Hier böte es sich an, den Ablauf für zwei Sekunden anzuhalten.

▲ **Abbildung 23.12**
Der Anwender muss die Rückfrage bestätigen.

◄ **Abbildung 23.13**
Bei der Aktion »Bestätigung verlangen« können das Icon und die Texte vorgegeben werden.

Gelangt der Arbeitsablauf zu dieser Aktion, wird dem Anwender ein Dialog angezeigt und der Ablauf angehalten. Wird in diesem die Option ABBRECHEN ausgewählt, wird der Ablauf gestoppt. Er wird erst dann fortgesetzt, wenn der Anwender dies bestätigt.

Nach Text fragen | Die Eingabe von Text kann bei vielen Arbeitsabläufen notwendig sein. Möglicherweise kopiert der Arbeitsablauf eine Reihe von Dateien in einen neuen Ordner, dem gleich ein passender Name gegeben werden soll. Mit der Aktion NACH TEXT FRAGEN erscheint ein Dialog, in den der Anwender einen Text eingeben kann. Sie können sowohl eine Frage als auch eine Standardantwort vorgeben.

> **TIPP**
>
> Sie können mit der Aktion NACH TEXT FRAGEN eine Eingabe des Benutzers erzwingen, indem Sie die Option ANTWORT ERFORDERLICH aktivieren und keine STANDARDANTWORT vorgeben. Der Dialog erscheint nun so lange, bis der Anwender entweder Text eingibt oder auf ABBRECHEN klickt.

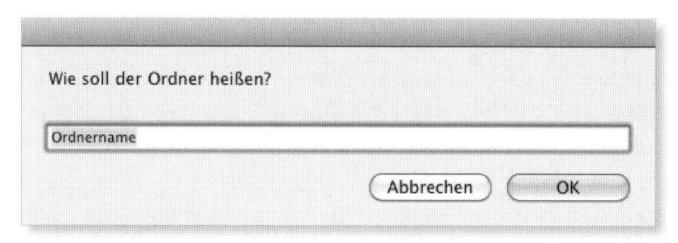

▲ **Abbildung 23.14**
Über die Standardantwort kann ein Text für den Dialog vorgegeben werden.

Aus Liste auswählen | Möchten Sie den Anwender entscheiden lassen, welche der Objekte aus einer vorhergehenden Aktion an die nächste weitergegeben werden, können Sie ihn AUS EINER LISTE AUSWÄHLEN lassen. Diese Aktion übernimmt die Objekte der vorhergehenden Aktion und präsentiert sie dem Anwender in einem Dialog. Nur die ausgewählten Objekte werden an die nachfolgende Aktion übergeben.

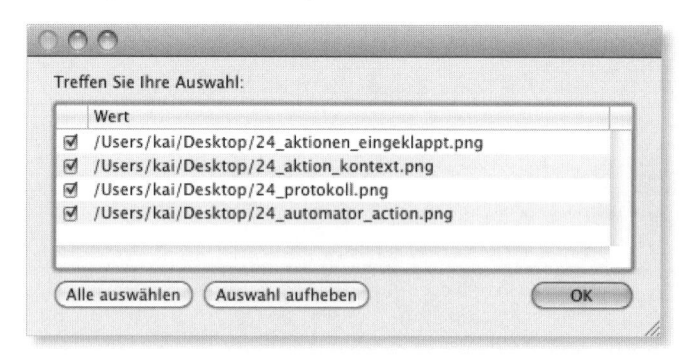

Abbildung 23.15 ▶
Nur die ausgewählten Elemente werden an die nachfolgende Aktion übergeben.

Beim Ausführen anzeigen | Leicht zu übersehen, aber dafür umso nützlicher sind die OPTIONEN, die Sie bei vielen Aktionen am unteren Rand finden. Wenn Sie sie ausklappen, können Sie die Option DIESE AKTION BEIM AUSFÜHREN DES ARBEITSABLAUFS ANZEIGEN aktivieren. Es erscheint dann bei der Ausführung ein Fenster, in dem der Anwender die Optionen der Aktion, die Sie im Automator festgelegt haben, überschreiben kann. So ist es beispielsweise möglich, bei der Umbenennung einer Datei nicht auf einen Text, sondern auf das Datum oder eine laufende Nummerierung zurückzugreifen.

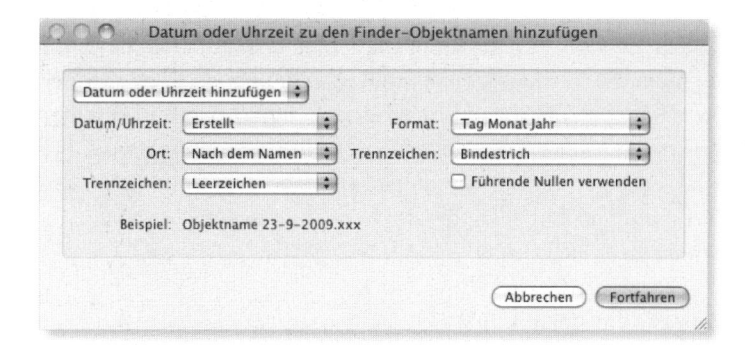

◄ **Abbildung 23.16**
Die Parameter der angezeigten Aktion werden dem Anwender zur Auswahl gestellt.

Bei manchen Aktionen ist es zusätzlich möglich, NUR DIE AUSGEWÄHLTEN OBJEKTE ANZEIGEN zu lassen. Hiermit werden die möglichen Objekte zunächst dunkelgrau hinterlegt und mit einer Checkbox versehen. In dem Dialog werden dann nur die Optionen angezeigt, die Sie über die Checkbox auswählen. So wurde der Dialog aus Abbildung 23.16 mit den Vorgaben aus Abbildung 23.17 erzeugt.

▲ **Abbildung 23.17**
Aktionen können bei der Ausführung des Arbeitsablaufs auch teilweise angezeigt werden.

23.3 Mit Variablen arbeiten

Zwei Typen
In der Bibliothek finden Sie zwei Symbole, mit denen die Variablen gekennzeichnet werden. Das Zahnrädchen kennzeichnet Variablen, deren Wert durch die Umgebung (Pfad zum persönlichen Ordner) automatisch gesetzt wird. Variablen mit einem »V« können Werte wie einen Text oder eine Pfadangabe speichern.

Die Variablen haben im Automator zwei Aufgaben. Die erste besteht darin, Werte und Daten zwischenzuspeichern und zu einem späteren Zeitpunkt im Ablauf wieder verfügbar zu machen.

So könnten Sie beispielsweise vom Anwender einen Text erfragen und diesen in einer Variable speichern. Mithilfe dieser Variable erstellen Sie in einem Ablauf dann zuerst einen gleichnamigen Ordner, suchen mit Spotlight nach dem eingegebenen Text und kopieren die Suchergebnisse schließlich in den erstellten Ordner. Zwar könnten Sie dies auch erreichen, indem Sie die Aktionen zur Erstellung des Ordners und zur Suche über Spotlight via OPTIONEN anzeigen lassen. Allerdings müsste der Anwender dann den Text mehrfach eingeben, bei der Verwendung einer Variablen nur einmal.

Variablen in der Bibliothek | Die zweite Aufgabe von Variablen besteht darin, dass sie als Platzhalter in einer Aktion eingesetzt werden können.

In der BIBLIOTHEK finden Sie mehrere Sammlungen mit VARIABLEN. Bei den meisten davon wird als Icon ein Zahnrad verwendet. Die Analogie zu den intelligenten Ordnern des Finders ist nicht zufällig: Diese Variablen werden automatisch mit den passenden Werten versehen. Fügen Sie zum Beispiel die Variable PRIVAT aus der Sammlung UMGEBUNG ein, wird an dieser Stelle immer der persönliche Ordner des aktuellen Benutzers eingesetzt.

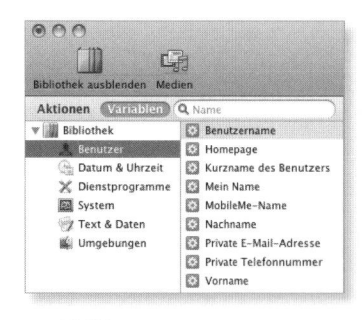

▲ **Abbildung 23.18**
Die Bibliothek enthält Variablen, die gängige Werte des Systems repräsentieren.

Die vorgefertigten Variablen können Sie einfach aus der Bibliothek an die passende Stelle in eine Aktion ziehen. In Abbildung 23.19 wurde zunächst die Variable NACHNAME aus der Sammlung BENUTZER in das Feld NAME gezogen. Der nachfolgende Text _DATEIEN wurde dann direkt eingegeben. Im zweiten Schritt wurde dann die Variable PRIVAT auf das Auswahlmenü hinter ORT gezogen.

Wenn Sie jetzt den Ablauf ausführen, wird im persönlichen Ordner des aktuellen Benutzers, der durch die Variable PRIVAT repräsentiert wird, ein neuer Ordner mit dem Namen SURENDORF_DATEIEN erstellt, wobei sich der Name aus der Variable NACHNAME und dem Text _DATEIEN zusammensetzt. Wird der Ablauf von einem Benutzer Martin Meier ausgeführt, wird sein persönliches Verzeichnis als Ziel genutzt, und der erstellte Ordner heißt MEIER_DATEIEN.

▲ **Abbildung 23.19**
Variablen können in vielen Aktionen genutzt werden.

Übersicht der Variablen | Einen Überblick über die in Ihrem Arbeitsablauf verwendeten Variablen und ihre Werte können Sie sich über das Protokoll verschaffen. Dieses blenden Sie entweder über DARSTELLUNG • VARIABLEN oder über die zweite Schaltfläche unterhalb der Arbeitsfläche ❶ ein. Die Werte werden aktualisiert, wenn Sie Ihren Ablauf ausgeführt haben.

In die Übersicht können Sie auch schon Variablen aus der Bibliothek ziehen, um sie zu einem späteren Zeitpunkt in Ihrem Ablauf zu verwenden.

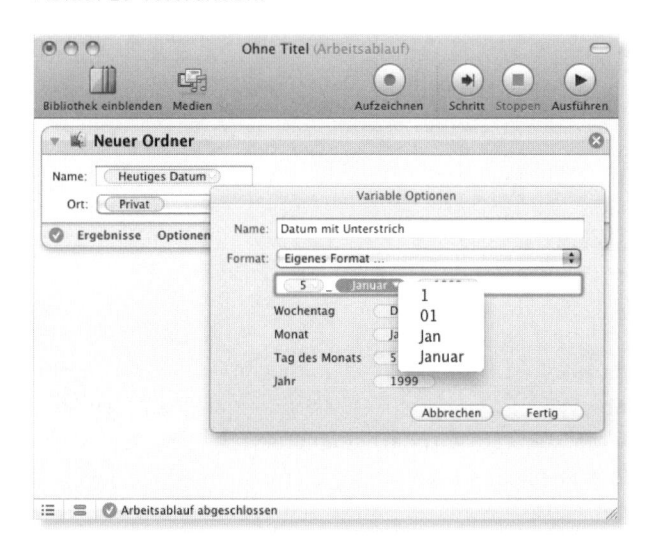

◄ **Abbildung 23.20**
Das Format kann an die eigenen Vorstellungen angepasst werden.

23.3 Mit Variablen arbeiten | **671**

TIPP
Bearbeiten Sie das Format einer Variable, finden sich auch bei den einzufügenden Werten manchmal die ausklappbaren Menüs. Bei der Änderung des Datums können Sie über das Ausklappmenü so auch das Format des Wochentages oder des Monats einstellen.

Format vorgeben | Bei einigen Variablen können Sie sowohl den Wert als auch das Format anpassen. Solche Variablen zeigen einen kleinen weißen Pfeil, wenn sich der Mauszeiger über ihnen befindet. Klicken Sie den Pfeil an, so erscheint ein Ausklappmenü zum BEARBEITEN. Ein Doppelklick auf eine solche Variable ist auch möglich. Neben dem Namen der Variablen können Sie auch hier ihren Wert vorgeben.

Bei dem Datum in Abbildung 23.20, das auf der Variable HEUTIGES DATUM aus der Sammlung DATUM & UHRZEIT beruht, ist es möglich, ein EIGENES FORMAT zu verwenden. Hier können Sie die vier möglichen Angaben in das Feld ziehen und zusätzlich noch Text eingeben.

Werte festlegen | Neben dem Format können Sie auch den Wert festlegen. Haben Sie eine Variable zum Beispiel in die Übersicht unten gezogen, dann steht sie in Ihrem Arbeitsablauf zu Verfügung. Wenn Sie dann den Punkt BEARBEITEN aus dem Kontextmenü auswählen oder einen Doppelklick auf den Namen ausführen, dann können Sie den Wert der Variablen festlegen. Dies funktioniert bei den Variablen, deren Icon mit einem Zahnrädchen versehen wurde, nicht, denn diese geben immer automatisch den der Umgebung entsprechenden Wert wieder.

▲ Abbildung 23.21
In dem Bereich »Variable« kann der Wert einer Variablen voreingestellt werden.

In Abbildung 23.21 wurde eine Variable für eine Pfadangabe konfiguriert. Würde sie in dem Arbeitsablauf an mehreren Stellen verwendet, deutet sie zunächst aufgrund der Vorgabe immer auf das Verzeichnis CRASHREPORTER. Wenn nun in diesem Ablauf anstelle des Schreibtisches ein anderer Ordner an dessen Stelle verwendet werden soll, müssten Sie nur den Wert der Variablen ändern. Die Aktionen müssten nicht geändert werden, da sie ja auf den Wert der Variablen zurückgreifen.

Variablen, deren Wert Sie selbst über BEARBEITEN vorgeben, werden vom Automator mit dem Arbeitsablauf gespeichert. Geben Sie also in Form einer Variablen einen Pfad an, wird deren Wert mit dem Arbeitsablauf gespeichert. Öffnen Sie den Ablauf zu einem späteren Zeitpunkt erneut im Automator, können Sie wieder auf den Wert der Variablen zurückgreifen.

Variablen festlegen und abfragen | Für die Zusammenarbeit von Aktionen und Variablen stellt der Automator in der gleichnamigen Sammlung zwei Aktionen zur Verfügung. Mit WERT DER VARIABLEN FESTLEGEN werden die Ergebnisse der vorhergehenden Aktion als Wert der anzugebenden Variablen definiert.

In dem Ausklappmenü VARIABLE dieser Aktion finden Sie sowohl die in Ihrem Ablauf bereits vorhandenen Variablen als auch den Menüpunkt NEUE VARIABLE. Durch das Festlegen des Wertes können Sie Variablen als Zwischenspeicher für die Ergebnisse von Aktionen verwenden und zu einem späteren Zeitpunkt im Arbeitsablauf wieder aufgreifen.

Um eine Variable an eine Aktion zu übergeben, können Sie den WERT DER VARIABLEN ABFRAGEN. In dieser Aktion können Sie lediglich die Variable vorgeben. Sinnvoll ist dies dann, wenn Sie eine Variable an eine Aktion übergeben möchten, die in ihren Optionen keinen Platz für Variablen bietet. Ein einfaches Beispiel wäre die Aktion DEFINITION EINES WORTES ABFRAGEN, die außer der Wahl des Lexikons keine Option bietet und der zwingend ein Wert von einer anderen Aktion übergeben werden muss.

Skripten als Variablen
Eher für den fortgeschrittenen Einsatz sind die Variablen APPLESCRIPT (siehe Abschnitt 24.9.4) und SHELL-SKRIPT, die Sie in der Rubrik SYSTEM finden. Hier können Sie anstelle eines Wertes ein Skript eingeben, das ausgeführt wird, wenn der Wert der Variablen abgerufen wird.

23.4 Praxisbeispiel: Projektordner erstellen und als Programm sichern

Das Zusammenspiel der Variablen und Aktionen wird in einem umfangreichen Arbeitsablauf deutlich. Der Ablauf hat die Aufgabe, einen Ordner für ein Projekt zu erstellen. In diesem Hauptordner, dessen Name durch den Anwender vorgegeben wird, sollen vier Unterordner (VORLAGEN, GRAFIKEN, KORRESPONDENZ sowie ALTLASTEN) erstellt werden. Zuletzt soll eine Suche über Spotlight durchgeführt und die dadurch gefundenen PDF-Dateien in den Ordner ALTLASTEN kopiert werden. Für diesen Ablauf können Sie die Vorlage PROGRAMM auswählen.

▲ **Abbildung 23.22**
Der Arbeitsablauf erstellt automatisch vier Unterordner mit vorgegebenen Namen.

Abbildung 23.23
In dem Ablauf werden vier Variablen verwendet.

Benötigt werden in diesem Arbeitsablauf vier Variablen:

- DOKUMENTE: Diese Variable wird der BIBLIOTHEK entnommen. Diese Variable verweist immer auf den Ordner DOKUMENTE innerhalb des persönlichen Ordners. Damit ist es möglich, den Arbeitsablauf unter einem beliebigen Benutzerkonto auszuführen, da sich diese Pfadangabe dynamisch anpasst.
- NAME DES PROJEKTES: Diese Variable wird durch die Ergebnisse der Aktion NACH TEXT FRAGEN mit der Aktion WERT DER VARIABLEN FESTLEGEN erzeugt und sowohl bei der Erstellung des ersten Ordners als auch bei der Spotlight-Suche verwendet.
- ORDNER DES PROJEKTES: Nimmt die Ergebnisse der Erstellung des Ordners entgegen und dient als Ziel für die Erstellung der vier Unterordner.
- ORDNER FÜR ALTLASTEN: Basiert auf dem Ergebnis der Erstellung des Ordners ALTLASTEN und dient als Ziel des Kopiervorgangs der über Spotlight gefundenen Dateien.

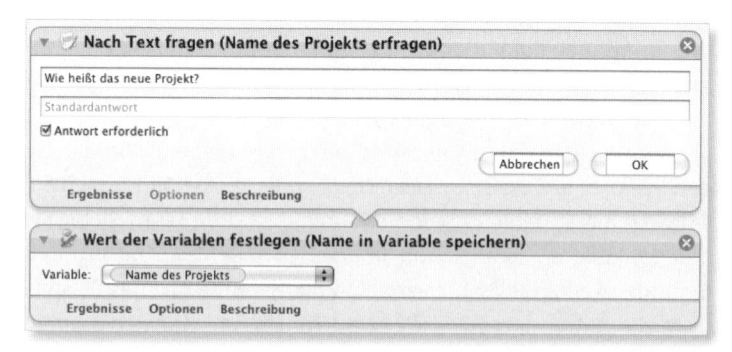

Abbildung 23.24
Zunächst wird nach einem Namen gefragt und dieser in einer Variablen gespeichert.

1. Nach Name fragen | Als erster Schritt wird in diesem Ablauf nach dem Namen des Projektes gefragt und dieser dann in der Variablen NAME DES PROJEKTS gespeichert.

2. Ordner des Projekts erstellen | Der zweite Schritt besteht darin, dass mit der Aktion NEUER ORDNER ein solcher erstellt wird. Hierbei verwenden Sie als ORT die Variable DOKUMENTE aus der BIBLIOTHEK und geben die Variable NAME DES PROJEKTS als NAME vor. Das Ergebnis wird an die vierte Aktion übergeben, die es in der Variablen ORDNER DES PROJEKTES sichert. Die Variable verweist nun auf den erstellten Ordner.

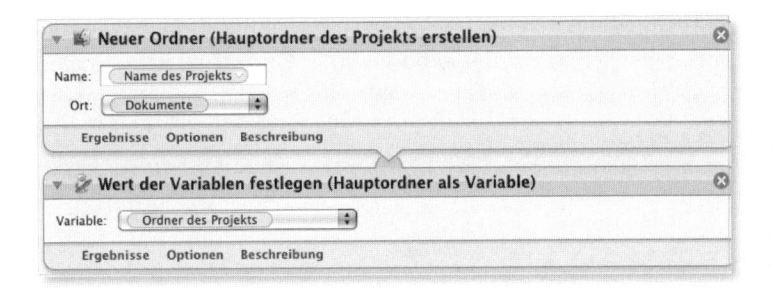

Abbildung 23.25
Über die Variable »Ordner des Projekts« kann auf den erstellten Ordner später zugegriffen werden.

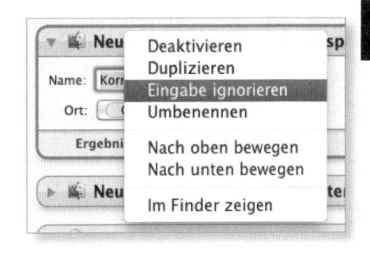

3. Unterordner erstellen | Daran anschließend wird die Aktion NEUER ORDNER dreimal hintereinander ausgeführt. Als ORT wird jedes Mal die Variable ORDNER DES PROJEKTES verwendet, und die Namen VORLAGEN, GRAFIKEN und KORRESPONDENZ werden von Hand eingegeben.

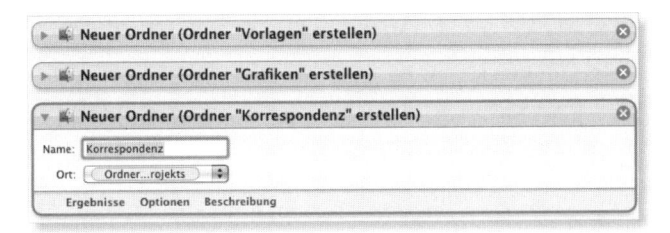

Abbildung 23.26
Bei vielen Aktionen in diesem Ablauf wird die Option »Eingabe ignorieren« ausgewählt.

▲ **Abbildung 23.27**
Nacheinander werden drei Ordner erstellt, wobei die Variable »Ordner des Projekts« als »Ort« angegeben wird.

4. Ordner »Altlasten« erstellen und speichern | Der vierte Unterordner ALTLASTEN wird ebenfalls an dem über die Variable ORDNER DES PROJEKTES definierten ORT gespeichert. Jedoch wird das Ergebnis hier an die nachfolgende Aktion übergeben und in der Variable ORDNER FÜR ALTLASTEN gesichert.

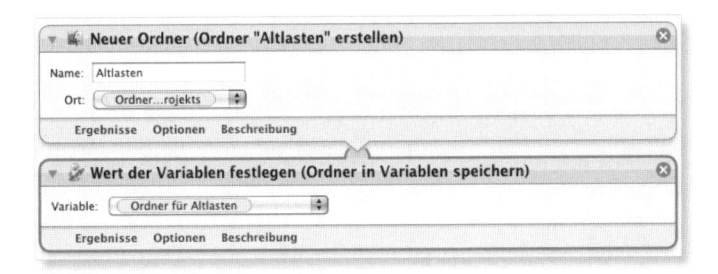

◄ **Abbildung 23.28**
Da auf den Ordner später erneut zugegriffen werden soll, wird er in einer Variablen gespeichert.

5. Suchen und kopieren | Der nächste Schritt besteht aus vier Aktionen. Die erste namens SPOTLIGHT sucht nach dem Wert der Variablen NAME DES PROJEKTES. Dann werden die Suchergebnisse über die Aktion FINDER-OBJEKT FILTERN auf PDF-Dateien eingegrenzt und die verbleibenden Dateien dem Anwender in einer

Liste angezeigt. Die aus der Liste ausgewählten Dateien werden im letzten Schritt mit der Aktion FINDER-OBJEKTE KOPIEREN in den Ordner ALTLASTEN, dessen Variable hier angegeben wird, kopiert.

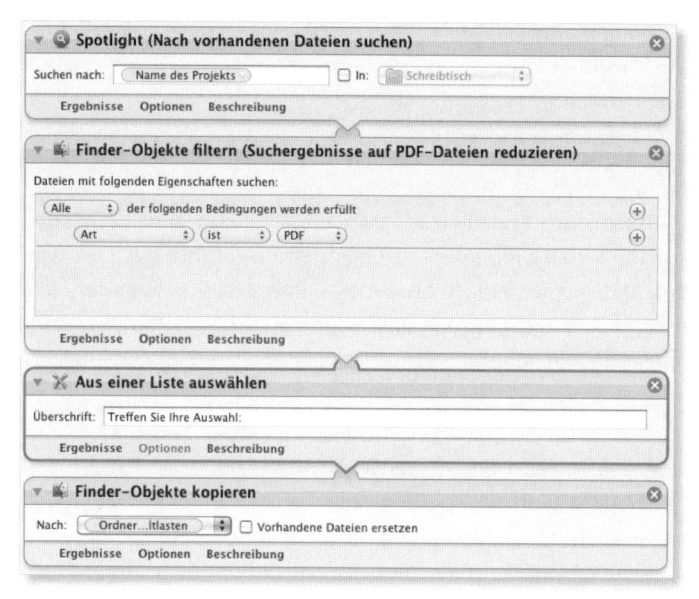

▲ **Abbildung 23.29**
Die Variable »Name des Projekts« ermöglicht die Suche über Spotlight, wobei die Ergebnisse anschließend gefiltert werden.

▲ **Abbildung 23.30**
Wenn der Arbeitsablauf als Programm ausgeführt wird, dann erscheint in der Menüleiste ein Zahnrad.

Als Programm sichern | Wenn Sie die Vorlage PROGRAMM ausgewählt haben und Ihren Arbeitsablauf sichern, dann wird dieser automatisch als Programm gespeichert. Mit einem Doppelklick auf das Programm im Finder können Sie den Arbeitsablauf ausführen. Dabei muss der Automator selbst nicht aktiv sein.

Endlosschleife | Möchten Sie mehrere Projektordner nacheinander erstellen, müsste der als Programm gesicherte Arbeitsablauf auch dementsprechend oft neu gestartet werden. Einfacher geht es mit der Aktion ENDLOSSCHLEIFE, die Sie als letzten Schritt in den Ablauf einfügen können. Diese Aktion führt den Ablauf erneut vom Beginn aus, und er wird somit mehrfach hintereinander ausgeführt.

> **HINWEIS**
>
> Endlosschleifen sind in der Informatik regelrecht verschrien. Sie sollten bei der Verwendung dieser Aktion immer die Option ZUM FORTFAHREN NACHFRAGEN aktivieren oder bei einer automatischen Schleife einen eher niedrigen Wert in MINUTEN oder MAL vorgeben. So vermeiden Sie, dass der Ablauf unnötige Ressourcen des Systems verschlingt.

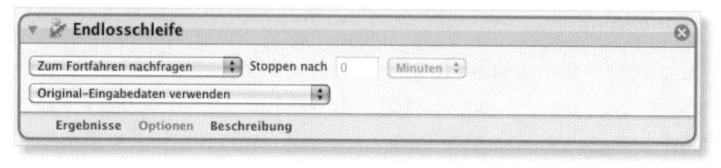

▲ **Abbildung 23.31**
Die Wiederholung des Arbeitsablaufs sollte nur auf Nachfrage erfolgen.

23.5 Dienste erstellen und nutzen

Mit Mac OS X 10.6 wurde das Menü DIENSTE grundlegend überarbeitet. In den vorhergehenden Versionen von Mac OS X wurden die Funktionen, die über dieses Menü ausgeführt werden konnten, von den installierten Programmen bereitgestellt. Der Anwender konnte auf den Inhalt dieses Menüs keinen Einfluss nehmen und auch keine eigenen Dienste erstellen. Mit Mac OS X 10.6 und dem Automator ist es nun möglich, dass Sie selbstständig einen Dienst erstellen. Als Dienst wird in diesem Zusammenhang ein Arbeitsablauf bezeichnet, den Sie im Automator unter Verwendung der Vorlage DIENST erstellen. Die alten Dienste, die von einem Programm wie NetNewsWire oder Camino zur Verfügung gestellt werden, finden Sie in der nachfolgend beschriebenen Ansicht TASTATUR der Systemeinstellungen.

Dienste aufrufen | Einen Dienst können Sie über drei Wege aufrufen. Zuerst steht Ihnen der bekannte Menüpunkt PROGRAMMNAME • DIENSTE zur Verfügung. Dann können Sie über das Kontextmenü einen Dienst aufrufen. Dabei stehen Ihnen die Dienste nicht nur im Kontextmenü des Finders zur Verfügung, sondern auch in vielen Programmen, die gemäß den Vorgaben von Apple entwickelt wurden. In Abbildung 23.32 wurde in Safari Text ausgewählt. Im Kontextmenü von Safari finden Sie hier zwei Dienste.

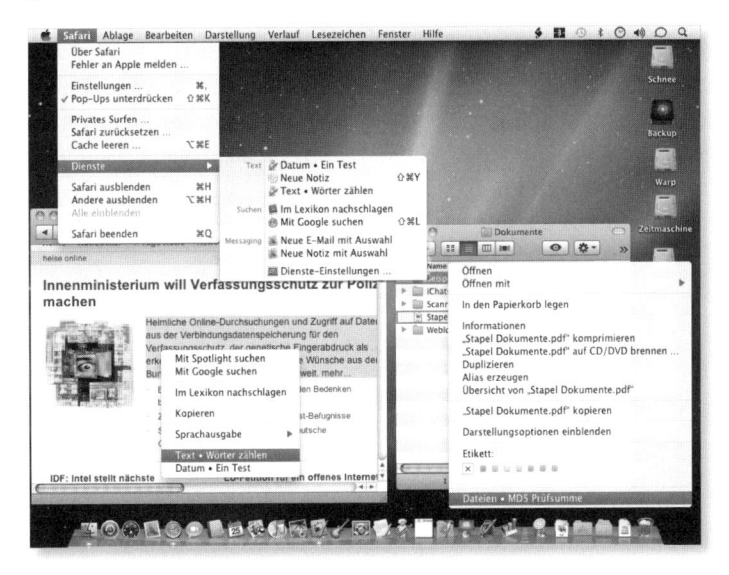

> **TIPP**
>
> Mit der Zuweisung eines Tastenkürzels an einen Dienst können Sie diesen bequem starten. Haben Sie zum Beispiel einen Arbeitsablauf erstellt, bei dem die Aktion MIT SERVER VERBINDEN mehrfach ausgeführt wird und so die Verbindung zu fünf Servern aufnimmt, dann können Sie diesen Ablauf als Dienst realisieren und eine Tastenkombination zuweisen. Drücken Sie die Tastenkombination, dann werden direkt alle fünf Server aktiviert.

◄ **Abbildung 23.32**
Neben den Tastenkürzeln können die Dienste über das Menü oder das Kontextmenü ausgewählt werden.

Und schließlich können Sie Diensten in den Systemeinstellungen in der Ansicht TASTATUR einen TASTATURKURZBEFEHL zuweisen. Die Anzeige in dieser Liste orientiert sich an den Objekten, die der jeweilige Arbeitsablauf entgegenzunehmen vermag. So finden Sie alle Dienste, die eine Datei entgegennehmen können, in einer Gruppe und alle Dienste, die mit einem Text arbeiten, in einer anderen.

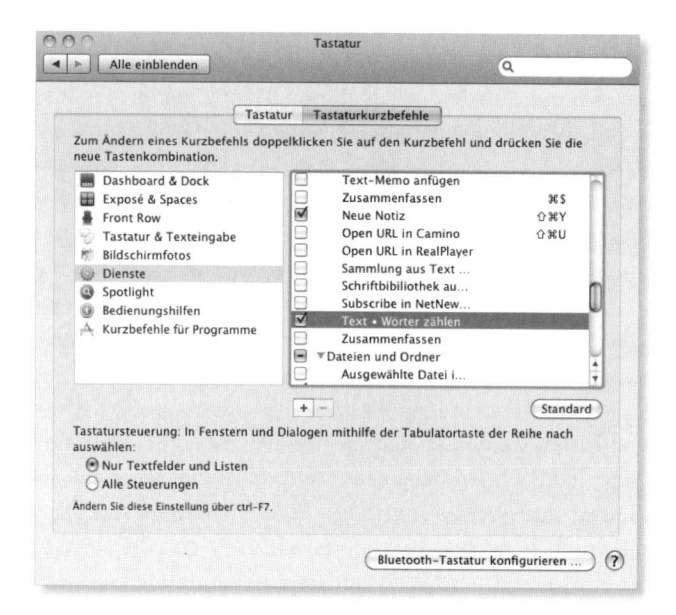

Abbildung 23.33 ▶
In der Ansicht »Tastatur« der Systemeinstellungen können den Diensten Tastenkürzel zugewiesen werden.

In dieser Ansicht der Systemeinstellungen können Sie auch Dienste vorübergehend deaktivieren, indem Sie die Checkbox vor dem Namen abwählen.

Gespeichert werden die Dienste im Verzeichnis ~/LIBRARY/ SERVICES oder, wenn Sie einen Dienst für alle Benutzerkonten nutzen möchten, unter /LIBRARY/SERVICES. Einen Dienst deinstallieren können Sie, indem Sie den Arbeitsablauf aus dem jeweiligen Ordner entfernen.

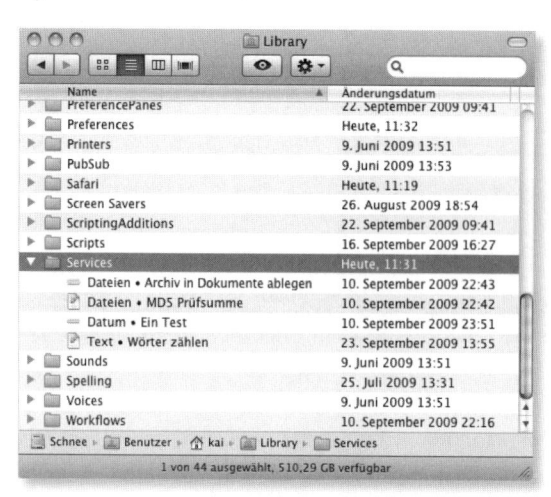

Abbildung 23.34 ▶
Die als Dienste verfügbaren Arbeitsabläufe werden im Ordner »Services« in der Library gespeichert.

Dienst abhängig von Auswahl | Welche Dienste Ihnen zur Verfügung stehen, hängt von dem Element ab, das Sie gerade ausgewählt haben. Im Finder wird zunächst zwischen Ordnern und Dateien unterschieden. Ferner ist es möglich, dass auch zwischen PDF-, Bild-, Film-, Audio- und Textdateien unterschieden wird. Haben Sie Text markiert, dann ist das System in der Lage, die Art des markierten Textes zu erkennen und so zwischen normalem Fließtext, einer Adresse, einem Datum, einer Telefonnummer oder einem URL zu unterscheiden. Bei der Erstellung des Arbeitsablaufs, den Sie als Dienst nutzen möchten, können Sie vorgeben, welche Datentypen er entgegennehmen soll. Wenn der Dienst eine Adresse entgegennehmen soll, dann wird er vom System automatisch zur Auswahl gestellt, wenn der Anwender einen Textausschnitt markiert hat, den das System als Adresse erkennt. Andernfalls steht er nicht zur Auswahl. Selbstverständlich ist es auch möglich, auf die Übergabe von Daten aus der Anwendung zu verzichten. In diesem Fall steht der Dienst immer zur Auswahl.

[Data Detectors]
Die automatische Analyse des ausgewählten Texts wird durch die Data Detectors ermöglicht. Das System untersucht im Hintergrund anhand einiger semantischer Regeln den Aufbau des ausgewählten Textes und schlussfolgert dann dementsprechend, dass es sich um eine Telefonnummer handelt.

Grenzen und Möglichkeiten | Das Zusammenspiel zwischen der automatischen Erkennung von ausgewählten Objekten und deren Übergabe an einen Arbeitsablauf mag auf den ersten Blick sehr vielfältige Möglichkeiten eröffnen, wobei sich die Grenzen jedoch recht schnell zeigen. So wird Text, der als Datum identifiziert wurde, dem Arbeitsablauf als Text übergeben. Innerhalb des Arbeitsablaufs wird dieser Text denn auch als reiner Text und nicht als Datum betrachtet. Die über iCal zur Verfügung gestellte Aktion NEUE ICAL-EREIGNISSE erwartet jedoch ICAL-OBJEKTE, um ein neues Ereignis zu erstellen. Würden Sie den Text, der ein Datum darstellt, an diese Aktion übergeben, dann würde nichts geschehen oder Sie erhielten je nach Aufbau Ihres Ablaufs eine Fehlermeldung. Ihr wahres Potenzial können die neuen Dienste in Verbindung mit AppleScript und Shell-Skripten entfalten. Mit einem AppleScript könnten Sie den übergebenen Text als Datum für ein neues Ereignis durchaus nutzen.

Leere Absätze filtern | Auch wenn die Dienste nicht ganz so flexibel sind, wie sie auf den ersten Blick wirken mögen, so eignen sie sich doch sehr gut, um kleine und klar umrissene Aufgaben zu erledigen. Das erste Beispiel soll aus dem ausgewählten Text die leeren Absätze entfernen und den so bereinigten Text wieder einsetzen. Im Automator erstellen Sie zunächst einen neuen Arbeitsablauf unter Verwendung der Vorlage DIENST. Zu Beginn des Arbeitsablaufs wählen Sie unter DIENST EMPFÄNGT AUSGEWÄHLTE(N) die Option TEXT aus. Über die Auswahlliste nach

TIPP
Um die Dienste und ihre Aufgabe leichter unterscheiden zu können, bietet es sich an, dem Namen des Dienstes eine Rubrik gefolgt von • voranzustellen. Der Zweck eines mit TEXT • LEERE ABSÄTZE ENTFERNEN benannten Dienstes ist leicht ersichtlich.

in können Sie festlegen, ob der Dienst in einem bestimmten Programm oder allen verfügbar sein soll. Ferner muss die Option Ersetzt ausgewählten Text aktiviert sein.

Anschließend können Sie die Aktion Absätze filtern aus der Sammlung TextEdit einfügen. Unter Absätze ausgeben können Sie dann die Option Sind nicht leer auswählen.

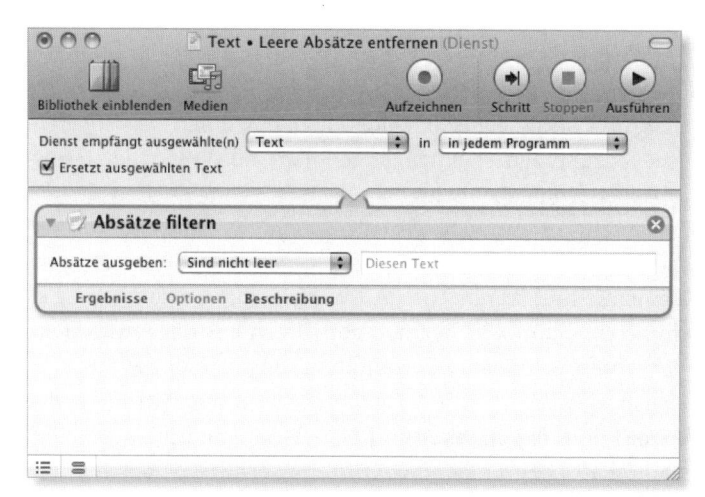

Abbildung 23.35 ▶
Der ausgewählte Text kann durch das Ergebnis des Arbeitsablaufs ersetzt werden.

Wenn Sie über den Menüpunkt Ablage • Sichern unter den Arbeitsablauf speichern möchten, dann können Sie lediglich den Namen eingeben. Die Auswahl eines Verzeichnisses ist hier nicht möglich, da der Automator den Ablauf automatisch im Verzeichnis ~/Library/Services sichert. Wenn Sie nun in einem Programm wie TextEdit einen Text auswählen, der mehrere Absätze umfasst, und anschließend den Dienst ausführen, dann wird der markierte Text durch das Ergebnis des Arbeitsablaufs ersetzt, und vorhandene leere Absätze werden entfernt.

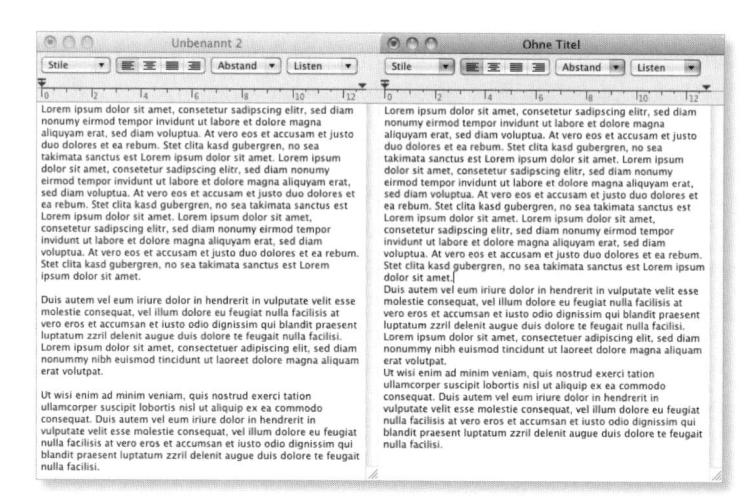

Abbildung 23.36 ▶
Die leeren Absätze (links) wurden mit dem Dienst entfernt (rechts).

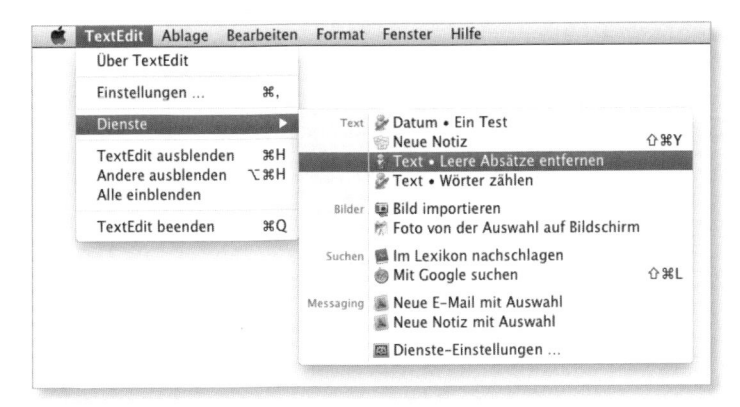

▲ **Abbildung 23.37**
Der neue Dienst »Leere Absätze entfernen« steht auch über das Menü zur Verfügung.

Bilder verkleinern und archivieren | Der zweite Dienst soll im Kontextmenü im Finder zur Verfügung stehen, wenn Bilddateien ausgewählt wurden. Seine Aufgabe besteht darin, dass die Bilder erst kopiert, dann skaliert und archiviert werden. Das Archiv wird anschließend in das Verzeichnis DOKUMENTE verschoben, und die Kopien der Bilder werden abschließend in den Papierkorb gelegt.

Im Automator erstellen Sie zunächst wieder einen Arbeitsablauf unter Verwendung der Vorlage DIENST. Im Ausklappmenü DIENST EMPFÄNGT AUSGEWÄHLTE(N) wählen Sie dann BILDDATEIEN und beschränken die Verfügbarkeit des Dienstes auf den FINDER.

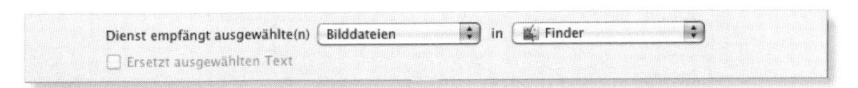

▲ **Abbildung 23.38**
Der Dienst empfängt ausschließlich Bilddateien im Finder.

Als erste Aktion des Arbeitsablaufs fügen Sie dann aus der Rubrik Vorschau die Aktion BILDER SKALIEREN hinzu, wobei Sie die Aktion FINDER-OBJEKTE KOPIEREN ebenfalls hinzufügen. In den Einstellungen der Aktion BILDER SKALIEREN können Sie die maximale Breite oder Höhe in Pixeln festlegen.

Um die bearbeiteten Bilder später in den Papierkorb verschieben zu können, muss als Drittes die Aktion WERT DER VARIABLEN FESTLEGEN eingefügt werden. Hier wird eine neue Variable DIE BEARBEITETEN BILDER erstellt. Darauf folgt die Aktion ARCHIV ERSTELLEN aus der Rubrik Finder. Sie können als Text hinter SICHERN UNTER entweder direkt einen Namen eingeben oder mithilfe der Variablen HEUTIGES DATUM und AKTUELLE UHRZEIT den Namen des Archivs abhängig vom Zeitpunkt der Ausführung erstellen.

HINWEIS

Wenn Sie die AKTUELLE UHRZEIT im Namen des Archivs nutzen, dann sollten Sie das Format der Uhrzeit so anpassen, dass keine Doppelpunkte verwendet werden. Ähnlich wie der Schrägstrich können Doppelpunkt unter Mac OS X in Pfadangaben als Trennzeichen dienen.

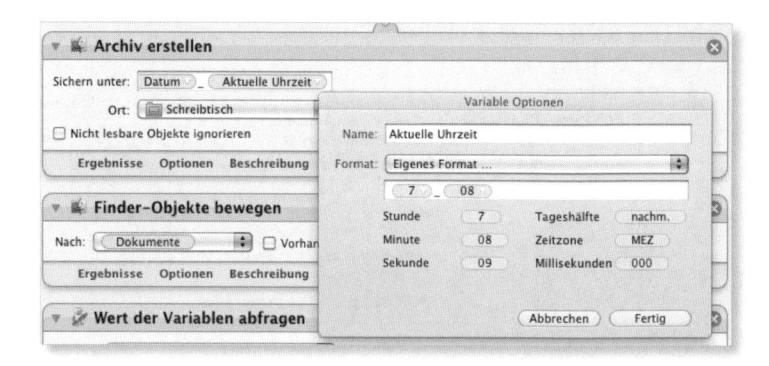

Abbildung 23.39 ▶
Der Name des Archivs wird mithilfe zweier Variablen erzeugt.

Die darauf folgende Aktion FINDER-OBJEKTE BEWEGEN nimmt das zuvor erstellte Archiv entgegen und bewegt dieses mithilfe der Variablen DOKUMENTE in das gleichnamige Verzeichnis.

Die vorletzte Aktion WERT DER VARIABLEN ABFRAGEN ignoriert zunächst die Ergebnisse der vorhergehenden Aktion und gibt den Wert der Variable DIE BEARBEITETEN BILDER zurück. Abschließend können die erstellten Kopien mit der Aktion FINDER-OBJEKTE IN DEN PAPIERKORB LEGEN entfernt werden.

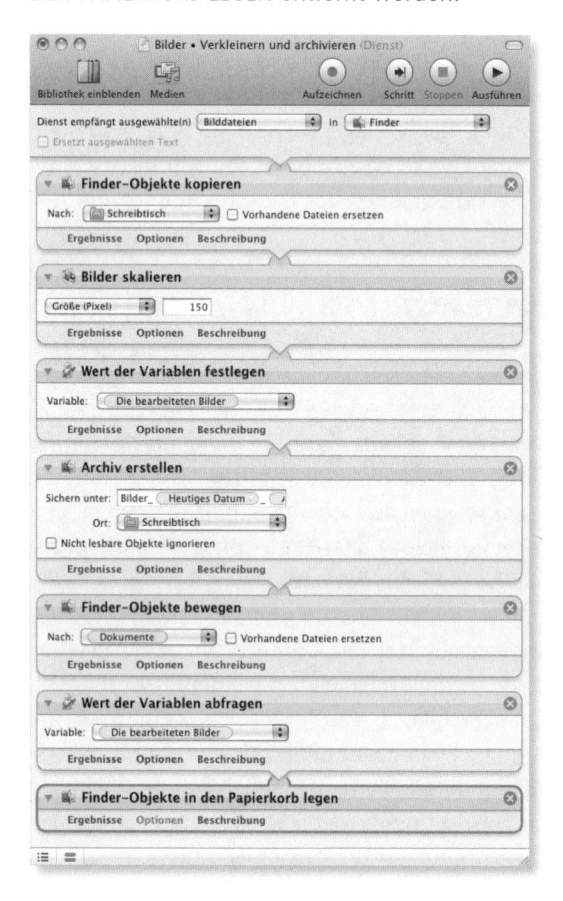

Abbildung 23.40 ▶
Der vollständige Dienst besteht aus sieben Aktionen.

Wenn Sie den Arbeitsablauf speichern, zum Beispiel mit der Bezeichnung BILDER • VERKLEINERN UND ARCHIVIEREN, steht Ihnen der Arbeitsablauf im Finder dann zur Verfügung, wenn Sie Bilddateien ausgewählt haben. Sie können Ihn anschließend über das Kontextmenü oder das Menü FINDER • DIENSTE ausführen.

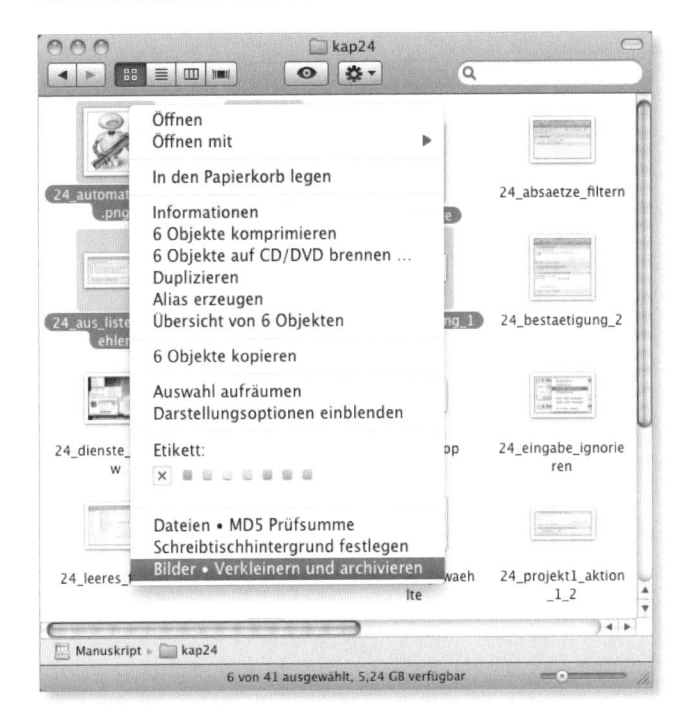

◄ **Abbildung 23.41**
Der Dienst steht im Finder zur Verfügung, wenn Bilddateien ausgewählt wurden.

23.6 Weitere Integration ins System

Die Speicherung eines Arbeitsablaufs als Programm oder Dienst sind noch lange nicht alle Möglichkeiten, mit denen sich Arbeitsabläufe des Automators geschickt im System platzieren lassen.

23.6.1 Abläufe im Skriptmenü

Wenn Sie das SKRIPTMENÜ in den Voreinstellungen des AppleScript-Editor aktiviert haben, dann können Sie nicht nur Skripten sondern auch Arbeitsabläufe in diesem Menü speichern. Dabei funktioniert das in Abschnitt 24.9.1 erläuterte Verfahren mit den Unterordnern auch für Arbeitsabläufe. Der in Abbildung 23.44 dargestellte Ablauf hat die Aufgabe, die im Adressbuch aktuell ausgewählten Personen abzufragen und diese an ein neues Ereignis anzuhängen. Wenn das neue Ereignis erstellt wird, dann wird Ihnen dies angezeigt, und Sie können in dem Dialog das Datum und den Namen festlegen.

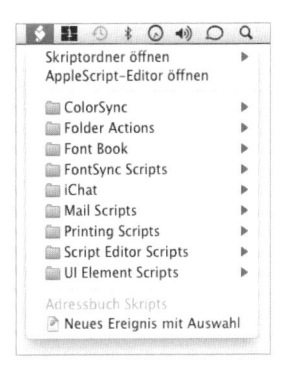

▲ **Abbildung 23.42**
Arbeitsabläufe können auch über das Skriptmenü gestartet werden.

Speichern Sie diesen Arbeitsablauf im Verzeichnis ~/LIBRARY/ SCRIPTS/APPLICATIONS/ADRESSBUCH, dann steht er Ihnen im Skriptmenü nur dann zur Auswahl, wenn sich das Programm Adressbuch im Vordergrund befindet. Sofern die Verzeichnisse noch nicht existieren, können Sie diese im Finder erstellen. Als DATEIFORMAT können Sie hier ARBEITSABLAUF angeben. Der Automator wird bei der Ausführung nicht benötigt.

▲ **Abbildung 23.43**
Über den Unterordner »Applications« kann die Anzeige von Arbeitsabläufen auf ausgewählte Programme beschränkt werden.

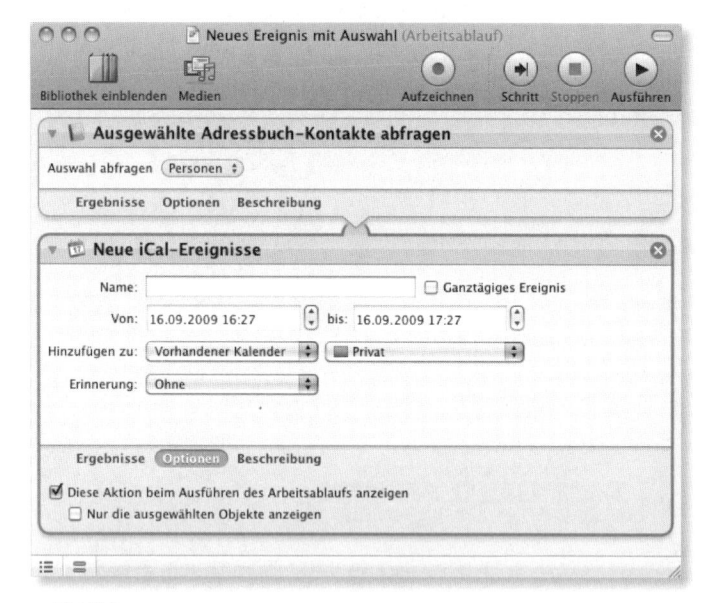

▲ **Abbildung 23.44**
Der Arbeitsablauf fügt einem neuen Ereignis die ausgewählten Kontakte hinzu.

23.6.2 Automatisierung über Ordneraktionen

Ordneraktionen (siehe Abschnitt 24.9.2) werden vom Finder automatisch aktiviert, wenn sich der Inhalt eines Ordners ändert. Den Aktionen, ob bei einem AppleScript oder einem Arbeitsablauf, werden hierbei die Dateien übergeben, die dem Ordner hinzugefügt wurden. Ordneraktionen sind dann nützlich, wenn Sie eine genaue Vorstellung von dem Inhalt des Ordners haben, dem Sie eine Aktion anhängen. So sammeln sich im Ordner DOWNLOADS recht schnell viele PDF-Dateien neben anderen heruntergeladenen Dokumenten. Mit einer Ordneraktion können Sie die PDF-Dateien automatisch in ein anderes Verzeichnis bewegen.

> **HINWEIS**
>
> Versuchen Sie, bei der Arbeit mit Ordneraktionen ungewollte Endlosschleifen zu vermeiden. Wenn Sie nur den Namen einer Datei ändern, indem Sie ihm das Datum voranstellen, wird die Datei nach der Änderung als neue Datei betrachtet und ihr Name erneut geändert.

Ordner auswählen | Um eine Ordneraktion zu erstellen, können Sie einen neuen Arbeitsablauf basierend auf der gleichnamigen Vorlage erstellen. Bevor Sie dem Ablauf Aktionen hinzufügen, sollten Sie zuerst den ORDNER AUSWÄHLEN, an den der Ablauf angehängt wird. In diesem Beispiel soll der Ablauf an den Ordner DOWNLOADS angehängt werden.

Filtern und bewegen | Der Arbeitsablauf besteht aus zwei Aktionen. Zunächst wird mit der Aktion FINDER-OBJEKTE FILTERN sichergestellt, dass nur PDF-Dateien an die zweite Aktion weitergegeben werden. Die Filterung der Objekte ist hier notwendig, da der Ablauf jedes Mal, wenn eine neue Datei in den Ordner verschoben oder kopiert wurde, ausgeführt wird. Damit wird vermieden, dass zum Beispiel ZIP-Archive aus dem Ordner DOWNLOADS in den Ordner PDF verschoben werden. Mit der zweiten Aktion FINDER-OBJEKTE BEWEGEN werden die PDF-Dateien in den ausgewählten Ordner bewegt.

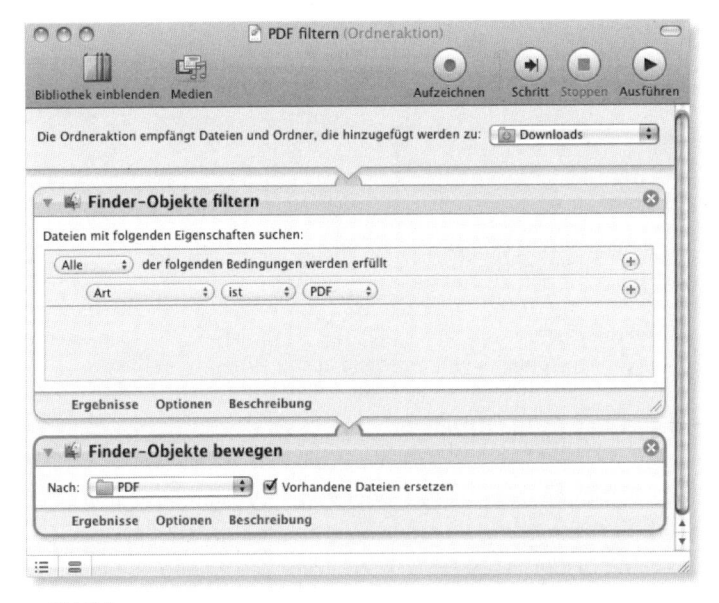

▲ **Abbildung 23.45**
Die Ordneraktion filtert eingehende Dateien anhand ihres Typs.

Ordneraktionen verwalten | Gespeichert werden die Ordneraktionen im Verzeichnis ~/LIBRARY/WORKFLOWS/APPLICATIONS/FOLDER ACTIONS. Um einen solchen Arbeitsablauf nachträglich zu überarbeiten, können Sie ihn aus diesem Verzeichnis öffnen. Sie können aber auch das Kontextmenü über einen beliebigen Ordner im Finder aufrufen und dort den Eintrag ORDNERAKTIONEN KONFIGURIEREN auswählen. Hiermit wird das gleichnamige Dienstprogramm aus dem Verzeichnis /SYSTEM/LIBRARY/CORESERVICES gestartet.

Es präsentiert Ihnen zunächst eine Liste mit Skripten, die Sie an einen Ordner anhängen könnten. Mit ABBRECHEN können

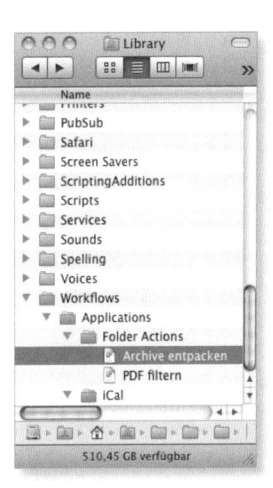

▲ **Abbildung 23.46**
Die Ordneraktionen werden im Unterordner »Folder Actions« in der Library gespeichert.

> **HINWEIS**
>
> Sollte gar keine Ordneraktion ausgeführt werden, dann überprüfen Sie, ob die Option ORDNERAKTION AKTIVIEREN (siehe Abbildung 23.47) nicht zufällig abgewählt wurde.

Sie diesen Dialog zunächst übergehen. In dem Fenster finden Sie links die Ordner, denen eine Aktion angehängt wurde, und rechts die Arbeitsabläufe oder Skripten. Über die Checkbox können Sie einen Ablauf auch vorübergehend deaktivieren und mit dem Minuszeichen von dem Ordner abhängen, wobei die Datei des Arbeitsablaufs im Verzeichnis FOLDER ACTIONS verbleibt. Um einen Arbeitsablauf einem anderen Ordner anzuhängen, fügen Sie zunächst mit dem Pluszeichen unten links den Ordner der Liste hinzu und wählen dann in dem Dialog den betreffenden Arbeitsablauf aus. Die Liste des Dialogs berücksichtigt auch den Inhalt des Verzeichnisses FOLDER ACTIONS.

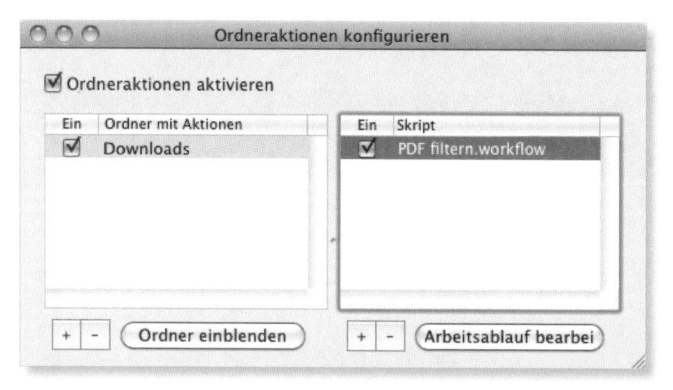

▲ **Abbildung 23.47**
Ordneraktionen können vorübergehend auch deaktiviert werden.

23.6.3 Plug-In für Drucken

Der Automator bietet in der Sammlung PDF einige sehr leitungsfähige Aktionen zur Bearbeitung von PDF-Dateien, und über eine in der Sammlung VORSCHAU vorhandene Aktion können Sie einige PDF-METADATEN FESTLEGEN. Wenn Sie einen Arbeitsablauf basierend auf der Vorlage PLUG-IN FÜR DRUCKEN erstellen, dann wird er im Ordner ~/LIBRARY/PDF SERVICES gesichert. Der Inhalt dieses Ordners steht Ihnen im Druckmenü direkt zur Verfügung.

> **HINWEIS**
>
> Ein Problem bei der Arbeit mit den Aktionen aus der Rubrik PDF besteht darin, dass diese Aktionen ihre Ergebnisse in einem temporären Verzeichnis unter /VAR/FOLDERS speichern. Dieses ist im Finder nicht sichtbar. Daher müssen Sie hier auf eine Aktion wie FINDER-OBJEKTE BEWEGEN zurückgreifen, um die erzeugte PDF-Datei dem Anwender zugänglich zu machen.

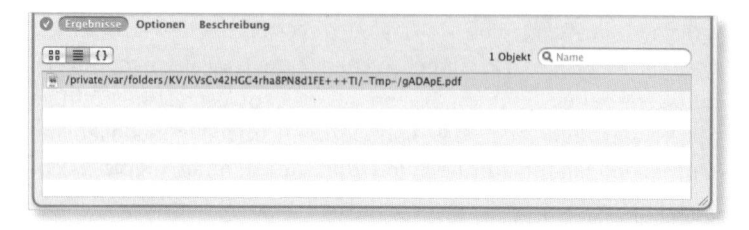

▲ **Abbildung 23.48**
Die Ergebnisse einiger PDF-Aktionen werden in einem Verzeichnis unter »/var/folders« gespeichert.

Der Arbeitsablauf in Abbildung 23.51 basiert auf der Vorlage PLUG-IN FÜR DRUCKEN. Bei der Aktion PDF-Dokumente verschlüsseln wurde kein Passwort vorgegeben, sondern die Option DIESE AKTION BEIM AUSFÜHREN DES ARBEITSABLAUFS ANZEIGEN aktiviert. Damit ist der Anwender in der Lage, ein Passwort für die erstellte und zu verschlüsselnde PDF-Datei zu vergeben. Anschließend wird die PDF-Datei auf den Schreibtisch des Anwenders bewegt und im Finder angezeigt.

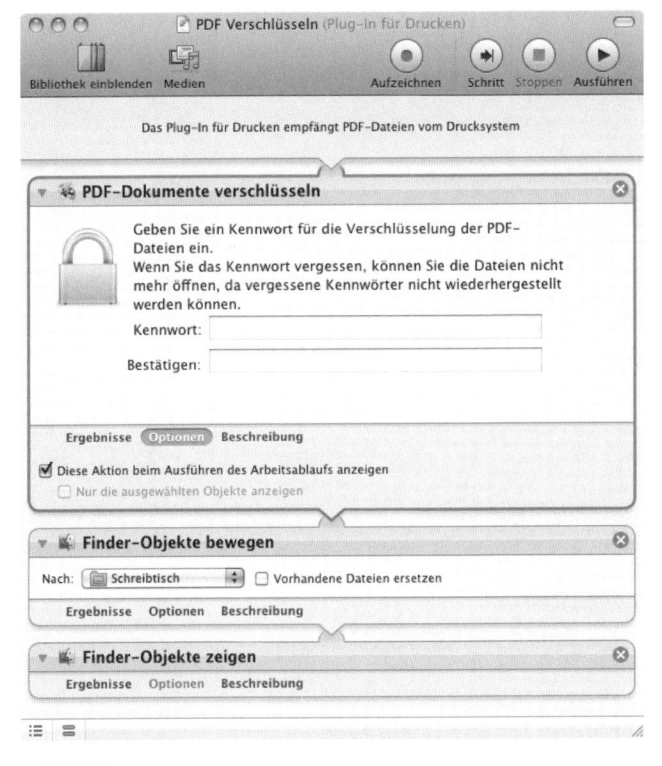

▲ Abbildung 23.49
Der Arbeitsablauf steht im Druckdialog im Menü unter »PDF« zur Auswahl.

gADApE.pdf

▲ Abbildung 23.50
Die Aktionen zur Bearbeitung von PDF-Dateien vergeben oft wirre Dateinamen.

▲ Abbildung 23.51
Wenn die Aktion »PDF-Dokumente verschlüsseln« angezeigt wird, dann kann der Anwender ein Passwort vergeben.

Bei der Aktion PDF-METADATEN FESTLEGEN aus der Rubrik VORSCHAU kann es passieren, dass diese Aktion kein korrektes Ergebnis liefert. Zwar wird die übergebene Datei bearbeitet, aber im Arbeitsablauf nicht korrekt an die nächste Aktion übergeben. Sie können sich in solchen Fällen mit einer Variablen behelfen. Weisen Sie, bevor die Aktion PDF-METADATEN FESTLEGEN ausgeführt wird, die Datei einer Variablen als Wert zu und greifen Sie auf diese Variable dann zurück, wenn Sie die PDF-Datei kopieren oder verschieben möchten. Der Arbeitsablauf in Abbildung 23.52 macht sich dieses Verfahren zunutze.

PDF-Dokumente umbenennen
Eher unscheinbar aber bei der Arbeit mit PDF-Dateien sehr nützlich ist die Aktion PDF-DOKUMENTE UMBENENNEN. Sie liest den internen Titel der PDF-Datei aus und weist diesen der Datei als Name zu.

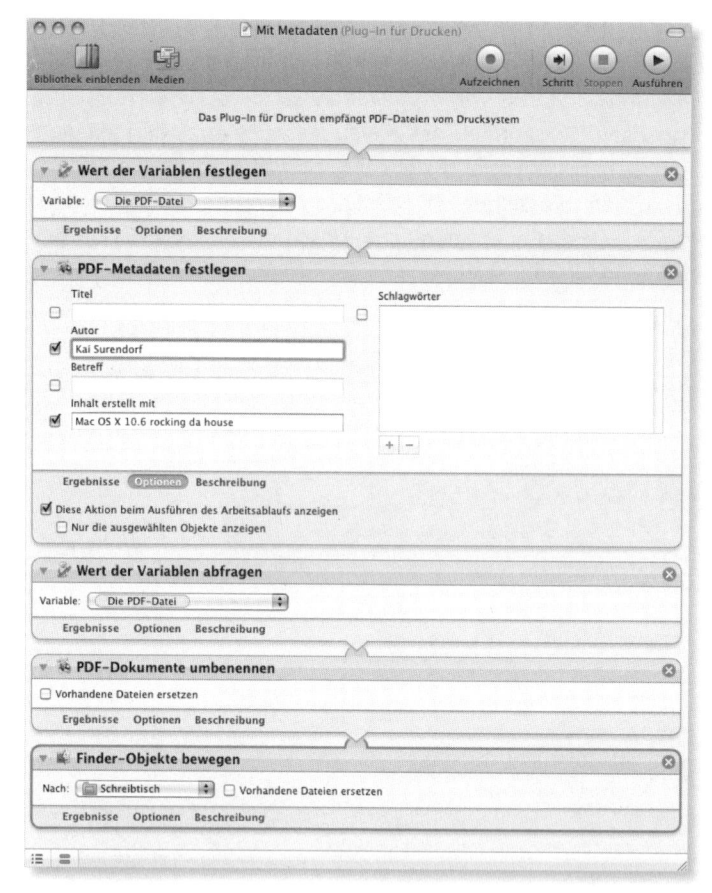

▲ Abbildung 23.52
Mithilfe einer Variable kann die Aktion »PDF-Metadaten festlegen« genutzt werden.

23.6.4 Plug-In für Digitale Bilder

Neuer PDF-Kontaktbogen
Die Aktion NEUER PDF-KONTAKTBOGEN aus der Rubrik PDF bietet Ihnen die Möglichkeit, alle importierten Bilder in einer übersichtlichen PDF-Datei zu präsentieren. Unter Mac OS X 10.6.1 war diese Aktion allerdings dahingehend fehlerhaft, dass die PDF-Datei immer im Verzeichnis ~/BILDER mit der Bezeichnung OHNE TITEL gespeichert wurde und die Aktion mit einem Fehler abbricht.

Unter Verwendung der Vorlage PLUG-IN FÜR DIGITALE BILDER können Sie einen Arbeitsablauf erstellen, den Sie beim Import von Bilddateien mit dem Programm Digitale Bilder ausführen können.

Der Arbeitsablauf in Abbildung 23.53 nimmt, wie vom Automator vorgesehen, Bilddateien entgegen und erstellt zunächst ein Archiv. Der Name des Archivs wird mithilfe zweier Variablen zusammengesetzt. Das auf dem Schreibtisch gespeicherte Archiv wird dann an eine neue E-Mail angehängt. Der Betreff der E-Mail greift auf die Variable HEUTIGES DATUM zurück. Wenn Sie diesen Arbeitsablauf speichern, dann befindet sich dessen Datei anschließend im Verzeichnis ~/LIBRARY/WORKFLOWS/APPLICATIONS/IMAGE CAPTURE.

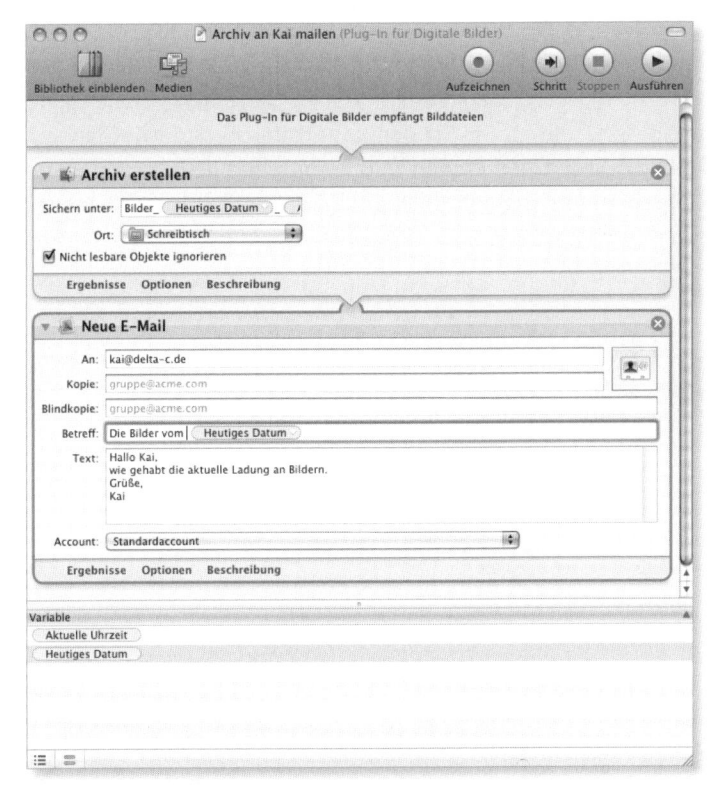

◄ **Abbildung 23.53**
Mit zwei Aktionen und zwei Variablen können die importierten Bilder als Archiv verschickt werden.

▲ **Abbildung 23.54**
Das Archiv wird automatisch an die E-Mail angehängt.

> **TIPP**
>
> Sie können über das Ausklappmenü ANSCHLIESSEN VON GERÄT ÖFFNET: neben den Programmen iPhoto, Digitale Bilder und VORSCHAU auch ARBEITSABLÄUFE auswählen und diese direkt nach dem Anschließen des Geräts ausführen.

23.6 Weitere Integration ins System | **689**

Wenn Sie das Programm DIGITALE BILDER öffnen und ein Gerät angeschlossen ist, dann finden Sie die Arbeitsabläufe links neben der Schaltflächen IMPORTIEREN. Haben Sie einen Arbeitsablauf ausgewählt, und führen Sie den Import durch, dann werden erst die Bilder vom Gerät kopiert und unmittelbar dem Arbeitsablauf übergeben. In diesem Beispiel erstellt er das Archiv und hängt es an die neue E-Mail an.

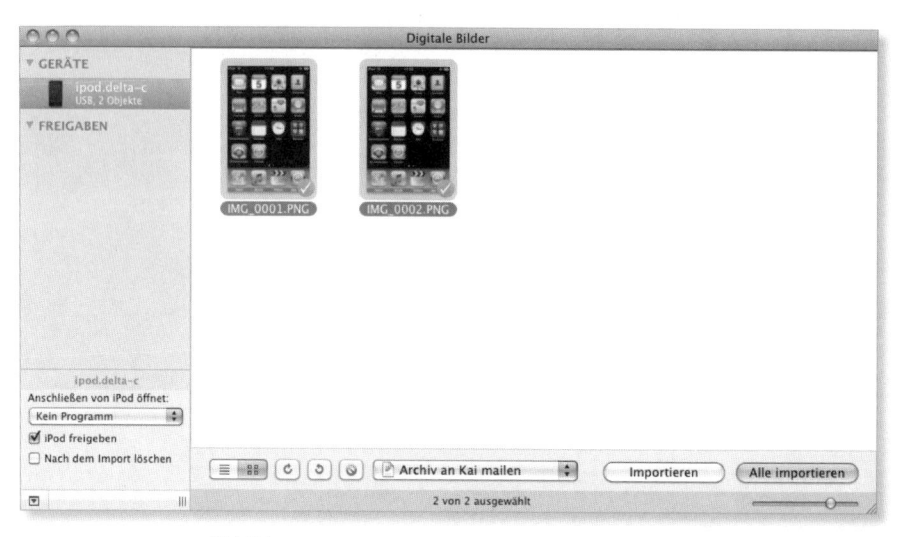

▲ **Abbildung 23.55**
Die Arbeitsabläufe stehen beim Import zur Verfügung.

23.6.5 Arbeitsabläufe mit iCal-Erinnerung

Die Vorlage ICAL-ERINNERUNG hilft Ihnen dabei, den Arbeitsablauf mit einem Ereignis in iCal zu verbinden. Haben Sie diese Vorlage ausgewählt, dann können Sie den Arbeitsablauf erstellen, wobei dieser Arbeitsablauf keine Dateien oder Objekte entgegennimmt.

Wenn Sie den Arbeitsablauf speichern, dann startet der Automator anschließend iCal und erstellt ein neues Ereignis. Dabei entsprechen sowohl das Start- und Enddatum des Ereignisses sowie die Erinnerung dem Zeitpunkt, an dem Sie den Arbeitsablauf gespeichert haben. Der Arbeitsablauf wird dem Ereignis als Erinnerung angehängt. Sofern noch nicht vorhanden, wird der Kalender AUTOMATOR ebenfalls erstellt.

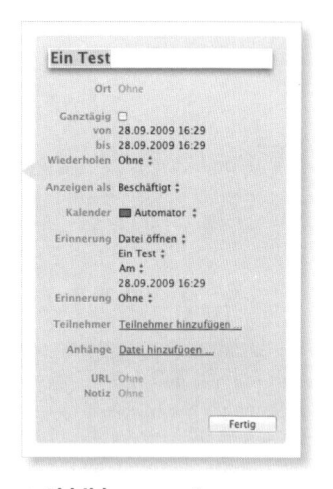

▲ **Abbildung 23.56**
Der Arbeitsablauf wird dem Ereignis automatisch als Erinnerung angehängt.

Erinnerung festlegen | Sie müssen hierbei beachten, dass für die Erinnerung ein eigener Zeitpunkt vergeben wird. Der Arbeitsablauf wird zu dem Zeitpunkt ausgeführt, an dem die Erinnerung erfolgen soll. Wenn Sie als Zeitpunkt des Ereignisses den 11. November festlegen und den Arbeitsablauf am 10. Oktober gespeichert haben, dann wird der Arbeitsablauf am 10. Oktober ausgeführt.

Programm | Diese Arbeitsabläufe werden als Programme im Verzeichnis ~/Library/Workflows/Applications/iCal gespeichert. Wenn Sie den Arbeitsablauf mit einem anderen Ereignis verbinden möchten, dann müssen Sie nicht im Automator einen neuen Ablauf erstellen. Sie können stattdessen ein neues Ereignis erstellen und als Erinnerung die Option Datei öffnen auswählen. Als Datei wählen Sie dann über den Eintrag Eigene den als Programm gespeicherten Arbeitsablauf im Verzeichnis ~/Library/Workflows/Applications/iCal aus. Dieses Verfahren können Sie auch mit Ereignissen in anderen Kalendern nutzen: Die Funktion ist nicht auf den Kalender Automator beschränkt.

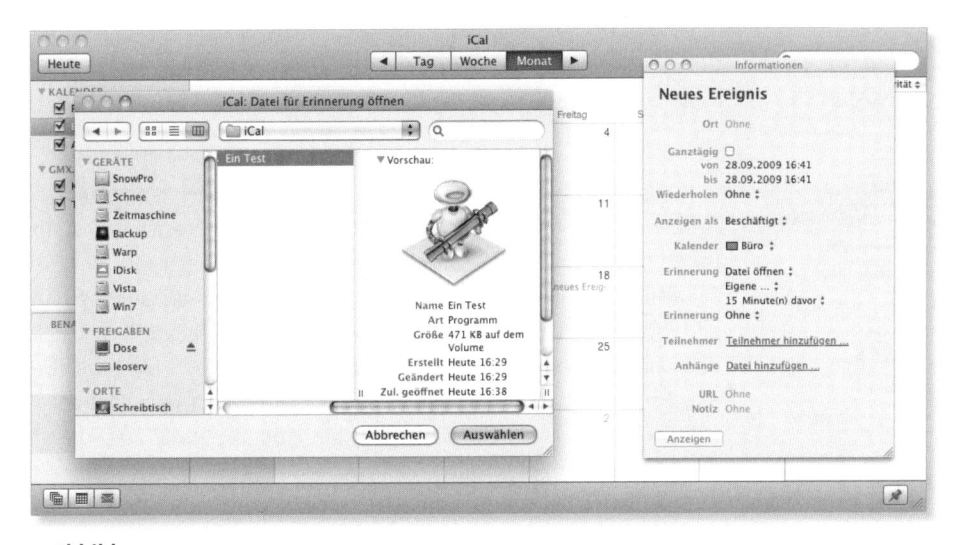

▲ **Abbildung 23.57**
Ein bereits als Programm gespeicherter Arbeitsablauf kann auch direkt einem Ereignis als Erinnerung angehängt werden.

23.7 Praxisbeispiel: Dateien auf einen Server kopieren

Das zweite größere Beispiel in diesem Kapitel hat die Aufgabe, die im Finder ausgewählten Dateien auf einen Server zu kopieren. Dabei wird der Arbeitsablauf so gestaltet, dass der Server aus dem Ablauf heraus eingebunden und nach dem Kopiervorgang die Verbindung wieder getrennt wird. Der Arbeitsablauf wird allerdings in drei einzelne Abläufe, die in verschiedenen Dateien gespeichert werden, aufgeteilt. Die ersten beiden Abläufen haben die Aufgabe, die Verbindung mit dem Server aufzunehmen und wieder zu trennen. Der dritte Arbeitsablauf verrichtet die eigentliche Arbeit.

Abbildung 23.58 ▶
Der erste Arbeitsablauf stellt die Verbindung zu einem Server her.

> **HINWEIS**
>
> Haben Sie das Passwort für den Server und die Freigabe im Schlüsselbund gespeichert, werden Sie bei der Ausführung des Arbeitsablaufs nicht nach dem Passwort gefragt.

1. Arbeitsablauf | Erstellen Sie als ersten Schritt einen neuen Arbeitsablauf. Die Aktion ANGEGEBENE SERVER ABFRAGEN stellt Ihnen die aktuell in Ihrem Netzwerk gefundenen Server über die Schaltfläche HINZUFÜGEN zur Auswahl. Sie können auch einen URL dort direkt eingeben. Hängen Sie an den URL auf jeden Fall den Namen einer Freigabe an, damit gleich die richtige Freigabe eingebunden wird. Die zweite Aktion MIT SERVERN VERBINDEN aktiviert die Freigabe. Führen Sie den Ablauf einmal aus, damit die Freigabe eingebunden wird.

Speichern Sie diesen kleinen Arbeitsablauf mit einem prägnanten Namen wie MIT SERVER VEBINDEN als normalen Arbeitsablauf.

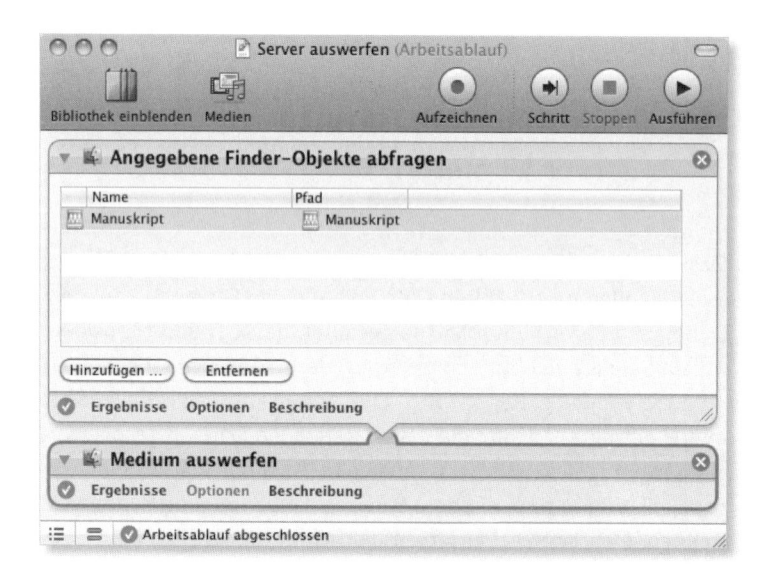

Abbildung 23.59 ▶
Der zweite Arbeitsablauf trennt die Verbindung zum Server.

2. Arbeitsablauf | Der zweite Arbeitsablauf soll die eingebundene Freigabe wieder deaktivieren. Er besteht aus den Aktionen ANGEGEBENE FINDER-OBJEKTE ABFRAGEN, der Sie über HINZUFÜGEN die zuvor eingebundene Freigabe vorgeben, und MEDIUM AUSWERFEN, um in diesem Fall die Verbindung mit dem Server zu unterbrechen. Führen Sie den Ablauf aus, damit die Freigabe deaktiviert wird, und sichern Sie auch diesen Arbeitsablauf mit einem prägnanten Namen, beispielsweise SERVER AUSWERFEN.

▲ **Abbildung 23.60**
Die ausgewählten Dateien werden zunächst in einer Variablen gespeichert.

3. Arbeitsablauf | Erstellen Sie nun einen dritten Arbeitsablauf unter Verwendung der Vorlage DIENST. Zu Beginn müssen Sie festlegen, dass dieser Dienst DATEIEN ODER ORDNER empfängt und nur im FINDER zur Verfügung steht. Die erste Aktion in diesem Arbeitsablauf ist WERT DER VARIABLEN FESTLEGEN. Erstellen Sie hier eine neue Variable mit der Bezeichnung DIE DATEIEN. Ihre Aufgabe besteht darin, die im Finder ausgewählten Dateien oder Ordner zunächst zwischenzuspeichern.

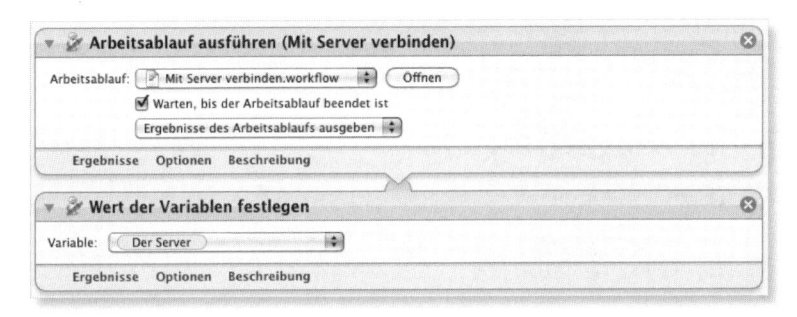

▲ **Abbildung 23.61**
Der erste Arbeitsablauf wird ausgeführt und seine Ergebnisse in einer Variablen gespeichert.

Ergebnisse
Wird ein Arbeitsablauf in einem anderen ausgeführt, dann können Sie festlegen, welche Ergebnisse an die auf die Ausführung folgende Aktion übergeben werden sollen. Mit der Option ERGEBNISSE DES ARBEITSABLAUFS AUSGEBEN wird das Resultat der letzten Aktion des eingebundenen Ablaufs weitergereicht. Mit der Option EINGABE DER AKTION erreichen Sie, dass der Arbeitsablauf die Ergebnisse weitergibt, die er selbst erhalten hat.

Die zweite Aktion lautet ARBEITSABLAUF AUSFÜHREN aus der Rubrik AUTOMATOR, wobei hierbei die Option EINGABE IGNORIEREN ausgewählt werden muss. Die Aufgabe dieser Aktion besteht darin, einen anderen Arbeitsablauf auszuführen.

Wählen Sie unter ARBEITSABLAUF mithilfe des Eintrags EIGENE die Datei, die den ersten Arbeitsablauf enthält. Wählen Sie dann anstelle der Option EINGABE DER AKTION AUSGEBEN die Option ERGEBNISSE DES ARBEITSABLAUFS AUSGEBEN. Somit wird der nachfolgenden Aktion das Ergebnis des integrierten Ablaufs, in diesem Fall das Objekt der eingebundenen Freigabe im Finder, übergeben.

Als dritte Aktion müssen Sie den WERT DER VARIABLEN FESTLEGEN. Die neue Variable DER SERVER (siehe Abbildung 23.61) hat die Aufgabe, das Finder-Objekt der eingebundenen Freigabe zu speichern.

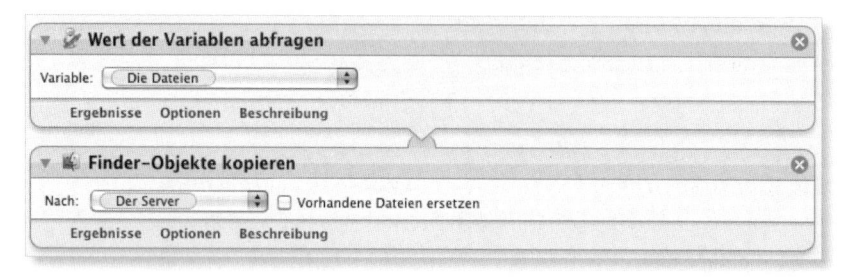

▲ **Abbildung 23.62**
Beim Kopiervorgang wird auf die beiden Variablen zurückgegriffen.

Um die im Finder ausgewählten Objekte, die in der Variablen DIE DATEIEN gespeichert wurden, auf den Server kopieren zu können, muss nun die Aktion WERT DER VARIABLEN ABFRAGEN eingefügt werden. Diese Aktion gibt den Wert der Variablen DIE DATEIEN zurück und ignoriert die Ergebnisse der vorhergehenden Aktion. Der Wert der Variablen DIE DATEIEN wird an die nachfolgende Aktion FINDER-OBJEKTE KOPIEREN weitergegeben. Als Ziel für den Kopiervorgang müssen Sie die Variable DER SERVER aus dem Variablenspeicher unterhalb des Arbeitsablaufs auf das Feld NACH: ziehen (siehe Abbildung 23.62).

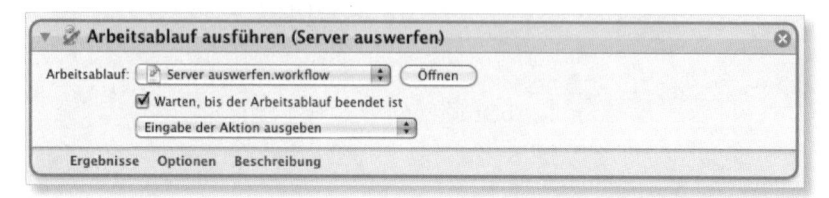

▲ **Abbildung 23.63**
Die Verbindung zum Server wird über den Arbeitsablauf »Server auswerfen« getrennt.

Die letzte Aktion hat die Aufgabe, den aktivierten Server wieder auszuwerfen. Hierfür wurde zu Beginn der Arbeitsablauf SERVER AUSWERFEN erstellt. Dementsprechend können Sie als letzte Aktion ARBEITSABLAUF AUSFÜHREN einfügen und hierbei den Arbeitsablauf SERVER AUSWERFEN auswählen.

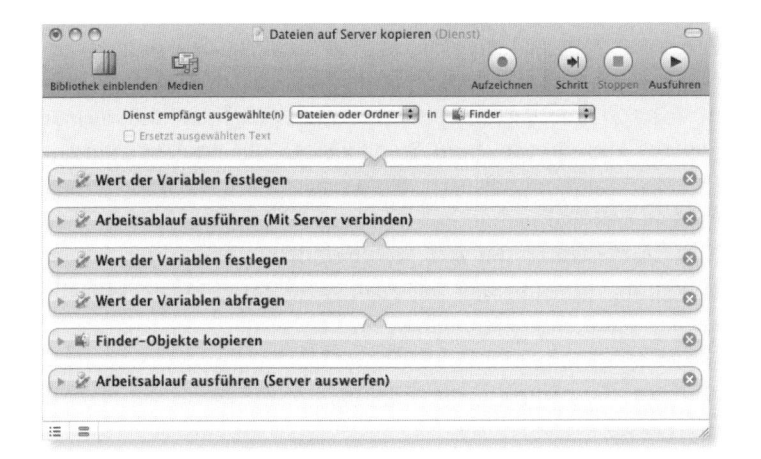

Reichweite von Variablen
Bei der Arbeit mit Variablen müssen Sie beachten, dass die Variablen nur innerhalb der jeweiligen Arbeitsabläufe verfügbar sind. Definieren Sie in einem eingebundenen Ablauf eine Variable, dann steht Ihnen diese im übergeordneten nicht zur Verfügung.

◀ **Abbildung 23.64**
Der als Dienst zu speichernde Arbeitsablauf besteht aus insgesamt sechs Aktionen.

Als Dienst speichern | Wenn Sie den dritten Arbeitsablauf nun mit der Bezeichnung DATEIEN AUF SERVER KOPIEREN speichern, dann steht Ihnen dieser Arbeitsablauf im Kontextmenü des Finders zur Verfügung. Haben Sie Dateien oder Ordner ausgewählt und führen Sie den Arbeitsablauf aus, dann wird zunächst der Arbeitsablauf ausgeführt, der den Server einbindet. Die Dateien werden anschließend kopiert, und nach Abschluss des Kopiervorgangs wird der Server mithilfe des anderen Arbeitsablaufs wieder ausgeworfen.

Abläufe modularisieren | Das Beispiel ist natürlich noch sehr übersichtlich. Richtig nützlich wird die Modularisierung Ihrer Arbeitsabläufe dann, wenn Sie mit einer Vielzahl von Aktionen in einem Ablauf hantieren und es einige Aktionsfolgen gibt, die in gleichbleibender Form in mehreren unterschiedlichen Abfolgen auftreten.

Beispielsweise könnten Sie einen umfangreichen Ablauf, der Kopien von Dateien erstellt, separat sichern und in anderen Abläufen verwenden. Sie könnten so in einem Ablauf, dessen primärer Zweck in der Bearbeitung von Bildern besteht, mit nur einer zusätzlichen Aktion eine Sicherungskopie der Ausgangsdateien auf einem Server veranlassen. Wenn Sie häufig mit dem Automator arbeiten und viele verschiedene Abläufe erstellen, kann diese Modularisierung enorm viel Zeit und Arbeit sparen.

TIPP

Die Aktionen ANGEGEBENE SERVER ABFRAGEN und MIT SERVER VERBINDEN eignen sich natürlich auch für ein Anmeldung eines Benutzerkontos (siehe Abschnitt 14.4.4). Sichern Sie einen Ablauf, der alle benötigten Freigaben nacheinander aktiviert, als Programm, dann können Sie so die Freigaben nach der Anmeldung automatisch aktivieren.

23.8 Über den Automator hinaus: Aktionen aufzeichnen

Aktionen aufzeichnen
⌘ + ⌥ + R

Die Fähigkeit des Automators, Aktionen des Benutzers aufzuzeichnen, wirkt zunächst unscheinbar, erweist sich aber als recht spektakulär. Über die Schaltfläche AUFZEICHNEN oder ARBEITSABLAUF • AUFZEICHNEN können Sie den Automator anweisen, Ihre Eingaben über die Tastatur oder Maus aufzuzeichnen und in einer eigenen Aktion zu speichern. Somit können Sie mit dem Automator viele Programme steuern, die weder für ihn noch für AppleScript Unterstützung bieten.

Das Aufzeichnen der Aktionen beruht in erster Linie auf der Simulation von Eingaben der Maus und Tastatur, die fast alle Applikationen entgegennehmen können.

Interface Scripting | Diese Funktion des Automators basiert auf dem sogenannten Interface Scripting. Hierbei handelt es sich zunächst um die schon seit Längerem in AppleScript vorhandene Fähigkeit, Eingaben wie einen Mausklick oder einen Tastendruck zu simulieren und auf ein Element der grafischen Oberfläche anzuwenden. Die Elemente, aus denen zum Beispiel ein Fenster besteht, haben alle eindeutige Bezeichnungen. Um nun einen Mausklick auf eine Schaltfläche in AppleScript zu simulieren, würde die Anweisung sinngemäß lauten: »*Klicke die Schaltfläche mit der Bezeichnung ›Abbrechen‹ des Fensters mit der Bezeichnung ›Dokument‹ der Anwendung mit der Bezeichnung ›TextEdit‹ an*«.

▲ **Abbildung 23.65**
Ein Programm wie der »UI Element Inspector« ermöglicht die Anzeige der Bezeichnungen der Elemente.

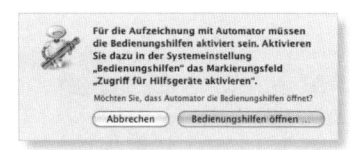

▲ **Abbildung 23.66**
Der Automator weist bei der Aufzeichnung darauf hin, dass die Unterstützung für Hilfsgeräte aktiviert werden muss.

Hilfsgeräte aktivieren | Technische Grundlage für die Simulation der Eingaben sind die Bedienungshilfen, die über die Systemeinstellungen aktiviert werden können. Eigentlich ermöglichen es die Bedienungshilfen Menschen mit körperlichen Handicaps, über die Spracheingabe zum Beispiel einen Mausklick zu veranlassen. Diese Fähigkeit machen sich der Automator und auch AppleScript zunutze, indem anstelle der Spracheingabe einfach ein entsprechender Befehl aus dem Automator oder Skript heraus den Mausklick simuliert.

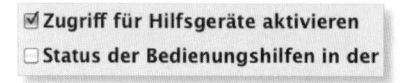

▲ **Abbildung 23.67**
In der Ansicht »Bedienungshilfen« der Systemeinstellungen können Sie den »Zugriff für Hilfsgeräte aktivieren«.

Aufnahme starten | Haben Sie in den Systemeinstellungen in der Ansicht BEDIENUNGSHILFEN die Option ZUGRIFF FÜR HILFSGERÄTE AKTIVIEREN ausgewählt, können Sie Ihre Aktionen aufzeichnen. Das Fenster des aktuellen Arbeitsablaufs verschwindet, und der Automator signalisiert Ihnen die Aufnahme mit einem kleinen schwarzen Fenster. Solange Sie nicht in diesem auf den Stopp-Knopf klicken, schaut Ihnen der Automator bei Ihren Aktionen über die Schulter und merkt sich, was Sie tun. In der englischen Fassung heißt dies auch *Watch me do*.

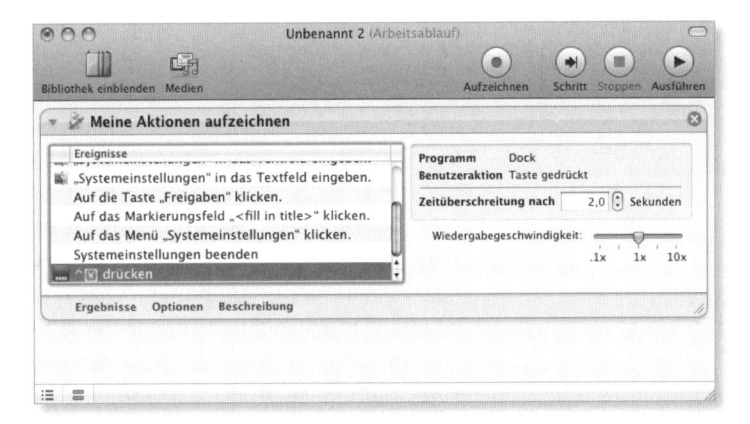

▲ **Abbildung 23.68**
Die Aufnahme kann über den Stopp-Knopf beendet werden.

◄ **Abbildung 23.69**
Die aufgezeichneten Aktionen werden als Ereignisse untereinander aufgeführt.

Ereignisse | Führen Sie, nachdem Sie die Aufnahme gestartet haben, einige Mausklicks und Tastatureingaben aus. Beenden Sie die Aufnahme, dann erstellt der Automator im aktuellen Arbeitsablauf eine neue Aktion MEINE AKTIONEN AUFZEICHNEN. Dort finden Sie im Bereich EREIGNISSE die Eingaben, die Sie während der Aufnahme vorgenommen haben.

In Abbildung 23.69 wurde zuerst das Programm SYSTEMEINSTELLUNGEN aus dem Dock angeklickt und damit gestartet. Nach dem Start wurde die Ansicht FREIGABEN gewählt und in dieser zuerst auf die Checkbox beim Eintrag WEBFREIGABE geklickt.

Um den aufgezeichneten Ablauf ausführen zu können, müssen erst die noch aktiven Systemeinstellungen beendet werden. Damit befindet sich das System wieder auf dem Stand, der beim Start der Aufnahme gegeben war. Wenn der Arbeitsablauf ausgeführt wird, wird der Mauspfeil ohne Ihr Zutun ins Dock bewegt, ein Mausklick auf das Icon Systemeinstellungen ausgeführt, dann die Ansicht SHARING ausgewählt und SCREEN-SHARING gestartet oder beendet.

Ereignisse löschen
Sie können ein Ereignis in der Liste auswählen und mit der Taste ⌫ nachträglich löschen. Das letzte Ereignis der in Abbildung 23.69 dargestellten Aufzeichnung bestand aus der Tastenkombination ctrl + 1, die vom Automator nicht korrekt aufgezeichnet wurde. Wenn es gelöscht wird, funktioniert die aufgezeichnete Aktion. In der dargestellten Variante führt sie zunächst zu einer Fehlermeldung.

Mögliche Fehlerquellen | Dass die Systemeinstellungen vor dem Ausführen der aufgezeichneten Ereignisse wieder beendet werden mussten, hat einen Grund: Der Automator geht bei der

<fill in title>
Es kann passieren, dass Sie bei einigen Ereignissen eine Bezeichnung <FILL IN TITLE> finden. In diesem Fall wurde das angeklickte Element vom Entwickler des Programms mit keiner Bezeichnung versehen, aber es wird in den meisten Fällen dennoch korrekt identifiziert.

Ausführung nicht gerade intelligent vor. Er registriert nicht, dass das System aktuell anders aussieht, als es für den aufgezeichneten Ablauf notwendig wäre.

Die Problematik wird durch zwei Beispiele deutlich. Hätten Sie die Systemeinstellungen auf dem Stand belassen, der beim Ende der Aufnahme gegeben war, wäre die Ansicht SHARING bereits aktiv gewesen. Der Mausklick auf die Schaltfläche FREIGABEN wäre nicht möglich, da diese nicht zur Verfügung steht. Sie erhielten eine Fehlermeldung, und der Ablauf würde abbrechen. Und wenn sich die Systemeinstellungen nicht dauerhaft in Ihrem Dock befinden, hätte der Automator einfach einen Mausklick auf das nächstliegende Element im Dock ausgeführt.

Zielgerichtete Aufnahme | Das Ziel bei den aufzuzeichnenden Ereignissen muss also darin bestehen, ein im weitesten Sinne allgemeingültiges Verhalten aufzunehmen. Der Start eines Programms über das Dock mag zwar naheliegen, aber Sie können sich nur beim Finder wirklich darauf verlassen, dass er über das Dock erreichbar ist. Eine Lösung hierfür wäre folgendes Vorgehen:

- Ein Klick auf das Icon des Finders im Dock, das immer dort zu finden ist.
- Über ABLAGE • NEUES FENSTER wird ein Fenster extra für den Arbeitsablauf geöffnet.
- Mit dem Menüpunkt GEHE ZU • PROGRAMME erfolgt der Wechsel in den Ordner PROGRAMME.
- EIN DOPPELKLICK AUF TEXTEDIT STARTET DAS PROGRAMM.

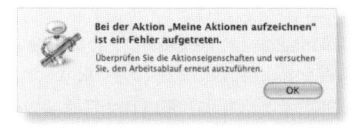

▲ **Abbildung 23.70**
Die Aufzeichnung der Aktionen ist zwar flexibel, aber auch sehr fehlerträchtig.

Diese vier Schritte sind zwar zunächst aufwendiger, stellen aber sicher, dass in jedem Fall das immer unter Programme zu findende TEXTEDIT gestartet wird. Der Ablauf wäre somit unabhängig von den im Dock vorhandenen Icons.

Die Aufzeichnung von Aktionen kann ein sehr effizientes Werkzeug sein, um Programme zu steuern, die keine Unterstützung für AppleScript oder den Automator bieten. Ein wenig Experimentierfreude und Geduld bei der Sammlung von Ereignissen, die fehlerfrei abgearbeitet werden können, wird benötigt.

24 AppleScript

Neben dem leicht verständlichen Automator bietet Mac OS X mit AppleScript eine weitere Möglichkeit, Arbeiten und Aufgaben zu automatisieren. Bei AppleScript handelt es sich um eine ausgewachsene und bisweilen etwas eigenwillige Programmiersprache. Dabei ist sie gar nicht so schwer zu lernen und eignet sich auch für Anfänger, die bisher noch keine Programmiersprache beherrschen.

AppleScript unterscheidet sich von anderen Programmiersprachen wie Python oder Objective-C darin, dass seine Hauptaufgabe in der Steuerung anderer Programme besteht. Sie können mit AppleScript den Finder, iPhoto, Pages, InDesign, FileMaker und viele andere Programme kontrollieren und sich deren Funktionen in Ihren Skripten zunutze machen. Dabei bietet AppleScript von Haus aus relativ wenige Befehle, als Programmiersprache ist es recht spartanisch. Seine Stärke erlangt es durch die Funktionen und Befehle, die ihm von anderen Programmen zur Verfügung gestellt werden.

AppleScript und Automator | Dem Automator ist AppleScript dann vorzuziehen, wenn die zu erledigenden Aufgaben etwas komplizierter werden, vom Anwender mehrere Entscheidungen verlangen oder Ihnen die vom Automator zur Verfügung gestellten Aktionen nicht ausreichen. Während Sie beim Automator auf die Aktionen angewiesen sind, die Ihnen Apple oder andere Entwickler zur Verfügung stellen, ist die Arbeit mit AppleScript flexibler und die Unterstützung auch ausgereifter.

Dieses Kapitel ermöglicht Ihnen einen Einstieg in die Entwicklung eigener Programme mit AppleScript. Im ersten Teil werden Ihnen grundlegende Konzepte von AppleScript vorgestellt und anhand kleinerer Beispiele erläutert. Diese Grundlagen werden dann im zweiten Teil zu zwei umfangreicheren Beispielen ausgebaut. Der Schwerpunkt des dritten Teils liegt dann in der Integration von Skripten in das System.

Englische Sprache
Die Art und Weise, wie Sie bei AppleScript Befehle eingeben, lehnt sich eng an die englische Sprache an. So lautet die Anweisung, dass der Finder beendet werden soll, zum Beispiel `tell application "Finder" to quit`, also fast wörtlich: »*Sage dem Finder, er möge sich beenden.*«

[Apple Events]
Die technische Grundlage für die Kommunikation zwischen AppleScript und Programmen wie dem Finder oder InDesign stellen die sogenannten Apple Events dar. Diese Ereignisse sind eine standardisierte Form der Kommunikation von Programmen mit grafischer Oberfläche und dabei nicht auf AppleScript festgelegt.

24.1 Erste Schritte: Hallo Welt!

Das Werkzeug für die Entwicklung eigener Skripten ist der APPLE-SCRIPT-EDITOR, den Sie im Verzeichnis DIENSTPROGRAMME finden. Nach dem Start des Editors können Sie im Fenster OHNE TITEL Ihr erstes AppleScript eingeben. Das erste Beispiel besteht aus zwei Zeilen:

```
say "Hallo Welt"
display dialog "Hallo Welt"
```

▲ Abbildung 24.1
Über den Befehl display dialog wird ein Dialog angezeigt.

say und display dialog
Die beiden Befehle zeigen die Affinität von AppleScript zur englischen Sprache. Während der Befehl say, der in diesem Kapitel nicht mehr weiter besprochen wird, sehr nützlich ist, um Ihrem Skript auch akustisch Aufmerksamkeit zu verschaffen, lassen sich mit display dialog umfangreichere Eingaben des Anwenders realisieren.

Geben Sie diese zwei Zeilen ein und klicken Sie dann zunächst auf die Schaltfläche ÜBERSETZEN. Der Editor färbt die Wörter say sowie display dialog dunkelblau ein und nutzt eine fette Schrift. Der Text in Anführungszeichen wird schwarz. Wenn Sie nun auf AUSFÜHREN klicken, dann hören Sie über die Sprachausgabe von Mac OS X zunächst die Worte »Hallo Welt« und anschließend erscheint ein Dialog, der Ihnen den Text HALLO WELT anzeigt.

Abbildung 24.2 ▶
Der Editor hebt Befehle farblich hervor.

24.2 Der AppleScript-Editor

Der AppleScript-Editor bietet einige Funktionen, die Ihnen die Eingabe von Skripten erleichtern und bei der Fehlersuche behilflich sind. Haben Sie das erste Beispiel ausgeführt, wird das Hauptfenster des Editors ungefähr dem in Abbildung 24.2 entsprechen.

Ausführen und Übersetzen | In der Symbolleiste des Fensters finden Sie zunächst fünf Schaltflächen. Sie können Ihr Skript AUSFÜHREN, und es wird sofort gestartet. Alternativ können Sie auch die Tastenkombination ⌘ + R nutzen. Die Schaltfläche STOPP steht Ihnen zur Verfügung, wenn Sie Ihr Skript ausführen. Mit ihr können Sie ein Skript, das beispielsweise in einer Endlosschleife gefangen ist, vorzeitig abbrechen.

Haben Sie mehrere Zeilen nacheinander eingegeben, können Sie Ihre Eingabe auch ÜBERSETZEN (⌘) + (K)) lassen. Dies führt dazu, dass das Syntax-Highlighting auf Ihre Eingabe angewandt wird. Zeitgleich prüft der Skripteditor Ihre Eingabe auf Fehler und gibt Ihnen eine Meldung aus. Die Prüfung Ihrer Eingaben auf syntaktische Fehler kann hilfreich sein, um Tippfehler schon im Vorfeld zu erkennen.

Über die Funktion AUFZEICHNEN können Sie den Skripteditor anweisen, Ihre Mausklicks und Tastatureingaben als Grundlage für ein Skript zu nehmen. Diese Funktion entspricht im Wesentlichen der Aktion MEINE AKTIONEN AUFZEICHNEN im Automator (siehe Abschnitt 23.8). Den BUNDLE-INHALT einblenden können Sie bei Skripten, die Sie als Programm (siehe Abschnitt 24.10) gespeichert haben.

Skriptassistent | In den Voreinstellungen des Editors können Sie in der Ansicht BEARBEITUNG den SKRIPTASSISTENTEN VERWENDEN. Ist der Assistent aktiv, dann beobachtet der Editor Ihre Eingaben und analysiert sie dahingehend, ob eine mögliche Vervollständigung angeboten werden kann. Findet der Editor im Befehlsfundus von AppleScript eine Anweisung oder ein Element, das mit der von Ihnen bereits eingegebenen Zeichenkette beginnt, dann erscheinen drei Punkte nach dem Cursor. Mit der Taste (esc) können Sie nun die Liste der möglichen Vervollständigungen aufrufen, mit den Pfeiltasten eine auswählen und Ihre Eingabe mit (↵) vervollständigen. Ist der Vorschlag eindeutig, zum Beispiel bei der Eingabe von disp, dann erscheint die Vervollständigung mit grauer Schrift, und die Taste (esc) vervollständigt Ihre Eingabe zu display.

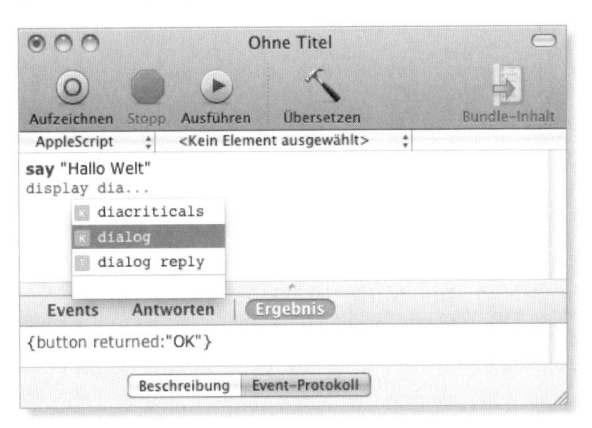

[Syntax Highlighting]
Die Einfärbung des Quelltexts erhöht die Lesbarkeit. Befehle, die zum grundlegden Wortschatz von AppleScript gehören, werden schwarz angezeigt. Anweisungen, die von Programmen bereitgestellt werden, erhalten eine blaue Schrift. Variablen werden grün dargestellt, während Objekte blau und kursiv angezeigt werden. Eigenschaften von Objekten werden lila angezeigt.

◂ **Abbildung 24.3**
Der Skriptassistent des Editors schlägt mögliche Vervollständigungen einer Eingabe vor.

Beschreibung
Über die Schaltfläche BESCHREIBUNG können Sie einen Text eingeben, der dann angezeigt wird, wenn Sie Ihr AppleScript als Programm (siehe Abschnitt 24.10) sichern und dabei die Option STARTDIALOG aktivieren. Der als Beschreibung angegebene Text wird in diesem Dialog angezeigt.

Das Event-Protokoll | Bei der oft unvermeidlichen Suche nach Fehlern im Skript ist das Event-Protokoll eine große Hilfe. Zunächst können Sie es sich über die Schaltfläche am unteren Rand des Fensters anzeigen lassen. Hierbei wird Ihnen der Verlauf der Events bei der aktuellen Ausführung des AppleScript angezeigt. Über den Menüpunkt FENSTER • VERLAUF DES EVENT-PROTOKOLLS können Sie ein eigenes Fenster aufrufen. Hier werden nicht nur die Ereignisse der letzten Ausführung, sondern die der letzten zehn ausgeführten Skripten angezeigt. Sie können sich also den Verlauf einer früheren Fassung eines AppleScript anschauen, nachdem Sie den Quelltext geändert haben.

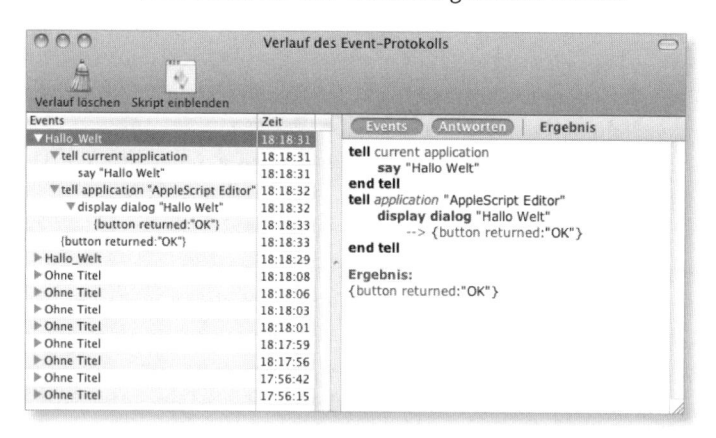

Abbildung 24.4 ▶
Der Verlauf des Event-Protokolls enthält die Protokolle der zehn zuletzt ausgeführten Skripten.

Events, Antworten und Ergebnisse | Protokolliert werden drei Informationen, die Sie sich über die gleichnamigen Schaltflächen anzeigen lassen können. Bei den EVENTS handelt es sich um die Aktionen, die Sie mit einem Befehl ausgelöst haben. Die Anweisung say führt zu einem Ereignis innerhalb des aktuellen Programms (current application). Zusätzlich zu den Ergebnissen können Sie sich auch die ANTWORTEN anzeigen lassen. Um die Interaktionen zwischen Ihrem Skript und dem angewiesenen Programm zu ermöglichen, erhält Ihr Skript auf verschiedene Anweisungen auch eine Reaktion. In diesem Beispiel hat der Befehl display dialog die Antwort {button returned: "OK"} erzeugt. Als ERGEBNIS wird das Resultat des zuletzt ausgeführten Befehls angezeigt. In diesem Beispiel wäre dies erneut {button returned: "OK"}. Bei einem Skript, das lediglich aus der Anweisung 1 + 1 besteht, erhalten Sie als Ergebnis naturgemäß 2. Die Beobachtung der Ergebnisse kann wichtig sein, wenn Sie ermitteln möchten, welche Werte und Datentypen von Befehlen zurückgegeben werden. Mehr zu den Datentypen erfahren Sie im nächsten Abschnitt.

Kontextmenü | Auch der AppleScript-Editor verfügt über ein Kontextmenü. Dieses stellt Ihnen nicht nur bekannte Befehle aus dem Menü BEARBEITEN sowie die Dienste (siehe Abschnitt 2.4) zur Verfügung, sondern enthält auch eine ganze Reihe von Skripten.

Diese unter /LIBRARY/SCRIPTS/SCRIPTING EDITOR SCRIPTS gespeicherten Skripten können Sie aus dem Kontextmenü ausführen, und es werden Code-Fragmente in Ihr Skript eingefügt. Markieren Sie vorher Zeilen, die Sie bereits eingegeben haben, dann werden sie von den neuen Funktionen umschlossen. Die Skripten im Kontextmenü können Ihnen dann Arbeit abnehmen, wenn Sie mit den Grundlagen von AppleScript vertraut sind.

Open Scripting Architecture | AppleScript ist nicht die einzige Programmiersprache, mit der Sie Apple Events zur Steuerung von Programmen nutzen können. Die Apple Events bilden die Grundlage der sogenannten Open Scripting Architecture, mit der auch andere Programmiersprachen zur Steuerung von Programmen genutzt werden. Daher finden Sie oben links im Fenster auch das Ausklappmenü mit dem einzigen Eintrag APPLESCRIPT. Wenn Sie eine Erweiterung installiert hätten, mit der Sie Skripten in einer Sprache wie JavaScript, Python oder Ruby schreiben können, dann würden Ihnen hier die verfügbaren Programmiersprachen angezeigt. Zur Drucklegung dieses Buchs war allerdings noch keine dieser Erweiterungen für Mac OS X 10.6 verfügbar.

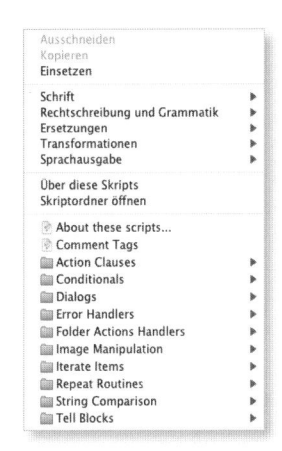

▲ **Abbildung 24.5**
Das Kontextmenü bietet einige Skripten, die Code-Schnipsel einfügen.

24.3 Variablen und Datentypen

Variablen haben in AppleScript die gleiche Aufgabe wie im Automator: Sie speichern Werte und ermöglichen es Ihnen, zu einem späteren Zeitpunkt darauf zurückzugreifen. Der Unterschied zwischen den Variablen im Automator, die in erster Linie als Platzhalter fungieren, und den Variablen, die in einer Programmiersprache wie AppleScript verwendet werden, besteht in der Flexibilität. Mit AppleScript sind Sie in der Lage, die Werte von Variablen mit Befehlen zu manipulieren. Beispielsweise können Sie das zweite Wort aus einem Text auslesen oder aus dem Inhalt eines Verzeichnisses gezielt die zweite Datei auswählen.

set und get | Die Arbeit mit Variablen geschieht in AppleScript hauptsächlich mit den Befehlen **set** und **get**. Dabei weisen Sie einer Variablen mit set einen Wert zu, mit get können Sie diesen ausgeben. Mit dem Skript

Reservierte Wörter
Bei den Bezeichnungen Ihrer Variablen müssen Sie reservierte Wörter vermeiden, die von AppleScript selbst genutzt werden. Eine Variable mit set set to "Wert" können Sie nicht vergeben, im Skripteditor erhalten Sie eine Fehlermeldung. Wenn Sie bei komplexen Skripten dennoch ein reserviertes Wort als Variable verwenden müssen, können Sie dies ausnahmsweise in der Form set |set| to "Wert" vornehmen. Die Form |set| müssen Sie dann durchgängig verwenden.

```
set Vorname to "Kai"
display dialog Vorname
get Vorname
```

würden Sie in der ersten Zeile die Variable Vorname erzeugen und ihr den Wert Kai zuweisen. Die Variable wird anschließend im Dialog verwendet, der nun lediglich aus dem Vornamen besteht. Der abschließende Aufruf von **get** führt dazu, dass Ihnen der Wert der Variablen im Fenster des Skriptes im Bereich ERGEBNIS angezeigt wird.

▲ **Abbildung 24.6**
Mit dem Befehl get kann der Wert einer Variablen als Ergebnis ausgegeben werden.

class
Der Befehl class ermöglicht es Ihnen, innerhalb eines Skriptes den Typ einer Variablen zu ermitteln. Die Anweisung class of Variable erzeugt im Ergebnis-Protokoll einen Eintrag mit dem Typ der Variablen.

Die typische Verwendung von **set** zur Definition einer Variablen erfolgt in der Form

```
set Variable to Wert as Typ
```

Sie geben der Variablen zunächst einen möglichst eindeutigen Namen und weisen Ihr nach to einen Wert zu. Die Anweisung as können Sie verwenden, um der Variablen einen bestimmten Typ zuzuordnen. Diese Angabe ist nicht zwingend.

[Coercion]
Die Umwandlung von Variablen in einen anderen Typ wird auch Coercion genannt. Bei der Arbeit mit Dateien ist die Umwandlung zwischen Text und Alias zum Beispiel häufig notwendig.

Datentypen | Der Zusatz as Typ kann in vielen Situationen notwendig sein. In einer Programmiersprache ist es nötig, bei den Werten von Variablen nach Typen zu differenzieren. So können Sie Zahlen, Zeichen, Dateien und auch mehrere Objekte in einer Variablen speichern. Je nach Typ können Sie dann unterschiedliche Befehle mit den Variablen verwenden, also eine Zeichenkette ausgeben oder eine Datei öffnen. Umgekehrt führen andere

Kombinationen zu einer Fehlermeldung. Zwei Dateien können zum Beispiel nicht addiert werden.

24.3.1 Zeichen, Zahlen und Zeiten

Den ersten Datentyp haben Sie bereits im ersten Beispiel kennengelernt, es handelt sich ganz profan um eine Zeichenkette. Sie wird im Englischen auch als »*String*« bezeichnet. Eine Zeichenkette wird mit Anführungszeichen umschlossen. Um Zeichenketten miteinander zu kombinieren, kann das Zeichen & genutzt werden. In dem Skript

Zeichen kombinieren
&

```
set Vorname to "Kai"
set Nachname to "Surendorf"
set Person to Vorname & " " & Nachname
```

werden zuerst die Variablen Vorname und Nachname mit einem Wert versehen. In der dritten Zeile wird eine weitere Variable Person erstellt, deren Wert durch die Verknüpfung der anderen beiden Variablen konstruiert wird. Beachten Sie, dass Sie bei diesem Verfahren nicht nur auf andere Variablen zurückgreifen können, sondern auch Zeichen direkt eingeben können. Durch die Angabe von & " " wurde ein Leerzeichen zwischen dem Vor- und Nachnamen eingefügt, ohne zuvor eine weitere Variable zu definieren.

Zeichenketten
Sie können mit AppleScript auch die Inhalte von Zeichenketten ansprechen. Dies geschieht über die Befehle character, word und paragraph, zusammen mit einer Zahl. Mit set Buchstabe to character 2 of Person würde der Wert von Buchstabe dem zweiten Zeichen, mit set Wort to word 1 of Person dem ersten Wort, also dem Vornamen, entsprechen.

◄ **Abbildung 24.7**
Zwei Zeichenketten wurden in einer dritten zusammengefügt.

Zahlen | Eine Zahl wird als Wert ohne Anführungszeichen übergeben, und es ist in AppleScript auch möglich, die Grundrechenarten anzuwenden. In dem Skript

[Integer] und [Reelle Zahlen]
AppleScript ist in der Lage, mit Ganzzahlen, die als »*Integer*« bezeichnet werden, und reellen Zahlen zu arbeiten. Beachten Sie, dass Sie bei reellen Zahlen mit dem Punkt arbeiten, also 1.2 und nicht 1,2 angeben.

```
set Zahl1 to 2
set Zahl2 to 3
set Summe to Zahl1 + Zahl2
```

werden erst zwei Variablen definiert, die dann in der dritten Zeile addiert werden. Der in der Variable Summe enthaltene Wert entspricht in diesem Fall 5. AppleScript eignet sich nicht, um komplizierte mathematische Berechnungen vorzunehmen. Berechnungen in AppleScript sind eher dann nützlich, wenn Sie zum Beispiel die Größe mehrerer Dateien addieren und anschließend prüfen, ob auf dem Datenträger noch genug Speicherplatz für einen Kopiervorgang vorhanden ist.

+	Addition
-	Subtraktion
*	Multiplikation
/	Division
div	Integer einer Division
mod	Rest einer Division
^	Potenz

Tabelle 24.1 ▶
Arithmetische Operatoren

current date
Einer Variablen können Sie mit current date den aktuellen Zeitpunkt als Wert zuweisen, beispielsweise mit set Jetzt to current date.

▲ **Abbildung 24.8**
Die Datumsangabe in der ersten Zeile wurde automatisch vervollständigt.

Zeiten mit date | Die Arbeit mit Zeitangaben ist auch mit AppleScript möglich und in manchen Situationen recht nützlich. Beispielsweise möchten Sie das Änderungsdatum von zwei Dateien mit dem gleichen Namen vergleichen. Bei der Arbeit mit Zeitangaben spielt die Anweisung date eine entscheidende Rolle, da AppleScript mit der Langfassung des Datums in der Form Freitag, 25. Mai 2009 13:30:00 Uhr arbeitet.

Um sich die Eingabe der Langfassung zu ersparen, können Sie die Anweisung date nutzen. Sie führt dazu, dass der Skripteditor die Zeitangabe bei der Übersetzung des Skriptes in die Langfassung vervollständigt. Dabei folgt die Darstellung den in den Systemeinstellungen in den Landeseinstellungen vorgegebenen Formaten. Die Angabe von date "25.5.2007 13:30" würde vor der Ausführung in date "Freitag, 25. Mai 2007 13:30:00 Uhr" umgewandelt werden.

Elemente im Datum | Über die Schlüsselwörter weekday, day, month, year, hours, minutes und seconds können Sie auf die einzelnen Elemente zugreifen. So würde die Anweisung set Monat to month of (current date) den aktuellen Monat der Variablen Monat zuweisen. Beachten Sie hier die Klammern bei der Angabe von current date.

24.3.2 Listen und Datensätze

Die bisher vorgestellten Datentypen waren nicht in der Lage, mehr als einen Wert zu speichern. Mehrere Werte in einer Variablen zu bündeln, wird mit Listen und Datensätzen möglich. Beide werden mit geschweiften Klammern {} angegeben, die enthaltenen Einträge durch Kommata getrennt.

Listen | Listen können zum Beispiel den Inhalt eines Verzeichnisses enthalten oder eine Sammlung von Schlüsselwörtern, die Sie einem Foto in iPhoto nacheinander zuweisen möchten. Eine Liste definieren Sie mittels `set`, indem Sie geschweifte Klammern verwenden. So würde mit

```
set Liste to {"Kai Surendorf", "Thorsten Mücke"}
```

eine Liste mit zwei Elementen erstellt. Bei beiden Elementen handelt es sich um Zeichenketten. Zugreifen können Sie auf die Elemente einer Liste, indem Sie die Anweisung `item` verwenden. Den ersten Eintrag, der auch dem Namen einer Datei entsprechen könnte, würden Sie mit

```
set ersterEintrag to item 1 in Liste
```

auslesen. Wie viele Einträge sich überhaupt in einer Liste befinden, können Sie mit der Anweisung `count items` in Erfahrung bringen. Mit `set Anzahl to count items in Liste` entspräche der Wert der Variablen `Anzahl` der Anzahl der Elemente.

Einträge einer Liste können über den Befehl `set` manipuliert oder ergänzt werden. Über die Schlüsselwörter `end of` und `beginning of`, jeweils gefolgt von der Bezeichnung einer bereits existierenden Liste, können Sie Einträge am Ende oder am Anfang hinzufügen. Mit den Zeilen

```
set Liste to {"Kai Surendorf", "Thorsten Mücke"}

set end of Liste to "Martin Meier"
```

würde der Liste am Ende der Eintrag "Martin Meier" hinzugefügt. Einen vorhandenen Eintrag ändern Sie über das Schlüsselwort `item`. So würde mit `set item 2 of Liste to "Jemand anderes"` der bereits existierende zweite Eintrag in "Jemand anderes" geändert.

Flexible Listen

Listen und Datensätze sind in AppleScript in Bezug auf den Inhalt sehr flexibel. Sie können in einer Liste oder einen Datensatz problemlos Werte unterschiedlicher Typen zusammenfassen. Mit `set Liste to {"Kai", 25, 2.3}` würde `Liste` eine Zeichenkette, eine Ganzzahl und eine reelle Zahl enthalten.

first and last

Anstelle der Zahl können Sie auch die Schlüsselwörter `first` und `last` verwenden, um auf das erste oder letzte Element zuzugreifen. Mit `set Eintrag to last item in Liste` würde der Wert der Variablen `Eintrag` dem letzten Element der Liste unabhängig von deren Länge entsprechen.

> **HINWEIS**
>
> Beachten Sie, dass Sie die Einträge von Datensätzen nicht über die Position ansprechen können, sondern nur über die Bezeichnung der Einträge. Die Anweisung `set Eintrag to item 2 in Buchprojekt` führt zu einer Fehlermeldung. Gleichwohl können Sie die Elemente mit `set Anzahl to count items in Buchprojekt` zählen.

Datensätze | Datensätze, auch »*Records*« genannt, unterscheiden sich von Listen dadurch, dass ihre Elemente mit einer eindeutigen Bezeichnung versehen werden. Mit den Zeilen

```
set Buchprojekt to {Autor: "Kai Surendorf", Lektor: "Stephan Mattescheck"}
set Person to Autor of Buchprojekt
```

würden Sie zunächst einen neuen Datensatz `Buchprojekt` erzeugen, der zwei Einträge `Autor` und `Lektor` enthält. Die eindeutig zu benennenden Einträge werden mit Kommata getrennt, die Bezeichnung und der Wert werden durch Doppelpunkte voneinander unterschieden. Einen Eintrag an einen Datensatz anhängen können Sie ähnlich wie bei der Kombination von Zeichenketten mit dem Zeichen &. Die Anweisung `set Buchprojekt to Buchprojekt & {Setzer: "Manfred Meier"}` würde an den Datensatz noch einen Eintrag `Setzer` anhängen.

Der Vorteil der eindeutigen Bezeichnung von Einträgen besteht darin, dass Sie unabhängig von der Position des Elements innerhalb des Datensatzes über die Bezeichnung auf seinen Wert zugreifen können. Verwendung finden die Datensätze deshalb vor allem bei den Eigenschaften von Objekten (siehe Abschnitt 24.4).

24.3.3 Dateien und Aliase

In vielen Ihrer Skripten werden Sie Dateien ansprechen, kopieren oder löschen. Um auf eine Datei oder besser ein Objekt im Dateisystem zugreifen zu können, müssen Sie eine Variable vom Typ Alias erzeugen. Ähnlich den Aliasen im Finder haben diese Objekte in AppleScript die Aufgabe, auf ein Objekt im Dateisystem zu deuten.

> **HINWEIS**
>
> Bei der Arbeit mit Objekten vom Typ Alias müssen Sie beachten, dass das Objekt im Dateisystem bereits existiert. Andernfalls erhalten Sie eine Fehlermeldung.

Bei den Aliasen in einem Skript zeigt sich auch die Notwendigkeit der Angabe `as alias`. Würden Sie eine Variable mit `set Benutzerordner to ":Users:"` definieren, würde die Variable `Benutzerordner` aufgrund der Anführungszeichen als Zeichenkette betrachtet. Mit dem Zusatz `as alias` wird die Variable explizit als Verweis auf ein Objekt im Dateisystem, eben dem Ordner BENUTZER auf dem Startvolume, deklariert.

Startvolume | Soll Ihr Skript auf verschiedenen Rechnern funktionieren, müssen Sie mit einem unterschiedlich benannten Startvolume rechnen. Beginnen Sie eine Pfadangabe mit einem Doppelpunkt, dann wird zu Beginn automatisch das Startvolume ergänzt.

Neben dem Typ Alias, der auf ein bereits existierendes Objekt im Dateisystem verweisen muss, gibt es auch noch das Objekt File. Dieses muss nicht zwingend existieren und wird zum Beispiel bei der Erstellung neuer Dateien genutzt.

24.4 Objekte und Eigenschaften manipulieren

▲ **Abbildung 24.9**
Aufgrund des führenden Doppelpunkts wurde die Pfadangabe vervollständigt.

Die Arbeit mit Objekten ist das Kernelement von AppleScript. Während die eigentlichen Sprachelemente, mit denen Sie Berechnungen durchführen oder Texte bearbeiten können, im direkten Vergleich zu fast allen anderen Programmiersprachen sehr spartanisch sind, entfaltet AppleScript sein Potenzial bei der Manipulation von Objekten.

24.4.1 Die Bibliothek nutzen

Das zentrale Element ist die Bibliothek, die Sie über FENSTER • BIBLIOTHEK oder ⌘ + ⇧ + L aufrufen können. Sie enthält zunächst eine Liste von Standardprogrammen, die auf den meisten Systemen bereits vorhanden sind. Ein Programm zur Bibliothek hinzufügen können Sie über das Plus-Zeichen und ein bereits vorhandenes wieder entfernen über das Minus-Zeichen. Wenn Sie nur kurz in die AppleScript-Unterstützung eines Programms Einsicht nehmen möchten, ohne es gleich der Bibliothek hinzuzufügen, können Sie sein Wörterbuch über ABLAGE • FUNKTIONSVERZEICHNIS ÖFFNEN anzeigen.

Erweiterungen | In der Bibliothek finden Sie neben den Programmen auch einige Einträge, die keinen Applikationen entsprechen. Hierbei handelt es sich um Erweiterungen für AppleScript, die in diesem Fall von Apple selbst bereitgestellt wurden. Hierzu gehören die DATABASE EVENTS zur Bearbeitung von Datenbanken und die in diesem Kapitel behandelten IMAGE EVENTS für die Bildbearbeitung.

Die STANDARDADDITIONS enthalten viele alltägliche Erweiterungen wie die Dialoge (`display dialog`), während mit den SYSTEM EVENTS eine ganze Reihe Funktionen, die das System direkt betreffen, realisiert werden.

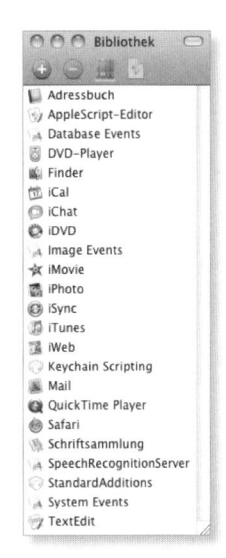

▲ **Abbildung 24.10**
Die Bibliothek ermöglicht den Zugriff auf die Dokumentation der AppleScript-Unterstützung.

OSAX
Erweiterungen von Drittherstellern werden bisweilen auch als OSAXen in Anspielung auf die Open Scripting Architecture bezeichnet.

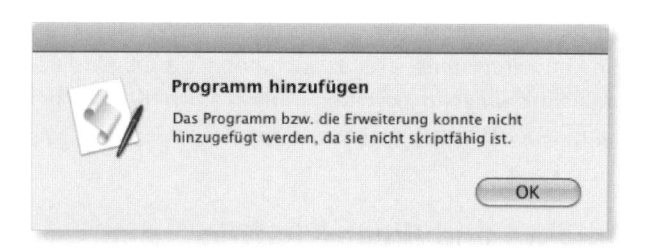

▲ **Abbildung 24.11**
Bietet ein Programm keine Unterstützung für AppleScript, dann kann es der Bibliothek nicht hinzugefügt werden.

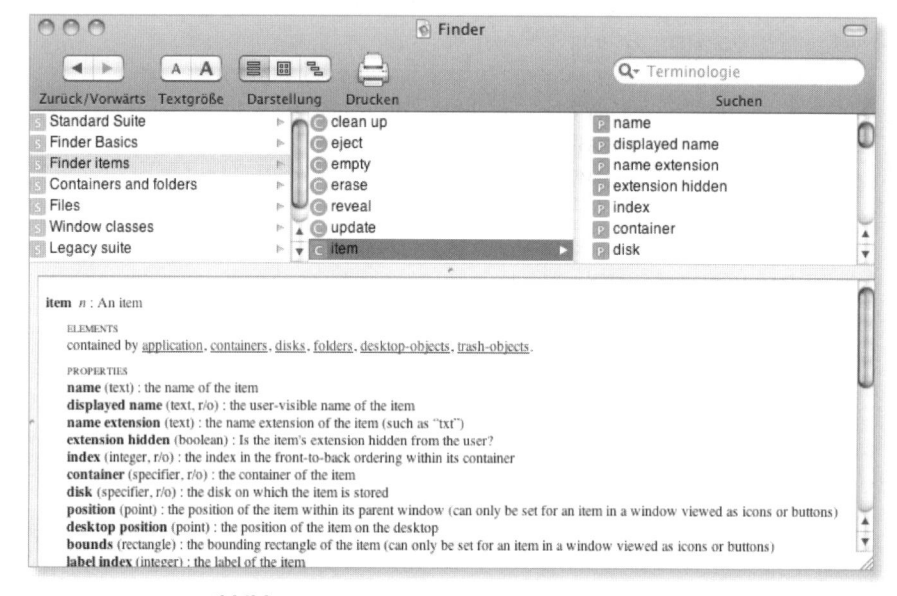

▲ **Abbildung 24.12**
Die Bibliothek eines Programms enthält die Klassen der Objekte, deren Eigenschaften und verfügbare Befehle.

Funktionsverzeichnis | Welche Objekte Sie bei einem Programm mit AppleScript manipulieren können, variiert natürlich von Programm zu Programm. Wenn Sie in der Bibliothek eine Anwendung mit einem Doppelklick auswählen oder die Bücher in der Symbolleiste anklicken, erscheint in einem eigenen Fenster das Funktionsverzeichnis des Programms (siehe Abbildung 24.12). Sie erhalten in diesem Fenster Aufschluss über die durch das Programm zur Verfügung gestellten Befehle und Objekte. Von Relevanz sind die farbig hinterlegten Buchstaben vor den einzelnen Einträgen:

▶ S in einem Quadrat: Es handelt sich um eine Suite, die mehrere Befehle und Objekte thematisch gruppiert. Die Suite FINDER ITEMS fasst Befehle und Objekte zusammen, die sich auf Objekte im Dateisystem beziehen.

- C in einem blauen Kreis: Ein Befehl wie beispielsweise `display dialog`, der Ihnen im Rahmen dieses Programms zur Verfügung steht.
- C in einem lila Quadrat: Eine Klasse von Objekten wie beispielsweise Fenster, Fotos oder Dateien, die über bestimmte Eigenschaften verfügen.
- P in einem lila Quadrat: Eigenschaften eines Objektes, die Sie gegebenenfalls manipulieren können.
- E in einem orangen Quadrat: Ein Unterelement dieser Klasse.

Auf den ersten Blick mag ein Funktionsverzeichnis wie das des Finders verwirren. Es ist folgendermaßen zu lesen: Zunächst finden Sie in der linken Spalte die einzelnen Suiten, die die verfügbaren Objekttypen und Befehle thematisch gruppieren.

In der Suite FINDER ITEMS sehen Sie dann mehrere Befehle wie zum Beispiel EJECT für den Auswurf eines Wechselmediums.

Ferner finden Sie dort eine Objektklasse ITEM, die weitere Eigenschaften (Properties) wie etwa NAME oder CREATION DATE beinhaltet.

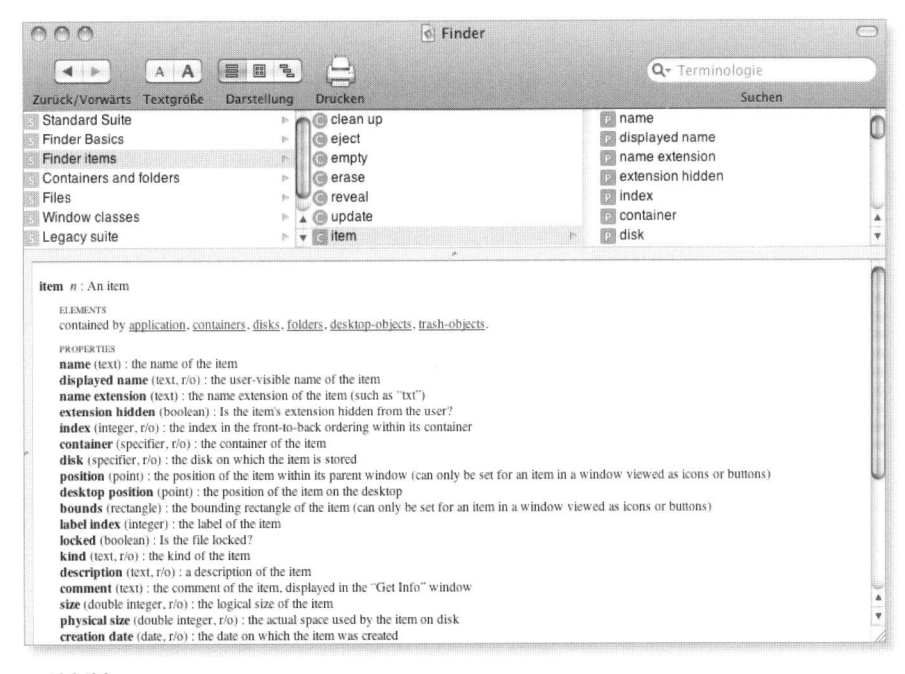

▲ Abbildung 24.13
Wird eine Objektklasse ausgewählt, erscheinen seine Eigenschaften inklusive einer kurzen Beschreibung.

Wählen Sie in der Funktionsbibliothek ein Element wie in Abbildung 24.13 ITEM aus, dann erhalten Sie im unteren Bereich eine

boolean

Die Angabe BOOLEAN verweist auf einen weiteren Typ von Variablen. Hierbei sind nur zwei Werte möglich: wahr (true) oder falsch (false). Ob das Suffix des Objekts angezeigt wird oder nicht, wird durch den Wert der Eigenschaft extension hidden definiert. Dieser Wert kann entweder true (das Suffix wird versteckt) oder false (es ist sichtbar) sein.

r/o

Das Kürzel R/O bei einer Eigenschaft besagt, dass dieses nur lesbar (*read only*) ist. Solche Eigenschaften können Sie mit dem Befehl set nicht verändern.

Ergebnisse abfangen

Sie können das Ergebnis in einer neuen Variablen abfangen. Mit der Anweisung set Fenster to make new Finder window würden Sie eine neue Variable Fenster erstellen, die auf das neu erstellte Fenster verweist. Dieses Vorgehen funktioniert nur in den nachfolgend beschriebenen tell-Blöcken.

kurze Beschreibung. Darunter finden Sie unter ELEMENTS eine Auflistung der Objekte, die das ausgewählte enthalten können. So können Objekte (ITEM) von Datenträgern (DISKS) und Ordnern (FOLDERS) beinhaltet werden. Dies wird durch die Angabe CONTAINED BY signalisiert.

Umgekehrt gibt es Objektklassen, die weitere Objekte enthalten können. Würden Sie zum Beispiel aus der Suite CONTAINERS AND FOLDERS die Klasse CONTAINER auswählen, fänden Sie dort auch eine Angabe CONTAINS, gefolgt von einigen Objekten. Damit wird signalisiert, dass dieser Objekttyp weitere Objekte, wie Dateien, beinhalten kann.

Eigenschaften und Typen | Bei einer Objektklasse wie ITEM oder FOLDER finden Sie eine ganze Reihe von Eigenschaften (PROPERTIES). Neben der eigentlichen Bezeichnung der Eigenschaft wie NAME erhalten Sie in Klammern Angaben über den Datentyp (TEXT, INTEGER...) dieser Eigenschaft. Der Name eines Objekts wird natürlich durch eine Zeichenkette (TEXT) repräsentiert, während es sich beim Änderungsdatum (MODIFICATION DATE) um eine Zeitangabe (DATE) handelt. Einige Eigenschaften können nur vorgegebene Werte beinhalten. Diese werden in Klammern durch Querstriche getrennt angegeben. Der kurze Satz nach dem Doppelpunkt beschreibt die Funktion der Eigenschaft.

24.4.2 Objekte erstellen

Haben Sie sich über die verfügbaren Objekte in einem Programm in der Funktionsbibliothek informiert, dann können Sie das Programm über AppleScript anweisen, ein neues Objekt zu erstellen. Der zentrale Befehl zur Erstellung eines neuen Objekts, der von den meisten Programmen verstanden wird, ist make. Dementsprechend öffnen Sie ein neues Fenster im Finder mit der Anweisung

```
tell application "Finder" to make new Finder window
```

Der Finder erstellt daraufhin im Hintergrund ein neues Fenster.

24.4.3 Eigenschaften auslesen und manipulieren

Nicht nur bei den Variablen, auch bei den Eigenschaften werden die Befehle set und get verwendet, um Werte auszulesen oder zu manipulieren. Wenn Sie mit der Funktionsweise und AppleScript-Unterstützung eines Programms noch nicht so ganz vertraut sind, kann die Arbeit mit dem Befehl get ganz hilfreich sein. In Abbildung 24.14 finden Sie ein Skript, bei dem zunächst innerhalb eines `tell`-Blocks ein neues Fenster im Finder erzeugt wurde. Dieses wurde in der Variablen Fenster dann gespeichert.

get properties | Über welche Eigenschaften ein individuelles Objekt verfügt, können Sie in der Regel mit dem Befehl `get properties of` in Erfahrung bringen. In Abbildung 24.14 wurden die Eigenschaften mit `get properties of Fenster` ausgelesen, und im Bereich ERGEBNIS werden sie in Form eines Datensatzes angegeben. So trägt das Fenster den Namen SNOWPRO und befindet sich auf dem Bildschirm an der Position (`position`) mit der X-Koordinate 211 und der Y-Koordinate 64.

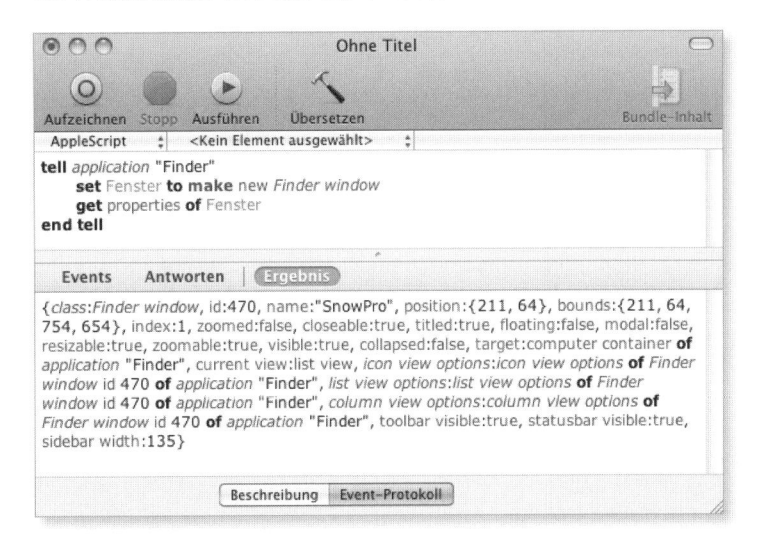

> **HINWEIS**
>
> Die Datensätze mit den Eigenschaften können unterschiedliche Datentypen enthalten. So werden die Koordinaten der Eigenschaft `position` in Form einer Liste innerhalb des Datensatzes gespeichert.

◀ **Abbildung 24.14**
Mit dem Befehl `get` können die aktuellen Eigenschaften eines Objekts abgefragt werden.

Eigenschaften manipulieren | Die Eigenschaften eines Objekts können Sie mit dem Befehl **set** so manipulieren, wie Sie mit ihm die Werte einer Variablen definieren.

```
tell application "Finder"
set Fenster to make new Finder window
set position of Fenster to {50, 50}
set Zielordner to ":Users:kai:" as alias
set target of Fenster to Zielordner
end tell
```

In diesem Skript wird zunächst ein neues Finder-Fenster erstellt und dieses neu erstellte Objekt in der Variablen Fenster gespeichert. Dann wird die Liste der Eigenschaft position in {50, 50} geändert. Die vorigen Werte werden überschrieben, das Fenster wird am linken oberen Rand positioniert. Dann wird im dritten Schritt eine neue Variable Zielordner vom Typ alias und der

> **TIPP**
>
> Es ist manchmal auch möglich, auf schon vorhandene Objekte zurückzugreifen, so etwa mit `set Fenster to front window` auf das vorderste Fenster.

Eigenschaft `target` als Wert zugewiesen. Das neu erstellte Fenster befindet sich nun oben links auf dem Bildschirm und zeigt den Ordner des Benutzers mit dem Kurznamen `kai` an

24.5 Grundlegende Befehle

AppleScript verfügt über einige grundlegende Befehle, die Ihnen unabhängig von den skriptfähigen Programmen zur Verfügung stehen. Dazu gehören Befehle, mit denen Sie Bedingungen formulieren oder Befehle mehrfach hintereinander ausführen, um beispielsweise die Elemente einer Liste nacheinander abzuarbeiten. Dieser Abschnitt stellt Ihnen diese grundlegenden Befehle zur Kontrolle des Ablaufs vor.

Mehrzeiliger Kommentar
(* ... *)

Einzeiliger Kommentar
-- ...

Kommentare | Ihre Skripten sollten Sie in jedem Fall kommentieren. Kommentare erleichtern es Ihnen zu einem späteren Zeitpunkt, das Vorgehen Ihres Skriptes zu verstehen. Bei den in diesem Kapitel verwendeten, eher kleineren Beispielen mag die Notwendigkeit noch nicht einsichtig sein. Aber wenn Ihre Skripten an Komplexität und an Umfang zunehmen, werden Sie Kommentare bei der Fehlersuche nicht mehr missen wollen.

TIPP

Arbeiten Sie an einem umfangreicheren Skript, das Sie nach und nach mit neuen Zeilen ergänzen, kann es zu Testzwecken manchmal nützlich sein, einige Zeilen nicht auszuführen. Wenn Sie solche Zeilen vorübergehend als Kommentar markieren, müssen Sie sie nicht aus dem Skript selbst löschen.

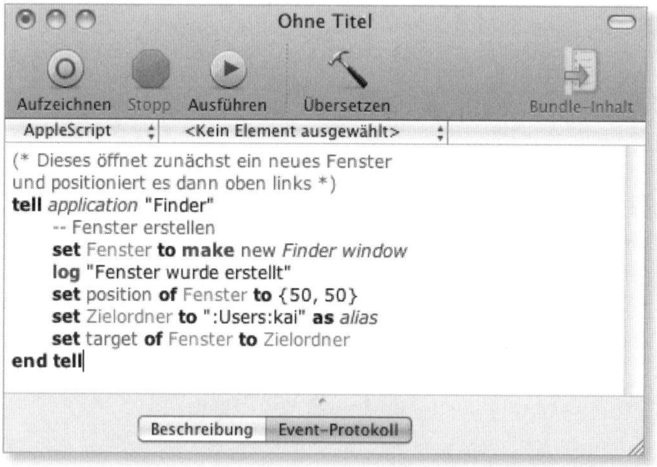

▲ **Abbildung 24.15**
Kommentare helfen beim Verständnis der Funktionsweise.

In AppleScript können Sie einzeilige und mehrzeilige Kommentare verwenden. Einen Kommentar über mehrere Zeilen leiten Sie mit (* ein. Der nachfolgende Text wird von AppleScript als Kommentar erkannt und bei der Ausführung des Skriptes nicht beachtet. Einen solchen Kommentar beenden Sie mit den Zeichen *).

Bei einem kurzen Kommentar, der nur eine Zeile in Anspruch nimmt, können Sie die Zeile mit zwei Minus-Zeichen einleiten. Kommentare werden im Editor grau dargestellt und sind so leicht vom regulären Quellcode zu unterscheiden.

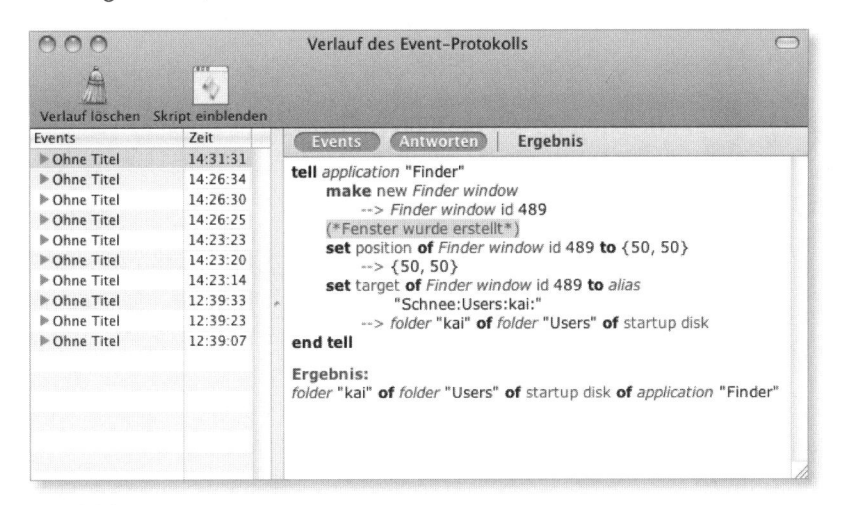

▲ **Abbildung 24.16**
Der Befehl log schreibt einen Kommentar in das Event-Protokoll.

Protokoll mit log | Der Befehl log kann Ihnen bei der Verfolgung des Ablaufs Ihres Skriptes helfen. Sie können ihm in Anführungszeichen einen Text anfügen, der dann im EVENT-PROTOKOLL erscheint. Auch hier mag sich der Nutzen bei kleinen Skripten nicht erschließen, ist Ihr Skript allerdings umfangreicher geworden und haben Sie es in Funktionen unterteilt, dann sind die über log erzeugten Nachrichten ein nützliches Mittel zur Analyse von Fehlern.

24.5.1 Programme mit tell ansprechen

Einem Programm über AppleScript Anweisungen erteilen können Sie mithilfe des bereits erwähnten `tell`-Befehls. Diesem übergeben Sie in Anführungszeichen den Namen des Programms, das Sie steuern möchten. Beachten Sie bei der Angabe des Namens, dass dessen Schreibweise exakt der im Finder angezeigten entsprechen muss. Andernfalls erscheint ein Dialog, in dem Sie das Programm vorgeben müssen. Mit der Anweisung `tell application "Finder" to activate` würde der Finder in den Vordergrund wechseln

Pfadangabe

Sie können anstelle des Namens auch einen vollständigen Pfad zu dem Programm-Bundle angeben. So würden Sie mit `tell application "/Applications/Photo.app"` das im Ordner PROGRAMME gesicherte Programm direkt ansprechen. Die Pfadangabe kann nützlich sein, wenn Sie ein Programm in verschiedenen Versionen mehrfach installiert haben.

Blöcke | Die Arbeit mit einem Konstrukt in der Form `tell application "Name" to activate` ist akzeptabel, wenn lediglich ein Befehl an das Programm geschickt werden soll. Möchten Sie dem Finder mehrere Anweisungen hintereinander übergeben, bietet sich die Verwendung eines `tell`-Blocks an. Diesen leiten Sie mit der Anweisung `tell application "Finder"` ein, wobei `to` hier nicht angegeben wird. Die nachfolgenden Zeilen werden von AppleScript alle an den Finder gerichtet. Um einen solchen Block – die Zeilen werden zur besseren Übersicht eingerückt – abzuschließen, geben Sie die Anweisung `end tell` rein.

Ignorieren und Zeitüberschreitung | Es gibt einige Sonderfälle, in denen es gewünscht sein kann, die Ergebnisse eines Befehls zu ignorieren oder aber ein Programm vorzeitig abzubrechen. Mit einem Block, der mit `ignoring application responses` eingeleitet und mit `end ignoring` beendet wird, werden die dazwischenstehenden Anweisungen ausgeführt. Das Skript wartet hierbei nicht auf die Ergebnisse der Befehle. So können Sie im Hintergrund Aktionen, die Zeit, aber keine Aufmerksamkeit benötigen, effizient durchführen.

In einem AppleScript können Sie auch einen Zeitrahmen vorgeben, innerhalb dessen die Befehle ausgeführt werden müssen. Dies kann zum Beispiel bei der Aktivierung eines Servers geboten sein. Sie würden so verhindern, dass eine zu langsame Netzwerkverbindung das gesamte Skript blockieren kann. Dies können Sie erreichen, indem Sie einen Block mit `with timeout of 60 seconds` beginnen und mit `end timeout` abschließen. Mit dem Skript

```
with timeout of 60 seconds
tell application "Finder"
mount volume "smb://192.168.0.4/Dosendateien"
end tell
end timeout
```

hätte der Finder exakt eine Minute Zeit, die Freigabe auf dem Windows-Rechner zu aktivieren, andernfalls würde das Skript abgebrochen. Umgekehrt können Sie durch die Angabe von `with timeout of` auch die Laufzeit eines Skripts verlängern. Dies kann dann notwendig sein, wenn eine Aufgabe viel Zeit in Anspruch nimmt und das Skript vor Abschluss der Arbeiten vom System abgebrochen wird.

Programme starten und beenden | Ein Programm starten können Sie mit dem Befehl `launch`. In den Vordergrund bringen Sie es mit dem Befehl `activate`. Dieser startet das Programm, falls es noch nicht aktiv sein sollte. Mit `quit` können Sie ein Programm über AppleScript beenden.

> **TIPP**
> Sie können sich ein paar Eingaben sparen, indem Sie im Skripteditor anstelle von `application` einfach nur `app` eingeben. Die Eingabe wird dann vom Editor vervollständigt.

> **HINWEIS**
> Beachten Sie, dass Sie die Anweisung `ignoring` innerhalb eines `tell`-Blocks einfügen müssen.

> **TIPP**
> Mit der Anweisung `tell application "Finder" to quit` würden Sie den Finder beenden.

24.5.2 Interaktion mit dem Anwender

Ihre Skripten werden flexibler und nützlicher, wenn Sie dem Anwender die Möglichkeiten zur Eingabe und zur Entscheidung geben. Zur Kommunikation mit dem Anwender bietet Ihnen AppleScript einige Funktionen, die über die Sprachausgabe mit `say` hinausgehen.

display alert | Die erste Möglichkeit, mit dem Anwender zu kommunizieren, besteht in der Ausgabe einer Warnung oder Fehlermeldung.

Der Befehl `display alert` zeigt eine Meldung an, deren Erscheinungsbild Sie mit ein paar Optionen steuern können. Zunächst können Sie die Überschrift in Anführungszeichen direkt nach dem Befehl angeben. Über die Option `message`, wiederum gefolgt von einer Zeichenkette, geben Sie den eigentlichen Text der Warnung vor.

Die Angabe `buttons` gefolgt von einer Liste ermöglicht es Ihnen, mehrere Schaltflächen in dem Dialog zu definieren. So wurde dem Dialog in Abbildung 24.17 noch eine dritte Schaltfläche hinzugefügt. Da solche Dialoge in Mac OS X auch mit einem Druck auf die Taste (esc) abgebrochen werden können, wurde die Schaltfläche ABBRECHEN mit der Anweisung `cancel button "Abbrechen"` explizit als Schaltfläche für den Abbruch deklariert. Der Zusatz `as warning` sorgt für die Verwendung des gelben Dreiecks im Dialog.

Warnton mit beep
Den eingestellten Warnton können Sie mit dem Befehl `beep` erklingen lassen.

Aufgeben
Mit der Angabe `giving up after` gefolgt von der Anzahl der Sekunden wird die Warnmeldung nach der Wartezeit automatisch abgebrochen.

◄ **Abbildung 24.17**
Die Warnmeldung wurde mit drei Schaltflächen und einem Icon versehen.

◄ **Abbildung 24.18**
Einer Warnmeldung können verschiedene Parameter übergeben werden.

button returned | Der Befehl `display alert` gibt einen Datensatz mit einem Eintrag `button returned` zurück. Um nun an die Entscheidung des Anwenders zu gelangen, müssen Sie den Wert dieses Eintrags auslesen.

Sie könnten natürlich zunächst eine eigene Variable (zum Beispiel Rückgabe) für diesen Datensatz erstellen und dann in einer zweiten Zeile den Wert des Eintrags `button returned` des

Befehle einklammern
Wenn Sie Befehle in Klammern angeben, werden diese zuerst ausgeführt. In diesem Beispiel wird also erst der Dialog angezeigt und dann der Wert über `button returned` ausgelesen. Mit dieser Schreibweise können Sie Ihr Skript kompakter fassen, sollten aber immer auf die Lesbarkeit achten.

Datensatzes `Rückgabe` auslesen und in einer zweiten Variable sichern. Einfacher ist es jedoch, die gesamte `display alert`-Anweisung in Klammern anzugeben. Mit der Zeile

`set` Entscheidung `to` button returned `of` (display alert "Obacht" message "Hier ist etwas Unvorhergesehenes passiert" buttons {"Abbrechen", "Hä?", "OK"})

wird in der Variable `Rückgabe` lediglich der Text der angeklickten Schaltfläche gespeichert.

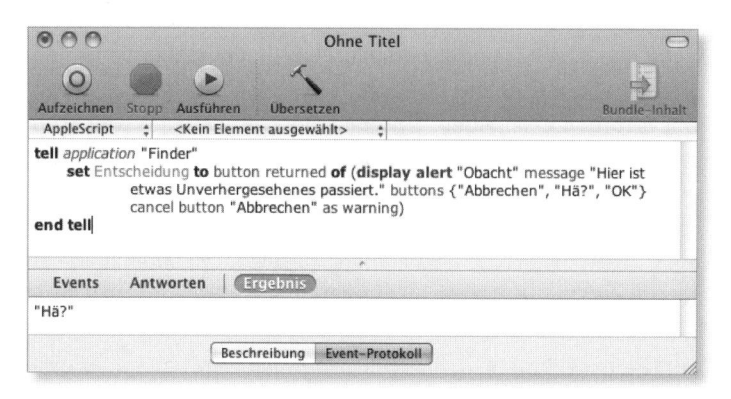

Abbildung 24.19 ▶
Die Verwendung von Klammern ermöglicht den direkten Zugriff auf den zurückgegebenen Wert.

Icon vorgeben
Durch die Angabe von `with icon` gefolgt von `stop`, `note` oder `caution` können Sie dem Dialog eines von drei Icons vorgeben.

display dialog | Während `display alert` lediglich Schaltflächen zur Auswahl stellt, ist der Befehl `display dialog` in der Lage, auch Text entgegenzunehmen. Zunächst können Sie `display dialog` direkt im Anschluss einen Text vorgeben, der als Nachricht im Dialog angezeigt wird. Über das Schlüsselwort `buttons` gefolgt von einer Liste geben Sie die Schaltflächen vor, die in dem Dialog erscheinen sollen. Der Dialog aus Abbildung 24.20 würde durch den Befehl `display dialog "Dies ist ein Dialog" buttons {"Nummer 1", "Nummer 2", "Nummer 3",}` erzeugt.

Abbildung 24.20 ▶
Mit `display dialog` werden drei Schaltflächen zur Auswahl gestellt.

Text eingeben | Dem Anwender ermöglichen Sie die Eingabe eines Textes, indem Sie die Anweisung `default answer` verwenden. Dieser muss in Anführungszeichen der Text übergeben werden, der im Eingabefeld zuerst erscheinen soll. Geben Sie zwei Anführungszeichen hintereinander ein, dann ist das Textfeld zunächst leer. Die Dialog in Abbildung 24.21 wurde mit der Anweisung `display dialog "Bitte Text eingeben" buttons {"Abbrechen", "OK"} default answer ""` erzeugt.

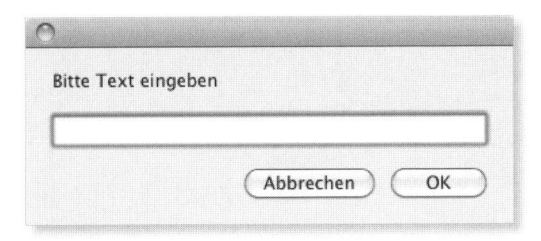

▲ **Abbildung 24.21**
Mit der Option `default answer` kann ein Text eingegeben werden.

text returned | Die Entscheidungen des Anwenders umfassen bei diesem Dialog sowohl den eingegebenen Text, der über den Eintrag `text returned` angesprochen werden kann, wie auch die angeklickte Schaltfläche, die wie gehabt über `button returned` angesprochen wird. Eine Variable, die den vom Benutzer eingegebenen Text als Wert enthält, können Sie mit einer Zeile `set Eingabe to text returned of (display dialog "Bitte Text eingeben" buttons {"Abbrechen", "OK"} default answer "")` erreichen.

hidden answer
Die Anzeige des eingegebenen Textes können sie durch die zusätzliche Angabe von `hidden answer true` unterbinden. In diesem Fall erscheinen im Textfeld nur schwarze Punkte, wie auch bei der Eingabe eines Passwortes.

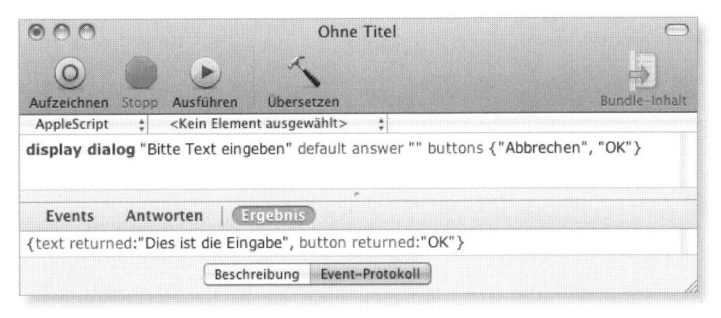

▲ **Abbildung 24.22**
Der Dialog liefert in einem Datensatz zwei Werte zurück.

choose... | Für die Auswahl von Dateien, Ordnern, Listenelementen und Dateinamen stellt Ihnen AppleScript passende Befehle zur Verfügung. Mit der Anweisung `choose file` geben Sie dem Anwender die Möglichkeit, eine Datei auszuwählen. Die Zeile `set Datei to choose file` ruft den bekannten Dialog zur Auswahl einer Datei auf. Die Variable `Datei` enthält anschließend die ausgewählte Datei in Form eines Alias. Mit dem Zusatz `with invisibles` werden auch die im Finder sonst unsichtbaren Dateien zur Auswahl gestellt.

choose url
Der Befehl `choose url` zur Auswahl eines Servers wird Ihnen in Abschnitt 24.6 vorgestellt.

▲ **Abbildung 24.23**
Mit der Anweisung `choose file` können eine oder mehrere Dateien ausgewählt werden.

Text anzeigen
Allen Dialogen können Sie durch die Angabe von `with prompt` gefolgt von einem Text in Anführungszeichen eine kurze Beschreibung hinzufügen.

Möchten Sie den Anwender mehrere Dateien gleichzeitig auswählen lassen, ergänzen Sie die Zeile um die Anweisung `multiple selections allowed true`. Bei gedrückter ⌘-Taste kann er nun mehrere Dateien auswählen. Als Resultat erhalten Sie eine Liste mit Alias-Objekten.

Ordner auswählen | Einen Ordner können Sie mit dem Befehl `choose folder` vom Anwender auswählen lassen.

Aus Liste auswählen | Neben Ordnern und Dateien können Sie auch die Elemente einer bereits vorhandenen Liste zur Auswahl stellen. Diese Funktion ist dann sinnvoll, wenn Sie dem Anwender beispielsweise bei dem Export eines Albums aus iPhoto die Möglichkeit geben möchten, aus den bereits vorhandenen Alben auszuwählen. Die Auswahl erfolgt mit dem Befehl `choose from list`, gefolgt vom Namen einer bereits existierenden Liste.

Beachten Sie hierbei, dass Ihnen der Befehl keinen Text, sondern eine Liste zurückgibt. Mit den Zeilen

▲ **Abbildung 24.24**
Die Elemente der Liste stehen zur Auswahl.

```
set Gesamt to {"Erster Eintrag", "Zweiter Eintrag", "Dritter Eintrag"}
set Auswahl to choose from list Gesamt OK button name "Auswählen" with title "Bitte Auswählen" with prompt "Vorhandene Elemente"
```

könnte der Wert der Variablen Auswahl beispielsweise {"Erster Eintrag"} lauten. Ergänzen Sie das Skript um die Zeile set nurText to first item in Auswahl, dann würde das erste und in diesem Fall einzige Element in der Liste Auswahl über die Variable nurText zur Verfügung stehen. Diese enthält dann lediglich die Zeichenkette.

prompt und title
Wie auch bei den anderen Dialogen können Sie mit den Angaben with prompt und with title eine Erläuterung und eine Überschrift hinzufügen.

24.5.3 Bedingungen vorgeben

Die Möglichkeit, Werte von Variablen abzufragen und das Verhalten des Skriptes davon abhängig zu steuern, ist der entscheidende Unterschied zwischen AppleScript und dem Automator.

Mit der Anweisung if können Sie eine Bedingung vorgeben, die erfüllt werden muss, um die nachfolgenden Anweisungen auszuführen. Eine Bedingung wäre zum Beispiel notwendig, wenn Sie prüfen, ob ein Ordner bereits existiert, und sofern dies nicht der Fall ist, diesen kurzerhand erstellen.

Die einfachste Möglichkeit ist eine Abfrage mittels if in einer Zeile. Die Zeile

```
if application "iPhoto" is running then tell application "iPhoto" to quit
```

würde zunächst prüfen, ob das Programm iPhoto aktiv ist. Wenn dies der Fall ist, wäre die Bedingung is running wahr. Sie entspräche also dem Wert true. In diesem Fall wird der mit then eingeleitete Befehl ausgeführt und das Programm beendet. Wäre iPhoto nicht aktiv, dann geschähe nichts.

if... then... else | Wie bei tell können Sie auch bei einer Überprüfung mittels if die auszuführenden Befehle in einem Block zusammenfassen. Einen solchen Block beginnen Sie mit dem Kriterium, das erfüllt sein muss. In dem Skript

```
set Person to button returned of (display dialog "Person auswählen" buttons {"Hans", "Martin"})
if Person is "Martin" then
display dialog "Hallo Martin"
end if
```

würden dem Anwender erst zwei Namen in einem Dialog zur Auswahl gestellt und diese in der Variablen Person gespeichert. Der Wert dieser Variablen wird dann mit is "Martin" überprüft. Wenn der Anwender MARTIN angeklickt hat, werden die Zeilen zwischen if und end if ausgeführt.

else

Die mit else ohne weitere Bedingungen angegebenen Befehle werden in dem Fall ausgeführt, in dem alle vorher durchgeführten Abfragen sich als falsch herausgestellt haben.

Das Schlüsselwort else ermöglicht es Ihnen, in einem Durchgang mehrere Überprüfungen vorzunehmen. Es gibt eine Reihe von Szenarien, in denen diese Vorgehensweise angebracht ist, etwa wenn Sie mit Dateien verschiedener Typen unterschiedlich verfahren möchten. In dem Beispiel

```
set Person to button returned of (display dialog
"Person auswählen" buttons {"Hans", "Martin",
"Niemand", "Nemo"})
if Person is "Martin" then
display dialog "Hallo Martin"
else if Person is "Hans" then
display dialog "Hallo Hans"
else
display dialog "Niemand da?"
end if
```

würde zuerst geprüft, ob der Anwender auf MARTIN geklickt hat. Wenn dies nicht der Fall ist, wird überprüft, ob auf HANS geklickt wurde. In einem anderen Fall, gleich ob Niemand oder Nemo ausgewählt wurde, erscheint der dritte Dialog.

Während die Bedingung is lediglich auf eine vollständige Übereinstimmung hin prüft, verfügt AppleScript über eine Reihe weiterer Operatoren, mit denen Sie Bedingungen sowohl für Zahlen als auch für Listen und Zeichenketten definieren können.

=	Die Werte sind gleich. Alternativ: is
≠	Die Werte sind nicht gleich. Alternativ: is not
<	Kleiner als der zweite Operand
>	Größer als der zweite Operand
≤	Kleiner als oder gleich wie der zweite Operand
≥	Größer als oder gleich wie der zweite Operand

▲ **Tabelle 24.2**
Operatoren für Vergleiche

Neben den Operatoren für Vergleiche, die bevorzugt bei Zahlen (if Zahl1 ≤ Zahl2 then) verwendet werden, gibt es noch vier Operatoren, die Sie bei Listen und Zeichenketten verwenden können. Dies ermöglicht es Ihnen, die Inhalte einer Liste auf einen Bestandteil hin zu überprüfen.

contains / is in	Prüft, ob die Zeichenkette in einer String-Variablen (contains) oder das Element in einer Liste (is in) enthalten ist.
contains not / is not in	Ist wahr, wenn die Zeichenkette nicht in einer String-Variablen (contains not) oder das Element nicht in einer Liste (is not in) enthalten ist.
begins with	Prüft den Beginn einer Zeichenkette oder einer Liste.
ends with	Prüft das Ende einer Zeichenkette oder einer Liste.

◄ **Tabelle 24.3**
Operatoren für Inhalte

Die Prüfung des ersten und letzten Elements beziehungsweise des Inhalts kann in vielen Situationen sinnvoll sein. So ist es bei einem Dateinamen oft nicht erwünscht, wenn dieser mit einem Punkt beginnt. In dem Beispiel

```
set Dateiname to text returned of (display dialog
"Name vergeben" default answer "")
if Dateiname begins with "." then
display dialog "Die Datei wird im Finder nicht sicht-
bar sein!"
else if Dateiname contains ":" then
display dialog "Doppelpunkte sind unzulässig!"
else
display dialog "Die Datei wird im Finder sichtbar
sein!"
end if
```

würde die `if`-Bedingung zunächst den Beginn von `Dateiname` auf einen Punkt hinüberprüfen. Sofern dies nicht der Fall ist, prüft das Skript, ob der Anwender einen Doppelpunkt für diesen Dateinamen angegeben hat, und weist ihn dann darauf hin, dass diese in einem Dateinamen unzulässig sind. Wenn der Dateiname weder mit einem Punkt beginnt noch einen Doppelpunkt enthält, wird der dritte Dialog angezeigt.

24.5.4 Schleifen formulieren

Schleifen haben in Programmiersprachen die Aufgabe, Befehle mehrfach hintereinander auszuführen. Dies kann notwendig sein, wenn Sie eine Befehlsfolge mehrfach wiederholen und so mehrere durchnummerierte Ordner in einem Durchgang erzeugen möchten. Oder Sie wollen die Elemente einer Liste, die bei-

Vorgegebene Anzahl
Eine etwas einfachere Verwendung von **repeat** besteht in der Vorgabe der Durchläufe mittels **times**. Würden Sie die Schleife mit **repeat** 5 **times** einleiten, würde sie fünfmal ausgeführt. Indes hätten Sie keine Möglichkeit, auf den aktuellen Durchgang mittels einer Variablen zuzugreifen.

Rückwärts zählen
Es ist in AppleScript auch möglich, in einer Schleife rückwärts zu zählen. Mit **repeat with** Durchlauf **from** 1 **to** 500 **by** -1 würde sich das Fenster von rechts nach links bewegen.

Schrittgröße
Sie können die Angabe von by auch nutzen, um die Zählung zu verändern. Mit **repeat with** Durchlauf **from** 1 **to** 500 by 2 würde der Wert von Durchlauf bei jeder Wiederholung um 2 erhöht. Die Schleife würde so nur 250 Mal abgearbeitet.

spielsweise mehrere Dateien enthält, nacheinander abarbeiten. Eine Schleife wird in AppleScript mit dem Befehl **repeat** erzeugt. Auch hier werden die Befehle in Blöcken angegeben.

Schleifen mehrfach durchlaufen | Leiten Sie mit repeat eine Schleife ein, dann können Sie diese so konstruieren, dass Sie auf die aktuelle Wiederholung in Form einer Variablen Zugriff haben. Geben Sie hierzu das Schlüsselwort **with** an, gefolgt vom Namen der Variablen, die die aktuelle Wiederholung speichern soll. Ferner geben Sie mit **from** und **to** vor, von welcher Zahl ausgehend zur letzten gezählt werden soll. Das klingt zunächst sehr abstrakt. Das nachfolgende Beispiel mag nutzlos sein, illustriert aber sehr eindrucksvoll, welche Bewandtnis es mit einer Schleife auf sich hat.

```
tell application "Finder"
activate
set Fenster to make new Finder window
repeat with Durchlauf from 1 to 500
set position of Fenster to {Durchlauf, 50}
end repeat
end tell
```

Wenn Sie dieses Skript ausführen, wechselt der Finder zunächst in den Vordergrund und öffnet ein neues Fenster, das über die gleichnamige Variable angesprochen wird. Dieses schwebt ohne Ihr Zutun von links nach rechts über den Bildschirm.

Der Grund besteht in der **repeat**-Schleife. Die aktuelle Wiederholung wird in der Variablen Durchlauf gespeichert. Ihr Wert beginnt bei 1 (**from** 1) und wird dann bis 500 (**to** 500) hochgezählt. Innerhalb der repeat-Schleife wird diese Variable verwendet, um die X-Koordinate {Durchlauf, 50} der position des Fensters anzugeben. Die X-Koordinate beginnt also bei 1 und endet bei 500 analog zur aktuellen Wiederholung der Schleife.

Schleifen und Listen | Sie können eine **repeat**-Schleife auch nutzen, um die Elemente in einer Liste nacheinander abzuarbeiten. Bei Listen tritt das Problem auf, dass Sie bei der Entwicklung Ihres Skriptes manchmal nicht wissen können, wie viele Elemente die Liste enthält. So kann sich die Anzahl der in einem Ordner enthaltenen Dateien ändern. Hier würde die Angabe einer Zahl keinen Sinn machen.

Die einfachste Möglichkeit, die Elemente einer Liste abzuarbeiten, besteht in der Angabe repeat with Variable in

Liste. Der Wert von Variable würde nacheinander dem jeweiligen Element in der Liste entsprechen, wobei die Schleife so oft ausgeführt wird, wie die Liste über Elemente verfügt. Ein Beispiel:

```
set Personen to {"Hans", "Martin", "Theo"}
repeat with Person in Personen
display dialog "Hallo " & Person
end repeat
```

Hier würde zuerst eine Liste mit drei Personen erstellt. In der repeat-Schleife wird das aktuelle Element in der Variablen Person gespeichert und die Schleife dann so oft durchlaufen, wie die Liste über Einträge verfügt. Mittels display dialog würden nacheinander alle drei Personen angesprochen.

Um die Einträge einer Liste nacheinander abzuarbeiten, dieses Verfahren wird auch Iteration genannt, mag diese Form ausreichen. In einigen Skripten werden Sie aber neben einzelnen Elementen auch die Zahl der Wiederholungen benötigen. In diesem Fall können Sie mit der Anweisung count items die Elemente einer Liste zählen und die Elemente dann direkt ansprechen. Das vorige Beispiel hätte nun folgenden Aufbau:

repeat while
Mithilfe des Schlüsselwortes while gefolgt von einer Bedingung können Sie veranlassen, dass die Schleife so lange durchlaufen wird, wie der Wert der Variablen dem Kriterium entspricht. Mit **repeat while** Variable **is** "Wert" wird die Schleife so lange wiederholt, bis der Wert geändert wird. Dies könnte zum Beispiel mit **set** Variable **to** "Neuer_Wert" erfolgen.

```
set Personen to {"Hans", "Martin", "Theo"}
repeat with Durchlauf from 1 to (count items in Personen)
display dialog "Hallo " & item Durchlauf in Personen
end repeat
```

Hierbei würde die Variable Durchlauf wieder die Wiederholung als Zahl enthalten. Die in Klammern angegebene Anweisung count items in Personen zählt die Elemente in der Liste. Da die Anweisung in Klammern steht, wird sie in dieser Zeile als Erstes ausgeführt. Die eigentliche repeat-Schleife würde **repeat with** Durchlauf **from** 1 **to** 3 lauten. Die Variable Durchlauf wird dann verwendet, um über item das erste, das zweite und schließlich das dritte Element der Liste Personen auszulesen.

repeat until
Mit repeat until würde die Schleife so oft ausgeführt, bis der Wert der Variablen der Vorgabe entspricht.

24.5.5 Fehler abfangen und produzieren
Möglicherweise gibt es bestimmte Situationen, etwa bei einem nicht erreichbaren Server oder dergleichen, in denen Sie Ihr Skript in jedem Fall abbrechen möchten. Einen mutwilligen Fehler erzeugen Sie mit dem Befehl error, dem Sie in Anführungszeichen eine Fehlermeldung mitgeben können.

▲ **Abbildung 24.25**
Eine Fehlermeldung kann mit error erzeugt werden.

Fehler abfangen | Weitaus häufiger gibt es jedoch Situationen, in denen Sie einen Fehler abfangen und das Skript dennoch fortsetzen möchten. Dies können Sie erreichen, indem Sie die kritischen Befehle mit `try` und `end try` in einem Block zusammenfassen. Die dazwischenstehenden Befehle würde AppleScript versuchen auszuführen, im Falle eines Fehlers jedoch mit dem Skript ohne Fehlermeldung fortfahren.

Wenn bei einem Fehler andere Befehle ausgeführt werden sollen, können Sie den Block mit der Anweisung `on error` erweitern. In diesem Fall würden die nach `on error` folgenden Zeilen bei einem Fehler ausgeführt. In dem Skript

```
tell application "Finder"
try
empty trash
on error
display dialog "Papierkorb konnte nicht geleert werden!"
end try
end tell
```

würde der Finder zunächst versuchen, den Papierkorb zu leeren. Sollte dies nicht möglich sein, erhielten Sie eine Meldung, die jedoch durch das Skript veranlasst würde.

24.6 Praxis: Mit Dateien arbeiten

Die bisherigen Beispiele waren eher praxisfern und hatten die Aufgabe, Ihnen die Funktionsweise der einzelnen Befehle nahezubringen. Mit zwei umfangreicheren Beispielen werden die Fähigkeiten und Vorzüge von AppleScript deutlich.

24.6.1 Ordner mit Servern abgleichen

Das erste Beispiel hat die Aufgabe, Dateien eines Ordners auf einen Server zu kopieren. Das Skript soll folgende Funktionen bieten:

- Der Anwender kann den Ordner und den Server auswählen.
- Es wird geprüft, ob auf dem Server schon ein gleichnamiger Ordner existiert.
- Wenn der Ordner nicht existiert, dann wird er erstellt.
- Auf den Server werden die Dateien des lokalen Ordners kopiert, wobei bereits existierende Dateien auf dem Server überschrieben werden.

- Die Verbindung zum Server wird nach dem Kopiervorgang beendet.

Eine Schwierigkeit bei diesem Skript liegt darin, dass hier mehrfach zwischen verschiedenen Typen von Variablen gewechselt werden muss. Die eigentliche Hürde besteht in der Integration der Erweiterung SYSTEM EVENTS, die für das Auslesen des Ordnerinhalts zuständig ist.

Ordner auswählen | Die Auswahl des zu kopierenden Ordners erfolgt mit dem bereits bekannten Befehl `choose folder`.

Server auswählen | Die Auswahl des Servers, auf den die Dateien des lokalen Ordners kopiert werden sollen, erfolgt mit dem Befehl `choose URL`. Dieser stellt die im Netzwerk gefundenen Server in einer Liste dar. Wählt der Anwender einen Server aus, wird der URL des Servers in Variablen gespeichert. Es ist auch möglich, den URL eines Servers direkt einzugeben.

Um den so ausgewählten Server im Finder zu aktivieren, wird der Befehl `mount volume` zusammen mit dem ermittelten URL aufgerufen. Der somit eingebundene Server wird in einer Variablen gespeichert, die jedoch zunächst vom Type `file` ist. Sie wird in einer weiteren Zeile dann in ein Alias umgewandelt.

Der Beginn des Skripts hat folgenden Aufbau:

```
tell application "Finder"
set Quellordner to choose folder
set Adresse to choose URL showing File servers
set Zielserver to mount volume Adresse
set Zielserver to Zielserver as alias
```

▲ **Listing 24.1**
Ordner mit Server abgleichen.scpt (Beginn)

Die Verbindung zum Server wurde hergestellt, und er kann im Skript über die Variable `Zielserver` angesprochen werden.

Ordner erstellen | Der nächste Schritt besteht darin, den Ordner auf dem Server zu erstellen, sofern er noch nicht existiert. Dies geschieht mit folgenden Zeilen:

```
set Ordnername to name of Quellordner
set Zielordner to (Zielserver as string) & Ordnername
if exists Zielordner then
set Zielordner to Zielordner as alias
```

choose URL
Bei dem Befehl `choose URL` können Sie die Anzeige auf bestimmte Server beschränken. Mit `showing File servers` werden nur die Dateiserver (AFP, SMB und NFS) im lokalen Netzwerk angezeigt, über Bonjour kommunizierte Webserver stehen nicht zur Auswahl.

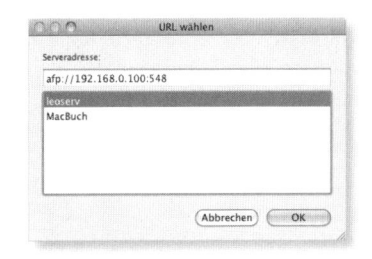

▲ **Abbildung 24.26**
Der Befehl `choose URL` stellt die im Netzwerk gefundenen Server zur Auswahl.

with properties
Bei vielen Objekten können Sie bei der Erstellung über die Angabe `with properties` auch gleich die Eigenschaften in Form eines Datensatzes definieren. Der erstellte Ordner wurde gleich über die Eigenschaft `name: Ordnername` umbenannt.

```
else
    set Zielordner to make new folder at Zielserver with properties {name: Ordnername}
end if
```

▲ **Listing 24.2**
Ordner mit Server abgleichen.scpt (Fortsetzung)

Es existiert nun auf dem Zielserver in jedem Fall ein Ordner mit dem gleichen Namen wie der vom Anwender ausgewählte lokale Ordner. Die Zusammensetzung der Variablen `Zielordner` im zweiten Schritt erfolgt bewusst als Zeichenkette und nicht als Alias. Zu diesem Zeitpunkt ist nicht sichergestellt, dass der Ordner auch wirklich existiert. Die Existenz des referenzierten Objektes jedoch ist Bedingung für die Erstellung eines Objekts vom Typ Alias.

System Events
Die Arbeit mit den in der DISK-FOLDER-FILE-SUITE verfügbaren Informationen erleichtert den Umgang mit Dateien und Ordnern ungemein. Sie könnten mit `set Elemente to path of items of Quellordner` die Pfadangaben aller Elemente unabhängig vom Typ ermitteln. Der Aufruf `set Ordner to name of folders of Quellordner` liest die Namen aller Ordner aus.

Inhalt des Ordners auslesen | Es existieren nun der Ausgangs- und der Zielordner. Jetzt sollen die Dateien aus dem vom Anwender ausgewählten Ordner ermittelt werden. Hier ergibt sich zunächst das Problem, dass der Finder nicht in der Lage ist, eine Liste aller in einem Ordner enthaltenen Dateien auszugeben. Dies wird seit Mac OS X 10.5 von der Erweiterung SYSTEM EVENTS übernommen, die indes wie ein Programm angesprochen werden muss.

Die Anweisung an das Programm SYSTEM EVENTS wird hier innerhalb eines eigenen `tell`-Blocks vorgenommen. Die Anweisung lautet:

```
tell application "System Events"
    set Dateien to path of files of Quellordner
end tell
```

▲ **Listing 24.3**
Ordner mit Server abgleichen.scpt (Fortsetzung)

In der Liste `Dateien`, die auch außerhalb dieses `tell`-Blocks verfügbar ist, finden Sie nun die absoluten Pfade aller Dateien, die in dem `Quellordner` enthalten sind. Verzeichnisse werden hier ausgeschlossen. Diese Liste kann nun mit einer `repeat`-Schleife durchlaufen und dabei können die Dateien kopiert werden.

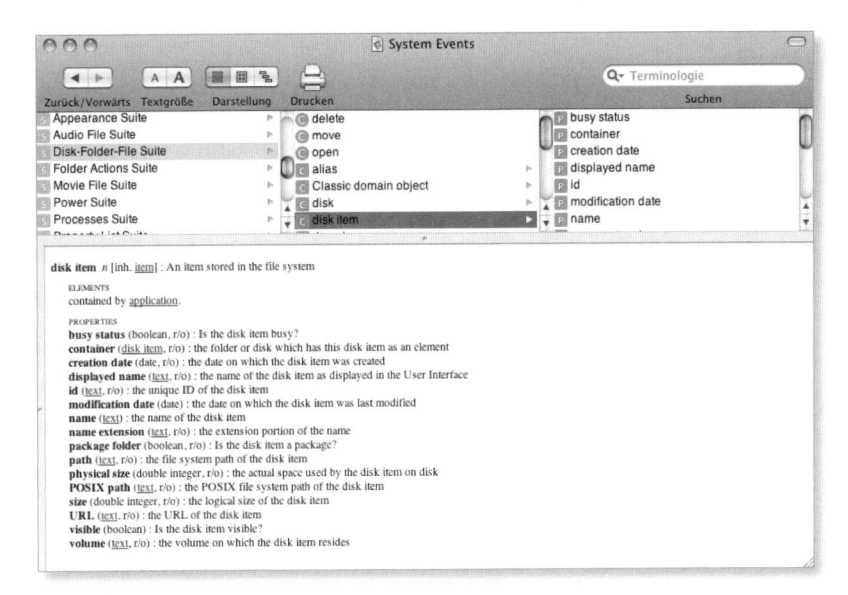

▲ **Abbildung 24.27**
Die »Disk-Folder-File Suite« der »System Events« ermöglicht die Arbeit mit Objekten im Dateisystem.

Bei dem mit dem Befehl `duplicate` durchzuführenden Kopiervorgang kann ein Problem auftreten, das schlichtweg nicht einsichtig ist. Es handelt sich um unsichtbare Dateien, deren Name mit einem Punkt beginnt. Diese können bei dem Kopiervorgang zu einer nichtssagenden Fehlermeldung führen. Dementsprechend sollen Dateien, deren Name mit einem Punkt beginnt, nicht kopiert werden. Hierzu muss innerhalb der `repeat`-Schleife der Name einer Datei in Erfahrung gebracht werden. Auch hier werden die Fähigkeiten des Programms SYSTEM EVENTS genutzt. Die Schleife hat folgenden Aufbau:

```
repeat with Durchlauf from 1 to (count items in Dateien)
    tell application "System Events"
        set Dateiname to name of file (item Durchlauf in Dateien)
    end tell
    if Dateiname begins with "." then
        -- Hier passiert nichts
    else
        duplicate item Durchlauf in Dateien to Zielordner with replacing
    end if
end repeat
```

▲ **Abbildung 24.28**
Es wurden nur die Pfade der Ordner ausgelesen, Dateien wurden nicht berücksichtigt.

◀ **Listing 24.4**
Ordner mit Server abgleichen.scpt (Fortsetzung)

24.6 Praxis: Mit Dateien arbeiten | **729**

> **WARNUNG**
> Die Angabe `with replacing` überschreibt schon vorhandene Dateien im Zielordner ohne Rückfrage!

Zunächst wird eine Schleife begonnen, deren Wiederholungen durch die Anzahl der Einträge in der Liste `Dateien` bestimmt werden. Im zweiten Schritt wird das Programm SYSTEM EVENTS angewiesen, den Dateinamen des aktuellen Eintrags auszulesen und in der Variablen `Dateiname` zu speichern. Darauf folgt eine Abfrage, ob der Dateiname mit einem Punkt beginnt. Wenn dies der Fall ist, dann geschieht nichts. Andernfalls wird die Datei mit der Anweisung `duplicate` an den Finder in den `Zielordner` kopiert.

Server trennen | Ein Server wird im Finder wie ein Wechselmedium mittels `eject` ausgeworfen. Indes reagiert `eject` auf den Namen des auszuwerfenden Mediums, und der Name der Freigabe steht im Skript noch nicht als Variable zur Verfügung. Dies kann aber durch eine Angabe in Klammern geschehen, und mit `eject (name of Zielserver)` würde in Klammern der Name der Freigabe ermittelt und an `eject` zum Auswurf oder in diesem Fall zur Trennung übergeben. Die letzten zwei Zeilen des Skripts lauten dementsprechend

```
eject (name of Zielserver)
end tell
```

▲ **Listing 24.5**
Ordner mit Server abgleichen.scpt (Schluss)

Die Anweisung **end tell** ist notwendig, da ganz zu Beginn des Skripts ein **tell**-Block, der sich an den Finder richtet, begonnen wurde.

24.6.2 Bilder aus iPhoto exportieren

Das zweite Beispiel hat die Aufgabe, die in iPhoto ausgewählten Bilder zu exportieren. Dabei prüft das Skript zunächst, ob überhaupt Bilder selektiert wurden. Wenn dies der Fall ist, werden die Bilddateien in einen vom Anwender auszuwählenden Ordner kopiert. Der Vorteil des Skriptes gegenüber der Funktion ABLAGE • EXPORTIEREN besteht darin, dass gleich die ursprüngliche Bilddatei exportiert wird und ein Dialog umgangen werden kann.

▲ **Abbildung 24.29**
Wenn keine Bilder ausgewählt wurden, wird ein `album` zurück gegeben.

Auswahl ermitteln | Bei der Erstellung des Skripts gilt es zuerst zu beachten, dass der Wert der Auswahl (`selection`) im Skript auch einem Album entsprechen kann. Hat der Anwender in iPhoto keine Bilder ausgewählt, dann enthält `selection` den Verweis auf ein Album. Es gilt also zunächst zu prüfen, von welchem Typ das erste Element der mittels `selection` auszulesenden Liste ist.

Der Grundaufbau des Skripts sieht hierfür folgendermaßen aus:

```
tell application "iPhoto"
  set Auswahl to selection
  if class of item 1 in Auswahl is album then
    display alert "Bitte Bilder auswählen" buttons {"OK"}
  else if class of item 1 of Auswahl is photo then
    -- Hier folgen die eigentlichen Anweisungen
  end if
end tell
```

Zuerst wird die aktuelle Auswahl in dem Programm in die Variable `Auswahl` geschrieben. Anschließend wird mithilfe von `class of` geprüft, welchem Datentyp das erste Element in der Liste entspricht. Handelt es sich um ein Album, dann hat der Anwender keine Bilder ausgewählt, und das Skript weist auf die benötigte Auswahl hin. Wurden Bilder ausgewählt, sollen die Zeilen ausgeführt werden, an deren Stelle zunächst ein Kommentar als Platzhalter steht.

Interne Datentypen
Diese Form der Überprüfung des Datentyps mithilfe von `class of` ist in diesem Beispiel möglich, weil das Programm iPhoto angesprochen wird. Es stellt ja eigene Datentypen über seine AppleScript-Bibliothek zur Verfügung, die die in AppleScript vorhandenen ergänzen.

Eigenschaften eines Bildes | In Abbildung 24.30 finden Sie die Eigenschaften eines `photo`-Objekts in iPhoto, die mit dem Befehl `get properties` ausgelesen wurden. Sie finden dort neben den Größenangaben (`height`, `width` und `dimensions`), dem Namen und etwaigen Kommentaren in der Eigenschaft `image path` auch die Pfadangabe zur eigentlichen Bilddatei in Ihrem Ordner BILDER. Diese Eigenschaft gilt es auszulesen.

Pfadangabe konvertieren | Hier ergibt sich jedoch das Problem, dass die Pfadangabe in einer für AppleScript nicht verständlichen Form angegeben wird. Eine Pfadangabe in der Form `/Users/kai/Pictures/…` funktioniert zwar am Terminal, wird von AppleScript jedoch in dieser Form nicht verstanden. In AppleScript gilt weitgehend durchgängig für die Arbeit mit einer Datei die Notwendigkeit, mit der Notation mit Doppelpunkten in der Form `:Users:kai:Pictures:...` zu arbeiten. Die Pfadangabe muss also in eine für AppleScript verständliche Form umgewandelt werden.

Auch in diesem Zusammenhang leistet die Erweiterung SYSTEM EVENTS gute Dienste. Sie ist in der Lage, eine Pfadangabe von der POSIX-Form in eine AppleScript-konforme Angabe umzuwandeln. Diese Konvertierung wird an passender Stelle eingeschoben. Das endgültige Skript hat dann folgenden Aufbau:

▲ **Abbildung 24.30**
Die Eigenschaften eines Elements vom Typ `photo` enthalten auch die Pfadangaben.

Posix path of
Die umgekehrte Methode, wie Sie eine Angabe vom Typ alias in der Form :Users:kai: umwandeln, wird in Abschnitt 24.9.5 mit dem Befehl Posix path besprochen.

```
tell application "iPhoto"
set Auswahl to selection
if class of item 1 in Auswahl is album then
    display alert "Bitte Bilder auswählen" buttons {"OK"}
else if class of item 1 of Auswahl is photo then
    set Zielordner to choose folder
    repeat with Bild in Auswahl
        set Pfad to image path of Bild
        tell application "System Events"
            set Dateiobjekt to path of file Pfad
        end tell
        tell application "Finder"
            duplicate Dateiobjekt to Zielordner
        end tell
    end repeat
end if
end tell
```

▲ **Listing 24.6**
iPhoto Export.scpt

path of file
SYSTEM EVENTS ist in der Lage, bei der Angabe eines Dateiobjektes mittels file recht flexibel zu agieren. Die Variable Pfad ist zunächst lediglich eine Zeichenkette. SYSTEM EVENTS kann Objekte im Dateisystem auch mit einer Textangabe identifizieren.

In dem fertigen Skript wird wie in der Rohfassung geprüft, ob es sich bei dem ersten Element der Auswahl um ein Bild handelt. Wenn dies der Fall ist, wird der Anwender nach einem Ordner gefragt. Dann wird mittels repeat eine Schleife begonnen, die die in Auswahl enthaltenen Bilder nacheinander abarbeitet. In dieser Schleife wird zuerst die Eigenschaft image path des aktuellen Bildes in der Variablen Pfad gespeichert. Diese hat zunächst die Form /Users/kai/Pictures/... .

Daraufhin wird die Erweiterung SYSTEM EVENTS angesprochen und mit der Anweisung path of file pfad die für AppleScript verständliche Form der Pfadangabe in die Variable Dateiobjekt geschrieben. Der Kopiervorgang über den Finder erfolgt in der schon bekannten Form.

24.7 Bilder bearbeiten mit den Image Events

Die Erweiterung IMAGE EVENTS ermöglicht Ihnen die Bearbeitung und Konvertierung von Bilddateien direkt aus AppleScript heraus. Die IMAGE EVENTS ersetzen natürlich kein Programm zur Bildbearbeitung, aber wenn Sie eine große Anzahl von Bildern verkleinern oder in ein anderes Dateiformat konvertieren müssen, stellen die IMAGE EVENTS eine schnelle und auch effiziente Lösung dar.

open | Um mit Bilddateien im Rahmen der IMAGE EVENTS zu arbeiten, müssen Sie diese explizit mit dem Befehl open öffnen. Dies mag auf den ersten Blick nicht einsichtig sein, weil die IMAGE EVENTS über keine grafische Oberfläche verfügen. Nur so ist es möglich, ein Objekt zu erzeugen, dessen Eigenschaften Sie dann mit dem Befehl set manipulieren können.

24.7.1 Bilder konvertieren

Um Bilder in einem anderen Format zu speichern, müssen Sie den Befehl save verwenden und das Dateiformat mit dem Schlüsselwort as vorgeben. Das folgende Skript öffnet eine Datei, fragt nach dem Namen der neuen Datei und nimmt anschließend die Konvertierung vor.

```
set Quelldatei to choose file
set Zieldatei to choose file name default name ".tif"
tell application "Image Events"
    set Bild to open Quelldatei
    save Bild as TIFF in (Zieldatei as string)
end tell
```

In dem Skript wird mit der Zeile set Bild to open Quelldatei ein neues Objekt erzeugt, das auf der vom Anwender ausgewählten Datei beruht. Mit save wird dieses Objekt dann in der Zieldatei gespeichert. Hierbei muss, da die Datei ja noch nicht existiert, ihr Name als Zeichenkette (as string) angegeben werden. Durch die Angabe as TIFF wird das Format vorgegeben, in dem die neue Datei gespeichert wird.

Die Befehle choose file und choose file name wurden in diesem Skript bewusst nicht innerhalb des tell-Blocks platziert. Anders als der Finder oder die Erweiterung SYSTEM EVENTS sind die IMAGE EVENTS nicht in der Lage, mit dem Benutzer zu interagieren. Würden die Befehle innerhalb des tell-Blocks stehen, erhielten Sie die Fehlermeldung aus Abbildung 24.31.

24.7.2 Bilder manipulieren

Mit den IMAGE EVENTS können Sie Bilder verkleinern, beschneiden, spiegeln und drehen. Bei allen vier Methoden muss zuvor ein Bildobjekt mit dem Befehl open wie im vorhergehenden Beispiel erzeugt werden. Auf ein solches Objekt können Sie dann unter anderem folgende Befehle anwenden:

SIPS
Die technische Grundlage der IMAGE EVENTS stellt das SCRIPTABLE IMAGE PROCESSING System bereit. Am Terminal können Sie bis zu einem gewissen Grad auf die Funktionen der IMAGE EVENTS mit dem Befehl sips zugreifen.

choose file name
Mit dem Befehl choose file name können Sie den Anwender einen Dateinamen eingeben lassen. Sie erhalten dann eine Variable vom Typ file, die auf ein noch nicht existierendes Objekt im Dateisystem weist.

Weitere Dateiformate
Die IMAGE EVENTS können Dateien in den Formaten speichern, die auch von QuickTime unterstützt werden. In der Funktionsbibliothek der IMAGE EVENTS finden Sie in der IMAGE SUITE im Eintrag SAVE die passenden Kürzel wie JPEG oder PICT.

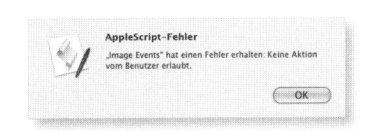

▲ **Abbildung 24.31**
Über die Image Events kann keine Interaktion erfolgen.

Farbprofile
Über die Befehle embed und unembed gefolgt von der Dateiangabe für ein Profil können Sie Farbprofile in die Bilder einbetten und bereits eingebettete wieder herausnehmen.

Bilder spiegeln
Ein Bildobjekt spiegeln können Sie mit der Anweisung flip Bild horizontal true vertical true. Lassen Sie die Anweisung horizontal true weg, würde es nur vertikal gespiegelt und umgekehrt.

Bilder drehen
Mit der Anweisung rotate Bild to angle 90 würde das Bild um 90 Grad gedreht.

- crop: Das Bild wird auf die angegebene Dimension beschnitten.
- flip: Das Bild wird horizontal oder vertikal gespiegelt.
- pad: Das Bild wird auf die angegebenen Ausmaße vergrößert, wobei ein Rahmen eingefügt wird.
- rotate: Das Bild wird um den anzugebenden Winkel gedreht.
- scale: Das Bild wird auf die angegebenen Ausmaße vergrößert oder verkleinert.

Der gebräuchlichste Befehle ist vielleicht scale, da bei der Vergrößerung oder Verkleinerung auch die Proportionen beachtet werden. Das vorhergehende Beispiel lässt sich zur Erstellung von kleinen Vorschau-Bildern, wie sie in vielen Galerien im World Wide Web zu finden sind, leicht umschreiben.

```
set Quelldatei to choose file
set Zieldatei to choose file name default name ".jpg"
tell application "Image Events"
set Bild to open Quelldatei
scale Bild to size 150
save Bild as JPEG in (Zieldatei as string)
end tell
```

Mit diesem Script würde die Bilddatei als JPG gespeichert und auf eine maximale Höhe oder Breite von 150 Pixeln verkleinert. Sie können anstelle der Angabe to size auch einen Faktor mit by factor angeben. Die Anweisung scale Bild by factor 0.5 würde das Bild auf die Hälfte seiner Dimensionen verkleinern, während es mit by factor 2 doppelt so groß würde.

24.8 Skripten in Funktionen unterteilen

Die Unterteilung von Skripten in Funktionen kann bei umfangreichen Skripten eine enorme Arbeitserleichterung darstellen. Eine Funktion hat in AppleScript die Aufgabe, Befehle zu bündeln und gemeinsam auszuführen. Diese werden bisweilen auch als Handler bezeichnet, was insbesondere im Zusammenhang mit den Ordneraktionen wichtig ist.

Funktion deklarieren | Eine Funktion deklarieren Sie mit dem Schlüsselwort on, gefolgt vom Namen der Funktion. In Klammern können Sie Variablen, die der Funktion übergeben sollen, aufführen. Das mag komplizierter klingen, als es eigentlich ist.

Mit den Zeilen

```
on Kopieren (Datei)
tell application "Finder"
duplicate Datei to home
end tell
end Kopieren
```

wird eine Funktion Kopieren mit on erstellt. Geben Sie das Skript in dieser Fassung ein und führen Sie es aus, würde nichts geschehen, weil die Funktion nicht aufgerufen wird. Ergänzen Sie das Skript am Ende um die Zeilen

```
set Eine_Datei to choose file
Kopieren(Eine_Datei)
```

dann würde das Skript zuerst nach einer Datei fragen. Danach wird die erstellte Funktion Kopieren aufgerufen und dieser in Klammern Eine_Datei als Parameter übergeben. Innerhalb der Funktion steht der Wert von Eine_Datei in der Variablen Datei zur Verfügung, die dann über den Finder in das persönliche Verzeichnis des Benutzers kopiert wird.

Mehrere Parameter | Es ist auch möglich, einer Funktion mehrere Variablen durch Kommata getrennt zu übergeben. In dem Skript

```
on Kopieren (Datei, Ordner)
tell application "Finder"
duplicate Datei to Ordner
end tell
end Kopieren
set Eine_Datei to choose file
set Ein_Ordner to choose folder
Kopieren(Eine_Datei, Ein_Ordner)
```

würden der Funktion Kopieren zwei Parameter übergeben. Achten Sie hierbei auf die Reihenfolge. Der Aufruf Kopieren(Ein_Ordner, Eine_Datei) führte zu einer Fehlermeldung, weil Sie einen Ordner in eine Datei zu kopieren versuchten. Der Wert der Variablen Datei in der Funktion würde aufgrund der Reihenfolge dem Wert von Ein_Ordner entsprechen.

> **HINWEIS**
> Beachten Sie bei den Namen der Variablen, dass sie innerhalb der Funktion mit den Namen angesprochen werden, die in Klammern bei der on-Anweisung angegeben wurden. In diesem Beispiel würde die Anweisung duplicate Eine_Datei to home nicht funktionieren.

▲ **Abbildung 24.32**
Die Funktionen stehen im Ausklappmenü zur Auswahl.

24.9 Integration ins System

Zu einer wirklichen Arbeitserleichterung werden Ihre Skripten dann, wenn Sie sie an den richtigen Stellen im System platzieren. Mac OS X bietet Ihnen einige Möglichkeiten, schnell und im richtigen Kontext auf Ihre Skripten zuzugreifen und diese zum Teil auch automatisch auszuführen.

24.9.1 Das Skriptmenü

In den Voreinstellungen des AppleScript-Editors finden Sie in der Ansicht ALLGEMEIN die Option SKRIPTMENÜ IN DER MENÜLEISTE ANZEIGEN. Wenn Sie diese Option aktiviert haben, dann erscheint oben rechts in der Menüleiste ein Eintrag mit einem AppleScript-Symbol. Klappen Sie diesen aus, so stehen Ihnen einige Beispiel-Skripten von Apple zur Verfügung. Wenn Sie die Option COMPUTERSKRIPTS EINBLENDEN deaktivieren, dann werden diese Skripten nicht mehr angezeigt. Die im Skriptmenü zur Verfügung stehenden Skripte setzen sich aus dem Inhalt der Ordner /LIBRARY/SCRIPTS und ~/LIBRARY/SCRIPTS zusammen, wobei Letzterer eigenhändig erstellt werden muss.

▲ **Abbildung 24.33**
Das Skriptmenü beinhaltet eine Reihe von Beispielen.

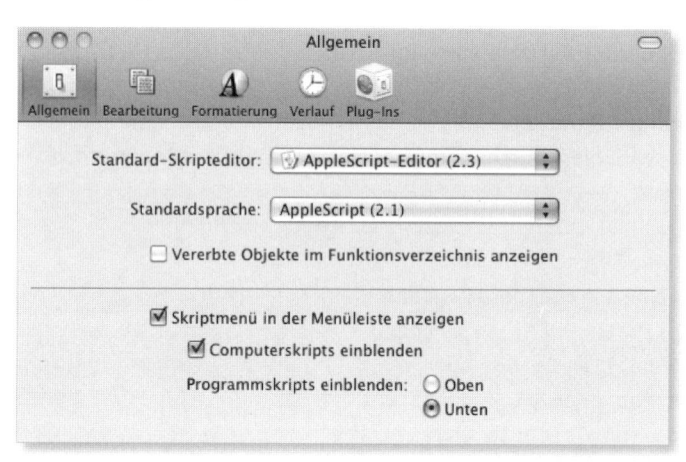

▲ **Abbildung 24.34**
In den Voreinstellungen des AppleScript-Editors kann die Anzeige des Skriptmenüs aktiviert werden.

▲ **Abbildung 24.35**
Die in den Unterordnern von »Applications« gespeicherten Skripten werden in den gleichnamigen Programmen angezeigt.

Programmskripts | Etwas übersichtlicher wird der Ordner, wenn Sie einen Unterordner APPLICATIONS erstellen. Dieser hat die Aufgabe, weitere Unterordner aufzunehmen, die dem Namen eines Programms entsprechen. Die in solchen Unterordnern abgelegten Skripten erscheinen nur dann im Skriptmenü, wenn sich die gleichnamige Anwendung im Vordergrund befindet. So wird das Skript AUSGEWÄHLTE BILDER EXPORTIEREN, in Abbildung

24.35 im Unterordner APPLICATIONS/IPHOTO gespeichert, nur dann angezeigt, wenn Sie iPhoto in den Vordergrund holen.

24.9.2 Ordneraktionen

Ordneraktionen werden vom Finder dann ausgeführt, wenn der Ordner sich ändert. Sie können so mit Ordneraktionen auf Änderungen in einem Verzeichnis, die zum Beispiel im Hinzufügen oder Entfernen einer Datei bestehen können, automatisch reagieren.

▲ **Abbildung 24.36**
Über das Kontextmenü im Finder können die Ordneraktionen konfiguriert werden.

Wenn Sie im Finder das Kontextmenü über einem Ordner aufrufen, dann enthält dieses auch den Eintrag ORDNERAKTIONEN KONFIGURIEREN. Mit diesem Eintrag wird das gleichnamige Programm aus dem Verzeichnis /SYSTEM/LIBRARY/CORE SERVICES gestartet. Sie können das Programm auch direkt aus dem Verzeichnis starten. Haben Sie das Programm über das Kontextmenü aufgerufen, dann erscheint eine Liste mit den im Verzeichnis /LIBRARY/SCRIPTS/ FOLDER ACTION SCRIPTS verfügbaren Skripten. Sie können eines dieser Skripten auswählen und an den zuvor angeklickten Ordner ANHÄNGEN oder mit ABBRECHEN die Ordneraktionen verwalten.

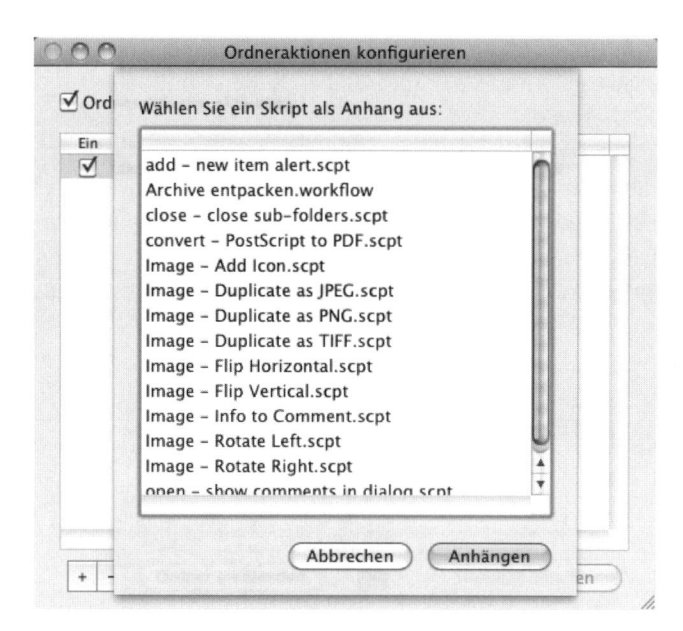

Abbildung 24.37 ▶
Die Liste der verfügbaren Skripten setzt sich aus dem Inhalt zweier Ordner zusammen.

HINWEIS

Wird ein Skript als Ordneraktion ausgeführt, dann werden Fehlermeldungen anders als im Skripteditor nicht ausgegeben. Lediglich der Bildschirm blitzt kurz auf. Auch müssen Sie für einen Dialog mit `display dialog` diesen über `tell application "Finder"` ausgeben.

Ordneraktionen konfigurieren | Der erste Schritt besteht darin, dass Sie die ORDNERAKTIONEN AKTIVIEREN. Möglicherweise wurde dies bereits durch den Automator vorgenommen. Mit dem Pluszeichen unterhalb der linken Spalte können Sie einen Ordner, an den eine Aktion angehängt wird, hinzufügen. Wählen Sie einen Ordner aus, dann erscheinen in der rechten Spalte die Skripten, die als Aktionen angehängt wurde. Über das Pluszeichen unterhalb der rechten Spalte können Sie ein Skript an den ausgewählten Ordner anhängen. In der daraufhin erscheinenden Liste stehen Ihnen die in den Verzeichnissen /LIBRARY/SCRIPTS/FOLDER ACTION SCRIPTS und ~/LIBRARY/SCRIPTS/FOLDER ACTION SCRIPTS gespeicherten Skripten zur Auswahl. Haben Sie ein eigenes Skript erstellt, dann sollten Sie es im zweiten Ordner speichern, um es als Ordneraktion nutzen zu können. Mit den Minuszeichen können Sie entweder einen Ordner von allen Aktionen wieder ausnehmen oder aber das ausgewählte Skript vom Ordner abhängen.

Bei den Ordneraktionen spielen die in Abschnitt 24.8 erläuterten Funktionen, die hier als Handler von Ereignissen fungieren, eine entscheidende Rolle. Es gibt fünf vorgegebene Aktionen, die ausgeführt werden, wenn das entsprechende Ereignis eintritt:

▶ `opening folder Ordner`: Wird ausgeführt, wenn der Ordner in einem Fenster im Finder geöffnet wird, wobei `Ordner` den Pfad des geöffneten Ordners enthält.

▶ `closing folder window for Ordner`: Beim Schließen des geöffneten Fensters wird diese Aktion ausgeführt, wobei `Ordner` wieder den Pfad des Ordners enthält.

- moving folder window for Ordner: Reagiert auf das Bewegen oder die Änderung der Größe des Fensters.
- adding folder items to Ordner after receiving Dateien: Werden neue Dateien oder Verzeichnisse dem Ordner hinzugefügt, dann werden diese Befehle ausgeführt. Die neuen Dateien und Ordner sind in der Liste Dateien enthalten.
- removing folder items from Ordner after losing Dateien: Wird ausgeführt, wenn Dateien oder Ordner entfernt werden. Auch hier stehen die Objekte in der Variablen Dateien als Liste zur Verfügung.

> **HINWEIS**
> Achten Sie bei den Funktionen für Ordneraktionen darauf, dass Sie sie korrekt mit ihrem Namen abschließen. Die Endung end adding folder items to mag dem Sprachempfinden zwar intuitiv widersprechen, ist aber hier notwendig.

Während sich die ersten drei Aktionen in erster Linie zur Manipulation von Fenstern im Finder eignen, stellen die letzten beiden Aktionen eine sehr leistungsfähige Möglichkeit dar, auf Änderungen im Dateisystem zu reagieren. In einem Beispiel sollen MP3-Dateien, die einem Ordner hinzugefügt werden, automatisch auch in iTunes geöffnet werden. Das Skript, das Sie im Verzeichnis ~/Library/Scrips/Folder hat folgenden Aufbau:

```
on adding folder items to Ordner after receiving Dateien
repeat with Datei in Dateien
tell application "System Events"
set Suffix to name extension of Datei
end tell
if Suffix is "mp3" then
tell application "iTunes"
add Datei
end tell
end if
end repeat
end adding folder items to
```

Der Aufbau des Skripts ist eigentlich recht einfach. Zunächst wird die Ordneraktion mit on adding … eingeleitet, wobei das in der Variablen Ordner gespeicherte Verzeichnis in diesem Skript keine Verwendung findet. Dann wird die Liste der Dateien mittels repeat abgearbeitet.

Um zu vermeiden, dass Dateien an iTunes übergeben werden, die dieses Programm nicht öffnen kann, wird zunächst über SYSTEM EVENTS die Dateiendung ermittelt und in der Variablen Suffix gespeichert. Sofern das Suffix mp3 lautet, wird iTunes angewiesen, die Datei zu öffnen, andernfalls geschieht nichts.

Vorschau
Auch unter Mac OS X 10.6 bietet das Programm VORSCHAU keine Unterstützung für AppleScript.

Das Skript können Sie zum Beispiel an Ihren Ordner DOWNLOADS anhängen und so aus dem Internet geladene mp3-Dateien automatisch in Ihre iTunes-Bibliothek importieren.

24.9.3 Skripten im Druckmenü

Um eine PDF-Datei aus dem Druckdialog direkt mit einem AppleScript weiterzuverarbeiten, können Sie dieses im Ordner PDF SERVICES in der Library speichern. Das AppleScript muss dazu über eine Funktion `on open`, gefolgt von einer Variablen, verfügen. Das folgende Skript gibt im Finder lediglich den Pfad der vom Drucksystem erzeugten PDF-Datei in einem Dialog aus.

```
on open Datei
tell application "Finder"
display dialog (Datei as string)
end tell
end open
```

Mit der PDF-Datei, die über die Variable `Datei` zugänglich ist, können Sie dann im Skript beliebig weiterverfahren. Beachten Sie, dass die Datei zunächst in einem Ordner unter /VAR/FOLDERS gespeichert wird und Sie sie gegebenenfalls noch an eine andere Stelle verschieben müssen.

▲ **Abbildung 24.38**
PDF-Dateien werden in einem Ordner unter »/var/folders« zwischengespeichert.

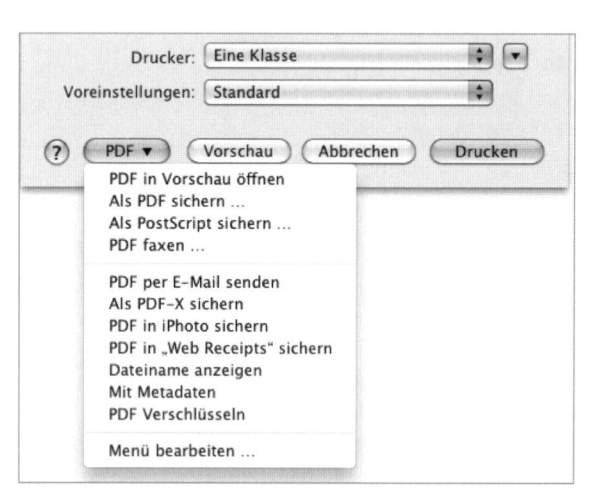

▲ **Abbildung 24.39**
Das Menü »PDF« stellt die unter »PDF Services« gespeicherten Skripten zur Auswahl.

Menü bearbeiten | Über den Eintrag MENÜ BEARBEITEN können Sie die Liste der zur Auswahl gestellten Skripten bearbeiten, weitere hinzufügen und Einträge löschen.

24.9.4 AppleScript im Automator

Der Automator ist in der Lage, AppleScript in seine Arbeitsabläufe zu integrieren. Sie können so Lücken in den Funktionen des Automators mit AppleScript füllen. Um ein AppleScript innerhalb eines Arbeitsablaufs auszuführen, steht Ihnen die Aktion APPLE-SCRIPT AUSFÜHREN aus der Sammlung AUTOMATOR zur Verfügung.

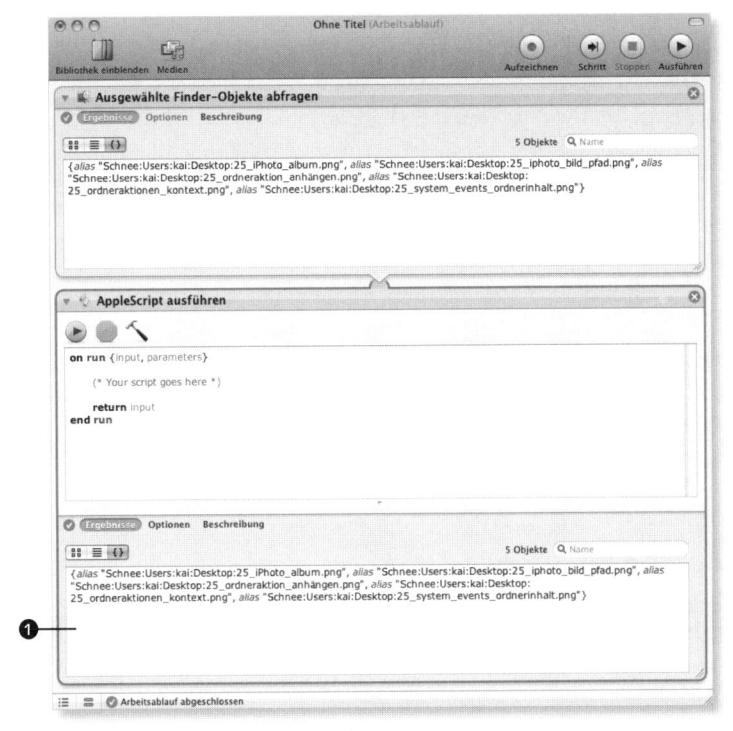

▲ **Abbildung 24.40**
In der Aktion »AppleScript ausführen« lassen sich Skripten innerhalb eines Arbeitsablaufs ausführen.

Ergebnisse und Funktionen | Fügen Sie die Aktion einem Arbeitsablauf hinzu, dann finden Sie dort automatisch eine Funktion `on run`, der vom Automator zwei Variablen `input` und `parameter` übergeben werden. Die Funktion wird ausgeführt, und über die Variable `input` stehen Ihnen die Ergebnisse der vorhergehenden Aktion zur Verfügung.

In diesem Zusammenhang ist auch die dritte Ansicht ❶ der ERGEBNISSE einer Aktion von Relevanz. Sie können hier ersehen, in welcher für AppleScript relevanten Form die Ergebnisse übergeben werden. In Abbildung 24.41 wurden fünf Dateien im Finder ausgewählt, an das AppleScript wird also eine Liste mit fünf `alias`-Variablen übergeben.

Werte zurückgeben
Der abschließende Befehl `return input` führt dazu, dass das integrierte Skript einen Wert zurückgibt, der von der nachfolgenden Aktion übernommen werden kann. Sie können anstelle der Variablen `input` auch eine andere Variable mit `return` an die nächste Aktion übergeben.

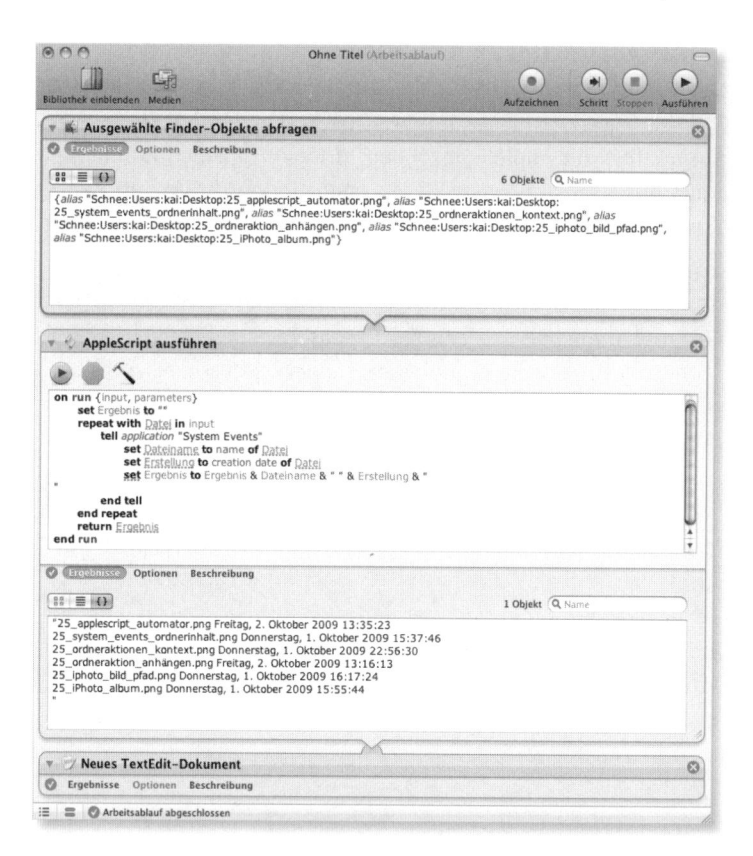

Abbildung 24.41 ▶
Über die »System Events« werden Eigenschaften der ausgewählten Dateien ermittelt.

An der Stelle des Kommentars (* Your script goes here *) können Sie Ihre eigenen Befehle einfügen. In dem Skript

Zeilenumbruch
Sie können bei einer Zeichenkette auch innerhalb der Anführungszeichen einen Zeilenumbruch einfügen. Dieser wird von AppleScript dann beachtet, aus diesem Grund sind die Einträge in Abbildung 24.42 untereinander angeordnet.

```
on run {input, paramters}
    set Ergebnis to ""
    repeat with Datei in input
        tell application "System Events"
            set Dateiname to name of Datei
            set Erstellung to creation date of Datei
            set Ergebnis to Ergebnis & Dateiname & " " & Erstel-
lung & "
"
        end tell
    end repeat
    return Ergebnis
end run
```

wird zuerst eine leere Variable `Ergebnis` erzeugt. Dann wird in der **repeat**-Schleife die in `input` enthaltene Liste der ausgewählten Objekte im Finder abgearbeitet. Über die SYSTEM

EVENTS werden Name und Erstellungsdatum der Datei ermittelt und diese dann an die zuvor leere Variable `Ergebnis` angehängt. Nachdem die Schleife durchlaufen wurde, wird über den Befehl **return** `Ergebnis` der zusammengesetzte Text an die nachfolgende Aktion NEUES TEXTEDIT-DOKUMENT übergeben.

▲ **Abbildung 24.42**
Die Dateinamen und ihr Erstellungsdatum werden an ein TextEdit-Dokument übergeben.

24.9.5 Zugriff auf die Shell

AppleScript ist auch in der Lage, auf die Shell zuzugreifen und die Programme, die Sie sonst über das Terminal starten, auszuführen und Ihnen die Ergebnisse in einem Skript zur Verfügung zu stellen. Hierzu dient der Befehl `do shell script`. Diesem müssen Sie einen Text übergeben, der der Eingabe vom Terminal entspricht.

Eine mögliche Anwendung hierfür kann die Arbeit mit dem Befehl `dot_clean` (siehe Abschnitt 18.3) sein. Die Aufgabe des Skripts besteht darin, dass der Anwender zunächst einen Ordner auswählen kann und dann der Befehl dot_clean auf den Ordner angewandt wird. So lassen sich die mit ._ beginnenden Dateien auf einer Freigabe recht komfortabel löschen, sofern dies gewünscht ist. Das Skript besteht nur aus vier Zeilen:

POSIX path
Bei der Arbeit mit `do shell script` ist die Eigenschaft POSIX path wichtig. AppleScript verwendet bei Dateien und Ordner Pfadangaben in der Form `:Users:kai`, während Sie bei der Arbeit mit der Shell zwingend auf die POSIX-Variante in der Form `/Users/kai` angewiesen sind.

```
set Ordner to choose folder
set Ordner to POSIX path of Ordner
set Befehl to "dot_clean " & Ordner
do shell script Befehl
```

Der hier am Ende an die Shell übergebene Befehl lautet, abhängig von dem ausgewählten Ordner, dann `dot_clean /Volumes/Freigabe`. Die Ausführung des Skripts würde der direkten Eingabe dieses Befehls am Terminal entsprechen.

▲ **Abbildung 24.43**
Die Pfadangabe des Ordners wurde umgewandelt.

Leerzeichen | Bei der Erstellung des mit `do shell script` auszuführenden Befehls müssen Sie auf die Leerzeichen achten. Würde in der dritten Zeile nach `dot_clean` kein Leerzeichen innerhalb der Anführungszeichen folgen, dann würde eine Zeichenkette in der Form `dot_clean/Volumes/Freigabe` an die Shell übergeben, was zu einer Fehlermeldung führt.

24.9.6 AppleScript und iCal

iCal bietet über die Erinnerungsfunktion auch die Möglichkeit, Skripten zu einem vorgegebenen Zeitpunkt auszuführen. Bei einem Ereignis können Sie im Informations-Fenster als ERINNERUNG auch ein SKRIPT AUSFÜHREN. Geben Sie hier ein bereits gespeichertes Skript an, wird es zum Zeitpunkt der Erinnerung automatisch ausgeführt. Das Skript zum Kopieren von Ordnern auf einen Server (siehe Abschnitt 24.6.1) ließe sich auf diese Weise recht bequem regelmäßig zu einem vorgegebenen Zeitpunkt ausführen.

24.9.7 Mail regeln mit AppleScript

Auch Mail bietet die Möglichkeit, ein AppleScript automatisch auszuführen. In den Einstellungen von Mail können Sie für eine Regel auch die Aktion APPLESCRIPT AUSFÜHREN vorgeben. Das AppleScript wird dann ausgeführt, wenn eine E-Mail eingeht, auf die die Bedingung der Regel zutrifft.

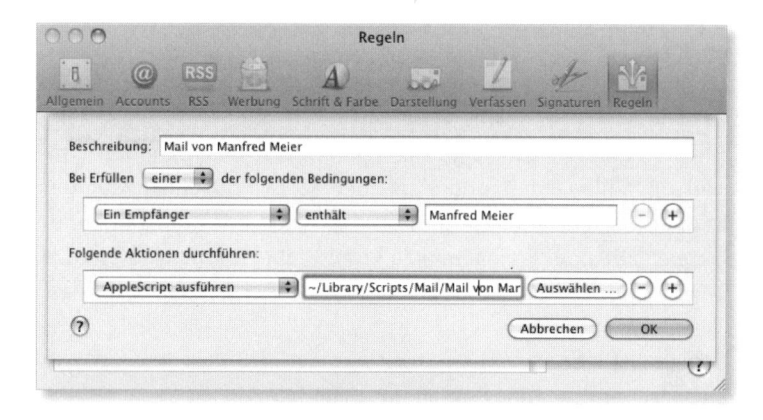

▲ **Abbildung 24.44**
Ein AppleScript lässt sich auch als Erinnerung vorgeben.

Abbildung 24.45 ▶
Als Aktion kann auch ein AppleScript ausgeführt werden.

using terms from application | Wenn Sie ein AppleScript erstellen, das auf eingehende E-Mails reagieren soll, dann können Sie innerhalb des AppleScript auch auf die eingegangenen E-Mails zugreifen. Dabei müssen Sie sich bei der Erstellung des AppleScript eines Kunstgriffs bedienen. Das AppleScript wird automatisch in Mail ausgeführt, aber bei der Erstellung des Skripts im Editor wird Mail nicht durch `tell` angesprochen. Aufgrund der fehlenden tell-Anweisung ist der Editor bei den nachfolgend beschriebenen Handlern und Befehlen nicht in der Lage zu prüfen, ob die Befehle korrekt eingegeben wurden. Mit der Anweisung `using terms from application "Mail"` zu Beginn des Skripts weisen Sie den Editor an, dass für die so umschlossenen Anweisungen die von Mail zur Verfügung gestellten Objekte und Befehle gelten sollen.

Handler | Mail ermöglicht Ihnen den Zugriff auf die eingegangenen E-Mails, die die Regel erfüllen, über einen sogenannten Handler. Ähnlich wie bei den Ordneraktionen werden der Funktion `on perform mail action with messages` Nachrichten in der Liste `Nachrichten` die E-Mails übergeben, die eingegangen sind und auf die die Regel zutrifft. Innerhalb des eigentlichen Skripts können Sie dann die Liste abarbeiten.

Das folgende Beispiel geht davon aus, dass Sie bei einer eingehenden E-Mail, die von Manfred Meier stammt, mit einem Dialog benachrichtigt werden möchten. Das Skript wurde einer Regel, die den Absender überprüft, als Aktion zugewiesen.

> **TIPP**
>
> Im Verzeichnis /LIBRARY/SCRIPTS/ MAIL SCRIPTS finden Sie einige von Apple zur Verfügung gestellte Beispiele, die die AppleScript-Unterstützung von Mail recht umfangreich demonstrieren.

```
using terms from application "Mail"
on perform mail action with messages
set Anzahl to (count items in Nachrichten)
repeat with Durchlauf from 1 to Anzahl
set Nachricht to item Durchlauf in Nachrichten
set Betreff to subject of Nachricht
display dialog Betreff with title "Neue E-Mail von
Manfred Meier"
end repeat
end perform mail actino with messages
end using terms from
```

24.9.8 iChat mit AppleScript

Etwas versteckt, aber dafür umso leistungsfähiger, ist die Möglichkeit von iChat, mithilfe von AppleScript auf Nachrichten und Ereignisse zu reagieren. Wenn Sie das Profil eines Kontakts aufrufen, dann finden Sie dort auch die Ansicht MELDUNGEN. Dort steht Ihnen eine Liste von Ereignissen zur Verfügung, auf die iChat in Verbindung mit diesem Kontakt reagieren kann. Zu den Standardeinstellungen gehört unter anderem der Ton beim Eingang einer Nachricht. Bei den Ereignissen können Sie als Reaktion auch ein APPLESCRIPT AUSFÜHREN.

◄ **Abbildung 24.46**
Auf ein Ereignis kann auch mit einem AppleScript reagiert werden.

> **HINWEIS**
>
> Wenn Sie ein AppleScript mit einem Ereignis verknüpfen, dann wird das Skript von iChat automatisch in das Verzeichnis ~/LIBRARY/SCRIPTS/ICHAT kopiert und von dort aufgerufen.

Handler | iChat bietet für die Reaktion auf Ereignisse eine Reihe von Handlern, mit denen Sie Funktionen bezeichnen können. Diese Funktionen in einem AppleScript werden dann aufgerufen, wenn das entsprechende Ereignis eintritt. Der Handler `on message received` reagiert auf eine eingegangene Nachricht. Bei der Erstellung des AppleScript im Editor müssen Sie wie auch bei Mail mit der Anweisung `using terms from application` vorgeben, dass die Terminologie von iChat für das Skript verwendet werden soll. Das folgende Skript antwortet automatisch auf eine eingehende Nachricht:

```
using terms from application "iChat"
on message received dieNachricht from derKontakt for derChat
    send "Jau, Deine Nachricht habe ich erhalten ;)" to derChat
end message received
end using terms from
```

Innerhalb der Funktion stehen aufgrund des Handlers die empfangene Nachricht, der schreibende Kontakt sowie das Chatfenster über die drei Variablen zur Verfügung und können dann genutzt werden. Dieses einfache Beispiel ist in erster Linie dazu geeignet, den Gesprächspartner mit einer automatischen Antwort zu nerven. Die anderen Handler, die in der Bibliothek des AppleScript-Editor in der ICHAT EVENT HANDLER SUITE aufgeführt werden, können genutzt werden, um auf eingehende Anfrage, die erwünscht oder unerwünscht sind, entsprechend zu reagieren. Bei der Durchsicht der zur Verfügung stehenden Handler müssen Sie beachten, welche Parameter Ihnen diese zur Verfügung stellen. So verfügt der Handler message received (siehe Abbildung 24.48) über die Parameter `text` für die erhaltene Nachricht, `buddy` für den abschickenden Kontakt sowie `text chat` für das Chatfenster. Die drei Parameter wurden in dem Beispiel mit `dieNachricht`, `derKontakt` sowie `derChat` benannt.

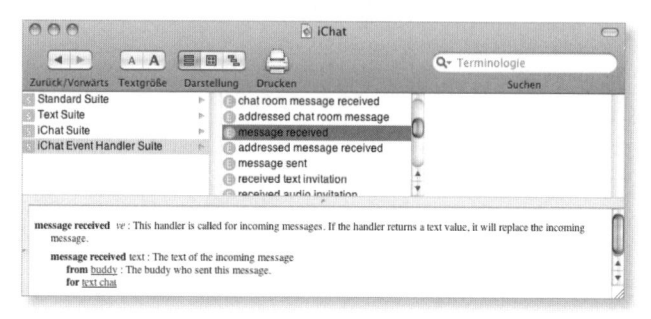

▲ **Abbildung 24.47**
Auf jede eingehende Nachricht wurde automatisch geantwortet.

Abbildung 24.48 ▶
Die »iChat Event Handler Suite« ermöglicht die Reaktion auf eine Vielzahl von Ereignissen.

24.10 Skripten als Programme

Skripten können auch als Programme gespeichert, dann im Dock abgelegt oder mit einem Doppelklick im Finder gestartet werden. Dabei verfügt AppleScript auch über die Fähigkeit, ein Bundle zu erzeugen. In ein solches können Sie weitere Dateien, von Icons bis hin zu Shell-Skripten, integrieren.

Als Programm sichern | Soll das Skript einfach nur als Programm auf einen Doppelklick hin ausgeführt werden, geben Sie als DATEIFORMAT PROGRAMM vor. Wählen Sie hier die Option NUR AUSFÜHRBAR, dann ist es nicht möglich, das dem Programm zugrunde liegende AppleScript nachträglich zu bearbeiten. Wurde diese Option nicht aktiviert, können Sie auch ein Programm im Skripteditor öffnen und das enthaltene AppleScript korrigieren.

Aktivieren Sie den STARTDIALOG, dann werden Sie vor der Ausführung des Programms gefragt, ob es auch wirklich ausgeführt werden soll. Zusätzlich wird der Text, den Sie unter BESCHREIBUNG eingeben, angezeigt. Das Programm bleibt aktiv, wenn Sie die Option NICHT AUTOMATISCH BEENDEN auswählen.

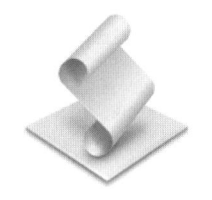

▲ **Abbildung 24.49**
Ein mit AppleScript erstelltes Programm wird mit einem entsprechenden Icon versehen.

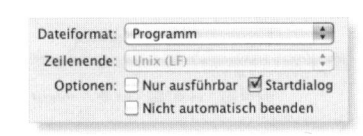

▲ **Abbildung 24.50**
Das Skript kann auch als Programm gespeichert werden.

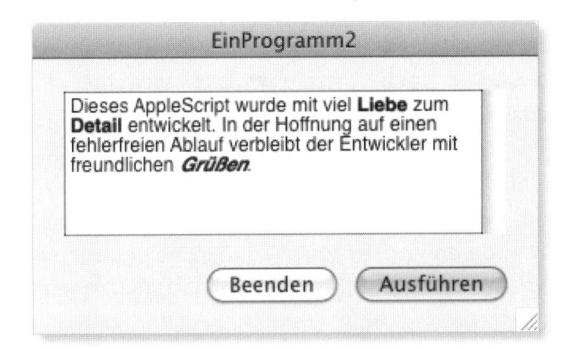

▲ **Abbildung 24.51**
Der Startdialog kann den Anwender über den Zweck des Programms informieren und den vorzeitigen Abbruch ermöglichen.

24.10.1 Bundles nutzen

Wenn Sie Ihr Skript als Programm gesichert haben, dann steht Ihnen im AppleScript-Editor die Schaltfläche `Bundle-Inhalt` zur Verfügung. Diese blendet den Inhalt des Bundles ein, in dem Ihr Skript gesichert wurde.

In das Bundle können Sie weitere Elemente wie Icons oder Shell-Skripten aus dem Finder hineinziehen. Auf diese Weise können Sie weitere Dateien in Ihr Skript integrieren und auf diese von Ihrem Skript aus zugreifen. In Abbildung 24.52 wurde dem Bundle eine Icon-Datei COVER.ICNS hinzugefügt.

.icns-Dateien
Sie können eigene Icon-Dateien mit dem Programm ICON COMPOSER im Ordner /DEVELOPER/APPLICATIONS/UTILITIES erstellen. Hierzu müssen Sie nur eine schon vorhandene Bilddatei importieren oder über die Zwischenablage einfügen.

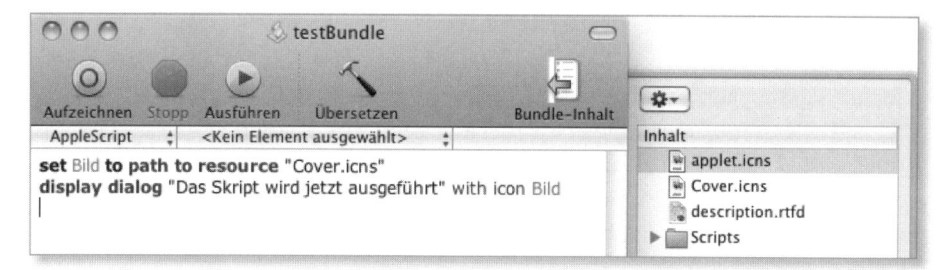

▲ **Abbildung 24.52**
Der Inhalt des Bundles kann über den Editor verwaltet werden.

> **HINWEIS**
>
> Anders als in vorhergehenden Versionen von Mac OS X war es unter Mac OS X 10.6.1 nicht mehr möglich, Ressourcen wie die Icon-Datei in einem Unterordner innerhalb des Bundles abzuspeichern.

Inhalt des Bundles ansprechen | Um auf den Inhalt des Bundles zuzugreifen, müssen Sie den Pfad zu den integrierten Dateien, die analog zu einem regulären Programm-Bundle als Ressourcen betrachtet werden, ermitteln. Dies geschieht über die Anweisung `path to resource`. So können Sie mit den Zeilen

```
set Bild to path to resource "Cover.icns"
display dialog "Hallo" with icon Bild
```

zuerst den Pfad zu dem Icon im Bundle herausfinden und dann im Dialog verwenden. Auf diese Weise können Sie das Programm-Bundle auch nachträglich noch verschieben oder weitergeben, wobei die integrierten Dateien erhalten bleiben.

24.10.2 Skripten als Droplets

Ein Programm wird zwar auf einen Doppelklick hin ausgeführt, aber anders als bei anderen Applikationen können Sie noch keine Dateien vom Finder aus auf das Programm ziehen und verwenden. Solche Skripten werden auch Droplets genannt, und Sie müssen einem Programm die Funktion `on open` hinzufügen, um ein Droplet zu erstellen. Ein sehr einfaches Droplet bestünde in folgendem Skript:

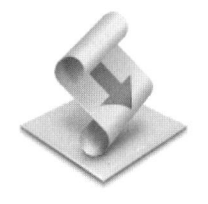

▲ **Abbildung 24.53**
Ein Droplet wird mit einem speziellen Icon versehen.

```
on open Dateien
    display dialog (Dateien as string)
end open
```

Speichern Sie dieses Skript als Programm, dann wird es automatisch mit einem entsprechenden Icon versehen. Wenn Sie Dateien auf das Icon ziehen, gibt Ihnen das Skript die auf das Icon gezogenen Dateien in einem Dialog aus. Für ein wirklich nützliches Skript müssen Sie einfach nur die in der Liste `Dateien` enthaltenen Objekte auswerten und weiterverarbeiten.

24.11 AppleScript im Netzwerk – entfernte Apple-Events

AppleScript kann auch über das Netzwerk zur Fernsteuerung von Rechnern verwendet werden. Hierzu werden die Apple-Events über das Netzwerk verschickt. Sie müssen hierzu in den Systemeinstellungen unter FREIGABEN den Dienst ENTFERNTE APPLE-EVENTS starten. Sie können diese auf ausgewählte Benutzer Ihres Systems begrenzen.

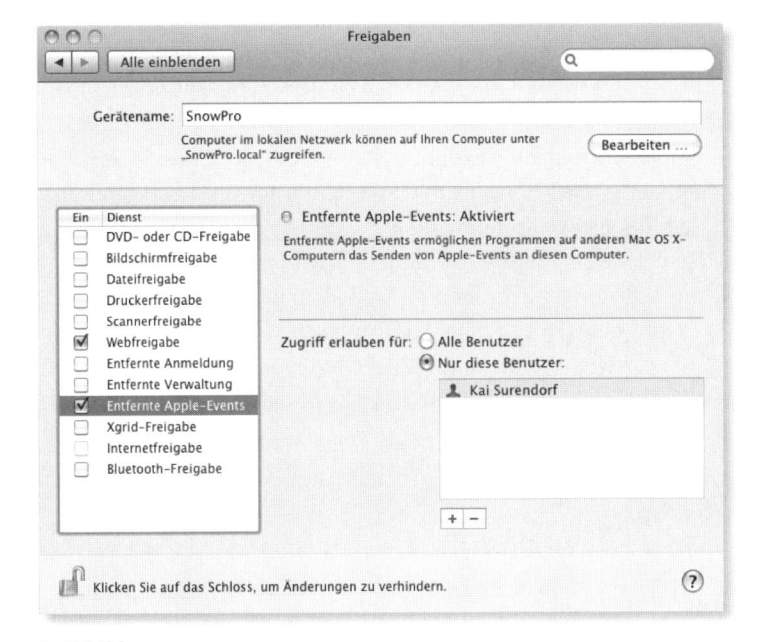

▲ **Abbildung 24.5**
Vor der Ausführung erfolgt eine Authentifizierung.

▲ **Abbildung 24.55**
Der Dienst »Entfernte Apple-Events« ermöglicht die Arbeit mit AppleScript über das Netzwerk.

HINWEIS

Bei der Arbeit mit entfernten Apple-Events gilt die Einschränkung, dass keine Programme gestartet werden können. Sie können nur auf die Programme Einfluss nehmen, die bereits aktiv sind. Andernfalls erhalten Sie eine Fehlermeldung.

Um ein Programm auf einem anderen Rechner in Ihrem Netzwerk Anweisungen via AppleScript zu erteilen, müssen Sie es mit dem Zusatz `of machine` gefolgt vom Namen des Rechners aufrufen. ENTFERNTE APPLE-EVENTS werden auch über Bonjour kommuniziert. Sie können also ein Skript mit der Zeile `tell application "Finder" of machine "MacBuch"` einleiten. Nach der Identifizierung als Benutzer auf dem entfernten Rechner würden alle Befehle innerhalb dieses `tell`-Blocks an den Finder über das Netzwerk geschickt werden. Die Angabe `MacBuch` würde vom Editor anschließend in den vollständigen URL `eppc://MacBuch.local` geändert.

▲ **Abbildung 24.56**
Das angesprochene Programm muss bereits aktiv sein.

24.12 Weitere Möglichkeiten mit AppleScript

Webseite
Unter *http://mac.delta-c.de/book* finden Sie online einige weiterführende Artikel

Dieses Kapitel hat Sie mit den Grundlagen von AppleScript vertraut gemacht und einige beispielhafte Skripten entwickelt. AppleScript bietet Ihnen noch viel mehr Möglichkeiten. In der Funktionsbibliothek der SYSTEM EVENTS finden Sie rund zwanzig Suiten, die Ihnen den Zugriff auf die Voreinstellungen des Docks und von Exposé bieten, es Ihnen ermöglichen, Login Items zu erstellen oder XML-Dateien und Property-Listen auszuwerten. Auch die STANDARDADDITIONS bieten noch einige weitere Funktionen zur Zusammenarbeit mit der Zwischenablage und zur Bearbeitung von Zeichenketten.

AppleScript ist auch in der Lage, über XML-RPC und SOAP über sogenannte Web Services mit Servern im Internet zu kommunizieren. Ebenso stellt Ihnen die Entwicklungsumgebung Xcode die Möglichkeit zur Verfügung, ganze Programme mit einer Cocoa-Oberfläche zu erstellen und sie über AppleScript zu steuern.

Es gibt eine ganze Reihe von AppleScript-Erweiterungen, auch OSAXen genannt, die die Fähigkeiten von AppleScript enorm erweitern und beispielsweise E-Mails direkt aus dem Script verschicken können.

X

**TEIL VI
Troubleshooting**

25 Probleme selbstständig beheben

Dieses Kapitel stellt Ihnen die Möglichkeiten von Mac OS X vor, Probleme zu erkennen und Datenverluste zu vermeiden. Einige Bordmittel stehen zur Verfügung, wenn Ihr Rechner abstürzt, unzuverlässig arbeitet oder gar seinen Dienst gänzlich verweigert.

Zuverlässig, aber nicht perfekt | Mac OS X ist ein zuverlässiges Betriebssystem, aber es ist noch weit davon entfernt, perfekt zu sein. Arbeiten Sie sehr intensiv mit Ihrem Rechner, werden Sie über kurz oder lang mit dem einen oder anderen Problem konfrontiert werden. Neben Kleinigkeiten können auch große Probleme auftreten, wenn Ihr Rechner zum Beispiel gar nicht mehr startet und Sie die Arbeit von zwei oder mehr Wochen zu verlieren drohen.

Werkzeuge | Apple ist sich der Unzulänglichkeit seines Systems durchaus bewusst und stellt Ihnen eine Reihe von Möglichkeiten und Methoden zur Verfügung, mit denen Sie Probleme identifizieren und selbstständig beheben können. Die Spannbreite der Werkzeuge reicht von den Protokolldateien, die über Fehler und wichtige Ereignisse Buch führen, bis hin zu dem Programm `fsck`, mit dessen Hilfe ein defektes Dateisystem auch ohne Start von der Installations-DVD repariert werden kann. Wenn Sie diese Werkzeuge kennen und gezielt einsetzen, kommen Sie um eine Neuinstallation des Systems in den meisten Fällen herum.

Defekte Hardware?
Es ist möglich, dass Ihr Computer fehlerhaft verarbeitet wurde oder dass ein Teil der Hardware nicht mehr korrekt funktioniert. Arbeitet Ihr Rechner nicht mehr stabil, so muss dies nicht zwingend an einem Fehler im System liegen. Vielleicht ist der Arbeitsspeicher defekt, die Festplatte arbeitet fehlerhaft oder die Hauptplatine weist eine Störung auf. Wenn Sie partout nicht in der Lage sind, einen Fehler zu beheben oder sich die Ursache der Störung immer irgendwie anders darstellt, kann ein Gang zum nächsten Apple-Händler zwecks Reparatur angeraten sein.

25.1 Fehler strategisch einkreisen

Wenn Fehler auftreten oder Programme abstürzen, sollten Sie zuerst herausfinden, ob das Problem immer bei einer bestimmten Konstellation auftritt, es also reproduzierbar ist. Stürzt ein Programm willkürlich ab oder nur dann, wenn Sie zum Beispiel den Dialog zum Drucken aufrufen? Erfolgt eine Kernel Panic immer dann, wenn Sie ein bestimmtes Gerät anschließen, oder gibt es keine Gemeinsamkeiten zwischen den einzelnen Abstürzen?

Keine Panik!
Anhand dieser Fragen sollten Sie versuchen, mögliche Fehlerquellen auszuschließen und die Ursachen einzukreisen. Wenn Sie möglichst exakt den Zeitpunkt bestimmen können, an dem das Problem zum ersten Mal auftrat, dann sind Sie dessen Lösung schon recht nahe.

> **WARNUNG**
>
> Auf jeden Fall vermeiden sollten Sie das unüberlegte Ausführen von Programmen, die den Anspruch erheben, Ihr System automatisch und quasi in einem Rutsch zu optimieren, seine Performance zu erhöhen und vermeintliche Altlasten zu entsorgen. Bei vielen dieser Programme, die sehr gerne empfohlen werden, haben Sie kaum Einfluss, welche Dinge im System konkret modifiziert werden. Im schlimmsten Fall sind Sie hinterher mit noch mehr Problemen und Fehlerquellen konfrontiert als vorher.

Besser defensiv arbeiten
Die von Apple mit Mac OS X mitgelieferten Programme und Werkzeuge sind in fast allen Fällen ausreichend, um Ihr System wieder in einen arbeitsfähigen Zustand zu versetzen oder wenigstens Ihre Daten zu sichern und anschließend ein neues System einzuspielen. Troubleshooting nach dem Prinzip Schrotgewehr – indem Sie alles, was irgendwo an Maßnahmen empfohlen wurde, nacheinander ausprobieren – führt der Erfahrung nach nicht zum Erfolg.

Erfolgte Schritte nachvollziehen | Wenn Probleme auftreten, deren Ursache Sie nicht sofort eindeutig identifizieren können, ist ein strategisches Vorgehen sinnvoll. Versuchen Sie zu rekapitulieren, welche Aktionen Sie ausgeführt haben, bevor der Fehler auftrat. Zu den Faktoren, die Sie in Betracht ziehen sollten, zählen wenigstens die folgenden Punkte:

- Wurde neue Software installiert, und wenn ja, mit welchem Installationsprogramm?
- Erfolgte ein Absturz eines Programms oder gar eine Kernel Panic (siehe Abschnitt 25.5), und können so Dateien in Mitleidenschaft gezogen worden sein?
- Hat ein Stromausfall den Rechner zwangsweise ausgeschaltet?
- Haben Sie Dateien gelöscht, Schriften deaktiviert oder anderweitig in den Inhalt der Ordner /SYSTEM und /LIBRARY eingegriffen?
- Ist Ihnen bei der Arbeit am Terminal vielleicht ein Tippfehler unterlaufen, und haben Sie, ohne es zu beabsichtigen, zum Beispiel eine Konfigurationsdatei gelöscht anstatt sie zu kopieren?
- Wurden Änderungen an der Konfiguration Ihres Rechners vorgenommen und zum Beispiel eine neue Festplatte angeschlossen oder eine neue Grafikkarte eingebaut?
- Haben Sie neue Treiber für ein Gerät (Scanner, Laufwerk…) installiert oder Treiber aktualisiert?
- Haben Sie eine Aktualisierung Ihres Systems etwa von 10.6.3 auf 10.6.4 vorgenommen oder andere Bestandteile über die Software-Aktualisierung auf den neuesten Stand gebracht, und ist diese Installation vielleicht fehlgeschlagen oder mit Teilen der von Ihnen verwendeten Programme nicht (mehr) kompatibel?
- Wurden Programme ausgeführt, die den Anspruch erheben, Ihr System zu optimieren, und die ohne Ihre Aufsicht und Kontrolle Systemdienste ausführen? Könnten diese Optimierungen die Ursache sein?

Fehler typisieren | Bei den Problemen und Fehlerquellen lohnt sich die Überlegung, ob die Behebung überhaupt in Ihrem Einflussbereich liegt oder nicht. Funktioniert ein neues Programm nicht so, wie es von Ihnen erwartet und vom Hersteller beworben wurde, dann kann die Ursache nicht nur darin liegen, dass Ihr System nicht korrekt arbeitet, sondern dass das Programm einfach fehlerhaft ist. In diesem Fall wären Sie als Anwender schlichtweg machtlos und müssten auf eine neue Version, die um den Fehler bereinigt wurde, warten.

Arbeitet Ihr System hingegen längere Zeit stabil und beginnt dann abzustürzen oder Programme frieren ein, hat sich wohl im laufenden Betrieb ein Fehler eingeschlichen. In diesem Fall ist es sehr wahrscheinlich, dass Sie diesen finden und beheben können. Es ist auch möglich, dass gerade Ihre Kombination von Rechner und angeschlossenen Geräten (Scanner, Maus, Drucker, Laufwerke usw.) nicht verträglich ist, weil der Treiber eines Gerätes fehlerhaft programmiert wurde und nicht mit den anderen zusammenarbeitet. Und schließlich ist es nicht ausgeschlossen, dass der Fehler von Apple selbst stammt und Sie warten müssen, bis eine Aktualisierung von Mac OS X zur Verfügung steht.

25.2 Der System-Profiler

Das Dienstprogramm SYSTEM-PROFILER ermöglicht Ihnen eine Übersicht über Ihr Betriebssystem. Das Programm finden Sie im Ordner DIENSTPROGRAMME, oder Sie rufen das Apfel-Menü bei gedrückt gehaltener Taste ⌥ auf.

Hardware überprüfen | Um die relevanten Informationen einsehen zu können, sollten Sie den Menüpunkt DARSTELLUNG • VOLLSTÄNDIGES PROFIL auswählen. Die beiden anderen Profile bieten zwar auch Informationen, aber einige Punkte, die für Sie relevant sein können, werden nicht angezeigt. In der linken Leiste finden Sie drei Gruppen von Informationen. Unter HARDWARE wird die an Ihrem Gerät angeschlossene und vom Betriebssystem erkannte Hardware angezeigt. Bei Geräten oder Anschlüssen, die an Ihrem Rechner nicht verfügbar sind, erhalten Sie einen entsprechenden Hinweis.

▲ **Abbildung 25.1**
Der System-Profiler kann bei gedrückter Taste ⌥ über das Apfel-Menü aufgerufen werden.

Wird ein Teil Ihrer Hardware nicht erkannt, sind die hier gesammelten Informationen ein guter Ausgangspunkt. Haben Sie zum Beispiel einen neuen Speicherchip eingebaut, dann müsste dieser im Bereich SPEICHER angezeigt werden. Sie finden dort die auf Ihrem Rechner zur Verfügung stehenden Speicherbänke. Falls eigentlich alle belegt sind und dennoch eine Bank als LEER angegeben wird, liegt möglicherweise ein Wackelkontakt vor, oder der eingebaute Arbeitsspeicher ist nicht mit Ihrem Rechner kompatibel. Möglicherweise ist der Chip auch einfach nur defekt.

Haben Sie ein neues Gerät (FireWire-Festplatte, Scanner etc.) an Ihren Rechner angeschlossen und steht es Ihnen nicht wie erwartet zur Verfügung, so sollten Sie im Hardware-Profil Ihres Rechners nachschauen. Wird Ihr Gerät angezeigt, dann ist die physikalische Verbindung wohl fehlerfrei, und der Fehler ist innerhalb der Software, der Gerätetreiber oder der Einstellung Ihres Systems zu suchen. Ist das Gerät hingegen nicht aufgelistet, funktioniert möglicherweise die Verbindung mit dem Rechner nicht. Eine oft übersehene Fehlerquelle sind defekte oder nicht richtig angeschlossene Kabel.

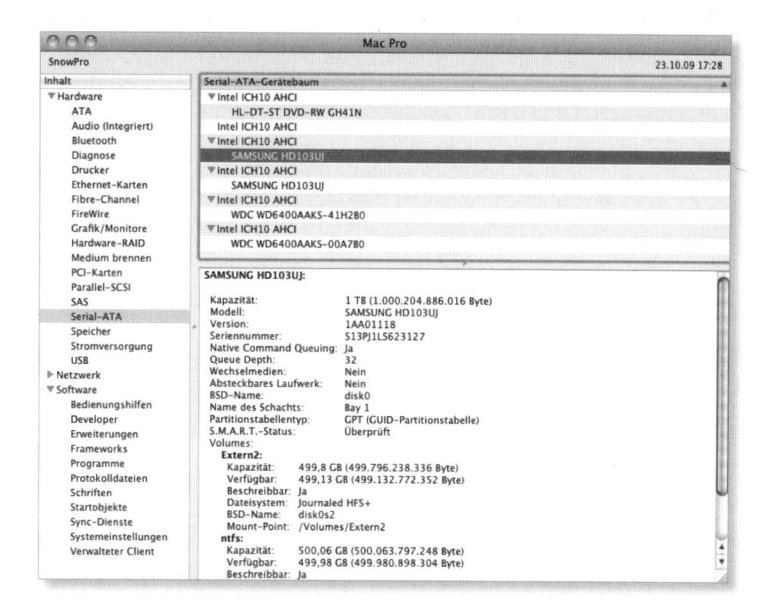

Abbildung 25.2 ▶
Das vollständige Profil des Systems bietet zur Problembehebung wichtige Informationen.

Netzwerk im Überblick | Der Bereich NETZWERK liefert ergänzende Informationen, die Sie auch über das NETZWERKDIENSTPROGRAMM sammeln können. Neben den auf Ihrem Rechner verfügbaren Anschlüssen (MODEMS, AIRPORT-KARTE…) bietet Ihnen der Punkt UMGEBUNGEN eine Übersicht über die in den Systemeinstellungen eingerichteten Netzwerkkonfigurationen. In der langen Liste finden Sie die vorhandenen Anschlüsse und ihre Konfigurationen.

Treiber, Einstellungen… | Im Bereich SOFTWARE werden nicht nur die installierten Programme aufgelistet, sondern auch die ERWEITERUNGEN des Systems. Als ERWEITERUNGEN werden im SYSTEM-PROFILER die Kernel Extensions betrachtet. Sie können sich in dieser Ansicht einen Überblick darüber verschaffen, welche Erweiterungen geladen wurden. Das System prüft Kernel Extensions automatisch dahingehend, ob sie korrekt programmiert und ob die Abhängigkeiten erfüllt wurden. Abhängigkeiten bedeuten in diesem Zusammenhang, dass Kernel Extensions aufeinander aufbauen.

So muss, damit eine USB-Maus angeschlossen werden kann, natürlich zuvor der Treiber für den USB-Anschluss geladen und aktiviert werden. Zu den Erweiterungen gehören auch die Treiber für Grafikkarten.

Der Bereich FRAMEWORKS listet die mit Ihrem System installierten Funktionsbibliotheken auf. Auf diese Bibliotheken greifen Entwickler zurück, wenn sie bestimmte Funktionen implementieren möchten. Über das Framework ADDRESSBOOK können verschiedene Funktionen, die auf das Adressbuch zurückgreifen, implementiert werden.

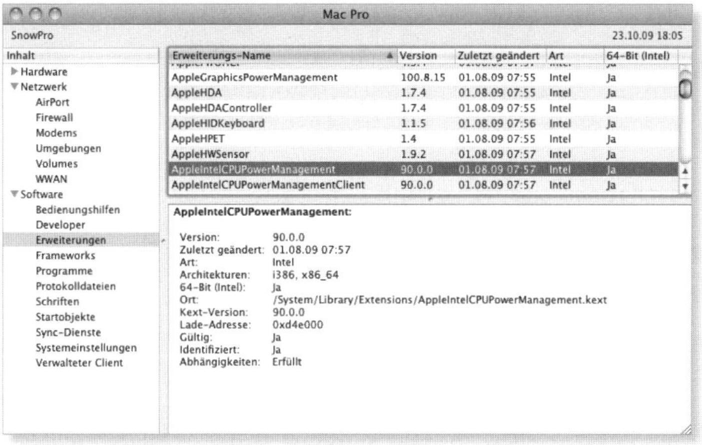

◀ **Abbildung 25.3**
Aktive Kernel Extensions, Schriften und Frameworks werden im Bereich »Software« aufgelistet.

Der Punkt PROGRAMME listet Ihnen alle installierten und vom System automatisch aufgefundenen Applikationen auf. Auf dieser Liste basieren unter anderem die LaunchServices, die für die Zuordnung von Dateien zu Programmen zuständig sind. Es ist möglich, dass Sie ein Programm an einer anderen Stelle auf Ihrer Festplatte oder auf einer anderen Partition abgelegt haben. Es würde dann vom SYSTEM-PROFILER nicht automatisch angezeigt, könnte von Ihnen aber dennoch gestartet werden.

Unter SCHRIFTEN finden Sie alle Schriftarten, die auf Ihrem System installiert wurden. Dabei zeigt Ihnen der SYSTEM-PROFILER an, ob die Schrift aktiv ist und ob die Prüfung der Datei erfolgreich war. Ferner wird angegeben, in welchem Ordner die Schriftart installiert wurde.

Die STARTOBJEKTE geben den Inhalt der Ordner /SYSTEM/LIBRARY/STARTUPITEMS und /LIBRARY/STARTUPITEMS wieder. Da die automatisch zu startenden Programme und Dienste in der Regel über LaunchDaemons und LaunchAgents realisiert werden, ist dieser Eintrag wahrscheinlich leer. Es kann sich aber dennoch lohnen, einen Blick in diesen Eintrag zu werfen, weil einige mittlerweile wohl als veraltet geltende Dienste und Erweiterungen sich dieser noch unterstützten Technik bedienen können.

25.3 Problemen auf der Spur: Protokolle

Mac OS X protokolliert im Hintergrund sowohl Fehlermeldungen als auch besondere Ereignisse, die während des Betriebs des Systems auftreten. Neben Abstürzen von Programmen werden auch die Aktivierung von Dateisystemen über das Netzwerk, Druckaufträge, Anmeldungen von Benutzern, Zugriffe auf den Web- und FTP-Server und noch vieles mehr teilweise akribisch protokolliert.

Diese Protokolle sind, wenn Sie sich mit dem SYSTEM-PROFILER einen Überblick über die Konfiguration Ihres Systems verschafft haben, die erste und wohl auch beste Anlaufstelle, weiter nach der Ursache von Problemen zu suchen.

Das Dämon syslogd
Im Hintergrund arbeitet der Dämon syslogd. Er nimmt die Ausgaben von Programmen und Abstürzen entgegen und schreibt sie in die jeweiligen Protokolle. Apple hat sich im Zuge der Entwicklung bemüht, die Art der Protokollierung weiter zu standarisieren. Ein Produkt dieser Bemühungen ist die Bibliothek asl, die Programmierern die Protokollierung von Ereignissen erleichtert. Mit dem Befehl logger können Anwender selbst Nachrichten in die Protokolle schreiben. Der Befehl lässt sich sehr gut mit Shell-Skripten nutzen.

Textdateien und Datenbank | Bei vielen Protokollen handelt es sich um einfache Textdateien, die Sie mit einem beliebigen Editor betrachten können. Die von Apple in den letzten Versionen von Mac OS X eingeführte und weiterentwickelte Lösung besteht in einer Datenbank, in der die Nachrichten von Prozessen gesammelt werden. Das Format, in dem die Fehler und Ereignisse notiert werden, unterscheidet sich von Programm zu Programm teilweise erheblich. So sind die Protokolle für die Zugriffe auf den Webserver gänzlich anders aufgebaut als die für Abstürze von Programmen und Fehlermeldungen des Drucksystems CUPS.

Zum Verständnis der Protokolle sollten Sie jeweils die Erläuterungen der einzelnen Dienste in den entsprechenden Kapiteln dieses Buches heranziehen oder sich, sofern Sie über ausreichende Kenntnisse der englischen Sprache verfügen, die Dokumentation und man-pages der Programme und Dienste durchlesen. Eine detaillierte Erklärung aller Einträge in den Protokolldateien ist aufgrund der großen Spannbreite der Informationen an dieser Stelle leider nicht möglich.

[Konsole]
Der Name rührt daher, dass unter den klassischen UNIX-Systemen die Konsole, also der Bildschirm, zur Anzeige der in den Protokollen gespeicherten Ausgaben diente. Aus diesem Grund wechselt auch die Eingabe von >console als Benutzer im Anmeldefenster direkt an die Shell. Der Macintosh verhält sich dann so, wie sich die UNIX-Konsolen vor dem Aufkommen der grafischen Benutzeroberflächen verhielten.

25.3.1 Das Dienstprogramm Konsole

Zur schnellen Anzeige der Protokolle und zur Navigation in ihnen ist das Dienstprogramm Konsole nützlich. Die linke Leiste, die Sie gegebenenfalls mit einem Klick auf das Icon PROTOKOLLLISTE EINBLENDEN anzeigen lassen können, zeigt Ihnen alle Protokolle des Systems an. Diejenigen, für die Ihnen als normaler Benutzer die Zugriffsrechte fehlen, werden grau dargestellt.

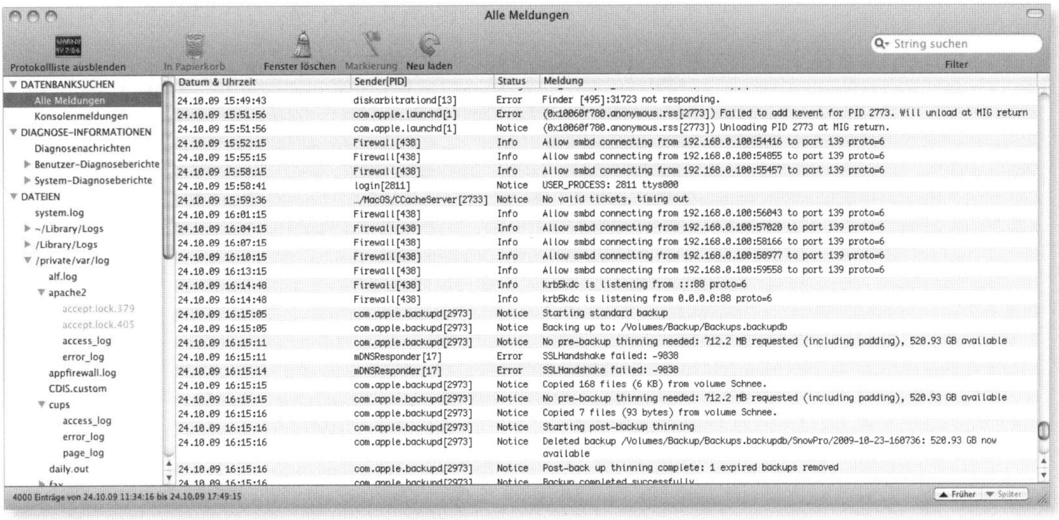

▲ **Abbildung 25.4**
Das Dienstprogramm Konsole ermöglicht den Zugriff auf eine Vielzahl von Protokollen.

Drei Kategorien | Die Protokolle gliedern sich in drei Kategorien. Unter DATENBANKSUCHEN finden Sie die beiden Einträge ALLE MELDUNGEN sowie KONSOLENMELDUNGEN. Der erste Eintrag enthält alle Meldungen, die von Programmen, dem Kernel, der Firewall und weiteren Systemdiensten ausgegeben und nicht in einer gesonderten Datei, sondern in die zuvor erwähnte Datenbank geschrieben wurden. Etwas übersichtlicher ist der Eintrag KONSOLENMELDUNGEN. Hier werden nur die Nachrichten angezeigt, die von Programmen und Prozessen an der Konsole ausgegeben werden. Diese werden auch unter ALLE MELDUNGEN angezeigt, aber da in der zweiten Ansicht deutlich weniger Zeilen protokolliert wurden, können Sie hier die Information, sofern sie von einem aktiven Prozess in das Protokoll geschrieben wurde, leichter finden.

Diagnose-Informationen | In der Kategorie DIAGNOSE-INFORMATIONEN finden Sie zunächst den Eintrag DIAGNOSENACHRICHTEN. Dieser enthält eine Reihe von Informationen über Ereignisse, die im weiteren Sinne die Administration Ihres Systems betreffen. Dazu gehören der Verlauf der Softwareaktualisierung, das »Aufwachen« aus dem Ruhezustand sowie die Installation von Software über das Installationsprogramm von Mac OS X. In der Rubrik BENUTZER-DIAGNOSEBERICHTE finden Sie, wenn Programme wie der Finder abstürzen, einzelne Einträge, deren Name mit dem angestürzten Programm beginnt. Darauf folgt der Zeitpunkt des Absturzes. Diese Absturzprotokolle sind für

Entwickler eine wertvolle Hilfe, um Fehlern auf den Grund gehen zu können. Wenn Sie an einen Entwickler einen Fehler melden, dann sollten Sie diese Protokolle gegebenenfalls zur Hand haben.

In der Rubrik SYSTEM-DIAGNOSEBERICHTE finden Sie Absturzprotokolle von Programmen, die wie die Systemeinstellungen eher zur Administration des Betriebssystems gehören. Einträge, deren Bezeichnung mit KERNEL beginnt, enthalten das Protokoll einer Kernel Panic (siehe Abschnitt 25.5).

Dateien | Die Kategorie DATEIEN ermöglicht Ihnen den Zugriff auf die Protokolle, die in Dateien gesichert werden. Dabei gibt es neben der im weiteren Sinne als Hauptprotokoll zu bezeichnenden Datei SYSTEM.LOG drei übergeordnete Verzeichnisse, in denen das System Protokolldateien speichert.

Im Verzeichnis ~/LIBRARY/LOGS werden die Protokolle vorgehalten, die mit Ihrem Benutzerkonto in Verbindung stehen. Haben Sie das Festplatten-Dienstprogramm genutzt, dann finden Sie hier die Datei DISKUTILITY.LOG, die die Informationen über Ihre Aktionen enthält. Probleme und Vorgänge in Bezug auf Synchronisierungen über iSync und MobileMe finden Sie in den Unterverzeichnissen SYNC sowie FILESYNCAGENT.

Unter /LIBRARY/LOGS werden in erster Linie die Protokolle gesichert, die von Systemdiensten, die mehrheitlich von Apple selbst entwickelt wurden, stammen. Dazu gehört unter anderem die Protokollierung der Dateifreigabe über AFP (siehe Abschnitt 19.2), die der Verzeichnisdienste (DIRECTORYSERVICE) sowie der Ergebnisse des Systemassistenten (SETUPASSISTENT.LOG) und des Migrationsassistenten (SYSTEMMIGRATION.LOG).

Das Verzeichnis /VAR/LOG enthält die Protokolle, die von den grundlegenden Systemdiensten stammen. Dazu gehören im Unterverzeichnis CUPS die Protokolle des Drucksystems, im Unterverzeichnis APACHE2 die Protokolle des Apache-Webservers sowie in der Datei APPFIREWALL.LOG das Protokoll der Application Level Firewall (siehe Abschnitt 17.5).

Protokolle verstehen | Bei allen Protokollen werden neue Informationen und Einträge angehängt. Sie finden demnach die aktuellsten Informationen am unteren Ende der Darstellung. In den meisten Protokollen finden Sie zu Beginn den Zeitpunkt, an dem das protokollierte Ereignis aufgetreten ist. Der weitere Aufbau der Zeile unterscheidet sich von Protokoll zu Protokoll. Sie finden hier unter anderem das Benutzerkonto, den Namen Ihres oder des entfernten Rechners sowie eine knappe Beschreibung des Ereignisses. Wenn Fehler auftreten und sich Ihr System nicht wie gewünscht

---

Redundanz
Aufgrund des zuvor beschriebenen Wechsels in der Art und Weise, wie das System Ereignisse protokolliert, finden Sie mehrere Protokolle und Dateien doppelt. So beinhaltet das Verzeichnis CRASHREPORTER im Ordner ~/LIBRARY/LOGS die gleichen Informationen wie die entsprechenden Einträge unter BENUTZER-DIAGNOSEBERICHTE. Auch decken sich die Einträge in der Datei SYSTEM.LOG in weiten Teilen mit den Informationen, die Sie über den Eintrag ALLE MELDUNGEN einsehen können.

verhält, dann sollten Sie sich den betreffenden Zeitpunkt merken oder in Erinnerung rufen und dann die Protokolle gezielt danach durchsuchen, ob in diesem Moment etwas protokolliert wurde.

Status eines Ereignisses | Wenn Sie sich die Protokolle, die in der Datenbank vorgehalten werden, anzeigen lassen, dann wird die Anzeige in mehreren Spalten dargestellt. Mit einem Klick auf die Titelleiste oder den Menüpunkt Darstellung • Spalten können Sie weitere Spalten ein- und auch ausblenden. Sehr nützlich ist die in den Standardeinstellungen nicht sichtbare Spalte Status. Bei den Einträgen in der Datenbank können die Prozesse der Beschreibung auch eine Einstufung zuschreiben und so die Nachrichten gewichten. Während ein Eintrag mit dem Status Info oder Notice Informationen enthält, die für die Fehlersuche zunächst eher unerheblich sein dürften, wären die Einträge mit dem Status Warning und Error von höherem Interesse.

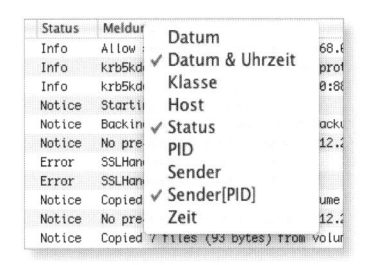

▲ **Abbildung 25.5**
Bei den Protokollen in der Datenbank können weitere Spalten angezeigt werden.

Protokolle durchsuchen | Die Fülle der Informationen, die die Protokolle bieten, kann bei der Suche und Recherche etwas hinderlich sein. Über das Textfeld Filter oben rechts im Fenster können Sie die Anzeige auf die Einträge oder Zeilen eingrenzen, in denen die eingegebene Zeichenkette enthalten ist.

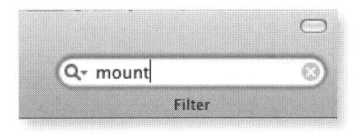

▲ **Abbildung 25.6**
Über den Filter kann die Anzeige eingegrenzt werden.

Archive | Die Protokolle werden vom System im Hintergrund archiviert, und außerdem stellt Ihnen das Dienstprogramm Konsole nicht alle Einträge auf einmal dar. Bei den Protokollen, die in der Datenbank vorliegen, können Sie über die Schaltflächen Früher und Später unten in der Statusleiste weiter zurückliegende Informationen aufrufen oder wieder zu den aktuelleren wechseln. In Statusleiste unten links finden Sie die Angabe über die Anzahl sowie den Zeitraum der angezeigten Einträge.

Protokolle, die in Dateien und nicht in der Datenbank gespeichert werden, werden vom System komprimiert und archiviert. Dieser Vorgang erfolgt nachts um 3:00 Uhr. Daher finden Sie die Datei system.log wahrscheinlich mehrfach, wobei sie aufsteigend nummeriert und mit der Dateiendung bz2 versehen werden. Die Dateiendung bz2 verweist auf den bei der Komprimierung verwendeten Algorithmus. Wenn Sie weiter zurückliegende Ereignisse einsehen möchten, dann finden Sie die ältesten verfügbaren Protokolle in der Datei mit der höchsten Nummer.

Protokolle überwachen

In den Voreinstellungen der Konsole können Sie einstellen, ob sich das Programm bemerkbar machen soll, wenn es sich im Hintergrund befindet und in dem von Ihnen angezeigten Protokoll eine neue Zeile hinzugefügt wird. Auf diese Weise können Sie im Hintergrund ein Protokoll überwachen und sich über neue Einträge informieren lassen.

25.3.2 Absturzprotokolle

Wenn ein Programm unerwartet beendet wird, also abstürzt, nimmt das System von diesem Ereignis Notiz. Sie erhalten

Spindump

Wenn ein Programm nicht direkt abstürzt, sondern über einen gewissen Zeitraum nicht reagiert, also auf interne Nachrichten des Systems nicht antwortet, wird es zwangsweise beendet. Sie erhalten dann einen entsprechenden Hinweis, der dem in Abbildung 25.7 ähnelt. Wenn ein Programm auf diese Weise abgefangen wurde, dann finden Sie ein Protokoll in den Diagnoseberichten.

zunächst, sofern es sich um ein Programm mit grafischer Oberfläche handelt, einen Hinweis, dass das Programm beendet wurde. Über ERNEUT ÖFFNEN können Sie es gleich neu starten.

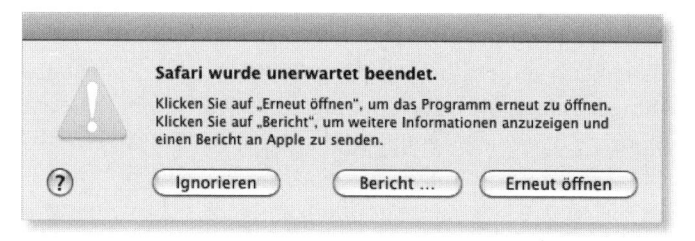

▲ **Abbildung 25.7**
Stürzt ein Programm ab, kann ein Bericht angezeigt werden.

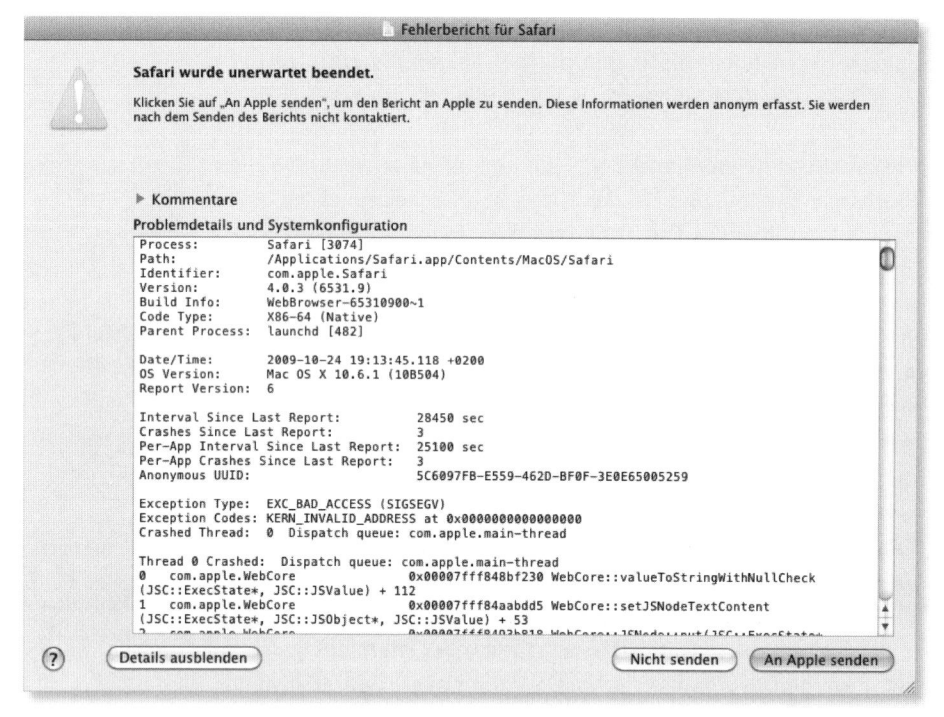

▲ **Abbildung 25.8**
Nach einem Absturz kann der Bericht an Apple geschickt werden.

Bericht | Sie können sich den BERICHT des Absturzes direkt aus der Mitteilung über die gleichnamige Schaltfläche anzeigen lassen. Berichte zurückliegender Abstürze im Dienstprogramm Konsole finden Sie unter CRASHREPORTER im Verzeichnis ~/LIBRARY/LOGS oder in Form der oben erwähnten Diagnoseberichte. Wenn ein Programm mehrmals abstürzt und Sie den Eindruck haben, dass es fehlerhaft programmiert ist, sind diese Protokolle für Programmierer eine große Hilfe, um den Fehler zu berichtigen.

CrashReporter konfigurieren | Haben Sie die Entwicklungsumgebung Xcode installiert, dann finden Sie im Ordner /DEVELOPER/ APPLICATIONS/UTILITIES das Programm CRASH REPORTER PREFERENCES.

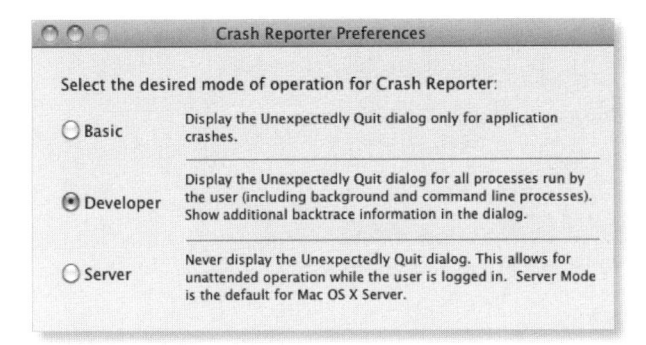

◄ **Abbildung 25.9**
In den CRASH REPORTER PREFERENCES können die Meldungen über die Abstürze konfiguriert werden.

Ihnen stehen hier drei Modi zur Auswahl: Mit BASIC wird die Standardeinstellung beschrieben, die Ihnen die Fehlerberichte nur bei Abstürzen von Programmen mit einer grafischen Oberfläche präsentiert.

Wählen Sie die Option DEVELOPER, dann erhalten Sie auch einen Fehlerbericht, wenn ein Dämon im Hintergrund abstürzt. Dies bezieht sich aber nur auf die Prozesse, die Ihrem Benutzerkonto zugeordnet werden. Über einen Absturz des Apache Webservers, der unter der Benutzerkennung _www läuft, werden Sie auch mit dieser Einstellung nicht informiert.

Schließlich können Sie mit der Option SERVER den Hinweis über einen Absturz gänzlich unterbinden. Der Name dieser Option rührt daher, dass es für den Betrieb eines Servers hinderlich sein kann, wenn der Dialog die grafische Oberfläche blockiert und gegebenenfalls auf eine Reaktion des Benutzers wartet.

25.4 Programme zwangsweise beenden

Manchmal kommt es vor, dass ein Programm nicht komplett abstürzt, sondern sich in einer Art Endlosschleife befindet. Es reagiert nicht auf Eingaben und lässt sich weder über das Menü noch über die Tastenkombination ⌘ + Q beenden. In diesem Fall können Sie über das Kontextmenü des Docks den Punkt SOFORT BEENDEN aufrufen.

Eine andere Möglichkeit besteht darin, dass Sie mit der Tastenkombination ⌘ + ⌥ + esc den Dialog aus Abbildung 25.11 aufrufen. Programme, die eingefroren erscheinen, werden dort mit dem Zusatz (REAGIERT NICHT) rot hervorgehoben. Wenn Sie

▲ **Abbildung 25.10**
Ein nicht reagierendes Programm kann über das Dock zwangsweise beendet werden ❶.

das Programm dort auswählen, können Sie es SOFORT BEENDEN. Sie erhalten vorher einen Hinweis des Systems, dass damit Datenverluste verbunden sein können. In der Tat gehen Dateien und Dokumente, die Sie nicht gesichert haben, mit der erzwungenen Beendigung verloren.

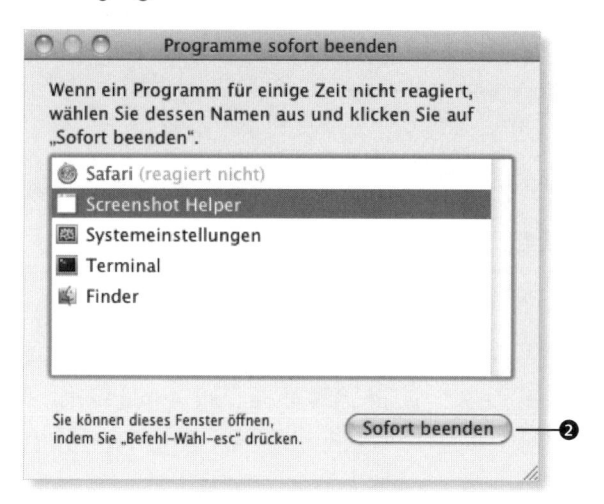

Abbildung 25.11 ▶
Ein nicht reagierendes Programm kann sofort beendet werden ❷.

Dock und Dashboard
Beachten Sie beim Neustart des Docks, dass es der übergeordnete Prozess für die Widgets auf Ihrem Dashboard ist. Beenden Sie das Dock, so wird auch Dashboard beendet, und es kann vorkommen, dass noch nicht gespeicherte Eingaben bei einem Widget verloren gehen.

TIPP
Anstelle des schnellen Benutzerwechsels können Sie sich natürlich auch über die entfernte Anmeldung mit SSH, sofern Sie diesen Dienst aktiviert haben, anmelden und das Dock zwangsweise beenden.

Dock neu starten | In seltenen Fällen kann es vorkommen, dass das Dock nicht mehr reagiert und eingefroren bleibt. Zwar arbeiten die aktiven Programme weiter, allerdings lassen sich keine anderen mehr über das Dock starten. Auch der Aufruf über den Finder schlägt fehl, da für eine erfolgreiche Initialisierung eines Programms auch das Dock angesprochen werden muss. Wenn Sie das Terminal bereits gestartet haben, können Sie mit dem Befehl `killall Dock` das Dock zwangsweise beenden. Es wird vom System automatisch neu gestartet.

Sollte das Terminal nicht aktiv sein, können Sie mit dem schnellen Benutzerwechsel zu einem anderen Benutzerkonto wechseln und dort das Terminal starten. Wechseln Sie dann mit der Eingabe `su Kurzname` (siehe Abschnitt 14.3.1) am Terminal zu dem Benutzerkonto, dessen Dock nicht mehr funktioniert, und ermitteln Sie mit `ps aux` die PID des Dock-Prozesses. Sie können dann mit `kill PID-Nummer` (z. B. `kill 263`) das blockierte Dock direkt beenden. Wenn Sie sich nun mit `exit` am Terminal wieder abmelden und zu dem ersten Benutzerkonto zurückkehren, wurde das Dock bereits neu gestartet.

Menüleiste neu starten | In Ausnahmefällen kann es auch vorkommen, dass die Menüleiste oben rechts nicht mehr reagiert. Diese wird über den Prozess `SystemUIServer` realisiert, den Sie am Terminal mit `killall SystemUIServer` neu starten können.

25.5 Kernel Panic

Hin und wieder kann es vorkommen, dass ein Fehler nicht nur das Programm, sondern gleich das ganze System blockiert. In einem solchen Fall ist der Kernel nicht mehr in der Lage, den aus dem Ruder gelaufenen Prozess ordnungsgemäß zu beenden, sondern er muss sich selbst beenden. Ein panischer Kernel reagiert auf einen Fehler, der seinen Grund meist in den tieferen Schichten des Systems hat. Die Ursache können fehlerhaft programmierte Kernel Extensions sein, vielleicht aber auch Hardwarefehler.

Einmalig oder regelmäßig?
Auch Mac OS X ist nicht perfekt, und ein kleinerer Fehler kann auch mal schwere Konsequenzen nach sich ziehen. Lässt sich hingegen die Kernel Panic reproduzieren, sollten Sie das Protokoll nach Zeilen mit den Wörtern error oder unsupported durchsuchen; Sie erhalten anhand der dort aufgeführten Programme und Systemdienste möglicherweise einen ersten Anhaltspunkt für die weitere Recherche.

▲ **Abbildung 25.12**
Eine Kernel Panic wird Ihnen in vier Sprachen bekannt gegeben.

▲ **Abbildung 25.13**
Wurde der Rechner nach einer Kernel Panic zwangsweise neu gestartet, erhalten Sie einen Hinweis nach der nächsten Anmeldung.

Protokoll der Panik | Um der Ursache für eine Kernel Panic auf den Grund zu kommen, finden Sie unter SYSTEM-DIAGNOSEBERICHTE ein Protokoll mit der Endung PANIC, das die Details dieses Absturzes enthält. Oft sind die hier enthaltenen Einträge kryptisch, und die Anleitung für ihre Lektüre könnte leicht drei bis vier Kapitel füllen. Das Protokoll enthält eine Liste der Kernel Extensions, die zum Zeitpunkt der Panik geladen waren.

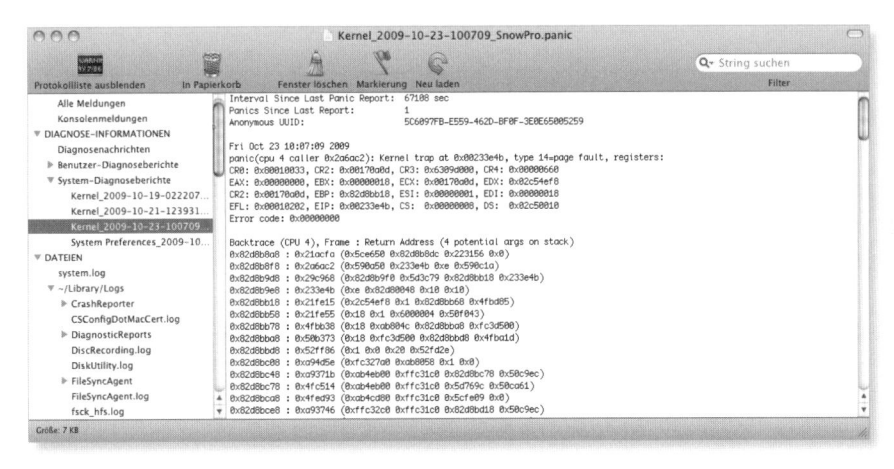

▲ **Abbildung 25.14**
Im Protokoll der Panik werden die geladenen Kernel Extensions aufgelistet.

Einen ersten Anhaltspunkt für die Ursache der Kernel Panic erhalten Sie aber schon, wenn Sie sich noch einmal den Zeitpunkt des Absturzes vergegenwärtigen. Ist die Kernel Panic aufgetreten, als Sie eine bestimmte Aktion ausgeführt haben, und lässt sich dies wiederholen, oder scheint reiner Zufall im Spiel gewesen zu sein? Wenn Letzteres der Fall ist und die Kernel Panic vorerst nicht mehr vorkommt, können Sie es dabei bewenden lassen.

25.6 Neustart erzwingen

> **WARNUNG**
>
> Wenn Sie Ihr System erzwungen neu starten, können Dateien in Mitleidenschaft gezogen werden. Sie verlieren auf jeden Fall alle ungesicherten Daten. In der Regel können die ungesicherten Dateien nach dem Neustart noch in ihrer ursprünglichen Form geöffnet werden. Aber es kann vorkommen, dass Ihnen auch diese Dateien verloren gehen oder sie beschädigt werden.

In sehr seltenen Fällen kann es vorkommen, dass Ihr System komplett abstürzt und auf gar keine Eingabe mehr reagiert. Der Mauspfeil ist auf seiner Position festgefroren, und auch die Kombination ⌘ + ⌥ + esc führt zu keiner Reaktion. Bei neueren Geräten mit einem Intel-Prozessor halten Sie die Taste zum Einschalten ein paar Sekunden gedrückt, und das System wird zwangsweise ausgeschaltet. Dabei werden alle Prozesse sofort ohne Rückfrage und ohne die Möglichkeit zum Speichern ungesicherter Daten aus dem Arbeitsspeicher entfernt.

Der erzielte Effekt ist in etwa mit einem Stromausfall vergleichbar. Diese Tastenkombination ist der letzte Ausweg. Nach einem erzwungenen Neustart sollten Sie mit dem Festplatten-Dienstprogramm (siehe unten) prüfen, ob Ihre Dateisysteme in Mitleidenschaft gezogen wurden.

25.7 Startprobleme

> **Bluetooth**
>
> Wenn Sie mit einer Tastatur arbeiten, die über Bluetooth angeschlossen wird und nicht von Apple stammt, dann ist es wahrscheinlich, dass diese Tastatur die Startmodi nicht unterstützt.

Manchmal treten Probleme schon beim Start auf, und das System fährt gar nicht mehr richtig hoch. Es gibt einige Methoden, wie Sie bei Startproblemen reagieren können, die sich in erster Linie auf verschiedene Modi beziehen, mit denen Sie das Verhalten des Systems beim Start steuern können.

25.7.1 Der Startvorgang im Detail

Wenn Sie Ihren Rechner einschalten, werden im Hintergrund einige Prozesse ausgeführt, bis Ihnen das Anmeldefenster zur Verfügung steht. Dieser Abschnitt gibt Ihnen einen kurzen Überblick über den Startvorgang.

Extensible Firmware Interface | Direkt nach dem Einschalten wird das Extensible Firmware Interface (EFI) aktiviert. Zunächst führt es einige schnelle Tests der Hardware des Rechners durch.

boot.efi | Wenn die Open Firmware oder das EFI diese Aufgabe abgeschlossen haben, wird das eigentliche Betriebssystem gestartet. Vorgenommen wird der Start des Systems über BOOT.EFI im Verzeichnis /SYSTEM/LIBRARY/CORESERVICES.

Kernel wird aktiviert | BOOT.EFI starten dann den Kernel. Hierbei wird auf einige Zwischenspeicher zurückgegriffen, die den Start beschleunigen. Auf diese Weise muss sich der Kernel nicht alle benötigten Kernel Extensions aus den Verzeichnissen /SYSTEM/LIBRARY/EXTENSIONS und /LIBRARY/EXTENSIONS bei jedem Start erneut zusammensuchen.

LaunchDaemons | Wenn alle Erweiterungen geladen wurden, der vollständige Zugriff auf die Hardware also möglich ist, werden die Objekte aus den Verzeichnissen /SYSTEM/LIBRARY/LAUNCHDAEMONS und /LIBRARY/LAUNCHDAEMONS (siehe Abschnitt 13.3) gestartet. Damit stehen die für den normalen Betrieb des Systems notwendigen Dienste und Dämonen zur Verfügung. Der letzte Schritt besteht im Start des Anmeldefensters, das sich als Programm LOGINWINDOW.APP im Verzeichnis /SYSTEM/LIBRARY/CORESERVICES befindet.

Nach der Anmeldung | Wenn Sie sich am Anmeldefenster authentifiziert haben, startet der Prozess `loginwindow` das Dock, den Finder und die Zwischenablage (`pbs`) und führt die in den Verzeichnissen /SYSTEM/LIBRARY/LAUNCHAGENTS, /LIBRARY/LAUNCHAGENTS und ~/LIBRARY/LAUNCHAGENTS vorhandenen LaunchAgents (siehe Abschnitt 13.3) aus. Ferner werden die für das Benutzerkonto in den Systemeinstellungen vorgegebenen Startobjekte (siehe Abschnitt 14.4.4) ausgeführt.

25.7.2 Startvolume auswählen

Haben Sie auf Ihrem Rechner mehrere Versionen von Mac OS X auf unterschiedlichen Partitionen installiert, die DVD mit Mac OS X 10.5 im Laufwerk eingelegt, eine externe Festplatte über den FireWire-Bus oder am USB-Bus angeschlossen, oder verfügen Sie über die Server-Variante von Mac OS X, so können Sie den nicht mehr startenden Rechner anweisen, von einem anderen System zu starten.

Caches für den Kernel
Um den Startvorgang zu beschleunigen, greift der Kernel auf einige Caches zurück. So findet sich im Verzeichnis /SYSTEM/LIBRARY/CACHES das Verzeichnis COM.APPLE.KEXT.CACHES. Ferner wird die darin enthaltene Datei EXTENSIONS.MKEXT genutzt, die die benötigten Kernel Extensions und deren Abhängigkeiten (siehe Abschnitt 13.1.1) enthält.

StartupItems
Sofern Sie weitere Programme und Dienste installiert haben, kann es auch vorkommen, dass Startup-Items ausgeführt werden. Diese mittlerweile veraltete Methode des Starts von Systemdiensten beruht auf Shell-Skripten, die sich in den Verzeichnissen /SYSTEM/LIBRARY/STARTUPITEMS und /LIBRARY/STARTUPITEMS befinden können.

Startvolume auswählen
⌥ beim Startgong

Andere Installation wählen | Halten Sie, nachdem der Startgong ertönt ist, die Taste ⌥ gedrückt, so sucht der Rechner nach allen erreichbaren Installationen. Sie können nun eine Installation auswählen und durch einen Klick auf den Pfeil nach rechts starten. Bei einem Rechner mit einem Intel-Prozessor müssen Sie den Pfeil unterhalb anklicken. Diese Funktion gehört zum EFI und ist damit von den Installationen des Systems auf Datenträgern unabhängig.

Startvolume ignorieren
⌘ + ⌥ + ⇧ + ←

Startvolume ignorieren | Sollte das Startvolume Ihres Systems dermaßen defekt sein, dass sie den Start des Rechners blockiert, dann können Sie die Tastenkombination ⌘ + ⌥ + ⇧ + ← unmittelbar nach dem Startgong gedrückt halten. Mit dieser Tastenkombination wird die interne Festplatte bei der Suche nach einem startfähigen System übersprungen, und alle anderen angeschlossenen Datenträger werden durchsucht.

25.7.3 Wechselmedien auswerfen

Wechselmedium auswerfen
Linke Maustaste bei Startgong gedrückt

Befindet sich in Ihrem Laufwerk ein Datenträger, der den Start Ihres Rechners verlangsamt oder gar blockiert, dann können Sie nach dem Startgong einfach die linke Maustaste gedrückt halten. Sämtliche Wechselmedien werden dann ausgeworfen, bevor der Rechner mit der Suche nach dem Startvolume und dem Start des Systems beginnt.

25.7.4 Geschwätziger Start (Verbose Modus)

Geschwätziger Modus
⌘ + V

Sind beim Startvorgang nur das graue Apple-Logo und das kreisende Rädchen zu sehen, so ist dieser Anblick herzlich wenig informativ. Sie können sich die Ausgaben des Systems wie die Einbindung der Hardware anzeigen lassen, indem Sie ⌘ + V gedrückt halten, wenn der Startgong erklingt. Anstelle des grauen Logos wird der gesamte Bildschirm nun von der Konsole ausgefüllt, auf der sämtliche Ausgaben des Systems angezeigt werden. Hierzu zählen der Fortschritt bei der Aktivierung einzelner Hardwarekomponenten und einige sehr grundlegende Systemdienste. Auch beim Herunterfahren des Systems erhalten Sie die Anzeige der Vorgänge beim sogenannten »Shut down«.

Ausgaben einsehen mit dmesg
Sie können sich einen Teil der Ausgaben, die Sie im Verbose Modus angezeigt bekommen, mit dem Befehl sudo dmesg auch am Terminal anzeigen lassen.

Die Ausgabe dieses geschwätzigen Startvorgangs (»verbose modus«) ist etwas kryptisch, kann aber bei der Fehlersuche helfen, wenn Sie sich an bekannten Stichwörtern aus dem Kontext der vermuteten Problemquelle orientieren. Wenn Sie zum Beispiel über FireWire eine neue Festplatte angeschlossen haben, Ihr Rechner nun aber nicht mehr startet, könnte ein Eintrag mit einer Zeile FIREWIRE eine Fehlermeldung enthalten.

◄ **Abbildung 25.15**
Die Eingabe von `sudo dmesg` zeigt einige der Mitteilungen des Verbose Modus am Terminal an.

25.7.5 Sicherer Systemstart

Arbeitet Ihr Rechner instabil, oder haben Sie neue Erweiterungen installiert, die Treiber in Form von Kernel Extensions enthalten, kann es sein, dass sich diese nicht mit Ihrem System vertragen und Ihr Rechner nicht mehr startet. Um solche nicht harmonierenden Extensions wieder aus dem Ordner /System/Library/Extensions oder – sofern sich der Hersteller an die Vorgaben Apples gehalten hat –/Library/Extensions entfernen zu können, führen Sie einen sogenannten sicheren Systemstart durch. Halten Sie hierfür ⇧ gedrückt, wenn der Startgong des Rechners erklingt.

Sicherer Systemstart
⇧ nach Startgong

◄ **Abbildung 25.16**
Der sichere Systemstart wird mit einem Fortschrittsbalken angezeigt.

Der Begriff »sicher« bedeutet in diesem Zusammenhang, dass das System nur die Kernel Extensions verwendet, die von Apple stammen, und die Datei Extensions.mkext wird neu aufgebaut. Die automatische Anmeldung wird unterbunden, und die Anbindung ans Netzwerk wird dahingehend eingeschränkt, dass die Einbindung von Freigaben nicht möglich ist. Ferner werden die Startobjekte der Benutzerkonten ignoriert, und es stehen nur die Schriftarten aus dem Verzeichnis /System/Library/Fonts zur Verfügung. Ebenfalls neu angelegt wird ein Zwischenspeicher im Verzeichnis /var/db/dyld. Aufgabe dieses Zwischenspeichers ist

HINWEIS

Der sichere Systemstart nimmt etwas mehr Zeit in Anspruch, da die Datei Extensions.mkext neu aufgebaut werden muss.

es, den Zugriff auf gemeinsam genutzte Bibliotheken, die von Programmen genutzt werden, zu beschleunigen. Und schließlich wird ein Teil der Datenbank der LaunchServices (siehe Abschnitt 25.10.6) neu aufgebaut. Letzteres führt unter anderem dazu, dass Sie bei Programmen, die Sie aus dem Internet geladen haben, die Rückfrage, dass das Programm zum ersten Mal geöffnet wird, erneut erscheint.

Abbildung 25.17 ▶
Der sichere Systemstart wird im Anmeldefenster in roter Schrift angezeigt.

Man könnte diesen Startvorgang fast als puristisch bezeichnen. Daher eignet er sich, wenn Abstürze und Fehler nach einem diffusen Muster auftreten, recht gut für die Fehlersuche. Treten die Abstürze nicht mehr auf, dann kann es gut sein, dass eine Erweiterung eines Fremdherstellers die Probleme verursacht. Auch führt der Neuaufbau der oben genannten Datenbanken in einigen Fällen zum Erfolg.

25.7.6 Der Single User Modus

Single User Modus
⌘ + S nach Startgong

Startet Ihr System gar nicht mehr, und haben Sie gerade keine DVD zur Hand, von der aus Sie booten und das Festplatten-Dienstprogramm aufrufen können, können Sie mit ⌘ + S im sogenannten Single User Modus starten. Dieser Modus verzichtet auf eine grafische Oberfläche, Sie arbeiten direkt und ausschließlich mit der Befehlszeile.

Besonderheiten | Im Single User Modus werden nur die rudimentärsten Systemdienste und Funktionen aktiviert. Aus diesem Grund funktioniert der Start in diesem Modus meist auch dann noch, wenn Ihr System schwer beschädigt wurde. Er eignet sich daher, sofern Kenntnisse des Terminals vorhanden sind, sehr gut, um eigenhändig Fehler zu suchen. Wenn Sie im Single User Modus gestartet haben, arbeiten Sie automatisch als Super User root. Damit stehen Ihnen alle Befehle direkt zur Verfügung, und sofern Sie den Schreibzugriff auf das Startvolume wie nachfolgend aktivieren, können Sie jede Datei ohne Rückfrage löschen. Daher sollten Sie bei der Verwendung des Befehls rm größte Vorsicht walten lassen. Ebenso steht Ihnen zunächst nur das Startvolume als Dateisystem zur Verfügung, wobei hier der Schreibzugriff deaktiviert wurde. Der Modus eignet sich so für die Reparatur des Dateisystems.

Amerikanische Tastaturbelegung
Im Single User Modus wird nicht die deutsche, sondern die amerikanische Tastaturbelegung genutzt. Sie finden dementsprechend das Zeichen [/] auf [-], das Zeichen [-] auf [ß], und die Tasten [Z] und [Y] sind vertauscht.

Startvolume überprüfen | Es ist obligatorisch, im Single User Modus zuerst das Startvolume zu überprüfen. Der Befehl dafür, der Ihnen auch vom System angezeigt wird, lautet

/sbin/fsck -fy

Das Programm fsck ist am Terminal das Pendant zur Ersten Hilfe des Festplatten-Dienstprogramms. Die dann folgende Ausgabe ähnelt der des Festplatten-Dienstprogramms. Sollten Sie die Meldung File System was modified erhalten, dann wurde ein Fehler gefunden, und es wurde versucht, ihn zu beheben. Führen Sie den Befehl erneut aus, und fahren Sie erst fort, wenn Sie die Meldung The volume ... appears to be OK erhalten. Vermeldet fsck keine Fehler mehr, können Sie mit

> **TIPP**
> Sie können im Single User Modus wie auch am Terminal Ihre vorherige Eingabe wieder aufrufen, indem Sie die Taste [↑] verwenden.

/sbin/mount -uw /

den Schreibzugriff auf Ihr Startvolume aktivieren.

Neustart | Wenn Sie die Arbeit im Single User Modus beenden und einen Neustart durchführen möchten, geben Sie

reboot

Weitere Diagnose
Sie können mit cd /var/log in das Verzeichnis wechseln, in dem die Protokolle der Systemdienste gespeichert werden. Mit less system.log können Sie sich den Inhalt des Protokolls SYSTEM.LOG auf dem Bildschirm anzeigen zu lassen.

ein. Sie können auch durch die Eingabe von exit den Startvorgang des Systems fortsetzen.

25.7.7 Console statt Aqua

Es kann vorkommen, dass Ihr Rechner zwar korrekt startet und das Anmeldefenster erscheint, Sie sich aber anschließend nicht am System anmelden können. Gründe hierfür können unter anderem darin bestehen, dass Sie in den Startobjekten Ihres Benutzerkontos ein Programm abgelegt haben, das Probleme bereitet. Es ist auch möglich, dass Ihr System in den zuvor geschriebenen eingeschränkten Startmodi zwar einwandfrei funktioniert, aber im normalen Betrieb Probleme auftreten.

> **HINWEIS**
>
> Wenn Sie sich im Anmeldefenster die Liste der vorhandenen Benutzerkonten anzeigen lassen, stehen Ihnen natürlich keine Felder für die direkte Eingabe eines Kurznamens und Passwortes zur Verfügung. Wählen Sie einen angelegten Benutzer mit [↓] aus, und verwenden Sie dann die Tastenkombination [⌥] + [↵]. Nun erscheinen die beiden Textfelder für den Kurznamen und das Passwort.

>console | Wenn das Anmeldefenster erscheint, geben Sie einfach als Benutzername >console ein und drücken [↵], ohne ein Kennwort zu verwenden. Jetzt verschwindet die grafische Oberfläche, und der gesamte Bildschirm wird von einem Terminal ausgefüllt. Geben Sie nun den Kurznamen Ihres Benutzers ein, gefolgt von [↵]. Anschließend müssen Sie noch das Passwort des Benutzers eingeben. Dieses wird Ihnen auf dem Bildschirm nicht angezeigt, auch wenn Ihre Eingaben vom System entgegengenommen werden. Auch diese Eingabe schließen Sie mit [↵] ab. In Einzelfällen kann es vorkommen, dass Sie lediglich einen blinkenden Cursor in der linken oberen Ecke sehen. Drücken Sie einmal [↵], dann erscheint in der Regel die Aufforderung für die Eingabe des Kurznamens.

Fehlerkorrektur | Sie können an der Shell alle Befehle nutzen, die Ihnen auch bei der Arbeit mit dem Terminal zur Verfügung stehen. Insbesondere das Programm diskutil (siehe unten) kann Ihnen bei der Reparatur von Dateisystemen eine Hilfe sein. Auch in diesem Modus wird die amerikanische Tastaturbelegung verwendet, was Sie insbesondere bei der Eingabe Ihres Passwortes berücksichtigen müssen, da Ihnen dies nicht am Bildschirm angezeigt wird.

Zurück an die Oberfläche | Wenn Sie mit der Arbeit an der Shell fertig sind, können Sie durch die einfache Eingabe des Befehls logout wieder zum Anmeldefenster zurückkehren.

25.7.8 Anmeldeobjekte unterdrücken

Möglicherweise haben Sie bei einem Benutzerkonto in den Systemeinstellungen ein Startobjekt hinzugefügt, das Probleme bereitet und unmittelbar nach der Anmeldung, wenn es ausgeführt wird, verhindert, dass Sie es löschen oder verändern können. Sie können im Anmeldefenster, wenn Sie ein Benutzerkonto ausgewählt und das Passwort eingegeben haben, die Eingabe des Passwortes mit einem Klick auf die Schaltfläche ANMELDEN abschließen. Wenn Sie hierbei die Taste [⇧] gedrückt halten, werden die Startobjekte dieses Benutzerkontos nicht ausgeführt.

25.7.9 Target Disk Modus

Der Target Disk Modus, von Apple in der deutschen Übersetzung auch als FireWire-Festplattenmodus bezeichnet, ermöglicht es, Ihren Rechner als FireWire-Festplatte zu verwenden. In der Regel ist dies die ab Werk eingebaute Festplatte auf Ihrem Rechner.

Target Disk Modus
T nach Startgong

Um zwei Rechner auf diese Weise miteinander zu verbinden, benötigen Sie zuerst ein FireWire-Kabel des Typs »Sechs auf Sechs«. Schalten Sie beide Rechner aus, und verbinden Sie sie mit dem Kabel. Andere Geräte, die Sie über den FireWire-Anschluss mit Ihrem Rechner verbunden haben, sollten Sie sicherheitshalber abstecken.

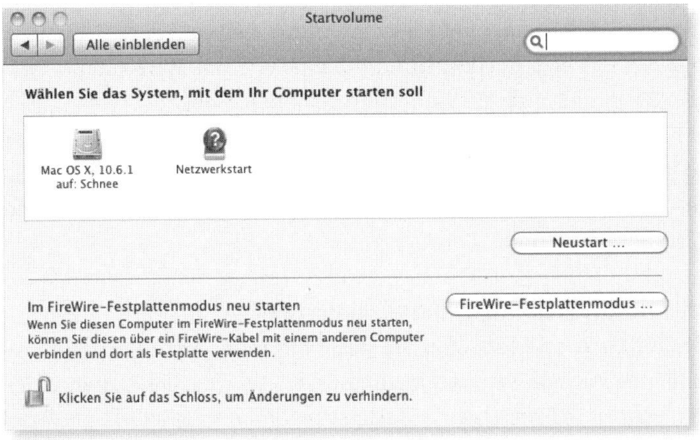

▲ **Abbildung 25.18**
Der Target Disk Modus kann auch über die Systemeinstellungen genutzt werden.

Neustart als Festplatte | Es gibt zwei Möglichkeiten, um einen Rechner als FireWire-Festplatte zu verwenden: Erstens können Sie in den Systemeinstellungen in der Ansicht Startvolume den FireWire-Festplattenmodus auswählen und einen Neustart durchführen. Wenn Sie die Systemeinstellungen aufgrund eines Fehlers nicht mehr erreichen können, erzwingen Sie einen Neustart und halten, nachdem der Startgong ertönt ist, die Taste T gedrückt. In beiden Fällen erscheint das FireWire-Logo auf dem Bildschirm und springt von einer Position auf eine andere. Der Computer dient nun als Festplatte. Starten Sie jetzt den zweiten Rechner.

> **HINWEIS**
>
> Bei der Degradierung eines Rechners zur externen Festplatte müssen Sie sicherstellen, dass das andere System das Partitionsschema unterstützt. Aufgrund der GUID-Partitionstabelle können Sie einen Rechner mit einem Intel-Prozessor nicht als externe Festplatte an einen Rechner mit Mac OS X 10.3 oder älter anschließen.

Daten sichern | Der als Festplatte fungierende zweite Rechner erscheint automatisch als externe FireWire-Festplatte, und Sie können über den Finder die Daten retten. Es ist in diesem Modus auch möglich, ein Disk Image (siehe Kapitel 9.5) von der

FireWire-Festplatte zu erstellen und so Ihre Daten zu sichern. Beachten Sie aber, dass bei einem stark beschädigten Dateisystem die Erstellung einer Abbildung nicht immer erfolgreich ist, und untersuchen Sie unbedingt, bevor Sie die Festplatte löschen, die gesicherten Daten auf Vollständigkeit und Korrektheit. Sind alle Dateien kopiert, sollten Sie die über FireWire angeschlossene Festplatte wie ein anderes Wechselmedium auswerfen.

Ausschließlich FireWire
Der Target Disk Modus ist über den FireWire-Anschluss möglich. Wenn Ihr Rechner über keine FireWire-Schnittstelle verfügt, dann können Sie diesen Modus nicht nutzen.

Startvolume | Wenn Sie einen Rechner mit einem funktionsfähigen System als FireWire-Festplatte verwenden, können Sie den zweiten Rechner von diesem System starten. Sind die Rechner mit dem Kabel verbunden, dann können Sie nach dem Startgong auch hier die Taste ⌥ gedrückt halten. In der Auswahl erscheint nun auch der Rechner als mögliches Startvolume, den Sie im Target Disk Modus gestartet haben. Möglicherweise wird Ihnen, sofern Sie die Installations-DVD in diesen Rechner eingelegt haben, diese auch zur Auswahl gestellt. Der Start von DVD über das FireWire-Kabel ist möglich, wenn Sie das Startvolume über ⌥ auswählen.

25.7.10 Start von der Installations-DVD

Start von DVD
C beim Startgong

Startet Ihr installiertes System gar nicht mehr, können Sie versuchen, es mithilfe der Installations-DVD von Mac OS X zu reparieren. Legen Sie die DVD in das Laufwerk Ihres Rechners ein, und erzwingen Sie gegebenenfalls einen Neustart. Sofort nach dem Startgong Ihres Rechners halten Sie die Taste C gedrückt. Ihr Computer startet nun automatisch von der DVD.

▲ **Abbildung 25.19**
Die Installations-DVD bietet einige Dienstprogramme.

Hilfsmittel der DVD | Nachdem Sie die Sprache des Installationsprogramms ausgewählt haben, können Sie über das Menü DIENSTPROGRAMME sowohl das STARTVOLUME auswählen als auch das FESTPLATTEN-DIENSTPROGRAMM starten. Der SYSTEM-PROFILER liefert Ihnen auch hier einen Überblick über die verfügbare Hardware. Die Funktion KENNWÖRTER ZURÜCKSETZEN wird nachfolgend beschrieben. Ferner können Sie das SYSTEM VON DER SICHERUNG WIEDERHERSTELLEN (siehe Abschnitt 11.3.3).

Terminal | Wenn Sie das TERMINAL aufrufen, können Sie wie auch bei einem Start von der Festplatte mit dem Befehl `cd` durch die Verzeichnisse navigieren und mittels `mv` und `cp` Dateien und Ordner verschieben und kopieren. Die gefundenen und aktivierbaren Dateisysteme finden Sie im Ordner /VOLUMES. Befindet sich also auf Ihrer Festplatte eine Partition mit dem Namen SYSTEM, so können Sie mit der Eingabe von `cd /Volumes/System` in diese wechseln und sich ihren Inhalt mit dem Befehl `ls` anzeigen lassen.

Haben Sie eine weitere Festplatte angeschlossen, so könnten Sie in diesem Fall mit Hilfe des Befehls `cp` die betreffenden Dateien von /VOLUMES/SYSTEM nach /VOLUMES/ZWEITE_FESTPLATTE kopieren.

Eingeschränkter Befehlsumfang
Bei der Arbeit am Terminal mittels DVD müssen Sie beachten, dass hier der Befehlsumfang stark eingeschränkt ist.

25.8 Dateisysteme prüfen und reparieren

Defekte oder korrupte Dateisysteme sind oft die Ursache für Fehler und Probleme, die beim Betrieb von Mac OS X auftreten. Oft, aber nicht immer, werden Fehler im Dateisystem durch einen Absturz des Systems oder eines Programms hervorgerufen. Das System bietet Ihnen über das Festplatten-Dienstprogramm und den Befehl `fsck` die Möglichkeit, Dateisysteme zu überprüfen und eine Reparatur zu veranlassen.

25.8.1 Selbstdiagnose der Festplatte

Haben Sie den Eindruck, dass Ihre Festplatte Daten nicht mehr korrekt speichert, Dateien also auf einmal korrupt sind und Ihr System abstürzt, können Sie in einem ersten Schritt das Festplatten-Dienstprogramm starten. Wählen Sie in diesem die betreffende Festplatte aus, und rufen Sie die Informationen (⌘ + I) auf. Sie finden im Informationsfenster eine Zeile S.M.A.R.T.-STATUS. Wenn Sie im Informationsfenster beim S.M.A.R.T.-STATUS nicht den Eintrag ÜBERPRÜFT, sondern FEHLGESCHLAGEN finden, ist mit hoher Wahrscheinlichkeit Ihre Festplatte defekt. Sie sollten dann dringend alle Daten sichern und Ihr Gerät zur Reparatur geben oder die Festplatte austauschen.

FAT und NTFS
Das Festplatten-Dienstprogramm ist teilweise in der Lage, das MS-DOS-Dateisystem (FAT) zu reparieren. Eine Reparatur des Dateisystems NTFS ist nicht möglich. Hier müssen Sie auf die entsprechenden Lösungen unter Windows zurückgreifen.

[S.M.A.R.T.]
S.M.A.R.T. ist eine Abkürzung für »Self-Monitoring Analysis and Reporting Technology« und bezeichnet eine Technologie, bei der Festplatten eine Selbstdiagnose durchführen. Sie findet nur dann Anwendung, wenn es sich um die interne Festplatte handelt. Bei externen Festplatten über USB oder FireWire steht Ihnen diese Selbstdiagnose nicht zur Verfügung.

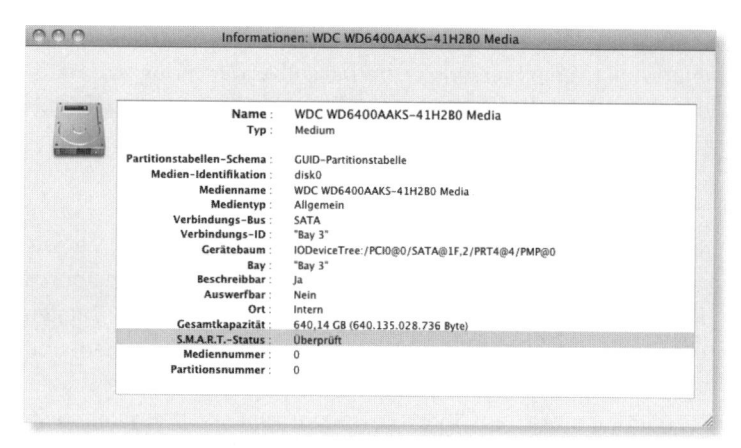

▲ **Abbildung 25.20**
Der S.M.A.R.T.-Status einer internen Festplatte gibt Aufschluss über die Selbstdiagnose.

25.8.2 Reparatur mit dem Festplatten-Dienstprogramm

Es kann vorkommen, dass die Verzeichnisstruktur auf Ihren Partitionen fehlerhaft ist. Die Gründe hierfür sind ganz unterschiedlich: Eine mögliche Ursache ist, dass aufgrund eines Programmabsturzes Dateien nicht korrekt geschlossen wurden. Eine Überprüfung ist auch dann angeraten, wenn Sie eine externe Festplatte vom Rechner getrennt haben, ohne diese vorher im Finder zu deaktivieren.

Partitionen überprüfen | Sie können hier mit dem Festplatten-Dienstprogramm eine Überprüfung Ihrer Partitionen veranlassen. Beachten Sie, dass dieses Programm Ihr Startvolume prüft, aber nicht reparieren kann, wenn Sie das System davon gestartet haben. Starten Sie dafür entweder von der DVD und führen Sie die Prüfung aus, oder arbeiten Sie im zuvor beschriebenen Single User Modus, und nehmen Sie die Prüfung der Partition mit dem Befehl fsck vor.

Partition reparieren | Wenn die Überprüfung eines Volumes nicht mit dem Hinweis DAS VOLUME... IST ANSCHEINEND IN ORDNUNG abgeschlossen wird, sollten Sie eine Anweisung zur Reparatur geben. Wenn die Reparatur erfolgreich verlaufen ist, dann sollten Sie sofort eine erneute Prüfung vornehmen. Ist die Prüfung erfolgreich und wird das Volume als ANSCHEINEND IN ORDNUNG bezeichnet, dann ist die Reparatur erfolgreich verlaufen.

> **HINWEIS**
>
> Das Festplatten-Dienstprogramm überprüft nicht, ob der Datenträger der Festplatte physikalisch noch in Ordnung ist und ob die Dateien, die auf Ihrer Festplatte gespeichert wurden, korrekt sind. Die Überprüfung beschränkt sich im Wesentlichen auf die Verzeichnisstruktur und darauf, ob Dateien sich bei dem zugewiesenen Speicherplatz nicht überschneiden oder gar Einträge vorkommen, die es nicht mehr gibt oder die nicht mehr zulässig sind.

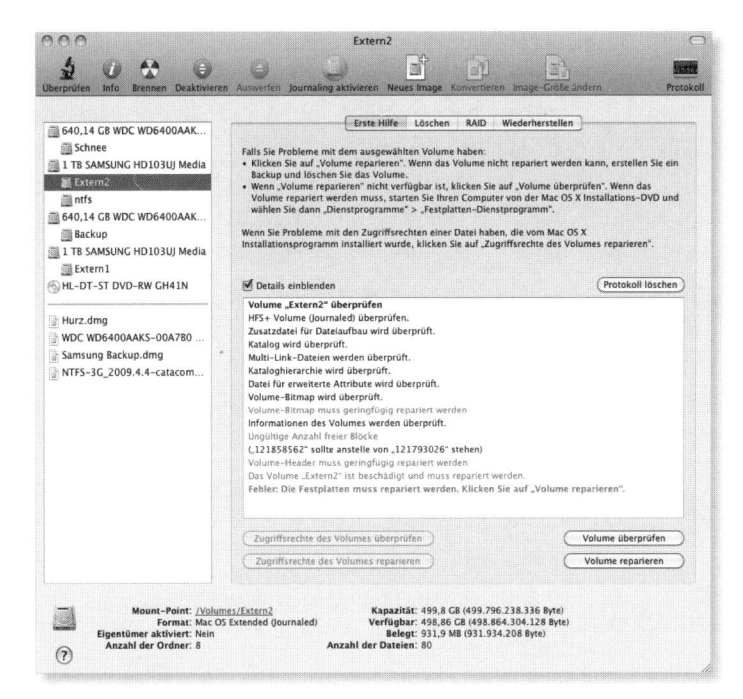

▲ **Abbildung 25.21**
Das Festplatten-Dienstprogramm schlägt die Reparatur einer Partition vor.

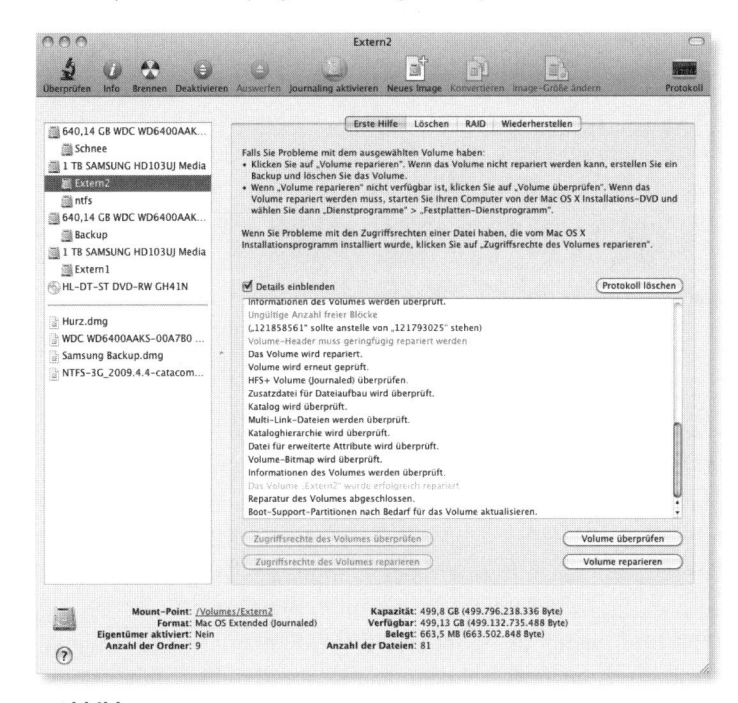

▲ **Abbildung 25.22**
Nach erfolgreicher Reparatur sollte eine erneute Prüfung vorgenommen werden.

25.8.3 Dateisysteme prüfen und reparieren am Terminal

Im Terminal und an der Konsole, die Sie mit dem Benutzernamen >console aufgerufen haben, steht Ihnen mit dem Programm diskutil ein Ersatz für das Festplatten-Dienstprogramm zur Verfügung. Der Einsatz von diskutil kann auch dann angeraten sein, wenn Sie über SSH (siehe Abschnitt 17.2.1) eine Verbindung zu einem Rechner im Netzwerk hergestellt haben.

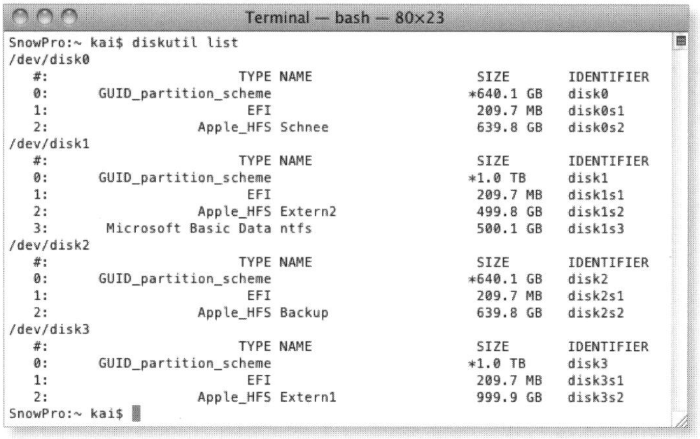

Nicht im Single User Modus
Im Single User Modus arbeitet diskutil nicht, da das Programm auf einigen Funktionen beruht, die nur in Verbindung mit der grafischen Oberfläche verfügbar sind.

```
SnowPro:~ kai$ diskutil list
/dev/disk0
   #:                       TYPE NAME                 SIZE       IDENTIFIER
   0:      GUID_partition_scheme                     *640.1 GB   disk0
   1:                        EFI                      209.7 MB   disk0s1
   2:                  Apple_HFS Schnee               639.8 GB   disk0s2
/dev/disk1
   #:                       TYPE NAME                 SIZE       IDENTIFIER
   0:      GUID_partition_scheme                     *1.0 TB     disk1
   1:                        EFI                      209.7 MB   disk1s1
   2:                  Apple_HFS Extern2              499.8 GB   disk1s2
   3:        Microsoft Basic Data ntfs                500.1 GB   disk1s3
/dev/disk2
   #:                       TYPE NAME                 SIZE       IDENTIFIER
   0:      GUID_partition_scheme                     *640.1 GB   disk2
   1:                        EFI                      209.7 MB   disk2s1
   2:                  Apple_HFS Backup               639.8 GB   disk2s2
/dev/disk3
   #:                       TYPE NAME                 SIZE       IDENTIFIER
   0:      GUID_partition_scheme                     *1.0 TB     disk3
   1:                        EFI                      209.7 MB   disk3s1
   2:                  Apple_HFS Extern1              999.9 GB   disk3s2
SnowPro:~ kai$
```

Abbildung 25.23 ▶
Mit diskutil list werden die Partitionen der angeschlossenen Festplatten angezeigt.

Um mit diskutil Partitionen überprüfen und Zugriffsrechte reparieren zu können, sollten Sie sich zuerst mit der Eingabe von

diskutil list

einen Überblick über die aktivierten Partitionen verschaffen. Die Ausgabe wird der in Abbildung 25.23 ähneln. Einträge wie GUID_partition_scheme und EFI gehören zur internen Verwaltung der Festplatte und können ignoriert werden. Relevant sind jedoch Zeilen, in denen ein NAME angegeben wird. Für einige Funktionen des Programms ist der identifier wie zum Beispiel disk0s2 wichtig.

Deaktivierung erzwingen
Die Deaktivierung einer Partition ist nur möglich, wenn keine Dateien mehr darauf geöffnet sind. Sie können allerdings die Deaktivierung mit sudo diskutil unmount force disk1s2 erzwingen, nehmen dabei aber das Risiko eines Datenverlustes in Kauf.

Wichtige Aktionen mit diskutil | Das Programm diskutil muss, wenn Sie mehr als nur Informationen anzeigen lassen möchten, mithilfe von sudo als Super User (root) ausgeführt werden. Zusammen mit einer Aktion muss die unter identifier ersichtliche Bezeichnung der Partition angegeben werden. Das Programm bietet am Terminal fast alle Funktionen des Festplatten-Dienstprogramms. Folgende Aktionen können mit diskutil ausgeführt werden, wobei Sie disk1s2 durch die vorher mit list ermittelte Bezeichnung ersetzen müssen:

- Die Aktion `verifyDisk` entspricht dem Überprüfen eines Volumes mit dem Festplatten-Dienstprogramm. Mit der Eingabe `sudo diskutil verfiyDisk disk1s2` wird die angegebene Partition überprüft, aber nicht repariert.
- Ein Volume reparieren können Sie mit der Eingabe `sudo diskutil repairDisk disk1s2`, wobei vorher selbstverständlich noch eine Überprüfung stattfindet.
- Um eine verdächtige Partition zu deaktivieren, geben Sie `sudo diskutil unmount disk1s2` ein.
- Ein deaktiviertes Volume können Sie mit `sudo diskutil mount disk1s2` einbinden. Ist dies erfolgreich, erscheint es mit seinem Namen unter /VOLUMES und auf dem Schreibtisch.
- Alle Partitionen, die auf einer Festplatte vorhanden sind, werden mit `sudo diskutil unmountDisk disk1` deaktiviert, wohingegen `sudo diskutil mountDisk disk1` versucht, alle Volumes auf einer Festplatte zu aktivieren.
- Ein Wechselmedium wie eine CD-ROM wird mit `sudo diskutil eject disk2` ausgeworfen.

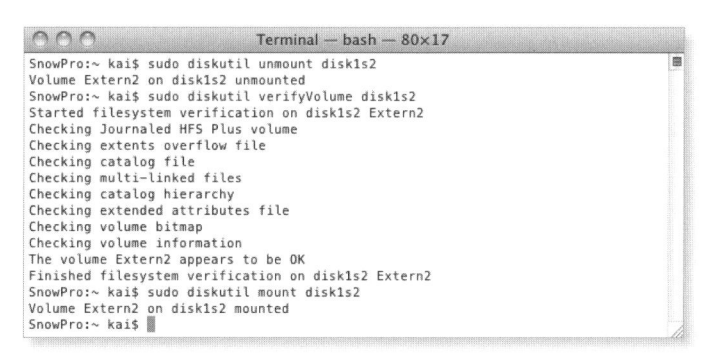

▲ **Abbildung 25.24**
Mit `diskutil` wurde das Dateisystem einer zuvor deaktivierten Partition geprüft.

25.8.4 Single User Modus und fsck_hfs

Mit dem Festplatten-Dienstprogramm und dem Befehl `diskutil` können Sie Dateisysteme mit Ausnahme des Startvolumes reparieren. Zur Reparatur des Startvolumes ohne Start von der Installations-DVD können Sie den Befehl `fsck` im Single User Modus (siehe Abschnitt 25.7.6) nutzen.

Invalid sibling | Es gibt einen Fehler, bei dem Sie möglicherweise direkt auf den Befehl `fsck_hfs` zurückgreifen müssen und den `diskutil` und das Festplatten-Dienstprogramm nur selten beheben können. Hierbei handelt es sich um die Fehlermeldung, die den Hinweis INVALID SIBLING enthält.

B-Tree Katalog
Die Aufgabe des B-Tree-Katalogs besteht unter anderem darin, die Informationen über die Verzeichnisse sowie ihren Inhalt zu speichern. Die Fehlermeldung INVALID SIBLING deutet darauf hin, dass bei dieser Verzeichnisstruktur ein Fehler vorliegt.

fsck_hfs | Wenn es sich bei der Partition, bei der der Fehler auftritt, nicht um das Startvolume handelt, dann können Sie den Befehl `fsck_hfs` nutzen und den B-Tree-Katalog neu aufbauen. Beim Startvolume müssen Sie im Single User Modus starten und den Befehl über den absoluten Pfad `/sbin/fsck_hfs` aufrufen. Die Funktion des Befehls von `fsck_hfs` entspricht derjenigen von `fsck`, im Single User Modus wird er auch von Letzterem aufgerufen. Die Option `-r` sorgt für einen Neuaufbau des B-Tree-Katalogs.

Um diese Option zu verwenden, ist die Partition wie auch bei der Reparatur mit `diskutil` zuvor zu deaktivieren. Sie müssen dann mittels `diskutil list` den `Identifier` der betreffenden Partition ermitteln. Diesem stellen Sie das Zeichen `r` voran. Es bewirkt, dass das System unter Umgehung von Zwischenspeichern direkt auf den Datenträger zugreift. Um den B-Tree-Katalog der zweiten Partition der zweiten Festplatte (`disk1s2`) neu anzulegen, lautet der Aufruf:

```
sudo fsck_hfs -fyr /dev/rdisk1s2
```

In den Meldungen über den Verlauf der Prüfung und Reparatur finden Sie dann auch die Zeile `Rebuilding catalogue B-tree`.

fsck_hfs im Single User Modus | Um den B-Tree-Katalog des Startvolumes neu aufzubauen, müssen Sie zunächst in Erfahrung bringen, welche Partitionsnummer Ihr Startvolume auf der Festplatte trägt. Wenn die Partition in der Ausgabe von `diskutil list` den `Identifier disk0s2` oder `disk1s3` besitzt, dann ist es die zweite (`s2`) oder dritte (`s3`) Partition. Im Single User Modus lautet der Aufruf dementsprechend

```
/sbin/fsck_hfs -fyr /dev/rdisk0s2
```

wenn es sich um die zweite Partition handelt. Im Single User Modus wird die Festplatte, auf der sich das Startvolume befindet, immer mit `disk0` und `rdisk0` eingebunden. Die Angabe der Partition wird direkt angefügt.

25.9 Hardware-Probleme diagnostizieren

Hilft nach und nach alles nichts mehr – auch nicht die Neuinstallation –, wird die Wahrscheinlichkeit immer höher, dass etwas an der Hardware Ihres Rechners nicht stimmt. Auch in diesem Fall können Sie noch weitersuchen und das Problem selbst finden.

WARNUNG

Sie sollten beim Neuaufbau des Katalogs unbedingt dafür Sorge tragen, dass auf der Partition Speicherplatz für den neuen Katalog vorhanden ist. Ebenfalls sollten Sie unbedingt sicherstellen, dass der Neuaufbau nicht unterbrochen wird und ein mobiles Gerät an das Stromnetz anschließen.

Unterstrich

Auf der amerikanischen Tastaturbelegung geben Sie den Unterstrich mit der Tastenkombination ⇧ + B ein.

Apple Hardware Test | Apple liefert für seine Rechner einen Hardware-Test mit, der auf das jeweilige Modell zugeschnitten ist. Sie finden ihn auf einer der dem Rechner beiliegenden Installations-DVDs, wobei es sich auch um eine ältere Version von Mac OS X handeln kann. Es kann angebracht sein, Ihr System auf eine fehlerhafte Hauptplatine oder defekten Arbeitsspeicher hin zu prüfen. Solche Fehler können sich in der täglichen Arbeit recht subtil auswirken: Programme stürzen vollkommen willkürlich ab. Die Abstürze treten häufig auf, es sind immer andere Programme betroffen, und die Abstürze sind im Detail nicht reproduzierbar.

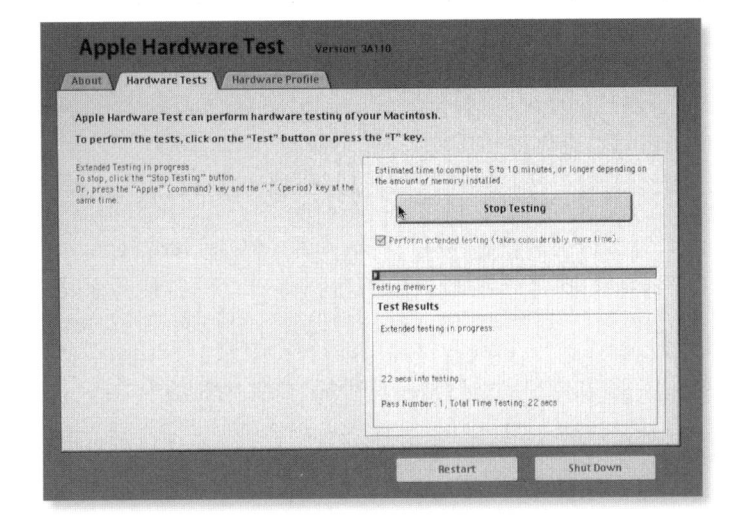

Arbeitsspeicher intensiv testen
Der Hardware-Test von Apple hat sich in Bezug auf die Hauptplatine und die Ansprache der Grafikkarte bewährt. Bei einigen fehlerhaften Speichermodulen ist der Test manchmal zwar erfolgreich, das Modul ist aber trotzdem defekt. In diesem Fall ist eine ausführliche Prüfung des Arbeitsspeichers notwendig. Bei dieser werden über einen Zeitraum von bis zu einer Stunde hinweg zufällige Daten nach verschiedenen Mustern in den Speicher geschrieben, wieder ausgelesen und miteinander verglichen. Sie können hierzu das Programm Rember (*http://www.kelleycomputing.net/rember/*) verwenden.

◄ **Abbildung 25.25**
Mit dem Apple Hardware Test können die Komponenten des Rechners geprüft werden.

Bei einem solchen Verhalten kann es vorkommen, dass die Hauptplatine Ihres Rechners nicht mehr korrekt arbeitet. Gegebenenfalls ist auch bei der Grafikkarte etwas nicht mehr in Ordnung, oder bei einem Chip des Arbeitsspeichers liegt nur ein minimaler Fehler vor, der aber hin und wieder in Erscheinung tritt. Der Hardware-Test erscheint in den Systemeinstellungen nicht als mögliches Startvolume. Halten Sie nach dem Startgong die Taste ⌥ gedrückt, dann können Sie den Hardware Test als Startvolume auswählen. Bei einigen Versionen müssen Sie stattdessen die Taste D gedrückt halten. Sie finden eine PDF-Datei auf der DVD, die Informationen über den Startvorgang gibt.

Das Testprogramm ist von Rechner zu Rechner ein wenig anders, verfügt aber in der Regel auch über eine deutschsprachige Oberfläche. Lassen Sie den ausführlichen Test durchlaufen, und achten Sie auf Fehlermeldungen. Schlägt der Test bei einer Komponente fehl, sollten Sie Ihren Rechner in die Reparatur geben.

25.10 Weitere Maßnahmen

Neben den eingangs beschriebenen Protokollen und der Reparatur der Dateisysteme gibt es noch einige weitere Maßnahmen, mit denen Sie gängige Probleme beheben können.

25.10.1 Korrupte .DS_Store-Dateien

enn im Finder die Symbole nicht korrekt oder gar doppelt angezeigt werden, ist für diesen Fehler meistens eine korrupte Schreibtischdatei die Ursache.

> **WARNUNG**
>
> Gelegentlich sind in Diskussionsforen Befehlsfolgen zu lesen, die alle Schreibtischdateien auf Ihrer Festplatte löschen. Oft beruht das Verfahren auf dem Befehl `find` und einer automatischen Löschung der gefundenen Dateien. Von diesem Verfahren ist, falls Sie sich nicht näher mit dem UNIX-Kern von Mac OS X auseinandergesetzt haben, eher abzuraten. Ein Tippfehler kann hier schnell dazu führen, dass auch noch ganz andere Dateien gelöscht werden.

.DS_Store-Datei löschen | Die Datei ».DS_Store«, die im Finder nicht angezeigt wird, ist der Speicherplatz für die Darstellung des Ordners im Finder. Die darin gespeicherten Informationen betreffen in erster Linie den Ansichtsmodus und die Platzierung der Icons innerhalb des Finder-Fensters. Sie können diese Datei löschen, indem Sie am Terminal mit `cd` in das jeweilige Verzeichnis wechseln und mit `rm .DS_Store` die Datei löschen. Sie wird anschließend vom Finder neu angelegt und sollte dann wieder funktionieren. Wird zum Beispiel der Ordner DOKUMENTE im Finder falsch angezeigt, dann wechseln Sie mit `cd ~/Documents` in das Verzeichnis, und löschen Sie die Datei wieder mit `rm .DS_Store`. Unter Mac OS X 10.6 kommt dieser Fehler nur noch eher selten vor.

25.10.2 Korrupte Voreinstellungen und Caches

Unter Mac OS X kommt es eher selten vor, dass die Voreinstellungen einer Datei fehlerhaft sind, aber es kann manchmal dennoch die Ursache von Problemen sein. Insbesondere wenn Ihr System ansonsten stabil arbeitet und lediglich eine bestimmte Applikation nicht richtig funktioniert, ist vielleicht diese Voreinstellungsdatei wirklich fehlerhaft. Verschieben Sie dann die entsprechende Datei aus dem Ordner PREFERENCES in Ihrer LIBRARY in den Papierkorb oder an eine andere Stelle, und starten Sie das Programm erneut. Es wird nun eine neue Datei in den PREFERENCES angelegt, die die Standardvorgaben der Applikation enthält, und das Programm wird vielleicht wieder reibungslos funktionieren.

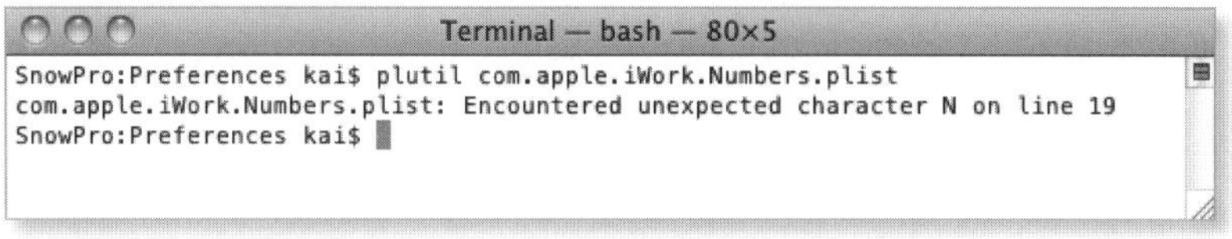

```
SnowPro:Preferences kai$ plutil com.apple.iWork.Numbers.plist
com.apple.iWork.Numbers.plist: Encountered unexpected character N on line 19
SnowPro:Preferences kai$
```

▲ **Abbildung 25.26**
Mit dem Befehl `plutil` kann der syntaktische Aufbau einer Property-Liste überprüft werden.

Preferences prüfen | Alternativ können Sie auch im Terminal eine Property-Liste mit dem Befehl `plutil` auf einen korrekten Aufbau hin prüfen. »Aufbau« bedeutet in diesem Zusammenhang, dass der Aufbau der XML-Datei in sich korrekt ist und die Anordnung der einzelnen Tags in der Datei gemäß den Vorgaben von Apple erfolgt. Wechseln Sie an der Shell mittels `cd` in das Verzeichnis, in dem die Voreinstellungsdatei gespeichert wurde. Geben Sie dann `plutil Dateiname.plist` ein. Wenn Sie als Ergebnis nicht den Wert OK erhalten, entspricht die Datei nicht den Vorgaben von Apple und ist möglicherweise fehlerhaft.

> **HINWEIS**
>
> Beachten Sie, dass die Datei nur formal, nicht aber inhaltlich geprüft wird. Es ist also möglich, dass eine Property-Liste zwar korrekt aufgebaut ist, aber dennoch Werte enthält, die ein Programm zum Absturz bringen. In diesem Fall wäre auch eine syntaktisch korrekte Datei zu löschen.

Korrupte Zwischenspeicher | In eher seltenen Fällen können die Cache-Dateien, die einige Programme anlegen und nutzen, fehlerhaft sein und zu Abstürzen führen. Sie finden im Ordner ~/LIBRARY/CACHES die Zwischenspeicher von einigen Programmen. Stürzt eine Applikation ab oder zeigt sie Fehler in der Darstellung, dann können Sie den jeweiligen Zwischenspeicher (z. B. das Verzeichnis COM.APPLE.AUTOMATOR) löschen. Beenden Sie vorher aber das betroffene Programm.

> **HINWEIS**
>
> Um den Cache des Schriftsystems zu löschen, verwenden Sie den in Abschnitt 21.4.2 beschriebenen Befehl `atsutil`.

25.10.3 Schriften als Fehlerquelle

Es ist auch möglich, dass eine defekte Schriftdatei einen Absturz eines Programms hervorgerufen hat. Dies kann dann der Fall sein, wenn ein Programm nur dann abstürzt, wenn Sie eine bestimmte Datei geöffnet haben. In diesem Fall bietet es sich an, dass Sie die Schriftarten, die diese Datei verwendet, in dem Programm Schriftsammlung überprüfen und testweise deaktivieren. Die Schriftarten des Systems sollten Sie (siehe Abschnitt 21.4.1) nicht zwangsweise deaktivieren.

25.10.4 Das Parameter-RAM (PRAM)

Das Parameter-RAM (oder kurz PRAM) stellt unter Mac OS X nur noch selten eine Problemquelle dar. In diesem Speicher, von einer Batterie gepuffert, werden unter anderem die Einstellungen für das Startvolume, die Lautstärke, die Zeitzone, die Bildschirmauflösung und Informationen über die letzte Kernel Panic gespeichert. Welche Informationen dort gespeichert werden, ist von Modell zu Modell etwas unterschiedlich.

Sie können es mit der Tastenkombination ⌘ + ⌥ + P + R zurücksetzen. Halten Sie die Tastenkombination gedrückt, sobald Sie Ihren Rechner einschalten. Lassen Sie die Tasten erst dann los, wenn der Startgong ein zweites und ein drittes Mal zu hören war. Der Rechner startet dann erneut.

PRAM zurücksetzen
⌘ + ⌥ + P + R

Zugriffsrechte

Neben der Änderung des Passwortes können auch die Zugriffsrechte innerhalb des persönlichen Ordners des Benutzers korrigiert werden. Haben Sie also versehentlich mit dem Befehl chmod oder über das Fenster INFOS ZU im Finder Zugriffsrechte in einer Form vergeben, die Ihnen die Anmeldung unmöglich macht, dann können Sie mit diesem Dienstprogramm das Problem beheben.

25.10.5 Passwörter zurücksetzen

Sollten Sie das Passwort für den Administrator auf Ihrem Rechner vergessen haben, können Sie es mit dem Hilfsprogramm der Installations-DVD erneut vergeben. Starten Sie von der DVD, und wählen Sie im Menü DIENSTPROGRAMME das Programm KENNWÖRTER ZURÜCKSETZEN aus. Das Programm sucht auf den vorhandenen Partitionen nach Installationen von Mac OS X und zeigt Ihnen die in der DSLocal-Datenbank gefundenen Benutzer an. Wählen Sie nun einen Benutzer aus, geben Sie das neue Passwort zweimal ein, und klicken Sie auf SICHERN. Das Passwort für diesen Benutzer ist nun geändert.

Abbildung 25.27 ▶

Neben der Vergabe eines neuen Passwortes können auch die Zugriffsrechte innerhalb des Benutzerordners zurückgesetzt werden.

Übersicht mit –v

Geben Sie zusätzlich noch die Option -v (siehe Abbildung 25.28) an, dann werden Ihnen alle registrierten Programme, die für Dateitypen zur Verfügung stehen, aufgeführt. Die Fehlermeldungen beziehen sich in der Regel auf Verzeichnisse, die lsregister ebenfalls abarbeitet, und können ignoriert werden.

25.10.6 LaunchServices erneuern

Die LaunchServices (siehe Abschnitt 3.1.8) sind für die Zuordnung von Dateitypen zu Programmen zuständig. In Einzelfällen kann es vorkommen, dass diese Datenbank durcheinandergerät und Sie für Dateitypen nicht mehr die Programme angezeigt bekommen, die das Dateiformat eigentlich unterstützen müssten. Möglicherweise werden Ihnen auch Programme mehrfach aufgeführt, oder Dateien werden als ausführbare Dateien angezeigt.

Sie können mit dem Befehl lsregister aus dem Verzeichnis /SYSTEM/LIBRARY/FRAMEWORKS/CORESERVICES.FRAMEWORK/ VERSIONS/A/FRAMEWORKS/LAUNCHSERVICES.FRAMEWORK/ VERSIONS/A/SUPPORT diese Datenbank neu aufbauen. Mit der Option -kill weisen Sie den Befehl an, die vorhandene Datenbank zu löschen. Mit `-r` werden die Verzeichnisse durchsucht, und die mit `-all` anzugebenden Bereiche `local`, `system` und `user` sorgen dafür, dass die Datenbank komplett neu aufgebaut wird. Die Eingabe lautet also:

```
/System/Library/Frameworks/CoreServices.framework/Versions/A/Frameworks/LaunchServices.framework/Versions/A/Support/lsregister -kill -r -all local,system,user
```

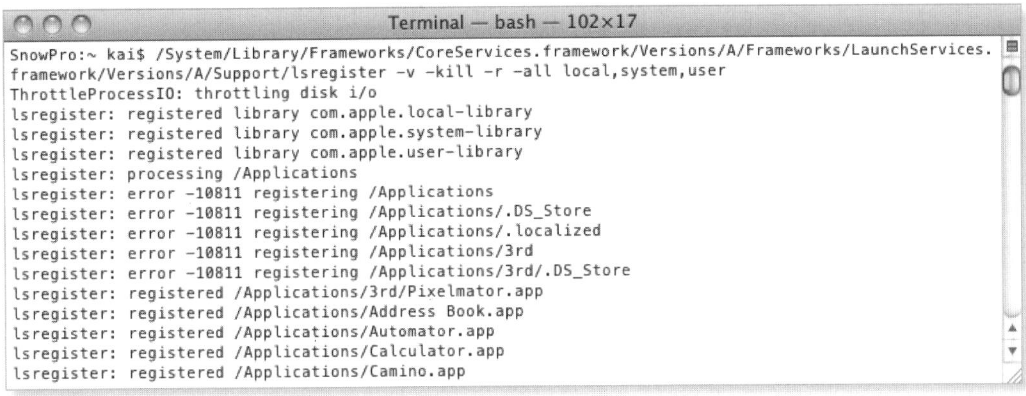

▲ **Abbildung 25.28**
Der Befehl `lsregister` kann die Datenbank der LaunchServices neu aufbauen.

25.10.7 Zugriffsrechte prüfen und zurücksetzen

Die Überprüfung und Reparatur der Zugriffsrechte hat in den letzten Jahren deutlich an Bedeutung verloren und ist unter Mac OS X 10.6 allenfalls von marginaler Bedeutung. Die Funktionsweise besteht darin, dass das Festplatten-Dienstprogramm auf die in der Datenbank /Library/Receipts/db/a.receiptdb gespeicherten Quittungen für die Installationspakete der einzelnen Bestandteile des Betriebssystems zurückgreift und die dort gespeicherten, ursprünglichen Zugriffsrechte mit den tatsächlichen Zugriffsrechten der vorgefundenen Installation abgleicht. Genau genommen könnte die Reparatur der Zugriffsrechte auch als Zurücksetzen der Zugriffsrechte bezeichnet werden.

Die Überprüfung der Zugriffsrechte kann in wenigen Einzelfällen dann angeraten sein, wenn Sie eigenhändig eine Reihe von Änderungen in den Verzeichnissen /System/Library und /Library vorgenommen haben und sich nicht mehr im Klaren darüber sind, ob alle Zugriffsrechte korrekt sind. Es ist in wenigen Einzelfällen auch möglich, dass ein veraltetes (Installations-)Programm die Zugriffsrechte korrumpiert.

Mittlerweile ein Relikt
Eingeführt wurde die Reparatur der Zugriffsrechte in den Anfangszeiten von Mac OS X, als das System noch parallel zu Mac OS 9 auf einem Rechner installiert wurde. Da das klassische Mac OS Zugriffsrechte in dieser Form nicht kannte, führte dies oft dazu, dass diese völlig durcheinandergebracht wurden oder verloren gingen.

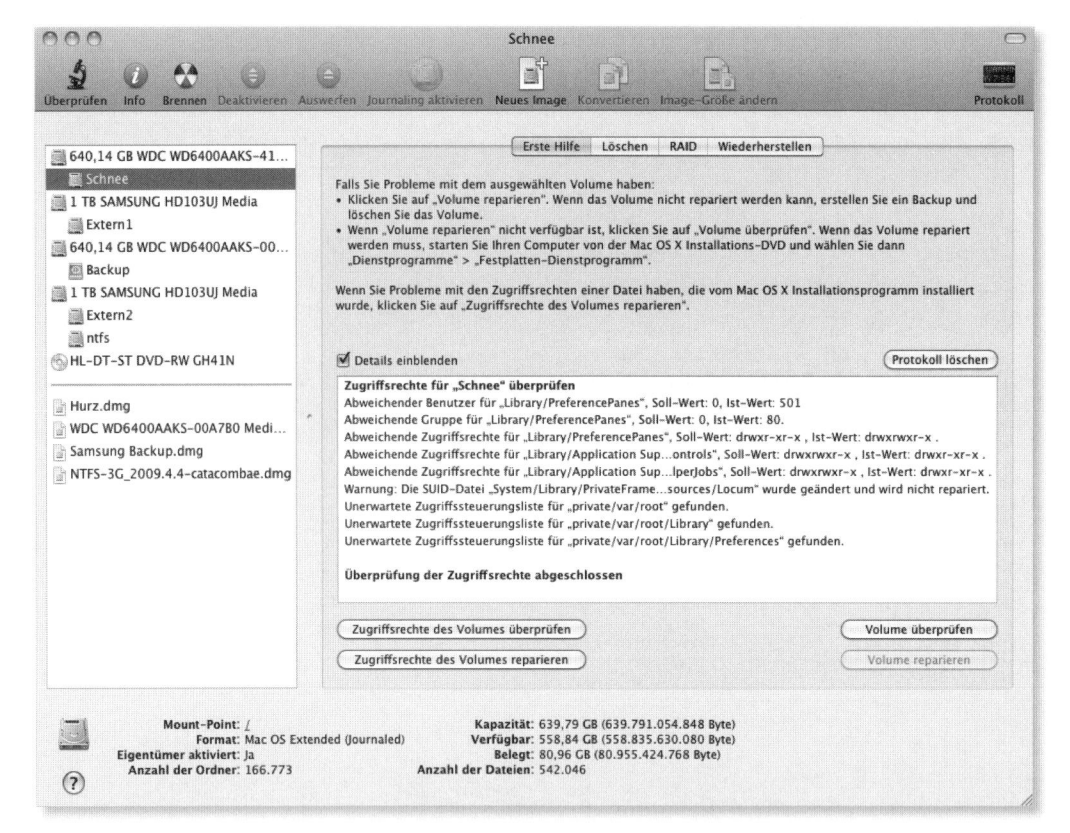

▲ **Abbildung 25.29**
Das Zurücksetzen der Zugriffsrechte hat unter Mac OS X 10.6 fast keine Bedeutung mehr.

Grenzen
Das Festplatten-Dienstprogramm prüft nur die Zugriffsrechte der Kernbestandteile des Systems. Nicht berücksichtigt werden andere Programme, Ihr persönlicher Ordner und andere Verzeichnisse. Dass diese Maßnahme manchmal gerne empfohlen wird, hat auch etwas mit einer Placebo-Wirkung zu tun. Sie ist aufgrund ihrer Arbeitsweise dermaßen wirkungslos, dass sie auch keinen Schaden anrichtet.

Wenn Sie die Zugriffsrechte überprüfen lassen, werden Ihnen die Dateien und Verzeichnisse, deren Zugriffsrechte vom ursprünglichen Stand abweichen, aufgelistet. Diese Liste (siehe Abbildung 26.29) ist in der Regel sehr kurz. Sie wird noch kürzer, wenn Sie zwei Arten von Einträgen herausrechnen. Mit einem Eintrag WARNUNG: DIE SUID-DATEI ... WURDE GEÄNDERT wird angezeigt, dass die Datei im Zuge einer Aktualisierung des Betriebssystems erneuert wurde. Solche aktualisierten Dateien werden in jedem Fall von der Überprüfung ausgeschlossen. Sie finden ferner mehrere Einträge UNERWARTETE ZUGRIFFSSTEUERUNGSLISTE ... Dieser Eintrag besagt, dass eine Access Control List (siehe Abschnitt 8.2) für diese Datei oder dieses Verzeichnis erstellt wurde. In der Regel ist diese Änderung erwünscht.

Wenn Sie die ZUGRIFFSRECHTE DES VOLUMES REPARIEREN lassen, werden diese mit den beiden zuvor beschriebenen Ausnahmen wieder auf den ursprünglichen Stand während der Erstinstallation des Systems zurückgesetzt.

26 Nützliche Tools

Für Mac OS X gibt es eine Vielzahl von Programmen für jede erdenkliche Aufgabe. Dieses Kapitel möchte Ihnen in prägnanter Form einige Programme vorstellen, die das Betriebssystem selbst um neue, häufig gebrauchte Funktionen ergänzen. Dabei erhebt es nicht den Anspruch auf Vollständigkeit, es handelt sich im weiteren Sinne um einen Blick in den Werkzeugkasten des Autors.

Weitere Quellen
http://www.macupdate.com
http://www.versiontracker.com
http://www.apple.com/de/downloads

26.1 Daten retten

Auch wenn MacOS X sehr stabil läuft und sich HFS+ als verlässliches Dateisystem erwiesen hat, so ist ein Datenverlust nie ganz auszuschließen. Während `fsck` und das Festplatten-Dienstprogramm oft ausreichend sind, manchmal führen die Bordmittel dann doch nicht zum Erfolg.

Eine pauschale Aussage, was zu tun und welches Programm zu nutzen ist, wenn eine Festplatte oder ein Dateisystem irreparabel beschädigt zu sein scheint, ist nicht möglich. Wenn bei Ihnen ein Datenverlust auftritt, dann sollten Sie keine Scheu haben, die Hersteller der Programme vorab mit einer möglichst detaillierten Beschreibung des Problems, wie es sich für Sie darstellt, zu kontaktieren.

> **HINWEIS**
>
> Sie sollten bei allen Programmen zur Rettung von Dateien darauf achten, dass Sie die für MacOS X 10.6 frei gegebenen Versionen verwenden. Veraltete Versionen können den Schaden immens vergrößern.

26.1.1 Disk Warrior 4.2

Der Disk Warrior von Alsoft ist eines der beliebtesten und meistens auch Erfolg versprechenden Programme, wenn es um die Reparatur eines stark beschädigten Dateisystems geht. Die erzielten Resultate sind erstaunlich gut. Das Funktionsprinzip des Programms beruht in erster Linie darauf, dass es von Grund auf einen neuen Katalog der Dateien und Verzeichnisstruktur erstellt und nicht versucht wird, einen fehlerhaften Katalog zu korrigieren.

Disk Warrior 4.2
Hersteller: Alsoft
http://www.alsoft.com
Preis: 99,95 $

Data Rescue 3
Hersteller: Prosoft
http://www.prosofteng.com
Preis: 99,00 $

TechTool Pro 5
Hersteller: Micromat
http://www.application-systems.de/techtoolpro/
Preis: 99,95 €

ChronoSync
Hersteller: Econ
http://www.econtechnologies.com
Preis: 30,00 $

Data Backup 3.1
Hersteller: Prosoft
http://www.prosofteng.com
Preis: 60,00 €

26.1.2 Data Rescue 3

Das Funktionsprinzip von Data Rescue besteht darin, einen Datenträger nach vormals vorhandenen Dateien abzusuchen. Dieses Verfahren kann bei größeren Festplatten einige Zeit in Anspruch nehmen, aber gerade dann, wenn die Festplatte selbst defekt ist, ist Data Rescue noch in der Lage, einige Dateien und Verzeichnisse zu retten. Data Rescue ist in eingeschränktem Maße auch in der Lage, versehentlich gelöschte Dateien wieder herzustellen.

26.1.3 TechTool Pro 5

Während der Disk Warrior und Data Rescue klar umrissene Aufgabengebiete haben, so erfüllt TechToolPro eine Reihe von Aufgaben. Neben der Reparatur von Dateisystemen kann TechToolPro auch detaillierte Diagnosen der Hardware erstellen. Mit einem eDrive genannten Verfahren wird eine unsichtbare Partition erstellt, die ein rudimentäres System für die Suche nach Fehlern und Problembehebungen enthält.

26.2 Alternativen zu Time Machine

Time Machine ist sicherlich ein gelungenes Backup-System. Aber in einigen Arbeitsumgebungen kann sich Time Machine vielleicht als ungeeignet erweisen. Beispielsweise wenn Sie keinen Etat für externe Festplatten aufwenden möchten und lieber auf die zentrale Speicherung von ausgesuchten Verzeichnissen auf einem Server vertrauen möchten.

26.2.1 ChronoSync

Bei ChronoSync handelt es sich streng genommen gar nicht so sehr um eine Backup-Lösung, sondern um ein recht vielfältig konfigurierendes Programm zum Abgleich von Verzeichnissen. Während sich dies natürlich auch für die gezielte Datensicherung nutzen lässt, spielt ChronoSync seine Stärken dann aus, wenn sie ausgewählte Ordner zwischen zwei Computern, einem mobilen und einem Arbeitsplatzrechner, abgleichen möchte.

26.2.2 Data Backup 3.1

Im Gegensatz zu Time Machine, die auf die Nutzung eines externen Volumes festgelegt ist, unterstützt Data Backup einige weitere Medien. So ist es auch möglich, ein Backup auf einen Satz von DVDs vorzunehmen.

26.2.3 Retrospect

Retrospect ist mit Sicherheit die teuerste und zudem eine sehr unkomfortabel zu konfigurierende Lösung, aber das Programm bietet dafür auch einige fortgeschrittene Funktionen. Neben eines integrierten Skriptsprache, mit der sich die Erstellung von Backups detailliert steuern lässt, können über die ebenfalls erhältliche Server-Variante Rechner im Netzwerk zentralisiert gesichert werden, was bei der Administration von mehr als fünf Rechnern durchaus eine Erleichterung darstellen kann.

Retrospect
Hersteller: EMC Insignia
http:// www.retrospect.com
Preis: ab 100,00 €

26.3 Weitere Tools

Mit einigen kleineren Programmen und Erweiterungen bringen Sie auch Mac OS X 10.6 noch weitere Funktionen bei.

26.3.1 Butler

Der Butler ist ein simples, aber fast schon geniales Programm. Es ermöglicht Ihnen die Vergabe von Tastenkürzeln, um Programme zu starten, Skripten auszuführen, Dateien zu kopieren, Dokumente zu öffnen, iTunes zu steuern, Textbausteine einzufügen…

Butler
Hersteller: Many Tricks
http://www.manytricks.com
Freeware

26.3.2 Spark

Spark bietet nicht ganz so viele Funktionen wie Butler, eignet sich aber sehr gut, um eigene Tastenkürzel für eine Vielzahl von Aktionen zu erstellen. Dabei ist Spark in der Lage, zwischen aktiven Programmen zu unterscheiden und bringt auch die Möglichkeit mit, ein AppleScript direkt über eine Tastenkombination auszuführen.

Spark
Hersteller: Shadow Lab
http://www.shadowlab.org/
Freeware

26.3.3 RCDefaultApp

Die Zuweisung von Dateitypen zu Programmen kann im Finder bisweilen etwas lästig sein. Mit RCDefaultApp steht eine Erweiterung der Systemeinstellungen zur Verfügung, mit der Sie über eine zentrale Instanz für die Zuweisung von Dateitypen zu Programmen verfügen.

RCDefaultApp
Hersteller: Rubicode
http://www.rubicode.com
Freeware

26.3.4 iStat

Mit den Widgets iStat pro oder der etwas weniger detaillierten Variante iStat nano können Sie sich eine Reihe von Hardware-Parametern wie zum Beispiel die Temperatur und die Belegung der Festplatten direkt im Dashboard anzeigen lassen.

iStat
Hersteller: iSlayer
http://www.islayer.com
Freeware

Growl
Hersteller: Growl Development Team
http://growl.info
Open Source

TextExpander
Hersteller: SimleOnMymac
http://www.smileonmymac.com/textexpander/
ca. 21,00 €

26.3.5 Growl

Bei Growl handelt es sich um ein System, das Ihnen alle möglichen Ereignisse in einem kleinen schwebenden Fenster präsentiert. Dabei ist Growl vielfältig erweiterbar, und es stehen eine Reihe von Erweiterungen bereit, um sich eine solche Nachricht etwa beim Eingang von E-Mails anzeigen zu lassen.

26.3.6 TextExpander

Der TextExpander bietet sehr vielfältige und gut zu konfigurierende Funktionen für die Arbeit mit Textbausteinen. Die Fähigkeiten des Programms gehen weit über die Textersetzungen von Mac OS X 10.6 hinaus und können eine sinnvolle Investition sein, wenn Sie intensiv mit Texten arbeiten.

X
ANHANG

A   Installation

Die Installation von Mac OS X 10.6 ist wenig fehlerträchtig und geht leicht von der Hand. Einer der Gründe dürfte darin bestehen, dass Apple den Installationsvorgang im Vergleich zu vorhergehenden Versionen stark vereinfacht hat. Bei der Installation von Mac OS X 10.2 rätselten damals viele Anwender, was es denn nun mit dem BSD-Subsystem genannten Paket auf sich haben möge und ob man es als normaler Anwender überhaupt braucht. Auch ging bei früheren Systemen die Übernahme der Daten und Einstellungen nicht so glatt, wie man es sich gewünscht hätte.

Mit Mac OS X 10.6 gehören diese Ärgernisse wohl endgültig der Vergangenheit an. Sofern Sie Ihr System nicht vollkommen neu installieren, können Sie eine vorhandene Installation von Mac OS X 10.4 oder Mac OS X 10.5 eigentlich problemlos aktualisieren. Das Installationsprogramm übernimmt dabei die Benutzerkonten und alle Einstellungen, die unter Mac OS X 10.6 ihre Gültigkeit behalten wie beispielsweise die Netzwerkkonfiguration. Dennoch kann bei einem Update anschließend noch etwas Handarbeit notwendig sein, um die eine oder andere Einstellung zu optimieren oder die aktuellste Version eines Programms einzuspielen, die für Snow Leopard optimiert wurde.

Wenn Sie sich einen neuen Rechner gekauft haben, auf diesem Mac OS X 10.6 nicht installieren möchten oder können und Ihre Dateien von diesem übernehmen möchten, dann kann Ihnen der nachfolgend beschriebene Migrationsassistent eine Hilfe sein.

A.1   Daten vor der Installation sichern

Bevor Sie mit der Installation beginnen, sollten Sie Ihre vorhandenen Daten sichern. Die Installation von Mac OS X 10.6 sorgt zwar nur in äußerst seltenen Ausnahmefällen für Datenverluste, aber gefeit ist vor einem Daten-GAU niemand. Die Sicherung Ihrer Daten sollte damit der erste Schritt vor der eigentlichen Installation sein.

Neuinstallation oder Update?
Die Frage, ob Sie ein schon vorhandenes System komplett neu aufsetzen oder es direkt aktualisieren, ist nicht eindeutig zu entscheiden. Ich persönlich neige zu einer fast schon contraintuitiven Antwort: Wenn Sie auf Ihrem System wenige Programme installiert und sonst kaum Änderungen vorgenommen haben, dann kann die Aktualisierung viel Zeit sparen. Haben Sie umgekehrt viele Änderungen vorgenommen, Software selbst kompiliert und von Hand in Ihr System eingepflegt, dann könnte eine vollständige Neuinstallation und Neueinrichtung zwar auf den ersten Blick etwas Mehrarbeit bedeuten, bei der Fehlersuche zu einem späteren Zeitpunkt aber viel Arbeit und Ärger ersparen.

WARNUNG
Die Installation von Mac OS X mag einem langjährigen Anwender schnell wie eine reine Routineaufgabe vorkommen, und in der Regel ist sie ja auch unproblematisch. Dennoch gibt es Ausnahmen von dieser Regel, und in diesem Fall ist der Schaden oft sehr groß. Erstellen Sie vor der Installation wenigstens eine Kopie Ihrer wichtigsten Dateien!

Haben Sie unter Mac OS X 10.5 die Time Machine nicht verwendet oder besitzen Sie gar keine zweite Festplatte oder ein anderes Laufwerk, das über genügend Speicherplatz verfügt, sollten Sie wenigstens Ihre wichtigsten Dokumente und Dateien auf CDs oder DVDs brennen.

System spiegeln | Eine sehr einfache Möglichkeit, ein bereits vorhandenes System auf eine andere Festplatte zu spiegeln, ist das Festplatten-Dienstprogramm. Es ist auch auf der Installations-DVD verfügbar. Um von Ihrem alten System ein Duplikat zu erzeugen, starten Sie zunächst von der Installations-DVD. Dort finden Sie ein Programm MAC OS X INSTALLATION, das Ihnen unter Mac OS X 10.4 nach dem Start eine Schaltfläche NEUSTART präsentiert. Bei Mac OS X 10.5 wählen Sie zunächst die Schaltfläche DIENSTPROGRAMME und klicken dann auf NEUSTART. Sie müssen sich nur noch als Administrator identifizieren, und Ihr Rechner startet anschließend von der DVD. Alternativ können Sie auch einen normalen Neustart bei bereits eingelegter DVD ausführen und beim Startgong die Taste ⌥ gedrückt halten. Die DVD steht dann als Startmedium zur Auswahl.

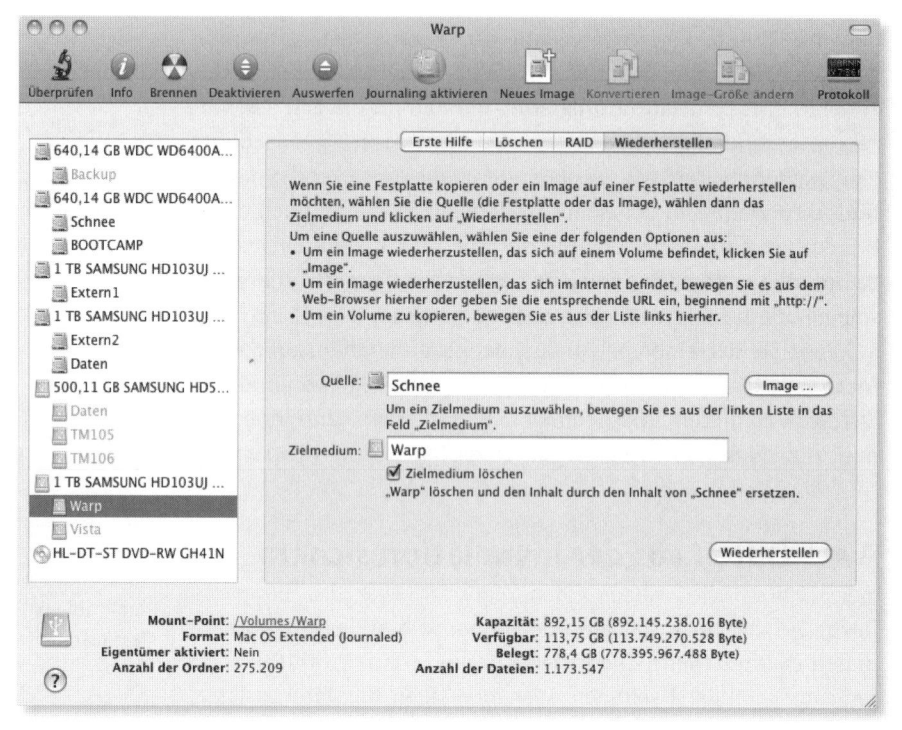

▲ **Abbildung A.1**
Das Festplatten-Dienstprogramm kann genutzt werden, um eine exakte Kopie des alten Systems zu erstellen.

Nach dem Neustart müssen Sie zunächst die Sprache wählen, mit der Sie den Installationsvorgang durchführen möchten. In der folgenden Ansicht WILLKOMMEN klicken Sie nicht auf FORTFAHREN, sondern wählen aus dem Menü DIENSTPROGRAMME das FESTPLATTEN-DIENSTPROGRAMM aus. Das in Abschnitt 9.4 beschriebene Dienstprogramm ist auch auf der Installations-DVD vorhanden und wird nun von dieser aus gestartet.

> **HINWEIS**
> Der Start des Dienstprogramms von DVD ist deutlich langsamer als bei einem regulären Start. Es kann also einen Moment dauern, bis das Programm erscheint.

Wiederherstellen | Das FESTPLATTEN-DIENSTPROGRAMM verfügt über eine Funktion, die in der Benutzeroberfläche etwas missverständlich mit WIEDERHERSTELLEN bezeichnet wird. Sie dient dazu, entweder eine exakte Kopie einer Partition zu erstellen oder aber eine Kopie wieder an ihren ursprünglichen Platz zurückzukopieren.

> **HINWEIS**
> Die Erstellung eines Duplikats kann durchaus eine Stunde, wenn nicht sogar länger, in Anspruch nehmen.

Wählen Sie im FESTPLATTEN-DIENSTPROGRAMM den Reiter WIEDERHERSTELLEN aus. Ziehen Sie dann aus der Liste links mit den vorhandenen Partitionen diejenige, auf der sich Ihr altes System befindet, auf das Eingabefeld hinter QUELLE. Im zweiten Schritt ziehen Sie dann das Icon der Partition, auf der Sie das Duplikat Ihres alten Systems speichern möchten, in das Feld ZIELMEDIUM. Bei der in Abbildung A.1 dargestellten Konstellation würde die Partition SCHNEE vollständig auf die Partition WARP gespiegelt werden. Dabei wird letztere aufgrund der aktivierten Option ZIELMEDIUM LÖSCHEN zuvor gelöscht.

Über die Schaltfläche WIEDERHERSTELLEN rechts unten wird der Kopiervorgang gestartet. Sie erhalten vorher noch die zu bestätigende Rückfrage, dass neue Dateien auf das Zielmedium kopiert werden.

Kopie überprüfen | Wenn die Kopie erstellt wurde, sollten Sie zunächst das Festplatten-Dienstprogramm beenden. Es erscheint nun wieder das Mac-OS-X-Installationsprogramm mit der Nachricht WILLKOMMEN. Wählen Sie hier aus dem Menü DIENSTPROGRAMME den Punkt STARTVOLUME, klicken Sie auf Ihr altes System und führen Sie einen NEUSTART durch. Ihr Rechner startet nun von Ihrem alten System.

Sie sollten jetzt anhand einiger für Sie wichtiger Dateien prüfen, ob die Kopie auf der externen Festplatte fehlerfrei ist. Anschließend führen Sie wieder einen Neustart über das Programm MAC OS X INSTALLATION aus und können mit der eigentlichen, im nächsten Abschnitt beschriebenen Installation beginnen.

A.2 Mac OS X 10.6 installieren

Unter Mac OS X 10.4 müssen Sie einen Neustart von der Installations-DVD durchführen, während Sie unter Mac OS X 10.5 den Installationsvorgang durch den Start des Programms MAC OS X INSTALLATION einleiten können. Wenn Sie von der DVD gestartet haben, müssen Sie zunächst die Sprache auswählen, in der Sie die Installation durchführen möchten.

Abbildung A.2 ▶
Von Mac OS X 10.5 aus kann der Installationsvorgang ohne Neustart eingeleitet werden.

Festplatten-Dienstprogramm
Mac OS X 10.6 benötigt eine Partition, die mit dem Dateisystem MAC OS EXTENDED (JOURNALED) formatiert wurde, und deren Festplatte die GUI-PARTITIONSTABELLE verwendet. Sollten die vorhandenen Festplatten Ihres Systems diese Anforderungen nicht erfüllen, dann können Sie das Festplatten-Dienstprogramm auf der Installations-DVD starten und mit den in Abschnitt 9.4.3 beschriebenen Methoden für die korrekte Formatierung und Partitionierung sorgen. Beachten Sie aber dabei, dass die auf der Festplatte schon vorhandenen Dateien dabei gelöscht werden.

Zielvolume wählen | Der erste Schritt der Installation besteht in der Wahl des Zielvolumes. Sie wählen hier die Partition aus, auf der Sie Mac OS X 10.6 installieren möchten. Angezeigt wird diese durch einen grünen Pfeil. Wenn sich das Installationsprogramm sicher ist, dass Sie die Installation auf einer bestimmten Partition vornehmen möchten, dann wird diese automatisch ausgewählt.

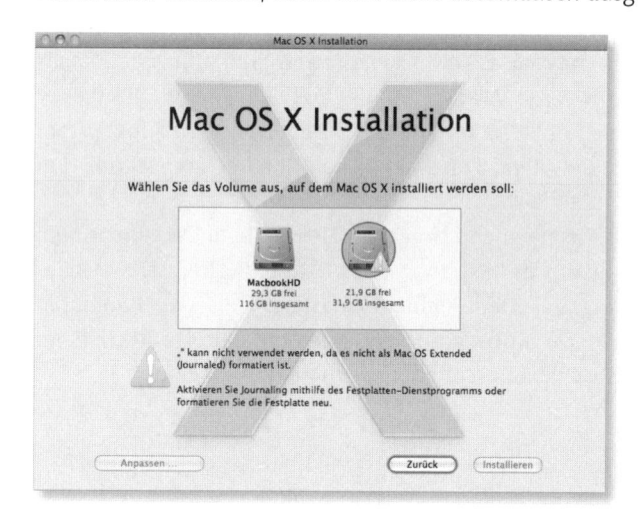

Abbildung A.3 ▶
Partitionen, auf denen Mac OS X 10.6 nicht installiert werden kann, werden mit einem gelben Warndreieck gekennzeichnet.

Lassen Sie sich alle Partitionen anzeigen, dann werden diejenigen, auf denen das System nicht installiert werden kann, mit einem gelben Warndreieck versehen. Wählen Sie eine solche Partition aus, dann erscheint im unteren Bereich ein Text, der Ihnen den Grund für die nicht mögliche Installation nennt. In Abbildung A.3 wurde die Partition ausgewählt, auf der Windows installiert wurde.

Anpassen | Wurde eine Partition ausgewählt, auf der eine Installation von Mac OS X 10.6 möglich ist, dann steht die Schaltfläche Anpassen zur Verfügung. Über diese können Sie den in Abbildung A.4 dargestellten Dialog aufrufen. Sie können hier unter Druckerunterstützung auswählen, welche Treiber installiert werden sollen. Für angeschlossene und eindeutig zu identifizierende Drucker werden die Treiber automatisch installiert. Ob Sie die Funktion Alle verfügbaren Drucker auswählen, hängt davon ab, wie und vor allem wo Sie Ihren Rechner nutzen. Wenn Sie ein mobiles Gerät verwenden, das Sie häufig in fremden Netzwerken mit zurzeit noch unbekannten Druckern verbinden, dann können Sie mit der Installation Alle verfügbaren Drucker weitgehend sicherstellen, dass Sie nicht nachträglich weitere Treiber installieren müssen. Umgekehrt können Sie hingegen durch die Abwahl dieser Option Platz auf Ihrer Festplatte sparen.

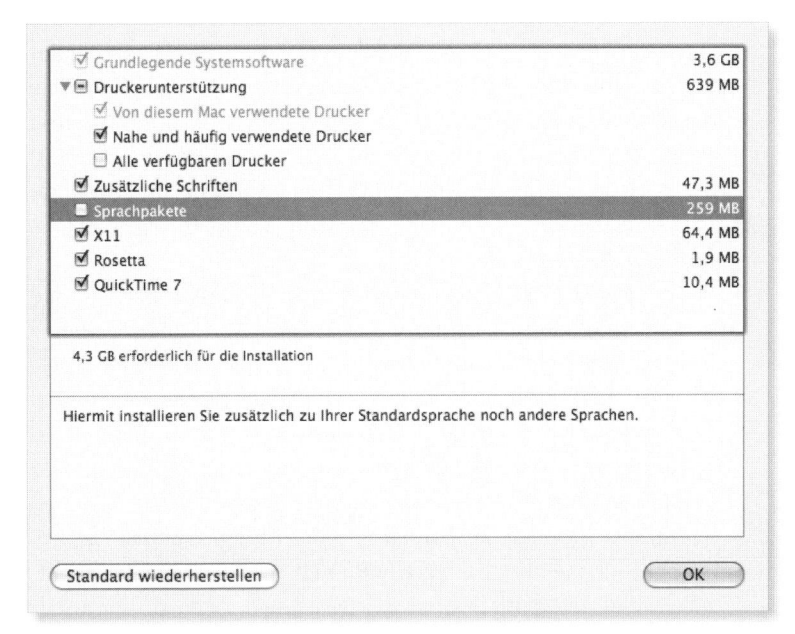

▲ **Abbildung A.4**
In den Optionen können unter anderem die nicht benötigten Sprachpakete abgewählt werden.

Platz lässt sich auch durch die Abwahl nicht benötigter Sprachpakete schaffen. Wenn Sie hier nur die Sprachen auswählen, die Sie und andere Anwender Ihres Systems auch tatsächlich sprechen, dann können Sie so ebenfalls Platz auf der Festplatte sparen. Die Option ZUSÄTZLICHE SCHRIFTEN bezieht einige asiatische Schriften in die Installation mit ein. Wenn Sie noch ältere Programme nutzen, die nicht für die Intel-Plattform kompiliert wurden (siehe Abschnitt 12.1.3), dann können Sie mit ROSETTA die benötigte Komponente gleich installieren. QUICKTIME 7 (siehe Abschnitt 5.1) ist wie auch X11 (siehe Abschnitt 10.6) eine weitere mögliche Installationsoption. Beide können Sie zu einem späteren Zeitpunkt problemlos über das Pakete OPTIONAL INSTALLS.MPKG im Ordner OPTIONALE INSTALLATIONSPAKETE der Installations-DVD nachinstallieren.

Wenn Sie mit OK Ihre Auswahl bestätigt haben, können Sie mit INSTALLIEREN die Installation beginnen. Diese läuft selbstständig ab. Während der Installation wird, sofern Sie diese unter Mac OS X 10.5 begonnen haben, ein Neustart durchgeführt.

A.3 Erste Einstellung bei einer Neuinstallation

Nach der Installation wird Ihr Rechner automatisch neu gestartet. Wenn Sie Ihr System neu installiert haben, dann führt Sie der Systemassistent durch die grundlegende Konfiguration Ihres Systems. Zunächst können Sie die Region auswählen. Diese ist unter anderem für die Darstellung der Währung und weiterer sprachabhängiger Einstellungen zuständig. Darauf folgt die Auswahl der Tastaturbelegung.

Der Migrationsassistent zur Übernahme von Informationen wird im nächsten Abschnitt beschrieben. Wenn Sie hier keine Daten übernehmen, werden Sie anschließend nach der Netzwerk-Konfiguration (siehe Abschnitt 16.4) gefragt, sofern Ihr Rechner sich nicht automatisch in ein Netzwerk integrieren konnte.

Kurzer Kurzname
Wählen Sie als KURZNAME eine Zeichenkette, die leicht einzugeben ist. Die von Mac OS X vorgegebene Kombination aus Vor- und Nachname kann sich bei der Arbeit am Terminal als etwas lästig erweisen. Der Kurzname ist nachträglich nicht mehr ohne Weiteres zu ändern.

Neben den Einstellungen zum Netzwerk können Sie dann falls vorhanden Ihre Apple ID eingeben. Bei der darauf folgenden Registrierung bei Apple können Sie die Felder auch leer lassen. Anschließend legen Sie ein erstes Benutzerkonto an. Dieser Benutzer verfügt automatisch über die Berechtigung, das frisch installierte System zu verwalten. Der Dienst MobileMe wird Ihnen ebenfalls angeboten. Für den normalen Betrieb von Mac OS X 10.6 ist er nicht nötig, er wird in diesem Buch nur am Rande besprochen.

Die eigentliche Installation eines frischen Systems ist mit diesem Schritt abgeschlossen, und Sie werden nun mit dem zuvor erstellten ersten Benutzer am System angemeldet. Sie sollten die in Abschnitt A.5 beschriebenen Schritte unmittelbar nach der Installation durchführen. Ferner finden Sie in dem Protokoll INSTALL.LOG im Verzeichnis /VAR/LOG, das Sie mit dem Dienstprogramm KONSOLE (siehe Abschnitt 25.3.1) einsehen können, Details über den Verlauf des Installationsvorgangs.

A.4 Daten übernehmen mit dem Migrations-Assistent

Haben Sie Ihr System aktualisiert, dann befindet es sich sofort in einem arbeitsfähigen Zustand, wobei Ihnen kurz noch der Einführungsfilm präsentiert wird. Befinden sich Ihre Dateien auf einem anderen Rechner in einem Time-Machine-Backup oder haben Sie zuvor Ihr System auf eine externe Festplatte kopiert, dann können Sie das Programm MIGRATIONS-ASSISTENT nutzen, um Benutzerkonten inklusive Dateien, Einstellungen und Programme zu übertragen.

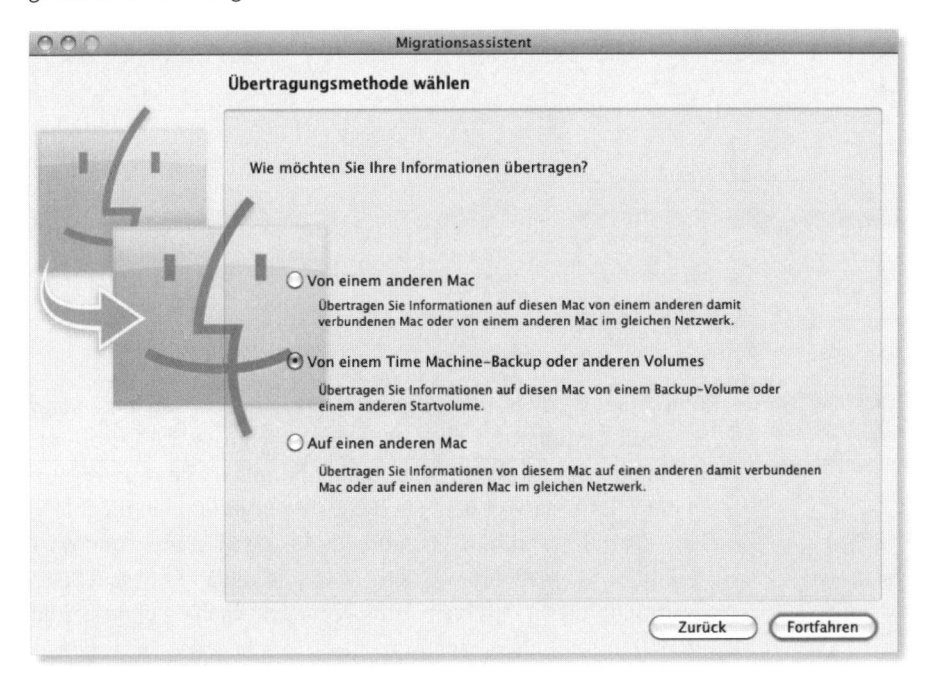

▲ **Abbildung A.5**
Daten können eingespielt oder auf einen anderen Rechner übertragen werden.

> **HINWEIS**
>
> Wenn Sie die Migration während der Neuinstallation vornehmen, dann müssen Sie über die Schaltfläche ETHERNET die Verbindung aufbauen.

Wenn Sie den Assistenten gestartet haben, können Sie nach einem Klick auf die Schaltfläche FORTFAHREN die Methode bestimmen. Für die Übertragung VON EINEM ANDEREN MAC gibt es zwei Möglichkeiten. Sie können entweder den anderen Rechner im Target Disk Modus (siehe Abschnitt 25.7.9) starten und mit einem FireWire-Kabel direkt anschließen. Ihnen steht auch die Möglichkeit zur Verfügung, die Übertragung über das Netzwerk vorzunehmen. Wenn Sie FIREWIRE VERWENDEN, dann durchsucht der Assistent im übernächsten Schritt die verfügbaren Partitionen nach einer Mac OS X-Installation.

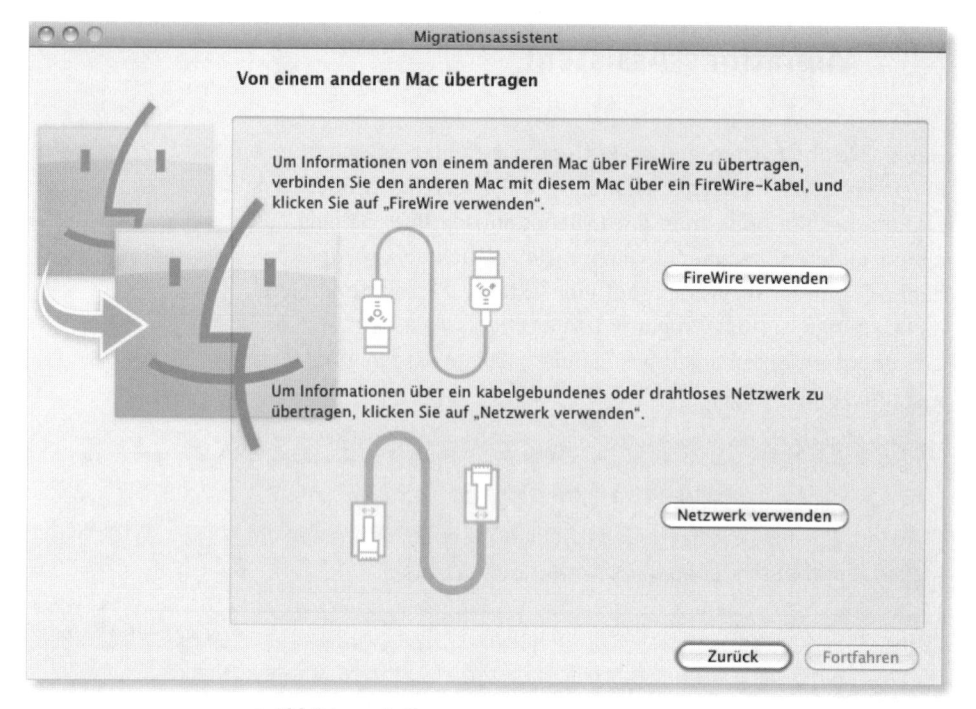

▲ **Abbildung A.6**
Die Migration kann per FIREWIRE oder über das Netzwerk erfolgen.

> **HINWEIS**
>
> Sollte der Verbindungsaufbau fehlschlagen und der Assistent auf dem System, das als Quelle der Migration dient, im Leerlauf hängen bleiben, dann können Sie ihn mit ⌘ + Q vorzeitig beenden.

Führen Sie die Migration über das Netzwerk aus, was bei einem MacBook Air aufgrund der fehlenden Anschlüsse notwendig ist, dann erscheint auf Ihrem System eine Nummer. Sie müssen nun auf dem Rechner, von dem Sie die Daten übernehmen möchten, ebenfalls das Programm MIGRATIONS-ASSISTENT starten und dort die Option AUF EINEN ANDEREN MAC auswählen. Anschließend durchsucht dieser Assistent das Netzwerk nach Rechnern, die gerne Daten erhalten möchten. Ist die Suche erfolgreich gewesen, dann erscheint der in Abbildung A.7 dargestellte Dialog, und Sie müssen hier die angezeigte Nummer eingeben. Die Rechner stellen nun eine Verbindung her, wobei auf dem zu übertragenden System der Assistent alle anderen Programme beendet und den Schreibtisch ausblendet.

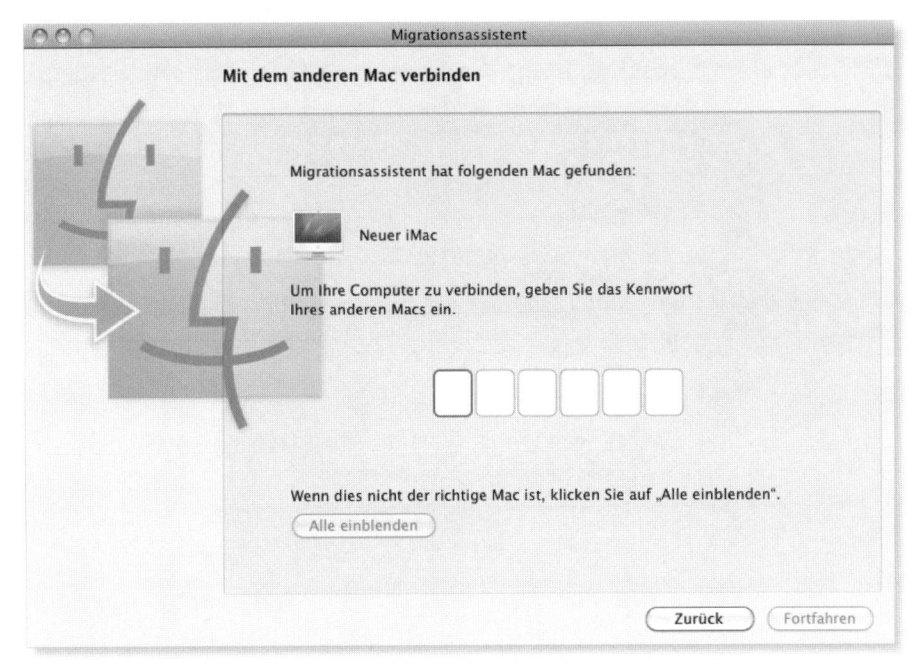

▲ Abbildung A.7
Bei der Migration über das Netzwerk muss ein Kennwort eingegeben werden.

Auf dem Rechner mit der neuen Installation stehen Ihnen nun die nachfolgend beschriebenen Optionen zur Auswahl.

Time Machine | Diente die Time Machine als Backup für Ihr altes System, dann können Sie die Benutzer und Daten auch aus der Sicherung einspielen. Sofern Sie Ihr vorhergehendes System gespiegelt haben, steht Ihnen auch dieses über die in Abbildung A.5 dargestellte Option VON EINEM TIME-MACHINE-BACKUP ODER EINEM ANDEREN VOLUME zur Auswahl.

Elemente auswählen | Ist die Verbindung zur Quelle hergestellt, dann können Sie sich entscheiden, was übernommen werden soll. Übernehmen Sie die EINSTELLUNGEN, dann versucht der Assistent so viele Einstellungen wie möglich vom alten auf das neue System zu transferieren. Befindet sich Ihr alter Rechner noch im Netzwerk, dann kann es, abhängig von der Konfiguration des Netzwerks, gegebenenfalls zu Konflikten kommen, die unter anderem den Gerätenamen betreffen. Bei dem gefundenen BENUTZER können Sie über die in Abbildung A.8 nicht ausge-

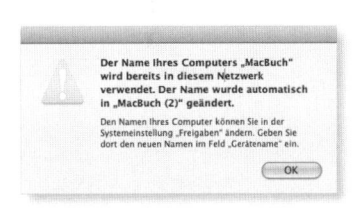

▲ Abbildung A.8
Wurden die Einstellungen für das Netzwerk übernommen, dann kann es bei einigen Konstellationen zu Konflikten kommen.

klappten Optionen entscheiden, welche Ordner transferiert werden und ob die individuellen Einstellungen des Benutzers ebenfalls übernommen werden sollen.

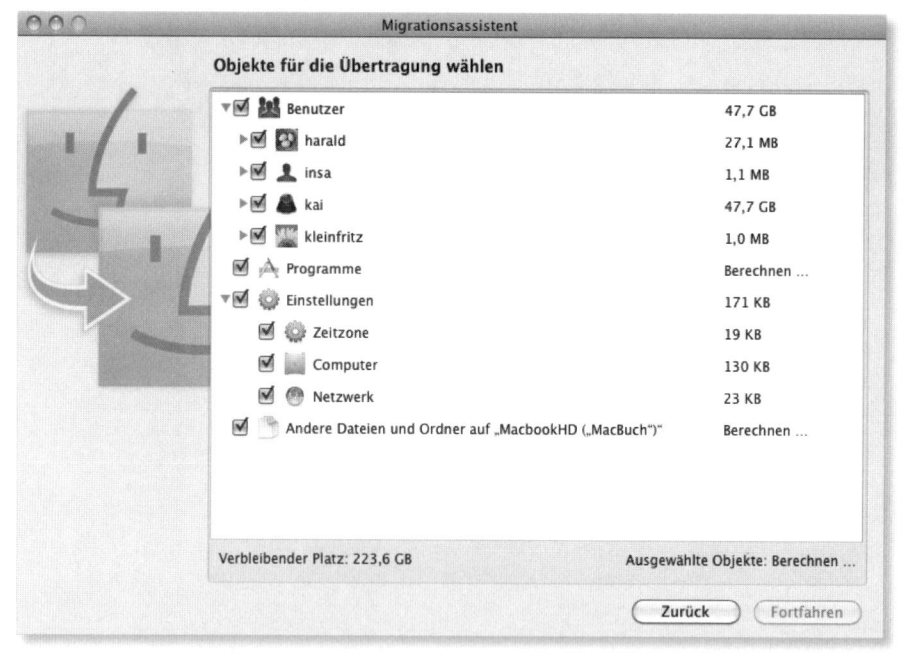

Abbildung A.9
Benutzer und Einstellungen können gezielt ausgeschlossen werden.

Doppelte Benutzer | Bei der Übertragung von Benutzern prüft der Assistent, ob es schon Benutzer mit diesem Namen oder Accountnamen gibt. Wenn es hier zu einem Konflikt kommt, dann können Sie sich entscheiden, ob der zu übertragende Benutzer umbenannt werden oder den schon vorhandenen ersetzen soll. Eine Namensgleichheit muss unter anderem aufgrund der Zugriffsrechte vermieden werden.

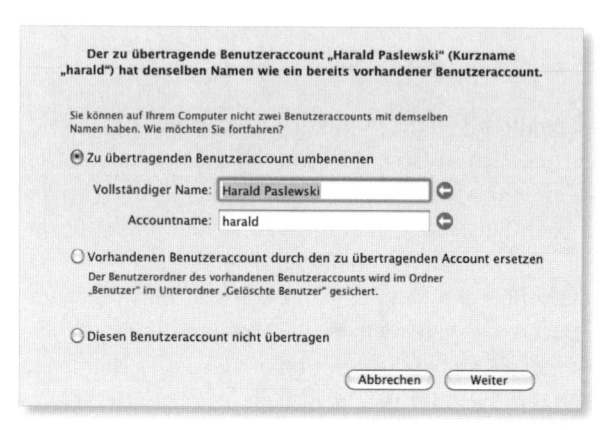

Abbildung A.10 ▶
Benutzer- und Accountnamen dürfen nur einmal vergeben werden.

Nach der Migration | Die Übernahme der Einstellungen und Dateien kann insbesondere bei der Übertragung über das Netzwerk ein wenig Zeit in Anspruch nehmen. Wurden auch die Einstellungen für das Netzwerk übernommen, dann sollten Sie kurz prüfen, ob die Verbindung wie gewünscht funktioniert. Wenn Sie zum Beispiel einen Proxy-Server einsetzen, der auf Ihrem Rechner installiert ist, dann wird dieser bei der Migration wahlweise nicht übernommen oder nicht gestartet. Auch sonst werden Startobjekte nicht vom Assistenten gestartet. Gleichlautende Verzeichnisse mit einem unterschiedlichen Inhalt werden zumindest auf der obersten Ebene des Dateisystems durchaus übernommen, Sie finden dann gegebenenfalls den Zusatz (VOM ALTEN MAC).

Protokoll | Wenn Sie das Dienstprogramm KONSOLE starten und die Schaltfläche PROTOKOLLLISTE EINBLENDEN anklicken, dann finden Sie dort unter DATEIEN • /LIBRARY/LOGS die Datei SYSTEM-MIGRATION.LOG. Der Assistent führt detailliert Buch über die Dateien, die kopiert und die ausgelassen werden. Sie können die Anzeige dieser langen Datei eingrenzen, indem Sie oben rechts einen Text eingeben. Wenn zum Beispiel ein Programm oder eine Einstellung nicht übernommen wurde, dann können Sie dort deren englische Bezeichnung eingeben und die Anzeige auf die Zeilen beschränken, in der der Name erwähnt wird.

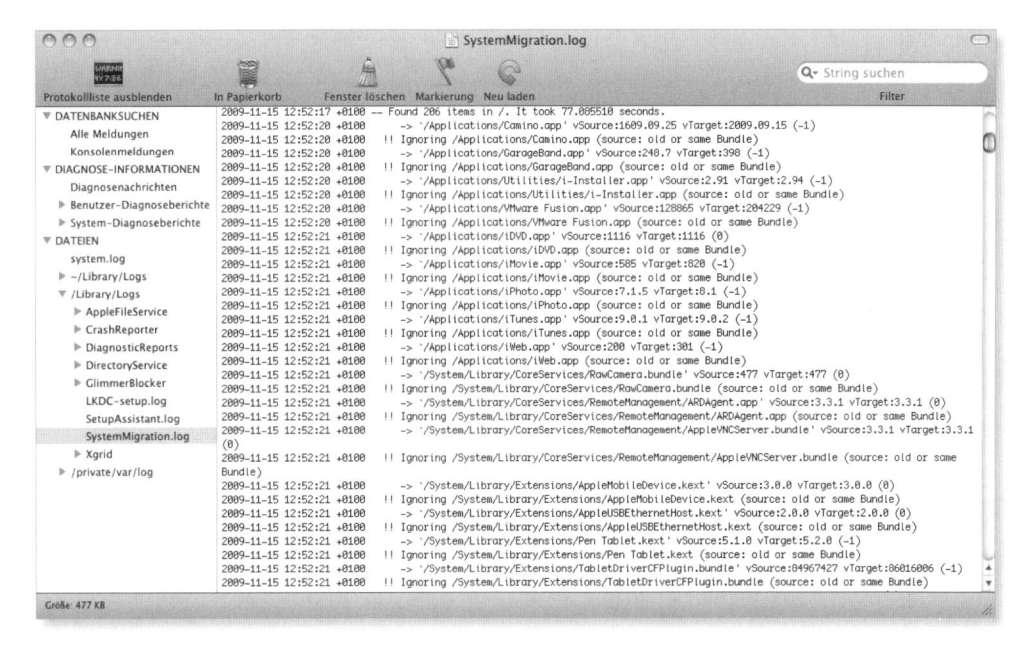

▲ **Abbildung A.11**
Der Assistent protokolliert detailliert die Übernahme der Dateien und Einstellungen.

A.5 Nach der Installation

Nach der Installation steht Ihnen die Suche mit Spotlight nicht unmittelbar zur Verfügung. Das System muss zuerst einen neuen Index anlegen, was Sie an der blinkenden Lupe oben rechts in der Menüleiste erkennen können.

▲ **Abbildung A.12**
Der Index von Spotlight wird nach der Installation erstellt.

Automatische Anmeldung | Einer der ersten Schritte nach der Installation sollte die Abschaltung der automatischen Anmeldung sein. Starten Sie hierzu die Systemeinstellungen, und wechseln Sie dort in die Ansicht Benutzer. Nachdem Sie die Ansicht mit einem Klick auf das Schloss links unten und durch die Eingabe Ihres Passwortes entsperrt haben, klicken Sie unten links auf die Anmeldeoptionen. Unter Automatische Anmeldung wählen Sie dann die Option Deaktiviert. Diese Ansicht müssen Sie zuerst mit einem Klick auf das Schloss und durch die Eingabe des Passworts entsperren.

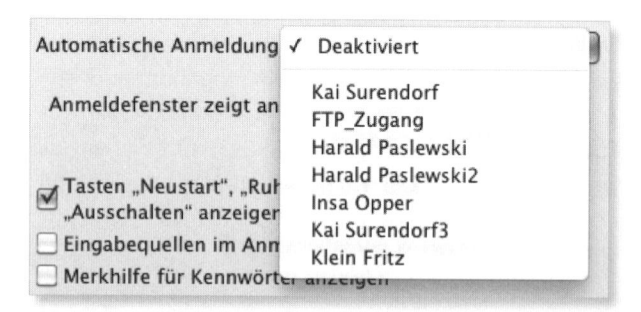

Abbildung A.13 ▶
Die automatische Anmeldung sollte deaktiviert werden.

Firewall aktivieren | Die Firewall von Mac OS X ist nach einer Neuinstallation nicht aktiv. Auch wenn ein Sicherheitsrisiko hier eigentlich nicht vorhanden ist – alle Dienste zum Datenaustausch sind standardmäßig nicht aktiv –, so vergisst man später die Aktivierung der Firewall doch zu leicht. Sie finden die Einstellungen der Firewall in den Systemeinstellungen in der Ansicht Sicherheit. Über die Schaltfläche Start können Sie die Firewall aktivieren. Auch hier müssen Sie sich über das Schloss erst als Administrator ausweisen.

Xcode | Dieses Buch setzt voraus, dass Sie die im Paket Xcode enthaltenen Werkzeuge für Entwickler installieren. Auf der Installations-DVD finden Sie im Ordner Optionale Installationspakete das Paket Xcode.mpkg. Sie können es mit einem Doppelklick im Finder im Installationsprogramm öffnen. Nach der Installation befindet sich ein Ordner Developer auf der obersten Ebene Ihres Startvolume.

B   Der Aufbau des Betriebssystems

Dieses Kapitel beschreibt Ihnen in Grundzügen den Aufbau von Mac OS X. Ein grundlegendes Verständnis des Systems kann Ihnen helfen, Probleme richtig einzuschätzen und die unterschiedlichen Ebenen zu identifizieren. Die Darstellung in diesem Kapitel ist etwas gerafft und konzentriert sich dabei auf die wesentlichen Technologien und Konzepte. Neben einem Überblick über das Betriebssystem werden im zweiten Abschnitt einige wichtige Konzepte und Verfahren wie die Voreinstellungen und die Unterteilung in Benutzer erklärt.

B.1   Mac OS X: der Aufbau

Bei einem Betriebssystem greifen eine ganze Reihe von Technologien und Verfahren ineinander. Welche Technologien verwendet werden und wie diese verzahnt sind, ist mittlerweile das Ergebnis eines historischen Prozesses, bei dem die Planung nicht nur am Reißbrett der Entwickler erfolgte, sondern auch durch den Markt vorgegeben wurde. Dies ist nicht nur bei Mac OS X, sondern in verschärfter Form auch bei Microsoft Windows der Fall. Es ist in einigen Bereichen nicht möglich, gewisse Bestandteile des Systems abrupt über Bord zu werfen. Mit Mac OS X 10.6 und Windows 7 haben sowohl Apple als auch Microsoft recht erfolgreich versucht, das System von altem Ballast zu befreien und zukunftssichere Technologien einzuführen.

Der Aufbau von Mac OS X lässt sich schematisch in vier Ebenen unterteilen. Während der Kernel – meist wird diese Ebene mit »Darwin« bezeichnet – für die Ansprache der Hardware und das Management der Prozesse zuständig ist, gibt es eine Reihe von Technologien, die für die Darstellung auf dem Bildschirm oder die Tonausgabe sorgen. Entwickler können mithilfe von einigen Umgebungen oder Programmierschnittstellen auf diese Technologien zurückgreifen. Der Anwender sieht von diesen Prozessen natürlich meist nur das Ergebnis, das ihm im Rahmen

Ein offizielles UNIX …
Mit der Version 10.5 von Mac OS X wurde das System gemäß der UNIX-03-Spezifikationen offiziell als UNIX-System beglaubigt. Vorher galt Mac OS X streng genommen nur als UNIX-ähnliches System, also als UNIX-Derivat. Die Zertifizierung, mit der sich Mac OS X neben die »großen« UNIX-Systeme von IBM und Hewlett-Packard stellt, ist für den Endanwender in den wenigsten Fällen von Bedeutung. Die Zertifizierung belegt eine Standardisierung von Programmierschnittstellen und -verfahren.

der ursprünglich mit »Aqua« bezeichneten Benutzeroberfläche präsentiert wird.

B.1.1 Die Basis: Darwin

Der zentrale Bestandteil von Mac OS X ist der Kernel und die mit Darwin bezeichnete fundamentalste Ebene. Seine Aufgaben bestehen unter anderem im Starten und Beenden von Programmen, in der Zuteilung von Arbeitsspeicher und der Ansprache der Hardware. Ohne einen Kernel würde Mac OS X nicht funktionieren, und von ihm werden alle anderen Bestandteile des Systems in irgendeiner Form verwaltet.

I/O-Kit
Die Ansprache der Hardware wird unter anderem über das I/O-Kit realisiert. Diese Bibliothek stellt Funktionen zur Verfügung, mit denen Daten empfangen und an die angeschlossene Hardware gesendet werden können.

Arbeit im Hintergrund | In der täglichen Arbeit verrichtet der Kernel seine Arbeit unsichtbar im Hintergrund. Dennoch tritt er in Aktion, wenn zum Beispiel ein Laufwerk über den USB-Anschluss angeschlossen wird. In diesem Fall bemerkt der Kernel die Verfügbarkeit eines neuen Laufwerks, da er den Anschluss auf neue Geräte hin überwacht. Ebenso ist es die Aufgabe des Kernels, Tastatur- oder Mauseingaben an die entsprechenden Programme weiterzuleiten. Optisch tritt er eigentlich nur kurz in Erscheinung: nach dem Start des Rechners, wenn das graue Apple-Logo auf dem Bildschirm erscheint. Es zeigt an, dass der Kernel aktiviert wurde und nun den weiteren Startvorgang veranlasst.

xnu-Kernel
Die Beschreibung des Kernels von Mac OS X als Microkernel ist, streng genommen, nicht ganz korrekt. In der Tat wurden einige der grundlegenden Funktionen fest in den Kernel integriert und nicht in Erweiterungen ausgelagert. Das Resultat könnte man als eine Mischform bezeichnen, bei der die Modularität eines Microkernels mit der Geschwindigkeit eines monolithischen, alles beinhaltenden Kernels wie dem von Linux kombiniert wird.

Dynamische Verwaltung | Der Kernel besteht aus dem Microkernel mit den Basisfunktionen und den Kernel-Erweiterungen für optionale und gerätespezifische Funktionen.

Um nicht unnötig Arbeitsspeicher und Rechenzeit zu verschwenden, werden nicht alle Erweiterungen auf einmal geladen. Es ist dem Kernel möglich, Erweiterungen bei Bedarf, wenn ein Gerät angeschlossen wird, zu laden und auch wieder zu deaktivieren, wenn das Gerät nicht mehr zur Verfügung steht. Dieser modulare Aufbau – symbolisiert durch das Icon eines Legosteins – ermöglicht eine flexible Handhabung der verfügbaren Hardware im laufenden Betrieb.

Kernel Extensions werden für die meisten verfügbaren Teile der Hardware verwendet. Anhand von Namen wie ATI4800CONTROLLER.KEXT kann man meist schon erahnen, welchem Zweck eine Erweiterung dient.

Die Art und Weise, wie eine Kernel Extension zu entwickeln ist, wurde von Apple in einem Standard festgelegt, was Entwicklern die Arbeit enorm erleichtert. Immerhin haben sie die Gewissheit, dass auch in der folgenden Version oder bei einem Update von Mac OS X die Erweiterungen weiterhin funktionieren.

Nicht zum Kernel, aber auch zur Darwin-Ebene gehören Dienste und Programme wie `launchd` (siehe Abschnitt 13.3) oder `configd` für die Konfiguration des Netzwerks.

Apple und Open Source | Der Kernel und as Mac OS X zugrunde liegende Darwin sind Open Source. Interessenten können sich den Quellcode anschauen und ihn in ein ausführbares Programm umwandeln. Es ist also möglich, den Kern von Mac OS X auf fast jedem beliebigen Rechner einzusetzen. Zusammen mit vielen Erweiterungen aus dem Open-Source-Spektrum könnte man sich – nicht nur theoretisch – ein kostenloses Betriebssystem aus dem Hause Apple zusammenstellen, das nur aus dem Kernel und einigen weiteren Programmen ohne die grafische Benutzeroberfläche besteht. Umgekehrt hingegen hat Apple in vielen Bereichen von Open-Source-Software profitiert. Wesentliche Teile des Kernels beruhen auf dem Kern von FreeBSD, einem freien UNIX-System.

Rosetta | Für die Übergangszeit beim Wechsel zwischen den PowerPC- zu den Intel-Prozessoren entwickelte Apple eine Rosetta genannte Technologie (siehe Abschnitt 12.1.3). Der Grund besteht darin, dass Programme, die ursprünglich für den PowerPC-Prozessor erstellt wurden, auf einem Macintosh mit einem Prozessor von Intel nicht lauffähig sind. Ohne Rosetta wären also die Intel-Rechner fast ohne verfügbare Programme ausgeliefert worden. Da der Anteil der Programme, die ausschließlich für den PowerPC-Prozessor kompiliert wurden, mittlerweile stark gesunken ist, steht Rosetta unter Mac OS X 10.6 nur noch als optionales Paket zur Verfügung.

B.1.2 Technologien zur Darstellung

Um Objekte und Elemente auf dem Bildschirm darzustellen, stehen unter Mac OS X einige Technologien zur Verfügung, die sich Entwickler zunutze machen können oder müssen, um bestimmte Ziele zu erreichen.

Der Grafikmotor: Quartz | Der zentrale Bestandteil des Grafiksystems von Mac OS X ist die mit Quartz bezeichnete Technologie. Hierbei handelt es sich um eine Methode, die Darstellung auf dem Bildschirm zu berechnen und die dargestellten Elemente zu verwalten. Zu Quartz gehört, neben Routinen für den direkten Zugriff auf den Bildschirminhalt, auch ein Programm zur Verwaltung der dargestellten Fenster, der sogenannte Window Manager. Quartz ist äußerst leistungsfähig und kommt in Bezug auf die grafische Oberfläche an sehr vielen Stellen zum Einsatz, etwa

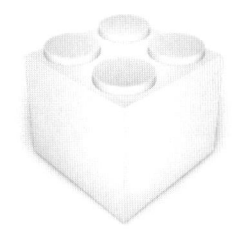

ATI4800Controller.kext

▲ **Abbildung B.1**
Kernel Extensions erweitern die Funktionalität des Kernels und können bei Bedarf aktiviert werden.

Mac OS Forge
Apple hat einige der Aktivitäten im Open-Source-Bereich in der Webseite *http://www.macosforge.org* zusammengefasst. Entwickler und Interessierte finden dort nicht nur den Quellcode des Kernels, sondern auch den Quellcode von `launchd` und des Kerns von Safari, des WebKits.

[PowerPC]
Die PowerPC-Architektur wurde von Apple in Zusammenarbeit mit Motorola und IBM entwickelt und wurde mehr als ein Jahrzehnt für Macintosh-Rechner verwendet. Zu einem gewissen Zeitpunkt konnte die PowerPC-Architektur in einigen Punkten nicht mehr ganz mit den Intel-Prozessoren mithalten und dies mündete schließlich im Wechsel der Architektur.

[Quartz Extreme]
In den ersten Versionen von Mac OS X war die Darstellung der Elemente langsam, teilweise sogar schlicht unbrauchbar. Mit Mac OS X 10.2 wurde die Quartz Engine deutlich verbessert und vor allem beschleunigt. Diese verbesserte und schnellere Version wird Quartz Extreme genannt.

bei der Darstellung und Glättung von Schriften, der Verwendung und Berechnung von Transparenzen und Schatten. Ein hervorstechendes Merkmal von Quartz ist die direkte Unterstützung des Portable Document Formats (PDF).

OpenGL | Bei OpenGL handelt es sich um eine Technologie, die die Berechnung und Darstellung von grafischen Elementen erleichtert. Dabei ist OpenGL plattformübergreifend und standardisiert. Seine Funktionen für die Berechnung von grafischen und dreidimensionalen Objekten sind sehr leistungsfähig und stellen die technische Grundlage für Quartz dar. Es ist für Entwickler auch möglich, OpenGL direkt in ihre Programme zu integrieren.

> **Core Image Fun House**
> Wenn Sie etwas mehr über die Fähigkeiten von Core Image erfahren möchten, können Sie das Programm Core Image Fun House aus dem Verzeichnis /DEVELOPER/APPLICATIONS/GRAPHICS TOOLS ausprobieren. Es stellt Ihnen die in Core Image enthaltenen Filter zur Verfügung.

Core Image | Die mit Core Image umschriebene Technik ermöglicht es Entwicklern, grafische Effekte wie Übergänge oder Filter auf darzustellende Objekte anzuwenden. Der Vorteil von Core Image besteht darin, dass die Berechnung der grafischen Effekte nicht im Hauptprozessor, sondern im Prozessor der Grafikkarte erfolgt. Da die Leistungsfähigkeit der in Grafikkarten verwendeten Prozessoren in den letzten Jahren sehr viel stärker zugenommen hat als die der regulären Hauptprozessoren, ist diese Auslagerung nur folgerichtig.

Core Animation | Die Programmierung von grafischen Effekten, wie etwa dem Ausblenden eines Kontaktes in iChat, wenn sich dieser abmeldet, kann für Entwickler ein zeitraubendes Unterfangen sein. Zeitgleich kann es die Benutzerfreundlichkeit eines Programms erhöhen, wenn der Anwender eine optische Rückmeldung auf seine Eingaben erhält oder Ereignisse innerhalb des Programms wie das Abmelden eines Kontaktes optisch repräsentiert werden. Über Core Animation, das auf Core Image beruht, stellt Apple Entwicklern eine große Palette von grafischen Animationen zur Verfügung, die diese recht einfach und mit vertretbarem Zeitaufwand in ihre Programme integrieren können.

Core Video | Die Anzeige von Videos wird, der Name legt es nahe, in Mac OS X von Core Video unterstützt. Dabei werden die Funktionen und Fähigkeiten von Core Image für bewegte Bilder verfügbar gemacht.

Core Audio | Die Tonausgabe wird unter Mac OS X von Core Audio übernommen. Dabei stellt diese Schnittstelle nicht nur Möglichkeiten für die Tonausgabe zur Verfügung, sondern bietet auch eine Unterstützung für Geräte an der MIDI-Schnittstelle.

QuickTime X | Mit Mac OS X 10.6 führte Apple eine vollständig überholte Version von QuickTime ein. Die Aufgabe von QuickTime besteht darin, Filme und Tondateien abzuspielen. Dabei ist QuickTime X mehr als nur das Programm QuickTime Player. Genau genommen handelt es sich bei QuickTime X um eine Bibliothek, auf deren Funktionen und Fähigkeiten Programmierer bei der Entwicklung Ihrer Programme zurückgreifen können. Da QuickTime X die in die Jahre gekommene ältere QuickTime Version 7.6 noch nicht vollständig ersetzen kann, finden Sie auf der Installations-DVD von Mac OS X 10.6 auch ein Paket, mit dem Sie die ältere Version installieren können und so die Kompatibilität zu älterer Software wahren.

▲ **Abbildung B.2**
Der QuickTime Player ist ein Bestandteil von QuickTime X.

B.1.3 Umgebungen für Programme

Die Entwicklung von Programmen für ein so kompliziertes System wie Mac OS X wird Programmierern von Apple ermöglicht, indem Funktionen und Fähigkeiten des Systems in Bibliotheken oder auch Frameworks zusammengefasst werden. Auf diese können Entwickler bei der Erstellung eines Programms zurückgreifen und so mit wenigen Codezeilen beispielsweise den Inhalt eines Fensters manipulieren oder eine Datei öffnen.

Mac OS X verfügt über eine ganze Reihe von solchen Frameworks, die sich unter anderem in den Verzeichnissen /SYSTEM/LIBRARY/FRAMEWORKS und /SYSTEM/LIBRARY/PRIVATEFRAMEWORKS befinden. Einige dieser Frameworks wurden von Apple in Umgebungen zusammengefasst, die für die Entwicklung von Programmen eine notwendige Grundlage bilden, von der ausgehend die Entwickler weitere Frameworks aufrufen und die dort enthaltenen Funktionen nutzen können. In Mac OS X sind drei wesentliche Umgebungen für Programme enthalten.

▲ **Abbildung B.3**
Die zu Frameworks zusammengefassten Funktionen ermöglichen und erleichtern die Entwicklung von Programmen.

Cocoa | Die von Apple bevorzugte und empfohlene Umgebung für Programme ist Cocoa. Cocoa stellt eine Sammlung von Funktionen und Benutzerschnittstellen zur Verfügung, die das typische Aussehen von Programmen unter Mac OS X definieren. Dabei ist die Entwicklung von Programmen mit einer grafischen Oberfläche sehr komfortabel, weil Cocoa den Entwicklern von Haus aus sehr viel Arbeit abnehmen kann.

Die bevorzugte Programmiersprache für die Entwicklung eines Programms, das auf Cocoa basiert, ist Objective-C. Apple bemüht sich um eine Öffnung der Entwicklung mit Cocoa, sodass über das Modul PyOBjC die Programmiersprache Python und über RubyCocoa Ruby für die Entwicklung von Cocoa-Programmen genutzt werden können.

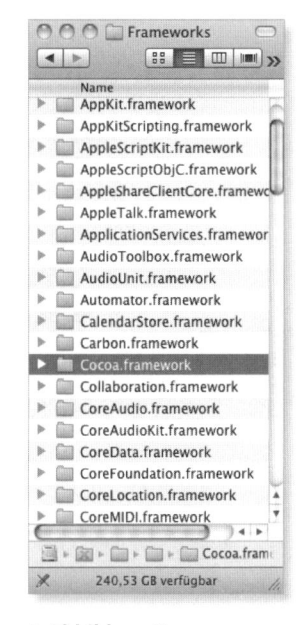

Bei der Gestaltung der Oberfläche eines Programms wird bevorzugt auf den INTERFACE BUILDER aus dem Ordner /DEVELOPER/APPLICATIONS zurückgegriffen. Mit dem Programm ist es leicht möglich, die grafische Oberfläche regelrecht zusammenzuklicken und die verwendeten Elemente mit den Anweisungen im Programm zu verknüpfen.

▲ **Abbildung B.4**
Der INTERFACE BUILDER erleichtert die Erstellung von grafischen Oberflächen.

Carbon und 64-Bit
Apple hatte einst angekündigt, dass auch die Carbon-Bibliothek eine 64-Bit-Version der Software ermöglichen würde. Diese Ankündigung wurde zum damaligen Zeitpunkt überraschend zurückgezogen, sodass Programme wie eben Photoshop einer neuen, die Cocoa-Bibliothek verwendenden Version bedürfen, um von den Vorteilen einer 64-Bit-Version zu profitieren.

Carbon | Die Umgebung Carbon wurde von Apple zu einer Zeit eingeführt, als Markteinführung und -erfolg von Mac OS X noch nicht abzusehen und Mac OS 9 noch das verwendete System war. Sie hatte die Aufgabe, als eine Art Brücke zwischen beiden Systemen zu fungieren, weil Programme, die gemäß den Vorgaben von Apple mit Carbon realisiert wurden, sowohl unter Mac OS 9 als auch Mac OS X lauffähig waren.

Diese Brückenfunktion wurde mit der Zeit aufgegeben, wobei die Carbon-Bibliothek, die in erster Linie für die Programmiersprachen C und C++ gedacht ist, nach wie vor verwendet werden kann. Somit wird sichergestellt, dass umfangreiche Software-Projekte wie Adobe Photoshop mit einer sehr großen Codebasis auch in Zukunft noch lauffähig sind.

Java | Natürlich handelt es sich bei Java in erster Linie um eine Programmiersprache, aber die Java-Unterstützung von Mac OS X ist umfangreicher. Die in Mac OS X enthaltene Java-Umgebung wurde nicht nur an etlichen Stellen für die Verwendung auf diesem System optimiert, sondern Mac OS X bringt zum Beispiel auch eine modifizierte Swing-Bibliothek mit. Die Swing-Bibliothek ist für die Anzeige von Elementen der grafischen Benutzeroberfläche zuständig und wurde von Apple ein wenig angepasst, um sich besser in die Optik von Mac OS X einzufügen.

B.1.4 Die Schnittstelle zum Anwender: Aqua

Mit »Aqua« wird die grafische Oberfläche von Mac OS X bezeichnet. Dabei ist der Begriff etwas weiter auszulegen, weil zu Aqua nicht nur das Aussehen der Fenster, die Position von Schaltflächen und Symbolleisten, sondern auch das Verhalten des Systems gehört. Dazu zählt der stärkere Schattenwurf des aktiven Fensters oder die Animation, wenn ein Fenster ins Dock gelegt wird.

Der Name Aqua mag sich wegen der aktuellen Darstellung von Mac OS X 10.6 dem Neuling nicht so ganz erschließen. In früheren Versionen orientierte sich die Optik sehr stark an fließenden Übergängen und einem vielleicht mit »ätherisch« am ehesten zu umschreibenden Look and Feel. Diese Darstellung wich von Version zu Version einer immer plastischeren, massiveren Darstellung der nun vorliegenden dunkelgrauen Akzentuierung.

Neue Oberfläche?

Kurz vor Erscheinen von Mac OS X 10.6 kamen Gerüchte auf, dass diese Version über eine vollkommen neue Oberfläche verfügen wird. Die Gerüchte haben sich nicht bewahrheitet, und so herrscht unter Mac OS X 10.6 ein wenig Wildwuchs, weil insbesondere die professionellen Applikationen von Apple ein schwarz geprägtes, stark abweichendes Erscheinungsbild bieten.

B.2 Einige grundlegende Konzepte

Neben diesem etwas kursorischen Überblick über die Architektur von Mac OS X sind noch einige grundlegende Konzepte zu erklären, deren Kenntnis bei der Arbeit mit dem System hilfreich sein kann.

B.2.1 Prozesse und Programme

Wenn Sie Ihren Rechner gestartet und sich am System angemeldet haben, stellt sich Mac OS X in einer einheitlichen Oberfläche dar. Was sich wie aus einem Guss präsentiert, ist in Wirklichkeit das Ineinandergreifen einer Vielzahl von Programmen, die nicht, wie die von Ihnen gestarteten Applikationen, im Dock erscheinen, sondern für den normalen Anwender in der Regel unsichtbar im Hintergrund ihrer jeweils spezifischen Aufgabe nachkommen.

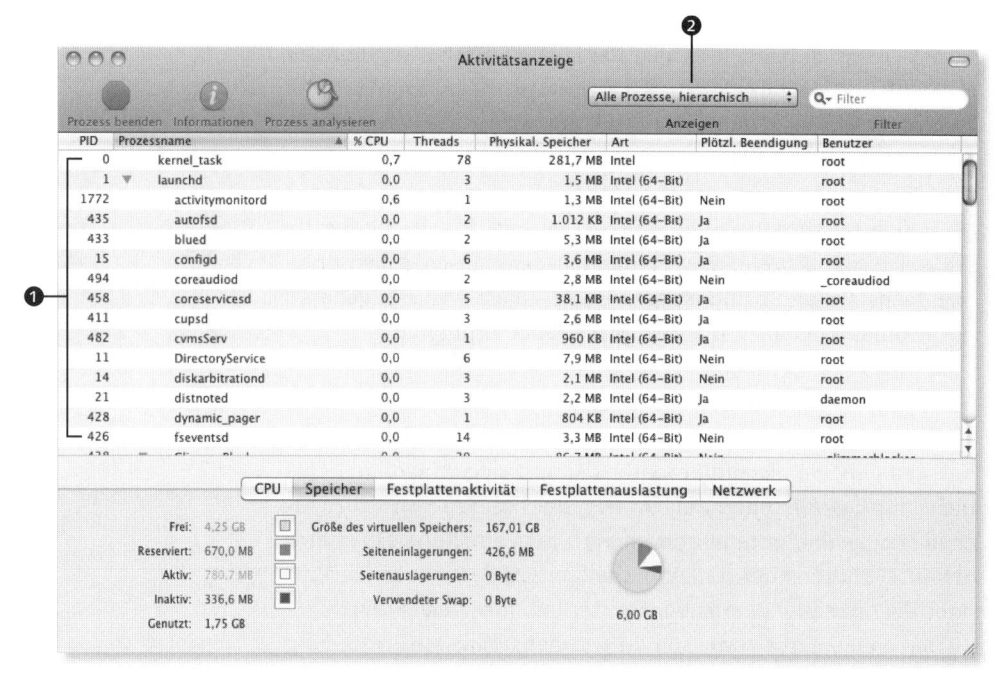

▲ **Abbildung B.5**
Im Hintergrund ist eine Vielzahl von Programmen aktiv, die jeweils einen bestimmten Zweck erfüllen.

Aktive Prozesse sind Programme
Unter UNIX werden Programme auch Prozesse genannt. Aufgabe des Kernels ist es, den Prozessen Arbeitsspeicher und Rechenzeit des Prozessors zuzuteilen. Um die einzelnen aktiven Prozesse verwalten zu können, wird jedem eine eindeutige Nummer, die Prozess-ID ❶ oder abgekürzt PID, zugewiesen. Die Möglichkeit, die aktiven Prozesse hierarchisch anzeigen zu können, rührt daher, dass Programme auch von anderen Programmen gestartet werden können. Was sich erst einmal paradox liest – schließlich ist es ja der Anwender, der ein Programm startet –, hat seinen Grund in der Systemarchitektur von Mac OS X.

Wenn Sie das Programm AKTIVITÄTSANZEIGE aus dem Ordner DIENSTPROGRAMME aufrufen und den Punkt ALLE PROZESSE, HIERARCHISCH ❷ auswählen, erhalten Sie eine vollständige Übersicht über alle im Hintergrund aktiven Programme. Je nach der Konfiguration Ihres Systems kann Ihre Darstellung von der in Abbildung B.5 etwas abweichen. Sie können aber auf jeden Fall ersehen, dass nicht nur der Finder ein eigenständiges Programm ist, sondern zum Beispiel auch das Dock.

Hierarchie | Die in Abbildung B.5 sichtbare Hierarchie der Prozesse hat einen einfachen Grund: Die Programme und Dienste werden von anderen Diensten gestartet und sind voneinander abhängig. Das System merkt sich, welcher Prozess von einem anderen gestartet wurde, und ordnet ihm diesen als übergeordneten Prozess zu. Dies trifft auch für die Eingaben zu, die Sie tätigen, um ein Programm zu starten. Es nimmt ja irgendein Prozess Ihre Eingaben als Benutzer entgegen.

B.2.2 Voreinstellungen

Mac OS X setzt eine Reihe von Programmen ein, die, wie etwa der Apache Webserver oder das Drucksystem CUPS, aus der UNIX-Welt stammen. Daneben gibt es noch die normalen Applikationen wie Apple iTunes oder Pages, mit denen der Anwender seine Dokumente abspielt oder bearbeitet. Dies hat zur Folge, dass zwei verschiedene Systeme zur Speicherung von Voreinstellungen genutzt werden.

Property-Listen | In den Property-Listen werden nicht nur die Einstellungen des Programms im Hinblick auf seine Funktionen, sondern auch die Positionen der Fenster und die zuletzt von dem Programm geöffneten Dateien gespeichert. Property-Listen werden gemäß den Vorgaben von Apple als XML-Dateien angelegt. Das Format folgt dabei einem ebenfalls von Apple spezifizierten Muster.

Mac OS X speichert Property-Listen an verschiedenen Stellen ab: einerseits unter /LIBRARY/PREFERENCES für verschiedene Programme des Systems, die direkt unter der Aqua-Oberfläche ihren Dienst versehen. Dazu gehören zum Beispiel die Voreinstellungen des Anmeldefensters – in der Datei »com.apple.loginwindow.plist« –, mit denen festgelegt wird, ob Ihnen beim Anmelden die auf Ihrem System angelegten Benutzer in Form eines anklickbaren Bildes angezeigt werden oder ob der Name des Benutzers direkt eingegeben werden muss.

Da mit Mac OS X verschiedene Personen auf einem Rechner ihre Arbeit verrichten können – und jeder Anwender andere Vorlieben bei der Bedienung des Computers hat –, werden die Voreinstellungen für Programme, das Dock und den Finder andererseits auch im Ordner PREFERENCES in der LIBRARY des jeweiligen Benutzers (siehe Abschnitt 13.2.2) gespeichert.

Einstellungen in Textdateien | Gelten die Property-Listen für die meisten Programme, die innerhalb der grafischen Oberfläche ihren Dienst verrichten, so werden die Einstellungen für die vielen Systemdienste im Verzeichnis /ETC abgespeichert. Dieses Verzeichnis ist im Finder normalerweise nicht sichtbar, kann aber über das Terminal mit dem Befehl `ls /etc` angezeigt werden.

Zwar greifen auch einige Programme auf diese Dateien zu, aber in der Regel ist es dem Anwender selbst überlassen, diese Dateien von Hand zu bearbeiten und so ein Finetuning der Dienste vorzunehmen. Auch wenn die Anzahl und vor allem der Aufbau dieser Textdateien erschrecken mögen, so folgen sie doch ähnlich wie die Property-Listen einem Muster. Dieses Muster ist, da es sich nicht um XML-Dateien handelt, nicht ganz so stringent, aber dennoch in sich logisch. Ein recht typisches Beispiel kann folgende Zeile aus der Datei /ETC/APACHE2/HTTPD.CONF, der Konfigurationsdatei für den Apache Webserver, sein:

Property List Editor
Wenn Sie das Paket Xcode installiert haben, finden Sie im Ordner /DEVELOPER/APPLICATIONS/UTILITIES das Programm Property List Editor, mit dem Sie die Voreinstellungsdateien von Programmen eigenhändig manipulieren können. Normalerweise sollte dies aber die Aufgabe der Programme selbst sein.

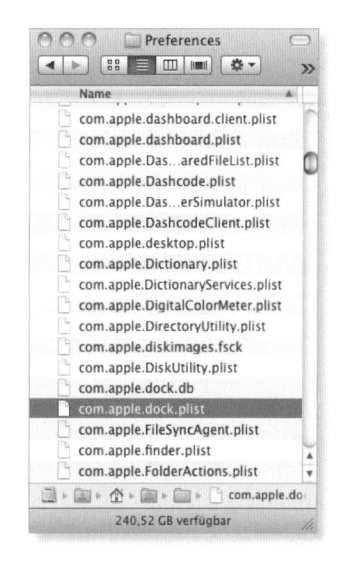

▲ **Abbildung B.6**
Voreinstellungen werden in Form von Property-Listen unter anderem in der Library des Benutzers abgelegt.

> **HINWEIS**
>
> Welche Schlagwörter in einer Konfigurationsdatei vorkommen und eine Bedeutung haben können, ist von Programm zu Programm unterschiedlich. Sie sind bei der Arbeit mit solchen Dateien auf die mit dem Doppelkreuz eingeleiteten Kommentare oder die entsprechende Dokumentation des Programms angewiesen.

```
## DocumentRoot: The directory out of which you will serve your
# documents. By default, all requests are taken from this directory, but
# symbolic links and aliases may be used to point to other locations.
DocumentRoot "/Library/WebServer/Documents"
```

Hierbei kommt dem Doppelkreuz (#) oft eine besondere Bedeutung zu: Es dient als Kommentarzeichen und hat die Funktion, alles, was in der jeweiligen Zeile hinter ihm steht, als Kommentar zu kennzeichnen. Diese so abgetrennten Sätze werden dann von dem Webserver nicht beachtet. Sie dienen in erster Linie als Erläuterungen und Gedächtnisstütze für den Anwender. Mit der Zeile `DocumentRoot "/Library/WebServer/Documents"` wird festgelegt, dass der Webserver die im Verzeichnis /LIBRARY/WEBSERVER/DOCUMENTS enthaltenen HTML-Dateien verwenden soll.

Öffnen mit

Die Vorgaben für die Launch Services können Sie im Fenster INFOS zu einer Datei im Finder ändern. Sie finden dort einen Punkt ÖFFNEN MIT, über den Sie sich eine Reihe von möglichen Programmen auflisten lassen können.

B.2.3 Launch Services und Dateiendungen

Wenn ein Dokument direkt in einem Programm geöffnet werden soll, reicht in der Regel ein Doppelklick auf das Icon des Dokumentes im Finder, und das entsprechende Programm wird gestartet. Hinter diesem Verhalten, das dem Anwender ein relativ komfortables Arbeiten ermöglicht, verbirgt sich ein Dienst mit dem Namen Launch Services. Dahinter steht eine Datenbank, in der festgelegt wurde, welche Dateitypen mit welchem Programm geöffnet werden sollen.

Datei in anderem Programm öffnen | Mit dem Menüpunkt EIGENE können Sie auch nicht aufgeführte Programme auswählen. Wählen Sie ein anderes Programm als das standardmäßig vorgegebene aus, so gilt diese Änderung nur für die betreffende Datei. Die Änderung wird in den erweiterten Attributen der Datei gespeichert. Klicken Sie hingegen auf die Schaltfläche ALLE ÄNDERN, werden Ihre Änderungen für alle Dateien mit der gleichen Endung wirksam, die Datenbank der Launch Services wird entsprechend modifiziert.

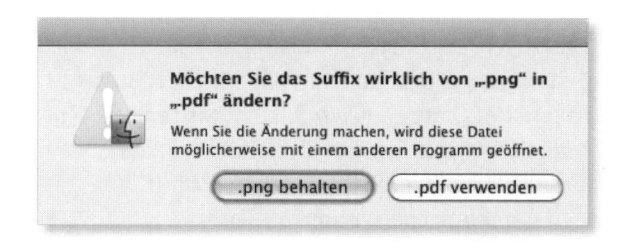

▲ **Abbildung B.7**
Die Zuordnung einer Datei zu einem Programm ❶ erfolgt in erster Linie über die Dateiendung.

Abbildung B.8 ▶
Wird das Suffix geändert, gibt das System eine Warnung aus.

Uniform Type Identifier (UTI) | Die Identifikation, welches Programm welche Dateitypen öffnen kann, erfolgt über sogenannte Uniform Type Identifiers. Diese werden in der Regel innerhalb des Programm-Bundles (siehe Abschnitt 3.3.2) definiert. Installieren Sie das Programm, dann wird diese Liste vom System ausgewertet, und Ihnen wird das Programm in der Liste unter ÖFFNEN MIT angezeigt. Analog dazu wird über die UTIs auch definiert, welche Dateitypen Ihnen im ÖFFNEN-Dialog des Programms zur Verfügung stehen und welche ausgegraut sind.

B.2.4 Benutzerkonten

Wenn Sie Mac OS X erfolgreich installiert haben, werden Sie auch nach den Eingaben für ein erstes Benutzerkonto gefragt. Eventuell haben Sie auch weitere (menschliche) Benutzer über die Systemeinstellungen angelegt.

Die Idee hinter den Benutzern bei Mac OS X besteht nicht nur darin, Ordnung in der doch sehr großen Anzahl von Systemdateien zu schaffen. Das sehr strenge Regiment bei den Benutzern und den mit ihnen einhergehenden Zugriffsrechten hat seinen Sinn auch darin, Beschädigungen des Systems – sei es durch Fehler des Anwenders oder durch Viren und schlecht programmierte Software – zu minimieren. Da Ihnen als normaler Benutzer der Zugriff auf viele elementare Dateien des Systems verwehrt bleibt, werden Fehler vermieden. Auch trägt es zur Sicherheit Ihrer Daten bei, wenn nicht jeder, der direkten Zugriff auf Ihren Rechner hat, Ihre Dateien ohne Passwort öffnen kann.

Systemdienste als Benutzer
Neben den realen Anwendern, die Sie mit den Systemeinstellungen angelegt haben, ist unter Mac OS X aber noch eine Reihe weiterer Benutzer registriert, denen kein realer Mensch entspricht. Sie können diese über den Befehl `dscl` (siehe Abschnitt 14.5.1) einsehen. Auch hier ist der Grund in dem unter UNIX typischen Sicherheitsdenken zu suchen. Da der Webserver eigenständig Programme und Skripten starten kann, könnte er theoretisch (und praktisch) ein Skript aufrufen, das Ihre gesamte Festplatte löscht. Da aber der Prozess des Webservers nur Zugriff auf die Dateien hat, die ihm als Benutzer zugewiesen wurden, wird dieses Risiko auf ein Minimum reduziert.

◄ **Abbildung B.9**
Aktive Prozesse verfügen über einen Besitzer ❶, der ihre Zugriffsrechte reglementiert.

Auch Prozesse haben Besitzer | In Abbildung B.9 sehen Sie neben der Prozess-ID auch eine Spalte mit dem Eigentümer des Prozesses (BENUTZER). Die Zugriffsrechte und das Benutzerkonzept von Mac OS X beschränken sich nicht nur auf Dateien, sondern gelten auch für Prozesse. Hierbei treffen die gleichen Beschränkungen zu. Konkret bedeutet dies, dass ein von Ihnen gestarteter Prozess nicht auf Dateien zugreifen kann, für die Sie keine Berechtigung haben. Der Finder kann nicht eine Datei eines anderen Benutzers löschen, da er unter Ihrer Benutzerkennung läuft und Sie als Benutzer ihm Ihre Zugriffsrechte regelrecht vererben.

▲ **Abbildung B.10**
Die Zugriffsrechte einer Datei können unter anderem im Finder geändert werden.

Zugriffsrechte einsehen und ändern | Welcher Benutzer und welche Gruppe auf eine Datei in welcher Form zugreifen darf, wird zu einem gewissen Teil wiederum im Fenster INFOS ZU des Finders vorgegeben. Auf den Zweck der einzelnen Benutzergruppen wird in Abschnitt 14.2.7 genauer eingegangen. Zugriffsrechte sollten Sie – insbesondere bei Systemdateien – nur dann ändern, wenn Sie auch einen Grund dafür haben, etwa die Freigabe im Netzwerk. Verweigern Sie Systemdiensten den Zugriff auf benötigte Dateien, etwa im Verzeichnis /ETC, so wird Ihr System nicht mehr stabil arbeiten.

C   Die Verzeichnisstruktur von Mac OS X

Wenn Sie im Finder die oberste Ebene der Festplatte öffnen, werden Sie neben den Ordnern BENUTZER und PROGRAMME auch noch die Ordner SYSTEM, LIBRARY und – sofern Sie das Paket Xcode installiert haben – DEVELOPER finden. Jeder dieser fünf Ordner hat seine ganz spezifische Aufgabe. Es wird sofort zu Problemen führen, wenn Sie einen dieser Ordner löschen, verschieben oder die Zugriffsrechte versuchsweise manipulieren. Mac OS X ist auf diese Ordner an den vorgegebenen Plätzen angewiesen und bei Änderungen in höchstem Maße intolerant.

Strikte Platzvergabe
Mac OS X ist auf eine vorgegebene Ordnerstruktur angewiesen. Diese vergleichsweise strikte Vorgabe sollten Sie nicht unterlaufen und sich an die Vorgaben von Apple halten.

C.1   Der Ordner System

Im Ordner SYSTEM und seinem einzigen Unterordner LIBRARY werden die Dateien abgelegt, die für den Betrieb von Mac OS X als System mit einer grafischen Oberfläche wesentlich sind. Die weiteren grundlegenden Bestandteile des Systems wie die meisten Serverprogramme werden in dem im Finder nicht sichtbaren UNIX-Unterbau (siehe Abschnitt C.3) gespeichert.

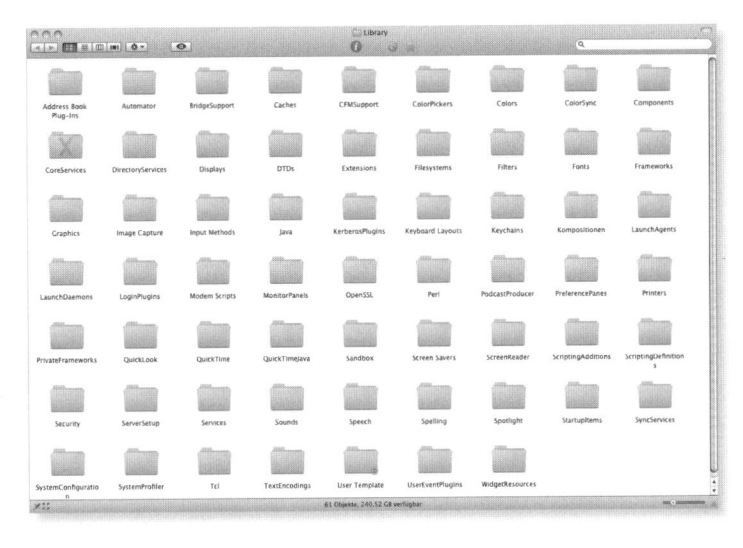

▲ **Abbildung C.1**
Die fünf grundlegenden Ordner des Systems.

◀ **Abbildung C.2**
Der Ordner SYSTEM enthält grundlegende Bestandteile des Betriebssystems.

Der Inhalt von SYSTEM ist nur in den seltensten Fällen durch den Anwender zu ändern. Notwendige Ergänzungen des Systems, wie zum Beispiel eigene LaunchAgents (siehe Abschnitt 13.3), sollten besser im Ordner LIBRARY gespeichert werden. Der folgende Überblick über den Ordner SYSTEM dient in erster Linie dazu, Ihnen aufzuzeigen, wo Sie welche Kernbestandteile von Mac OS X finden und welche Aufgabe diese jeweils haben.

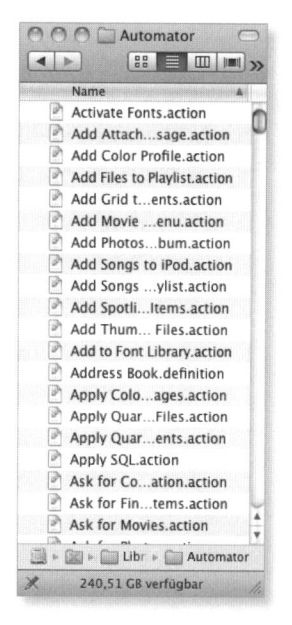

Unterordner	Inhalt
ADDRESS BOOK PLUG-INS	In diesem Ordner werden Erweiterungen für das Programm ADRESSBUCH unter anderem für die Anbindung an einen Exchange-Server gespeichert.
AUTOMATOR	Der Ordner enthält die grundlegenden Aktionen für den Automator (siehe Abschnitt 23.1).
BRIDGESUPPORT	Mit der sogenannten Scripting Bridge kann die grafische Oberfläche der Programmiersprachen Ruby und Python angesprochen werden.
CACHES	Enthält einige Zwischenspeicher, die beim Start des Systems angelegt werden und diesen beschleunigen.
CFMSUPPORT	Der Code Fragment Manager (CFM) ist für die Ausführung von Carbon-Programmen notwendig.
COLORPICKERS	Die Ansichten für die Auswahl einer Farbe werden mit diesen Modulen realisiert.
COLORS	Enthält einige Farbdefinitionen.
COLORSYNC	Neben den grundlegenden Farbprofilen für ColorSync (siehe Abschnitt 22.2) ist hier auch der KALIBRIERUNGSASSISTENT zu finden.
COMPONENTS	Diese Module ermöglichen unter anderem die Verwendung von AppleScript und des Wörterbuches.
CORESERVICES	In diesem Ordner befinden sich viele Hilfsprogramme, die für die Konfiguration und Nutzung einer ganzen Reihe von Systemdiensten zuständig sind. Dazu gehören unter anderem das ARCHIVIERUNGSPROGRAMM, der FINDER, das DOCK und das INSTALLATIONSPROGRAMM.
DIRECTORYSERVICES	Hier finden sich erstens im Unterordner TEMPLATES die Zuordnungen der Attribute für die Nutzung der Verzeichnisdienste und zweitens die Vorlage für die Benutzerdatenbank (DEFAULTLOCALDB) mit einer Reihe von vordefinierten Benutzerkonten.
DISPLAYS	Auf diese Dateien wird bei der Konfiguration eines Monitors über die Systemeinstellungen zurückgegriffen.

▲ **Abbildung C.3**
Viele Automator-Aktionen liegen in Form von .ACTION-Dateien vor.

▲ **Abbildung C.4**
Die Programme MAKEPDF und WEBSEITE ERSTELLEN werden vom Programm DIGITALE BILDER und vom Automator genutzt.

Unterordner	Inhalt
DTDs	Das Format der XML-Dateien beispielsweise für die Property-Listen wird über die Doctype Declarations in diesem Verzeichnis realisiert.
Extensions	Dieser Ordner enthält mehr als 200 Kernel Extensions, die unter anderem als Treiber für die Ansprache von Hardware-Komponenten dienen.
Filesystems	Die Unterstützung von Dateisystemen wird mit den Modulen in diesem Ordner realisiert.
Filters	Die Quartz Filter können in Vorschau zur Manipulation von PDF-Dateien verwendet werden.
Fonts	Die für den Betrieb von Mac OS X notwendigen Zeichensätze werden in diesem Ordner gespeichert.
Frameworks	Die hier enthaltenen Frameworks können von Entwicklern genutzt werden, um Funktionen des Betriebssystems in ihre eigenen Programme zu integrieren.
Graphics	Enthält in zwei Unterordnern Dateien zur Unterstützung des Quartz Composer.
Image Capture	Das Programm Digitale Bilder nutzt die Dateien und Module in diesem Ordner, um auf angeschlossene Geräte zugreifen zu können. Darüber hinaus finden sich hier die mitgelieferten automatischen Prozesse (siehe Abschnitt 23.6.4) zur Weiterverarbeitung importierter Bilder.
Input Methods	Enthält die Eingabemethoden für einige asiatische Sprachen.
Java	Hier sind Bibliotheken und Klassen gespeichert, auf die Java-Programme zurückgreifen können.
KerberosPlugins	Für die Nutzung des Kerberos-Dienstes werden diese Module benötigt.
Keyboard Layouts	Dient zur Ansprache von angeschlossenen Tastaturen.
Keychains	Diese Schlüsselbunde enthalten die von Apple mitgelieferten Zertifikate.
Kompositionen	Die in diesem Ordner enthaltenen Effekte des Quartz Composer kommen an unterschiedlichen Stellen zum Einsatz. Sie ermöglichen die Bildbearbeitung im Automator und die grafischen Effekte in iChat.
LaunchAgents	Mithilfe der in diesem Ordner gespeicherten LaunchAgents (siehe Abschnitt 13.3) wird eine Reihe von Systemdiensten gestartet.
LaunchDaemons	Diese LaunchDaemons sind für den Start der meisten Server-Dienste und Dämonen des Systems verantwortlich.

▲ **Abbildung C.5**
Mithilfe der Quartz-Filter können PDF-Dateien bearbeitet werden.

▲ **Abbildung C.6**
Viele der Effekte in iChat werden über die Quartz-Composer-Dateien im Ordner »Kompositionen« realisiert.

Unterordner	Inhalt
LoginPlugins	Diese Dienste werden unmittelbar nach der Anmeldung geladen und ergänzen einige Funktionen der grafischen Benutzeroberfläche. So wird zum Beispiel das schwebende Fenster bei der Änderung der Lautstärke über die Tastatur mit den hier enthaltenen BezelServices realisiert.
Modem Scripts	Modems zum Versand von Faxen und zur Einwahl ins Internet werden über die Skripten in diesem Verzeichnis gesteuert.
MonitorPanels	Diese Panels werden von den Systemeinstellungen verwendet, wenn Sie Ihre Monitore konfigurieren.
OpenSSL	Für die Nutzung von Zertifikaten zur Verschlüsselung von Datenübertragungen über den Secure Socket Layer (SSL) werden diese Dateien benötigt.
Perl	Module und Erweiterungen für die Programmiersprache Perl werden in diesem Ordner gespeichert.
PodcastProducer	Der in der Server-Variante enthaltene Podcast Producer nutzt diese Dateien bei der Aufnahme eines Podcasts.
PreferencePanes	Dieser Ordner enthält die Module für die Ansichten der Systemeinstellungen.
Printers	Treiber und Funktionsbibliotheken für die Ansprache von Druckern werden in diesem Verzeichnis gespeichert.
PrivateFrameworks	Diese Frameworks können von Programmen genutzt werden, wurden aber von Apple nicht öffentlich dokumentiert.
QuickLook	Hier werden einige Quick Look-Generatoren (siehe Abschnitt 7.1.2) abgelegt.
QuickTime	Die grundlegenden Komponenten und Codecs für QuickTime.
QuickTimeJava	Über diese Komponente kann von der Programmiersprache Java aus auf die QuickTime-Funktionen zugegriffen werden.
Sandbox	In diesem Verzeichnis befinden sich zwei Profile für die Sandboxen (siehe Abschnitt 17.5.3).
Screen Savers	Die mit der Installation ausgelieferten Bildschirmschoner.
ScreenReader	Realisiert die Unterstützung von Braille-Geräten.
ScriptingAdditions	Die Erweiterungen für AppleScript (siehe Abschnitt 25.4.1), die Mac OS X von Haus aus mitbringt, befinden sich hier.

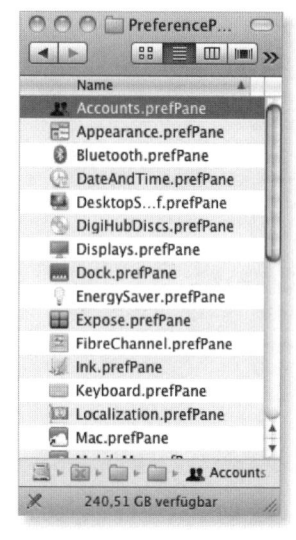

▲ **Abbildung C.7**
Die Ansichten in den Systemeinstellungen beruhen auf den .prefPane-Dateien.

Unterordner	Inhalt
SCRIPTINGDEFINITIONS	Hier ist ein Wörterbuch der grundlegenden Funktionen von AppleScript hinterlegt.
SECURITY	Enthält einige Module, unter anderem für die Authentifizierung bei dem Dienst .mac.
SERVERSETUP	Haben Sie die Server Admin Tools installiert, dann werden diese Dateien von den Tools benötigt.
SERVICES	Diese Dienste können über das gleichnamige Menü (siehe Abschnitt 2.4) genutzt werden.
SOUNDS	Hier finden Sie die Warntöne, die Sie über die Systemeinstellungen auswählen können.
SPEECH	Enthält einige Module, die für die Sprachsteuerung (Voice Over) des Systems verwendet werden. Dazu gehören unter anderem die Stimmen.
SPOTLIGHT	Die Importer für Spotlight (siehe Abschnitt 7.2.1), die das System selbst unterstützt, befinden sich hier.
STARTUPITEMS	Dieser mittlerweile leere Ordner enthielt in älteren Versionen von Mac OS X Shell-Skripten für den Start einiger Server.
SYNCSERVICES	Gleichen Sie Ihre Daten mit Ihrem Mobiltelefon über iSync ab, dann treten die Definitionen und Schemata in diesem Ordner in Aktion.
SYSTEMCONFIGURATION	Der Dämon `configd` greift auf diese Module unter anderem für die Konfiguration von Netzwerk-Schnittstellen zurück.
SYSTEMPROFILER	Diese Module werden von dem Programm System-Profiler verwendet, um das Profil des Rechners und des installierten Systems zu erstellen.
TCL	Für die Programmiersprache Tcl finden sich in diesem Ordner einige Bibliotheken.
TEXTENCODINGS	Diese Module werden für die Darstellung von Texten in arabischen und asiatischen Sprachen sowie für die Verwendung von Unicode geladen.
USER TEMPLATE	Dieser Ordner enthält die Vorlage für einen persönlichen Ordner (LIBRARY, MUSIK, BILDER …), und sein Inhalt wird bei der Erstellung eines neuen Benutzerkontos automatisch in das persönliche Verzeichnis unter BENUTZER kopiert.
USEREVENTPLUGINS	Mithilfe dieser Erweiterungen werden einige Ereignisse wie der Wechsel eines drahtlosen Netzwerkes oder eine Erinnerung in iCal realisiert.
WIDGETRESOURCES	Auf diese Dateien kann bei der Erstellung eines Widgets für Dashboard (siehe Abschnitt 2.7) zurückgegriffen werden.

▲ **Abbildung C.8**
Die Warntöne können direkt im Finder abgespielt werden.

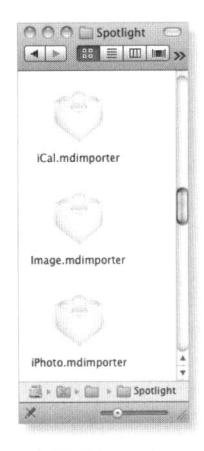

▲ **Abbildung C.9**
Das System bringt bereits etliche Importer für Spotlight mit.

C.2 Der Ordner Library

Die Dateien und Programme unter /SYSTEM/LIBRARY sind für die Funktionen von Mac OS X unbedingt erforderlich und sollten vom Anwender nicht verändert werden.

> **HINWEIS**
>
> Auch wenn die Funktion des Ordners LIBRARY eine ergänzende ist, so ist er für den Betrieb von Mac OS X zwingend notwendig.

Die allgemeine Library | Der Inhalt des Ordners LIBRARY kann auf verschiedenen Systemen anders aussehen. Entwickler sind angewiesen, Erweiterungen des Systems – die zum Beispiel über einen LaunchDaemon einen Dienst starten, der nicht zum ursprünglichen System gehört – in diesem Ordner zu installieren. Insofern enthält LIBRARY einige Unterordner, die auch unter SYSTEM zu finden sind. In der LIBRARY können Entwickler eigene Erweiterungen, zum Beispiel für Quick Look oder Spotlight, installieren.

Benutzerspezifische Library | Auch diese Bibliotheken haben einen spezifischen Aufbau, der sich jedoch, im Gegensatz zu SYSTEM, je nach der Konfiguration Ihres Rechners und den installierten Programmen ändern kann.

Der Zweck der Trennung zwischen einer allgemeinen und einer persönlichen Library besteht darin, dass es somit möglich wird, Erweiterungen für alle Benutzer zu installieren. Legen Sie die Erweiterung unter LIBRARY ab, steht sie allen Benutzern des Systems zur Verfügung; installieren Sie sie in der Library im persönlichen Ordner des Benutzers, so steht die Erweiterung nur diesem Benutzer zur Verfügung.

Das Gleiche gilt zum Beispiel auch für die Voreinstellungen im Ordner PREFERENCES. Mit der benutzerbezogenen Trennung kann jeder Benutzer individuelle Einstellungen in einem Programm vornehmen, die nur für ihn gelten.

Die nachfolgende Auflistung der Ordner bezieht sich auf die allgemeine Bibliothek, die Sie im Ordner /LIBRARY finden. Die Bibliotheken, die in den persönlichen Ordnern der einzelnen Benutzer abgelegt werden, unterscheiden sich in der Regel nur geringfügig von der allgemeinen Library.

▲ **Abbildung C.10**
Der Inhalt der persönlichen Library (zu finden im Ordner des jeweiligen Benutzers) variiert je nach installierten Programmen und Änderungen durch den Benutzer.

Unterordner	Inhalt
APPLICATION SUPPORT	Bibliotheken, Module, Schriften und auch Datenbanken, die nur für ein bestimmtes Programm gelten sollen, werden bevorzugt in diesem Ordner abgelegt. Insbesondere Adobe macht für seine Programme sehr umfangreichen Gebrauch von diesem Ordner.

Unterordner	Inhalt
Audio	Haben Sie GarageBand installiert, dann finden Sie hier eine Reihe von Loops und Effekten, die Ihnen auch in den anderen iLife-Programmen zur Verfügung stehen. Daneben sind in diesem Ordner einige Dateien abgelegt, die die MIDI-Unterstützung ergänzen.
Caches	Die hier zu findenden Zwischenspeicher dienen zur Beschleunigung der Arbeit des Systems.
ColorSync	Hier finden sich Farbprofile, die Sie über das ColorSync-Dienstprogramm zuweisen können.
Components	Dieser Ordner hat die gleiche Funktion wie unter System, bloß für die Komponenten von Fremdherstellern.
Desktop Pictures	Eine Sammlung von Schreibtischhintergründen, die Sie über die Systemeinstellungen verwenden können.
Developer	Enthält einige Programme und Bibliotheken, die die Funktionen von Xcode ergänzen können.
Dictionaries	Die Wörterbücher für die Rechtschreibprüfung des Systems sind hier abgelegt.
Documentation	Diese Dateien bilden die Grundlage des Hilfe-Systems, das Sie über den Menüpunkt Hilfe aufrufen können.
Filesystems	Die Unterstützung von weiteren Dateisystemen, etwa mit der Erweiterung MacFUSE (siehe Abschnitt 9.6), kann in diesem Ordner installiert werden.
Fonts	Enthält weitere Zeichensätze, die nicht zwingend für den Betrieb des Systems benötigt werden.
Frameworks	Programmbibliotheken, die von Entwicklern für ihre Programme benötigt werden, können in diesem Ordner installiert werden.
Graphics	Ergänzungen und Erweiterungen des Quartz Composer, die nicht zum Lieferumfang des Systems gehören.
Image Capture	Zusätzliche Treiber für das Programm Digitale Bilder können in diesem Ordner installiert werden. Im Unterordner Automatic Tasks können automatische Prozesse für die direkte Weiterverarbeitung von importierten Bildern installiert werden.
Input Methods	Weitere Unterstützungen für Sprachen und Eingabemethoden können hier installiert werden.

▲ **Abbildung C.11**
Über die Zwischenspeicher im Ordner Caches wird die Arbeit einiger Programme beschleunigt.

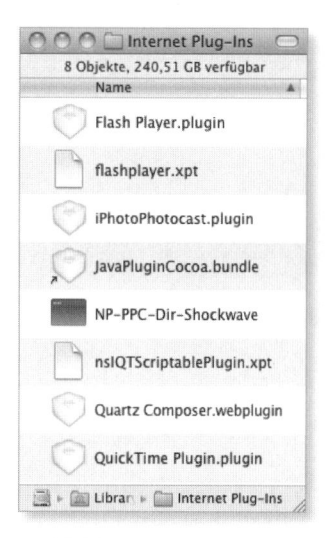

▲ **Abbildung C.12**
Erweiterungen für die Browser Safari und Camino werden im Ordner INTERNET PLUG-INS installiert.

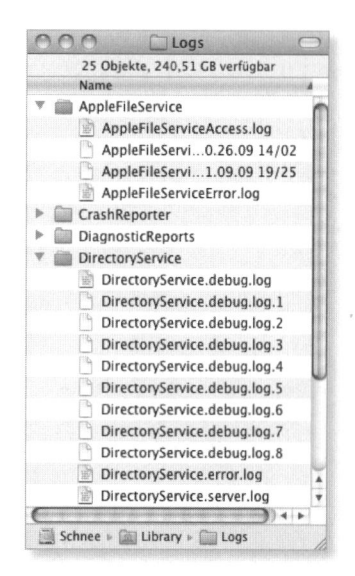

▲ **Abbildung C.13**
Die im Ordner LOGS gespeicherten Protokolle sind für die Fehlersuche hilfreich.

Unterordner	Inhalt
INTERNET PLUG-INS	Erweiterungen für Internet Browser wie Safari und Camino können an dieser Stelle installiert werden. Dazu gehört zum Beispiel das QUICKTIME PLUGIN zur Darstellung von Filmen und Multimedia-Dateien im Browser.
ITUNES	Grafische Effekte und andere Erweiterungen für iTunes, die allen Benutzern zugänglich sein sollen, werden hier abgelegt.
JAVA	Dieser Ordner kann Erweiterungen, Bibliotheken und Klassen für die Programmiersprache Java enthalten.
KEYBOARD LAYOUTS	Tastaturbelegungen, die nicht zum Standardumfang von Mac OS X gehören, werden hier installiert.
KEYCHAINS	Der Schlüsselbund »System.keychain« enthält die Passwörter, die für alle Benutzer des Systems etwa zur Anmeldung in einem drahtlosen Netzwerk zugänglich sind. Verwenden Sie FileVault (siehe Abschnitt 14.2.8), dann wird das Hauptkennwort Ihres Systems in der Datei »FileVault-Master.keychain« gespeichert.
KOMPOSITIONEN	Animationen und Effekte, die Sie selbst mit dem Quartz Composer erstellt haben, können in diesem Ordner abgelegt werden.
LAUNCHAGENTS	LaunchAgents, die nicht von Apple stammen und bei allen Benutzern ausgeführt werden sollen, können hier gespeichert werden.
LAUNCHDAEMONS	Zum Start von Dämonen und Systemdiensten, die nicht von Apple stammen, können die Property-Listen in diesem Ordner verwendet werden.
LOGS	Dieser Ordner enthält eine Reihe von Protokollen, die insbesondere bei der Fehlersuche unverzichtbar sind.
MAIL	Enthält Prototypen für die Einrichtung von Konten in Mail.
MODEM SCRIPTS	Hier finden sich weitere Treiber für Modems von Fremdherstellern.
PDF SERVICES	Die in diesem Ordner abgelegten Automator-Arbeitsabläufe und AppleScript-Programme ergänzen das Druckmenü.
PERL	Enthält ein paar Erweiterungen für die Programmiersprache Perl.

Unterordner	Inhalt
PreferencePanes	Zusätzliche Ansichten für die Systemeinstellungen, etwa zur Konfiguration von angeschlossenen Geräten, oder Erweiterungen des Systems wie Flip4Mac können hier installiert werden.
Preferences	Voreinstellungen, die das gesamte Betriebssystem betreffen, werden hier gespeichert. Dazu gehören unter anderem die Freigabe von Ordnern im Netzwerk sowie die Konfiguration von Netzwerk-Schnittstellen und von Verzeichnisdiensten.
Printers	Treiber für Drucker von Fremdherstellern werden hier installiert.
Python	Enthält Erweiterungen und Bibliotheken der Programmiersprache Python.
QuickLook	Enthält Erweiterungen für Quick Look, die nicht zum Standardumfang gehören und allen Benutzern zugänglich sein sollen.
QuickTime	Erweiterungen für QuickTime in Form von Codecs oder anderen Komponenten können hier installiert werden.
Receipts	Der Ordner enthält die Quittungen für Installationen, die Sie über das Installationsprogramm vorgenommen haben.
Ruby	Hier sind Erweiterungen für die Programmiersprache Ruby gespeichert.
Screen Savers	Enthält weitere Bildschirmschoner, die nicht zur Standardinstallation von Mac OS X gehören.
Scripts	Beispielhafte und vorgefertigte Skripten in AppleScript, auf die Sie unter anderem über die Menüleiste (siehe Abschnitt 24.9.1) zugreifen können.
Security	Kann Erweiterungen der Sicherheitsarchitektur von Mac OS X enthalten.
Spotlight	Importer für Spotlight, die nicht zum Standardumfang des Systems gehören, werden hier installiert.
StartupItems	Shell-Skripten, die über das eigentlich nicht mehr zu verwendende Programm `SystemStarter` beim Start des Systems ausgeführt werden, können in diesem Ordner installiert werden.
Updates	Wenn Sie Aktualisierungen des Betriebssystems im Hintergrund herunterladen lassen, werden die Installationspakete in diesem Ordner zwischengespeichert.
User Pictures	Eine Kollektion von Bildern, mit denen Sie ein Benutzerkonto schmücken können.

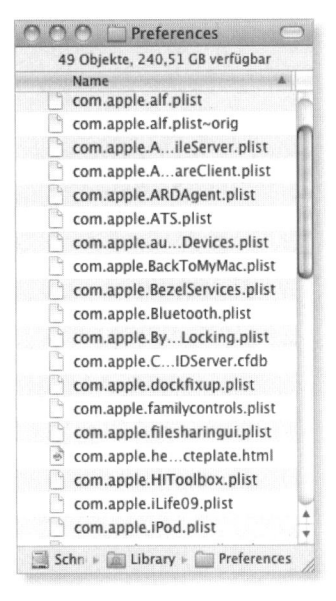

▲ **Abbildung C.14**
Voreinstellungen, die das ganze Betriebssystem betreffen, werden im Ordner Preferences gespeichert.

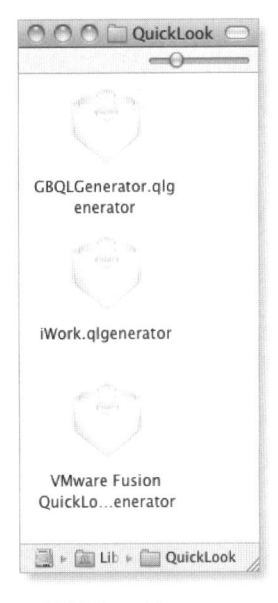

▲ **Abbildung C.15**
Erweiterungen für Quick Look können im gleichnamigen Ordner installiert werden.

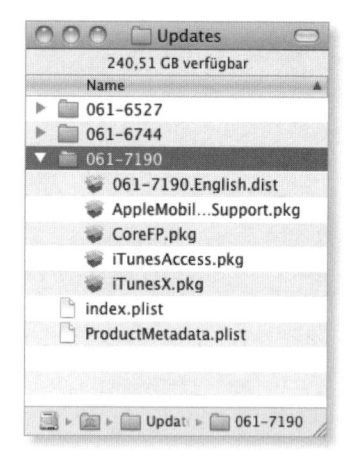

Unterordner	Inhalt
WEBSERVER	Die in diesem Verzeichnis enthaltenen Dateien werden vom Apache Webserver in seiner Standardkonfiguration ausgeliefert, wenn Sie den URL des Rechners (*http://imac.local*) eingeben und nicht mit einem Benutzernamen erweitern.
WIDGETS	Die Widgets für das Dashboard, die allen Benutzern zur Verfügung stehen, werden in diesem Verzeichnis installiert.

▲ **Abbildung C.16**
Noch zu installierende Aktualisierungen werden im Ordner UPDATES regelrecht geparkt.

C.3 Der UNIX-Unterbau

Die Darstellung des Systems im Finder ist keinesfalls vollständig. In der obersten Ebene Ihrer Systempartition befinden sich noch weitere Verzeichnisse, die Ihnen der Finder in seinen Standardeinstellungen nicht anzeigt. Diese entfalten sich, wenn Sie sich am Terminal mit `ls /` (siehe Abbildung C.17) die oberste Ebene Ihres Dateisystems anzeigen lassen:

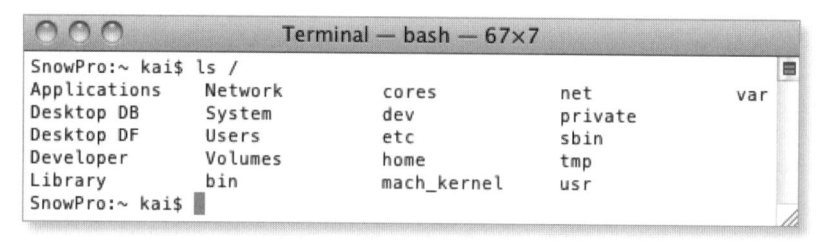

```
SnowPro:~ kai$ ls /
Applications    Network     cores       net         var
Desktop DB      System      dev         private
Desktop DF      Users       etc         sbin
Developer       Volumes     home        tmp
Library         bin         mach_kernel usr
SnowPro:~ kai$
```

▲ **Abbildung C.17**
Der UNIX-Unterbau wird vom Finder nicht angezeigt, kann aber am Terminal angezeigt werden.

- Die Verzeichnisse /BIN und /SBIN enthalten die elementarsten Befehle des UNIX-Unterbaus wie zum Beispiel `ls` oder `cp`.
- Im Verzeichnis /USR befinden sich die meisten Befehle, Bibliotheken und Systemdienste des UNIX-Unterbaus.
- Temporäre Dateien und auch der virtuelle Speicher werden im Verzeichnis /TMP angelegt.
- Unter /ETC finden sich die Einstellungsdateien für einige auf den UNIX-Unterbau bezogene Systemdienste.
- Im Verzeichnis /VAR werden einige Protokolle, aber auch temporäre Dateien laufender Systemdienste gespeichert.
- Die Verzeichnisse /HOME und /NET werden vom Dienst `autofs` verwendet.
- Unter /VOLUMES werden Dateisysteme (siehe Abschnitt 9.1) eingebunden.

C.4 Der persönliche Ordner

Die meisten Programme, die Apple mit Mac OS X liefert, machen sich die vorgegebene Ordnerstruktur zunutze. Sie sollten, wenn Sie Programme wie iTunes, iPhoto oder iMovie einsetzen, die entsprechenden Ordner wie MUSIK, BILDER oder FILME an ihrem Platz belassen.

Wenn Sie Dateien auf der gleichen Festplatte oder Partition speichern möchten, die auch Ihr System enthält, sollten Sie dies bevorzugt innerhalb Ihres persönlichen Ordners unter /USERS tun und nicht an einer beliebigen Stelle auf der Festplatte. Zentralisieren Sie Ihre Dateien in diesem Ordner, so ist ein Backup leichter möglich.

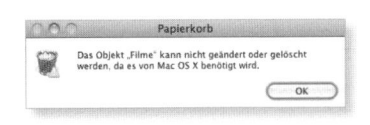

▲ **Abbildung C.18**
Das Verschieben oder Löschen eines der neun Ordner wird vom Finder verweigert.

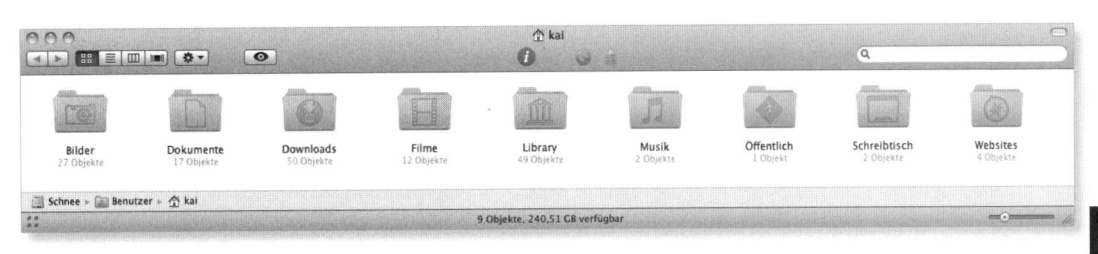

▲ **Abbildung C.19**
Der Aufbau des persönlichen Ordners folgt einer von Apple vorgegebenen Struktur.

D Systemprozesse im Überblick

Mac OS X besteht aus einer ganzen Reihe von Systemdiensten, die im Hintergrund ihre Arbeit verrichten. Dieser Abschnitt gibt Ihnen einen Überblick über die Prozesse, die üblicherweise auf einem System aktiv sind.

Beachten Sie, dass nicht alle Prozesse jederzeit aktiv sind. Haben Sie zum Beispiel in den Systemeinstellungen die WEB-FREIGABE deaktiviert, werden Sie keinen Prozess mit dem Namen httpd finden.

> **TIPP**
>
> Wenn Ihnen ein Prozess begegnen sollte, von dem Sie nicht wissen, welche Aufgabe er erfüllt, dann können Sie sich am Terminal mit ps auxww (siehe Abschnitt 12.3) den absoluten Pfad zur ausführbaren Datei anzeigen lassen. In vielen Fällen vermittelt dieser einen Eindruck, indem zum Beispiel im Verzeichnisnamen ein Hersteller auftaucht.

AIRPORTD	Sorgt im Hintergrund für die Verbindung zu einer AirPort-Basisstation oder zu einem anderen drahtlosen Netzwerk.
APPLEFILESERVER	Stellt die Funktionen des File Sharing über AFP (siehe Abschnitt 19.2) bereit.
APPLEVNCSERVER	Ist Bestandteil des Screen-Sharing über Virtual Network Computing und iChat Screen-Sharing.
AUTOFSD	Dient zum automatischen Einbinden von Freigaben im Netzwerk.
BACKUPD	Stellt die Grundlage der Time Machine dar und sorgt unter anderem für die stündlichen Kopien in das Backup.
BLUED	Der Dämon hat die Aufgabe, über Bluetooth angeschlossene Geräte zu verwalten.
BOOTPD	Wird beim Internet Sharing verwendet, um IP-Adressen zuzuweisen.
CONFIGD	Der Dämon verwaltet eine Reihe von Systemeinstellungen, unter anderem für das Netzwerk.
COREAUDIOD	Stellt den Grundstein der Tonausgabe von Mac OS X dar.
CORESERVICESD	Ermöglicht die Aktivierung und Ansprache grundlegender Systembestandteile wie COREAUDIOD.

DashboardClient	In diesem Prozess laufen die Widgets des Dashboard ab.
DirectoryService	Dieser Dienst übernimmt nicht nur die Benutzerverwaltung, sondern ist auch für die Namensauflösung im Netzwerk zuständig.
DiskArbitrationD	Der Dämon ist zuständig für die automatische Aktivierung der Volumes auf angeschlossenen Festplatten und Wechselmedien.
DistNoteD	Der Dämon hat die Aufgabe, Nachrichten an Prozesse zu verschicken.
Dock	So heißt der Prozess des Docks von Mac OS X.
dynamic_pager	Der Dämon übernimmt die Auslagerung von Teilen des Arbeitsspeichers in swap-Dateien.
fontd	Ein integraler Bestandteil des Schriftsystems.
fseventsd	Der Dämon führt im Hintergrund Buch über Änderungen im Dateisystem. Auf seine Daten greifen unter anderem Time Machine und Spotlight zurück.
hdiEject	Überwacht und ermöglicht das Auswerfen von Disk Images.
hidd	Stellt den Zugriff auf einige angeschlossene Geräte zur Verfügung.
httpd	Dieses ist der Apache Webserver.
InternetSharing	Der Prozess übernimmt die Verwaltung von bootpd und named, die beide beim Internet Sharing benötigt werden.
kdcmond	Ist Bestandteil des Kerberos-Systems (siehe Abschnitt 17.1.2).
kernel_task	Der für den Anwender sichtbare Teil des Kernels.
KernelEventAgent	Der Dämon ermöglicht den Zugriff auf einige Informationen des Kernels in Bezug auf den freien Speicherplatz von Datenträgern sowie eingebundene Freigaben im Netzwerk.
kextd	Der Dämon ist für die Aktivierung und Deaktivierung von Kernel Extensions verantwortlich.
krb5kdc	Ebenfalls ein Bestandteil des Kerberos-Systems und zuständig für die Ausgabe von Service-Tickets.
launchd	Mit der PID 1 ist dieser Prozess die zentrale Steuerungsinstanz der Dämonen, mit einer anderen PID und dem Benutzerkonto eines Anwenders zugeordnet übernimmt er die Steuerung von Dämonen, die der Anwender über launchd gestartet hat.
loginwindow	Das Anmeldefenster, das auch nach der Anmeldung eines Benutzers im Hintergrund aktiv bleibt.
mDNSResponder	Der Dämon stellt die Grundlage von Bonjour im Netzwerk dar.
mds	Diesem Dämon obliegt die Verwaltung der Spotlight-Datenbanken und der Auswertung von Suchanfragen.
mdworker	Der Dämon übernimmt die Indizierung der Dateien für Spotlight.
named	Wenn das Internet Sharing aktiviert wurde, ist dieser Dämon zuständig für die Auflösung von Domain-Namen in IP-Adressen.
nfsd	Der Dämon stellt die Grundlage des Network File Systems (NFS) dar.
nmbd	Bei der Einbindung in Windows-Netzwerke mittels Samba erledigt dieser Dämon die Umwandlung eines Rechnernamens in eine IP-Adresse.

NOTIFYD	Der Dämon übernimmt die Aufgabe, verschiedene Nachrichten an Prozesse zu versenden.
NTPD	Ist zuständig für die Synchronisation der Uhrzeit mit den Servern von Apple.
OCSPD	Der Dämon hat die Aufgabe, Zertifikate im Hintergrund zu prüfen.
ODSAGENT	Das Programm ermöglicht die DVD- oder CD-Freigabe für ein MacBook Air.
PBOARD	Dahinter verbirgt sich die Zwischenablage.
PORTMAP	Ist ein Bestandteil des Network File Systems.
RFBREGISTERMDNS	Der Dämon kommuniziert das Screen-Sharing über Bonjour im lokalen Netzwerk.
RPC.LOCKD, RPC.QUOTAD, RPC.STATD	Die Dämonen übernehmen verschiedene Aufgaben für das Network File System.
SECURITYD	Der Dämon erledigt verschiedene, sicherheitsrelevante Aufgaben. Darunter fällt neben der Authorisierung von Benutzern auch der Zugang zum Schlüsselbund.
SOCKETFILTERFW	Ist ein Bestandteil der Firewall von Mac OS X.
SPOTLIGHT	Die grafische Oberfläche von Spotlight, die Suchbegriffe entgegennimmt.
SYSLOGD	Der Dämon übernimmt die Erstellung der unterschiedlichen Protokolle.
SYSTEMUISERVER	Die Extras in der Menüzeile oben rechts werden mit diesem Prozess ermöglicht.
UPDATE	Übernimmt die periodische Synchronisation zwischen dem Arbeitsspeicher und der Festplatte, sofern Daten noch auf die Datenträger geschrieben werden müssen.
USBMUXD	Dient zur Ansprache einiger Geräte über USB.
USEREVENTAGENT	Das Programm ist dafür zuständig, verschiedene Erweiterungen unter anderem für die iCal-Benachrichtigungen zu aktivieren.
VERTEILER FÜR ORDNERAKTIONEN	Haben Sie die Ordneraktionen im Finder (siehe Abschnitt 24.6.2) aktiviert, dann wacht dieses Programm über die Ereignisse im Dateisystem.
VNCPRIVILEGEPROX	Ist Bestandteil des Virtual Network Computings.
WINDOWSERVER	Das Programm übernimmt einen Großteil der Fensterverwaltung.

Glossar

Access Control List
Mit ACLs können die Zugriffsrechte unter Mac OS X akkurat eingestellt werden.

ADSL
Beim asymmetrischem DSL (siehe DSL) ist der Empfang der Daten schneller als der Versand. Die Datenübertragung ist asynchron. Diese Übertragungstechnik wird bei den gängigen DSL-Anschlüssen in Deutschland verwendet.

AirPort
Wird unter Mac OS X als Sammelbegriff für die drahtlose Kommunikation über verschiedene 802-Standards verwendet.

Apple Events
Ein Ereignis innerhalb des Betriebssystems, das zwischen verschiedenen Programmen und AppleScripts kommuniziert werden kann. Dazu gehört zum Beispiel die Anweisung, in einem Fenster eine Webseite zu öffnen.

API
Mit einem Application Programming Interface werden die Standards und Vorgaben bezeichnet, mit denen sich Programme zum Beispiel die Fähigkeiten von Mac OS X zunutze machen können.

Apple Filing Protocol (AFP)
Das Protokoll regelt den Austausch von Daten zwischen Rechnern, die Mac OS X verwenden.

AppleTalk
Ein unter Mac OS X 10.6 nicht mehr unterstütztes Netzwerk-Protokoll, das in erster Linie dazu diente, Rechner mit Mac OS 9 und abwärts möglichst einfach vernetzen zu können.

Applet
Ein kleines Programm, das in der Programmiersprache Java entwickelt wurde. Es ist möglich, Applets in Webseiten einzubetten, sodass sie innerhalb von Safari ablaufen.

Aqua
Mit Aqua wird fast die gesamte grafische Benutzeroberfläche von Mac OS X bezeichnet.

ASCII
Mit dem American Standard Code of Information Interchange (ASCII) wurde ein Standard geschaffen, um Texte in einer Datei speichern zu können. Er umfasst 256 Zeichen, orientiert sich an der englischen Sprache und beinhaltet daher keine deutschen Umlaute.

Berkeley Software Distribution (BSD)
Die frei verfügbare UNIX-Version der Universität Berkeley bildet die Grundlage und den Ausgangspunkt des FreeBSD-Projektes. FreeBSD stellt eine Basis für den Darwin-Kernel von Mac OS X dar.

Bonjour
Ein Protokoll, mit dem sich Rechner im Netzwerk selbstständig finden können und über das Dienste wie z. B. ein Webserver automatisch kommuniziert werden können. Das Protokoll ist auch unter den Namen Zeroconf oder Rendezvous bekannt.

Brushed Metal
Die an gestrichenes Metall erinnernde Darstellung wurde unter Mac OS X bis Version 10.4 für Programme wie den Finder verwendet.

Bundle
Um ausführbare Programme, Lokalisierungen und Ressourcen von Programmen zusammenfassen zu können, werden Bundles genutzt. Es handelt sich um Verzeichnisse, die aber im Finder als eine einzige Datei dargestellt werden. Sie sind über das Kontextmenü zu öffnen.

Carbon
Die Carbon-Bibliothek kann von Programmierern als Brücke verwendet werden, um Programme sowohl für Mac OS 9 als auch für Mac OS X zu entwickeln. Sie erlaubt einen Zugriff auf die grafische Oberfläche des Mac OS.

CMYK
Die Farben Cyan, Magenta und Gelb (Yellow) ergeben, werden sie übereinander gedruckt, Schwarz (Black). Zum vierfarbigen Druck von Dokumenten wird dieses Farbmodell angewendet.

Cocoa
Die native Programmier-Bibliothek Cocoa stellt Entwicklern einen Großteil der in Mac OS X für Programme verfügbaren Funktionen bereit.

Codec
Dieses Akronym aus den Worten *coder* und *decoder* bezeichnet eine Software, mit der zum Beispiel Filme oder Töne in ein digitales Format konvertiert werden können. QuickTime kann durch solche Codecs weitere Dateiformat unterstützen.

ColorSync
Apples Implementation des Farbmanagements, das auf den Standards des International Color Consortiums (ICC) basiert. Die ICC-Farbprofile sorgen für eine standardisierte Darstellung und Wiedergabe von Farben auf verschiedenen Plattformen und Programmen.

Compiler
Ein Programm, das einen Quelltext in ein ausführbares Programm übersetzt. In Mac OS X ist unter anderem der GNU C Compiler (gcc) enthalten.

CSS
Cascading Style Sheets (CSS) werden zur Gestaltung und Formatierung von Webseiten genutzt. Die Widgets auf dem Dashboard erhalten durch CSS-Dateien ihr Aussehen.

CUPS
Das Common Unix Printing System stellt seit Mac OS X 10.2 die Grundlage des Drucksystems dar. Es kann auch über einen Browser konfiguriert werden.

Dämon
Ein Programm, das unsichtbar im Hintergrund seinen Dienst verrichtet und in der Regel Systemdienste oder Server-Funktionen zur Verfügung stellt, wird Dämon (engl. »daemon«) genannt.

Darwin
Der UNIX-Kern von Mac OS X trägt den Namen Darwin. Er beruht zum Teil auf den Entwicklungen des FreeBSD-Projektes, einem freien UNIX-Derivats.

Derivat
Mit Derivat wird eine UNIX-Version bezeichnet, die sich an die System-Standards hält und die wesentlichen UNIX-Komponenten enthält. Neben Mac OS X gibt es noch Linux, BSD, OpenBSD und einige kommerzielle Varianten großer Hersteller.

DHCP
Das Dynamic Host Configuration Protocol (DHCP) ermöglicht die dynamische Vergabe von IP-Nummern aus einem vorgegebenen Pool heraus. Es läuft in der Regel auf einem Router oder Server, auf dem das Netzwerk administriert wird.

Disk Image
Ordner und sogar ganze Partitionen lassen sich in einem Disk Image zusammenfassen. Die Datei enthält eine exakte Abbildung inklusive aller Zugriffsrechte und Resource Forks und kann einzeln weitergegeben oder gesichert werden.

DNS
Ein Dynamic Name Server (DNS) ist für die Auflösung von Domain-Adressen in eine passende IP-Adresse zuständig.

Droplet
Wird ein AppleScript als Droplet gespeichert, dann können Dateien auf sein grafisches Icon in Aqua gezogen und so mit dem Skript bearbeitet werden.

DSL
Bei der Digital Subscriber Line wird über eine gängige Kupferleitung eine sehr schnelle Datenübertragung realisiert. DSL hat sich in Deutschland als Breitband-Internetzugang etabliert. Im privaten Bereich wird in der Regel ein ADSL-Anschluss verwendet.

DTD
Eine Doctype Declaration gibt zu Beginn eines XML-Dokumentes dessen Struktur und mögliche Inhalte vor. Für die Property-Listen verwendet Apple eine eigene DTD.

Ethernet
Ethernet heißt der mittlerweile allgemein gültige Standard für die Vernetzung von Computern über ein Kabel. Fast alle Hersteller unterstützen ihn und ermöglichen so eine problemlose Vernetzung von Rechnern aller Art.

FAT
Die File Allocation Table ist ein verbreitetes Dateisystem im Windows-Bereich. Es wird von Apple im Festplatten-Dienstprogramm als »MS-DOS-Dateisystem« bezeichnet.

FTP
Das File Transfer Protocol dient zum Übertragen von Dateien zwischen Rechnern. Der Transfer erfolgt dabei unverschlüsselt. FTP ist

eines der ersten Protokolle in der langen Geschichte des Internets und kann mittlerweile als überholt betrachtet werden.

FileVault
Der Mechanismus, mit dem Mac OS X das persönliche Verzeichnis eines Benutzers mit einer starken Verschlüsselung versieht. Die dabei entstehende Datei wird FileVault genannt.

Firewall
Eine Firewall dient zum Schutz des Rechners oder lokalen Netzwerks vor unbefugten Zugriffen von außen, etwa über das Internet. In Mac OS X ist eine Firewall standardmäßig enthalten und kann dort konfiguriert werden.

FireWire
Eine Alternative zum Universal Serial Bus (USB), die von Apple entwickelt wurde. Die Übertragungsraten von FireWire sind vergleichsweise hoch, sodass FireWire insbesondere bei digitalen Kameras für eine schnelle Übertragung der Videosequenzen in den Rechner sorgt.

Framework
Ein Framework fasst die Funktionen des Betriebssystems für einen Anwendungsbereich, z. B. Audio in CoreAudio, zusammen.

Gateway
Als Gateway wird in der Regel der Rechner oder Router bezeichnet, der die Datenpakete von einem Netz (z. B. dem LAN) in ein anderes Netz (z. B. Internet) weiterleitet.

GIF
Das Graphic Interchange Format (GIF) ist im World Wide Web ein verbreitetes Grafikformat. Es ermöglicht Transparenz und Animationen.

GNU
Hierbei handelt es sich um ein Akronym, das für »GNU is not UNIX« steht. Innerhalb der Open-Source-Bewegung ist die GNU/Public License die radikalste Lizenz, die die Entwickler verpflichtet, ihren Quellcode vollständig offenzulegen.

GUI
Bei GUI handelt es sich um eine Abkürzung für Graphical User Interface. Es steht für die grafische Benutzeroberfläche wie etwa Aqua in Mac OS X oder Windows von Microsoft. Das Gegenteil dazu ist die Kommandozeile, wie sie im Terminal von Mac OS X zu finden ist.

HFS
Das Hierarchical File System ist Apples bevorzugte Methode, Dateien innerhalb einer Partition oder auf einem Datenträger zu verwalten. Dies geschieht in hierarchischer Weise mit über- und untergeordneten Ordnern.

HTML
Die Hypertext Markup Language (HTML) sorgt für die Formatierung und Gliederung einer Webseite. HTML ist eine von mehreren Grundlagen der Widgets auf dem Dashboard.

Human Interface Guidelines
Der von Apple entwickelte Style Guide für das Look & Feel von Programmen unter dem Mac-Betriebssystem. Alle Programme für Mac OS X sollen diesen Spezifikationen entsprechen, die festlegen, wo und wie sich zum Beispiel ein Fenster öffnet und wie es geschlossen werden kann.

Hypertext Transfer Protocol (HTTP)
Dieses auf das Internet Protocol (IP) aufsetzende Protokoll dient in erster Linie zur Übertragung von Dateien im World Wide Web. Mittlerweile gibt es weitere Protokolle wie IPP oder WebDAV, die auf HTTP aufsetzen.

IMAP
Das Internet Message Access Protocol erlaubt im Gegensatz zu POP die Sortierung der Nachrichten in verschiedene Ordner. Das Programm Apple Mail bietet eine Unterstützung für IMAP.

Interface Builder
Das Programm ermöglicht die Erstellung von grafischen Benutzeroberflächen im Zusammenhang mit der Entwicklung mit Xcode.

Internet Printing Protocol (IPP)
Ein wesentlich von CUPS geprägtes Protokoll für die Freigabe und Ansprache von Druckern im Netzwerk. Es orientiert sich sehr eng am Hypertext Transfer Protocol.

IP-Forwarding
Mit dem sogenannten IP-Forwarding werden Datenpakete aus dem Internet an die entsprechenden Rechner im lokalen Netzwerk weitergeleitet. Dieses Verfahren wird in der Regel in Kombination mit einem Router beziehungsweise einer FireWall eingesetzt.

IPSec
Mit dieser Methode werden Datenpakete verschlüsselt verschickt. Auf diese Weise ist es möglich, ein virtuelles privates Netzwerk (siehe VPN) einzurichten.

ISO 9660
Dieses Dateisystem hat sich als Standard für Daten-CDs und -DVDs eingebürgert und kann von den meisten modernen Betriebssystemen gelesen werden.

Kerberos
Eine Möglichkeit der Authentifizierung, bei der ein Ticket vergeben wird, das für die Dauer seiner Gültigkeit die Eingabe eines Passwortes unnötig macht.

Kernel
Der Kernel ist das zentrale Programm, das bei Mac OS X die Zuteilung von Arbeitsspeicher und Rechenzeit an die laufenden Applikationen überwacht und kontrolliert. Er ist der Kern des Betriebssystems im Innersten von Mac OS X.

LAN
Mit einem Local Area Network (LAN) wird die lokale Netzwerk-Umgebung bezeichnet, in der sich ein Rechner befindet. Das Netzwerk kann zwar, muss aber nicht mit dem Internet verbunden sein.

Launch Services
Dieser Dienst kontrolliert in Mac OS X, welches Programm für welche Dateien zuständig ist, und öffnet bei einem Doppelklick die passende Applikation.

LDAP
Das Lightweight Directory Access Protocol stellt die Grundlage für einen Verzeichnisdienst dar, mit dessen Hilfe etwa Benutzerdaten, Drucker und weitere Informationen innerhalb einer Arbeitsgruppe zentral in einem Netzwerk gespeichert und abgerufen werden können.

LPD
Als Line Printer Daemon (LPD) wird mittlerweile ein Protokoll für den Versand von Druckaufträgen über das Netzwerk bezeichnet.

MAC
In jede Ethernet-Karte ist eine weltweit einmalige MAC-Adresse eingebaut, die die Karte innerhalb eines Netzwerkes oder im Internet eindeutig identifiziert.

man page
Die Dokumentation des Mac OS X zugrunde liegenden Kernels, Darwin, und weiterer Zusatzprogramme an der Shell wird in Form von man(ual) pages installiert. Für jeden UNIX-Befehl gibt es eine solche Hilfeseite, die man am Terminal mit `man Befehl` aufruft.

Metadaten
Einer Datei zugeordnete Daten, die zum Beispiel den Resource Fork, das Etikett im Finder oder Informationen für Spotlight beinhalten können. Der Begriff »erweiterte Dateiattribute« (extended attributes) ist auch zutreffend.

Mount Point
Mit Mount Point wird der Punkt innerhalb einer Verzeichnisstruktur bezeichnet, an dem ein Dateisystem in das Betriebssystem eingebunden wird. Vorgefundene Festplatten und Wechselmedien werden standardmäßig im Verzeichnis /VOLUMES eingebunden.

Multitasking
Mit Multitasking wird die Fähigkeit eines Betriebssystems bezeichnet, mehrere Programme gleichzeitig auszuführen.

NetBIOS
Das von Microsoft spezifizierte Network Basic Input/Output System (NetBIOS) ist ein Protokoll, das als Grundlage zur Vernetzung von Windows-Rechnern dient.

NFS
Das Network File System ist unter UNIX das gängige Protokoll, um Laufwerke über das Netzwerk anderen Rechnern zur Verfügung zu stellen.

NTFS
Das New Technology File System ist das unter Windows XP und Vista bevorzugte Dateisystem.

Objective-C
Die von Apple bevorzugte Programmiersprache für die Entwicklung von Programmen mit einer grafischen Oberfläche.

ODBC
Open Database Connectivity ist eine Schnittstelle, mit deren Hilfe entsprechend programmierte Applikationen wie Excel eine Verbindung zu einer Datenbank aufnehmen und die darin enthaltenen Datensätze abfragen können. Das Protokoll stammt von Microsoft. Apple bietet mit dem über die Webseite verfügbaren Dienstprogramm ODBC Administrator ein Werkzeug zur Verwaltung dieser Datenquellen.

Open Directory
Mit Open Directory wird Apples Umsetzung von LDAP bezeichnet. Es bildet ein zentrales Verzeichnis auf dem Mac OS X Server.

Open Scripting Architecture
Diese mit OSA abgekürzte Architektur ermöglicht es Entwicklern, AppleScript um neue Funktionen zu ergänzen, ohne dafür ganze Applikationen erstellen zu müssen.

Partition
Festplatten können in mehrere Bereiche unterteilt werden, die

jeweils ein eigenes Dateisystem besitzen und im Finder als Volume auf dem Schreibtisch erscheinen können.

PDF
Das Portable Document Format der Firma Adobe ermöglicht die geräteunabhängige Anzeige und den Ausdruck von Dokumenten. Aufgrund der geringen Größe von PDF-Dateien und der Möglichkeit, sie mit entsprechenden Programmen auf dem Bildschirm anzeigen zu lassen, verdrängt es auch in der Druckvorstufe zunehmend das Format PostScript.

PID
Jedem Programm wird in Mac OS X eine einmalige Nummer, die Prozess-ID, zugeordnet, anhand derer der Kernel es identifizieren kann. Die PID wird angezeigt, wenn man am Terminal eine laufende Anwendung mit ps anzeigen lässt.

PNG
Das Grafikformat Portable Network Graphics bietet neben einer verlustfreien Kompressionsmethode auch die Möglichkeit, Transparenzen innerhalb einer Grafik zu verwenden. Es fungiert als Nachfolger zum Grafikformat GIF und wird in Mac OS X an vielen Stellen verwendet.

POP
Das Post Office Protocol ist eine etwas veraltete Methode, E-Mails von einem Mailserver herunterzuladen.

POSIX
Mit POSIX wird ein Quasi-Standard für UNIX-Systeme definiert, der viele Funktionen des Systems wie etwa die Bezeichnung von Verzeichnissen vereinheitlicht und die Entwicklung von Programmen für verschiedene UNIX-Derivate vereinfacht.

PostScript
Mit diesem Industriestandard können Dokumente unabhängig von der Auflösung und den verwendeten Geräten weitergegeben werden. In der Druckvorstufe hat sich PostScript für die Ansprache von Laserdruckern und Belichtern etabliert, wird aber zunehmend von dem Nachfolger PDF abgelöst.

PowerPC
Mit PowerPC wird eine Prozessor-Architektur bezeichnet, die ursprünglich von IBM, Apple und Motorola entwickelt wurde. Bis zum Wechsel auf die Intel-Chips verwendete Apple PowerPC-Prozessoren wie den G3, G4 und G5 in seinen Rechnern. Auf einem Rechner mit einem Intel-Prozessor wird ein PowerPC-Prozessor über Rosetta simuliert.

PPP
Das Point-to-Point Protocol ist der Standard zur Übertragung von Datenpaketen über eine serielle Leitung wie z. B. ein Telefonkabel.

PPPoE
Mit dem Point-to-Point Protocol over Ethernet wird es möglich, Datenpakete mittels PPP über ein Ethernet-Kabel zu verschicken. Dieses Protokoll bietet die Grundlage für ISDN- und DSL-Anschlüsse.

PPPTP
Um ein virtuelles privates Netzwerk (VPN) einzurichten, kann das Point-to-Point Tunneling Protocol verwendet werden. Die Datenpakete werden hierbei verschlüsselt in das VPN über das Internet verschickt, also getunnelt. PPPTP ist in Bezug auf die Verschlüsselung nicht ganz so sicher wie IPSec.

Prompt
Die Eingabe-Aufforderung des Terminals.

Property-Liste
Die Voreinstellungen vieler Programme werden in einer Property-Liste gespeichert. Hierbei handelt es sich um eine XML-Datei mit einem von Apple definierten Format.

Proxy
Im Internet dient ein Proxy-Server dazu, z. B. Webseiten zwischenzuspeichern und so die Datenübertragung für den Besucher zu beschleunigen, da keine direkte Verbindung mit dem eigentlichen Webserver aufgenommen werden muss. Ein lokaler Proxy-Server kann eingesetzt werden, um z. B. Werbung zu filtern oder die Verbindung zu anonymisieren.

Quartz
Mit Quartz wird die Bibliothek bezeichnet, die für die Darstellung auf dem Bildschirm und die Erstellung von PDF-Dateien für den Ausdruck zuständig ist.

Queue
Schickt man mehrere Druckaufträge auf einmal ab, werden diese in eine jedem einzelnen Drucker zugeordneten Warteschlange (englisch »queue«) gestellt und daraus abgearbeitet.

QuickTime
QuickTime dient zur Darstellung und Konvertierung von multimedialen Inhalten, wie Filmen und Musikdateien.

Quota
Mit einer Quota kann der Speicherplatz, den ein Benutzer auf einem Datenträger belegen darf, begrenzt werden.

RAID
In einem Redundant Array of Independent Disks werden mehrere Laufwerke zu einem zusammengefasst. Mac OS X bietet von Haus aus die Möglichkeit, ein gespiegeltes oder ein verteiltes RAID mit dem Festplatten-Dienstprogramm zu erzeugen.

Rendezvous
Vormalige Bezeichnung von Bonjour.

RFC
In den Requests for Comment werden die offenen Standards des Internets diskutiert und festgelegt.

RGB
Die Farben Rot, Grün und Blau und ihre Mischwerte dienen vor allem auf dem Bildschirm zur Anzeige von Farben.

Resource Fork
Die Symbole und weiteren Metainformationen einer Datei werden vom Finder in einer Resource Fork gespeichert, die zwar zu der Datei selbst gehört, nicht aber deren eigentlichen Inhalt enthält.

Rosetta
Rosetta ist ein Programm und eine Technologie, die während der Laufzeit eines Programms die Anweisungen für den PowerPC-Prozessor für den Intel-Prozessor übersetzt.

RSS
RSS bezeichnet ein spezielles XML-Format, das sich besonders zur Synchronisation von Inhalten im Internet eignet.

Samba
Samba ist eine Implementation von SMB (Server Message Block), die aus der Open-Source-Welt stammt und auch von Apple in Mac OS X eingesetzt wird.

SDK
Ein Software Development Kit hilft Entwicklern, Programme für ein Betriebssystem oder eine Funktion zu entwickeln. Apple bietet Entwicklern für eine Vielzahl von Funktionen solche Zusammenstellungen von Dokumentation, Beispielprojekten und vorgefertigten Programmier-Routinen.

Secure Shell
Nehmen Sie mit einem anderen UNIX-Rechner eine Verbindung über das Protokoll SSH auf, so werden alle Passwörter und Eingaben mit einer starken Verschlüsselung versehen und können dann im Internet nicht mehr »abgehört« werden.

Shell
Die Shell ist das Programm, das Eingaben am Terminal entgegennimmt und die Ergebnisse anzeigt.

Single User Modus
Im Single User Modus wird ein rudimentäres Notsystem ohne grafische Oberfläche und ohne Schreibzugriff auf die Dateisysteme gestartet.

SMB
Der Server Message Block (SMB) dient zur Übertragung von Daten in Netzwerken mit Windows-Rechnern.

S/MIME
Die Secure Multipurpose Internet Mail Extensions (S/MIME) ermöglichen es, eine E-Mail zu signieren und zu verschlüsseln.

SSL
Über den Secure Sockets Layer (SSL) können Verbindungen ins Netzwerk verschlüsselt werden. Ferner wird durch Zertifikate sichergestellt, dass die gewünschte Webseite aufgerufen wird.

Suffix
Eine Dateiendung wie ».tiff« wird als Suffix bezeichnet. Als anderer Name ist auch »Extension« gebräuchlich.

SMTP
Mit dem Simple Mail Transfer Protocol werden E-Mails über einen Mailserver verschickt.

SWAP
In den SWAP-Speicher werden Bereiche des Arbeitsspeichers ausgelagert, sofern das System mehr Platz für Daten benötigt als im RAM des Rechners vorhanden ist. SWAP-Dateien werden auf der Festplatte gespeichert. Tritt dieser Mechanismus in Aktion, sinkt die Arbeitsgeschwindigkeit des Computers.

Syntax
Die Syntax legt den Aufbau und gegebenenfalls die Reihenfolge von Befehlen und Anweisungen in Programmiersprachen fest.

TCP/IP
Die Verbindung der beiden Protokolle TCP (Transmission Control Protocol) und IP (Internet Protocol) stellt den Standard für die Übertragung von Daten im Internet und in lokalen Netzwerken dar.

Telnet
Ein mittlerweile veraltetes Protokoll, um sich über das Netzwerk an einem anderen Rechner anzumelden. Da Telnet in der Regel keine Verschlüsselung unterstützt, ist es für den Einsatz im Internet unbrauchbar.

Terminal
Das Terminal ist das Programm, das Eingaben von Befehlen über die Tastatur entgegennimmt, diese an die Shell zur Ausführung weiter-

leitet und die Ergebnisse auf dem Bildschirm anzeigt. Die Eingabe basiert auf der Kommandozeile.

TrueType
Ein Format für Schriftarten, das auf Vektoren basiert. Schriften im TrueType-Format können sowohl auf dem Bildschirm als auch auf einem Drucker ausgegeben werden.

URL
Der Uniform Resource Locator (URL) stellt eine Möglichkeit dar, einen Rechner anstatt mit seiner IP-Nummer mit einem einfacher zu merkenden Domainnamen anzusprechen.

USB
Der Universal Serial Bus dient zum Anschluss von Scannern, Druckern, Tastaturen usw. an einen Computer. Die Übertragung ist etwas langsamer als die von Apple entwickelte FireWire-Methode.

WebDAV
Das Web-based Distributed Authoring and Versioning (WebDAV) ist eine Möglichkeit, Dateien auf einem Webserver zu verwalten und aufgrund der integrierten Versionskontrolle auch mit mehreren Anwendern zu bearbeiten. Verzeichnisse via WebDAV können im Finder aktiviert werden.

WebKit
Der Kern von Safari, der für die Berechnung und Darstellung von Webseiten sorgt, wird als WebKit bezeichnet. Der Bestandteil ist Open Source und wird auch in anderen Programmen verwendet.

Widget
Bei der Realisation von grafischen Benutzeroberflächen werden Schaltknöpfe, Textfelder usw. als Widgets bezeichnet. In Bezug auf Apples Dashboard bezeichnet ein Widget ein Mini-Programm, das auf die Dashboard-Fläche gelegt werden kann.

WLAN
Die Abkürzung steht für Wireless Local Area Network und bezeichnet ein kabelloses lokales Netzwerk. Apples Airport ist eine Möglichkeit, ein WLAN zu realisieren.

Xcode
Ein Programm oder genauer eine Entwicklungsumgebung für die Erstellung von Programmen.

XML
Die Extensible Markup Language (XML) entwickelt sich zur Grundlage vieler Dateiformate. Sie dient als Standard für die Beschreibung von Daten. XML-Dateien können in alle möglichen anderen Dateiformate – wie etwa HTML oder PDF – umgewandelt werden. XML wird auch von Apple bei den Property-Listen verwendet.

Zertifikate
Mit einem Zertifikat, das auf einem bestimmten Algorithmus zur Verschlüsselung basiert, wird sichergestellt, dass der verwendete Schlüssel, der auch in einem Zertifikat bestehen kann, nicht gefälscht wurde.

Index

\ 183
& 705
# 708, 119, 319
#! 196
~ 178, 182
6 zu 4 436
7zip 417
%20 518
32-Bit-Modus 295
32 GB verwenden 387
64-Bit 26
64-Bit-Kernel und Erweiterungen 297
64-Bit-Modus 295
127.0.0.1 432, 439
128-Bit-Verschlüsselung erfordern 555
169.254 430
.abbu 138
.action 666
;AUTH=NO%20USER%20AUTHENT 541
.bash_profile 193, 323
/Benutzer/Für alle Benutzer 622
/Benutzer/Gelöschte Benutzer 361, 363
/Benutzer/Guest 349
/bin 826
.cdr 260, 261
.cer 123
% CPU 299
._-Datei 526
._Datei 238
/dev 234
.dmg 254, 255, 257
._DS_Store 525
.DS_Store 104, 782
/etc 319, 826
/etc/apache2 563
/etc/apache2/users 354, 564
/etc/auto_master 530, 539
/etc/cups 611
/etc/exports 529
/etc/fstab 236, 404
/etc/groups 513
/etc/hosts 439
/etc/master.passwd 513
/etc/netatalk 576

/etc/periodic 343
/etc/resolver.conf 438
/etc/smb.conf 556
/.fseventsd 205
-fstype=afp 540
-fstype=smbfs 541
.Globalpreferences.plist 318, 324
(hd0,2) 403
/home 528, 826
.hotfiles.btree 241
.icns 747
.ics 129
/Library 206, 213
~/Library 206, 213
/Library/Automator 666
~/Library/Automator 666
/Library/Caches 343
~/Library/Caches 343
~/Library/Caches/Metadata/Safari/History 219
/Library/ColorSync/Profiles 649
/Library/Extensions 767
/Library/Java/Home 332
/Library/Keychains 358, 268, 335
~/Library/Keychains 268
/Library/LaunchAgents 325
~/Library//LaunchAgents 325
~/Library/LaunchAgents 327
/Library/LaunchDaemons 294, 325
/Library/PDF Services 597
~/Library/PDF Services 686, 597
/Library/PreferencePanes 334
~/Library/PreferencePanes 334
/Library/Preferences 319
~/Library/Preferences 319, 351
/Library/Printers 586, 587
~/Library/Printers 589
~/Library/Quicklook 203
/Library/Receipts 311
/Library/Receipts/db/a.receiptdb 785
/Library/Scripts 736
/Library/Scripts/Scripting Editor Scripts 703
~/Library/Spelling 48
/Library/Spotlight 205, 219
/Library/StartupItems 311, 757
/Library/Updates 316

/Library/WebServer/Documents 564
.localized 104
~/.MacOSX 323
-mapall 560
.mdimporter 205
/me 151
.menu 43
.metadata_never_index 220
.mpkg 308
/net 528, 826
.pkg 308
.plist 319
.qlgenerator 203
.rar 100
<SALTED-SHA1, SMB-NT> 381
.savedSearch 214
/sbin 826
.sit 100
.sitx 100
.sparsebundle 257, 258
.sparseimage 254, 255, 257
.Spotlight-V100 204, 220, 221
.ssh 484
.ssh/authorized-keys 485
~/.ssh/known_hosts 484
/System 206, 213, 287, 366
/System/Library/Automator 666
/System/Library/Caches 343
/System/Library/CoreServices/Menu Extras 43
/System/Library/Extensions 767, 769
/System/Library/Filesystems 233
/System/Library/Fonts 633, 769
/System/Library/Frameworks 809
/System/Library/Frameworks/CoreServices.framework/Frameworks/Metadata.framework/Resources/German.lproj 217
/System/Library/Frameworks/QuickLook.framework/Versions/A/Resources/Generators 203
/System/Library/LaunchAgents 325
/System/Library/LaunchDaemons 288, 294, 325

/System/Library/LaunchDaemons/ ssh.plist 486
/System/Library/Printers 586
/System/Library/PrivateFrameworks 809
/System/Library/PrivateFrameworks/PSNormalizer.framework 597
/System/Library/QuickLook 203
/System/Library/Services 46
/System/Library/Spotlight 205
/System/Library/StartupItems 757
/System/Library/WidgetResources 76
/tmp 826
.Trash 104
/Users 348
/usr 826
/usr/bin/false 381
#!/usr/bin/perl 569
/usr/libexec/samba 556
/var 826
/var/db/dslocal 375, 379
/var/db/dyld 769
/var/db/samba 548
/var/db/shadow/hash 381
/var/db/smb.conf 556
/var/folders 343
/var/log 760
/var/log/apache2 565
/var/log/samba 553
/var/vm 303
.vcf 138
.vmx 417
/Volumes 826
.wdgt 69
.workflow 660

A

AAC 171
AAPL 72
Abgeschlossene Druckaufträge zeigen 595
Abheben 622
Access Control List 230, 231, 380, 544, 833
Access Point Name 455
Accountname 347, 456
Accountname ändern 353
ACE 230
ACL 223
activate 716

Active Directory 515, 609
activityLog 550
AddHandler 568
adding folder items to 739
Address Resolution Protocol 428
admin 382
AdminHostInfo 373
Administrator 365, 367, 368
Adobe 597, 823, 837
Adobe PostScript-Treiber 603
Adressbuch 224, 290, 64, 133
   Gruppe 134
Adressbucharchiv 138
Adressbuch (Widget) 70
Adressetikett 137
ADSL 833
Aero 409
AES-Verschlüsselung 257
afp
   // 518, 540
AFP 237, 518, 521, 539, 833
afp_cleartext_allow 522
afp_cleartext_warn 522
afp_default_name 523
afp_login_displayGreeting 522
AFP-Server 350, 548
afp_shared 547
afp_use_default_name 523
AFPUsersAliases 379
afp_use_short_name 522
afscexpand 241
AIM 487
AirPort 424, 496, 833
   Kennwort erforderlich 448
   Konfigurationsdatei 466
   Windows 449
AirPort aktivieren 462
AirPort-Basisstation 283
AirPort-Status 448
AJAX 159
Aktion deaktivieren 664
Aktionen 90, 661
Aktionen anordnen nach 661
Aktion umbenennen 664
Aktive Ecken 66
Aktivierungsort 537
Aktivitäts-Anzeige 76, 298
   Symbol im Dock 303
Aktuelle CPU-Auslastung 304
Alex 56
alias 194
Alias 82, 708

Alle Backups von ... löschen 290
Alle eingehenden Verbindungen blockieren 503
Alle E-Mail-Verläufe erweitern 118
Alle E-Mail-Verläufe reduzieren 118
Alle Größen berechnen 88
Alle Meldungen 759
Alle Meldungen anzeigen 310
Alle Regionen anzeigen 340
Alles auswählen ohne Stille 156
Alle Signaturen 117
Alle verfügbaren Drucker 797
AllowFileAccessOutsideOfWidget 76
AllowFullAccess 76
AllowInternetPlugins 76
AllowJava 76
AllowNetworkAccess 76
AllowSystem 76
Alpha Centauri 435
Als Cover Flow 85, 89
als Eigentümer festlegen 225
Als geschlossenes Netzwerk anlegen 462
Als Liste 85, 87
Als Nur-Lesen aktivieren 538
Als Spalten 85, 88
Als Symbole 85
Alternate Data Stream 526
alternate desktop CD 395
Amazon Album Art Widget 173
American Standard Code of Information Interchange 833
Am Raster ausrichten 85
AND 209, 211
Andere Time Machine-Volumes durchsuchen 288
Anführungszeichen 49, 340
Angegebene Finder-Objekte abfragen 693
Anlegen der Partition beenden 401
Anmeldefenster 509, 771, 830
   Nachricht 373
Anmeldefenster-Profil 450
Anmeldeobjekte 374, 378
Anmeldeoptionen 364, 371
Anmelde-Shell 352, 573
An Papierformat anpassen 593
Anschließen von Kamera 163
Anzeigen dieser Stelle 35

Apache 294, 324, 562, 830
   ExecCGI 568
   Indexes 568
   MultiViews 568
   Options 568
apachectl 564
Aperture 108
API 833
APIPA 430, 434, 440
APN 455
append 231
appfirewall.log 504, 760
AppleAquaColorVariant 324
AppleClasses 76
Apple Events 699, 833
AppleFileServiceAccess.log 550
AppleFileServiceError.log 551
Apple Filing Protocol 518, 521, 539, 833
Apple Hardware Test 781
Apple Lossless-Codierer 171
AppleParser 76
Apple-Partitionstabelle 245
Apple Remote Desktop 481
AppleScript 129, 696, 121, 610
   Editor 700
   Fehler abfangen 726
   Kommentar 714
   Parameter 735
   Startdialog 747
   Zeilenumbruch 742
AppleScript-Editor 700
AppleShareClient 522
Apple Software Update 391
Applet 833
AppleTalk 474, 833
Apple TV 158
AppleVolumes.default 576
Application Level Firewall 502, 760
Application Programming Interface 833
Aqua 833
Arbeitsablauf 660
Arbeitsablauf ausführen 694
Arbeitsablauf drucken 686
Arbeitsgruppe 478
Arbeitsspeicher 781
Archive.bom 312
Archive sichern 101
Archivierungsprogramm 100, 818
a.receiptdb 311

Arithmetische Operatoren 706
arp 428
Array 321
Art 208
as 704
as alias 708
ASCII 833
asl 758
as warning 717
ATS-Server 634
atsutil 344, 783
Audio-CD 239
Audio-Equalizer 174
Audio-Midi-Setup 175
Audion 166
Auf alle Unterobjekte anwenden 226
Auf Benutzeraktion warten 667
Aufblitzen des Bildschirms 60
Auf Änderungen der System-schriften hinweisen 633
Aufgaben 124
Auf iTunes-Medienverwaltung aktualisieren 172
Aufspringende Ordner 80
Aufzeichnen 696, 697, 701
Aus einer Liste auswählen 668
Ausführbare UNIX-Datei 179
Ausführen 661
Ausführliches Protokoll 453
Ausgewählte Finder-Objekte abfragen 662
Ausrichten nach 87
Auswahl in neuem TextEdit-Fenster 46
AuthenticationAuthority 380, 552
AuthenticationHint 380
autofs 517, 826
autofsd 536
AutoImporter 163
Automatic Tasks 823
Automatische Anmeldung 371
Automatische Korrektur 48
Automatische Proxy-Entdeckung 498
Automatisches Anmelden deaktivieren 336
Automatische Schriftaktivierung 632
Automatische Wiedergabe 391
Automatisch nach Sprache 48
Automator 699, 819

AppleScript ausführen 741
automount 536, 538, 540
automountd 536
Autom. Proxy-Konfiguration 498
Avahi 443, 577
Avery A4 137
AVI 160

B

backupd 281
Backup jetzt erstellen 287
Backup löschen 290
Backups.backupdb 279
backup thinning 281
Backup-Volume auswählen 284
Backup während Batteriebetrieb 287
Balken für CPU-Auslastung 304
bash 179
BASH 353
Basisordner 515
Batterie
   Statusanzeige 337
Batteriestatus in der Menüleiste anzeigen 337
Bedienungshilfen 696, 56
beep 717
beginning of 707
begins with 723, 729
Bei Bedarf automatisch verbinden 453
Bei E-Mails an eine Gruppe alle Mitglieder einblenden 118
Bei Ethernet-Netzwerkzugriff aufwachen 496
Beim Beenden von iChat Status auf Offline stellen 150
Beim Schließen mehrerer Tabs oder Fenster warnen 140
Beim Wechseln zu einem Programm 41
Belegter Auslagerungsspeicher 405
Benachrichtigung nach dem Löschen von alten Backups 287
Benutzer 379
   Aliasse 354
   Nur Freigabe 347
   Nur Sharing 573
   Standard 347
   Verwaltet durch die Kinder-sicherung 347

Benutzer-Agent 146
Benutzer-Diagnoseberichte 759
Benutzergruppen 355
Benutzer-ID 353
Benutzerkonto 695
Benutzern im Netzwerk die Anmeldung im Anmeldefenster erlauben 512
Benutzern mit Netzwerk-Accounts die Anmeldung an diesem Computer erlauben 371
Benutzerordner 573
Benutzerordner als Image sichern 352
Benutzerprofil 450
Benutzerwechsel
    Schnell 364
Benutzte Objekte 44
Bereichs-Informationen 653
Berkeley Software Distribution 833
Bestätigung verlangen 667
Bevorzugte Server 519
Bibliothek 661, 709
Bild
    Farben korrigieren 644
Bild aufnehmen 163
Bildeffekte 653
Bilder
    Größe ändern 644
    Konvertieren 644
Bild hierher bewegen 86
Bildhintergrund anzeigen 646
Bildschirmfoto 46
Bildschirmfreigabe
    Passwort+ 492
    Zwischenablage 490
Bildschirmfreigabe beenden 489
Bildschirmschoner 335, 820
bill of materials 312
bless 397
Blindkopie 115
Bluetooth 451, 455, 620, 829
    Gerät konfigurieren 454
Bluetooth-Assistent 454
Bluetooth-Datenaustausch 533
Bluetooth-Freigabe 532
boms 311
Bonjour 434, 499, 577, 585, 830, 831, 833
bonjour.conf 563
Bonjour-Druckerassistent 442, 601

Bookmarks.plist 319
boolean 712
Boolean 321
Boolesche Operatoren 209
Boot Camp 262, 263, 279
BOOTCAMP 389
Boot Camp Assistent 385, 386, 396
Boot-Camp-Installationsprogramm 391
boot.efi 767
Boot Options 405
bootpd 433, 467
Bootstrap Protocol 433
Braille 820
Brenngeschwindigkeit 100
Brenn-Ordner 98
Briefkasten 226, 350
Broadcast Adresse 431
broadcasthost 439
Brushed Metal 833
BSD 833
B-tree catalogue 237
B-Tree Katalog 779
Build 315
Build-Nummer 372
Bundle 103, 747, 833
button returned 717
by 724
by factor 734

C
CAcert 123
Caches 343
cancel button 717
Capacity 237
Carbon 296, 810, 833
CardDAV 136
Cascading Style Sheets 834
case preserving 238
case sensitive 238
caution 718
cd 178, 181, 229
CD-Cover-Spalte 167
CDDB 170
CD/DVD brennen 99
character 705
Chat-Protokolle sichern in 150
Chats in einem einzigen Fenster anzeigen 149
chflags 104
chgrp 228, 229

chmod 197, 228, 231, 362
choose file 719
choose file name 733
choose folder 720, 727
choose from list 720
choose URL 719, 727
chown 228, 229
CIDR 427
CI Filter Browser 70
cifs
    // 518
CIFS 524
Cisco 469
classes.conf 611
Classless Inter-Domain Routing 427
class of 704
Clips 52
closing folder window for 738
CMYK 834
Cocoa 296, 809, 834
Codec 834
coder 834
CodeResources 506
codesign 507
Code-Signing 506
Code-Tabellen 52
Coercion 704
ColorSync 644, 593, 647, 834
    Drucker-spezifisch 593
ColorSync-Dienstprogramm 647
    Rechner 651
ColorSync-Profil auf Bilder anwenden 651
com.apple.AppleShareClient.plist 522
com.apple.ApplfeFileServer.plist 548
com.apple.backupd-auto 288
com.apple.decmpfs 242
com.apple.desktopservices 525
com.apple.mail 319
com.apple.metadata
    kMDItemWhereFroms 308
    KMDItemWhereFroms 107
com.apple.nfsd 558
com.apple.quarantine 107, 308
com.apple.ResourceFork 242
com.apple.sharepoint.group 545
Combo Update 315
Common Internet File System 524
Common UNIX Printing System 584, 607, 834

Compiler 834
Computer Skripts ausblenden 736
Computer-zu-Computer-Netzwerk 448
configd 503, 807
Containers and folders 712
contains 723
contains not 723
controlObserveQuality 495
Core Animation 808
Core Audio 808
Core Image 808
CoreImage 70
Core Video 808
Cover Flow 626
cp 184
CPU 302
CPU-Zeit 299
CrashReporter 760, 762
Crash Reporter Preferences 763
CRC32 260
CRC-32 Image-Prüfsumme 260
Creator Code 96
cron 324
crond 343
cron jobs 343
crop 734
CSS 834
CUPS 463, 468, 26, 607, 834
   access_log 613
   Drucker hinzufügen 613
   Klasse 615
   Konfigurationsdatei bearbeiten 611
   page_log 613
   Speichere Fehlerinformationen für Fehlersuche 613
   Standardkonfiguration benutzen 611
cupsctl 610
cupsd 324, 584, 608
cupsd.conf 611
cupsd.conf.default 611
cupstestppd 588
current application 702
current date 706
CyberDuck 531

D

daemon 294
Darstellung Aufräumen 85
Darstellungsoptionen 85

Darwin 806, 834
Dashboard 764, 830, 839
   AllowFileAccessOutsideOfWidget 76
   AllowFullAccess 76
   AllowInternetPlugins 76
   AllowJava 76
   AllowNetworkAccess 76
   AllowSystem 76
   Application Widgets 65
   Information Widgets 65
DashboardAccessory Widgets 65
DashboardClient 76
Dashboard Einstellungen 66
Data 321
Database Events 709
date 706
Datei auswerfen 391
Datei an Bluetooth-Gerät senden 46, 532
Dateien
   einblenden 309
   endgültig löschen 93
   schützen 94
   Unsichtbar 183
Dateien und Ordner über AFP bereitstellen 548
Dateien und Ordner über FTP bereitstellen 571
Dateien und Ordner über SMB bereitstellen 558
Dateifreigaben 350, 544
Dateiname 209
Datenbanksuchen 759
Datenerkennung 44
Datenänderungswarnung 152
Datensätze 708
Datenträger auswerfen 243
Datum 340
Datum & Uhrzeit 338
Datum & Uhrzeit automatisch einstellen 338
day 706
DCHP mit manueller Adresse 434
DCHP-Server 432
dd 404
Deaktivieren 664
debug-logging 611
Deckblatt 593
decoder 834
default answer 718
DefaultAuthType 609

DefaultLocalDB 818
Default.png 75
defaults 373, 322
Definition 209
Definition eines Wortes abfragen 673
Defragmentierung 240
Deltas einblenden 300
Delta Update 315
Der Benutzer darf diesen Computer verwalten 365, 366
Derivat 834
Description 192
df 237
DFONT 625
DHCP 433, 446, 456, 467, 834
DHCP-Bereich 463
DHCP-Client-ID 464
DHCP-Lease 434
DHCP mit manueller Adresse 446
DHCP-Reservierungen 464
Diagnose-Informationen 759
Diagnosenachrichten 759
Diashow 200
Dictionary 71, 321
Dictionary Attack 348
Dienste 24, 44
Dienste-Einstellungen 45
Diese Aktion beim Ausführen des Arbeitsablaufs anzeigen 663, 664
Dieses Netzwerk merken 463
DigitalColor-Farbmesser 652
Digitale Bilder 660, 26, 161
Digital Subscriber Line 834
directory_inherit 545
DirectoryService 375, 379, 438, 510, 830
Direkt mit dem physischen Netzwerk verbinden (Bridged) 411
disk 712
diskarbitrationd 236
Disk-Folder-File-Suite 728
Disk Image 830, 834
Disk Image auswerfen 255
diskutil 234, 778, 242, 778
DiskUtility.log 243, 760
display alert 717
display dialog 718, 719
Distiller 597
ditto 241
div 706

divert 467
dmesg 769
Dämon 294, 834
DNS 437, 834
   Cache 438
DNS-Server 447
Dock 31, 322, 818
   Automatisch ausblenden 32
   Vergrößerung einschalten 32
Doctype Declarations 321, 819, 834
do shell script 743, 610
dot_clean 743, 743, 526, 562
Drag and Dop 68
Droplet 748, 834
Druckaufträge 595
Druckdienste für UNIX 600, 605
Drucken 591
   Angehaltener Drucker 592
   Aufträge verschieben 595
   Automatisch beenden 595
   backend 584
   Deckblätter 617
   Entfernte Verwaltung 609
   Erlaube Benutzer jeden Auftrag abzubrechen 609
   Füllstände 590
   Größe 592
   Priorität 593
   Protokoll und Verlauf 595
   Standarddrucker festlegen 590
   Standarddrucker 589
   Treiber installieren 587
   URL eingeben 607
   Windows 600
   Zeitplan 593
   Zusammenfassung 593
Drucken & Faxen 584
Drucken mit 586
Drucker
   Auftragsinformationen 596
   Benutzer 599
   Generic/PostScript 601
Drucker anhalten 595, 596
Drucker einbinden 600
Druckereinstellungen 594
Druckerfreigabe 598
DruckerfreigabE 608
Drucker-Pool 588
Drucker-Proxy 593, 594
Druckerunterstützung 797
Drucksystem zurücksetzen 590

dscacheutil 438
dscl 382, 310, 377, 382, 545
DSDontWriteNetworkStores 525
DSL 451, 834
DSLocal 375, 379, 784, 545
DSLogDebugAtStart 510
dsmappings 376
DSStatus 373
DTD 834
Dubious ownership 331
duplicate 729
Duplikate auflösen 631
DVD/CD-Master 261
dyld 317, 344
Dynamic Host Configuration Protocol 433, 834
Dynamic Name Server 834
Dynamischen, globalen Hostnamen verwenden 442
DynDNS 439

E

echo 193
Echo-Pakete 432
Eclipse 332
efax 620
EFI 234, 767
Eigenschaft 711
Eigentümer ändern 225
Einfache Windows-Installation 408
Einfingerbedienung 60
Eingabe der Aktion ausgeben 694
Eingabe ignorieren 665
Eingabequellen 341
Eingabequellen in der Menüleiste anzeigen 341
Eingehende Verbindungen erlauben/blockieren 503
Einhängepunkt 401
Einladungen von Mail automatisch abfragen 130
Einstellungen Drucker und Faxgeräte 601
eject 779
else 721
Emacs 188
E-Mail
   Header 119, 121
   Reine Datei 121
embed 651
Empfangsoptionen 622

empty trash 126
eno 425, 429
EnableGlobbing 329
enable.sh 398
end of 707
ends with 723
end try 726
Energie sparen 496, 336
Entfernte Anmeldung 482
Entfernte Anmeldung SSH 465
Entfernte Apple-Events 749
Entfernte Verwaltung 489
Entourage 282
Entpackte Dateien sichern 101
Environment.plist 318
Ereignisse 697
Ereignisse in separatem Fenster 128
Ergebnisse des Arbeitsablaufs ausgeben 694
Erinnerungen 124, 128
Erlaube Drucken vom Internet aus 608
error 725
Erste Hilfe 260, 261
Erstellt 208
ESPN 71
Ethereal 474
Ethernet 424, 834
Ethernet-ID 424
Etikett 96
Event-Protokoll 715, 716
everyone 224
everyone deny delete 231
Exchange 25, 114, 131, 135
   Globale Liste 135
   Raumpostfach 132
   Stellvertretung 132
Exclusions.plist 218
ExecCGI 568
Expires 430
export 194
Exposé 37
Exposé & Spaces 66
Ext2-Dateisystem 400
Ext3-Journaling-Dateisystem 400
Extended Attribute 238
extended attributes 836
Extensible Firmware Interface 767
Extensible Markup Language 839
Extensions.mkext 769, 770
ExtremeZ-IP 579

F

Farbanpassung 593
Farbkorrektur 644
Farbprofil 734
Farbverwaltung 653
FAT 834
FAT-32 279
FAT32 387
Fax 620
Faxe empfangen 622
Fax einrichten 620
Faxes 622
Faxstatus in der Menüleiste anzeigen 620
Fächer 33
Fehlerbericht 762
Fenster 34
Fenster im Dock ablegen (Programmsymbol) 39
Festplatte
 Partitionen teilen 247
 Partitionierung ändern 246
 Reparieren 249
 Schema 245
 Wiederherstellen 259
Festplattenaktivität 303
Festplattenauslastung 303
Festplatten-Dienstprogramm 242, 536, 795
FFIL 625
File 709
File Allocation Table 834
File Flags 106
file_inherit 545
FileMaker 699
File Sharing 546, 571, 829
FileSyncAgent 760
File System was modified 771
File Transfer Protocol 422, 518, 530, 834
FileVault 357, 257, 335, 386, 824, 835
 aktivieren 359
FileVaultMaster.keychain 358, 824
Final Cut Pro 282
Finder 210, 23, 41, 31, 818
 Aktion erfragen 97
 Ausrichten nach 85
 Dateien suchen 206
 Einfach 363
 Information 93
 Objekte auswählen 80
 Objekte kopieren 80
 Sortierung 339
 Statusleiste einblenden 84
 Symbolleiste 90
 Vorschau 94
 Weitere Informationen 94
 Zusammengefasste Informationen 94
Finder-Objekte kopieren 662, 676
Finder-Objekte umbenennen 662, 663
Finder window 712
FIPS-181-kompatibel 348
Firefox 146, 498
Firewall 501, 552, 598, 831, 835
 Protokoll 505
Firewall Builder 509
FireWire 424, 835
FireWire-Festplattenmodus 773
Firmenweiter WPA 461
Firmware-Kennwort 333
Firmware Update 318
first item 707
Flash 76
Flexibler Zwischenraum 36
Flight Tracker 71
flip 734
Flip4Mac 159, 825
Fokus-Ring 55
folder 712
FollowSymLinks Apache 568
Formularblock 94
Fotos nach dem Download löschen 163
FQDN 437
Für alle Benutzer 352, 355
Für Alle Benutzer/Faxe 622
Framework 835
FreeBSD 508, 807
Freien Speicher löschen 248
Freigeben von Druckern, welche mit diesem System verbunden sind 608
Freigegebener Ordner 544
from 724
Front Row 174, 336
front window 713
Für Vergleich merken 650
fsck 242, 771, 775
fsck_hfs 779
fsck_hfs.log 255
fseventsd 205
ftp
 // 518
FTP 422, 518, 530
 passiv 531
ftpchroot 571
ftpd.conf 572
ftp.log 575
FTP-Modus 531
ftpusers 571
Fully Qualified Domain Name 437
Funktionsverzeichnis 710
fwo 425

G

G5 837
Gamma 647
GarageBand 204
Gast-Account 349, 478
Gateway 430, 835
gcc 834
Geöffnete Dateien und Ports 300
Gehe zum Ordner 102
Geladene Programme 308
Gelöschte Benutzer 352
Gemeinsam genutzter Speicher 300
Geändert 208
GeneratedUID 380, 381
Generic/PostScript 601
Gerät durchsuchen 535
Geräte 519
Gerätename 441, 476
Geräte-Sync 152
Gesamten Text der Original-E-Mail einsetzen 116
Gesamten Verkehr über VPN-Verbindung senden 470
Geschützt 94, 106
Geschützte Systemeinstellungen 336
Geschwätziger Start 768
Gesendete E-Mails auf dem Server sichern 113
Gesicherte Suchabfragen 214
Gespiegeltes RAID-System 250
get 703
get properties 713
G-Force 173
GIF 835
Gimp-Print 587
Gitterabstand 85
giving up after 717

Gleichmäßiges Bewegen
 verwenden 35
GlimmerBlocker 146
Globalpreferences.plist 318
Glyphen 52
Gnome-RDP 495
GNU 835
GNU C Compiler 834
GnuPG 122
Google 71, 131
Google Talk 148
Gracenote 170
Grace Period 367
Grammatik 47
Grand Central Dispatch 26
Grapher 274
Graphical User Interface 835
Graphic Interchange Format 835
Größe des virtuellen Speichers 302
Größenkorrektur 644
GroupMemberShip 382
Groups 379
GRUB 402
Gruppen 353, 355, 379
Gästen den Zugriff auf freigege-
 bene Ordner erlauben 350
Gästen erlauben, sich an diesem
 Computer anzumelden 349
guest 349
GUI 835
GUID_partition_scheme 778
GUID-Partitionstabelle 244, 388

H

H.264 157
Handler 744
Handschrifterkennung 61
Hard Links 280
Hardwareadresse 425
Hardware-Test 781
Harte Links 105
HASHLIST
 <SALTED-SHA1,SMB-NT> 552
Hauptkennwort 348, 358, 335
Helvetica 633
Hexadezimal 435
HFS 835
HFS+ 237
hidden answer 719
HiddenUsersList 374
Hierarchical Filesystem 237, 835
host 426

HostName 373
hosts allow 557
hours 706
HP Jetdirect – Socket 585
HTML 272, 835
http
 // 518
 //127.0.0.1 631 607
HTTP 835
httpd 294, 563
httpd.conf 563
https
 // 518
Hub 421, 428
Human Interface Guidelines 835
Hyper Text Transfer Protocol 835

I

IANA 426
iCal 72, 127
 Abonnements 131
 Benachrichtigungen 130
 Erinnerung 660
 Skript ausführen 743
iCal (Widget) 72
ICC 649, 834
Ich 224
iChat 147, 819, 829
 AppleScript 745
 Bildschirmfreigabe aktivieren 487
 *Eingehende Nachrichten neu
  formatieren* 149
 Privatsphären-Stufe 148
iChat Event Handler Suite 746
ICMP 471
Icon Composer 747
Icon.png 75
Icons verändern 95
ICQ 148
Identifizierungseinstellungen 469
iDisk 531
IEEE 459
IEEE 802.1X 449
IEEE 802.11 460
if 721
ifconfig 421
Ignorierte Updates zurücksetzen
 317
ignoring application responses 716
Ihre persönliche Website 564
iLife 108
Im 32-Bit-Modus öffnen 296

Image Events 651, 732
Image-Format 259
Image für das Wiederherstellen
 überprüfen 260
Image-Grösse ändern 256
ImageKit 644
image path 731
Image von disk1 258
Image von Ordner 258
IMAP 111, 835
IMAP-Pfad-Präfix 112
Immer öffnen mit 92
Immer in …darstellung öffnen 85
iMovie 282, 827
Importer 205
Im Programm ausgewähltes
 Zeichen einblenden 51
in der Menüleiste anzeigen 43
InDesign 699
Indexing and searching disabled
 221
index.php 563
Index-Seite 201
indices 376
In einem neuen Tab im aktuellen
 Fenster 140
inetd 324
Info.plist 75, 77
Informationen der Routing-Tabelle
 anzeigen 429
Informationen zusammenführen
 153
Inhalt anzeigen als 33
Inhaltsoperatoren 723
inherited 546
init 294
Ink 61
 Wartezeit 63
Ink-Fenster 62
In reinen Text umwandeln 272
Installationsprogramm 308, 818
Installationsprotokoll 310
Installationstyp 309
Installierte Software 317
Institute of Electrical and
 Electronics Engineers 459
Integer 706
Intelligente Adressen 117
Intelligente Ersetzung 50
Intelligenten Ordner nur für dieses
 Programm anzeigen lassen 215
Intelligente Ordner 214, 670

Intelligente Ordner (Mail) 120
Intelligentes Lasso 645
Intelligente Wiedergabeliste 169
Interface Builder 810, 835
Interface Scripting 696
International Color Consortium 649
International Color Consortiums 834
Internet Assigned Numbers Authority 426
Internet Control Message Protocol 432, 471
Internet Explorer 146, 442
Internetfreigabe 446, 467, 509
Internet Message Access Protocol 111, 835
Internet Printing Protocol 586, 835
Internet Protocol 425, 426, 436
Internet Sharing 433, 829, 830
Interpret für Sortierung 168
I/O-Kit 806
IP 422
IPAddress 373
IP-Adresse 372, 426, 447
IP-Forwarding 835
ipfw 467, 509
iPhone 157, 644
iPhone OS 507
iPhoto 103, 201, 290, 667, 699, 827
 Exportieren 730
IP-Masquerading 458
iPod 644
IPP 586, 835
IPSec 435, 500, 835
IP Security 468
IPv4 426
IPv6 435
is 722
is in 723
is not 722
is not in 723
ISO 9660 836
ISO-9660 239
is running 721
iSync 152
item 707, 712
iTunes 89, 88, 739, 72, 65, 166, 827
iTunes-Medienordner 171
iTunes-Objekte filtern 663

iTunes (Widget) 72
iWork 103

J
Jabber 148
Jails 508
Java 76, 332, 811
Java-Einstellungen 332
Java_Home 332
Java-Konsole 332
JavaScript 703
Job Ticket 583
JPEGPhoto 379, 380

K
Kalibrierung 647
Kalibrierungsassistent 648, 818
kdcmond 479
Keine Kopien von E-Mails behalten 113
Keine Rechte 224
Kennwort 269
Kennwortabfrage für die Freigabe jeder geschützten Systemeinstellung 336
Kennwortassistent 348
Kennwörter zurücksetzen 784
Kerberos 381, 499, 500, 556, 609, 819, 830, 836
Kerberos-Ticket-Viewer 480
Kernel 296, 805, 830, 836
Kernel Extension 756, 769, 806, 807, 819, 830
Kernel Panic 249, 765
Keychains 268
Key Distribution Center 479
kill 306
killall 306, 611
Kindersicherung 362, 364
Klasse 427
klist 481
kMDItem 215
kMDItemNumberOfPages 215
kMDItemPixelWidth 217
known_hosts 484
Komprimierung 241
Konsole 369, 758
Konsolenmeldungen 759
Kontaktbogen 638
Kontakte
 Vorlage 135
Kontrast 59

Kopien 592
krb5kdc 479
krbtgt 481

L
L2TP 468
Label 326
Lab Plot 650
LAN 423, 836
Landeseinstellungen 706
Lange Header 122
Lasso 645
last item 707
Last login 177
launch 716
LaunchAgents 294, 324, 767, 818
launchctl 221, 326, 327
launchd 294, 807
LaunchDaemons 324, 767
launchd.plist 331
Launch Services 96, 784, 814, 836
Lautsprecher konfigurieren 175
Layer 2 Tunneling Protocol 468
Layout 592
LDAP 375, 463, 468, 135, 836
LDAPv3 513, 818
Leeres Image 256
Lesen & Schreiben 224
Lesezeichen 142
Lesezeichenleiste 143
less 191
Lexikon 209, 673, 71
Library/QuickLook 203
Lightweight Directory Access Protocol 836
LILO 402
Line Printer Daemon 585, 836
Link innerhalb des PDFs 642
Links von Programmen öffnen 140
Linux 494, 806
Liste 707
Liste der Benutzer 371
Listen 707
Little Snitch 502
LKDC 381, 480
LKDCHelper 480
ln 106
Local Area Network 423, 836
localhost 177, 432, 439
log 715
logger 758
loggingAttributes 550

Index | **849**

loginGreeting 550
Login-Shell 353
loginwindow 373, 767
loginwindow.app 767
loginwindow.plist 374
loginwindows.plist 351
LoginwindowText 373
LogLevel debug 613
log.nmbd 553
log.smbd 553
Lokale BSD-Konfigurationsdateien und NIS 513
Loopback 429
LPD 585, 836
LPD-Druckdienst 600, 605
ls 178, 183, 228, 377
lsbom 312
ls -@l 238
ls -a 104
lsregister 784
LWFN 625

M
MAC 836
MAC-Adresse 424, 464
MacFUSE 262, 389, 408, 823
Mac OS 9 244
Mac OS Forge 807
Mac OS X Extended 237, 397
Mac OS X Extended (Journaled) 240
Mac OS X Installation 794
Mac TrueType 625
Magisches Paket 497
Mail 290, 32
  Aktivität 126
  AppleScript 744
  Archivieren 127
  Zertifikat 123
make 712
make new folder 728
MakePDF 162
MAMP 566
man 191
man page 191, 836
Massachusetts Institute of Technology 425
Master Boot Record 245, 387, 395
Master Browser 477
math.h 210
Mausbedienung 61
mbox 127

MBR 388, 395
md5-Prüfsumme 261
mdfind 215, 216
mdimport 205, 219
mdls 215, 216
mDNSResponder 441, 503, 504
mds 204, 218
mdutil 220
mdworker 205, 218
Media Access Control 424
Mediathek organisieren 172
Medien 108
Medien-Identifikation 234
Medium auswerfen 693
Meine Aktionen aufzeichnen 697, 701
Mein Mac 500
Merkhilfe 372, 375
message 717
Messbereich 652
Metadaten 204, 836
Meta Packages 309
Microkernel 806
Microsoft Office 205
MIDI-Fenster einblenden 175
MIDI-Studio 175
Migrations-Assistent 760, 799
mime.types 563
minChars 383
Minimum Target 313
minutes 706
Mit Leerdaten überschreiben 247
Mit Server verbinden 517
Mitteilung vom Server 550
Mitwachsendes Bundle-Image 257
Mitwachsendes Image 257
mkdir 186
mkswap 404
MobileMe 353, 354, 498, 153, 157, 531
Mobiler Account 515
Mobiltelefon 451
mod 706
Modemskript 453
Modemstatus 453
Monitore 647
  Experten-Modus 648
  Farben 647
  Kalibrieren ... 648
month 706
more 187
mount 242, 517

mount_afp 518
mountd 527
mount_ftp 518
mount_hfs 235
mount_msdos 235
mount_nfs 518
mount point 520
Mount Point 235, 836
Mounts 379
mount_smbfs 518
mount volume 727
mount_webdav 518
moving folder window for 739
MP3 171
MS-DOS-Dateisystem 245
MS-DOS DATEISYSTEM 249
MS Publisher Imagesetter 603
Multicast 427
Multicast DNS 441
Multicast-Rate 461
Multiple Master 625
multiple selections allowed 720
Multitasking 836
mv 185
MySQL 567

N
Nach Stromausfall automatisch starten 337
named 467
Name und Kennwort 371
nano 376, 404
NAS 283
NAT 458, 500
natd 468
NAT Port Mapping Protocol 458, 500
NestedGroups 545
Netatalk 283, 444, 575
NetBIOS 524, 556, 836
NetBIOS-Name 477
NetInfo 345
netstat 429, 474
Network Address Translation 458
Network Attached Storage 283
Network Basic Input / Output System 836
Network Filesystem 518, 527, 558, 830, 836
Network-Information-System 513
networksetup 421
Netzwerk 303, 424

Konfigurationen exportieren 452
Weitere Optionen 447
Netzwerk-Accounts 371
Netzwerk-Account-Server 511
Netzwerk anlegen 448
Netzwerk-Benutzer 224
Netzwerkdiagnose 471, 473
Netzwerkdienstprogramm 421, 425, 461
Netzwerk-Gruppen 224
Netzwerkkennwort 461
Netzwerkklassen 426, 427
Netzwerk merken 463
Netzwerkname 462
Netzwerk-Port 436
Netzwerkschnittstelle 425
Netzwerksicherheit
  LAN-Manager-Authentifizierungsebene 554
  Minimale Sitzungssicherheit für NTLM-SSP-basierte Clients 555
Netzwerkumgebung 444
Netzwerkverbindung des Mac freigeben (NAT) 411
Neuen Benutzer oder neue Gruppe auswählen 224
Neue Person 224
Neuer Account 347
Neuer Ordner 79, 186
Neue Tabs oder Fenster im Vordergrund öffnen 140
Neue Variable 673
Neustart 766
Neustart unter MacOS X 392
New Child 321
newfs 242
New Sibling 321
New Technology File System 836
nfs 527
  // 518
NFS 376, 518, 527, 836
  Aktivierungsort 538
  Erweiterte Aktivierungsparameter 537
  hidefromfinder 530
  insecure 529
NFS-Aktivierungen 537
nfsd 559
nfsd checkexports 559
NFSHomeDirectory 378, 380
NFS Mounts 537

Nicht lokal gesicherte Bilder in HTML-E-Mails anzeigen 119
Nicht reagierende Programme 302
NIS 513
nmbd 551
nmblookup 477, 503
nodes 376
no-glass 322
NOT 209, 211
note 718
Notizzettel 274
Notizzettel (Widget) 72
NTFS 239, 262, 263, 279, 387, 390, 526, 836
NTFS-3G 262, 389
ntpd 338
NT_Status_Access_Denied 605
NT_Status_Connection_refused 605
Number 321
Nur Schreibzugriff (Briefkasten) 226

O

Objective-C 76, 836
Objektinfos einblenden 86
ODBC 836
ODSAgent 831
öffentlich 226
öffnen 107
öffnen mit 95
of machine 749
on 735
on error 726
on message received 746
on open 740, 748
on perform mail action with messages 744
on run 741
open 324, 733, 324
OpenBSD 502
OpenCL 27
Open Computing Language 27
Open Database Connectivity 836
Open Directory 372, 375, 376, 513, 610, 836
OpenDocument 272
OpenGL 808
opening folder 738
OpenOffice.org 272
Open Scripting Architecture 703, 836
OpenSSH 482

openSUSE 395, 402
Open Systems Interconnection Reference Model 422
OpenType 624
Opera 146
Optionale Installationspakete 798
OR 209, 211
Ordneraktion 737, 328, 831
Ordneraktionen konfigurieren 737
Ortungsdienste deaktivieren 336
OSAX 710
Oxford 71

P

PAC-Datei 498
Package Maker 313
pad 734
Pages 64
Pakete installieren 309
Paketinhalt zeigen 103, 308
Papiereinzug 593
Papierformat des Ziels 593
Papierhandhabung 593
Papierkorb 92, 186
Papierkorb sicher entleeren 93
paragraph 705
Parallels 406
Parameter-RAM 783
Partition 233, 234, 836
Partitionieren 245
Partitionsmethode 400
passphrase 485
Password 380
Passwort 335
Passwörter zurücksetzen 784
path of file 732
path to resource 748
PATH-Variable 193, 196, 197
Pause 667
pboard 325
PDF 202, 141, 583, 837
  Anmerkungen 640
  Link-Typ 642
  Schlagwörter 597
  Sicherheitsoptionen 598
  Verschlüsselung 643
PDF Kit 637
PDF-Metadaten festlegen 686
PDF-Retuschierung 653
PDF Services 740, 824
PDF sichern 597
PDF/X-3 654, 655

Index | **851**

pdisk 242
Perian 160
periodic 343
Perl 568
Permission denied 229
Persönlicher WPA 461
Pfad 34
Pfadangabe 102
Pfadleiste 84
photo 731
Photo Booth 176
Photoshop 296
PHP 562, 566
php5.conf 563
phpinfo(); 566
php.ini 567
Phrasensuche 207
Physikalischer Speicher 299
Picture 380
PID 293, 837
ping 471, 504
PI-Schriften 52
pkgutil 312
Plug-In für Digitale Bilder 660
Plug-In für Drucken 660
plutil 321, 783
PNG 646, 837
Podcast 820
Poderosa 482
Point-to-Point Protocol 452, 837
Point-to-Point Protocol over Ethernet 456, 837
Point-to-Point Tunneling Protocol 468
POP 837
POP3 111
Port 436
Portable Document Format 837
Portable Network Graphics 837
Port Forwarding 458, 465
Port-Umleitung 465
Port-Umleitungs-Assistent 465
position 713
POSIX 223, 837
POSIX path 743
Posix path of 732
Postfachverhalten 112
postflight 312
Post Office Protocol 111, 837
PostScript 584, 585, 603, 837
PostScript Printer Descriptions 585, 588

PostScript Type 1 625
PowerPC 297, 807, 837
PPD 585
PPP 452, 453, 837
PPP-Echopakete 453
ppp.log 453, 470
PPPoE 451, 456, 837
PPPoE-Dienst 456
PPPoE-Status in der Menüleiste anzeigen 457
PPPTP 837
PRAM 783
Prebinding 344
PreferencePanes 334
Preferences 319, 822
preflight 312
present working directory 182
Prüfsumme 260
PrimaryGroupID 380, 381
printers.conf 611
Private IP-Adresse 428
Privater Speicher 299
Privatsphäre 218
Process IDentification 293
Profile reparieren 649, 650
Program 326
ProgramArguments 329
Programm
  Neu starten 762
Programm-Bundle 666
Programme sofort beenden 301
Programm reagiert nicht 763
Programmzuweisungen 41
Prompt 178, 837
Property 711
Property-Liste 750, 813, 837
Property-Liste Editor 320
Property-Liste prüfen 321
Protokolle 824
Proxy 837
Proxy-Icon 34
Proxy-Server 497
Prozess beenden 301
Prozess-ID 298, 812, 837
ps 304
PSNormalizer 597
Puzzle (Widget) 72
pwd 182
pwpolicy 383
PyObjC 809
Python 196, 703, 704, 818

Q

qlmanage 203
Quartz 653, 583, 807, 837
Quartz Composer 176, 819
Quartz-Filter 653, 819
Quartz-Filter auf PDF-Dokumente anwenden 655
Queue 837
Quick Look 86, 108, 289, 320
  Generatoren 202
quicklookd 202
QuickTime 644, 733, 76, 76, 837
  Für Web sichern 158
QuickTime 7 798
QuickTime 7.6 160
QuickTime Player 809
QuickTime Pro 160
QuickTime X 27, 809
quit 716
Quota 837

R

racoon 503
RADIUS 449
RAID 250, 838
RAID 1 251
RAID-Optionen 252
RAID-System (Verteilt) 251
RealName 380
RealVNC 492
reboot 771
Rechenzeit 299
Rechner 64, 273
Rechner (Widget) 72
Rechnungsinfos 593
Rechte 224
Rechtschreibung 47
  Lernen 48
Rechtschreibung verlernen 48
RecordName 380
Reduce File Size 655
Redundant Array of Independent Disks 250, 838
Reelle Zahlen 706
rEFIt 395, 397
refit.conf 398
refit.efi 397
Reihenfolge der Dienste festlegen 424
Reihenfolge für sortierte Listen 339
Rekursiv löschen 186

Rember 781
remote-admin 611
remote-any 611
Remote Desktop Client 492
remote-printers 611
removing folder items from 739
Rendezvous 833, 838
repairDisk 779
repeat 724
repeat until 725
repeat while 725
Request for Comment 838
requiresAlpha 383
requiresNumeric 383
Reservierte Wörter 703
Resolver 438
Resource Fork 238, 838
resvport 530, 537
return input 741
RFC 838
rm 186
rmdir 187
Root 437
Root-Shell 368
Root-Zertifikat 123
Rosetta 297, 798, 807, 838
rotate 734
Router 428, 447
Routing 424
Routing-Tabelle 429
Roxio Toast 97
rpcinfo 527
rpc.lockd 831
rpc.quotad 831
RSS 618, 838
RSS Subskription hinzufügen 619
RTF 272
Ruby 703, 818
RubyCocoa 809
Ruhezustand 335
Ruhezustand bei drahtlosem Zugriff beenden 497
Ruhezustand bei Netzwerkzugriff beenden 337

S

Safari 74, 139, 157, 319
  Aktivität 141
  Alle Fenster zusammenführen 140
  Entwickler 146
SALTED-SHA1 381

Samba 381, 518, 551, 831, 838
sample 301
Sandbox 293, 508
save ... as 733
say 700
scale 734
Scanner 650
schema.strings 217
Schleife 723
Schlüsselbund 692
Schlüsselbund Anmeldung 268
Schlüsselbund – Erste Hilfe 267
Schlüsselbundverwaltung 123
Schneller Benutzerwechsel 364
Schreibtischdrucker 589
Schrift
  Schatten 50
Schriften hinzufügen 629
Schriften prüfen 629
Schriftinformation einblenden 627
Schriftpalette 50
Schriftsammlung 50, 46
  Bericht 627
  Standardort zur Installation 628
Schriftvariante 51
scp 484, 535
ScreenSharing 697, 518, 829, 831
ScreenSharing.plist 495
Scriptable Image Processing 733
Scripting Bridge 818
SDK 838
seconds 706
secpol.msc 554
secure_erase 360
Secure Shell 481, 838
Secure Socket Layer 532, 820
Security Update 317
Seiten 592
Seitenauslagerungen 303
Seitenfolge 643, 593, 592
Seitenfolge umkehren 593
Seitenleiste 90
Selbst zugewiesene IP-Adresse 446
selection 730
Self-Monitoring Analysis and Reporting Technology 775
SerialNumber 373
Serveradresse 519
Server für ausgehende E-Mails 112
Server Message Block 518, 524, 838

Server trennen 730
Servertyp 111
Service Location Protocol 441
Service Pack 2 386
set 703
SetupAssistent.log 760
setup.exe 391
sftp 531
SFTP 531
ShadowHash 380, 384
shared secret 469
SharePoints 379, 545
share-printers 611
Sharing 441, 697
Sharing & Zugriffsrechte 223
Shebang 196
Shell 838
  Eingaben vervollständigen 195
  Historie 195
showing File servers 727
showmount 527
Sichere Dateien nach dem Laden öffnen 144
Sichere Notiz 271
Sicherer Systemstart 769
Sicheres löschen 187
Sicherheit 503
Sicherheitsoptionen 247
Sicherheitsstufe 461
Sie dürfen lesen und schreiben 223
SIGHUP 301
SIGKILL 301
Signierte Software 507
Silverlight 146, 160
Simple Mail Transfer Protocol 111, 838
Single Sign-On 479
Single User Modus 405, 838
sips 733
SKI REPORT (Widget) 71
Skriptassistent 701
Skriptmenü in der Menüleiste anzeigen 736
Slice 233
S.M.A.R.T. 775
S.M.A.R.T.-Status 250
smb
  // 518
SMB 237, 518, 551, 604, 838
smbclient 525, 551
smb.conf 556

smbd 551, 553
SMB-NT 381
smbpasswd 524
smb_shared 547, 548
smb.shares 557
smbstatus 551, 552
S/MIME 122
SMTP 838
SMTP-Serverliste bearbeiten 114
Snippet-Editor 146
SOAP 750
Social Engineering 383
Sofort beenden 302, 763
Soft-Proof mit Profil 645
Softwareaktualisierung 315
Software Development Kit 838
Sortiert drucken 592
SoundJam 166
Spaces 40
Spaces aktivieren 40
Spaces in der Menüleiste anzeigen 40
Spaltenbrowser 167
sparsebundle 362
Speakable Items 58
Speicher 302
   Aktiv 302
   Inaktiv 302
   Reserviert 302
Spindump 762
Spotlight 204, 289, 342, 522, 597, 830
   Alle der folgenden Werte zutreffend 212
   Einer der folgenden Werte zutreffend 212
   Im Menü 213
   Importer 219
   Klammern 209
   Systemdateien 213
Spotlight abschalten 221
Spotlight-Objekte 206, 213
Sprachausgabe 56
Spracherkennung 58
Sprache & Text 339
Sprachsteuerung 821
sqrt 210
srm 187
SSH 265, 304, 382, 346, 324, 535, 610
   Tunnel 494
sshd 324

ssh-keygen 484, 485
ssh.plist 486
SSL 820
staff 224, 225, 380, 382
StandardAdditions 709
Standard-Internetdienste 503
Standard-Route 430
Standard-Drucker 589
Stapel 33
StartCalendarInterval 329, 330
StartInterval 327
Startobjekte 695, 697, 311
StartOnMount 331
Start Partitioning Tool 403
StartupItems 767
Startvolume überprüfen 771
Startvolume ignorieren 768
Statusleiste einblenden 139
Staub 343
Stellvertretung 132
Steuerelementbedienfeld → Optionsleiste
Stocks (Widget) 72
stop 718
Stoppen 661
String 321
Störunempfindlichkeit 461
StuffIt 100
su 367
Subnetz 430
Suchdomänen 447
Suchkriterien einblenden 214
Suchpfad 515
Suchrang 643
sudo 367, 404, 610
Suffix 838
Suite 710
Super-User 365
Surround 175
swap 401, 830
SWAP 838
swapon 404
SWAT 556
Swing 811
Switch 421, 428
Symbolische Links 105
Symbolleiste 36
Symbolleiste anpassen 36
Symbol- und Textersetzung 49
Symbolvorschau einblenden 85
Synaptic Paketverwaltung 576
Sync 760

Synchronisierung des Computers stoppen 153
synchronize-preferences 556
Synopsis 180, 191
Syntax 838
Syntax Highlighting 701
syslogd 758
Systemassistent 760
Systemüberwachung 405
SystemBuild 373
Systemdateien durchsuchen 213
System-Diagnoseberichte 760
Systemeinstellungen 66, 584, 696, 820
System Events 709, 727, 728, 732, 750
SystemGroup 610
SystemGroupAuthKey 610
System.keychain 824
system.log 369, 760
SystemMigration.log 760, 803
System Preferences 59
Systemprofil 450
System-Profiler 44, 755
System spiegeln 794
SystemUIServer 764
SystemVersion 373
Systemwartung 343
Systran 72

T

Tape ARchiver 100
Target Disk Modus 773
Tarn-Modus 504, 433
Taschen-Adressbuch 137
Tastatur 53, 60
Tastaturübersicht 341
Tastaturkurzbefehle 45, 53
Tastatursteuerung 53, 54
Tastenkürzel 53
Tasten Neustart, Ruhezustand und Ausschalten einblenden 371
TCP 422
tcpdump 474, 500
TCP-Headerkomprimierung 453
TCP/IP 838
tcsh 353
Teil einer Compilation 168
Teilnehmer hinzufügen 129
Teilnetzmaske 430, 447
Telefonbuch-Sortierregeln 339
Telefonnummer 452

Telefonnummer vergrößern 134
tell 715
tell application 712
Telnet 838
Terminal 177, 775, 838
    Benutzerwechsel 366
    Neue entfernte Verbindung 486
testparm 551, 558
Testprogramme 504
Testseite drucken 595, 616
Text 47
    Vervollständigen 48
Textbausteine 49
Textblock auswählen 47
Text der Original-E-Mail als Zitat einsetzen 116
TextEdit 82, 743, 46, 271
Textersetzung 25
TextMate 187
text returned 719
TGT 480
then 721
Thesaurus 71
The volume ... appears to be OK 771
Thread 299
Throttle 328
Ticket Granting Ticket 480
TIFF 640
TightVNC 492
Tilde 178
Time 373
Time Capsule 283
Time Machine 355, 360, 317, 41, 386, 407, 829, 830
Time Machine-Status in der Menüleiste anzeigen 287
timeout 398
times 724
time to live 433, 471
Titelleiste 34
to 724
Tomcat 332
top 305
Trace 472
Traceroute 471
Transmission Control Protocol 436, 438
Trimmen 156
Tristimulus 652
true 321
TrueType 625, 839

try 726
ttl 433
Tunneling 436
Typografie 51

U

Ubuntu 443
uchg 106
UDF 239
UDP 436, 440
Übersetzung (Widget) 72
Übersicht 200
UFS 239
Uhr 338
Uhrzeit 340
UID 527, 560
Umbenennen 664
Umrechnen 273
Umrechnen (Widget) 73
Umschlag 137
UNC-Pfad von Active Directory verwenden 515
unembed 651
Unerwartete Zugriffssteuerungsliste ... 786
Uniform Resource Locator 839
Uniform Type Identifier 203, 815
UniqueID 378, 380
Univ.eindeutige Identifizierung 234
Universal Binary 297
Universal Disk Format 239
Universally Unique Identifier 381
Universal Plug and Play 458
UNIX 03 805
UNIX File System 239
Unknown key
    StartInterval 328
unmount 779
Unsichere Startobjekte deaktivieren 311
Update ignorieren 317
Update zurücknehmen 317
UPnP 458, 500
URL 839
Url öffnen 44
USB 451, 831, 839
user-cancel-any 611
User Datagram Protocol 436
Users 379
UserShell 380
using terms from application 744

UTI 815
UUID 353, 381

V

Variablen 670, 671, 703
vCard 138
Verbose Modus 768
Verfügbarkeit 133
Vergleichsoperatoren 722
verifyDisk 779
VeriSign 123
Verlauf der CPU-Auslastung 304
Verlauf des Event-Protokolls 702
Version
    Anmeldefenster 372
Verzeichnisdienst 371, 372, 463, 509
Verzeichnisdienste 224, 370, 376
Verzeichnis löschen 187
vi 188
Videoclip 174
Videofarbe 174
Virtual Appliance 416
VirtualBox 406
Virtual LAN 451
Virtual Network Computing 489
Virtual Private Network 468
Virtuelle Anschlüsse verwalten 451
Virtuelle Maschinen 407
Virtueller Speicher 299, 302
Vise 307
Visitenkarte öffnen 350
Vista 442
Vista Ultimate 386
VLAN 451
VLC Player 160
VMDKMounter 412, 416
vmrun 416
VMware Fusion 385, 406
    Freigabe 415
    Netzwerk 411
    Prozessoren und RAM 411
vmware-install.pl 414
VMware Tools 413
vmware-tools-distrib 414
vnc
    // 518
VNC 443, 413
vncviewer 495
Voice Over 56, 821
VoiceOver-Dienstprogramm 57
Volume 233, 837
Volume Deaktivieren 243

Vor dem Entleeren des Papierkorb
   nachfragen 93
Voreinstellungen 782
Vorschau 655, 740, 25, 819
   Lesezeichen 636
   Logische Seitenzahlen verwenden
      636
VPN 468, 503
VPN on Demand 470
VPN-Typ 469

W

Wake on LAN 481, 496
WakeOnLan 497
WAN 423
Warnton 60
Warnung
   Die SUID-Datei... 786
Wartelisten 584, 594
Watch me do 697
WatchPaths 331
Web-based Distributed Authoring
   and Versioning 518, 531, 839
Web-Bug 119
Web Clip (Widget) 74
WebDav 131, 237, 518, 531, 839
web.de 123
Webdings 52
Webinformationen 146
WebKit 65, 839
Webseite erstellen 162
Web-Sharing 564
Website Ihres Computers 564
Wechselkurse 273
Wechselmedien auswerfen 768
Wechselmedium 261
weekday 706
Weltzeituhr (Widget) 74
WEP 461
Werbebanner 146
Wert der Variablen abfragen 673
Wert der Variablen festlegen 673,
   694
Wetter (Widget) 73
wheel 225
which 330
Wählart 453
Wählmodus 453
Wählversuche 453
whoami 368
Whois 439

Währung 273
Wide Area Bonjour 442
Wide Area Network 423
Widget 839
   Entfernen 69
   Installieren 69
   Neustart 68
widgetplugin 76
Widgets
   Verwalten 69
Wiederherstellen 795
Winclone 279
Windows 442, 492, 385
Windows 7 442, 386, 555, 603,
   605, 805
Windows-Arbeitsgruppe 477
Windows-Leistungsindex prüfen
   409
Windows Media Video 159
Windows Server 579
Windows Sharing
   host deny 558
   hosts allow 557
Windows TrueType 624
Windows Vista 262, 386, 388,
   603, 605
   Sicherheitsrichtlinie 553
Windows XP 389, 461, 386, 553,
   605
Wingdings 52
Wireless Local Area Network 423
Wireshark 474
with 724
with icon 718
with invisibles 719
with prompt 720
with properties 728
with replacing 730
with timeout of 716
with title 721
WLAN 839
WMV 159
word 705
Word 272
Wortgrenze 340
WPA 461
Wurzeldateisystem 401

X

X11 275, 798
xar 308

xattr 107, 242
Xcode 804, 823, 839
xeyes 275
xinetd 294
XML 750, 839
XML-RPC 750
XMPP 148
xnu-Kernel 806
XP 442
XP Professional 386

Y

Yahoo! 131
year 706
YouTube 157

Z

Zahlen 340
Zeichen
   Darstellung 51
Zeichenübersicht 341
Zeichenpalette 51
Zeige freigegebene Drucker von
   anderen Systemen 608
Zeitzone automatisch anhand des
   Aufenthaltsorts festlegen 338
Zeroconf 440, 443, 833
Zero Configuration Networking
   440
Zertifikate 268
ZFS 240
Zielmedium löschen 254
Zielvolume 796
ZIP-Archive 100
Zitatebene 116
Zoom 59
zsh 353
Zu druckende Seiten 593
Zugriffsrechte
   Änderungen zurücksetzen 225
Zugriffsrechte reparieren 785
Zugriffsrechte zum Festlegen
   der Benutzer-ID (setuserID)
   ignorieren 538
Zurücklegen 92
Zur Mediathek hinzufügen 170
Zur Seitenleiste hinzufügen 91
Zwischen Anwendungen
   wechseln 38

www.galileodesign.de

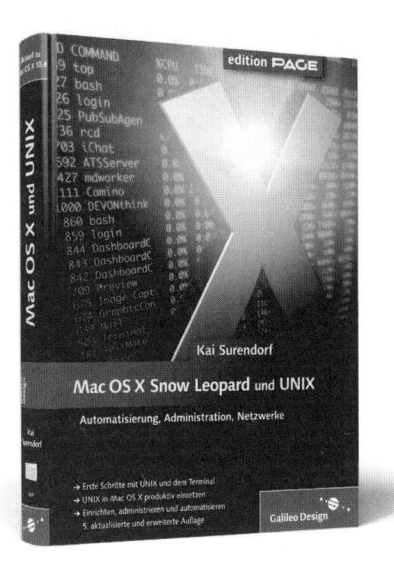

Erste Schritte mit UNIX und dem Terminal

UNIX in Mac OS X produktiv einsetzen

Einrichten, administrieren und automatisieren

Kai Surendorf

Mac OS X Snow Leopard und UNIX

Automatisierung, Administration, Netzwerke

Das Apple-Betriebssystem ist seit der Version OS X ein echtes UNIX-System. Wer es einsetzt, dem bleibt die Auseinandersetzung mit seinem »Innenleben« nicht erspart. UNIX versteckt sich überall und mit Mac OS X hat Apple sich und seinen Anwendern das Tor zur Open-Source-Welt weit aufgestoßen. Kai Surendorf führt Mac OS X-Nutzer in die produktive Arbeit mit »Darwin«, dem UNIX-Kern des Betriebssystems ein. Das Buch behandelt alle Aspekte, die der Mac OS X-Nutzer wissen muss, um die faszinierende UNIX-Seite seines Betriebssystems effektiv nutzen zu können: von der Arbeit auf Kommandozeile, dem Umgang mit dem Drucksystem CUPS und der Automatisierung von Wartungsaufgaben bis hin zum Einsatz im Netz. Aktuell zur neuen Version Mac OS X 10.6.

ca. 582 S., 39,90 Euro, 67,90 CHF
ISBN 978-3-8362-1476-6, Januar 2010

\>\> www.galileodesign.de/2214

Galileo Design

www.galileodesign.de

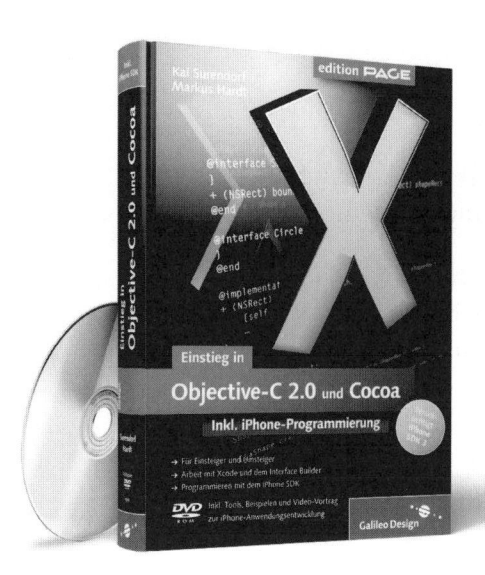

Programmieren für das iPhone SDK 3.0

Arbeit mit Xcode und dem Interface Builder

Für Einsteiger und Umsteiger

Kai Surendorf, Markus Hardt

Einstieg in Objective-C 2.0 und Cocoa

inkl. iPhone-Programmierung mit dem SDK 3.0

Lernen Sie praxisnah, wie man eigene Anwendungen für den Mac und das iPhone programmiert. Das Buch bietet einen zuverlässigen und übersichtlichen Einstieg in die Entwicklung. Leicht nachvollziehbare Beispiele helfen Ihnen bei Ihren ersten Schritten.

516 S., 2009, mit DVD, 29,90 Euro, 49,90 CHF
ISBN 978-3-8362-1310-3

>> www.galileodesign.de/1948

Galileo Design

www.galileodesign.de

Grundlagen der Anwendungsentwicklung mt dem SDK 3.0

Entwicklung, Testen, Veröffentlichen von Programmen

Inkl. Xcode, Debugging, Versionierung, zahlreiche Praxisbeispiele

Klaus M. Rodewig

Entwickeln fürs iPhone

Das Praxisbuch

Klaus M. Rodewig gibt Ihnen einen Einblick in die Architektur des iPhones und eine Anleitung zum Programmieren eigener Applikationen. Dabei werden alle wichtigen Themen in der gebotenen Tiefe mit Hintergrundwissen beschrieben.

ca. 500 S., mit CD, 39,90 Euro, 67,90 CHF
ISBN 978-3-8362-1463-6, März 2010

>> www.galileodesign.de/2191

Galileo Design

www.galileodesign.de

Den Mac beherrschen lernen – einfach durch Zuschauen

Ideal für Einsteiger und Windows-Umsteiger

Mit Extra-Kapiteln zu iLife '09 und iWork '09

Jens Martens

Mac OS X 10.6 Snow Leopard

Das umfassende Training

Mit diesem Video-Training machen Sie sich fit für den Schneeleoparden. Jens Martens, Mac-Profi und Apple zertifizierter Trainer, führt Sie mit vielen Tipps durch das neue Mac-System. Sie lernen anhand von klar strukturierten Lernfilmen, wie Sie mit Mac OS X 10.6 arbeiten, Ihre Dateien verwalten und angeschlossene Geräte einsetzen. Ideal für Einsteiger, die Ihr System endlich richtig kennen lernen wollen.

DVD, Mac und Windows, ca. 100 Lektionen, 13:00 Stunden Spielzeit, 34,90 Euro, 59,90 CHF
ISBN 978-3-8362-1503-9, Dezember 2009

>> www.galileodesign.de/2241

Galileo Design

www.galileodesign.de

Der Topseller in aktualisierter Neuauflage

Umfassendes Lern- und Nachschlagewerk

Mit Referenzkarte und DVD mit Video-Lektionen

Großer Infoteil mit Tastenkürzeln, Insidertipps u.v.m.

Sibylle Mühlke

Adobe Photoshop CS4

Das Praxisbuch zum Lernen und Nachschlagen

Dieses Handbuch hat sich zum Ziel gesetzt, alles nötige Wissen rund um Photoshop CS4 für Sie aufzubereiten und leicht zugänglich zu präsentieren. Komplett in Farbe, mit DVD, Referenzkarte, Infoteil, Glossar und Zusatzinfos im Web – hier finden Sie immer, was Sie brauchen!

1120 S., 2009, komplett in Farbe, mit DVD und Referenzkarte, 49,90 Euro, 83,90 CHF
ISBN 978-3-8362-1238-0

>> www.galileodesign.de/1869

»Gehört ins Regal jedes Bildbearbeiters, der Photoshop effizient und in all seinen Facetten verwendet!«
Publisher, zur Vorauflage

Galileo Design

Der Name Galileo Press geht auf den italienischen Mathematiker und Philosophen Galileo Galilei (1564–1642) zurück. Er gilt als Gründungsfigur der neuzeitlichen Wissenschaft und wurde berühmt als Verfechter des modernen, heliozentrischen Weltbilds. Legendär ist sein Ausspruch *Eppur se muove* (Und sie bewegt sich doch). Das Emblem von Galileo Press ist der Jupiter, umkreist von den vier Galileischen Monden. Galilei entdeckte die nach ihm benannten Monde 1610.

Lektorat Stephan Mattescheck
Korrektorat Barbara Decker
Herstellung Vera Brauner
Einbandgestaltung Hannes Fuß, www.exclam.de
Satz Markus Miller, München
Druck Bercker Graphischer Betrieb, Kevelaer

Dieses Buch wurde gesetzt aus der Linotype Syntax (9,25 pt/13 pt) in Adobe InDesign CS4. Gedruckt wurde es auf chlorfrei gebleichtem Offsetpapier (90 g/m^2).

Gerne stehen wir Ihnen mit Rat und Tat zur Seite:

stephan.mattescheck@galileo-press.de
bei Fragen und Anmerkungen zum Inhalt des Buches

service@galileo-press.de
für versandkostenfreie Bestellungen und Reklamationen

julia.bruch@galileo-press.de
für Rezensions- und Schulungsexemplare

Bibliografische Information der Deutschen Nationalbibliothek
Die Deutsche Nationalbibliothek verzeichnet diese Publikation in der Deutschen Nationalbibliografie; detaillierte bibliografische Daten sind im Internet über *http://dnb.d-nb.de* abrufbar.

ISBN 978-3-8362-1475-9

© Galileo Press, Bonn 2010
1. Auflage 2010

Das vorliegende Werk ist in all seinen Teilen urheberrechtlich geschützt. Alle Rechte vorbehalten, insbesondere das Recht der Übersetzung, des Vortrags, der Reproduktion, der Vervielfältigung auf fotomechanischem oder anderen Wegen und der Speicherung in elektronischen Medien. Ungeachtet der Sorgfalt, die auf die Erstellung von Text, Abbildungen und Programmen verwendet wurde, können weder Verlag noch Autor, Herausgeber oder Übersetzer für mögliche Fehler und deren Folgen eine juristische Verantwortung oder irgendeine Haftung übernehmen. Die in diesem Werk wiedergegebenen Gebrauchsnamen, Handelsnamen, Warenbezeichnungen usw. können auch ohne besondere Kennzeichnung Marken sein und als solche den gesetzlichen Bestimmungen unterliegen.

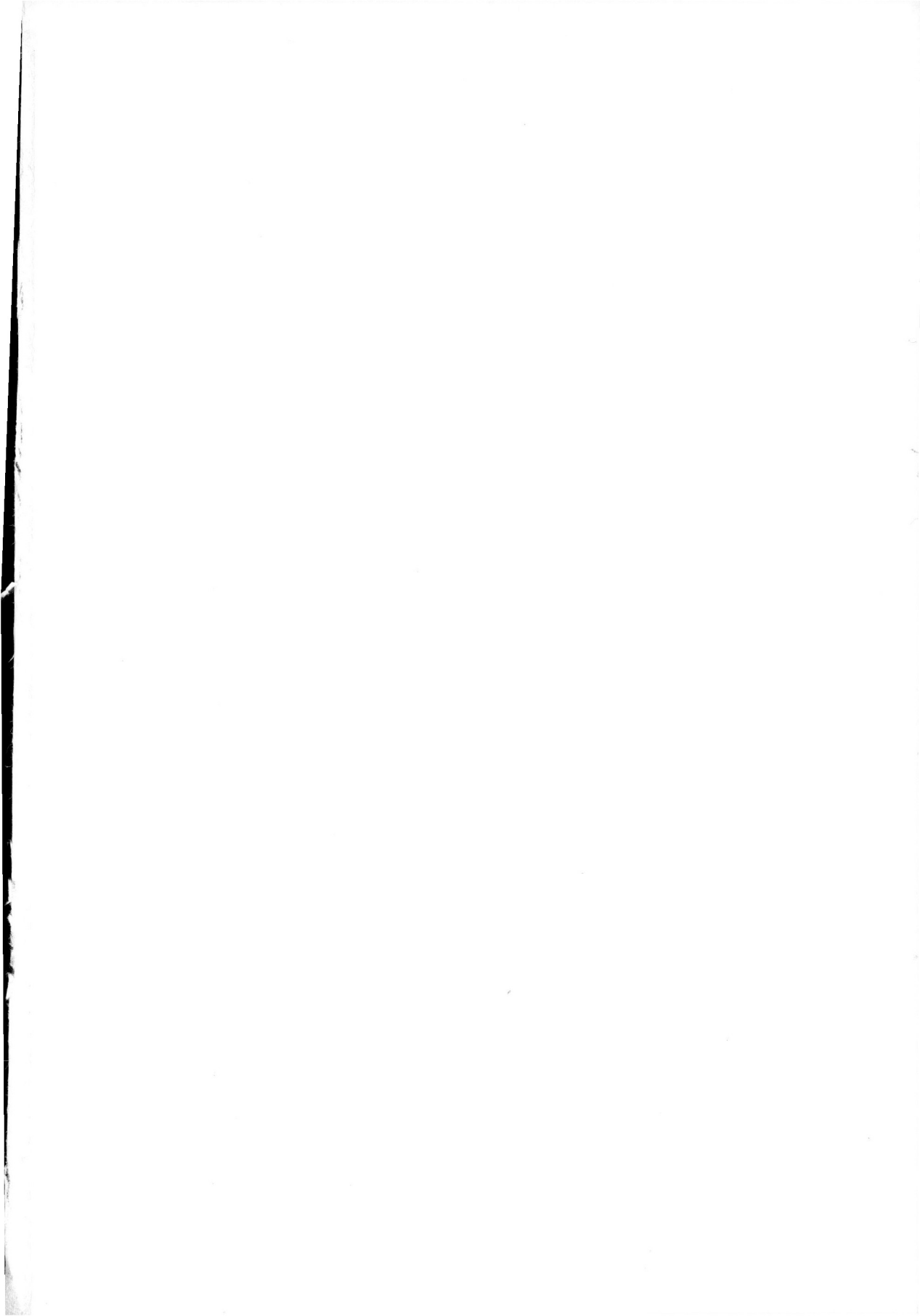

In unserem Webshop finden Sie unser aktuelles
Programm mit ausführlichen Informationen,
umfassenden Leseproben, kostenlosen Video-Lektionen –
und dazu die Möglichkeit der Volltextsuche in allen Büchern.

www.galileodesign.de

Galileo Design

Know-how für Kreative.